日本の旧石器文化

小田静夫 著

同成社

武蔵野台地の旧石器遺跡と出土石器

野川遺跡

遺跡全景

磨石（第Ⅳ-4文化層）

礫群（第Ⅳ-1・2文化層）

西之台遺跡B地点

発掘風景

礫石（第Ⅹ上層文化）

錐状石器（第Ⅹ上層文化）

中山谷遺跡

第Ⅹ層文化の出土状況

第Ⅹ層文化の石器

前原遺跡

発掘風景（第Ⅳ下層文化）

礫群の出土状況（第Ⅳ中2層文化）

国際基督教大学構内遺跡第15地点

土坑（第Ⅳ上層文化）

新橋遺跡

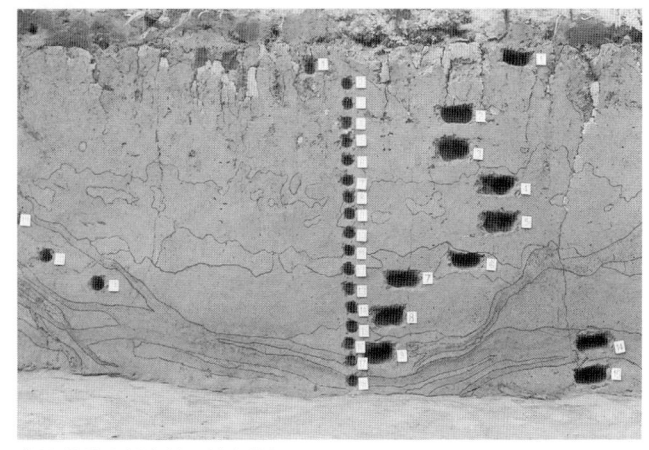

自然科学分析資料の採取状況

高井戸東遺跡

実測風景

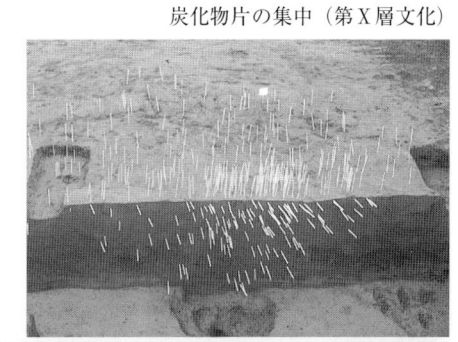

炭化物片の集中（第Ⅹ層文化）

礫群と炭化物片の分布状況（第Ⅵ層文化）

はけうえ遺跡

遺跡全景

尖頭器

ナイフ形石器

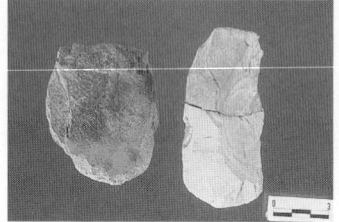

斧形石器（第Ⅸ下層文化）

フローテーション用資料の採取作業

採取した石器（第Ⅳ上層文化）

モデファイト・ロームピットの検出作業

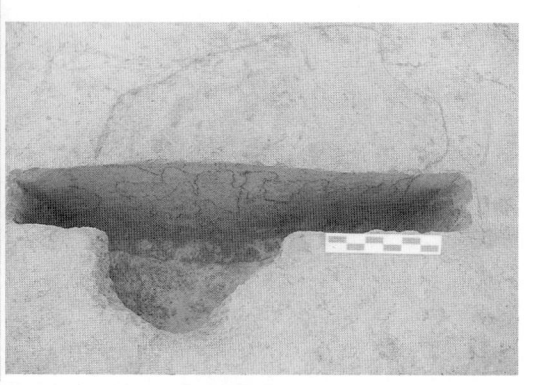

検出した遺構（第Ⅳ下層文化）

はじめに

　考古学は「実証の科学」と言われる。日本の旧石器時代研究は、現在、正にこのことを問いただされているのが実情である。日本の旧石器遺跡は、それらを包含する土層の多くが「酸性土壌」であり、骨などの有機質遺物は消滅してしまい、諸外国のような豊富な自然遺物を伴う遺跡環境は望めない。したがって日本の旧石器遺跡からは、石材を利用した「石器」類が唯一の発見できる考古遺物であった。しかし、幸いなことに研究史が示すようにこうした日本列島の不利な遺跡条件が、発掘調査において「自然科学的分析」を積極的に取り入れる要因にもなった。つまり自然科学的手法を先進諸外国から吸収し、日本独自の旧石器考古学を発展させ確立させてきたのである。石器の「実測図」を例にとれば、石器を正確に模写するという欧米流の描写法に対して、日本では石器の剥離面観察から「面」の切り合い関係や「剥離」過程が理解され、さらに「材質」なども表現する合理的な作図法が考案され、現在そうした手法による実測図が主流を占めている。

　このような日本旧石器研究の状況において、1970～1980年代にかけて実施された東京・武蔵野台地での大規模発掘は、わが国の旧石器研究史を語る上で重要な意義をもつ調査であったと言える。それは各遺跡で試みられた数々の「遺跡解析法」において、日本が世界に誇れるレベルにあっただけではなく、今後の日本旧石器考古学においても基本となり得る方法論であった。これらの発掘調査はすべて開発を前提にした「緊急」調査ではあったが、今まで考えられない程の広大な面積を深く掘り下げ、出土遺物は「全点ドット」化が行われ、データ処理作業にコンピュータが初めて導入された。1969・70年に実施された野川遺跡は、わが国で最初の組織的データ化を基本にして、10枚の旧石器文化層について「セツルメント・パターン」論が展開され、「礫群・配石」と呼ばれる調理および工房施設の総合的な分析が行われた。とくに礫群については1975年の前原遺跡で「住居構造」との関係が取り沙汰され、1976年の新橋遺跡では礫群の意義、用途、時期的変遷も把握された。さらに注目に値する記録作業としては、1975年の高井戸東遺跡で本格的に試みられた「炭化物片」のドット化がある。この炭化物片の登場で、従来「石器・礫」しか記録できなかった肉眼で観察される考古資料に、ローム面に黒色物質として点在する炭化物片が「第3の遺物」として登場した。前原遺跡では縄文化層と7枚の旧石器文化層について炭化物片分布が記録され、集落内での「場」に関する解釈に大きく貢献する結果が得られている。そして、1980年のはけうえ遺跡は旧石器遺跡の集大成的発掘であり、考えられるあらゆる研究テーマを設定して調査が実施された。この遺跡でもっとも注目される基本方法は、出土石器をすべて「超音波洗浄器」で水洗したことである。つまり、これは従来のブラシ洗浄による石器表面のキズを排除し、200倍実体顕微鏡による付着物の観察・精査とレプリカ法による使用

痕分析などにその有効性をもたらした。また、「硬度測定器」による土壌面での遺構確認作業があり、これは「モデファイト・ロームピット」と呼ばれ一般的に識別困難であったローム層中の「土坑」の検出が、この測定方法によってある程度可能になったのである。

　そして、このあと20数年にも及ぶ長きにわたり、宮城県を中心にした前・中期旧石器時代遺跡の研究が盛行してきた。

　しかし、周知のように2000年11月5日の「前・中期旧石器時代遺跡捏造事件」の発覚を受けて、21世紀を迎えてのわが国の旧石器考古学研究は重大な局面に立たされてしまった。現在、こうした旧石器研究の混乱期において、本書が取り上げた各章のテーマと内容は、筆者が40数年にわたってり携わってきた「日本の旧石器研究」関係論文の一部を現代に合わせ加筆修正し、さらに、最新の資料を加味して論考をまとめたものである。「遺跡・遺物は何を物語るのか」を問う旧石器考古学の原点において、本書が、今後の新しい研究方向への示唆と多くの課題解決の一助となり得れば望外の喜びである。

　　2003年3月

　　　　　　　　　　　　　　　　　　　　　　　　　　小　田　静　夫

日本の旧石器文化　目　次

はじめに

序　章　旧石器研究の歩み ───────────────── 1
　1．旧石器研究の歩み ………………………………………… 3
　2．日本旧石器文化の様相 …………………………………… 22

第1章　火山灰と考古学 ───────────────── 63
　1．火山灰と旧石器遺跡 ……………………………………… 65
　2．火山灰と細石器文化層 …………………………………… 79
　3．巨大噴火と火山災害 ……………………………………… 92

第2章　東京地方の遺跡調査 ───────────────── 103
　1．武蔵野台地の旧石器遺跡 ………………………………… 105
　2．野川遺跡 …………………………………………………… 121
　3．国際基督教大学構内遺跡第15地点 …………………… 153
　4．武蔵野公園遺跡 …………………………………………… 166
　5．平代坂遺跡 ………………………………………………… 174
　6．仙川遺跡 …………………………………………………… 188
　7．西之台遺跡B地点 ………………………………………… 199
　8．栗原遺跡 …………………………………………………… 225
　9．中山谷遺跡 ………………………………………………… 230
　10．前原遺跡 …………………………………………………… 244
　11．高井戸東遺跡 ……………………………………………… 258
　12．新橋遺跡 …………………………………………………… 286
　13．はけうえ遺跡 ……………………………………………… 301

第3章　石器の研究 —————————————— 331
   1. 台形石器について 333
   2. 磨製石器の発見 352
   3. 世界最古の磨製石斧 373
   4. 石器型式と出土状況 391

第4章　石材と交易 —————————————— 413
   1. 日本の黒曜石研究 415
   2. 神津島産黒曜石の交易 432

第5章　編年の確立 —————————————— 441
   1. AT火山灰と考古学編年 443
   2. 九州地方の旧石器編年 455
   3. 日本旧石器文化の編年 492

第6章　地域史研究 —————————————— 515
   1. 関東・中部の旧石器文化 517
   2. 沖縄の旧石器文化 545

終　章　日本旧石器研究の現状 ————————— 579
   1. 宮城県の前期旧石器研究批判 581
   2. 日本列島旧石器文化の枠組み 593
   3. 日本の旧石器文化 611

文献一覧 627
初出一覧 658
あとがき 661
英文要旨 663

序　章　旧石器研究の歩み

1．旧石器研究の歩み
2．日本旧石器文化の様相

● 序章——解説

　本章は、日本の旧石器時代研究史と、日本の旧石器文化の特質について論述した。
　1　**旧石器研究の歩み**　『図説発掘が語る日本史』(1986年)と『SCIENCE of HUMANITY』(2001年)を基に加筆修正したものである。
　2　**日本旧石器文化の様相**　戦後本格的に開始された日本旧石器時代の研究は、常にヨーロッパの旧石器文化研究をモデルにして発展してきたと言っても過言ではない。そういう方向性に対して、新しくアジアの「一地域史」という視点から、ここでは日本独自の旧石器文化像を構築する方向性を提示した。とくに早くから旧石器研究の中心的役割を担った西南日本地域の旧石器文化様相の中に、「幾何学形細石器」とも呼べる多くの小形背付石器（ナイフ形石器）が存在することを指摘した。中でも「台形石器」と呼ばれる特徴的な石器は、西北九州地方に卓越しており、その出自、発展を探る上で重要な遺跡の発見があった事を提示した。また、日本の旧石器文化後半期において、「組み合わせ道具」という共通の器種機能によって、ナイフ形石器文化から細石刃文化への転換が果たされた背景と意義について考察した。

1．旧石器研究の歩み

　日本の旧石器時代研究史は、1949年（昭和24）の群馬県岩宿遺跡の発見と発掘調査ならびに1968～70年（昭和43～45）に実施された神奈川県月見野遺跡群と東京都野川遺跡の大規模緊急発掘調査を大きな画期として位置づけることができる。その後、2000年（平成12）11月に発覚した日本の「前・中期旧石器時代遺跡」捏造事件は、考古学界に激震を走らせたのみに止まらず、広く教育界や社会問題として大きく取り上げられ今日に至っている。現在、日本の旧石器時代研究史は、この負の遺産を検証する作業を進行させながら、新しい旧石器時代研究の方向性を模索している段階と言える。

1　発見前史

　日本考古学の初期研究史において、ヨーロッパと同じ「旧石器文化」の存在を求め、日本列島でも各地で遺跡・遺物の探索が行われてきた。その中で世界の旧石器研究の現状を紹介した研究者がいたことを忘れてはならない。

（1）旧石器文化の探究
　① 神奈川県早川および酒匂川流域の石器
　日本の考古学研究史における旧石器文化の「存在」の追究は、明治年間、横浜の英国人医師であったN・G・Munroによって試みられている。マンローは1905年（明治38）早川渓谷の基底礫層から石片を発見し、また酒匂川流域の谷に露出した段丘礫層およびその上の赤色ローム層中から数点の火成岩製の旧石器と思われる石製資料を発掘し、ヨーロッパと同じような旧石器文化の存在を追及しようとした（Munro 1908）。
　マンローは、酒匂川の調査で数トンの礫を段丘礫層から抜き取り、本国で学んだ知識を基礎にし石片に観察されるバルブ（打撃瘤）の凹みを目安に7点の石器らしいものを選別した。が、残念なことに当時の日本は、こうした科学的で正当な考古学理論は芽生えておらず、店晒しのまま立ち消えてしまう運命にあった。ちなみに、マンローが石器としたこれらの資料は、写真を見る限りにおいては、自然礫層中の「偽石器」と考えられるものであった。
　② 大阪府国府遺跡の旧石器
　1917年（大正6）喜田貞吉は、神戸の郷土史研究家福原潜次郎が、大阪府藤井寺市国府遺跡の

砂利層下の粘土層中から発見した「大形粗製の石器」について、「旧石器」かどうか、発掘調査をやるべきだとの強い示唆を与えた（喜田 1917）。福原の採集品の中には、ヨーロッパのハンドアックス（握斧）に似たサヌカイト製石器が含まれ、「旧石器」発見に期待が寄せられた。翌年6月、濱田耕作は喜田の熱心な発掘の薦めで、京都帝国大学考古学教室として国府遺跡の調査を実施した。しかし、問題の粘土層中の粗石器を確認することはできなかった。それは福原の「砂利層が露出する崖の下にある畑の土（粘土）中に含まれていた」という説明を、喜田が「砂利層下の粘土層」と勘違いしたこと、さらに濱田がイギリス考古学で学んだ最新の「層位学的方法」で土層別の一括遺物記録法を実施し、縄文土器とともに同種の「粗石器」を確認したためである。その結果、こうした粗石器類は縄文時代の石器製作時の「石核」であると結論づけられた（濱田1918）。

濱田の国府遺跡でのヨーロッパ下部旧石器時代「ハンドアックス」類似石器の包含層確認発掘は、上層から縄文時代前期の人骨群が多数出土したことが主眼になり、より下層の旧石器包含層への追求に至らなかったのは残念であった。

さらに、戦後1957・58年（昭和32・33）人類学者の金関丈夫・島五郎、倉敷考古館の鎌木義昌らにより、縄文文化層より下の粘土層から、旧石器時代の石器群が確認されている（鎌木・山内・島 1957）。石器はサヌカイト製で、翼のような横剥ぎ剥片を特徴とするものであった。その後、この特徴的な石器製作工程が復元され「瀬戸内技法」と呼称され、この技法で作られたナイフ形石器は、この発見遺跡の名称をつけて「国府型ナイフ」と命名されている。

これらの旧石器の年代は、現在では約2万年前頃のものとされる。したがって、当初、目的とした前期旧石器と考えられる「ハンドアックス」の所属は依然として不明である。

③　ヨーロッパ旧石器文化の紹介

1928年（昭和3）ヨーロッパ留学から帰国した大山巌元帥の息子の大山柏は、大山史前学研究所を設立し、史前学会を作るとともに『史前学雑誌』を刊行した。大山は精力的にこの雑誌にヨーロッパの旧石器文化を紹介し（大山 1929 ほか）、1933年（昭和8）には「日本旧石器存否研究」という159ページの大作を発表した（大山 1933）。しかし、その大半はヨーロッパの典型的な旧石器時代遺跡の概観であり、日本についてはわずか5ページしか記述されていなかった。その要旨は、当時中国東北部や蒙古など中国大陸で発見されていた旧石器資料を含めアジアの旧石器文化研究に、警告もしくは忠告とも取れるものであった。したがって、こうしたヨーロッパ典型学派ともよばれる学者たちの研究は、日本で実を結ぶまでには至らなかったのである。

（2）　更新世人類の追跡

①　明石人の発見

1931年（昭和6）直良信夫は、兵庫県明石市西八木海岸の高さ約12mの断崖下で、崩れ落ちた母層土にまみれた1個の人類の腰骨を発見した（直良 1931）。直良は以前にも、この海岸の礫層から動物化石や石器らしい石片を採集しており、これらを結びつけて旧石器文化の存在を説い

た。この腰骨は残念ながら1945年（昭和20）5月25日深夜の東京大空襲で、直良の中野区江古田の自宅で焼失（2個のチャート製石器は焼け跡から発見）し、現在、東京大学に保管されている石膏模型と実物の写真・記録類だけになってしまった（直良1954）。

1948年（昭和23）長谷部言人は、人類学教室の写真整理中に松村瞭によって撮影された明石人骨の写真を発見し注目した。そして、この写真と石膏模型を研究しその原始性を認め「明石の原日本人（ニッポナントロプス・アカシエンシス）」と命名して発表した（長谷部1948）。同年10月ただちに「明石西郊化石層研究特別委員会」が結成され、翌1949年10月から1カ月間発掘調査が行われた。しかし、この化石人骨が包含されていた地層の特定はできず、さらに、破砕礫層中の礫には人工品はないとされ、すべての分野で、その存在を否定する結論に至ってしまった（渡辺1950）。

石器については、西八木層発見の剥離面のあるチャート礫88点が渡辺仁によって検討された。渡辺は剥離面を観察して、石の節理や脈部で割れている例は平滑で、その他は粗雑で不規則な凹凸であるとした。また、こうした剥離面の周縁に認められる2次的割れ口に注目して、1次的割れ口との風化の度合いが異なる例を指摘した。そして、これは生成時期との間にかなりの時間差があり、1次的割れ口が出来た後、比較的新しい時代になって石と石とが軽くぶつかって生じたものと結論づけた（渡辺1949）。この渡辺の石器分析法は、今日でも充分通用する科学的な見解であった。

② 明石人論争と再発掘

1982年（昭和57）遠藤萬里、馬場悠男によって「縄文時代以降、現代までのいずれかの日本人寛骨」という見解が発表された（遠藤・馬場1982）。この論文に対して、直良博人（直良1983）、吉岡郁夫（吉岡1984）、そして春成秀爾（春成1984）らの反論があった。この反論に対して、遠藤、馬場らも返答を行っている（遠藤・馬場1984、馬場1984）。

1985年（昭和60）春、春成秀爾は、西八木海岸の再発掘調査を行った。この調査で化石が包含されていたと考えられる地層の把握に成功し、人工の木製品（ハリグワ製の板）を発見している。さらに、地元の採集家が発見していた碧玉製の石片を「中期旧石器時代」に対比できるものとした（春成1987）。

なお、1945年の東京大空襲の焼け跡からみつかった、西八木海岸礫層中の石器らしい石片については、芹沢長介による「石器」であるとの評価（芹沢1970）と、春成による否定的な観察結果が提示されている（春成1984）。

（3）沖縄における旧石器文化の追究

① カダ原洞穴のシカ骨角製品

1934年（昭和9）沖縄本島中部の北西海上にある伊江島カダ原洞穴から、更新世のシカ化石骨片や角に加工痕跡が認められる資料が発見された。翌年、別の調査でこの島を訪れ、この事実に遭遇し現地調査を行った岡田彌一郎は、帰京後徳永重康にことの重要性を連絡した（岡田1939）。

徳永は 1936 年（昭和 11）高井冬二を伴って伊江島に渡りカダ原洞穴を発掘し、出土した多量のシカ化石骨を東京に持ち帰った。そして研究室で直良信夫の協力を得て資料分析した結果、十数点のシカ骨片に二叉（V字状）、三叉状に加工したもの、またの先を鋭く尖らせたものなどを確認した。徳永はこれら加工痕跡があるシカ骨角資料を、「人工品」として学士院紀要に発表した(Tokunaga 1936)。

② カダ原洞穴の旧石器

1935 年（昭和 10）の岡田彌一郎と鹿野忠雄によるカダ原洞穴の調査で、1点の巴旦杏（スモモ）形の石英製打製石器が発見された。しかし、この石器は、東京に資料を輸送する途中で紛失してしまったという（直良 1954）。もしこの資料が存在していれば、石材は石器に適した石英岩で、形はハンドアックス（握斧）のようでもあり、この損失は非常に大きく残念なことであった。

2　確　立　期

（1）　岩宿遺跡の発見

1946 年（昭和 21）11 月、赤城山麓で遺跡の探索をしていた相沢忠洋は、群馬県新田郡笠懸村の岩宿にある切通し道の赤土層（関東ローム）から黒曜石の剥片を採集した。相沢はこの赤土層から土器を探したが発見することが出来ず、さらに、赤土層からの黒曜石片の採集が続いた。そして、1949 年（昭和 24）7月ついに黒曜石製の立派な「尖頭器（石槍）」を発見するに至ったのである。相沢はこの赤土層には「土器を伴わない文化」があることを確信し、この謎を解くため中央の考古学研究者を訪ねることにしたという（相沢 1969）。当時明治大学生であった芹沢長介と出会い、採集した石器類を見せている。芹沢はこの事実に興味を示し、杉原荘介に連絡をとり、9月中旬には杉原らと試掘調査を行い、関東ローム層中から確かな「旧石器」を発掘することに成功している。こうして明治大学考古学研究室による発掘調査が、1949 年（昭和 24）10 月 2 日～10 日（第 1 回）、1950 年 4 月 11 日～20 日（第 2 回）に実施された（杉原 1956）。この岩宿遺跡の発見によって日本列島に確かな「旧石器文化」が確認され、これ以後各地で旧石器遺跡が若い考古学徒によって発見されていくのである。

（2）　茂呂遺跡とナイフ形石器の確認

岩宿遺跡発掘から 2 年後の 1951 年（昭和 26）4 月、東京都板橋区を流れる石神井川に面したオセド山と呼ばれる独立丘のローム層断面から、瀧澤浩は焼けた河原石と黒曜石の石片を発見し考古学者に通報した（瀧澤 1951）。当時、東京地方では最古の文化と考えられていた「縄文文化」の土器類は、地表下 1 m 前後の黒色土中に包含されており、その下のローム層（赤土、火山灰）に達すると発掘調査は終了したのである。瀧澤は石神井川の対岸に位置する同区栗原遺跡で、最古の撚糸文土器（縄文早期）が黒土下のソフトロームに食い込んで発見される事実を確かめており、それより深いハードローム中の礫や石片はより古い文化と考えたのである。岩宿遺跡の発見

もそうであったが、こうした古い先入観を持たない若い考古学徒らが、各地で旧石器らしい遺物を土器文化層より下層で確認しており、序々にではあるが新しい旧石器研究の萌芽が見えてきたのである。

茂呂遺跡（オセド山）発掘調査は、同年7月岩宿遺跡を担当した明治大学考古学研究室と武蔵野郷土館が行った。本遺跡からは岩宿で確認されなかった拳大の焼礫を集合させた人為的な遺構が2カ所発見され、この施設はミルクストーンと呼ばれて調理に関係するのではと考えられた。こうした集石遺構は、この地方の旧石器遺跡発見の目安となり（小田1965、岡本・松沢1965）、これが後に「礫群」と呼ばれるものであった。しかし茂呂遺跡をもっとも意義づける成果は、ナイフの身のような優美な形態を呈した黒曜石製の石器類であった。このような型式の石器は、当時、旧石器考古学の参考にしたヨーロッパの概説書に、後期旧石器文化を代表する器種「ナイフ・ブレイド、バックド・ブレイド」として掲載されていたのである。こうした石器の類似性から、日本旧石器文化の時代的位置づけにも大きく影響を与えることとなった。また、この石器は本遺跡を示準型式とした「茂呂型ナイフ」と呼称され、日本の旧石器文化圏設定基準の一要素として確立することになった（杉原・芹沢・吉田1959）。

（3） 全国に旧石器遺跡発見の拡大

東京地方茂呂遺跡の発見は、武蔵野台地で相次ぐ多くの旧石器遺跡の確認をもたらした。日本の旧石器時代研究は、こうして、関東地方から中部地方へ、さらに全国に拡大していったのである。次に各地の研究状況を見ていくことにする（杉原編1965）。

① 北海道地方

1954年（昭和29）、函館博物館によって寿都郡樽岸遺跡が発掘された。石器が包含される地層は洪積世末葉期であり、石器群の様相は縄文文化には見られないものであった。その石器の製作技法・形態は、ヨーロッパの旧石器文化に特徴的に認められる「ブレイド（石刃）」に類似していた。翌1955～1961年にかけてわが国最大の黒曜石産地に立地した紋別郡白滝遺跡の調査が、北海道第四紀学会（第17地点）、吉崎昌一（第30地点）、白滝遺跡団体研究会（第31・32・37・38・ホロカ沢I地点）によって集中的に行われ、北海道旧石器研究の基礎を築く大きな成果が得られた。1962年には明治大学も白滝遺跡の調査を実施しており、同じ黒曜石の大原産地に所在する常呂郡置戸遺跡群は、1956・57年に北海道大学、1963年には明治大学によって発掘調査されている。

北海道の旧石器時代遺跡は、遺物包含層が浅くかつ薄いことから層位的に文化層が重複する例は少ない。石器組成は多種類が確認されるが、その中心は細石刃核と細石刃ですべて「細石器文化」段階の遺跡と考えられている。この細石器文化を目的にした調査は、1950～1958年頃まで虻田郡西富、峠下、紋別郡タチカルシュナイ、北見市上常呂、同・札滑、同・相内、同・大正遺跡などで行われている。とくに吉崎昌一、芹沢長介による1958年の磯谷郡立川遺跡の調査は、細石器と有舌尖頭器、大形石刃などが地点別に確認され、北海道旧石器研究の新しい体系と方向

性を示す重要なものであった。
　②　東北地方
　この地方の旧石器追及の歴史は古く、1929年（昭和4）、青森県椿山海岸の石片について曽根博が報告したが、残念ながらこれらは海岸の自然割破砕であった。また、群馬県岩宿発見の1949年（昭和24）の直前に、山形県大隈遺跡の粗石器について菅井進が「旧石器」ではないかと報告したが、これはとくに話題にはならなかった。
　この地方で本格的な旧石器研究が始まるのは、1955年（昭和30）、福島県成田遺跡における鳥畑寿夫の頁岩製石刃石器群の発見からである。その後、山形県で加藤稔が1958年、越中山遺跡群において、尖頭器を中心にした新しい旧石器文化を確認している。
　③　関東地方
　日本の旧石器時代研究の発祥地である関東地方は、1949年、群馬県岩宿遺跡（杉原1956a）の発見以来、多くの著名な旧石器遺跡の調査が行われ、日本の旧石器研究を推進してきた地域である。
　北関東地方では赤城山麓で相沢忠洋によって岩宿調査の翌年に、群馬県三屋、桝形、権現山遺跡などが発見されている。1951年に前述した南関東地方での東京都茂呂遺跡の発掘調査が実施され、旧石器遺跡が関東地方全域や中部地方にまで拡大していく契機になった。やがて、杉原荘介は関東・中部地方の成果を基準に、初めて「日本旧石器文化の編年」を発表している（杉原1953、1956b）。この論文で杉原は日本のナイフ形石器などの型式や層位的変遷が、ヨーロッパの上部旧石器時代の文化階梯ときわめて酷似することを指摘している。続いて、芹沢長介も特徴的な石器を抽出して5段階の編年を提示している（芹沢1956、1957）。
　またこの頃、研究史上で重要な調査が多数実施された。まず杉原による1954年の群馬県武井遺跡では、岩宿と同様に上部ローム層（武井Ⅱ）とその下の黒色帯（武井Ⅰ）から2枚の旧石器文化層が確認されている（杉原1955）。1961・61年、芹沢による栃木県磯山遺跡の発掘が行われ、磯山技法で剝離された縦長剝片の基部に刃潰しをした特徴的なナイフ形石器と、半割れした局部磨製石斧が宝木ローム黒色帯上部より出土した（芹沢1962、芹沢編1977）。この局部磨製石斧は山内清男らとの「磨製・磨耗論争」（山内1964、芹沢1965b）の資料として注目された。1961年には練馬区中村南遺跡から細石刃核と曽根型石核が発見され、芹沢長介の注目するところとなった（小田1962）。瀧澤浩は1962年から埼玉県市場坂遺跡を調査し、豊富な発見資料によるナイフ形石器の用途・機能などの先駆的研究を行っている（瀧澤1962、1963、1964ab、小田1963）。1966年、戸沢充則による埼玉県砂川遺跡の発掘が開始し（戸沢1968）、出土石器の個体別接合関係資料に基づく「ブロック」間の構造的分析が行い、1973年の調査で砂川旧石器集落のほぼ全体が把握されている（戸沢・安蒜・鈴木・矢島1974）。
　④　中部地方
　中部地方は太平洋岸から中央山岳部の諏訪湖周辺までを南部、それより北の長野県野尻湖周辺から新潟県の日本海側までを北部と区分することができる。南部地域では、1908年（明治41）、

長野県諏訪湖底曽根からシジミ採り作業で多数の黒曜石「石鏃」が発見され古くから話題になっていた。1936年（昭和11）、八幡一郎はこの曽根遺跡採集石片中に「細石器」的な小形石刃が多く含まれることに注目し、この石器類は「中石器」的要素が顕著であると述べている。さらに、1948年（昭和23）には渡辺仁が、この小石刃の連続割裂法について北海道の「石器技法」と比較している。北部地域でも、1937年（昭和12）、藤森栄一によって新潟県村杉発見の頁岩製石刃が報告され、1947年（昭和22）駒井和愛が新潟県五智で黒曜石製細石刃核を発見している。

しかし、中部地方の旧石器文化の確認は、1952年（昭和27）の藤森栄一・戸沢充則らによる長野県茶臼山遺跡の発掘調査と、翌1953年、芹沢長介・麻生優らによる野尻湖底発見の池田寅之助資料の発表を待たねばならなかった。そして、1954～1964年（昭和29～39）にかけて、南部地域では尖頭器文化の長野県踊場、上ノ平、馬場平、八島、中ッ原、男女倉、ナイフ形石器文化の長野県渋川、雪不知、手長丘、柳又遺跡、細石器文化の長野県矢出川、静岡県休場遺跡、北部地域ではナイフ形石器文化の長野県杉久保、小坂遺跡、新潟県貝坂、神山、楢ノ木平遺跡、細石器文化の新潟県荒屋、中土遺跡など著名な旧石器遺跡が立て続けに発掘調査が実施されている。

⑤ 近畿地方

1957年（昭和32）、大阪府国府遺跡の発掘が行われた。この調査は、以前この場所でヨーロッパ旧石器文化の「ハンドアックス」に似た石器が発見されており、その確認と縄文時代の人骨再調査を兼ねたものであった。しかし目的とした石器類の包含層は発見できなかったが、下層の黄色粘土層からサヌカイト製の横剥石核、横剥剥片、横剥剥片製のナイフ形石器が出土した。鎌木義昌は、この特徴的な剥片を「翼状剥片」、剥離技術を「瀬戸内技法」、そして、この翼状剥片から作られるナイフ形石器を「国府型ナイフ」と命名した。

⑥ 瀬戸内地方

1947年（昭和22）、豊元国は、広島県品治別神社境内採集石器の中に蒙古の「細石器」に類似した石片が存在することを指摘したが、縄文早期押型文土器との関係が取り沙汰された。この事実を受け1947・48年鎌木義昌も押型文遺跡で細石器の検出に努めたが成功しなかった。

1954年（昭和29）、鎌木義昌によって香川県井島遺跡の発掘が行われ、上層に細石器文化（井島Ⅱ）が、下層には小形ナイフ形石器文化（井島Ⅰ）が発見された。引き続き同年、岡山県鷲羽山遺跡の調査が行われ、上層は攪乱層で細石器とナイフ形石器が混在したが、中層からは尖頭器文化（鷲羽山Ⅱ）が、下層には縦長剥片を主体にした刃器文化（鷲羽山Ⅰ）が発見されている。さらに、1955年にはサヌカイト原産地に近接した香川県城山遺跡採集の多量の石器類に、岩宿遺跡第Ⅰ文化層で確認された「ハンドアックス」様の石器が存在することから、鎌木は鷲羽山下層の石刃文化より古い編年的位置（城山Ⅰ）を与えた。

⑦ 九州地方

1957年（昭和32）、松岡史は、採集した黒曜石製石器類を鎌木義昌に見せた。鎌木は石器の中に東京都茂呂遺跡に似たナイフ形石器、北海道と同じ細石刃核、さらに未知の「台形石器」などの旧石器類が含まれていることに注目し、その後、芹沢長介、高橋護、間壁忠彦を伴って松岡宅

を訪れおびただしい旧石器資料を知ることになる。

1959年（昭和34）、鎌木義昌と芹沢長介は九州一円の旧石器遺跡の状況調査を行い、長崎県佐世保市文化館で井出寿謙採集の細石器類に接し、その収集資料の内容から、大村湾野岳周辺に集中した旧石器遺跡の存在を確認している。さらに、島原市の古田正隆の採集資料には、島原半島百花台、佐世保市周辺と北部の洞穴遺跡の旧石器類も存在していたのである。また熊本県、宮崎県においても旧石器らしい石器が認められたことから、九州地方はこの分野の研究にとって重要な地域になる可能性が示唆されたのである。

かくして1960年（昭和34）、日本考古学協会内に「西北九州総合調査特別委員会」が設置され、芹沢長介・鎌木義昌によって長崎県福井洞穴、直谷洞穴が、杉原荘介によって佐賀県三年山、茶園原遺跡の発掘調査が行われ、1961年には長崎県遠目遺跡、佐賀県平沢良、鈴桶遺跡が調査されている。

また、1962年（昭和37）からは、日本考古学協会内に「洞穴調査特別委員会」が設置され、長崎県福井洞穴、大分県聖嶽洞窟、佐世保市岩下洞穴などの調査が行われている。

（4） 最古の旧石器遺跡追求

① 礫層中の偽石器と金木遺跡

1952年（昭和27）、杉原荘介は、青森県金木町にある藤枝溜池の礫層（金木遺跡）の発掘調査を行った。杉原は藤枝溜池に露出する金木礫層中に包含されている硬質頁岩礫中に、「旧石器」と考えられる多数の破砕礫が存在することに注目し、1952年に試掘調査、翌年に本調査を行った。杉原は当初、これらの石器をイギリス下部旧石器時代のクラクトン文化に対比し、「藤枝石器文化」として日本の旧石器時代編年に使用した。

しかし、その後詳細な検討を行った結果、これらの資料は自然礫層中の「偽石器」と結論づけるに至った。その根拠として、これらの資料に認められる加工痕は規則的ではなく人間の意思が伺えないことと、さらに、この地方では石英粗面岩と硬質頁岩が互層を成しており、その岩塊が渓流に流されていく過程で軟質（石英粗面岩）石材は円礫化し、硬質（硬質頁岩）石材は礫周縁に打瘤をもつ一見「細部加工」のような痕跡が残されたものであるとした（杉原1954）。

② 曙石器と上長木、西日本の前期旧石器

1962年（昭和37）、新潟県佐渡郡佐和田町上長木遺跡から本間嘉晴らによってイギリス前期旧石器時代のロストロ・キャリネイト（竜骨形石器）に似た石器や、東アフリカ「カフ文化」に酷似した礫器が発見された（本間ほか1962）。

また、同年の日本考古学協会昭和37年度大会では、国分直一から山口県、福岡県、大分県下の100ヵ所近くの場所から、前期旧石器とされるものを確認したことが報告された（金関ほか1962）。

しかし、これら前期旧石器と考えられた遺跡・遺物は、その後の論争で自然礫層とその中に自然堆積している「偽石器」であると批判され、上長木、西日本の前期旧石器群は、自然消滅して

しまった（戸沢 1963）。

③　チョッパー・チョッピングトゥールと丹生遺跡

大分県丹生台地にある遺跡群でブルドーザーによる削平が行われ、1962年（昭和37）、地元の研究家によって大形の礫器・剥片類が採集された。これが丹生遺跡における「前期旧石器」とされる石器の発見の端著である。山内清男は佐藤達夫、小林達雄らに現地調査をさせ、チョッパー・チョッピングトゥール文化の一員であることを確かめた。しかし、1962年の日本考古学協会第28回総会では、2つの研究グループによって丹生遺跡の発表が行われるという異常な状況を呈した。山内グループはこれらの石器類がインドの前期旧石器文化の「ソーアン文化」に類似しており、協会内に丹生遺跡の特別調査委員会の設置を提案した。だがこの提案は成立しなかった（金関ほか 1962）。

一方、角田文衞も、同じ協会席上で丹生遺跡の発表を行った。そして、ただちに、角田は関西地域の研究者による日本旧石器文化研究委員会を組織し、6月には試掘調査を、10月からは第1次調査、そして、1967年までに計6次の発掘調査を行っている（古代学協会日本旧石器文化研究委員会編 1964、1965、1968）。

こうして丹生遺跡は、これまでの偽石器とは異なる確かな「石器」の登場として話題になった。1967年（昭和45）日本第四紀学会総会で、シンポジウム「日本における下部旧石器文化の存否」が開催され、丹生遺跡発見の石器検討会も行われた。しかし14地点にのぼる発掘地点からは、これらの石器が原位置から出土することはなく、すべて2次、3次的な堆積物中に発見されており、年代を特定する資料にはならなかったのである。

④　石英製石器と早水台遺跡

1964年（昭和39）、芹沢長介によって大分県早水台遺跡の発掘調査が行われた（芹沢 1965）。これは同年2月に縄文時代早期の「押型文土器」の出土する遺跡として有名であった早水台遺跡の緊急調査が行われた際、安山岩角礫層中から石英製の石器が発見され、その包含層の調査を目的にしたものである。

この発掘によってナイフ形石器を主体にする文化層より下位の、安山岩角礫層中から多量の石器群が発見された。地質学者によって時期は下末吉海進期（約7～13万年前頃）の堆積物とされ、石材は石英脈岩、石英粗面岩が主体であった。しかし、年代からは大陸の「中部旧石器時代」に入るが、その石器型式をみるとチョッパー・チョッピングトゥールとハンドアックスという「下部旧石器時代」の内容でもあった（芹沢 1966）。芹沢はこの矛盾をまだ研究途上の地域とし、この後、日本の旧石器時代を約3万年前を境にして「前期」と「後期」の2つに画期することになるのである（芹沢 1970）。

早水台遺跡の評価については、これらの石器は「金木遺跡」と同じ自然礫層中の「礫」そのものであり、自然破砕礫という批判が出されている（田坂 1966）。

2000年（平成12）11月、「旧石器遺跡捏造」事件が発覚して間もなく、2001年2月、柳田俊雄により早水台遺跡の前期旧石器時代文化の再調査が行われたが、出土石器群の内容に変化はなく

「自然礫層中の礫」と考えられるものであった。

⑤ 中国の旧石器文化と加生沢遺跡

1965年（昭和40）、紅村弘によって愛知県加生沢遺跡の発掘調査が行われた（紅村1968）。この調査は豊川用水の工事と並行して、遺跡として認められなかった加生沢地点での緊急調査であった。紅村は加生沢遺跡が現在でも愛知県遺跡地図にも登録されない現状と、評価されない無念さを「禁断の果実」になりつつあると表現している（紅村1998、2000）。

石器類は工事によって造成削平された3地点の礫層や赤色土・黄褐色砂質土層から発見され、石材は領家片麻岩であった。第1地点は赤色土と黄褐色砂質土層から30点以上の石器が出土し、その特徴から中国の前期旧石器時代遺跡周口店第1地点に対比された。また第2・3地点の石器類は礫層から出土し、中国の中期旧石器時代丁村遺跡に位置づけられた。また、地質学的方面での年代はリス氷期〜リス・ヴュルム間氷期（約7〜20万年前）とされている。

加生沢遺跡の評価については、大形石器類のチョパーやチョッピングトゥールは石器としての認定に疑問があり、また石器と考えられる小形石器類には「ナイフ形石器」が存在することから、おのずとその時期は新しいと批判が出された（小田1969）。また小野昭による詳細な問題点の指摘もなされている（小野1969）。

⑥ ルバロワ石核と星野遺跡

1965年（昭和40）芹沢長介によって栃木県星野遺跡の発掘調査が行われた。調査は1965年の第1次から1978年の第5次まで行われた（芹沢編1966、1968、1969）。この調査の端著になった石器は、地元の考古学愛好家による1点のチャート（珪岩）製「ルバロワ型石核」の存在であった。この型式の石核は、ヨーロッパ旧石器編年の中で約3〜13万年前の「中期旧石器文化（ムステリアン文化）」を代表する示準資料であった。芹沢はこのルバロワ型石核の存在から、日本の3万年以前の石器群を求めて、星野遺跡に全力投球した。

この発掘によって目的としたルバロワ型石核と、この石核から剥離された特徴的な剥片が発見されたが、出土した地層（第I〜IV層、第V層の一部）は乱堆積状況を呈していた。この層をめぐって地質学者との議論があったが、これは、自然の2次堆積層であることが判明している（阿久津1967、新井1971）。

芹沢は第1次報告書で、ルバロワ型石核とセットで存在する「特徴的な剥片」に注目した。それは打面を側辺下部におき、尖頭部から下ろした垂線と打面縁との為す角度が約45度になるという特徴を備え、さらに、調整石核から剥離された剥片をそのまま用いた「尖頭器」と説明した。そして将来において非常に重要な意味をもってくる石器と予言し、またこの石器が群馬県権現山で採集された石器と酷似することから「権現山型尖頭器」という名称を与えている（芹沢1966）。一方で、芹沢はこの種剥片を「斜軸尖頭器」とも呼称し、一般化させていった。ちなみに1981年宮城県座散乱木遺跡で藤村新一が岡村道雄に農道の断面から発見させ感激させた石器は、この「斜軸尖頭器」そのものであった。

芹沢は2次堆積物である上層部の中期旧石器文化の追求をあきらめ、第3次調査からは不整合

面以下の文化層（第VI層〜第XXII層）の発掘に着手している。そしてこれらの地層から連綿と「珪岩製旧石器群」を多量に発掘した。さらに、第VIIIa層からはトラやクマなどの「足跡」を、第VIIIe層からは皿状に凹んだ空間とその周囲に柱穴をもつ「住居遺構」を検出している。

現在、これら星野遺跡下層の石器類は、「自然破砕礫」であるという意見で落ちついている。このことは芹沢の助手として現場で活躍した岡村自身も「人工品」とは認めていない（岡村1983）ことからも理解されよう。

⑦　権現山型尖頭器と上屋地遺跡

1968年（昭和43）、加藤稔によって山形県西置賜郡飯豊町上屋地遺跡B地点で発掘調査が行われた（米地ほか1969）。石器類は段丘礫層下のシルト層を中心に出土し、硬質頁岩、流紋岩、石英質岩製の剥片尖頭器、スクレイパー類で、円盤形、台形の石核から剥離された三角形、台形を呈した剥片を利用していた。この石器群の主体は、正に星野遺跡第1・3地点の石器群と共通した「権現山型尖頭器」であった。それは年代測定によって約3〜4万年前の前期旧石器最終末期と位置づけられた。

しかし、この上屋地遺跡出土の石器類は、基盤の角礫層と同系統の石材であり、また2次堆積層であることから、水流による礫との衝突で生じた「偽石器」の可能性も指摘されている（岡村ほか1986）。加藤はこの「権現山型尖頭器」を含む石器群こそが、東アジアの「中期旧石器文化」と共通し、現在承認されている日本の「後期旧石器」と、当時論争や疑問が多くまだ定着していない日本の「前期旧石器」とのつながりを解明する鍵（石器）と考えた（加藤1976）。さらに、山形県最上川中流域の中・高位段丘面で、この特徴的な石器群を精力的に追跡したが、残念ながら良好な層位や包含層をもつ遺跡に遭遇しなかったのである（加藤ほか1973）。

3　発　展　期

(1)　多文化層遺跡調査の幕開け

①　相模野台地の遺跡群

1960年（昭和35）、岡本勇、松沢亜生は、神奈川県相模原市を中心にした相模野台地で旧石器遺跡を探索していた。遺跡存在の確認は、厚く堆積した風成のローム層断面に露出する拳大の焼けた円礫を目安にし、その周辺から「石片」類を発見する作業であった。この礫はのちに「礫群」と呼ばれる旧石器人の調理施設であり、この地方の旧石器遺跡からは必ず確認される遺構であった。岡本らの精力的な調査によって、市内に44ヵ所56地点の旧石器遺跡が確認されている（岡本・松沢1965）。

1963年（昭和38）、神奈川県旧藤沢飛行場跡地の発掘では、3ヵ所の旧石器遺跡が確認・調査され、数mに及ぶ立川ローム層中に複数の文化層が存在する事実が判明している（小田1965）。1967年（昭和42）頃になると相模野台地の開発が頻発化し、翌年には明治大学考古学専攻生による「相模野考古学研究会」が設立され、月見野遺跡群の発見がもたらされることになるのである。

② 月見野遺跡群の調査

1968・69年（昭和43・44）、戸沢充則・安蒜政雄による神奈川県月見野遺跡群の大規模発掘が行われ、筆者も参加した。この調査では約7mの立川ローム層中に、10ヵ所以上の遺跡と17の石器群集合層が確認された（月見野遺跡群調査団 1969）。相模野台地は火山灰の供給地に近く、武蔵野台地より数倍の厚さでローム層が堆積していることから、旧石器文化層の分離は容易でかつ細かい石器群編年が可能な地域であった。この17枚の石器群は複数遺跡の集合枚数であるが、少なくとも10枚以上の文化層の存在は確かであった。石器群変遷は大きく上層部には細石器文化が、中層部には槍先形尖頭器文化と小型のナイフ形石器文化が、そして下層部にはナイフ形石器と大型縦長剥片類が認められている。

月見野遺跡群の成果では、最初、旧石器包含層が立川ローム層より下層の武蔵野ローム層にまで確認されるとしていたが、武蔵野台地との地質学・考古学的対比と論争によってすべて「立川期」の所産であることが判明している（小林・小田・羽鳥・鈴木 1971）。

（2） 武蔵野台地の旧石器文化

① 野川遺跡の調査

1969・70年（昭和44・45）、東京西郊に広がる武蔵野台地西南縁で旧石器時代の大規模発掘調査が行われた。調布市・三鷹市・小金井市にまたがる国際基督教大学のゴルフコース内にある野川遺跡（国際基督教大学構内遺跡第28a・b・c地点）である。

野川遺跡の調査は、今まで考えられないほどの広い面積を深く発掘し、考古学研究者とともに多数の自然科学者が参加して行われた、わが国最初の組織的な旧石器時代遺跡の調査であった。この野川遺跡を契機として、東京・武蔵野台地では数多くの旧石器時代遺跡の大規模発掘が頻発化し、他地域では見られないほどの多くの新しい成果が挙げられ、旧石器研究の重要なフィールドの一つとして再認識されることとなった（野川遺跡調査会 1970、1971）。

野川遺跡は地表から約5mの深さまで発掘され、縄文文化層である黒褐色土層下の「立川ローム」層中に10枚の旧石器文化層が確認された。そして、この連続した石器群変遷と特定器種、それに礫群・配石の出現頻度によって、古い方から「野川I期・II期・III期」に区分された。野川I期は「ナイフ形石器」が出現する以前で礫器とスクレイパーを中心にした石器組成で、礫群が存在せず「配石」を特徴にした段階であり、野川II期はナイフ形石器が出現し「尖頭器」、「台形石器」、彫器、エンド・スクレイパーなど多種類の石器組成が認められ、配石が消失して「礫群」が盛行する段階であった。また、野川III期は大型尖頭器と礫器に特徴があり、「配石」が登場してくる段階でもあった。さらに、野川遺跡の立川ローム層（約3万～1万2,000年前）中に認められた3つの石器群変遷は、その後の日本旧石器時代編年確立の基礎的示準を提供したのである。

野川遺跡では自然科学者による多くの科学分析が行われている。地質学部門では火山灰の同定、層準の設定が行われた。まず、この地域で2枚と識別されていた立川ロームの黒色帯（I・

Ⅱ) が 4 枚 (0・Ⅰ・Ⅱa・Ⅱb) に細分され、丹沢パミス (Tnp) と呼ばれる特徴的な火山ガラスが第Ⅵ層下部に包含されていることが判明した。そしてこのパミスは後に、鹿児島湾奥の始良カルデラから約 2 万 5,000〜2 万 8,000 年前に噴出した火山ガラスであることが、町田洋、新井房夫によって追跡され「始良 Tn 火山灰 (AT)」と呼称された (町田・新井 1976)。また、植生部門では、今まで困難と考えられていたローム中からの「花粉・胞子化石」の検出が、土量を増加させ摘出作業と技術改良によって多く得られることが証明された。さらに、ローム層中における「炭化物片」の樹種同定も植物学者によって行われた。年代学部門では ^{14}C 年代測定法とともに、黒曜石のフィション・トラック法による原産地推定とその水和層による年代測定が行われた。

野川遺跡の調査は、その前年に行われた神奈川県月見野遺跡群の発掘と合わせ、日本の旧石器時代研究史に新たな画期をもたらし、群馬県岩宿遺跡を境にした「岩宿以前」と「以後」という区分に対して、「月見野・野川以前」「以後」という研究史の区切りが新たに設定され定着している。

② 鈴木遺跡の調査

1974〜80 年 (昭和 49〜55)、石神井川の源流で、約 1 万 4,000 ㎡ に及ぶ旧石器時代集落の大規模調査が行われた。約 3 m の立川ローム層中に 10 枚以上の旧石器文化層が確認され、発見された石器類は 3 万 5,000 点以上にものぼった。鈴木遺跡で確認された石器群は野川遺跡の傾向と類似していたが、第Ⅲ層から検出された「細石器文化」と第Ⅸ〜Ⅹ層に確認された「刃部磨製石斧」を多数伴う旧石器文化、第Ⅹ層下部のチャート製不定形石器群をもつ最古の文化などは重要な発見であった。鈴木遺跡では河川源流湧水地を囲むように、多数の「石器・剥片集中ヵ所 (ユニット、ブロックと呼ぶ)」が半円形に分布していた (鈴木遺跡調査団 1975、1978、1979)。

次に武蔵野台地最大の旧石器集落の変遷を辿ってみることにする。

武蔵野台地に最初に登場した旧石器人は、立川ローム最下層部の約 3 万年前頃の第Ⅹ層下部文化人であり、台地傾斜部先端に数ヵ所の小規模ブロックを残している。遺跡周辺に存在する石材である河原石を少し加工した礫石器 (いも石器も) とチャート製剥片石器を保持しており、第Ⅹ層上部〜第Ⅸ層文化人になると 10 ヵ所以上の比較的大きなブロックを形成し、縦長剥片の基部を僅かに加工したナイフ形石器と刃部磨製石斧を特徴とするものである。第Ⅶ層〜第Ⅵ層文化人はやや小規模ブロックを呈し、石刃技法を発達させて優美なナイフ形石器を製作している。第Ⅴ層〜第Ⅳ層文化人は最も広範な集落活動を行った時期で 20〜30 ヵ所のブロックが分布し、その中には多数の礫群が形成されている。また石器組成も尖頭器、台形石器、ナイフ形石器、錐、彫器、スクレイパー、磨石など多種類にのぼっている。第Ⅲ層文化人は 10 ヵ所程度のブロックをもつ細石刃を特徴とする「細石器文化」と槍先形尖頭器をもつ「ポイント文化」の 2 つの石器群が存在していた。

鈴木遺跡の大規模調査によって、従来小規模な移動活動を中心にした旧石器人の遊動生活において、地域に拠点的集落の存在が確認され、その意義は大きい。

③ 高井戸東遺跡の調査

1976年(昭和51)、武蔵野台地中央部を流れる神田川中流域で、約5,000㎡以上の大規模な旧石器時代遺跡の発掘調査が行われた。この高井戸東遺跡では立川ローム層中に7枚の旧石器文化層が確認され、石器群の様相は鈴木遺跡と同じ傾向であった。やはり約3万年前の第Ⅸ層下部〜Ⅹ層文化から「刃部磨製石斧」と基部加工のナイフ形石器が多数発見され、さらに、今まで確認されなかった「最古の礫群」がこの文化層から検出された意義は大きい（小田・重住編 1976）。

　高井戸東遺跡では遺跡から発見される石器・剥片類、礫群・配石のほかに、「炭化物片」の分布が広範囲に記録された最初の遺跡であった。その結果、遺跡内でのこの3者の分布域に偏在性が認められることが判明している。まず石器・剥片類の分布は、台地の平坦な中央部に集中し、礫群・配石は台地先端に向かった外縁部に分布し、炭化物片は台地の奥部に集落を囲むように分布していた。これはこの3者の遺構の機能と、それぞれの集落内における「場」の配置に規則性が存在したことを意味するものである。

(3) 各地の主要遺跡の調査
① 北海道地方

　北海道東部の常呂川流域では211カ所の旧石器遺跡が確認され、そのうち32カ所近くが加藤晋平らによって発掘調査されている（加藤・大井 1962、加藤・桑原 1969、加藤 1971 ほか）。その主なものを挙げると、増田、大正、広郷、上口、水口、吉田、中本、本沢、間村、紅葉山、緑丘B遺跡などがあり、遺跡の種類は「細石刃文化」を中心にしている。加藤はこの流域の遺跡を、(i) 直接的な生産用具を多出するグループ、(ii) 間接的な生産用具を多出するグループ、(iii) 石刃製作遺跡グループの3種類に分け、さらに、これらは時間差ではなく同一集団が残したものであり、これらを「常呂パターン」と呼称した。

　1973年（昭和48）には北海道最古の旧石器遺跡が、吉崎昌一によって千歳市祝梅三角山遺跡で確認された。遺跡はこの地方では珍しく厚い火山灰が堆積しており、恵庭a火山灰に覆われたローム質粘土層中に発見された。年代は木炭片の炭素測定から21,450±750 B.P、黒曜石水和層測定から2万1,000年前と出されている。石器群は黒曜石を主体とした切出状ナイフ形石器、尖頭石器、スクレイパー類で、石刃技法が認められないことに特徴があり、これまで発見されている石刃石器群とは異なることは確かであった。

② 東北地方

　1969〜1976年、秋田県米ケ森遺跡の調査が行われ、ナイフ形石器、台形石器、彫器を主体にした石器群が発見され、特徴的な台形石器製作剥片が認められ「米ケ森技法」と呼称された。東北地方の旧石器文化を語るとき、加藤稔の活躍を忘れることはできない。加藤は1959〜1976年に越中山遺跡群、1960年に横道遺跡、1961年に平林遺跡、1961・64年に金谷原遺跡、1970年に角二山遺跡、1975〜79年に弓張平遺跡などを連続的に調査した（加藤 1964、加藤・佐藤 1963、柏倉・加藤・宇野・佐藤 1964 ほか）。そして、加藤によって東北地方の旧石器文化が初めて体系づけられた。それは、第Ⅰ期ナイフ形石器が未発達な時期、第Ⅱ期ナイフ形石器が盛行する時期、

第Ⅲ期細石器文化が展開した時期、第Ⅳ期片刃石斧や有舌尖頭器をもつ時期の4期の区分が設定されていた。

③ 関東地方

1969・70年に実施された神奈川県月見野遺跡群と東京都野川遺跡の調査を契機に、南関東地方の下総・大宮・常総台地などで、同様な多文化層遺跡が確認され出したのである。1972・73年の千葉県木刈峠遺跡では、下総台地で最初の6,500 m²に及ぶ広大な発掘が行われた。この遺跡では立川ローム層中に7グループ25カ所の石器「ブロック」が分布し、それらは層位的に5期に区分された（鈴木1978）。1975年には常総台地の茨城県後野遺跡で、上部ローム最上部に2枚の石器文化が確認された。上層は黄褐色軽石層（七本桜パミス）で槍先形尖頭器と大形石刃に無文土器が伴出し、下層の褐色ローム層には細石刃石器群が発見されている（後野遺跡調査団1976）。

④ 中部地方

1972・75年に富山県直坂遺跡群が調査され、直坂Ⅰ遺跡で2枚、直坂Ⅱ遺跡で6枚の文化層が確認されている。1979年には富山県野沢遺跡が調査され、4,000 m²を発掘したA地点からナイフ形石器文化の豊富な資料が発見されている。

1969～79年静岡県寺谷遺跡が調査され、時期別にⅠ～Ⅴ期の石器群に区分された。また1978年頃から静岡県愛鷹山麓の遺跡群が集中的に調査され始めた。休場遺跡を出発点に尾上イラウネ、西大曲、子ノ神、西願寺、平畦、上野遺跡などである。この地域は武蔵野・相模野台地より火山灰が厚く堆積しており、石器群の編年作業に有効であり期待されている。

⑤ 近畿地方

1970・72年には大阪府郡家今城遺跡が調査され、国府型ナイフを主体とした石器群が確認された。1971年、奈良県と大阪府の県境にあるサヌカイトの原産地として著名である「二上山遺跡群」の調査が開始された（同志社大学旧石器文化談話会1974）。1975・82年には二上山・桜ヶ丘遺跡の発掘が行われ、黄褐色粘土層と明黄褐色砂礫層からサヌカイト製のナイフ形石器、楔形石器、スクレイパーなどが多数発見された。しかし、この両層出土の石器群は基本的に同じであり、時期的差異は看取できなかった。また二上山北麓には35カ所以上の旧石器遺跡が分布している（堅田編1981）。

⑥ 中国・四国地方

広島県の中国山地にある冠高原には、石器の材料となる安山岩の大原産地が存在している。この高原に位置する冠遺跡から採集された旧石器が1976年に報告された。1979・80年には発掘調査が行われ、数十万点の石器群が発見され注目された。それらは層位的知見から、(ⅰ)第Ⅲ層黄色粘質土層上半の姶良Tn火山灰(AT)包含部以下の石器群、(ⅱ)AT以降の第Ⅲ層上半部のナイフ形石器を中心にする石器群、(ⅲ)第Ⅲ層上端の槍先形尖頭器を中心にする石器群の3つ以上の時期が確認された。

⑦ 九州地方

九州地方は日本考古学協会西北九州総合特別委員会の設立によって、考古学調査が頻発化し旧

石器時代遺跡の調査も多く行われるようになった。福岡県では 1972～74 年に門田（木下 1976)、1973・74 年諸岡遺跡（副島・山口 1976)、佐賀県では 1968 年に原（杉原・戸沢 1971)、1977～79 年に多久遺跡群の茶園原遺跡（多久市教育委員会 1979、1980)、長崎県では 1963・75 年に百花台（麻生・白石 1976)、1973～75・79・80 年に日ノ岳（下川・久村 1976)、1975 年に中山遺跡（萩原 1976)、大分県では 1967・79 年に岩戸（坂田 1980)、宮崎県では 1970～72 年に船野（橘 1975)、1977 年に今峠（橘 1978)、熊本県では 1968 年に石飛（池水 1968)、鹿児島県では 1966～68・71・74 年に上場遺跡（池水 1977）などが調査され多くの成果が挙げられている（小田 1980)。

⑧　沖縄地方

石灰岩の島嶼を中心にする琉球列島からは、更新世の化石人骨が多く発見されている。1962 年に伊江島のカダ原洞人（鈴木 1975)、1964 年に沖縄本島の大山洞人（鈴木 1975)、1966 年に桃源洞人（鈴木 1975)、1968 年に山下町第 1 洞人（高宮 1968、鈴木 1983)、1968～71 年に沖縄本島の港川人（Suzuki and Hanihara eds.1982、馬場 1984、2001)、1976 年に伊江島のゴヘズ洞人（伊江島教育委員会 1977、1978)、1978 年に久米島の下地原洞人（佐倉・大城 1996)、1978 年に宮古島のピンザアブ洞人（岸本・長谷川・佐倉・松浦ほか 1985）などである（安里・小田ほか編 1998)。

4　停滞期

（1）　日本の「前・中期旧石器遺跡」捏造事件

日本最古の文化である「前期旧石器文化」の追求は、1952 年（昭和 27）の青森県金木遺跡に始まり 1965 年（昭和 40）から行われた栃木県星野遺跡と周辺の「珪岩製旧石器群」が知られている。しかしこれら一連の遺物は、自然礫層や崩落礫層の 2 次堆積層に包含される「自然破砕礫」という理解に止まっていた。ところが 1980 年（昭和 55）に出現した宮城県座散乱木遺跡を出発点にする「新しい前期旧石器遺跡」の登場は、人工の「確かな石器」がその中に存在していたのである。この事実によって、東北地方の旧石器研究者、文化庁関係者、大学研究者を主導にした日本の「前・中期旧石器」研究が、20 数年にわたって実施され、定説化し、教科書にも掲載されるまでに至った。しかし、その結末は世界の旧石器研究史上稀にみる「遺跡捏造事件」として最悪の事態を招いてしまった。以下にその概要を記す。

①　江合川流域の旧石器遺跡

1972 年（昭和 47)、考古学に興味を持っていた藤村新一は、地元宮城県北部の江合川流域で数々の旧石器遺跡を発見する。明治大学を卒業し帰郷した鎌田俊昭と東北大学に籍を置いていた岡村道雄は、座散乱木遺跡で 3 万年以前と考えられる地層から石器を発見させられ、1981 年（昭和 56）に第 3 次発掘調査を行った。この調査で岡村は、恩師の芹沢長介も果たせなかった「本当の前期旧石器遺跡」を確認し、「ここに日本の前期旧石器論争は終結した」と宣言している。

②　宮城県での前期旧石器追求

その後、東北歴史資料館に移籍した岡村は、鎌田らと協力して宮城県内の前期旧石器遺跡を精

力的に発掘する。それは1980年山田上ノ台遺跡、1981年北前遺跡、1983年中峯C遺跡、1984年志引遺跡、1984～1988年馬場壇A遺跡などであった。中でも馬場壇A遺跡は多くの自然科学研究者の協力で「遺跡の存在」を力説したが、現在では、その科学的根拠は疑問視され、自然科学関係者たちの功罪も取り沙汰されている。

③ 前期旧石器研究の批判

小田静夫とC.T. Keallyは、1986年（昭和61）『人類学雑誌』に「宮城県の旧石器及び『前期旧石器』時代研究批判」という論文を記載した（Oda and Keally 1986）。この論文は、日本の前期旧石器時代研究の現状を、広く海外に知らせる目的もあって英文を中心に記述したが、日本人の研究者のためにも長文の和文要旨を付けている。その内容は、(ⅰ) 遺跡としての不自然さ、(ⅱ) 出土石器、(ⅲ) 石質の問題、(ⅳ) 年代の不備、(ⅴ) 武蔵野台地との対比などであった。この批判に対する岡村、鎌田らからの具体的な反論はなく、ただ考古学関係誌の回顧と展望などに簡単に触れられた程度であり、その内容はすべて宮城県の前期旧石器遺跡の「正当性」を主張するものであった。

④ 東京に前期旧石器出現

「小田・Keallyの批判論文」に対する答えとして、1987年、宮城県の前期旧石器推進者（鎌田俊昭、梶原洋、横山裕平、藤村新一）による「東京都多摩ニュータウン遺跡内での前期旧石器発見」という事実が返ってきた。これは『人類学雑誌』で「多摩ニュータウン地域内では毎年15ha以上の発掘調査が行われ、また多摩ローム以降の全層準が露出していて多くの研究者によって探索されているが、3万年を越える古さの遺跡は発見されていない」とした小田らの批判への回答であった。その後、都埋蔵文化財センターによるプレス発表で、マスコミは「関東で初めて前期旧石器発見」「永い論争に終止符」などと大々的に報道した。しかし、2000年（平成12）11月5日「遺跡捏造事件」が発覚し、同年12月、都文化課内に「多摩ニュータウン471－B遺跡調査委員会」が組織され検証が行われた。その結果2001年4月「捏造疑惑の濃い遺跡」と判定され、その後、都は都指定考古遺物ならびに遺跡登録を抹消した。

⑥ 上高森遺跡と捏造事件発覚

1988～1994年（昭和63～平成6）宮城県高森遺跡が、日本最古の遺跡として発掘され、1993年から上高森遺跡が2000年（平成12）まで調査された。とくに上高森では「埋納遺構」が多数検出され、さらに6点の玉髄製剥片が接合している。この接合資料については、小田らの「接合資料がない」という批判（Oda and Keally 1986）に答えるべく藤村が製作した資料であることが検証後判明している。

そして2000年10月、調査団長の藤村新一は、持参した石器を遺跡内に埋めている姿を新聞記者に撮影され、その後、仙台市内のホテルで、上高森遺跡と北海道総進不動坂遺跡の「捏造」を自白した。

⑤ 東北・関東地方にも前期旧石器遺跡

福島県では、柳田俊雄が中心になり、1990年（平成2）大平遺跡、1992年竹ノ森遺跡、1995年

原セ笠原遺跡、1995年原セ笠原遺跡、1999～2000年一斗内松葉山遺跡の発掘調査が行われた。そして2000年一斗内松葉山遺跡の検証発掘調査が行われ、捏造遺跡であることが判明している。

　山形県では、梶原洋によって、1993～1999年まで袖原3遺跡が発掘調査された。またこの遺跡発見の石器と、1998～1999年調査された宮城県中島山遺跡の石器が30kmも離れて接合し注目された。しかし、検証調査の結果この両遺跡とも捏造遺跡で、接合資料は藤村製作品であることが判明している。

　岩手県では、東北旧石器文化研究所・東北福祉大学考古学研究会によって、1995～2000年ひょうたん穴遺跡の発掘調査が行われた。検証調査の結果、中期旧石器段階の遺物、遺構はすべて捏造と判明した。

　北海道では、1998～2000年、長崎潤一、東北福祉大学、東北旧石器文化研究所によって総進不動坂遺跡の発掘調査が行われた。2000年この遺跡でも、藤村が新聞記者に石器を埋める様子を望遠レンズで撮影されており、その証拠写真により藤村は、前述した仙台市内のホテルで、一部の捏造を認めた。がしかし、検証発掘の結果すべて捏造した遺跡と判定された。

　埼玉県では、1999～2000年、藤村新一、埼玉県埋蔵文化財調査事業団によって秩父市小鹿坂、長尾根遺跡などの発掘調査が行われた。この調査期間中に捏造事件が発覚し、ただちに埼玉県教育委員会内に「前期旧石器時代遺跡緊急調査事業検討委員会」が設置され、検証後すべて捏造遺跡と判定され、その後、遺跡登録を抹消した。

　こうして、「遺跡捏造事件」発覚後、考古学協会の「前・中期旧石器問題調査研究特別委員会」が厳密に精査・検証を行った結果、各地で次々と捏造遺跡の登録が抹消された。そして、2002年5月に開催された考古学協会総会においては、「藤村関与の前・中旧石器時代の遺跡および遺物は、それを当該期の学術資料として扱うことは不可能である」という考古学協会の見解が出されるに至った。2003年3月宮城県においても、遺跡登録（129カ所）が抹消され、5月にその最終報告が出された。

（2）　前・中期旧石器遺跡捏造に関しての集会・文献
　①　研究集会
　前・中期旧石器検討―遺跡を検証する―：　2000年12月23日～24日、福島県立博物館で東北日本の旧石器文化を語る会主催。
　シンポジウム前期旧石器問題を考える：　2001年1月21日、日本教育会館で文部科学省科学研究費特定領域研究「日本人および日本文化の起源に関する学際的研究」の考古学班主催。
　シンポジウム石器捏造問題を語る：　2001年3月17日、帝塚山短期大学で行われた日本情報考古学会第11回大会。
　公開討論会「旧石器発掘捏造問題」をいかに解決するか―日本の前・中期旧石器研究の現状と課題―：　2001年5月20日、駒澤大学で行われた日本考古学協会総会。
　シンポジウム旧石器を科学する：　2001年12月15日、東京大学で行われた第3回考古科学

研究会。

　旧石器時代研究の新しい展開をめざして―旧石器研究と第四紀学―：　2002年2月23日、東京都立大学で行われた日本第四紀学会・日本学術会議第四紀研連委員会ミニ・シンポジウム。

　そして、この他にも各地で多くの研究会・講演会・シンポジウムなどが開催された。

　②　特集した雑誌・単行本

　「科学2月号、3月号」(2001、2002)、『季刊考古学74』(2001)、『緊急取材・立花　隆「旧石器ねつ造」事件を追う』(朝日新聞社2001)、『発掘捏造』(毎日新聞社2001)、「SCIENCE of HUMANITY BENSEI 34、40」(2001、2002)、『検証日本の前期旧石器』(学生社2001)、『前期旧石器問題とその背景』(ミュゼ2002)、『旧石器発掘捏造のすべて』(毎日新聞社2002)、『旧石器遺跡捏造』(文春新書2003)、等その他多数の捏造関連書籍が出版された。

(3)　新しい日本の旧石器時代研究に向けて

　2000年11月の「遺跡捏造事件」発覚以来、日本考古学協会では2001年5月に「前・中期旧石器問題調査研究特別委員会」を設置し、検証作業をスタートさせた。その後、2002年5月に『前・中期旧石器問題調査研究特別委員会報告 (II)』、2003年5月には『前・中期旧石器問題の検証』として検証結果がまとめられた。こうして、この日本考古学界を震撼とさせた「遺跡捏造事件」が一応総括された。

　時代が移り、これからの「旧石器研究」は、考古学、人類学、地質学、年代学は言うに及ばず様々な分野の広い知識と、アジア、ヨーロッパ、さらに人類の発祥地アフリカ地域など諸外国のグローバルな見識が要求される。未来を担う若い考古学徒が、この研究史を踏まえ、温故知新の精神を活かし研鑽されることを願って止まない。

2. 日本旧石器文化の様相

　戦後本格的に始まった日本の旧石器時代研究は、ますます複雑さを増し遺跡数にしても全国的な規模で増加し、その数も400ヵ所を超えようとしている。遺跡の分布も北は北海道から、南は沖縄まで確認されるにいたった。永い間、無遺物層として誰しもが疑わなかったローム層（火山灰）中深くに、このように多くの旧石器文化が、それも縄文式土器包含層より下層に発見されようとは、群馬県岩宿遺跡発見（1949年）以前の日本の考古学者達には想像もつかなかったことに違いない。この新しい旧石器研究分野の登場と短い研究史の中で、これ程までに研究が進展した背景には、その間、実に80年もの日本考古学の苦闘の歴史があり、それとともに既成の古い概念や先入観をもたない少壮研究者の積極的な参加があったことは忘れてはならない事実であろう。

　しかし、この輝かしい日本旧石器時代研究の歩みの反面、これまでに蓄積された膨大な遺跡数とその資料を目前にすると、はたして、それらが有効な研究方法によって処理・考察されてきたかといえば、決してそうとはいえない。むしろ、多くの問題点を抱えて現在にいたってしまったといっても過言ではあるまい。たとえば、この時代の名称の混乱（先縄文、先土器、無土器、旧石器、無土器新石器など）に始まり、石器の型式認定、技術的分析研究、編年考察の多様化、石器群系統に関する諸説など、どれをとってみても、未解決のまま残されている重要な課題である。こうした問題に対して、過去に積極的な取り組みがなかったわけではないが、むしろその多くが資料の検出と、それら編年序列の探索にのみ視点が注がれ、それ以外のテーマは、旧石器研究の正道を逸脱したものとして影を薄くさせられていたのである。そういう意味では、「発見＝学問」であった訳で、こうした研究体制が起因して現在の混乱状況を招いてしまったともいえるのである。そこで、このような研究方向への反省を踏まえ、より有効な新しい方法論を見出し、日本の旧石器時代の正しい歴史と正当な理解のために努力することが我々に与えられた急務だといえよう。

　この論考での視点は、日本旧石器時代における現在の課題に立脚し、その矛盾をとらえ、従来の体制の過ちを指摘し、新たな解釈を与えようとする意図を持つものである。したがって、ここでは日本列島を石器群の様相から「西南日本」と「東北日本」の2つの地域に分けて考察し、この対峙して存在する2つの旧石器文化を比較することで、それぞれの地域性を把握することが主目的に置かれている。また、その中でも比較的その石器群変遷がとらえられつつある南関東および西南日本を中心に、その特性を明らかにしてみると、日本の旧石器時代様相は今まで考えられていた以上に豊富な生活内容を有しており、その初期から発達した「細石器化」の進んだ旧石器

2. 日本旧石器文化の様相　23

- ● 小形ナイフ形石器
- ○ 茂呂型・国府型ナイフ形石器
- ◐ 小形・茂呂型・国府型複合
- ▲ 東山型ナイフ形石器
- △ 杉久保型ナイフ形石器

図1　ナイフ形石器文化の遺跡分布と石器群様相 (Oda 1969)

文化を保持していたことが理解されるのである。このことは従来すぐさま日本の旧石器文化を、周辺大陸の旧石器時代文化と比較して、同じ進化段階や時期範疇での研究が行われてきた方向性に対し、新たな疑問を投げかけるものである。そして、よりグローバルな視野に立った時代概念を、日本独自の石器時代理解として、再吟味せざるを得なくなったと考えることができる。

　筆者はここであえて日本の旧石器時代を、細石器文化的技術基盤の上に培われたものであるという視点 (Oda 1969 a) から、アジアの中石器的基盤の上に培われた「旧石器文化」であろうという考察を展開してみたのである。

1　地域の様相

　日本列島はアジアの東端に位置し、細長く弧を描いて東西に伸びる島嶼群である。その地形的特色は、山脈が多く走り、平野はその山脈の間を縫うように細々と分布し、河川は山岳を鋭く削り急流で流量に乏しく、湖沼は比較的発達していない。気候は大きく西南日本と東北日本の2つの地域に分かれ、中でも太平洋岸と日本海側では対照的に異なり、森林帯も同様に南の照葉樹林帯と北の落葉広葉樹林帯に大別されている。このような自然環境が、ただちにここで論じようとする旧石器時代に通用するとは考えられないが、現在、ローム層中から発見される旧石器時代の石器群様相は、決してこれを否定するものではなく、むしろ肯定する材料の方が優勢である。

　地域という概念は各種各様の解釈が与えられているが、普通は、自然環境によるものと、社会環境（人文環境）によるものとの2通りがある。われわれがここで論ずる場合の地域とは、はたしていかなる規定の上での概念なのであろうか。小野昭は、ナイフ形石器をテーマにした論文中で、ナイフ形石器の地域性とは、ナイフ形石器を組成の上で主体的に包む諸石器群が、その内容において場所的特性を持つ範囲に対して与えられるべき概念であると述べている (小野 1969)。地域の把握はそれぞれの遺跡の比較に基づいて、その共通性を見出し、その要因が何によって生じているかを読み取り、その上でグルーピングされた一定の範囲（集団）を踏まえることにあり、それが歴史的な時代性として捉えられた時に、初めて地域性の復元に近づいたといえるのだろう。また地域を規定する要因として、まず一般的に考えられるものは「自然環境」であろう。

　世界の民族例が示すように、砂漠、ステップ、森林、ツンドラ、海岸、海洋など生活舞台の相違が、そこに生活する人びとのすべて（住居、道具、信仰、風俗、習慣など）にわたって、固有の文化を作りあげていることは周知の事実である。石器の相違がただちに前述の民族例を意味するものではないにしても、少なくともその一端であることは十分考えられよう。当然、石材の原産地とその種類による制約がそこに反映していることはいうまでもない。旧石器時代の場合は黒曜石、チャート、頁岩、サヌカイト（安山岩の一種）などの産出地域と石器群のかかわりは石材決定論とまでは行かないが、大きな要素であるといわねばならない。そこで、各石器群の特徴の指摘とそれに共通する遺跡の分布範囲を辿ってみる必要性がでてくるのである。

　現在、日本列島に発見される旧石器時代遺跡は、次の2つの石器群様相のどちらかに属してい

る。その1つは「ナイフ形石器」を持った石器文化、もう1つは「細石刃」を特徴とした石器文化である。この2者はまた、前者が古く、後者が新しいという時間的先後関係でとらえられることはいうまでもない。さらに、この2者は、ある地域では1遺跡で単純な様相で、またある地域では重複した文化層として複雑な関係で存在するが、ほぼ日本列島中央部を境にして、両文化ともに大きく「西南日本」と「東北日本」という2大旧石器文化圏として存在しているのである。

次に石器文化の様相を具体的に論述していきたい。

(1) ナイフ形石器文化

まずナイフ形石器文化であるが、ナイフ形石器自体の形態的特色にそって、この問題を論じてみることにする。

第1は「茂呂型ナイフ形石器」とよばれるものであり、東京都茂呂遺跡（杉原・吉田・芹沢 1959）で発見されたことからこの呼称がある。基部は丸みをもち、先端は尖っているのが特徴で、黒曜石やチャートを主石材にして作られる。関東から中部地方南部を中心にして西南日本に発見されている。

第2は「杉久保型ナイフ形石器」である。これは長野県野尻湖底杉久保遺跡（芹沢・麻生 1953）で発見されたもので、非常に整った石刃を材料にし、先端や基部を細く尖らせた優美なもので柳葉形を呈する。中部地方北部から東北地方全域に広がりをもち、硬質頁岩を主石材にしている。また興味あることに、杉久保型は津軽海峡を渡った北海道には認められていない。

第3は「国府型ナイフ形石器」で、大阪府国府遺跡（島・山内・鎌木1957）の出土品を指標としている。全体の形は細長く茂呂型よりもむしろ杉久保型に近い。このナイフ形石器の特徴は、何といってもサヌカイトを素材にした「瀬戸内技法」とよばれる横剥ぎ石刃から作られることにある。中部地方の長野県伊勢見山遺跡（樋口・小林1964）の下層文化に類似資料が確認されているというが、その詳細は不明である。その多くはサヌカイト産地がある瀬戸内地域を中心に、やはりサヌカイトの多産する西・中九州の一部にも分布している。

第4は「東山型ナイフ形石器」で、山形県東山遺跡（加藤1964）において、比較的新しく確認されたナイフ形石器である。この発見によって、今までナイフ形石器の存在が明確でなかった地域、たとえば北海道にもナイフ形石器が位置づけられるようになった。日本有数の大形石刃剥離技術を持ち、その剥離された大形石刃の打面を大きく残し、基部周辺あるいは先端部にわずかな刃潰し加工を施したナイフ形石器である。杉久保型のように両端を鋭く尖らせることもなく、またナイフの先端部から主要剥離面とは逆の方向からの剥離痕が入っているのがその特徴である。北海道と東北地方を中心にして、一部中部地方北部、北関東地方にまで発見されている。良質の硬質頁岩、黒曜石（北海道東部）を主材にしている。

第5は所謂「小形ナイフ形石器」とよばれ、小・中形石刃を自由に折り取り、三角形、半月形、柳葉形などに仕上げた幾何学的なナイフ形石器の一群である。茂呂型と分布を同じくし、おそらく同じ系列の中での発展形態と思われるが、石材は多種多様でその地域ごとに特色を示して

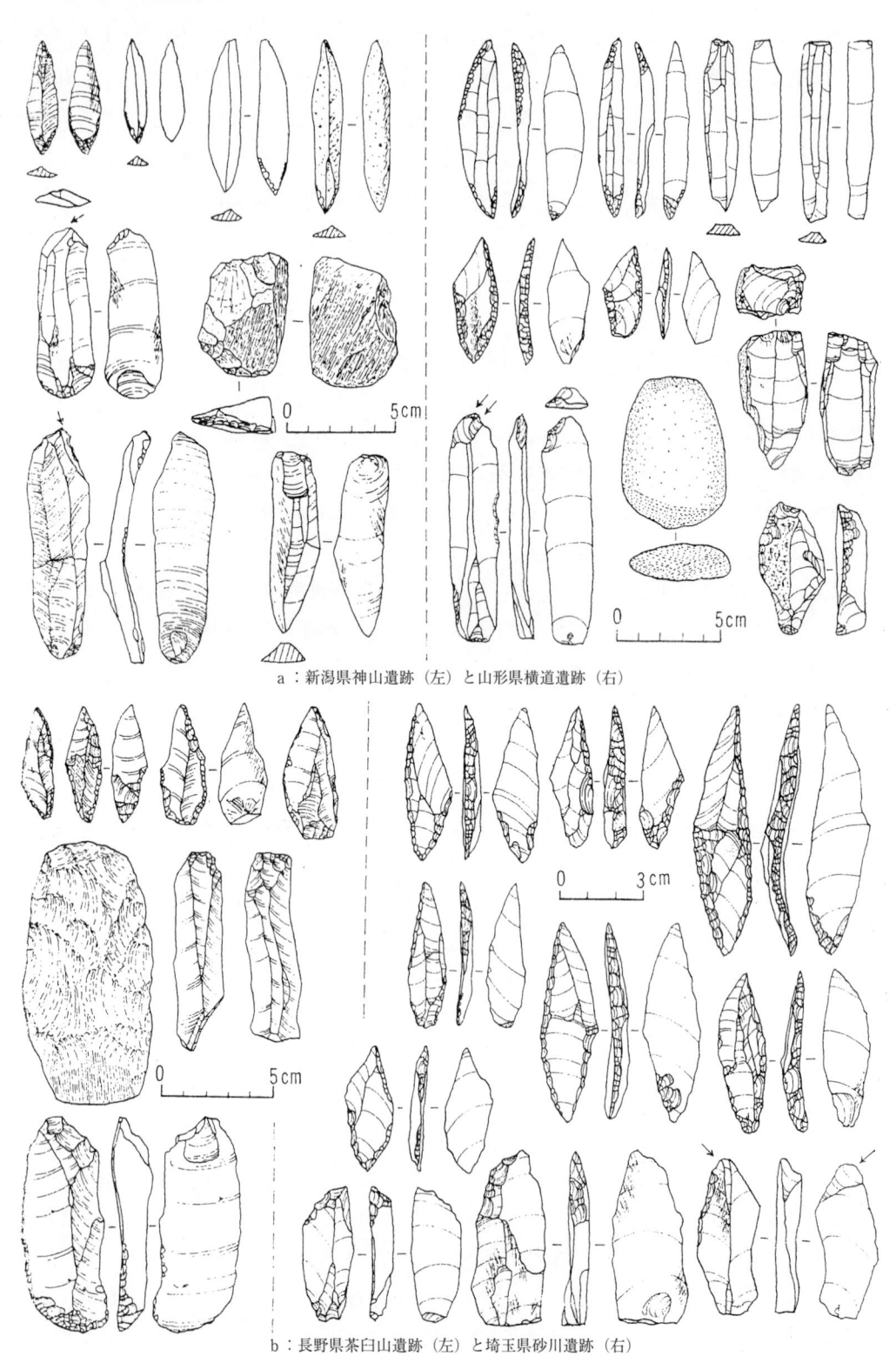

a：新潟県神山遺跡（左）と山形県横道遺跡（右）

b：長野県茶臼山遺跡（左）と埼玉県砂川遺跡（右）

図2　ナイフ形石器文化と石器群様相（Oda 1969）

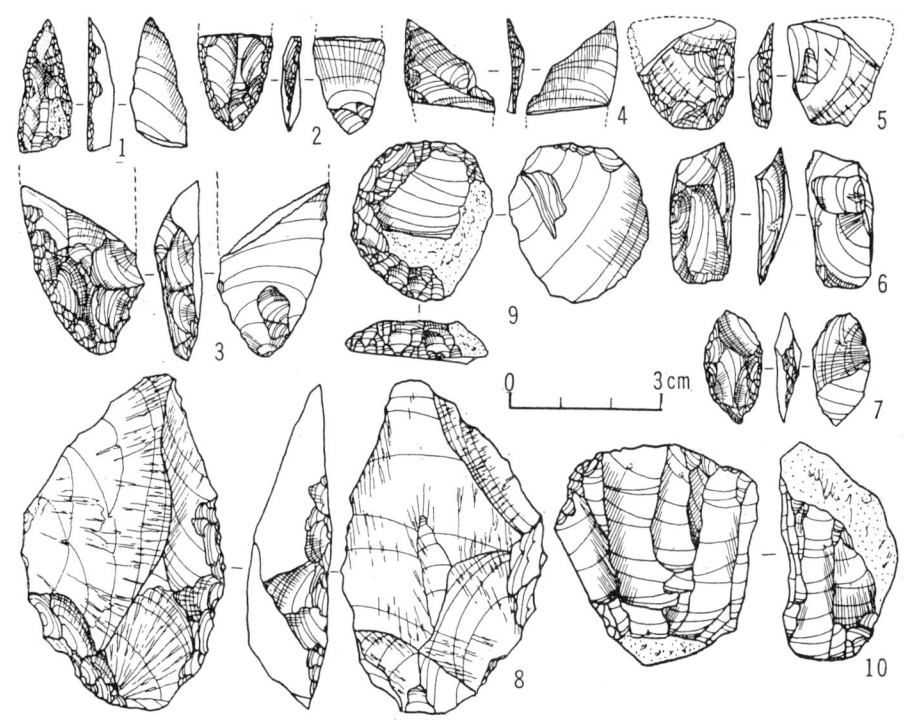

a：国際基督教大学構内遺跡第28C地点（野川遺跡第Ⅳ-1文化層）

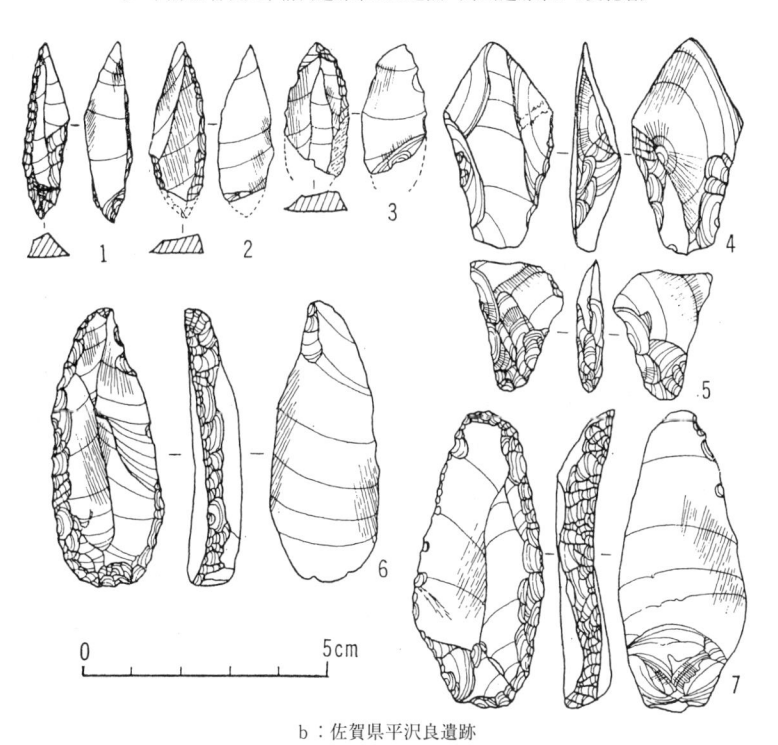

b：佐賀県平沢良遺跡

図3 ナイフ形石器文化と石器群様相 (Oda 1969)

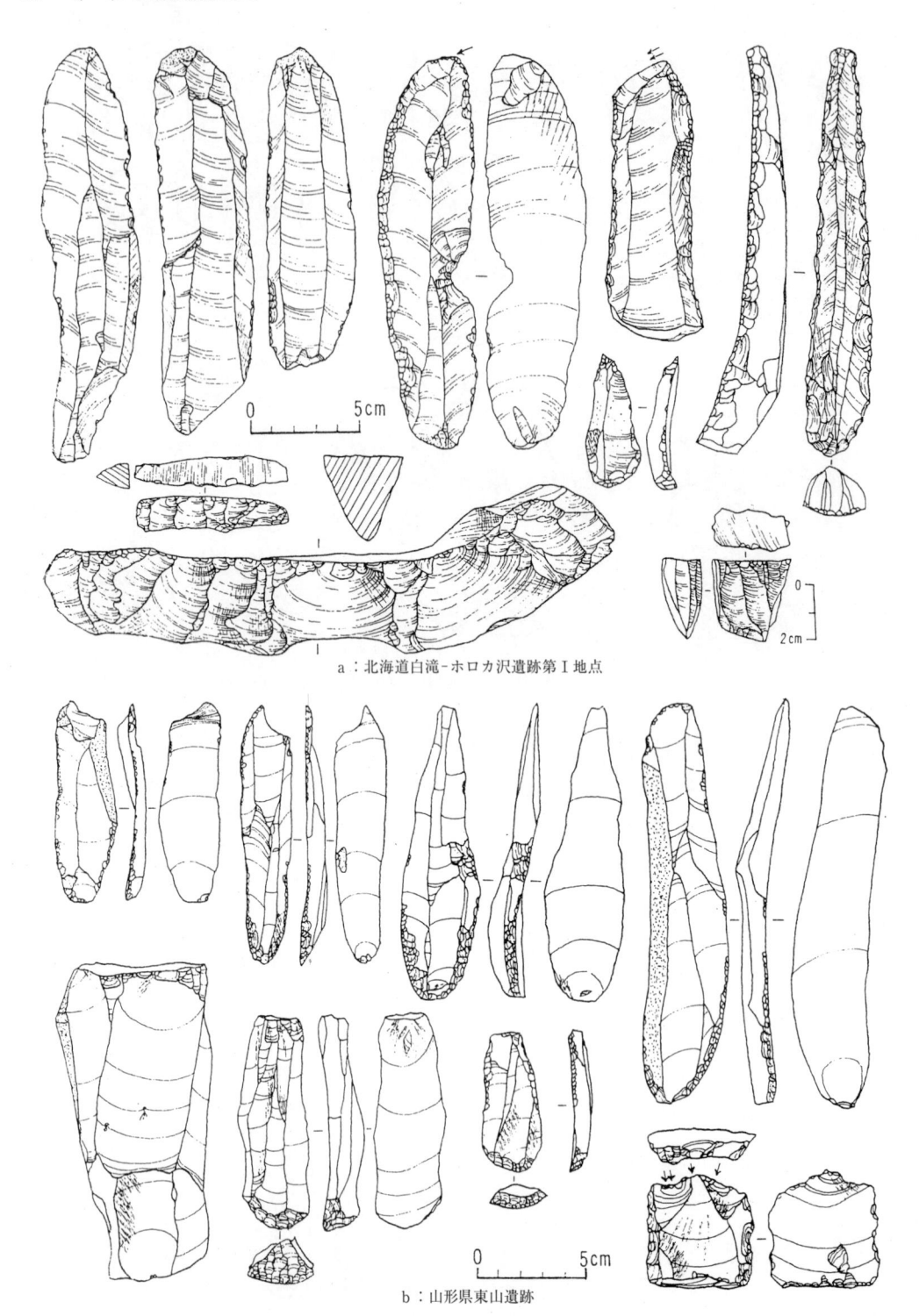

a：北海道白滝-ホロカ沢遺跡第Ⅰ地点

b：山形県東山遺跡

図4　ナイフ形石器文化と石器群様相（Oda 1969）

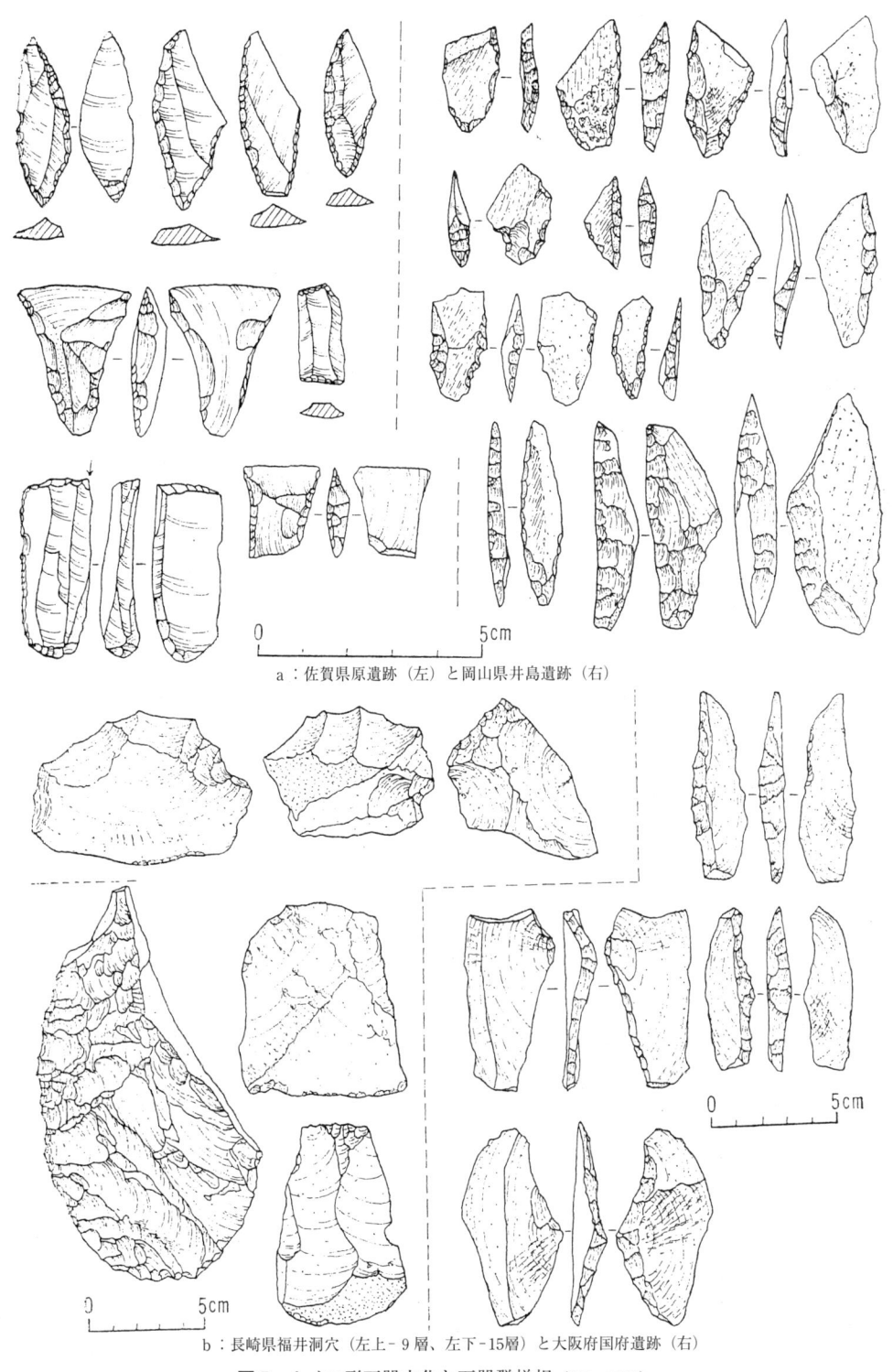

a：佐賀県原遺跡（左）と岡山県井島遺跡（右）

b：長崎県福井洞穴（左上-9層、左下-15層）と大阪府国府遺跡（右）

図5　ナイフ形石器文化と石器群様相（Oda 1969）

いる。
　こうした5型式のナイフ形石器の分布を見ると、そこには中央日本を境にして東北日本に杉久保型・東山型が，西南日本に茂呂型・国府型・小形ナイフ形がそれぞれ対峙する状況で存在することがうかがえる。この相違はナイフ形石器に留まらず、石器組成、遺跡のあり方など、その地に営まれた石器文化の総合面からもいえることで、その生活環境が大きく起因しているものと思われる。つまり東北日本では比較的大形の石器を使用する自然環境があり、一方西南日本では、早くから石器が小形化されるような自然環境があったということであろう。

(2) 細石刃文化

　次に細石刃文化であるが「細石刃」とは円錐形、半円錐形、舟底形，半舟底形の細石刃核から連続的に剥離されたきわめて小さな石刃で，幅1.2cm以下、長さが幅の二倍以上あるものをいう。細石刃の用途は木や骨の軸に彫られた細い溝に嵌め込まれて、銛や短剣、ときには鋸や鎌の役目をも果たす道具（組み合わせ道具）を作る部分品である。このことから、日本では「細石刃文化＝細石器文化」という通念が生まれ、これより古いナイフ形石器文化が細石器文化以前の所産とされたのである。この通念はいずれ打破しなければならないだろう。
　細石刃文化では細石刃核の形態が、その分類の基準に用いられる。それは大きく「舟底形」と「円錐形」に分けて考えることができる。この他に中間的な半舟底形や半円錐形のものも存在するが、大局的にみればこの2者で誤りはないであろう。
　まず、舟底形細石刃核であるが、これには2つの流れがある。北海道を中心にして東北地方から中部地方北部にまで分布の辿れる「湧別技法」(吉崎1961)をもった細石刃文化と、もう1つは西北九州を中心にして瀬戸内あたりまでその類例が認められる「西海技法」(麻生1969)ないし「福井技法」(Hayashi 1968、芹沢1969)をもった細石刃文化である。この両者は細かい点で異なる要素を多分にもっているが、まず両面加工石器を製作し、このブランクと呼ばれる尖頭器状の製品から細石刃核を作るという点では同じ技術体系のものである。また、湧別技法の黒曜石製細石刃核の甲板部（打面）には、何かで擦った擦痕が多く認められる。この擦痕を根拠にして細石刃核と区別して、コアービュラン（彫器）と呼ぶ研究者もいる（吉崎1961）が、その根拠は少ない。西海技法ではこの擦痕が甲板部ではなく、石核両側面のウロコ状剥離の縁辺に、擦り減った状態で観察されている。いずれもこの擦痕は、細石刃剥離の過程でついたキズ、たとえば、細い骨などの剥離具の滑り止めや、剥離時の石核固定具との摩擦痕などの可能性を求める解釈の方が妥当であろう。
　次は円錐形細石刃核を持った仲間で、やはりこれも関東・中部地方南部を中心にして九州まで広い分布を示している。長野県矢出川遺跡（戸沢1964）に代表される円錐ないし半円錐形と、北海道置戸安住（戸沢1967）と紅葉山遺跡（藤本1964）で代表される見事な円錐形をもった細石刃核との2者が存在している。このようにナイフ形石器にみられたと同様に、細石刃文化においても地域的様相が認められるが、ナイフ形石器に比べ、現在その遺跡の発見数が少なく、東北地方

2．日本旧石器文化の様相   31

● 舟底形細石刃核（白滝・福井技法）
○ 半円錐形・円錐形細石刃核
◐ 舟底形・半円錐形・円錐形複合
▲ 舟底形細石刃核（湧別技法）
△ 円錐形細石刃核

図6　細石刃文化の遺跡分布と石器群様相（小田 1969）

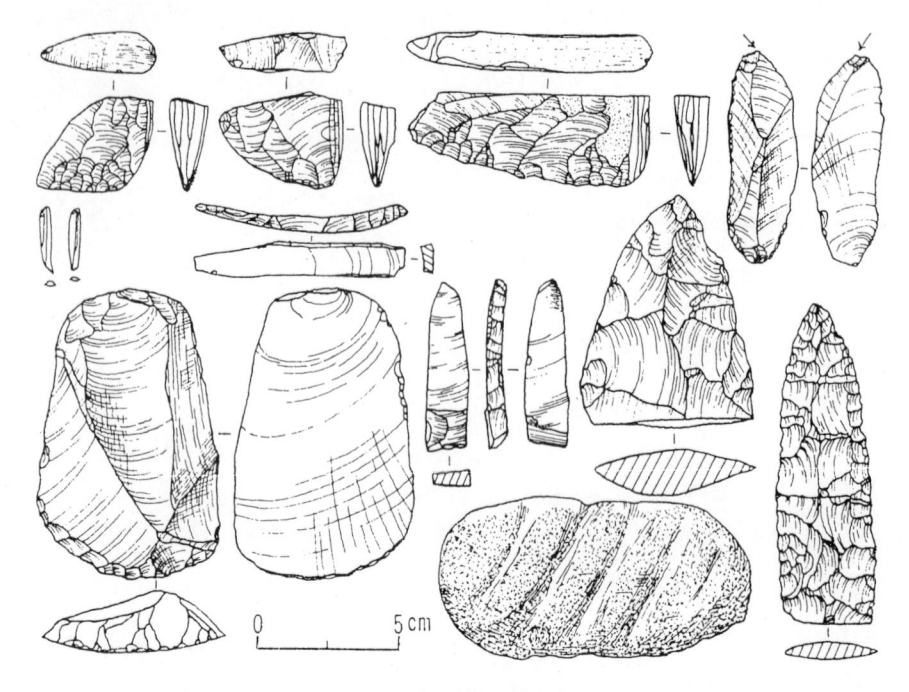

a：北海道白滝遺跡第30地点

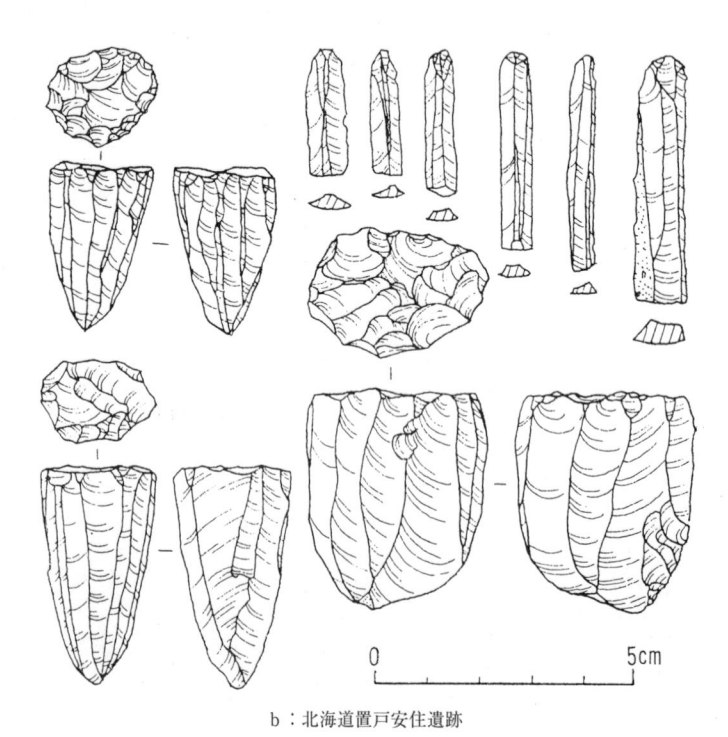

b：北海道置戸安住遺跡

図7　細石刃文化の石器群様相（Oda 1969）

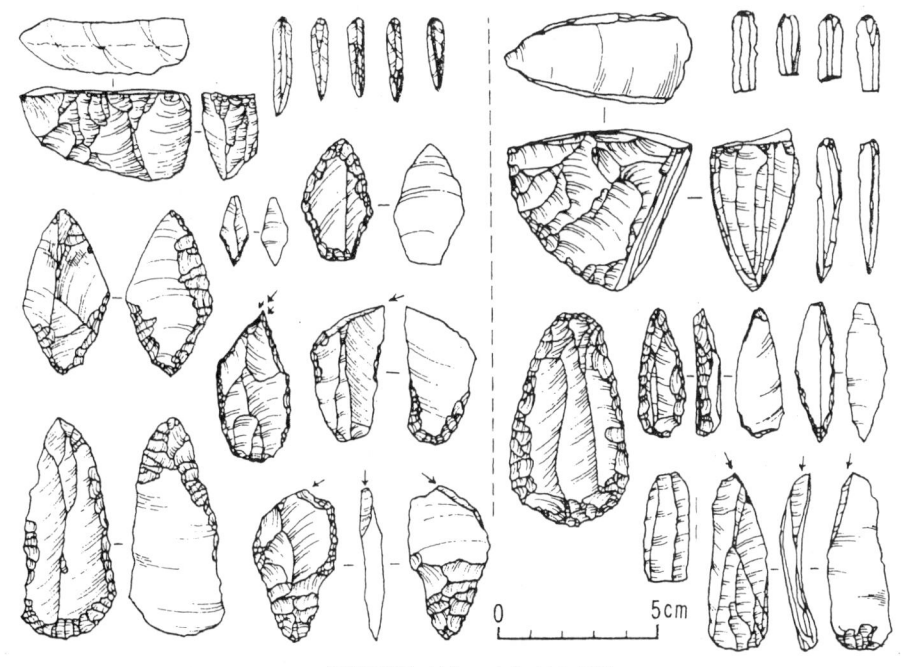

a：新潟県荒屋（左）・中土（右）遺跡

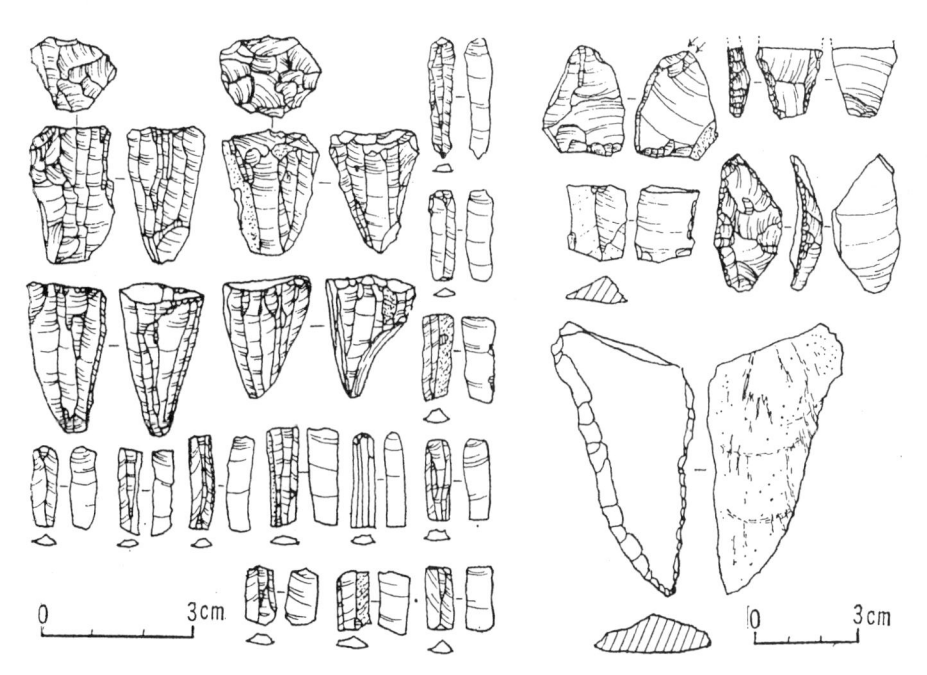

b：長野県矢出川遺跡

図8 細石刃文化の石器群様相（Oda 1969）

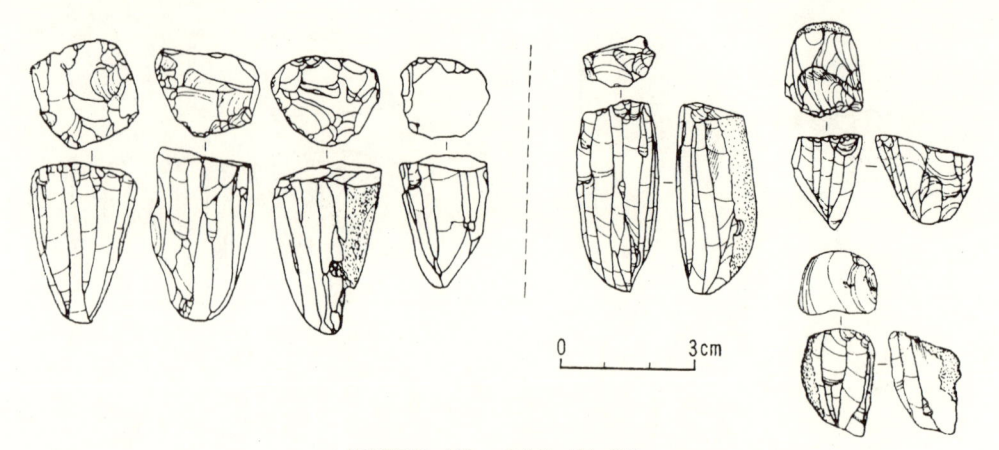

a：長崎県野岳（左）・宇久島（右）遺跡

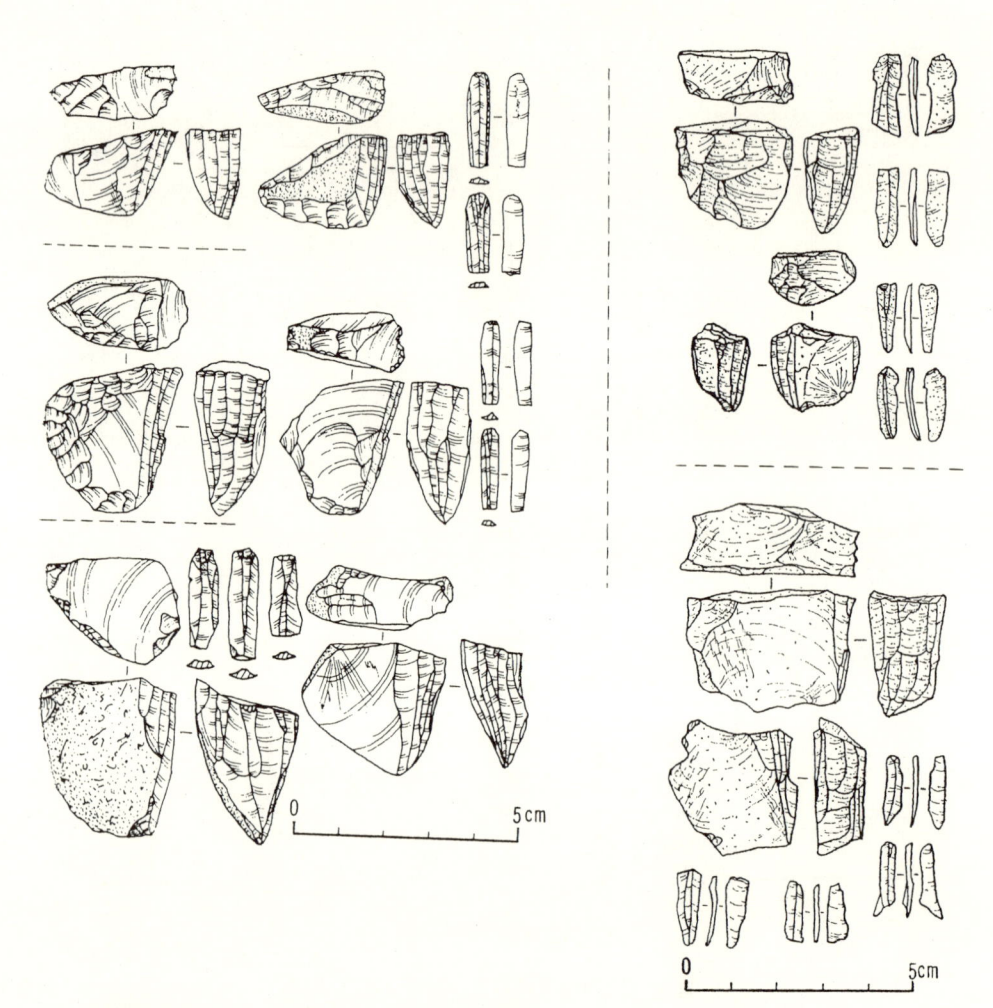

b：長崎県福井洞穴（左上：2層、左中：3層、左下：4層）　　c：岡山県井島（上）・鷲羽山（下）遺跡

図9　細石刃文化の石器群様相（Oda 1969）

ではまだ確かな発見例がない状況である。したがって、その文化系統も今後に残された課題といえるが、やはり、中央日本を境にして大きく東北日本と西南日本に区分出来そうである。

　ナイフ形石器、細石刃石器群分布から看取される「西南日本」「東北日本」という両石器文化圏は、当時の地域性を示すもっとも確かな考古学的資料であろう。また、各石器文化圏においても、その中に小さな地域性が認められる事実が判明している。それらを系統的に羅列してみると列島内の旧石器文化は、常に北と南からの影響によって、文化圏の拡張・縮小、さらには地域文化の内部的動態が看取されるのである。

2　層位的出土例から見た石器群の流れ

　各石器群を平面的立場からとらえる事とともに、縦の関係（つまり編年）でとらえる事も時代の物差しの設定において重要な仕事である。この問題を解決する糸口は、まず層位的重複関係で発見された遺跡の把握と、その積み重ねが必要であろう。今日、この問題に答え得る遺跡は全国で20ヵ所前後あるが、それらのほとんどが西南日本に発見された遺跡である。そして、最初の発見遺跡である群馬県岩宿遺跡（杉原1956）がそうであったように、日本の旧石器時代研究が多文化層重複遺跡から出発した研究史と、常に新資料の検出と編年的石器群序列にのみ努力が払われて来たことが幸いしてか、比較的石器群様相が早く把握されることになった。しかし、従来の示準石器を取り出して、その特徴的な石器によって編年するという方法論は、現在の膨大な資料の蓄積の前には、ほとんど役に立たなくなっているといえよう。ここで層位的な出土例を示した旧石器遺跡を挙げて、その内容を検討してみることにしたい（芹沢1967）。

　この中で、とくに問題になる遺跡は、栃木県星野（芹沢1966、1968）、大分県早水台（芹沢1965）、同県出羽洞穴（鈴木1967）、山口県磯上（小野1968）、愛知県加生沢（紅村1968）、山形県上屋地（加藤1968）遺跡などである。これらの遺跡は、現在一部の研究者によって認定されている所謂「前期旧石器時代」遺跡・遺物である。筆者は、星野遺跡第3地点第3文化層の遺物に対して、立派な人工品であり、それらは立川ローム期石器群の石器組成として十分な内容であるという見解を示したことがある（小田1969）。これは芹沢が前期旧石器時代の文化期とした星野Ⅳ文化を、武蔵野台地の石器群と比較し対比した結果、無理に古い前期旧石器段階にする必要がないことを指摘したものである。当時、前期旧石器文化の存在に対する批判はいくつかあったが、小野昭は重要な視点を述べ検証している（小野1969）。この日本の前期旧石器問題は、何はともあれ今後の検討課題として残されている。

　現在、この不確かな前期旧石器文化を除いた日本の旧石器時代の流れは、大きく5つのフェーズ（Phase）に分けて考えることができる（Oda 1969 a）。

(1) フェーズⅠ

　フェーズⅠは、現在、日本列島に発見される確かな最古の旧石器群である。両面加工の楕円形

石器とナイフ状石器，削器，彫器それに打面調整のない比較的大形の石刃を伴っている。群馬県岩宿第Ⅰ文化層（杉原 1956）、武井第Ⅰ文化層（杉原 1955）、栃木県磯山（芹沢 1967）、長崎県福井洞穴第 15 層文化（鎌木・芹沢 1965）などが代表的な遺跡である。

(2) フェーズⅡ

　フェーズⅡは、ナイフ形石器を特徴として彫器、掻器，削器、それに一部で「磨製石斧」が伴っている段階である。遺跡として東京都茂呂（杉原・吉田・芹沢 1959）、埼玉県砂川（戸沢 1968）、神奈川県月見野Ⅰ（月見野遺跡群調査団編 1969）、長野県茶臼山（藤森・戸沢 1962）、同・池のくるみ（金井・石井 1966）、佐賀県平沢良（杉原・戸沢 1962）など多くの遺跡が発見されている。

　剥片剥離技術としては石刃技法が盛行し、石刃核も打面調整がよく行われている例が多い。また東北日本ではフェーズⅡ・Ⅲに比定される時期に杉久保型・東山型ナイフ形石器が広く使用されている。杉久保型として長野県杉久保（信州ローム研究会編 1963）、新潟県神山（芹沢・中村・麻生 1959）、山形県横道（加藤・佐藤 1963）、東山カ型には山形県東山、同横前（柏倉 1964）北海道ホロカ沢Ⅰ（白滝団体研究会編 1963）、同樽岸（函館博物館編 1956）、同中本（加藤・桑原 1969）などの遺跡がある。

(3) フェーズⅢ

　フェーズⅢは、小形ナイフ形石器に特徴を示す時期で、石器組成も多種多様である。静岡県池端前遺跡（麻生・小田 1966）を例にとれば、ナイフ形石器、尖頭器（？）、掻器、削器、彫器それに石皿、磨石、敲石、砥石など、今までになかった豊富な石器組成をみせている。遺跡数においてもその増加は著しい。また、中部山岳地帯から関東平野の一部に、「尖頭器」を特徴的に持った石器文化が栄えているのも見逃せない。あらゆる点で、この時期が日本旧石器時代の１つの上昇期といえる。遺跡としては東京都 I.C.U.Loc. 28 c（Kidder・小山・小田他 1970）、殿ヶ谷戸（吉田 1952）、千葉県丸山（杉原・大塚 1955）、埼玉県市場坂（滝沢 1964）、長野県手長丘（林 1963）、雪不知（藤森・中村 1964）、渋川（宮坂 1962）、八島（戸沢 1959）、御小屋久保（宮坂 1960）、馬場平（芹沢 1955）、上ゲ屋（樋口・森島・小林　1962）、治部坂（大沢・松島・宮坂 1963）、伊勢見山（樋口・小林 1964）、岡山県鷲羽山下層（鎌木 1956）、宮田山（西川・杉野 1959）、香川県井島下層（鎌木 1957）、佐賀県原遺跡 A・B 地点下層（杉原・戸沢 1968）、長崎県百花台第Ⅰ・Ⅱ文化層（和島・麻生 1963）、熊本県石飛Ⅳ・Ⅵ層（池水 1968）、鹿児島県上場Ⅳ・Ⅵ層（池水 1967）、大分県岩戸遺跡（芹沢 1967）などがある。

　またこの段階の終末は数々の問題点が指摘出来るが、その中でもっとも重要なものはこれほどまでに栄えたナイフ形石器製作の技術伝統が、次のフェーズⅣではほとんど消失してしまう事実である。その起因が何であるかは後で論述するが、この終末期に現れるナイフ形石器の１形態に、発達した「台形石器」が存在していることをここで指摘しておきたい。

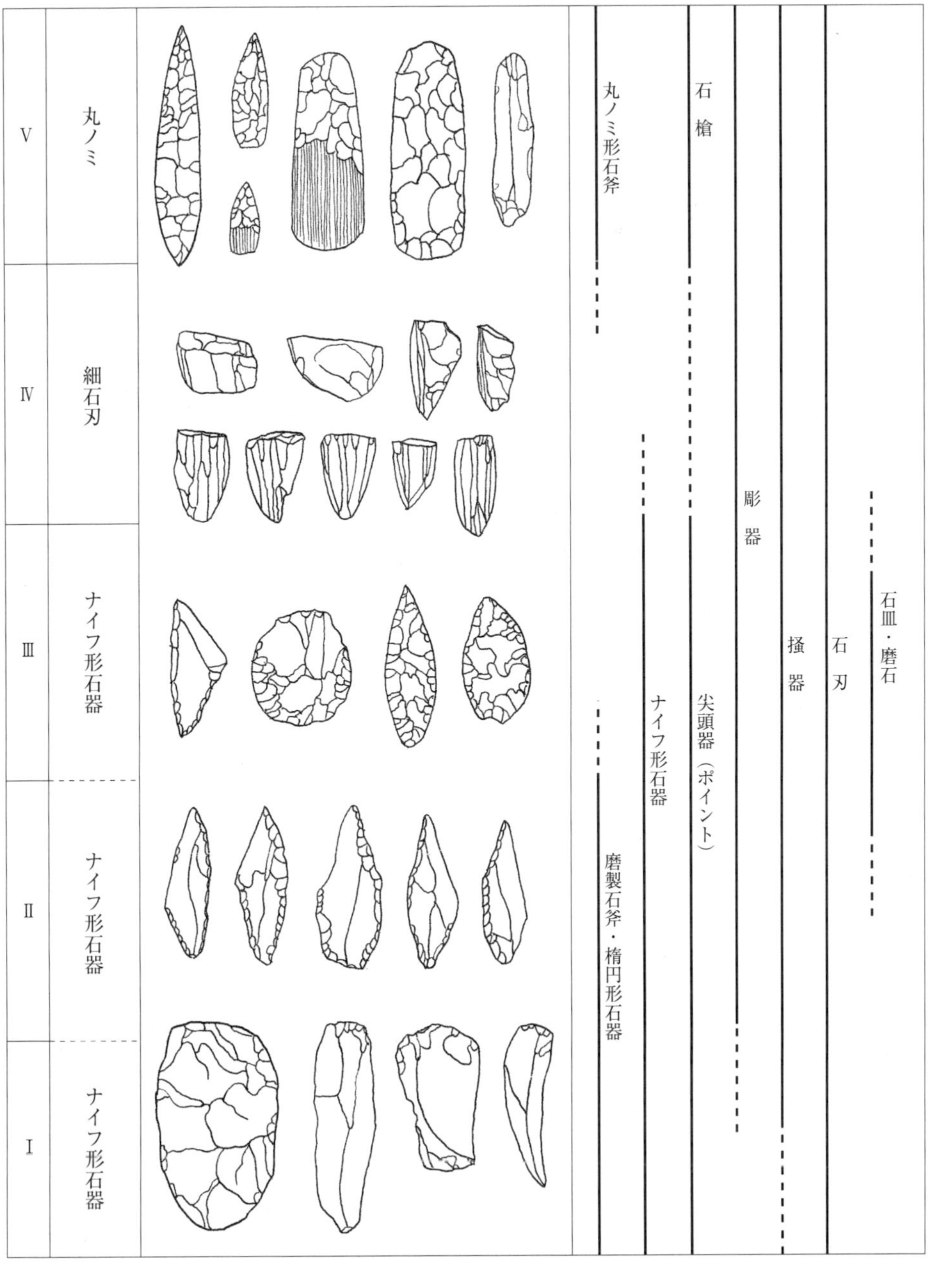

図10 日本における旧石器文化の編年

(4) フェーズⅣ

　フェーズⅣは、細石刃を主体にした時期である。ここで1つの問題が生じてきた。今まで述べたフェーズⅠ～Ⅲの段階は、すべてナイフ形石器という一連の流れの発展であったが、ここで新たに「細石刃」という異質の石器文化が登場することである。この石器文化は、現在日本列島内ではその発生をうかがうことができない外来の石器群である。

　それにはまず第1に、西南日本を舞台にした「円錐・半円錐形細石刃核」をもつものがある。遺跡としては長野県矢出川（戸沢1964）、静岡県休場（杉原・小野1965）、岐阜県海老山（河合・吉田・紅村1959）、熊本県石飛Ⅲ層（池水1968）、鹿児島県上場Ⅲ層（池水1967）、長崎県野岳（麻生1965）、宇久島（麻生1965）、百花台第Ⅲ文化（和島・麻生1963）、福井洞穴4層（鎌木・芹沢1965）、佐賀県原A上層（杉原・戸沢1968）がある。

　第2は、前者より新しいものとして、「舟底形細石刃核」の一群が西北九州を中心に分布している。長崎県福井洞穴2、3層、佐賀県原遺跡B地点上層などである。また、香川県井島上層、岡山県鷲羽山上層などは、その亜流に入るだろう。そして重要な点は、福井洞穴2、3層で細石刃と縄文土器（隆線文、爪形文）が伴出している事実である。つまり、西北九州の舟底形細石刃文化は、すでに土器文化の段階にあったのである。一方、この西南日本に分布をみせる細石刃石器群は、ともに石器組成が貧弱であることも指摘しておこう。わずかに百花台第Ⅲ文化層にナイフ形石器、彫器、掻器のセットがうかがえるにすぎない。それに比べ東北日本における細石刃石器群はバランスのとれた石器組成を示している。

　東北地方にも西南日本地域と同様に、円錐形と舟底形細石刃核の分布が認められるが、それらはまだ編年的関係ではとらえられていない。円錐形は北海道にのみ発見され、置戸安住（戸沢1967）、紅葉山遺跡（藤本1964）がそれである。一方、舟底形細石刃核は北海道を中心に津軽海峡を渡り東北地方から中部地方北部にまでその分布がたどれる。石器組成として尖頭器、彫器、掻器、石刃、砥石などバランスのとれた様相を呈している。また新潟県荒屋遺跡（芹沢1959）で多量に発見された彫器（荒屋型彫刻刀と呼ばれる）の伴出を特徴とする。遺跡として北海道白滝30地点（吉崎1961）、札滑（吉崎1959）、置戸安住、緑ヶ岡B地点（加藤・大井1961）、本州では荒屋、新潟県中土（中村1965）などがある。

(5) フェーズⅤ

　フェーズⅤは、丸ノミ形石斧と石槍、大形石刃、彫器に特徴をもっている。細石刃文化がナイフ形石器文化に変わって日本列島を席巻している頃、東北日本を舞台に西南日本へとその領域を拡大して行った大形石器文化である。北海道モサンル（芹沢1965）、青森県長者久保（山内・佐藤1965）、長野県神子柴（藤森・林1961）遺跡などが代表的な遺跡である。

　この「丸ノミ形石斧文化」は、それ以前の細石刃文化と同様に、新しく日本列島に流入した外来文化である。また不思議なことに、ナイフ形石器文化と細石刃文化の交代時と同様に、前段階の細石刃石器群は、この丸ノミ形石斧文化の到来とともに消失してしまう現象がある。こうした

列島内での主要器種の交代劇の背景に何が隠されているのか、興味ある研究テーマが今後の課題として残されている。

一方、西北九州地方では、福井洞穴で見られる細石刃文化の層位的変遷は重要である。まず第7層から小形石刃とその石核が出土している。おそらく細石刃文化の初源的石器群と考えられる。次の第4層には、円錐形細石刃核（野岳・休場型）を伴う立派な細石刃文化が登場している。この段階までは、まだ「土器」の伴出はない。そして、第2・3層からは、舟底形細石刃核（西海技法、福井技法）を持つ細石刃文化が、最古の「縄文土器（隆起線文・爪形文）」とともに確認されている。この事実から、西北九州には本州・北海道で認められる丸ノミ形石斧文化の段階、つまりフェーズVが、現在のところ明確に把握できない地域といえよう。

こうして土器時代に早く入った西北九州を除いた日本列島は、その後「有舌尖頭器」の出現を見ることで「縄文文化」へと突入していくのである。

3　石器組成の問題

考古学資料がそうであるように、発見される遺跡、遺物はすべて単独に存在するものではない。住居址の発掘をすれば、その中から石器、土器、骨角器などが多数発見される。この場合、われわれはこれらの遺跡をその住居を残した人びととの関係で考察することが一般的である。考古学でいう「存在状況（context）」とは「共存関係（association）」をも明らかにすることで、一群の型式が同時使用を示す状況の下にまとまって発見されるとき、それらは共存しているといわれる。しかし、単なる物理的な近接関係は共存にはならない。たとえば、前期旧石器のように「自然礫層」中に包含されて発見される場合、その石器類が河川の本流や支流、さらに広大な流域から運ばれてきて、そこに堆積したものかも知れない。したがって、それらすべてが同時期の産物であるという確証はどこにもないのである。このような偶然は「集合（aggregate）」とよばれている。それに対し、共存関係を認知できる場合としては、住居、墳墓、寺院など二次的撹乱の認められない状態で発見されたものは、それに値する。ただし、住居、墳墓、ゴミ捨すて穴などが幾世代にもわたって継続使用された場合には、無条件に組み合わせであるとはとらえられないが、それらを個々のセットとして資料を扱う場合には「共存」か「集合」かの認識が必要とされる（Childe 1956 a,b）。

ここで述べようとする石器組成（assemblage）の問題は、「共存関係」という状態の下に発見されたひとまとまりの石器群様相をとらえることにある。その目的は各遺跡ごとに発見された石器組成が、各石器群相互にいかなる関連をもつか、または隔絶性を有するか、さらに、出土した石器組成がその遺跡にとって完全なものか否か、もう一歩進めて、その遺跡の性格が生活のベース基地なのかキャンプ地なのか、それとも製作場か住居などかの推定をも可能にすることにある。故に、最終的には石器の種類や出土量だけでなく、石質、出土状態、遺跡の立地など総合面にわたって考察して行かねばならないだろう。がここでは、とくに石器器種の比較に重点を置いてい

くつかの問題点に言及してみることにする。

　立川ローム層ないしそれに比定される地層に包含部を持つ、日本の旧石器時代遺跡から発見される石器は各種各様である。それらがすべて一石器組成となって発見されることはない。その多くは何かしらの石器に量的特徴を示し、全体のバランスを保っているようである。たとえば研究史が示すように「ハンドアックス→ブレイド→ナイフ・ブレイド→切出形石器→尖頭器→細石器」という編年（杉原1953、芹沢1957）は、当時発見された遺跡の個々の石器組成特徴を傾向としてとらえたに過ぎなかったのである。今、この編年の表し方の矛盾がでていることは周知の事実である。遺跡の増加・調査範囲の拡大によって、非常に複雑な石器組成が各時期を通じて共通する事実がわかってきたのである。それ故に、筆者は前章において、フェーズという表現によって第Ⅰ～Ⅴ期に分けて編年する方法を試みたのである。

　それでは、日本各地に発見される旧石器時代の遺跡は、いかなる石器組成を有して時間的・空間的に結びついているのであろうか。前項で分類した「地域群」を土台にしてその実態に迫ってみよう。日本列島は本州中央部を境に「西南日本」と「東北日本」に大きく石器群様相が対峙して存在することはすでに述べた。この相異は、旧石器時代の初期からほとんど終末近くまで続き、さらに「縄文時代」にもその傾向は持続されるが、少しずつ双方の分布領域に流動的関係が強くなり、弥生時代の本格的な水田稲作の流入とともに、この自然の障壁（文化圏）は、西南日本から東北日本へとじょじょに崩されていき、「弥生文化」が列島内を北上し統一されて行くのである。

（1）　ナイフ形石器文化期の石器組成

　ナイフ形石器文化の段階をみると、西南日本には茂呂型、国府型、小形ナイフ形石器を特徴的に伴出する石器群が存在している。それに対し、東北日本では杉久保型、東山型のナイフ形石器を出す石器群が分布している。杉久保型ナイフ形石器群は、真正の「石刃技法」に基づいた石刃、石刃核と、それから作られたナイフ形石器、彫器類に特徴がうかがえる。彫器は神山型とよばれ、彫刻刀面と調整部がZ字状を示すことに特徴がある。しかし、掻器は存在していても貧弱な形態が主である。新潟県神山遺跡（芹沢他1959）では植物質食糧を加工する磨石、山形県横道遺跡（加藤1963）では骨角器などを研磨する手持ち砥石が出土している。また長野県杉久保遺跡 Loc.AⅡ（信州ローム研究会1963）では、木材伐採や骨角打割用の刃部を研磨した「磨製石斧」が発見されているのも見逃せない。

　東山型ナイフ形石器群は、杉久保石器群と同じ真正の石刃技法に立脚しているが、その剥離技術に相異がある。東山石器群の石刃核は打面が両端に作られることが普通で、そこから交互に打ち剥がされた石刃は反りが少なく、主要剥離面の方向と逆の剥離面が石刃の先端についている例が多い。このように大形石刃の基部や先端部をわずかに整形してナイフ形石器を作り出しており、杉久保型ナイフ形石器のように石刃の両端を尖らすような整形は少ない。彫器は小坂型とよばれる角形彫器の一種が伴う。そして、掻器の発達が、何といってもこの石器群の特徴といえよ

2. 日本旧石器文化の様相　41

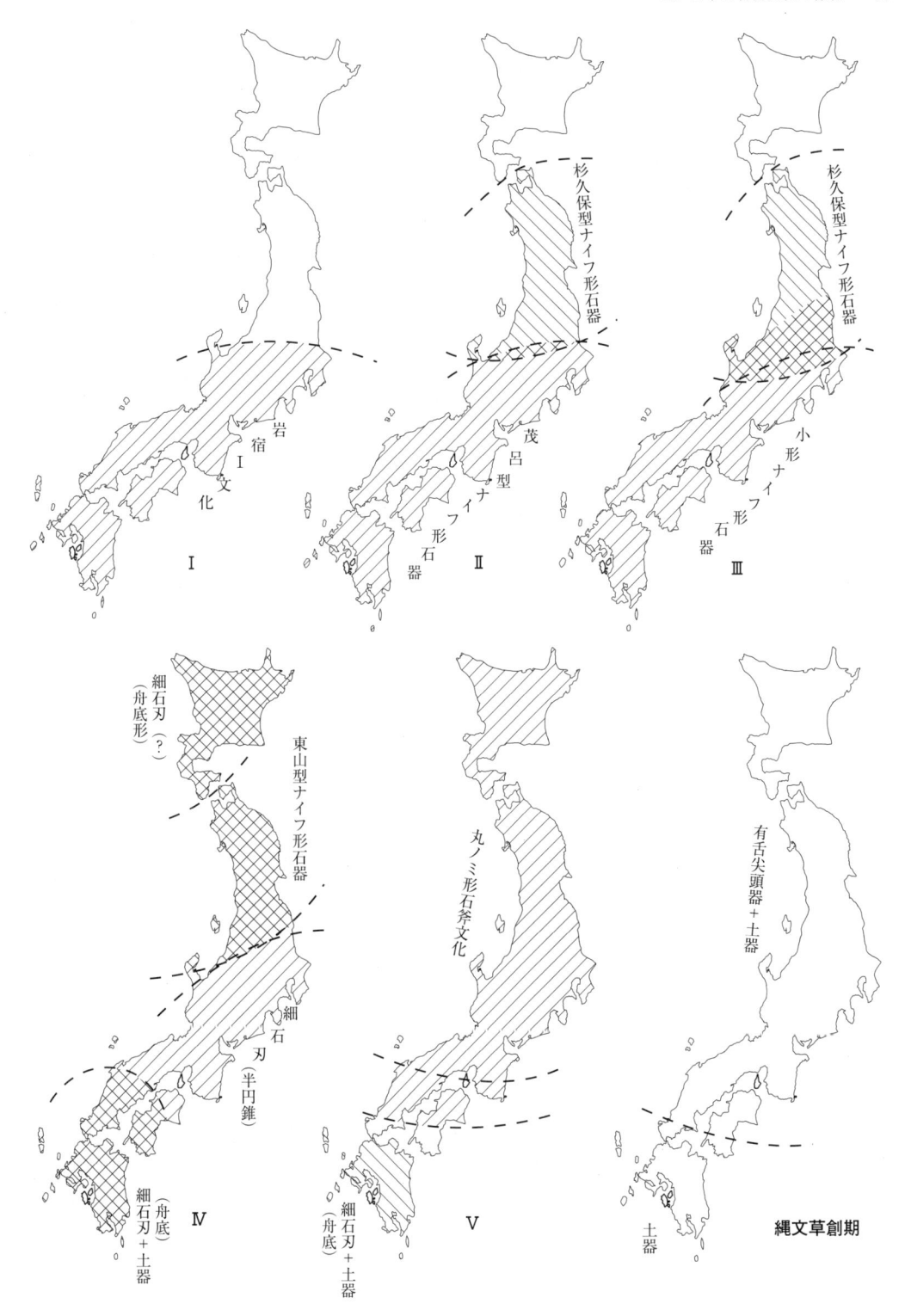

図11　日本における旧石器文化の地域変遷

う。それは肉厚で石刃の先端に施したスクレイパーエッジも、典型的な先刃式掻器（End-scraper on blade）とよぶにふさわしいものである（柏倉・加藤編 1964）。

　茂呂型ナイフ形石器群は、東北日本に分布する上記 2 つのナイフ形石器群と異なり、素材が多様であり比較的小形である。ナイフ形石器は、石刃を断ち切るように大きく変形して仕上げるのに特徴があり、それが西南日本の石器群に「細石器的様相」がうかがえると言わせる所以である。彫器はあまり発達していなかったのか、発見例も少ない。掻器は小形ではあるが先刃式掻器、円形掻器が存在しており、杉久保型ナイフ形石器群と同様に概して貧弱である。また神奈川県月見野Ⅰ遺跡（月見野遺跡調査団 1969）で、立派な両面加工の「尖頭器」が発見されているのと、長野県茶臼山遺跡（藤森・戸沢 1962）で蛤刃の磨製石斧と打製石斧がその組成にあることは重要である。

　瀬戸内地域に集中的にみられる国府型ナイフ形石器群は、早くから注視されていたにも関わらずその実態は不明である。発見の端緒となった大阪府国府遺跡（島・山内・鎌木 1959）の石器組成をみてもナイフ形石器と石刃、石核という単純なもので、彫器、掻器などは出土していない。この傾向は瀬戸内地域に一般的に認められ、この種ナイフ形石器の発見される遺跡を調べてみても同様な結果である。これは組成の不完全さなのか、実際に存在しないのかは今後に残された大きな問題点である。ともかく純粋に国府型ナイフ形石器だけを出土する遺跡は非常に少なく、極端にいえば国府遺跡だけかもしれない。その他はほとんど他のナイフ形石器と混在した状況で発見されていることが知られている。

　小形ナイフ形石器群は茂呂型、国府型石器群の一連の流れの発展段階としてとらえられるもので、石器組成はしっかりしている。静岡県池端前遺跡（麻生・小田 1966）では、ナイフ形石器、彫器、掻器、石皿、磨石、砥石、敲石など多器種にのぼる。また中部地方から関東地方の一部に尖頭器を集中的に伴出する長野県馬場平、渋川、男女倉、上ノ平、踊場、群馬県武井Ⅱ、神奈川県月見野Ⅱ、Ⅳ、東京都 I.C.U.Loc. 28 c 遺跡などが確認されており、この石器群の盛行が偲ばれる。ナイフ形石器は各種各様の形態を示し、細石器化は著しいが、それらは後の章で述べるが 3 つの基本的形態に分類されることがわかる。彫器は神山型、小坂型（池端前）とともに各種あるが、最近九州地方に特徴的に発見されている角形彫器がこの小坂型との関連において注視され、また、岐阜県赤土坂（早川・小林 1964）でも出土している。掻器は遺跡による偏在性があり、とくに発達した例としては長野県伊勢見山、I.C.U.Loc. 28 c、埼玉県市場坂（瀧澤 1964 a）がある。

　ここでとくに注意しておきたいのは、ナイフ形石器の一形態に「台形石器」とよばれるものがあり、この石器が長崎県百花台遺跡（百花台Ⅱ）でみられるように、非常に特異性をみせることである。台形石器の存在は後で取りあげるが、旧石器時代の初期から西南日本を舞台に発達し、小形ナイフ形石器の段階になってその頂点を示すのである。この石器が「磨製石斧」の存在と同じように、日本の旧石器時代の方向性を決定する重要な鍵を持つ器種である事はいうまでもなかろう。

　最後に茂呂型ナイフ形石器群との関連で捉えられると思われるが、より古い段階に位置づけら

2．日本旧石器文化の様相　43

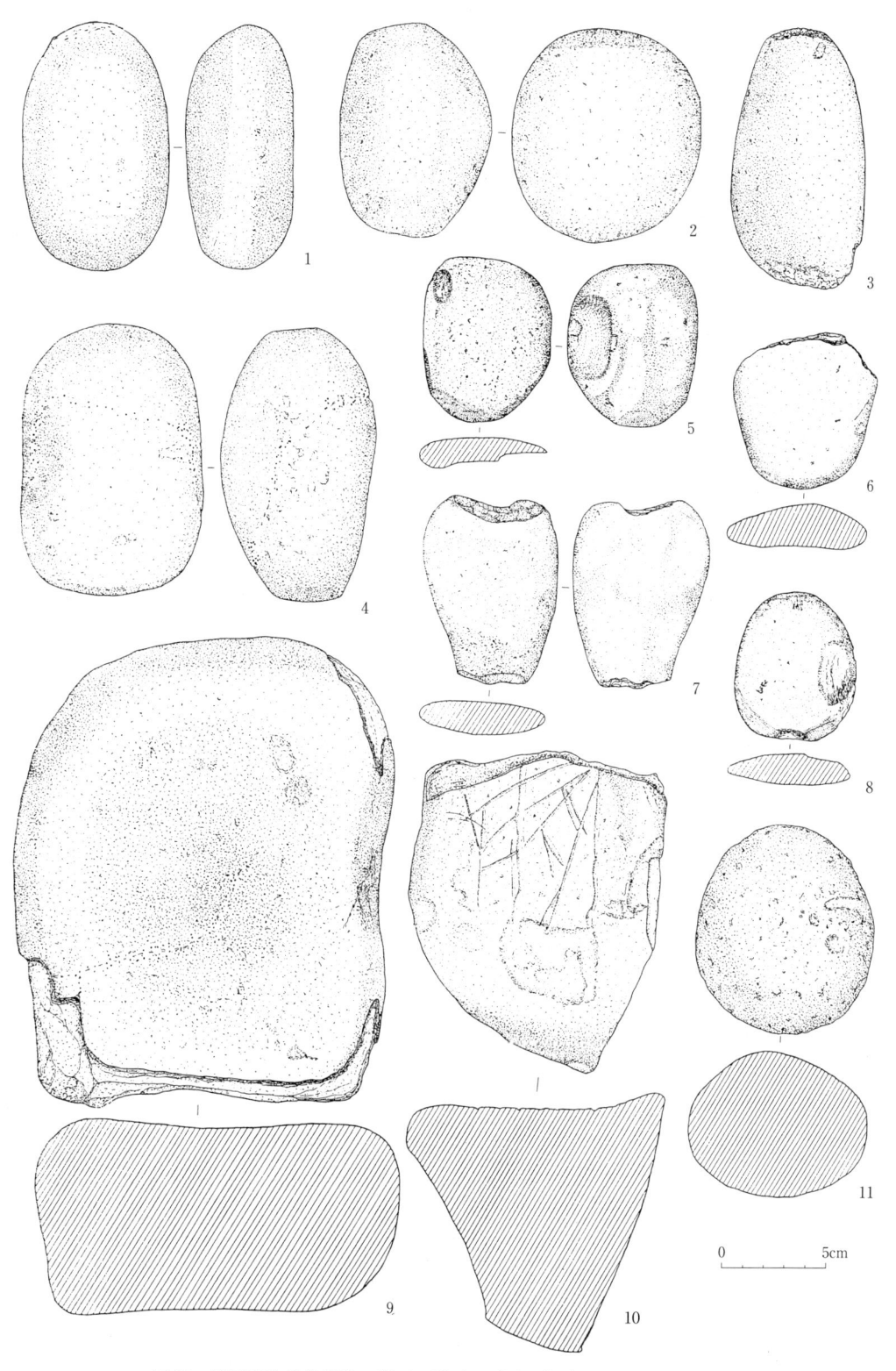

図12　静岡県池端前遺跡の磨石・砥石・石皿・敲石（麻生・小田 1966）

れた石器群がある。群馬県岩宿Ⅰ、武井Ⅰ、栃木県磯山、星野Loc.3.Ⅲ、長崎県福井洞穴15層文化がそれに相当し、組成として楕円形の打製および磨製の石器（石斧）、ナイフ形石器、尖頭器、彫器、搔器などがある。また、これらの石器群が今のところ日本最古の旧石器文化段階である点に注意して置かねばならない。石刃、石刃核は磯山遺跡に好例があり、すでに石刃技法をもっている。ナイフ形石器は、武井Ⅰ、磯山遺跡で出土しており、かなり分化した形態（ペン先形、基部調整形など）を示している。さらに尖頭器は、星野Loc.3.Ⅲでチャート製の立派な両面加工品が出土している。

　この中でとくに重要なものは、楕円形を呈する石器類であろう。過去に握槌、握斧、ハンドアックスなどと呼ばれ（杉原1953、1956、1965、芹沢1957）、ヨーロッパの前期旧石器時代との対比に利用されたものである。近年、これらはハンドアックスとは関係なく、単なる石斧（axe）であろうといわれている（山内・佐藤1962、1964）。また、山内清男・佐藤達夫（当時・東京大学）らによると、東南アジアの中石器ないし新石器時代文化の伝播によってもたらされた石器と推察されるに至っている。

　こうしてみると、かなり石器組成の整った石器群が日本列島に初期から存在していたことが理解される。この事実は、日本列島の旧石器文化のルーツ、ルートを探る意味でも重要な視点となろう。

（2）　細石刃文化期の石器組成

　次に細石刃文化を探ってみよう。この段階の遺跡はナイフ形石器文化に較べると少ないが、やはり同じように中央日本を境にして西南日本と、東北日本の2つの地域に分布域を異にしている。

　まず西南日本を舞台にとれば、円錐形細石刃核群が古くから存在し、組成としては細石刃・細石刃核、ナイフ形石器、彫器、尖頭器などがある。しかし、その多くは細石刃と細石刃核が全体を占め、他の石器器種はわずかに伴う程度である。この組成の単純性は何に起因しているのであろうか。興味ある問題である。長崎県宇久島、同・野岳遺跡（麻生1965）の細石刃核は非常に美しいもので、この両遺跡からまとまって発見されたが、他の石器器種はあまりないのである。組成の単純性は次の舟底形細石刃核群についてもいえる。しかし大きな違いは、土器（隆線文、爪形文）が伴出することであり、その意味ではすでに縄文時代に突入していたことになる。旧石器時代の石器が縄文時代になっても使用されているのは、東北日本にその中心をもった丸ノミ形石斧文化と、この西北九州に中心を持つ舟底形細石刃核群だけである。

　また東北日本にも同じように2つの細石刃文化が認められる。円錐形を呈する細石刃核群は現在北海道にのみ分布範囲があるが、舟底形細石刃核群は北海道から津軽海峡を渡り、東北地方を経て本州中央部の日本海岸にまで分布がたどれる。円錐形細石刃核群の石器組成としては細石刃・細石刃核、彫器、搔器、舟底形石器などがあり、そのどれもが非常に発達した形態を示しているのである。この石核群と舟底形細石刃核群との前後関係は不明である。しかし、北海道では円錐形の方がやや新しいのではないかともいわれているが、どちらともいえない。舟底形細石刃

核群の石器組成は、細石刃・細石刃核、彫器、掻器、舟底形石器、尖頭器であり、円錐形細石刃核群同様に豊富である。彫器は多面体のものが多く、「荒屋型彫器」とよばれる特徴的な彫器の伴出がこの石器群理解を助けてくれる。

　細石刃文化の後に来るものは、丸ノミ形石斧文化と呼ばれる大形石器文化で、代表遺跡として長野県神子柴と青森県長者久保遺跡がある。石器組成としては丸ノミ形石斧、石槍、掻器、削器、彫器、錐などで、土器は伴わない。この石器文化に属する遺跡の多くは、単独発見例（デポと呼ばれる）が多いことでも知られている（山内・佐藤 1962、1964）。また神子柴遺跡は特殊な出土状況を示しており、埋葬跡的な遺構の存在が示唆される。この段階の石器組成の一部は縄文草創期に受け継がれて行くのである。そうした意味では縄文土器こそ伴出しないが縄文時代的石器群といえよう。

(3) 2つの旧石器文化圏の様相

　列島内の旧石器時代石器群の流れを通して、その石器組成を詳細にみてきたが、ここでいくつかの問題点について触れてみることにしたい。

　まず第1は、地域による石器組成のバランスである。西南日本より東北日本の方が器種は豊富であるとともに、石器自体も精巧なものが多い。これは食糧獲得経済に対する対象物の違い、たとえば採集生活が中心（西南日本）、狩猟生活が中心（東北日本）という地域差からくる対象物の依存度の相違を表しているものとも考えられる。

　第2の問題は、器種の発達度とその量的関係である。ナイフ形石器は各種各様あるが、西南日本では素材の変形、細分化が進行するが、東北日本ではその逆で、素材の形態をそのまま利用し、ごくわずかな整形を加えるにすぎない。とくに東山型とよばれるものは、短剣的機能を想定させる所謂ナイフ的なものである（西南日本のナイフ形石器の機能については、後の章で考察することにする）。また彫器は、旧石器時代の石器の中で一番複雑な形態変化の認められるものである。神山型、小坂型、荒屋型、峠下型、白滝型、オショロッコ型などとよばれる指標的な型式のほか各種ある。その多くは東北日本に存在し、とくに北海道にはきわめて多くの優品が存在している。最近九州地方でも、ぽつぽつ小坂型類似の彫器が小形ナイフ形石器群中に発見され始めたが、細石刃文化には少ない。掻器の発達もやはり北に多く、東山型ナイフ形石器群や細石刃石器群には見事な先刃式掻器（エンド・スクレイパー）が伴出している。尖頭器（ポイント）はナイフ形石器群と丸ノミ形石斧群に多く伴い、この2者には現在系統的繋がりはみられないようだが、神奈川県月見野遺跡Ⅳ地点上層（ソフト・ローム）部で、ナイフ形石器とともに細身の槍、縄文草創期や丸ノミ形石斧群に近い例が出土している事実は、この繋がりを研究する資料として興味深いものである。ナイフ形石器は中部山岳地帯から関東地方の一部にかけて濃密な分布を示し、尖頭器は北海道から中部地方南半に分布することが確かめられている。

　石器組成の問題は各遺跡における発掘調査が、少なくとも1つ以上の石器群集中部（生活単位）を検出した場合でないと、その組成論は不完全な資料を扱うことになり正確さを欠いてしま

う。つまり、掘り残しの資料の心配が出てくるのである。縄文時代の調査が、1軒ごとの住居址の完掘によってセット論が論じられるように、旧石器時代でも是非ともそうあるべきであろう。縄文時代の研究は、集落調査への規模拡大に伴って、種々の研究視野が広がって来ている。遅れた出発をしたにもかかわらず旧石器研究者は、この短い研究史の中で1冊の概説書を出すまでになった。この努力と執念を持ってすれば、たとえローム層深く包含されているといえども、決して困難な作業ではない。研究者同士がお互いに共通の基盤に立って討論ができる日もそう遠くはあるまい。

4 新たに提議された石器

近年、旧石器時代研究が色々な方向へ発展して行くなかで、とくにこの時代を決定づけるような重要な石器の認識が指摘され始めた。ここに、台形石器と磨製石斧の2例を取りあげて少し論じてみたい。

(1) 台形石器について

　日本において台形石器が初めて発掘というかたちで確認されたのは、1963年（昭和38）夏の長崎県島原半島百花台遺跡の調査である（和島・麻生1963）。この調査で8層からなるローム層の間に4つの文化層が確認され、この文化層を深い方から順に百花台Ⅰ・Ⅱ・Ⅲ・Ⅳと命名した。そして、問題の台形石器は百花台Ⅱの所産であった。百花台Ⅰはナイフ形石器文化、Ⅲは細石刃文化、Ⅳは縄文時代の遺物と、それぞれ層を違えて単純に出土したことは、台形石器を主体にした石器文化が細石刃より古く、ナイフ形石器よりも新しい。つまりこれは、ナイフ形石器文化と細石刃文化との過渡期に存在する文化であることを明確に呈示してくれた。この台形石器が1つの文化段階を形成するか否かは、現在のところ百花台遺跡の場合だけでは簡単には論じられない多くの問題点を抱えている。ここでそれを解く前に、現在この種の石器が日本でいかなる姿で存在するかに着目してみる必要があろう。

　まず第1になすべきことは、日本における台形石器の定義と分類であろう。ヨーロッパでは「幾何学形細石器」の一部として、その研究は早くから行われている（Clark 1932、1936）。戦前日本でも大山柏によって「直剪鏃」なる研究がヨーロッパの研究を基礎にして紹介されたことがあった（大山1936）。だが、まだ日本では旧石器の存在すらわかっていない頃のことで、ただ外国の知識という程度に留まり、その後の発展はなかった。要するに「台形石器」とは、その形状が台形を呈した幾何学形細石器の1形態をいうものである。日本の場合も平行した二側縁を残し、それを直角に切断するような、ほぼ平行した2つの整形（刃潰し加工）を施した石器をいうもので、形態的には外国の例と大差ないが、どちらかというと横幅より縦に長いのが特徴といえる。その点ではヨーロッパでいわれている直剪鏃に近い形態といえよう。

　次に日本で発見され、従来、台形石器またはそれに類するとされている石器の分類を整理して

2．日本旧石器文化の様相　47

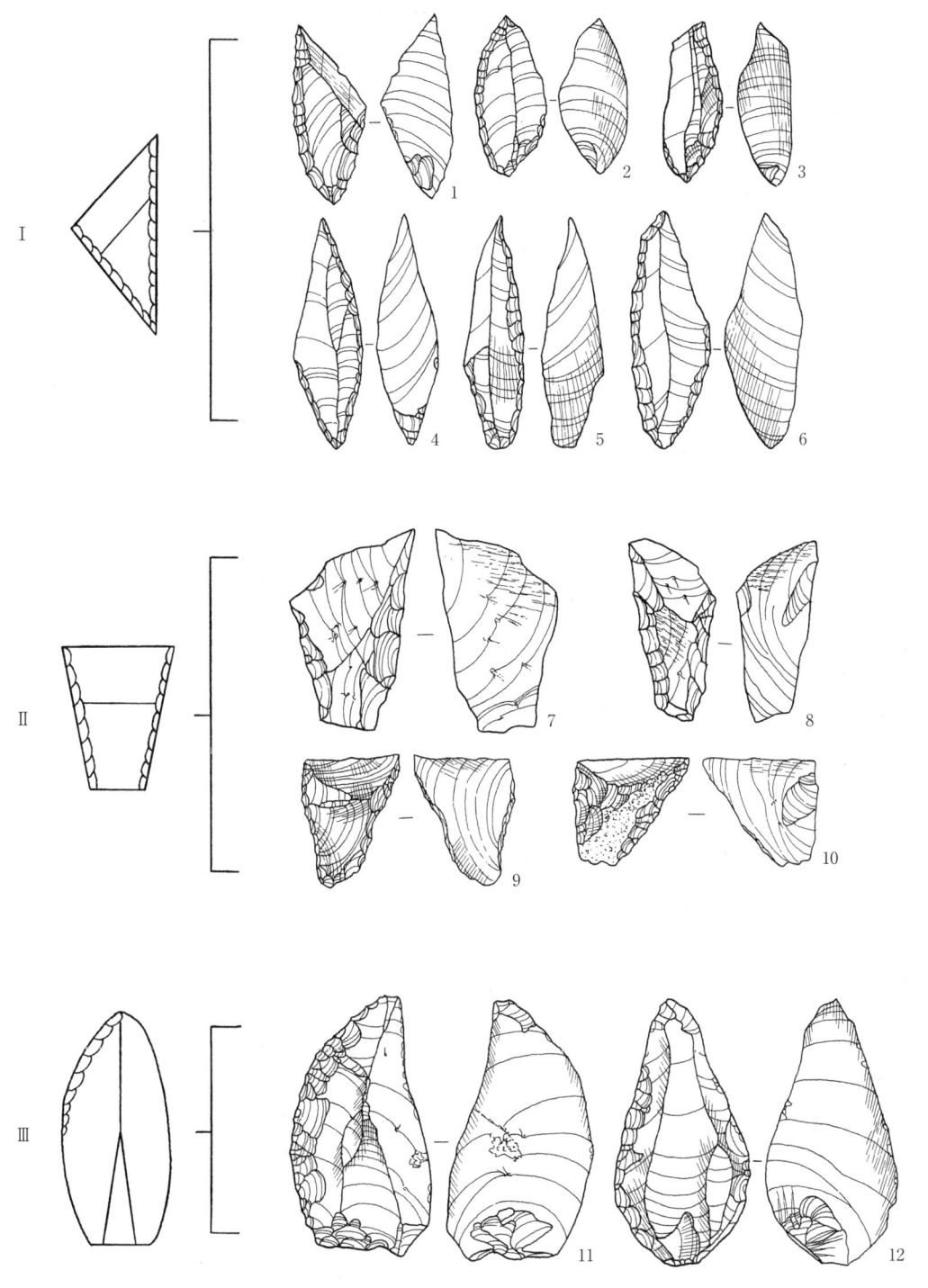

図13　ナイフ形石器の三形態（小田 1969）

みよう。

　台形石器Ⅰ型は百花台Ⅱでみられるように、小形石刃のバルブに近い比較的幅広い部分を折り取って整形している。この場合のミクロビューランの存在は不明である。台形石器Ⅱ型はⅠ型のように石刃から作られるのではなく、横に長い剥片から作られることが多いので、Ⅰ型に比べて刃部が直線をなしていないのと、Ⅰ型より大きい事が特徴である。Ⅱ型をaとbに分けたのは刃部の違いによる。ⅡaはⅠ刃がやや平行なものが多く、形態上からはⅠに近い。Ⅱbは斜めの刃を持つもので、現在「切出形石器」と呼ばれるものがこれにあたる。この分類でわかるように切出形石器とよばれていたものは、当然台形石器の範疇に入れて考えなければならなくなった。ここに新たな問題が提議された訳である。

　この分類にそって分布を追うと、台形石器Ⅰ型は佐賀・長崎両県にしか発見されていないことがわかる。台形石器Ⅱ型になると、ほぼ西南日本全域に広がり、東北地方山形県横道遺跡例を亜流と考えれば、この辺りまで浸透していたことも考えられる。Ⅱa型は九州地方を中心として瀬戸内から中部南部・関東地方へと、一方Ⅱb型はその逆で関東・中部南部を中心にして瀬戸内地方まで発見されている。ここで注意したいのは、瀬戸内でⅡaとⅡbが同居している事実である。ここはサヌカイトを主体にした横剥技法（瀬戸内技法と呼ばれている）の地域で、この横剥技法によって剥離されたサヌカイト製横長剥片にⅡa・Ⅱb型台形石器の相異を与えた基をうかががう事ができそうである。ともあれ台形石器の分布は小形ナイフ形石器の分布と一致し、東北日本に対峙するように西南日本の特徴的様相である点は認めてよいだろう。

　次に時間的経過、つまり編年的考察をしてみよう。フェーズⅠでは北関東上部ローム層下位（立川ローム層下位）に包含部をもつ武井Ⅰと磯山遺跡（芹沢 1969）にナイフ形石器の一員として共伴している事実がある。両遺跡はともに岩宿Ⅰ（武井Ⅰは同じ暗色帯中と考えられる）とほぼ時間的に近い所産とされていることから、日本列島のもっとも古い旧石器段階ですでに台形石器が存在していたことが判明した。フェーズⅡになると遺跡も増加し、それにつれて台形石器の発見例も多くなる。中部地方では長野県池のくるみ（金井・石井 1966）、九州では佐賀県平沢良（杉原・戸沢 1966）、鹿児島県上場6層（池水 1969）にそれぞれⅡa型が出土している。この段階は一般的に茂呂型ナイフ形石器を示標とする段階とされている。フェーズⅢは小形ナイフ形石器を普遍的に持った段階で、台形石器の盛行はこのなかにみられる。この段階になって初めて東北地方南部にまで台形石器Ⅱb型亜流が発見され（横道遺跡）、また関東・中部地方南部では尖頭器と共伴している。神奈川県月見野Ⅱ（杉原・戸沢 1969）、長野県馬場平（芹沢 1955）遺跡では前者でⅡa型、後者はⅡb型が、また東京都 I.C.U.Loc. 28 c ではⅡa・Ⅱb型が多量の尖頭器を伴っていることは見逃せない。

　この段階はその終末で細石器刃文化と接するので、細石刃、細石刃核との伴出関係が常に問題にされている。今までに、ナイフ形石器と細石刃・細石刃核が一緒に発見されている遺跡はいくつかあるが、表面採集資料が多い。たとえ発掘調査で同層から出土したとしても、多くの場合、資料の依存状態または地層の不安定などから疑問を持たせる例の方が多い。

2. 日本旧石器文化の様相　49

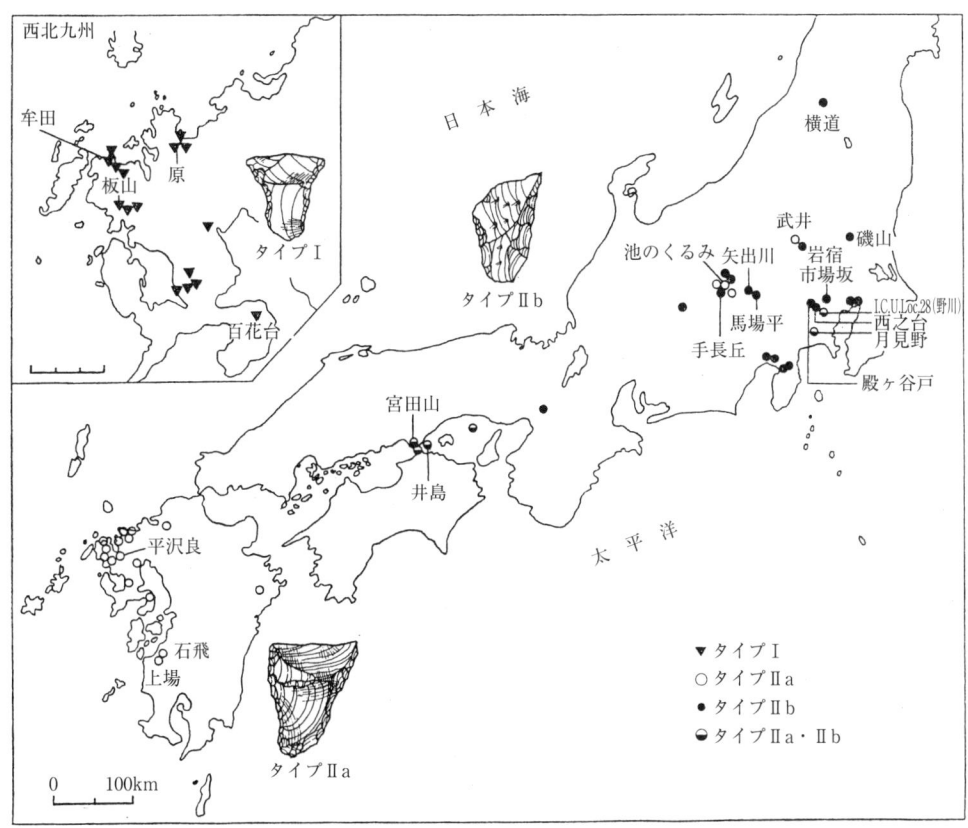

a：台形石器遺跡の分布

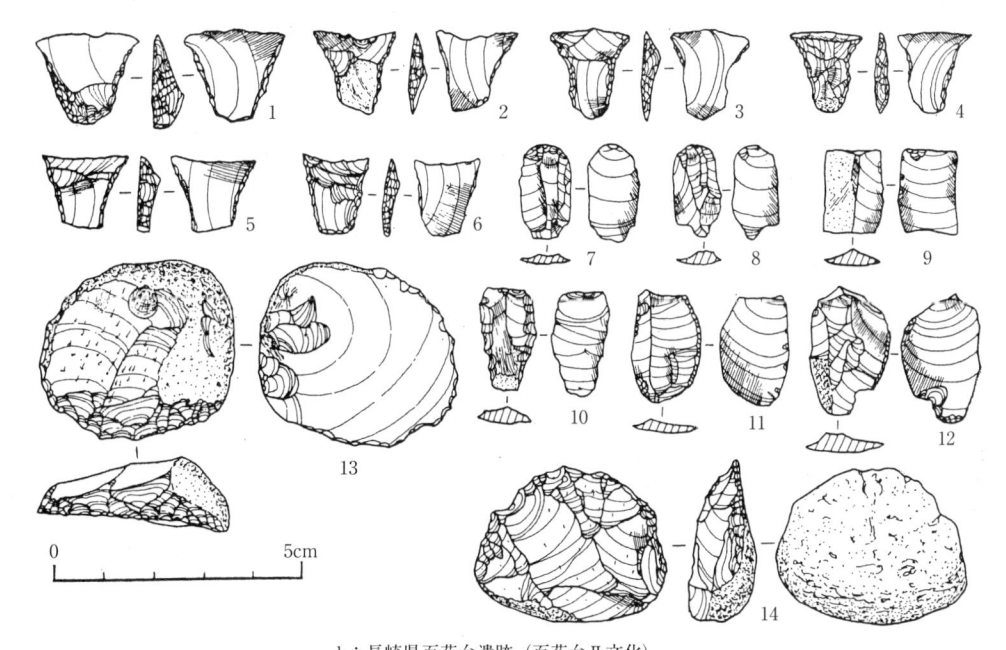

b：長崎県百花台遺跡（百花台Ⅱ文化）

図14　日本における台形石器文化の様相（Oda 1969）

ここで3つのケースを設定してみる。第1はナイフ形石器文化の遺跡に細石刃ないし細石刃核が伴ったケース。第2は細石刃文化の遺跡にナイフ形石器が伴ったケース。第3はナイフ形石器と細石刃、細石刃核がどちらが主体ともいえない状態で出土したケースである。
　ケース1の遺跡としては、長野県男女倉Ⅲ・Ⅳ遺跡、（横田1964）があり、ケース2では、長崎県百花台Ⅲ、長野県矢出川（戸沢1964）、静岡県休場遺跡（杉原・小野1965）で、ケース3の場合は少し多く佐賀県原A・B、熊本県石飛Ⅱ・Ⅲ、鹿児島県上場Ⅱ・Ⅲ層文化、岡山県鷲羽山、香川県井島、長野県鷹山（宮坂1966）遺跡などがある。そして、台形石器はこの段階の終末で細石刃文化の訪れを迎え、細石刃プロパーの時期にはナイフ形石器とともにその姿を消して行く運命にあったのである。

（2） 磨製石斧について

　打製石器にその特徴が与えられている旧石器時代石器群に、近年、日本列島の旧石器遺跡から「磨製石斧」の発見と、それに関する話題が学界を賑わすようになった。日本の考古学界は、その理解と意義づけをめぐって2つの論に分かれてしまったといっても過言ではなかろう。この表面化した磨製石斧論争の一方は、芹沢長介によって代表される日本の旧石器時代＝諸外国の旧石器時代に対比する説を進展させている研究者達である（芹沢1965）。もう一方は、新たな見解としての日本の旧石器時代＝無土器新石器時代説を提唱する山内清男・佐藤達夫のグループである（山内・佐藤1962、山内1964y）。現在この2つの考え方は、相容れない平行線をたどり歩み寄りはみられないのである。
　研究史を調べると、「磨製石器」の伴出が問題になったのは意外に古いことがわかる。それは1949年（昭和24）の岩宿遺跡発見からわずか3年後の、1952年12月の長野県茶臼山遺跡（藤森・戸沢1962）での出来事である。発掘を行った藤森栄一は、ナイフ形石器文化の遺跡から立派な磨製石斧が出土し、日本の「無土器文化」に磨製技術が伴うことを確信したという。そして、翌年夏には、隣接した長野県上ノ平、同踊場両遺跡からも発見されるにいたった。しかしその後、考古学界ではこの磨製石器発見の事実は、数年の間話題には上らなかった。おそらく、日本における旧石器文化の編年体系には、磨製石器は不都合な資料であったのであろう。
　1958（昭和33）年冬、長野県神子柴遺跡でローム層中から大形の石槍、石斧とともに長大肉厚な局部磨製石斧がまとまって発見された（藤沢・林1961）。そしてその出土状態から特殊なデポ（埋納遺構）として、今までの日本の旧石器文化に見られない特殊なものとして考えられた。この時期には土器も伴出しないことから、縄文以前の所謂当時の無土器文化の終末とされたのである。こうして、茶臼山遺跡での発見以来立ち消えになっていた磨製石器の問題が、ここで再登場することになった。神子柴例に近い遺跡がこの後、青森県長者久保遺跡で佐藤達夫によって発掘調査された。やはり大形の局部磨製の石斧（丸ノミ）と多くの石槍、削器、彫器、錐が発見され、土器以前の石器文化であることが確認された（山内・佐藤1965、1967）。そして、旧石器時代に位置づけられた「神子柴・長者久保石器文化」と丸ノミ形石斧は、シベリア地方にその系統的類似を

求めることが妥当とされたのである。

　さらに、その年代観も周辺大陸に比較される段階にいたった。この方向性は「縄文土器の古さ」となって表面化してきたのである。その論点は^{14}C 年代のデータ値による極端に古い縄文文化の年代観に疑問を表明するなかで、日本に発見される特殊な石器を取り出して、その類似を大陸の石器との比較によって考察し、日本の推定年代を決めようとするものであった（山内・佐藤 1962）。その結果は縄文時代を約 3,000 年前頃に置くものであった。この中で山内・佐藤らは、神子柴や長者久保の丸ノミ形石斧について考察し、それとともに「無土器文化に伴う磨製石斧」と題し、栃木県磯山、長野県茶臼山例をあげ、それぞれの源流を推察している。無土器新石器説は、このあたりから活発な動きをみせ、2 年後には「日本原始美術」第一巻に詳細な概説が掲載された（山内 1964）。この研究方向はこの後、^{14}C 年代批判を先頭に掲げて増々進展して行ったのである。

　一方常に、山内・佐藤らの批判の対象にされた芹沢長介は、日本の旧石器文化が諸外国の旧石器時代に対比されるという一貫した方向性を進めて行く過程で、1961（昭和 36）年栃木県磯山遺跡の調査の際、自らの手で発掘した楕円形の石器を磨製石斧とはよばず、「磨耗の痕跡のある石器」という表現を用いて説明した。磯山遺跡は層位的知見から岩宿 I 文化に近く、岩宿 I の楕円形石器との関連でこのようにとらえたのである。

　芹沢の見解は、日本の無土器文化のある時期（主としてナイフ形石器を特徴とする時期）に、関東および中部地方では、局部的に磨痕のある楕円形石器が用いられ、岩宿 I、磯山、長野県杉久保 II などの遺跡がそれで、これらの石器は関東地方の立川ローム層中もしくは、それと併行の時期に含まれると考えてほぼ差支えない。また地質学者によって、立川ロームは洪積世末期における堆積物だといわれている。したがって上記の石器は、大陸の上部旧石器に対比される（芹沢 1965）というものであった。

　では、この日本の旧石器時代を位置づける「磨製石斧」とはいかなるものなのか。次にその実態について、観察してみることにする。

　まず発見遺跡であるが、最古のフェーズ I に入るものとして、
　　1．群馬県岩宿遺跡第 1 文化層 2 点（うち 1 点は打製）
　　2．栃木県磯山遺跡 1 点
フェーズ II では、
　　3．長野県茶臼山遺跡 2 点（うち 1 点は打製）
　　4．　　　杉久保遺跡 A 地点第 II 文化層 1 点
フェーズ III では、
　　5．長野県上ノ平遺跡 2 点
　　6．　　　踊場遺跡 1 点
フェーズ IV では、
　　7．熊本県石飛遺跡 3 層上部 1 点（打製）

8．北海道置戸安住遺跡2点
フェーズVでは、
　　　9．長野県神子紫遺跡4点
　　10．　　宮ノ入遺跡5点
　　11．　　猪ノ平遺跡1点
　　12．　　立ヶ鼻遺跡1点
　　13．　　砂間遺跡1点
　　14．　　孤久保遺跡1点
　　15．　　小島沖遺跡1点
　　16．青森県長者久保遺跡1点
　　17．埼玉県市場坂遺跡1点
　　18．新潟県柏崎遺跡1点
　　19．北海道モサンル遺跡1点
である。
　こうしてみると、この種の磨製石斧は、日本の旧石器時代全般に発見されることが理解される。ここで注意すべきことは、磨製石斧と呼ばれるものにもいくつかの形態の違いが認められることである。そこで分類が必要となり、山内清男は『日本先史時代概説』のなかで、それを6種類に分類した（山内1964）。それによると、
　　1．楕円形石斧（岩宿Iの例）
　　2．半楕円形石斧（茶臼山の半欠打製例と磯山の磨製半欠品、これは短斧と呼ばれる完全品）
　　3．扁平で輪郭は長楕円形に近く、一端の刃の部分だけ両面から磨かれた石斧（茶臼山、杉久保例）
　　4．円ノミ（長者久保例）
　　5．小形円ノミ（神子紫の小形例）
　　6．片刃石斧（神子紫の大形磨製石斧例）
である。
　この分類は今後の発見例の増加によって修正されていくものだろうが、現段階において妥当なものといえる。しかし、2の短斧（ショートアックス）の場合は疑問で、半欠品としてとらえた方が良さそうである。筆者は現在、この分類を簡単にaxeとadzの違いとして把握している。つまり「axe（横斧）」は古手の段階に伴い、「adze（縦斧）」は新しい段階に伴う傾向があるということである。この両者は年代を異にして、ともに日本列島に流入して来た大陸の石器文化の主要な石器組成の一つであるということを指摘しておきたい。
　最後に、旧石器時代の磨製石斧に対して周辺大陸の研究の成果を取り入れて、その年代観と流入経路について何人かの研究者が論じているので、ここにそれらを紹介しておく。
　　①山内清男・佐藤達夫は、岩宿I・磯山例は東南アジアのホアビニアン期、中石器〜新石器

時代。また、長者久保・神子柴例はシベリアのバイカル地方、イサコヴォ期、約4,000〜3,000年前

② 芹沢長介は、岩宿Ｉ・磯山例は磨製石斧ではない。長者久保・神子柴例はシベリアのタドウーシャ遺跡、約1万2,000〜1万3,000年前

③ 加藤晋平は、長者久保・神子柴例はシベリアの中石器時代、ウステイベラヤ遺跡、約9,000年前より古い（加藤1968）

④ 大井晴男は、杉久保・茶臼山例はウステイベラヤⅡ〜XIII、東北長者久保・神子柴例はシベリアのイサコヴォ期、約1万年前より新しい（大井1968）

これによると、axeと呼ばれる古い段階のものについては、山内・佐藤らしか発言していない。が、新しい段階のadzeについては、すべての研究者が何らかの発言を行っており、ともにシベリア起源であることで意見が一致している。

5 系統論

(1) 石器の小形化と石刃技法の終末

現在、不明確な石器文化（所謂「前期旧石器」といわれているもの）を除いた岩宿遺跡第Ｉ文化層に始まる一連の立川ローム層中に発見される石器文化は、すべて石刃技法によって培われたものといっても過言ではなかろう。そしてそれらは、まずナイフ形石器文化から出発している。この段階における石刃技法は、大きく北海道から東北地方そして中部地方北部にかけて分布を示す、真正な石刃技法に立脚した大形石刃核を特徴にするものと、関東から中部地方南部、瀬戸内を通って九州にまでその分布がたどれる比較的小形の石刃核を持つものと2大別されよう。そのなかで前者には東山型ナイフ形石器群（ここでは両端に打面を持つ石刃石核を持つ）と、杉久保型ナイフ形石器群（ここでは半円錐ないし、円錐形の石刃核を持っている）がある。後者では茂呂型ナイフ形石器群（半円錐形の石刃核を特徴とし、砂川遺跡では両接打面を持つ刃器技法が考案されている）と、国府型ナイフ形石器群（ここではサヌカイトという素材の特徴からか石刃を横剥ぎの方法でとる）というように地域的特色が生まれているのである。この相対する2つの石刃技法を持つ石器文化は、相互に関連を示しながらそれぞれの地域で独自の時間的発展を経ている事は前に述べた。その発展過程は前者である東山型、杉久保型ナイフ形石器群の場合は顕著ではない。またそれは複合遺跡が稀であることが大きな原因となっている。しかし長野県杉久保遺跡の調査で、杉久保型ナイフ形石器が順次小形化し、その終末に小形のナイフ形石器が伴出した事実は、この石器群にもいくつかの段階があることを暗示するものであった（信州ローム研究会1963）。それに比べると後者の石器群は、研究史の古いことと重複遺跡の多いことが幸いして、今では比較的その変遷が把握されているので、次に西南日本を舞台にした石刃文化の流れを基に、この問題に迫ってみることにしよう。

まず、もっとも古い段階（フェーズⅠ）に位置づけられる遺跡には群馬県岩宿Ｉ、栃木県磯

山、群馬県武井Ⅰ、栃木県星野 Loc. Ⅲの第Ⅲ文化層、長崎県福井洞穴第15層文化、大分県岩戸下層文化がある。石器組成として楕円形石器（磯山例は磨製石斧の半欠品）、ナイフ形石器（武井Ⅰ、磯山では台形石器が発見されている）、削器、それに打面調整のない比較的大形の石刃が伴う。磯山遺跡では芹沢長介によって磯山技法が提唱されている（芹沢1962）。その説では、まず河原石を半分に割り、その割れ口を打面としてその周辺を順次打ち剥がしていく。そして、残核は背面に自然面を残す例が多い（矢島1968）。この剥離過程とその技法をみて、他の遺跡の資料を検討してみると、決して磯山遺跡に限った技法ではない事がわかる。極端にいえば日本の石刃技法は、そのほとんどがこの磯山技法的手法で石刃剥離が行われ、それぞれの地域の石材に合った特殊性を生み出していると考えても間違いではなかろう。ともあれ、この方法で剥離された典型的な石刃、ないしそれに近い石刃状剥片から種々の石器が作られたのである。武井Ⅰ・磯山では素材を変形することなく、石刃の基部やその縁辺部にわずかな刃潰しを施して、ペン先形のナイフ形石器が出土している（杉原1957、芹沢1962）。

　茂呂型ナイフ形石器を特徴とする段階（フェーズⅡ）になると遺跡数も増える。東京都茂呂、西之台（吉田1954）、埼玉県砂川、神奈川県月見野Ⅰ、長野県茶臼山、池のくるみ、佐賀県平沢良遺跡が代表としてあげられる。また石器組成も前の段階より充実して来るようである。石刃核も磯山技法を踏襲しながら、砂川遺跡の特徴とされる両接打面を持ち、上下から剥離が行われ、残核は半円錐形の通常の石刃核の形態をとるという例も加わって来る。ナイフ形石器は茂呂遺跡で確認された石刃の縁辺を加工し形を整える物のほか、平沢良遺跡では台形状、三角形を呈する定形化された3つのタイプのナイフ形石器がセットをなしている。掻器では、茶臼山遺跡で石刃の先端に刃を付けた先刃式掻器の見事な例が出土している。またこの時期に瀬戸内地方では、横剥技法（瀬戸内技法）で剥離した翼状剥片の一辺を刃潰し加工した国府型と呼ばれるナイフ形石器が存在している。

　小形ナイフ形石器を特徴とする段階（フェーズⅢ）は遺跡数にしても分布をみても、今までになかった規模で拡大・拡散した時期であることがわかる。それに答えるように、石器組成も頂点に達し、器種も多くなる。たとえば静岡県池端前遺跡（麻生・小田1966）に見られるナイフ形石器、尖頭器、掻器、削器、彫器それに石皿、磨石、敲石、砥石などの石器組成は、その最たるものである。とくにこの遺跡における石皿・磨石の発見は植物質食糧について、また、砥石は骨角器の存在についての貴重な裏づけとなったのである。このことは土器こそもたないが縄文時代のそれと大差のない生活が、小形ナイフ形石器の段階の旧石器時代人によって営まれていたと考えても差支えないのである。石刃技法も打面整形が顕著になり、一部に円錐形に近い剥離が全周に施される石刃核が散見し出す。石刃も石刃核の変化に伴い分化を始め、形の上で小・中形石刃と大形石刃の区別が明確になった。おそらく小・中形石刃は石器を作る素材として、大形石刃はそれ自体刃器として使用された痕跡がある。長野県上ゲ屋遺跡（樋口・森島・小林1962）では、その好例が出ている。この小・中形石刃を素材にしたナイフ形石器は、前段階から受け継がれた3つのタイプがますます細分化され、各種各様の幾何学的様相を示す小形ナイフ形石器へと進んで行

く。それらは石刃を自由に折り取り、折った部分に急斜の刃潰しを施し、もはや素材の片鱗すらも残さない例も多い。つまり、この段階があらゆる点で細石器化の盛行を思わせる。とくに九州地方では、その度合いが強く、上場（池水 1967、1969）、石飛遺跡（池水 1968）では、ともに 6 層と 4 層にナイフ形石器組成が確認され、6 層から 4 層への変遷は、その小形化としてとらえられるのである。また百花台遺跡（和島・麻生 1963）では、上場・石飛 6 層で確認されたナイフ形石器文化層（百花台 I）と、その上層に台形石器（百花台 II）が、単純に出土している。こうして細石器化の進んだ小形ナイフ形石器が発展して行くが、ここで興味ある現象に気がつく。それは百花台 II に代表される台形石器の I 型が伴出する百花台、原遺跡において、その石器を調べた結果、石刃技法の盛行がみられないことである。つまりそれは、ナイフ形石器文化の発展してゆく過程でその最終末になると、石刃技法が崩れて衰退したことになる。これは何を意味しているのであろうか。この後に来る石器文化は細石刃、細石刃核という、極小化された高度の石刃技法である。この段階をフェーズⅣとしてとらえる。フェーズⅣになると、あれほど盛行していたナイフ形石器が、ほとんど影を薄くしてしまう事実がある。また、石刃技法の発展はナイフ形石器文化と細石刃文化の交代の時期にそれぞれの系統に断絶があったことも確認された。と同時に、ナイフ形石器の消滅は、細石器としての様相をもつ古い段階に、同じ細石器である細石刃・細石刃核をもつ新しい段階の細石器として、より優れたものへの交代と考えなければならない。これは多くの課題を内包している問題といえよう。

（2） ナイフ形石器と細石刃への展開

　その初期から存在するナイフ形石器は、日本列島内に各種各様のあり方を示すことは前に述べたが、西南日本を舞台にした旧石器文化の流れが、われわれにナイフ形石器の段階的変遷を教えてくれた。また、素材としての石刃を比較的変化させない栃木県磯山、群馬県武井 I のナイフ形石器群は、次の茂呂型の段階で、石刃のほぼ大半に刃潰しが施されたものが多くなり、そこには、佐賀県平沢良や埼玉県砂川遺跡に見られるような 3 つの基本的な形態のナイフ形石器が、バランスを保ってそれぞれ独自に発展し確立していく状況がうかがえる。この 3 つの形態を基調にして小形ナイフ形石器においても、幾何学的細石器様相を示すナイフ形石器へと順次発展して行くのである。もしも、ナイフ形石器が刃器（つまり Knife）としての機能（用途）だけをもつものであるならば、他のいかなる石器にも認められないであろうこの急激な形態分化を、いかに説明したら良いのであろうか、はなはだ不可解といえる。これはヨーロッパの後期旧石器時代の資料にその類似を求め、その研究に追従して来たこの分野の研究方向への反省へと繋がる問題である。ここで筆者は、日本のナイフ形石器の分類を通して基本的な「三形態」があることを、かねてから研究してきた経緯があり、ここにそのことを提唱する機会を得たのである（Oda 1969）。

　第 I の形態は、基本的には三角形をなすものである。素材の関係でさまざまな形態を示すが、石刃を自由に折り取り、その一辺に鋭い刃先を残し、他の二辺を急斜な刃潰し加工で、仕上げている事に特徴がある。第 II の形態は所謂「台形石器」をさす。平行した二側縁を残し、それを直

角に切断するように、ほぼ平行に2つの整形加工（刃潰し）を施した石器である。第Ⅲの形態は、概して前二者より大形で、かつ素材をあまり変形することなく、刃潰しが一辺にのみ施され、他は鋭い刃が残されている例が多い。以上この3形態は、それぞれの用途に応じた機能的変化を表わしている。戸沢充則は、砂川遺跡の報告で3つの型に分類されたナイフ形石器を、刺突、切り削る、切截という各機能を暗示し（戸沢1968）、また滝沢浩は、第Ⅰ形態のナイフ形石器に対し、その擦痕の状態をルーペで観察、これらは弓矢の先につけられた石鏃であろうと述べた（滝沢1964）。この当否は別にしても、日本のナイフ形石器が所謂ナイフ的機能を単に持つものではない事を、誰しもが考察しているのである。

　石器の機能に関しては、ソ連（現・ロシア）のセメノフの研究（Semenov 1964）があるように、石器に残された使用痕の詳細な観察・研究を基にして初めてその実体に迫り得るものであろうが、日本ではその方面の研究は、まだ始まったばかりである。しかし、このような体系的な研究ではないが、過去に使用痕についての意識的観察がなかった訳ではない。むしろ各自の意識の中には、常にその方面への注意は払われていたといっても良いだろう。そこで上記のような経験を踏まえてナイフ形石器の3つの形態に迫ってみることにしたい。

　第Ⅰ形態は、組み合わせ道具の部分品と思われる。三角形という基本的形態と、整形の状態、複雑な様相は、すべてそれらが単独に使用されるものではない事を示している。その上、遺跡における他のナイフ形石器との出土比率も注視されよう。たとえば、西北九州地方に夥しい量のナイフ形石器の発見があるが、そのほとんどがこの第Ⅰ形態である。多量に製作された第Ⅰ形態のナイフ形石器が、組み合わされて使用されたものであろうか。そのさいの着柄は木・骨の軸に溝が掘られ、その中に鋭い刃先を外側にして埋め込まれたものである。完成は図15のようになり、銛として、または槍として使用されていたのだろう。滝沢浩が述べたナイフ形石器の擦痕も、この状態での使用でもつくことを明示しておく。

　第Ⅱ形態は、組み合わせ石器というより、そのノミ状を呈する形から先端につけられた刺突具として使用された物である事は想像に難くない。その場合、槍か鏃かの決定が重要となろう。しかし、台形石器は前に述べたように、旧石器時代の初期から存在し細石刃文化の一部にまで発見され、関東・中部地方南部のフェーズⅢでは、多量の槍先としての尖頭器と伴出している事実は積極的に「鏃（矢じり）」としての用途を支持するものである。鏃の存在はそのまま「弓矢」の存在をも示し、事は重大である。所謂石鏃と呼ばれるものは、加藤晋平によると細石刃文化の段階に北方から流入したものとされている（加藤1968）。台形石器が石鏃であるとすれば、西南日本を舞台にすでに旧石器時代の全般にわたって弓矢が存在することになる。そして、台形石器は細石刃文化の初期にわずかに残るだけで、細石刃の盛行する段階には消失してしまう。この現象は、加藤のいう石鏃の流入と何か関係があるのかも知れない。しかし、日本列島内での石鏃存在の時期の解釈は、今は2通りの方面から調べなければならないだろう。

　第Ⅲ形態のナイフ形石器は、素材選定のあり方、加工の部位、形態から推して、砂川遺跡の報告中で戸沢充則が考察している（戸沢1968）。切截の道具としての機能を有するものである砂川

例は、擦痕のつき方が図16のようであったという。そういう事実からこの第Ⅳ形態のナイフ形石器は、セメノフの言う「ナイフ的機能」に使用されたものであろう。

　現在、日本列島における細石器文化の意義は、「組み合わせ道具」としての存在であろう。そういう意味で、細石刃石器群にこの用語を当てはめたことは正しい。しかし、以上論述したように、ナイフ形石器の中で、組み合わせて使用したと考えられる石器群が存在したとすれば、それらは「細石器」としてとらえねばならなくなる。そこで細石器文化の範囲は、細石刃石器群以前にもさかのぼって考える必要が生じてきた。

　さて、ここで日本の細石器文化のあり方をナイフ形石器と細石刃の関係からみてみると、ナイフ形石器文化は3つの段階的変遷をとげて順次細石器化を促進して行く。その終末であるフェーズⅢは、フェーズⅣである細石刃文化との接点にあるため、細石刃・細石刃核との伴出関係が常に問題にされる。今まで、この両者が一緒に発見された遺跡が数ヵ所あるので、それらを3つのケースに分けて考えてみると、

　第1は、ナイフ形石器の遺跡に細石刃ないし細石刃核が伴出した例、長野県男女倉Ⅲ・Ⅳ遺跡がこれに該当する。

　第2は、細石刃の遺跡にナイフ形石器が伴出した例、長崎県百花台遺跡第Ⅲ文化、長野県矢出川、静岡県休場遺跡、がこれに該当する。

　第3は、この両者はどちらが主体とはいえない状態で出土した例、佐賀県原遺跡A、B地点下層文化、熊本県石飛Ⅱ・Ⅲ層文化、鹿児島県上場遺跡第Ⅱ・Ⅲ文化、岡山県鷲羽山遺跡上層文化、香川県井島上層文化、長野県鷹山遺跡等がこれに該当する。

　この中でとくに問題となるのは、第3の場合である。瀬戸内海に面した鷲羽山．井島遺跡については、この地域の地層的把握の困難さから伴出関係は不明である。滝沢浩の批判からそれがうかがえる（滝沢1964）。中九州地方の石飛・上場遺跡は、比較的層位の明確な地方であるが、両遺跡共Ⅱ・Ⅲ層辺りのとらえ方に混乱と不安がみられ、伴出関係については今後の研究課題である。筆者は西北九州地方の原遺跡は発掘にも参加し資料を整理する機会を得たのでここで、私見を少し述べてみたい。

　原遺跡はA、B、Cの3地点に発掘区が設定され、A、B両地点に良好な石器の分布が確認された。発掘者の報告（杉原・戸沢1968）を見ると、この遺跡の発掘の意義は、特徴の異なる細石刃・細石刃核に性格の異なるナイフ形石器と台形石器などが、それぞれ対応する形で伴出した点

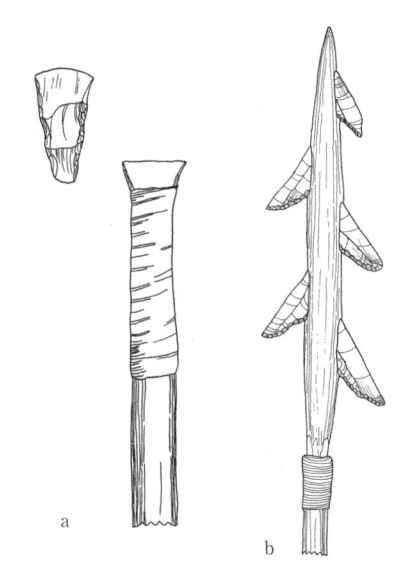

a：直剪鎌と装着例（Clark 1936）
b：バックド・ブレイドの装着復元（Leakey 1931）

図15　台形石器とナイフ形石器の着柄復元

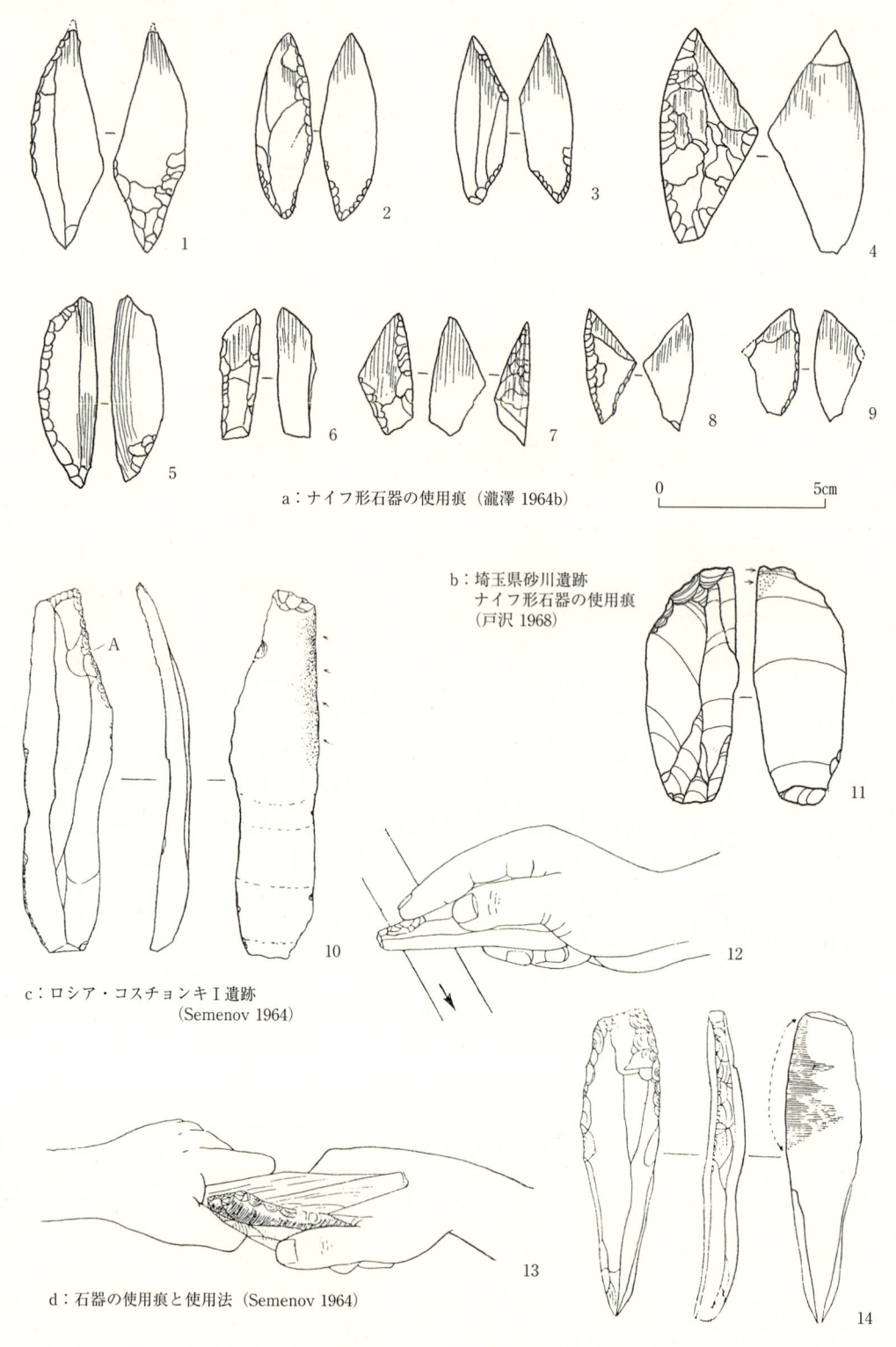

a：ナイフ形石器の使用痕（瀧澤 1964b）

b：埼玉県砂川遺跡
　　ナイフ形石器の使用痕
　　（戸沢 1968）

c：ロシア・コスチョンキⅠ遺跡
　　（Semenov 1964）

d：石器の使用痕と使用法（Semenov 1964）

図 16　ナイフ形石器の機能

である。仮に伴出という事実でこの遺跡を、周辺の層位的編年に当てはめてみると問題なのは、各地点での両者のセットが、それぞれ時代を飛び越したものである点である。そこで、試案を提示する。

　①原遺跡A地点は、半円錐形細石刃核（上層）と平沢良型ナイフ形石器（下層）の2枚の石器文化が存在している。
　②原遺跡B地点は、舟底形細石刃核（上層）と百花台Ⅱ、石飛Ⅳ層型台形、ナイフ形石器（下層）の2枚の石器文化が存在している。

という状態の層位的重複遺跡であった。この地域の地質的不安定性（風化土壌）のために、あたかも伴出の状態で出土した。がそう考えれば編年の矛盾が生じなくなる。しかしこれは、あくまで従来の研究再成果を忠実に再現しただけのもので、伴出するという事実をもとに、新たなこの地域の石器文化の解明にメスを入れることも可能だということを付記しておきたい。

　この時期の遺跡は複雑な問題が多く、性急に解決できるものではない。次に指摘しておかねばならない点は、ナイフ形石器の終末をいくら詳細に分析しても、細石刃の発生は認められないということである。石刃・石刃核がそのまま小形になって、細石刃・細石刃核に変化して行くということであれば容易だが、現在のところは、すべて「伴出」ないし「交代」という表現しかできない。言葉を換えていえば、これは新たに流入した外来石器文化ともいえる。その流入経路はともかく、ナイフ形石器が細石刃の訪れとともにその姿を消失する事実がある。これは何に起因するのか興味深い現象である。

　日本の旧石器文化を、広義の「細石器文化」としての理解から展開すれば、この両石器の交代は解決されそうである。つまり細石刃核から連続的に剥離された多数の細石刃は、それを簡単に折り取ったままで、あるいはまたわずかの整形を加えるだけで、組み合わせ道具の部分品が作られた。これはナイフ形石器のように剥離した石刃を折り取って、さらに入念な刃潰し加工を施すものより簡単である。つまり、組み合わせ道具という共通の基盤において、細石刃の方がより容易で優れていたのである。このことが細石刃文化の訪れとともに、ナイフ形石器が消失して行く起因を作り、また石刃技法という共通の技術的基盤の内にも、石刃核をより小さくするだけではなく、それから簡単な組み合わせ道具の素材が得られることが、ナイフ形石器から細石刃へのスムースな交代をもたらした大きな要因の一つと考えられる。

　そして、西南日本でこのように両者の交代が行われている頃、東北日本では依然としてナイフ形石器文化の伝統が遅くまで残っていたが、その後、「湧別技法」による舟底形細石刃核を持った仲間が、北方から流入して来たのである。また一方、西南日本では、ほぼ時を同じくして「西海・福井技法」を持った舟底形細石刃核の段階に入り、福井2・3層で見られるように、土器の伴出が認められ「縄文文化」へ突入していくのである。

6 ま と め

　アジア大陸の東端に位置する日本列島は、更新世の初期には大陸の一部分であった。その後、地殻の変動及び地球上の氷床の消長に伴う汎世界的な海水準の変化などによって、今日のような列島となったものと考えられるが、日本列島が大陸から隔断した時期については、現在も定説をみない。このような地理的環境を持った日本列島に人類が生活したとすれば、当然アジア大陸との関係を考えねばならないだろう。しかし、研究史が示すように常にヨーロッパの旧石器時代との類似を取り沙汰してきた日本旧石器時代研究の方向性は、現在大きな曲がり角に立たされていることは事実である。たとえば、山内清男、佐藤達夫らによって、無土器新石器時代なる学説が提唱されているが、それに対する決定的な反論もなく、芹沢長介らの従来からの旧石器時代説との間には平行線的断絶が続いている。これは今後多くの議論をして解決される問題であろうが、多くの研究者がおそらくこれを決め難い多くの要素をこの両説に認めている結果でもあろう。

　今までの論述で理解されたように、日本列島には中央日本を境として、2つの文化系統が認められている。この違いはそれぞれの地域の生活環境を舞台に保守されて来たものであろうが、大陸の影響下による文化流入時の姿を反映していることも事実である。ナイフ形石器文化、細石刃文化はともに日本列島内で発生したものではない。その源流はともあれ、この両者に共通する細石器的様相＜この2者をこれから「細石器文化」と呼びたい＞は、認めねばならないだろう。日本の中石器の様相については、井川史子が触れているように、「細石刃を中心にした段階」という理解（井川1965）があった。しかし、局部磨製石斧や組み合わせ道具（ナイフ形石器）や石鏃（台形石器？）に特徴を持った石器文化が、早くから日本列島に培われていたとすれば、もはや日本の旧石器時代はその初期から、中石器的基盤の上にあったといっても過言ではなかろう。静岡県池端前遺跡でみられた石器組成は、狩猟のみならず漁撈や植物質食糧の採集と、その豊富な生活を示すものであった。それは縄文時代にも劣らず、むしろそれに近い生活環境下に営まれていたことを示している。

　このことは、関東ローム（立川ローム）層中に発見されるこれら一連の旧石器文化が、過去に考えられてきた程古い様相をもったものではないことがこの事実から受け取れよう。^{14}C年代値によって最古の縄文文化は、長崎県福井洞穴の第3層が12,700±500 B.P.（Gak-950）、また旧石器文化は第15層が＞31,900 B.P.（Gak-952）という値が測定されている。その実年代の比較から、日本の旧石器文化があたかも大陸の旧石器文化に平行するかのように、また縄文土器の場合は、むしろ大陸より一段と古い年代値を示すため、日本からの伝播論も唱えられるにいたっている。が、こうして日本列島は、アジア最古の歴史を邁進して行くようである。しかし、今日一見科学的な操作であるかにみられた^{14}C年代値は、この所その矛盾が問題視され出し、測定の仮説さえも不安定とされている。このような研究動向にある中で、ただちに周辺地域との対比に、これらのデータを根拠にして、安易に比較し使用することは危険といわざるを得ない。

今残された方法論は、詳細な分析研究に基づく日本の考古学的資料による文化相互の対比という本来の姿であろう。さらに日本の旧石器時代研究も、このあたりで新たな目を開く時期だともいえよう。

第1章　火山灰と考古学

1．火山灰と旧石器遺跡
2．火山灰と細石器文化層
3．巨大噴火と火山災害

● 第 1 章——解説

　本章は、火山灰と考古学について論述した。
　1　火山灰と旧石器遺跡　　日本の旧石器時代遺跡は、最初の発見遺跡である岩宿遺跡がそうであったように、厚く堆積した火山灰（ローム層）中に包含されていた。この火山灰は給源火山との関係で、各地に特徴的な年代の鍵層として遺跡相互の対比が可能であり、考古学的編年作業に多く利用されている。縄文時代の鬼界カルデラ（K－Ah 火山灰）、旧石器時代の始良カルデラ（AT 火山灰）の巨大噴火による両広域火山灰が有名であること等を論じた。
　2　火山灰と細石器文化　　関東地方の火山灰層準と細石刃文化について論及した。
　3　巨大噴火と火山災害　　更新世最大の始良カルデラの巨大噴火は、南九州地域の旧石器社会に壊滅的な打撃を与えただけでなく、列島内の植生・動物相などにも大きな変革をもたらした。その結果、噴火以前・以後の旧石器文化様相に大きな変化が認められた。つまり、この巨大噴火を契機にして、いままで列島内で均一であった日本の旧石器文化に、東北日本、西南日本という「列島化現象」が誕生しているのが理解できること等を論じた。

1. 火山灰と旧石器遺跡

　日本列島には400近い「火山」があり、これらの噴出物である「火山灰（テフラ）」が各地に厚く堆積している。日本では先史時代の遺跡・遺物が、こうした火山灰土に埋没した状況で発見されることが多い。日本で初めて旧石器文化の存在が確かめられた群馬県岩宿遺跡は、「関東ローム層」と呼ばれる火山灰土の中に発見され、その後の旧石器時代研究史も火山灰層との関係で進展してきた歴史がある。たとえば、旧石器遺跡の探索は、地表近くの黒土層下の「赤土（火山灰・ローム）」層を目安にして、地層断面に露出した「礫・石片」の存在を確認することが定番であった。そして、石器が発見されるとその赤土の岩相を観察して、ソフトかハード・ローム層か、また「黒色帯」か、さらに「パミス」や「スコリア」の混在、色調、粒度状況はどうかなどを地質学者と協力して判断し、その層準に名称を与え確定していくのである。このように旧石器時代研究と火山灰研究は、おたがいに補完的関係で歩んできた研究史がある（関東ローム研究グループ1965）。

　両分野に共通した研究課題は2つある。1つは「編年」の問題である。これは火山灰が爆発的火山活動の所産であり、きわめて短い時間のうちに広い地域を被いつくすという特徴的な性質を持っていることにある。もう1つは噴火による「災害」の問題である。それは噴火という大事件が、人間活動と自然環境に歴史の流れを変更させるほどの大打撃を与える自然現象であったからである。この火山灰が持つ2つの特性は、「旧石器考古学」においてもきわめて有用なものである。なかでも、日本各地の旧石器時代遺跡の石器群編年には、広い地域に降灰した火山灰（広域火山灰）は時間比較の有効な鍵層になっている。「石器型式」を中心にして歩んできた旧石器編年が、特定の火山灰層の確認によって正確に対比できるようになったことは周知のとおりである（小田1979 a.b）。また、給源近くの遺跡では、厚く堆積した火山灰層準によって細かい文化層の設定が可能であった。さらに、火山災害によって、旧石器文化の変革や文化圏の動態が近年つぎつぎ確認されているのである。ここでは、大規模発掘調査が集中的に行われた東京・武蔵野台地の旧石器時代遺跡を例として紹介し、火山灰と旧石器編年の成果を述べることにしたい（町田・新井・小田・遠藤・杉原1984）。

1　火山灰（テフラ）とは

　火山灰とは、噴火に際して火口から地表に放出された固形の噴出物であるが、この火山灰そし

66   第1章　火山灰と考古学

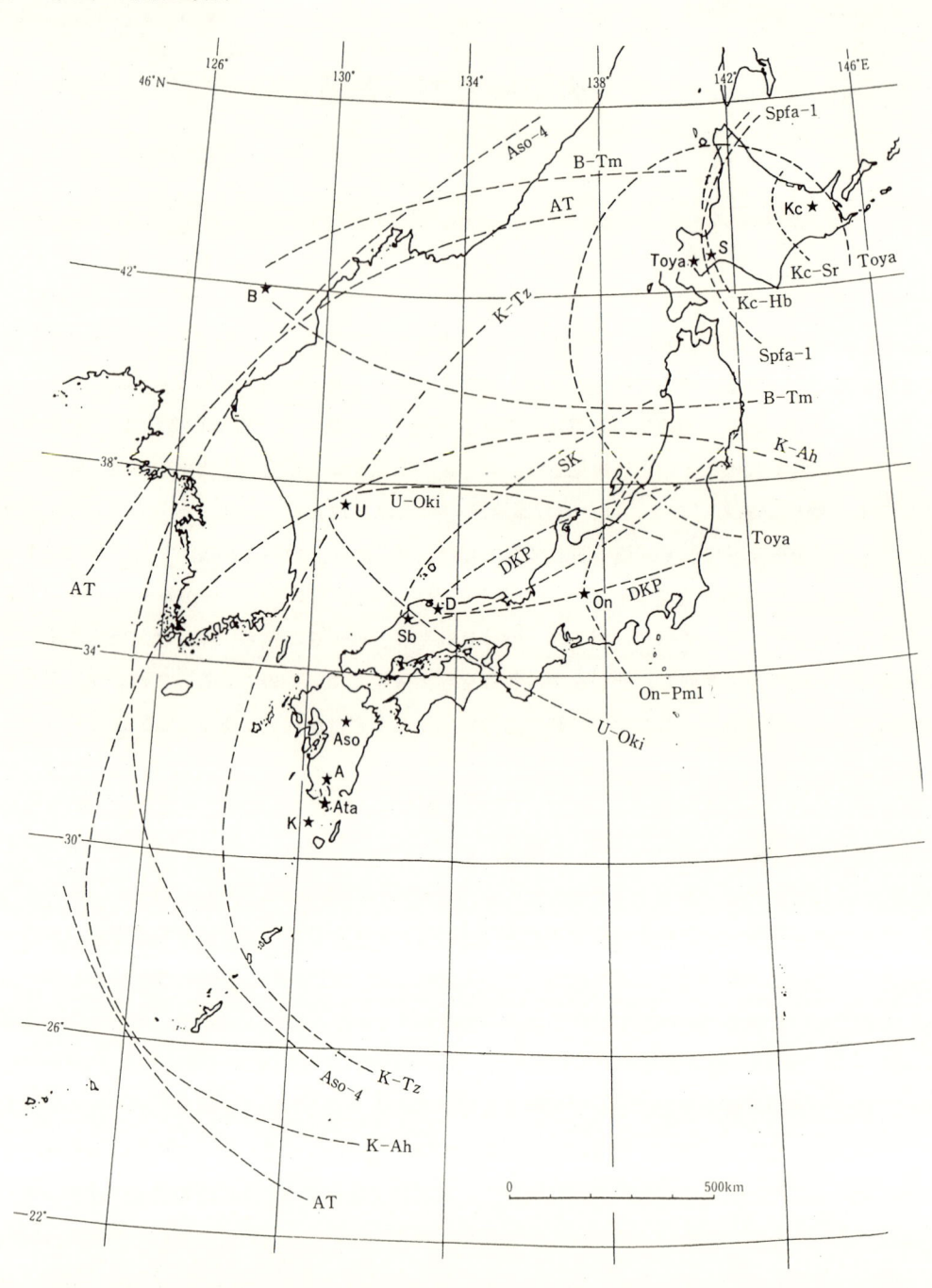

------ 肉眼で確認できる分布範囲
（給源火山・カルデラ）
Kc：クッチャロ　　S：支笏　　Toya：洞爺　　On：御岳　　D：大山　　Sb：三瓶　　Aso：阿蘇　　A：姶良
Ata：阿多　　K：鬼界　　B：白頭山　　U：鬱陵島

図17　日本列島と周辺地域の広域火山灰（町田・新井 1992）

て火砕流、泥流堆積物をも広く含む「テフラ」という用語が便利であるという（町田他1984）。テフラ層の基本単位は、1噴火輪廻の地層である。テフラをもたらす爆発的噴火は、数時間から数日程度で終了し、この間に噴煙柱が火口から立ち上り風で拡散し堆積する。これが「広域テフラ」と呼ばれるものである。テフラ層の1単位とは、こうした1回の噴火によって堆積した火山灰土である。しかし、露頭での1単位層準は、給源に近いほど複雑な堆積状況が観察される。たとえば、約6,300年前の鬼界カルデラの1輪廻の噴火テフラは、「幸屋降下軽石」「アカホヤ火山灰」「船倉火砕流」「竹島火砕流」の4つのテフラ層から成っているのである。また、多輪廻の比較的小さな噴火では、似たようなテフラが数十年から数百年おきに噴火し累積すると、火口付近では区別できるが遠くにいくと区別ができない場合が多い。こうした分離できない、複数のテフラから成っているものは「テフラ群」と呼ばれている。

ここで旧石器時代から縄文時代初頭にかけての、考古学編年と関係するテフラについて紹介してみたい。

　　A．南九州地方

桜島—薩摩テフラ（Sz-S）：給源から約80km範囲で、南方は指宿、北方は栗野地域に及び、年代は約10,500 y.B.P.である。南九州地方では、この層の下位から「細石刃文化」＋縄文時代草創期の隆帯文土器が出土する。また上位からは縄文時代早期の土器文化が発見されている。

霧島山の降下スコリア・軽石群：霧島東麓から小林市付近、そして宮崎平野に分布し、年代は不明であるが、宮崎県船野遺跡（橘1975）で、この層準から「細石刃文化」が発見されている。

霧島—小林軽石（Kr-K）：給源から東方に65km範囲に分布し、年代は1万年より古い。考古学遺跡と関係した事例はまだない。

霧島—飯盛スコリア：給源から北方20km、霧島北麓から小林盆地に分布し、年代は1.5〜2.0万年前である。考古学遺跡と関係した事例はまだない。

霧島—イワオコシ軽石（Kr-Iw）：霧島東麓から宮崎平野に分布し、年代は約4〜5万年前である。考古学遺跡と関係した事例はまだない。

姶良—岩戸テフラ群（A-Iwなど）：姶良カルデラが給源と考えられ、年代は約5万年前より新しい。考古学遺跡と関係した事例はまだない。

　　B．中九州地方

阿蘇中央火口丘の降下スコリア群：阿蘇東麓地域一帯に分布し、年代は約6,300年前〜2.2万年前である。大分県岩戸遺跡（坂田編1980）の最上部のクロボク層は、縄文時代早期の遺物包含部であり、下層の褐色の火山灰土は旧石器時代文化層が確認されている。

阿蘇中央火口丘テフラ群：阿蘇東麓地域一帯に分布し、年代は約2.2〜4万年前である。本テフラは約2.2万年前の「姶良Tn火山灰（AT）」と約7万年前の「阿蘇4（Aso-4）」との間に堆積したものである。大分県岩戸遺跡、熊本県曲野遺跡（江本1984）のAT以下の火山灰土には、旧石器時代の石器群が発見されている。

九重第1軽石（Kj-I）：給源から東へ60kmの範囲に分布し、年代は3〜3.5万年前である。岩

戸遺跡の最下層の第17層も、本層より上層に対比される。現在のところ九州地方では、本層より下位に旧石器文化が確認された例はない。

九重火山の火砕流堆積物：給源周辺に多く分布し、年代は＞32,300 y.B.P. と測定されている。考古学遺跡と関係した事例はまだない。

　　C．中国・四国・近畿地方

三瓶—浮布テフラ（Sm-U2）：給源から東南東方向に70 km以上に分布し、年代は16,000±400 y.B.P. である。考古遺跡との関係では、広島県帝釈観音堂洞窟遺跡の第23層がこのテフラに相当する。同遺跡では、この層より上部に縄文時代草創期の遺物包含層が位置する。

大山—弥山軽石：給源の東方30 km範囲に分布し、年代は1.5万年頃か。周辺の旧石器時代遺跡の火山灰包含層に相当する。

大山—上のホーキテフラ：給源から東方地域に分布し、年代はおよそ1.7万年前頃で、考古遺跡との関係は不明である。

大山—オドリ火砕流：給源から東方に分布し、年代は17,200±400 y.B.P. と測定されているが、姶良Tn火山灰（AT）を直接被っているので、もう少し古くなる可能性がある。考古遺跡と関係した事例はまだない。

三瓶—池田軽石（Sm-I2）：給源から東南東60 kmにまで分布し、年代は2.5～3万年前頃で、考古遺跡との関係は不明である。

三瓶—大田火砕流：給源から北西方に分布。年代は25,600±1,000 y.B.P. と測定されている。考古遺跡との関係した事例はまだない。

　　D．中部・関東地方

立川ローム（TcL）：静岡県東部から山梨県東南部および南関東全域に分布し、年代は1～3万年前頃である。考古遺跡との関係は、旧石器時代研究史上著名な東京都茂呂遺跡の発見（1944）から始まり、神奈川県月見野遺跡群（1968）、東京都野川遺跡（1969・70）の調査によって、旧石器時代遺跡はすべてこの層準に包含されていることが判明している。

立川ローム最上部ガラス質火山灰（UG）：安房ガラス質火山灰（AG）とも呼ばれ、関東一円（UG）、房総半島館山付近（AG）に分布し、年代は13,000～14,000 y.B.P. である。考古遺跡との関係は、東京都高井戸東遺跡（小田・重住編1976）で、「細石刃文化」の包含層である第Ⅲ層上部に確認されている。

富士—相模野第1スコリア（S1S）：給源から東へ80 km、横浜、東京山の手地域に分布し、年代は20,000～21,000 y.B.P. である。考古遺跡との関係は、武蔵野台地の旧石器文化編年で第Ic亜文化期と第Ⅱa亜文化期との境界に相当する。

含雲母グリース状火山灰（Gr）：給源から神奈川県南部以東に分布し、愛鷹南麓の中部ローム層上部に確認された。年代は約3万年前頃か。

武蔵野ローム層中の示標テフラ層：東京軽石（Hk-TP）は約4.9万年前で、三島軽石（Hk-CCP）は約4万年前頃である。

E．中部山岳地域

新期御岳上部テフラ群：御岳から木曽川に沿って濃尾平野にまで分布し、木曽川泥流堆積物（Ks、$26,600±1,600$ y.B.P.）、三岳軽石（Om-PmIV、約4.5万年前）がある。考古遺跡と関係した事例はまだない。

八ヶ岳新期第IV軽石（Y-PmIV）：給源から東へ30 kmに分布し、年代は25,000 y.B.P. である。考古遺跡と関係した事例はまだない。

妙高テフラ群：妙高山麓から信濃川中流部に分布し、高床スコリア（M-TT、約2.5万年前）、貫ノ木スコリア（M-KN、約2.5～3万年前）、関山スコリア（M-Sy、約3万年前）がある。考古遺跡と関係した事例はまだない。

土倉火山砂（HVs）：白馬山麓から妙高高原に分布し、関山スコリアの直下で、大山倉吉軽石の上位にある。年代は約3～3.5万年前で、考古遺跡と関係した事例はまだない。

F．北関東地方

浅間—草津黄色軽石（As-YPk）：給源から北北東方向、上越国境を越えて新潟県湯沢町付近にも分布し、年代は10,500～11,500 y.B.P. である。考古遺跡との関係は、新潟県壬遺跡で、縄文時代草創期（円孔文土器）の包含層の直下または同層準に介在している。

浅間—板鼻黄色軽石（As-YP）：給源から東方に分布し、年代は$14,300±300$～$13,190±235$ y.B.P. までの多数がある。考古遺跡との関係は、群馬県元宿遺跡（相沢1957）のポイント文化層の上位に、同・石山遺跡では縄文時代草創期包含層の下位に本層が存在している。北関東の「ポイント文化」と「細石刃文化」の中間部に本層が位置している。

男体—今市・七本桜テフラ（Nt-I・S）：給源から東南東方向へ100 km以上に分布し、年代は$13,800±250$～$12,280±250$ y.B.P. までの多数がある。考古遺跡との関係は、茨城県後野遺跡（後野遺跡調査団1976）で「細石刃文化」と「丸ノミ形石斧文化」層に本テフラが介在している。

男体—片岡・小川スコリア群：給源から東方向へ50 kmに分布し、年代は1.5～2万年前である。考古遺跡との関係は、本層の上下から旧石器文化が検出されているが不明である。

浅間—白糸軽石（As-SP）：給源から東方に80 kmに分布し、年代は1.5万年前である。考古遺跡との関係は、群馬県見立遺跡などで、本層の上下から「ナイフ形石器文化」が検出されている。

赤城—鹿沼軽石（Ag-KP）：給源から東方へ広域に太平洋岸にまで分布し、年代は鈴木正男によって、フィション・トラック法で$32,000±4,000$、$31,000±8,000$ y.B.P. と測定されている。考古遺跡との関係は、栃木県星野遺跡（芹沢1966、68、70）の第5層以下が本層より下位に相当する。

G．東北地方中・南部

肘折テフラ（Hj）：給源から東方へ110 km、尾花沢、仙北平野にまで分布し、年代は$10,740±340$～$9,780±190$ y.B.P. までの多数がある。考古遺跡との関係は、山形県角二山遺跡、宮城県座散乱木遺跡などで、上位に縄文時代の文化層、下位に「細石刃文化」層が発見されている。

蔵王—川崎スコリア（Z-K）：蔵王山から東北東へ40 kmに分布し、年代は噴火年代の31,500

±2,610 y.B.P. より新しく、間接的な年代の 26,240±1,360 y.B.P. より古いとされる。考古遺跡との関係は不明である。2000 年 11 月 5 日、宮城県地方の仙台市山田上ノ台遺跡などでこれまで本層の下位から出土したとされていた「前・中期旧石器文化」は、すべて「捏造遺跡」であることが判明し消滅してしまった（小田 2001 他多数）。

安沢下部火山灰：給源から東南東へ 25 km の範囲に分布し、年代は T.L 法や．F.T．法により約 4 万年前頃とされる。考古遺跡との関係は、宮城県座散乱木遺跡で、本層から「中期旧石器時代」の石器が発見（1980 年）されたというが、本層は「火砕流」であり、人間の生活址、遺物が存在するはずはなかったのである（Oda and Keally 1986）。やはり本遺跡も前述したように、検証の結果「捏造遺跡」であることが判明した（2002 年）。

柳沢火砕流堆積物：給源から東南東へ 30 km の範囲に分布し、年代は T.L 法や．F.T．法により約 4.3〜6.3 万年前頃とされる。考古遺跡との関係は、宮城県馬場壇 A 遺跡から「前・中期旧石器文化」が発見（1982）されたが、前述したように検証の結果「捏造遺跡」であることが判明した（2002 年）。

焼石―村崎野軽石群（Y-MK、Y-MI）：上位の北上軽石層は、給源から東北東へ 120 km 範囲に分布し、下位の胆沢軽石層は東南東に 75 km 範囲に分布する。年代は約 4〜7 万年前頃とされる。考古遺跡との関係は、岩手県下成沢遺跡では本層より上位の「黒沢尻火山灰層上部」からナイフ形石器と斧状石器が出土し、同・上萩森遺跡からはさらに上部から石刃、ポイントが発見されている。

安達太良―二本松軽石群（Ad-N）：給源から東または東南東方向へ 30 km 以上に分布し、年代は約 1.5〜2 万年前である。考古遺跡と関係した事例はまだない。

吾妻―松川軽石（Az-M）：給源から東南方向へ 30 km 以上に分布し、年代は AT の直上にあるので、約 2 万年前頃か。考古遺跡との関係は不明である。

安達太良―岳軽石（Ad-D）：給源から東へ 60 km 分布し、年代は AT の下位にあり＞32,200 y.B.P. と測定されている。考古遺跡と関係した事例はまだない。

H．東北地方北部

十和田二ノ倉スコリア群（To-Nk）：給源から東南東へ 40 km に分布し、年代は 10,000〜9,000 y.B.P. と測定されている。考古遺跡との関係は、青森県鴨平遺跡で本層から縄文時代草創期（爪形文土器）が、また同・蝠蝠遺跡では本層下部に縄文早期の無文土器が出土した。

十和田八戸テフラ（To-HP）：給源から東へ 100 km 以上に分布し、年代は 13,000〜10,000 y.B.P. と測定されている。考古遺跡との関係は、青森県長者久保遺跡（山内・佐藤 1967）で、本層から縄文時代草創期の「丸ノミ形石斧文化」が出土した。

秋田駒柳沢軽石（Ak-Y）：給源から東北東へ 65 km、南北幅 20 km に分布し、年代は 12,380±400、13,010±240 y.B.P. と測定されている。考古遺跡との関係は、青森県長者久保遺跡（山内・佐藤 1967）で、本層上位から縄文時代草創期の爪形文土器と有舌尖頭器が出土した。

秋田駒―小岩井軽石（Ak-K）：給源から東へ 90 km、南北幅 20 km に分布し、年代は 16,300±

550 y.B.P. と測定されている。考古遺跡と関係した事例はまだない。

　岩手—滝沢第1スコリア、第2スコリア（Iw-T 1、T 2）：給源から東へ20 km、幅10 kmに分布し、年代は33,000と15,000 y.B.P. との中間と測定されている。考古遺跡との関係は、青森県四十四田遺跡の上位の層から石刃、彫器が出土している。

　十和田—ビスケット2軽石（To-BP 2）：給源から東へ50 km範囲に分布し、年代は層位と化石周氷河現象から、約20,000 y.B.P. と測定されている。考古遺跡との関係は、青森県鉄山遺跡の上位の層から石刃が出土している。

　十和田—ビスケット1・大不動テフラ（To-BP 1、Of）：給源から東へ50 km、南北80 kmの範囲に分布し、年代は多数あるが、約28,000 y.B.P. より古いようである。考古遺跡と関係した事例はまだない。

　岩手—生出黒色スコリア（Iw－OB）・雪浦軽石（Iw－U）：給源から東へ40 km、南北40 kmの範囲に分布し、年代は多数あるが、約33,850 y.B.P. と測定されている。考古遺跡と関係した事例はまだない。

　　I．北海道南部地方

　樽前dテフラ（Ta-d）：給源から東へ100 km以上の範囲に分布し、日高地方では50cmの厚さがある。年代は約8,940±160 y.B.P. と測定されている。考古遺跡との関係は、縄文時代早期（貝殻文土器）が、本層の上下から出土している。

　濁川テフラ（Ng）：給源の濁川カルデラとその周辺の台地に分布し、年代は12,900±270、11,670±220 y.B.P. と測定されている。考古遺跡との関係は不明である。

　恵庭a軽石（En-a）：給源から東へ200 km以上の範囲、帯広以東の広域に分布し、年代は15,000±400 y.B.P. と測定されている。考古遺跡との関係は、祝梅三角山遺跡（北海道教育委員会1979）で、本層の上層に「細石刃文化」、下層から「ナイフ形石器文化」が出土している。

　羊蹄第1軽石・スコリア（Yo・Ps-1）：給源から東へ85 km、南北30 kmの範囲に分布し、年代は約15,000年前と測定されている。考古遺跡との関係は、祝梅三角山遺跡で、本層とその下位の羊蹄第2軽石の中間層から「ナイフ形石器文化」が出土している。なお同層準の黒曜石水和層年代は、北海道大学によって18,500±1,000、18,300±1,100 y.B.P. と測定されている（勝井・根本1979）。

　恵庭b軽石（n.En-b）：給源から北方を軸に分布し、年代は約20,000〜22,000 y.B.P. と測定されている。考古遺跡と関係した事例はまだない。

　恵庭c軽石（n.En-c）：給源から東方に狭く分布し、年代は約25,000 y.B.P. と測定されている。考古遺跡との関係は不明である。

　羊蹄第3軽石・スコリア（Yo・Ps-3）：給源から東西へ80 km、南北15 kmの範囲に分布し、年代は約27,000〜30,000 y.B.P. と測定されている。考古遺跡との関係は不明である。

　支笏降下軽石1・火砕流（Spfa 1、Spfl）：日本でも有数の大規模なもので、給源から東へ200 km、南北120 km状の範囲に分布し、年代は約32,000 y.B.P. と測定されている。考古遺跡と関係

した事例はまだない。

J．北海道中央部、東部、北部

魔周1軽石（Ma-1）：給源から東へ60kmの範囲に分布し、年代は約11,000 y.B.P. と測定されている。考古遺跡と関係した事例はまだない。

雄阿寒岳b軽石（Oa-b）：給源から南南西へ小規模に分布し、年代は11,720±220 y.B.P. と測定されている。考古遺跡と関係した事例はまだない。

ワンコの沢軽石（Wn）：給源から東へ100kmの範囲に分布。年代は約15,000～10,000 y.B.P. と測定されている。考古遺跡と関係した事例はまだない。

2　広域火山灰と旧石器編年

全国的規模での考古学編年に影響を与えた「広域火山灰」には、縄文時代の「鬼界アカホヤ火山灰（K-Ah）」と旧石器時代の「姶良Tn火山灰（AT）」が良く知られている。前者は約6,300年前の縄文早期と前期を画する（新東1978、1980）重要な鍵層であり、後者は約21,000～22,000年前の武蔵野編年第Ⅰ文化期と第Ⅱ文化期を画する（小田1979a）。やはりこれらはともに文化的変革期を到来させた火山灰であった。ここではAT火山灰（町田・新井1976）について述べることにする。

（1）姶良Tn火山灰

①噴出源と噴火様式　姶良Tn火山灰（AT）の噴出源は、鹿児島湾北部を占める姶良カルデラである。このカルデラは、約13万年前の最終間氷期には海湾として成立していた。一連の噴火は、まず大規模な巨大噴火で「大隈軽石（OsP）」をもたらし、次に膨大な量の「入戸火砕流堆積物」が噴出した。姶良Tn火山灰は、2回目の噴出時に放出された細粒火山灰で、偏西風に送られて各地に降下堆積したものである。

②分布と特徴　ATの分布は、日本列島全域、日本海全域、韓半島、東シナ海、太平洋四国海盆までを広く被っている。層厚は南九州、四国南部地域では約50cm、中国、四国北部、近畿地域では約20cm、東海、中部、関東、東北南部地域では約10cmである。ATは給源地域では数100mの層厚を示す「シラス台地」として知られており、約5cm前後の高純度で確認される地域では、灰白色火山灰層として認識されている。

③噴出年代と当時の気候　ATと関係する年代値は現在24例以上知られている。年代は約2,500～39,000年前までの範囲にわたっているが、約3分の1の値は21,000～22,000年前に集中していた（町田・新井1976、1983）ので、この年代が妥当であろう。

当時の植生環境を示す、AT降灰前後の泥炭層の花粉分析が行われている（辻1983）。それによると、AT直前から寒冷化のきざしがあり、直後に寒冷化が顕著になっている。また、AT降灰直前の23,000年前頃から、日本海では淡水化が顕著になり、朝鮮海峡の閉塞的状況が判明

1. 火山灰と旧石器遺跡　73

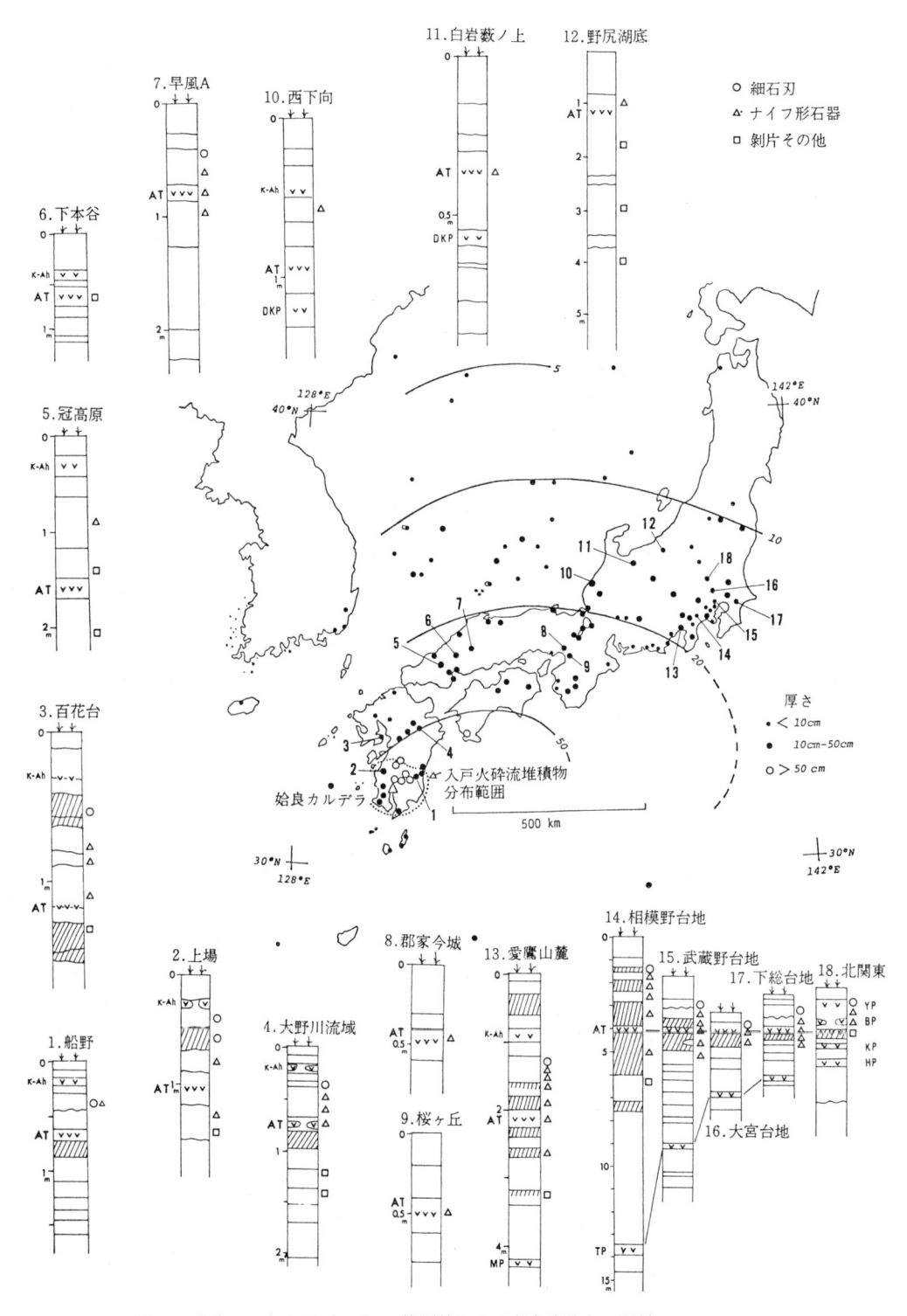

図18　始良Tn火山灰（AT）の等厚線および考古遺跡との関係（町田他 1984）

(新井他 1981) している。

(2) ATと考古学遺跡

ATと考古学遺跡の関係は、1969・70年に発掘された東京都野川遺跡（野川遺跡調査会 1970 ほか）を出発点とした武蔵野台地の旧石器多文化層遺跡の調査で追跡され進展した（Oda and Keally 1979、小田 1979 a）。ここで全国の状況を見てみよう。

①九州地方　南九州地方では厚く堆積した「入戸火砕流堆積物」の影響で、ATより下層から旧石器遺跡の発見はまだない。中・西九州地方では、鹿児島県上場遺跡第VI層文化、熊本県石飛遺跡第VI層文化、同・曲野遺跡下層、長崎県百花台遺跡第IV文化層、岩戸遺跡第III文化層・岩戸K〜G石器文化などがある（小田 1980 c）。

②四国地方　ATは10〜70cmの厚いテフラ層として存在する。考古学遺跡と関係する事例はまだない。

③中国地方　広島県や岡山県の高原地域でATの下位から遺跡が確認される。岡山県野原遺跡風早A地点では、AT下位から磨製斧形石器、ナイフ形石器が発見されている。

④近畿地方　AT降灰後の火山灰堆積が少なく、ATは流失し保存の悪い地域である。奈良県二上山・桜ヶ丘遺跡で、旧石器遺物が包含されている遺構内の土層からATがわずかに確認されている。

⑤中部地方北部　長野県野尻湖底遺跡にATが確認される。同湖底の杉久保遺跡では、杉久保AI・II・III文化はAT層より上位に存在していた。富山県でも白岩藪の上遺跡で、AT層準に磨製斧形石器、ナイフ形石器が発見されている。

⑥中部地方南部　旧石器遺跡が多く発見されている静岡県磐田原台地では、まだAT層準は確認されていない。一方愛鷹山麓ではAT層準が確認され、旧石器遺物が多数出土している。ATより下位からナイフ形石器、縦長剥片が、上位から小形ナイフ形石器、ポイントなどが発見されている。

⑦関東地方　AT層準と旧石器文化の関係が、早くから追及された地域である。立川ローム第VI層上部に介在する。この層準を境にして、旧石器文化に大きな変革が認められていく。つまり、それまで列島内に均質に存在していた旧石器文化圏が、AT降灰後に地域的文化圏を形成していく状況がうかがえるのである。

⑧東北地方　この地域は旧石器包含層が薄く、遺跡も1遺跡単文化層出土例が多い。ATは宮城県座散乱木遺跡で、町田洋、新井房夫、杉原重夫らと筆者で確認作業を行いATを確認した。この地方でも近い将来に、AT層準による石器群編年ができる可能性もあろう。

3　武蔵野台地の旧石器遺跡と編年

ここでもっとも多くの旧石器遺跡が発掘調査され、その研究が進展している東京・武蔵野台地

の1遺跡を取りあげて、遺跡と旧石器編年作業について述べる。

(1) 武蔵野台地と野川流域の環境

　武蔵野台地は、関東山地南部の山梨県を源にする多摩川が山間部を東流し、急に平野部に流れ出る青梅市を頂点に北西を入間川、北東を荒川、南西を多摩川、そして東南を東京湾に面した、短軸約20km、長軸約50kmの長方形洪積台地である。

　地質学的には、基盤は第三紀末の三浦層群が広がり、海成層の東京層が不整合に覆っている。その上部には古多摩川が運んだ扇状地礫層が堆積し、その表面に「関東ローム」層が厚く堆積している。この多摩川沿いには、低い方から立川面、武蔵野面、下末吉面、多摩面の4つの河岸段丘が形成され、それぞれ立川面には立川ロームが、武蔵野面には立川と武蔵野ロームが、下末吉面には立川、武蔵野、下末吉ロームが、多摩面には立川、武蔵野、下末吉、そして多摩ロームが認められる（関東ローム研究グループ 1965）。

　武蔵野台地の西南縁は、多摩川低地に接して比較的広い立川段丘面が広がっている。この段丘面と一段高い武蔵野段丘面の境に、比高12mを数える「国分寺崖線」と呼ばれる段丘崖が走っている。この崖線下に、国分寺市を源にした約20km流路の「野川」が東流している。この野川流域は段丘面が良く観察できる地域でもある。また、台地内陸部には標高約50〜60mの等高線上に多くの湧水地点があり、ここから流れ出した小河川が台地上に樹枝状の支谷を作りだしている。旧石器時代の遺跡は、こうした小河川に面した台地の窪み部（ノッチ）の両側に半月状に形成されているのである。

(2) 遺跡における層準と編年対比

　野川流域の旧石器時代遺跡でもっとも多くの文化層が確認されたのが、小金井市西之台遺跡B地点（小田編 1980）である。1遺跡から13枚の旧石器文化層が確認されたことは、わが国では野川遺跡（野川遺跡調査会 1970 ほか）の10枚を抜いて最多の例である。

　西之台B遺跡の層準は、武蔵野台地一般に見られる関東ローム層の標準的な層序であるが、地表から約8mの深さまで、立川ローム層が約3.5m、武蔵野ローム層が約4m堆積している。この中には黒色帯、火山ガラス層、スコリア層などが介在している。以下に今後の旧石器研究のテキストとして、本遺跡で確認された層名、特徴、文化層名などを示す。

　　第　Ⅰ　層：表土・攪乱層、歴史時代の遺構・遺物包含層
　　第　Ⅱ　層：黒褐色土層、弥生・縄文時代の遺構・遺物包含層
　　第　Ⅲ　層：黄褐色軟質ローム層、ここから立川ローム層（TcL）、旧石器時代の遺構・遺物包含層開始、第Ⅲ上・Ⅲ中・Ⅲ下層文化
　　第　Ⅳ　層：褐色硬質ローム層、第Ⅳ上・Ⅳ中・Ⅳ下層文化
　　第　Ⅴ　層：暗褐色ローム層、第Ⅴ上・Ⅴ下層文化、立川ローム第Ⅰ黒色帯
　　第　Ⅵ　層：黄褐色ローム層、第Ⅵ層文化、「姶良 Tn 火山灰（AT）」が上部に介在

第 VII 層：暗褐色ローム層。第 VII 層文化、立川ローム第 IIa 黒色帯
第 VIII 層：橙褐色ローム層、立川段丘上の遺跡で確認（野川遺跡など）
第 IX 層：暗褐色ローム層、第 IX 層文化、立川ローム第 IIb 黒色帯
第 X 層：黄褐色ローム層、第 X 上・X 中層文化、「最下層旧石器文化層」
第 XI 層：黄褐色ローム層、「いも石」多数検出
第 XII 層：明黄褐色ローム層、この層の上半部までは立川ローム層準（TcL）で、この層の下半部辺りから武蔵野ローム層準（ML）と考えられる。
第 XIII 層：黄褐色ローム層
第 XIV 層：明黄褐色ローム層
第 XV 層：暗黄褐色ローム層
第 XVI 層：明黄褐色ローム層
第 XVII 層：黄褐色ローム層、東京軽石（TP）層で、年代は 49,000±5,000 y.B.P.（FT 年代）
第 XVIII 層：茶褐色ローム層
第 XIX 層：灰褐色ローム層
第 XX 層：礫層、武蔵野礫層（MG）

A．AT 層準

まず最初に、AT 層準は全国規模の旧石器編年の鍵層になるともいえる（小田 1979 a）。この AT 層準は、1970 年の野川遺跡の調査で立川ローム第 VI 層上部に確認されたガラス集積層（羽鳥 1971）に相当し、当時「姶良 Tn 火山灰」と呼ばれていた。そしてその後の研究で給源も確かめられ「AT」と命名され、年代も約 21,000～22,000 年前と測定された（町田・新井 1976）。

AT 層準は、武蔵野編年の旧石器時代第 Ic 亜文化期に相当する。石器には上下から刃潰し加工が施され 90 度の背部に仕上げられたナイフ形石器と、石刃核から剥離された真正の石刃に特徴を持ち、信州産の黒曜石を多用している。しかし、この時期の遺跡は、武蔵野台地全体の傾向としては少なく、また石器組成も貧弱であることが理解される。

AT は相模野台地では「富士—相模野第 1 スコリア（S_1S）」の直下（町田 1978、鈴木・矢島 1978）に堆積し、下総台地では黒色帯の上面 20cm（鈴木・清藤・大原 1978）あたり、大宮台地でもおそらく黒色帯の上面（山本・黒須・田中 1976）あたりに、北関東では黒色帯の上部（新井 1978）に確認されている。こうした事実から、AT 層準を挟んだ上下の旧石器文化の対比が可能になったのである。

B．黒 色 帯

二番目に、褐色のローム層中に認められる「暗色帯」「黒色帯」と呼ばれる特徴的な層準である。本遺跡には従来から知られている 2 枚の黒色帯（関東ローム研究グループ 1965）が存在し、上方は立川ローム第 V 層（第 I 黒色帯）、下方は第 VII～IX 層（第 II 黒色帯）である。岩相としては、第 I 黒色帯は約 30cm の層厚で色調は薄く、それに比べて第 II 黒色帯は約 70cm の層厚で色調

は濃いという違いがある。また野川遺跡では、第Ⅱ黒色帯は第Ⅷ層を介在させて上半部（第Ⅶ層、黒色帯Ⅱa）と下半部（第Ⅸ層、黒色帯Ⅱb）に2分され、さらに第Ⅰ黒色帯の上方の第Ⅳ層中にも薄い色調の「黒色帯0」が確認されている（野川遺跡調査会1970ほか）。

この黒色帯も、周辺台地との層準対比に有効である。まず相模野台地では、立川ローム層中に上方から黒色帯0、1、2、3の4枚（町田1978、鈴木・矢島1978）、下総台地では1枚の黒色帯（鈴木・清藤・大原1978）、大宮台地でも1枚の黒色帯（山本・黒須・田中1976）、そして北関東地方でも1枚黒色帯（新井1978）が確認されている。ちなみに、相模野台地と武蔵野台地の黒色帯の対比は、黒色帯1→黒色帯0、黒色帯2→黒色帯Ⅰ、黒色帯3→黒色帯Ⅱに相当する。また下総・大宮台地、北関東地方の1枚の黒色帯は、武蔵野台地のAT層準下の黒色帯Ⅱに相当するものと考えることもできる。こうした事実から、各黒色帯による対比も可能になったのである。

　C．石器群と文化層

三番目に、考古学本来が持っている遺物の型式学的比較による周辺遺跡との対比に触れてみたい。武蔵野台地には200ヵ所近くの旧石器遺跡が発見され、総合して20枚程度の文化層が設定できる。それらを自然層序別にみると、第Ⅲ層には3枚、第Ⅳ層には5枚、第Ⅴ層には2枚、第Ⅵ層には1枚、第Ⅶ層には2枚、第Ⅷ層には1枚、第Ⅸ層には3枚、第Ⅹ層には3枚の文化層が確認されている。この文化層ごとの石器組成、礫群、配石などを資料にして区分すると、4つのグループに統合される（Oda and Keally 1975、1979、赤澤・小田・山中1980）。この統合される文化層の特徴を「文化期」という用語を用いると次にようになる。

　　第Ⅰ文化期：立川ローム第Ⅹ～Ⅴ層下部にかけて包含されている石器文化

　　　　　　　この文化期はさらにⅠa、Ⅰb、Ⅰc亜文化期に細分される。

　　第Ⅱ文化期：立川ローム第Ⅴ層上部～Ⅲ層下部にかけて包含されている石器文化

　　　　　　　この文化期はさらにⅡa、Ⅱb亜文化期に細分される。

　　第Ⅲ文化期：立川ローム第Ⅲ層中部に包含されている石器文化

　　第Ⅳ文化期：立川ローム第Ⅲ層上部に包含されている石器文化

そして、本遺跡で確認された13枚の旧石器文化層を、この武蔵野編年基準に従い対比すると次のようになる。

　　第Ⅲ上層文化：旧石器時代第Ⅳ文化期

　　第Ⅲ中層文化：旧石器時代第Ⅲ文化期

　　第Ⅲ下層文化：旧石器時代第Ⅱb亜文化期

　　第Ⅳ上層文化：旧石器時代第Ⅱb亜文化期

　　第Ⅳ中層文化：旧石器時代第Ⅱb亜文化期

　　第Ⅳ下層文化：旧石器時代第Ⅱa亜文化期

　　第Ⅴ上層文化：旧石器時代第Ⅱa亜文化期

　　第Ⅴ下層文化：旧石器時代第Ⅰc亜文化期

　　第Ⅵ層文化：旧石器時代第Ⅰc亜文化期

第 VII 層 文 化：旧石器時代第 Ib 亜文化期
第 IX 層 文 化：旧石器時代第 Ib 文化期
第 X 層 文 化：旧石器時代第 Ia 文化期
第 XI 層 文 化：旧石器時代第 Ia 文化期

こうした文化期の対比で、周辺遺跡との編年も可能である。ちなみに、第 I 文化期は相模野台地では黒色帯3以下、下総・大宮台地、北関東地方では黒色帯以下の石器群に対比される。第 II 文化期は相模野台地では黒色帯3上面～黒色帯1、下総・大宮台地、北関東地方では黒色帯以上～ソフト・ローム層下面の石器群に対比される。第 III 文化期は相模野台地では黒色帯0～ソフト・ローム層、下総・大宮台地、北関東地方でもソフト・ローム層の石器群に対比される。第 IV 文化期は相模野台地ではソフト・ローム層、下総・大宮台地、北関東地方でもソフト・ローム層の石器群にそれぞれ対比される。

D．「いも石」の出現層位

四番目に、少し視点を変えた内容から対比が可能か検討してみたい。本遺跡の立川ローム第 X 層から下層に向かって、2cm内外の小礫を中心にした「いも石」と呼ばれる非火山性の円礫が発見される。出土のピークは第 XI・XII 層辺りで、それより下層になるとまた少なくなる。不思議なことに、このいも石が多数包含される層準になると「石器」の出土もなくなってしまう。つまり、武蔵野台地での文化遺物の包含される最深の層準に、このいも石が出現していることが理解されるのである。

同様な「いも石」出現状況は、相模野台地、下総台地の最古の旧石器遺跡でも観察されている。こうした現象については、杉並区高井戸東遺跡（小田・伊藤・重住他編1977）で、遺跡立地と生活環境から分析されている。今後、周辺地域の遺跡間においても、いも石の検出を注意することで、離れた地域での層準対比の目安ができることと思われる。

2．火山灰と細石器文化層

　関東地方は、日本における縄文時代以前の旧石器文化が初めて発見された地域である。しかも研究史的に著名な遺跡も多く、「岩宿以前・以後」「野川、月見野以前・以後」と呼ばれるように、常に旧石器時代研究の基礎的作業が、この関東地域を中心に行われて来たこともまた事実である。しかし、そうした先駆的役割を果たした地域でありながら、発見される遺跡の内容に1歩立ち入ると、決して豊富な遺物量、石器組成内容を示している訳ではなく、同時期の石器文化との比較において、他の地域がその中心である場合も少なくない。とくに、ここで扱う「細石刃文化」は、大規模発掘調査で遺跡数は増えたが、当該期遺跡の中心的な地域ともいえない様相を呈している。しかし、この関東地方は「関東ローム層」という厚く堆積した火山灰土中に遺跡が発見されることから、石器群の層位的関係、つまり編年作業を行うには最良の地域である。

　こうした条件を生かして、ここでは細石刃石器群の包含層を確定し、またこの石器文化を保持した人たちがどのような環境下で生活したのか、またその出現と終末には如何なる歴史的事実が隠されているかを考察してみた。

1　関東地方という地域とその特性

　関東地方は日本列島の中央部に位置し、日本最大の平野を有している。北西部を山地、東南部を太平洋に沿った面積約32,000平方kmの地域である。行政的には東京、神奈川、埼玉、千葉、群馬、栃木、茨城の1都6県に分けられる。

　北西部山地は関東と東北、中部地方の積雪地帯とを分けへだてて、東部では鹿島灘、九十九里浜の砂浜海岸が太平洋に接し、南部では房総、三浦、伊豆の諸半島が東京湾、相模湾を抱いている。関東平野はこの両域に囲まれた中央部に位置し、丘陵、台地、低地を含んでおり、旧石器時代の遺跡が多く残されているのは、この平野部の台地上で粘土、砂、礫層の上に堆積した「関東ローム層」と呼ばれる火山灰中である。

　関東ロームは粘土、泥、砂がほぼ等量に混ざる堆積物で、浅間山、榛名山、赤城山に起源を持つ関東北部に分布するものと、富士・箱根火山に起源を持つ関東南部に分布する2者が現在判明している。また、北関東に堆積しているローム層を下から下部、中部、上部ローム層に分けており、南関東では古いものから多摩、下末吉、武蔵野、立川ロームと区分されている。先土器時代の石器が発見されるロームは、北関東では上部ローム、南関東では立川ロームに限られ、それ以

下には見つかっていない（関東ローム研究グループ編 1965）。

　関東地方は前述したように、一方は山地に囲まれ、他方は海に面した広い平野を形成した地域であり、気候的には山地側の気温が低く海岸に向かって温暖になっていく。雨量は夏に多く、冬は北西からの季節風が強く埃っぽい。また北部の山麓は雷雨が多く、南関東では洪水、地震が多いのもその特徴である。このような関東地方の現在の自然的特性が、すぐさま先史時代に当てはまらないまでも、今日見られる北と南の風土の相異は、更新世終末期の細石器文化の様相を述べる上で、十分に参考になりうるものである。

2　各地域の細石刃文化

（1）　武蔵野台地

　武蔵野台地は、日本でも有数の広い面積を持つ洪積台地である。北西は入間川、北東は荒川、南は多摩川の沖積低地に接している。遺跡の多くは、台地谷頭から湧き出した湧水が、台地を開析して流路が形成された小河川流域に集中している。現在までに表面採集、断面採集、小規模な発掘などを含めて、旧石器時代の遺跡として確認された場所は 300 ヵ所に上っている。その中でも細石刃石器群と考えられる資料は少なく 30 ヵ所に満たない。

　発掘された遺跡として鈴木遺跡（鈴木遺跡調査団編 1976）、西之台遺跡 B 地点（小田編 1979）、中山谷遺跡（小田・Kidder 編 1975）、新橋遺跡（中津・千浦・小田・Kidder 編 1977）、武蔵野公園遺跡（小田・Keally 編 1973）、狭山遺跡 B 地点（吉田・比留間編 1970）などが有名である。いずれの資料も貧弱であり、わずかに新橋遺跡と鈴木遺跡がこの地域を代表する内容を持っている。石器組成としては、細石刃、細石刃核が中心で、スクレイパーがわずかに伴う程度と理解されているが一方で、尖頭器、チョッパー、大形剥片などが伴出する事実も確かめられている。西之台BⅢ、新橋Ⅲの石器群には、小形尖頭器の破片が存在し、鈴木Ⅲ、中山谷Ⅲ、新橋Ⅲには礫器（チョッパー）が主要石器として出土している。さらに、鈴木Ⅲ、中山谷Ⅲでは縦長の大形剥片が剥離されており、鈴木Ⅲではそうした剥片に二次的な加工を施し、ナイフ状石器、エンド・スクレイパー、各種スクレイパーなどに仕上げている。

　こうした細石器文化の石器群様相は、それ以前の「ナイフ形石器文化」段階には認められないもので、新しく日本列島に登場（渡来）した石器文化と言われる所以である。

（2）　加住丘陵

　武蔵野台地と多摩川を挟んだ対岸は多摩丘陵と呼ばれる。加住丘陵は、この多摩丘陵の北側に位置し多摩川、淺川に挟まれた丘陵地帯である。遺跡がいくつか存在するが、下耕地遺跡は発掘された唯一のものである（服部・矢島 1974）。細石刃、細石刃核、チョッパーが発見されており、石核、剥片類の接合例が認められている。石核、剥片類が良く接合した遺跡に、この下耕地に隣接した北八王子西野遺跡がある（実川 1974）。時期的にはやや新しくなりそうだが、幅広の剥片

2．火山灰と細石器文化層　81

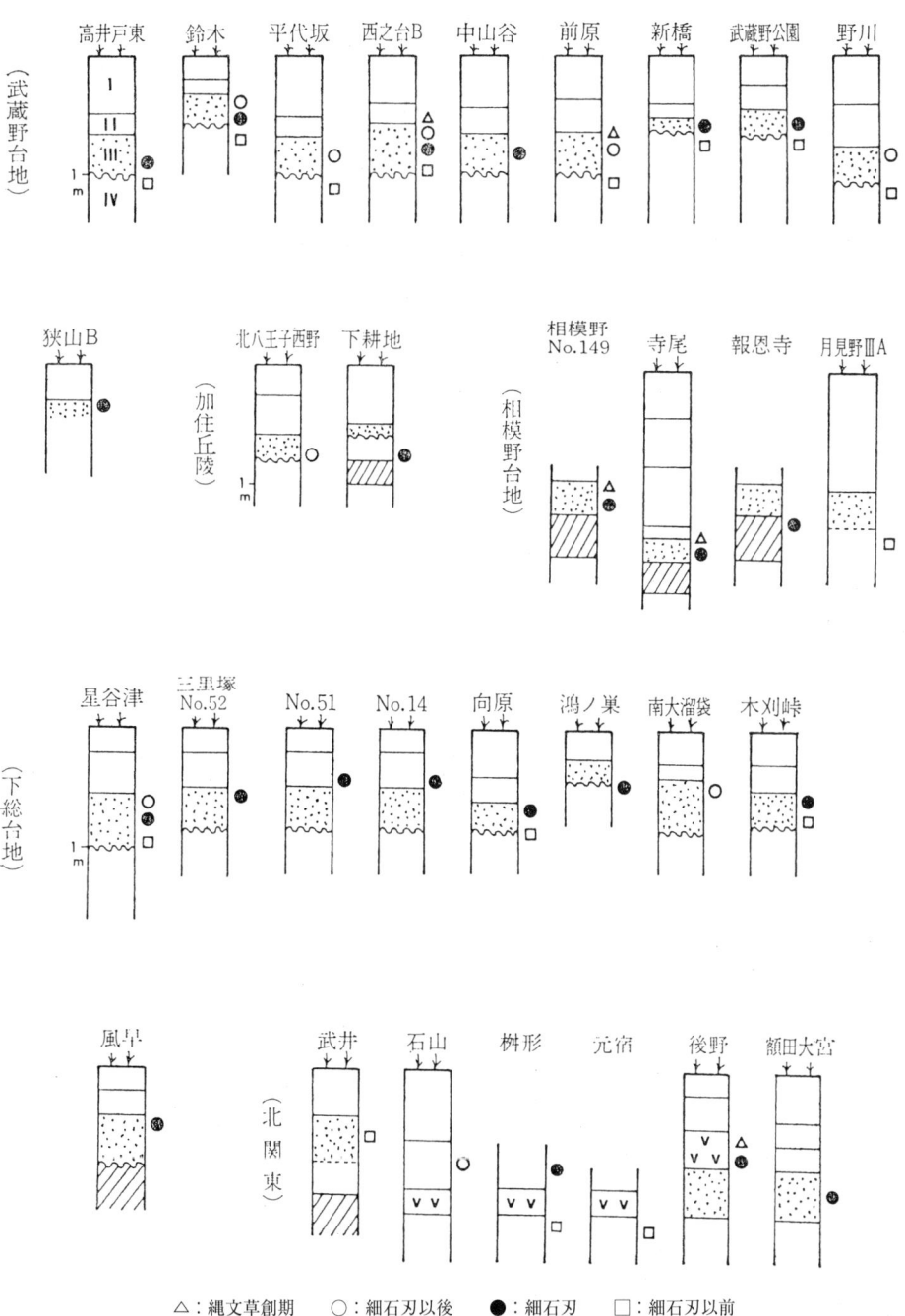

△：縄文草創期　〇：細石刃以後　●：細石刃　□：細石刃以前

図19　関東地方における細石刃石器群の包倉層（小田 1979）

が石核に接合し2個体の母岩になった。この接合資料から復元される剥片剥離技術は、下耕地の細石刃石器群に共存する接合資料に似ているとされる。また、細石刃石器群に大形の石器組成が伴出する事例がどんどん確かめられるようになってきた。

(3) 相模野台地

相模野台地は多摩丘陵と丹沢山塊に挟まれた洪積台地で、西側の丹沢山塊との間に相模川低位面が広く存在している。台地は南北に長く、長軸に沿った形で谷が樹枝状に走り、いくつかの小河川が形成されている。遺跡はこうした小河川の上流域、あるいは相模川に面した低段丘面の崖沿いに多く認められ、その分布は地区ごとに疎密が観察され、現在遺跡の集中区域が8ヵ所ほど確認されている。

相模野台地は、武蔵野台地よりローム供給源に近く3倍の厚さを示している。したがって、地表からの発掘は、その堆積物の量において数倍の手間が必要である。そのことも起因してか相模野台地における旧石器時代の遺跡は、そのほとんどがローム崖面による断面採集資料である。細石刃文化の遺跡として、相模野 No.149（相模野考古研究会1971）、月見野ⅣA（月見野遺跡調査団1969）、塩田（岡本・松沢1969）、寺尾（鈴木・白石1978）、報恩寺（鈴木・矢島1979）遺跡が知られる。報恩寺遺跡は質・量共に相模野台地の該期石器群の代表的な例である。内容としては細石刃、細石刃核、掻器、揉錐器、ナイフ形石器、台形様石器、礫器状石核などである。おそらくこの報恩寺遺跡で摘出されたような石器組成が、この地域の一般的姿なのであろう。報告書でも注意しているように礫器状石核と分類されたものは礫器と考えられる。細石刃石器群に礫器が伴出する例は、前述したようにすでに武蔵野台地で確かめられている。

(4) 下総台地

下総台地は武蔵野台地と並ぶわが国有数の洪積台地である。北は利根川、西は江戸川、南は東京湾、太平洋に接している。台地を刻む河谷は南北または南東—北西方向をとり複雑な樹枝状谷を形成しており、また台地北部には手賀沼、印旛沼、長沼などの浅い湖沼が集中している。

下総台地は、武蔵野、相模野台地に比べ堆積ローム層は武蔵野の2分の1、相模野の4分の1弱の薄さである。こうした堆積量の少なさは、遺跡の発掘には好都合であるが、その反面文化層の分離に困難を来している。下総台地は現在開発の進捗地域であり、遺跡の検出は年を追うごとに増加の一途をたどり、旧石器時代の遺跡は、表面採集を加えて200ヵ所以上確認されている。が、資料的に充実したものは50ヵ所程度である。細石刃文化の遺跡は比較的多く発見されており、星谷津（鈴木・清藤・大原1978）、三里塚 No.52（杉山・中山1971）、51（西野1971）、14（西野・中山1971）、向原（高木・千葉1974）、鴻ノ巣（古内・矢戸1974）、木苅峠（鈴木1975）、風早（田中1979）遺跡が有名である。星谷津Ⅲ中では、細石刃、細石刃石核とともに、尖頭器、ナイフ形石器が伴出した。三里塚遺跡群でも細石刃、細石刃核、No.52で特殊な彫器状石器、スポール、No.51でやはり特殊な彫器状石器と尖頭器、No.14で尖頭器、ナイフ形石器が伴出している。こうした

傾向は向原Ⅱ、鴻ノ巣、木苅峠Ⅲ1でも確かめられている。風早Ⅲは少し趣を変えて、幅広の大形石器群が共存し、立派な彫器も伴っている。

　下総台地の細石刃文化は、石器組成上多くの問題を含んでいるようである。まず尖頭器であるが、これはナイフ形石器を主体にした石器群の伴出するものと、形・大きさともに同じものである。また、木苅峠Ⅲ1、三里塚No.52・51に発見されているこの種の石器は、「男女倉型ナイフ」「東内野型尖頭器」とも呼ばれ、ナイフ形石器文化の終末期に位置づけられている石器である。

　このナイフ形石器は、本来のナイフ形石器文化で卓越するものと比べると、やや形態、加工状況に衰えがうかがえるが、立派なナイフ形石器も存在している。これら男女倉型ナイフ、東内野型尖頭器、ナイフ形石器の3者は、本来、細石刃文化以前に伴出する石器であり、該期文化の組成の一員になるためにはもう少し時間をかけて吟味したい石器類である。

　つまり、下総台地はローム層の堆積も薄く、文化層が重複する遺跡においては、共伴関係を慎重かつ充分に注意し、調査・研究して行かなければならない地域である。

（5）　北関東地方

　ここで北関東地方としたのは、群馬県および栃木県南西部の上州、宇都宮地域、喜連川丘陵、那須野そして茨城県下の常陸地域である。

　まず北関東、赤城山麓には、研究史的に著名な群馬県岩宿遺跡（杉原1956）と武井遺跡（杉原1955）がある。細石器文化と考えられているものに桝形遺跡がある。正式報告書はないが、相沢忠洋の報文から引用すると「文化層は第Ⅰ黒色帯以後、板鼻褐色軽石層の前後に所在する。細部については現在調査中である。資料はKeeled scraperを代表しside-scraperとend-scraper等を発見した。その外に板鼻黄色浮石層より以後に所在するのではないかと考えられる。microlithを出土する文化層が存在することも判明した」（相沢1957）とある。この事実からキールド・スクレイパー（舟底状スクレイパー）を主体にしたより下層の石器群と、マイクロリス（細石器）を主体にしたより上層の2枚が存在するようである。しかし、一般的に桝形石器文化というと下層の石器群を指すのである。公表されている写真、実物を見る限り、上層の細石器の資料はみつけられない。したがって、桝形石器群はフルーティングを持った舟底形の石器と石刃の先端に見事な刃部を形成したエンド・スクレイパーに特徴を持つものと解釈できよう。こうした石器群が細石刃文化の一員なのか否かは、今後に残された課題である。

　常総台地と呼ばれる茨城県側に2つの細石刃文化の良好な遺跡が発掘された。後野遺跡（後野遺跡調査団編1976）と額田大宮遺跡（川崎・渡辺・星山編1978）である。後野遺跡はAとBの2地点があり、細石刃石器群はB地点から出土している。細石刃、細石刃石核に伴って彫器、削器、ナイフ形尖頭器、礫器が出土した。額田大宮からは、細石刃、細石刃石核に伴い打製石器、円盤形石器、砧形石器、搔器、片刃様打割器、彫器、尖頭器様石器、削器などが伴出した。この額田大宮の場合、細石刃石器群に大形石刃石器群が存在し、それに無文の土器が伴出し、層位的に

後野Bより新しくなるという。この近接した両遺跡の問題は、細石刃文化の石器群のあり方に大きな課題となって残されたものである。

3　2種類の細石刃石核

今まで単純過ぎると考えられていたこの地方の細石刃石器群が、最近の資料の増加によって未知の石器が各種伴出する事実が確かめられた。細石器文化がようやく他の石器文化と同等の内容を保持し得たことになる。石器組成の問題点と同様に、細石器文化には細石刃核の形態の相異が大きな問題となる。これについては、細石刃核製作技術と絡んでその分布、系統論が日本列島内の細石器文化理解の中で議論されている。

関東地方の細石刃核は、大きく半円錐形細石刃核と舟底形細石刃核に分けられる。この2者は日本列島で発見される細石刃核のすべてである。分布的には本州中部地方を境に北半から東北、北海道地方に舟底形が、中部地方南半から近畿、四国、九州地方に半円錐形が発見され細石器文化の「東と西」といわれる。また、極地的には西北九州地方の土器を伴う舟底形細石刃核、北海道の円錐形細石刃核群などが確かめられている。関東地方は日本を2分する両細石刃石核が存在することになる。舟底形細石刃石核を持つものは、北関東の後野B、額田大宮遺跡例である。合計5点出土しており、それらは峠下型、荒屋型、中土型、越中山S型と分類されているが、これは荒屋遺跡を代表にした類湧別技法による舟底形細石刃石核の範疇に入るものであろう。南関東からは未だ立派な舟底形細石刃石核は見つかっていない。武蔵野台地、加住丘陵、相模野台地、下総台地の諸遺跡では、半円錐形の細石刃石核が主体である。この石核は矢出川・休場型とも呼ばれている。

舟底形細石刃石核と半円錐形細石刃石核の相異は、最終的に廃棄された石核の形状にあるというより、そうした石核が生み出されて行く過程、つまり製作技術の基盤が根底から異なっているのである。舟底形細石刃石核は母岩から、まず両面調整の尖頭器様石器を作出する点に特徴がある。これはブランクと呼ばれ、このブランクに打撃を加えて細石刃石核としての機能を持った舟底形の石核を完成させる訳である。それに対し半円錐形細石刃石核は、母岩をそのまま利用し、細石刃石核を製作していくのである。当然母岩の種類によって、1母岩1個または1母岩から数個の半円錐形細石刃石核が生まれて行くであろう。舟底形、半円錐形という細石刃石核の分布は、その地域において前段階の石器群に、そうした石核群の広がりを促す諸条件があったのであろうか。今のところ、舟底形細石刃石核は、北海道、東北地方の分布圏における最南端として北関東地方を位置づけし、半円錐形細石刃石核は九州、中国、四国、近畿、東海地方の続きとして南関東地方を最北端とすることもできる。つまり、関東地方には日本を代表する2つの細石刃石器群が北と南に分布を違えて存在することになり、このような2つの細石器文化の接点と考えることもできよう。

2．火山灰と細石器文化層 85

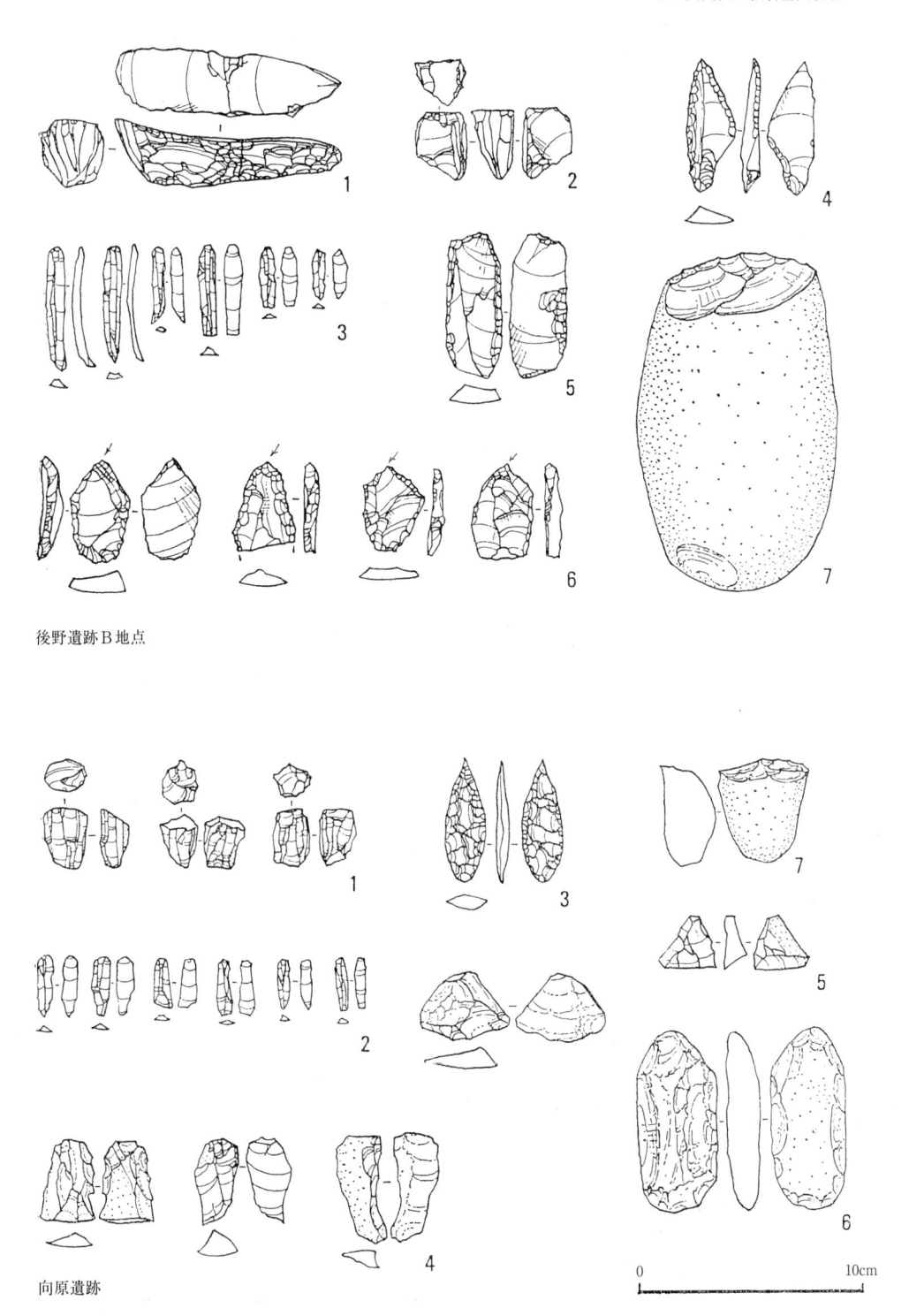

後野遺跡B地点

向原遺跡

図20　関東地方の細石刃石器群（小田 1979）

4 細石刃石器群の前後

　関東地方の細石刃石器群は、武蔵野台地の詳細な編年によって旧石器時代第Ⅲ期に比定される。この第Ⅲ期を境に石器群に大きな相違が認められる。図21は細石刃石器群を挟んだ前後の石器群を示したものである。

（1）仙川遺跡第Ⅲ層文化

　仙川遺跡（小田・宮崎・Keally編1974）は3枚の旧石器時代石器群が発見された。その最上層のロームの中から、2,000点近い石器が1ユニットを形成して出土した。石質は黒曜石が主体であった。石器の特徴としては、両面および片面調整尖頭器、拇指状掻器を主体にして台形様石器、ナイフ形石器、削器が伴っている。そしておびただしい量の剥片と砕片がある。このユニットの中央に台石が存在することから、仙川Ⅲの石器群は、尖頭器、掻器を製作した場所とも推察できる。

　仙川Ⅲの石器群は編年的には第Ⅱb期に入ることは確かである。隣接の野川遺跡第Ⅳ-1層文化に同じ石器組成を多く持った石器群が発見されている。この第Ⅱb期は、石刃技法が発達し、各種ナイフ形石器が製作された時期であり、層位的に新しい段階には尖頭器が流行している。こうしたⅡb期の様相を調べるかぎり、仙川Ⅲは第Ⅱb期の新しい段階に位置する石器群と考えられよう。台形様石器、ナイフ形石器の衰退した姿は、Ⅱb期の終末的様相を示すものと考えられる。しかし、仙川Ⅲ石器群は次の細石刃石器群に変遷していく内容をまったく保持していないことが理解された。

（2）野川遺跡第Ⅲ層文化

　野川遺跡（野川遺跡調査会編1970、1971、小林・小田他1971）は10枚の旧石器時代石器群が層位的に発見され、わが国の旧石器時代編年の基礎をなした遺跡である。この最上層に包含されていたのが野川Ⅲの石器群である。大形両面調整尖頭器、礫器に特徴を示し、石質は安山岩、粘板岩などが主体である。この石器群様相は、野川遺跡全文化層の石器群の流れの中で、とくに異質であった。野川遺跡の石器群を第Ⅰ期からⅢ期に区分すると、野川Ⅲは第Ⅲ期に位置づけられ、野川Ⅲ期と呼称されたものである。その前の野川Ⅱ期とは系統を異にした石器群といえよう。

（3）新橋遺跡第Ⅲ層文化

　新橋遺跡（中津・小田他編1977）は5枚の旧石器時代石器群が層位的に発見された。その最上層に包含されていた石器群である。細石刃、細石刃核を中心に、尖頭器、尖頭器状石器、削器、礫器を石器組成にしている。南関東地方の細石刃石器群は、ほとんど新橋Ⅲと同じ様相を示している。もっと拡大すると西南日本に分布圏を持つ半円錐形細石刃石器群の内容と考えることも可能

2．火山灰と細石器文化層　87

野川遺跡第Ⅲ層文化

新橋遺跡第Ⅲ層文化

仙川遺跡第Ⅲ層文化

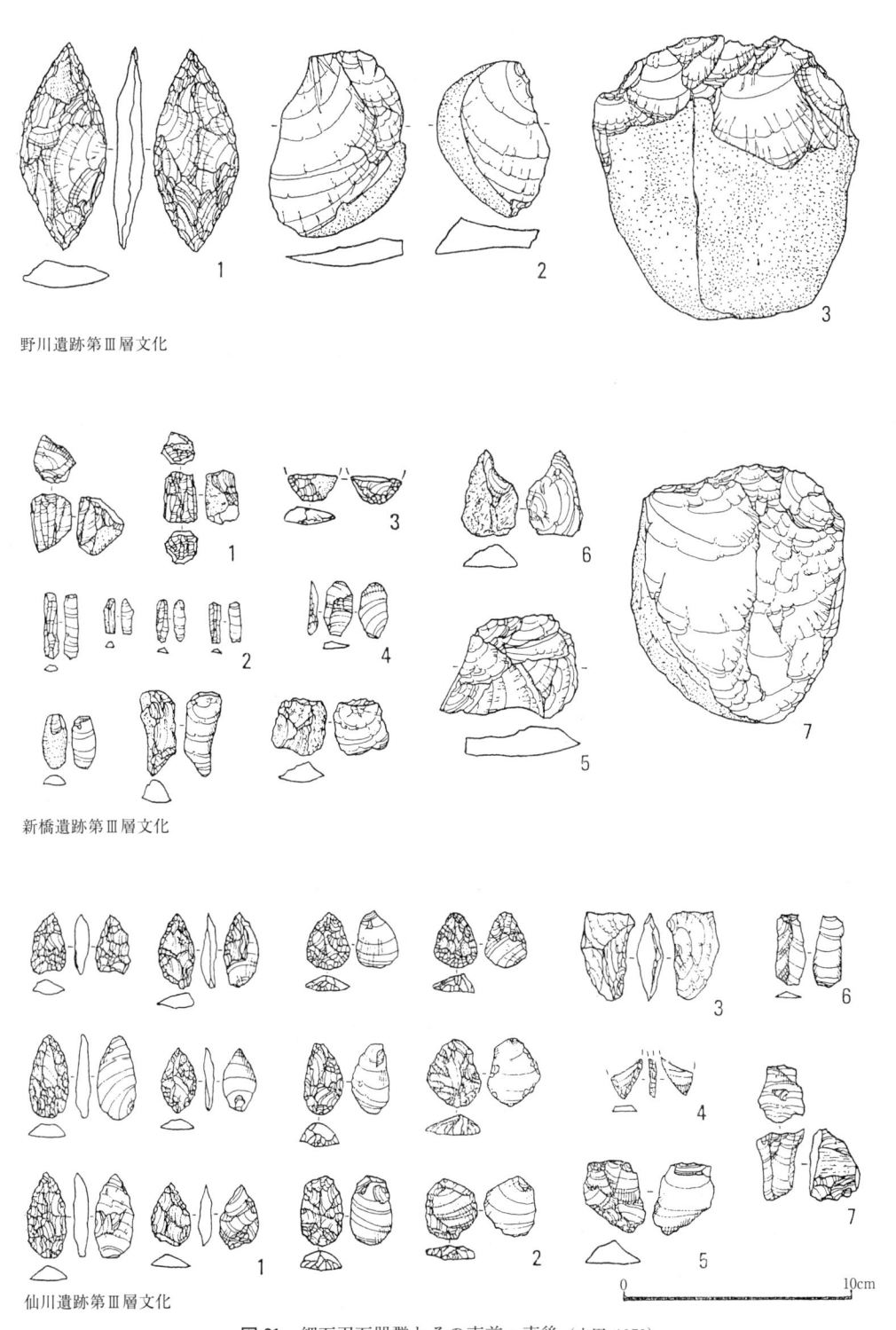

図21　細石刃石器群とその直前・直後（小田 1979）

である。武蔵野台地では、武蔵野公園、西之台B、はけうえ、鈴木遺跡で良好な細石刃石器群を摘出している。

（4） 細石刃石器群の始まりと終末

　細石刃石器群を出土した新橋Ⅲを境に、それ以前の仙川Ⅲ、それ以後の野川Ⅲの石器群様相を見てみると、それらに相互の関連性が積極的に見出せなかった。この事実から、細石刃石器群は第Ⅱ期のナイフ形石器の卓越する時期の終末に突然存在し、第Ⅳ期の大形両面調整尖頭着の出現とともに消滅しているのである。周辺地域の細石刃石器群を出土した遺跡傾向も同様な結果を示している。ここに細石刃石器群を主体にした第Ⅲ期という編年的位置の確立がある。

　一方、細石刃石器群を1時期ととらえないで、それまで続いてきた石器群の流れの中に位置づけ、他石器群と共存する可能性を示唆した意見もだされている（瀧澤1963）。こうした細石刃石器群を他石器文化の一要素とみる方向性は古くから存在するが、まだ説得力に欠けるのが現状である。

5　細石刃石器群の包含層準

　1969・70年（昭和44・45）を境にして、日本の旧石器時代の研究は新しい段階に入ったといえる。それは南関東地方を中心に、旧石器時代多層遺跡の大規模発掘が、頻発化したことによる生層位学的編年の確立と、各石器群の包含層準の理解が深まったことにある。当然、細石刃石器群が各遺跡のどの層準に包含されていて、また相前後する石器群がどのようなものかが把握されてきた。その結果、この細石刃石器群を取りまく旧石器時代終末期は、非常に複雑な文化様相が、短い時間内に展開されていることが判明してきたのである。

（1） ソフト・ローム層中の石器文化

　関東地方において細石刃石器群が包含されている層準は、歴史時代、縄文時代の遺構、遺物が発見される表土黒色土層（第Ⅰ層）、黒褐色土層（第Ⅱ層）の下に堆積している第Ⅲ層と呼ばれる軟質ローム層（ソフトロームとも言う）中である。この軟質ローム層は、通常の硬さを示すローム層が、なんらかの自然的影響を受けて膨軟化したものと考えられている（羽鳥1971、Kidder・小山他 1972 a）。したがって、軟質ローム中という表現は、一般的な傾向として把握されても、そうした堆積ロームが、テフラ層準の中に存在しているのではない。考えてみれば、表土黒色土層、黒褐色土層はすべて軟質である。そしてこの第Ⅰ・Ⅱ層に続いて第Ⅲ層ソフト・ロームが、立川ロームの最上部に形成されている事実に注目しておきたい。つまり、地表からの連続として軟質なのであり、地表から約1m前後までが武蔵野台地では普通軟質部に相当する。土色を考慮に入れなければ、この第Ⅲ層までを1枚の層準として大きくとらえてもおかしくない。こうした岩相の類似は、おそらく堆積状況、堆積速度と関係するだろうし、当時の自然環境の影響もその中に含

まれるであろう。第Ⅲ層と硬質ローム部分である第Ⅳ層との境は、断面的にみると凹凸の激しいクラック帯として観察される。平面的に調べると硬質部分の面の、亀甲面のひび割れが走っている状況がうかがえる。よく水たまりが乾くと粘性の強い土がこうした亀甲型にひび割れし、反り返っている地表を見ることがある。この第Ⅲ層と第Ⅳ層の境はそうした土壌のなんらかの自然的要因でできた不連続面が考えられる。

（２）　特徴的な火山灰層と細石刃石器群

　細石刃石器群は、武蔵野台地では第Ⅲ層のソフト・ローム層中に包含されていることが理解される。とくに西之台遺跡Ｂ地点では第Ⅲ層中に３つの文化層が確認され、上部が大形ポイントを持つ石器群、中部が細石刃石器群、下部が大形石刃を主体にした石器群であった。これを時期で表わすと、第Ⅲ上層文化が武蔵野編年（赤澤他1980）の第Ⅳ期、第Ⅲ中層文化が第Ⅲ期、第Ⅲ下層文化が第Ⅱｂ期に相当する。特定の火山灰層との関連では、高井戸東遺跡で約１万3,000～１万4,000年前の「立川ローム最上部ガラス質火山灰（UG）」が、包含層中に介在していた。また、「安房ガラス質火山灰（AG）」も同じ層準に確認されている（町田・新井他1984）。

　加住丘陵では、ソフト・ローム下の硬質ローム中に包含されていた。

　相模野台地は火山灰の給源に近く、立川ローム層準だけでも10m近く堆積している。旧石器時代の遺物は、Ｌ１Ｓと呼ばれるロームソフト部からＬ１Ｈ、Ｂ１、Ｌ２、Ｂ２Ｕ、Ｂ２Ｌ、Ｌ３（Ｓ１Ｓ）（AT）、Ｂ３、Ｌ４、Ｂ４、Ｌ５までの間に、第Ⅰ期～第Ⅴ期まで編年されている（鈴木・矢島1978）。その中で、細石刃石器群は３つの段階にわたり存在している。

　①相模野第Ⅴ期後半（武蔵野編年第Ⅲ期、第Ⅲ層中部）

　　　Ｌ１Ｈ上部～Ｂ０下部に包含されている。「野岳・休場型」と呼ばれる半円錐・円錐形の細石刃核をもつ石器群が確認されている。

　②相模野第Ⅴ期後半（武蔵野編年第Ⅲ期、第Ⅲ層中部）

　　　Ｂ０中部～Ｌ１Ｓ上部に包含されている。「野岳・休場型」に加え、「船野型」と呼ばれるやや半舟底形の細石刃核をもつ石器群が確認されている。

　③縄文時代草創期初頭（武蔵野編年第Ⅳ期、第Ⅲ層上部）

　　　Ｌ１Ｓ中部～漸移層に包含されている。縄文系の尖頭器、掻器、削器、石斧と舟底形（削片系）の細石刃石器群が確認されている。相模野台地では、この段階で「土器」の伴出する遺跡があり、縄文時代に突入していることが理解される。

　相模野台地において、層位的重複関係で確認された３つの細石刃石器群様相は、日本列島における細石刃文化の系統、発達について重要な事実を提供した。その１つは列島最古の細石刃文化は、半円錐・円錐形の細石刃核をもつ石器群ということができる。そして、舟底形の細石刃核をもつ石器群は、やや新しい段階に登場する事が理解された。

　下総台地ではソフト・ロームの上部に包含され、千葉県鴻ノ巣遺跡ではその下の硬質ローム中からも出土している。

北関東地方では、赤城山麓の桝形遺跡で約 1 万 6,000～2 万 1,000 年前の「浅間―板鼻黄色軽石群（As－BS）」より上部に、細石刃・舟底形細石刃核をもつ細石刃文化が発見されている。
　茨城県後野遺跡では、表土層、黒褐色土層、黄褐色軽石層（約 30cm）、褐色ソフト・ローム層（約 40cm）、褐色ハード・ローム層、鹿沼軽石層となっている。そして、黄褐色軽石層中より、無文土器と大形石刃石器群（後野 A 石器群）が発見された。次の褐色ソフト・ローム層中から細石刃・舟底形細石刃核をもつ細石刃文化（後野 B 石器群）が出土している。この黄褐色軽石層は、約 1 万 2,000～1 万 3,000 年前の「男体―今市・七本桜テフラ（Nt－I・S）」と呼ばれる広域火山灰である（町田・新井他 1984）。さらに、すぐ隣の額田大宮遺跡では、このソフト・ローム層中に同様な細石刃石器群が包含されていた。

6　細石刃文化期の植生

　近年ローム層中から花粉・胞子化石を摘出する技術が花粉学者の間で高揚してきた。発見される数は、泥炭層などの土壌と比べると極端に少ないが、分析土壌の量を多くすれば検索に値する個体量が得られるという。ここで、この数年分析が集中的に行われた武蔵野台地の旧石器時代花粉分析結果を紹介し、細石刃文化の植生を復元して置きたい（小田 1979 c）。
　武蔵野台地の立川ローム期の花粉帯は、次の 3 つのゾーンに区分されている。
　ゾーン T I は、立川ロームの最下部、第 X 層から第 XII 層とそれ以下に当たる。マツ属、スギ属の針葉樹を中心に、ハンノキ属、コナラ属、ケヤキ属、ヨモギ属、キク亜科が伴い、羊歯類胞子が多く繁茂している。湿潤な草原と温暖な気候であり、現在の武蔵野台地の植生に近い様相とされる。
　ゾーン T II は、第 IV 層から第 IX 層に対比される。このゾーンは第 II 黒色帯、第 II 黒色帯上面から第 I 黒色帯、第 I 黒色帯以降に 3 区分することも可能である。樹木としてのハシバミ属、草木類のヨモギ属、が非常に良く生育しており、マツ属、スギ属、ケヤキ属、コナラ属の落葉広葉樹と胞子が第 II 黒色帯で急減し、コナラ属、スギ属、カバノキ属などが草地に点在している。全体的に冷涼であり、第 IV 層の上部では涼しさが緩和されて行くようである。
　細石刃石器群の包含される第 III 層と、その上の第 II 層に一部かかるのがゾーン T III である。マツ属、スギ属、スギ科の針葉樹とコナラ属の広葉樹がまばらに生育し、ハシバミ属の純林も見られる。またヤナギ属も多い。草地が展開され単条溝型胞子が非常に多く発見されている。気候的には現在とあまり変りはない。
　以上、武蔵野台地で得られた花粉分析結果を 3 つのゾーンに区分して眺めてみた。全体的に草原の景観を呈するが、樹木も少なからず生育し、ゾーン T II 辺りに気候が寒冷化した時期が認められる。また細石刃文化が栄えた頃は、気温は現在と同じで草原から森林形成への過渡的植生がうかがえる。
　関東地方における細石器文化の研究は、ここ数年の大規模緊急発掘調査によって、新しい画期

を迎えようとしている。従来少なかった資料も増加し、その分布も拡大して行った。研究内容も出土石器の分析のみならず、出土状況、出土層準など立体的な方向へと進展している。また、関東地方は日本列島に分布する細石刃石器群の二大潮流、「舟底形」と「半円錐形細石刃石器群」が、前者は北関東、後者は南関東地方にと、ほぼそれぞれの分布圏を示して存在している。これからはこうした南北系統の接点地域としての特質を、浮き彫りにして行く研究も必要であろう。

3．巨大噴火と火山災害

　アジア大陸の東端に弧を描いて位置する日本列島は、環太平洋造山帯と呼ばれる火山の密集した地域に属している。火山の噴火は、周辺の自然環境や人間の生活環境を一瞬時に破壊するだけでなく、二次的な災害を広域に与える影響力をも保持している。日本の先史時代における鬼界—アカホヤ火山灰（K-Ah）と姶良 Tn 火山灰（AT）を降灰堆積させた2つの巨大噴火は、地球規模で気候や植生に大きな影響を与えた大災害であった。当然、給源火山の近傍では高温ガスを伴う灰嵐、火砕流などによって、動植物は全滅したものと考えられている。

　日本列島は人類紀とも呼ばれる第四紀の更新世（約200万年前〜1万年前頃まで）にいく度か大陸と陸橋で繋がっていたことはよく知られている。また、約4万〜3万年前頃の後期更新世後半には、北は北海道から南は沖縄まで旧石器人たちが生活していた。彼らは周辺大陸から移住して来た人びとで、大陸と日本列島との間に陸橋が存在していた時は歩いて、また海峡であった時には、筏舟や丸木舟などの渡航具を駆使して渡来して来たのである。この日本列島に生活した旧石器人たちは、故郷の大陸で経験しなかった度々の火山噴火や大地震に遭遇し、その凄さと恐怖に慄いたことであろう。まして、自然の恵みに依存していた先史時代人にとって、火山噴火の威力は大きな自然災害となって、生活を根底から圧迫し、生活・文化をも変革させる成因になったと考えられる。

　近年、この2つの巨大噴火と人類遺跡のかかわりを追求する論考が、考古学分野の研究者から提出されるようになった。ここでは、そのうちの旧石器文化に大きな影響を及ぼした「姶良 Tn 火山灰（AT）」について、遺跡、遺物からその災害状況を考察することにする。

1　野川遺跡の調査と AT

　東京の西郊に広がる武蔵野台地は、多摩川に接して高低2つの段丘面が発達している。この高位の武蔵野段丘と低位の立川段丘を画する崖線（国分寺崖線と呼ばれる）下に、湧水を集めて東流する 20km 足らずの野川が存在している。野川遺跡は、東京都調布市の都立野川公園（旧・国際基督教大学ゴルフコース）内にあり、野川に突き出た南側の舌状台地で立川段丘面に立地している。

（1）野川遺跡の調査

　1969・70年（昭和44・45）、野川河川改修に伴う緊急発掘調査が行われた。この調査によっ

て、立川ローム層中に10枚の旧石器時代文化層が確認された。この調査には考古学者のほか、多くの自然科学者が協力し、年代測定、花粉分析、樹種同定、黒曜石分析、粘土・鉱物分析などが実施され、日本における最初の旧石器時代遺跡の総合的調査であった（野川遺跡調査会 1970、1971、野川遺跡調査会編 1971、小林・小田・羽鳥・鈴木 1971）。

野川遺跡に堆積した4mにおよぶ立川ローム層は、標式地であるため、地質学者の羽鳥謙三により13枚の自然層に細分された。この中で、立川ローム層中の黒色帯が0、Ⅰ、Ⅱa、Ⅱbの4枚に識別された意義は大きい。そして、黒色帯ⅠとⅡaの中間層（第Ⅵ層）の下半部に、バブルウォール型の火山ガラスの集積した部分が確認された。この火山ガラスはその後、町田洋と新井房夫の2人の火山灰研究者によって、九州南部の鹿児島湾奥、姶良カルデラから噴出した超広域火山灰の「姶良Tn火山灰（AT）」であることが判明した（町田・新井 1976）。しかし、当時はこの火山ガラスの給源が神奈川県丹沢地域にあると考えられていて、「丹沢パミス（TnP）」と呼ばれていたのである（貝塚 1958）。

こうした広域火山灰「AT」の確認と、武蔵野台地での旧石器包含層と火山灰層準研究の進展によって、旧石器考古学分野に石器群対比の有効な鍵層を提供することになった。そして、この後、急速に進展する日本の旧石器文化の全国編年は、各地におけるAT層準が目安になったことは周知の事実である（小田 1979 a、Oda and Keally 1979）。

（2） 石器群の3つの流れ

野川遺跡の旧石器文化は、発見された石器群様相から大きく3つの流れとしてとらえることができた。第1は、野川Ⅰ期と呼ばれナイフ形石器が盛行する以前の時期で、当時もっとも古い旧石器文化段階とされている。

第2は、野川Ⅱ期でナイフ形石器に特徴を示し、後半頃には尖頭器を多く伴っていた。礫群が発達し、集落規模も大きく、日本列島に発見される大多数の旧石器遺跡は、この段階に位置づけられることが理解された。

第3は、野川Ⅲ期であるが、大形尖頭器と礫器に特徴を持っている。このⅢ期とナイフ形石器を特徴とするⅡ期との間には、石器群内容に連続性が認められなかった。そして、周辺遺跡で同層準の石器群様相と比較してみた結果、Ⅲ期とⅡ期との間には、「細石刃石器群」が介在することが判明した。つまり、その解釈の1つとして、Ⅲ期は旧石器文化の最終末期石器群より、次の縄文時代草創期の石器群様相に繋がる石器文化だったと考えられるのである。

この野川Ⅰ・Ⅱ・Ⅲ期という3つの石器群は、層位的に裏づけられた区分であり、日本各地の旧石器文化を編年する上で、基礎的な基準資料を提供する事となった。とくに、野川Ⅰ期からⅡ期への移行は、石器組成や集落構造（セツルメント・パターン）の内容において格段の差が認められ、列島における旧石器文化の大きな画期に当たるものであった。その後、この段階を画する自然要因として、「AT」がクローズアップされて来たのである。つまり、AT層準を境にした石器群様相を解明するという大きなテーマが浮上してきた訳である。そして、その過程において、野

94　第1章　火山灰と考古学

(層　序)　　　　(文化層)　　　　　　　　　(石器組成)

層序		文化層	
I	黒色土	弥生	◁◁
II		縄文	◁
III	ローム層	III	◀
IVa		IV-1	◀
IVb	黒色帯(O)	IV-2	◀
IVc		IV-3a	◀
		IV-3b	◀
		IV-4	◀
V	黒色帯(I)	V	◀
VI	姶良Tn火山灰	VI	◀
VII	黒色帯(IIa)	VII	◀
VIII		VIII	◀
IX	黒色帯(IIb)		
X			
XI			
XII	砂層		
XIII	立川礫層(TcG)		

AT

野川III期

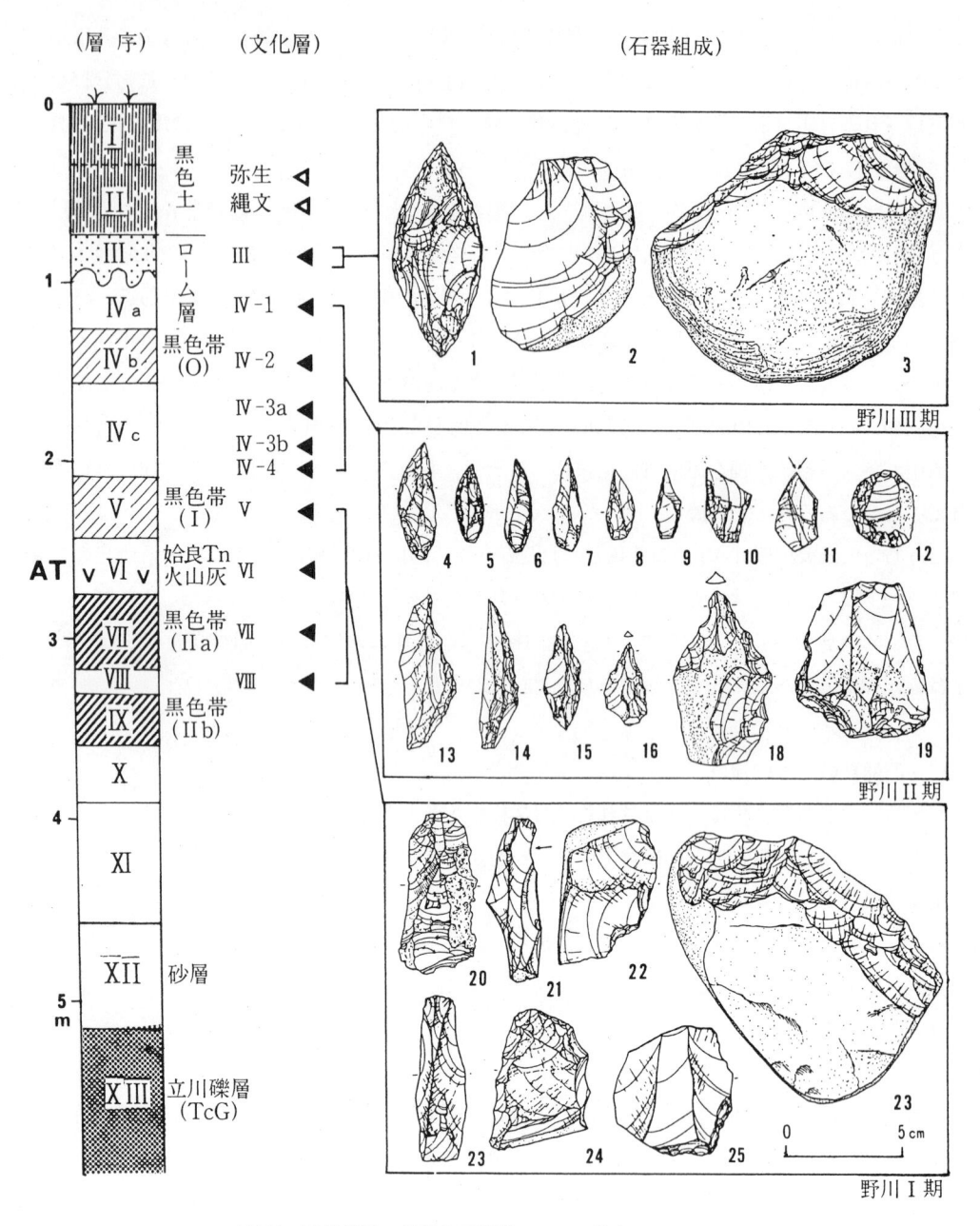

野川II期

野川I期

図22　野川遺跡の層位と石器群の3つの流れ（小田 1993a）

川Ⅰ期とⅡ期の画期が検討され、その様相の変革が、AT を境界とした石器群の基礎的変化であることが広く理解されたのである（小田 1979 a）。

2　姶良カルデラの噴火と AT

　鹿児島湾北部を占める姶良カルデラから、約 2 万 1,000〜2 万 2,000 年前頃、一連の巨大噴火が始まった。まず 100 立方kmに及ぶ軽石を、鹿児島、宮崎県に降らせ、入戸火砕流堆積物（A-Ito）と呼ばれるものが、数 m 以上の厚さで約 150km² 範囲に堆積した。そして、この膨大な噴出物（シラス台地を形成）によって、周辺の自然環境は壊滅的状況に陥ってしまったことは確かである。姶良 Tn 火山灰（AT）は、主にこの時の大噴火で、成層圏や対流圏に放出された細粒火山灰で、風に送られて日本列島各地に広く降下したものである。この巨大噴火で南九州地方（今の鹿児島市から半径 100km範囲）の旧石器人は、A-Ito によって死滅したと考えられる。また AT は、中九州地方、四国地方南部に 50cm 以上降り積もり、中国、近畿、東海地方にも 20cm 堆積している。こうした AT 降灰地では、地表の植生が一変しただけでなく、二次災害も多発したと考えられている（町田 1989、町田・新井 1992）。

（1）　AT の降灰と植生変化

　辻誠一郎によると、岡山県細池湿原周辺では AT 降灰以前は温帯性落葉広葉樹やスギなどの針葉樹が森林の主要素であったが、降灰後になるとモミ属、トウヒ属といった針葉樹種がさらに増加し、「針葉樹林帯」に変化しているという。また関東平野の茨城県土浦市と東京都調布市の分析結果では、降灰以前はコナラ亜属主体の落葉広葉樹林に急速にマツ属が増加し、降灰直後ではさらにモミ属とトウヒ属が急増し、針葉樹林のピークを迎えている。さらに興味あることに、青森県津軽西部では降灰前後で植生の大きな変化はないが、低木・草本性の湿原植物に影響が読み取れるという。つまり降灰前はミツガシワ主体であった植生が降灰により衰退してしまい、降灰後にはヤチヤナギ、イネ科、ワレモコウ属、カラマツソウ属などが増加している。この事実は、この地域に気候の乾燥化が到来したことを示している。

　こうした AT 火山灰の影響は全国的にも観察され、降灰以前の針葉樹・広葉樹混在から針葉樹主体へ、そして降灰後は一気に針葉樹林化が促進される傾向が認められているのである。姶良カルデラの巨大噴火は、最終氷期の寒冷化と乾燥化によって、それに適応する針葉樹林化がかなり進行した段階で起こっている。したがって、この巨大噴火によって堆積した膨大な火山灰は、水位や ph の上昇をもたらし、水界生物の変動、湿地林と荒地植生の繁茂という生態系の地域的変化を伴って、落葉広葉樹林から針葉樹林化へと促進したと考えられている（辻・小杉 1991、辻 1993）。

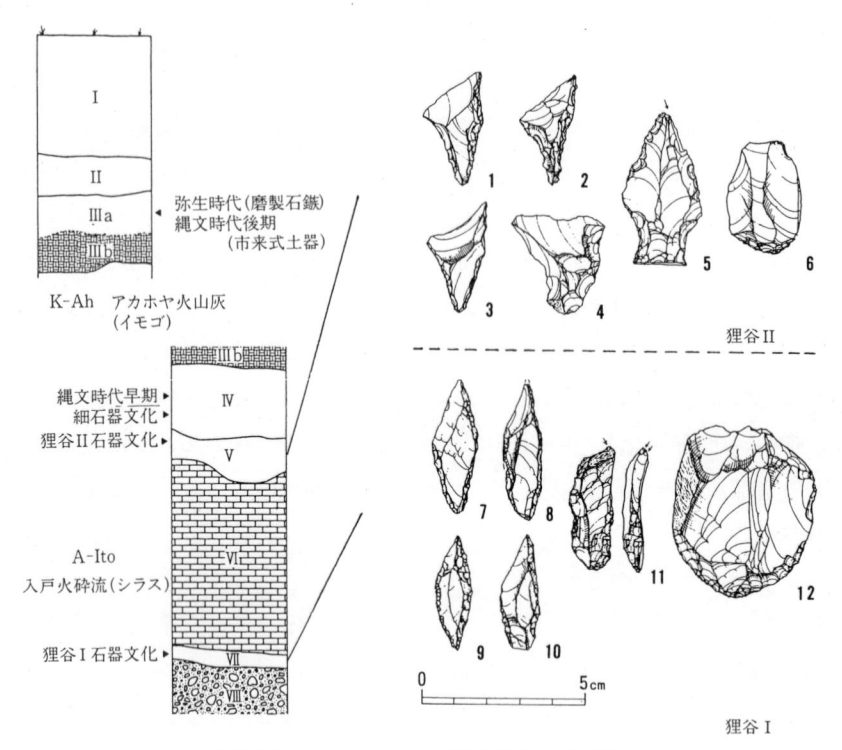

図23 狸谷遺跡における A–Ito 降灰前後の旧石器文化（小田 1993 a）

（2） 狸谷遺跡の 2 つの旧石器群

　熊本県球磨郡狸谷遺跡で入戸火砕流堆積物（A–Ito）を挟んで、上下から様相の異なるナイフ形石器文化が発見されている（木崎・隈 1987）。狸谷Ⅰ石器文化と呼ばれる下層の石器群は、茂呂（九州）型ナイフ形石器にその特色を示し、彫器、掻器、磨石、敲石などを持っており、石材の多くは黒曜石が用いられている。この狸谷Ⅰ旧石器人が生活していた頃、姶良カルデラが大噴火を起こしたのである。遺跡地には、約 1m 近い再堆積の A–Ito が認められることから、すでにこの地には人間の生活環境が失われていたと考えられる。

　狸谷Ⅱ石器文化は、入戸火砕流堆積物の風化帯中に発見された。おそらく、地形も安定し、植生も復活し、動物達も活動できる環境が整いだした頃、南九州地方に旧石器人が移住して来たのであろう。切出し状ナイフ形石器を特徴にし、台形石器、三稜尖頭器、掻器を持ち、石材はチャートを多く用いていた。この狸谷Ⅱ石器群は、狸谷Ⅰとは様相が異なっているが、剥片剥離技術の上で、類似点を見出すことも可能である。

　この後、九州地方には、特殊な形態を示す「剥片尖頭器」や横長剥片製のナイフ形石器などが登場してくる。これらの新しい旧石器文化の中には、朝鮮半島や瀬戸内地域からの流入と考えられる石器群様相も認められるという（橘・萩原 1983、松藤 1987）。

（3） AT降灰以前の旧石器文化

関東地方に降灰したATは、10cm程度であった。しかしこの地方でATの純層を地層断面に肉眼で観察できる場所は稀であり、わずかに不連続なブロック状で薄く介在する例が下総台地に存在している程度である。

野川遺跡でのATは第Ⅵ層下半部に介在層準が確認され（羽鳥1971）、野川第Ⅰ期の後半に位置づけられる。野川Ⅰ期はナイフ形石器が盛行する以前の石器群であるが、生活規模はそれ程小さい訳ではない。この時期の古段階では、基部をわずかに加工した縦長のナイフ形石器、刃部を研磨した斧形石器（磨製石斧）などにその特徴を示している。新段階になると、横形のナイフ形石器（台形様石器）が伴い、斧形石器も小形化している。こうした石器群様相は、汎日本的に共通して認められる傾向であり、AT降灰以前の旧石器文化の特徴として把握することができる（小林・小田他1971）。

最終氷期であるヴュルム氷期最寒冷期（約2万年前頃）が近づいてくると、各地で石器組成に変化が生じてくる。とくにナイフ形石器に変化がみられ、小形で背部の急斜な細身のナイフ形石器が盛行している。石材は黒曜石が多用される傾向にあり、熊本県狸谷Ⅰ石器群はまとまったこの段階の好資料である。ナイフ形石器という特定器種の発達は、この石器が切截具より刺突具が主要な用途であると考えられることから、対象とする狩猟動物相に変化が生じたことになる。おそらくこの頃、ナウマンゾウやオオツノシカなどの大形動物が減少して、小形動物に移り変わって行く時期であったのではと推察されている（春成1996）。

こうした寒冷化に伴う環境の変化に、追い打ちをかけたのが、始良カルデラの大噴火である。大量のATに伴うエアロゾルは成層圏に漂い、日照を減らし、気温の低下を促進しただけではなく、地上に降り積もった細粒の火山灰は森林を枯死させ、河川に流出して泥流となり、浅海底に厚く堆積したことであろう。当然旧石器人は、この破局的な巨大噴火の影響を被ったことは確かである。武蔵野台地のATを挟む直上の第Ⅵ層から第Ⅴ層にかけての遺跡数が極端に少ないことが判明している。これは、おそらくAT降灰による環境の悪化が、すでに寒冷化による生活内容の変革を迫られていた旧石器人たちにとって、なお一層の大打撃を与える結果になったと解釈できよう。

（4） AT降灰以後の旧石器文化

列島内に共通の石器組成、集落構成、生活内容を保持していた旧石器社会は、ATの降灰による環境変化により、各地に独自の生活体系を誕生させた。

九州地方には、西北部地域の「黒曜石」を主体にした九州型ナイフ形石器と、南部地域のチャート、頁岩、凝灰岩、玉髄製の切出状のナイフ形石器、また黒曜石製を多用した台形様石器、台形石器を中心にした「台形石器文化」が発達した。さらに安山岩（サヌカイト）製の剥片尖頭器、三稜尖頭器などが複雑に組み合わさって1つの文化圏を形成している。

瀬戸内地方には、豊富に存在する「サヌカイト」を石材基盤にして、「瀬戸内技法」と呼ばれ

98　第1章　火山灰と考古学

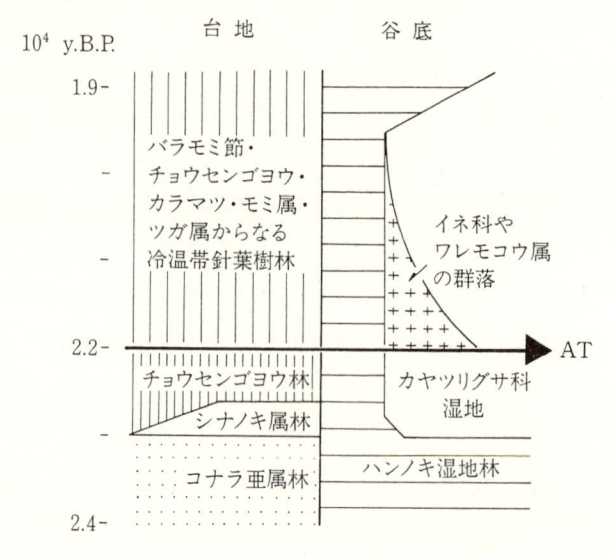

a：関東平野中央部におけるAT前後の植生変遷（辻・小杉 1991）

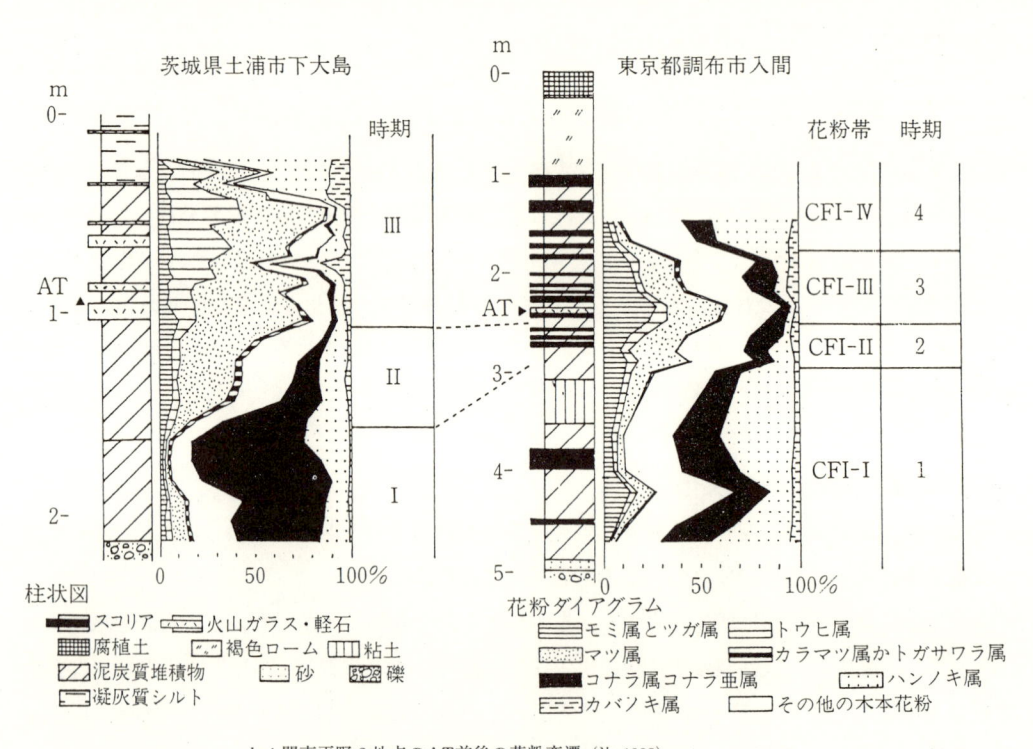

b：関東平野2地点のAT前後の花粉変遷（辻 1993）

図24　花粉分析からみたAT降灰の影響

3. 巨大噴火と火山災害   99

AT降灰以後の旧石器遺跡
(20,000〜15,000 B P) 分布

非ナイフ形石器群

縦長ナイフ形石器（杉久保、東山系）群

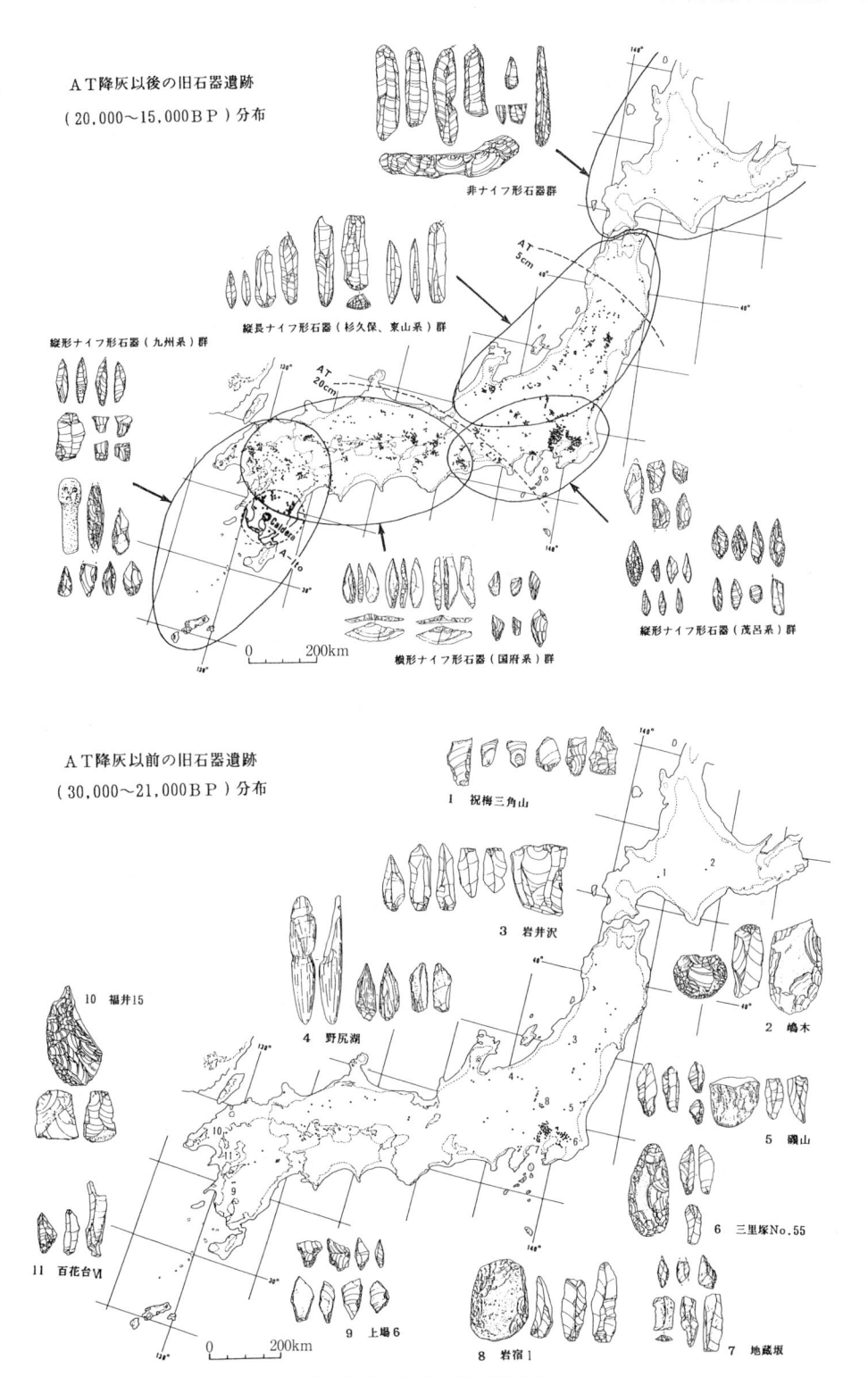

縦形ナイフ形石器（九州系）群

縦形ナイフ形石器（茂呂系）群

横形ナイフ形石器（国府系）群

AT降灰以前の旧石器遺跡
(30,000〜21,000 B P) 分布

1 祝梅三角山
2 嶋木
3 岩井沢
4 野尻湖
5 磯山
6 三里塚No.55
7 地蔵坂
8 岩宿1
9 上場6
10 福井15
11 百花台Ⅵ

図25　AT降灰以前と以後の旧石器文化（小田 1991）

る横長剥片剥離技術が誕生し、この技法で製作された国府型ナイフ形石器を特徴的に持った文化圏が成立している。そして、この国府型ナイフ形石器の分布は、東九州地方や近畿地方、そして北陸、東北、関東地方の一部にまで広く確認されている。

関東・中部地方南部には、黒曜石、チャート、流紋岩、凝灰岩など多種類の石材が存在し、それぞれ地元の石材を使用して、茂呂型ナイフ形石器と呼ばれる小形ナイフ形石器が盛行している。さらに、関東地方の広大な平野部や中部地方山岳部を中心にして、後半頃に尖頭器を主体にした「尖頭器文化」が発達している。

東北地方と中部地方北部には良質な「頁岩」を石材基盤にして、真正の「石刃技法」による大形の縦長ナイフ形石器が製作されている。この中には、杉久保型ナイフ形石器と呼ばれる柳葉形のナイフと東山型と呼ばれる短冊状のナイフが存在している。

津軽海峡を越えた北海道地方には、真正のナイフ形石器は存在していないが、良質の南部の頁岩、東部の黒曜石を使用した、石刃技法に立脚した大形石器群が存在している。

こうして、AT 降灰以降の旧石器文化の地域化は、この後も続いていき、日本列島中央部を境にした東北日本と西南日本という、列島を2分化して語られる石器文化圏がこの頃誕生したことになる。この2大文化圏の枠組みは、この後の「細石器文化」、「丸ノミ形石斧文化」、さらに縄文時代の各土器文化圏にも継続して看取できる事象であった。

3　武蔵野台地の旧石器遺跡の動態

野川遺跡を出発点にして、武蔵野台地の旧石器時代多文化層遺跡が多数調査されることとなった。そして、確認された石器群の特徴から、大きく第 I～IV 文化期として大別され、さらに第 I 期を a, b, c、第 II 期を a, b の亜文化期に細分された（Oda and Keally 1975）。この「武蔵野編年」とも呼ばれる旧石器様相の変遷は、全国的な編年体系の目安になり、各地の研究者に利用されるにいたった（Oda and Keally 1979、赤澤・小田・山中 1980）。

（1）　遺跡数の変遷と AT 層準

武蔵野台地には現在 300 カ所近くの旧石器遺跡が確認されている。最古の段階の第 Ia 亜文化期は立川ローム第 X 層に確認される。遺跡数も少なく野川、神田川や石神井川の流域に数家族が生活しており、それはチャート製の錐状石器と砂岩、流紋岩製の礫器を保持していた。次の第 Ib 亜文化期は立川ローム第 X～VII 層に確認される。さらに、遺跡数も増加し武蔵野台地全域に生活圏を拡大している。また、縦長剥片の基部にわずかな加工を施したナイフ形石器と刃部を研磨した斧形石器を特徴としている。石材も地元のチャート、砂岩、頁岩などを多用している。この時期の特徴に、「環状ブロック」と呼ばれる大規模集落の出現があるが、これは周辺の集団が共同して情報交換をするという機能が想定される。

第 Ic 亜文化期は、立川ローム第 VI～V 層に確認される。この VI 層の下半部に「AT」の介在

3．巨大噴火と火山災害　101

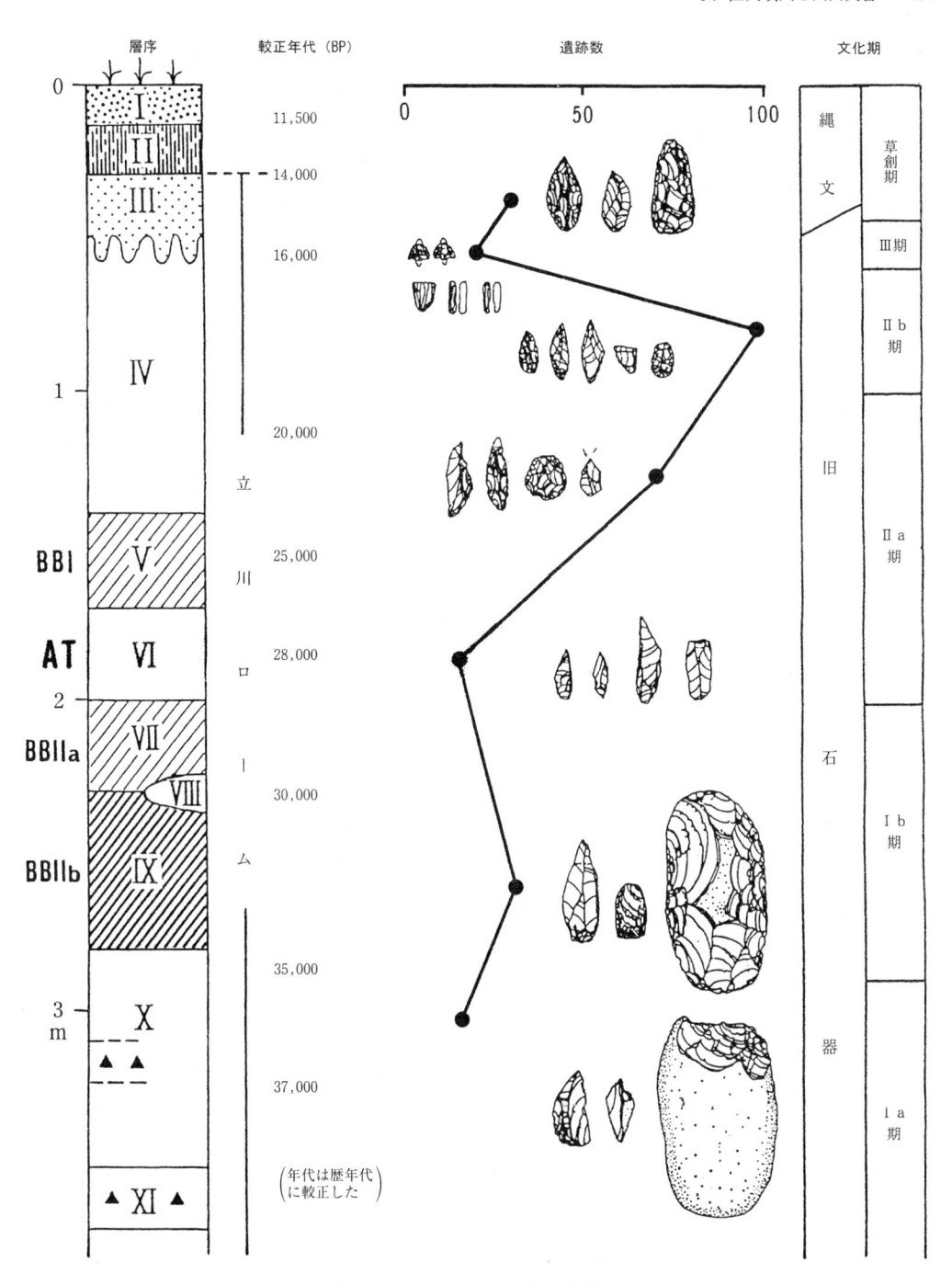

図 26　武蔵野台地における石器群の変遷（小田 1991）

が認められている。ATは東京地方に10cm前後の降灰があったとされ、南九州における入戸火砕流堆積物（A-Ito）の分布地域のような、動植物の死滅という災害は直接的にはなかったと考えられている。しかし、この時期の遺跡数、石器文化の内容を調べると、この頃の旧石器社会に大きな変化が認められる。まず遺跡数が極端に少なくなっており、石器群も今までのように各種石器器種が整っていた第Ib亜文化期に比べて、二側辺加工のナイフ形石器だけが卓越する状況が認められる。こうした特定器種の発達は、当時の生活環境や動物相などに急激な変化が訪れたとみなさなければならない。また、石材に関しては、小平市鈴木遺跡第VI層文化で出土した529点の石器の内、514点が信州産の黒曜石であったように、当時の石材に信州産の黒曜石が高率で使用されていたことも判明している（鈴木遺跡調査団編1975、1976、1978、1979）。

（2） 集落規模の増大と器種の増大

AT降灰直後の約1,000年間（第V層）は、同じ生活状況が継続していくが、次の第IIa亜文化期の開始する第V層上半部になると、遺跡の状況は格段に変化している。遺跡数は増大し、石器組成も各器種が登場してくる。中でもナイフ形石器に地域性がうかがえ、武蔵野台地では、「茂呂型ナイフ形石器」と呼ばれる特徴的な型式が発達している。また拳大の河原石を集合させた「礫群」と呼ばれる石蒸し料理遺構が多数発見され、さらに石材も多様化している。このようにAT降灰以後の旧石器社会が、わが国の旧石器時代を通じてもっとも豊かな生活様相であったことが確認されている。

つまり、ATの降灰によって、それまで列島内に均一な石器文化を保持していた旧石器社会は、降灰以後地域的なまとまりを形成して「西南日本」、「東北日本」という大きな旧石器文化圏成立の要因を作り出したと考えられるのである。

第 2 章　東京地方の遺跡調査

1. 武蔵野台地の旧石器遺跡
2. 野 川 遺 跡
3. 国際基督教大学構内遺跡第 15 地点
4. 武蔵野公園遺跡
5. 平代坂遺跡
6. 仙 川 遺 跡
7. 西之台遺跡 B 地点
8. 栗 原 遺 跡
9. 中山谷遺跡
10. 前 原 遺 跡
11. 高井戸東遺跡
12. 新 橋 遺 跡
13. はけうえ遺跡

● 第 2 節──解説

　本章は旧石器時代遺跡の発掘調査について、東京都武蔵野台地を中心にその成果について論述した。

　日本の旧石器時代遺跡研究は、1968年の神奈川県月見野遺跡群、1969・70年の東京都野川遺跡を契機とした70年代初頭から80年代前半にかけて大きく変化した。とくに東京・武蔵野台地での大規模発掘調査は、日本旧石器時代研究の方向性を決定づける数々の重要な成果を挙げた。それは酸性土壌で自然遺物の残りにくい日本の旧石器遺跡から、多くの情報を得るための学際的・組織的な総合発掘調査であった。その手法として自然科学的分析を中心にして、今まで成し得なかった旧石器時代集落の全掘調査による多文化層資料の集積であった。その結果、短期間で従来記録できなかった各種データが蓄積され、1949年の岩宿遺跡発見後の日本旧石器時代研究史において、「野川以前・以後」という新しい研究史の画期と幕開けをもたらしたことの意義は大きい。

　1　武蔵野台地の旧石器遺跡　武蔵野台地の旧石器時代遺跡調査研究史とその手法の変遷過程と、その成果による旧石器時代4文化期の設定、遺跡の分布などを詳述した。

　2　野川遺跡〜13　はけうえ遺跡　代表的な東京・武蔵野台地の発掘調査遺跡を、調査年代の古い方から順に、野川遺跡（1969・70）、武蔵野公園遺跡（1971）、国際基督教大学構内遺跡第15地点（1971・75）、平代坂遺跡（1971）、仙川遺跡（1972）、西之台遺跡B地点（1973・74）、栗原遺跡（1973）、中山谷遺跡（1974）、新橋遺跡（1976）、前原遺跡（1975）、高井戸東遺跡（1976）、はけうえ遺跡（1977・78）の12遺跡について、その調査成果と旧石器文化様相の概略を集成した。

　特筆する内容としては、野川遺跡では本格的な「セツルメント・パターン」が試みられ、国際基督教大学構内遺跡第15地点では初の確かな「土坑」の確認、平代坂遺跡では日本最古の「スクレブラ」の発見、また仙川遺跡では「遺物の上下移動」が検証され、西之台遺跡B地点では「最多文化層と最古の石器群」が把握された。栗原遺跡では不明であった「磨製石斧」の層準が確かめられ、中山谷遺跡では「炭化物片分布と石器群」の位置関連が、新橋遺跡では本格的な「礫群」の分析、前原遺跡では夢の出土資料の「全点ドット化」が実施され、高井戸東遺跡では詳細な「炭化物片分布」の記録と分析が、はけうえ遺跡では集大成的な「旧石器遺跡総合調査」を行ったその成果を述べた。

1. 武蔵野台地の旧石器遺跡

　武蔵野台地の旧石器時代研究史は比較的古く、1951年（昭和26）東京都板橋区茂呂遺跡のローム層中の石器発見から始まる。この東京地方での旧石器文化の発見は、自然科学者による「関東ローム層」の研究を進展させ、さらに、旧石器遺跡の確認がこの地方で相つぐこととなった。その上、この新しい研究分野は、日本各地の若い研究者に刺激を与え、旧石器遺跡の追跡が全国で開始され、その研究が展開されることとなった。

　やがて60年代後半になって、神奈川県相模野台地の月見野遺跡群、東京都武蔵野台地の野川遺跡で発掘調査が実施され、この2つの旧石器時代の大規模調査が、その後の旧石器研究史を一新することになったのである。

　70年代に入り野川上流域では、つぎつぎと旧石器時代多文化層遺跡が発掘された。これらの調査においては、自然科学的・人文科学的分析が豊富に取り入れられ、遺跡内はもとより遺跡相互の関連性にも言及できる資料が多数蓄積された。その結果、野川水系、武蔵野台地という一流域・地域史の復元が可能になっただけではなく、さらに広く「日本列島」を生活舞台にした旧石器人の生活様式・古環境・その動態などにも言及できるまでにいたったのである。

1　武蔵野台地の自然環境

（1）　地理的位置

　奥多摩に源を発する多摩川は、初め山間の峡谷を通り青梅から平野部に入る。武蔵野台地はこの青梅を頂点に、北西を入間川、北東を荒川、南西を多摩川に画された、長軸50kmの長方形の洪積台地である。また西端の青梅を扇頂にして、東方に開いた隆起扇状地ともいわれ、青梅で標高180m、立川85m、吉祥寺50～60m、新宿40m、一番端の山の手で20～30mと順次低くなって下町の低地部に接している。

　この武蔵野台地の西南縁は、直接多摩川低湿地に接する立川段丘面（府中崖線によって画され多摩川との比高約10m）が存在する。野川は旧多摩川の名残川と考えられ、国分寺市恋が窪あたりから出発し、武蔵野段丘面の崖線（国分寺崖線）から湧き出る湧水を集めて流れる約20km前後の河川である。この野川を挟む両段丘には多くの遺跡が残されており、旧石器、縄文時代の遺跡だけでも100ヵ所近く確認されている。

　武蔵野台地に発見される旧石器時代の遺跡は、こうした樹枝状に開析された小河川の台地縁辺

106　第2章　東京地方の遺跡調査

凡例
- 山地
- 多摩ローム
- 下末吉ローム
- 立川・武蔵野ローム
- 沖積層

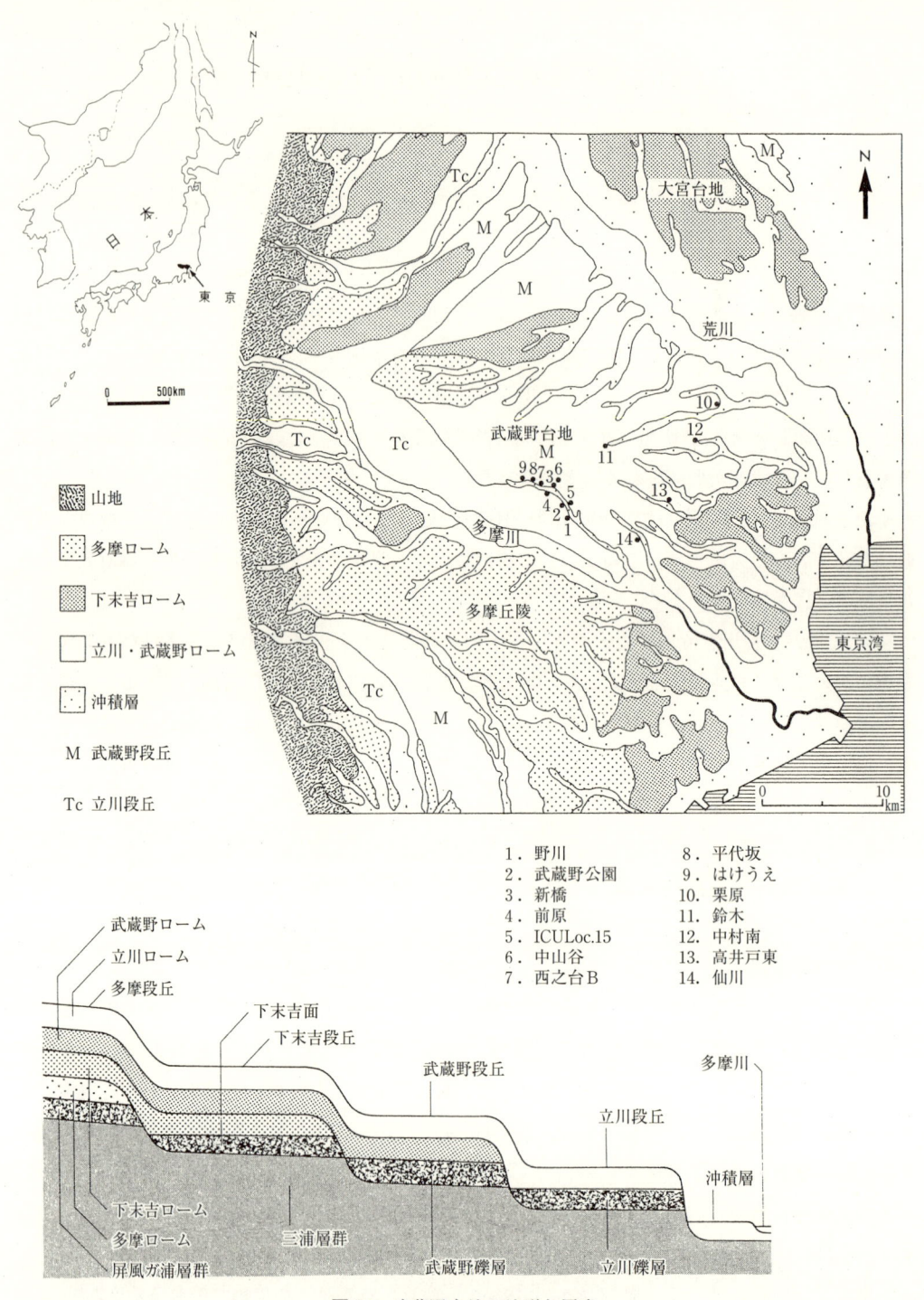

M　武蔵野段丘
Tc　立川段丘

1. 野川	8. 平代坂
2. 武蔵野公園	9. はけうえ
3. 新橋	10. 栗原
4. 前原	11. 鈴木
5. ICULoc.15	12. 中村南
6. 中山谷	13. 高井戸東
7. 西之台B	14. 仙川

図27　武蔵野台地の地形と層序

1. 武蔵野台地の旧石器文化　107

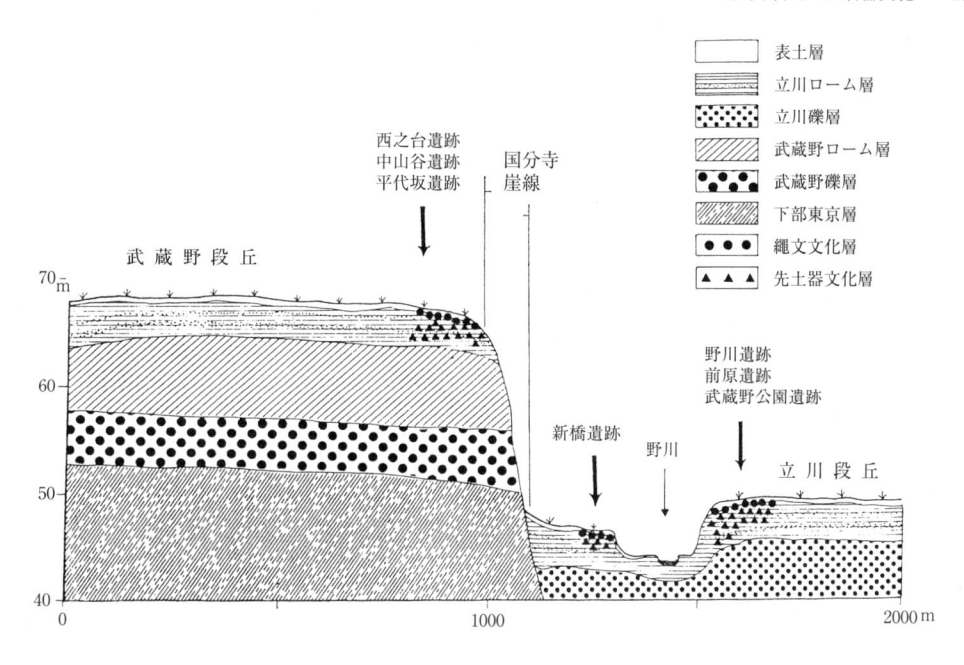

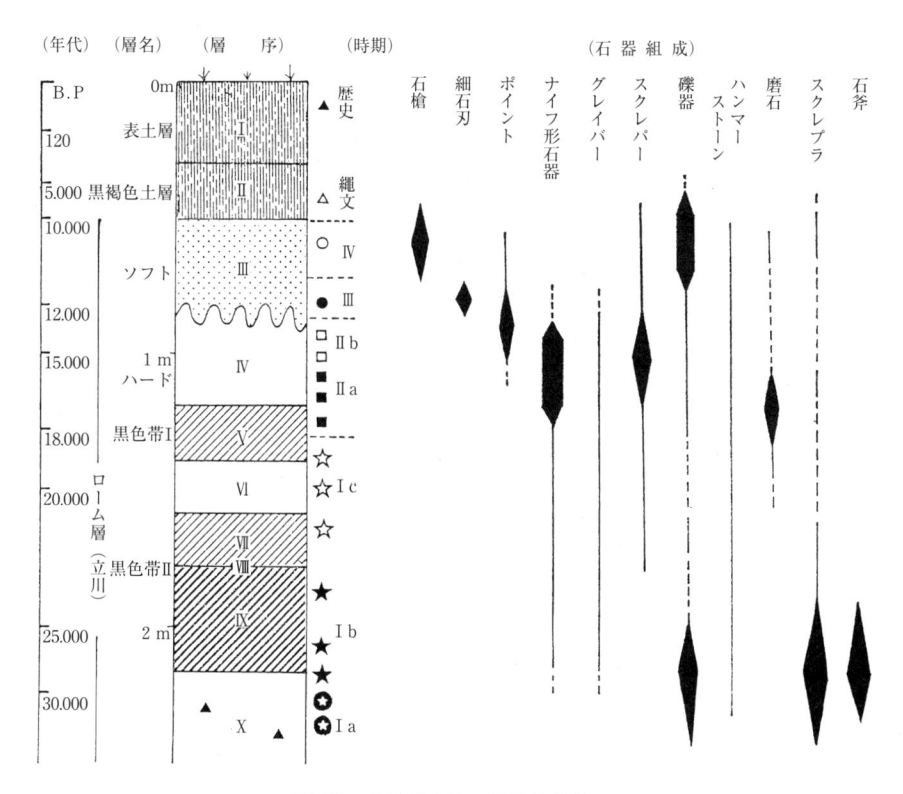

図28　武蔵野台地の遺跡と編年

部に多く認められる。この縁辺部は舌状張出しが特徴で、一方に窪み部を形成し、その窪み部には、台地基盤礫層からの湧水をみることが一般的であり、豊富な水量を湛えた泉が形成されていることが多い。したがって、この湧水を中心にした先史時代人の生活の場が、この部分に設けられ、湧水池の崖線上に集落が営まれていったのである。

(2) 地質的特性

　武蔵野台地において、旧石器時代の石器類が発見される地層は、赤土と呼ばれる火山堆積物（関東ローム層）中である。南関東地方の関東ローム層は、多摩川の河岸段丘の変遷に応じて古い方から、多摩ローム、下末吉ローム、武蔵野ローム、そして立川ロームの4つに大きく区分されている。これらのローム層は、段丘面の高低のよって組み合わせが異なり、一番低い立川段丘面にはもっとも新しい立川ロームが、次の武蔵野段丘面には立川・武蔵野両ロームが、3番目の下末吉面には立川・武蔵野・下末吉ロームが、そしてもっとも高い多摩面には立川・武蔵野・下末吉・多摩の四つのローム層がそれぞれ堆積しているのである。このなかで人類の遺跡・遺物が確認されるロームは、一番新しい立川ローム層中である。

　立川ローム層は、地質学的分析も考古学者の経験的識別によっても、武蔵野台地においては第Ⅲ～Ⅻ層に区分されている。最上部の第Ⅲ層は軟質部で次の第Ⅳ層から硬質のローム層になる。この第Ⅲ層とⅣ層の境界部分はクラックと呼ばれる凹凸の激しい不連続面を呈しており、第Ⅴ層は立川ローム第Ⅰ黒色帯にあたる。第Ⅵ層下部には姶良Tn火山灰（AT）と呼ばれる広域火山ガラスが包含されている。第Ⅶ～Ⅸ層までは立川ローム第Ⅱ黒色帯にあたり、従来1枚とされていた黒色帯が、調布市野川遺跡の発掘により、3枚に分離される事実が判明したのである。第Ⅹ～Ⅻ層は同じ色調を呈するロームであるが、ほぼ中間に赤色スコリア層が認められ、それを境に3枚に区分することができる。立川ローム層はこの第Ⅻ層をもって終了する。

2　野川遺跡の調査と編年の確立

　1969・70年（昭和44・45）に実施された調布市野川遺跡の調査は、旧石器時代の研究に画期的な成果をかずかずもたらした。その1つに、今まで型式学的知見によって編年されていた石器群を、より細かな層準の識別の中に生層位学的知見で、変遷をとらえることに成功したことが挙げられる。つまり、野川遺跡には5m近くの立川ローム層が堆積しており、肉眼で13枚の自然層に分離できた。そして黒色帯も4枚確認され、従来2枚（第Ⅰ、Ⅱ黒色帯）とされていた立川ローム黒色帯が、標識地で「0、Ⅰ、Ⅱa、Ⅱb」に細分され、石器包含部相互の対比がより正確に、また容易になったのである。

(1)　野川Ⅰ・Ⅱ・Ⅲ期

　野川遺跡で確認された10枚の旧石器時代文化層は、大きく3つの流れの石器群としてまとめ

られた。第1の流れは、第Ⅶ～Ⅴ層までの時期で、ナイフ形石器を保有していなかった。第2は、第Ⅳ層すべてにナイフ形石器が包含されており、ナイフ形石器を特徴とする時期である。第3は、第Ⅲ層に含まれ、ナイフ形石器の消失している時期である。このナイフ形石器の有無を基準にした野川遺跡の石器群区分は、その後の発掘の増加によって、時期設定層準に若干の訂正はあったが、日本の旧石器文化の流れを良く反映しており、この後、実施される全国編年大綱の基礎を成したものであった。

(2) 層準と文化層名の統一

旧石器時代の遺跡を発掘すると、礫群、配石などの遺構や、石器・剥片類などの遺物が、平面的にいくつかの集中部分をもって発見される。このまとまりを垂直的に観察すると、自然堆積ローム層中に集中する面がとらえられる。このまとまりの平面的、垂直的な1単位を、自然堆積層準に照らし「一文化層」としてとらえた。武蔵野台地には、表面採集、断面採集、発掘などを含めて300ヵ所近くの遺跡が発見されている。その中で、何らかの発掘調査が実施された遺跡は52ヵ所で、これらの遺跡から120のコンポーネント(各文化層ごとの石器組成)が得られた。野川流域には48カ所の遺跡が集中し、75のコンポーネントが知られている。こうした多数のコンポーネントと、武蔵野台地という1地域の層序の類似性に基づき、層準の呼称を統一(Ⅰ・Ⅱ・Ⅲ・Ⅳ・Ⅴ……層)、層準名と文化層名称の一致(Ⅲ・Ⅳ1・Ⅳ2・Ⅴ……、Ⅳ上・Ⅳ中・Ⅳ下・Ⅴ層文化)に努めてきた。こうした用語の画一化は、この地域の石器群対比に便利で、かつ遺跡間の文化層対比が用語的に明解になり、理解し易くなったのである。

(3) 四期区分

野川上流の一連の発掘調査、調布市野川(国際基督教大学構内遺跡第28c地点)、国際基督教大学構内遺跡第15地点(小金井市)、府中市武蔵野公園、小金井市平代坂遺跡、同・西之台遺跡B地点、同・中山谷遺跡、同・前原遺跡、同・新橋遺跡などで認められた62のコンポーネントを体系づけると、4つの時期(フェーズ)に分けられる。

第Ⅰ期は層準でいくと第Ⅹ～Ⅴ層で、縦長剥片、礫器に特徴を示す。板橋区栗原・小平市鈴木・杉並区高井戸東遺跡では、第Ⅸ下、Ⅹ上層文化に打製・磨製の石斧が出土している。また基部にわずかな刃潰しを施したナイフ形石器を伴っている。この第Ⅹ上～Ⅸ下層までを第Ⅰa亜文化期、第Ⅸ中～Ⅴ層文化までを第Ⅰb亜文化期と細分することもできる。

第Ⅱ期は第Ⅳ層と第Ⅲ層の一部に包含され、ナイフ形石器の卓越する時期である。石器製作技術と、ナイフ形石器の様相の違いから第Ⅱa亜文化期と第Ⅱb亜文化期に分離できる。また第Ⅱb亜文化期になると台形石器、ポイントなどが伴出する。

第Ⅲ期は第Ⅲ層に含まれ、細石刃、細石刃核を特徴とする。

第Ⅳ期は第Ⅲ層上部に含まれ、大形両面加工尖頭器、礫器に特徴が見出せる。またこの第Ⅳ期は、次の縄文時代草創期につながる多くの要素が指摘できる。

第Ⅱ層の縄文時代に入ると、層位的には時期区分が不可能な包含状況になり、いかに旧石器時代の時間が長いかを知ることができよう。野川遺跡で確立された層位的時期区分が、武蔵野台地を経過し、より強固なものへと向かっていることがうかがえる。

3　遺跡の構造へのアプローチ

(1)　ユニットの設定

　遺跡の検出の難しいローム層中の遺跡では、「石器、剥片類」の集中した状態、拳大の河原石を集めた「礫群」、やや大きい幼児頭大の河原石を配した「配石」などが生活の痕跡の目安になる。ごく最近では、ローム中に存在する「炭化物片」をドット化し、分布図を作成している。こうした石器・剥片類、礫群、配石、炭化物片などの正確な記録を基に、旧石器文化の集落構造、たとえば住居、仕事場、広場などの生活空間を復元する方向へ一歩一歩前進しているのが現状である。

　野川遺跡では、①一定の小範囲からまとまって出土する状態を一つのユニットとしてとらえた。②各々のユニットの特定のパターンを抽象し概念化する。③それらのパターンおよびパターン相互のあり方から、やがてそれをパターンとして限定し、規制したところの行動のパターンを解明しようとする作業が行われた。つまり、野川遺跡では、ユニットの設定を石器、剥片類の集中箇所に限定し、パターン化がなされ、A～F型まで6つの行動ユニットが想定されたのである。

(2)　遺跡の型式

　次の武蔵野公園遺跡になると、このA～F型のユニットが、台地の各文化層ごとにどのように分布しているのか、また、その内容はどうかという点に焦点が合わされ、遺跡の型式（コンポーネント・タイプ）が作成された。

　コンポーネント・タイプ1は、大きなユニットが3つ以上存在し、そこにはいろいろな行動のほぼすべてが展開されている。時間的には比較的長時間居住し、25～60人のバンドからなり、ベースキャンプ的性格をもつ遺跡である。

　コンポーネント・タイプ2は、小ユニットが1～2ヵ所で、そこにはある行動のいくつかが行われ、数日から1週間位の短期間の居住がある。1ないし2つ以上の家族的集団による採集、狩猟活動が行われた場所、シーズンキャンプ、ワークキャンプとも呼ばれているものがこれに入る。

　コンポーネント・タイプ3は、石器や剥片など、遺物が数点以下あるいは単独出土としてのユニットの存在で代表され、個人の行動が反映しているものである。たとえば動物を処理した場所、遺物を落として行ったような場所がこれにあたる。トランジットキャンプと呼ばれるものや、ある種のワークキャンプもこの中に入るだろう。

　平代坂遺跡では、ユニットも整理され、①石器・剥片類だけのもの、②礫群だけのもの、③石器・剥片＋礫群に大別され、①から③が、a.集中して出土している、b.まばらに出土してい

る場合と、その文化層において、⑴数量が多い、⑵数量が少ない、に細分され考察されるようになった。ここまでが、旧石器時代遺跡のセツルメントパターン研究の一区切りと考えて差し支えない。

（3） 新しいユニットタイプ

西之台遺跡B地点、中山谷遺跡、前原遺跡の調査になると、石器・剥片類、礫群のほかに、炭化物片のドット化も行われ、この3者を絡めたユニットタイプが設定されることになり、次の1から7までに分類された。

1　石器・剥片類だけのもの
2　石器・剥片類＋礫群
3　石器・剥片類＋炭化物片
4　石器・剥片類＋礫群＋炭化物片
5　礫群だけのもの
6　礫群＋炭化物片
7　炭化物片だけのもの

前原遺跡では、この7つのユニットタイプが、各文化層ごとにどのように分布し、またいかに変遷していったのかが研究されている。炭化物片分布に関して、判明したことを少し紹介してみよう。

前原遺跡は第III・IV上層文化を除いて、第IV中1・IV中2・IV下層文化をドット化した。その結果を見ると、従来の石器・剥片類、礫群のみの出土状況の発掘においては、無遺物地帯と呼ばれた空白部に、炭化物片の集中個所が確認されたのである。こうした状況は、最初に炭化物片の詳細記録を行った中山谷遺跡、多層文化での炭化物片記録を行った高井戸東・鈴木遺跡でも確認されている。とすると、記録を行わなかった前原遺跡の第III・IV上層文化の東側部分は、無遺物空間ではなく、炭化物片集中個所が当然存在した可能性を有する地域と考えることができる。今顧みると、野川遺跡の発掘の際も炭化物片が多数検出される部分が各所に認められた。当時としては、樹種同定、^{14}C年代測定の資料に供するサンプル採取に過ぎなかったので、全点ドット化するまでに至っていなかったことが惜しまれる。

遺跡を立体的に解釈するには、あらゆる要素の摘出と精密な記録の分析が必要である。われわれが遺跡で直接入手できる資料は、肉眼で判別される「物」だけである。その意味で「炭化物片」のドット化は、現地で見分けられる最終コテ先情報ともいえよう。

4　各文化期の様相

約3万年前、東京湾は古東京川と呼ばれる河川が流れる渓谷であった。現在、東京地方で観察できる地形面（下町低地、武蔵野台地）の基盤部に、更新世（氷河時代）の段丘、渓谷、河川など

112　第2章　東京地方の遺跡調査

第Ia亜文化期(>27,000 B P)

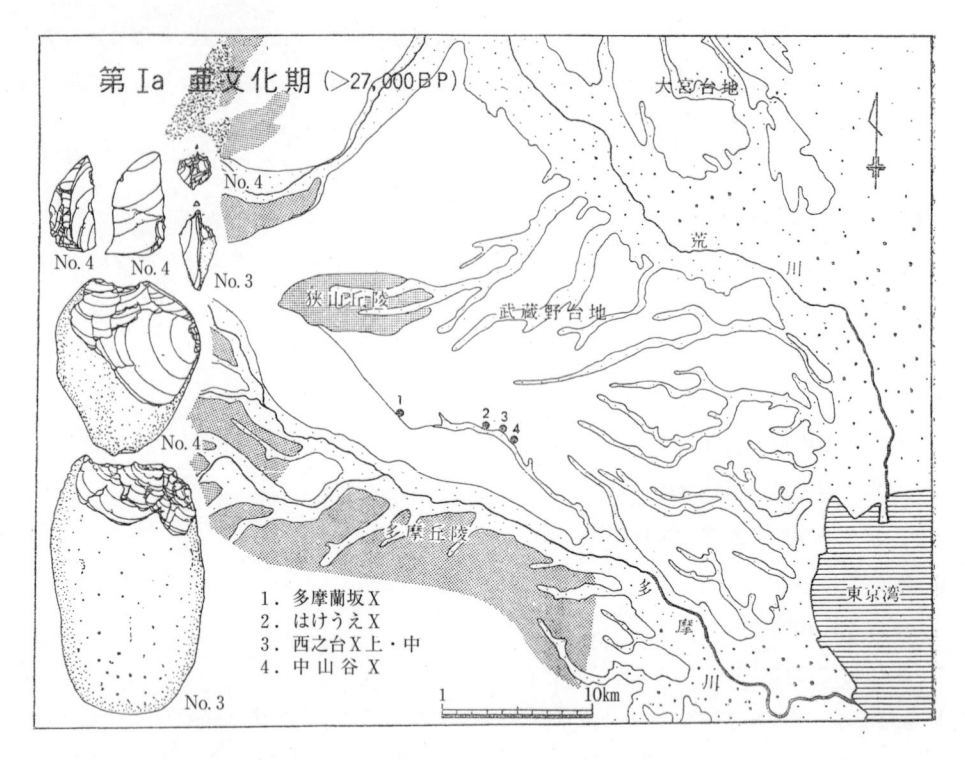

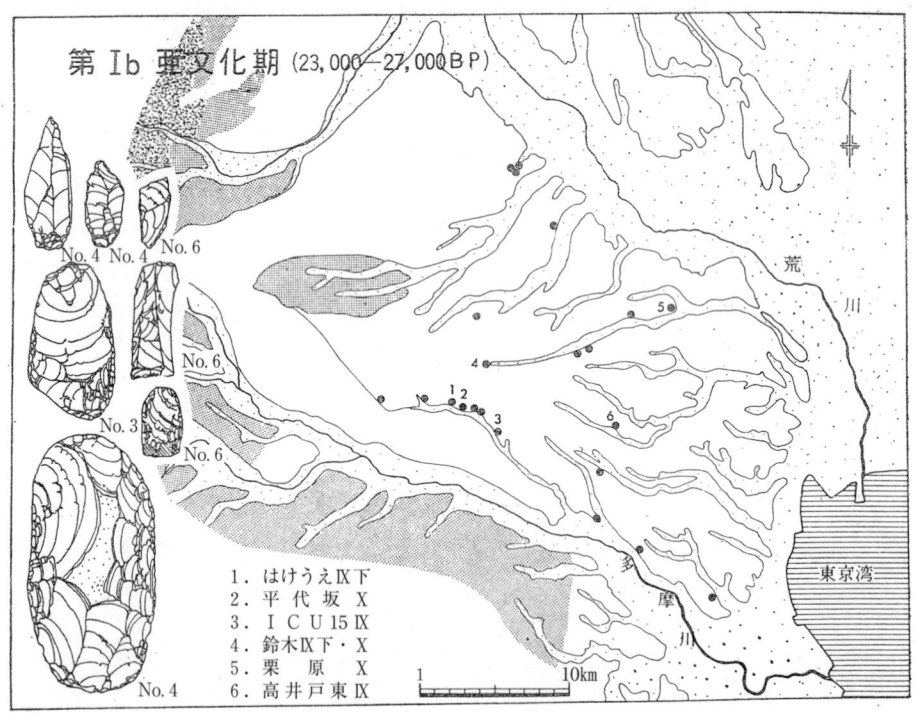

1. 多摩蘭坂 X
2. はけうえ X
3. 西之台 X 上・中
4. 中山谷 X

第Ib亜文化期(23,000−27,000 B P)

1. はけうえ IX 下
2. 平代坂 X
3. ICU 15 IX
4. 鈴木 IX 下・X
5. 栗原 X
6. 高井戸東 IX

図29　第Ia・b文化期

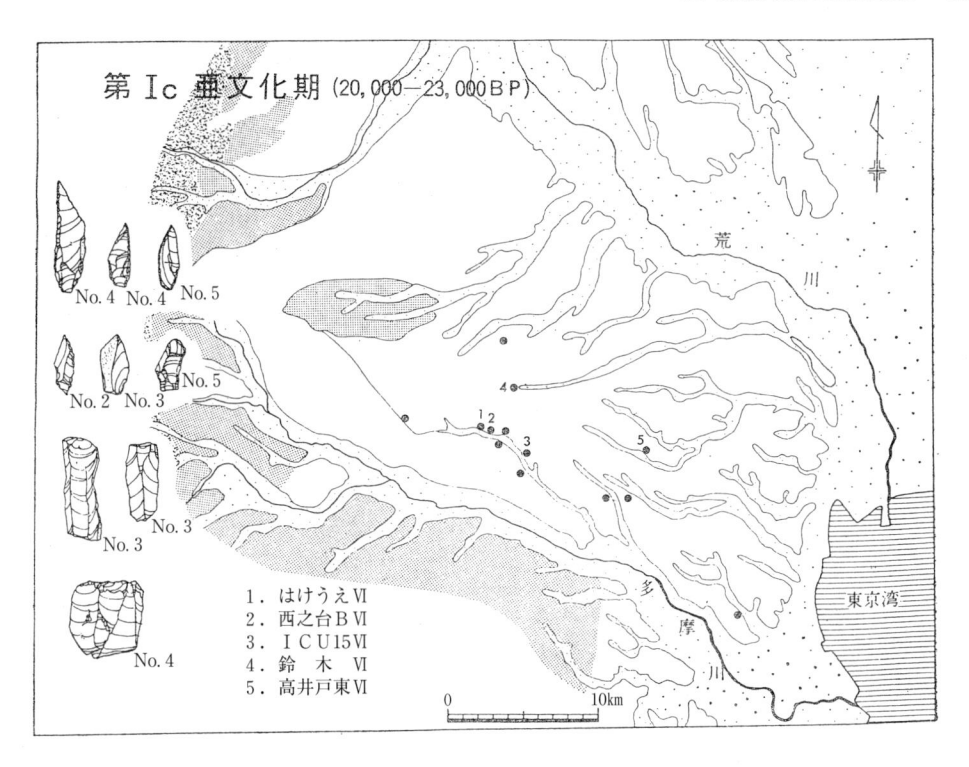

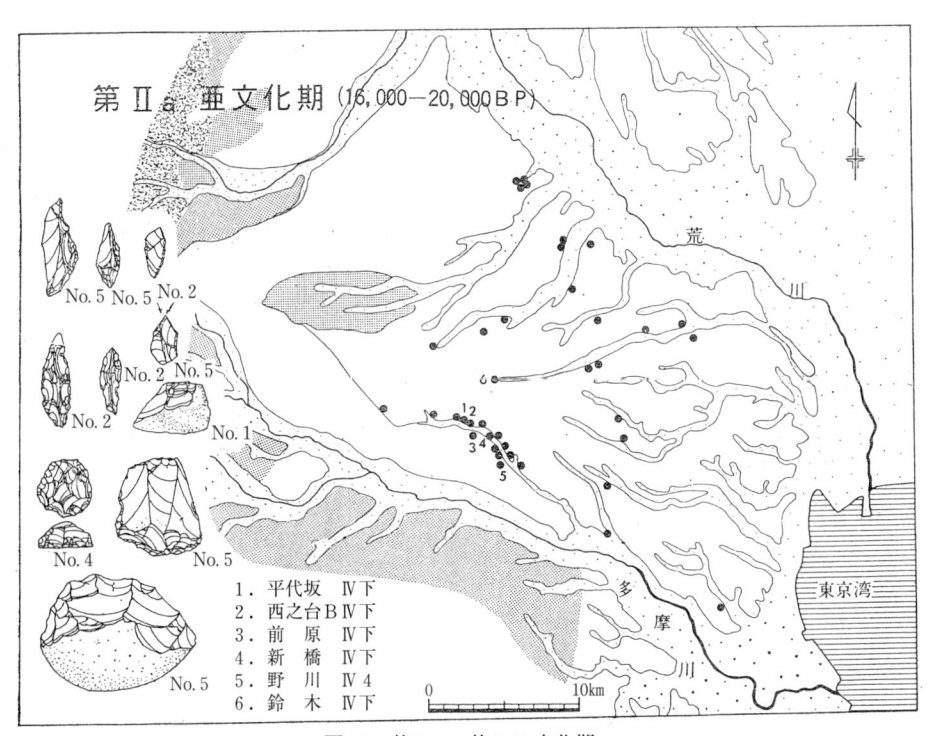

1. 武蔵野台地の旧石器文化　113

第Ⅰc亜文化期 (20,000-23,000 B P)

1. はけうえⅥ
2. 西之台BⅥ
3. ICU15Ⅵ
4. 鈴木Ⅵ
5. 高井戸東Ⅵ

第Ⅱa亜文化期 (16,000-20,000 B P)

1. 平代坂 Ⅳ下
2. 西之台BⅣ下
3. 前原 Ⅳ下
4. 新橋 Ⅳ下
5. 野川 Ⅳ4
6. 鈴木 Ⅳ下

図30　第Ⅰc・第Ⅱb文化期

114　第2章　東京地方の遺跡調査

第Ⅱb亜文化期 (13,000—16,000 B P)

1. 砂　　　川
2. はけうえⅣ上
3. 西之台BⅣ上
4. 前原Ⅳ中1
5. 野川Ⅳ1・2
6. 仙　川　Ⅲ
7. 鈴木Ⅳ上
8. 市　場　坂
9. 茂　　　呂
10. 高井戸東Ⅳ上

第Ⅲ文化期 (12,000—13,000 B P)

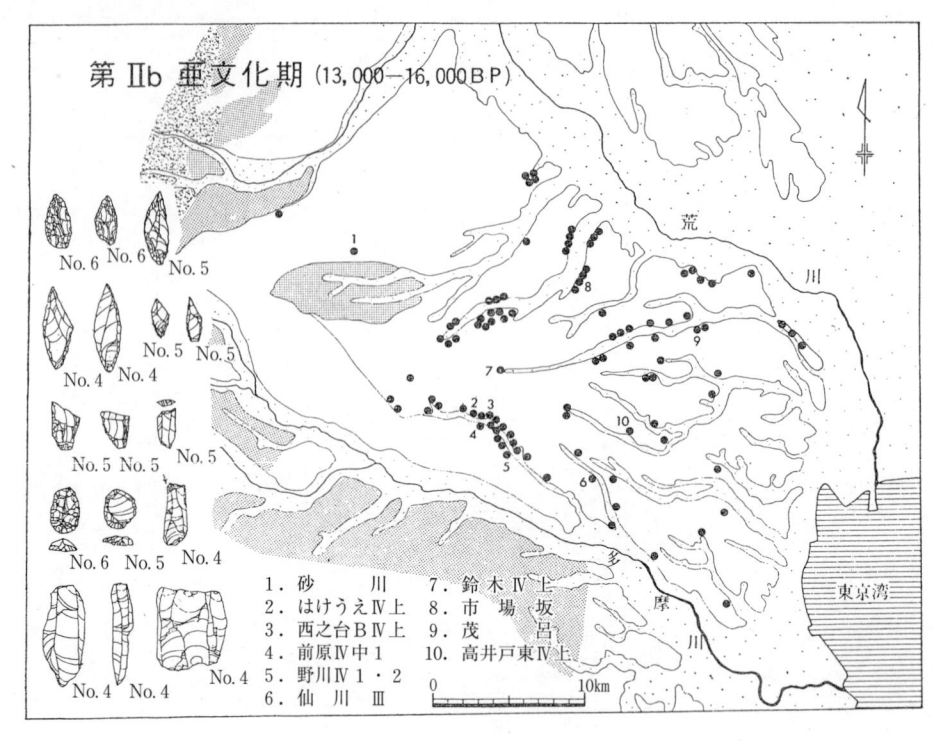

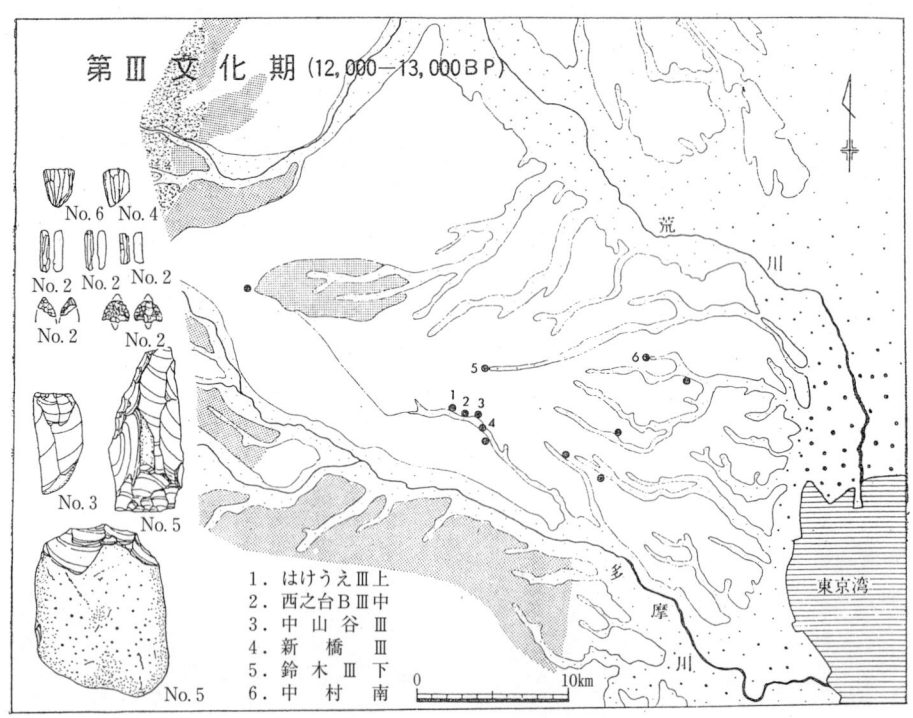

1. はけうえⅢ上
2. 西之台BⅢ中
3. 中山谷Ⅲ
4. 新　橋　Ⅲ
5. 鈴木Ⅲ下
6. 中　村　南

図31　第Ⅱb・第Ⅲ文化期

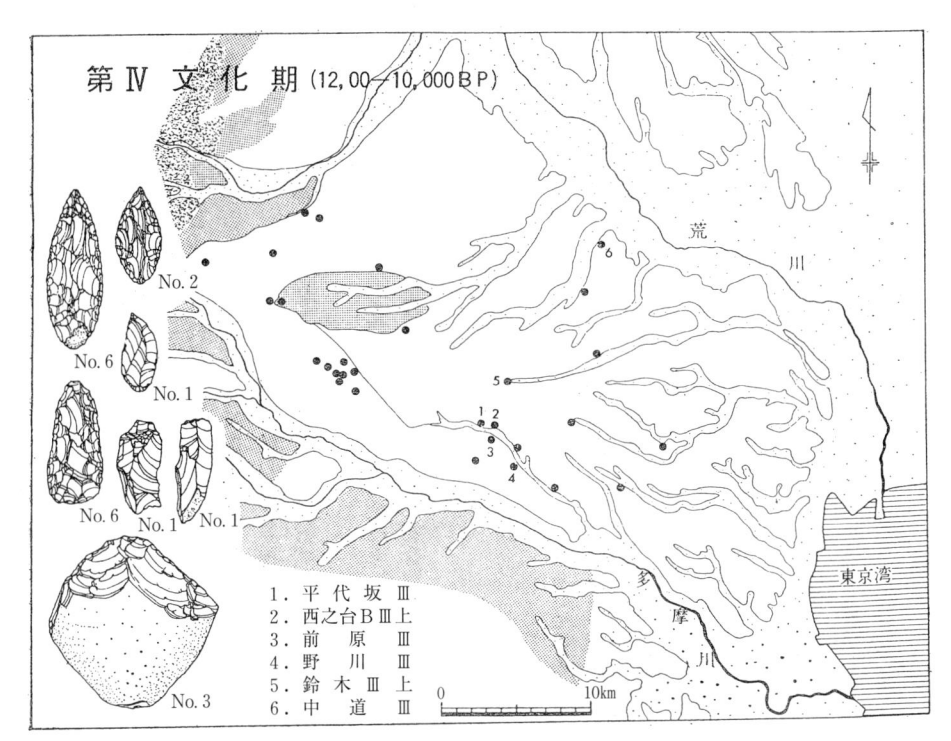

図32 第Ⅳ文化期

 が埋没している。こうした古地形復元を、正確に呈示することは困難であるが、この時代の遺跡分布を調べることによって、その一部を知ることは可能である。まだ下町低地の地下から旧石器遺跡は発見されていないが、より高台の武蔵野台地上では、関東ローム層中から200ヵ所も確認されている。

 野川上流域の調査で、立川ローム層中に14枚以上の旧石器文化層が確認され時期区分された。それらは、現在日本各地で発見されている旧石器時代石器群に照らして見ても、ほぼ全資料が包括されている。つまり、この地域の石器群変遷が、そのまま日本の編年になり得ることを示しているのである。武蔵野台地で最も古い遺跡は、約3万年前頃のものであり、この段階を最古にして約2万年間、この地方に連綿と旧石器時代人の生活が営まれてきたのである。

 武蔵野台地で認められた石器群様相を、体系づけると4つの時期（Ⅰ～Ⅳ期）に大別される。さらにまた、第Ⅰ期をa・b・c、第Ⅱ期をa・bに細分する事ができる。これを層準に当てると第Ⅰ期は第Ⅹ～Ⅴ層の下部、第Ⅱ期は第Ⅴ層の上部～Ⅳ層全部と、第Ⅲ層の一部分、第Ⅲ期は第Ⅲ層、第Ⅳ期はやはり第Ⅲ層の中に包含されているのである。次にその文化期の内容を細かく見て行く事にしよう。

（1） **第Ⅰa亜文化期**（約2万7,000年以前）
 層準にして第Ⅹ層の上部から中部に包含されている石器群である。現在4ヵ所の遺跡が確認

されているが、西之台遺跡B地点と、中山谷遺跡が良好な資料を提供している。石器群の内容は、砂岩、安山岩などを使用した大形の石器群と、チャート、メノウなどを使用した小形の石器群がセットになっているところに特徴がある。器種としては、錐状石器、ナイフ状石器、スクレブラ、スクレイパー、礫器などがあり、剥片剥離技術としては、礫の原面を打面とした剥片剥離技法が用いられていた。

このⅠa亜文化期は、武蔵野台地におけるもっとも古い石器文化であり、この台地に最初に訪れた人たちということができよう。

（2） **第Ⅰb亜文化期**（約2万7,000～2万3,000年前）

層準にして第Ⅹ層の上部から第Ⅹ層にかけて包含されている石器群である。約20ヵ所以上の遺跡が確認されているが、鈴木遺跡と高井戸東遺跡で良好な資料が摘出されている。石器群の内容は、基部および先端部にわずかな整形加工を施したナイフ形石器、両端を折断した台形様石器、幅広剥片に刃部を作出した石器、さらに特筆すべき石器として、刃部を研磨したやや楕円形を呈する斧形石器（石斧）がある。この刃部を磨いた磨製石斧の存在は、その年代とともに周辺大陸にも発見されない器種である。石材としては粘板岩、流紋岩、硅岩などを中心に使用している。この時期に小粒の河原石を集めた小「礫群」が出現しており、この集石遺構はこの後連綿と続いていくのである。

また、この第Ⅰb亜文化期は、武蔵野台地全域に遺跡が発見されており、この時期には、すでに広い範囲で生活活動が展開されていたことが理解される。

（3） **第Ⅰc亜文化期**（約2万3,000～2万年前）

層準にして第Ⅶ層から第Ⅴ層下部にかけて包含されている石器群である。約13ヵ所以上の遺跡が確認されているが、鈴木遺跡（鈴木遺跡調査団編1975他）、国際基督教大学構内遺跡第15地点に良好な資料が発掘されている。石器群の内容は、比較的整った石刃の盛行と、その石刃を加工したナイフ形石器に特徴がある。石材には、良質の信州産の黒曜石が使用されている。

この第Ⅰc亜文化期の第Ⅵ層下部には、特徴的な火山ガラスが堆積していることが最近判明した。これは姶良Tn火山灰（略してAT）と呼ばれ、鹿児島湾奥の姶良カルデラから2万2,000～2万1,000年前頃に噴出した広域火山灰であり、北海道を除く日本全土に分布していることが確認された。このATの発見によって、周辺地域の同時期石器群の編年対比が可能になってきたのである。

（4） **第Ⅱa亜文化期**（約2万～1万6,000年前）

層準にして第Ⅴ層上部からⅣ層下半部にかけて包含されている石器群である。
約40カ所以上の遺跡が確認されているが、野川遺跡、西之台遺跡B地点、新橋遺跡で良好な資料が発掘されている。石器群の内容は、横長剥片を特徴的に伴出し、ナイフ形石器、台形石

器、錐、ベック、スクレイパー、彫器、磨石などが出土する。また、第Ⅰb亜文化期に出現した礫群がもっとも盛行する時期でもある。

この第Ⅱa亜文化期は、石器群の様相、剥片剥離技術を検討する限り、前の第Ⅰc亜文化期と連続しない多くの要素を含むものとされている。

（5） **第Ⅱb亜文化期**（約1万6,000～1万4,000年前）

層準にして第Ⅳ層上半部と第Ⅲ層の一部にかけて包含されている石器群である。

約100ヵ所以上の遺跡が確認されているが、野川遺跡、調布市仙川遺跡、前原遺跡、埼玉県所沢市砂川遺跡で良好な資料が発掘されている。石器群の内容は、石刃技法を駆使したあらゆる器種の石器が存在する。中でも、両面加工尖頭器の出現がこの時期の終末に見られる事は、狩猟具の発達という面で画期的なものであった。

この第Ⅱb亜文化期は、遺跡発見数が多く、その分布も武蔵野台地全域に認められる。また生活内容も充実していたようで、拳大の河原石を集合させた礫群や、石器・剥片類の遺跡内での分布も大規模で、集落構成面から見てももっとも発達した段階であったことが理解される。

（6） **第Ⅲ文化期**（1万4,000～1万2,000年前）

層準にして第Ⅲ層に包含されている石器群である。

約12ヵ所以上の遺跡が確認されているが、練馬区中村南（小田1962）、武蔵野公園（小田・Keally 1973）、西之台遺跡B地点（小田編1980）、新橋遺跡（中津・千浦・小田他編1977）で良好な資料が発見されている。石器群の内容は、細石刃とそれを剥離した細石刃核に特徴があり、細石刃文化、細石器文化とも呼ばれている。本文化期の石器組成は、従来細石刃と若干のスクレイパーが知られるだけであったが、近年の資料の増加に伴い、両面加工尖頭器、礫器などが出土することが確かめられている。しかし、石器組成としては前の文化期と較べると極端に器種が少なく、当然、細石刃を組み合わせた多種類の道具の存在が考えられる。

この第Ⅲ文化期は、石器群の特殊性や発見遺跡が少ないことから、過去にはいろいろな憶測があった。たとえば、ナイフ形石器文化の段階の遺跡で、細石刃だけを製作した場所などといわれていた事もあるが、ナイフ形石器文化の石器群とは層位的にも分離でき、時期的に新しい所産であることは明確である。

（7） **第Ⅳ文化期**（1万2,000～1万年前）

層準にして第Ⅲ層より上部に包含されている石器群である。

約30ヵ所以上の遺跡が確認されているが、平代坂、西之台遺跡B地点で良好な資料が発見されている。石器群の内容は、大形の両面加工尖頭器に特徴があり、大形の石刃状剥片チョッパーも伴う。完成された石器が多数発見される傾向があり、それがこの文化期の特徴である。狭山丘陵西南側に広がる立川面にこの文化期の遺跡が集中して分布する。ここ立川面は、完成石器単独

出土地でもあることから、おそらく狩猟活動に伴う行動の痕跡が残された場所と解される。

この第Ⅳ文化期の石器群は、多くの点で次の土器文化である縄文時代草創期に繋がる要素を保持している。その意味では、旧石器時代の最終末の文化期と考える事ができるが、東北地方の遺跡で、この文化期の石器群に無文平底の土器が伴出した事実があり、この文化期の一部に土器の存在する可能性を呈示している。

（8） 後氷期の野川流域 （1万年前以降）

氷河時代も終末を迎え、完新世の時代になると、火山の噴火も休止期に入り、黒色土の発達が著しくなる。西之台遺跡B地点、中山谷、前原遺跡で隆起線文土器、有舌尖頭器が出土した。縄文時代草創期前半の遺跡が確認されたわけである。縄文、撚糸文を特徴とする草創期後半、そして早期前半の遺跡は各所に存在し、立地も旧石器時代遺跡と重複する例が多い。早期後半になると、台地斜面に炉穴がつくられ、前期前半頃まで小さな遺跡が点在する。前期後半から中期初頭の遺跡は少ないが、中期中葉になると大集落が形成される。そして後期になると、立川段丘上に武蔵野公園、新橋遺跡などのやや大きな集落を数ヵ所残し、遺跡数は減少していく。晩期は野川流域では数片の土器片が発見されるのみで、遺跡は影を潜めてしまう。

こうした一流域史を通観すると、武蔵野台地の西南縁、立川段丘を削って流れる野川水系は、狩猟、採集生活を中心とした旧石器、縄文時代の集落立地には適していたが、定住を基礎にした、新しい農耕社会の訪れとともに、住みにくい環境に変化してしまったのであろう。

5 石器文化と古環境

野川遺跡の発掘調査を契機とした武蔵野地方の旧石器時代遺跡研究は、日本の研究史上において、「野川以前・以後」といわれる程の画期的な成果をもたらした。ここに、ローム層中の花粉分析結果に依る植生復元を基調とした、環境と石器文化の関りについて付記しておきたい。

約12万年から4万年前頃に堆積した武蔵野ローム層の時代は、植生がまだ定まらず、樹木、草木類がわずかに生育していた。気候は温暖であったが、多雨だったせいか、ここ武蔵野台地はたびたび洪水に侵され、小礫が地表を流れていた。日本列島には人類がすでに登場していたが、武蔵野地方には未だ足を踏み入れた形跡はなかった。

約3万年前頃立川ローム層が堆積し出すと、台地は水に侵される事がなくなり、羊歯類が異常なほど繁茂し、針葉樹、草木類が生育し始める。この頃やや時間をおいて、2つの石器群様相を保持した石器人が、この地方に出現してくる。最初に来たのは、ベックと礫器を持った第Ⅰa亜文化期の人びとであり、次に基部整形石器と刃部磨製斧形石器を持った第Ⅰb亜文化期の人びとであった。気候は第Ⅰb亜文化期にはやや冷涼になる。

約2万2,000年から2万1,000年前頃になると、草地と樹木のまばらな景観ではあるが、樹種は豊富になる。第Ⅰc亜文化期には、南九州の始良カルデラが大噴火を起こし、その火山灰が汎

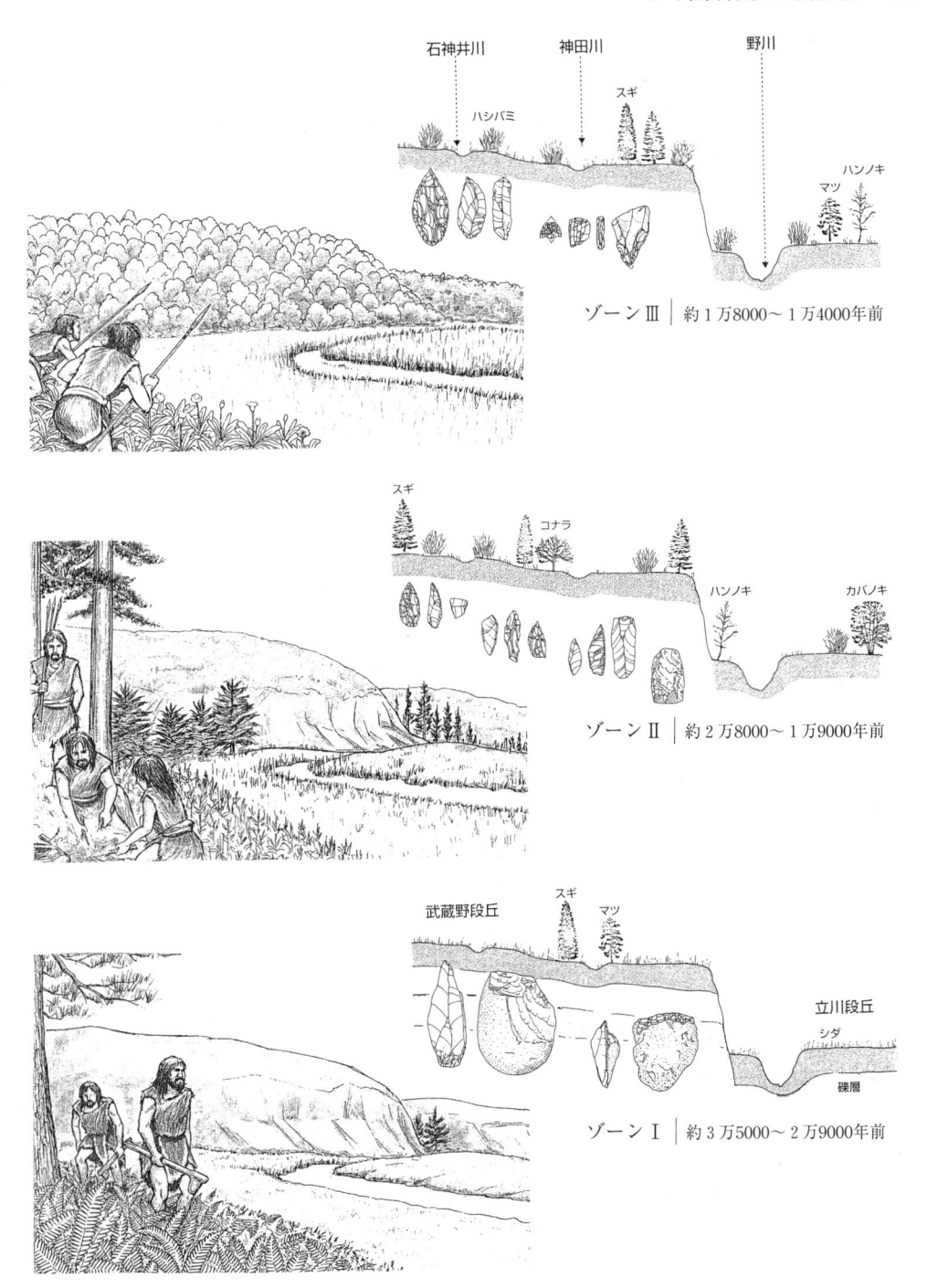

1．武蔵野台地の旧石器文化　119

ゾーンIII｜約1万8000～1万4000年前

ゾーンII｜約2万8000～1万9000年前

ゾーンI｜約3万5000～2万9000年前

図33　武蔵野台地の植生復元

日本的に降灰した（姶良Tn火山灰―AT－）。この大噴火により、やや気温は下がり植生に変化をきたしたのであろう。この時期には、各種のナイフ形石器が卓越している。約1万8,000年前頃は最終氷期の最寒冷期にあたり、海面が現在より100～120m程低下したとされる。第Ⅱa亜文化期が始まり、第Ⅱb亜文化期へと続き、石器は器種も増え、両面加工尖頭器、台形石器が終末頃に盛行している。

約1万3,000年前頃になると、針葉樹、落葉広葉樹の混交林や、単独樹木の林も存在し、羊歯類も多く繁茂している。気候は温暖で、細石刃石器群を主体とした第Ⅲ文化期と、大形両面調整尖頭器、礫器、石斧を主体にした第Ⅳ文化期が営まれている。やがて、氷河時代の終末を迎えると、海面も上昇し、森林の形成が見られるようになる。そして現在と同じ気候の沖積世の時代となり、各地で縄文文化が開始されて行く。武蔵野地方も東京湾沿いに貝塚が残され、台地の奥には、狩猟、採集を中心にした集落が形成されて行ったのである。

6　最古の文化層を求めて

いまわれわれは、武蔵野台地において、文化層がどの深さまで発見されるかに挑戦している。これは、日本列島にいつ頃から人間が住み始めたかに通じるテーマである。この地域には普通8m近くの立川・武蔵野両ローム層が堆積している。不思議なことに、3m位下の第Ⅹ層あたりから、小さいのは豆粒大、大きいのは拳大まで、大半は小さいが各種石質の円礫が含まれている。これを「いも石」と呼んでいるが、このいも石の出現と共にどの遺跡でも石器の発見はぷっつりと絶えてしまう。

西之台遺跡B地点、高井戸東遺跡において、いも石の平面分布と、層位ごとの垂直分布を調べてみた。その分析結果から、自然礫で水成堆積の可能性が考えられた。とすれば、武蔵野台地は、第Ⅹ層以下に水の影響を被った形跡が認められたことになる。早く、「いも石」の謎を解き明かして、3万年前より古い旧石器時代遺跡を1日も早く発見したいものである。

2. 野 川 遺 跡

1 遺　　跡

(1) 立　　地

　野川遺跡は、北緯35度41分、東経139度32分にあり、東京都調布市野水「都立野川公園」内に所在する。武蔵野台地の西南縁は多摩川が流れ、「野川」はそれに沿って約20kmの流路を立川と武蔵野両段丘面を画する「国分寺崖線」に沿って東流する。多摩川に面した武蔵野台地は、低い方から立川段丘、武蔵野段丘、下末吉段丘、多摩段丘面と4区分され、遺跡は、この国分寺崖線下を流れる野川に臨む立川段丘上の発達した舌状台地に位置する。海抜約48m、現河川との比高約8mを数える南向きの高台で、この台地の東側には大きな「ノッチ」が形成され、「緑沼」と呼ばれる湧水池が存在した。

(2) 調査経緯

　遺跡は、調査時には国際基督教大学ゴルフコース内に所在した。「ICU」と略称されるこの大学構内には、現在までに33ヵ所の遺跡がJ. E. Kidderによって確認されている (Kidder 1900)。
　1964年 (昭和39)、第28番目として発見され「ICULoc. 28 a.b.c」と登録された遺跡のC地点が、今回発掘調査された野川遺跡部分に相当する。その後、ゴルフコースを分断する「東八道路」と呼ばれる大規模な道路建設が行われ、このICULoc. 28遺跡も一部破壊されてしまった。こうした遺跡消滅の危機を察して、1969・70年 (昭和44・45) の春に、同大学考古学研究室によってC地点の小規模な発掘調査が行われ、その結果、この地点が縄文時代早期～旧石器時代にわたる大規模な遺跡であることが判明したのである (Kidder他 1970)。
　さらに、1970年東京都はこのC地点部分に、河川改修工事を計画し、都文化課がICU関係者と協議を重ね、同大学内に遺跡調査会を設置し、同年6月から8月にかけて緊急発掘調査が行われたのである (野川遺跡調査会 1970、野川遺跡調査会編 1971、野川遺跡調査会・関東第四紀研究会 1971、小林・小田・羽鳥・鈴木 1971)。

(3) 層位と文化層

　立川ローム層は従来せいぜい2m程度の層厚と考えられていたが、本遺跡は表土から台地基盤

の立川礫層まで約5mを数え、それらは地質学的区分によって13枚の自然層に識別された。第Ⅰ層からは弥生時代の土器が出土し、第Ⅱ層からは縄文時代の草創期から後期までの多数型式の土器と住居址、炉址、集石址などが発見された。第Ⅲ層からが立川ローム層で、旧石器文化層に相当する。この立川ローム中に、遺構、遺物の集中する生活面が合計10枚（第Ⅲ・Ⅳ—1・Ⅳ—2・Ⅳ—3a・Ⅳ—3b・Ⅳ—4・Ⅴ・Ⅵ・Ⅶ・Ⅷ文化層）確認された。

発掘調査は、約1,500㎡の面積を深さ約5mまで全掘し、遺跡が立地する舌状台地の中心部はほぼ調査したことになる。したがって、この地点に生活した旧石器人の集落内での行動の全容を記録することができたと思われる。

（4） 成　　果

この調査はわが国の旧石器時代遺跡としては、最初の組織的な大規模発掘調査であった。また、約5mに及ぶ立川ローム層中から層位的に発見された多数の石器群に基づいて、日本旧石器文化の編年学的・型式学的研究を、組織的に進めることが可能となった（小田・Keally 1975、1979、赤澤・小田・山中 1980）。さらに、多くの自然科学および人文科学的分析が行われ、遺跡復元に必要なかずかずの新知見が得られた調査でもあった。以下にその内容の概略を紹介する。

① 火山灰の同定（羽鳥謙三・関東第四紀研究会）
② 立川ローム黒色帯の^{14}C法による年代測定（杉原重夫・明治大学）
③ 熱残留磁気による炉址の年代測定（渡邊直經・東京大学）
④ 黒曜石の原産地推定と水和層測定による年代測定（鈴木正男・東京大学）※
⑤ X－Raydiffractmeitaerによる礫群中の礫の火熱分析（鈴木正男・東京大学）※
⑥ ローム層中の花粉分析（田尻貞治・関東花粉研究会）

花粉学者は、花粉包含量の多い泥炭層などから試料を得て当時の植生を復元するのが一般的である。野川遺跡では、旧石器時代の直接の包含層である「関東ローム層」を対象にして花粉分析を行ってみた。この無謀とも思えるロームからの花粉摘出は、試料の量を増やすことで解決できそうであったが、その結果はあまりに少ない検出量であった。しかし、摘出技術の向上や地点を増やすなどで、将来への希望が生まれたことは確かである（『野川遺跡調査概報1971』田尻：18－20）。

⑦ ^{14}C法による炭化物の年代測定（J.B.Griffin・ミシガン大学）
⑧ ローム層中出土炭化材の樹種同定（亘理俊次・千葉大学）

日本の旧石器時代遺跡の調査史において、発掘遺跡でローム層中から炭化物片の発見報告は少ないが存在する。しかし、その炭化物片の多くは年代測定用の試料であった。野川遺跡では各文化層ごとに大形炭化物片を採取して、年代用と樹種鑑定用とした。とくに後者の実践例は少なく、花粉分析とともに当時の植生復元資料として重要なものであった。

鑑定結果は、針葉樹の一種（縄文早期）、クロウメモドキ属の一種（第Ⅳ-2文化層）、針葉樹の一種、常緑カシの一種、オニグルミ、コナラ（第Ⅳ-4文化層）、アカシデ、イヌシ

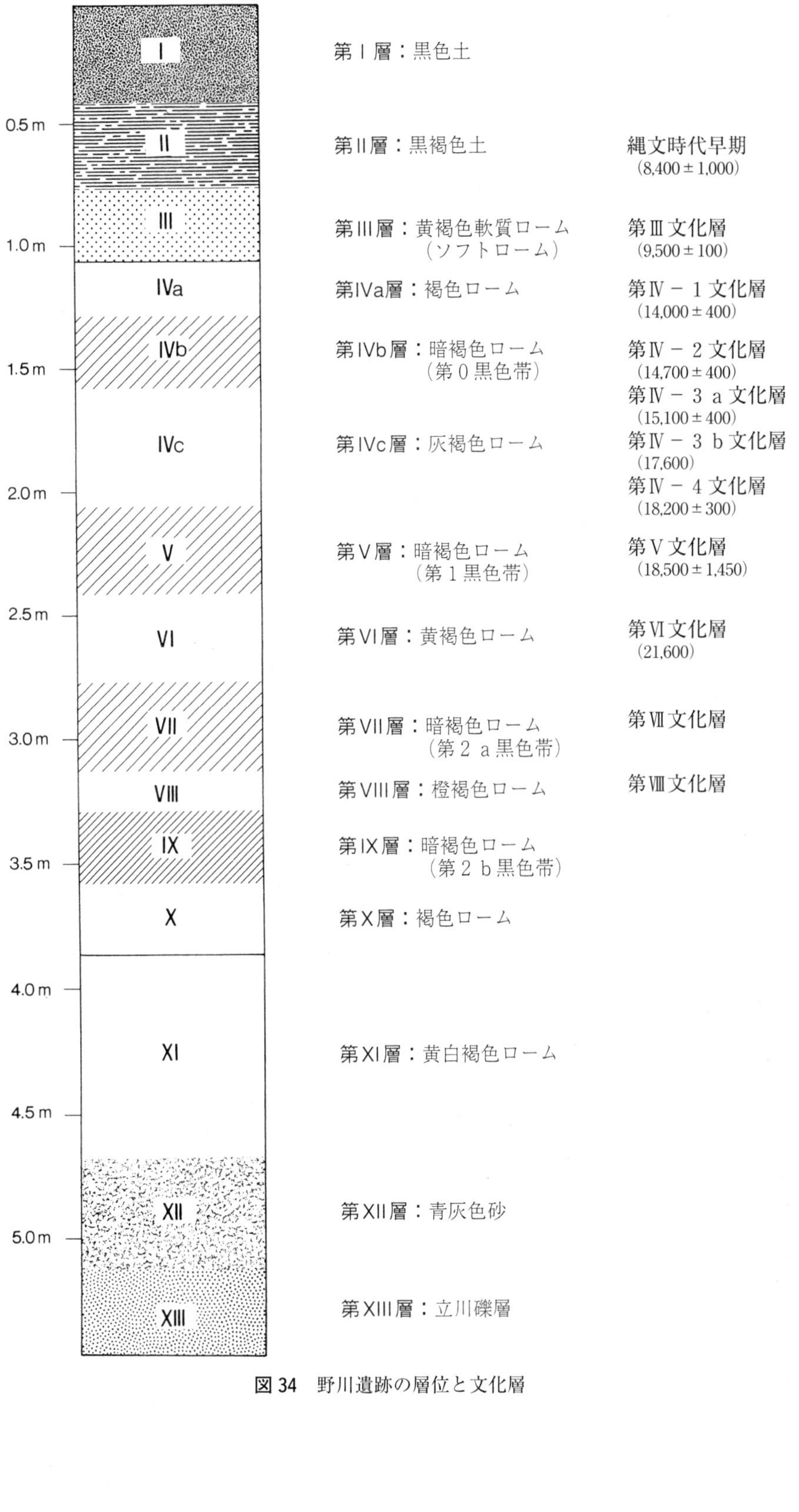

深度	層	層の説明	文化層
	I	第I層：黒色土	
0.5 m	II	第II層：黒褐色土	縄文時代早期 (8,400±1,000)
1.0 m	III	第III層：黄褐色軟質ローム （ソフトローム）	第III文化層 (9,500±100)
	IVa	第IVa層：褐色ローム	第IV-1文化層 (14,000±400)
1.5 m	IVb	第IVb層：暗褐色ローム （第0黒色帯）	第IV-2文化層 (14,700±400) 第IV-3a文化層 (15,100±400)
2.0 m	IVc	第IVc層：灰褐色ローム	第IV-3b文化層 (17,600) 第IV-4文化層 (18,200±300)
2.5 m	V	第V層：暗褐色ローム （第1黒色帯）	第V文化層 (18,500±1,450)
	VI	第VI層：黄褐色ローム	第VI文化層 (21,600)
3.0 m	VII	第VII層：暗褐色ローム （第2a黒色帯）	第VII文化層
	VIII	第VIII層：橙褐色ローム	第VIII文化層
3.5 m	IX	第IX層：暗褐色ローム （第2b黒色帯）	
	X	第X層：褐色ローム	
4.0 m			
4.5 m	XI	第XI層：黄白褐色ローム	
5.0 m	XII	第XII層：青灰色砂	
	XIII	第XIII層：立川礫層	

図 34　野川遺跡の層位と文化層

デ（第Ⅶ文化層）であった（『野川遺跡調査概報1971』亘理：18）。
⑨　コンピューターによるデータ処理（小山修三、及川昭文・国際基督教大学）

考古学の発掘調査において、コンピューターによるデータ処理が行われたのは、この野川遺跡が初めてであろう。この作業が可能になったのは、整理場所であった国際基督教大学内に、計算センターが存在しこの施設の協力のもと、以下のような項目について、数字化し、パンチ・カードを作成して各種の研究に利用したのである。

したがって、発掘作業ではコンピューター処理ができるように、出土遺物はすべてグリッド内で位置とレベルを記録した。水洗後、石器については番号順に、器種、グリッド、層、レベル、長さ、幅、厚さ、重さ、石質、コーテックスの有無、グリッド内の位置、石器の状態を記録した。また礫については、石器と同じ項目を記録してから、焼け、スス、火ほげ、割れ、光沢等を観察し、礫群ナンバーを記している（『野川遺跡調査概報1971』小山：3-5）。

⑩　セツルメント・パターンの復元（小山修三・ICU、C.T.Keally・ハワイ大学）※
以上のように総合的研究が推し進められた（なお、※印は、pp. 137～138・138～148 に後述）。

2　各文化層の遺構

本遺跡で発見された遺構には、石器・剥片類の集中部（「ユニット」と呼ぶ）、拳大の自然礫が集合したもの（「礫群」と呼ぶ）、幼児大の大型自然礫を配置したもの（「配石」と呼ぶ）それに浅い円形皿状の掘り込みをもった「竪穴状遺構」が確認されている。

確認された礫群と配石の各文化層ごとの出現頻度を調べると、礫群の盛行している時期には配石がなく、配石が中心の時期には礫群がないという興味ある結果が観察された。つまり礫群は、文化層Ⅳ-1、Ⅳ-2、Ⅳ-3a、Ⅳ-3b、Ⅳ-4に多数発見され、Ⅲに1例だけ存在する。そして配石はⅢ、Ⅴ、Ⅶに特徴的に発見されたのである。

第Ⅲ文化層　　遺構として、ユニットが6ヵ所、礫群1ヵ所と竪穴状遺構1ヵ所が確認された。
第Ⅳ-1文化層　遺構として、ユニットが7ヵ所、礫群5ヵ所が確認された。
第Ⅳ-2文化層　遺構として、ユニットが8ヵ所、礫群15ヵ所が確認された。
第Ⅳ-3a文化層　遺構として、ユニットが12ヵ所、礫群25ヵ所が確認された。
第Ⅳ-3b文化層　遺構として、ユニットが12ヵ所、礫群16ヵ所が確認された。
第Ⅳ-4文化層　遺構として、ユニットが10ヵ所、礫群12ヵ所が確認された。
第Ⅴ文化層　　遺構として、ユニット（単独に石器分布、F型）が1ヵ所、配石が確認された。
第Ⅵ文化層　　遺構として、ユニット（単独に石器分布、F型）が1ヵ所確認された。
第Ⅶ文化層　　遺構として、ユニットが4ヵ所、配石が確認された。
第Ⅷ文化層　　遺構として、ユニット（単独に石器分布、F型）が1ヵ所確認された。

3 各文化層の石器

各文化層から発見された石器に基づいて、石器組成の時代的変遷を知る手掛かりが得られた。つまり、本遺跡で確認された層位的な特定器種の時期的変遷は、日本列島で発見されている各地石器群の様相を良く反映していたのである。

傾向として第Ⅲ文化層には、チョッパーと大形ポイントが特徴的に出土する。第Ⅳ－1、2、3a、3b、4文化層には、ナイフ形石器が特徴的な器種として盛行し、後半期には小型ポイント、台形石器が出現している。第Ⅴ、Ⅵ、Ⅶ、Ⅷ文化層には、定形的なナイフ形石器は認められず、チョッパーと大形スクレイパーが発見された。

第Ⅲ文化層　　石器総数35点、礫23点。石器器種は両面加工の大形ポイントとチョッパー、大形幅広の剥片、石核がある。組成は単純で石材は砂岩、粘板岩、安山岩が主である。石刃技法はとくに認められない。

第Ⅳ－1文化層　　石器総数645点、礫70点。石器器種は両面・片面加工ポイント、ナイフ形石器、台形石器、削器、彫器、錐、石刃、剥片、石核など、豊富な器種を示し組成として完全である。ポイントは柳葉形の優美な片面加工例が盛行している。石材は黒曜石が主体をなし、安山岩、頁岩も使用されている。石核は調整打面のない礫面からの剥離も認められ、また剥離された良好な縦長剥片はすべて石器に加工されていた。

第Ⅳ－2文化層　　石器総数495点、礫1,063点。石器器種としてはⅣ－1文化層と同じである。ポイントは片面例のみで両面加工例は発見されていない。ナイフ形石器は石刃を折断して各種形態が存在する。石材は黒曜石が少なく、頁岩、黒色安山岩、ホルンフェルスが主になる。

第Ⅳ－3a文化層　　石器総数409点、礫1,228点。石器器種はⅣ－2文化層と似ているが、ナイフ形石器に打瘤部を基部とした例と、剥片を横に使用した例が目立つ。片面加工ポイント、台形石器は粗雑で初期的様相を示す。石材はチャートが主になる。

第Ⅳ－3b文化層　　石器総数288点、礫2,529点。石器器種はⅣ－3a文化層と似ているが、ポイントの出土がない。ナイフ形石器はほとんどが素材の一部に刃潰し加工を施したもので素材の変化は少ない。錐に特徴的な例があり、スクレイパーが多く存在する。石材は頁岩、安山岩が多く、黒曜石は少ない。

第Ⅳ－4文化層　　石器総数303点、礫313点。石器器種はナイフ形石器、スクレイパー、錐、彫器、磨石、台石、礫器など各種が存在する。台形石器は発見されず、ナイフ形石器の中には瀬戸内地方の国府型ナイフと呼ばれるものに酷似した例もある。石材は黒曜石が少なく、チャート、頁岩、安山岩、ホルンフェルス、砂岩が主体である。石核は整った石刃石核がなく、礫の先端から交互に剥離した礫器状を呈したものが目立つ。自ずと剥片も幅広、横長例が多くなり、こうした不定形剥片を利用した石器が製作されている。

第Ⅴ文化層　　石器総数53点、礫34点。石器器種はスクレイパー、石刃、礫器、磨石と少

ない。石刃は本格的な大型例で、道具として使用した痕跡が認められる。石材はチャート、黒曜石、頁岩、ホルンフェルスである。

　第Ⅵ文化層　　石器総数3点。石器器種はスクレイパーのみである。すべて黒曜石で製作されている。

　第Ⅶ文化層　　石器総数58点、礫109点。石器器種はスクレイパー、彫器、礫器と少ない。かなり整った石刃が存在する。また礫の節理面で割れた直線的な鋭い刃部を、チョッパーのように使用した痕跡のある石器は注目される。石材はチャート、流紋岩、ホルンフェルス、安山岩であり、黒曜石は出土していない。剥片はやや寸詰まった例が目立つが、立派な石刃も存在していることから、石刃技法が確立している時期であることが理解される。

　第Ⅷ文化層　　石器総数5点、礫0点。石器器種はスクレイパーと剥片のみであるが、縦長剥片もある。石材はチャート、砂岩である。

4　石器群の様相

(1)　特定石器の消長

　各文化層の石器は、器種組成の変遷上興味ある事実を提供した。まずポイント、台形石器、ナイフ形石器のあり方である。

　ポイントは第Ⅳ―3a文化層に初期的な片面加工例が登場し、Ⅳ-2を経てⅣ-1で両面加工例が追加され非常な発達が認められる。そして第Ⅲ文化層には大形両面加工ポイントが存在するが、この段階のポイントは第Ⅳ文化層の小形ポイント群とは時期、系統を異にしたものである。ゆえにこの両者間には時間的、文化的なギャップが看取される。

　台形石器はナイフ形石器と刃潰し整形石器として同種であるが、素材の使い方がまったく異なり区別される (Oda 1969)。つまり、台形石器は素材を横形に使い先端と基部に、第一次剥離の鋭い刃部を残し、ナイフ形石器は縦長剥片を選び先端に尖状の刃部を形成するとともに、急斜な刃潰し加工で基部を整える。両者は一組成内において通常相伴っているが、厳密には台形石器はナイフ形石器にやや遅れⅣ-3bに初めて出現している。そして、Ⅳ-3a、Ⅳ-2と進むにつれ台形化を促し、小形化と定形化を進めⅣ-1で盛行するが、その後、ナイフ形石器の消失とともに姿を消している。ナイフ形石器はⅣ-4にいきなり完成品が出現し、Ⅳ-3b、Ⅳ-3aと素材を生かした比較的背の厚い類が存続し、Ⅳ-2で折断技法による小形品が顕著になる。ナイフ形石器はこのⅣ-2が形態、製作技法において発達のピークらしく、Ⅳ-1では素材の合理的利用化と結び、剥片の形状をいかした優美な柳葉形に変化している。そして、第Ⅲ文化層になると台形石器とともに姿を消す。

　このポイント、台形石器、ナイフ形石器の関係は、野川遺跡を見る限りでは順次出現し、有機的に結びついているのである。つまり、この三者は刺突具として機能的にも近接し、発展の過程でより充実した組成へと器種を増やしていったと理解される。

彫器、錐、スクレイパーはむしろ生活用具として、安定した出土量と普遍化を見せる。同じ生活用具である礫器は、第Ⅴ・Ⅶ文化層や第Ⅲ文化層のように、台形石器、ナイフ形石器の伴出しない時期に盛行する傾向を示し、生活内容と何か関わりが有りそうである。

(2) 石器製作技術の変化

 明らかに初期の第Ⅶ～Ⅴ文化層の段階には、整った石刃技法が基盤にあるようだが、しかし、石核は整った「石刃核」を成さず、多方面からの剥離を特徴としている。剥片は概して横広が多いが、立派な石刃も存在する。中でもⅤの文化層には著しい。この石刃技法もⅣ-4になると様子が異なってくる。石核は礫器を想起させるような礫の一端からの打割を普通とし、多くの剥片は横広となる。この傾向はⅣ-3b、Ⅳ-3aと続くが順次剥離痕を一端部に集中させる所謂石刃技法が盛行し始める。剥片は真正の石刃に対し逆三角形であるが、見事な例が打割されている。Ⅳ-2は石刃技法の盛行の時期で打面調整の行き届いた石刃（ブレード）が多出する。Ⅳ-1は原産地の遠い黒曜石を利用しているせいか、Ⅳ-2のような残核を留めていない。剥離も有効に行われ、打面調整を少なく剥離された良好な剥片は、すべてトゥールとなっている。第Ⅲ文化層は、素材、技法ともに異系統の石器群であった。

(3) 石材利用の傾向

 石材は岩石学者の経験的な肉眼鑑定で、約22種類の岩石が使用されていることが判明している。これら大半の石材は、遺跡周辺には産出しないものである。つまり、それは特定の産地からここまで運ばれたものである。黒曜石については、鈴木正男のフィション・トラック分析から、静岡・神奈川県境の箱根産と長野県の信州産が知られている。時期的には箱根産が第Ⅳ～Ⅴ文化層までの古い段階に利用され、信州産はⅣ-4から箱根産に混ざり、順次量的に優位を占めていくのである。
 その他のチャート、流紋岩、頁岩、ホルンフェルスは神奈川県の相模川、丹沢山に産出する。チャートはⅣ-3aに、流紋岩は第Ⅷ・Ⅶ文化層に、頁岩はⅣ-2に主に盛行している。Ⅳ-1は90％が黒曜石で占められる特徴的段階である。
 各文化層を通じ器種と石材の関係は、それほど限定的ではなく、各文化層に支配的な石材をそれぞれ利用していたのである。

(4) 3つの石器群の流れ

 野川遺跡の10枚の文化層は大きく3つの流れの石器群としてとらえられる。
 第1はスクレイパー、礫器に特徴を示し、彫器を伴う組成の単純な第Ⅷ～Ⅴ文化層までの時期であり、石刃技法に立脚するが、剥離された剥片は一般に寸詰まりや横広が多い。また整った石刃も存在する。剥離痕は一定の方向性を持たず、多方面からの剥離が行われたと推定される。剥片はそれ自体トゥールに使用されたのか、刃部に細かな加工による刃が作出されナイフ的に利

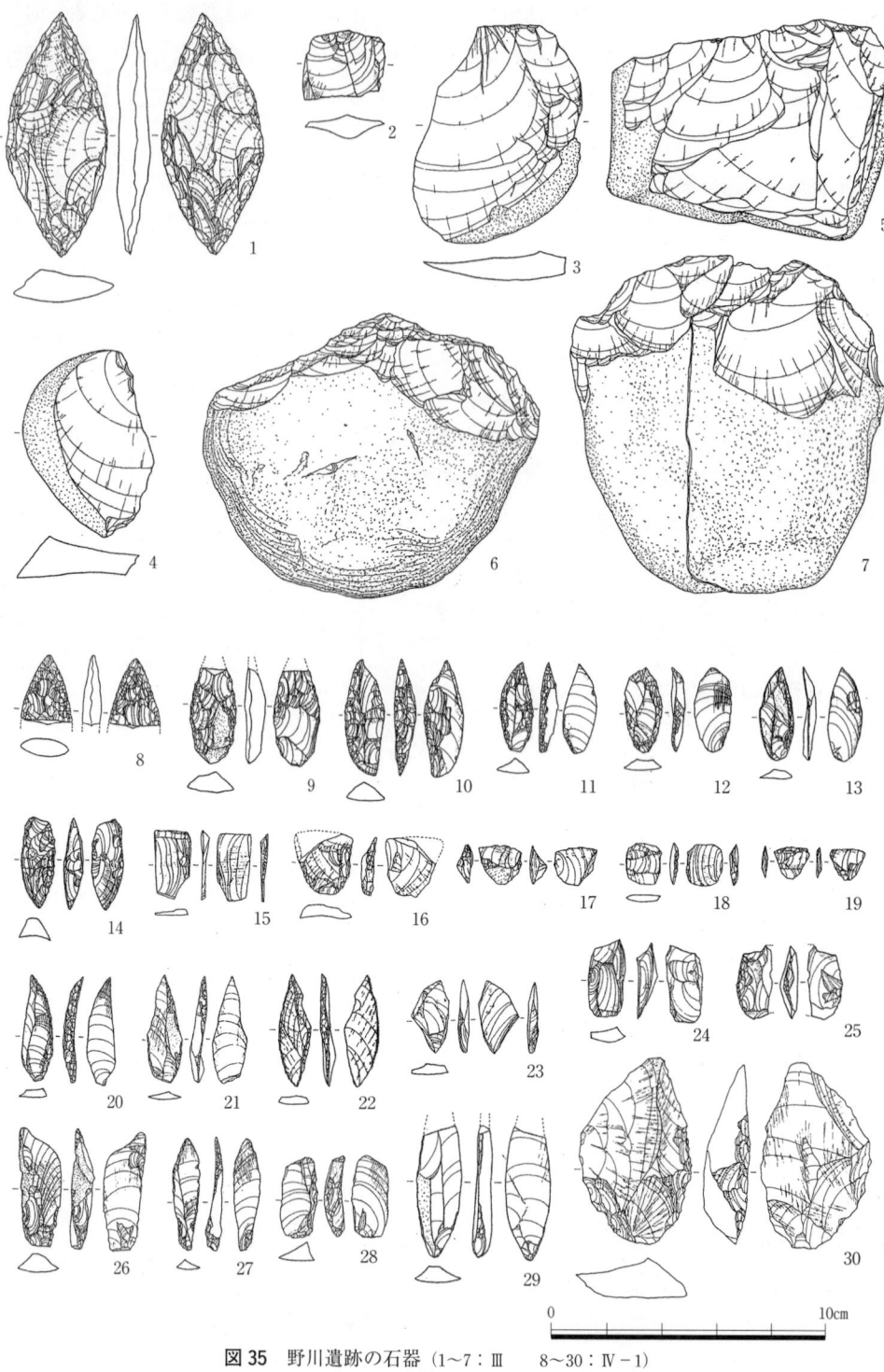

図35 野川遺跡の石器 (1〜7：Ⅲ　8〜30：Ⅳ-1)

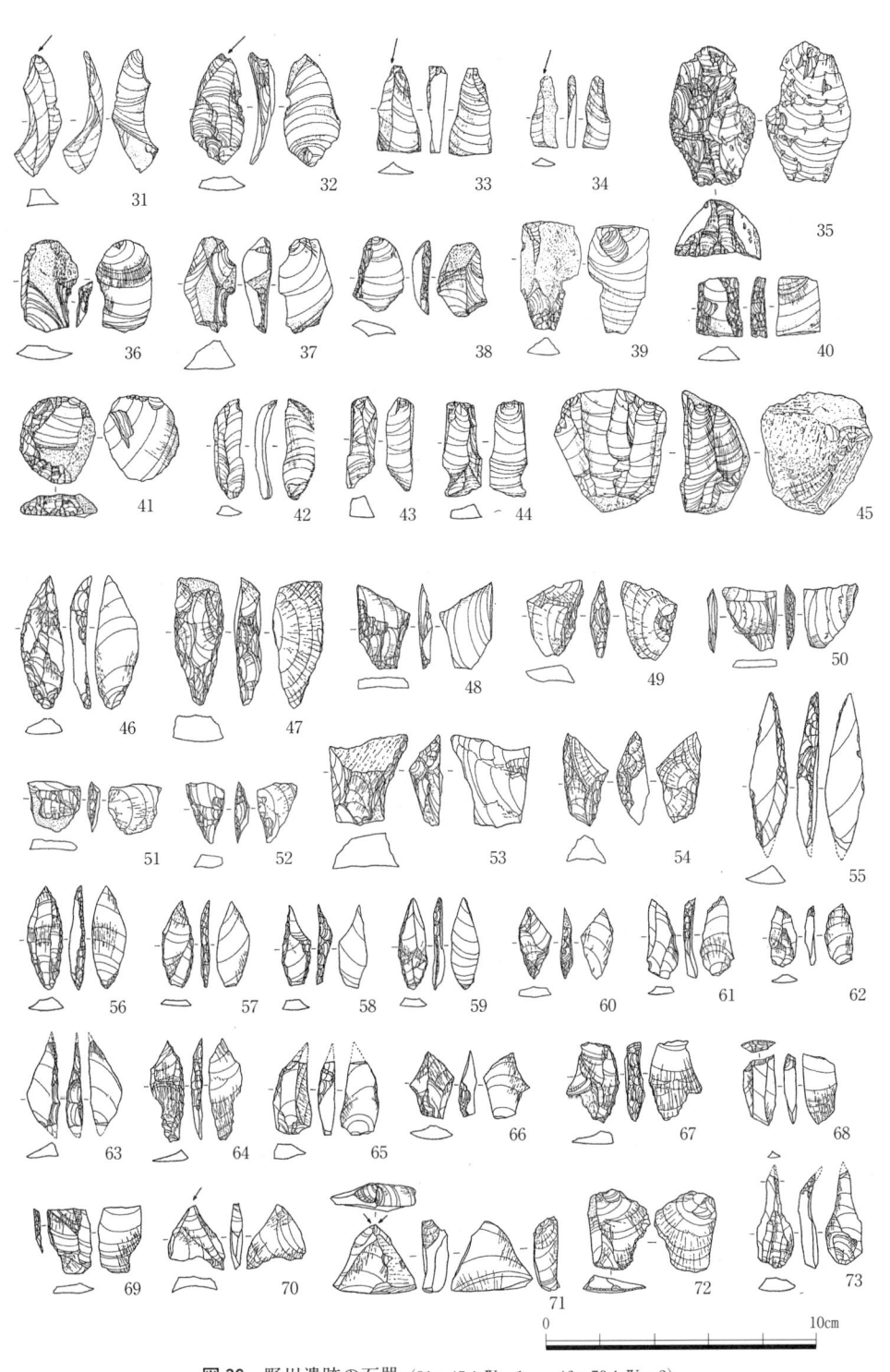

図36 野川遺跡の石器 (31〜45：Ⅳ-1　46〜73：Ⅳ-2)

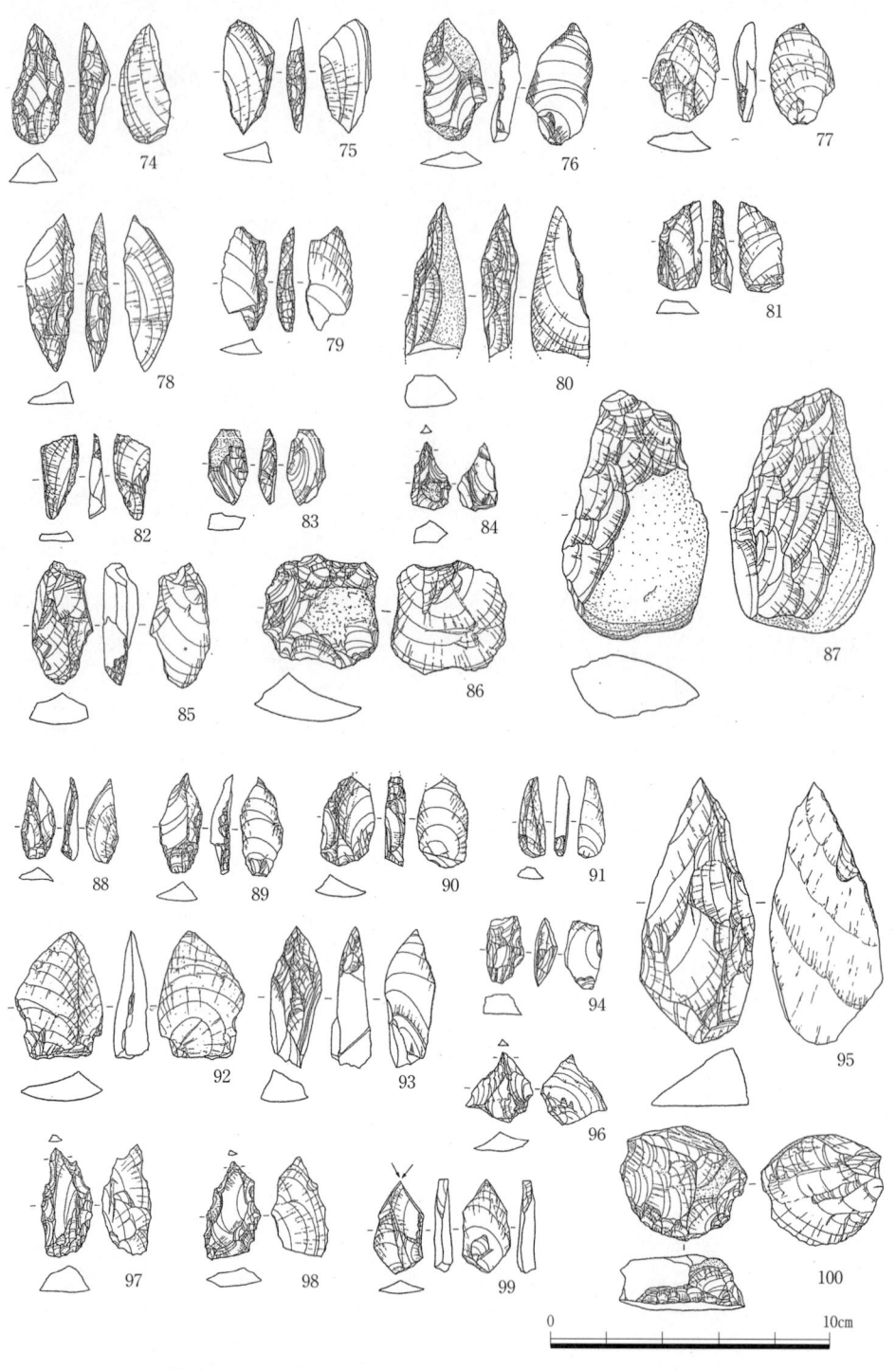

図37　野川遺跡の石器（74〜87：Ⅳ-3a　88〜100：Ⅳ-3b）

2. 野川遺跡　131

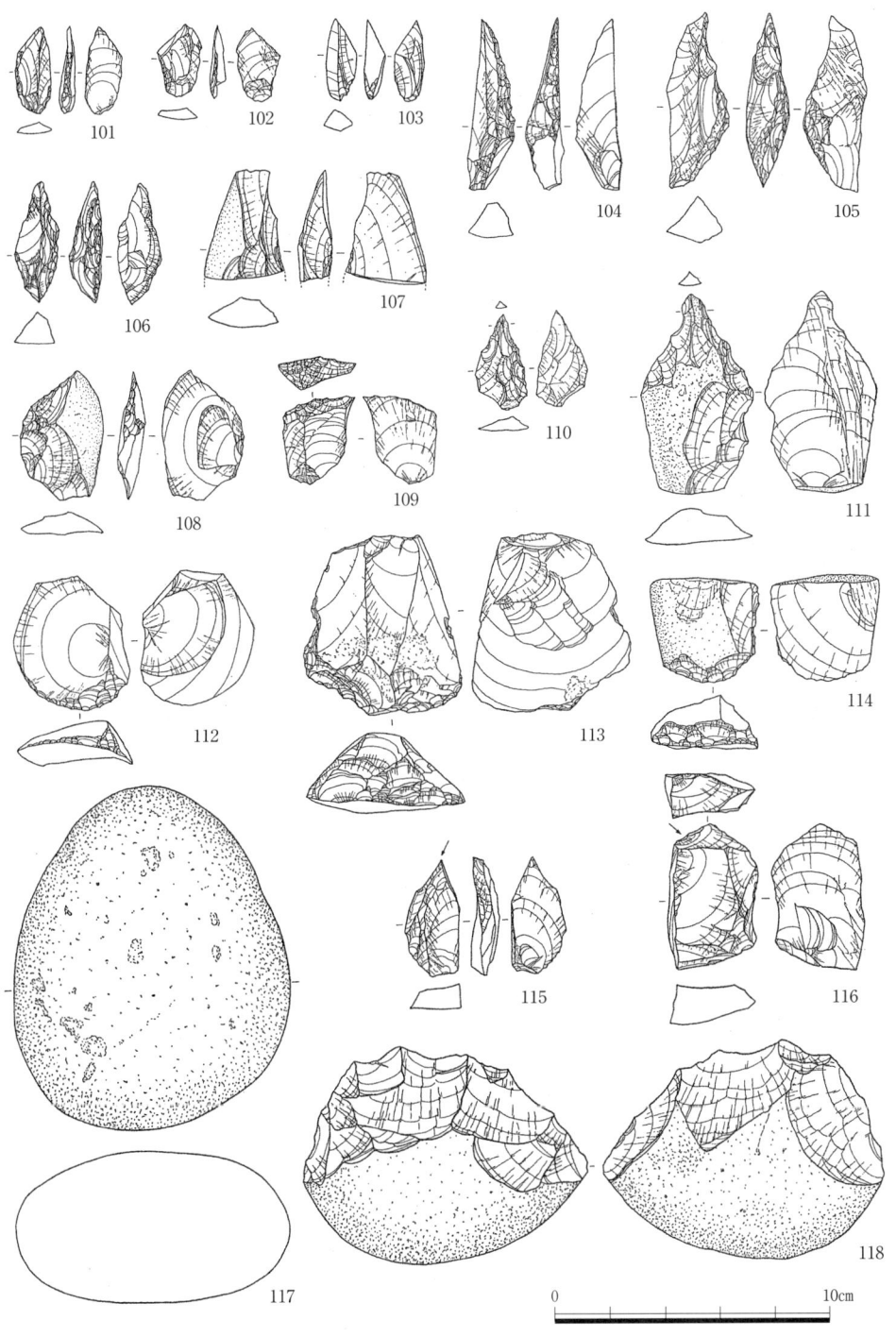

図38　野川遺跡の石器（101〜118：Ⅳ-4）

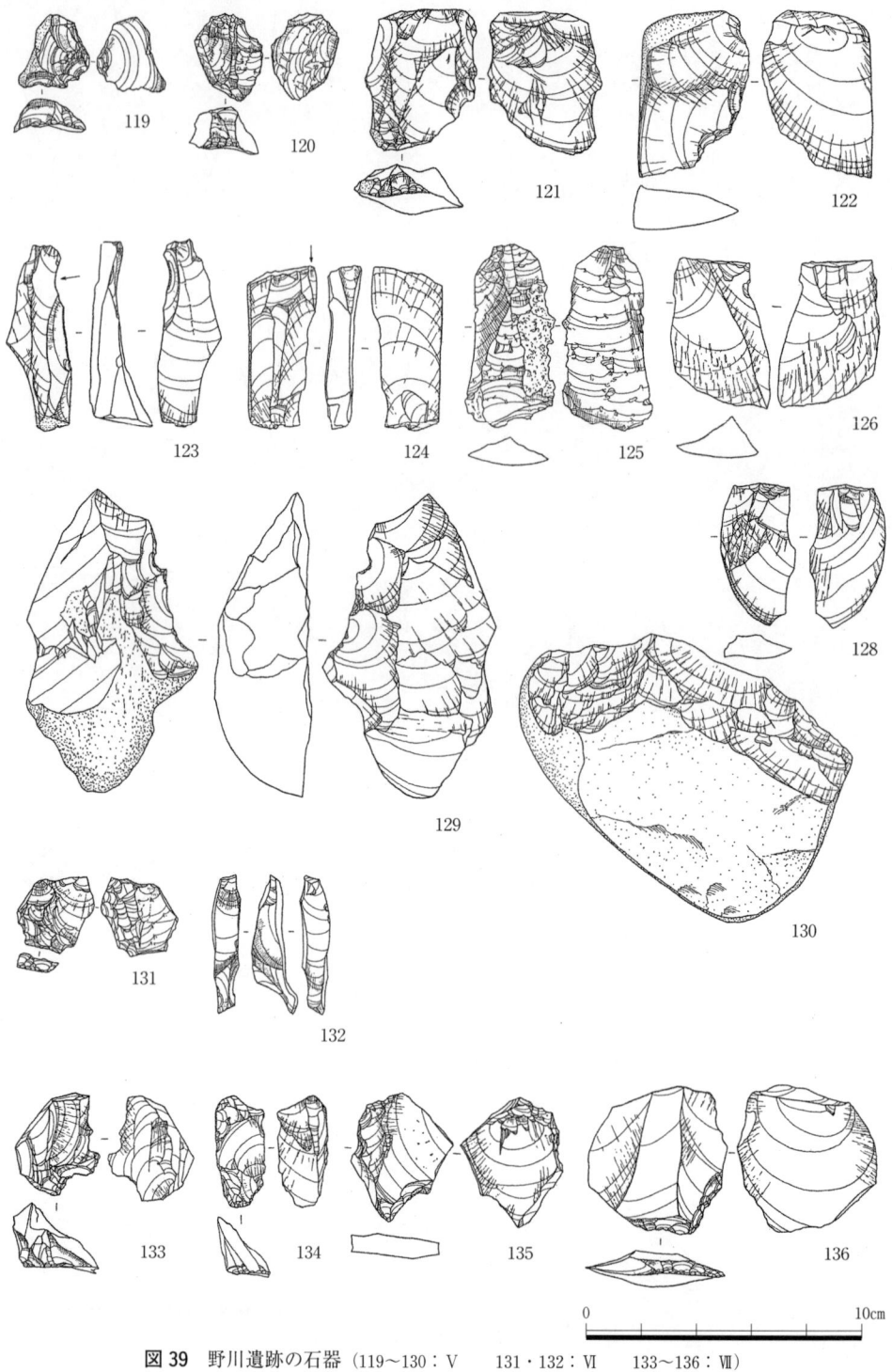

図 39　野川遺跡の石器　(119〜130：V　　131・132：VI　　133〜136：VII)

2. 野川遺跡　133

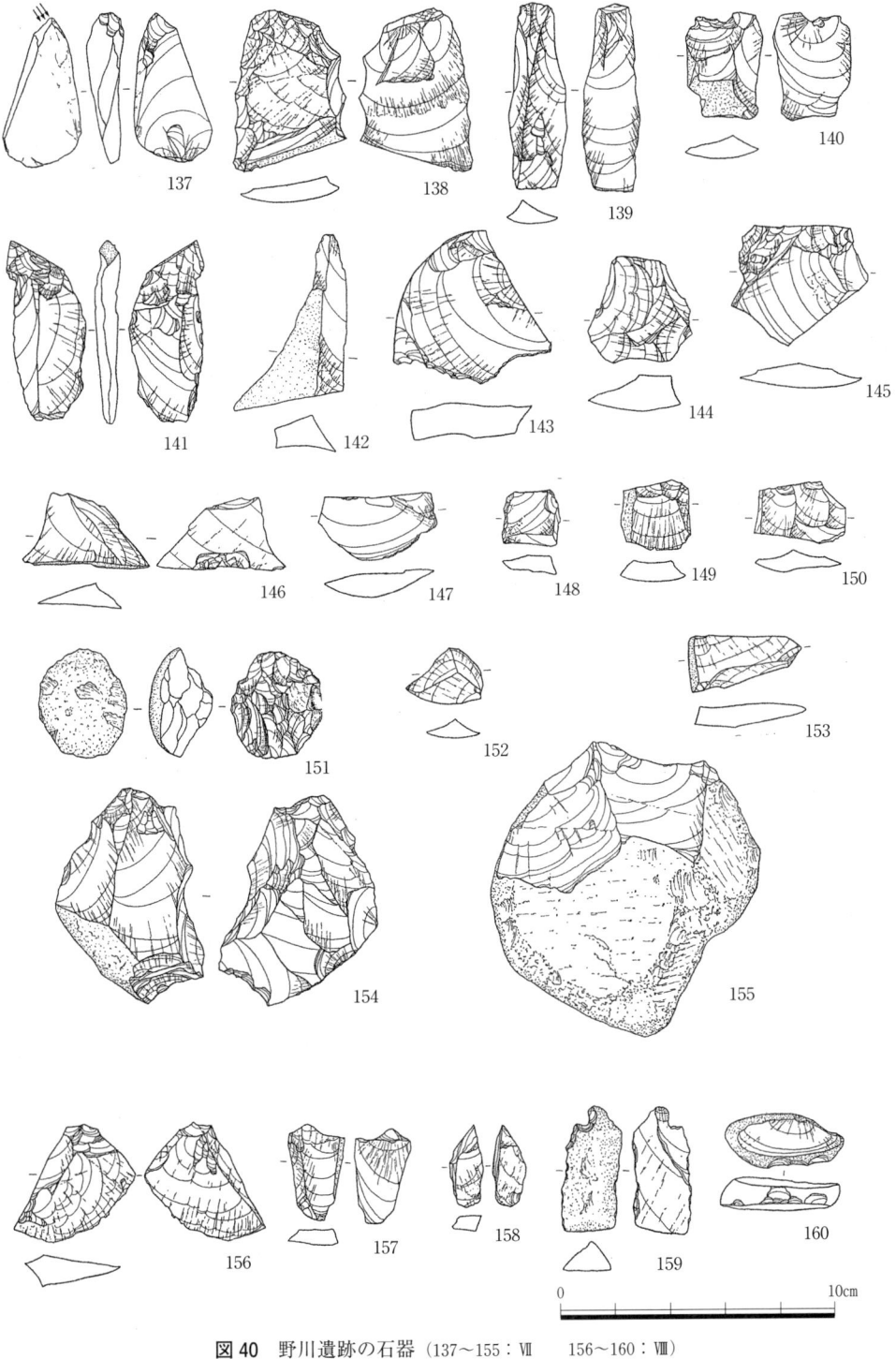

図40　野川遺跡の石器（137〜155：Ⅶ　156〜160：Ⅷ）

用されたらしい。剥片を折り取り、折れ口を刃として使用する「クセ」は注目したい。黒曜石が第VIII・VII文化層に皆無というのも特徴になろう。

　第2はナイフ形石器の出現に始まる。ナイフ形石器はその初期から完成した姿で存在し、全体的に背部の厚い類に特徴がある。新しくなるにしたがい素材の変形も著しくなり、組成上台形石器、ポイントを伴出していく。石刃技法はこの段階の初期に混乱があり、自然礫をいきなり礫器の刃部作出のように打割しているため、自づと剥片も横広例が盛行している。この傾向はIV-3bに続くがIV-3aでは再び整った形の石刃核の萌芽がある。石刃技法はIV-2に盛行し石刃も多く剥離され、整った石刃を使用したナイフ形石器が作られている。IV-1になると石核は徹底的に剥離され潰される。石刃は概して細身で、反りの少ない優美な類で、そのほとんどはトゥールに加工されている。現在、日本列島で発見される「ナイフ形石器文化」は、第2の時期に対比される。このことは、野川遺跡で発見されるナイフ形石器の型式が、他地域で発見されているすべての型式を網羅していることが首肯されよう。

　第3は大形の両面加工ポイント、礫器に特徴を持つ大形石器群で、素材、技法、石材ともに2とは直接に繋がらない。がどちらかといえば縄文時代草創期の石器群に続くようである。野川遺跡ではこのすぐ上部に隆起線文土器と有舌尖頭器の文化層が認められ、時間的にも接近するのではないかと考えられる。なお、この第3と2との間には「細石刃文化」が介在してくると思われるが、残念なことに本遺跡ではこの時期の文化層を確認できなかった。

　こうした3つの流れは、それぞれの時期にこの遺跡に来住した旧石器時代人の文化系統の相違を表すものか、あるいは内部的な技術的変化を示すものかという点は、今後充分に検討して行かねばならない問題であろう。

5　礫群と配石

　各文化層には、石器・剥片類の他に多数の自然礫が発見され、それらは拳大の礫が密集するもの（以下「礫群」と呼ぶ）と、幼児の頭大の礫が点在するもの（以下「配石」と呼ぶ）の2種に大別できる。礫群は立体的に盛りあげられたもの、平面的に群集するもの、ややまばらに広がるなどの状態が区別されている。これら礫群や配石は石器群の平面的分布とともに文化層決定に重要な目安となっている。ただ同一文化層内の石器・剥片類と礫群や配石の出土状態において、通常石器類が礫群・配石両者の水平位置面から、約5cm程浮き上がって発見される傾向を示すことは注目される。このような出土状態は、神奈川県月見野遺跡群（月見野遺跡群調査団編1969）、東京都比丘尼橋遺跡（安孫子1971）でも観察されている。これは、礫群より軽い石器類が、霜柱等の自然現象によって持ちあげられたのではないかと考えられている。

（1）礫　　群

　礫群はIV-4に始まり、IV-3b、IV-3a、IV-2、IV-1まで連続して存在し、IIIに1例発

見された。すなわちナイフ形石器に表徴される野川Ⅱ期全般に盛行している。

A．礫群の型式

礫群は概して直径1～2mの範囲内にまとまり、

　ⅰ）20個前後の礫で一群を成すもの ——Ａ型
　ⅱ）50～70個前後の礫で一群をなすもの ——Ｂ型
　ⅲ）50個分の約2倍、3倍……約ｎ倍の礫からなるもの ——Ｂ型、2Ｂ型、3Ｂ型……nＢ型
　　　（n＜6）

などがある。これでは、Ｂ型が数量的にはＡ型の約2倍量となっているので、むしろＡ型を基本としてＡ型、2Ａ(Ｂ)型、4Ａ(2Ｂ)型、6Ａ(3Ｂ)型……2nＡ型（野川においてはn＜6である）ととらえることも可能である。ただ礫群の実体としては、Ｂ型を加えて2つを基本型として把握して置きたい。また、20個前後の礫で構成されるＡ型は、礫群の機能が発揮されるための最小限の単位であると解される。また、普通には2単位が一括（Ｂ型）して用に供される場合がきわめて多かったことをも示唆していると理解したい。なお、3Ｂ……6Ｂ型は、その規模が通常型のＢ型の集合したものである。この場合、一定の占有面積は依然として変わらず、礫の数量の増加分だけ立体に積み上げられた状態を呈している。

B．各文化層の礫群

野川Ⅱ期の第Ⅰ段階Ⅳ-4に初めて礫群が登場した時点では、Ａ型が9群、Ｂ型が3群発見されている。Ⅳ-3ｂではＡ型が9群、2Ｂ型3群、3Ｂ型2群、4Ｂ型2群と俄然盛行する。引き続きⅣ-3ａにはＡ型が12群、Ｂ型11群、2Ｂ型1群、4Ｂ型1群と多数例がある。Ⅳ-2になるとやや減少し、Ａ型が8群、Ｂ型4群、2Ｂ型1群、6Ｂ型2群である。次いでⅣ-1ではＢ型以上の規模は姿を消して、Ａ型のみ5群となる。そして礫群の最終段階のⅢでは、Ａ型のみ1群になっている。

これらの礫群は、各文化層において発掘区域内の西方から西南に偏在しており、石器群の密集地点がこれと対照的に東方から東北方（舌状台地先端部）を占有している状態はきわめて注目に値するものである。さらにこれらの礫群は、特定の石器群と密接に関係するものはほとんど指摘されず、むしろおのおのの礫群は石器群とは独立的存在であることを示唆している。なお、これは礫群がしばしば石器をほとんど伴わずに発見される場合のある（岡本・松沢 1965）ことを考え合わせると、その蓋然性は一層強まってくるといえよう。すなわち礫群に表徴される行動のパターンには、石器の使用はほとんど関与しないということが推定されるのである。

C．礫のX—Ray diffractometer 分析

礫群の礫は、台地基層に堆積する立川・武蔵野礫層中から持ち込まれた砂岩、チャートなどである。野川を挟んだ遺跡対岸の国分寺崖線に露出する武蔵野礫層中から容易に獲得できる。礫の大きさ、石材の種類も良く合致する。ところが、礫群の礫はすべて表面が赤化しており、自然礫層中のものとは相異なる外観を呈している。これについては、ローム層によって表面が酸化した結果であるとか、あるいは熱を受けているせいであるなど、いろいろ憶測されてきたが、いずれ

とも決し難いことであった。こうした状況の中、アメリカでX—Raydiffractometer 分析法によって、「矢柄研磨器」が矢柄の矯正のため熱を受けていることを実証した論文に接し（Isabera 1970）、同じ方法で礫が熱を受けているか否かを確かめられることを知り、ただちに、黒曜石の原産地推定を鈴木正男が実験を行った。実験は、

 i) 礫群の礫と武蔵野礫層から採取した礫群の礫と同種の自然礫を用意した
 ii) X—Raydiffractometer 分析を両方の礫に行った
 iii) その結果両者のX—Raydiffractometer のパターンに明確な差異が現れた
 iv) 礫群の礫のX—Raydiffractometer のパターンは整列し、ある種の鉱物が熱を受けて遷移点を越えた特徴を示していた
 v) 次に自然礫を600度C以上に加熱した時のX—Raydiffractometer のパターンは不整列から整列に変わり、礫群の礫のパターンに一致した
 vi) この実験の結果、礫群の礫は少なくとも600度C以上の火熱を受けていること

が証明された。なおこれに関連して、礫群中に割れた礫を多量に含むこと、礫の表面が部分的にはじけて剝落したものがあることなど、火熱の影響によって被った被害の結果として、合理的に理解できるようになった。

　　　　D．礫表面のタール状付着物

　礫群の礫の中に黒いタール状の付着物のあるものが注目された。これはかつて、彩色した「彩礫」と解釈されたことがあった（直良・杉山1957）。その外観は現在、東京都五日市町のある石焼山菜料理屋で使用している礫の表面に認められる付着物ときわめてよく似ている。五日市町の例は肉の脂とともに、その他種々の材料を焼いたさいに炭素が礫表面に染みついたものである。これは礫がX—Raydiffractometer 分析によって600度C以上に熱せられている事実と重ね合わせてみると、礫群は元来料理用ではなかったとも推察できるのである。

（2）配　　石

　配石は礫群の出現する野川II期にはなく、野川I期と野川III期に存在する。それはちょうどナイフ形石器の出現以前の段階（野川I期）と、ナイフ形石器の消滅以後の段階（野川III期）に該当する。この両者が相補的である点が注意されよう。

　この種の配石は全国的に広く発見され、石器製造址の証拠と見なされたり（芹沢1955）、あるいは生活居住の中心部などと雑駁に考えられてきた。しかし、配石が石器製造の工程において、いかなる機能を分担していたかという確証は得られていない。また、生活の中心部といっても、その具体的な内容については触れられたこともないのである。

　野川遺跡では第V・III文化層の配石中にはおのおの2点と4点のまな板状の台石が含まれていた。台石には平滑面および敲打面が認められ、敲石、磨石とともに厨房用品と推定されることから、台石（植物粉砕具）を保有している配石は、いわば厨房的な場として解されることもあろう。これは明らかに料理用と推定される礫群のあり方と配石が相補的であるという事実に照合し

て、一応の納得をしておきたい。ちなみに配石中の礫のあるものには、礫群の礫におけると同様の火熱による赤化が認められた。

6　セツルメント・パターン把握のために

野川遺跡のセツルメント・パターンについては、調査員の小山修三と C.T.Keally によって詳しく研究されている（『野川遺跡調査概報1971』所収、小山・．Keally：12-16）。本内容は、それを基礎にして新たにまとめたものである。

(1) ユニット

各文化層における遺物は、舌状台地上に平均的に万遍なく出土するというのではなく、通常一定の小範囲からまとまって発見される。まとまりの範囲が広い場合と狭い場合があるが、大雑把にみると直径7、6、5、4mに入るものが多く、直径8mがこれに次ぐ。直径3mと9mはさらに少なくなり、おのおの3例と2例がある。

遺物が一定の範囲内から集中的に出土することについて、とくに意識的に留意したものには古く新潟県貝坂遺跡（中村・小林1959）の報告がある。次いで同県・神山遺跡（芹沢・中村他1959）は、おのおのの石器群を明快に分離把握した。しかしながら、その後、遺物がある限られた小範囲からまとまって出土することについては注意されながらも、それを具体的に分析、研究することは行われなかった。遺跡における特定の石器および石器群のあり方は、もともと過去の生活、行動の結果である。したがって、ある一定の行動型がその結果として、あわよくば、ある特定の石器または石器群を一定の状態で残存しているのではないかという可能性も仮定し得る。

このような観点からの具体的な接近の方法としては、
　ⅰ) 一定の小範囲からまとまって出土するという状態を1つのユニットとしてとらえる
　ⅱ) 各々のユニットから特定のパターンを抽象し概念化する
　ⅲ) それらのパターンおよびパターン相互のあり方から、次にそのようなパターンとして限定し、規制した所の行動のパターンを解明しようとするものである

野川遺跡10文化層にみられる石器群には、下記のユニット・パターンがある。
　① A型—石器の種類が豊富な（その文化層に発見される全種類の半数以上を保有するもの）ユニットで、通常遺物量も多くいろいろな行動型が集中的に行われたか、長期間にわたる継続を示唆する場。
　② B型—石器の種類が単純な（その文化に発見される全種類の3分の1以下のもの）ユニットで、限られた特定の行動とのみ関連するか、短期間の継続を示唆する場
　③ C型—定形的な石器がなく、石核とか剥片が卓越するユニットで、石器製造址であり、製品が持ち込まれた場
　④ D型—敲石、磨石、台石などが、とくに厨房具と考えられる石器も保有するユニット

で、炉の近くに接するものがある
⑤ E型—石器の種類が単純で、剥片、石核などが大量にあるユニットで、剥片同志あるいは石核に剥片が接合する例がある。特定の器種の製作場、埼玉県砂川遺跡（戸沢 1968）にこの代表例がある。このE型の拡大的な場として、いくつかの種類の石器製作場（E'型）もある
⑥ F型—石器や剥片など、遺物が数点以下あるいは単独にあるユニットで、特定の行動に関連するか、または特定の行動と直接の関わり合いを持たず、ある行動の過程で偶然脱落したもの
⑦ その他

（2） 各文化層のセツルメント・パターン

　野川遺跡は舌状台地上に占拠せる人間集団の生活舞台として、10層にわたる生活面（文化層）が確認された。ここではその各文化層におけるセツルメントのパターンを、先述のユニットの型を通して見ていこう。なお本項目については小山修三、C.T.keally が主に担当し、諸外国のセツルメント・アーケオロジーの最新成果が多く盛り込まれている（野川遺跡調査会編1971）。
　　　　第Ⅷ文化層
　出土遺物総数5点で、内容はスクレイパー2点と剥片類である。遺物分布のあり方はユニットE型。野川遺跡に訪れた最初の人びとである。この第Ⅷ層は立川ロームの第Ⅱ黒色帯の上半部（第Ⅶ層、黒色帯Ⅱa）と下半部（第Ⅸ層、黒色帯Ⅱb）の中間に認められた新しい間層であることはすでに述べた。土壌学者によると、黒色帯の成因は、ススキ、ササのような草本科植物の繁茂による珪酸体の色調や火山灰の休止期による地表植物の腐食化などが考えられる。とすると、この時期には黒色化が起らない環境の変化、たとえば火山灰の降灰量が多く、植生が貧弱な時期になった等が推察される。
　この頃、対岸の一段高い武蔵野段丘上にはすでに旧石器人が生活しており、この低い立川段丘上は生活環境が安定していなかったということは、洪水などによる自然堆積小礫である「イモ石」が、この層あたりから順次増加することによって確かめられる。
　こうした事実から、この文化層は武蔵野段丘上に生活していた旧石器人が、見下ろせる野川べりに集まる小動物や川魚を捕獲するため、やや高台であったこの野川遺跡で短時間の活動を行った場所と解釈することも可能である。
　　　　第Ⅶ文化層
　出土遺物総数58点で、石器の種類は5種。4つのユニットは配石を伴いながらたがいに接して存在する。ユニット1、2は隣接し、器種豊富で台石、敲石をおのおのに保有するユニットD型。これらの南と西に接してユニットF型がくる。D型2つが舌状部先端に張り出す恰好で、F型がその両袖に位置し、各ユニットが囲むかたちで空白広場を形成している。
　この第Ⅶ層は立川ロームの第Ⅱ黒色帯の上半部（黒色帯Ⅱa）で、一般的に下半部（黒色帯

2. 野川遺跡　*139*

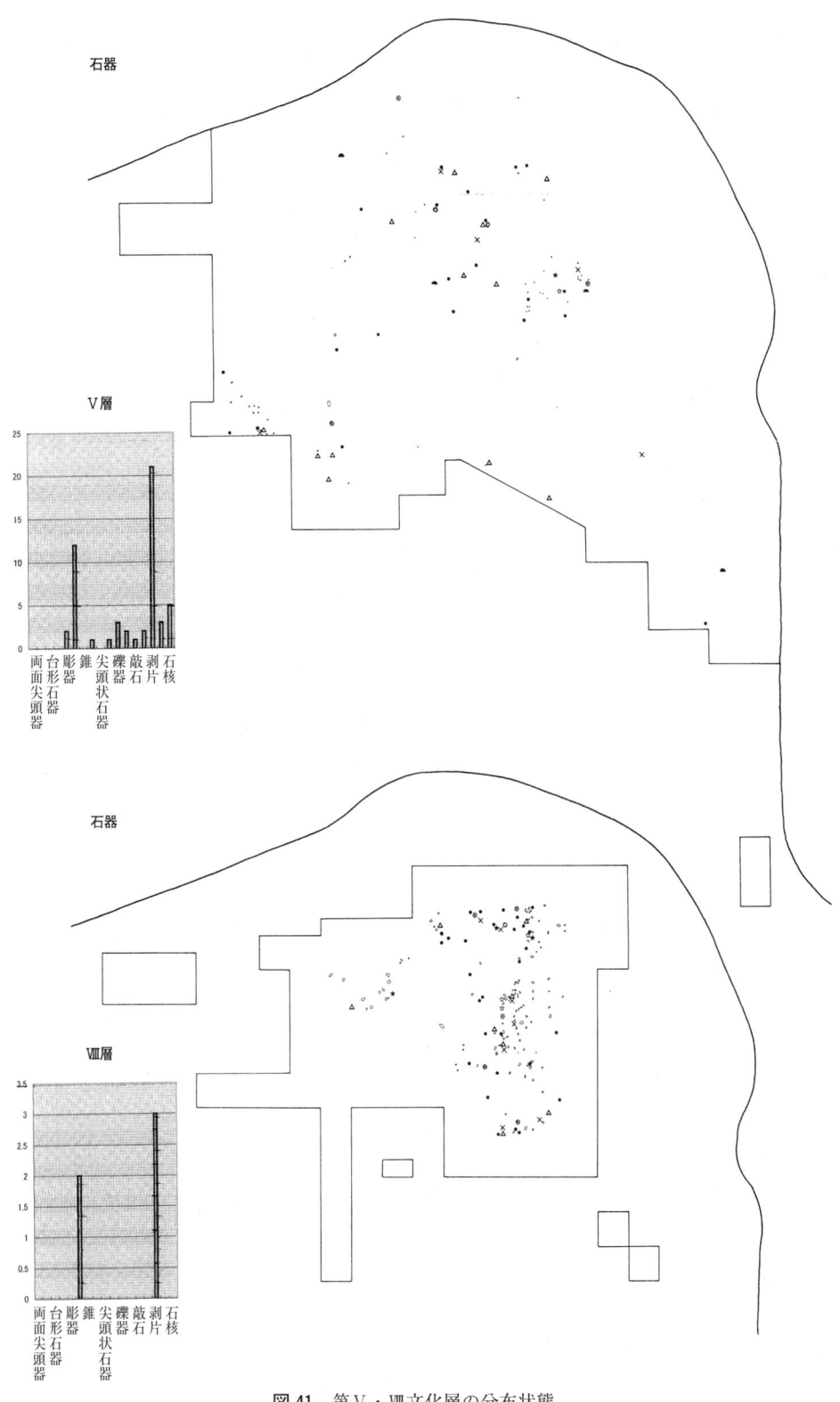

石器

V層

石器

Ⅷ層

図41 第Ⅴ・Ⅷ文化層の分布状態

IIb）に比べて黒味が薄く、遺跡数も下半部より少ないことが知られる。ユニット・タイプも厨房的、石器製作場的な単純な活動内容であり、この場所が恒常的な生活地ではないことが理解される。やはり、武蔵野段丘上の旧石器人の季節的な仕事場の可能性が大きい。

第Ⅵ文化層

出土遺物総数3点で、内容はスクレイパー2点と細片（砕片）類である。遺物分布のあり方はユニットＦ型。この第Ⅵ層下部には、「丹沢パミス」と呼ばれる火山ガラスが介在していた（町田1971）。この火山ガラスはバブル・ウォール型で、この後、町田洋と新井房夫による給源追及によって、鹿児島県姶良カルデラの噴出物（姶良Tn火山灰、AT、約21,000～22,000年前）であることが判明している（町田・新井1976）。

この姶良カルデラの巨大噴火は、南九州地方はもとより日本列島内の広い地域に、環境激変の証拠が指摘（町田1989、辻1993）され、旧石器文化にも多くの影響が認められている（小田1991、1993）。ちょうどこの第Ⅵ層文化は、姶良カルデラの噴火直後の時期に当たり、最終氷期の寒冷化が進行し、列島周辺の陸化が頂点になろうとしていた。植生が草原化していた武蔵野台地にも針葉樹林帯が進出し、おそらく動物相にも変化があったのであろう。たとえばナウマンゾウ、オオツノシカの絶滅が、この頃起きたらしいと言われている（春成1996）。

野川遺跡も第Ⅷ・Ⅶ文化層と、武蔵野段丘人の一時的な仕事場であったが、この噴火後の過酷な自然環境の到来で、さらに利用価値の少ない場所になったと考えられる。

第Ⅴ文化層

出土遺物総数53点で、8器種。遺物は台地上にまばらに散在し、ユニットとしては把握し難い。ただ台石1、敲石1、磨石2など厨房的な器種が顕著であることは注目される。

この第Ⅴ層は立川ロームの第Ⅰ黒色帯に相当し、色調は第Ⅱ黒色帯に比べて薄い。また最終氷期の最寒冷期（約20,000～18,000年前）に相当し、生活環境の変革期を迎えている。第Ⅵ文化層に続き、武蔵野台地の傾向としてやはり遺跡数は少ない。石器群様相も第Ⅷ～Ⅴ文化層までが一連のもので、この後の第Ⅳ―4文化層とはかなり異なっていることが知られている。

野川遺跡を一次的に利用してきた武蔵野段丘人の最終段階であり、この後温暖化が始まり、第Ⅳ層が厚く堆積する頃には立川段丘にも多数の旧石器集落が点在して行くのである。

第Ⅳ―4文化層

出土遺物総数303点で、8器種。ナイフ形石器が初めて登場する。10のユニットが舌状台地の縁辺のやや内側で、先端に張り出す弧状をなし帯状に展開する。このユニット帯の内側は広場を形成するが、広場の内部と南側および南西寄りのユニットには「礫群」が13群存在する。ユニット群のほぼ中央部には、大形炭化物片の集中する部分（炉と考えられる）が存在し、これを取り囲むユニット5はＡ型で、ここに本文化層における行動の中心があったと推定される。

また器種が豊富で、とくに磨石6点と錐5点の集中は特筆すべきである。さらにこのユニットの西に接して、ややまばらなユニットが南北に連なり、おのおの「磨石＋敲石」を6点と4点を含みナイフを持たない。なおこの他に敲石を含むユニット9がさらに南にあり、敲石や磨石をも

2. 野川遺跡　141

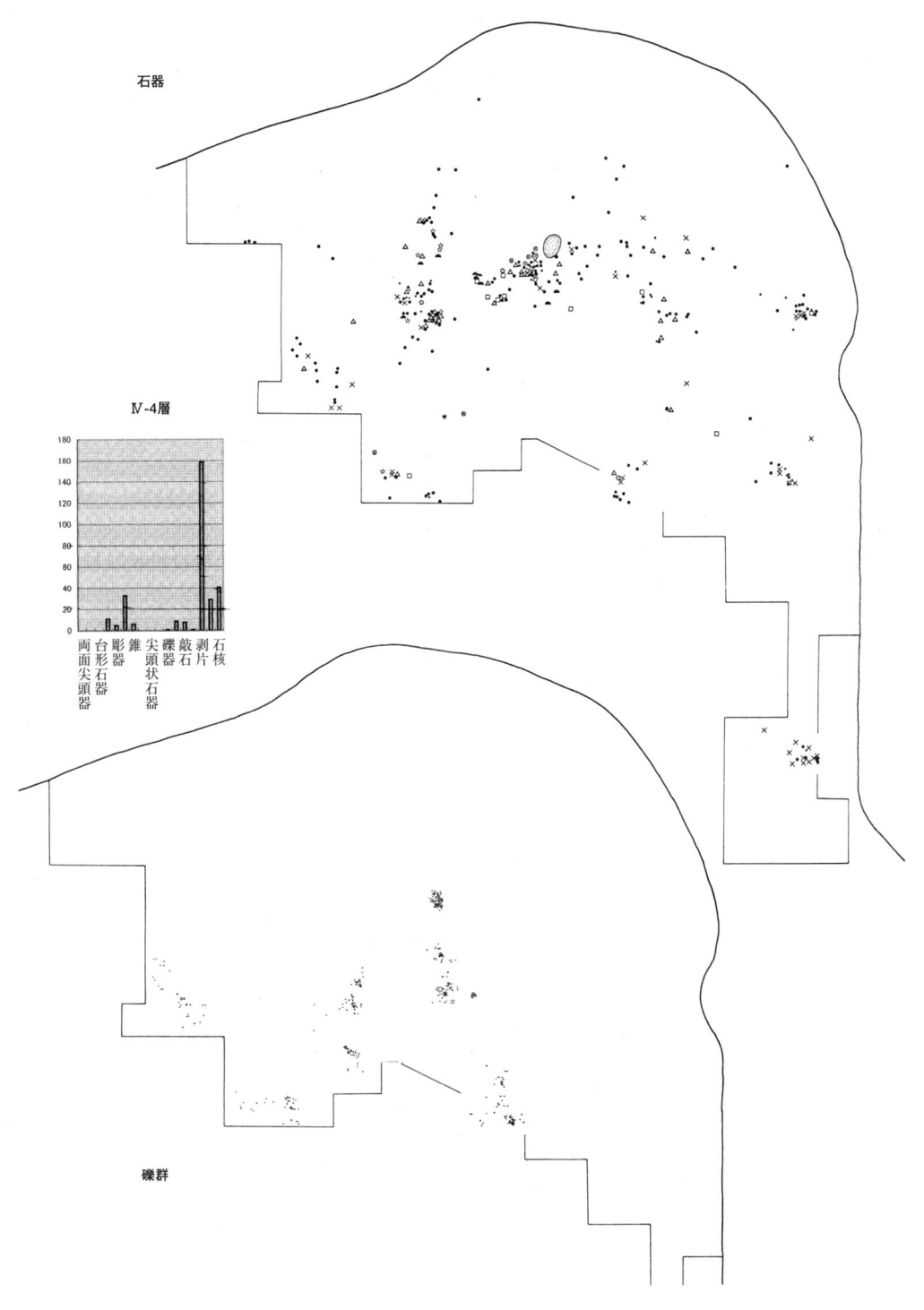

石器

IV-4層

礫群

図42　第IV-4文化層の分布状態

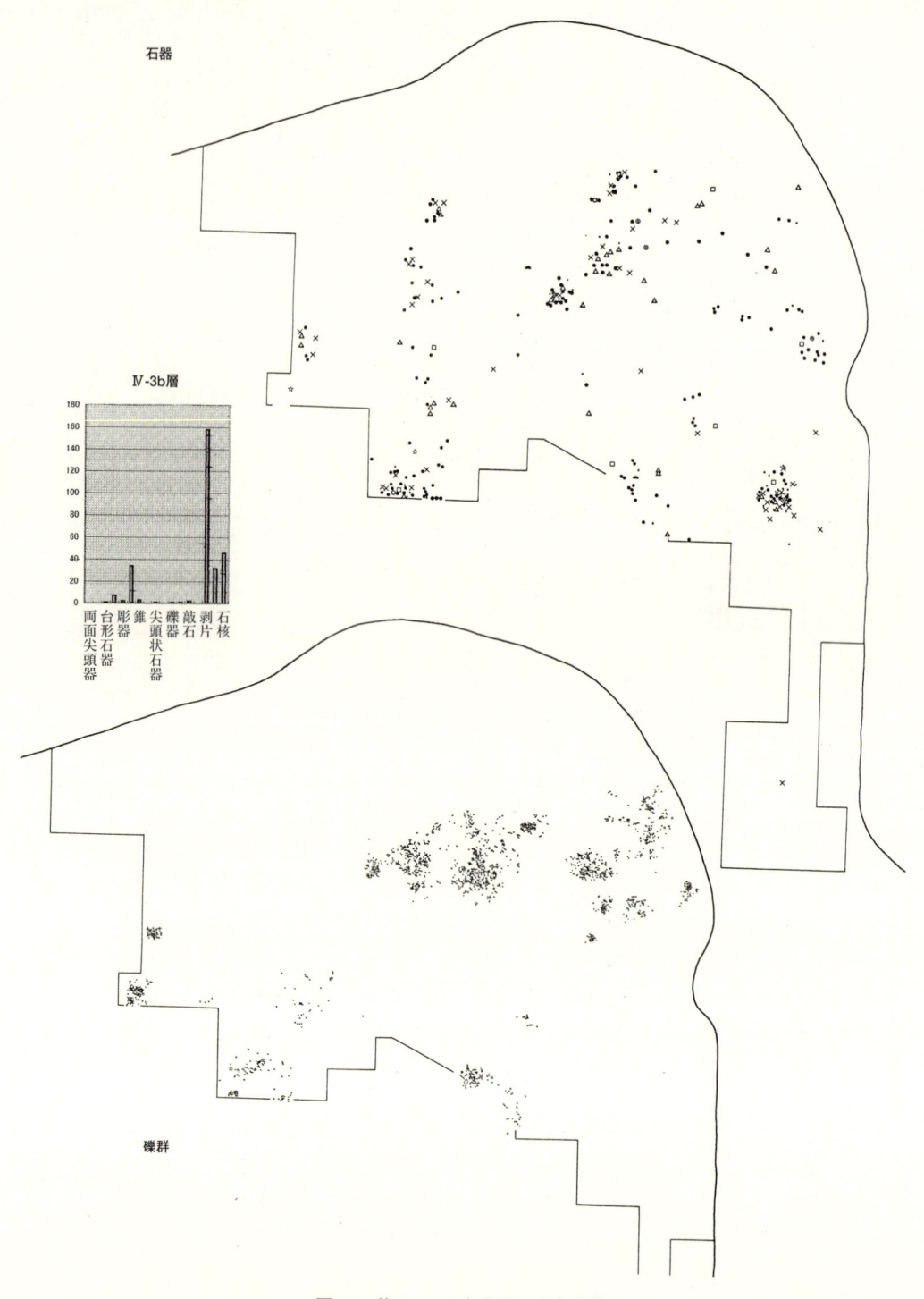

142　第2章　東京地方の遺跡調査

石器

Ⅳ-3b層

両面尖頭器
台形石器
彫器
錐形石器
尖頭状石器
礫器
敲石
剥片
石核

礫群

図43　第Ⅳ-3b文化層の分布状態

2．野川遺跡　143

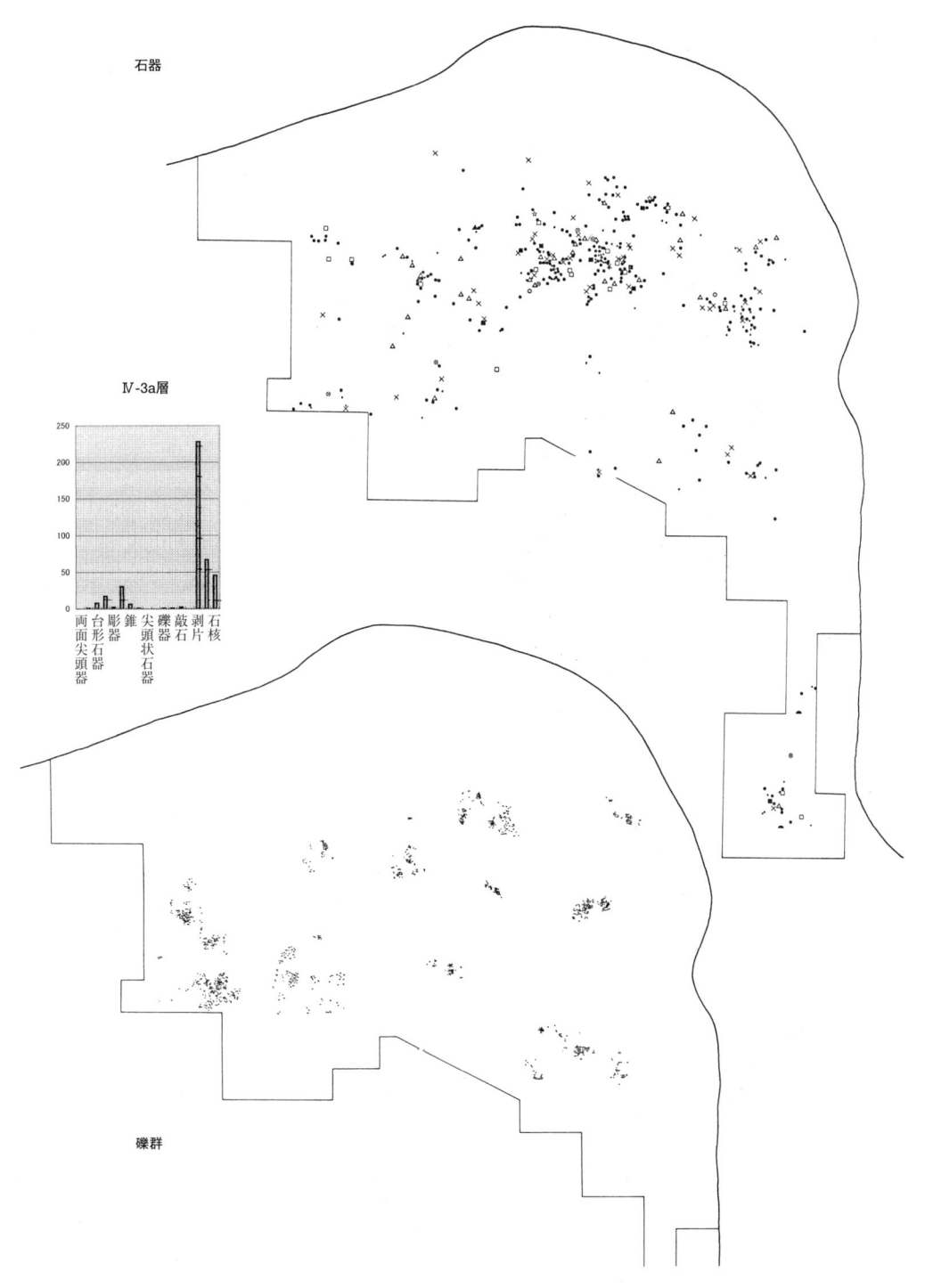

石器

Ⅳ-3a層

両面尖頭器
台形石器
彫器
錐器
尖頭状石器
礫器
敲石
剥片
石核

礫群

図44　第Ⅳ-3a文化層の分布状態

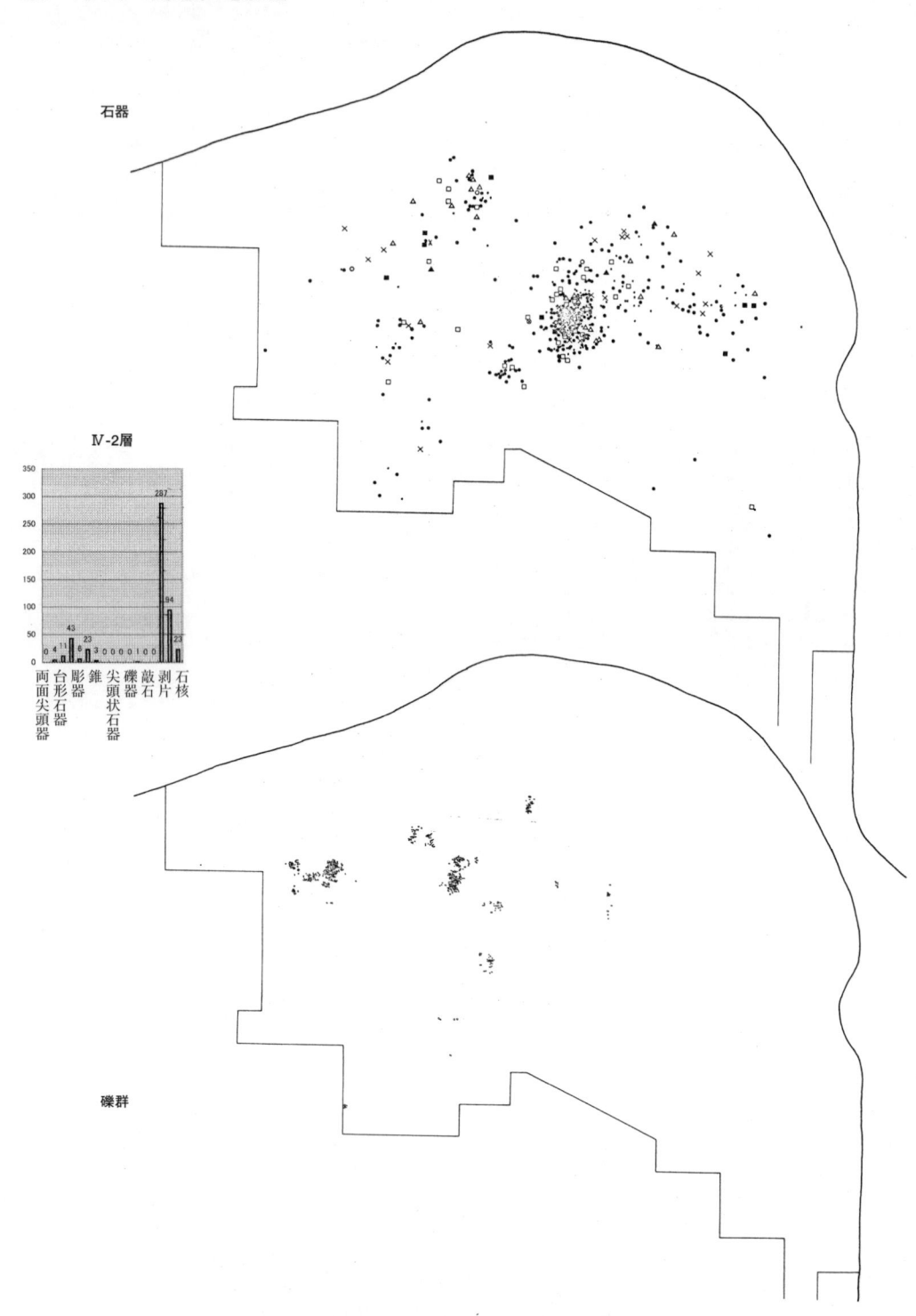

144 第2章 東京地方の遺跡調査

図45 第Ⅳ-2文化層の分布状態

つユニットのすべてがユニット帯の西方に偏しているが東にはない。また台地東縁に沿った南に離れて、石核10、剥片6だけを持ち石器製品のないユニットC型がある。第IV-4文化層は先行の第V文化層とユニットの展開の仕方、遺物量などにおいて連続的ではなく、急激な変化のあったことが理解される。

第IV-3b文化層

出土遺物総数208点で、9器種。12のユニットが発掘区域内に広く展開する。礫群は数と規模を増大させながら、台地の東北に張り出してくる。礫群と石器群ユニットの配置の中央には空白部広場が形成される。敲石と磨石またはそのいずれかを含むユニットD型の5、8、9は、おのおのの区域内の南および南西に位置しており、礫群と密接している。規模、ユニットのあり方など、第IV—4文化層からの比較的スムーズな動きと見なされる。

第IV-3a文化層

出土遺物総数409点で、10器種。12のユニットが先行のIV-3b文化層と同様な展開を示す。礫群の全体はやや西方へ移り、とくに石器群ユニットが東北寄りに集中するのと対照的である。この石器群ユニットの集中地点は、ほぼ遺物出土区域の中央部にあり、とくに3つのA型が隣接している点が注目される。この地点における3つのユニットA型集中の傾向はIV-3b文化層にもすでに認められ、本層を経て後続の第IV-2・IV-1文化層にも引き継がれてゆくのである。なお、台地東縁に沿った南に離れて存在するあり方は、第IV-3b文化層を超えた第IV—4文化層で展開されたパターンに合致する。この台地を占拠する集団のセツルメント・パターンがほぼ同じように続いていることを示唆するものである。

第IV-2文化層

出土遺物総数495点で、7器種。8つのユニットが展開する。中央部に器種豊富で、数量の多いA型ユニットが占めており、東に準A型外1群が連なり、3ユニット（1、2、3）が一群をなし、西方のまばらな4つのユニットB型と礫群が占有する区域に対して対照的な模様を描いている。これら東群と西群の南は空白部の広場を形成する。

第IV-1文化層

出土遺物総数643点で、9器種。7つのユニットがほとんど第IV-2文化層と同様のかたちで展開する。第IV-2文化層における1、2、3ユニットとまったく同位置に第IV-1文化層の1、2、3ユニットが位置し、いずれもポイントを特徴的に含むA型の3つの一群をなす、また西に初めて器種豊富で数量の多い典型的なユニットA型が1つ出現している。このA型には剥片の接合する例があり、礫群は依然として西に偏し、東にはまったく及んでいない。ここでもまた、西にのみ敲石と磨石など4つの厨房関係の石器が偏在する。

第III文化層

出土遺物総数35点で、6器種。6つのユニットが散在する。ほとんどがE型またはF型。台地の中央には炉をもつユニットD型があり、敲石を含む、厨房的行動を示唆している。西北のユニットは直径2m程の摺鉢状の浅い凹み、礫群に近接していてその中間から大形両面加工尖頭

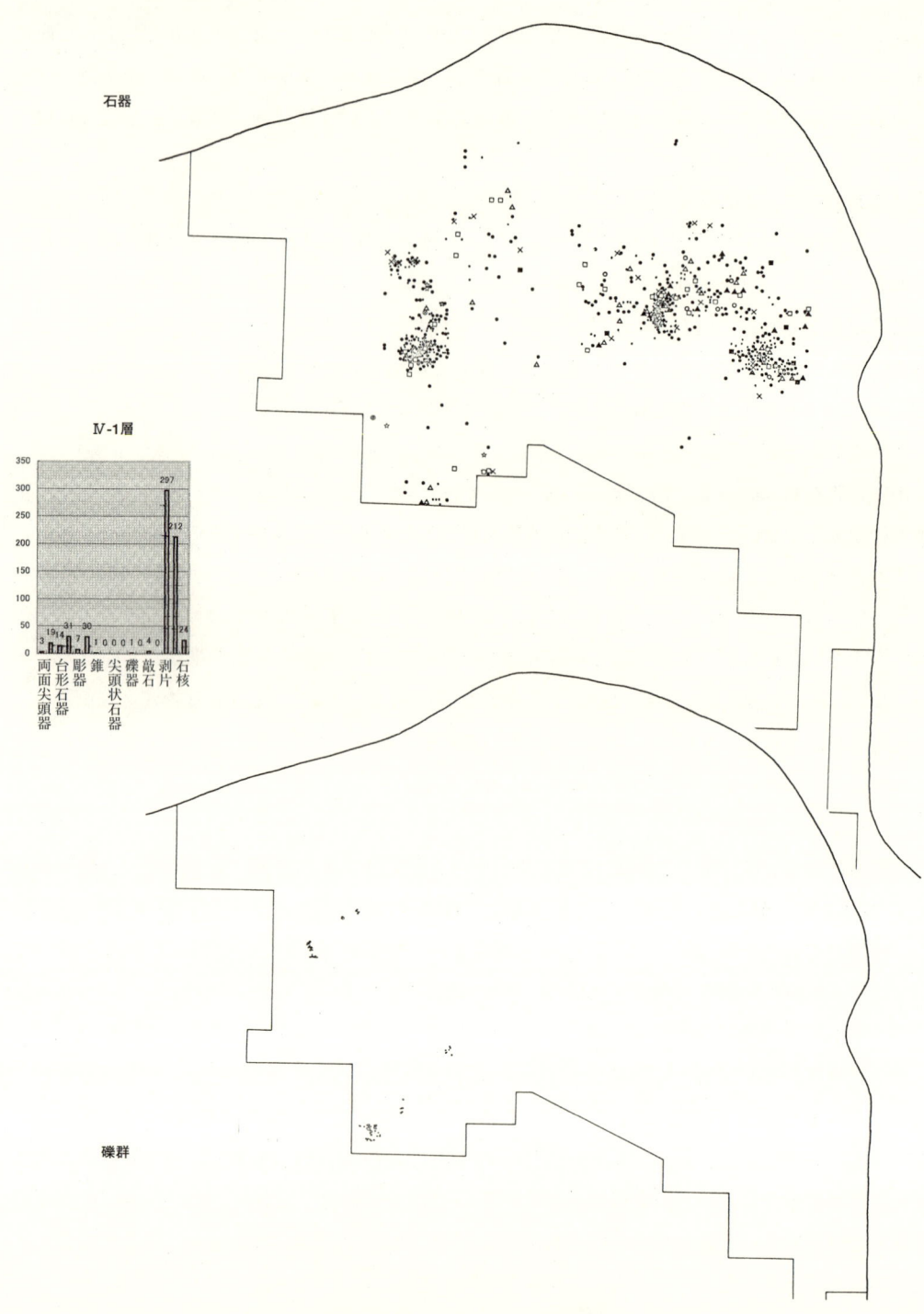

146 第2章 東京地方の遺跡調査

図46 第Ⅳ-1文化層の分布状態

2. 野川遺跡　147

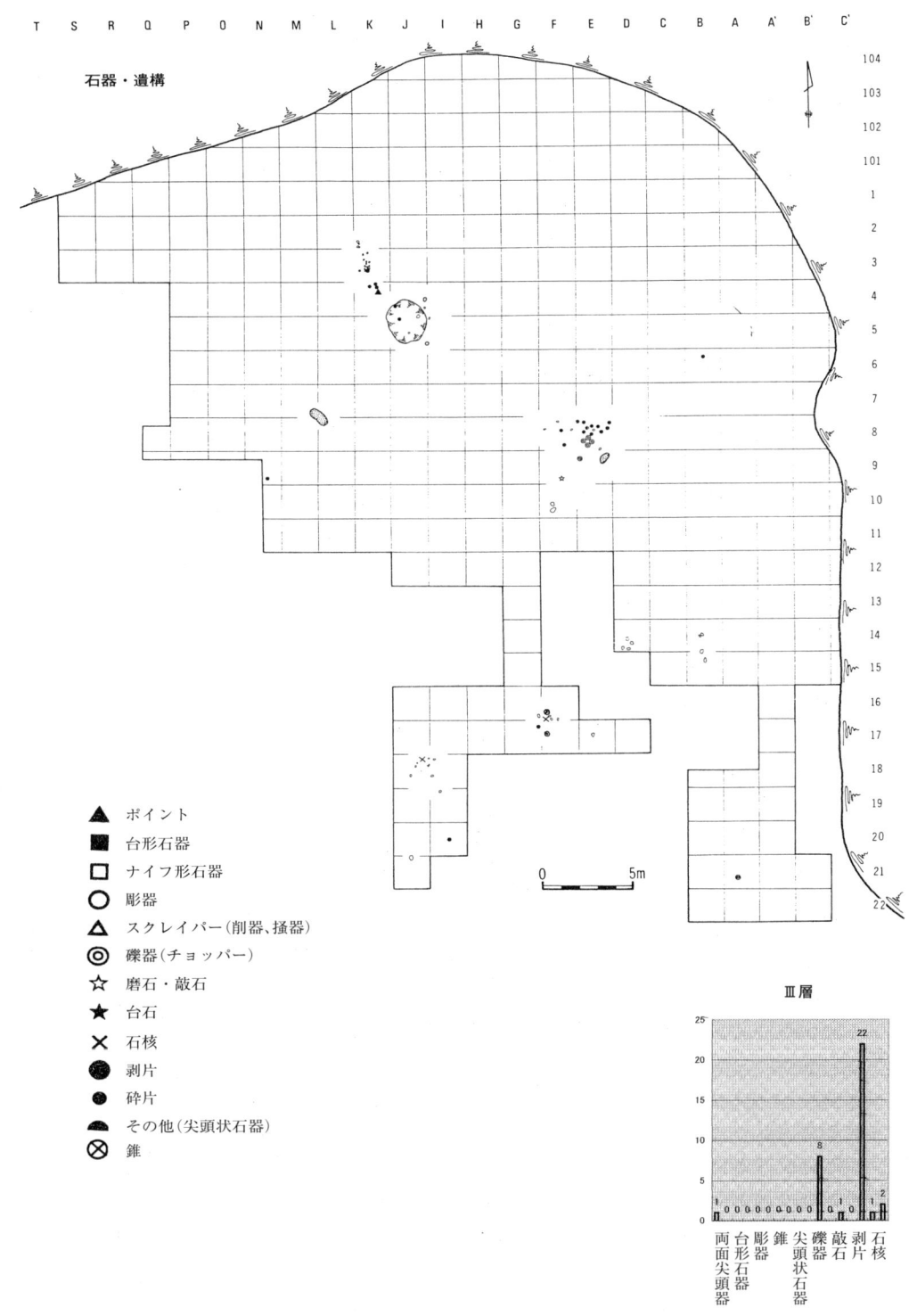

石器・遺構

▲ ポイント
■ 台形石器
□ ナイフ形石器
○ 彫器
△ スクレイパー（削器、掻器）
◎ 礫器（チョッパー）
☆ 磨石・敲石
★ 台石
× 石核
● 剥片
● 砕片
● その他（尖頭状石器）
⊗ 錐

Ⅲ層

図47　第Ⅲ文化層の分布状態

器と剥片が発見されている。

(3) 野川旧石器集落の動態

各文化層のセツルメント・パターンを概観する。

 i) 第Ⅷ文化層に初めて人間の集団が足跡を印した。ユニットF型を示し、これは、きわめて短時間か、限定的な行動の痕跡に過ぎない。

 ii) 第Ⅶ文化層になると厨房具を持つユニットD型をはじめ、4つのユニットによる安定したセツルメントを形成するが、次の第Ⅵ文化層では再びF型に戻り、漸次第Ⅴ文化層を経て第Ⅳ-4文化層の安定したセツルメントへと発展し、第Ⅳ-3b、Ⅳ-3a、Ⅳ-2、Ⅳ-1の各文化層に継続する。この第Ⅳ-4からⅣ-1文化層は、野川Ⅱ期のナイフ形石器発達の時期にあたる。次の野川Ⅲ期では遺物もまばらになり、ユニットも少なく、しかもA型を欠いている。

 iii) 舌状台地上においてユニットの展開には、大まかに見ると台地先端部に向いて、弧状に張り出す形をとることが注目される。その内側は、空間部広場を形成している。

 iv) 礫群と各遺物のユニットは殆ど重ならず、互いに独立的な傾向を示す。礫群は概して台地の西および西南に分布し、ユニット群の集中区域と背馳する。

 v) 敲石、磨石、台石などの厨房具的道具は、礫群の分布区域にやや偏在している傾向が認められる。

7　編年的位置づけ——全国編年への基礎的作業

(1) 野川Ⅰ・Ⅱ・Ⅲ期

野川遺跡で確認された10枚の旧石器時代文化層は、火山灰分析の結果すべて「立川ローム」層であることが判明した。加えて本遺跡に堆積しているローム層は、立川段丘上の発達としては稀にみる厚みを示し、層準区分の目安になる鍵層として4枚の黒色帯（0、Ⅰ、Ⅱa、Ⅱb）も確認された。文化層は自然層とよく一致し、ほぼ30cmの間隔を見せながら重複している。先述したように、野川遺跡の石器群は3つの流れに分けられ、これを自然層と関係づければ、第Ⅰ期は黒色帯Ⅱb、Ⅱaの間層から黒色帯Ⅰまで、第Ⅱ期は黒色帯Ⅰの上面から黒色帯0を経てソフトロームの境まで、第Ⅲ期はソフトローム中部となる。これら各文化層の年代は以上のローム層準、すなわち立川ローム層の年代そのものの中に位置づけられる。

野川遺跡で確認された石器組成、礫群、配石と石材の消長を、層準と関係づけて考察すると興味ある事実が判明してくる。つまり正層位学的上下関係による各種要素の変遷過程は、現在まで発見され編年されている日本の旧石器時代石器群の流れと、良く一致することがわかる。このことは、本遺跡各文化層を覆う立川ローム期の層準が、そのまま他地域の石器包含層と比較され得るものといえるのである。

（2） 他地域との比較
A．武蔵野台地

　武蔵野台地は昭和26年（1951）の板橋区茂呂遺跡発見（杉原・吉田・芹沢1959）に始まる比較的研究史の古い地域である。そのほとんどが武蔵野段丘上の遺跡で、立川段丘では野川遺跡が最初である。立川ロームは武蔵野面では薄く、文化層把握にも層位的重複関係を云々するにも困難であった。発掘された多くの石器群が型式学的研究のみによって、編年せざるを得なかった事情もこれに由来する。とはいうものの実際は、これまでにも層位的に重複する遺跡は少なからず存在したのである。これも野川遺跡の発掘において詳細な重複関係の把握に成功したことから、改めて他遺跡に対する再評価に繋がり、再発見したものである。

　現在までに、層位が確かめられている遺跡を文化層ごとにバラして、それぞれの数、石器組成、礫群の有無、石材を調べ層準に投影すると、野川遺跡と非常に類似した傾向が認められるのである。遺跡数はハードローム文化層Ⅱ（野川Ⅳ—2に対比）にもっとも多く、下層に行くにつれて減少し黒色帯Ⅱ下部で消失している。すべて立川ローム層中に留まり、武蔵野ローム層からは発見されることはない。すなわち、武蔵野段丘上の各遺跡における層準・性格はそのまま野川遺跡の様相に共通するものであった。

B．相模野台地

　相模野台地のローム層は武蔵野台地に比べ、層の厚さと細かさに特徴を持つ。町田洋によって4枚の黒色帯（0・Ⅰ・Ⅱ・Ⅲ）と1枚のスコリア層（S1S）が立川期に位置づけられている（町田1971）。ここで神奈川県月見野遺跡群（月見野遺跡群発掘調査団編1969）の資料を基に、層準に照らし遺跡数、石器組成、礫群、石材の消長を検証してみると、やはり武蔵野台地、野川遺跡と類似した結果が理解されよう。遺跡数もナイフ形石器使用期の中葉（相模野TcLBBⅡUpper）に極大値を示し、下層になると順次減少する。しかしここで問題になるのは、「武蔵野ローム」層にまでさかのぼって遺跡が位置づけられている事実である。武蔵野台地の様相から推しても、そこまでさかのぼり得ないのではないだろうか。とすると、層準の認識に誤りがあるのであろうか。町田洋（当時・東京都立大学）は相模野台地での立川、武蔵野ロームの境界は、相模野S1S直下の黒色帯Ⅲの中に認められる波状部をあげている。また月見野遺跡群調査団では、もう1枚下の黒色帯上面にもってきている。

　野川遺跡は鍵層として黒色帯が4枚（0・Ⅰ・Ⅱa・Ⅱb）確認されており、石器群様相として、黒色帯0は折断技法の顕著なナイフ形石器と片面加工ポイントが含まれる。黒色帯Ⅰにはポイント、台形石器、ナイフ形石器は姿を消し、石刃と礫器に特徴を示す。黒色帯Ⅱaはスクレイパーとやはり礫器に代表される。黒色帯Ⅱbもやや貧弱であるが、スクレイパー類が発見されている。こうした状況を相模野台地の石器群と黒色帯に関係づけて考察すれば、黒色帯0の文化（野川Ⅳ—2）は相模野TcLBBⅠ、黒色帯Ⅰ（野川Ⅴ）は相模野TcLBBⅢよりやや下層、黒色帯Ⅱa（野川Ⅶ）は相模野MLBBⅠより下層の文化に対比される。とすれば相模野台地のTcL－ML境界線

は、少なくとも現在考えられている部分より下降させなければならない。野川遺跡の黒曜石水和層、原産地推定を担当した鈴木正男の結果からも、上記の対比を肯定する成果が得られている（鈴木1971、鈴木・小野1971）。つまり相模野台地においても、武蔵野台地同様に旧石器時代の遺跡は、すべて「立川ローム」層中に発見されることになるのである。

　　C．北関東地方

　北関東地方は旧石器時代研究の発祥地でありながら、その後の遺跡数の増加は少ない。この地は軽石層（パミス）の発達が著しく、鍵層として文化層の対比にとって良い目安となっているが、ローム層は概して薄く、黒色帯の発達も悪いとされている。この地域のローム層は新井房夫によって、上部、中部、下部ローム層に区分されている（新井1971b）。上部ローム中の石器組成は、野川遺跡、武蔵野台地、相模野台地での傾向と一致するが、中部ロームのトップにある黒色帯中の石器群が問題になろう。群馬県武井遺跡第Ⅰ文化層（杉原1955）は台形石器、ナイフ形石器をもち、岩宿第Ⅰ文化層（杉原1956）はこの両者がなく、石刃、スクレイパー、斧形石器がある。一方、栃木県星野遺跡第Ⅳ文化層（林1969）は岩宿Ⅰに近い石器組成であるが、全体的に横幅の広い剥片をもち、岩宿例のような整った石刃は少ない。この3遺跡はともに同じ黒色帯中に発見されるが、石器群相互に相異が著しい。幸いなことに、野川遺跡ではこの3者が層位的関係でとらえられる。つまり、武井Ⅰは野川第Ⅳ-3bかⅣ-3a文化層、岩宿Ⅰは野川第Ⅴ文化層、星野Ⅳは野川第Ⅶないし Ⅷ 文化層に対比できる。層準でいえば武蔵野台地の立川ローム第Ⅰ黒色帯（TcLBBⅠ）から第Ⅱ黒色帯（TcLBBⅡ）に相当する。このことから、北関東地方では武蔵野台地で認められる2枚の黒色帯が1枚に圧縮されている可能性が出てきたのである。ちなみに岩宿遺跡B地点の現地セクションを観察すると、明らかに白味を帯びた部分が介在し、黒色帯が上下2枚に分離されるようであった。岩宿Ⅰ文化がこのB地点で黒色帯の最上部に発見され、また星野Ⅳ文化が黒色帯のより下部に出土した結果は、この事実を証明するものであろう。

　従来、北関東地方の上部ローム、中部ローム層と、南関東地方の立川ローム、武蔵野ローム層との関係があまり明確ではなく、両境界線の対比も難しいようであった。しかし、ここに石器群相互が野川遺跡の資料によって、より具体的対比の方向に進展した今日、考古学の側からこの解決を導き出す可能性が出てきた。つまり、中部ローム最上部の黒色帯は、包含されている石器群から、立川ローム第Ⅰ、Ⅱ黒色帯に対比されることが明確になった。その結果、TcL－ML境界線も自ずと鹿沼軽石層（KP）前後に見つけられねばならない。北関東地方の上記旧石器時代遺跡も、やはり立川ローム期の所産であった訳である。

8　黒曜石の原産地推定および水和層年代測定

　野川遺跡で確認された10枚の旧石器時代文化層出土の黒曜石製石器について、鈴木正男によって「原産地推定」と「水和層測定」が行われた（鈴木1971、Suzuki 1973）。

野川遺跡では、黒曜石は縄文時代の第Ⅱ層と、旧石器時代の第Ⅲ～Ⅵ文化層まで8枚の文化層から出土した。

(1) 黒曜石の先史人類・考古学における意義

日本の旧石器時代においては、早い時期には砂岩、チャート、頁岩、安山岩等が石材の中心となり使用されていた。黒曜石は産地を持つ地域でナイフ形石器の出現とともに急速に利用されている。黒曜石は北海道、本州中部、九州に集中した原産地がある。こうした限られた場所にあるすぐれた石材を求めて、人類は石材獲得活動を開始し、さらに広域な交易を刺激・促進したと考えられる。黒曜石の交易ルートや交易圏の実態を探り、その交易の時間的推移を知ることは重要である。自然のいかなる作用においても運搬されない産地と遠隔の遺跡間では、黒曜石の存在は人為作用の証拠である。このことを公理にして、次のような事柄が考えられる。

 i) 人の交流を促進した黒曜石の交易
 ii) 初源的な広域にわたる交易の形態
 iii) 黒曜石交易の時間的推移
 iv) 旧石器時代から縄文時代への移行期に、黒曜石交易に見られる変化
 v) 産地による黒曜石の石質、石器の型式、交易ルートの相互関係
 vi) 広域にわたる交易とコミュニケーション、石器製作技術との関係

こうした多くの問題を解明する方法として、黒曜石の理化学的分析である「原産地推定」と「水和層測定」は基礎的なデータとして重要である。

(2) フィッション・トラック法による原産地推定

この方法は、まず原産地の黒曜石を多数採取して、フィッション・トラック法 (Suzuki 1970) によって産地を確定し、遺跡出土の黒曜石製石器を、同じ方法で測定し産地を同定する。以下に、その結果を示す (Suzuki 1973)。

 第Ⅱ層(縄文時代早期)　13点の分析資料の内訳は、箱根産0点、上多賀10点、神津島0点、霧ケ峰3点、和田峠0点、不明0点。

 第Ⅲ文化層　2点の分析資料の内訳は、箱根産0点、上多賀0点、神津島0点、霧ケ峰0点、和田峠2点、不明0点。

 第Ⅳ-1文化層　77点の分析資料の内訳は、箱根産10点、上多賀6点、神津島7点、霧ケ峰37点、和田峠17点、不明0点。

 第Ⅳ-2文化層　22点の分析資料の内訳は、箱根産2点、上多賀0点、神津島0点、霧ケ峰19点、和田峠4点、不明0点。

 第Ⅳ-3a文化層　31点の分析資料の内訳は、箱根産1点、上多賀6点、神津島6点、霧ケ峰14点、和田峠3点、不明1点。

 第Ⅳ-3b文化層　7点の分析資料の内訳は、箱根産2点、上多賀1点、神津島1点、霧ケ

峰1点、和田峠2点、不明0点。

第Ⅳ-4文化層　　18点の分析資料の内訳は、箱根産4点、上多賀8点、神津島0点、霧ケ峰5点、和田峠0点、不明1点。

第Ⅴ文化層　　9点の分析資料の内訳は、箱根産8点、上多賀0点、神津島0点、霧ケ峰1点、和田峠0点、不明0点。

第Ⅵ文化層　　1点の分析資料の内訳は、箱根産0点、上多賀1点、神津島0点、霧ケ峰0点、和田峠0点、不明0点。

（3）水和層による年代測定

この方法は、まずフィッション・トラック法によって産地を決定した遺跡出土の黒曜石石器を、産地毎の水和速度線に沿って試料を測定し、厚さを計測し年代を推定する方法である。以下に、その結果を示す（Suzuki 1973）。

第Ⅱ層（縄文時代早期）　…8,400±1,000 y.B.P.
第Ⅲ文化層　……………9,500±100 y.B.P.
第Ⅳ—1文化層　…………14,000±400 y.B.P.
第Ⅳ—2文化層　…………14,700±400 y.B.P.
第Ⅳ—3a文化層…………15,100±400 y.B.P.
第Ⅳ—3b文化層…………17,700 y.B.P.
第Ⅳ—4文化層　…………18,200±300 y.B.P.
第Ⅴ文化層　……………18,500±1,450 y.B.P.
第Ⅵ文化層　……………21,600 y.B.P.

（4）総合所見

本遺跡の黒曜石分析によって、次のような黒曜石利用の実態が解明された。

　　ⅰ）早い時期には箱根系が主体となる（～約16,000年前）
　　ⅱ）しだいに信州系が主体となる（約16,000～12,000年前）
　　ⅲ）縄文早期には再び箱根系が主体となる（約12,000年前～）

とすると、日本列島の初期旧石器文化である野川Ⅰ期は、太平洋岸の箱根系黒曜石を使用しており、やがて最終氷期最寒冷期が訪れ、ナイフ形石器が盛行する野川Ⅱ期になると、本州中央・山岳部の長野県地方から黒曜石が大量に入ってくるが、旧石器時代が終末を迎える野川Ⅲ期と縄文時代が開始される頃になると、再び黒曜石は太平洋岸の箱根系に戻ってしまう。こうした関東・中部地方の旧石器時代における交流・交易圏が、黒曜石分析によって判明した意義は大きい。

3. 国際基督教大学構内遺跡第15地点

1 遺　　跡

(1) 立　　地

　国際基督教大学構内遺跡第15地点は北緯35度41分、東経139度32分にあり、東京都小金井市東町に所在する。遺跡は武蔵野台地の西南縁、多摩川に接した国分寺崖線上に沿って東流する野川に臨む北側の武蔵野段丘上に立地する。海抜約60m、現河川との比高は約15mを数える。この国分寺崖線上の遺跡の特徴は、多くの場合「ノッチ」と呼ばれる湧水地点を挟んだ窪み部の両袖を中心に半月形に形成されている。本遺跡地も湧水地を挟んだ東側に位置する。

　三鷹・小金井・調布の3市にまたがる広大な国際基督教大学（ICU）のキャンパスには、37ヵ所の遺跡が確認されており、本遺跡はICU構内遺跡の第15地点にあたり、「ICU Loc.15」と登録されている。ちなみに、野川遺跡は、「ICU Loc.28 c」に相当する。

(2) 調査経緯

　本遺跡の発見は、ICUと西武鉄道多摩川線の境界部分に、小金井市道が開削され大規模なローム層断面が露出したことに端を成し、野川遺跡の調査に参加していたKidder夫人によって、このカッティングから旧石器時代の石器・礫が発見された。そして、約4mに及ぶローム層の断面を精査した結果、立川ローム層準に数枚の旧石器文化層の存在が判明し、ただちに同大学考古学関係者と小金井市が協議し、発掘調査が実現した。

　発掘調査は1971年（昭和46）と1977年の2回、同大学のJ. E. Kidder、小山修三らにより考古学講座の授業発掘として、野川遺跡調査会の協力のもとに実施された。そして、第1回目の調査時に、わが国の旧石器時代の遺構としては、もっとも確かなピット（土坑）が1基発見され注目された。ここで報告する資料は、1971年（第1回目）の調査結果である（Kidder他 1972、1973）。

　なお、第2回目の調査において、第VI層から多数の資料が出土していることも付記して置く。

(3) 層位と文化層

　本遺跡のカッティングは、この段丘基底の武蔵野礫層（MG）まで及んでおり、表土から約3mの深さまでが立川ローム層準であった。発掘はこの立川層準を中心に実施され、地質学的区分によ

って8枚の自然層に識別された。第Ⅰ・Ⅱ層は表土層で、その周辺では同層中から多数の縄文土器が発見されているが、本地点では確認されなかった。第Ⅲ層からが立川ロームで、旧石器文化層に相当する。第Ⅲ層は通称「ソフト・ローム」と呼ばれるローム軟質部で、本遺跡ではこの成因の究明を試みた。第Ⅳ層から「ハード・ローム」つまり硬質ロームになり、第Ⅴ層は立川ローム第Ⅰ黒色帯（BBⅠ）にあたる。第Ⅵ層は「AT」の介在が下部に認められている。第Ⅶ層から第Ⅸ層は立川ローム第Ⅱ黒色帯（BBⅡ）にあたり、第Ⅹ層は立川ロームの下底部にあたる。第Ⅹ層下約1m前後で「武蔵野ローム」に入るが、この立川・武蔵野ロームの境界線は、火山灰研究者間でも議論中で、定説がまだない。

発掘は崖線に形成された「ノッチ」部の東側先端部、ほぼ遺跡の中心地域約100㎡の面積を、立川ローム第Ⅹ層の深さまで調査した。

この立川ローム層中に、遺構、遺物の集中する生活面が4枚（第Ⅳ上・Ⅳ下・Ⅵ・Ⅸ層文化）確認された。

（4） 成　　　果

発掘は、線路と切り通し道の狭い限られた面積であったが、多くの成果を得た。

① 第一に、旧石器時代の「土坑」の発見である。この時代の遺構の発見は難しい。が幸いなことに、本例は2枚の黒色帯を切って構築されていたことと、さらに礫群が土坑内に存在したことで確認できた。

② 最古のナイフ形石器の出土があった。これまで最古のナイフ形石器は、野川遺跡第Ⅳ-4層であったが、本遺跡の第Ⅵ層文化で1点確認された。このことから、武蔵野台地の旧石器編年で、今まで伴わないとされていた第Ⅰ期にまでナイフ形石器の存在が位置づけられた。

③ ソフト・ロームの問題が提議され、本遺跡崖線側に認められたローム層の堆積状況に基づいて、本来のハード・ロームが膨軟化していくメカニズムを解析した。

④ 報告書作製作業にコンピューターを導入できた。ちなみにわが国の考古学遺跡調査で、コンピューターを導入したのは野川遺跡が最初であったが、本遺跡では、遺物分布の平面図作成にコンピューターによる図化を採用した。

⑤ 出土した黒曜石の理化学的分析した。すなわちフィッション・トラック法による原産地推定と、水和層による年代測定を行った。

2　各文化層の遺構

遺構には、石器・剥片類の集合した「ユニット」と、拳大の礫が集合した「礫群」、そして大形礫を配置した「配石」、さらに掘込みを伴う土坑（ピット）が存在している。

　第Ⅳ上層文化　　遺構として、ユニットが1ヵ所確認された。
　第Ⅳ下層文化　　遺構として、ユニットが1ヵ所、礫群4ヵ所が確認された。

第Ⅵ層文化　　遺構として、ユニットが1ヵ所確認された。
第Ⅸ層文化　　遺構として、ユニットが1ヵ所、礫群1ヵ所、配石が1ヵ所確認された。

3　各文化層の遺物

遺物には、石器・剥片類と自然礫がある。前者は「ユニット」として登録された石器、剥片類の集中部から発見されたもので、後者は「礫群」、「配石」と呼ばれる礫集中部のものである。また、こうした遺構以外の単独出土品もあった。

第Ⅳ上層文化　　石器・剥片類121点、礫47点。石器器種としてはナイフ形石器、彫器、スクレイパー、磨石がある。石材はチャート、粘板岩、凝灰岩を主体にして、黒曜石、砂岩、頁岩が使用されている。

第Ⅳ下層文化　　石器・剥片類112点、礫326点。石器器種としては、台形石器、ナイフ形石器、彫器、スクレイパー、磨石、礫器、敲石がある。石材はチャート、黒曜石を主体にして、粘板岩、凝灰岩が使用されている。

第Ⅵ層文化　　石器・剥片類5点、礫3点。石器器種としては、ナイフ形石器、石刃に特徴がある。石材はチャート、頁岩が使用されている。

第Ⅸ層文化　　石器・剥片類30点、礫26点。石器器種としては、彫器、ベック、楕円形石器（スクレブラ）、磨石、礫器が伴っている。石材は凝灰岩、チャートを主体にして、砂岩が使用されている。

4　石器群の様相

本遺跡に残された石器文化は、深い方から第Ⅸ層、Ⅵ層、Ⅳ層の自然層中から発見された4枚の文化層である。最近の傾向として、1遺跡を広く深く調査すると、本遺跡のように多くの場合文化層の重複関係が認められている。発見された4枚の石器文化はすべて「立川ローム期」の所産であった。

(1)　第Ⅰ文化期

第Ⅸ層文化　　立川ローム第Ⅱ黒色帯下部（BBⅡb）に包含されており、現在確認されている小金井市平代坂遺跡A地点第Ⅹ層文化（平代坂遺跡調査会1971、小田・Keally 1974）につぐ古期の資料である。楕円形の大形剥片の周縁部を入念に整形した「スクレブラ」と呼称される特徴的な石器が存在していた。この種の型式をもつ石器は、少し上流の平代坂Ⅹから発見され注目されたのが最初である。剥片は全体的に縦長剥片で、すでに「石刃技法」が確立している段階とも考えられる。しかし、剥片表面の剥離痕を厳密に観察すると、多方向からの剥離が多く認められ、真正の石刃技法とやや異なった剥片剥離技法がうかがえる。また、石核に残された打面を見

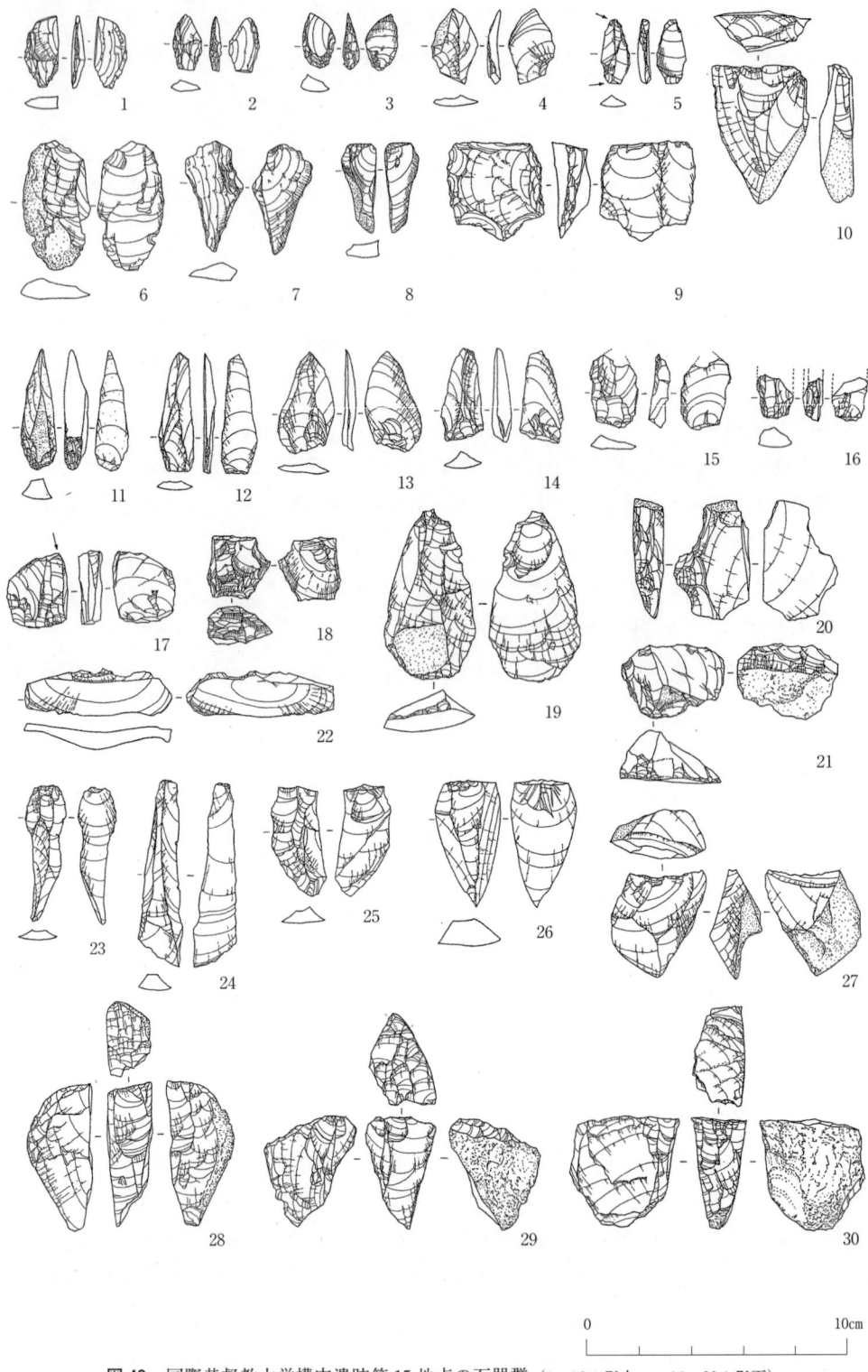

図48 国際基督教大学構内遺跡第15地点の石器群（1〜10：Ⅳ上　11〜30：Ⅳ下）

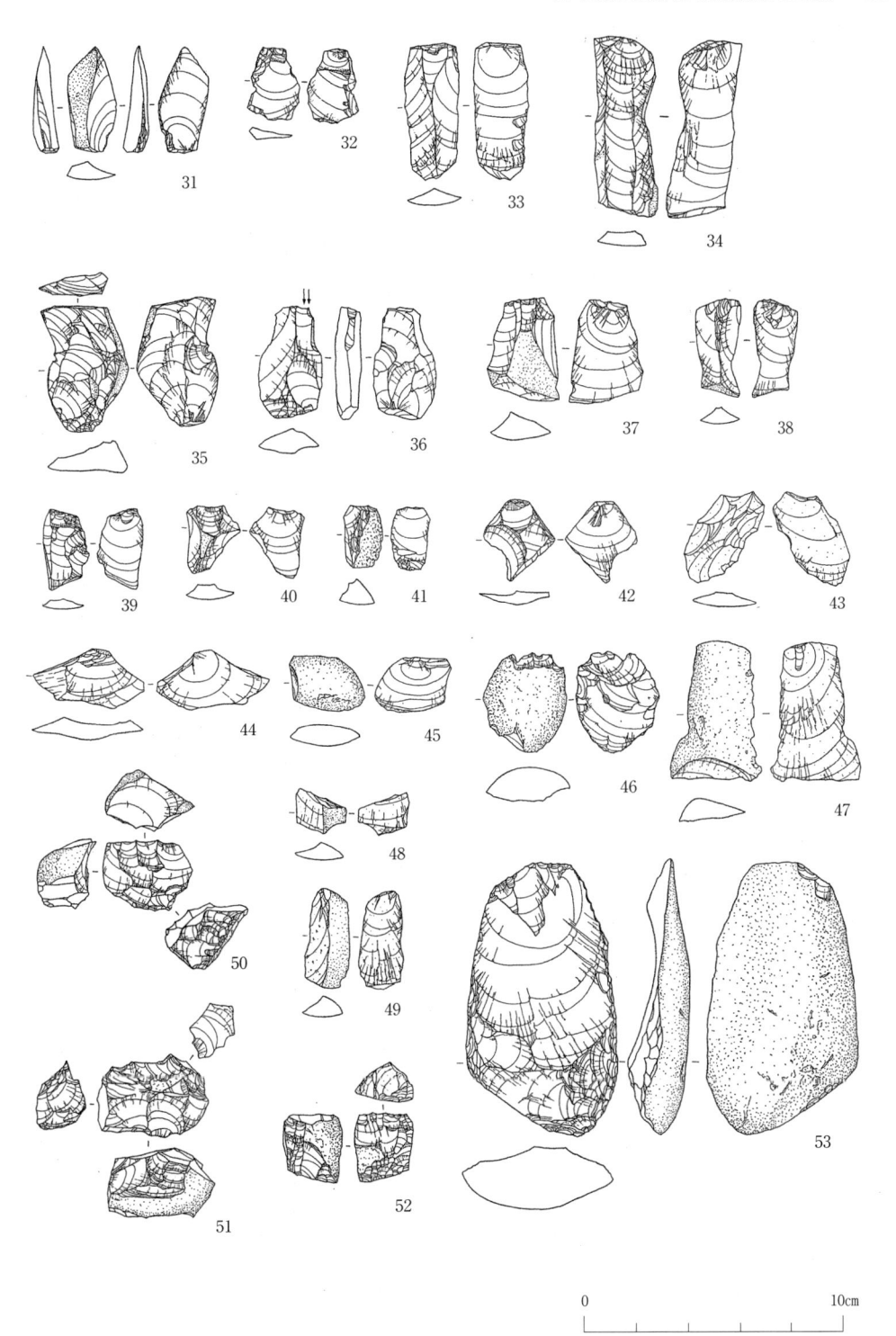

図49 国際基督教大学構内遺跡第15地点の石器群（31〜34：Ⅵ　35〜53：Ⅸ）

ると、剥離面を打面として幾度か回転させて剥離しているようすもあり、これは限られた原材の大きさを有効に利用し、小さくなるまで剥離できる方法でもある。こうして剥離された縦長の石刃状剥片は、それ自体トゥール（刃器）として使用されている。その証拠に、刃部に微細な刃こぼれやトリミングを想起させる加工が認められている。

　第Ⅵ層文化　　本層は、立川ローム第Ⅰ黒色帯（BBⅠ）と第Ⅱ黒色帯（BBⅡ）の中間にある黄褐色のロームで、野川遺跡の火山灰分析で「丹沢パミス（TnP）」（後のAT）が下部に介在していることが判明している（羽鳥 1971）。

　本文化層は資料点数が少ないが、立派な「石刃」が存在している。剥片剥離技術は第Ⅸ層文化と同質で、野川Ⅰ期の特質でもある。発見された「ナイフ形石器」については後述する。

（2）　第Ⅱ文化期

　本文化期は、立川ローム第Ⅳ層、通称「ハード・ローム」中に包含されている。野川遺跡では、この第Ⅳ層中に最多の4枚の文化層が確認されている。本遺跡では、第Ⅳ下・Ⅳ上層の2枚の文化層が、一部は膨軟化したソフト・ローム中に発見されている。

　第Ⅳ下層文化　　この文化期の特徴は、まず不定形の横広剥片とやや幅広の縦長剥片が目立っていることである。また、石核の中にルヴァロワ的な形態があり、こうした求心的な剥離技術がどの時期にも存在することがわかる。そして、台形石器は横形剥片を、ナイフ形石器は縦長剥片をそれぞれ選択して製作されていることがうかがえる。スクレイパーには円形掻器があり、こうした型式は野川Ⅱ期の前半（武蔵野編年第Ⅱa亜文化期）に認められるものである。彫器は黒曜石の石刃状剥片を使用し、両端に彫刻刀面が形成されたダブルビューランと呼ばれる特徴的なものである。

　第Ⅳ上層文化　　グリッドA・B—11・12区の、ソフト・ローム（第Ⅲ層）中に発見された一ユニットの石器群である。本来この石器群は第Ⅳ層（ハード・ローム）中に包含されていたものが、地層の自然的膨軟化（ソフト化）によって、あたかも新しい第Ⅲ層文化（ナイフ形石器文化以降）の所産と考えられた資料であった。しかし、「ソフト・ローム」形成の問題について検討し、さらに石器群の検証からⅣ上層文化であることが判明したのである。地質的内容は後述する。本文化層をもっとも特徴づけるものは、粘板岩、チャート、頁岩を主体にし、石材の節理面で剥離した板状の部厚い素材を舟底状に整形し、その一端から幅の狭い縦長剥片を剥離した石核群である。このような石核形態は、次の段階の真正な「石刃石核」への過渡的なものとも考えられる。次に、この石核から剥離された細長い石刃状剥片の基部に、わずかな刃潰し加工を施したナイフ形石器の存在がある。このナイフ形石器も、次の折断技法による幾何学的な小形ナイフの出現を追求する上で重要である。スクレイパーにも円形掻器、先刃式掻器があり、本遺跡の第Ⅳ下層文化と同様に、野川Ⅱ期（小林・小田他 1971）に対比される内容を呈している。また、砂岩を使用した礫器、磨石、石皿等の大形石器が伴っていることも見逃せない。

　つまり、この第Ⅳ上層文化と第Ⅳ下層文化は、石器製作技術、石器組成の上でも同じ段階

にあり、かつ野川Ⅱ期の前半から後半への移行期にあたる資料ということができる。

5　最古のナイフ形石器

　第Ⅵ層文化から、頁岩製のナイフ形石器が1点発見された。縦長剥片の基部を、一端は主要剥離面に向かって、もう一端は剥離面を利用してわずかな刃潰し加工を施したものである。現在、この地域のナイフ形石器は第Ⅳ層から出土するので、本例は最古となる。

　ナイフ形石器が日本の旧石器時代のいつ頃出現し、また消失していくかという問題は、旧石器研究の重要な課題である。近年、南関東の相模野台地、武蔵野台地を中心に、1遺跡で幾枚もの文化層重複の見られる旧石器時代多層遺跡の調査があいついで行われ、従来の編年観を一新する成果を上げつつある（月見野遺跡群調査団編 1969、杉原・戸沢他 1971、野川遺跡調査会・関東第四紀研究会 1971、平代坂遺跡調査会 1971）。なかでも野川遺跡（ICULoc. 28 c）は、1遺跡で10枚もの旧石器時代文化層が広い面積で発掘され、多数の自然科学者が参加した画期的な調査であった。

　野川遺跡の調査で、層位的に各種石器群の消長が把握され、ナイフ形石器の有無を目安に、出現していない時期（野川Ⅰ期）、特徴的に存在する時期（野川Ⅱ期）、消失している時期（野川Ⅲ期）に区分された。また、野川遺跡最古のナイフ形石器の様相は、第Ⅳ-4文化層の資料で、剥片の形状を活かし刃潰し加工は部厚い例が多い。しかし、その製作技術、形状等は、ナイフ形石器の初源というより、すでに完成されたものであった。一方、野川遺跡で設定された3時期区分は、もはやナイフ形石器の存在を超越して、各種の石器組成のバランス、剥片剥離技術の変遷、遺物の出土状況など多方面からも支持されるものであった。

　本遺跡の第Ⅵ層発見のナイフ形石器は、当然、層準対比から野川Ⅰ期に相当するものである。したがって、ナイフ形石器の発見は初めての例であり、野川第Ⅳ-4文化層のナイフ形石器の出自系統を探る意味でも大変重要な資料といえよう。

6　土坑（ピット）の発見

　本遺跡の第Ⅳ上層文化から、縄文時代に見られるような土坑（ピット）が1基確認された。この発見の契機は、道路切り通しローム崖面をカマでていねいに削っていた時、赤く焼けた拳大の河原石が周囲の土より黄色で軟らかい部分に集中的に露出したことと、上下2つのローム黒色帯（BBI・BBII）を切って、この黄色ローム部がピット状を呈して確認できたことである。つまり、垂直な崖面に明確な状況で上から掘り込まれていたので、従来発見し難いローム中の土坑が識別できたのである。

　出土地点はA—9・10区で、丁度、国分寺崖線の傾斜部分から平坦部になった場所にあり、石器・剥片ユニットと礫群が集中する地点からやや内側に位置している。つまり、集落配置でいうと、遺物集中部分の内側広場に移行する接点部に存在していたことになる。

大きさは、長径約1.2m、短径約80cm、深さ約1mで、形状は口径が楕円形で、底部にかけてやや袋状を呈している。そして、この土坑内には、覆土の中間部に「礫群」がやや北東部に集中し、また流れ込んだような状況で存在していた。この礫群の外側上方縁から、黒曜石製の台形石器1点と細片（チップ）2点が出土した。おそらく、この土坑と礫群はセットであり、覆土の状況（層区分できない）から見て、それ程の時間を経ずに埋め戻されたものと考えられる。

旧石器時代の遺構としては、静岡県休場遺跡の石囲い炉址（杉原・小野1965）、新潟県荒屋遺跡の方形掘り込み（芹沢1959）、北海道中本遺跡の竪穴状遺構（加藤・桑原1969）など、きわめて発見例が少ない。さらに、礫群、配石、炉址などの礫の集合による遺構は確かだとしても、たんに土を掘り下げただけの遺構には問題が多い。つまり、ローム層中における掘り込み土の識別の困難さ故であろう。われわれの経験では、肉眼による色の変色、カマ・移植ゴテによる質の相違、硬度計による土壌の硬軟計測等を目安にしたが、縄文時代ほど各種の遺構を構築しない生活段階であったのだろうか。現在、こうした形状と内容を持つ旧石器時代の遺構は、本遺跡が初めての例である。われわれの発掘で今回が初めての「遺構確認」体験であったことを申し添えておきたい。

一般的な土坑の用途としては、i）貯蔵、ii）調理、iii）埋葬、iv）落とし穴などが考えられている。本遺跡の例は、ピットの形状からは貯蔵穴が、礫群の存在からは調理施設が想像されるが、短時間に埋め戻され、礫群・石器類が同時埋設された状況からみて、「埋葬（墓）」の可能性が大きいことをここでは指摘しておきたい。

7　ソフト・ロームの問題

本遺跡発掘の成果の一つに、グリットA・B-11・12区出土の1グループ石器類の解釈がある。従来旧石器時代の発掘において、その石器包含層は、石器群と密接な関係にあり、時期の目安にも成り得るものである。一方、二次堆積の可能性の多々ある諸外国の前期旧石器時代の遺跡などでは、石器包含層の原位置復原の試みが盛んに行われている。それはつまり、ローム層などの降下物は常に堆積もするが、また削られてもいるのである。しかし、その堆積間隔の度合いが細かいため、肉眼で観察される程の層位的現象として現われないことが多いのである。したがって、われわれが遺跡を発掘して平面的・立体的に捉えた生活面は、その土層の底面をもってその時期とすることが多い。つまり、その石器群が包含されているローム層の時期を当てているのである。そうした理解のもとに本遺跡ソフト・ローム（第Ⅲ層）出土の石器群を位置づけると、不都合な問題が出てくるのである。

その最大の問題点は、これらの石器群が、その周辺遺跡の同時期の石器群様相に合わないことである。いわゆる第Ⅲ層文化とは、野川遺跡第Ⅲ文化層、平代坂遺跡A地点第Ⅲ層文化、武蔵野公園遺跡第Ⅲ層文化に見られるように、大形両面加工の尖頭器と礫器、大形石刃、不定形幅広剥片などが河原石の大形礫の点在する中に、まばらに発見される出土状態や、また真正のナイフ

形石器が存在しないのも特徴とされている。こうした事実に則さないことは、本遺跡第Ⅲ層出土の石器群が新たな編年的関係の中に登場する第Ⅲ層文化と考えられないこともないが、ここに大きな１つの手掛かりが発見されている。それは対岸の野川遺跡で、本遺跡と同じ石器群が第Ⅳ－３a,b文化層に存在することである。とすればむしろ本来の第Ⅲ層に包含される石器群より古期の段階、つまり野川Ⅳ－３a,b文化層に対比する方がより妥当であると考えられる。ここでハードとソフト・ロームの関係を、問題にしなければならない必要性が生じることになったのである。

ではグリットＡ・Ｂ－11・12区発見の石器群が第Ⅳ層中であったという積極的な証拠が、発掘の中に見つけられないかということを考えてみたい。その事実の裏づけとなる要素としては３つ挙げられる。第１は、第Ⅳ層中の石器群に伴う礫群の平面レベルを斜面の方に延ばしていくと、Ａ・Ｂ－11・12区のあたりで第Ⅲ層に飛び出してしまう。第２に、このグループの石器群と同じ石質、様相の石器が第Ⅳ層中に発見される。明らかな接着例はないが同一視してもよいと思われる。第３は、同じ層厚を示し堆積してきた第Ⅲ層が10・11区付近で一度急に薄くなり、また傾斜面近くでは厚く堆積している。それとともに第Ⅳ層が11・12区では極端に削られて薄くなっていることが挙げられる。石器の出土状態も、第Ⅲ層で多く出た部分では第Ⅳ層に少なく、その反対に第Ⅳ層で多く出た所では、第Ⅲ層に少なくなったことも裏づけとなろう。ここでソフト・ロームとは如何なるローム層であるかという点に触れてみたい。

Ａ・Ｂは野川遺跡で観察された柱状図である（図50）。Ａの場合は黒土の下にソフトがあり、ハード・ロームとの境は波状の不整合面となっている。それに対してＢの場合は、黒土の下にいきなりハードがあり、ソフト・ロームは存在しない。このことから場所によってはソフト・ロームが形成される部分とされない部分があることがうかがえる。しかし、全体の傾向としてＢは少なく、Ａの例が普遍的であることは念頭に入れて置かねばならない。立川ローム層は地質学者によって４つの部層から成っていると言われている。その最上部は青柳段丘にのっているロームであることから、青柳部層と呼ばれ、赤色スコリア粒の多いのを特徴とする。Ｂの場合、黒土の下のハード・ロームはこの青柳部層の特徴を示していた。そして、ソフト・ロームの形成されているＡのハード・ロームにはわずかに青柳部層の一部が波状部のトップに残っていた。このことからソフト・ロームは青柳部層の破壊された姿である可能性が大きい訳で、鉱物組成のその２者が同質であることを示すといわれている。

Ⅰ・Ⅱはソフト・ロームの形成を示す２例で、Ⅰはハード・ロームの上面に新しい層としてのソフト・ロームが堆積した場合で、Ⅱはハードの一部（青柳部層）が破壊され、ソフト化という二次堆積を表わすものである。その場合、前述の野川遺跡の解釈からは、Ⅱを支持せざるをえないと思われる。つまりソフト・ロームとは、ハード・ロームの一部が破壊され、再堆積した地層ということができる。それ故、ソフト・ローム層中に発見される石器群は、ソフト・ローム形成以前の文化遺物と、形成後その面に営まれた石器群の２通りがあることになる。本遺跡の場合は前者の例になり、第Ⅳ層中の石器が自然攪乱でソフト化したローム中に存在したという解釈が成り立つのである。このような遺跡の状態は、よほど綿密に発掘調査しなければ判明しないこと

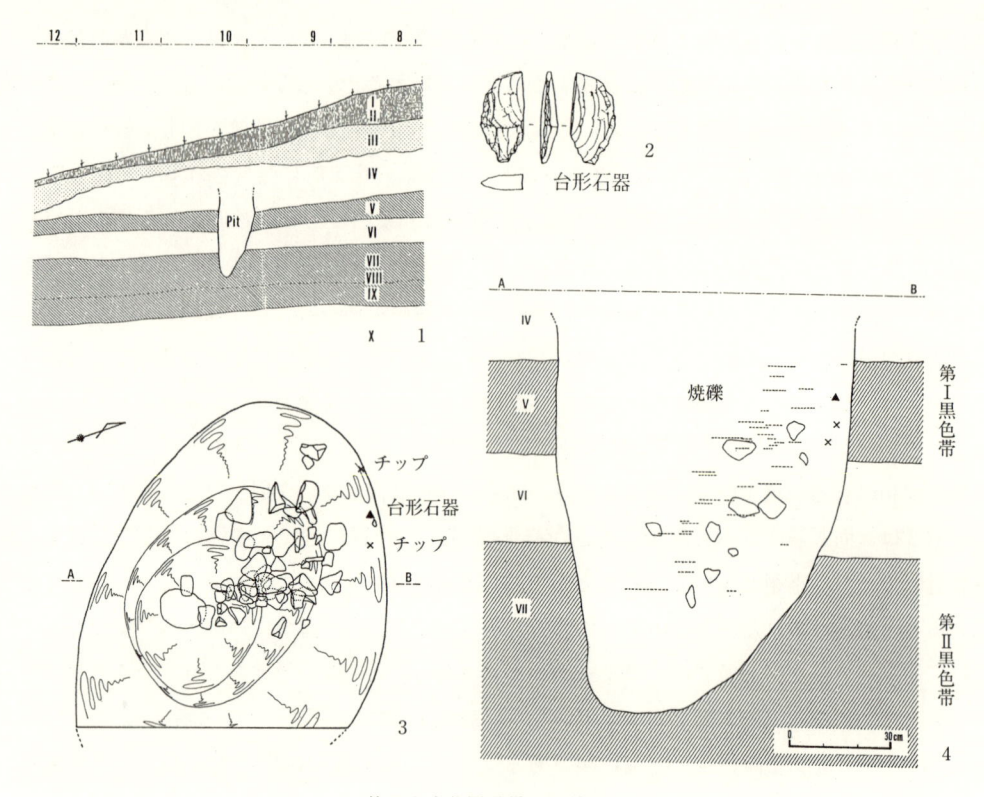

162　第2章　東京地方の遺跡調査

台形石器

第Ⅳ上文化層発見の土坑

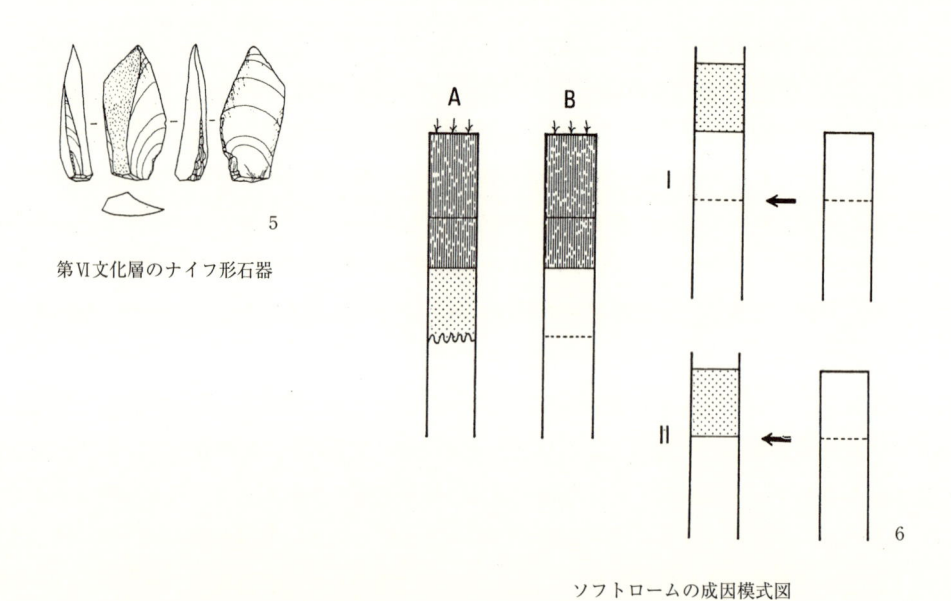

焼礫

第Ⅰ黒色帯

第Ⅱ黒色帯

第Ⅵ文化層のナイフ形石器

ソフトロームの成因模式図

図50　国際基督教大学構内遺跡第15地点発見の土坑、石器と土層柱状図

で、今後は、各遺跡で十分検討し、実施して行かねばならない問題の1つであろう。

8　考古学におけるコンピュータの利用

　本遺跡の整理において、国際基督教大学計算センターの協力を得て、同大学の小山修三・及川昭文が主体になり、コンピュータによる遺跡処理を行った。

　コンピュータの情報収集、分析、保存能力の高さ、能率の良さは、現在考古学の分野でも、増大する資料と、さらにそれに対する多次元の要素の組み合わせ、その分析の必要性に対して不可欠のものとなってきた。その機能性の高さは、従来の方法論の延長という意味だけではなく、飛躍的拡大に繋がる物である。

　コンピュータの利用方法は、ある事物（たとえば遺跡）についてできるだけ多くの要素（項目）に分解し、さらにその要素を組み合わせるという方法が採られる。

　遺跡の場合は基本的に、

　　1)　遺跡を対比して1文明（または文化）の時間的、空間的な構成と変化の過程を見ようとする。いわば遺跡間の関係（SocietyおよびCommunity）を見るマクロなアプローチ

　　2)　1遺跡を取りあげてその時間的、空間的な構成と変化の状態（Settlementpattern）を見ようとするミクロなアプローチ

の2つがある。(Cowgill 1968)。われわれが野川遺跡で採用したのは後者である（野川遺跡調査会編 1971：3-5)。2)のミクロな方法により資料の増加があれば、1)へと直結していこうと考えたのである。それ故この発掘では、前回実行できなかった作図装置の使用、石器および礫群についての新しい種類の統計プログラムを開発することなど、さらに2つの遺跡を対比研究するという、1)のマクロな段階へと第1歩を踏み出すことを目的としたのである。もっともわれわれの試みはその途についたばかりで、未だ従来の方法論から脱しているとはいえないが、将来はより多次元のデータ処理の可能性が約束されているといえる。

　作図装置の利用　　作図装置とは数字で表わされたデーターを図式化するもので、グラフの作成などに利用される。われわれの発掘では、グリッド内の遺物の位置として東北隅を基点としてN-S、E-W（200×200）とし、その他のデータとともにカード化した後、再現した。その適用例を問題の多かったA・B-10・11・12区について呈示してみる。

　1．石器別の全体の打ち出し

　　　従来の遺跡で実測したドット・マップとほぼ同じと考えてよい。ただし、器種の判定は現場では必要としないので、時間は短縮される。遺物が多くやや判読し難い（図省略）。

　2．分　解

　　　a．礫群図（Ⅲ層とⅣ層）　Ⅳ層の礫が集合しているのに対し、Ⅲ層のものは斜面を移動している様がわかる（図51）。

　　　b．石質別石器類　この遺跡での石材は黒曜石（OBSD)、粘板岩（SLAT），フリント

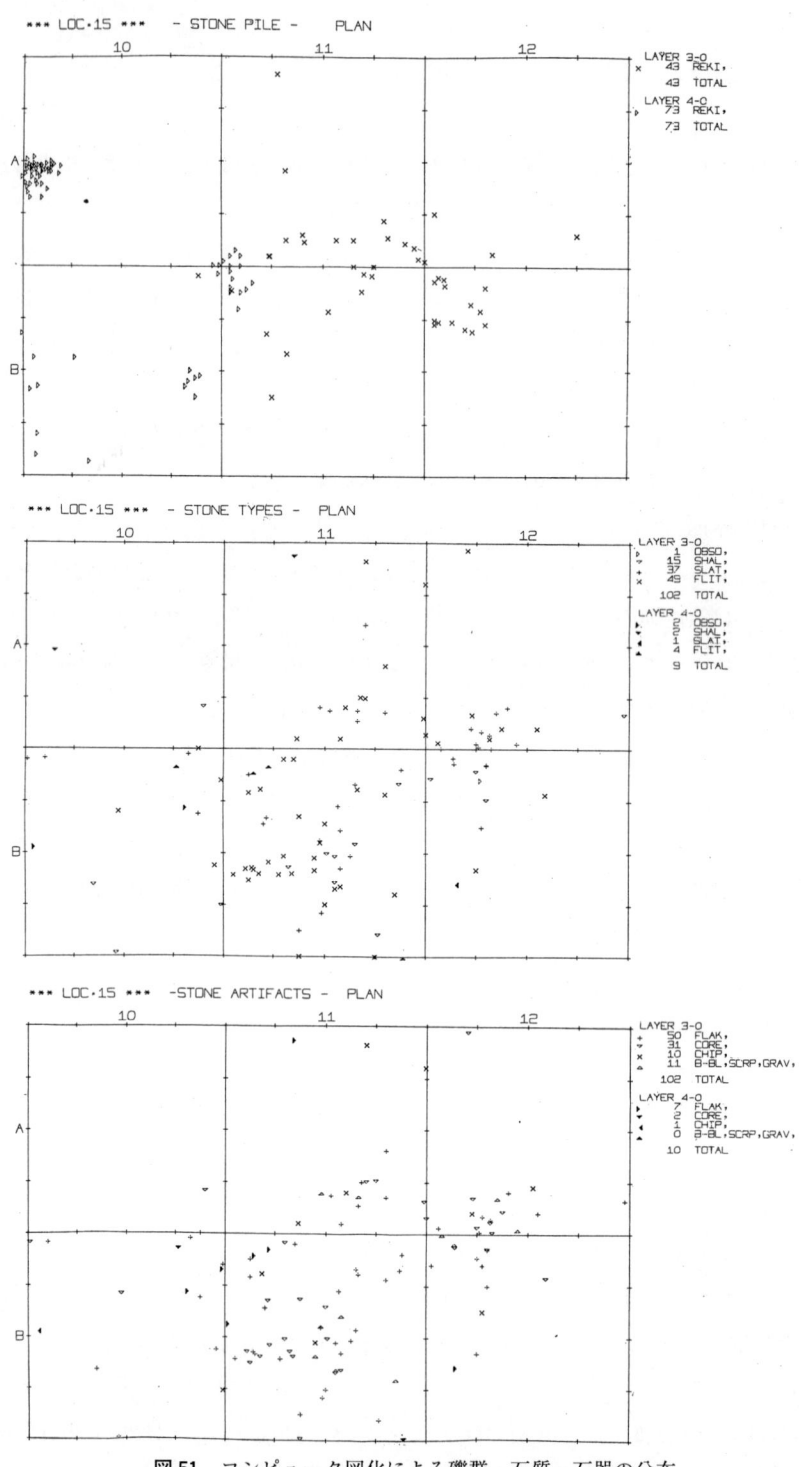

図51 コンピュータ図化による礫群・石質・石器の分布

（FLIT）、頁岩（SHAL）の4種と単純な構成を示すので、作業が簡単であった。このグループは粘板岩とフリントが主体であり、しかも下の第Ⅳ層と構成が同じであることがわかる。

c．石器類の種別　コア、トゥールが集中し剥片、チップが拡散している傾向がわかり、これをbと重ねると器種と石質の関係がはっきり理解される。

以上の分解図はあまり複雑になる場合、各器種ごとに打ち出したり、ペンの色を変えることによって、より明確にできる。また半透明および透明紙を利用して重ねてみることができる。

3．観　察

a．第Ⅲ層の遺物は第Ⅳ層に比べてやや動きが激しい。

b．しかし、石材で見ると両層が同じパターンを示すので、余り動きは大きくない。

c．石器、石材の対称表を作り、図と比べてみると、次のことがわかる（図51）

黒曜石：数が少なく、ほとんどこのグループ内では無視してよい。事実これは9区に中心がある1枚下層の黒曜石の縁部に存するものであった。

フリント：コアが多く、トゥールが少ない。これは石材の供給が簡単であったか、精巧な石器の作成にはあまり適した素材ではなかったのではないかと思われる。このグループの主体を成すものといえる。

粘板岩：コア→フレーク→トゥール＋チップの製作過程を示す量的バランスがよくとれた石材である。フリントとともにこのグループの主体となるものである。同一時期のものかどうか（同一工房で異なる石材を処理したか）はフリント製の器種との形態的差異をよく調べて見る必要がある。しかし詳細に観察すると、粘板岩製コアの集中点はB-11区中央、10区北にあり、フリント製コアの集中点（12区A・Bライン周辺）とややずれている。

頁　岩：数量的にも位置的にも中間的なはっきりしない性格を示す。形態的な観察が必要である。

9　黒曜石の原産地推定と年代測定

本遺跡の旧石器文化層から出土した黒曜石片について、鈴木正男による原産地および水和層測定が行われている（Suzuki 1973）。

（1）試　料　立川ローム第Ⅳ上層文化に確認された、黒曜石剥片38点について、フィッション・トラック法および晶子形態法による産地分析が行われた。

（2）結　果　旧石器時代第Ⅳ上層文化の黒曜石剥片の産地は、箱根産0点、上多賀・鍛冶屋産17点、神津島産0点、霧ヶ峰産12点、和田峠9点であった。

また、水和層測定では、15,200±300 y.B.P. と出されている。

4. 武蔵野公園遺跡

1 遺　　跡

(1) 立　　地

　武蔵野公園遺跡は北緯35度42分、東経139度31分にあり、東京都府中市多磨町の都立武蔵野公園内に所在する。遺跡は武蔵野台地の西南縁、多摩川に接した国分寺崖線上に沿って東流する野川に臨む南側の立川段丘上に立地する。

　立川段丘上を東流する野川は、ちょうどこの辺りで大きく蛇行し、国分寺崖線下に広い低湿地と中洲を形成させている。本遺跡はこの低湿地に突き出した舌状台地部にA地点、それと西側に形跡された「ノッチ」の反対側にB地点が存在している。

(2) 調査経緯

　本遺跡は、1964（昭和39）年府中市史編纂事業の一環として、武蔵野郷土館の吉田格によりA地点で発掘調査が行われた（吉田1966）。この調査で縄文時代後期（堀之内～加曾利B期）の住居址1軒と多数の遺物が確認され、この地域では数少ない縄文後期集落の1つであることが判明している。

　1971年（昭和46）春、野川遺跡の遺物整理作業を行っていた調査団に、河川改修が上流に延びることが知らされ、国際基督教大学ゴルフコース内については、ただちに試掘を行ったが、隣接した武蔵野公園内調査についても打診を受け、都文化課と府中市教育委員会が協議した結果、引き続き野川遺跡調査会で本遺跡を調査することになった。

　発掘調査は、同年8月から9月まで実施された（小田・Keally 1973 b）。

(3) 層位と文化層

　本遺跡は、表土から約5mの深さまで発掘され、台地基盤の立川礫層（TcG）まで、地質学的区分によって19枚の自然層に識別された。第I層は表土攪乱層、第II層は黒褐色土層で、縄文時代早期～後期まで各型式の縄文土器と土坑、配石墓などが発見された。第III層からが「立川ローム」で、旧石器文化層に相当する。

　この調査で約4mに及ぶ立川ローム層中から、遺構、遺物の集中する生活面が4枚（第III・IV

上・Ⅳ下・Ⅴ層文化）確認された。発掘は野川の低湿地に突き出た舌状台地先端部、約 1,000 ㎡ の面積を立川ローム第Ⅴ層の深さまで精査し、一部立川礫層まで掘り下げた。

（4）成　　果

　この 1971 年の調査で、野川遺跡と同じ低位の立川段丘面でも、旧石器時代の多文化層遺跡が存在することが判明した。これ以降、上流部で新橋遺跡（1976）、前原遺跡（1975）など立川段丘面において大規模な旧石器集落が確認され出すのである。

　本遺跡からは、野川流域では数少ない「細石刃文化」の資料が発見された。また、野川遺跡で提唱されたセツルメント・パターンの研究が発展的に行われ、遺跡の「コンポーネント・タイプ」が設定されその意義は大きい。

2　各文化層の遺構

　本遺跡で発見された遺構には、石器・剥片類の集合した「ユニット」と、拳大の礫を集合させた礫群が存在している。

　第Ⅲ層文化　　遺構として、ユニットが 1 ヵ所確認された。このユニットは B 型で、分布範囲は 11×5m で広いが、遺物の分布はまばらである。

　第Ⅳ上層文化　　遺構として、ユニット 1 ヵ所が確認された。このユニットは C 型で、分布範囲は 5×4m で比較的集中している。ばらついた礫群が 1 ヵ所確認されている。

　第Ⅳ下層文化　　遺構として、ユニットが 4 ヵ所確認された。ユニット 1 は C 型、分布範囲は 3×4m で比較的遺物が集中している。ユニット 2 は F 型、分布範囲は 2×3m である。ユニット 3 は C 型、分布範囲は 4×5m である。ユニット 4 は礫群のみであった。

　第Ⅴ層文化　　遺構として、ユニットが 1 ヵ所、F 型で分布範囲は 6×4m で、ばらついた小礫群が 1 ヵ所伴っている。

3　各文化層の石器群様相

　各文化層から発見された石器は全体的に少ない。それはこの地点が、旧石器集落として出先的な場所と考察することもできる。

　第Ⅲ層文化　　石器総数 27 点、礫 3 点。石器器種としては、細石刃、細石刃核、スクレイパー、剥片、石核である。石材は、黒曜石が主で、流紋岩、頁岩、玉髄、安山岩、砂岩である。この文化層は、細石刃文化に相当する。細石刃は黒曜石製の整った製品で、細石刃核は半円錐形（休場・矢出川型）であった。スクレイパーに、尖頭形と呼べる特徴的な例が発見されている。また、砂岩製の不定形剥片を剥離する大形石核もある。こうした石器群様相は、武蔵野台地の練馬区中村南遺跡で確認された細石刃文化の内容と、同様のものである（小田 1962、1972）。

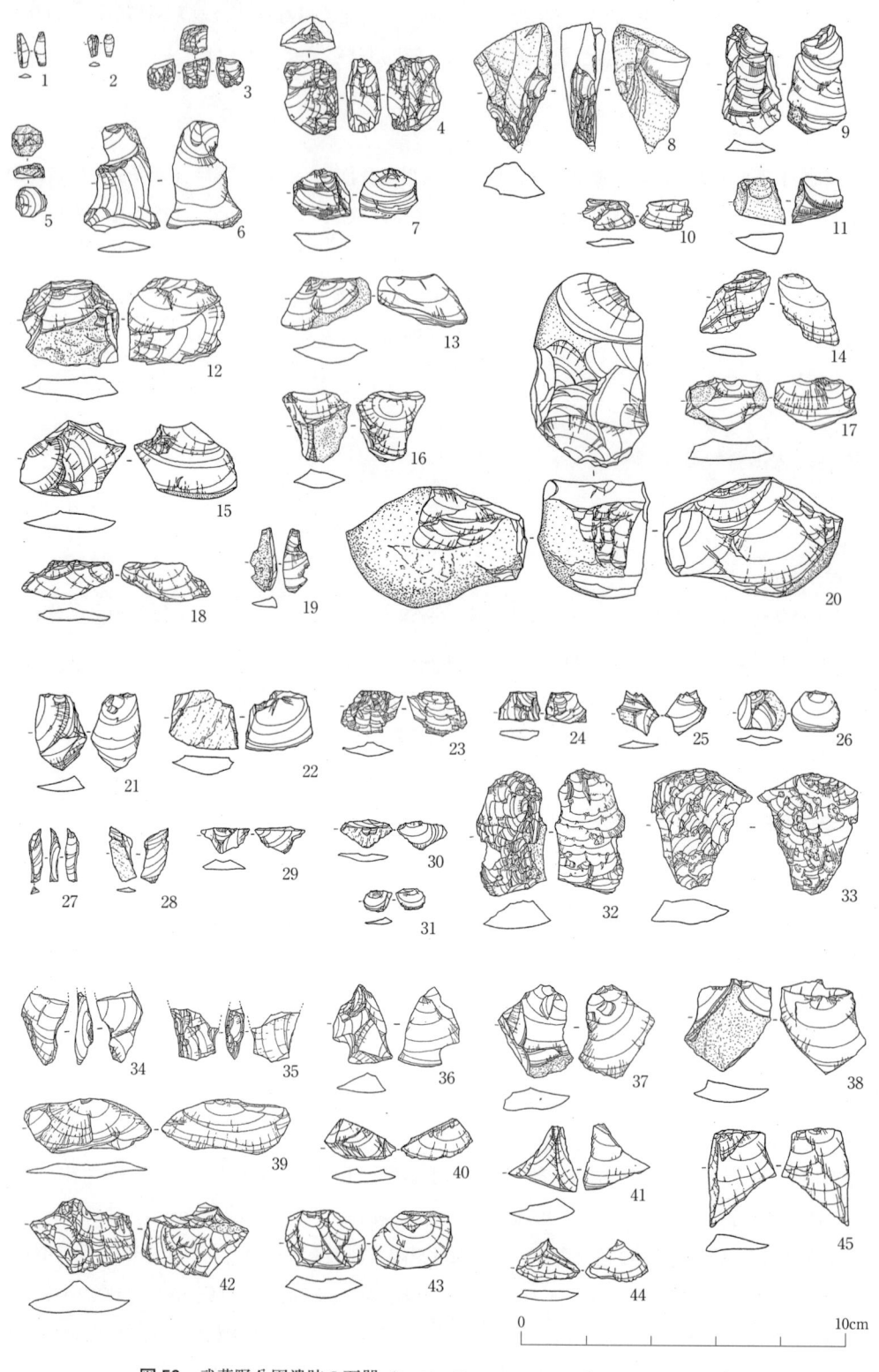

図 52 武蔵野公園遺跡の石器（1〜20：Ⅲ　21〜33：Ⅳ上　34〜45：Ⅳ下）

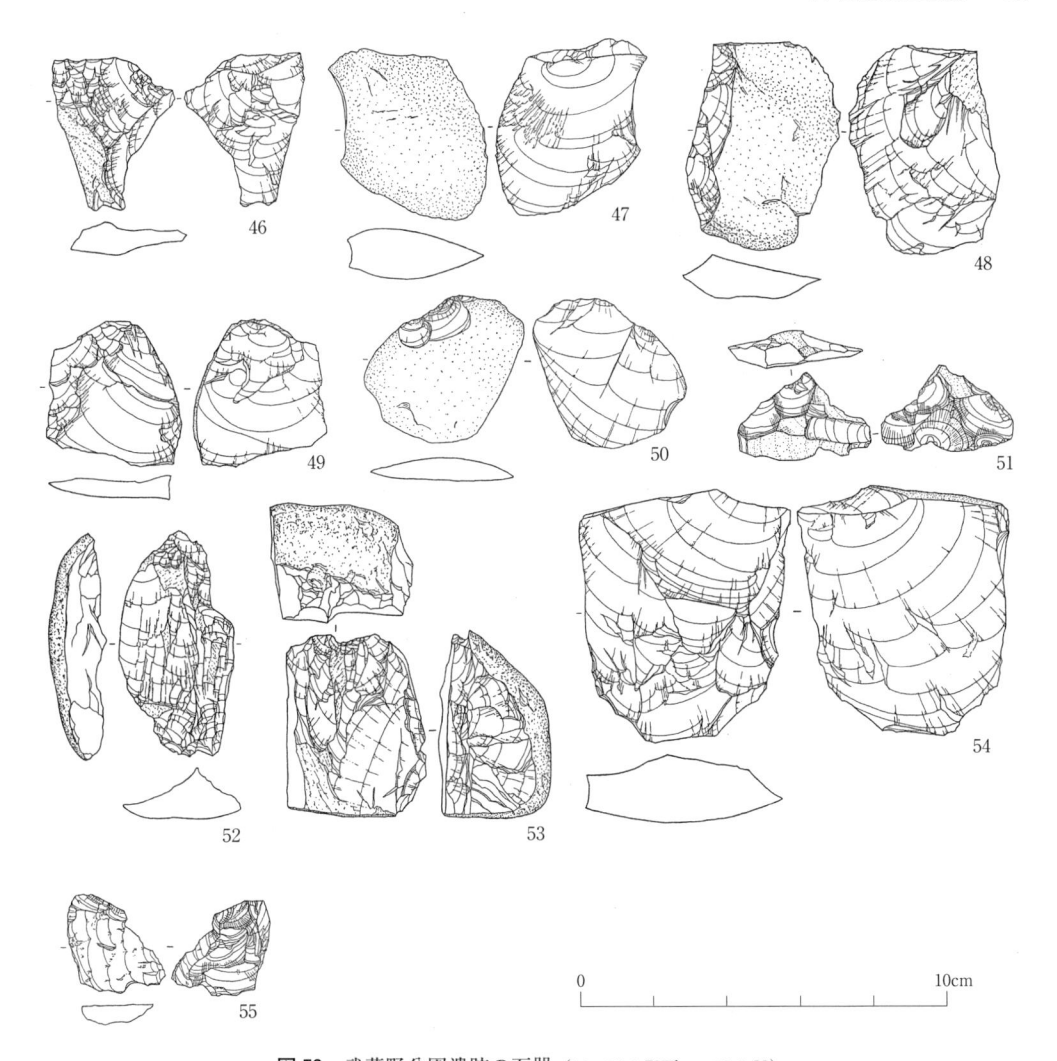

図53 武蔵野公園遺跡の石器（46〜54：Ⅳ下　55：Ⅴ）

　第Ⅳ上層文化　　石器総数20点、礫17点。石器器種としては、剥片、砕片だけである。石材は、頁岩を主体にして、黒曜石、チャート、砂岩である。本文化層からは、剥片類しか出土していないため、その石器群様相を考察することは難しい。

　第Ⅳ下層文化　　石器総数23点、礫86点。石器器種としては、台形石器、スクレイパー、剥片、石核である。石材は、頁岩が主体で、黒曜石、チャート、砂岩である。本文化層からは、横形剥片製の台形石器が発見されていることから、野川Ⅱ期の前半に位置づけられる。また黒曜石製の扁平石核は、西北九州地方で台形石器の特徴的な石核に酷似している（小田1971）。

　第Ⅴ層文化　　石器総数1点、礫19点。石器器種としては、剥片1点である。石材はチャートと砂岩である。剥片1点の出土から、その石器群様相を考察することは難しい。

　武蔵野公園第Ⅲ層文化　　本遺跡の旧石器文化を特色づけるとすれば、この第Ⅲ層文化の石器類であり、それは黒曜石を主体とした「細石器文化」である。

4 立川ローム第Ⅱ黒色帯について

　本遺跡に示された第Ⅶ・Ⅷ・Ⅸa・Ⅸb層のあり方から、立川ローム第Ⅱ黒色帯の問題点について検討してみる。

　立川ローム第Ⅱ黒色帯は、従来70cm前後の厚さを持つ1枚の暗色帯と一般的に考えられていたが、しかし1970年の立川段丘面における野川遺跡の調査で、明るい黄褐色ローム層を挟み、2枚（Ⅱa・Ⅱb）に分離されることが判明した（野川遺跡調査会1970、1971）。つまり、立川ローム「第Ⅷ層」設定の始まりである。

　この事実から、高位の武蔵野段丘面でも第Ⅷ層の確認を求めて、国際基督教大学構内遺跡第15地点（Kidder・小山・小田1972a.b）。平代坂遺跡（平代坂遺跡調査会1971）の調査時、この第Ⅱ黒色帯を詳細に観察してみた。その結果、国際基督教大学構内遺跡第15地点では、上部の黒味の薄い部分（第Ⅶ層）と下部のより黒色の強い部分（第Ⅸ層）が識別されただけで、その間の第Ⅷ層は確認できなかった。また、平代坂遺跡では、第Ⅶ層から第Ⅸ層へいきなり移行する状況と、この両者の間に野川遺跡と同様の第Ⅷ層が介在する部分、すなわち第Ⅸ層の中に第Ⅷ層がレンズ状に入る場合も確認された。

　本遺跡では、第Ⅸ層の中に野川、平代坂遺跡で見られた第Ⅷ層が連続した単層として介在している状況が認められた。こうした立川ローム第Ⅱ黒色帯における層準設定状況を検討した結果、本遺跡では第Ⅸ層をa・bに分け、第Ⅸa層と第Ⅸb層の間に「第Ⅷ層」を設定している。

　武蔵野台地の旧石器時代遺跡調査では、立川ローム層準の記述の中で第Ⅶ層からいきなり第Ⅸ層になっている例があるが、それはこうした事情によって、便利に層準統一を行った結果である。

5 セツルメント・パターン

　普通遺跡から石器・剥片が出土する場合、それらが万遍なく分布するのではなく、あるまとまりをもって発見される。こうした状況は「ブロック」（月見野遺跡調査団1969）、「グループ」（Kidder他1970）、「ユニット」（小林・小田他1971）という用語で呼ばれてきた。野川遺跡ではユニットの内容を6つのタイプに分けて、各文化層ごとに何型のユニット・タイプが集落のどの位置に分布しているかを考察している（野川遺跡調査会編1971、小林・小田1971：239〜241）。

　ユニットの分析はそこに表された人間の行動を、残された遺物の種類や出土状況などを詳細に調べ、そこから推察し復元することにある。それ故、各ユニットを確実に把握していくことは、その発展として1台地1時期のユニットの集合体としてのコミュニテイパターンへの理解、言い換えれば遺跡相互のセツルメント・パターンの問題にまでアプローチすることになる（Binford 1962、BinfordandBinford 1966）。したがって各遺跡とも全面発掘の状況で研究することが望ましいが、止むを得ない場合は最小単位としての1ユニットを正確に記録し分析する必要がある。

（1） 各文化層のユニット

　武蔵野公園遺跡の各文化層に示されたユニットを、野川遺跡で設定されたA～Fまでのユニット・タイプにあて嵌めてみると次のようになる。

　第Ⅲ層文化　　ユニットが1ヵ所発見され、B型に入る。分布範囲も11×5mと広く、遺物もまばらである。

　第Ⅳ上層文化　　ユニットが1ヵ所発見され、C型に入る。分布範囲は5×4mで比較的集中している。黒曜石と頁岩のみでばらついた礫群が伴っていることから、おそらく炉の傍で石器の製作を行い製品が持ち去られた場所と考えられる。

　第Ⅳ下層文化　　ユニットが4ヵ所発見された。ユニット1はC型で、3×4mの集中した状況。硬質砂岩の同母岩の剥片のみが存在しており、石器製作後に持ち去られた場所である。ユニット2はF型で、2×3m。ユニット3はC型で、4×5m、礫群が伴っていない。ユニット4は礫群だけである。これらのユニットから復元されることは、おのおのがべつべつの行動をとり、それらは互いに有機的に関連していないことを示している。つまり、数日間の作業単位がそれぞれのユニットで営まれていたことを意味するのである。

　第Ⅴ層文化　　ユニットが1ヵ所発見され、F型で6×4mであったが、その生活行動の意味は不明である。

（2） 遺跡の型式

　野川流域には40ヵ所近くの旧石器時代遺跡が発見され、その中のいくつかは大規模な発掘調査が行われている。時期別の遺跡数をみると、フェーズⅠ（第X～Ⅴ層）は、それほど多くはない。フェーズⅡ（第Ⅳ層）になると、じょじょに遺跡数を増加させ中頃で極大値を示す。フェーズⅢ・Ⅳ（第Ⅲ層）になるとまた遺跡が少なくなる。遺跡の規模も、フェーズⅠではユニットの小さなF型ないしB型であるが、フェーズⅡになるとA型ユニットを含む恒常的な集落が出現してくる。しかしフェーズⅢ・Ⅳになり、F型ないしB型に近い傾向を示していく。

　こうした野川流域のセツルメント・パターンを調べていくと、遺跡ごとに「遺跡の型式（コンポーネント・タイプ）」が作れるのである（Trigger 1968、Chang 1958）。

　コンポーネント・タイプ1は、大きなユニットが3つ以上存在し、そこにはいろいろな行動のほぼすべてが展開されている。時間的には比較的長期間居住し、25～60人前後のバンド（band）からなり、ベースキャンプ（Base camp）的性格をもつ遺跡である。

　コンポーネント・タイプ2は、小ユニットが1～2ヵ所で、そこにはある行動のいくつかが行われ、数日から1週間位の短期間の居住があり、1ないし2つの家族的集団による採集・狩猟活動が行われた場所である。シーズン・キャンプ（Season camp）、ワーク・キャンプ（Work camp）と呼ばれているものがこれに入る。

　コンポーネント・タイプ3は、ユニットF型で代表され、個人の行動が反映しているもので

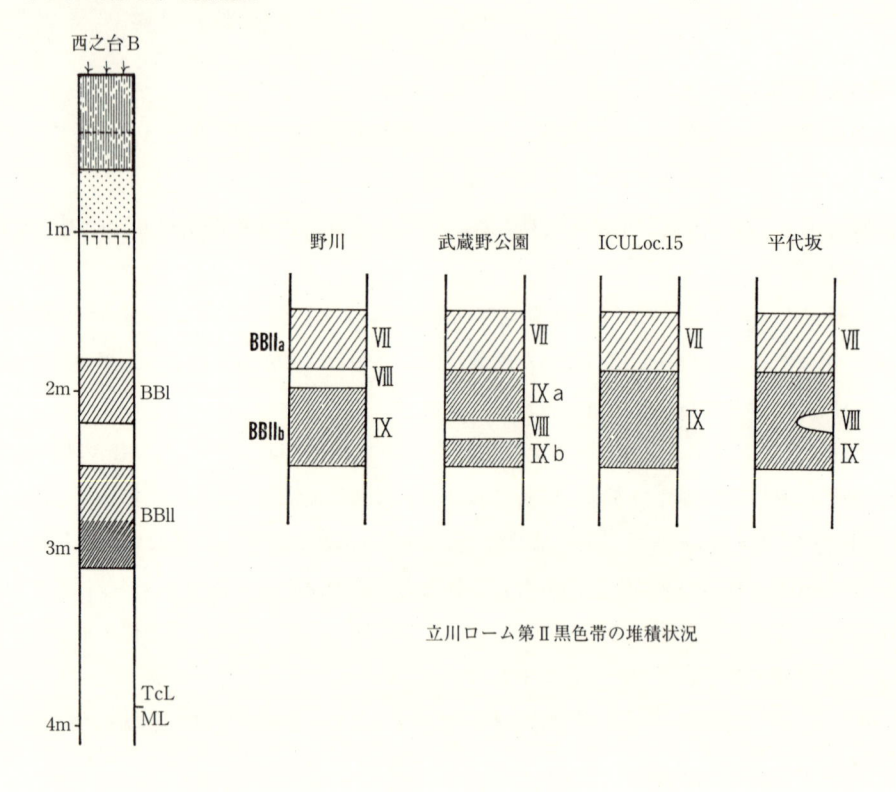

立川ローム第Ⅱ黒色帯の堆積状況

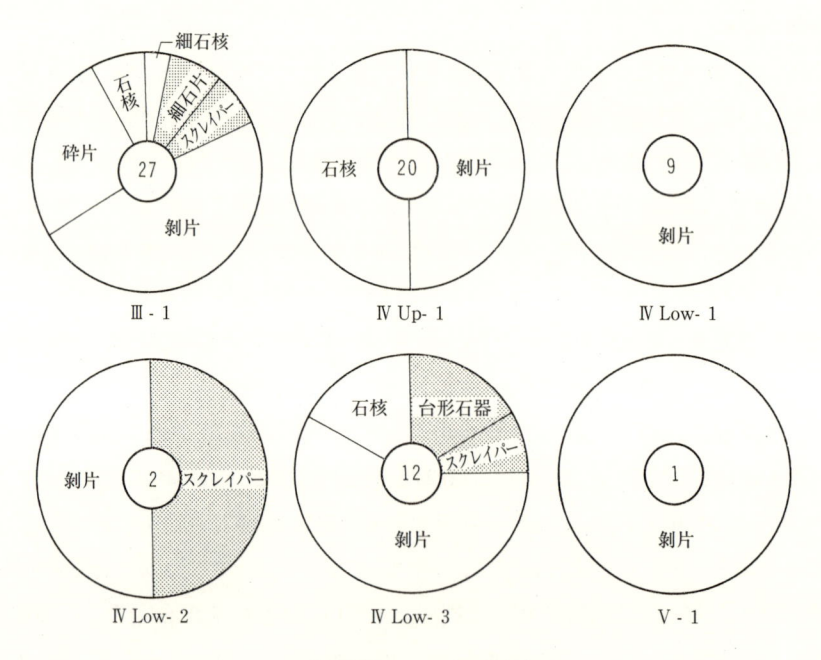

文化層別ユニット内石器組成

図54 ユニット内石器組成と黒色帯の堆積状況

第Ⅲ文化層

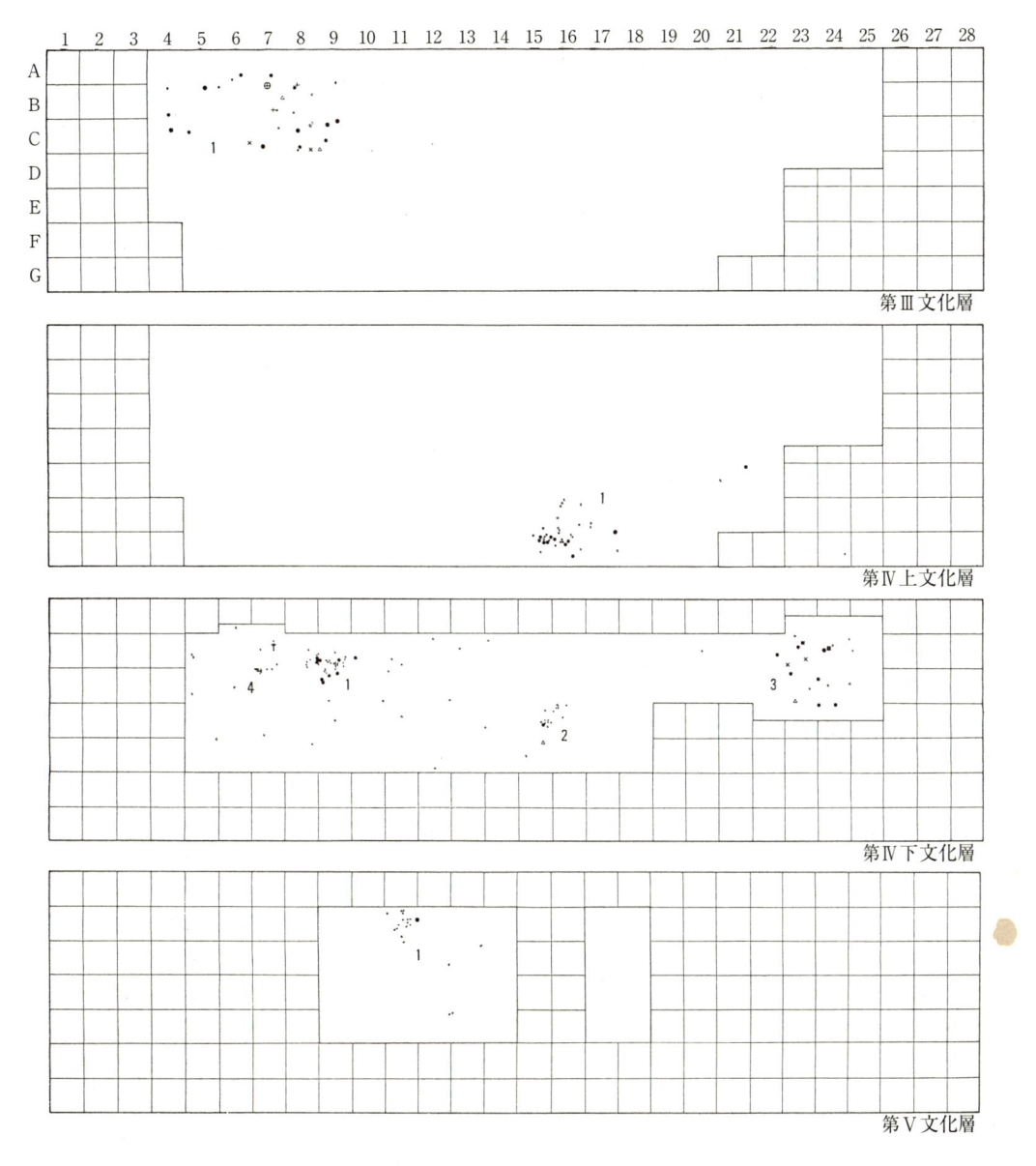

第Ⅳ上文化層

第Ⅳ下文化層

第Ⅴ文化層

⊕細石刃核　　＋細石刃　　■台形石器　　△スクレイパー　　●剝片・砕片　　×石核　　○礫器

図55　各文化層のユニット

ある。たとえば動物を処理した場所、遺物を落としていったような場所がこれに当たり、トランシット・キャンプ（Transit camp）と呼ばれるもの、ある種のワーク・キャンプもこの中に入るであろう。

遺跡内でのこうした分析は、すでに野川遺跡の研究のなかで触れているが、本遺跡に営まれたコンポーネント・タイプ（Component type）は、4枚の文化層とも「タイプ2」の様相をもつことが指摘できるのである。

5. 平代坂遺跡

1 遺　　跡

（1）立　　地

　平代坂遺跡は北緯35度42分、東経139度30分にあり、東京都小金井市前原町に所在する。遺跡は国分寺崖線下を流れる野川に面した武蔵野段丘面に位置する。前面の低地（立川段丘面）はちょうど野川が大きく南に蛇行して崖線から離れていく地点に当たり、海抜約67～69m、現河川との比高は約7mを数える。本遺跡地は、野川流域の一般的な遺跡の立地と同じく「ノッチ」部にあるが、野川との間に比較的広い台地が形成され、崖下の湧水地点が明確ではない。したがって、遺跡としての登録はなかった。

（2）調査経緯

　1971年（昭和46）5月、このノッチを利用した坂道の西側で土地造成工事があり、たまたまこの場所を通った筆者が、道路側に露出したローム崖面から石器を発見した。ただちに小金井市教育委員会に連絡したところ、東京学芸大学の考古学研究会が試掘調査を実施することになった。その結果、この場所が旧石器時代の遺跡であるばかりでなく、数枚の旧石器文化層が存在する大遺跡の可能性が確認された。そして、この場所には会社員寮の建築が計画されていることが判明し、市と東京都との協議により、1971年7月から12月まで、合計5回にわたり緊急発掘調査が実施されたのである（平代坂遺跡調査会1971、小田1973、小田・Keally 1974）。

（3）層位と文化層

　本遺跡は表土から約9mの深さまで発掘され、台地基盤の武蔵野礫層（MG）まで、地質学的区分によって23枚の自然層に識別された。第Ⅰ層は表土攪乱層。第Ⅱ層は黒褐色土層で、縄文時代前・中期の土器と柱穴、土坑が発見された。第Ⅲ層から「立川ローム」で、旧石器文化層に相当する。本遺跡の調査で、この立川ローム層中から、遺構、遺物の集中する生活面が合計8枚（第Ⅲ・Ⅳ上・Ⅳ中・Ⅳ下・Ⅴ・Ⅶ・Ⅸ・Ⅹ層文化）確認された。

（4）成　　果

　発掘は野川に面した「ノッチ」の西側台地を、約800㎡の面積にわたり立川ローム第Ⅹ層の深さまで全掘し、一部、武蔵野ローム層の調査も行った。したがって、この地点に生活した旧石器人集落のほぼ全容が記録されたことになる。とくに、第Ⅹ層文化発見の1点の「スクレブラ」は、今後武蔵野台地最古の石器群の良い目安になる特徴的な石器器種として登場したものである。

　また、自然科学分析が行われ、遺跡復元に必要な数々の新知見が得られた調査でもあった。以下に列挙すると、次の5領域である。

　　①黒曜石の原産地推定・水和層による年代測定（鈴木正男：東京大学）
　　②花粉分析による環境復元（徳永重元：日本肥料研究所）
　　③粘土・鉱物分析（羽鳥謙三：関東第四紀研究会）
　　④炭化物鑑定（亘理俊次：千葉大学）
　　⑤石材鑑定（斉藤靖二：国立科学博物館）

2　遺　　構

　本遺跡で発見された遺構には、石器・剥片類の集合した「ユニット」と、拳大の礫が集合した「礫群」、そして、大形の礫を配置した「配石」が存在している。

　第Ⅲ層文化　　遺構として、ユニットが3ヵ所、その内に礫群1ヵ所、配石1ヵ所が確認される。
　第Ⅳ上層文化　遺構として、ユニットが1ヵ所、その内に礫群1ヵ所が確認される。
　第Ⅳ中層文化　遺構として、ユニットが2ヵ所、その内に礫群1ヵ所が確認される。
　第Ⅳ下層文化　遺構として、ユニットが3ヵ所、その内に礫群1ヵ所が確認される。
　第Ⅴ層文化　　遺構として、ユニットが2ヵ所、単独に石器が確認されただけである。
　第Ⅶ層文化　　遺構として、ユニットが2ヵ所、単独に石器が確認されただけである。
　第Ⅸ層文化　　遺構として、ユニットが3ヵ所確認される。
　第Ⅹ層文化　　遺構として、ユニットが1ヵ所、単独に石器が1点確認されただけである。

3　遺　　物

　各文化層から豊富な石器群が発見された。なかでも第Ⅲ層文化の資料は、わが国の旧石器時代、とくにその終末期の様相を知る上で貴重な発見であった。また、第Ⅹ層文化から出土した1点の「スクレブラ」は、周辺大陸の同時期旧石器・石器群と関連づける資料として、今後、重要な石器になると考えられる。

　第Ⅲ層文化　　石器総数123点。石器器種としては、両面加工尖頭器、ナイフ状石器、彫

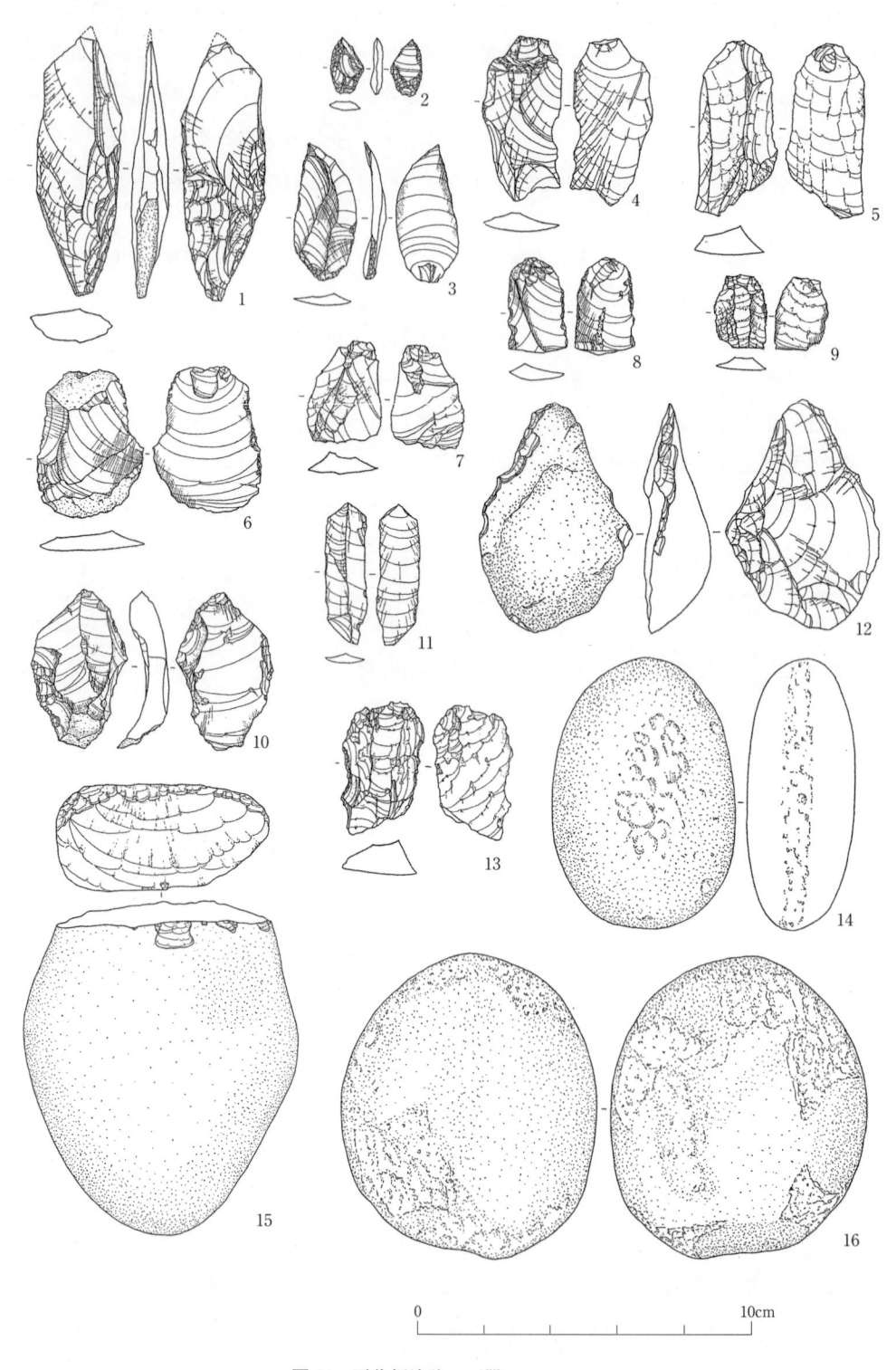

図56 平代坂遺跡の石器（1〜16：Ⅲ）

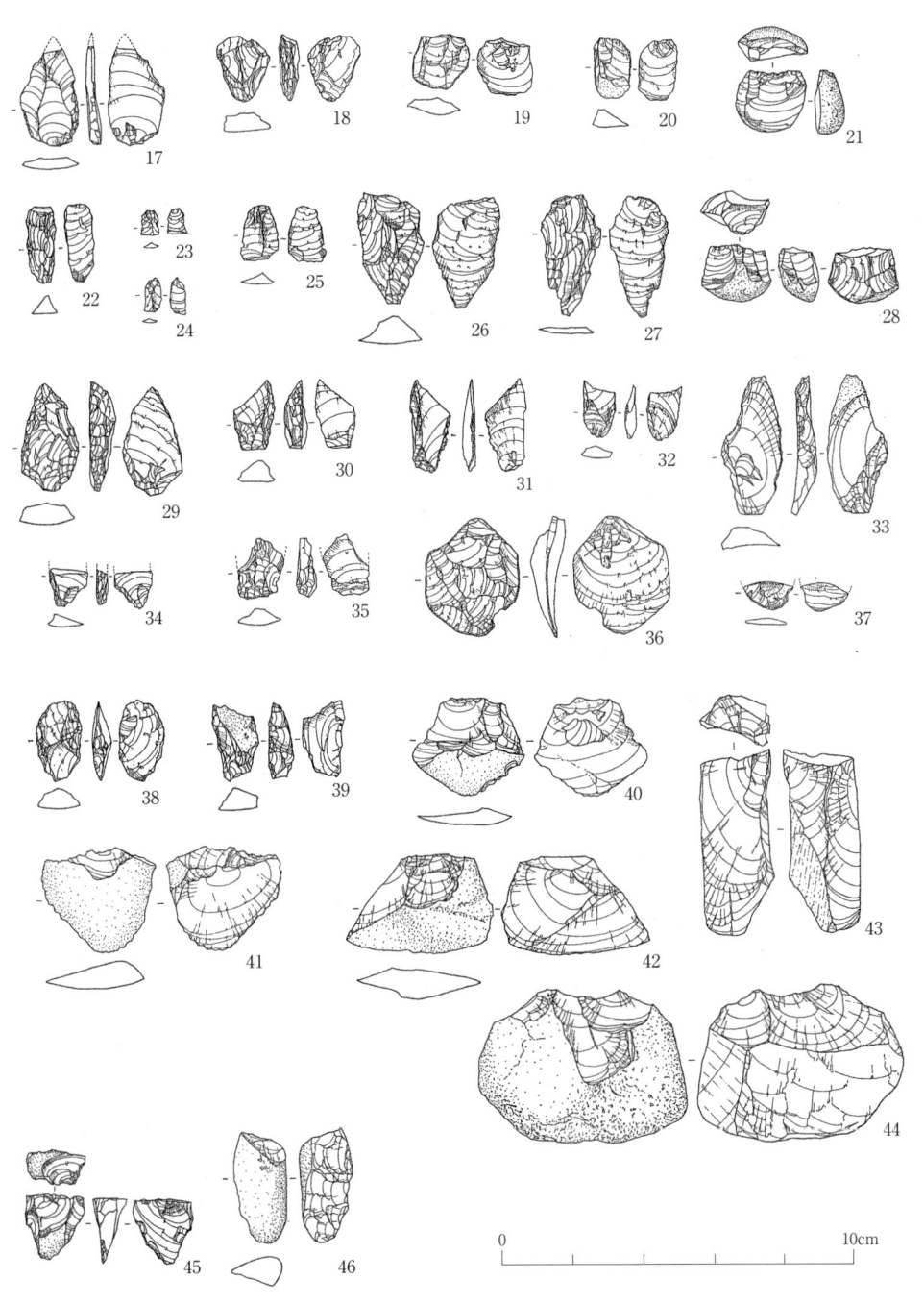

図57 平代坂遺跡の石器 (17〜28：Ⅳ上　29〜37：Ⅳ中　38〜44：Ⅳ下　45・46：Ⅴ)

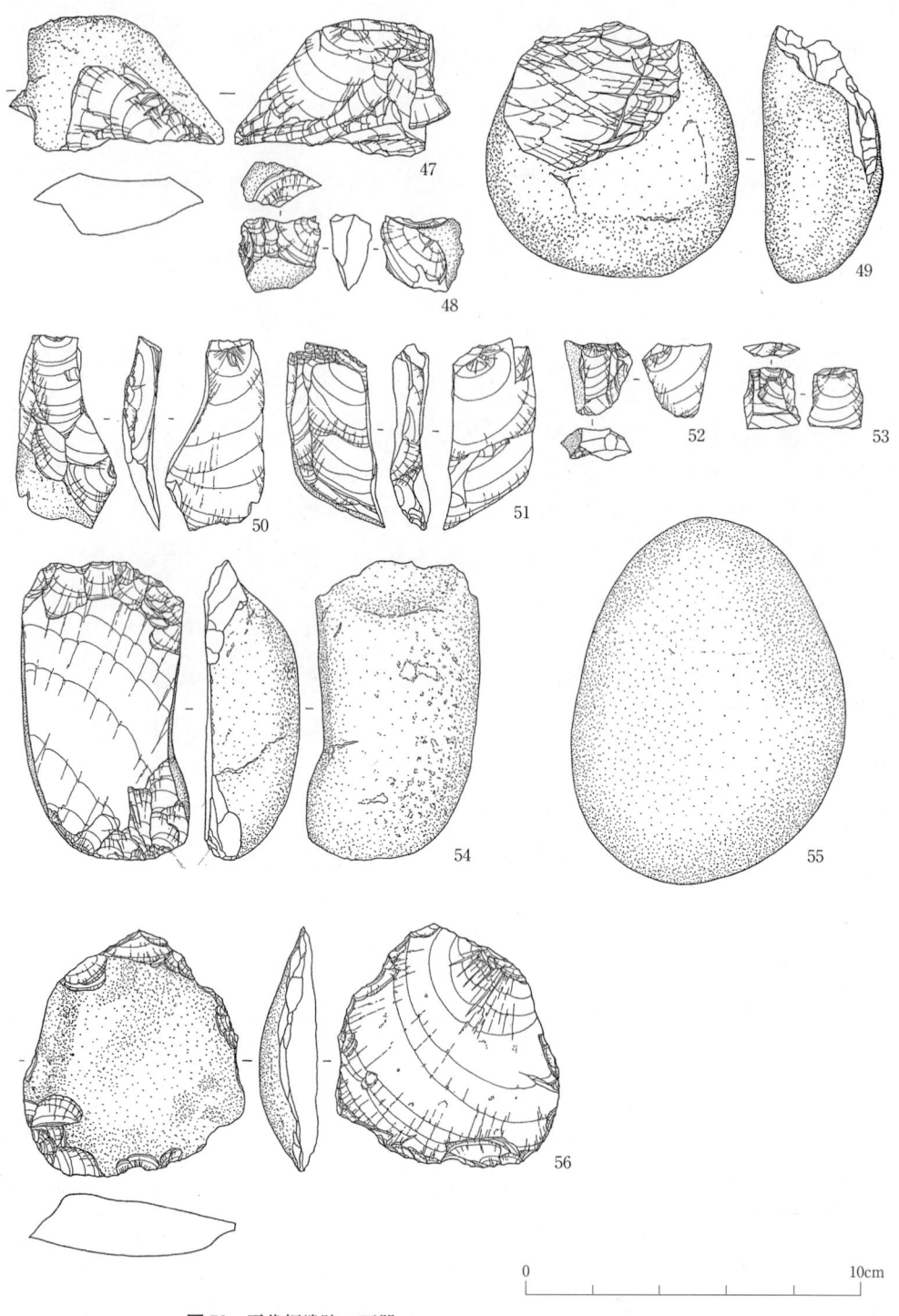

図58 平代坂遺跡の石器 (47〜49：Ⅶ　50〜55：Ⅸ　56：Ⅹ)

器、スクレイパー、礫器、敲石、磨石などである。石材は黒曜石、安山岩が主体をなし、凝灰岩、チャート、花崗岩、砂岩が使用されている。

　第Ⅳ上層文化　　石器総数267点。石器器種としては、ナイフ形石器、台形石器などである。石材には、黒曜石が主体をなし、玉髄、砂岩が使用されている。

　第Ⅳ中層文化　　石器総数59点。石器器種としては、片面加工尖頭器、ナイフ形石器、スクレイパーなどで、石材には黒曜石、チャートが主体をなし、流紋岩、砂岩が使用されている。

　第Ⅳ下層文化　　石器総数102点。石器器種としては、台形石器、スクレイパーなどである。石材には黒曜石、流紋岩が主体をなし、チャート、凝灰岩、砂岩が使用されている。

　第Ⅴ層文化　　石器総数5点。石器器種としては、スクレイパーである。石材には、黒曜石、砂岩が使用されている。

　第Ⅶ層文化　　石器総数5点。石器器種としては、礫器がある。石材には、流紋岩、ホルンフェルスが使用されている。

　第Ⅸ層文化　　石器総数38点。石器器種としては、スクレイパー、礫器、敲石、磨石などがある。石材には、頁岩が主体をなし、黒曜石、凝灰岩、砂岩が使用されている。

　第Ⅹ文化層　　石器総数3点。石器器種としては、スクレブラがある。石材には、砂岩が使用されている。

4　石器群の様相

　武蔵野台地には、現在100ヵ所以上の旧石器時代遺跡と80以上のコンポーネントが確認され、これが4つのフェーズに体系づけられている（小田・Keally 1973）。それによると、フェーズⅠは層準でいくと第Ⅹ～Ⅴ層まで、フェーズⅡは第Ⅳ層、フェーズⅢは第Ⅲ層、フェーズⅣは第Ⅲ層に包含されている石器群に相当する。

　次に、平代坂遺跡で確認された8枚の文化層に見られる石器群について述べてみたい。

(1) フェーズⅣ

　平代坂第Ⅲ層文化　　まず安山岩製の大形両面加工尖頭器と黒曜石製の小形両面加工尖頭器に特徴があり、この両尖頭器は剥片時の一次剥離面を大きく残している。また基部を中心に、剥片の素材を余り変形しない刃潰し加工を施したナイフ状石器がある。剥片は、幅広い縦長例が目立ち、そのいくつかはスクレイパーに加工されている。磨石は、縄文例と同様に礫中央部に浅い窪みが存在し、礫器、敲石等の重量石器が伴っている。

　こうした石器組成は、武蔵野台地の第Ⅲ層文化に共通したもので、すぐ隣の西之台遺跡B地点（小田編1980）の第Ⅲ上層文化にも認められている。

(2) フェーズⅡ

平代坂第Ⅳ上層文化 黒曜石製で、非常に小形の石器群としてその特徴を示している。小形円礫を剥離した拇指状剥片の先端に刃づけしたサム・スクレイパーは、この時期を考える上で、大変重要なものであり、退化した台形石器、基部加工のナイフ形石器もある。そして、剥片には「細石刃」に似たものがあり、石核調整剥片には「舟底形細石刃文化」に伴う稜付剥片が存在している。こうした石器群様相から、「細石刃文化」段階に近い時期と考えられ、ナイフ形石器文化の終末から、細石刃文化への過渡期と位置づけることもできる。

平代坂第Ⅳ中層文化 黒曜石製の片面加工尖頭器と切出状ナイフ形石器、そして、横長剥片製ナイフ形石器、ラウンド・スクレイパーなどがある。片面加工尖頭器は、野川遺跡（小林・小田他1971）では第Ⅳ-2文化層、西之台遺跡B地点（小田編1980）では第Ⅳ中層文化に最古の例が発見されており、本文化層とも出現時期が共通していることがわかる。また、ラウンド・スクレイパーは、この時期より少し古い時期に盛行する型式である。こうしてみると、この文化層は、野川第Ⅱ期の後半期初頭に相当するものと考えられる。

平代坂第Ⅳ下層文化 黒曜石製の2点の台形石器に特徴がある。石材は黒曜石に変わり流紋岩、チャート、凝灰岩、頁岩などの多種になる。石核はあたかも礫器を想起させ、横長の幅広剥片を交互に剥離していくものである。したがって、ナイフ形石器、台形石器などに、横長剥片利用の例が多く認められている。また、同様の剥片剥離技法は、野川遺跡の第Ⅳ-3b・Ⅳ-4文化層の特徴にもなっている。こうして見るとこの文化層は、野川Ⅱ期の前半期に相当するものと考えられる。

(3) フェーズⅠ

平代坂第Ⅴ層文化 単独に黒曜石製の石核利用のスクレイパーと、砂岩製の小礫を打割してスクレイパー・エッジを作出したものである。

資料が限られ、周辺遺跡の文化層との対比はできない。

平代坂第Ⅶ層文化 第Ⅴ層文化と同様に、礫器と剥片が単独出土しただけである。

平代坂第Ⅸ層文化 やや四角い縦長剥片の先端にわずかな加工を施したエンドスクレイパー、片刃礫器、磨石と縦長剥片に特徴がある。同一母岩の剥片類から、この文化層の剥片剥離技術が復元できる。それによるとこの石核は「剥離面打面石核」で、剥離はほぼ直角に転移して有効な大きさ、長さを保持していく方法である。礫器は長方形の転礫を節理面で半割して、長軸の先端に刃づけし、形態があたかも「電気バリカン」状に仕上げられている。同様な礫器は、中山谷遺跡第Ⅸ層文化（Kidder・小田編1975）でも1点発見されており、この時期の示標石器になりうる資料として注目していきたい。

平代坂第Ⅹ文化層 単独に台地傾斜部近くで、礫面を片側に大きく残した1点の特徴的な石器が発見された。この石器は大形の転礫から、直接一撃で剥離された四角い大形剥片である。そして、打点近くを先端として剥片の周縁部をわずかに整形加工して円形の石器として仕上げて

いる。また、この石器の素材を剥離したと考えられる「大形石核」が、すぐ隣の西之台遺跡B地点の第X層文化に存在していた。時期的にも同じなので接合作業を試みたが、残念ながら剥片が、不足していたので直接的には接合できなかった。また、この石器は形態的に群馬県岩宿遺跡第I文化層（杉原1956）から発見され注目された「ハンドアックス・握槌・楕円形石器」などと呼ばれた特徴的な石器とも共通点がありそうである。ソ連（現・ロシア）の旧石器時代石器の中で「Skreblo」と呼称している資料によく似ている。日本でもこうした特徴的な石器を注意していく必要もあり、ここで「スクレブロ」という用語を使用することにしたい。現在、国際基督教大学構内遺跡第15地点（Kidder・小山他1972）の第IX層文化に1点、西之台遺跡B地点の第X層文化に数点、中山谷遺跡の第X層文化に1点、それに板橋区栗原遺跡（小田1976）の第X層文化からは刃部を研磨した例（刃部磨製石斧）も発見されている。こうした事実から、武蔵野台地の立川ローム層最古の段階、年代的に約3万年前後の時期に集中して発見される可能性が大きくなったといえよう。今後も注目を要する石器である。

5　セツルメント・パターンの性格

日本の旧石器遺跡では、縄文時代のような住居址、貯蔵穴、土坑、墓などの確かな遺構の発見は未だない。がそれに代わり、①石器・剥片の集中する地点、②拳大の礫を集めた礫群、③幼児頭大の大形礫を配置した配石、④炭化物片の集中する場所などが確認されている。これらは旧石器集落の復元にとって重要な手掛かりとなる。

野川遺跡では、①をユニット、②を礫群、③を配石として、10枚の文化層について遺跡内の分布状況を考察している（野川遺跡調査会1971、小林・小田他1971）。その結果として、これら相互の遺構は、遺跡（集落）内で独立した存在としてしか認められなかったのである。次の府中市武蔵野公園遺跡（小田・Keally 1973）では、こうしたユニットが各文化層ごとにどの様に遺跡（台地）内に分布しているか、またその内容はどうかという点を考慮して「遺跡の型式」、つまり「コンポーネント・タイプ」が設定されている。

平代坂遺跡では、さらに新しい「ユニット・タイプ」の設定を試み、次のような要素を組み合わせている。それは、

　　1．礫群だけのもの
　　2．石器・剥片類だけのもの
　　3．礫群＋石器・剥片類

この1〜3に対して、

　　a．集中して出土している
　　b．まばらに出土している

場合と、その文化層において、

　　①　数量が多い

②　数量が少ない

が考えられる。これらを基準項目として、本遺跡に確認された8枚の文化層に営まれた、ユニット・タイプを見ていくことにしたい。

（1）　各文化層のユニット

　第Ⅲ層文化　　ユニットは3つある。

　　ユニット1は9×5mの範囲で3－b－①

　　ユニット2は10×6mの範囲で2－b－①

　　ユニット3は8×7mの範囲で3－b－①

　こうした1ユニットの分布が広く、また、まばらな状況で石器器種が豊富なあり方は、この文化期の特徴であり、周辺の同時期遺跡のユニットにも認められている。ここには、集落内での生活のすべての行動が反映されていると考えられる。

　第Ⅳ上層文化　　ユニットは1つである。ユニットの内容は、11×6mの範囲で3－a－1である。こうした1ユニットの分布が広く、かつ石器器種が豊富なあり方は、この文化期にはしばしば認められている。このユニットでは、石器製作と使用、さらに礫群の存在から調理作業も行われていたと考えられる。

　第Ⅳ中層文化　　ユニットは2つある。

　　ユニット1は7×4mの範囲で3－b－②

　　ユニット2は7×3mの範囲で2－b－②

　こうした1ユニットの分布が狭く、かつ石器器種が少ないというあり方は、どの文化期にも存在し特徴にはならない。おそらく、この時期における行動は、ごく短時間の作業、たとえば動物の解体処理などが行われた場所と考えられる。

　第Ⅳ下層文化　　ユニットは3つある。

　　ユニット1は4×4mの範囲で3－a－①

　　ユニット2は範囲不明で1－a－②

　　ユニット3も範囲不明で3－b－②

　本文化層を特徴づけるユニットは1で、分布範囲、石器器種、礫群とすべてがこの地点に集約されている。おそらく、この地点を中心にした集落形成があり、その範囲内で複数のユニットが散在したと考えられる。

　第Ⅴ層文化　　ユニットは2つある。

　　ユニット1は範囲不明で1－b－②

　　ユニット2も範囲不明で1－b－②

　外に別のユニット・タイプがなく、ただ単独に石器だけが発見される遺跡・文化層は珍しくはない。おそらく、行動としては、A．特定の作業が短時間行われた場所、B．この場所を通過した際、石器を落としたなどである。器種からしてともにスクレイパーであり、Bが考えられる。

5．平代坂遺跡　　183

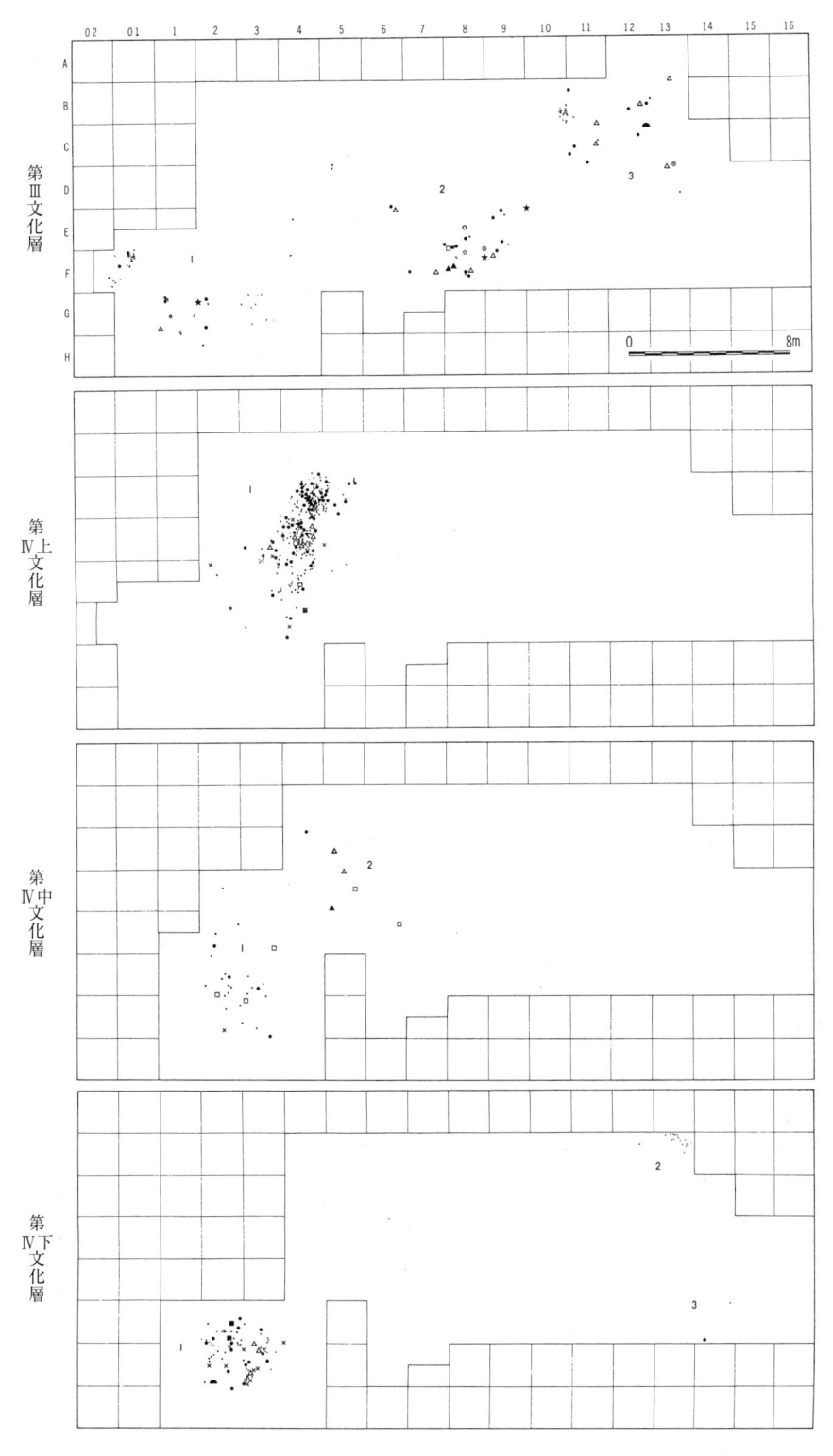

第Ⅲ文化層

第Ⅳ上文化層

第Ⅳ中文化層

第Ⅳ下文化層

図59　平代坂遺跡の文化層ユニット

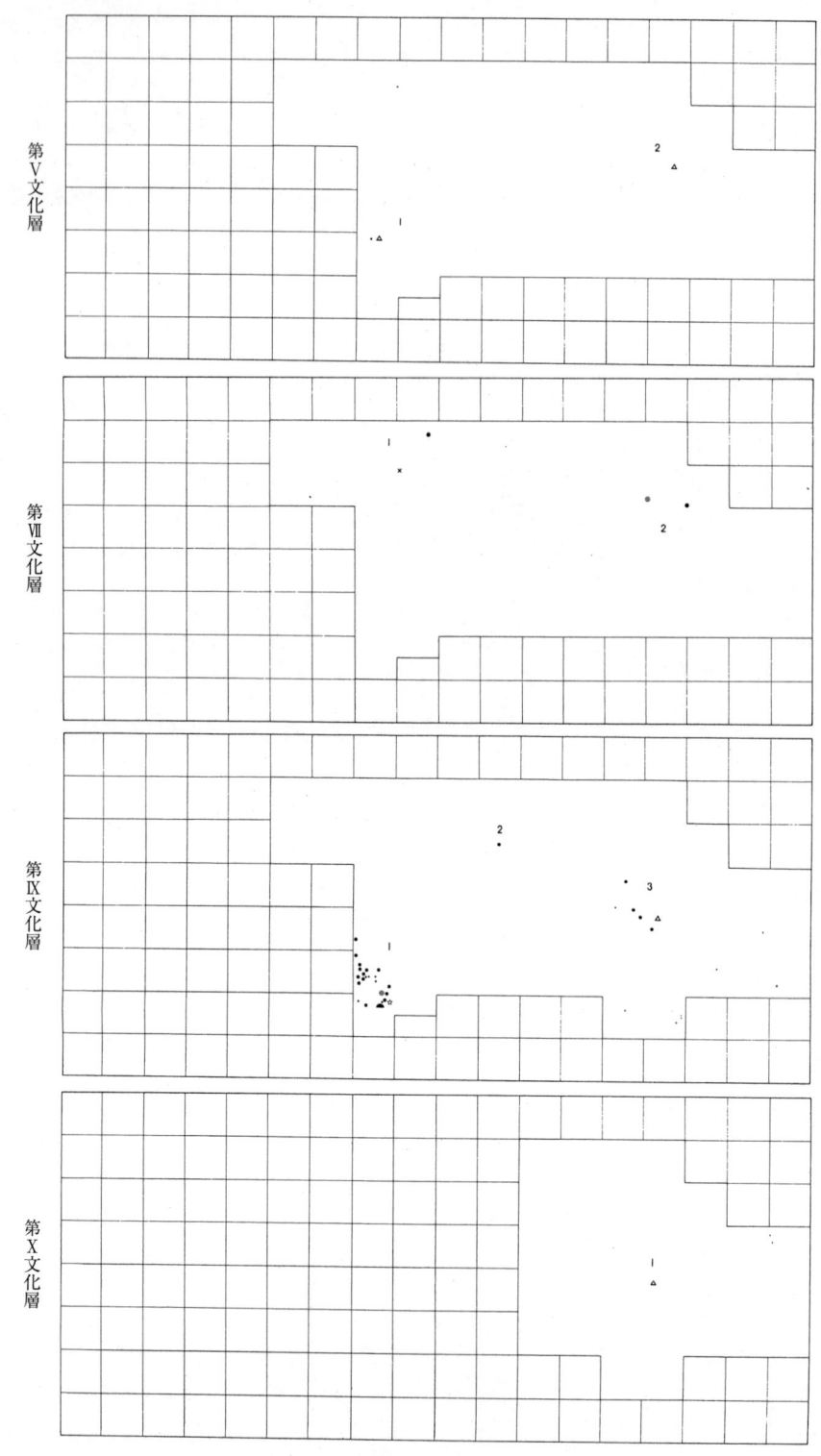

184　第2章　東京地方の遺跡調査

第Ⅴ文化層

第Ⅶ文化層

第Ⅸ文化層

第Ⅹ文化層

図60　平代坂遺跡の文化層ユニット

第Ⅶ層文化　　ユニットは2つある。
　　ユニット1は範囲不明で1-b-②
　　ユニット2も範囲不明で1-b-②
　本文化層のユニットは、第Ⅴ層文化と同じ理解である。ただ、石器器種が剥片と礫器であり、別の作業内容が考えられる。
　第Ⅸ層文化　　ユニットは3つある。
　　ユニット1は4×2mの範囲で2-a-①
　　ユニット2は範囲不明で2-b-②
　　ユニット3は3×2mの範囲で2-b-①
　ユニット1は、もう少し西側に分布が広がる可能性があるが、分布、石器器種、礫群とすべてがこの地点に集約されている。第Ⅳ下層文化同様に、この地点を中心にした複数ユニットの散在が認められる。
　第Ⅹ層文化　　ユニットは1つである。ユニットは範囲不明で1-b-2である。
　本文化層のユニットも、第Ⅴ・Ⅶ層文化と同じ理解である。ただ、石器器種が「スクレブラ」という特殊な石器であり、また石器の状況は相当使用して磨耗していることから、この場所にたんに廃棄したとは考えられない。憶測が許されるのであれば、1.何らかの遺構の中に埋納されていたもの、2.本当に落としていったものなどが考えられる。その場合、1であれば、ローム中の遺構の存在に気づかなかったことになる。

（2）　平代坂遺跡ユニットの特徴
　平代坂遺跡で確認されたユニットは、発掘面積が小規模な割には、周辺遺跡と比べてもそれほど見劣りしない内容を持っている。まず第Ⅲ層文化は、武蔵野台地では西之台遺跡B地点とともに重要な発見であり、3単位のユニット構成は、ヨーロッパやソ連（現・ロシア）の後期旧石器集落と何か似ているようである。第Ⅳ上層文化は、今まで知られていなかった石器群であり、ナイフ形石器文化から細石刃文化への移行期を探る上で、誠に貴重な資料である。第Ⅳ中・Ⅳ下層文化は、周辺と共通したユニット規模・状況である。第Ⅴ・Ⅶ層文化も、周辺遺跡でも単独出土例が多く、この時期の拠点的な遺跡確認が求められている。第Ⅹ層文化は、石器の類似から西之台遺跡B地点と同じ集団であることがわかる。おそらく、西之台が拠点地で、この平代坂地点に何らかの用件で訪れ、石器を残したとも、考えられよう。

6　黒曜石の原産地と年代測定

　平代坂遺跡発見の黒曜石製石器について、鈴木正男（当時・東京大学）によって黒曜石の原産地および石器製作年代測定が行われている（Suzuki 1973、小田・Keally 1974：31-33）。原産地につい

ては、晶子形態法、フィッション・トラック法による噴出年代とウラン濃度の測定、および放射化分析を併用している。石器製作年代については、黒曜石水和層年代測定法を用いている。

黒曜石の分析は、まずフィッション・トラック測定で、その黒曜石の噴出年代を知ることから始まる。次に原産地の黒曜石測定データと、このフィッション・トラック検査を行った遺跡出土の黒曜石製石器の結果を照合し、原産地ごとに黒曜石をカットし、その水和層の厚さを測定しグラフ化する。この場合、遺跡で焼けた黒曜石はその焼けた時点の年代がフィッション・トラック検査で出るので、その黒曜石の厚さが基準になって、それより厚い薄いで年代のスケールが算出できるのである。こうして、原産地ごとの基準検量線ができあがり、その線上へ遺跡出土の黒曜石製石器の分析結果を当てはめれば、その年代が判明することになる。

平代坂遺跡では、第Ⅲ・Ⅳ上・Ⅳ中・Ⅳ下・Ⅸ層文化の黒曜石製石器について測定を実施している。

(1) 原産地推定

第Ⅲ層文化　3点の分析資料の内訳は、箱根産0点、上多賀・鍛冶屋産3点、神津島産0点、霧ガ峰0産点、和田峠0点であった。

第Ⅳ上層文化　29点の分析資料の内訳は、箱根産21点、上多賀・鍛冶屋産8点、神津島産0点、霧ガ峰0産点、和田峠0点である。

第Ⅳ中層文化　4点の分析資料の内訳は、箱根産0点、上多賀・鍛冶屋産4点、神津島産0点、霧ガ峰0産点、和田峠0点である。

第Ⅳ下層文化　11点の分析資料の内訳は、箱根産8点、上多賀・鍛冶屋産3点、神津島産0点、霧ガ峰0産点、和田峠0点である。

第Ⅸ層文化　9点の分析資料の内訳は、箱根産6点、上多賀・鍛冶屋産3点、神津島産0点、霧ガ峰0産点、和田峠0点である。

各文化層ともに箱根系の黒曜石であった。また、第Ⅸ層文化における黒曜石の出土は貴重であり、その産地が内陸部の信州系ではなく、太平洋岸の箱根系であったことも、初期旧石器人の列島内での移住経路などを知る上で重要な知見であった。

(2) 年代測定

第Ⅲ層文化　黒曜石の水和層測定は、10,300±950 y.B.P. である。
第Ⅳ上層文化　黒曜石の水和層測定は、13,100±900 y.B.P. である。
第Ⅳ中層文化　黒曜石の水和層測定は、14,300±1,400 y.B.P. である。
第Ⅳ下層文化　黒曜石の水和層測定は、17,100±500 y.B.P. である。
第Ⅸ層文化　黒曜石の水和層測定は、25,200±800 y.B.P. である。

平代坂遺跡の黒曜石水和層測定の結果は、武蔵野台地、相模野台地での測定結果と一致している（鈴木1971、Suzuki 1973）。また、第Ⅸ層（第Ⅱ黒色帯下部）文化の年代は少なく貴重である。

さらに、この立川ローム第Ⅱ黒色帯の年代は、世田谷区成城の露頭での^{14}C 年代、24,960±900 y.B.P.（松井他 1968）がよく知られ、この年代値とよく整合していることも理解された。

6. 仙 川 遺 跡

1 遺　　跡

(1) 立　　地

　仙川遺跡は北緯35度40分、東経139度35分にあり、東京都調布市仙川に所在する。遺跡は小金井市貫井北町に水源をもつ仙川流域にあり、丁度京王線仙川駅の北東台地上に立地する。海抜約47〜48m、現河川との比高は約5mを数える。

　本遺跡は北西から流れてくる仙川が、大きく南に蛇行する部分に突き出た舌状台地の中央部に位置する。武蔵野台地の遺跡の多くは、こうした台地の両側縁に形成された「ノッチ」部と関わり、そのノッチ部を利用しながら、歴史時代の遺跡が街道をなしている。また、ノッチ下には、現在においても湧水地点が存在している。

(2) 調査経緯

　本遺跡は旧甲州街道と烏山ハイウェイによって分断された三角形地帯にある。発見の契機は、この道路工事で露出していたローム層断面で、当時、東京都調布市野川遺跡の調査員をしていた白石浩之が、黒曜石製のエンドスクレイパーと剥片を採集し、同じ調査員をしていた筆者に見せたことに始まる。1971年（昭和46）東京都文化課は、緊急に破壊される遺跡のリストにこの仙川遺跡を加え、1972年2月に確認調査を行った結果、旧石器時代の良好な遺物包含層が存在していることが判明し、1972年（昭和47）5月、東京都教育委員会の第1回緊急調査として、発掘調査が実現したのである（小田・宮崎・Keally編 1974）。

(3) 層位と文化層

　本遺跡は表土から約4mの深さまで発掘され、地質学的区分によって10枚の自然層に識別された。第I層は表土黒色土層で、古墳時代後期の住居址が1軒確認された。第II層は黒褐色土層で、弥生時代後期、縄文時代前期の土器・石器等が発見された。第III層から「立川ローム」に入り、このローム層は旧石器文化層に相当する。本遺跡では、このローム中に遺構・遺物の集中する生活面が合計3枚（第III・IV・V層文化）確認された。

　発掘は仙川に面した舌状台地のやや奥の平坦中央部で、両道路で挟まれた約400㎡の面積にわ

第Ⅲ層文化石器の深さと重さの関係　　　　　　　　第Ⅲ層文化石器の深さと大きさの関係
図61　層位と文化層

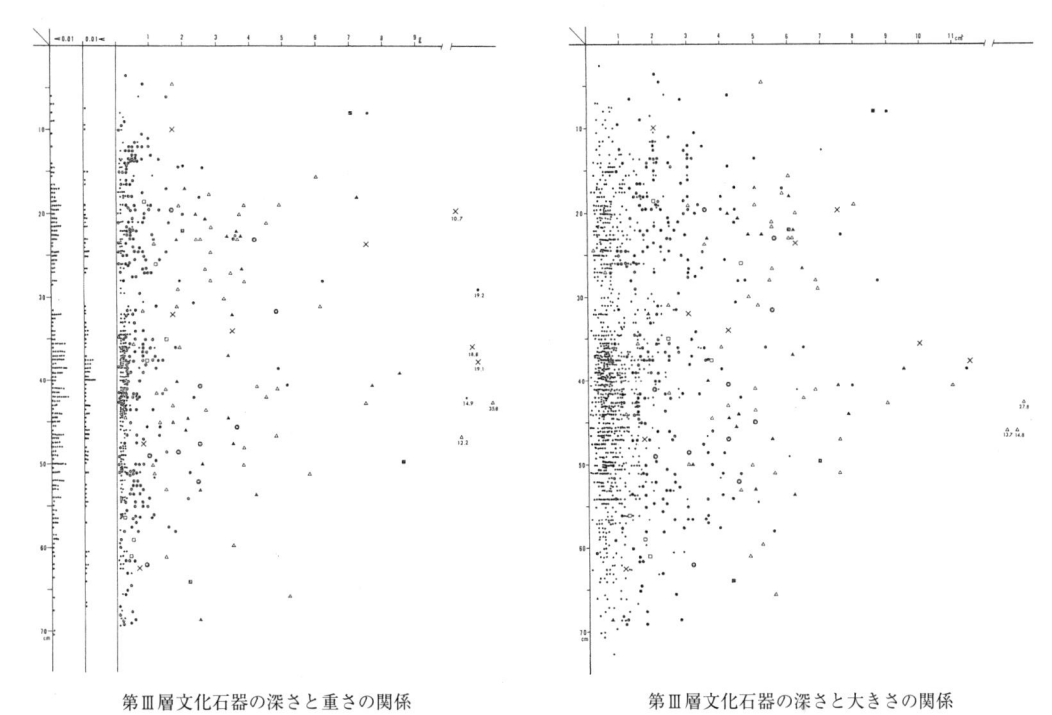

たり、一部立川ローム第Ⅹ層の深さまで発掘した。しかし、仙川遺跡の地形はもう少し台地先端にまで続いており、おそらく、より古期の旧石器文化層は、河川に直接面した先端部に位置している可能性が大きいと考えられる。

（4）成　果

まず、立川ローム最上部に堆積している所謂「ソフトローム（第Ⅲ層）」中における遺物のあり方について、地質学的な検討とともに詳細な遺物出土状況の分析が行われた。その結果、当時の生活面は、重量や大きさのある遺物の分布レベル、および礫群など遺構の発見面に位置づけられることが判明し、これは遺物出土レベルの「ヴィーナス曲線」と呼ばれるカーブの極大値のやや下側にあることが判明した。

次に本調査は、旧石器時代における黒曜石分析（原産地推定、黒曜石水和層年代測定）を主題に調査研究が進められ、本遺跡の調査員であった鈴木正男・小野昭によって、本格的に実施された。結果は、第Ⅲ・Ⅴ層文化はともに信州産で、年代は 12,700±500 y.B.P.（第Ⅲ層文化）、19,400 y.B.P.（第Ⅴ層文化）であった。

2　各文化層の遺構

発見された遺構は、石器・剥片の集中部（ユニット）と拳大の礫を集めた小規模の礫群である。

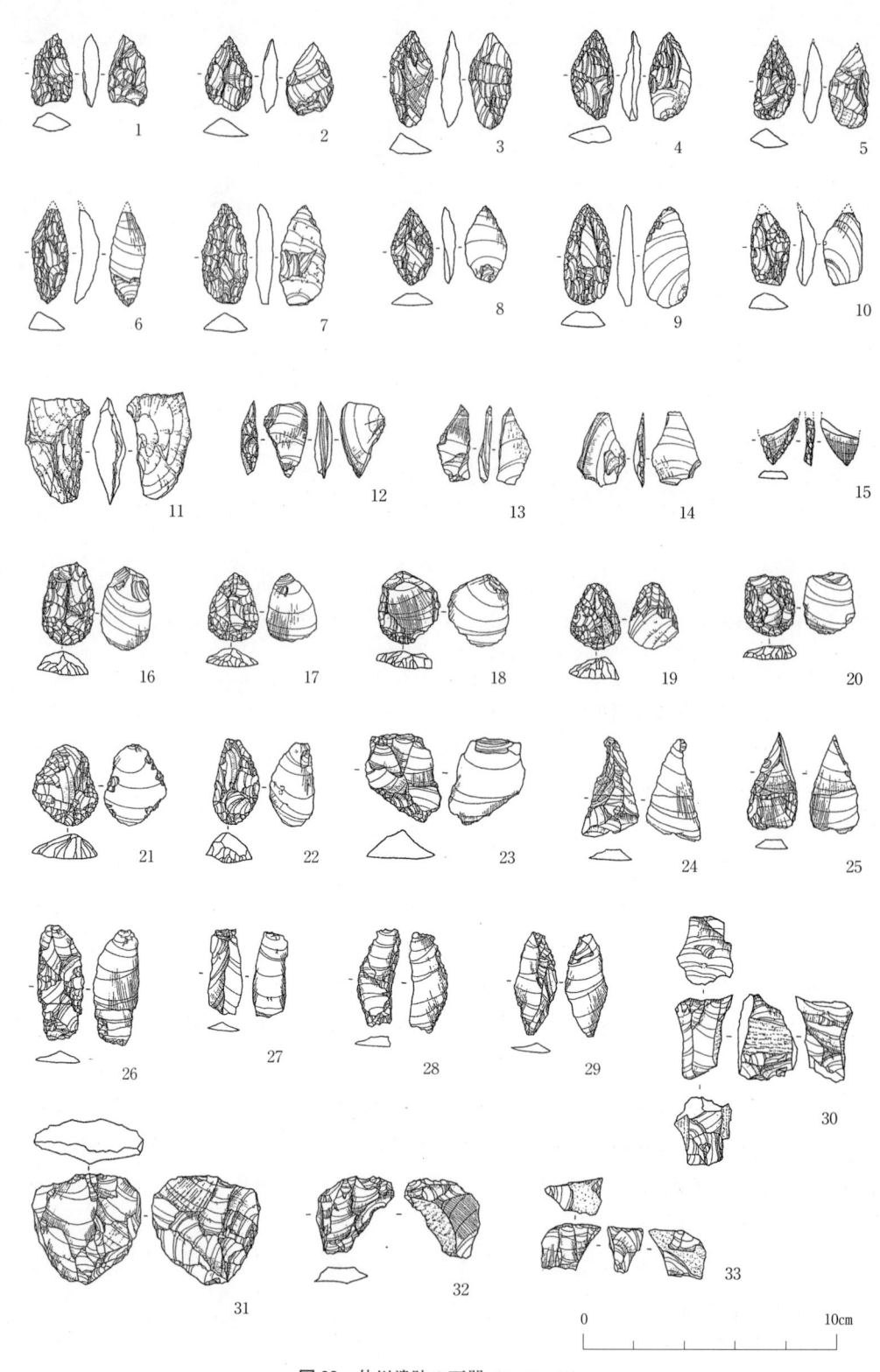

図62　仙川遺跡の石器（1〜33：Ⅲ）

本遺跡で注目される遺構は、南関東地方の「ポイント文化」の基準資料と考えられ、第Ⅲ層文化の豊富な石器組成を持った「1つのユニット」である。

- 第Ⅲ層文化　遺構として、ユニットが1ヵ所、さらに、小規模であるが礫群も1ヵ所確認された。
- 第Ⅳ層文化　遺構として、ユニットが1ヵ所（F型、単独出土）確認された。
- 第Ⅴ層文化　遺構として、ユニットが1ヵ所（F型、単独出土）確認された。

3　各文化層の遺物

第Ⅲ層文化の石器群は、南関東地方の「ポイント文化」を追究する上で、示準的資料として貴重な発見であった。とくにその豊富な石器組成は、ポイント文化の内容を考える上で重要な視点を提供している。

- 第Ⅲ層文化　石器総数2,074点、礫231点。石器器種としては、両面加工尖頭器、片面加工尖頭器、台形状石器、ナイフ状石器、縦形掻器、スクレイパー、敲石等である。石材は黒曜石を主体にして、チャート、安山岩、頁岩、玉髄、粘板岩、凝灰岩、フォルンフェルス、砂岩を使用している。
- 第Ⅳ層文化　石器総数1点。石器器種としては、石刃である。石材は、凝灰岩を使用している。
- 第Ⅴ層文化　石器総数2点。石器器種としては、ナイフ形石器、石刃である。石材は、黒曜石、チャートを使用している。

4　仙川ポイント文化の様相

いわゆる「ソフト・ローム」と呼ばれる立川ローム最上部の軟質部に包含されていた石器群である。ユニットは1つで2,305点、黒曜石を主体にしている。石器組成はポイント、トラピーズ、ナイフ形石器、エンドスクレイパーに特徴を持っている。それに多くの不定形スクレイパー、フレイク、多量のチップがある。石器組成を以下に述べる。

ポイント（尖頭器）　大きく両面加工と片面加工例に分けることができる。片面加工例は剥片の整形の仕方で、①剥片を縦に利用し、その形状を良く生かしたもの、②剥片を横に利用したものがある。①の中には打面を下にしたものと打面が上にあったものに細分できる。

形態はそのほとんどが似ており、やや細身例と中央が膨らみ菱形を呈するもの、下ぶくれなどの特徴がある。大きさはほぼ2.5〜3.5cmの長さに集中し、幅は1.5cm前後が多く、次に2.0cm、2.5cmとなる。この数値からほぼ画一化されたポイントが作られていたことがわかる。

トラピーズ（台形石器）　特徴としては打面が必ず残されていることが挙げられる。石核から剥片が剥離された段階で、すでに打面部はトラピーズの一測辺として考えられ、剥片の先端を僅

かに整形し完成させているのである。終末期トラピーズの特徴かもしれない。

　ナイフ形石器　　トラピーズ同様、終末期ナイフ形石器の様相を示し、急斜な刃潰し加工は見られない。やや特徴的ものとして25の例がある。おそらく、切出状に先端はなるのであろうが、茎部は尖らせてあり刃潰しもしっかりしている。他の例は剥片のごく一部に、スクレイパーエッジと異なる加工があるので、ナイフ形石器として登録したが、真正のバックドブレイドというには、ほど遠い観がするものである。

　エンドスクレイパー（縦型掻器）　本文化層を特徴づける石器にポイントとこのエンドスクレイパーがある。部厚い縦長剥片の先端に樋状剥離を施し、スクレイパーエッジを作出し、縁辺をよく整形している。大きさは2.2～3.0cmの長さと、1.7～2.4cmの幅に集中する。形状からはやや長めのもの、拇指状、鼻形、に分けられる。こうした小形エンドスクレイパーの伴出が、この時期に見られたことは、今後の文化層対比に重要な意味を持つと思われる。

　スクレイパー（削器）　　エンドスクレイパーの他に、剥片の一部にスクレイパーエッジを作出したものが数多くある。縦長の整った剥片の一部に加工したもの、やや不揃いの縦長剥片製、横長剥片製などに分けられる。これらは用途としてナイフ的作業、つまり切ったり削ったりしたものと考えられる。

　コアー（石核）　　剥片類に対しコアーは少ない。残っているものは、ほとんど剥離不可能な段階にまでいたっている。大きく分けると両面石器状になっているものと、普通の石核形態例とがある。石核をほとんど潰してしまうということは2つの場合が考えられる。1つは時期的なもの、あるいは癖などによる場合ともう1つは石材の関係である。この2者のうち後者と考えられよう。

　フレイク（剥片）　　フレイクは大きく縦長例と不定形例に分けられ、縦長例には一般的な長さ幅を有するものと、非常に細かく小さいものとがある。この両者はおそらく、剥片剥離作業の過程のまだ石核が大きい段階の剥片と、だんだん小さくなってきた時の剥片の違いであり、別に意識的なものではなさそうである。

　チップ（砕片、細片）　　本遺跡からは2,030点にのぼるチップが出土している。このおびただしい量のチップは、大きく3段階位の大きさに分けることができる。まず第1は長さ1.5～2.0cm、幅1.5～1.8cm前後の比較的大きい例と、第2は長さ1.0～1.5cm、幅1.2～1,5cm前後のやや小さい例、第3は長さ、幅ともに1.0cm以下のものである。この3者の相違はポイント、エンドスクレイパーの製作過程で主に生じたものであろうが、剥片から完成した姿に仕上げる整形段階では、第3番目のチップが関係するだけで、1・2の例は当てはまらない。こうした大形のチップが取られる製品、たとえば大型ポイント等が作られ、持ち出されている可能性があるのか、それとも、まったく別の意味で生じるチップなのか今後検討してみたい。

6. 仙川遺跡　*193*

台形石器

スクレイパー

◎ 搔器　△ その他

ポイント

ナイフ形石器

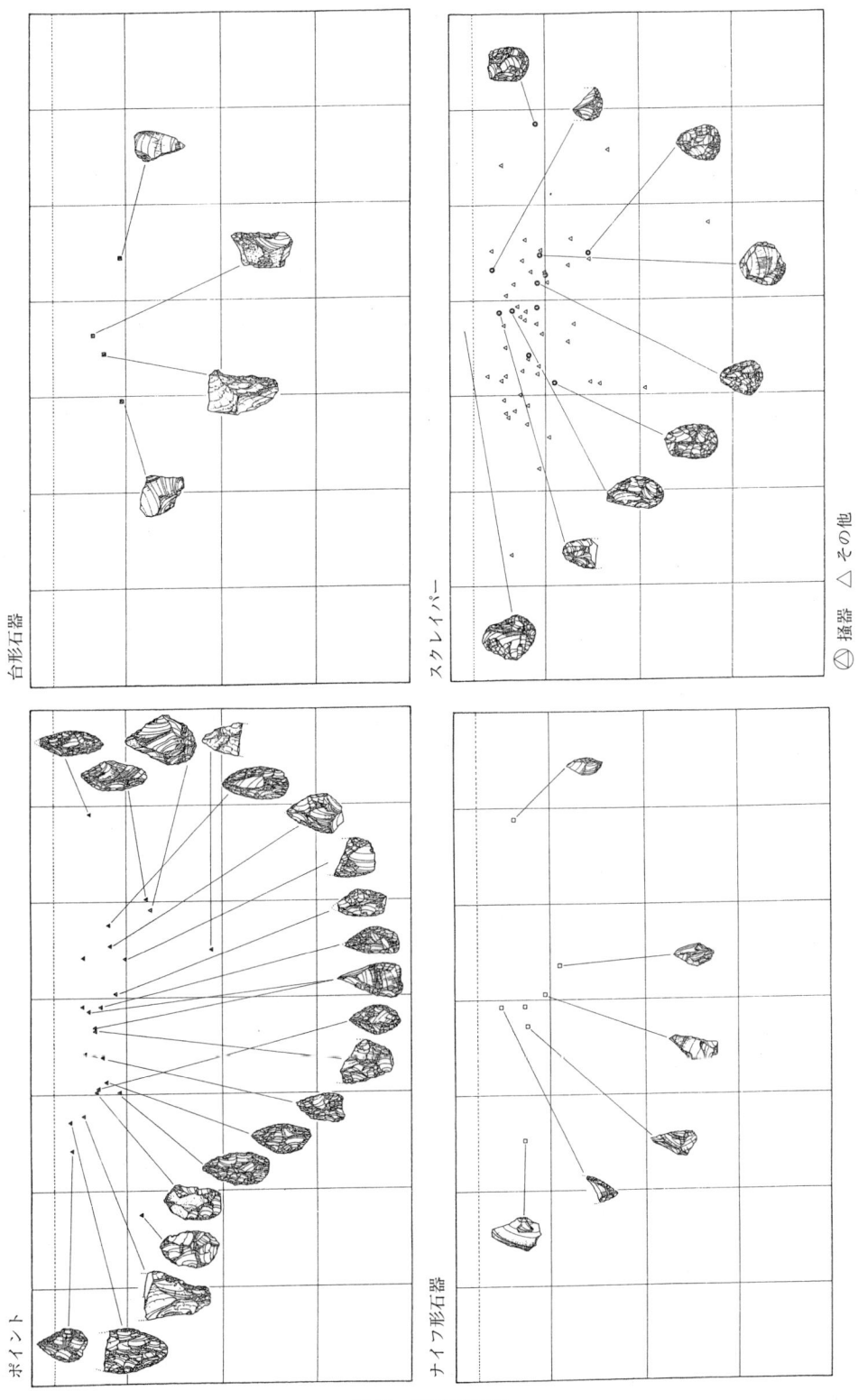

図63　器種別分布

5　セツルメント・パターンの性格

　旧石器時代の遺跡の場合、石器、剥片類などが単独に、または集中して出土し、それに礫群、配石などが加わって発見される。こうしたあるまとまりを持つ部分を一般的に「ブロック」、「グループ」とか呼称している。筆者らは新たに「ユニット」という表現を用い、ある行動パターンを抽象し概念化する試みを実施した（野川遺跡調査会編1971、小林・小田他1971、小田・Keally 1973）。

　ユニットの分析は、そこに表わされた人間の行動を、残された遺物の種類や出土状態を通し復元することにある。したがって、ユニットは出来るだけ精密に調べ把握することが大切である。仙川遺跡の場合、とくに第Ⅲ層文化のユニットが内容も豊かで点数も多い。この仙川遺跡の例をとって分析してみることにする。

　第Ⅲ層文化にはユニットが1つしか発見されなかった。やや台地の奥で平坦部に位置しており、北側を烏山ハイウェイで少し削られ、ユニットのすべては掘り出せなかった。しかし、分布を見るかぎりでは、このユニットの大半は把握されたといえるであろう。ユニット規模は約10×6mで、石器類は2,074点、焼礫は231点、内訳はポイント23、トラピーズ4、ナイフ形石器7、エンドスクレイパー11、スクレイパー44、パウンディングストーン1、フレイク264、チップ1,708、コアー13点である。

　まず初めにユニット内の器種別分布を摘出し、器種間の関わりを調べてみよう。

　ポイント、トラピーズ、ナイフ形石器はやや近接した部分に重なって発見されている。スクレイパーはやや広い分布を示しているが、フレイクとチップはややずれる。チップが、A'—8区に集中の中心があるのに対し、フレイクはA'—8区の東側からA'—9区の西側にある。コアーはフレイク、チップの中心よりやや東南A—9区に多い。このわずかなズレは面白い。礫群と礫のあり方は石器類のように集中はしないが、万遍なく出土しているようで、その礫の多くは壊れた焼礫である。1ヵ所A'—9区東側に、まばらな拳大礫が平面的に出土した。いわゆる礫群が存在していた。この礫群中に、礫が焼けているものと同時に、焼けていない石器（パウンディングストーン）が1点横たわっていた。

　次に接合例を見てみよう。黒曜石の場合、母岩別分類がなかなか難しい。したがって接合も困難をきわめるが、11例が接合した。平面的接合関係より、深さによる接合資料の方が面白い事実を提供した。それは後述するが、この第Ⅲ層ユニットの場合、遺物の深度別点数を調べると中間部に少なく、上と下に分離してしまうので、最初は2つの文化層の重複かと考えていた。しかし、礫群、層の検討を重ねるうちに自然現象によって分離したことが判明した。この1文化層である根拠の1つにこの接合例の垂直的分布が挙げられる。スクレイパーとコアーが接合した深さの幅は、60cmもあり相当大きな遺物の移動がうかがえる。

　接合関係と意味合いが同じものに母岩別分布がある。これは肉眼で原石の個体を識別して行くものである。黒曜石は前にも述べたように困難であるが、他の石材は慣れると割に正確にいく。

遺物を分類するとき、最初はこの母岩別にして、それらとユニット、器種、深さの関係を調べていく。これはとくに重複遺跡における文化層分離に有効な手段となる。本遺跡では難しい黒曜石を除いて、全石材についてこれを試みた。石材は9種類、母岩類は18個体であり、平面的分布ではとくに変わった所はない。

6　「ソフトローム」中の遺物の出土状況

　この第Ⅲ層文化のユニットが、前述したように垂直的遺物分布で、2枚の文化層の重複ではないかと疑った。この疑問をここで検討して解いてみることにしたい。石器・礫の深さと出土量を示すと、約30cm深度あたりに遺物の少なくなるようすがうかがえる。上層から下層に向かって遺物の深度カーブ（ヴィーナス曲線と呼ばれる）を引くと、この部分でくびれることがわかる。発掘作業中にはこの点に関してとくに問題にはならなかったが、セクション図の作成段階で、ソフトローム（第Ⅲ層）部にハードロームブロックがレンズ状に入っている状況が看取された。また、多くの遺物は、この区に集中して発見されていた。したがって、深度グラフのくびれ部はこのハードロームブロック（第Ⅳ層）が反映したことになる。つまり、第Ⅳ層がソフトローム中に厚く存在したことにより、その部分の石器出土量が減少したものと考えられる。

　一方、遺物が約65cm前後の深度幅を持って出土する事実について、どのような解釈ができるのであろうか。野川遺跡のハードローム部では約30cm単位で文化層が重複していた。その他の遺跡でも、20～30cm前後のバラツキが観察されている。としても、仙川遺跡の1文化層遺物の出土幅は異常ともいえる。ここでソフトロームの分析を述べこの問題について考えてみたい。

　ソフトロームは地質学者によって、ハードロームの膨軟化したもの（松井1971）とも、ローム再堆積層（羽鳥1971）ともいわれている。第Ⅲ層と第Ⅳ層の境は激しい凹凸の不連続面になっている。簡単な言葉で表現すれば、「ハードロームがガサガサに千切られている感じ」である。このことから、地質学者がいうように再堆積の可能性もあるが、むしろ膨軟化した部分が多いと考えられる。このように非常に不安定な包含部に位置している遺物であるから、おそらく自然的要因によって、大きく動かされたものと思われる。しかし、あまりに動きが大きいので別の観点から少し考察してみた。まず、深さと石器の大きさ（縦×横）、重さから検討するとこの第Ⅲ層ユニット本来のレベルは、ヴィーナス曲線で石器の極大値が約35～40cm深度、礫（とくに礫群は生活面を良く示していることが多い）は約40～48cm深度であることから、40～45cm前後にあると推察される。

　次に、この生活面レベルを基準にして、大きさと重さの違いで石器がどう浮いたり沈んだりするかを観察して見ると、大きくそして重量のある石器は生活面か、それより上面に浮く傾向があるようだ。これは礫群がよく原位置を保ち、むしろ上方にバラツキがあるのと一致するが、これは霜柱と関係するものと思われる。東京都比丘尼橋遺跡では礫群より5cm程遺物（石器類）が浮いて発見されたという（我孫子1971）ことも、これを証明している。遺物の出土状態と層の問題

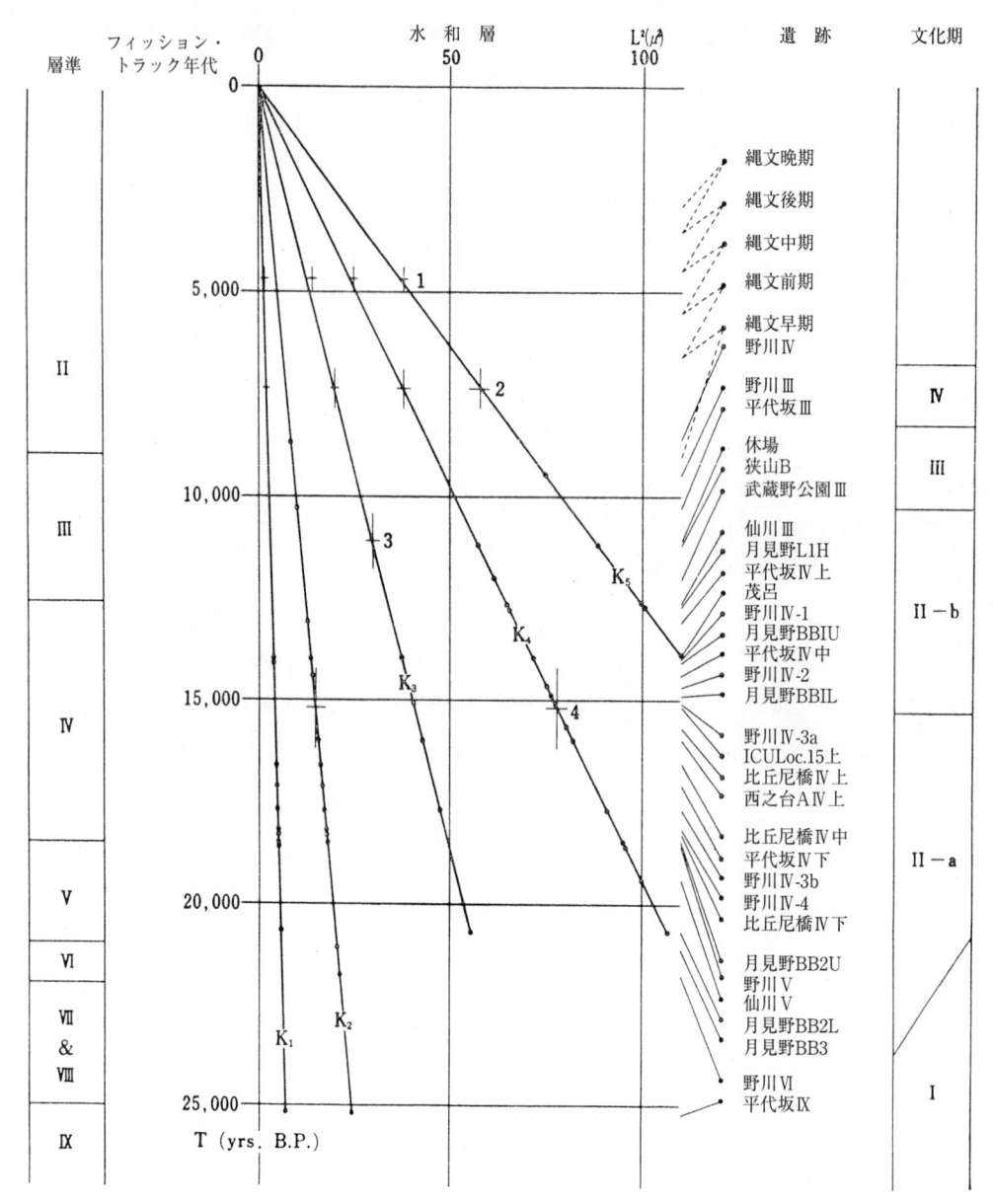

図64 南関東旧石器時代遺跡のフィッション・トラック年代を基準にした黒曜石水和層年代

（とくにソフトローム）は今後も考察していかねばならない課題である。

7 黒曜石の原産地推定・年代測定

　仙川遺跡発見の黒曜石製石器について、調査員の鈴木正男、小野昭によって黒曜石の原産地および石器製作年代測定が行われている（Suzuki 1973）。原産地については、晶子形態法、フィッション・トラック法による噴出年代とウラン濃度の測定および放射化分析を併用し、石器製作年

代については、黒曜石水和層年代測定法を用いている。

(1) 原産地推定
A. 晶子形態法
この方法で鈴木正男は、周辺の黒曜石原産地の晶子形態を調べ、

① 小深沢（和田峠露頭群）は、繊維状の微晶が連なった速珠状晶子が特徴
② 星ヶ塔（霧ヶ峰露頭群）は、微球体晶子がかなりの密度で観察される
③ 大石川（八ヶ岳露頭群）は、長柱状微晶が流理構造をなしている
④ 砂糠崎（神津島露頭群）は、長柱状微晶と黒色不定形晶子の組み合わせ。ときには、長柱状微晶の中心に1〜2個の微球体がある
⑤ 上多賀（箱根系）は、長柱状微晶と星型針状晶子の組み合わせ
⑥ 畑　宿（箱根系）は、密度の小さい大型長柱状晶子と、気泡が特徴
⑦ 芦ノ湯（箱根系）は、さまざまな大きさの黒色不定形晶子が特徴

以上7つに分類している（Suzuki 1973）。

仙川遺跡出土の黒曜石に見られる代表的な晶子形態は、微球体晶子がかなりの密度で観察（②霧ケ峰露頭群）されるものと、繊維状晶子に微晶が連なった速珠状晶子が特徴（①和田峠露頭群）の2種類が判定された。

B. フィッション・トラック法
この方法で鈴木正男は、周辺の黒曜石原産地の晶子形態を調べた。

① 十勝（北海道）は、1.65 ± 0.15 m.y.B.P.・ウラン濃度 3.1 ± 0.2 ppm である
② 和田峠（信州系・長野県）は、0.85 ± 0.09 m.y.B.P.・ウラン濃度 6.8 ± 0.3 ppm である
③ 霧ヶ峰（信州系・長野県）は、1.30 ± 0.10 m.y.B.P.・ウラン濃度 3.2 ± 0.2 ppm である
④ 畑宿（箱根系・静岡県）は、0.12 ± 0.03 m.y.B.P.・ウラン濃度 0.6 ± 0.04 ppm である
⑤ 砂糠崎（神津島系・東京都）は、0.07 ± 0.01 m.y.B.P.・ウラン濃度 1.6 ± 0.2 ppm である
⑥ 姫島（九州・大分県）は、0.34 ± 0.05 m.y.B.P.・ウラン濃度 1.4 ± 0.2 ppm である
⑦ 腰岳（九州・佐賀県）は、2.80 ± 0.20 m.y.B.P.・ウラン濃度 4.1 ± 0.3 ppm である

仙川遺跡の黒曜石はフィッション・トラック法で、霧ケ峰産の 1.3 ± 0.1 m.y.B.P.・ウラン濃度 3.2 ± 0.2 ppm と、和田峠産の 0.85 ± 0.09 m.y.B.P.、ウラン濃度 3.8 ± 0.3 ppm が測定されている。

(2) 黒曜石水和層年代
黒曜石の水和速度は、化学組成によって大幅に変化する。化学組成は各産地内でほぼ一様であると仮定すれば、産地推定の結果は水和速度を推定する示標となる。

鈴木正男は、関東・中部地方遺跡出土の黒曜石製石器を分析する中で原産地を、

① 箱根系（YS）

②箱根系（OS）
③神津島と浅間山系
④和田峠と霧ヶ峰系
⑤同定できず不明産地

の5本の線（K1～5）として区分している。

　仙川遺跡の黒曜石産地推定の結果、霧ガ峰産と和田峠産と判定されたので、Suzuki 1973の式④（和田峠と霧ヶ峰系）を使用して、水和層年代を算出している。

(3) 結　果

　仙川遺跡第Ⅲ層文化　　1ユニットから2,074点の黒曜石製石器が出土した。
　80点の分析資料の内訳は、箱根産0点、上多賀産0点、神津島産0点、霧ケ峰産64点、和田峠16点であった。黒曜石の水和層測定は、12,700±500 y.B.P. であった。この年代は、ナイフ形石器文化の最終末期の値としては、少し新しい値であった。
　仙川遺跡第Ⅴ層文化　　本文化層から1点の黒曜石製石器が出土した。この1点の分析資料の結果は、霧ケ峰産であった。黒曜石の水和層測定は、19,400 y.B.P. であった。立川ローム第Ⅰ黒色帯の年代は、東京都世田谷区成城でのC-14測定で17,000±400 y.B.P.（松井他1968）と出されている。この年代と成城の年代には、2,000年以上のギャップがあるが、この程度の誤差はローム層中の年代には多く認められている事象である（町田・宮崎1971）。

7. 西之台遺跡B地点

1 遺　　跡

（1）立　　地

　西之台遺跡B地点は北緯35度42分、東経139度31分にあり、東京都小金井市中町に所在する。遺跡は武蔵野台地の西南縁、多摩川に接した国分寺崖線上に沿って東流する野川に臨む北側の武蔵野段丘上に立地する。海抜約66m、現河川との比高は約18mを数える。この国分寺崖線上の遺跡の特徴は、多くの場合「ノッチ」と呼ばれる湧水地点を挟んだ窪み部の両袖を中心に半月形に形成される。

　本遺跡のノッチと湧水地は、野川流域でも比較的規模の大きい部類に入り、近年（1960年後半頃）までワサビ田として利用されていた。また東側崖下には、「小金井」の名称の由来になった湧水（小金を生んだ泉）が存在する。

（2）調査の経緯

　本遺跡は1953年（昭和28）頃から野川上流域の遺跡分布調査していた吉田格により発見され、ノッチを挟んで西側をA・C地点、そして東側をB地点と命名された。1955、1957、1965年、吉田によりB地点の小規模発掘が行われた（吉田1957）。

　1963年（昭和48）に、このB地点周辺の宅地化が急速に進み、この場所に銀行と住宅施設の建設が計画され、この開発を知った筆者が、小金井市教育委員会に通報するとともに東京都文化課でも協議し、同年8月に試掘調査が行われ、縄文時代から旧石器時代にかけての多文化層遺跡であることが判明し、引き続き9月から11月まで本格調査が実施された。さらに、1964年3月から12月まで、隣接地の開発に伴う発掘調査が同じ組織で行われた。こうしてB地点は、合計5次にわたる緊急発掘調査が連続して実施されたのである（小田編1980）。

（3）層位と文化層

　本遺跡は表土から約9mの深さまで発掘され、台地基盤の武蔵野礫層（MG）まで、地質学的区分によって20枚の自然層に識別された。第I層は表土攪乱層。第II層は黒褐色土層で、上部には弥生時代の土器片が、中部から下部にかけては縄文時代後期から草創期まで各型式の縄文土器

と炉穴、土坑、集石等が発見された。第Ⅲ層からが「立川ローム」で、旧石器文化層に相当する。この立川ローム層中に、遺構、遺物の集中する生活面が合計13枚（第Ⅲ上、Ⅲ中、Ⅲ下、Ⅳ上、Ⅳ中、Ⅳ下、Ⅴ上、Ⅴ下、Ⅵ、Ⅶ、Ⅸ、Ⅹ上、Ⅹ中層文化）確認された。

発掘は崖線に突き出た「ノッチ」東側先端部のほぼ中心地域、約1,700㎡の面積を立川ローム第Ⅹ層の深さまで全掘し、一部、武蔵野ローム層の調査も行った。したがって、この地点に生活した旧石器人集落のほぼ全容が記録されたことになる。

（4）成　果

また多くの自然科学的・人文科学的分析が行われ、遺跡復元に必要なかずかずの新知見が得られた調査でもあった。以下にその内容の概略を紹介する。

① 花粉分析（徳永重元・日本肥糧株式会社）
② 粘土・鉱物分析（羽鳥謙三・関東第四紀研究会）
③ ローム・パイプの分析（C.T.Keally・上智大学）

1957年東京都保谷市溜淵遺跡（榎本1960）の旧石器時代包含層から、土器のような粘土製容器状遺物が発見されたことがある（榎本1958）。この資料は自然科学者によって分析されたが、人工物としての根拠は確認されなかった（榎本・松井1962）。これはローム層中に、植物の茎・根、モグラの穴、蟻の坑道などの空間部に水による褐鉄鉱が付着し、あたかも土器状容器の呈をなしたものと思われる。本遺跡では、このローム・パイプの謎を解決させるべく理化学分析学者の協力を得て検討した。各文化層で、こうしたローム面の異質部分が観察され、それは平面からは単なる円形が基本であったが、双眼鏡のように2つが連なった例も存在する。断面形は垂直なもの、曲がったものなど不揃いで、パイプのように筒形である。溜淵遺跡で検出されたような一方が丸まった例は、本遺跡では確認できなかった。

④ 炭化物分析（森井美智子、庄司太郎・国際基督教大学）
⑤ 黒曜石の原産地推定と水和層による年代測定（鈴木正男・東京大学）
⑥ C-14年代測定（J.E.Kidder・国際基督教大学）

旧石器時代第Ⅸ層文化（立川ローム第Ⅱ黒色帯）で検出された大形炭化物片が、アメリカ・アイソトープ研究所で測定された。

第Ⅸ層文化　　24,740±1,330 y.B.P.（I-8,794）。

2　各文化層の遺構

本遺跡で発見された遺構には、石器・剥片類の集合した「ユニット」と、拳大の礫が集合した「礫群」、そして大形礫を配置した「配石」が存在している。礫群は多くの文化層に存在し、とくに「野川Ⅰ期」と呼ばれた立川ローム第Ⅴ層（黒色帯Ⅰ）以下に確認された事実は重要であった。

つまり、礫群の起源は、日本列島に登場した旧石器時代人が既に保有していた調理施設であり、礫群の出自系統、さらに日本人の源流を考える上で大きな収穫であった。

また、本遺跡では礫群の認定基準についても詳細に検討した。それは確実に発掘時点で礫群と判別できる集合状況を呈する資料と、現場でバラ礫として登録し整理の段階で礫群の可能性が出てきた場合とである。本来は礫群として存在していたものが、二次的に拡散してしまった資料などがこれに当たる。あまり拡大解釈しては危険であるが、ここでは、バラ礫の一部を「拡散礫群」としてカウントした。配石についても、同じ状況が考慮している。

第Ⅲ上層文化　　遺構としてのユニットのまとまりは認められず、礫群が5ヵ所（4ヵ所は拡散礫群か）、配石が1ヵ所確認された。

第Ⅲ中層文化　　遺構として、ユニットが1ヵ所、礫群3ヵ所（すべて拡散礫群か）が確認された。

第Ⅲ下層文化　　遺構として、ユニットが1ヵ所、礫群5ヵ所（4ヵ所は拡散礫群か）が確認された。

第Ⅳ上層文化　　遺構として、ユニットが5ヵ所、礫群4ヵ所（3ヵ所は拡散礫群か）が確認された。

第Ⅳ中層文化　　遺構として、ユニットが3ヵ所、礫群6ヵ所（3ヵ所は拡散礫群か）が確認された。

第Ⅳ下層文化　　遺構として、ユニットが6ヵ所、礫群30ヵ所（12ヵ所は拡散礫群か）が確認された。

第Ⅴ上層文化　　遺構として、ユニットが1ヵ所、礫群2ヵ所が確認された。

第Ⅴ下層文化　　遺構として、ユニットが3ヵ所、礫群3ヵ所（2ヵ所は拡散礫群か）が確認された。

第Ⅵ層文化　　遺構として、ユニットが3ヵ所、礫群3ヵ所（2ヵ所は拡散礫群か）が確認された。

第Ⅶ層文化　　遺構として、ユニットが3ヵ所、礫群3ヵ所（拡散礫群か）確認された。

第Ⅸ層文化　　遺構として、ユニットが1ヵ所、礫群2ヵ所（拡散礫群か）、配石が2ヵ所確認された。

第Ⅹ上層文化　　遺構として、ユニットが1ヵ所、礫群2ヵ所（拡散礫群か）が確認された。

第Ⅹ中層文化　　遺構として、ユニット（単独に石器が）が1ヵ所確認された。

3　各文化層の石器群様相

各文化層から発見された石器に基づいて、石器組成の時代的変遷を知る手掛かりが得られた。つまり、本遺跡で確認された層位的な特定器種の時期的変遷は、日本列島で発見されている各地石器群の様相を良く反映していたのである。

傾向として第Ⅲ上文化層には、チョッパーと大型ポイントが特徴的に出土し、野川Ⅲ期の石器群にあたる。第Ⅲ中層文化には、この地方では遺跡数の少ない「細石刃文化」が確認されている。第Ⅳ上・中・下層文化は、「ナイフ形石器」を特徴的とする石器文化であり、Ⅳ中層文化に小型ポイントが出現している。またナイフ形石器が、第Ⅴ・Ⅵ・Ⅶ・Ⅸ層にもさかのぼって発見され、ナイフ形石器の初出期がさらに古く位置づけられた。第Ⅹ上・中層文化は、礫器、錐状石器、不定形剥片を持つ、現在、日本列島で確認される最古の石器文化の1つである。

　第Ⅲ上層文化　　石器総数94点、礫237点。石器器種は両面加工の大型ポイントとチョッパー、磨石に特徴がある。大型幅広の剥片、石核があり、組成は単純で石材は安山岩、チャート、砂岩、凝灰岩が主である。

　第Ⅲ中層文化　　石器総数600点、礫93点。石器器種は、鏃形石器（石鏃）、小形両面ポイント、細石刃、細石刃核、スクレイパー、磨石、剥片、石核などである。石材は黒曜石（95%）が主体をなし、安山岩、チャートである。

　第Ⅲ下層文化　　石器総数116点、礫162点。石器器種としては、スクレイパー、幅広縦長剥片、礫器に特徴がある。石材は黒色安山岩、硬質頁岩が主になる。

　第Ⅳ上層文化　　石器総数1,450点、礫201点。石器器種は、ナイフ形石器を主体にしてスクレイパー、磨石、礫器が伴っている。石材は安山岩、チャート、粘板岩が主体である。

　第Ⅳ中層文化　　石器総数232点、礫879点。石器器種としては、小形尖頭器3点があり、その1点は両面加工例である。ナイフ形石器は多数存在し、ゴロゴロ石器も1点出土している。石材は黒曜石を主体に、流紋岩、砂岩、安山岩である。

　第Ⅳ下層文化　　石器総数945点、礫2,845点。石器器種としては、ナイフ形石器、台形石器、ゴロゴロ石器、錐、スクレイパー、磨石、礫器など各種がある。石材は凝灰岩を中心に安山岩、チャート、黒曜石、砂岩、流紋岩など多種類である。

　第Ⅴ上層文化　　石器総数9点、礫94点。石器器種としては、磨石のみである。石材はすべて安山岩である。

　第Ⅴ下文化層　　石器総数21点、礫326点。石器器種としては、ナイフ形石器、スクレイパー、磨石、台石、礫器である。石材は砂岩、黒曜石、チャート、頁岩である。

　第Ⅵ文化層　　石器総数92点、礫459点。石器器種としては、ナイフ形石器、スクレイパー、磨石、台石、礫器である。石材は流紋岩、黒曜石、凝灰岩、頁岩である。

　第Ⅶ層文化　　石器総数90点、礫84点。石器器種としては、ナイフ形石器、錐、スクレイパー、礫器である。石材は凝灰岩、安山岩、チャート、流紋岩、黒曜石である。

　第Ⅸ層文化　　石器総数64点、礫200点。石器器種としては、ナイフ形石器、台形石器、スクレイパー、礫器である。石材は流紋岩、安山岩、チャート、頁岩、黒曜石、粘板岩である。

　第Ⅹ上層文化　　石器総数227点、礫218点。石器器種としては、錐、スクレイパー、磨石、台石、礫器である。石材はチャートを主体にして、安山岩、粘板岩、砂岩、凝灰岩である。

　第Ⅹ中層文化　　石器総数2点、礫20点。石器器種としては、小形礫器（チョッピング・トゥ

ール) と剥片である。石材はともに凝灰岩である。

4 石器群の様相

(1) 旧石器時代第I文化期

　本遺跡は現在、武蔵野台地で確認される最古の文化期である。立川ローム第X層から第V層下部にかけて包含されている。この文化期に統合される文化層は、第X中層文化から第V下層文化までである。この文化期石器群の最大の特徴は、石器の多くが石核や大形剥片を素材としていることである。石核や分厚な剥片を素材とした斧形石器、とくに刃部磨製石斧はこの時期に多出する。つまり、この文化期は各種石核石器と、より貧弱な剥片石器類とに特徴づけられるが、さらに、この文化期を3つの亜文化期に細分することができる。

　旧石器時代第Ia亜文化期　　立川ローム第X層中部から上部にかけての層準が相当する。本遺跡では、第X中・X上層文化がこの段階である。大形剥片、石核を利用した礫器類と、小形の剥片石器に特徴がある。前者には、大型母岩を直接打割し、節理面で剥落した礫面付きの大形で厚い剥片を利用した「スクレブラ」が存在している。また板状の扁平礫を使用し、先端部を中心に両刃礫器に仕上げたものもある。

　旧石器時代第Ib亜文化期　　立川ローム第X層上部から第VII層下部にかけての層準が相当する。本遺跡では、第IX層・VII層文化がこの段階である。

　旧石器時代第Ic亜文化期　　立川ローム第VII層上部から第V層下部にかけての層準が相当する。本遺跡では、第VI層・V下層文化がこの段階である。

(2) 旧石器時代第II文化期

　立川ローム第IV層下部から第III層下部にかけての層準が相当する。この文化期に統合される文化層は、第V上層文化から第III下層文化までである。この文化期の石器素材の特徴は、各種剥片、石刃類の製作に多面調整打面石核が利用される頻度が高いことである。これを裏づける資料として、打面再生剥片が多く存在している。石器組成としては、細石刃石器群以外のすべての器種、つまり尖頭器、ナイフ形石器、台形石器、彫器、錐と各種スクレイパー (掻器、削器、ノッチ) などである。

　第II文化期は、第IIa・IIb亜文化期に細分できる。

　旧石器時代第IIa亜文化期　　立川ローム第V層上部から第IV層下部にかけて認められる。本遺跡では、第V上層・第IV下層文化が相当する。石器の素材としては、剥片の出現頻度が高い。中でも横形剥片はこの文化期の特徴である。石器の組成は、磨石、ゴロゴロ石器、錐、ベック、掻器の出現頻度が高くナイフ形石器は横形剥片を利用する例が多い。

　旧石器時代第IIb亜文化期　　立川ローム第IV層中部から第III層下部にかけて認められる。本遺跡では、第IV中層・第IV上層・第III下層文化が相当する。石器の素材としては、石刃の

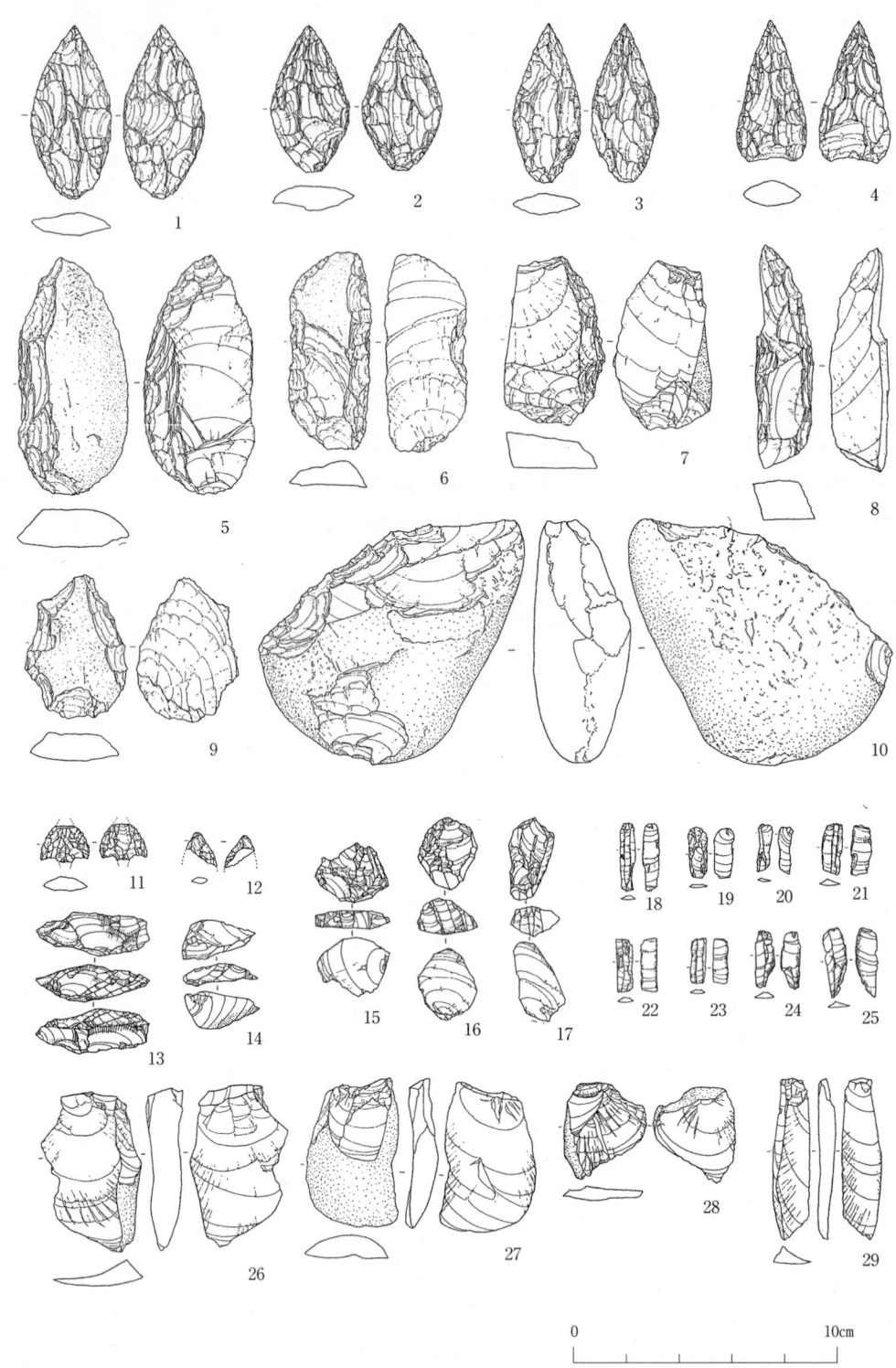

図65　西之台遺跡B地点の石器（1～10：Ⅲ上　　11～25：Ⅲ中　　26～29：Ⅲ下）

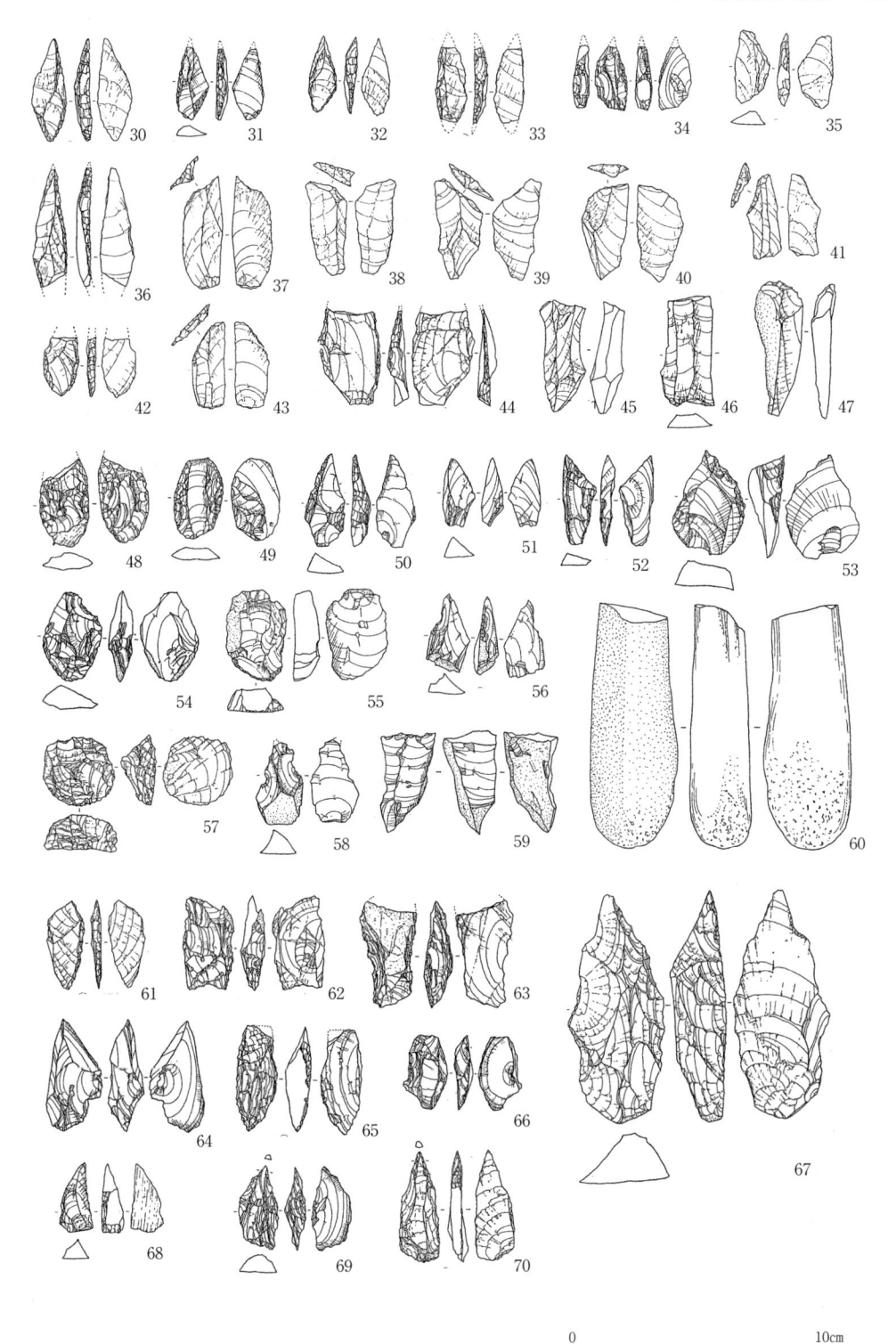

図66 西之台遺跡B地点の石器 (30～47：Ⅳ上　48～60：Ⅳ中　61～70：Ⅳ下)

206　第2章　東京地方の遺跡調査

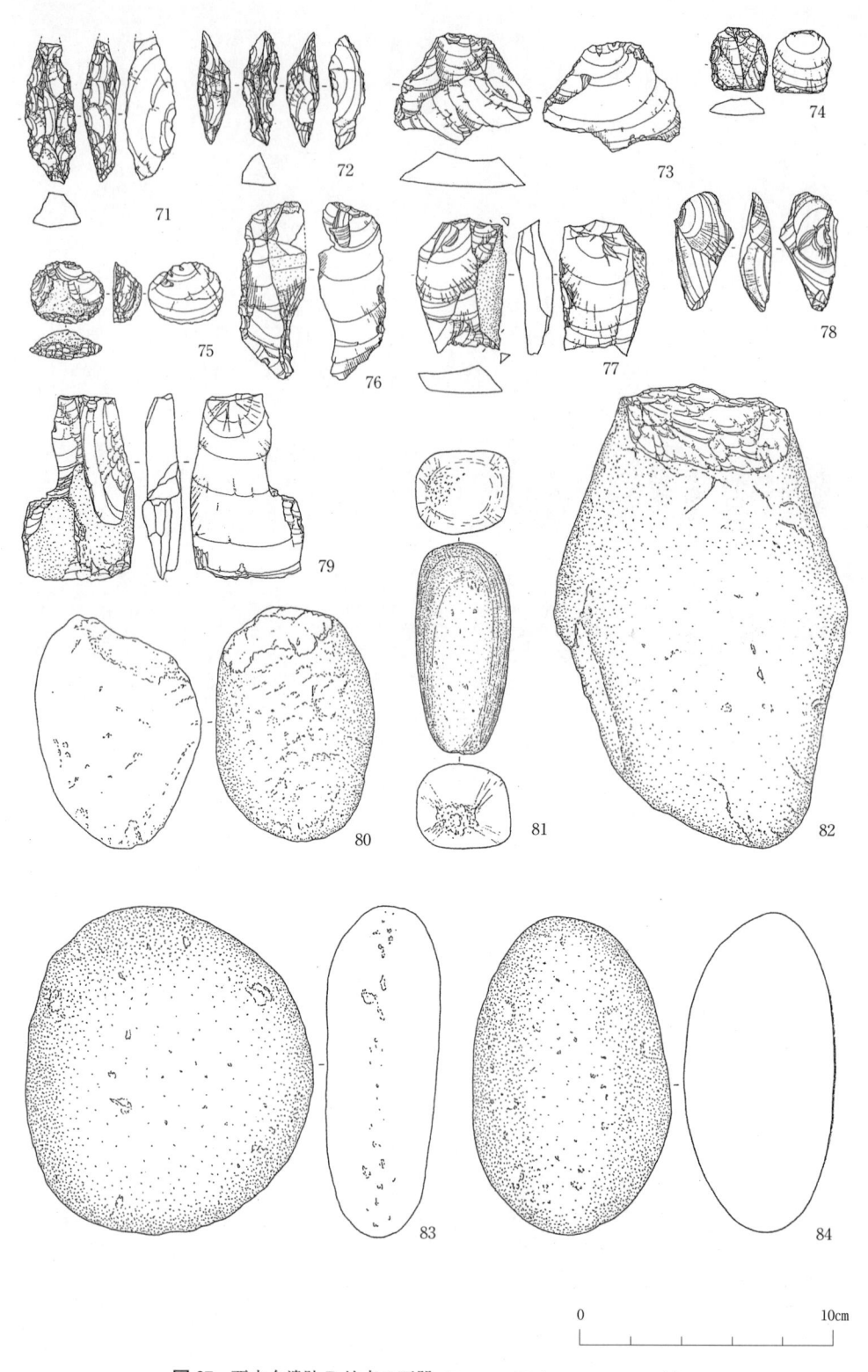

図67　西之台遺跡B地点の石器　(71〜82：Ⅳ下　　83・84：Ⅴ上)

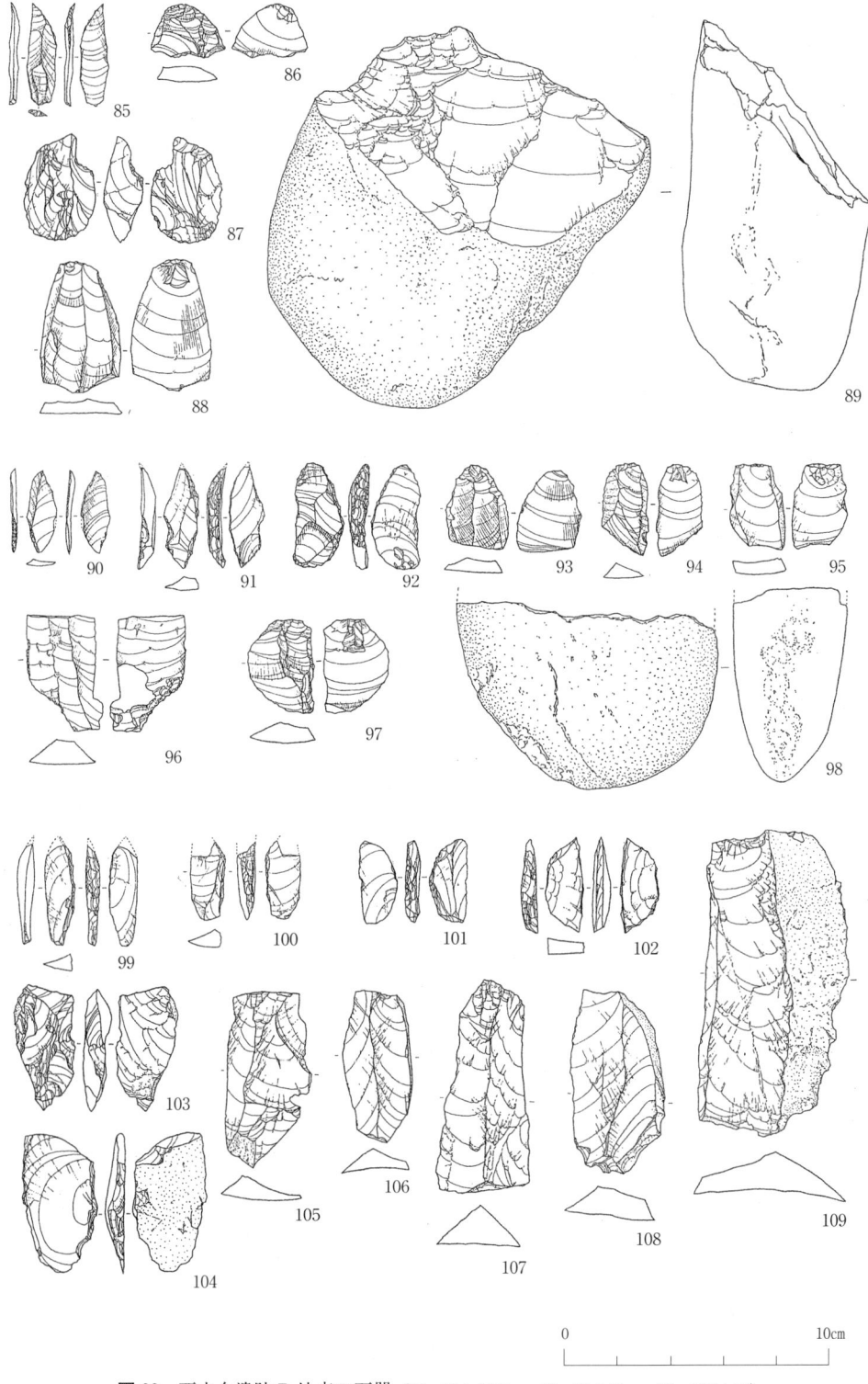

図68 西之台遺跡B地点の石器（85〜89：V下　90〜98：VI　99〜109：VII）

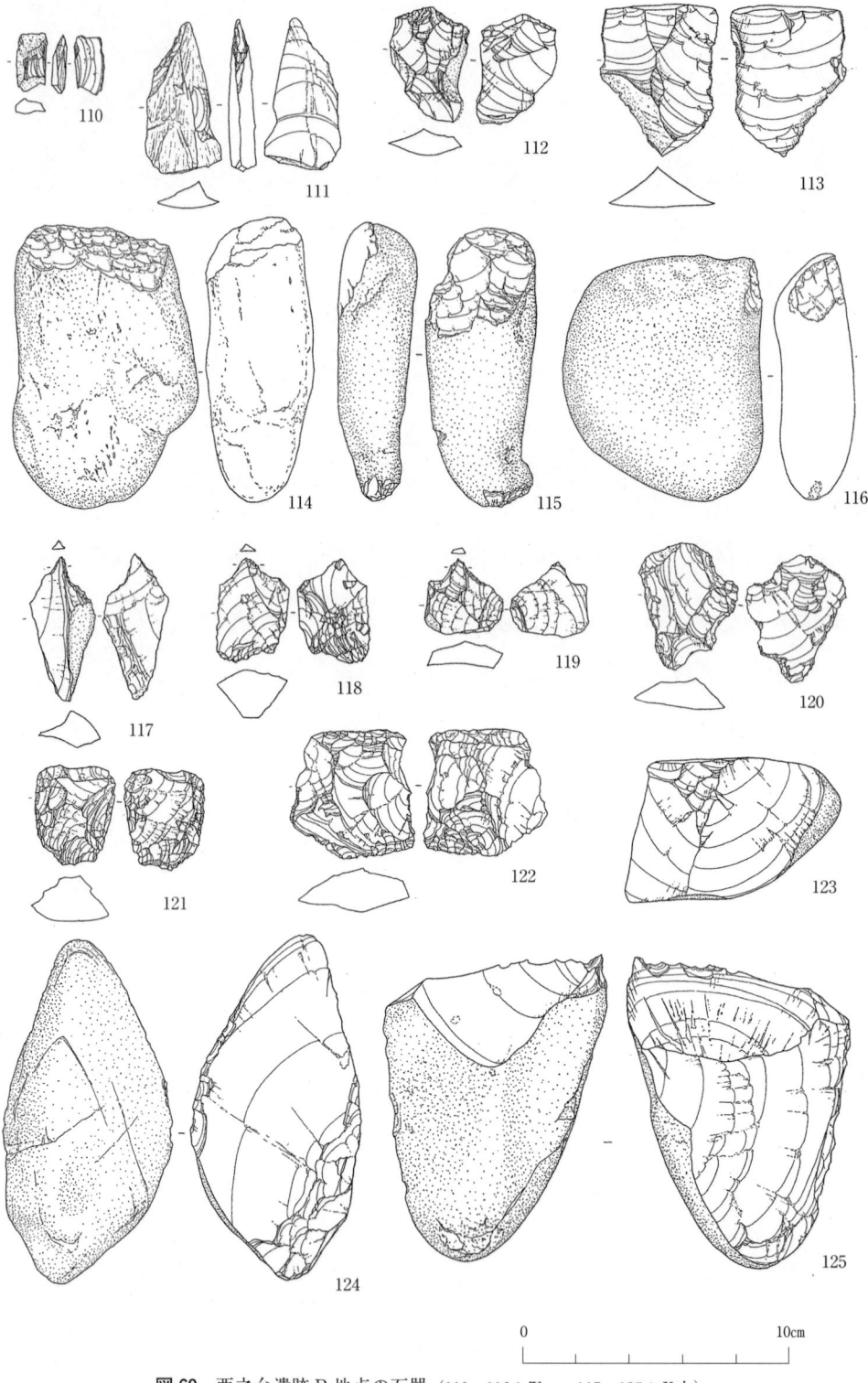

図69 西之台遺跡B地点の石器 (110〜116：Ⅸ　117〜125：Ⅹ上)

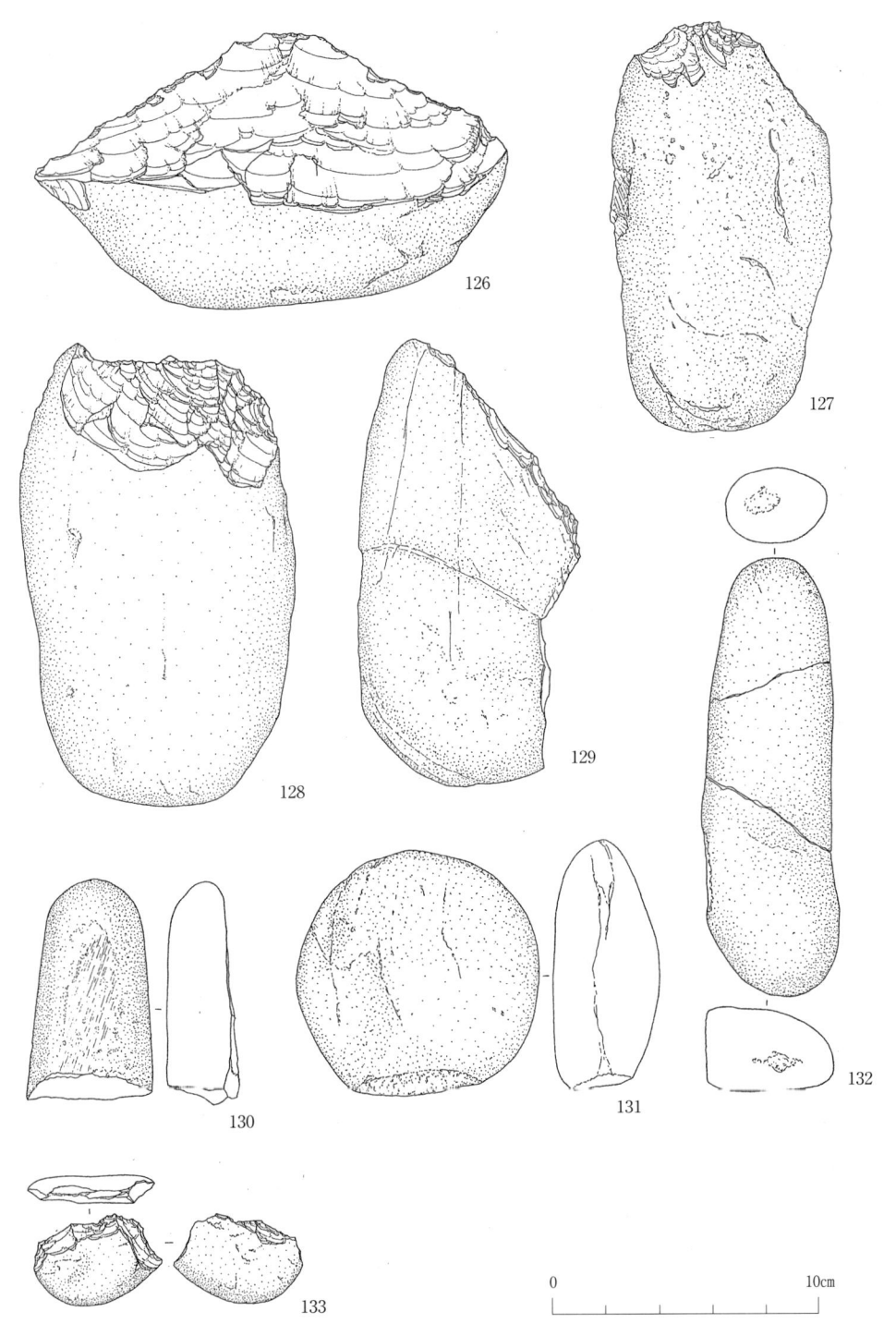

図70 西之台遺跡B地点の石器 (126〜132：X上　133：X中)

出現頻度が高く、相対的に剥片の出現頻度が低くなっている。石器の組成は、ナイフ形石器、台形石器、ノッチ、尖頭器が高い出現頻度を示すが、中でも小形の尖頭器はこの文化期の特徴である。

（3） 旧石器時代第 III 文化期

　立川ローム第 III 層（ソフト・ローム）に多く包含されている石器群である。文化層としては、第 III 層文化が相当する。この文化期の石器素材は、細石刃とそれから剥離される細石刃核が主体である。これ以外の石器器種は少なく、わずかにナイフ状石器、スクレイパー等が発見される。このように著しく石器組成が減少した背景には、細石刃を利用した各種組み合わせ道具の存在を考える必要があろう。

　本遺跡では、第 III 中層文化がこの文化期の所産である。石器として多数の細石刃が出土し、それを剥離した細石刃核が発見されていないが、石核調整剥片が若干存在することから、この地点において細石刃製作が行われたことは確かである。また有柄の小形尖頭器が存在し、これは「石鏃」と考えられる形態を呈し、弓矢の使用を示唆するものである。

（4） 旧石器時代第 IV 文化期

　立川ローム第 III 層（ソフト・ローム）の上部から第 II 層（黒褐色土）最下部に多く包含されている石器群である。文化層としては、第 III 層文化が相当する。この文化期の石器素材は、大形石器を製作するために用意された剥片と、それらの剥片を剥離するための石核にある。石器組成としては、両面調整大形尖頭器の出現頻度が高い。その他に、掻器、削器類と若干の礫器が存在する。この文化期の石器の特徴は、これに続く「縄文時代草創期」の石器類と共通する石器器種、製作技術体系を保持している。こうした様相から、旧石器時代最終末期の旧石器文化段階であることが理解される。

　本遺跡の石器群では、第 III 上層文化がこの文化期に相当する。

5　石器のキズ

　今日、各地の遺跡から発見される数多くの石器が、当時あるいはその後、実際に使用されたものならば、それぞれの石器にその使用方法を物語るような痕跡、すなわち「使用痕」が残されているはずである。こうした推定の下に使用痕を観察する事によって石器の使用方法を復元しようとするのが、本分析の目的である。このためには、石器の支持の仕方、動かし方はもちろんのこと、使用痕が残った直接の原因となる作業対象物にいたるまでを、含めた復原作業・研究が要求される。

　この分析においては、実際に遺跡から出土する石器を観察するとともに、「実験的研究」が重要な位置を占めている。両者は、それぞれ推測と検証を分担する事によって、相互補充的に復元

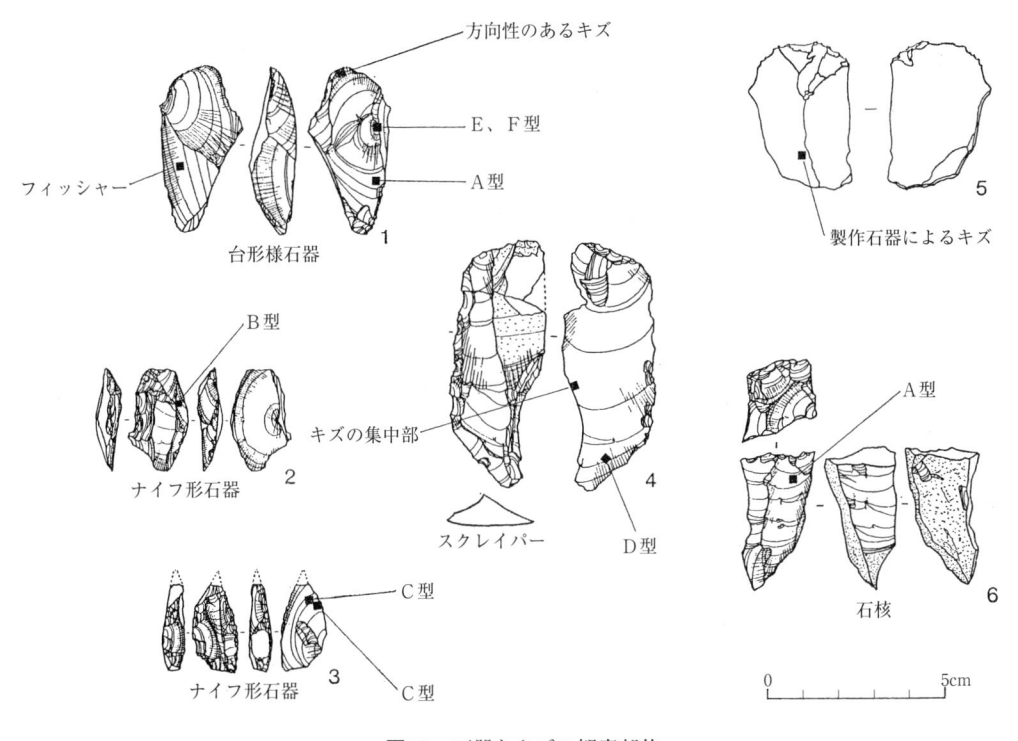

図71　石器とキズの観察部位

される石器の使用方法の信憑性を高めて行くものである。しかし、作業対象物の大勢を占めたと考えられる有機物は、すでに朽ちはて、かつ、行為それ自体の復原を目標とする本分析では、Aという結果（すなわち石器で観察できる使用痕）を生み出すには、a, b, c…という複数の手段（分析対象とする石器の使用方法）があるという可能性を、常に考慮しなければならない（Coles 1973）。

このような限界性を内包しているが、石器使用痕の体系的研究を経ることにより得られる結果は、1つの石器使用方法について、より具体的理解を可能にするばかりではなく、当時の生活様式一般の復元を望む研究者間に、共通した石器認識の基盤を提供できるものと思われる。

さて、本分析で対象とするのは、旧石器時代の石器に残されている微細な線上のキズであるが、これらがすべて「使用痕」に該当する訳ではない。キズの中には自然の作用や発掘の途中でついたものもあると考えられ、むしろ各種のキズの中から、どれが本当の「使用痕」であるのかを抽出することが、分析の第1段階と考えられる。そのため今回は、一定の資料で観察されたキズを形態分析し、そのつき方を検討した上で、各自のキズが人為的についたものかどうかを推定してみることにしたい。

(1) 分析資料

　西之台遺跡B地点第Ⅳ中層文化の黒曜石製石核1点と、第Ⅳ下層文化の黒曜石製台形様石器2点と、ナイフ形石器1点、それに削器1点である。なお、比較資料として黒曜石を用いた剥片

を、今現在製作し新鮮な面としての資料の材料とした。

（2） 分 析 方 法

　本分析では、レプリカ法を応用した。使用痕研究へのレプリカ法の応用は、すでに赤澤威などによって実践されており、一定の成果が提示されている（赤澤他1972、1973）。本来のレプリカ法は、化石の微細構造を観察するようなときに使われる（本庄1971）のであるが、使用痕研究の場合には石器を傷つける事なく、比較的安価に実施できる方法である。レプリカ作成に使用した器具、薬品は次のとおりである。ビオデンRFAフィルム（34μ厚）、ピンセット、スポイド、シャーレ、ハサミ、メンディングテープ、ガーゼ、スライドグラス、プレパラート収納ケース、酢酸メチル、アセトン。

　　　① レプリカ作成法
i) ビオデンフィルムを1×1～1×2cm程に切ったものを多数用意する。フィルムは静電気が生じやすく、ゴミが付着する原因となるので、速やかにシャーレにいれ保存する。フィルムを扱う時はピンセットを使用し、直接手を触れないようにする。
ii) レプリカを採ろうとする石器の表面に、スポイトでアセトンをたっぷり落とし、ガーゼでこれを軽く拭き取る。3～4回この作業を繰り返し、石器表面についている微細なゴミを取り除く。
iii) ゴミを除去した面に酢酸メチルを数滴落とし、その上からi)で準備したフィルムを被せる。フィルムが乾くまでの間に、レプリカの位置を石器実測中に記録する。
iv) フィルムは4～5分で乾くので、破れないように剥がす。(ii)の作業の代わりに、(iii)(iv)の作業を同一面で数回繰り返して、ゴミを取り去るのも有効な方法である。
v) 剥がしたフィルムは、円筒状に巻き込む性質があるので、早急にスライドグラス2枚の間に鋏み込み、プレパラートの両端をメンディングテープで固定する。
vi) 最後に、混乱の生じないようにプレパラートにラベルを貼付し、必要事項を記入する。完成したプレパラートは、収納ケースに保管する。

　　　② 検 鏡 法
　今回の検鏡では、ニコンL—Ke鏡基に三眼傾斜鏡筒U・角形メカニカルステージを組み合わせた顕微鏡を使用した。この顕微鏡では、普通の中央照明から斜行照明、暗視の照明へとじょじょに変化させる事ができる。照明法の重要性については、早くから指摘されていた（Semenov 1964）のであるが、本分析でも上記の装置がなければ、100倍以上になるとキズの観察が困難になってくる。
　倍率は40, 100, 200, 400倍を使用した。キズの有無だけを調べる場合でも、十分な検討を行うには、100倍を使用する方が確かである。40倍は、むしろキズの詳細を観察した後、それらの全体的な方向や疎密を概観するのに適している。また、40倍の時には、暗視野照明にし、キズと平滑な石器表面とのコントラストを強くするのも効果的である。200倍でキズの多くのもの

は、その性状をうかがうことができるが、とくに微細なキズとかキズの内側を精査する時400倍を多用した。この場合には、光束を太くし、やや斜行照明にするのが有効であった。

この他、付属品として100分の10 mmのミクロメーターが接眼レンズ内に組み込まれている。これを利用する事によって40倍で25μ・100倍で10μ 200倍で5μ・400倍で2.5μ単位の距離を計測することが出来る。

　　③　記　録　法

今回は時間的な余裕がなく、統計的処理を可能にするようなデータの抽出法を確立するに至らなかった。そこで、出来るだけ詳細な事実記載を行う事によって、各キズの異同を検討するための基礎的なデータとした。このため、個々のキズの模写と顕微鏡写真の撮影を行った。撮影装置には、ニコンAFMのポラロイドカメラにタイプ107フィルム，ニコンFにネオパンSSをそれぞれ使用した。

(3)　分析結果

最初に、ここで使用する用語について説明しておく。キズの形態を説明するさいに、外縁(a)、側縁(d)、端縁(e)、内面(f)、断面(b)という用語を使用する。外縁とは、キズを石器剥離面(表面)本来の平滑な面から、区切る縁辺の総称である。外縁は側縁と端縁により構成されるのであるが、キズの長軸に沿った両側部分を側縁、両端部を端縁と呼ぶ。ただし、線状にならないキズの場合には、側縁や端縁で示される部位はなく、外縁のみである。内面は、外縁に囲まれている面を示す。断面は、キズの中央部で長軸に直交する横断面を意味する。

　　①キズの分類

今までに発見されたキズを、長さ、幅、外縁、内面、深さ等を基準にして、A～Fの6種類に形態分類した。

A　型　　長さ5～20μほどの半円状あるいは三日月状の凹部が、横方向に数珠繋ぎに連続して1本のキズを構成する。その結果、両側縁はジグザグになる。端縁は丸味を帯びると場合と、凹部が飛び石状に連なって終息する場合がある。幅は、弧状の凹部の長さと符合し、5～20μのものが圧倒的に多い。長さにはかなりむらがあるが、100μから1000μを越えるものまで、概して長いものが目立っている。

B　型　　長さ5～400μに達する程の弧状の凹部が、横方向に連続的に連なっている。A型に似ているが、全体的にずっと大形である。外縁はジグザグになり、一端は幅が狭く、他端ではその数倍の広さに達する。このキズには、弧状の凹部が複雑に交錯し合って、外縁に規則性が認め難い亜型もある。

C　型　　外縁は滑らかでB型に近いが、端縁が強い丸味を持つ。背面もB型に似て平滑である。B型との大きな違いは長さにあり、C型のキズは5～50μのものが多い。一方幅はC型の方が広く、5～10μ位である。したがって、全体の形は長円形から円形に近いものになる。

214　第2章　東京地方の遺跡調査

a　長さ（外縁）
b　幅（断面）
c　深さ
d　側縁
e　端縁
f　内面
d＋e　外周

キズの部分名称

A型のキズ

B型のキズ

C型のキズ

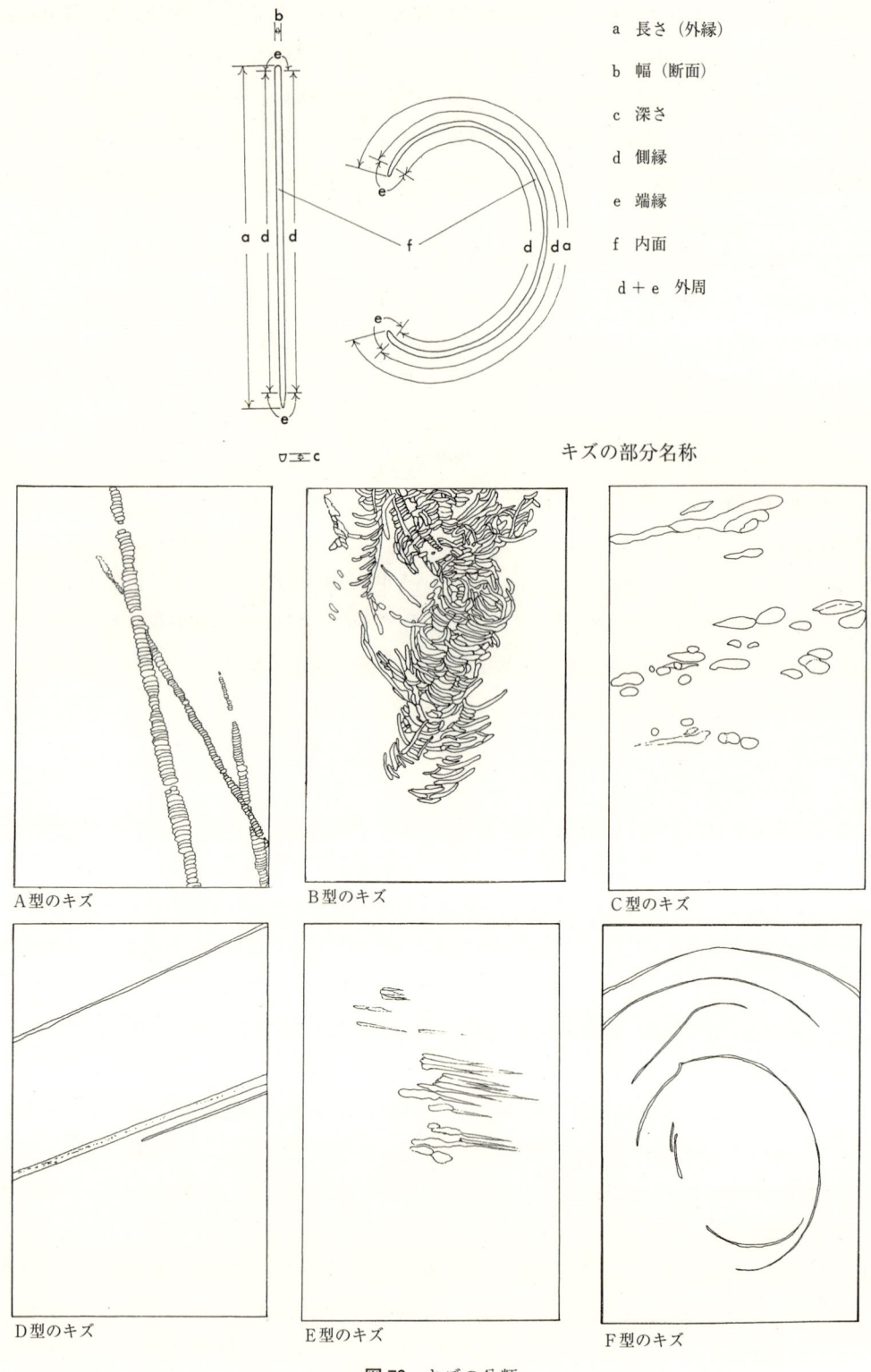

D型のキズ

E型のキズ

F型のキズ

図72　キズの分類

7．西之台遺跡B地点　215

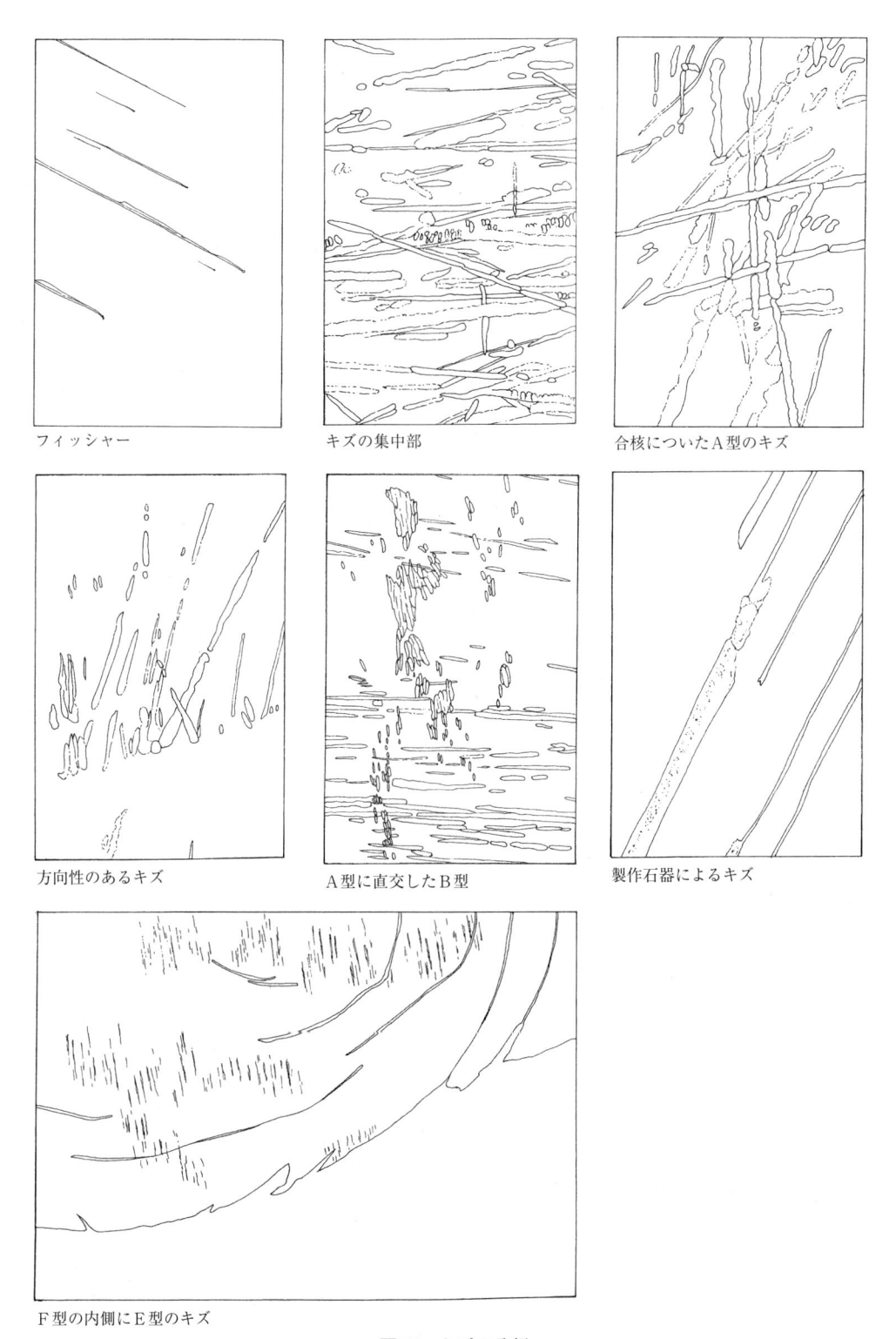

フィッシャー　　　　　　キズの集中部　　　　　　合核についたA型のキズ

方向性のあるキズ　　　　A型に直交したB型　　　製作石器によるキズ

F型の内側にE型のキズ

図73　キズの分類

D　型　　外縁は滑らかで、両側縁はほぼ併行に近い直腺で縁どられる。端縁はやや丸味を帯びる。内面は平滑であるが、部分的に爛れたような微細な凹凸がある。幅は狭く、ほとんどのものが5μより細い。長さは100～1,000μ以上に達するものまで、バラエティに富む。

E　型　　外縁は滑らかで、全体形として楔状を呈する。一方の端縁が瘤状に丸くなり、他端は著しい尖端をなす。瘤状の部分の内面に凹凸が見られるが、他の内面は平滑である。長さは20～100μ位である。キズの深さも瘤状の部分が最も深く、尖端に向かい漸次浅くなる。

F　型　　弧状のキズである。幅5μ前後、長さ100～3,000μ位の弧状のキズが連続して、ほぼ円形に近くなる。外縁は曲線ではあるが、微細で不規則な乱れがある。このキズの中で、もっとも深く石器に食い込んでいる。これは、検鏡したときにこのキズの内面に限って、ゴミの付着が顕著であることから推定できる。キズが深いために、前述のレプリカ採集手順を踏んでも、ゴミが十分除去できなかったものと考えられる

フィッシャー　　検鏡時にキズと混乱する可能性がある為、ここでその特徴を記して置く。外縁は滑らかな直線で縁どられるが、巨視的に見ると緩やかな凹凸が認められる。凸部は高さが低く、底辺の長い不等辺三角形か、隅丸の長四角形に近い平面形を持つ。やや大きなフィッシャーでは、外縁に接して、小剥離痕の現れることが多い。これらはともに、打面直下に現れるバルバースカーと同じ性格のものと考えられる。

　内面は平滑である。断面が特徴的で三角形に近い。この点をフィッシャーと混同しやすいB型のキズと比較して見ると、後者の断面は半月形に近いと思われる。断面形は、照明の当て方や高倍率で検鏡した際の、ピントのずれなどから判断できる。低倍率でフィッシャーのあり方を観察すると、放射状あるいはほぼ平行に並ぶ強い規則性のあることが判り、これも他のキズでは見られない特徴である。

　　②キズの成因について

　次に、A～Fに分類したおのおののキズについて、その形状分布、方向の規則性などを検討し、自然の作用に起因するキズか、使用によるものかを推定してみたい。「分布」の基準は任意に設定した5mm四方の広さとし、たとえキズの密集した部分があっても、その面積が5mm四方より狭い範囲であれば「密集部」としては取り扱わない。しかし、これは機械的に設定した基準であり、もし、数多くの資料を検鏡する過程で、5mm四方以内に密集するのが、本質的な性格であるようなキズが検出された場合にはこの限りではない。また、ここでいう「方向」の規則性とは、たんに「刃部に平行である」とか「直行する傾向が強い」という事を示すのであって、キズの成因となる力が、どちら側から加わって、どちらに抜けたかという意味は含んでいない。

A　型　　すべてのキズの中でももっとも普遍的なものであり、全資料のほぼ全面にわたって分布する。しかし分布ははっきりと疎蜜の差があり、またとくに密集して分布する。キズの方向にも規則性が強い。これらの事実から、少なくとも密集して分布するキズの多くは、使用に関係があると思われる。さらに推測すれば、その部位が反復して同じ使用に供された可能性が高いと推定できよう。一方、その他の圧倒的に広い面積を占めるキズが、散在する部

分では方向の規則性もほとんど認められず、それらの多くは自然の作用によって、残された可能性が高い。これは、特別に第Ⅳ中層文化から抽出した、石核の観察からも推定できる。すなわち、本来「使用痕」のつく可能性がないはずの石核にも、ほぼ、全面にわたってＡ型のキズが散在していたのである。

もっとも、中にはキズがそれ程密集していないにも関わらず、方向に規則性を認められた例もある。この場合には、分布の疎密よりも方向の規則性を重視し、使用によるキズと考えておきたい。方向に規則性が認められるキズの疎密の差は、基本的にはその部位の使用頻度の差を示すと考えられる。

このように、Ａ型のキズは石器の使用や自然の作用によっても、簡単に生じるものと考えられ、両者をどのようにして、識別するかが今後の重要課題となろう。

Ｂ　型　　ほとんど観察例はないが、分布位置、石器は限定されるようである。確実な検出例である石器では、分布が背面稜線上とその周辺に限られる。この事から判断して、人為的なキズがあるとすれば、着柄との関連が想起される。

Ｃ　型　　限定された石器の限られた部分のみ分布する。分布域内において、若干の疎密はあるが、Ａ型、Ｄ型に較べるとその差は、はるかに少ない。方向には規則性が認められる。これらの傾向から、Ｃ型のキズは石器使用と関わりの強い性格のものであろうと考えられる。

Ｄ　型　　Ａ型についでよく観察できるキズである。絶対量において格段の差がある。分布における疎密の差は、Ａ型以上に顕著で、密集部以外の分布は稀である。キズそのものにも差があり、密集部のものは相対的に太く、それ以外では概して非常に細い。また、方向も密集部では強い規則性と示し、それ以外は一定しない。これらの諸特徴から考察すれば、Ｄ型のキズはＡ型以上に石器使用と密接に関わり合っているようである。

Ｅ　型　　打面を残している石器、剥片では、打点部分に限って必ず濃密に分布している。この事実だけからでも、Ｅ型のキズと剥片剥離作業との間に密接な関係を想起することができる。そこでさらにキズの方向を検討して見ると、打面と主剥離面が接する稜線とキズの方向がほぼ直交するということが判明した。この２つの事実を総合するとＥ型のキズは、打ち下ろされた打撃具が、打面に衝突した瞬間に滑った跡である可能性が強い。もしそうであるとすれば、キズの形態も容易に説明することができる。つまり、楔状の尖端部に打撃具が接触し、滑りながら急速に加圧が増して、最終的に瘤状の部分で圧力が極大に達して、剥片が剥離されるのであろう。この推定が当を得たものであるならば、将来Ｅ型のキズの有無や形態差によって、剥片隔離技術の復原に新たな視点を提供することができよう。

Ｆ　型　　Ｅ型と同様、打点部とその周辺に限って分布する。数本が集まって円形、さらには同心円状になり、Ｅ型の周囲を取り囲むように分布する。このキズも、やはり剥片剥離のための加撃と密接な関わりを持つものであろう。このことは、Ｆ型のキズのカーヴが、コーンを打面側から見た時のカーヴと軌を一にすることからも推定できる。同様のキズは、すでに「加撃痕」として注目されている（松藤，1974）が、そこで示された例は今回Ｅ型としたキズ

に較べ、かなり大形であり、この差の意味する所は現段階では不明である。

（4） 予備実験とその結果

　本分析の過程で、もっとも普遍的なキズとしてＡ型が目を引いた。Ａ型は、キズの形態と分布の普遍性から、微細な砂粒のようなものが、石器表面と接触することによって残された可能性が高いと思われる。そこで、この可能性を検討する為に予備的な実験を実施した。

　実際には、長野県和田峠産の黒曜石を使用した。まず鹿角製ハンマーで新しく、剥離された剥片を3点用意し、未使用の状態で表面のレプリカを作成する。次にそれぞれの剥片を実際に使用するのであるが、今回は「Ａ型のキズが砂粒によって付いた可能性」を検討するための実験だから、対象物は土壌に限定した。1点は、親指と人差指、中指で石器を支え、砂質土壌に50回勢いよく突き刺した。砂質土壌の粒度分析など細かな分析は省いたが、壁土が風雨に晒されたような状態の土壌である。もう1点は粘性の強いシルト質の土壌に、勢い良く50回突き刺した。剥片の支持の仕方は第1例と同じである。最後の1点は主剥離面側に先の砂質土壌を付着し、その上から親指で50回強くこすった。最後に剥片を強い水源で洗浄し、再度レプリカを取った。

　これらの新鮮な剥離面と使用後のレプリカを比較すると、後者には少量ながら明らかにキズが観察できた。しかし、いずれの剥片で観察されたキズも、Ａ型ではなくむしろＤ型に近い形態を示していた。この結果から、Ａ型のキズは砂粒に起因するものではないと考える事もできる。しかし、さらにうがった考え方をすれば、キズの内面に、実は組織に強い部分と弱い部分が生じていて、1万数千年に及び風化作用によって、弱い部分が消滅し、Ａ型に変化するともいえる。こうした可能性を考えれば、本実験だけでＡ型のキズの成因を積極的に考察するのは困難である。

　同様にこの実験結果にも関わらず、Ｄ型のキズの成因も確定できない。それは、前述の可能性が排除できない事もさることながら、Ｄ型よりも普遍的なキズとしてＡ型が存在するためである。仮に砂粒がもっともキズの成因になりやすいという前提が正しく、実験方法も妥当であるならば、実験で得られたＤ型に近似するキズが、実資料においても、もっとも普遍性を持っていてしかるべきであろう。ところが事実は、これに反するのである。

　結局、この実験だけでは、十分な結果を得ることができなかった。そもそも実験的研究は、数ある可能性を、遂次消去しながら焦点を絞り込んで行く性質のものである。とすれば、ここで行った1度の実験で、有力な知見が得られなかったのも、当然かもしれない。この結果を生かすためには、さらに体系的に実験的研究を実施する必要があろう。

（5）　ま　と　め

　本稿では、西之台遺跡Ｂ地点第Ⅳ中層およびⅣ下層文化出土の黒曜石製資料を検鏡し、キズをＡ～Ｆの6種類に分類し、それぞれのキズが何によってできたものかを推定してきた。しかしながら、今回の18点の資料から得られたキズは、必ずしも黒曜石につくキズの種類を網羅して

いるとは考えられず、さらに広範囲に資料を集収し、検討する必要がある。また遺跡から出土する石器には黒曜石ばかりではなく、チャートや安山岩など多くの石材が用いられている。その中には、石材と石器形態の間に対応関係が見られるものもある。したがって、1遺跡（群）を単位として、そこにおける石器の使用方法を復元しようとすれば、石材を限定しない方向へ研究を進める必要がある。ところが実際に黒曜石以外の石材を利用した石器から、微細なキズを検出することは、少なくとも西之台遺跡B地点第Ⅳ中・Ⅳ下層文化に関する限り困難のようである。本稿の作成にいたるまでに、実際にはチャート製のスクレイパー3点を検鏡していたのであるが、激しい使用に供されたと思われるこれらの石器においてさえ、まったくキズは検出できなかった。チャートは、表面の性状から判断して、当初より黒曜石についで、キズを検出しやすいと想定していた石材であり、これにおいてさえ、キズが検出できなかったとなると、検鏡方法を再考すべきであるのかも知れない。

ここで留意すべき点は、レプリカ法はあくまで複製品を利用した研究方法に過ぎないという事である。レプリカで複製できるキズの性質には、ある限界がある。たとえば、磨耗したようなキズであるとか、外縁の明瞭でないようなキズの検出は困難な可能性もある。このような点から見て、やはり実物を直接検鏡できる実体顕微鏡を併用した使用痕研究を行う必要がある。また、今回の検鏡で使用した最低倍率40倍であったが、より低倍率のマクロな検鏡も必要となろう。さらに、総合的に使用痕を研究するためには、今回検鏡の対象とした微細な線状のキズ以外にも、通常「刃こぼれ」と呼ばれるような微小薄利痕の検討も必要であろう。

このように、レプリカ法そのものに限界があるとはいえ、最初の段階で6種類のキズが識別できたことは大きな成果である。この後、はけうえ遺跡の資料を使用し、実体顕微鏡と走査電子顕微鏡による検鏡を進めた（阿部・中津・伊藤編1978）が、そこにおいても、前述の各種のキズの存在が検証されており、これはレプリカ法の有効性を保証するものであろう。

（追記）松谷純一は実験で、湧別技法に見られる擦痕打面を複製するため、黒曜石製石核の打面を同じ黒曜石の剥片で磨擦した結果、A型に酷似したキズが作出され、さらに、それは複製されたキズから判断して、三日月状凹部の向きによって力の加えられた方向も推定可能であったという。同様の見解は、B. R. Lawn と D. B. Marshall (1979) にも見られ、三日月凹部の窪みから突出部の方向に力が加えられたとしている。

6　立川ローム最古の石器文化

本遺跡からは、1遺跡としては最多、計13枚の旧石器文化層が確認された。そして、最下層の第Ⅹ上層、第Ⅹ中層文化は、現在確認される日本列島最古の旧石器文化と考えられる。中でも第Ⅹ上層文化は、資料数も充実しているとともに出土状況においても、重要な情報が内包されており、ここでそれを検証してみることにする。

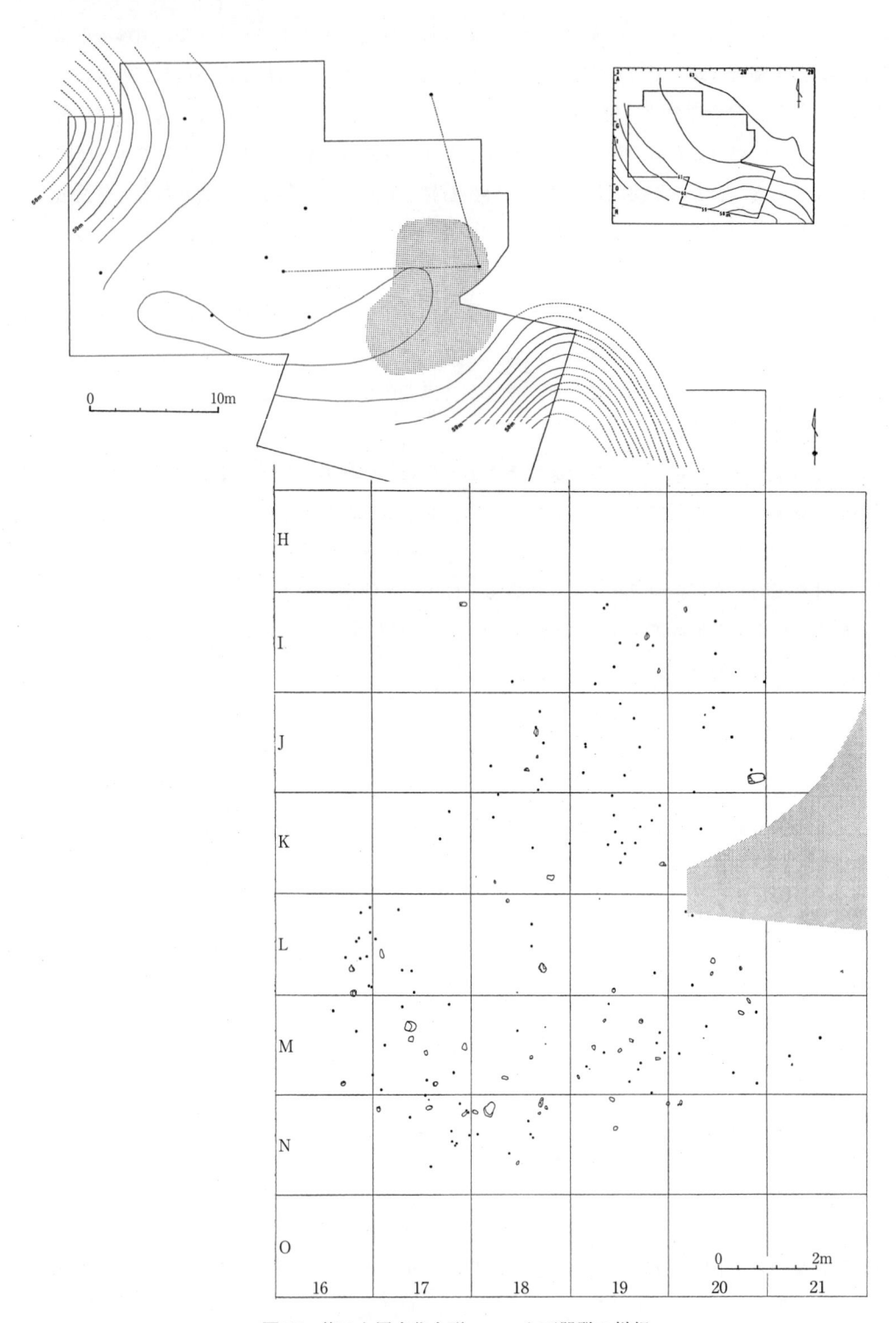

220　第2章　東京地方の遺跡調査

図74　第Ⅹ上層文化大形ユニット石器群の様相

（1） 第Ⅹ上層文化の確認

　第Ⅹ上層文化からは、227点の石器と218点の自然礫が発見された。石器の内訳は、錐状石器4、スクレイパー16、使用痕付石器4、敲石9、磨石1、台石6、礫器17、剥片125、細片30、石核15点である。また多数出土した自然礫は、そのほとんどの表面が熱による赤化した状況を呈し、礫群的使用に供したことは確かである。したがって、礫群遺構としては現地で登録できなかったが、その存在は確かである。また興味があることに、この石器・剥片類の分布（ユニット）と礫の分布（礫群）が異なる事実があった。つまり、集落内において、この2者は別の行動様式としてとらえられたのである。

　ところで、遺跡内でこの2者が分布している場所は、当時の古地形で西向きのノッチ（凹部）と南向きのノッチ（通常凹部下には湧水地点がある）の中間地帯、つまり、当時一番高く、かつ平坦な場所に位置していた。この野川に沿った国分寺崖線では、こうしたノッチ（湧水地点）を挾んだ両側に、半月形に縄文時代の遺跡が確認されている。とすると、旧石器時代においても同じ状況と考えられるが、現地表面から予想できない古地形面にも新しい崖線地形が形成されている事実も記録しておく必要があろう。本遺跡では、こうした埋没地形を知るために「自然層別」の等高線を細かく記録している。

（2） 大形ユニットの意味

　本文化層には、Ｉ－Ｎ～16－21に広がる1つの大形ユニットが確認された。規模は長軸約13m、短軸約8～9mのやや半月形から不正方形を呈している。また、このユニット内の北東隅に発見された巨大石核に、接合する剥片が2点あり、いずれも15m近く離れて接合している。さらにその中の1点は、約3m上層の第Ⅳ下層文化中に発見されている。しかし、この剥片は明らかにⅣ下層文化で使用されていた可能性が大きいものであった。

　一方、この第Ⅹ上層文化ユニットの真上に、第Ⅳ下層文化ユニットが形成されていた。さらにこの中の石器・剥片類に、Ⅹ上層文化のチャートと全く同母岩と思われるものが存在していたので接合を試みたが、残念なことに1例も付かなかった。考えてみると、新しい時期に古いものが混在して出土する事例は別に不思議なことではない。まして、同じスペースの中でいく世代の人びとが、交代に生活を営むのであるから、住居、柱穴、その他のピット類の構築で、下層の石片類が掘り出される可能性が十分ある。現在、ローム層中の遺構類の検出は難しいが、今後こうした石器の再利用の問題にも目を向け留意すべきことではないだろうか。

　この大形ユニットの理解は、小形のチャート製石器・剥片類が、大形の礫、石器の中に混じって、ややまばらに散布した出土状態を示している。こうしたユニット内容は、礫群を特徴としない武蔵野編年フェーズⅣおよびフェーズⅠのあり方に共通していることが理解される（小林・小田他1971）。一方、この大形ユニットを、「遺物の集中部分」というユニット設定の前提にしたがい、Ｌ－Ｎ～16－18、Ｌ－Ｎ～19－21、Ｉ－Ｋ～18－20の3つの小さなユニット単位に細分する事も可能である。そのことを支持する内容として、石器の接合関係がこの3者には、やや独立した

状況がうかがえるのである。が相互にわたり接合する例もまた認められてもいる。

　ユニットの解釈はこれからも進展していくことであろうが、現時点では8×13mという大きな1単位のユニットとして把握しておきたい。このユニットの形状はやや東北に開いた方形または半月形を呈し、グリットK・L−17辺りに遺物の少ない空白部分が認められる。ここを入り口として、約5m四方に空間が形成されており、遺物類はそこを囲むように分布している。こうした空間をも含めたユニットの解釈が行われるとすれば、この意味合いは拡大される。極言すれば「住居址」の理解となるのであろうか。今後、諸外国での住居址決定の事由を調べてみたい。ともかく、今後様々な意味でユニットの正確なデータを蓄積して行かねばならないであろう。

（3）　石器群の様相

　第Ⅹ上層文化から出土した遺物は、1〜6のように小形でチャートを主石材にした石器類と、7〜16のような砂岩、粘板岩、硅質安山岩を使用した大形品が共存するところに特徴がある。このような2者の組み合わせは、出土状況と同様、武蔵野編年フェーズⅣおよびフェーズⅠに共通している。大きく異なる点は、剥片剥離技術と小形石器類にありそうである。フェーズⅣの場合、礫器を別にして、剥片類は非常によく整った形状をしている。言い換えれば、刃器として量産できる技術を持っていたのである。Ⅹ上層文化例は、普通の礫器も多いが、節理面を主要剥離面として残し、そこを打面として刃づけした例（9−11）はこの文化期の特質の1つである。同じ事はチャート製小形品にもいえる。自然面、節理面を打面として、パンチを用い、打撃面を集中させる事なく剥離をしている。そして、剥離された薄く厚い不定形の尖った一辺に、ノッチを入れ、錐状（嘴状）に仕上げた石器（1−3）、両極、両端からバイフェースのように加撃を加えられたスクレイパー（5・6）など、より上層文化に出土する石器群の様相には似ていない。これは石材の問題というより、やはり、この文化段階の原始性を表わしているとも考えられよう。

（4）　最古文化層への追跡

　今われわれが知る限りにおいて、日本列島最古の石器群は、この立川ローム層第Ⅱ黒色帯下の第Ⅹ層文化ということが出来る。それ以前の石器文化の存在が報じられているが、いずれも人工品であるとの確証、遺物包含層の問題で、どれも解決がついていないのである。西之台遺跡B地点では13枚という連続した文化層の重複があり、そこで可能な限り下層部にシャベルを入れ、遺物の限界を追求した。その結果、第Ⅹ中層中に自然とは考えられない拳大の焼礫の散布と2点の礫石器、剥片が発見された。この資料は文化層登録をしているが、さらに第Ⅹ下層中に磨石の破片らしきものが出土した。が、これは類例もなく文化層設定にはいたらなかった。

（5）　「いも石」の追求

　立川ローム層はこの第Ⅹ層あたりから、小さいのは豆粒大、大きいのは拳大まで、（この大半は小さいが、）各種石質（チャート、砂岩など）の自然円礫が多く含まれるようになる。これを「いも

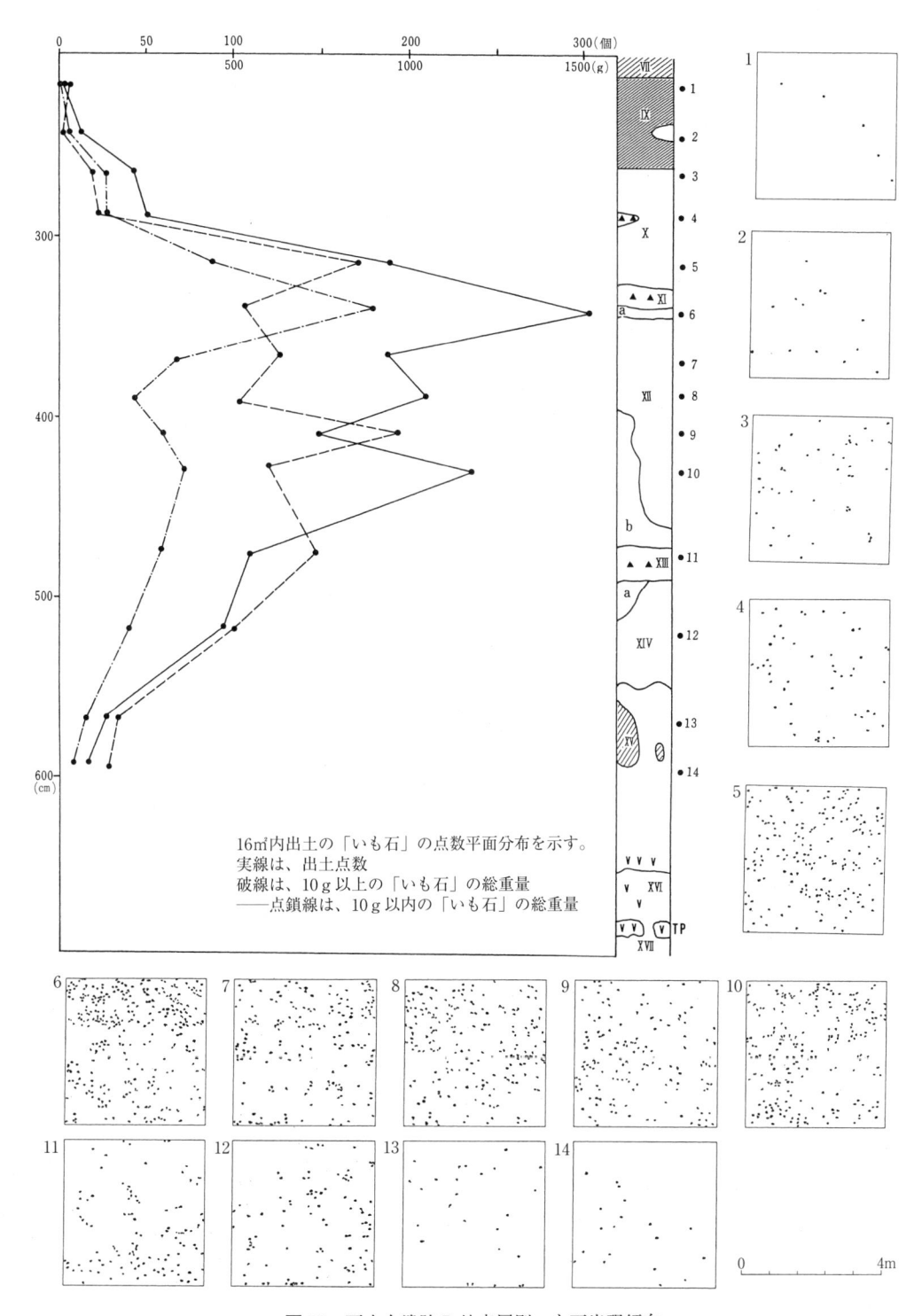

図 75 西之台遺跡 B 地点層別いも石出現傾向

石」と呼び、どの遺跡でも下層を掘り進む際発見される。

　本遺跡では立川ローム第Ⅱ黒色帯下部の第Ⅸ～ⅩⅤ層までの14ヵ所の自然層面で、4×4mのグリッドを組んでいも石の記録化を行った。その結果、いも石は第Ⅹ層に入り出現し下部で急速に増加し、第ⅩⅠ層でピークを迎える。第ⅩⅡ層中は平均的な量を保ち第ⅩⅢ層から減少していき、第ⅩⅤ層あたりで消滅していくのである。

　この「いも石」の謎は、この遺跡の分析結果からは自然礫と考えられ、多くはもろく、石質も良くない。また、幸いな事に、円礫で破損例が少ないので、もし、剥片類が見つかれば人工品としての可能性がある。本遺跡の第Ⅹ中層文化の小形礫石器は、一応石器と考えられる資料であるが、第Ⅹ下層で出土した拳大の磨石片は、いも石との区別が困難であり、今後の類例を待ちたい。

　近い将来、こうした「いも石」に混じり立派な「石器」が、他の遺跡で明確な姿で発見される日も遠くはあるまい。これからも、より下層へ下層へと、石器探求のメスを入れて行く覚悟である。

8. 栗原遺跡

1 遺　　跡

(1) 立　　地

栗原遺跡は北緯35度45分、東経139度41分にあり、東京都練馬区氷川台に所在する。遺跡は武蔵野台地の石神井川と田柄川が合流する地点、城北中央公園内に存在し、その対岸には研究史上有名な板橋区茂呂遺跡（杉原他1900）がある。海抜約32m、現河川との比高は約5mを数える。武蔵野台地の河川に面した遺跡の多くは、「ノッチ」と呼ばれる湧水地点を挟んだ窪み部の両袖を中心に半月形に形成されている。本遺跡も湧水地を挟んだ東側に位置する。

(2) 調査の経緯

本遺跡は1938・39年（昭和13・14）に、当時、東京・石神井川流域で「最古の縄文土器」を探索していた考古学研究家白崎高保によって発見された（平井1959）。1951（昭和26）年は、東京地方で初めて旧石器文化が確認される記念すべき年で、当時、中学生であった瀧澤浩が、栗原遺跡と石神井川を挟んだ対岸の板橋区茂呂・オセド山のローム断面で焼礫と黒曜石片を発見した（茂呂遺跡）。さらに瀧澤は、対岸のこの栗原遺跡でも、焼礫、炭化物片と黒曜石片を確認している（瀧澤1963）。この報告を受けて、同年10・11月明治大学考古学研究会・武蔵野郷土館は、台地南斜面を発掘し、ローム層中から礫群、炭化物と黒曜石、チャートの剥片を発見した（岡本1955）。この調査で上層から出土した縄文早期の夏島式土器群と、下層の土器を伴わない石器群とは、明らかに異なる時期のもので、それは「無土器文化」に属することが判明したのである。

1955・56年（昭和30・31）には、立教大学のグラウンド工事に伴う大発掘が行われ、奈良・平安時代にかけての集落遺跡が確認されている（立教大学文学部編1957）。また、この調査中の1956年に、1955年に調査された無土器文化確認地点（P地点と呼ぶ）の発掘も実施され、相前後して榎本金之丞、瀧澤浩も同じ地点を発掘している（直良他1957）。

そして1973年（昭和48）、公園整備に伴う東京都主導の緊急試掘調査がこのP地点で実施され、すでに深く削平されたグラウンド面で、旧石器包含部が確認されたのである（小田他1973、小田1976）。

（3） 層位と文化層

　本P地点は表土から約1.5mの深さまで削平されていたので、残されていた第X層が発掘面であった。幸いなことに、グラウンドの北側斜面に、表土から全層準が保存されており、調査面との対比は可能だった。第Ⅰ層は表土攪乱層。第Ⅱ層は黒褐色土層で、上部には平安～古墳時代の土器片、住居の竈があり、中部から下部にかけては縄文時代早期・撚糸文土器片が発見された。第Ⅲ層からが「立川ローム」で、旧石器文化層に相当する。この立川ローム層中下部に2枚（第Ⅸ・X層文化）の旧石器時代文化層が確認された。

　発掘は崖線に突き出た「ノッチ」東側先端部のほぼ中心地域に、合計20ヵ所、約100平方mの試掘坑を設定し、立川ローム第Ⅸ・X層を中心に発掘した。

（4） 成　　果

　この調査で立川ロームの下底部（第Ⅸ・X層、約3万～3万5,000年前）から、2枚の旧石器文化層が発見され、武蔵野台地で初めて旧石器時代の「磨製石斧」が出土した。そして、これまで不確かであった日本列島のこの種「磨製石器」の出土層準と編年的位置づけが確立したのである（小田・Keally 1989）。以下にその内容の概略を紹介する。

2　遺　　構

　本P地点の調査は、遺跡の存在確認を目的にしたものであり、石器・剥片類が発見できた試掘坑のみを完掘した。したがって、試掘坑をさらに拡張して「ユニット」の広がりを把握することはできなかった。

　第Ⅸ層文化　　立川ローム第Ⅱ黒色帯下部から発見された資料である。この層は、次ぎの下層第X層文化の石器群集中地点から10m近く西側に離れて分布している。約8×10m範囲の4つのグリッド内すべてから、6点の石器類が検出された。遺構としてのユニットのまとまりは追跡していないが、おそらく周辺部を拡張すれば、1ユニットとしての集中状況が確認されよう。その意味では、1セットの石器群と把握してもよい資料であろう。

　第X層文化　　立川ローム第Ⅱ黒色帯下の黄褐色ロームから発見された資料である。上層の第Ⅸ層文化の集中とは、やはり10m近く離れている。このことから、両文化層の立地に相違が認められる。上層と同じく約8×10m範囲で、8つのグリッド内から、13点の石器類が検出された。これは、一ユニットの中心部に相当すると考えられ、1セットの石器群と把握してよい資料である。

3　遺　　物

　第Ⅸ層文化　　石器総数6点、礫0点。石器器種としては、剥片と敲石である。石材は、頁

岩、チャート、砂岩、ホルンフェルスと多種である。この文化層の石器群は、武蔵野台地ではかなり発見されている。本資料は点数は少ないが、整った縦長剥片類に特徴が認められ、すぐ下層の第Ⅹ層文化と剥片剥離技術が共通しているのが理解された。

　第Ⅹ層文化　　石器総数13点、礫0点。石器器種としては、刃部磨製石斧、ナイフ形石器、礫器、剥片と石核である。石材は、頁岩、チャート、安山岩、砂岩、ホルンフェルスと多種である。第Ⅹ層文化については、多くの遺跡で確認され、その実態がじょじょに判明しつつある。こうした状況下で、本地点の石器群は重要な資料を提供するものであった。詳細は後述する。

4　石器群の様相

(1)　栗原遺跡の第Ⅹ層文化

　武蔵野台地の旧石器遺跡において、第Ⅹ層文化は少なからず確認されている。比較的まとまった資料は、小金井市西之台遺跡B地点（小田編 1980）、中山谷遺跡（Kidder・小田編 1975）である。この第Ⅹ層文化にも、やや層位的に浅い例と深い例が存在し、さらに石器群の様相にも2種類あることが判明して来たのであるが、この2者の石器群が、1遺跡において層序的上下関係で発掘されたことは未だない。

　本P地点の石器群は、第Ⅹ層の上部か中部かは不明だが、石器群は明らかに西之台B、中山谷遺跡とは異なった内容である。磨製石斧と先端加工のナイフ状石器、そして縦長・横長剥片に特徴を持ち、礫器、石核も独特のものである。その意味では第Ⅸ層文化に類似している。

　武蔵野台地の旧石器編年は、この第Ⅹ層文化を古い方から第Ⅰa亜文化期と第Ⅰb亜文化期に細分した（Oda and Keally 1979）。第Ⅰa亜文化期は、錐状石器、スクレブラ、礫器に特徴を持ち、チャート製の小形石器群と安山岩製の大形石器群との共存が認められている。第Ⅰb亜文化期は、刃部磨製石斧を特徴にして、縦長剥片を利用した祖形ナイフ形石器が伴っている。まだ真正な石刃技法は存在しないが、広義の石刃剥離技術はすでに保持している段階である。石材としては、頁岩、流紋岩、凝灰岩等の使用が卓越している。

　本P地点の石器群は、後半に当たる第Ⅰb亜文化期の特徴と良く一致している。ちなみに、西之台遺跡B地点、中山谷遺跡は、前半の第Ⅰa亜文化期に位置づけられる石器群である。

(2)　旧石器時代の磨製石斧

　栗原遺跡P地点の発掘を開始して間もなく、削平面下30cmの黄褐色ローム層中から、刃部を研磨した立派な「磨製石斧」が出土した。当地では未だ層準の目安もできていないことや磨製石斧であったことなどで、ソフト・ロームかハード・ローム層上部の比較的新しい時期のものではないかと考えた。それは、当時旧石器時代の磨製石斧といえば、長野県茶臼山遺跡（藤森・戸沢 1962）と杉久保遺跡第Ⅱ文化（信州ローム研究会編 1963）の資料が有名で、約1万8,000年前後の新期ナイフ形石器文化に伴って発見されていたからである。しかし、発見グリッドを層序確認の

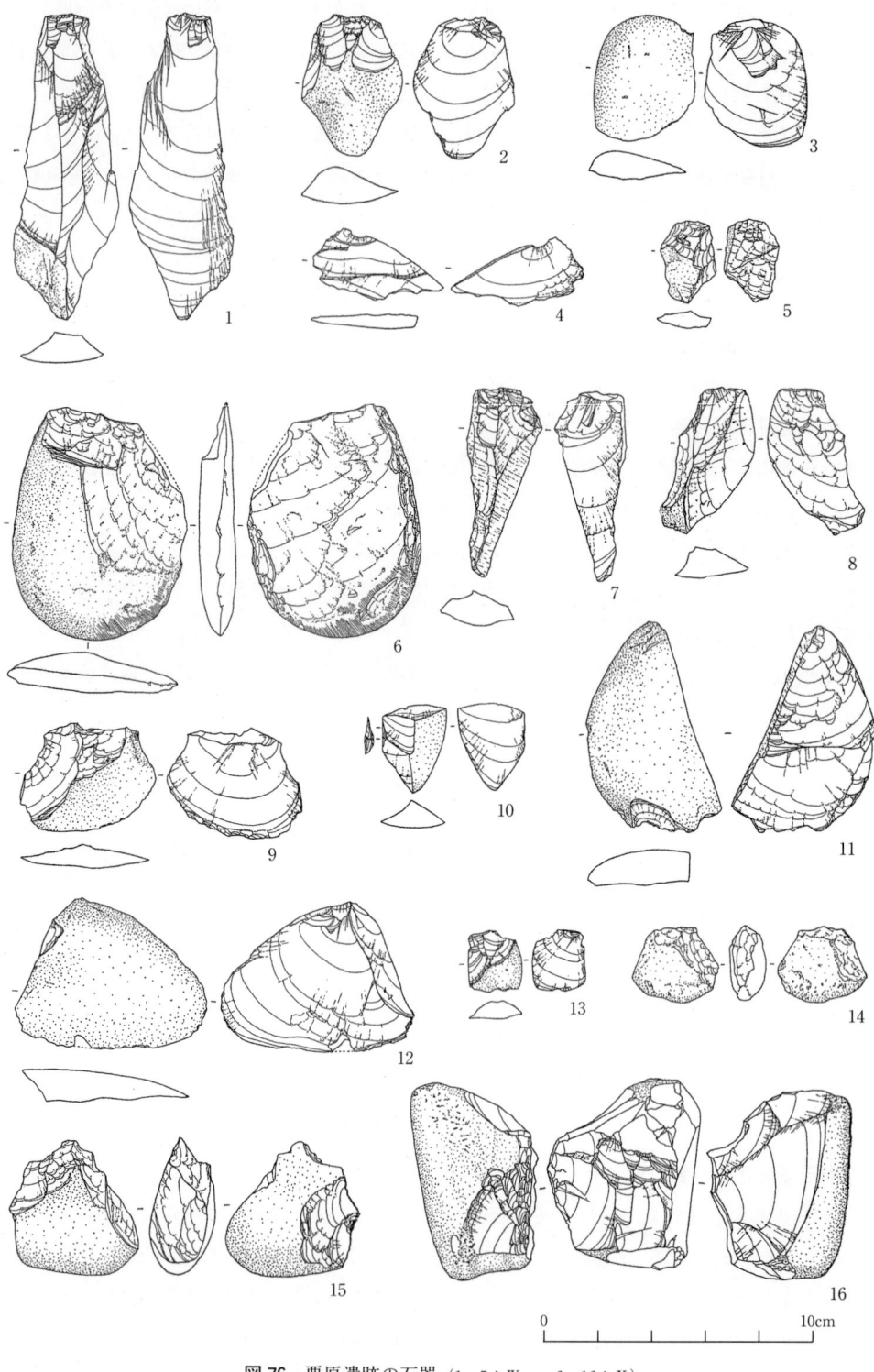

図 76　栗原遺跡の石器（1〜5：IX　6〜16：X）

ためさらに深く掘り下げても、目安になる「立川ローム第Ⅰ・Ⅱ黒色帯」も確認することができなかった。それ故、グラウンド北側の崖面を削りその層準を延長してきた結果、驚くことに「立川ローム第Ⅹ層」に相当することが判明したのである。つまり、この場所は、すでに地表から2m以上も削平されていたことになる。調査を担当した誰もが、このような古い地層から磨製石斧が出土するとは、想像すらしなかったのである。

当時、立川ローム第Ⅹ層は^{14}Cおよび黒曜石水和層年代測定法によって、約2万7,000年～3万年前の年代が与えられていた（鈴木1971、鈴木他1971）。とすると、丸ノミ形石器文化に伴う青森県長者久保遺跡例は約1万2,000年前、ナイフ形石器文化に伴う茶臼山遺跡、杉久保遺跡例は約1万7,000～1万8,000年前であり、この栗原例は1万年以上も古くさかのぼる最古級の磨製石斧ということになったのである。

ところが、本資料の確認は思わぬ展開をみせていく。その1つは、群馬県岩宿遺跡第Ⅰ文化（杉原1959）、栃木県磯山遺跡（芹沢1977）で発見され、旧石器時代の「磨製論争」の資料にもなった「楕円形石器」と、形態、出土層準、年代などがきわめて酷似したものであり、さらに、下総台地の立川ローム下底部から1967・68年に発見されていた、千葉県三里塚第55地点（古内1971）の刃部を研磨した楕円形石器とも、関連する重要な資料であったのである。三里塚遺跡では出土層準について、立川期の最下部か武蔵野期の最上部かで意見が分かれていた。同様な議論は、武蔵野台地と相模野台地の層準対比でも、かつて行われたのであるが、野川遺跡の成果によって、すべての遺物発見層準は立川期に入ることが確定している（小林・小田他1971、鈴木1971、町田・宮崎1971）。したがって、この栗原遺跡の発見によって、三里塚遺跡55地点の遺物包含層も立川期の所産と考えられるのである。ちなみに、^{14}C年代値も29,300±980（N-1080）、28,700±920（N-1081）であり、立川期であることを裏づけている。

（3）　世界最古の磨製石斧

3万年前後の年代を示す世界の旧石器文化に、石斧を研磨した磨製石斧は、栗原例が発見された当時未だ知られていなかった。そうした意味でも、この磨製石斧は「世界最古」の資料である。ちなみに、現在まで磨製石斧が出土した諸外国の例を調べると、ロシアのコスチョンキⅠ（14,020 y.B.P.）1点（Semenov 1964）、アフォントヴァゴラⅡ（20,000±300 y.B.P.）1点、ドイツのヴィレンドルフⅡ（25,800 y.B.P.）1点（小野1995）、オーストラリアのナワモイン（21,450±380 y.B.P.）10点、マランガンガー（29,000±1,000 y.B.P.）5点（Carmel 1982）などで総点数17点しか発見されていない（小田1992、前田2002）。

しかし、日本では現在、3万年クラスの遺跡が200ヵ所、総点数400点以上が発見されている（小田編2001）。こうしたおびただしい量の日本の旧石器時代における磨製石斧の出土状況は、その使用目的を含めて興味ある研究テーマである。

9．中山谷遺跡

1　遺　　跡

（1）立　　地

　中山谷遺跡は北緯35度42分、東経139度31分にあり、東京都小金井市中町に所在する。遺跡は武蔵野台地の西南縁、多摩川に接した国分寺崖線上に沿って東流する野川を臨む北側の武蔵野段丘上に立地する。海抜約64m、現河川との比高は約16mを数える。この国分寺崖線上の遺跡の特徴は、多くの場合「ノッチ」と呼ばれる湧水地点を挟んだ窪み部の両袖を中心に半月形に形成される。

　本遺跡はこのノッチ西側に、野川流域でも大きい8万㎡に及ぶ縄文時代中期の大集落が分布しており、旧石器時代の遺跡が発見された地点は、ノッチ中央部の湧水地から約100m西側に立地し、前面には野川の大きな蛇行部が形成された場所に位置する。

（2）調査経緯

　本遺跡は、東京西郊・武蔵野の縄文土器が拾える場所として、研究史的に古くから知られていた。1967（昭和42）から1970年にかけて、小金井市制10周年記念事業の市誌編纂の一環として、武蔵野郷土館の吉田格により合計5回の発掘調査が行われた（吉田他1971）。この調査で縄文時代中期（勝坂・加曾利E期）の住居址が18軒確認され、これが野川上流域でも大規模な縄文集落遺跡の1つであることが判明している。

　今回の遺跡発掘調査は、1974（昭和49）年春、この遺跡の国分寺崖線沿いに銀行寮の建築計画報告を、小金井市教育委員会が受けたことに始まる。幸いにも、都文化課がすぐ隣の西之台遺跡B地点を調査中でもあり、これに引き続き、中山谷遺跡調査の実施を決定した。発掘調査は、同年6月から9月まで、都主導の組織で実施された（Kidder・小田編1975）。

（3）層位と文化層

　本遺跡は、表土から約9mの深さまで発掘され、台地基盤の武蔵野礫層（MG）まで、地質学的区分によって21枚の自然層に識別された。第Ⅰ層は表土攪乱層。第Ⅱ層は黒褐色土層で、縄文時代後期から草創期まで各型式の縄文土器と住居跡、土坑などが発見された。第Ⅲ層からが

「立川ローム」で、旧石器文化層に相当する。

　この調査で約3mに及ぶ立川ローム層中から、遺構、遺物の集中する生活面が4枚（第Ⅲ・Ⅶ・Ⅸ・Ⅹ層文化）確認された。

　発掘は崖線に突き出た「ノッチ」東側先端部のほぼ中心地域、約800㎡の面積を立川ローム第Ⅹ層の深さまで全掘し、一部、武蔵野ローム層の調査も行った。したがって、この地点に生活した旧石器人集落のほぼ全容が記録されたことになる。しかし、中山谷遺跡の旧石器時代遺跡の本体は、もう少し東側の湧水地点に寄った部分に存在する可能性が大きい。

（4）成　果

　1974年の調査で、武蔵野台地ではもっとも深い立川ローム第Ⅹ層の中部から、まとまった石器群が発見された意義は大きい。また、当時としては、数多くの自然科学的・人文科学的分析が実施され、遺跡復元に必要なかずかずの新知見が得られた調査でもあった。以下に、その調査内容の概略を紹介する。

① ローム層の粘土・鉱物分析（羽鳥謙三・関東第四紀学会）。

　野川遺跡立川ローム第Ⅵ層上部で確認されたバブル・ウオール型の火山ガラス（丹沢パミス）の極大値が、同じく第Ⅵ層上部に確認された。この丹沢パミスは町田洋、新井房夫によって、1976年に鹿児島湾奥・姶良カルデラの噴出物であることが判明し「AT（姶良Tn火山灰）」と呼ばれることになる（町田・新井1976）。

② 土壌のpH分析（David Loeliger・国際基督教大学）。

　縄文時代の遺構内の土壌と、外側の土壌では「酸性度」に違いが認められた。さらに、肉眼では区別しにくいローム層序を、この方法で区別できる可能性が得られている。

③ 炭化物分析（庄司太郎・国際基督教大学）。

④ 黒曜石の産地推定と水和層による年代測定（鈴木正男・立教大学）。

　フィション・トラック法による産地分析で、縄文時代中期（勝坂期）の黒曜石33点が、神津島産13点、上多賀産15点、冷山産5点と同定された。さらに水和層測定から、冷山産が4,950±220 y.B.P.、上多賀産が4,950±400 y.B.P.、神津島産が5,070±220 y.B.P.と年代が出されている。

⑤ ローム層中の花粉分析（徳永重元・日本肥糧株式会社）。

⑥ ウォーターフロテーション・セパレーションによる微細遺物の再生（森井美智子・国際基督教大学）。

　これは土を水洗いして、比重の相違を利用して浮上する小さな物を採取する方法である。アメリカの発掘でS. Struever（1968）が大きな成果を挙げ、日本でも赤澤威（1973）らが実践している。本遺跡では、縄文時代の包含層、住居址内の土壌について、本格的にこの方法を導入した（『中山谷遺跡1975』森井：85-98）。

⑦ 遺物と炭化物片分布から見た遺跡の復元（C.T.Keally・上智大学）。

2 遺構

　本遺跡で発見された遺構には、石器・剥片類の集合した「ユニット」と、炭化物片の集中部だけで、その規模も第Ⅹ層文化を除いて、いずれも小規模なものであった。おそらく、この地点が、中山谷遺跡の旧石器集落中心部からやや離れた位置にあった可能性が大きい。その意味では、縄文集落と旧石器集落の立地地点に、少し時期的環境の変化があったと、考えることもできる。

　第Ⅲ層文化　　遺構として、ユニットが2ヵ所、炭化物片集中部が1ヵ所確認された。2つのユニットはいずれも小さな集中である。砂岩の一円礫から剥離された数片の剥片、残核からなるユニットと、同じ母岩から剥離された剥片1点が存在する別のユニットに分かれている。炭化物片集中は、こうしたユニットから離れて確認されている。

　第Ⅶ層文化　　遺構として、ユニット1ヵ所が確認された。礫器と礫が主体で、1点礫器に剥片が接合している。

　第Ⅸ層文化　　遺構として、ユニットは形成せず、単独に石器が分布して確認されただけである。

　第Ⅹ層文化　　遺構として、大形ユニットが1ヵ所、炭化物片集中部2ヵ所が確認された。このユニットは大きくみると、3つの小集合部分からできている。ユニット内の器種による偏在性は認められない。石器・剥片類の接合は、地形に対して平行に分布し、土地の傾斜とは特別に関係していない。また炭化物片集中2ヵ所は、ユニットに離れて地形に平行し並んで存在している。

　これらを総合すると、ユニットは「遺物の捨て場」、炭化物片集中部は「炉」の関係、3点の磨石の東側は空白部で「仕事場」、そして、炭化物集中部の北側は「住居空間」と推定できよう。

3 遺物

　各文化層から発見された石器は、第Ⅹ層文化を除いてきわめて少ない。これは、前述したように、この地点が旧石器集落地点としてやや中心部から離れていた可能性が大きいためである。

　第Ⅲ層文化　　石器総数18点、礫2点。石器器種としては、細石刃、礫器、剥片である。石材は、砂岩が主で、黒曜石、安山岩である。この文化層は、細石刃文化に相当する。砂岩製の大形礫器と1母岩から剥離された剥片、石核が接合された。1点出土した細石刃は、黒曜石製の整った製品であった。近年、武蔵野台地の遺跡で、細石刃文化に大形礫器が伴出する例が判明してきた。野川Ⅲ期の大形ポイント石器群は、こうした前段階の礫器組成の延長線上にあることが理解される（小林・小田他 1971）。

　第Ⅶ層文化　　石器総数4点、礫3点。石器器種としては、礫器、剥片である。石材は、す

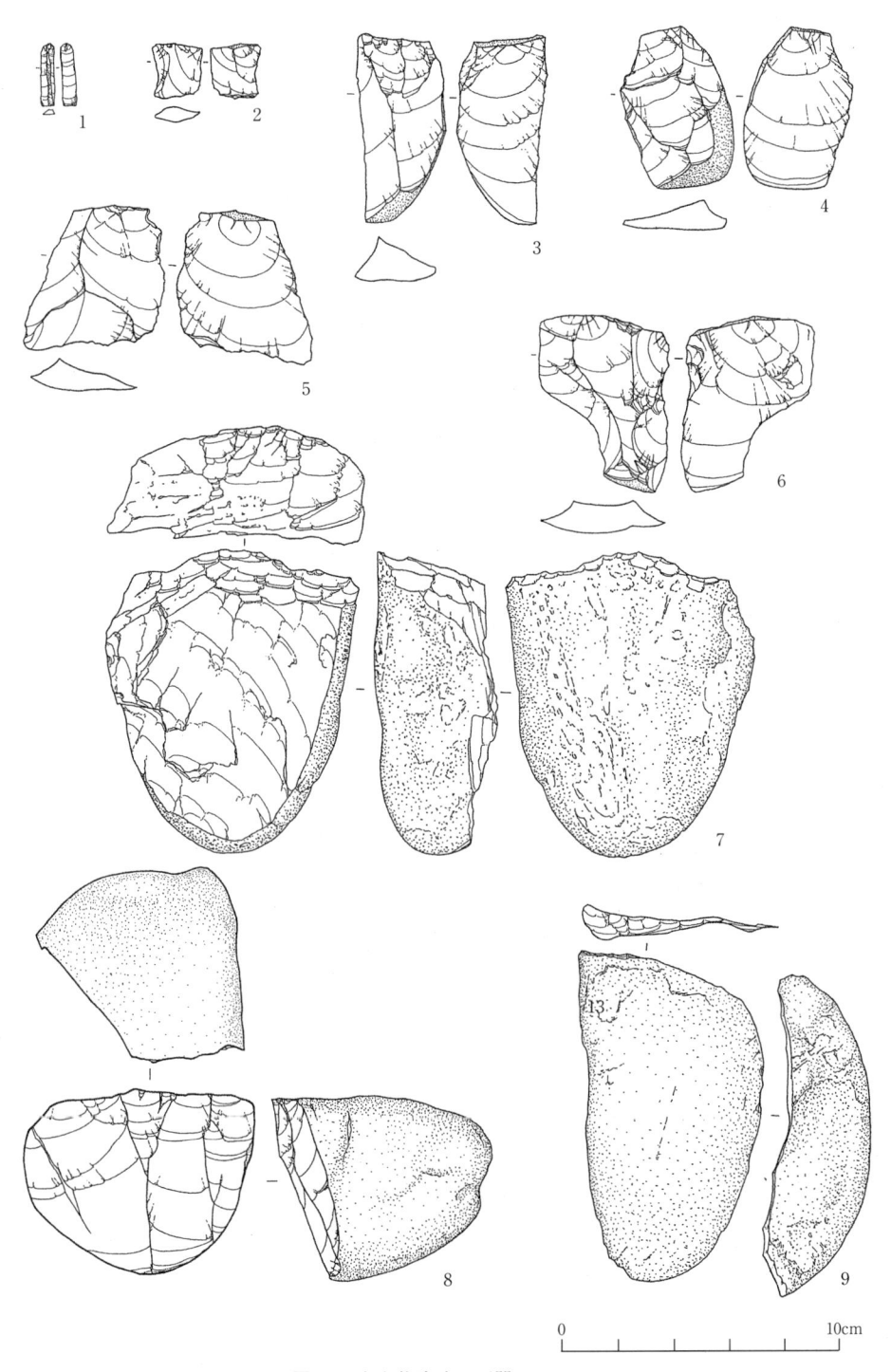

図 77 中山谷遺跡の石器 (1〜9：Ⅲ)

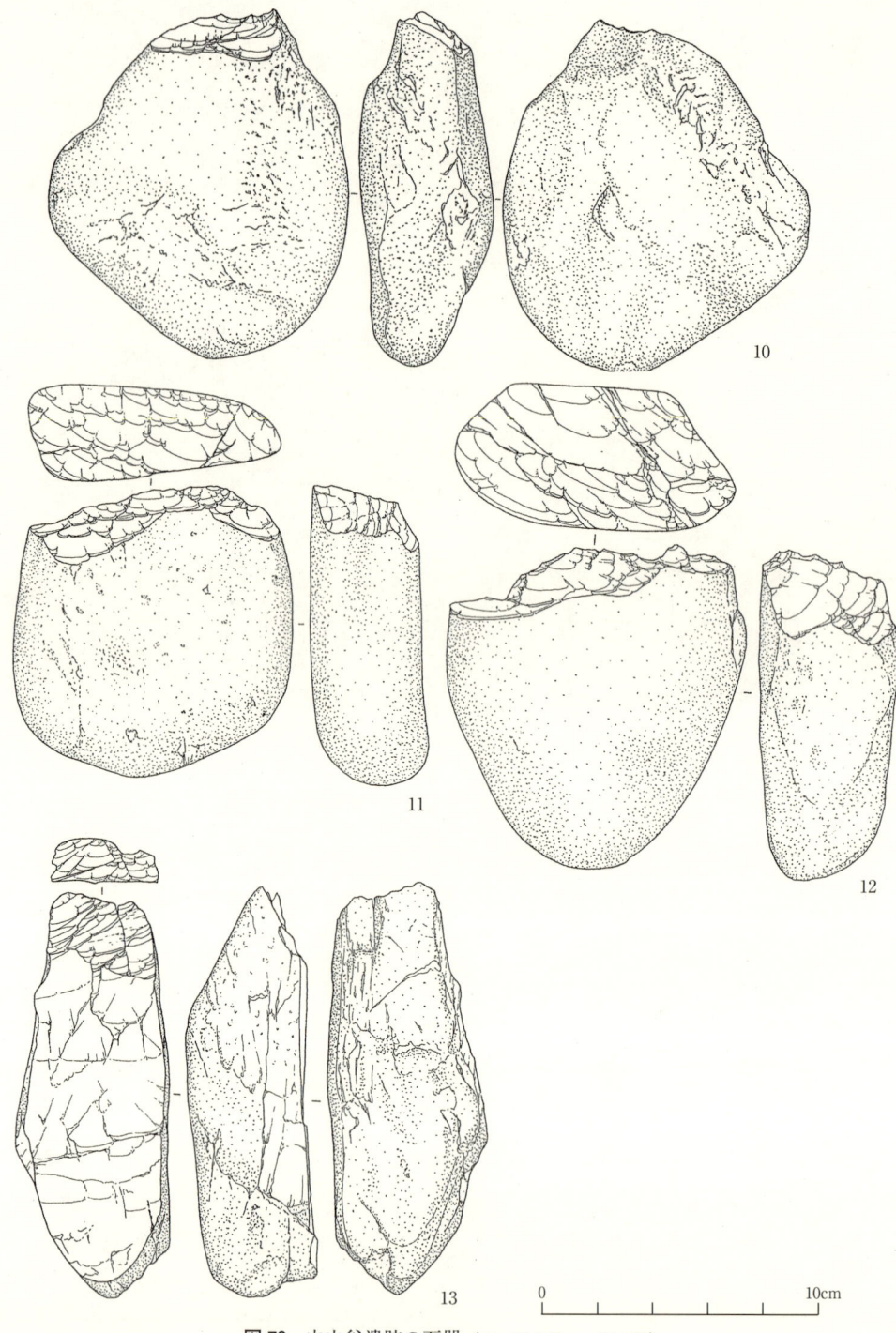

図78 中山谷遺跡の石器 (10〜12：Ⅶ　13：Ⅸ)

9．中山谷遺跡　235

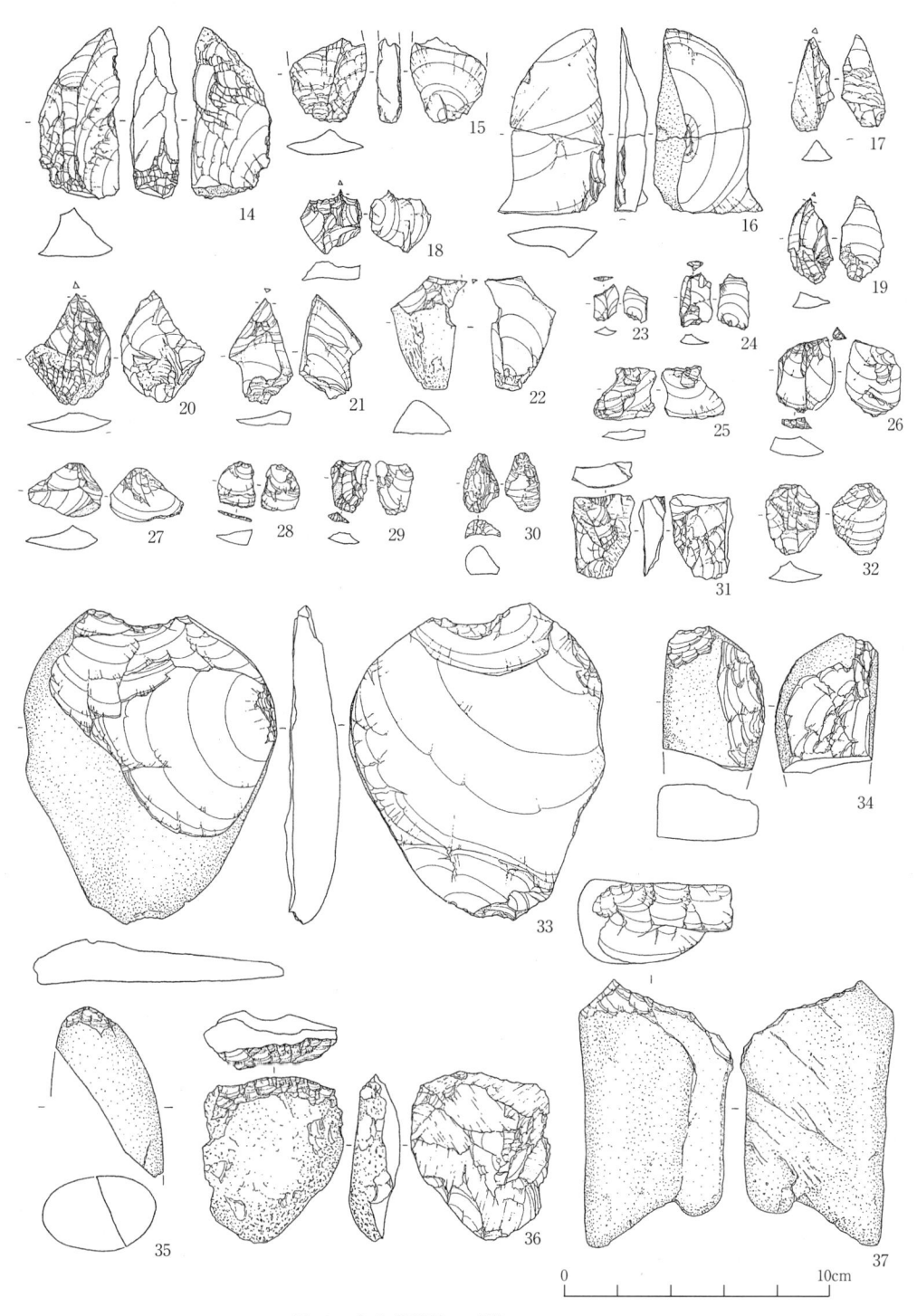

図79　中山谷遺跡の石器（14〜37：X）

べて花崗岩である。本文化層からは、3点の礫器（チョッパー）と1点の剥片しかなく、礫器はいずれも形態的に類似した重量感に富んだものである。

第IX層文化　　石器総数4点、礫5点。石器器種としては、礫器、剥片、石核である。石材は、砂岩が主体で、粘板岩、チャートである。本文化層からは、第VII層文化と同様に貧弱な石器点数である。1点の礫器（チョッパー）と2点の剥片、1点の石核しかない。礫器は「電気バリカン」状を呈した特徴的な形態をしている。同様の例は、平代坂遺跡B地点第IX層文化（小田他1974）にも発見されている。

第X層文化　　石器総数736点、礫0点。石器器種としては、ナイフ状石器、錐状石器、スクレイパー、スクレブラ、彫器、礫器、磨石、敲石、剥片、石核等である。石材はチャートを主体にして、砂岩、メノウである。詳細については後述する。

4　石器群の様相

（1）　中山谷第X層文化

　本遺跡の旧石器文化を特徴づけるとすれば、この第X層文化の多量の石器類である。チャートを主石材として、他にメノウ、砂岩が若干使用されている。特徴的な石器器種として、まず「ナイフ状石器」を挙げることができる。剥片の基部片側にわずかな整形加工が施されている。この整形加工は、一般的なナイフ形石器に認められる急斜な刃潰し（ブランティング）にはほど遠いが、この程度の加工を持つナイフ形石器もまた存在しているのである。さらに、使用された剥片が幅広の不定形剥片であり、西之台遺跡B地点第VII層文化例（小田編1980）、国際基督教大学構内遺跡第15地点第VI層文化例（Kidder他1972 a.b）とは異なっている。第X層文化は近年確認されてきた最古の石器群であり、今後、確かなナイフ形石器の確認が発見された段階で、名称の確定を行いたい。

　次に「錐状石器」がある。この器種は、西之台遺跡B地点第X上層文化で初めて確認された石器で、立川ローム最古の文化を語る上で重要なものである（小田・Keally 1974）。本文化層からは6点発見されている。不定形で一端に尖った鋭い先端部が形成されたチャート、メノウの剥片を使用して、その自然の鋭い尖端部の片側や両側にわずかなノッチ加工を施して錐に仕上げている。さらに、自然の鋭い尖端部をそのまま、錐として使用した例まである。おそらくこうした尖った先端部で、穴を穿ったり、線を描いたり、溝を削り出したりしたものであろう。なお、錐先の使用痕観察から、縄文例には回転を伴った石錐（ドリル）が存在するが、この旧石器例では揉み錐（オウル）程度の使用と考えられる。

　さらに、「スクレブラ」と呼ばれる特徴的な器種の発見である。この石器は、少し上流の平代坂遺跡第X層文化（小田・Keally 1974）で初めて出土し注目された。自然面を有した大形楕円形剥片の周縁部を整形加工し、完成した円形、楕円形の石器として仕上げている。用途はスクレイパーと同じである所から、とくに「スクレブラ」と別に呼称したのである。少し下流の国際基督

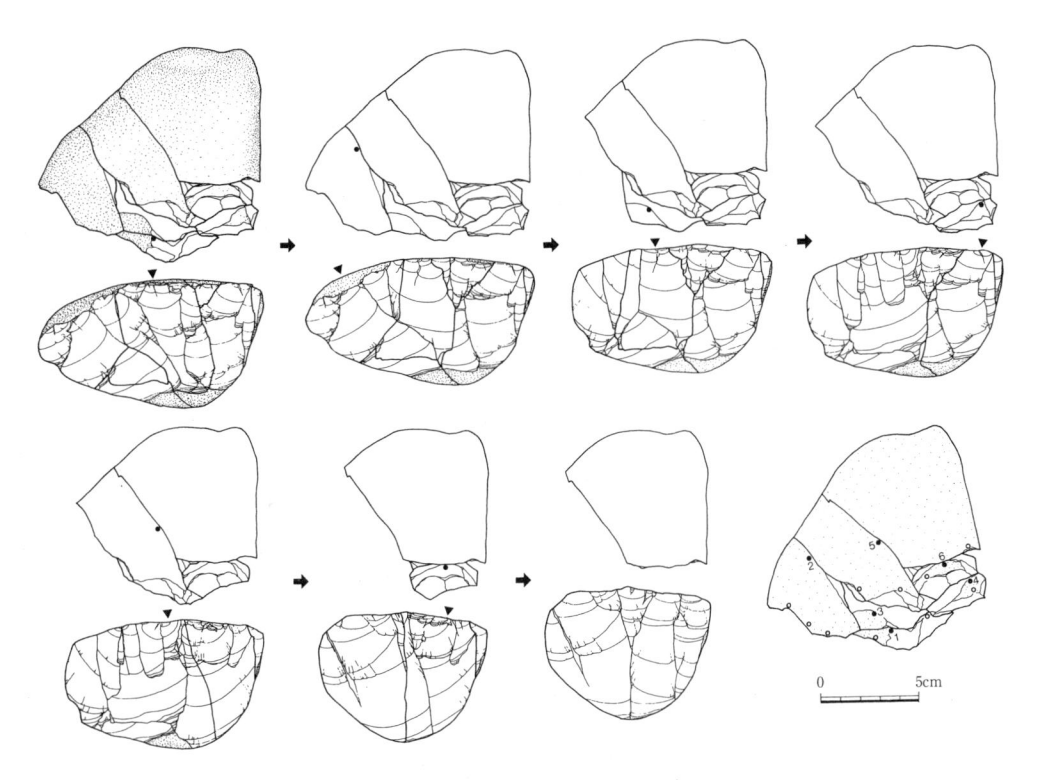

図80　第Ⅲ層文化の石器剥離工程

教大学構内遺跡第15地点第Ⅸ層文化例（Kidder他1972 a.b）は、あたかも「斧形石器」と呼べるような形態をしており、刃の一部分を研磨すれば刃部磨石斧である。

　第Ⅹ層文化には、この他に数百点にのぼるチャートの剥片（フレイク）、細片（チップ）があり、その中には使用痕が認められる例も多い。そして、剥片は石核と良く接合し、剥片剥離技術が復元できる。それは、礫の節理面で剥離していることが多く、その面を打面として剥片が打ち落とされている。また大形礫の場合に、この節理面で剥離した部厚い剥片の縁辺部を、そのまま鋭い刃部としての片刃礫器（チョッパー）とした例も認められる。こうした節理面を利用する方法は、西之台遺跡B地点第Ⅹ上層文化（小田編1980）にも特徴的に認められている。

　中山谷遺跡第Ⅹ層文化は、現在、武蔵野台地で確認される最古の文化層である。したがって、西之台遺跡B地点第Ⅹ上・Ⅹ中層文化とともに、日本列島に渡来した初期旧石器人の石器群様相、さらに、彼らの出自系統を追究する上でも、もっとも重要な資料の発見である。

（2）第Ⅲ層文化の石器剥離工程

　本文化層から出土した砂岩製の同母岩9点の剥片のうち、7点が接合した。

　接合順に図示する（図80）。（▼）は剥離された剥片の方向、（●）は打点、（○）は剥離されてすでになくなった剥片の打点の位置を表している。この残された接合例を見る限り、合計16例の剥片が剥離されていることがわかる。また、母岩の大きさの具合から推して、20例以上は剥離

されたと考えられる。打面は礫の平坦な自然面を使用し、とくに打面調整をすることなく剥離している。剥離順序を観察すると、礫の長軸を意識して左右交互に剥離しているようで、一定の厚さを保持し剥離を進めていることがうかがえる。剥離された剥片の形状は、幅広の剥片で石刃状もある。また打面も大きく残され、二次的な加工は認められていない。同様の大形剥片を持つ石器群は、西之台遺跡B地点で細石刃文化とナイフ形石器文化の中間に位置する第Ⅲ下層文化（小田編1980）にも確認されている。

　第Ⅲ層文化の石核には、このような石刃核状のものと、礫器のようなものが共存している。この中山谷遺跡には後者（礫器状）はないが、武蔵野台地の同時期遺跡には礫器状の例が多く認められている。

5　文化層の決定

　本遺跡から旧石器時代の文化層4枚が確認された。この文化層設定において、まず遺物の包含層序が基本になるが、本調査では出土した石器・剥片類、礫などを、すべて母岩別、石質別、深さ、接合関係をグラフ化（図82）してみた（『中山谷遺跡1975』所収、小田・Keally：付図）。

　重さと深さの関係では、40g以上の遺物は良く分離している。また、第Ⅲ層文化の遺物は上下の幅が少なかった。それに比べ下層の遺物は上下の移動が大きく、1m以上の幅を持っていることが判明した。第Ⅲ層文化の接合した母岩を調べると、重量のある遺物がやや下位に分布するようである。おそらく、この重量遺物のレベルが、当時の生活面と考えることもできよう。

　第Ⅹ層文化は石器点数が多いので、それを遺物の深度分布グラフが明瞭に示している。全遺物の極大値部分より、重量ある遺物が下部に位置することが明確に理解される。

　以上の結果から、1枚の文化層における遺物の上下移動は150cm以上もあり、第Ⅹ層文化の遺物は層序にして5枚以上にもわたっていることがわかる。しかし、こうした遺物の上下を地層内での攪乱現象と考えたとしても、肉眼では地層の乱れは確認できない。その原因としては、まず生活したヒトによる住居の柱穴、土坑等の掘削による移動と、霜柱や雨水、ミミズの運動、木の根などによる自然攪乱による移動が考えられよう。いずれにしても、同じ地層中に発見された遺物が、同じ時期のものではない可能性があり、今後、こうした母岩、接合、重さ等のデータを十分に精査して行かねばならない。

6　炭化物片集中部の記録化

　遺跡より出土する土器、石器、礫等の分布状況は、野川遺跡以来細かく記録され、その分布について詳細に考察されている。しかし、炭化物については、遺物、遺構などの記述の中で、わずかにその存在や特徴が述べられているだけか、あるいは発見された資料が年代測定や樹種判定に利用される程度であった。中山谷遺跡では、縄文時代と旧石器時代の包含層について、この炭化

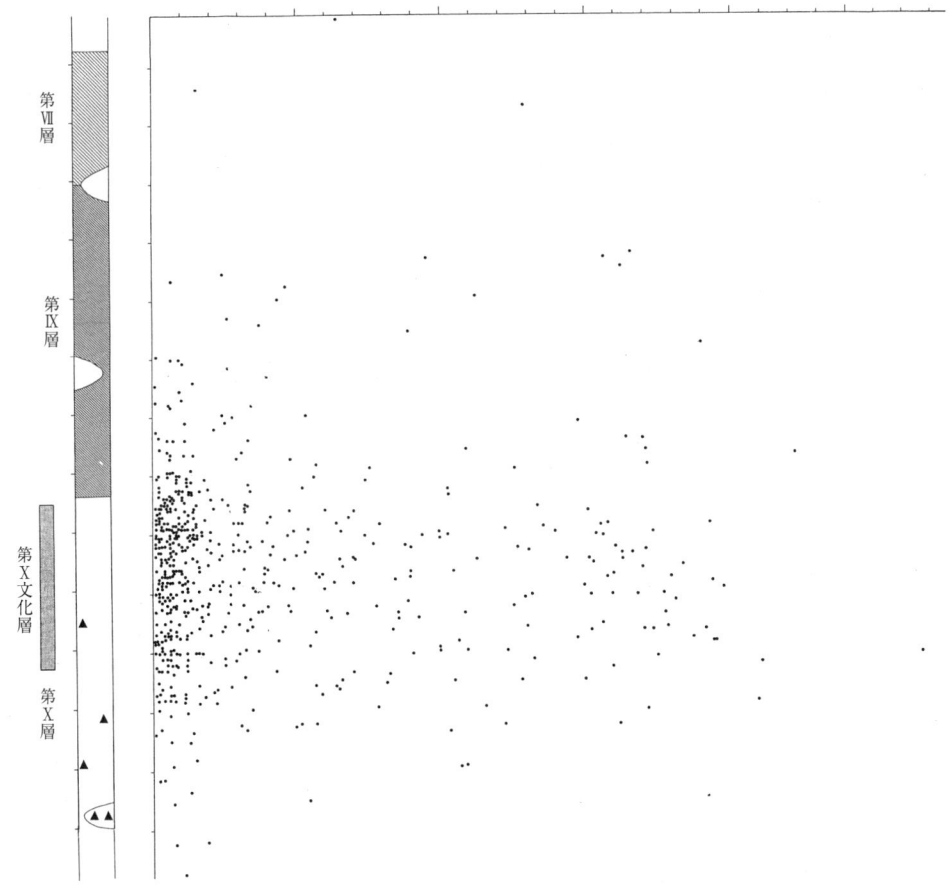

図 81　第Ⅹ層文化の遺物深度分布

物片の詳細な記録と出土平面図を作成している。

　記録方法としては、4m四方のグリッドごとに、大形ジョレンで薄く土の表面を削り、点在する黒色の炭化物片を1点ずつグラフ用紙にドット化した。なお、縄文住居址内では、40×40cmの区画を設定して小形ジョレンでより細かく削り図式化し、さらに土壌の水洗選別（ウォーターフロテーション）で得た炭化物片量も適応している（『中山谷遺跡1975』所収）。

　結果として、縄文時代の炭化物片の出土状況は、遺物、遺構と密接な関係にあり、より多くの遺物が発見される場所、住居址内では炭化物片が多量に存在する事実が把握できた。また、旧石器時代の場合は、石器・剥片が集中して発見されるユニット部とは、あまり関係なく、むしろ離れて独立した場所に分布していることが理解された意義は大きい。

　なお、第Ⅹ層文化の2つの集中部には、大形の炭化物片が多数発見されたので、その一部について樹種同定が行われている（『中山谷遺跡1975』所収）。それによると、広葉樹、ブナ科、クリ属、カキノキ科カキノキ属が西側の集中部から、広葉樹、ブナ科、ヤナギ科ヤナギ属が東側の集中部から検出されているのである。

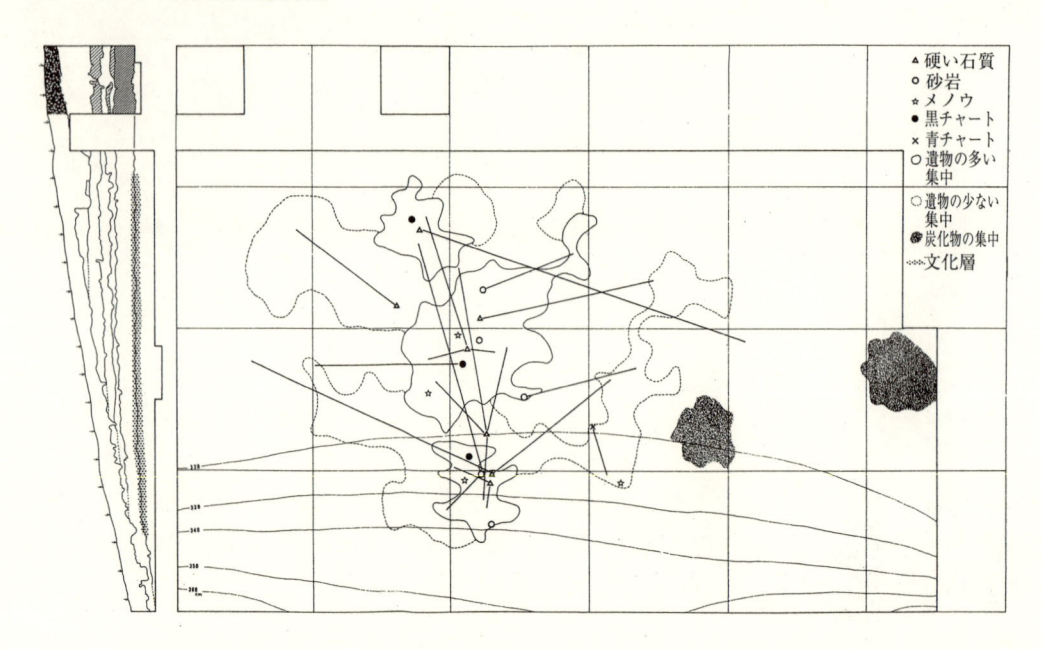

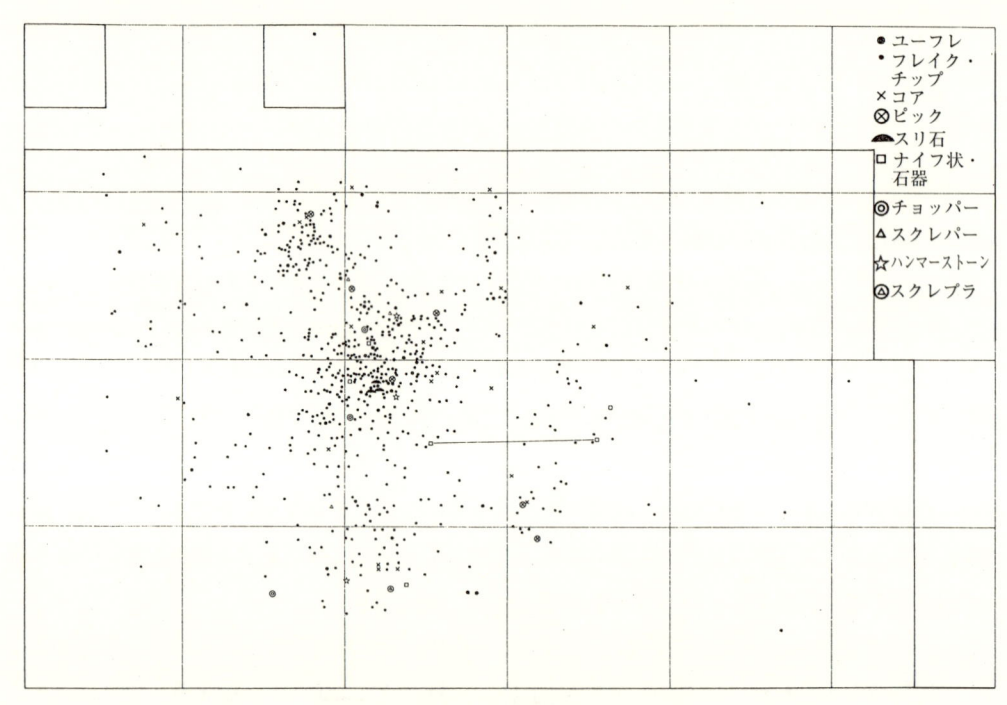

240　第2章　東京地方の遺跡調査

図82　第Ⅹ層文化の石器分布と接合関係

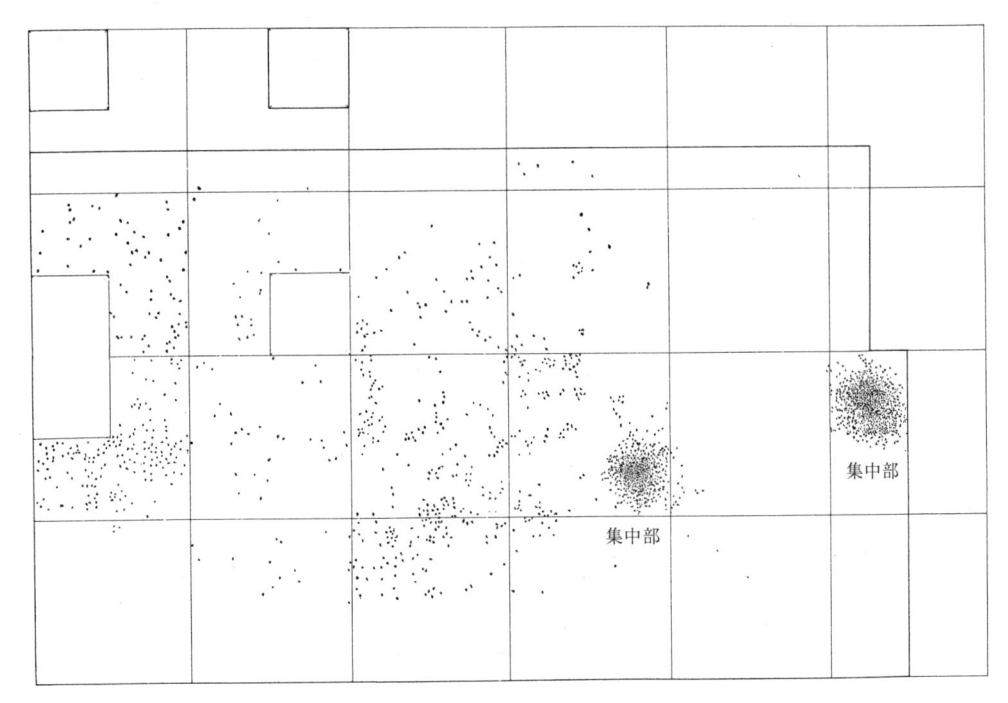

図83 第X層文化の炭化物片分布

7 ローム層の花粉分析

　一般的に花粉・胞子化石は、腐植物質の集合体である低湿地「泥炭層」試料が最適とされ、花粉分析は湖沼、湿原、水田などを対象地にすることが多い。野川遺跡の調査では、旧石器時代の植生を直接復元する方法として、遺跡そのものの堆積物である「ローム層」から花粉分析ができないかと考え、徳永重元らと検討していた。

　当時、田尻貞治に依頼し、狛江市圦上遺跡の縄文黒土層で行った結果は芳しくなく、ましてさらに条件の悪い火山灰土では、花粉・胞子化石の検出は期待できなかった。しかし、野川遺跡のローム層中からは、数は少ないが花粉・胞子化石が検出できたのである（『野川遺跡調査概報1971』所収、田尻：18-20）。これに意を強くして、西之台遺跡B地点、中山谷遺跡でも、徳永らと、立川ローム層中の花粉分析を本格的に実施したのである（『中山谷遺跡1975』所収）。

(1) 試　　料

　中山谷遺跡の第Ⅰ、Ⅱ、Ⅲ、Ⅳ、Ⅴ、Ⅵ、Ⅶ、Ⅸ上、Ⅸ下、Ⅹ層から採取した10点の試料について分析した。試料は、上層から下層へ採取し、各資料の岩質は腐植質を含む黒色土（縄文時代層）から黒褐色のローム（旧石器時代層）である。

（2） 分析方法

花粉分析の方法は、対象となる試料が、微化石産出傾向の少ないといわれているローム質なので、一般の第四紀堆積物より多くの分量を採取し分析した。したがって、分析に用いる薬品も多く使用している。

分析工程の主な手順について述べると次のようになる。乾燥、粉砕（0.5 mm pass）した試料 30～50 g を採取し、10% KOH を加え、10～20 分間 boil し有機物を分解する。Decant、水洗した後、HF：HCl＝5：1 を加えて無機物を溶解し、waterbath 上で 10～20 分間十分に反応させる。放冷後に水洗し、10% KOH、10% HCl の処理をし、ZnBr2 重液を用いて有機物を浮上させる。浮上した有機物をていねいに採取し、水洗した後、アセトリンス処理を行い、再び水洗する。この水洗は十分に行う。最後にグリセリンゼリーで封入し、顕微鏡にて同定することになる。

（3） 花粉分析結果

各試料の花粉・胞子化石の産出傾向は、その多少により、極まれ（rr）、少数（r）、普通（c）、多数（a）に分けることができ、その結果を記した。

花粉・胞子化石の産出一覧は、全化石個体数が 50 個以上のものを一応百分率で示し、49 個体以下のものは、その個体数で示している。

A．各試料の花粉学的特長

a　産出傾向について　各試料とも一応花粉と胞子化石を産出したが、全般に少ない試料が多かった。花粉・胞子化石の量的変化を見ると、第Ⅴ層より上部の試料については、比較的花粉・胞子化石を産出しているが、第Ⅵ層より下部になると非常に少なくなる傾向がある。

b　種類について　全試料中より産出した花粉と胞子のうち、科、属、種名の判明したものは、1 科、3 属、1 種の針葉樹、14 属の広葉樹、6 科、2 亜科、4 属の草木類があり、その他属名不詳のものは形態によって分類した。胞子は（とくにシダ類の胞子）3 科の他、形態分類をした。

花粉分析の結果、産出した主要化石花粉・胞子分布図と、AP（樹木種花粉）：NAP（非樹木種花粉＝草本類）比を示した。これらの名をあげると次のようになる。

　　針葉樹：Pinus（マツ属、2 葉型であり、アカマツと思われる）。Tsugasieboldii（ツガ）、Taxodiaceae（スギ科）、Crypomeria（スギ属）などがあげられる。

　　広葉樹：Salix（ヤナギ属）、Alnus（ハンノキ属）、Corylus（ハシバミ属）、Castanea（クリ属）、Quercus（カシ属）などがあげられる。

　　草本類：Compositae（キク科）、Gramineae（イネ科）が主であるが、他に Valerianaceae（オミナエシ科）、Cyperaceae（カヤツリグサ科）などがあげられる。また、Compositae は、Carduoideae（キク亜科、ただし Artemisia を除く）、Artemis（ヨモギ属）、Cichorioideae（タンポポ亜科）の 3 つにわけることができ、いずれもよく出現している。

　　シダ類：Polypodiaceae（ウラボシ科）、Lycopodiaceae（ヒカゲノカヅラ科）等があげられる。

　　その他：他の微化石として Concentricysts があげられる。これは、従来の研究によると、

花粉でも胞子でもなく、Hystrichopherae に属する淡水生の生物とされている。

　B．各試料の植生について

　① 第Ⅰ層（表土）　この試料は、Pinus、Taxodiaceae、Cryptomeria などの針葉樹の出現率が全試料の中でもっとも高い。広葉樹は Salix、Alnus、Quercus、Castanea などの出現が見られる。草本類は、Carduoideae、Artemisia、Cichoriodeae、Gramineae の他，多くの種が出現する。AP：NAP*比は約 45：55 と草本類が優性であり、草原的環境が、推定されるが、針葉樹と広葉樹による混合林が、形成されつつある状態であるといえる。また、Concentricysts, の出現は、何らかの水の影響があったものと推定される。(*AP=arborealpollen 樹木種花粉、NAP=nonarborealpollen 非樹木種花粉)

　② 第Ⅱ層（縄文時代）　この試料は、Pinus、Tsuga,Salix 等の樹木種の出現率が低下し、Compositae の出現率は第Ⅰ層の場合と変わりない。このため AP：NAP＝15：85 となり、草原的環境がⅠより強くなる。又 Concentricysts が全試料中もっとも高い出現率を示していることから、淡水の影響をもっとも強く受けたものといえよう。

　③ 第Ⅲ層（ソフト・ローム、旧石器時代）　この試料は、第Ⅱ層よりさらに樹木種が減少し、草本類の増加が著しい。その中で Cichorioideae の高出現率は、異常な値である。したがって、AP：NAP＝9：91 となり、Compositae（主として Cichorioideae）が主体となった草原的古環境が推定される。

　④ 第Ⅳ層（ハード・ローム）　この試料になると、一変して Corylus が約 30％ 出現し、他の樹木種も多く出現するようになる。草本類は、Compositae が第Ⅲ層のような高出現率は示さないものの、主体をなしている。AP：NAP＝51：49 となり、樹木の繁茂がうかがえるが、全体的には草原的環境が推定される。

　⑤ 第Ⅴ層（第Ⅰ黒色帯）　この試料は、Coylus，、Quercus，、Alnus,Salix などの樹木種が出現するが、Compositae を主体とした草本類の出現率が高い。したがって、AP：NAP＝33：67 となり、草本的古環境と推定される。

　⑥ 第Ⅵ層（下部に AT 堆積）　この試料は、樹木では Quercus がわずかに出現する。草本類は、Compositae、Gramineae が出現する。AP：NAP＝4：96 となる。したがって草原的古環境がⅤより強いといえよう。

　⑦ 第Ⅶ　Ⅸ上，Ⅸ下層（第Ⅱ黒色帯）、第Ⅹ層　これらの試料には、Quercus、Compositae が出現するが、形態分類による花粉が多く出現するようになる。また花粉・胞子化石の個体数も少なくなり、古環境の推定が困難であった。

10. 前 原 遺 跡

1 遺　　跡

（1）立　　地

　前原遺跡は北緯35度41分、東経139度31分にあり、東京都小金井市前原町に所在する。遺跡は国分寺崖線を流れる野川に面した、立川段丘面上にあり、海抜約52m、現河川との比高は約3mを数える。

　本遺跡付近は野川と崖線との間に、低湿地、台地が広く形成されており、湧水地点である「ノッチ」部はこの舌状部の両側に存在している。

（2）調査経緯

　本遺跡は1973年（昭和48）野川流域の遺跡探索を行っていた筆者が、この地点の切り通し崖面で縄文時代中期の土器片と、ローム層中から礫群の一部を発見したことにより確認された。そして1974年に、下流から進んできた野川河川改修工事がこの地域に及び、さらに、対岸の自動車教習所の拡張工事で遺跡が破壊されることを知り、ただちに小金井市教育委員会と東京都文化課が協議を行った結果、1975年2月から10月まで緊急発掘調査が実施されたのである（小田・伊藤他編1976）。

（3）層位と文化層

　本遺跡は表土から約4mの深さまで発掘され、台地基盤の立川礫層（TcG）まで、地質学的区分によって13枚の自然層に識別された。第Ⅰ層は表土攪乱層。第Ⅱ層は黒褐色土層で、上部には歴史時代の遺構・遺物が、中部から下部にかけては縄文時代後期から草創期までの各型式の縄文土器と住居址、炉穴、土坑、集石など多数が発見された。第Ⅲ層からが「立川ローム」で、旧石器文化層に相当する。この立川ローム層中に、遺構、遺物の集中する生活面が合計7枚（第Ⅲ、Ⅳ上、Ⅳ中1、Ⅳ中2、Ⅳ下、Ⅵ、Ⅶ層文化）確認された。

　発掘は野川に面した舌状台地を、約3,000㎡の面積にわたり立川ローム第Ⅶ層の深さまで全掘し、一部、第Ⅹ層まで調査した。したがって、この地点に生活した旧石器人集落のほぼ全容が記録されたことになる。

（4） 成　　果

　前原遺跡は、野川遺跡と同じ立川段丘面に立地し、また野川に張り出した舌状台地の状況も類似している。そこで、野川遺跡で果たせなかった「炭化物片」記録を中心に、出土状況の全点ドットを試みることにした。その結果、遺跡全面から記録された石器・剥片ユニット、礫群、配石、炭化物片集中部などの全点ドットは、先史時代における新しい集落論の基礎データとして貴重な資料となった（小田 1977）。

　本遺跡でも多くの自然科学的・人文科学的分析が行われ、遺跡復元に必要なかずかずの新知見が得られた調査であった。以下にその内容の概略を紹介する。

① 花粉分析（徳永重元・日本肥糧株式会社）。

　ローム層の花粉分析も、徳永ら研究所の努力によって、やっと軌道に乗ってきた（徳永 1975）。本遺跡では立川ローム第Ⅹ層まで分析が行われ、その結果、大きくA・Bの花粉帯に、さらにAは1～3に細分された。A花粉帯は第Ⅰ～Ⅲ層、B花粉帯は第Ⅳ～Ⅹ層までであった。

② Ｘ線回折によるローム層の分析（堅田直・帝塚山大学、中津由紀子・国際基督教大学考古学研究センター）。

　経験的に識別された自然層を、理化学的分析データによって区別可能か否かという実験である。その結果、回折スペクトルは第Ⅰ、Ⅲ上、Ⅴ層が独自のパターンを示し、その他の層では第Ⅴ層を境に上下大きく2つのグループに大別されることが判明した。ちなみに、第Ⅴ層は立川ローム第Ⅰ黒色帯に相当する。

③ 炭化物分析（森井美智子・国際基督教大学考古学研究センター、庄司太郎・国際基督教大学）。

　中山谷遺跡から本格的に行われた「ウォーターフローテーション・セパレーション」法によって得られた、縄文時代の炭化物片を実体顕微鏡によって樹種鑑定した。

④ 人骨鑑定（山口敏・国立科学博物館）。

　地表下1.5mの深さから、六道銭（寛永通寶）、数珠玉（水晶・メノウ・漆製）を副葬した、近世・江戸期の座棺状況の墓壙が発見された。

⑤ コンピュータによる遺物分布の研究（Bruce Bourne・上智大学、小山修三・カリフォルニア大学）。

　考古学の発掘調査で、初めてコンピュータが導入されたのは野川遺跡である。その後、国際基督教大学構内遺跡第15地点の調査でも導入され、報告書に平面図として掲載されている。本遺跡では、石器・剥片のユニット、礫群・配石、炭化物片分布という、膨大なデータをコンピュータ処理し、それらの成果を付図として掲載している。

⑥ 礫群の分析（金山喜昭・国学院大学、斉藤基生・明治大学）。

⑦ 石器の型式学的研究（織笠昭・成城大学）。

2　遺　構

　本遺跡で発見された遺構には、石器・剥片類の集合した「ユニット」と、拳大の礫が集合した「礫群」、大形礫を配置した「配石」、そして黒色の炭化物片が集合した「炭化物片集中部」が存在している。

　本遺跡で注目される遺構は、礫群と炭化物片集中部である。とくに炭化物片集中部については、縄文時代の包含層から旧石器時代のローム層すべてについて、ジョレンによる検出作業を行った。

　第Ⅲ層文化　　遺構として、ユニットが2ヵ所、礫群1ヵ所、配石1ヵ所が確認された。

　第Ⅳ上層文化　　遺構として、ユニットが4ヵ所、礫群2ヵ所が確認された。

　第Ⅳ中1層文化　　遺構として、ユニットが10ヵ所、礫群11ヵ所、炭化物片集中部8ヵ所が確認された。

　第Ⅳ中2層文化　　遺構として、ユニットが11ヵ所、礫群13ヵ所、炭化物片集中部22ヵ所が確認された。

　第Ⅳ下層文化　　遺構として、ユニットが6ヵ所、礫群13ヵ所、炭化物片集中部12ヵ所が確認された。

　第Ⅵ層文化　　遺構として、ユニットが0ヵ所、配石1ヵ所、炭化物片集中部3ヵ所が確認された。

　第Ⅶ層文化　　遺構として、ユニットが1ヵ所、配石1ヵ所、炭化物片集中部5ヵ所が確認された。

3　遺　物

　各文化層から豊富な石器群が発見された。中でも第Ⅳ中1～Ⅳ中2層文化の資料は、武蔵野台地のナイフ形石器文化、とくにその様相を知る上で重要な発見であった。

　第Ⅲ層文化　　石器総数69点、礫35点。石器器種としては、大形尖頭器、スクレイパー、彫器、礫器などである。石材には、砂岩、粘板岩を主体として、凝灰岩、チャートを使用している。

　第Ⅳ上層文化　　石器総数145点、礫58点。石器器種としては、尖頭器、ナイフ形石器、台形石器、スクレイパー、彫器、礫器などである。石材には、黒曜石を主体として、チャート、砂岩が使用されている。

　第Ⅳ中1層文化　　石器総数299点、礫918点。石器器種としては、ナイフ形石器、スクレイパー、彫器、礫器などである。石材には、凝灰岩が主体をなし、チャート、砂岩、頁岩、玉髄、安山岩が使用されている。

第IV中2層文化　　石器総数705点、礫4,677点。石器器種としては、ナイフ形石器、台形石器、ゴロゴロ石器、錐、スクレイパー、彫器、礫器、敲石などである。石材には、黒曜石、チャートが主体をなし、砂岩、凝灰岩が使用されている。

第IV下層文化　　石器総数285点、礫1,309点。石器器種としては、ナイフ形石器、台形石器、ゴロゴロ石器、スクレイパー、彫器、敲石などである。石材には、黒曜石、砂岩が主体をなし、頁岩、チャート、凝灰岩が使用されている。

第VI層文化　　石器総数0点、礫7点。本文化層からは、配石と炭化物片集中部だけが確認された。

第VII層文化　　石器総数7点、礫2点。石器器種としては、スクレイパーと剥片だけである。石材には、チャートが使用されている。

4　石器群の様相

本遺跡で確認された7枚の旧石器時代文化層の石器群様相を、武蔵野台地の編年（Oda and Keally 1979、赤澤・山中・小田 1980）によって見て行くことにしたい。

(1)　旧石器時代第IV文化期

第III層文化が相当し、「大形尖頭器文化」と呼べる。この後の縄文時代草創期に繋がる石器組成を持っている。この両面加工の尖頭器の多くが、横長剥片から製作されることはよく知られている。他に1点縦長剥片の周縁加工例がある。また、片刃礫器（チョッパー）は、近年「細石器文化」に伴う石器として位置づけられており（小田1979）、後続する本文化期に共伴したことは重要な発見であった。

(2)　旧石器時代第IIb亜文化期

第IV上・IV中1層文化が相当し、「ナイフ形石器文化」の段階にあたる。

第IV上層文化には、片面加工の尖頭器、折断技法を駆使した各種ナイフ形石器が存在している。剥片剥離技法の特徴は、連続的に同一形態の整った剥片を製作するというより、むしろ多様な形態の剥片を得るような技術がうかがえる。

第IV中1層文化には、多量のナイフ形石器と彫器、掻器の組成が特徴になる。ナイフ形石器には、柳葉形・三角形・平行四辺形および一端を断ち切った方形のもの等多種がある。大きさも大形（7cm）・中形（5cm）・小形（3cm）の3つに区分される。剥片剥離技法は、上下に打面を持つ石核を中心にし、他に90度の打面転位石核も認められる。前者は「石刃核」と呼ばれ石核調整を繰り返しながら、その都度、多くの石刃を剥離している。こうした剥離段階ごとの剥片サイズが、ナイフ形石器の種類や大きさの違いに反映している。また、多くの彫器があり、この地方の遺跡としては注目されている。

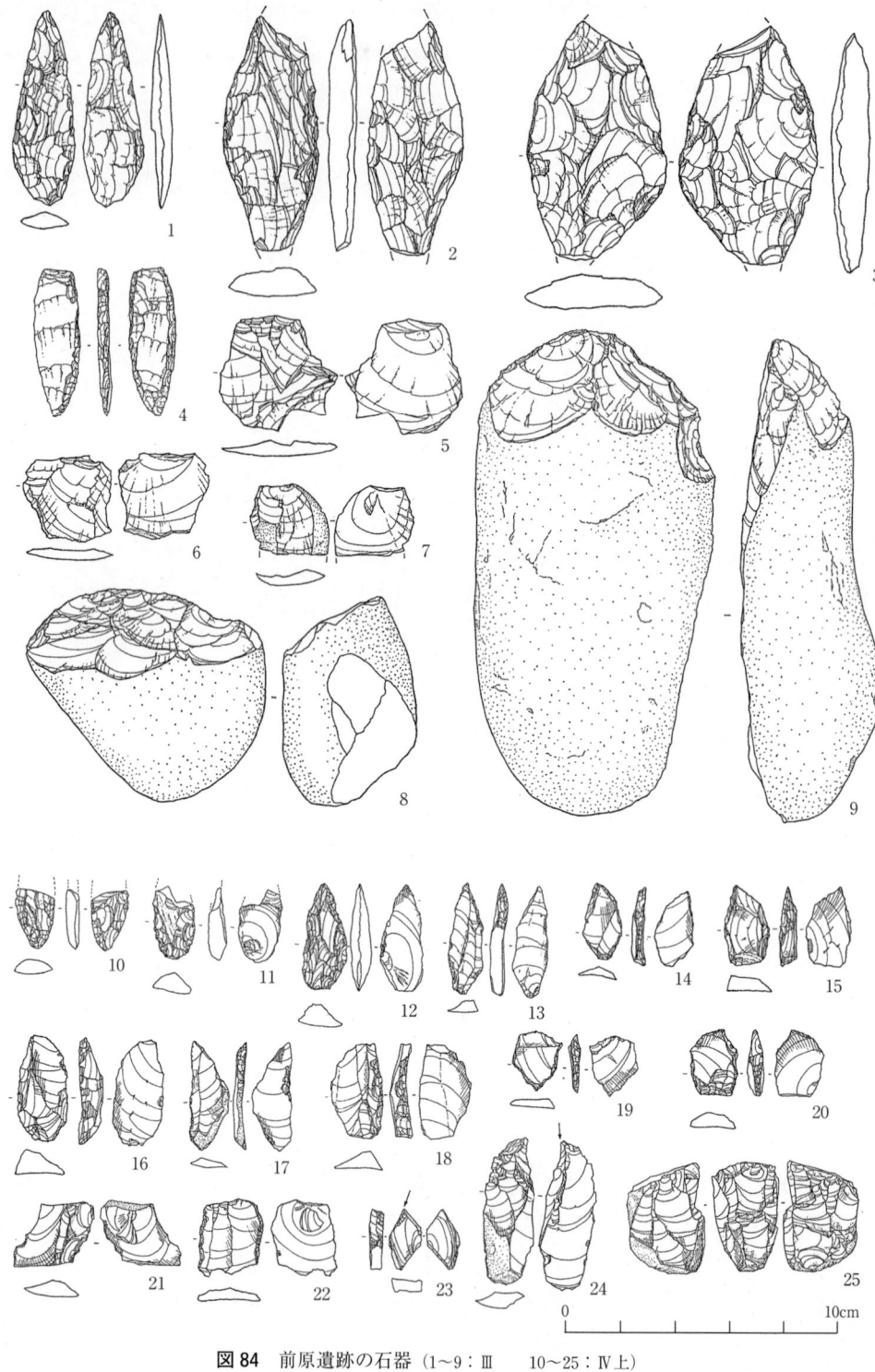

図84 前原遺跡の石器（1〜9：Ⅲ　10〜25：Ⅳ上）

10. 前原遺跡　249

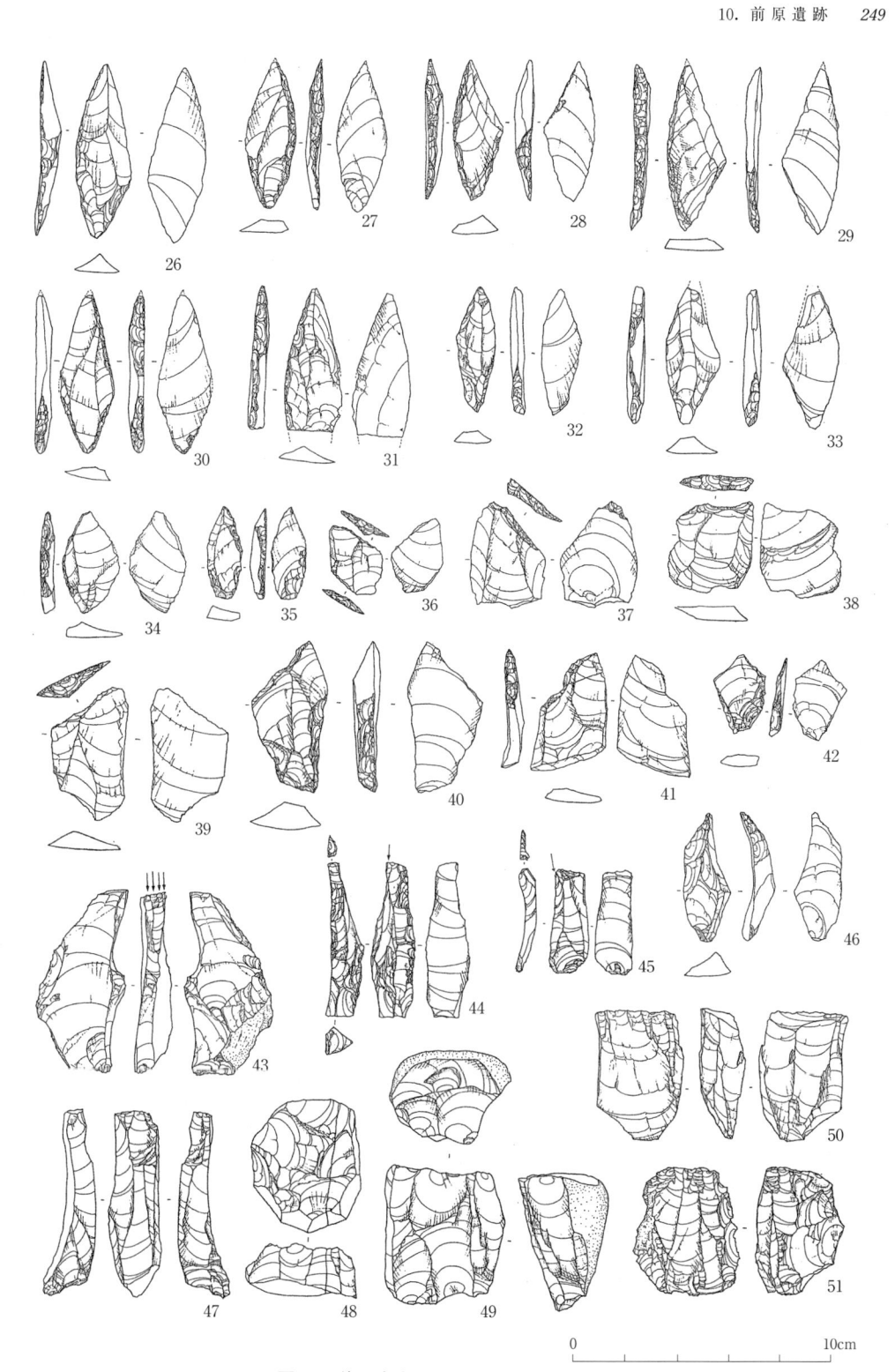

図 85　前原遺跡の石器（26〜51：Ⅳ中 1）

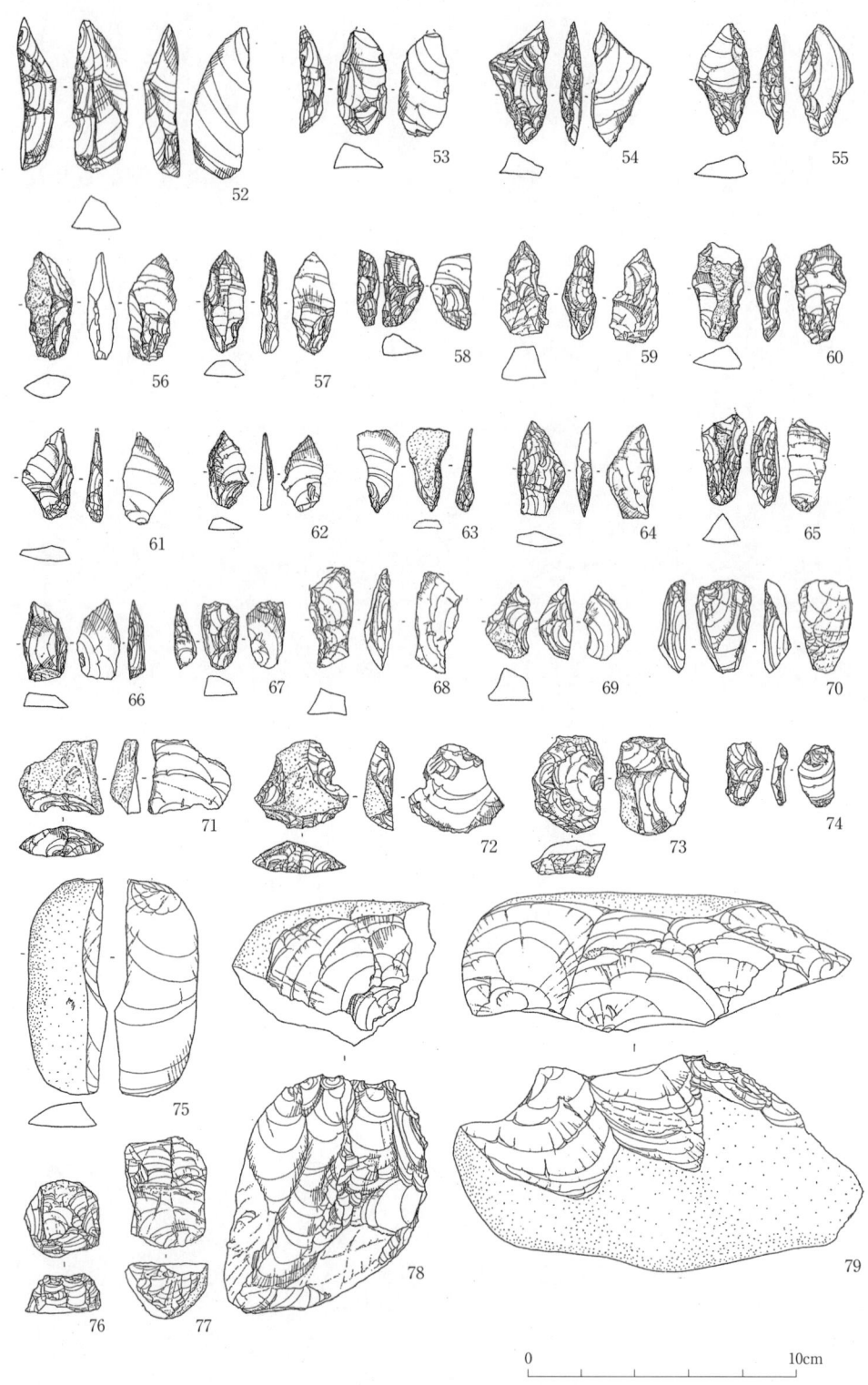

図86 前原遺跡の石器 (52～79：Ⅳ中2)

10. 前原遺跡　251

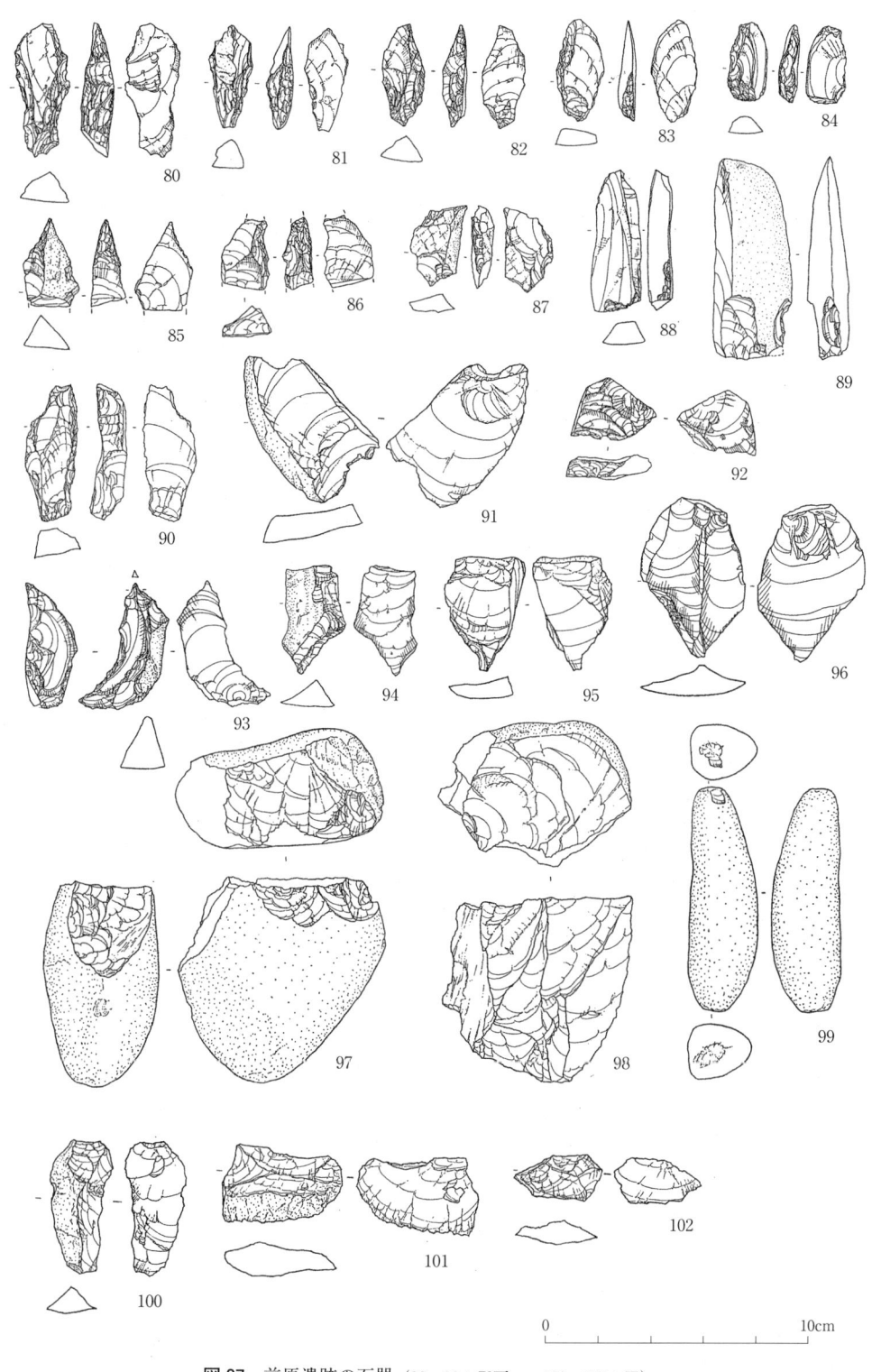

図 87　前原遺跡の石器（80〜99：Ⅳ下　100〜102：Ⅶ）

（3） 旧石器時代第 IIa 亜文化期

　第 IV 中 2・IV 下層文化が相当し、「ナイフ形石器文化」の段階に当たる。

　第 IV 中 2 層文化は、多種の石器器種と剥片剥離技術にも多くのバリエーションが認められる。ナイフ形石器、台形石器は、横長剥片を利用して製作され、剥片の打点は常に片寄った状況を呈していることが注目される。一見、縦長剥片製と思われるナイフ形石器も、詳細に観察すると横長や方形剥片を、3～4 つに折断して使用していることがわかる。従来、この第 IIa 亜文化期の剥片剥離技術は不明な点が多かったが、ここでナイフ形石器の「折断技法」の確立に関する重要な資料が得られたことになる。また、「ゴロゴロ石器」と呼ばれる特徴的な石器が多く認められ、この石器も大形品と小形品に区分される。大形品は大形で部厚な縦長と横長剥片を使用し、器形の長幅は 3＞1 で、この傾向は瀬戸内地方に分布する「角錐状石器」と同一であった。小形品は小形横長剥片を素材の主体にする。この一群の調整加工は、i）鋸歯状剥離のみによる。ii）折り取り加工と鋸歯状剥離によるものの 2 種類がある。石核にも、縦長剥片用石核、礫器状・円盤状の大小の横長剥片用石核、それに縦長・横長いずれとも規定できない方形石核等多彩である。

　第 IV 下層文化は、同じく多様な石器組成と石器群である。ナイフ形石器は横長と縦長剥片利用の 2 種類が存在している。石核は、大形円礫を分割して複数の石核を製作する。この技法は、南関東地方のこの時期の特徴である。また、この時期の剥片剥離技術に、瀬戸内地方の「瀬戸内技法」と共通した石核作出過程が指摘されている（小林・小田他 1971）。

（4） 旧石器時代第 I 文化期

　第 VI・VII 層文化が相当する。本遺跡では、この段階の石器群は貧弱である。同じ、低位の立川段丘面の遺跡である野川遺跡（野川遺跡調査会 1970、1971 ほか）、新橋遺跡（中津・小田他編 1977）でも、こうした古期の文化層の発見は少なかった。おそらく、高位の武蔵野段丘面に生活していた武蔵野台地の旧石器人にとって、当地がまだ安定した生活環境でなかったことも影響していると考えられよう。

　第 VI 層文化からは、石器が発見されなかった。第 VII 層文化からは、スクレイパーと剥片のみである。横長剥片の 1 点には、多方面からの剥離痕が認められ、こうした剥片剥離技術はこの時期の特徴でもある。

5　第 IV 中 2 層文化の礫群の解釈

　本遺跡からから発見された礫群は、全文化層から 38 ヵ所発見された。その内訳は、第 III 層（1 ヵ所）、第 IV 上層（2 ヵ所）、第 IV 中 1 層（11 ヵ所）、第 IV 中 2 層（13 ヵ所）、第 IV 下層（13 ヵ所）、第 VI 層（0 ヵ所）、第 VII 層（0 ヵ所）文化である。

　礫群の本格的な研究は野川遺跡（野川遺跡調査会 1970、1971、野川遺跡調査会編 1971、小林・小田他 1971）が最初であり、1975 年の前原遺跡（小田・伊藤他編 1976）、1976 年の新橋遺跡（中津・千浦・

小田他編 1977) でその全体像が把握された。ここに取りあげる前原第 IV 中 2 層文化の礫群は、そうしたわれわれの継続した研究成果の一環である（小田・金山 1976)。

（1） 礫群の形状

　この第 3 号礫群は、礫数 2,544 点、礫平均重量 157 g、礫総重量 398,971 g、礫の上下幅は 75 ± 10 cm を数える。平面形は不整円形で、その中には小単位の礫集中部が西側に弧を描いて存在し、東側はまばらな礫によって構成されている。規模は 5 × 6 m の礫集中範囲（主体部）を中心に、周囲のバラ礫をも入れると 9 × 9 m にも達する。そして、この環状礫の中央部は、2.5 × 2.5 m の範囲で空白地帯が形成されている。一般に礫群は、直径 1 ～ 2 m 前後のものが多く、このような特殊な大形例は知られていない。ただ野川遺跡で礫群広場と呼んでいたものは、20 m 近い規模があり、よく観察すると礫の小集中部、中央に空白部も識別できそうであった。

（2） 礫群の分析

　礫群の基本は、野川遺跡で（i）20 個前後の礫で一群をなす A 型、（ii）50 ～ 70 個前後の礫で一群をなす B 型、（iii)）50 個の約 2 倍、3 倍……約 n 倍の礫からなるもの nB 型に分類される（小林・小田他 1971)。前原遺跡のこの礫群は、おそらく nB 型のいくつかの例になるものであろう。

　この第 3 号礫群は、礫総数 2,544 個、その内の完形礫は 487 個、破損礫は 2,057 個であり、その分析礫総重量が約 400 g にも達した。こうした多量の礫を相手に接合作業を行った結果、近距離接合は礫の集中部によく認められた。この状況は、完形礫がその場で破損し散乱したようすを表している。こうした小単位の近距離接合に重なるように、遠距離接合例が存している。これは、礫を投げ捨てた時などに破損し、軽い小破片が周囲に飛び散った結果と推定できるが、方向をよく観察すると、人間の歩行による蹴飛ばしを示唆しているとも解釈できよう。

（3） 礫群の解析

　こうした分析結果から、この礫群は東北方から西南方に人間の歩いた方向が読み取れる。そうすると、この礫群は東北方に入口をもつことになる。そして、中央の空間部には小破片礫がバラバラで、野川に面した西南部に礫の集中個所が緩傾斜部に向かって弧状を呈している。さらにこの空間部には、石器・剝片の集中部であるユニット（B 型）が形成されており、石器製作を行った場所か、または石器・剝片を廃棄した場所と考えられる。このユニットと礫群は、短時間で形成されたことがセクションの状況から理解される。とすれば、この両者の関連から、馬蹄形を呈するこの第 3 号礫群は、「住居址」としての可能性が大きくなろう。

　日本の旧石器時代遺跡は、酸性ローム土壌に包含され、骨などの有機物は消滅してしまう。また、このローム層中での遺構の確認は現在困難な状況下にある。したがって、まだ確かな住居址の発見例はなく、平地か掘り込みをもつ竪穴かの判断はつかないが、本例のような資料を積み重ねていけば、いつかはそうした遺構を復元することも可能であろう。その意味でもこの礫群の発

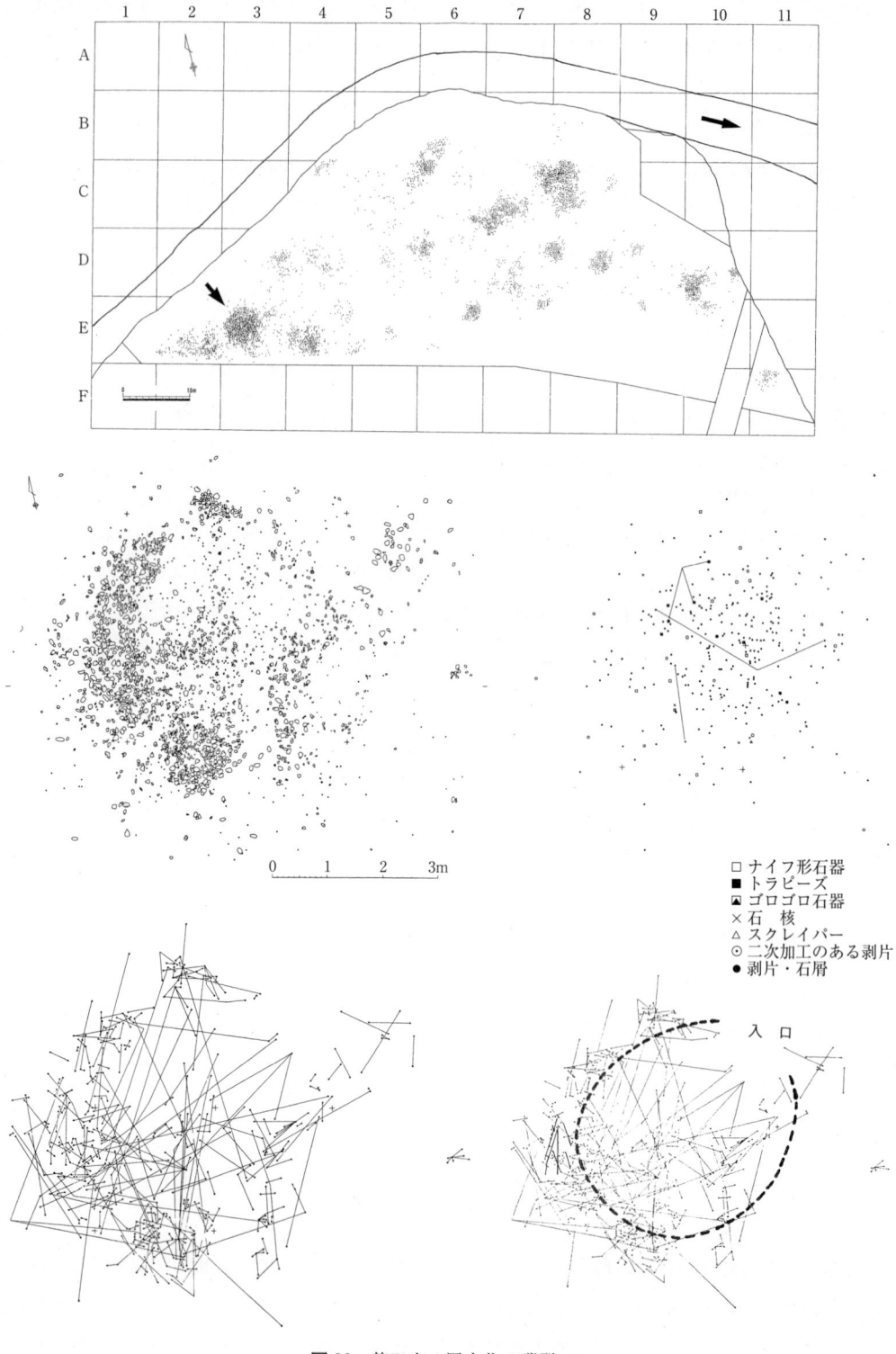

254　第2章　東京地方の遺跡調査

□ ナイフ形石器
■ トラピーズ
▲ ゴロゴロ石器
× 石　核
△ スクレイパー
⊙ 二次加工のある剥片
● 剥片・石屑

入口

図88　第Ⅳ中2層文化の礫群

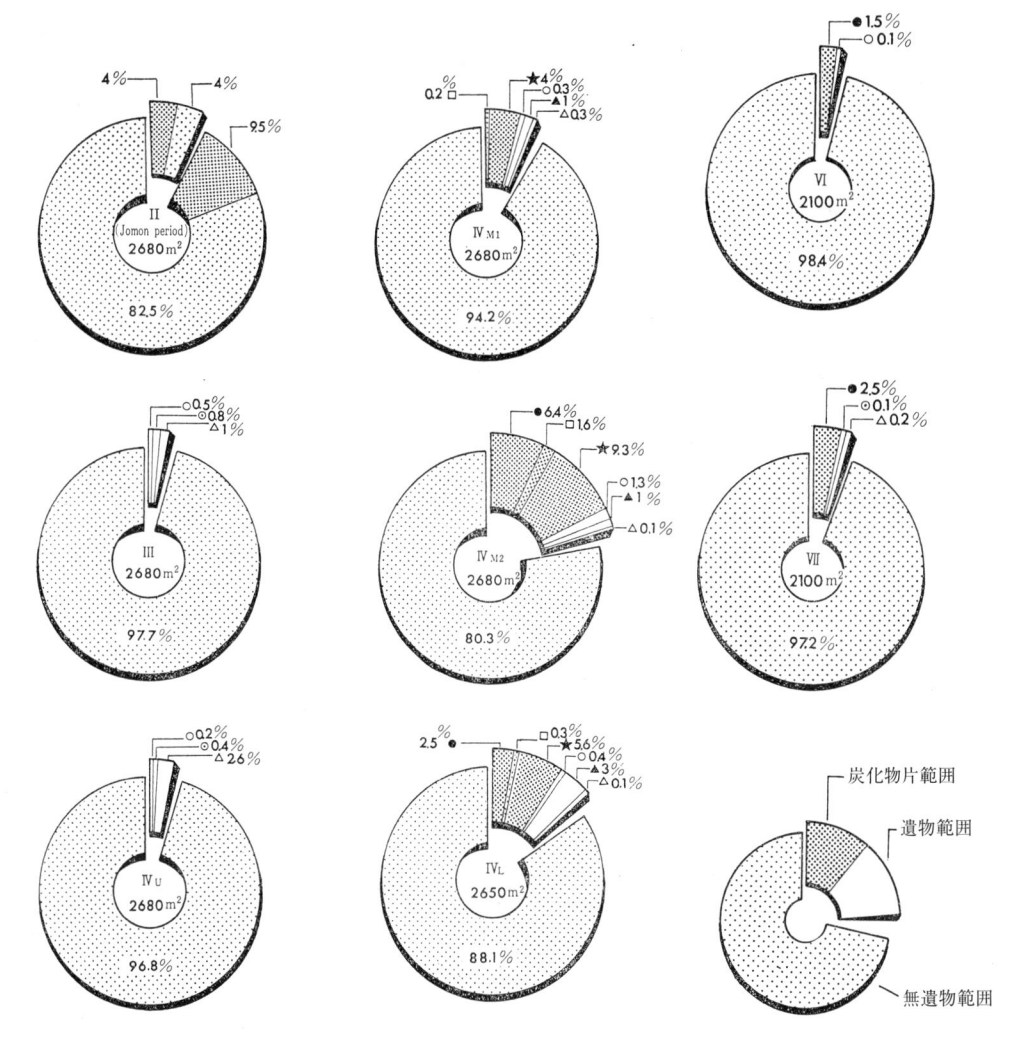

図89　文化層別炭化物片・遺物と空間範囲の面積比

見は重要なものであった。

(4) 礫群研究の方向性

　礫群の研究はやっと始まったばかりである。礫群本来の姿は、調理施設である。そして発掘された礫群は、①使用された状態のまま、②使用するために用意された状態、③使用後に廃棄された状態、のいずれかである。前原遺跡第3号礫群は、①②の可能性も有しているが、③を絡めて焼け礫の効用を生かした住居の縁石に再利用されたと解釈することも可能である。

　最近のセツルメント・パターンの研究は、石器・剥片類の集中部（ユニット）に止まらず、礫群、炭化物片をも含めた3要素の複合形態としてのユニット・タイプを設定しつつある（小田1976）。礫群もそうした趨勢に遅れないよう早く研究方向を確立する必要があろう。現在、前原

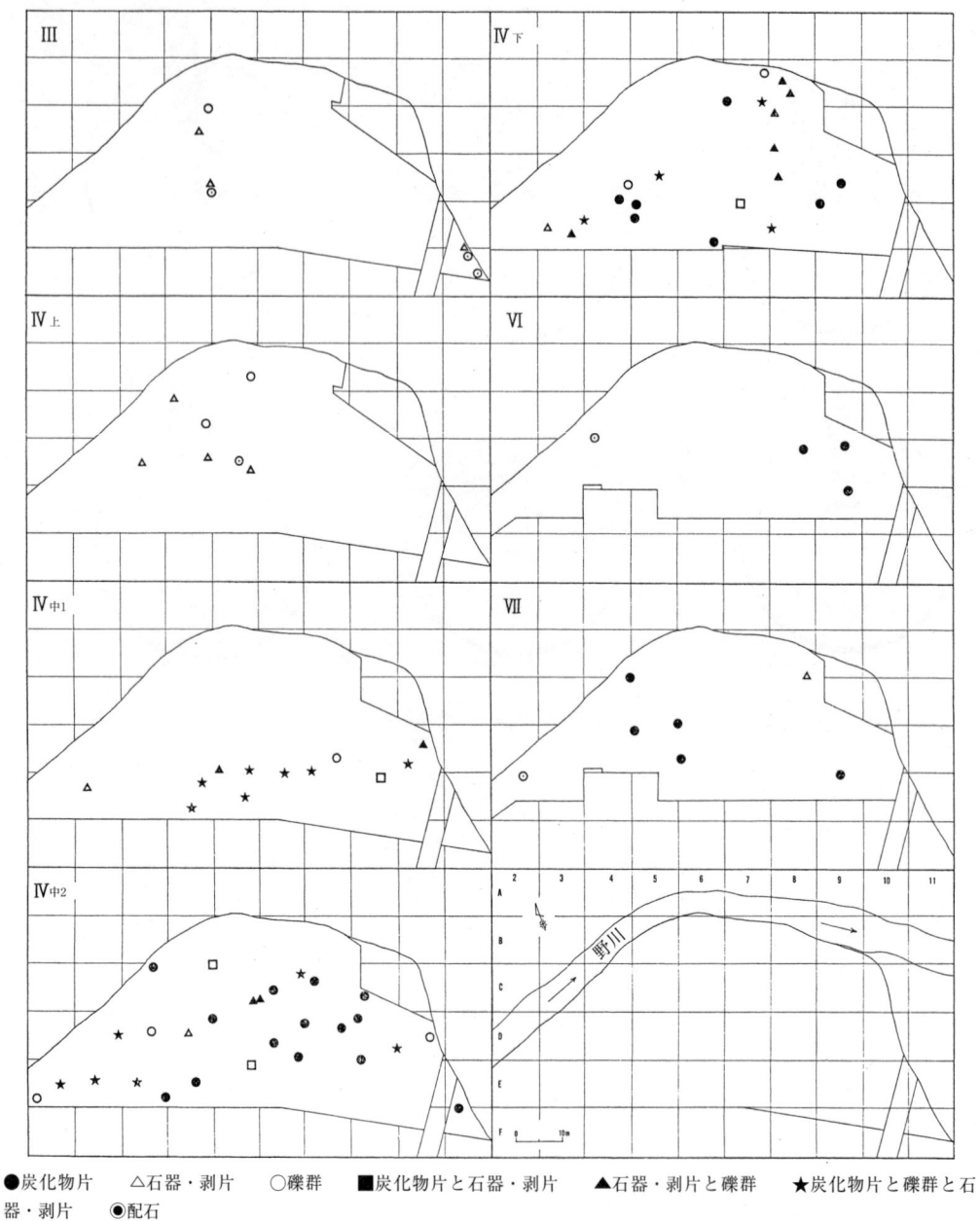

●炭化物片　△石器・剥片　○礫群　■炭化物片と石器・剥片　▲石器・剥片と礫群　★炭化物片と礫群と石器・剥片　◉配石

図90　文化層別各種遺物の分布

　遺跡の研究を通して、礫1個1個の属性、たとえば発掘のさいの礫の上面を上にして、上下左右どの部分が焼けているか、またどの部分にススやタール状物質が付着しているかを調べ、礫の破損度、接合関係を丹念に記録している。こうした、地道なデータの集積によって、もっと詳しい解析ができるであろう。

6　炭化物片の全点ドットと新しいユニット・タイプ

　遺跡における炭化物片のドット化は、1974年の小金井市中山谷遺跡第Ⅹ層文化の全点ドットが最初である（Kidder・小田編1975）。この記録化によって炭化物片集中部が、石器・剥片類の分布に離れて存在する状況が把握されたことは意義深かった。

　本遺跡では、縄文時代を含めて旧石器時代の全文化層を対象にした炭化物片の全点ドット化を進めた。しかし残念なことに、ソフト・ローム層に包含されていた第Ⅲ層文化と、その下の第Ⅳ上層文化については、堆積状況に不安定要素が多く記録化はできなかった。が、第Ⅱ（縄文）・Ⅳ中1・Ⅳ中2・Ⅳ下・Ⅵ・Ⅶ層文化については、データ化できたのである。その内訳は、第Ⅳ中1層文化には8ヵ所、第Ⅳ中2層文化には22ヵ所、第Ⅳ下層文化には12ヵ所、第Ⅵ層文化には3ヵ所、第Ⅶ層文化には5ヵ所が確認された。平均規模は約2.5×2.0m前後であるが、第Ⅳ中2層文化には7～8mにも及ぶものが存在していた。また、炭化物片集中部には、石器・剥片ユニットや礫群・配石が伴うことは少ない。つまり、単独に炭化物片だけが集中していることがうかがえる。

　本遺跡では、石器・剥片類、礫群・配石と炭化物片集中部の3者を組み合わせて、次のような7つのユニット・タイプが設定された。

　　①石器・剥片類だけのもの
　　②礫群（または配石）だけのもの
　　③炭化物片だけのもの
　　④石器・剥片類＋礫群
　　⑤石器・剥片類＋炭化物片
　　⑥礫群＋炭化物片
　　⑦石器・剥片類＋礫群＋炭化物片

　こうした新しいユニット・タイプを、各文化層の集落平面図として示してみた（図87）。まず、今まで遺物空白部と考えられていた場所に、炭化物片集中部が分布している事実に驚かされた。とくに第Ⅵ・Ⅶ層文化では、石器の数が少なく集落内での行動が読み取れない状況であったが、炭化物片集中部の存在でその解釈が膨らむことになった。

　また、集落の面積と炭化物片・遺物・空白部分の面積比をグラフ化（図89）すると、③の単独炭化物片集中部、あるいはそれを1構成員とした⑤～⑦の分布が、遺物全体の面積の過半数を越していることがわかる。つまり、遺跡内において、炭化物片集中部はセツルメント・アーケオロジーの重要な構成物であることが理解されたことになるのである。

11. 高井戸東遺跡

1 遺　　跡

(1) 立　　地

　高井戸東遺跡は北緯35度41分、東経139度37分にあり、東京都杉並区高井戸東に所在する。遺跡は井ノ頭公園に水源をもつ神田川の流域にあり、井の頭線高井戸駅の北側台地に立地する。海抜約47m、現河川との比高は約7mを数える。
　本遺跡は神田川が大きく南に蛇行する場所に面した、北側の「ノッチ」部の両側に広く分布する。現在このノッチ下には湧水地が形成されていないが、昭和初期の頃には泉が存在していたという。遺跡地は便宜的に、東側を「東台地」、西側を「西台地」と区分している。

(2) 調査の経緯

　1976年（昭和51）に東部台地1ヵ所（東台地地点）、西台地4ヵ所（西部台地地点、近隣第1地点、近隣第2地点、駐車場西地点）の計5地点の発掘調査が平行して行われた。その後、2ヵ所（高井戸東小学校地点、内藤地点）の発掘が行われている。その中でもっとも大規模な調査は、1976年東京都杉並清掃工場に伴う西台地地点の緊急発掘である（小田・重住編1976、小田・伊藤他編1977）。

(3) 層位と文化層

　本遺跡は表土から約9mの深さまで発掘され、台地基盤の武蔵野礫層（MG）まで、地質学的区分によって24枚の自然層に識別された。第I層は表土攪乱層。第II層は黒褐色土層で、上部には歴史時代の遺構・遺物が、中部から下部にかけては縄文時代後期から早期までの各型式の縄文土器と住居址、炉穴、土坑、集石などが発見された。第III層からが「立川ローム」で、旧石器文化層に相当する。この約3mに及ぶ立川ローム層中に、遺構、遺物の集中する生活面が合計9枚（第III・IV上・IV下・V・VI・IX上・IX中・IX下・X層文化）確認された。
　発掘は神田川に面した「ノッチ」の両側の台地（東・西台地）を、約5,000㎡の面積にわたり立川ローム第X層の深さまで全掘し、一部、武蔵野ローム層の調査も行った。したがって、この地点に生活した旧石器人集落のほぼ全容が記録されたことになる。

（4）成　　果

　また多くの自然科学分析が行われ、遺跡復元に必要な数々の新知見が得られた調査でもあった。以下にその内容の概略を紹介する。

　① 花粉分析（徳永重元・日本肥糧株式会社）。

　② 粘土鉱物分析（羽鳥謙三・関東第四紀研究会）。

　　関東ローム層の層位的位置関係を判定する方法として、ローム層中に含まれている鉱物の組成、おもにかんらん石と輝石の量比、火山ガラス等を目安に分析した。その結果、野川遺跡（立川層準のみ）、中山谷遺跡（立川・武蔵野両層準）などで検出されたと同様な鉱物組成グラフが得られた。

　③ AT火山ガラスの検出（杉原重夫・明治大学）。

　　立川ローム層の第Ⅰ黒色帯と第Ⅱ黒色帯の間には、バブル・ウォール型の火山ガラスが介入していることは古くから知られていた（関東ローム研究グループ 1964）。この火山ガラスは、神奈川県丹沢山麓が給源と考えられ「丹沢パミス（TnP）」と呼ばれていた（町田 1971）。が、この火山ガラスは、町田洋、新井房夫によって、その給源が鹿児島湾奥の姶良カルデラから噴出したものであることが判明した（町田・新井 1976）。

　　この「AT火山灰」と呼称された特徴的な火山ガラス層は、武蔵野台地では立川ローム第Ⅵ層上部に堆積していることが野川遺跡の分析で判明しており（羽鳥 1971）、この高井戸東遺跡でも分析の結果、同じ第Ⅵ層上部に介在していることが確認された。

　　日本列島に広域分布している有効な鍵層（AT）の確認で、旧石器時代石器群の編年が急速に進展した（Oda and Keally 1979）。

　④ 光熱分析（市川米太・奈良教育大学）。

　　この方法の基本は、土壌や遺物に含まれる鉱物が加熱されたとき、リン光を発し、このリン光の中の放射線の発光である「放射熱ルミネッセンス」を測定することにある。

　　遺跡に残された土壌、遺物が当時加熱されていた場合、リン光により熱発光はまったくなくなってしまう。その鉱物を加熱すると得られる熱発光量は、遺物が残されてから現在にいたるまでの放射線によるものである。この放射線量を測り、その遺物の発見された周囲の年代の放射線量を比較することで、その土壌堆積年代、遺物の年代を計算することができる。

　　本遺跡では、第Ⅸ層文化の「いも石礫群」の礫が、加熱されているか否かを測定した。

　⑤ X線回折（堅田直・帝塚山大学、中津由紀子・国際基督教大学考古学研究センター）。

　　地球上に存在する物質は原子の配列により構成されている。この物質にX線を投射すると、物質の原子配列が散乱しX線の回折する現象が生じる。この方法は加熱の有無、土器胎土分析による産地同定、土壌分析にも利用できる。

　　本遺跡では、第Ⅹ層文化第4号炭化物集中部の大形炭化物、焼土がまとまって発見された場所を対象にして、その部分が「炉址」か「焚き火址」かの可能性を検証した。その結果、全体的にこの場所の鉱物パターンは類似しており、一部に異なるパターンを示す地点が

認められた。とくに焼土とおぼしき赤色化したローム部には、パターンの変化はなかった。

問題点として、試料に対してもう少し長時間の照射が必要であったことと、焼けた部分の熱の時間的長短、温度等でパターンに反応を示さないことも考えられる。今後の、実験によるデータの蓄積が必要である。

⑥ 腐植酸による年代測定（山田裕・農林省農業技術研究所）。

立川ローム層中には、2枚の暗色帯（第Ⅰ・Ⅱ黒色帯）が存在している（関東ローム研究グループ1965）。この暗色帯は埋没古土壌の腐植層で、その上下の褐色ローム層（第Ⅳ・Ⅵ・Ⅹ層）より炭素・窒素の含有量や植物珪酸体が多いとされる。この事実はこの暗色帯が、火山灰の堆積休閑期に、イネ科草本等の繁茂した植生が腐植化した古土壌であることを呈示している（戸谷・貝塚1956、黒部1963ab）。

本遺跡では、この暗色帯中の腐植酸を利用して年代測定を試みた。測定機関は学習院大学放射線炭素測定室（Gak）と日本アイソトープ協会（N）である。

　　第Ⅸ層 No.7集中部（腐植酸A）　21,160±820 y.B.P. (Gak-6435 a)

　　第Ⅸ層 No.7集中部（腐植酸B）　22,340±1,310 y.B.P. (Gak-6435 b)

　　第Ⅸ層 No.7集中部（腐植酸C）　32,150±2,590 y.B.P. (Gak-6435)

　　第Ⅹ層 No.7集中部（炭化物）　23,210±1,680 y.B.P. (Gak-6437)

　　第Ⅹ層 No.7集中部（炭化物）　29,000±925 y.B.P. (N-2651)

　　第Ⅹ層 C-5区（腐植酸）　25,000+2,050-1,650 y.B.P. (N-2652)

⑦ 炭化物による^{14}C年代測定（杉原重夫・明治大学）。

本遺跡では71ヵ所の炭化物片集中部が検出されている。この炭化物片集中部の中の大形炭化物片を使用して、^{14}C年代測定を行った（測定機関は学習院大学放射線炭素測定室である）。

　　第Ⅹ層 No.3集中部　　測定不能　(Gak-6436)

⑧ 炭化物片による樹種同定（庄司太郎・国際基督教大学、千浦美智子・国際基督教大学考古学研究センター）。

旧石器遺跡から発見される炭化物片については、群馬県岩宿遺跡（杉原1956）ですでに記述され、植物同定が行われたが、その多くは年代測定用の試料であった。一方、東京都中山谷遺跡（Kidder・小田編1975）では、石器・剥片類と同様に炭化物片の全点ドット化を行い、集落構成の一要素（炭化物片集中部）として、セツルメント・アーケオロジーの重要な視点として提示されている。

本遺跡では、本格的に炭化物片の記録化を推進した。またこの記録化に伴って検出された大形炭化物片は、年代測定とともに植物種同定試料にも供している。

　　第Ⅹ層　No.4炭化物集中部　ヒノキ属サワラ（ChamascyparispisiferaEndl）

⑨ いも石分析（加藤好武・農林省）。

2　遺　　構

　発見された遺構には、石器・剥片類の集合した「ユニット」と、拳大の礫が集合した「礫群」、大形礫を配置した「配石」、そして黒色の炭化物片が集合した「炭化物片集中部」が存在している。なお、炭化物片集中部は文化層面とは必ずしも一致せず、自然層ごとに集計している。

　注目される遺構は、礫群と炭化物片集中部である。前者については、各自然層ごとに詳細な記録を行い、後者についてはユニットとの関連を重視した。中でも「野川Ⅰ期」と呼ばれる立川ローム第Ⅴ層（黒色帯Ⅰ）以下にさかのぼる礫群が多数確認され、日本列島における礫群の起源を探求する上で大きな収穫をもたらした。

　第Ⅲ層文化　　遺構としてのユニットのまとまりは認められず、単独出土である（炭化物片集中部は、第Ⅲ層中に1ヵ所確認された）。

　第Ⅳ上層文化　　遺構として、ユニットが1ヵ所、礫群6ヵ所が確認された（炭化物片集中部は、第Ⅳ層中に4ヵ所確認された）。

　第Ⅳ下層文化　　遺構として、ユニットが4ヵ所、礫群1ヵ所が確認された。

　第Ⅴ層文化　　遺構として、ユニットが1ヵ所、配石1ヵ所が確認された（炭化物片集中部は、第Ⅴ層中に7ヵ所確認された）。

　第Ⅵ層文化　　この文化層は、東台地で確認され、西台地では炭化物片集中部だけの検出になった。

　遺構として、ユニットが4ヵ所、礫群1ヵ所が確認された（炭化物片集中部は、第Ⅵ層中に13ヵ所、第Ⅶ層中に21ヵ所確認された）。

　第Ⅸ上層文化　　遺構として、ユニットが10ヵ所以上、礫群2ヵ所が確認された（炭化物片集中部は、第Ⅸ層中に4ヵ所確認された）。

　第Ⅸ中層文化　　遺構として、ユニットが20ヵ所以上、礫群6ヵ所が確認された。

　第Ⅸ下層文化　　遺構として、ユニットが13ヵ所以上、礫群8ヵ所が確認された。

　第Ⅹ層文化　　遺構として、ユニットが12ヵ所以上、配石1ヵ所が確認された（炭化物片集中部は、第Ⅹ層中に21ヵ所確認された）。

3　遺　　物

　各文化層から豊富な石器群が発見された。中でも第Ⅸ上～Ⅹ層文化の資料は、わが国の旧石器時代、とくにその初期の様相を知る上で重要な発見であった。現在、「ナイフ形石器」の起源が大きなテーマの1つになっており、本遺跡の第Ⅹ層文化と第Ⅱ黒色帯下部の第Ⅸ上・中・下層文化の資料は、この問題解決に一石を投じたものである。

　第Ⅲ層文化　　石器総数2点。石器器種としては、細石刃である。石材には黒曜石が使用さ

れている。

第Ⅳ上層文化　　石器総数158点。石器器種としては、ナイフ形石器、台形石器、スクレイパー、礫器などである。石材には、チャート、粘板岩、安山岩、凝灰岩が主体をなし、黒曜石、頁岩、砂岩が使用されている。

第Ⅳ下層文化　　石器総数85点。石器器種としては、ナイフ形石器、スクレイパーなどである。石材には、黒曜石、チャートが主体をなし、安山岩、泥岩、凝灰岩、砂岩が使用されている。

第Ⅴ層文化　　石器総数13点。石器器種としては、ナイフ形石器、錐、スクレイパー、礫器、敲石などである。石材には黒曜石、チャートが主体をなし、安山岩、砂岩が使用されている。

第Ⅵ層文化　　この文化層は、東台地で確認され、西台地では炭化物片集中部だけの検出になった。

　　石器総数43点、礫206点。石器器種としては、ナイフ形石器、スクレイパー、錐、敲石などである。石材には、チャートが主体をなし、黒曜石、安山岩、砂岩が使用されている。

第Ⅸ上層文化　　石器総数162点。石器器種としては、ナイフ形石器、台形石器、スクレイパー、スクレブラ、ヘラ状石器、礫器、敲石などがある。石材には、チャート、砂岩が主体をなし、粘板岩、黒曜石、流紋岩が使用されている。

第Ⅸ中層文化　　石器総数674点。石器器種としては、ナイフ形石器、台形石器、スクレイパー、スクレブラ、尖頭状石器、ヘラ状石器、刃部磨製石斧、礫器、敲石などがある。石材には、チャート、安山岩、粘板岩が主体をなし、凝灰岩、砂岩、黒曜石、メノウ、蛇紋岩が使用されている。

第Ⅸ下文化層　　石器総数228点。石器器種としては、ナイフ形石器、スクレイパー、スクレブラ、ヘラ状石器、礫器、敲石、台石、礫器などがある。石材には、チャート、安山岩が主体をなし、粘板岩、砂岩、凝灰岩、頁岩、黒曜石、泥岩が使用されている。

第Ⅹ文化層　　石器総数204点。石器器種としては、ナイフ形石器、台形石器、スクレイパー、スクレブラ、ヘラ状石器、打製石斧、刃部磨製石斧、礫器、敲石などがある。石材には、チャート、安山岩が主体をなし、粘板岩、頁岩が使用されている。

4　石器群の様相

旧石器時代の石器群は、第Ⅲ～Ⅹ層まで合計9枚が確認された。次に武蔵野台地旧石器編年（Oda and Keally 1979、赤澤・小田・山中 1980）に合わせて記述する。

（1）第Ⅲ文化期

本遺跡には第Ⅲ層上部に包含される大形尖頭器・礫器を持つ「第Ⅳ文化期」は確認されて

11. 高井戸東遺跡　*263*

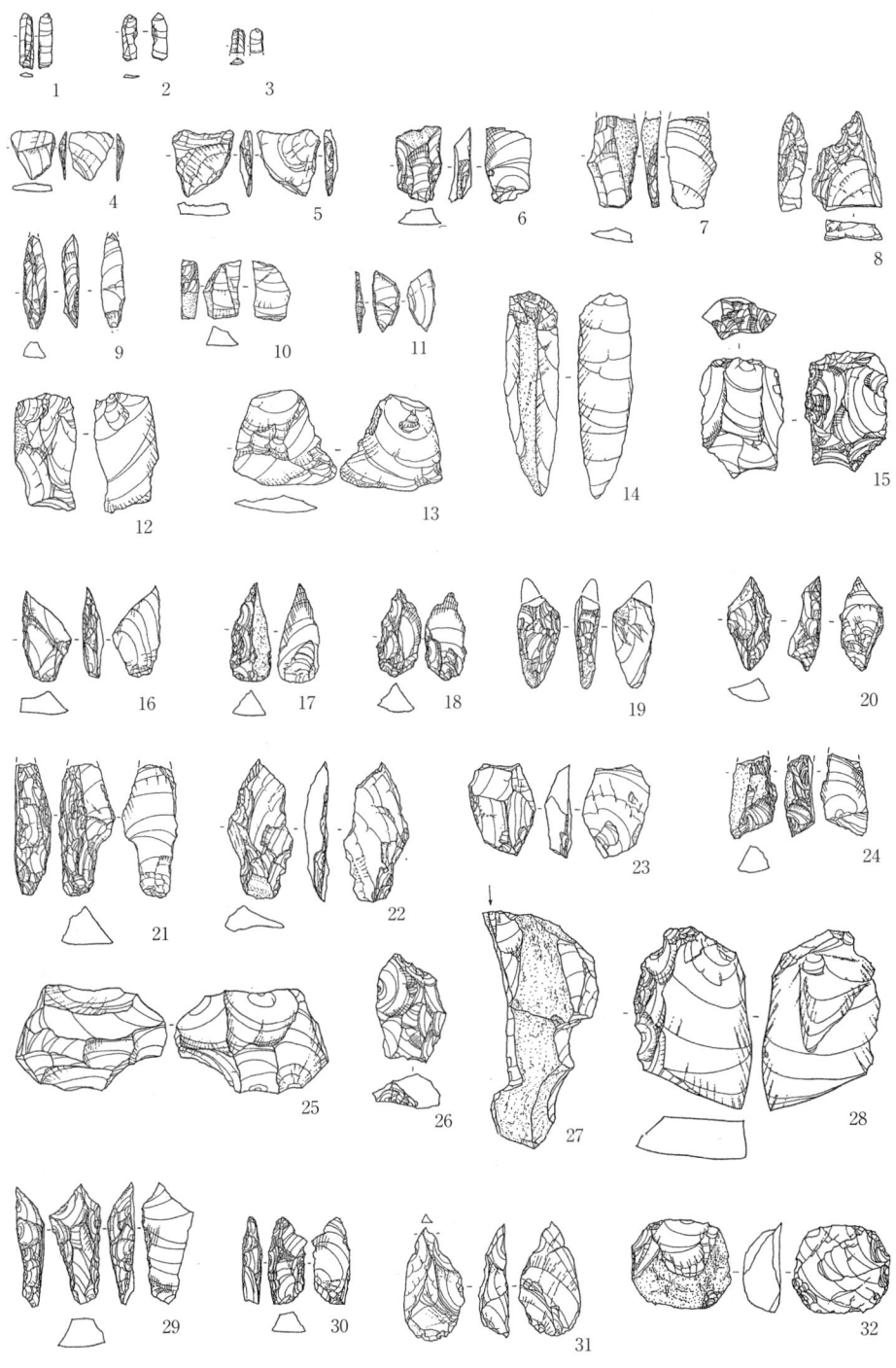

図91　高井戸東遺跡の石器（1～3：Ⅲ　　4～15：Ⅳ上　　16～28：Ⅳ下　　29～32：Ⅴ）

いない。唯一、第III文化期の細石刃が2点、表土・攪乱層と第III層の境から出土した。非常に透明度の高い黒曜石で作られ、完成度の高い石器である。遺跡における分布は不明であった。

(2) 第IIb亜文化期

第IV上層文化がこの時期に相当する。折断技法による多様な形態をもつナイフ形石器を特徴とし、縦長・横長剥片を使用して、三角形、台形を呈する例、基部だけ加工した例などが製作されている。石核には多方面から剥離した例がある。

全体的には石刃技法が存在するが、埼玉県砂川遺跡で復元された「砂川型刃器技法」（戸沢1968）に近似した剥離技術をもっている。こうした様相は、ナイフ形石器文化の終末期に認められ、第IIb亜文化期の後半に位置づけられる。

(3) 第IIa亜文化期

第IV下層文化がこの時期に相当する。やはりナイフ形石器に縦長・横長剥片が利用されており、縦長素材を使用して、鋸歯状の刃潰し加工で仕上げた例が発見され注目されている。さらに基部の片側を、着柄を意識した抉り入り加工を持つ例がある。横長素材を使用したものには、「切出形石器」のような形態に仕上げた例が多い。

石核には横長剥片を剥離した例が目立ち、こうした横長剥片製ナイフ形石器の存在と結びついている。

(4) 第Ic亜文化期

第V・VI層文化がこの時期に相当する。第V層文化には、角錐状石器、ナイフ形石器、錐状石器、円形スクレイパーなどがあり、こうした器種組成は、第IIa亜文化期の初期的様相と共通する。今後の類例を待って時期的検討を行いたい。

第VI層文化は、東台地に集中した分布が認められた。縦長剥片利用の各種ナイフ形石器が発見されている。刃潰し加工も部厚く上下から施した例、基部だけのものが目立っている。石刃技法の発達と良質な黒曜石利用の盛行がうかがえる。

(5) 第Ib亜文化期

第IX上・IX中・IX下・X層文化がこの時期に相当する。立川ローム第II黒色帯下部（第IX層）に、3枚の文化層が確認された。まず第IX上層文化であるが、ナイフ形石器、ピエス・エスキュー、ヘラ状石器がある。ナイフ形石器には、縦長と横長剥片製が存在し、刃潰し加工が部厚いもの、二側辺加工も認められる。ヘラ状石器は近年注目されてきた器種で、立川ローム第II黒色帯を中心に発見されている。

次に第IX中層文化であるが、ナイフ形石器、台形石器、局部磨製石斧、尖頭状石器、スクレブラ、ヘラ状石器があり、石器群としては充実したものである。ナイフ形石器の素材も多様で、

11. 高井戸東遺跡   265

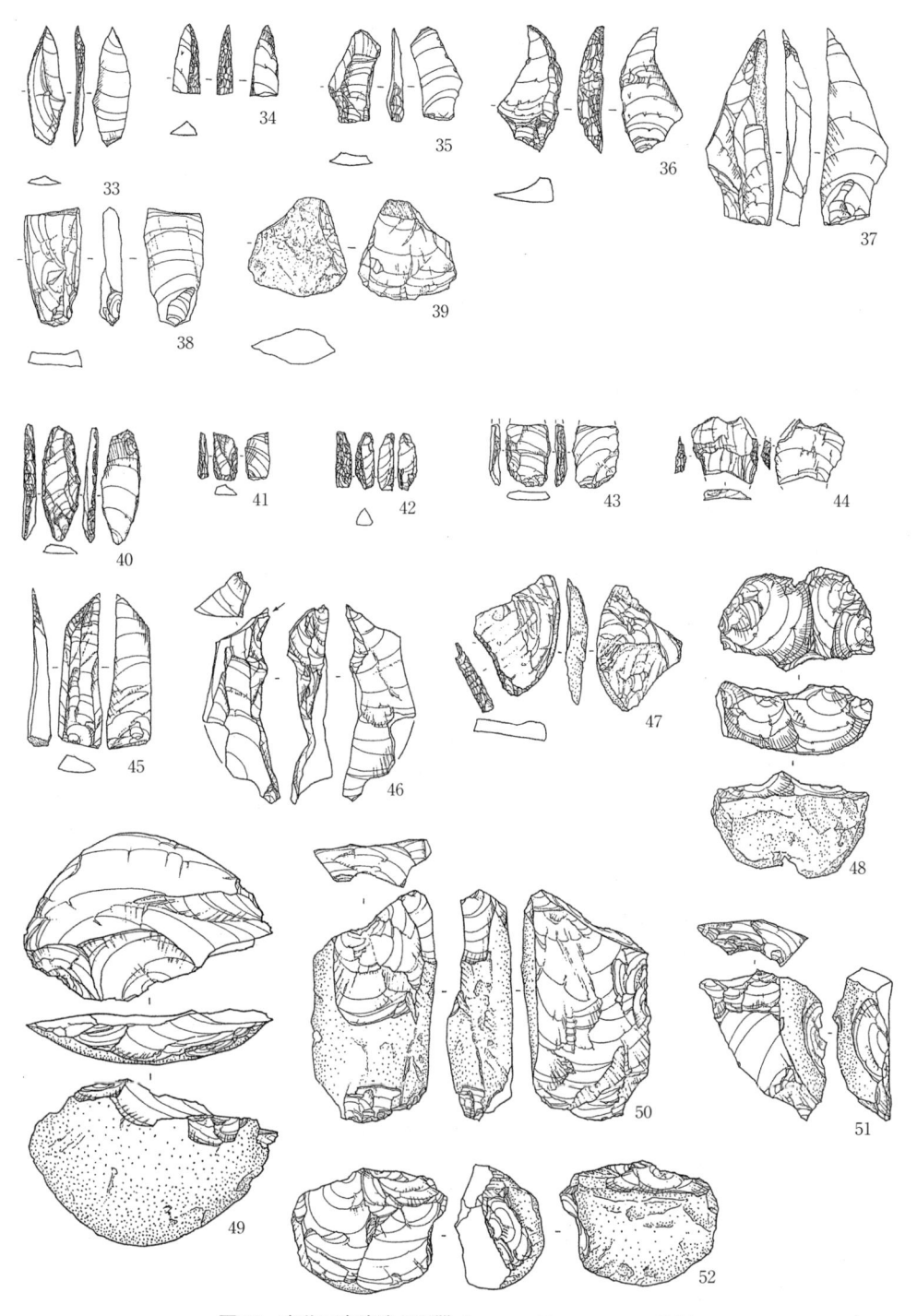

図92　高井戸東遺跡の石器（33〜39：Ⅵ　　40〜52：Ⅸ上）

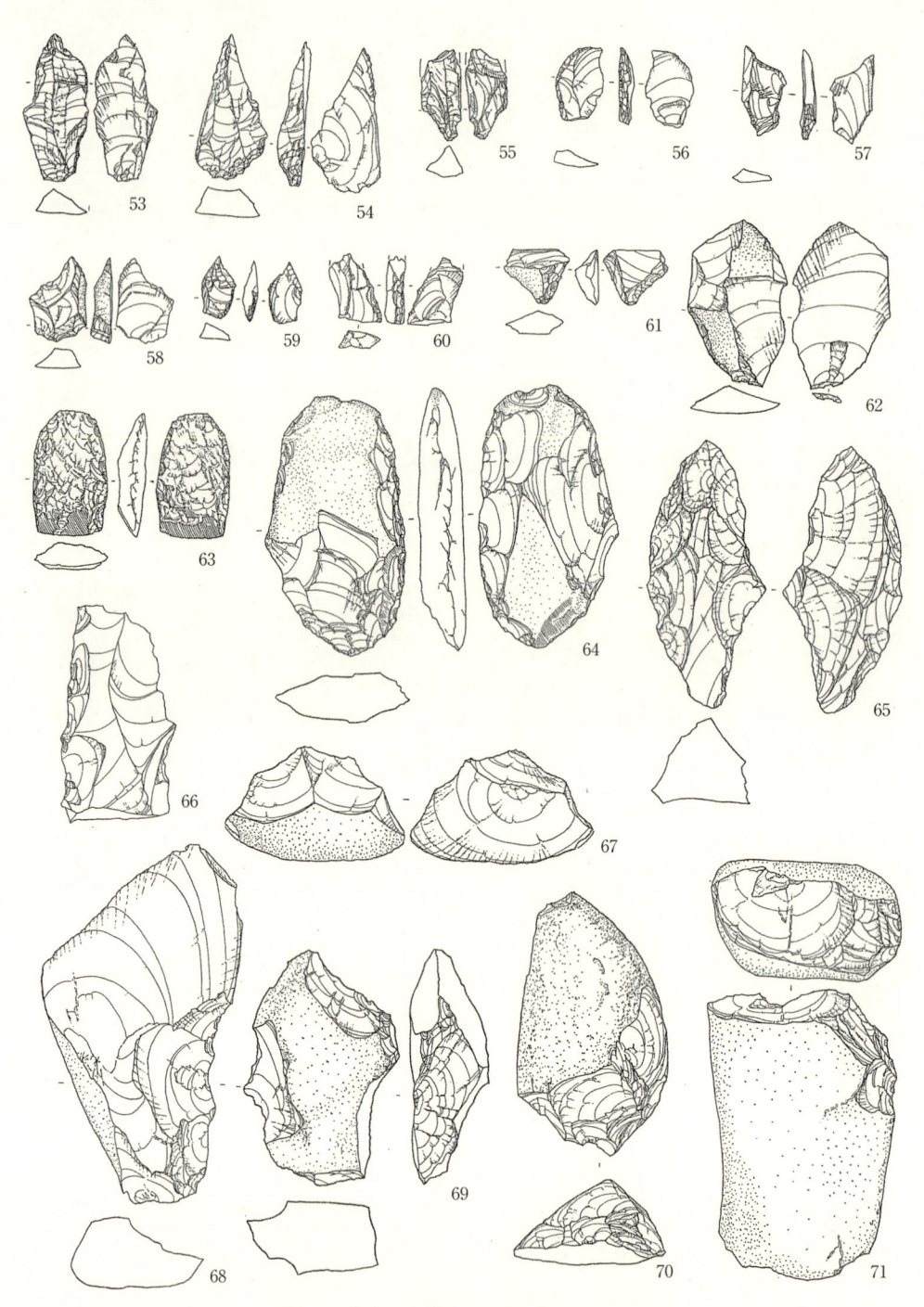

図93 高井戸東遺跡の石器 (53〜71：Ⅸ中)

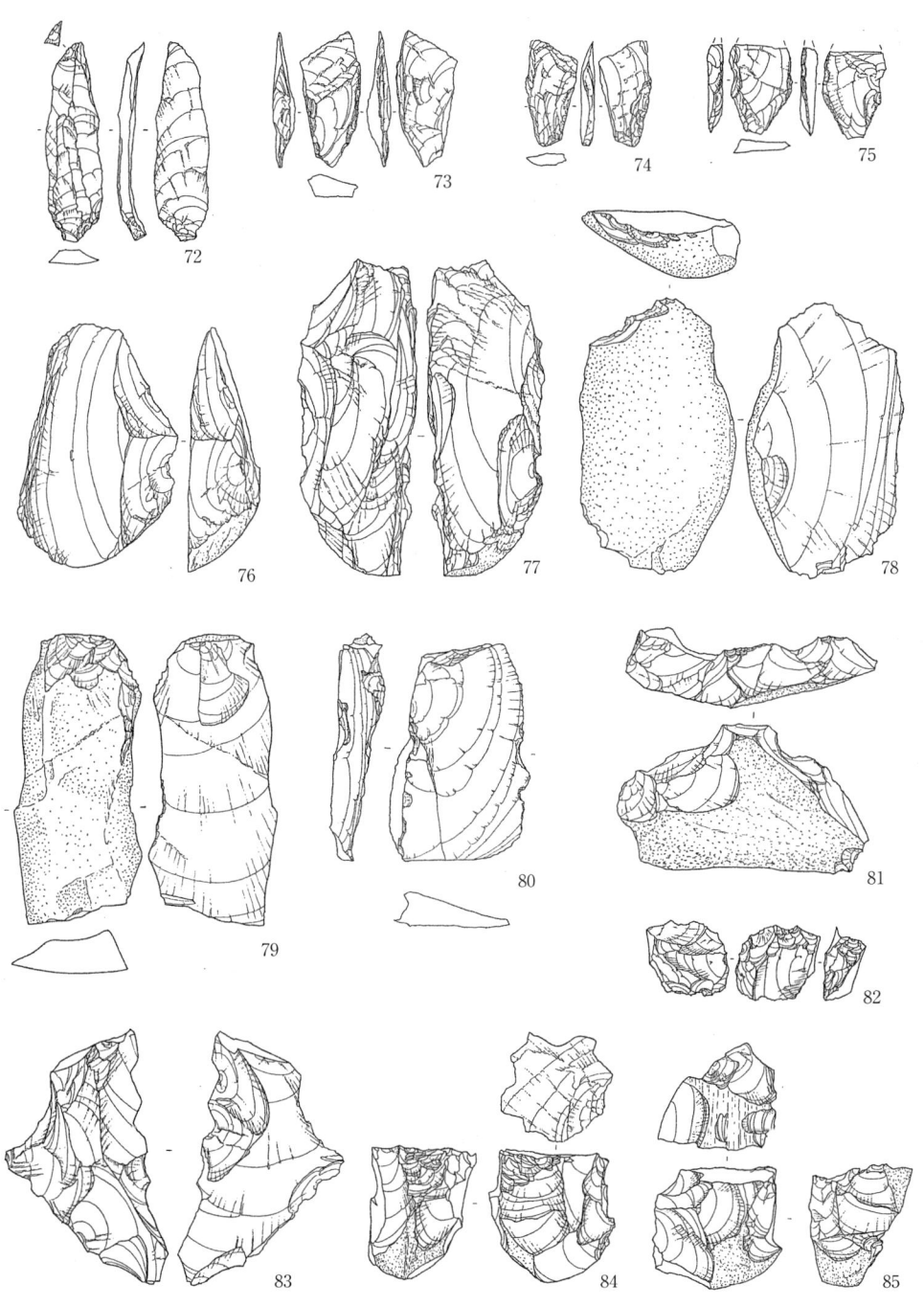

図94 高井戸東遺跡の石器 (72〜85：IX下)

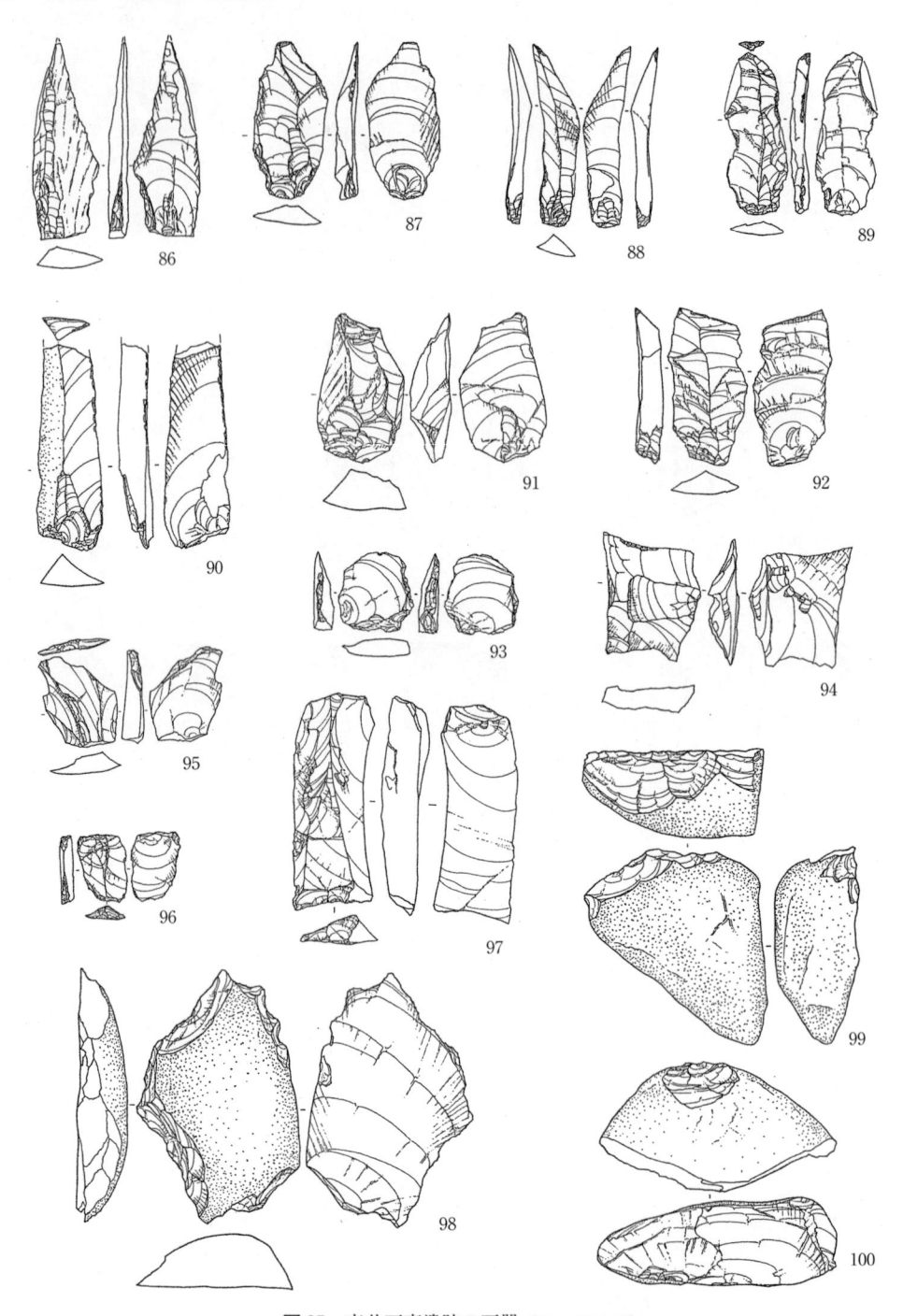

図95 高井戸東遺跡の石器 (86〜100：X)

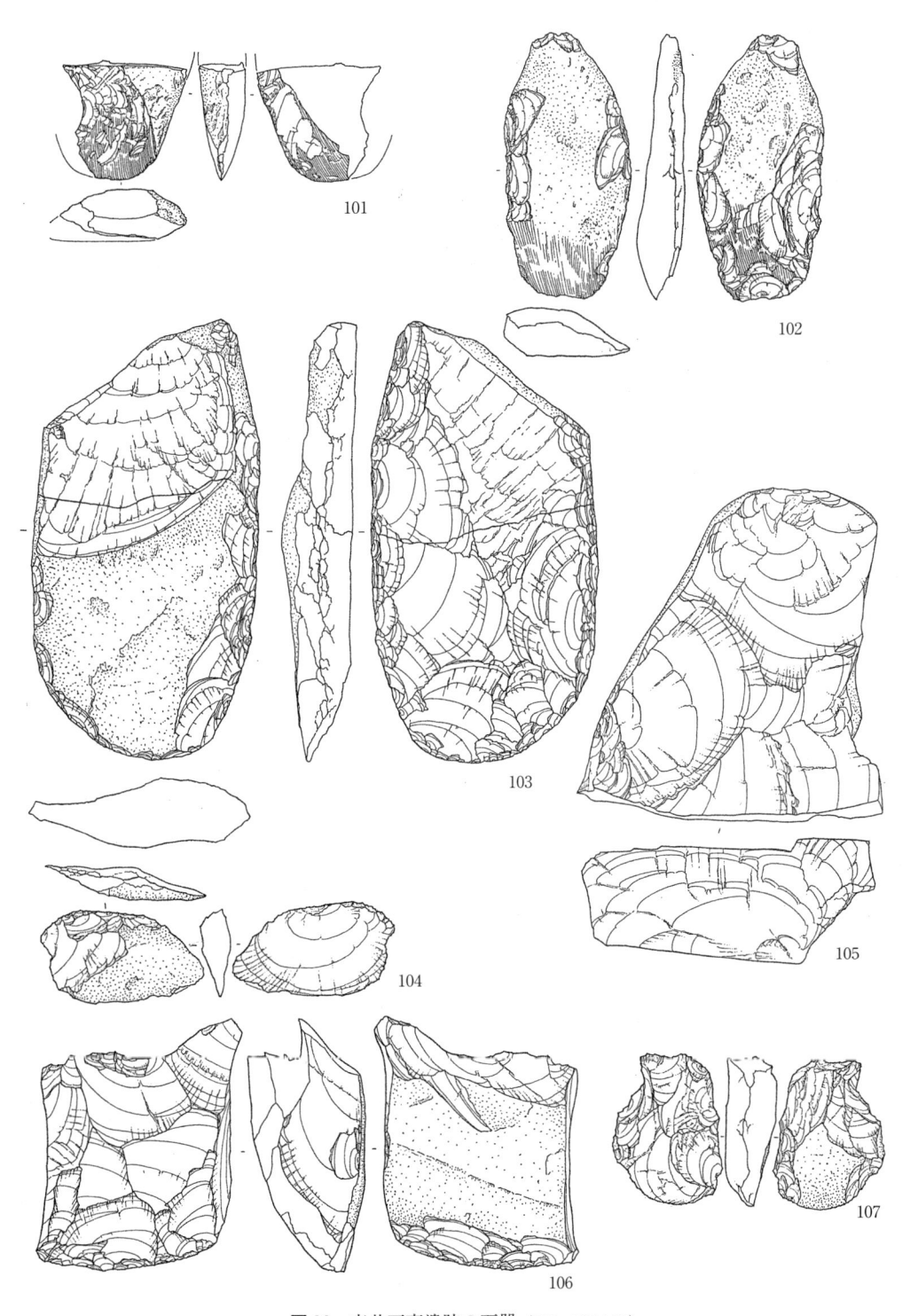

図 96　高井戸東遺跡の石器（101〜107：X）

縦長・横長剥片製が認められる。縦長例では基部にわずかな刃潰し加工があるペン先状のもの、また先端を尖らした例もある。横長例では切出形、台形状のものが存在しており、局部磨製石斧が2点出土した。局部磨製石斧は群馬県岩宿遺跡第Ⅰ文化（杉原 1959）で発見され、ハンドアックス、握槌、楕円形石器などと呼ばれ注目された。そして、この石器の多くは刃部が研磨されており、日本旧石器時代の「磨製石器論争」（山内・佐藤 1964、芹沢 1965）にも発展した資料でもあった。本遺跡の1点は、長さ4.4×幅2.7×厚さ0.9cmと小形品で、石質は中部地方北半に産地をもつ蛇紋岩であった。また刃部の研磨方向は、表裏交差した状況が看取される。同様の石斧類は、第Ⅹ層文化にも発見されている。

珍しい石器に「尖頭状石器」がある。普通この種の石器は第Ⅱb亜文化期の後半から出現する器種であるが、こうした古期の文化層に存在したことは重要である。この石器の製作工程を観察すると、「裏面右側→裏面左側→表面左側→表面中央の稜→表面右側」という順序が復元できる。明らかに「尖頭器」を目的にしていることは事実である。石質は安山岩の大形品であり、初期の投げ槍の形態とも考えられよう。

黒色帯最下部の第Ⅸ下層文化であるが、ナイフ形石器は第Ⅸ上・Ⅸ中層文化と同様に、縦長・横長剥片製の両方に分離して存在している。縦長剥片を素材にするものは、石刃の基部と先端部にわずかな刃潰し加工が施されている例があり、横長剥片を素材にしたものには、両側縁を折断した後、切出形石器のような刃潰し加工で仕上げたものが多い。

縦長剥片剥離技法には2つの過程が看取できる。ひとつは一般的に石刃技法と呼ばれるもので、一定の平坦打面から連続的に縦長剥片を剥離するものである。もうひとつは円礫をそのまま、あるいは節理面で分離したものを90度に打面転位させながら縦横に剥片剥離を重ねていくものである。この技法は東京都平代坂遺跡第Ⅸ層文化（小田・Keally 1974）、千葉県臼井南遺跡（小田 1975）で最初に指摘された剥片剥離技法であり、この立川ローム第Ⅱ黒色帯中の石器群の最も普遍的な技術でもあった。

また、横長剥片剥離技法は3つの過程が看取できる。まず第1は直方体の礫を素材にするもので、打ち剥がされた数枚の剥離面を打面にし、また数枚の横長剥片を90度回転させて剥離している。第2は円礫を素材として、求心的な剥離、あるいは多方向の打面転位をする石核が注意される。こうした石核はチョッパー状、円盤状の外形を呈している。第3は前2者とは異なり、剥離された部厚い剥片を素材にしていることである。打点は常に2・3点ずつ横に移動させながら、打面再生と剥片剥離を繰り返し行う。この技法は基本的に「瀬戸内技法」の第2工程（同志社大学旧石器文化談話会 1974）によく類似している。同様の技法は第Ⅱa亜文化期にも存在し、瀬戸内・近畿地方、更に九州・東北地方を含めて、広く検討して行かねばならない技法である。

第Ⅹ層文化がこの文化期の初頭に相当する。本文化層からは、台形様石器、ナイフ形石器、局部磨製・打製石斧、エンド・スクレイパー、スクレブラ、ヘラ状石器、礫器などが発見された。

台形様石器は、表裏刃潰し加工が90度異なるものである。ナイフ形石器は縦長剥片の素材をほんど変形することなく、基部と先端部だけに微細な刃潰し加工が施されている。エンド・スク

レイパーも同様に縦長剥片の先端部にスクレイパー・エッジを作出させている。スクレブラ、ヘラ状石器も大形剥片の周縁を加工したものが多く出土している。

また第 IX 中層文化と同様な磨製石斧類が発見されている。砂岩製で隣接した半折品が接合した大形打製石斧は注目される。また、この石斧と同石質の扁平な素材、整形時の横形剥片など、石斧製作工程に関する石器類が出土している。刃部磨製石斧も、西側の駐車場西地点から刃部片が発見された。刃部の研磨方向は、第 IX 中層文化と同様に表裏交差する状況が観察される。

(6)　第 Ia 亜文化期

　この文化期は、東京都西之台遺跡 B 地点（小田・Keally 1974、小田編 1980）、中山谷遺跡（Kidder・小田編 1975）で確認されている。本遺跡でもこの文化期の存在を探ってみたが、西台地の第 X 層文化は石器群の様相からやや新らしい段階と判断される。ただ、東台地の第 X 層文化は、「いも石器」と呼ばれる小礫使用の礫器類が、台形状剥片とともに多数出土しており古いようすを呈していた。層位的な上下関係は明確ではなかったが、今後の大きな検討課題の一つであろう。

(7)　ま と め

　日本の旧石器時代を特徴づける「ナイフ形石器」は、本遺跡の調査成果によってその初期から連綿と存在することが判明した。そして、最古の第 X 層文化段階には、すでに素材として縦長と横長剥片製が並存し、その後、第 IX 下・中・上層文化と同様な素材利用が継続している。つまり、第 X〜IX 上層文化までは、ナイフ形石器の変遷において同じ内容で、第 Ib 亜文化期と区分することが呈示された。さらにこの第 II 黒色帯の上面（第 VII 層）から第 VI〜V 層文化までは、同じ傾向のナイフ形石器が出土し、第 Ic 亜文化期と区分することがやはり支持されたのである。本遺跡で通観された石器群の意義は、こうしたナイフ形石器に認められる剥片利用の変遷にあった。

5　「いも石」礫群について

　本遺跡を特徴づける遺構として、武蔵野編年第 I 期前半の礫群が多数発見された。内訳は第 IX 上層文化から 2 ヵ所、第 IX 中層文化から 6 ヵ所、第 IX 下層文化から 8 ヵ所である。

　これら第 IX 層（立川第 II 黒色帯下部）の礫群は、第 IV 上・IV 下層に多数存在する拳大の礫から構成される普通の礫群と異なり、小粒の礫から構成され礫群規模も小さいものである。この小粒の礫は、立川ローム第 X 層あたりから下層に向かって出土する、所謂「いも石」と愛称されている自然の小礫と酷似していた。

　この「いも石」は、1970 年の野川遺跡の発掘で命名された。この調査で立川ローム第 X 層あたりから多数発見される自然小礫を、人間が遺跡に持ち込んだ遺物（石器）と区別して呼称したものである。1974 年の西之台遺跡 B 地点では、この「いも石」の全点ドットが行われ、層位的

な出現率を解析した（小田・Keally 1974、小田編 1980）。その結果、このいも石は河川の氾濫や強風によって、台地上のローム面に自然堆積した小礫であり、傾向として立川・武蔵野ローム境界付近の第XV層あたりから出現し、第XII・XI層でピークを迎え、第X層上部で消滅して行くことが判明している。高井戸東遺跡でも、第XVI層あたりから出現し第XIV層でピークを迎え第X層で消滅し、その傾向は同じであった。

　本遺跡では、礫群の認定にあたって、このいも石集合部が、本当に礫群か否かについて議論になった。が、前述したようにいも石の科学的分析によって、いも石は第IX層には包含されておらず自然形成は不可能であった。したがって、この「いも石礫群」と呼称した礫集合部は、旧石器人が周辺の礫層等から持ち込んだ「遺構」と判断したのである。

　この第IX層に確認された礫群には、こうした「いも石礫群」と普通の礫群が共存している。その比率は第IX上層文化で2：0、第IX中層文化5：1、第IX下層文化5：3と、断然いも石礫群が優勢である。また礫の平均重量も、普通の礫群が54～97ｇであるのに比べ、22～35ｇと小さい。さらに礫の破損率でも、普通の礫群が90～100％であるのに対して、いも石礫群は20～50％と少ない。

　つまり、武蔵野台地の旧石器時代初期の礫群様相は、「いも石礫群」を中心にした小規模の調理施設から出発していることが理解できたのである。

6　炭化物片集中部の分析

　野川遺跡の調査以来、遺跡から発見される「炭化物片」について注目してきたが、本遺跡の旧石器時代包含層（立川ローム）においても本格的に取り組んだ。遺跡における炭化物片記録の最初は、1974年の小金井市中山谷遺跡で、旧石器時代第X層文化について全点平面ドット化している（Kidder・小田編 1975）。さらに、1975年の小金井市前原遺跡では、縄文時代から旧石器時代までの全包含層について、平面ドット化し、セツルメント・アーケオロジーの新しい方向性に寄与している（小田・伊藤他 1976）。

　こうした日本の旧石器時代における炭化物片集中部研究の延長線上として、高井戸東遺跡の分析は大きな意義をもつものであった（小田・重住編 1976、坂入・伊藤他編 1977、小田・金山 1978）。

（１）　炭化物片分布の研究史

　この炭化物片の成因について、その多くは、人為的なものとして取り扱われている。岩宿遺跡では、炭化物片と焼けた礫との共伴関係から、火の利用＝炉址の存在が推定され（杉原 1956 a）、長野県茶臼山遺跡（藤森・戸沢 1962）、静岡県休場遺跡（杉原・小野 1965）

でも同じ解釈が認められた。また解釈は別として炭化物片の存在を記載している例として、北海道樽岸遺跡（杉原 1956 b）、長野県矢出川遺跡（戸沢 1964）などがあり、東京都殿ケ谷遺跡（吉田 1952）同三角山遺跡（直良 1954）では、それが石器・剥片類・礫群と共伴して発見されたと

記載されている。また東京都茂呂遺跡（杉原・吉田・芹沢 1959)、溜淵遺跡（榎本 1960) では、植物学者が炭化物片の樹種同定を行っている。

東京都野川遺跡の調査（小林・小田・羽鳥・鈴木 1971) 以後、炭化物片の分布が記載されるようになり、その例として、神奈川県小園前畑遺跡がある（小野・鈴木・矢島・高橋・坂入 1972)、武蔵野台地野川遺跡、中山谷遺跡（Kidder・小田編 1975)、前原遺跡（小田・伊藤・Keally 編 1976)、高井戸東遺跡（小田・伊藤・Keally・重住編 1977、坂入・伊藤・織笠編 1977)、鈴木遺跡（鈴木遺跡調査団編 1978) では炭化物片の分布とその出土状態が、正確に観察され詳細に記載されるようになった。

以上述べて来たように、これまで記載した研究書の多くは、それが人の生活と直接関わり合った遺物と考え、むしろ、自然的要因をもってその成因を説明する場合が少なくない。しかし、この炭化物片の考古学的な検討に先だって、まずそれが人為的なものか、自然のものかを、科学的に検討する必要があると思われる。未だに遺跡地以外での詳細な炭化物片分布の調査例は少ないが、遺跡近辺とか、自然の露頭で炭化物片を探査したかぎりにおいては、その出土状態は質量ともに遺跡で記録されるものとは異なる。また、遺跡でしばしば認められるような炭化物片が、集中して発見されるような例は報告されていないのである。

（2） 分析方法

1. 検出方法

炭化物片の検出は、石器や土器を掘り出すのと同様に、層位的発掘法による。注意を要するのは、ローム堆積物を構成する黒色スコリア粒子との区別であるが、実際には比較的容易に両者を分類することが出来る。その検出から記録までの作業過程は、2つの段階に分けられる。

第1段階　炭化物片の検出法も基本的に他の遺物、遺構の調査法と同じである。ただ微細な遺物を検出するため、堆積物を均一にしかも薄く剥がし取る必要があり、そのためにジョレンを使用する。作業工程としては、まず各自然層をじゅんじゅんにジョレンがけし、炭化物片を探す。確認した炭化物片の横に白く塗った竹の串を立て目印にする。この作業を発掘単位ごとに行い、セクションペーパーに出土位置を記録する。この作業の中で、集中部と判定した部分については、順次にナンバーをつけていく。図面は40分の1縮尺、そして図面には日付、層位、観察記録など必要事項を記入する。

第2段階　次に確認された集中部について、さらに詳細な観察を行う。順序をa・b・cに分け、それぞれ3回ずつジョレンをかけ直す。図面は20分の1縮尺を用いる。

a．炭化物片集中部の平面範囲を確定するためにジョレンがけを行い、出土位置を記録する。出土面のレベル計測と写真撮影を行う。

b．集中の中心部の平面的な分布深度を調べるため、50cm幅のトレンチを設定し、約25〜30cm単位で、炭化物片が検出されなくなるまで掘り下げる。このさいaと同様にジョレンがけと出土位置の記録を行う。

c．トレンチ壁によって断面分布を観察する。カマを用いて炭化物片の検出を行い、出土位置

第2段階

第1段階

発掘区域のジョレンがけ（グリッド、自然層毎）
↓
炭化物片の検出
↓
［ドットマップ化(1/40)
　レベル計測　　　　　］
↓
集中部分の確認

第2段階

ⓐ 集中部分のジョレンがけ
↓
炭化物片の検出
↓
ドットマップ化(1/20)
↓
サンプル採取

（3回繰り返し）

↓
［写　　真
　レベル計測］
↓

ⓑ トレンチの面的掘下げ
↓
ジョレンがけ
↓
炭化物片の検出
↓
ドットマップ化
↓
サンプル採取

（3回繰り返し）

炭化物片が検出されなくなるまで繰り返し

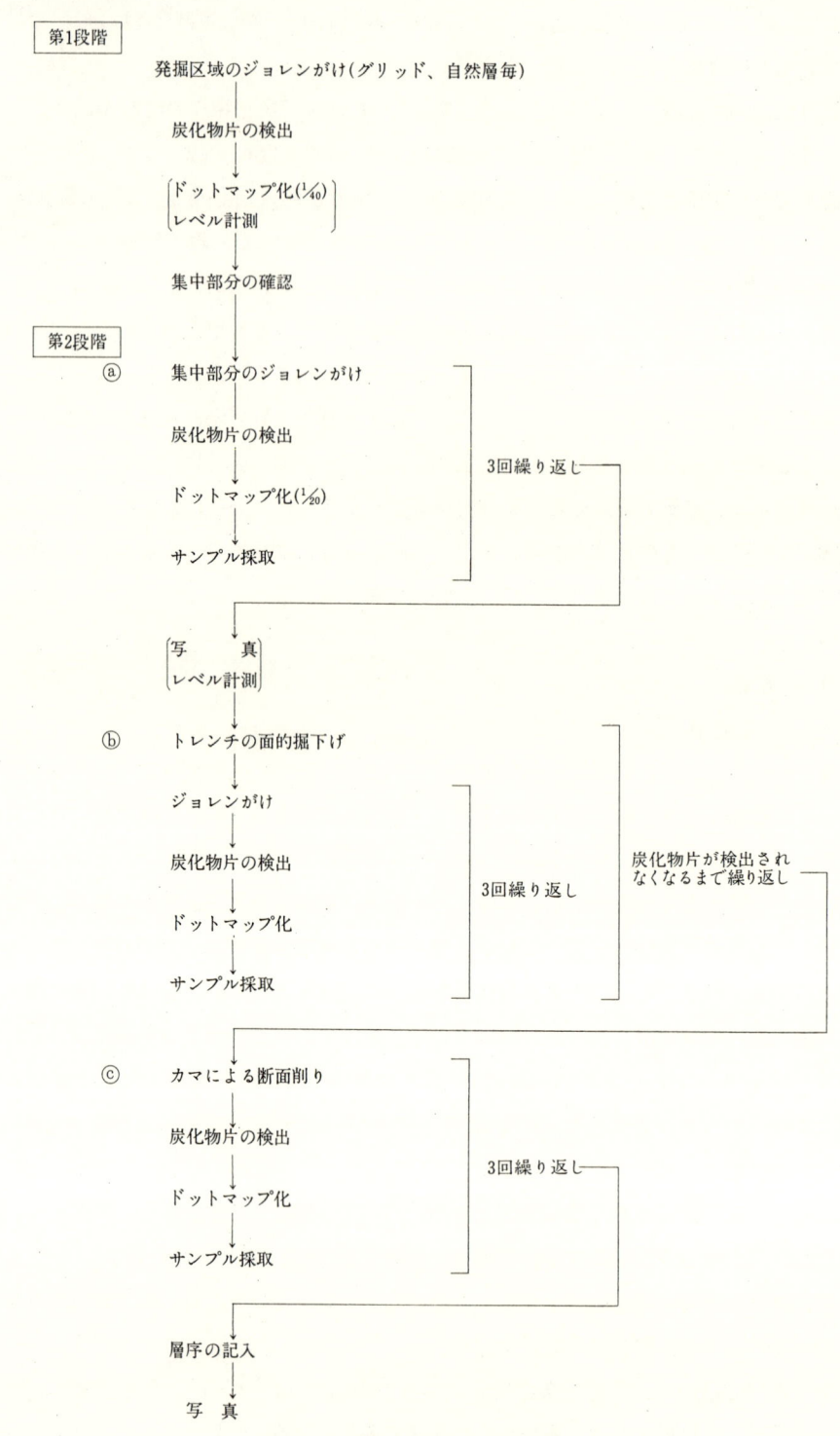

ⓒ カマによる断面削り
↓
炭化物片の検出
↓
ドットマップ化
↓
サンプル採取

（3回繰り返し）

↓
層序の記入
↓
写　　真

図97　炭化物片検出、記録化過程

を記録する。層序も記録し、炭化物片集中部に対する記録化がすべて終了し、記録の完了状態を撮影する。

2．分析項目

炭化片集中部とは、炭化物片が他の部分と比べて、より濃密に分布している部分をいう。その部分は、一定の集中範囲を保ち、そのひとまとまりを分布の1単位の最小単位としてとらえることができる。この規模の計測は、その長軸と短軸を計測点とする。次にそのおのおのが持つ特徴を検討する。

水平分布の特徴　炭化物片集中部を水平的に掘り下げ、その水平分布の特徴を観察する。現在まで検出された特徴は、以下の4つに分類できる。

(A) 全体的に均一なまとまりを示し密度が高い
(B) 全体的に均一なまとまりを示すがその密度は (A) と (C) の中間のもの
(C) 全体的に散漫でまとまりが無く密度が低い
(D) 散漫な広がりの中に密度の高いまとまりを示す

垂直分布の特徴　炭化物片集中部の中心線に設定したトレンチ壁を観察することによって、垂直方向分布の特徴をとらえる。その結果、散漫な不整形な分布を呈する例が多いが、炭化物片の確認作業の際に除去されてしまった濃密に分布する面の上部を考慮に入れるならば、あえてレンズ状に堆積していたとも考えられる。しかし、重い石器は原位置を保ち、軽いものは5cm前後生活面より上部に移動する（小田1974）。これは霜などの自然営力で上下に移動した結果と推測され、炭化物片のような軽い物質は、その種の影響をさらに受け易いと考えられる。こうした方面の検証も今後必要になろうが、今のところ、垂直分布は以下の4つに分類される。

(1)均一なまとまりを示し密度が高い
(2)均一なまとまりを示し密度が (1) と (3) の中間のもの
(3)散漫でまとまりがなく密度が低い
(4)散漫な広がりの中に密度の高いまとまりを示す

量　水平分布と垂直分布の観察によって検出した炭化物片の数量を示すウオーター・フローテーション・セパレーション方式（千浦1977a）によって、その絶対量を求めることも考えられるが、今回の資料はそれと異なり、水平、垂直両方向の観察データの結果に基づくものとする。この方法によって、3つに分類される。

(a)方向と垂直方向において確認された個体数が多い
(b)水平方向と垂直方向において確認された個体数が (a) と (c) の中間のもの
(c)水平方向と垂直方向において確認された個体数が少ない

炭化物片の大きさ　炭化物片を破損させないようにし、本来土中にある粒の大きさの傾向を見る。それは材質の大小や強弱、或いは酸性のローム中にあって、温度、湿度などによる風化や分解など自然作用によって変化している可能性も考えられるが、その保存されている炭化物片のサイズによって、3つに分類される。

平面分布

項目\記号	A	B	C	D
平面	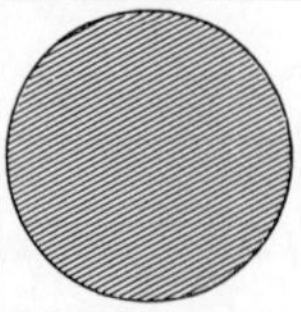 ⊕	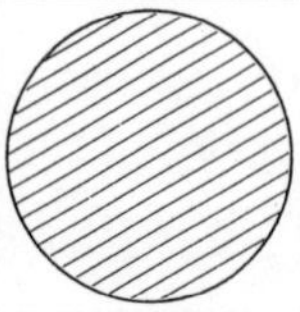 ⊕	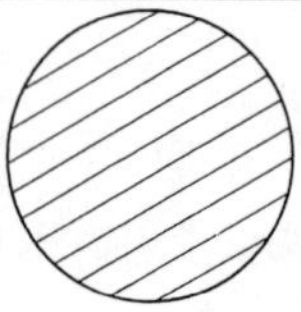 ⊕	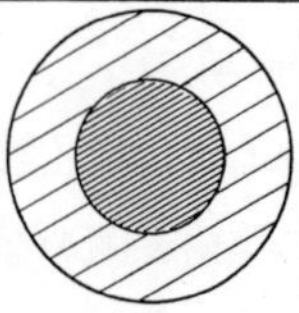 ⊕
特徴	全体的に均一なまとまりを示し密度が高い。	全体的に均一なまとまりを示し密度がAとCの間のもの。	全体的に散漫でまとまりがなく密度が低い。	散漫なひろがりの中に、密度の高いまとまりを示す。

断面分布

項目\記号	1	2	3	4
断面	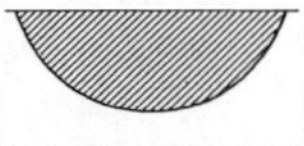	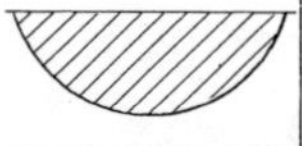	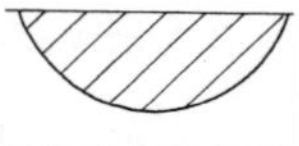	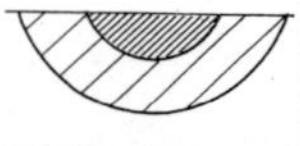
特徴	均一なまとまりを示し、密度が高い。	均一なまとまりを示し、密度が1と3の間のもの。	散漫でまとまりがなく、密度が低い。	散漫なひろがりの中に密度の高いまとまりを示す。

量

項目\記号	イ	ロ	ハ
特徴	平面、断面において、確認された、総体的数量が多い。	平面、断面において、確認された、総体的数量がイとハの間のもの。	平面、断面において、確認された総体的数量が少ない。

粒の大きさ

項目\記号	i	ii	iii
特徴	炭化物片の大粒（5mm以上）のものが集中を占める。	炭化物片の粒の大きさがIとIIIの間の大きさ（2mm～5mm）のものが集中を占める。	炭化物片の小粒（2mm以下）のものが集中を占める。

図98　炭化物片分布の特徴

①炭化物片の大粒（5mm以上）が集中しているもの
②炭化物片の粒の大きさが、①と③の間の大きさ（2mm～5mm）が集中しているもの
③炭化物片の小粒（2mm以下）が集中しているもの

　焼土との関係　　炭化物片の成因として、火の使用が考えられる。すでに樹木などの燃え滓の可能性が指摘されているが、もし炭化物片集中部が火の使用と直接関係した場所で、その後の移動がないとすれば、それには焼土なり灰なりが伴う可能性が高い。しかし、現在まで明瞭に焼土を伴った例は少ない。

　石器・剥片類との関係　　炭化物片集中部と石器・剥片類の集中部とは重なり合うことがしばしばある。石器・剥片類の集中部分は人間行動の生活痕跡である可能性が高い。その可能性を実証することは今後の大きな課題である。

　礫群との関係　　炭化物片集中部が礫群と重複することがあるが、礫群を構成する赤化した礫

は野川遺跡の分析（小林・小田ほか1971）の結果、熱を受けており礫群はかつての調理活動を示す証拠であると推測される。この種の礫群と炭化物片の分布が重なるという事実は、炭化物の成因を検討する上で重要である。

　炭化物片の樹種同定　　研究史でも触れたように、炭化物片はその樹木の種類を調べることで、当時の自然環境を調べる1つの分析資料ともなる。しかし、炭化物片集中部の性格を究明するとなると、サンプリングは数点だけではなく、集中部を1単位として採集しなければならない。つまり、その構成樹種は何か、また一木なのか多種類の集合体なのかという、樹種組成の把握である。その目的は、たとえば、調理用に使うならば熱効率のよい樹木、住居内の炉に使うならば煙が少なく・発火度が高く・長時間の燃焼を持続する樹木、また自然林であれば、樹種の統一や種類になんらかの不規則性があるだろうという予測である。しかし、樹木同定は、周知のように時間がかかるのと、同定できる専門家が少なく、この方面の研究は今後の課題となろう。

（3）分析結果

　以上のような炭化物片の持つ若干の特徴を各遺跡で分析し、そのいくつかの結果を次に述べる。

A. 炭化物片分布のあり方

　高井戸東遺跡では、7枚（Ⅲ・Ⅳ・Ⅴ・Ⅵ・Ⅶ・Ⅸ・Ⅹ）の自然層から、合計76ヵ所の炭化物片集中部分を記録した。これらを前述した規模、水平分布、垂直分布、量、炭化物の大きさ、堆積状態、石器・剥片類や礫群との関係など項目ごとに比較検討した結果、次のような傾向を摘出することができた。

　発見数は、層準ごとの調査面積の差を別とすれば、とくにⅦ層とⅩ層で多く発見されたことになる。規模は、1×1mから4×5mの範囲に収まる。

　次に水平分布の特徴は、(A)に入る集中部は3例、(B)は44例、(C)は14例、(D)は12例、不明3例であり、圧倒的に(B)が多い。この(B)は、炭化物片が均一に分布した集中個所ということである。垂直分布では、(1)が8例、(2)が35例、(3)が20例、(4)が5例、不明が8例で、やはり、水平分布と同じ均一な出土を見せ、(2)が多い傾向がとらえられる。量においては、(a)が30例、(b)が23例、(c)が20例、不明が3例で、各例にさほど差が見られない。炭化物片の大きさは、①が10例、②が33例、③が30例、不明が3例である。2mm～5mm程度の大きさをした炭から構成されるものが多いことが理解される。さらに、石器・剥片類との関係であるが、伴うものが6例、伴わないもの70例となり、大多数は石器・剥片類と分布上重複しないことになる。同様のことは礫群についてもいえる。礫群と重ならない例は74例あり、重なるのはわずか2例だけである。これは、炭化物の成因を考える上で重要な事実になるであろう。

　以上の結果を総合すると、(B)、(2)、(3)、(a)・(b)・(c)、②・③ですなわち、石器・剥片類なし、礫群なし、という傾向を示すものが多いことになる。この組み合わせを解説すれば、この分布は水平的にも、垂直的にも均一であり、炭化物片の大きさは2mm～5mm程度のもので、石器・

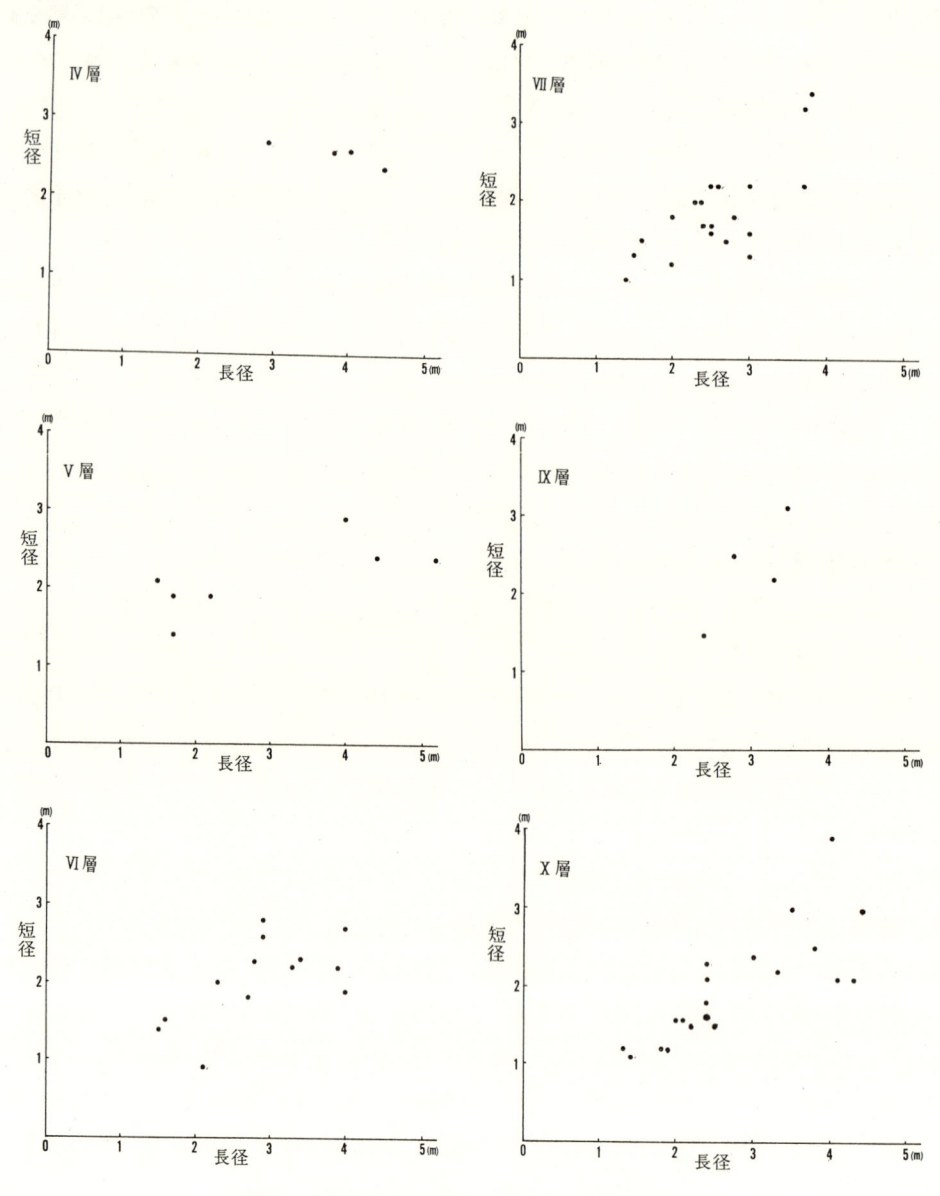

図 99　炭化物片集中規模、直径×短径相関グラフ

剥片類、礫群を伴わない出土状況を呈する。このような特徴をもつ典型例は高井戸東遺跡第Ⅷ層炭化物片集中である。

　ところが、Ⅹ層炭化物片集中は、水平分布が(D)タイプ、垂直分布は(4)タイプである。これは、炭化物の分布が中心に近く、より密になる例である。この例の炭化物片が集中する部分だけを掘りあげると、鈴木遺跡Ⅴ層下層文化例（鈴木遺跡調査団 1975）、同Ⅹ層文化例（鈴木遺跡調査団 1976）で報告されているのと同じ掘り込み遺構に類似していることが指摘できる。

　また、高井戸東遺跡Ⅹ層炭化物片集中部 4 は、(4)大形炭化物片と焼土塊、灰などが伴う独特

なタイプである。大形炭化物の周囲には小さな炭化物片が散乱し、あたかも大きな炭化材が横たわっている状況で、それに伴って焼土と思われる赤色土も広範囲に認められた（図100・101）。

以上述べた特殊な例は、他の大多数で認められた特徴と著しく異なっている。ところが、本来はこうした特徴が炭化物の成因を考える上で重要な手掛かりを持つ可能性もある。

また、小粒で均一な集中を示す他の大多数の例は、なんらかの2次的要因で形成された可能性も考慮される必要があろう。

B．炭化物片分布の時代変化

図102は、高井戸東遺跡において認められた文化層と炭化物片集中部との関係を示したもので、各層で発見される炭化物片の垂直分布が比較的よく一致していることがわかる。ところが、それと石器・剝片類、礫群の垂直分布とは必ずしも一致しない例が多い。また、遺物が検出されない第Ⅵ層と第Ⅶ層に炭化物片分布が確認された例もある。これらの結果は、炭化物片の成因を検討する上で重要な手掛かりを与える可能性がある。

次に、炭化物片集中個所の分布と堆積地形との関係を調べ、その結果と石器・剝片類、礫群の分布との関係とを比較した。この結果、石器・剝片類は台地の中央部に、礫群は傾斜地近くに、そして炭化物片集中個所は、台地の奥で前2者の分布の外側に位置する傾向が理解された。

C．その他の問題

まず、炭化物片の樹種を同定することにより、炭化物の成因を検討することが可能である。しかし、なにぶん各遺跡の試料数が少なく、採集部分も必ずしも集中部内を平均的に採集しておらず、この樹種組成から、人為的な選択性を検討するには、まだその余地がある。がその前に肉眼で性質が識別し難い黒色破片が、植物の炭化物であることが判明したのである。

次に、炭化物片集中部の赤色ローム部分をX線回折法によって分析した（堅田・中津1977）。分析試料は、高井戸東遺跡Ⅹ層炭化物片集中部41の堆積物である。その結果、その部分の堆積物が2次的に熱を受けているという証しを認めることはできなかった。

D．分析結果の意味

まず、今回扱った炭化物片の成因が自然か人為的なものか、また何故それが集中して発見されるかという問題が重要である。

今回調べた高井戸東遺跡例の多くは、1×1mから4×5mの範囲にレンズ状に堆積している。石器・剝片類、礫群との関係は、重複する場合としない場合とがあるが、高井戸東遺跡では大多数がべつべつに分布していた。以上の関係を垂直方向で調べると、高井戸東遺跡炭化物片の垂直方向の分布は、石器・剝片類、礫群のそれと一致せず、その上下に分布する例が多い。第Ⅵ・Ⅶ層では、ただ炭化物片のみが分布した。

以上の結果を総合すると、今回分析した炭化物片は、野火などの自然火災による樹木の燃え滓が当時の自然地形、たとえば窪地などに集中的に堆積したものか、立木が炭化した痕跡である可能性も考えられるのである。

しかし、それが当時の人間の活動と結びつく点もある。それは、水平方向の分布が一定の傾向

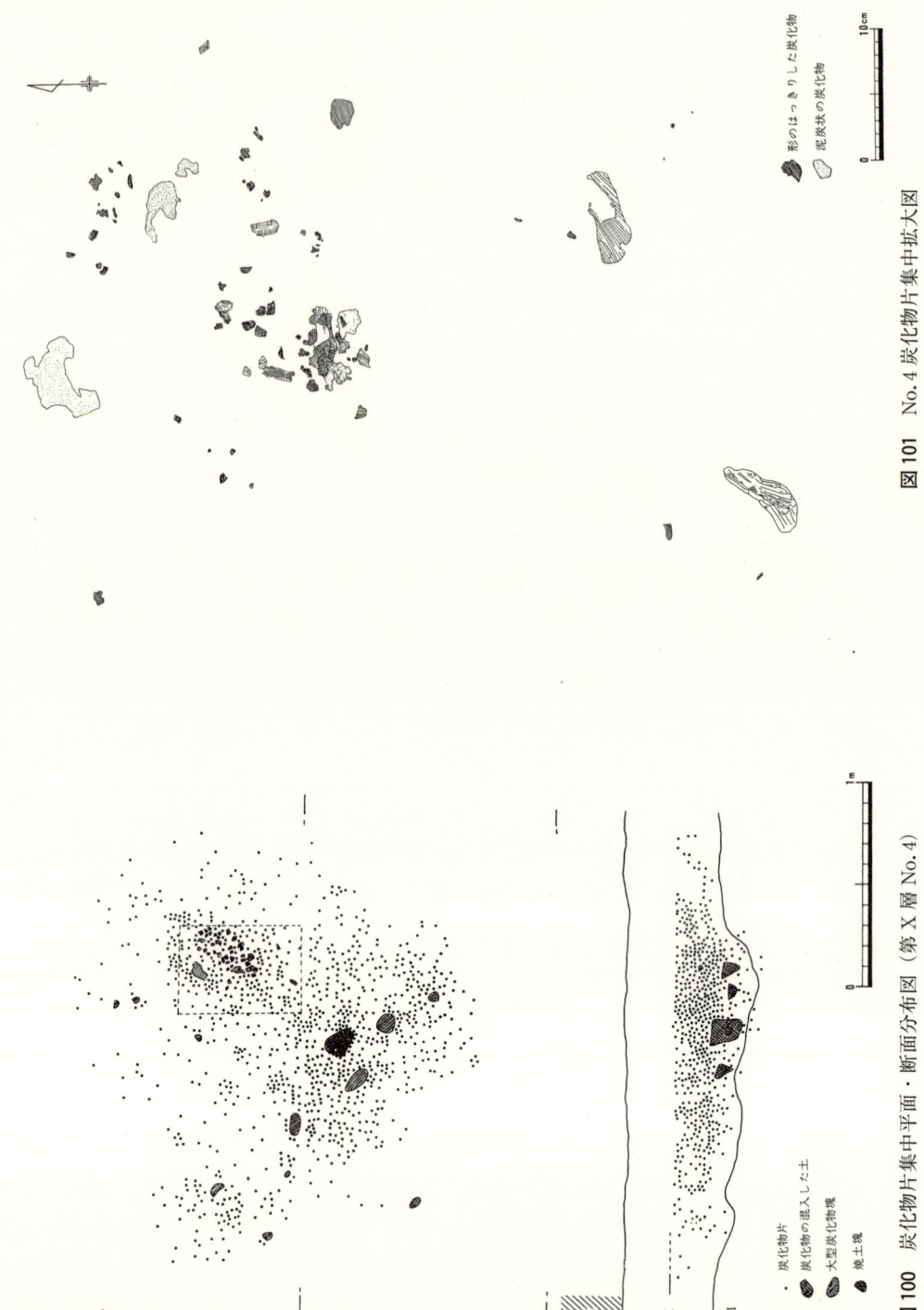

280　第2章　東京地方の遺跡調査

図101　No.4 炭化物片集中拡大図

形のはっきりした炭化物
泥炭状の炭化物

炭化物片
炭化物の混入した土
大型炭化物塊
焼土塊

図100　炭化物片集中平面・断面分布図（第X層 No.4）

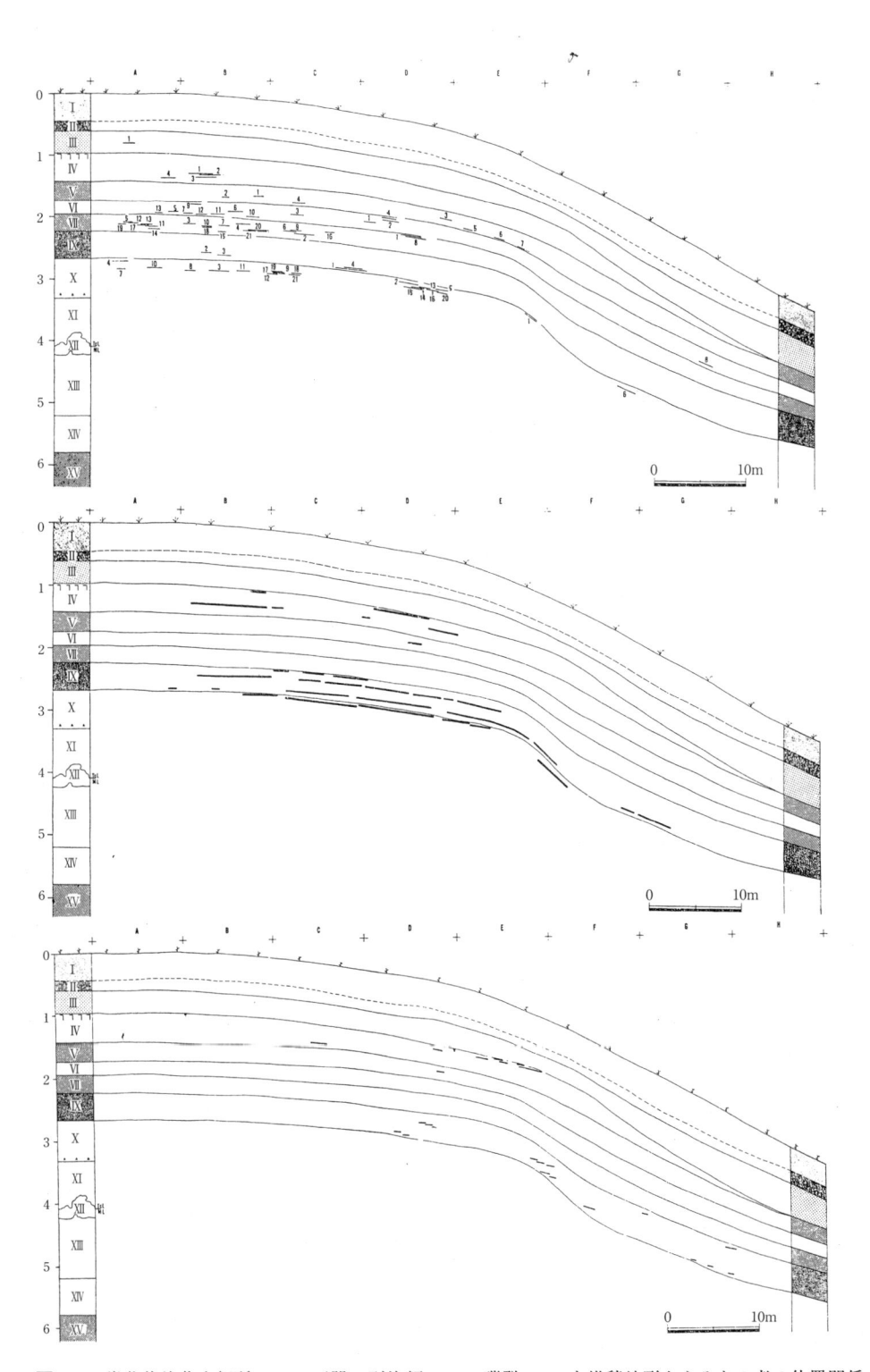

図 102 炭化物片集中個所（上）、石器・剥片類（中）、礫群（下）を堆積地形からみた 3 者の位置関係

を示し、また石器・剥片類の群集が、礫群近くに分布している例が見られるからである。これらの事実は、石器・剥片類の分布が製作・使用された時点の状況のままであるとすれば、それと炭化物片の分布が重なるということは、炭化物片を自然成因として見すごせない面を持つことになる。さらに、高井戸東遺跡で行ったⅩ層以下の調査では、石器・剥片類ばかりでなく、炭化物片の証拠も確認できなかったのである。また、国際基督教大学付属高校建設工事に際して行われた遺跡確認調査においても、石器・剥片類、礫群を発見し得ないことがわかった。これらの結果もやはり炭化物片が、人間の活動と結びつく証拠であるとすることもできよう。

最後に今回調べた炭化物片の分布形態を分類してみると次のようになる。
　　タイプⅠ：水平分布は均一で、垂直分布も同様である。したがって密度も低い。粒の大きさ
　　　　　　は2〜3mmである。
　　タイプⅡ：水平・垂直分布ともに中央部でより蜜になる。粒は2〜3mm程度の大きさである。
　　タイプⅢ：水平・垂直分布とも密度が高い。均一分布を示す。粒の大きさは2〜3mmだが、
　　　　　　中には大形炭化材や焼土らしきものが分布する。

以上のように分類される炭化物片集中部が、何を意味しているのかを検討する必要がある。人間の活動と結びつくかどうか、また結びつくとして、それが前述のような形態差と人間活動の違いとどのように関係しているのかも将来の課題である。

日本の旧石器時代遺跡は、まだ情報量が少ない。炭化物が将来、新しい分析資料として利用できるようになるには、資料の増加がぜひとも必要である。

7　「いも石」分析

本遺跡の「いも石」について、自然科学的な分析が行われているので、以下に述べる。

(1)　いも石の特徴

高井戸東遺跡の調査の立川ローム第Ⅱ黒色帯以下の第Ⅸ層から第ⅩⅡ層に認められる「いも石」の各層位別の大きさ、研磨度の分布および一定体積あたりの礫の数、また土層の層名と地表からの深さとの関係を示した。

　　A．いも石の特徴

第Ⅸ層から第ⅩⅡ層までのいも石の大きさの分布を細礫（2mm〜1cm）、小礫（2cm内外）、中礫（5cm内外）、大礫（10cm内外）、巨礫（20cm内外）と大きく5段階に分けて各層ごとに分布を見た。各層ごとの全体の礫の数が揃っていないために厳密なことはいえないが、全体的傾向として第Ⅸ〜第Ⅹ層といった比較的上部では細礫が多く、下部では小礫が細礫より多くなる傾向がみられる。また中礫は少なく、大礫、巨礫はどの層のロームにも認められなかった。

　　B．いも石の研磨度について

研磨度については、「円礫」（ほとんど角がなく長時間、水の営力を受けたと考えられる礫）、「半角

礫」(角は認められるがエッジが鋭くなく、少し研磨されたもので破砕された後、比較的短時間、水の営力を受けたと考えられる礫)、「角礫」(角が多数認められ、エッジが鋭く破砕された後、研磨作用を受けていないもので、崩積性か人工的に作られたと考えられる礫)の３つに分けて各層の分布を観察してみた。この特徴をみると第Ⅸ、第Ⅹ、第ⅩⅠ層上部までの比較的上部の層では、研磨度の低い礫が多く、下層へ行くほど研磨度の高い礫が多くなる傾向が認められる。また第ⅩⅠ層上部に見られる多量の角礫の存在は、この地域の地形・地質条件において自然の営力で混入することは考えにくく、古代人が石器として使ったもの、あるいは石器を作る時の破片である可能性が考えられ、今後、さらに検討していく必要がある。

　　C．いも石の岩質、腐朽度について

　各層のいも石とも硬砂岩、砂岩などの堆積岩系の岩石が多く、ついで砂質～頁岩質ホルンヘルスなどの変成岩系の岩石が多い。外に火成岩系の岩石がやや見られるが他は少ない。この岩種は寿円晋吾の多摩川河床礫の報告(寿円1965)に類似している。腐朽の程度は手で砕ける腐朽の進んだものから、ハンマーで砕いても砕きにくい硬いものまで各種認められ、あまり特徴は認められない。また腐朽の進んだ礫では切断すると礫の表面に暗紫色のマンガン集積層のコーティングが認められた。これはこの礫が長い間、湿性の環境に置かれたことを物語っている。

　　D．一定体積中のロームに含まれる礫の量について

　第Ⅸ層以下の各層ごとの一定体積ロームあたりの礫の数は第ⅩⅣ層がもっとも多く、ついで第ⅩⅠ層上部、第Ⅹ層が多く、その間の第ⅩⅢ層第ⅩⅠ層下部が少なく、周期的に変化している。このことは長い間連続的に強い水の作用があったのではなく、高水位の時代にときどき水の作用を受けたと推定される。

(2)　高井戸東遺跡の地形的にみた環境

　高井戸東遺跡の位置およびその周辺の地形環境をみるために、国土地理院発行の25,000分の１土地条件図を編集した地区区分図を参照した。この地形からも明らかなように、本遺跡は武蔵野面上にあるが、崖下には神田川が刻む沖積低地となっている。この谷の谷頭は現在、井の頭公園付近になっているが、その西側すなわち現在の中央線武蔵小金井駅の北部に東西へ延びる細長い沖積低地がある。この谷の上流は武蔵小金井駅の西北西に２kmの所で立川面と繋がっているが、下流には出口がない。したがって、この谷を流れた水は地下水となり、高水位時代には表面水は武蔵野台地上の凹地を流れて、神田川とその西の３つの谷に流れ込んだと推定される。そして武蔵野ローム堆積時代～立川礫層堆積時代には、立川面は水面下にあり武蔵野面上のこの地帯一帯は、高水位の時代に時々表面水がオーバーフローのような形で流れ、神田川とその西の３つの谷に流れ込んだと考えられる。

(3)　土壌断面の特徴

　高井戸東遺跡の第Ⅱ黒色帯の色は、完全に水の影響を受けずに生成されたと思われ、他に比

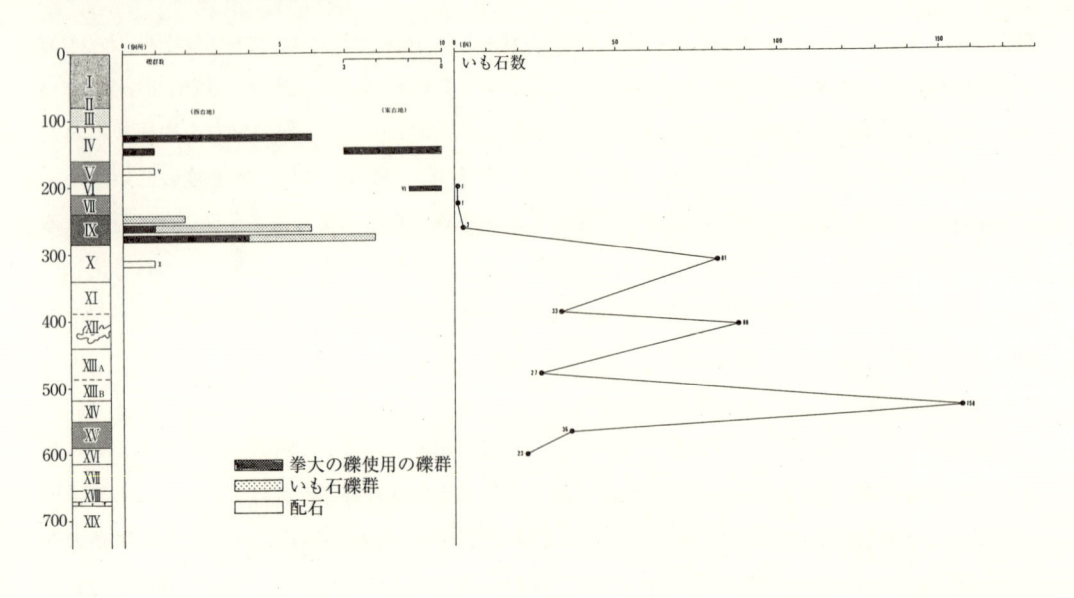

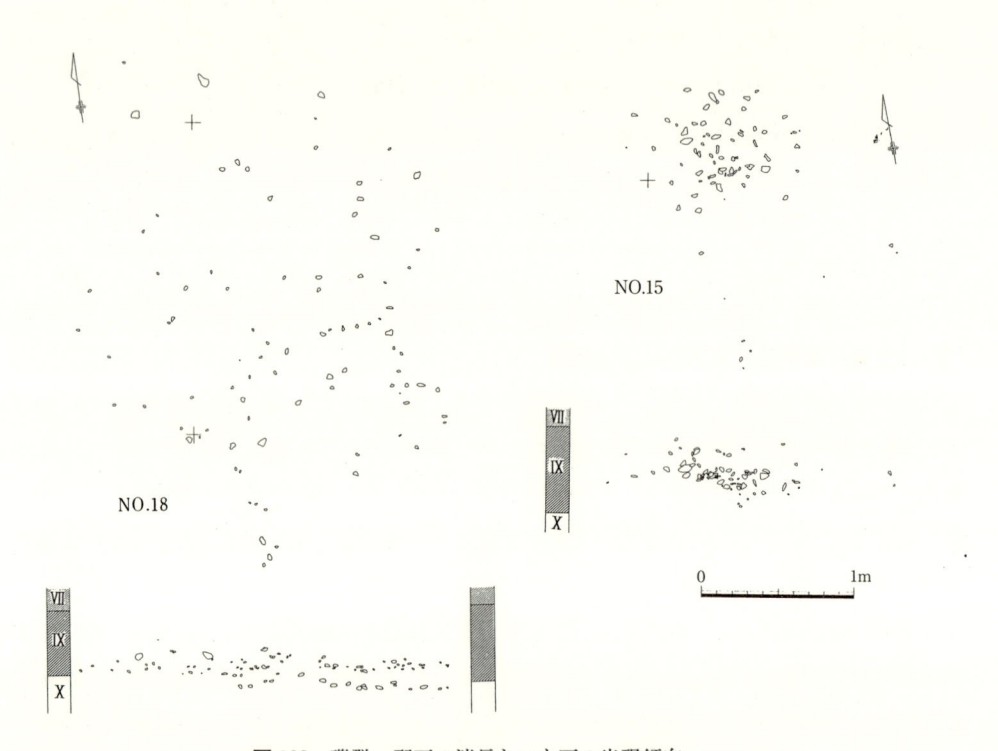

284　第2章　東京地方の遺跡調査

図103　礫群・配石の消長といも石の出現傾向

べてやや黒みが薄い傾向が見られた。また第ⅩⅡ層以下のロームには、普通の褐色ロームと水の影響を受けたと思われる黄色ロームとの層界が不規則で入り乱れているのが大きな特徴である。

（4） いも石の土層中での上下運動の可能性について

「いも石」の土層中での上下運動の要因については、土層の凍結によるものが考えられるが、鈴木秀夫の指摘（鈴木 1962）にもあるように、最終氷期であるヴュルム氷期の周氷河現象は、青森県下北半島より南ではあまり認められていない。また礫の分布も不規則に散在していることからも「いも石」の土層内での大きな垂直移動は考え難い。ただロームは含水性が強く凍結しやすいという物理性を持っているので、この点については今後検討していきたい。

（5） 高井戸東遺跡の立川ローム降灰時代の自然環境について

以上2・3・4・5の結果を総合して、この地域の置かれた過去の自然環境を考察してみると、リス～ヴュルム間氷期に堆積した武蔵野礫層の上にヴュルム氷期前期の武蔵野ロームの降灰があった。がこの地域の地形的特殊性から、高水位時期には周辺のロームが水により再堆積し層中に乱れを生じたと考えられる。また土層中に比較的大きな礫が認められることから、周期的に水位がかなり高くなり強い水の営力を受けたと考えられる。約4万年前と考えられる立川ローム降灰時代に入っても、この地域は、平常陸化していても高水位時期、とくに3～2.5万年前のヴュルム氷期最盛期前の立川礫層を堆積した時代には、武蔵小金井北部の谷より溢れた水が武蔵野面に流れ、神田川とその西の3つの谷に流れ込んだと推定される。そのさい高井戸東遺跡付近では、近くの表層にあるロームに多摩川の礫が混ざったものが再堆積したと考えられる。第Ⅸ層、第Ⅹ層の時代には、ここを水が流れる回数が少なくなると同時に、水量も少なくなりときどきオーバーフローのような形で水が流れロームに細礫が混ざり、それと人間がすぐ近くの河床から持ってきた礫が混ざったものと思われる。そして第Ⅱ黒色帯より上の第Ⅶ層以上の時代に入って、やっと完全に陸化し安定した住居環境になったと考えられるのである。

12. 新 橋 遺 跡

1 遺 跡

(1) 立 地

　新橋遺跡は北緯35度41分、東経139度31分にあり、東京都小金井市中町に所在する。遺跡は低位面の立川段丘と高位面の武蔵野段丘を画する国分寺崖線下に流れる野川が、立川段丘面上を大きく蛇行して、野川と国分寺崖線との間に広い立川段丘面を形成させた場所に位置する。海抜約50m、現河川との比高は約1mを数える。

　本遺跡の北側武蔵野段丘面上には、縄文中期の大集落であり、また最古級の旧石器文化が確認された中山谷遺跡（Kidder・小田編 1975）が存在する。一方、低位段丘面にある本遺跡は、縄文後期の大集落であり、その両遺跡の立地の違いに興味がもたれる。この流域の遺跡立地に特有な「ノッチ」は、西側の低湿地に面した場所と考えられる。

(2) 調査経緯

　本遺跡は、昭和39年（1964）に小金井市制10周年記念事業の市誌編纂事業の一環として、武蔵野郷土館の吉田格により遺跡分布調査が行われて発見された。この野川上流地域では珍しい縄文時代後期の遺跡であったことから同年8月に発掘調査が実施された（吉田1967）。

　この調査で、縄文後期・加曾利B式期の住居址1軒と、多量の土器・石器類が発見され、同時に、旧石器時代の石器も採集された。

　東京都は野川の河川改修を上流部に向かって計画する中で、この新橋遺跡調査を昭和51年（1976）に実施することを決定し、都文化課と小金井市教育委員会との協議の結果、国際基督教大学考古研究センターを中心に調査団が組織され、同年5月から8月まで緊急発掘調査が行われた（中津・千浦・小田・Kidder編 1977）。

(3) 層位と文化層

　本遺跡は、表土から台地基盤の立川礫層まで深さ約2.5mで、それらは地質学的区分によって9枚の自然層に識別された。第Ⅰ層黒色土からは歴史時代の、第Ⅱ層黒褐色土からは縄文時代後期を中心にした土器・石器、住居跡、炉跡、集石跡等が確認された。第Ⅲ層からが立川ローム

層で、旧石器文化層に相当する。この立川ローム中に、遺構、遺物の集中する生活面が合計5枚（第Ⅲ・Ⅳ上・Ⅳ中・Ⅳ下・Ⅴ上層文化）確認された。

調査は河川に沿って約1,200平方mの面積を、基盤までの深さ約2.5mまで発掘した。したがって、この地点に生活した旧石器人の全文化層を記録することができた。

（4）成　果

本遺跡は、野川に接した立川面でも低地部の場所であり、縄文時代後期の遺構・遺物は、こうした泥炭質の黒色土層中に包含されていた。旧石器時代の遺構・遺物は、立川ローム第Ⅰ黒色帯中が最下層の文化層であった。したがって、この場所は2万年前頃まではたびたび洪水に見舞われ、古期の旧石器人たちは生活できなかったと考えられる。このことはローム層の堆積環境分析からも判明しており、その証しとなろう。

本遺跡も周辺遺跡と同様に、多くの自然科学的・人文科学的分析が行われ、遺跡復元に必要なかずかずの新知見が得られた調査であった。以下にその内容の概略を紹介する。。

① 花粉分析（徳永重元・パリノ・サーヴェイ研究所）。

ローム層からの花粉・胞子化石の抽出も、やっと安定し、確立できる状況になった。本遺跡では、隣の前原遺跡との対比が行われている。両遺跡とも、立川ローム第Ⅳ〜Ⅴ層にはハシバミ属、ヨモギ属が卓越していた。

② X線回折によるローム層の分析（堅田直・帝塚山大学、中津由紀子・国際基督教大学考古学研究センター）。

従来、遺跡における層準区分は、経験測的な識別（その色調、岩相の相違など）で区分することが多い。が本遺跡では理化学的機器による標準化が可能か否かを検討し、ローム土壌のX線回折によって解析を試みた。結果は、各層準を特徴づける鉱物パターンの抽出までにはいたらなかったが、大きく上層部、下層部という相違はX線スペクトルで観察できる可能性を引き出した。

③ ウォーターフロテーションによる微細遺物の検出（千浦美智子・国際基督教大学考古学研究センター）。

中山谷、前原遺跡で本格的に行った方法で、本遺跡でも縄文の包含層に対して実施され、多数の微細遺物の検出に成功した。

④ 礫群の分析（金山喜昭・国学院大学）。

⑤ 石器の使用痕分析（山下秀樹・慶応義塾大学）。

西之台遺跡B地点、はけうえ遺跡で集中的に行われた、レプリカ法による使用痕分析が「細石刃」について実践された。

⑥ 石器の技術的研究（織笠昭・成城学園大学）。

2　遺　構

本遺跡で発見された遺構には、石器・剥片類の集中部（ユニット）、拳大の自然礫が集合したもの（礫群）、炭化物片が集中して発見される場所（炭化物片集中部）が確認されている。

（1）　各文化層の遺構

第Ⅲ層文化　　遺構として、ユニットが3ヵ所確認された。
第Ⅳ上層文化　遺構として、ユニットが2ヵ所、礫群1ヵ所が確認された。
第Ⅳ中層文化　遺構として、ユニットが1ヵ所確認された。
第Ⅳ下層文化　遺構として、ユニットが3ヵ所、礫群7ヵ所、炭化物片集中部1ヵ所が確認された。
第Ⅴ上層文化　遺構として、ユニットが1ヵ所，礫群2ヵ所が確認された。

（2）　遺構の様相

　5枚の文化層から、ユニットと礫群、炭化物片集中部が発見された。礫群は第Ⅴ上層文化からは、わずかに2例である。が、次の第Ⅳ下層文化になると、大規模なものも含めて7例が確認された。次の第Ⅳ中層文化では確認されず、第Ⅳ上層文化に1例、そして、第Ⅲ層文化では発見されていない。
　炭化物片集中部は、5枚の全文化層についてジョレンによる確認作業を行ったが、第Ⅳ下層文化で1例確認された他は、単独散布状況に止まっている。この炭化物片集中部には、礫群とユニットとが重複して確認された。

3　遺　物

　各文化層から発見された石器に基づいて、石器組成の時代的変遷を知る手掛かりが得られた。なお、本遺跡の旧石器時代の石器群分析は、織笠昭を中心に研究が行われた（織笠1977：18-74）。

（1）　各文化層の石器

第Ⅲ層文化　　石器総数73点。石器器種としては、両面加工のポイント、尖頭状石器、ナイフ状石器、スクレイパー、礫器と細石刃、細石刃核がある。石材は黒曜石が主体で、砂岩、凝灰岩、粘板岩、安山岩がある。この文化層は、いわゆる「細石刃文化」の石器群で、透明度の高い黒曜石（信州・和田峠産等）を使用している。
第Ⅳ上層文化　石器総数57点。石器器種としては片面加工のポイント、ナイフ形石器、台形石器、削器がある。石材はチャートを主体に、黒曜石を使用している。

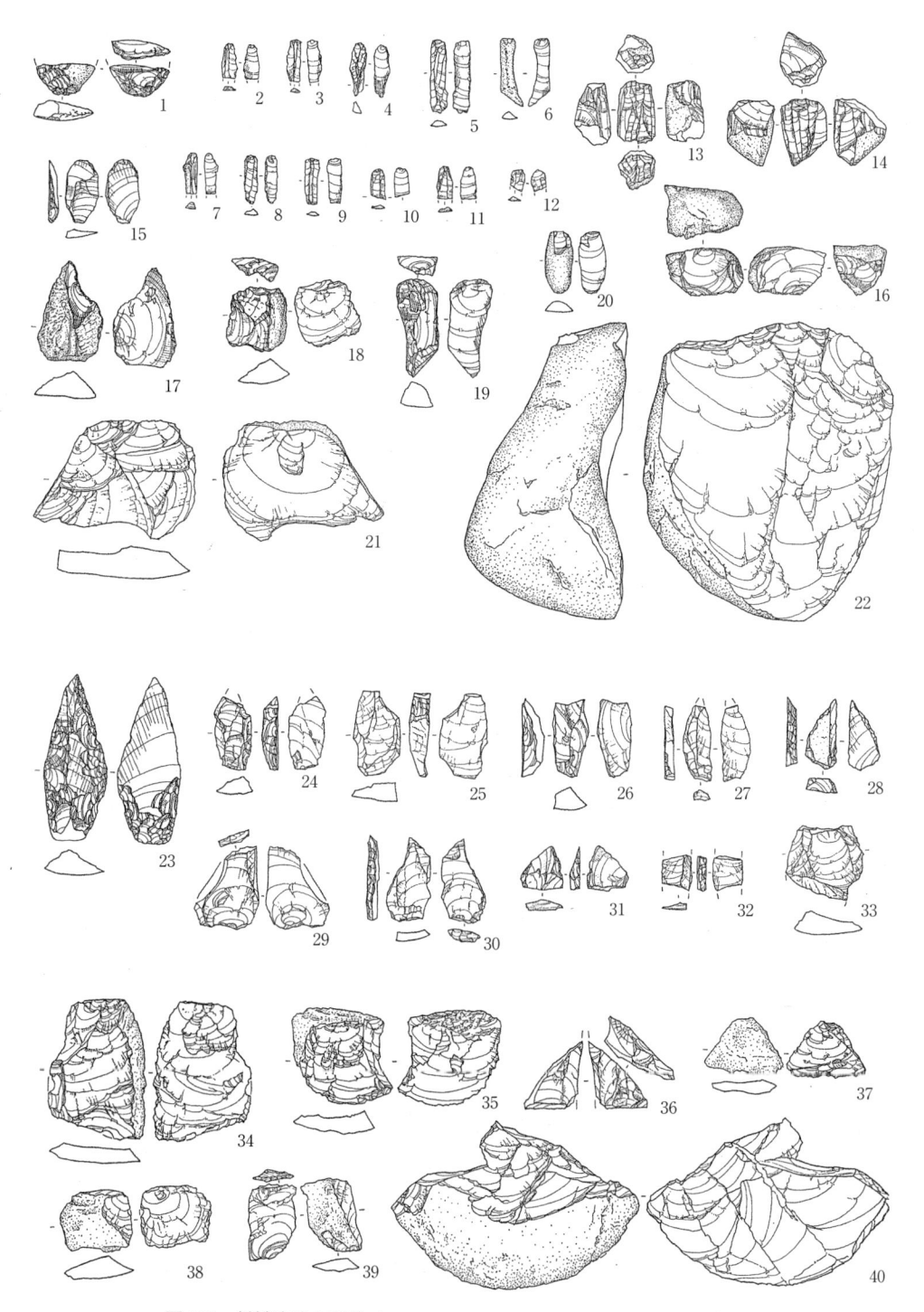

図104　新橋遺跡の石器（1～22：Ⅲ　　23～33：Ⅳ上　　34～40：Ⅳ中）

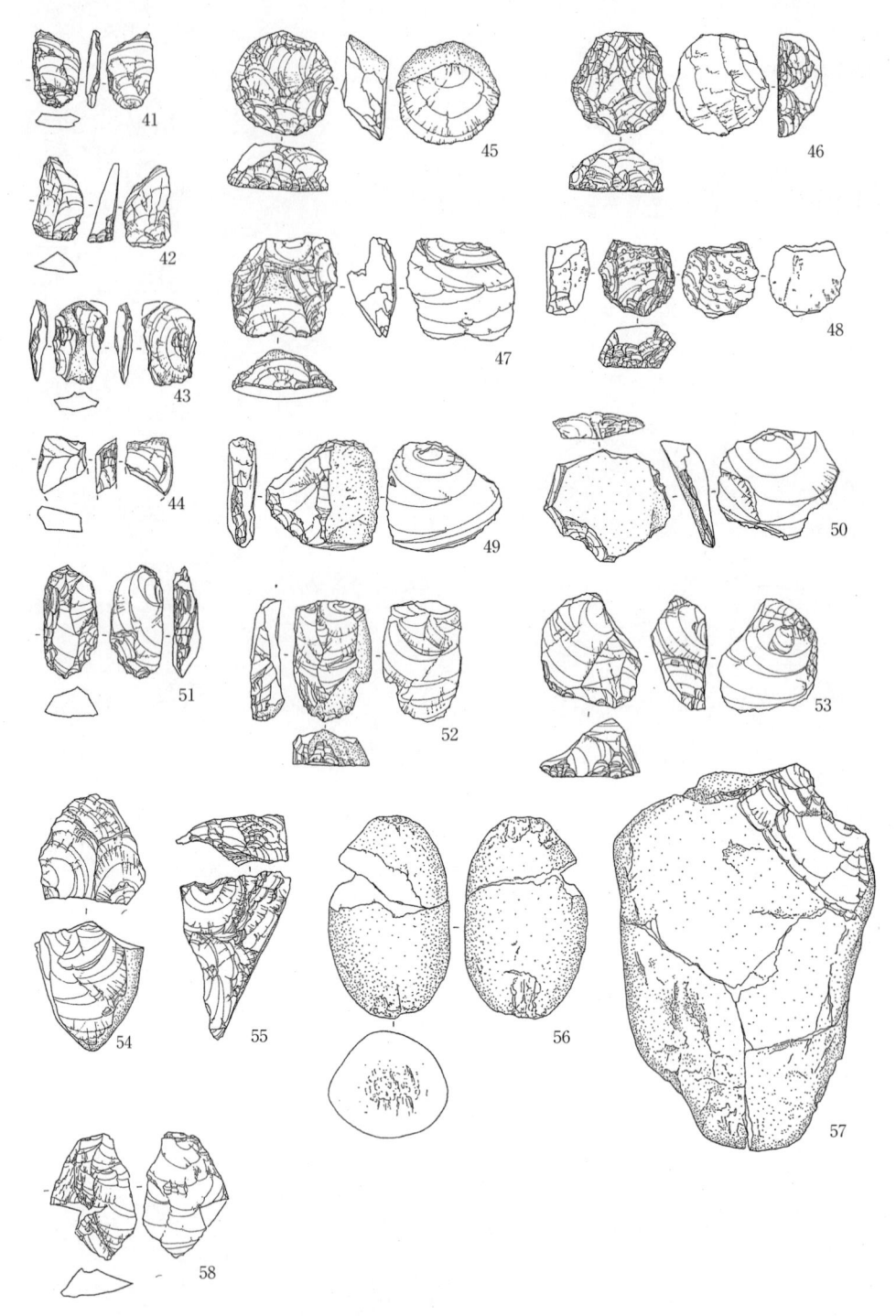

図105 新橋遺跡の石器 (41〜57：Ⅳ下　58：Ⅴ上)

第Ⅳ中層文化　　石器総数28点。石器器種としては、ナイフ形石器が存在する。石材はチャート、粘板岩が主体で、黒曜石を使用している。

第Ⅳ下層文化　　石器総数129点。石器器種としては、ナイフ形石器、スクレイパー、ハンマー・ストーンがある。石材は安山岩、粘板岩、凝灰岩、チャートを主体に、黒曜石、砂岩、流紋岩を使用している。

第Ⅴ上層文化　　石器総数1点。石器器種は剥片である。石材はチャートを使用している。

（2）石器群の様相

発見された石器は必ずしも多くはないが、第Ⅳ下層文化と第Ⅲ層文化から良好な資料が得られた。

第Ⅴ上層文化　　剥片が1点発見されたのみである。武蔵野編年第Ⅱa亜文化期に相当か。

第Ⅳ下層文化　　本遺跡でもっとも充実した石器群である。とくに多種類のスクレイパー類の出土は重要な発見であった。ナイフ形石器は縦長と横長の剥片を両用しており、台形石器状の例もある。スクレイパーの中には、部厚い剥片の全周ないし半周程度を急名斜な刃づけで円形に仕上げた円形掻器が4点も存在している。このようなスクレイパーは、野川遺跡第Ⅳ-4層文化にもあり、武蔵野編年第Ⅱa亜文化期の古期の特徴である。また、この第Ⅱa亜文化期は横長剥片に特長を示すと考えられてきたが、詳細な観察結果により、縦長と横長剥片は、①石器の素材の主要剥片が縦長の場合、横長は石核調整剥片としてある。②その逆の場合。③2つの工程で剥片が剥離される場合、第1工程は縦長、第2工程はこの縦長剥片を石核とし横長を剥がすことが判明した。本文化層は、こうした横長と縦長剥片の共存を特定の石器器種との関係で把握しており、ここで、これからの編年対比に別の観点を必要とすることが理解されよう。

第Ⅳ中層文化　　資料点数が少なく、石器群様相から周辺遺跡との対比は無理である。ただ、出土層準からは第Ⅳ上層文化に近接し、武蔵野編年第Ⅱb亜文化期に相当しよう。

第Ⅳ上層文化　　ナイフ形石器を中心とした武蔵野編年第Ⅱb亜文化期の後半に位置する石器群である。黒曜石製の片面加工のポイントと台形石器、それにチャート製のナイフ形石器が発見される。剥片類は縦長が基本で、石器再生剥片に横長例がみられる。本文化層の石器製作技術を観察すると、同じ武蔵野台地の埼玉県砂川遺跡で分析された「砂川型刃器技法」（戸沢1968）に良く似ている。7点出土したナイフ形石器も、砂川遺跡でいう第Ⅲ形態に近い例が多く、同時期の可能性は十分ある。ただ、片面加工のポイントが、砂川遺跡では伴出していない。野川流域では、西之台遺跡B地点第Ⅳ上層文化（小田編1980）、野川遺跡Ⅳ-2文化層（小林・小田他1971）、前原遺跡第Ⅳ上・Ⅳ中1層文化（小田・伊藤他1976）がほぼ同層準に出土しており、中でも前原中1層文化がもっとも近い資料と考えられる。

第Ⅲ層文化　　細石刃・細石刃核に特徴をもつ石器群である。細石刃核は2点出土しており、別に石核再生剥片が3点ある。また、細石刃核の整形途中のブランクも2点あり、細石

刃の良好例が多数発見される。その他ポイント、尖頭状石器、礫器等が伴出する。主要石材は黒曜石である。

　細石刃文化は、日本列島中央部で大きく西南日本に分布する「半円錐形細石刃核」と、東北日本に分布する「舟底形細石刃核」の2つに区分されている（Oda 1968）。この分類に従えば、新橋遺跡例は前者の半円錐形細石刃核の範疇に入る資料である。

　この地方では、西之台遺跡B地点第III中層文化（小田編 1980）、中山谷遺跡第III層文化（Kidder・小田編 1975）、武蔵野公園遺跡第III層文化（小田・Keally 1973）に発見されているが、この文化期の資料は貧弱であり、本資料は重要な発見となった。武蔵野編年第III文化期に相当する。

4　礫群の分析

　新橋遺跡の旧石器時代の礫群については、金山喜昭を中心に解析が進められた（『新橋遺跡 1977』金山：75-95）。

（1）礫群の本体

　礫群の形態は、じつに多彩である。大小の完形・破損礫が不整形、長楕円形状に群がり集まるもの、不整形に散在するもの、大形の完形礫が立体的に矩形ないし円形状に盛りあげられるなどの状況が区別される。しかし、その断面形は、かなり画一的に大形の完形・破損礫をベースに生活面を維持している。新橋遺跡第IV下層文化の礫群は7ヶ所ある。完形・破損礫の区別なく重量に視点を置き、礫群内の重量別分布状態を示してみた。これを礫群の本体と考えて置きたい。シンボルは50g以下の礫を最小に、50gを単位に250g以上の礫まで計6つに分けた。礫群内の重量別分布を眺めると礫の重量、つまり大きさと拡がり具合がいくつかのタイプに分けられる。

　　1）小さく割れた破損礫が比較的に小範囲に密集する本体礫群
　　2）完形礫を多く含み矩形状に緻密な形態を持つ本体礫群
　　3）小さな破損礫や完形礫を含んだ広範囲に散らばる本体礫群

以上3つのタイプは、当遺跡の礫群に関してのものであるが、これがすべての礫群に当て嵌まるものではないだろう。

（2）礫の状態

　礫群を構成する礫を詳細に観察すると、その表面が赤化したり、ひび割れやスス状・タール状黒色付着物が認められる。その他には、2次的影響のない本来の自然礫面を保持した礫も少数ではあるが存在する。素材としての自然礫は、遺跡周辺の崖線や河床に露出している「立川、武蔵野礫層」中から採集された砂岩・チャート（珪岩）がほとんどである。

　国際基督教大学（I.C.U）構内には、武蔵野礫層の大露頭部が数ヵ所あり、この礫層は国分寺崖

礫群の平面・断面

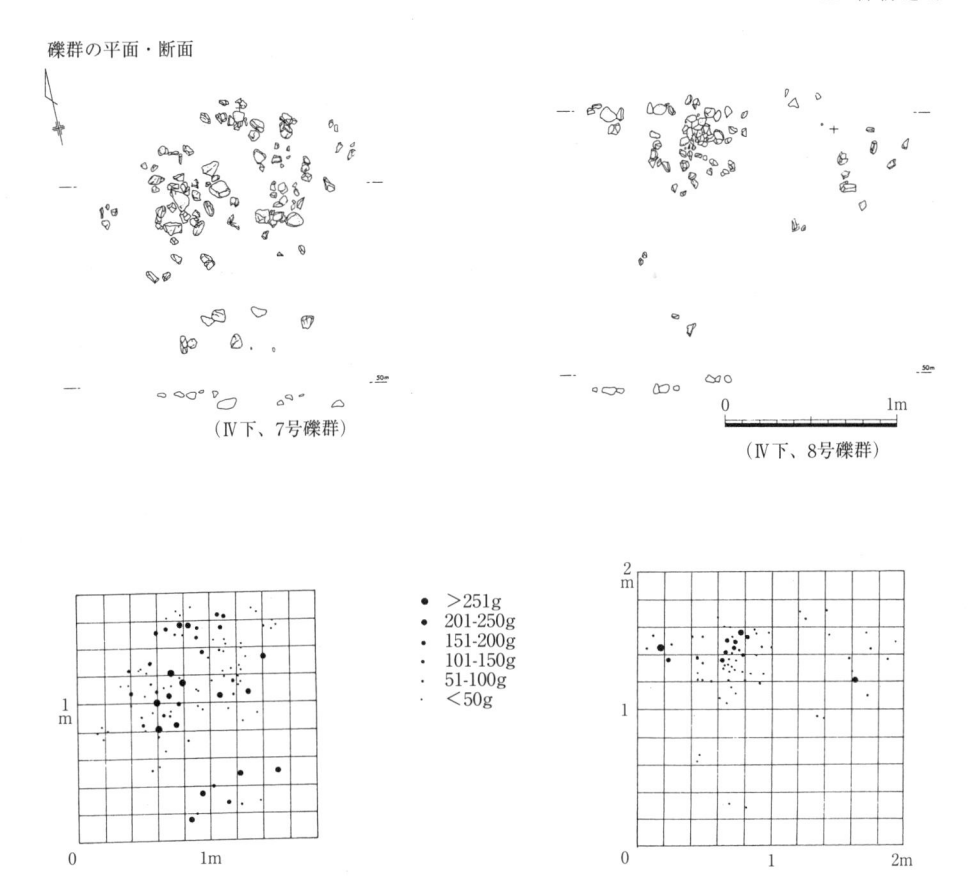

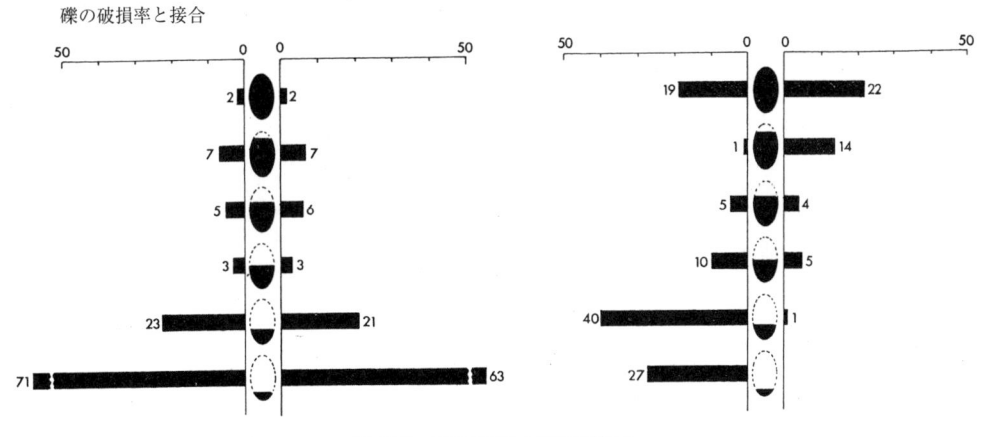

（Ⅳ下、7号礫群）　　　　　　　　　（Ⅳ下、8号礫群）

- ● ＞251g
- ● 201-250g
- ● 151-200g
- ・ 101-150g
- ・ 51-100g
- ・ ＜50g

礫の破損率と接合

図106　新橋遺跡の礫群解析1

294　第2章　東京地方の遺跡調査

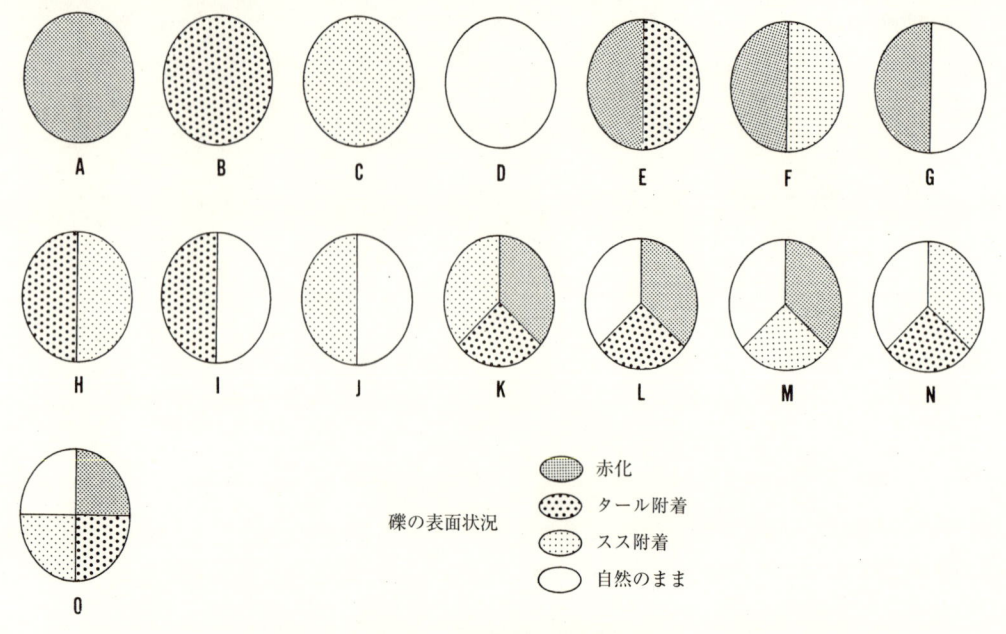

　　　　　　　　　　　　　礫の表面状況
　　　　　　　　　　　　　　　　　　赤化
　　　　　　　　　　　　　　　　　　タール附着
　　　　　　　　　　　　　　　　　　スス附着
　　　　　　　　　　　　　　　　　　自然のまま

図107　新橋遺跡の礫群解析2

線下のノッチ部分に多く露出していることが知られている。この場所は、湿地帯植物の繁茂する湧水地を形成し、先史時代人の飲料水や台地の上下道にもなっている。礫層中の礫は、配石に用いられる大形品から拳大の礫、さらに砂利状の小粒な礫まで包含されている。そして、礫層から採取したばかりの自然礫面には、礫群中の礫に認められる赤化や黒色付着物はまったく見ることができない。

　こうした礫群の礫について、古くは「赤化」の要因は、ローム層によって酸化した結果であるとか、焼かれて赤くなった等の推測がなされていた（直良・杉山1957）。その後、野川遺跡の調査で、礫群の総合的な分析が行われることになった（小林・小田他1971）。その中で、礫の受熱について鈴木正男が、X線回析分析を利用し、初の科学分析を行っている。実験の結果、礫は少なくとも600度C以上の火熱を受けていることを証明した。また、礫の赤化と並んで「黒色付着物」が多く認められている。これには、くすんだ黒色を呈したスス状黒色付着物と、テカテカの黒色の光沢をもち、油分がこびり付いたようなタール状黒色付着物とがある。これらの黒色付着物の成因については、炭素を含有した有機物（吉川他1964）、マンガンや彩礫のモチーフ（直良・杉山1957）ではないかという諸説が出されてきた。しかし、野川遺跡の調査員らの実体験（東京・五日市のある石焼き山菜料理店で食事中）からではあるが、そこで使用されている礫の表面には、礫群の黒色付着物と酷似したものが見られ、こうした調理に関連した道具との推測を呈示している。金山喜昭は、現場で礫群製作・使用実験を試み、石焼料理店と同じ状況を追認している。その結果、この黒色付着物は、肉の脂などの動物性タンパク質および植物性タンパク質という推定もあながち無謀とはいえないのである。小金井市はけうえ遺跡では、国際基督教大学の千浦博

の協力を得て、この黒色付着物のガスクロマトグラフィー分析が行われ、植物質の油脂分が、日本で初めて検出されている（辻本・千浦1983）。つまり、X線回析分析によって600度C以上の火熱が実証された礫群は、本来、熱の効用を利用した「調理施設」であった訳である。

これまで述べてきた礫の状態をそのタイプ別に分類するとA〜Oの15タイプになる。新橋遺跡における第Ⅳ下層文化の礫群は、タイプAが圧倒的に多く90%以上を占める。次にタイプE・F・G・Dと続き、それ以外のものは極度に少ない。本遺跡のⅣ下層文化を見るかぎり、礫群は大多数が焼けていたことになろう。野川遺跡の調査以来、遺跡で礫群を取りあげるさいに掘り出された礫の上面に磁北方向に矢印を記入することを原則としている。これは礫の表裏面のどの場所に、黒色付着物が認められるかという分析作業の基本的記録法である。小金井市西之台遺跡B地点では、この観点からの研究を行っている（小田編1980）。

（3） 礫の破損率と接合関係

礫群の属性の1つは、元来礫の形状を保つ完形礫と火熱で火焦げした破損礫の2種類に大別される。破損礫にもさまざまな状態があり、節理面上に分割したもの、4分の1ほどの個体に割れた円礫や、表面が部分的にはじけて剥落した破片などがあり、火力や物理面的影響の差が、礫の形状をバラエティー化したといえる。

元来、調理用施設としての礫群は、火熱の充足をもって機能・用途を満たしたと考えられる。すなわち、破損礫は、完形礫に比して重量が劣り、破損の度合いも激しいため、調理に供するのに不用品となったものであろう。また、礫層を近くにもつ遺跡では、礫群の供給が多く、補充にも便利な状況である。礫群内の完形礫と破損礫の割合は、調理用施設の使用頻度を示すことになる。完形礫に対する破損礫の比率が高い程、使用に耐える素材が減少し、最後は廃棄される運命をたどる。

同じ礫群内の破損礫どうしは、よく接合することが知られている。この接合頻度は礫群によって異なるが、中にはことごとく「完形礫」に復元できる資料も多々認められる。すぐ隣の前原遺跡の調査中に、幾つかの河原礫を野焼きする実験を試みた（小田他編1900）。その結果、礫は火焼きですぐに割れることが判明し、この事実が礫群接合作業の端緒となったのである。礫群の接合作業は、個体の復元に留まらず、礫群間の接合関係をもとらえ、その移動性の問題にまで言及できる重要な分析内容であった。

ここで、新橋遺跡第Ⅳ下層文化の礫群について、その接合作業による分析結果について触れておきたい。まず礫群の破損率と接合関係について眺めると（図106）、中心軸に向かって左側は接合作業以前の状態で、右側は接合作業終了後のようすを表したものである。また、礫の大きさが、最上位の完形礫から、破損礫が小形化して行く過程を6つに分類した結果、

1） 礫群内部の破損礫は、さほど接合率が高くない。完形礫は破損礫より少なく、いわゆるピラミッド形を呈する礫群
2） 前述とその接合率は同じだが、完形礫がいく分目立つ礫群

3）　礫群内部で接合は完結する完形礫が圧倒的に多い礫群
　　　4）　半数以上の破損礫が接合したが、すべてを完全に復元できない。小形礫片は、ほとんど接合し完形礫に近い状態になる礫群
以上の4つの礫群形態が把握された。

（4）　2種類の礫群

　礫群の役割に礫という素材を選択したことは、その堅さ、大きさ、熱保湿性、入手が容易であるなどに着目したからであろう。

　礫群本来の機能・用途は、調理用施設である。しかし、遺跡から発見される礫群がすべてそうした施設の一部とは限らないのである。言い換えれば、遺跡に残された礫群の姿は、①遺棄された状態の礫群、②廃棄された状態の礫群の2通りが想定されるので、次に説明しておきたい。

　　　①　遺棄された状態の礫群

　新橋遺跡第3号礫群が相当する。形態は、比較的整った円形ないし矩形状の緻密なまとまりをもつ。その場に置き去り、あるいは放置された状態である。礫は、いずれも拳大で焼けて赤化、スス状・タール状黒色付着物が認められる完形・破損礫である。また、破損礫でも礫群内においてもかなりの確率で全個体の復元が可能なことにより、孤立的であるといえる。石器・剥片類の伴出は少ない。

　このタイプの礫群は、使用するために準備された状態や、それが使用された状態の可能性をも示す。前者の場合には、使用前であれば当然まだ火熱を受けない生礫で構成されていても不思議はない。が、実際はそうではない。確かに生礫の存在が目立つ礫群もあるが、やはり変色した礫がその量に劣ることはない。つまり、使用するための素材は、貯蔵庫としての礫層から最低限に必要なだけ入手され、即時的な使用を目的とした遺跡への搬入は、生礫を現存させずに焼礫へと変化させる。したがって、準備された状態は、再利用のためにまとめて置かれていたものかもしれない。後者の場合は、本来礫群の調理施設として使用された状態を指す。しかし、その具体的調理方法については不明である。現今、オセアニアの蒸し焼き料理法（印東1976）など民族学的知見もうかがえるが、考古学的にはそれを素直に取り入れることには同意できない。

　　　②　廃棄された状態の礫群

　新橋遺跡の多くの礫群が相当する。形態は、大小変化に富む不整形で投げ捨てられたような状態でまばらに散在する。構成礫は、各種付着物がはなはだしく赤化の度合いも強く、完形礫に対して破損礫が圧倒的に多い。接合状況は、礫群内はもとより礫群間に接合関係をもつことが特徴的である。

　つまり、礫群本来の機能・用途が充足すると、役目を終えた礫群は廃棄される。大規模な礫群の多くはこの種に属するものである。準備段階から使用段階の経過をたどった一連の礫群は、廃棄場で場所を共有することが考えられる。このさい規模の大小は廃棄の回数を表わすものではない。

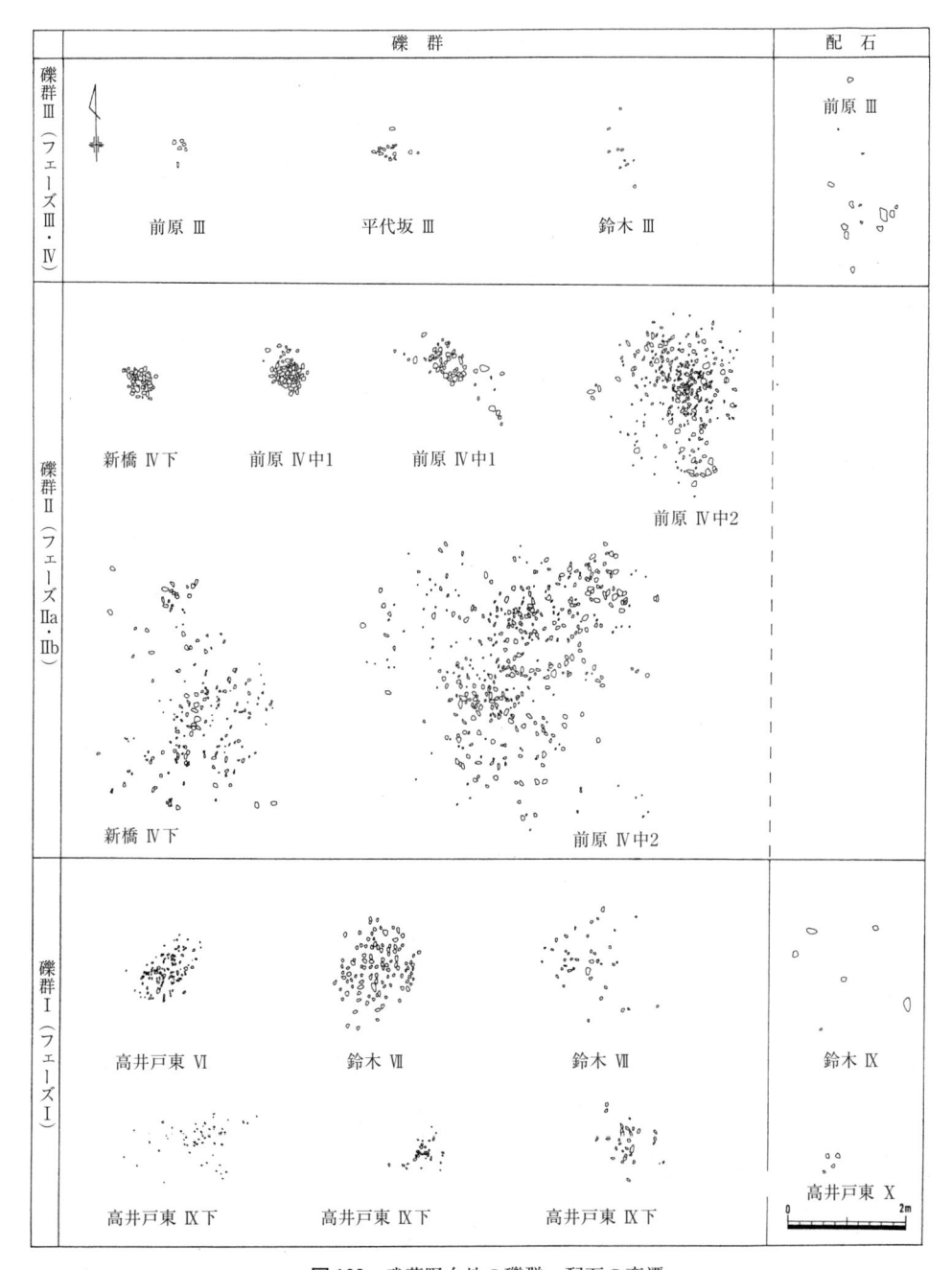

図108 武蔵野台地の礫群・配石の変遷

(5) 礫群の編年

　新橋遺跡の礫群は、周辺の旧石器遺跡のすべてを反映したものではない。したがって、本遺跡の資料だけでは正確な時間的変遷をたどることはできない。そこで、武蔵野台地の諸遺跡を基本にして礫群の構成内容や形態および配石、石器群との関わりから、その編年を組み立ててみるこ

とにする。

　近年、野川上・中流域の遺跡群を中心に、大規模な旧石器時代遺跡の調査が行われ、さらに周辺の石神井川や神田川流域でも大発掘が頻発化している。礫群はこの地方のどの遺跡でも確認されており、古くは旧石器遺跡の発見はローム層中に露出した礫を目安にしたこともある（岡本・松沢1900）。

　武蔵野台地では、礫群と配石の層位的な出現関係が、新しい方から「配石→礫群→配石」という時間的相互補間関係で把握されていた（小林・小田1971、小田・Keally 1979）。しかし、その後の杉並区高井戸東遺跡（小田・重住他編、1977、坂入・金山他1977）における第Ⅵ・Ⅸ上・Ⅸ下層文化の礫群、小平市鈴木遺跡（鈴木遺跡調査団1975、加藤・小田・金山他編1976）での第Ⅶ・Ⅸ層文化の礫群の発見で、今まで存在しないと考えられていた層準にも礫群が存在していることが判明したのである。

　ここで、武蔵野台地の編年、つまり旧石器時代第Ⅰ期～第Ⅳ期に対応した形で、その動向を探求してみることにしたい。礫群の変遷は、石器群編年と必ずしも同調するものではないので、ここでは礫群を第Ⅰ期～第Ⅲ期に区分して考察してみた。

　　　A．礫群第Ⅰ期（第Ⅹ層～Ⅴ層）

　旧石器時代第Ⅰ期に相当する。小形円礫を素材にした「いも石礫群」が特徴である。これは高井戸東遺跡例を典型とする。第Ⅳ上・Ⅳ中・Ⅳ下層文化には、いも石礫群が盛行を見せたが、同遺跡の第Ⅵ層文化になると小形円礫よりも多少大きめの素材を混じえた礫群に移行している。また、いも石礫群とは別に高井戸東遺跡第Ⅸ上・Ⅸ中・Ⅸ下層文化には、拳大礫を用いた礫群第Ⅱ期のような普通の礫群も認められる。そして、鈴木遺跡第Ⅶ層文化の礫群に引き継がれていく。

　この第Ⅰ期の礫群は、いも石礫群と拳大礫を用いた礫群に大別されるが、前者が一般的な礫群と考えられる。このいも石礫群の構成礫は外見的な観察では焼けた痕跡は認められないのであるが、理化学分析を行うと受熱の証拠が確認される可能性もある。ともかく、拳大礫を用いた赤化した普通の礫群の礫とは著しく異なった状況を呈する礫群であることは確かである。

　また、配石の登場は礫群より若干古くさかのぼることは、西之台遺跡B地点の第Ⅹ層文化（小田・Keally 1974）や高井戸東遺跡の第Ⅹ層文化（小田・重住他編1974）の例によって理解される。配石はその後、鈴木遺跡（鈴木遺跡調査団1976）の第Ⅸ層文化や前原遺跡における第Ⅶ・Ⅵ層文化頃まで認められる。近年、この旧石器時代第Ⅰ期は、第Ⅰa亜文化期と第Ⅰb亜文化期に2分されている（小田1976）。この区分に従えば、前半は第Ⅹ・Ⅸ下文化、後半は第Ⅸ上～Ⅴ層文化になる。礫群の様相は、この前半や後半期においても、規模、内容ともに変化が認められない。

　　　B．礫群第Ⅱ期（第Ⅳ層）

　旧石器時代第Ⅱa・b亜文化期に相当する。配石は、まったく姿を消し、代わりに拳大礫を素材とした礫群が爆発的に出現している。そこには、すでに「いも石礫群」は存在していない。新橋遺跡第Ⅳ中層文化は、緻密に密集した小規模な形態のものや広範囲に散らばりをもつ大形礫群もこの時期の特徴である。野川遺跡における第Ⅳ－3b層文化の礫群は、通称「礫群広場」と呼

①　D型のキズ　　　　　　　　　②　D型のキズ

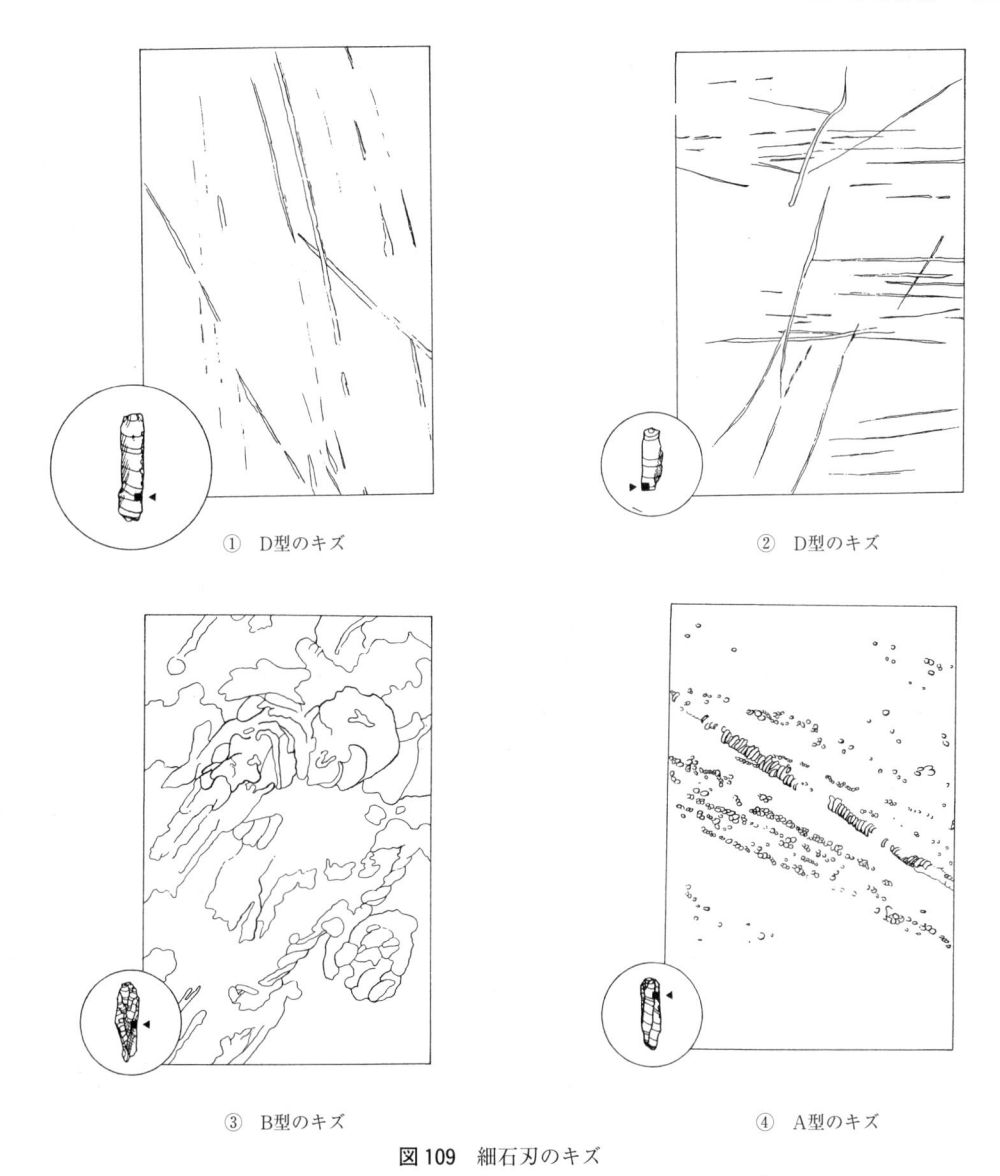

③　B型のキズ　　　　　　　　　④　A型のキズ

図109　細石刃のキズ

ばれ直径20m近くの範囲を持つ。鈴木遺跡にもIV下層文化の類似の状況があり、それは「礫群墓場」と愛称されている。

　総じてこの時期の礫群は、拳大礫を素材とし平面的に密集した小規模例、小規模ながらやや散乱する例、広範囲に万遍なく散布する例などが存在している。そして、礫は完形・破損状態のどちらかで、表面には赤化、黒色付着物が多く認められる。

　なお、配石はこの時期の終末期に再び出現してくる。またこの頃になると礫群がしだいに小形化、貧弱化している。

　　C．礫群第III期（III層）

　旧石器時代第III・IV期に相当する。礫群は、すでに配石に座を譲り、これ以降は衰退していく。

礫群の構成礫は、拳大礫を用いるがその量はきわめて少なく小規模である。礫には、赤化や黒色付着物が少数であるが認められる。それは鈴木遺跡第Ⅲ層文化、前原遺跡第Ⅲ層文化、平代坂遺跡Ｂ地点第Ⅲ層文化（小田・Keally 1974）などに存在している。

　以上、各文化期を通して礫群の変遷を見てきたが、こうした時期別の礫群の形態差、消長などが何に起因するのかは未だ不明である。今後の資料の増加を待って、再度この点について検証してみたいと念願している。

5　石器のキズ分析

　新橋遺跡の第Ⅲ層文化の「細石刃」について、山下秀樹、阿部祥人の協力のもと、使用痕分析を行った（『新橋遺跡』所収）。

　遺跡から発見される石器の表面を丹念に観察すると、多かれ少なかれ何らかの「キズ」が発見される。種類としては微少な剥離痕、磨滅痕、擦痕、光沢などである。このようにその石器に付いたキズは、人間が使用したさいに何かにぶつけたとき付着したものがまず考えられるが、数千年～数万年の間地層に埋没していたとしたら、自然の営力で付く場合もあり得る。したがって、石器のキズの分析はまず表面に残るキズの種類を正確に知ることが大切である。その上で使用時のキズであるのか否かを考察して行かねばならない。

　新橋遺跡においてこの分野での研究は、それ程組織的に取り組んだ訳ではないが、たまたま第Ⅲ層文化に黒曜石を主体にした細石刃文化が発見され、良質の細石刃が多く得られたので、実験的に試みたのである。ルーペで表面を観察した細石刃ののち、キズの異なる4点を選び、側縁部を中心にレプリカ法を用いて100倍でキズを調べてみた。

　①細石刃、黒曜石：主要剥離面の一側縁に刃こぼれらしい小剥離痕が走っているので、その一部を検索すると、刃部に平行して線状のキズが走り、キズの内面は平滑である。
　②細石刃、黒曜石：主要剥離面の一側縁を検索した。刃部に直行するキズが顕著に走り、平行するものが数条見える。キズの種類は①と同じもので、内面は平滑である。
　③細石刃、黒曜石：石器の表面の中央縁辺を検索すると、弧状にいくつかの凹部が刃部にやや斜めに走る。このキズは全体的に大形で、弧状の凹部が複雑に交錯し合って外縁に規則性が認め難いものである。
　④細石刃、黒曜石：石器の表面の一側縁に刃こぼれらしい小剥離痕が走っている。その一部を検索すると、内面の弧状の凹部を連続するキズが刃部にやや直交する位置に付いている。

　以上4点の細石刃の観察結果は、それぞれ種類の異なったキズが付いていたことに留まるが、これからは、こうしたデータを数多く蓄積し、類型を調べまた実験例もその検証として並行させ、研究を推し進めて行きたい。

13. はけうえ遺跡

1 遺　　跡

(1) 立　　地

はけうえ遺跡は北緯35度42分、東経139度31分にあり、東京都小金井市貫井南町に所在する。遺跡は武蔵野台地の西南縁、多摩川に接した国分寺崖線上に沿って東流する野川に臨む北側の武蔵野段丘上に立地する。海抜約72m、現河川との比高は約20mを数える。この国分寺崖線上の遺跡の特徴は、多くの場合「ノッチ」と呼ばれる湧水地点を挟んだ窪み部の両袖を中心にして半月形に形成されている。

本遺跡は、大岡昇平の小説『武蔵野夫人』の舞台になった滄浪泉園の湧水池が崖下のノッチに形成されている。

(2) 調査と経緯

1977年（昭和52）、府中市から小平市に抜ける幹線道路工事で、滄浪泉園の西側の国分寺崖線をトンネルで貫通させることに決定した。この崖線部では多くの先史時代の遺跡が、必ずこうしたノッチと湧水池が形成されている場所に存在している。小金井市教育委員会と東京都文化課が協議し、同年12月に試掘調査が行われた結果、縄文時代から旧石器時代にかけての多文化層遺跡であることが判明した。

発掘調査は、引き続き1978年（昭和53）1月から1979年9月まで行われた。

(3) 層位と文化層

本遺跡は表土から約9mの深さまで発掘され、台地基盤の武蔵野礫層（MG）まで、地質学的区分によって24枚の自然層に識別された。第Ⅰ層は表土攪乱層。第Ⅱ層は黒褐色土層で、縄文時代後期〜早期にいたる多数の遺構、遺物が確認された。第Ⅲ層からが「立川ローム」で、旧石器文化層に相当する。この立川ローム層（約3m）中から、11枚（第Ⅲ上・Ⅲ下・Ⅳ上・Ⅳ中・Ⅳ下・Ⅴ・Ⅵ・Ⅶ・Ⅸ上・Ⅸ下・Ⅹ層文化）の旧石器文化層が確認された。

発掘は崖線に突き出たノッチ西側の先端部のほぼ中心地域、約4,000㎡の面積を立川ローム第Ⅹ層の深さまで全掘し、一部「武蔵野ローム」層の調査も行った。したがって、この地点に生活

した旧石器集落のほぼ全容が記録されたことになる。

（4） 成　果

また多くの人文的・自然科学的分析が行われ、旧石器遺跡の集大成的な発掘調査でもあった。以下にその研究項目を紹介しておきたい（所属は当時）。なお、その成果は、『はけうえ遺跡・研究編（I）』（1983、国際基督教大学考古学研究センター Occasional Papers 5）として出版されている。

①花粉分析（徳永重元：パリノ・サーヴェイ研究所、辻誠一郎：日本大学）。
②炭化材同定（千浦美智子：国際基督教大学）。
③プラントオパール分析（庄司太郎：国際基督教大学）。
④pH・リン分析（楠岡昌子：国際基督教大学）。
⑤カルシウム・マグネシウム・マンガン分析（デイビット・A・ロリガー：国際基督教大学）。
⑥X-ray による土壌分析（堅田直：帝塚山大学）。
⑦ガスクロマトグラフィーによる有機物測定（千浦博：国際基督教大学）。
⑧出土人骨の鑑定（佐倉朔：国立科学博物館）。
⑨火山灰（とくに AT）の分析（杉原重夫：明治大学）。
⑩粒度分析（遠藤邦彦、三浦和浩：日本大学、小池裕子：東京大学総合研究資料館）。
⑪岩石鑑定（橋本光男、千葉とき子、斉藤靖二：国立科学博物館、高田亮：東京大学）。
⑫黒曜石の原産地分析（松浦秀治：国立科学博物館、二宮修治：東京学芸大学）。
⑬古地磁気法による年代測定（酒井英男：大阪大学、渋谷秀敏：京都大学）。
⑭蛍光 X 線による土器の胎土分析（堅田直：帝塚山大学）。
⑮地抵抗による遺構探査（堅田直：帝塚山大学）。
⑯遺構の硬度測定（小池裕子：東京大学総合研究資料館）。
⑰石器の使用痕研究（赤澤威：東京大学総合研究資料館）。
⑱旧石器の型式学的研究（山中一郎：奈良大学）。
⑲ミッシング・フレイクの研究（丑野毅：東京大学）。
⑳コンピュータによる土器の型式研究（赤澤威：東京大学総合研究資料館）。
㉑コンピュータによる旧石器時代礫群の研究（小山修三：国立民族博物館）。

2　遺　構

本遺跡で発見された遺構には、①石器・剥片類の集合したユニット、②拳大の礫が集合した礫群、③大形礫を配置した配石、④炭化物片の集中した場所、⑤ローム面に認められる色調や粒子、硬軟度等の異なる部分（モディファイド・ローム・ピット）が存在する。

このモディファイド・ローム・ピットは、後述するが、本遺跡で初めて試みられた科学的な遺構検証による成果である。

本遺跡では、出土遺物分布の把握方法として、「クラスター」という用語で集合させる試みを行っている。これは1970年（昭和45）の野川遺跡以来慣用されてきた「グループ」「ユニット」と呼ばれる石器・剥片類の集中部、そして1971年の武蔵野公園遺跡から採用された礫（これには礫群・配石も含まれる場合がある）をも含めた「新しいユニット」提唱の延長線上とし、本遺跡ではそれらを総合した集中部としてとらえ、それを1単位としてクラスターと呼称した。

第Ⅲ上層文化　　遺構としてのクラスターが4ヵ所、炭化物片集中部は発見されなかった。

第Ⅲ下層文化　　遺構としてのクラスターが5ヵ所、炭化物片集中部は発見されなかった。

第Ⅳ上層文化　　遺構としてのクラスターが2ヵ所、炭化物片集中部は発見されなかった。またモディファイド・ローム・ピットが1ヵ所確認された。

第Ⅳ中層文化　　遺構としてのクラスターが16ヵ所、炭化物片集中部は3ヵ所、モディファイド・ローム・ピットが2ヵ所発見された。

第Ⅳ下層文化　　遺構としてのクラスターが28ヵ所、炭化物片集中部は7ヵ所、モディファイド・ローム・ピットが2ヵ所発見された。

第Ⅴ層文化　　遺構としてのクラスターが18ヵ所、炭化物片集中部は9ヵ所発見された。

第Ⅵ層文化　　遺構としてのクラスターが2ヵ所、炭化物片集中部は1ヵ所、モディファイド・ローム・ピットが2ヵ所発見された。

第Ⅶ層文化　　遺構としてのクラスターが7ヵ所、炭化物片集中部は2ヵ所、モディファイド・ローム・ピットが6ヵ所発見された。

第Ⅸ上層文化　　遺構としてのクラスターが7ヵ所、炭化物片集中部は9ヵ所発見された。

第Ⅸ下層文化　　遺構としてのクラスターが5ヵ所、炭化物片集中部は1ヵ所発見された。

第Ⅹ層文化　　遺構としてのクラスターが2ヵ所、炭化物片集中部は10ヵ所発見された。

3　遺　　物

各文化層から発見された石器に基づいて、石器組成の時代的変遷を知る手掛かりが得られた。つまり、本遺跡で確認された層位的な特定器種の時期的変遷は、日本列島で発見されている各地石器群の様相を良く反映していたのである。

第Ⅲ上層文化　　石器総数294点、礫281点。4ヵ所確認されたクラスター（石器・礫集中部）に含まれる石器は217点、礫は34点である。4ヵ所のクラスター内における石器と礫の比は、24：2、125：30、62：2、6：0となっており、礫に比べ石器の分布密度が格段と高くなっている。またクラスター内の礫の破損率は92.8％と高いが、赤化率は38.5％と第Ⅳ中・下層文化に比べて低いことがわかる。さらにクラスターのうち、細石刃を中心にしたもの、ナイフ状石器が含まれるものがあり、シルト岩を中心にしてチャート、黒曜石が使用されていた。石器器種は細石刃、細石刃核に特徴をもち、両面加工の大形尖頭器、錐、スクレイパーが伴っている。石材はシルト岩を主体にして、チャート、黒曜石、玄武岩、砂岩、凝

灰岩が使用されている。

第Ⅲ下層文化　　石器総数262点、礫240点。5ヵ所確認されたクラスター（石器・礫集中部）に含まれる石器は189点、礫は63点であり、第Ⅲ上層文化に比べ、礫の石器・礫集中部への集中度が高まったことが理解される。これは第Ⅲ下層文化から「礫群・配石」が出現してきたことに起因している。石器器種は、両面加工尖頭器、ナイフ形石器、ゴロゴロ石器、スクレイパー、スタンプ状礫器などである。石材は黒曜石が主体をなし、チャート、シルト岩、砂岩、玄武岩、アプライト、玉髄が使用されていた。中でも「アプライト」は、山梨県昇仙峡の花崗岩地帯に存在している岩石であるという。

第Ⅳ上層文化　　石器総数65点、礫291点。2ヵ所確認されたクラスター（石器・礫集中部）に含まれる石器は3点、礫81点であり、石器より礫群を中心としていた。これは礫群がこの時期に定着していたことを呈示している。石器器種としては、ナイフ形石器を中心して、尖頭器、ゴロゴロ石器、スクレイパーなどである。石材は黒曜石、チャートを主体にして、シルト岩、砂岩、礫岩が使用されている。

第Ⅳ中層文化　　石器総数533点、礫2,611点。16ヵ所確認されたクラスター（石器・礫集中部）に含まれる石器は471点、礫2,242点であり、大部分の遺物はクラスター内に分布していた。またクラスターの傾向としては、石器を中心したものと礫を中心にしたものに2分される。石器器種は、両面加工尖頭器、半両面加工尖頭器、ナイフ形石器、ゴロゴロ石器、スクレイパー、礫器が伴っている。石材は安山岩、チャートが主体で、砂岩が使用されている。

第Ⅳ下層文化　　石器総数218点、礫3,059点。28ヵ所確認されたクラスター（石器・礫集中部）に含まれる石器は162点、礫2,816点であり、大部分の遺物がクラスター内に分布していることが理解される。また、クラスター内は礫が圧倒的多数を占める傾向が認められる。石器器種としては、ナイフ形石器が主体になりゴロゴロ石器が伴っている。石材は黒曜石、チャートを主体に、玄武岩、砂岩が使用されている。

第Ⅴ層文化　　石器総数153点、礫831点。18ヵ所確認されたクラスター（石器・礫集中部）に含まれる石器は120点、礫740点であり、大部分の遺物がクラスター内に分布していることがわかる。またこの時期は、礫群が急減するとともに規模も小さくなっているのに対して、石器数にはあまり変動が認められない。石器器種としては、ナイフ形石器が伴っている。石材は黒曜石、チャートが使用されている。

第Ⅵ層文化　　石器総数45点、礫55点。2ヵ所確認されたクラスター（石器・礫集中部）に含まれる石器は29点、礫24点であり、大部分の遺物がクラスター内に分布していることがわかる。石器器種としては、ナイフ形石器が伴っている。石材は黒曜石、チャート、シルト岩、安山岩、閃緑岩、砂岩が使用されている。

第Ⅶ文化層　　石器総数99点、礫117点。7ヵ所確認されたクラスター（石器・礫集中部）に含まれる石器は58点、礫82点であるが、遺物がクラスター内に集中して分布する傾向は

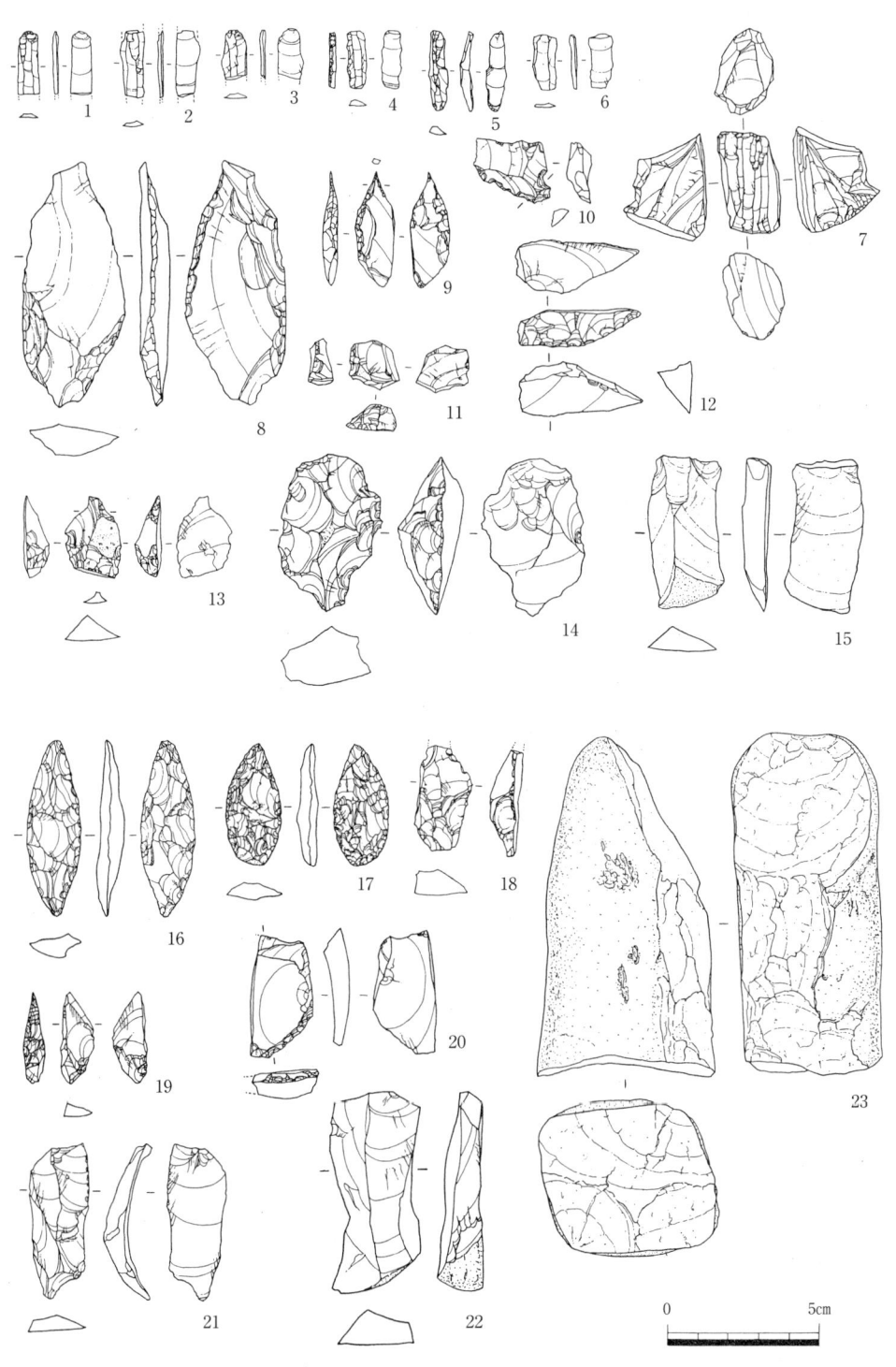

図110 はけうえ遺跡の石器 (1〜15：Ⅲ上　16〜23：Ⅲ下)

第2章　東京地方の遺跡調査

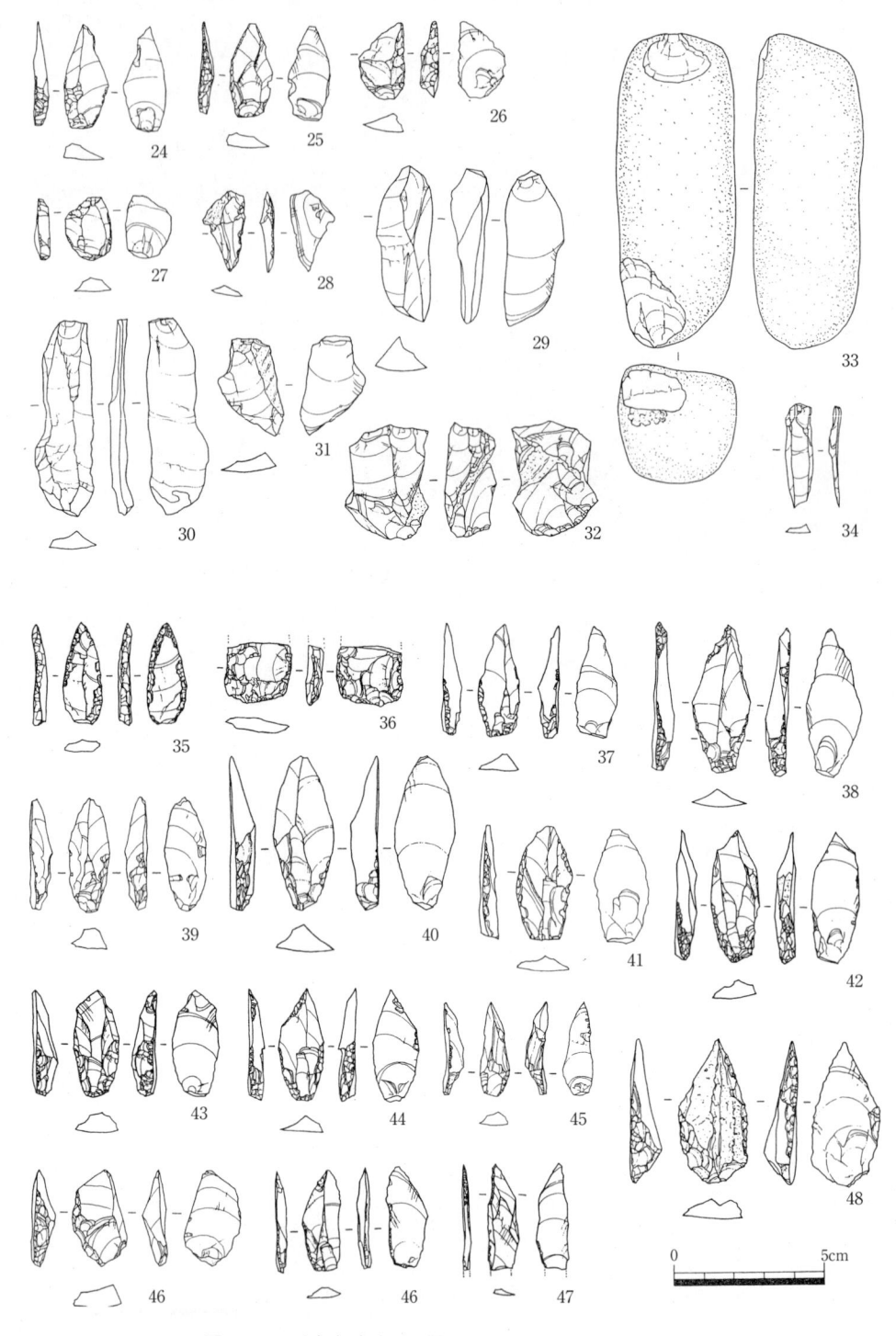

図111　はけうえ遺跡の石器（24〜34：Ⅳ上　　35〜48：Ⅳ中）

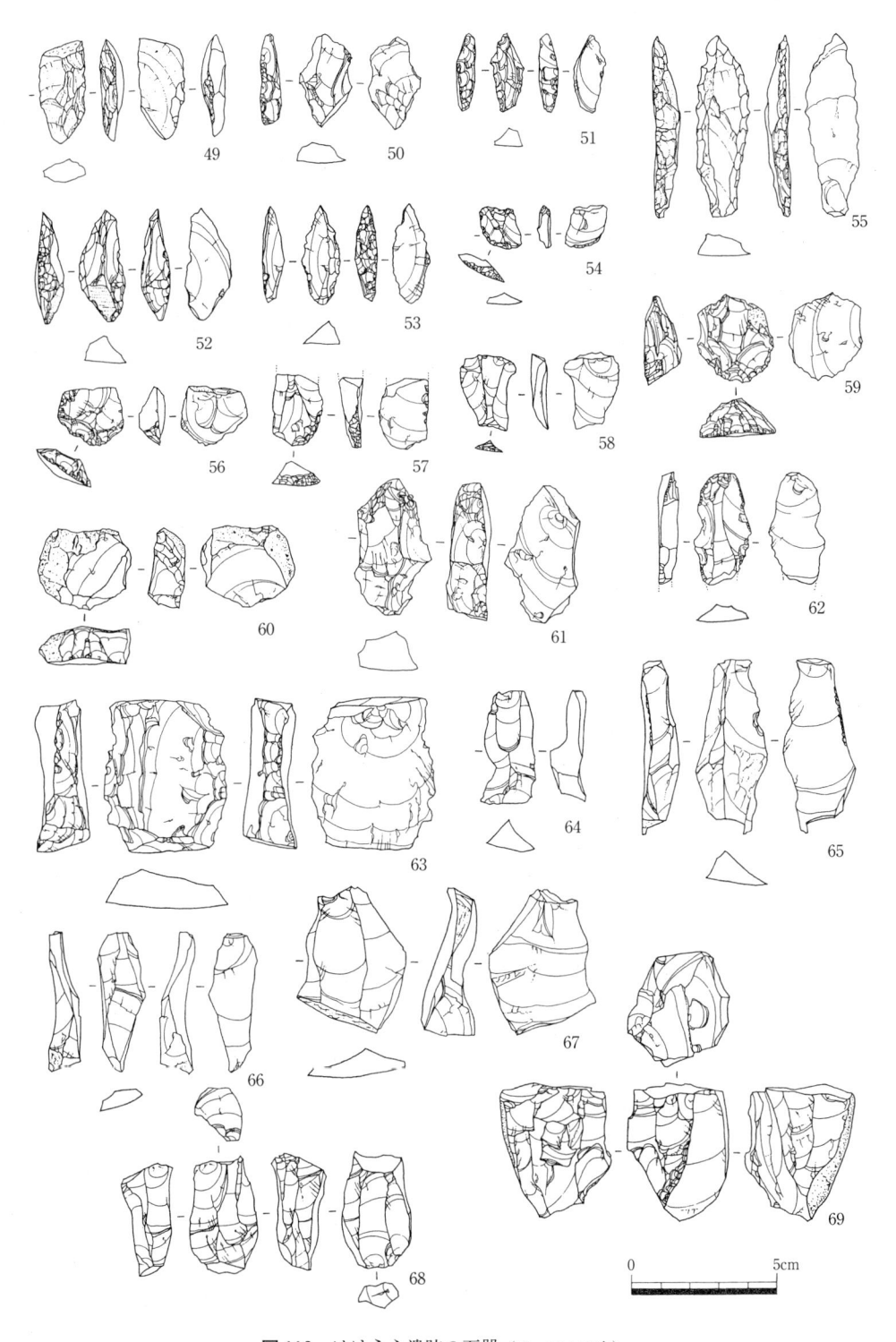

図112 はけうえ遺跡の石器 (49〜69：Ⅳ中)

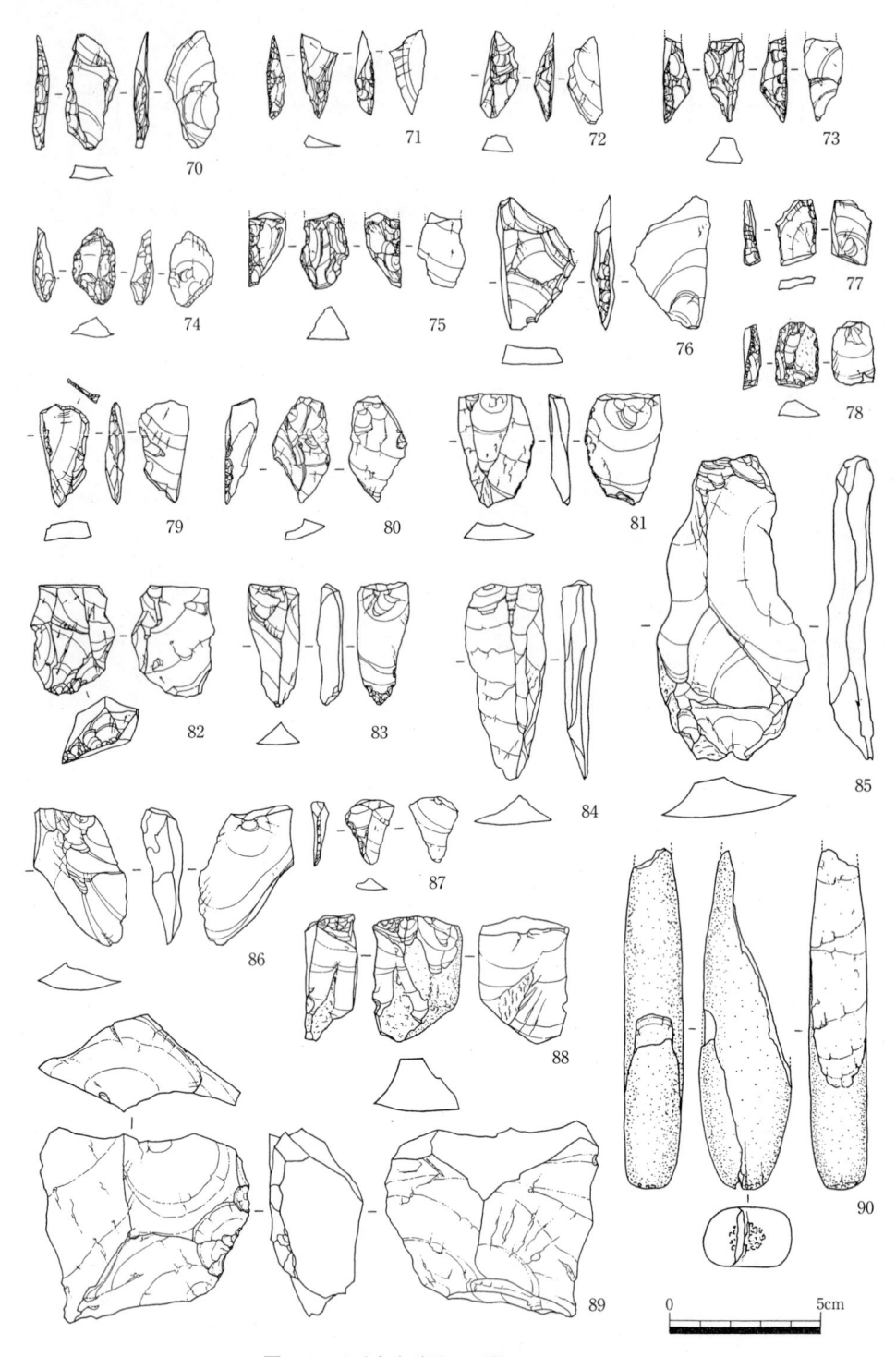

図113　はけうえ遺跡の石器（70〜90：Ⅳ下）

13. はけうえ遺跡　309

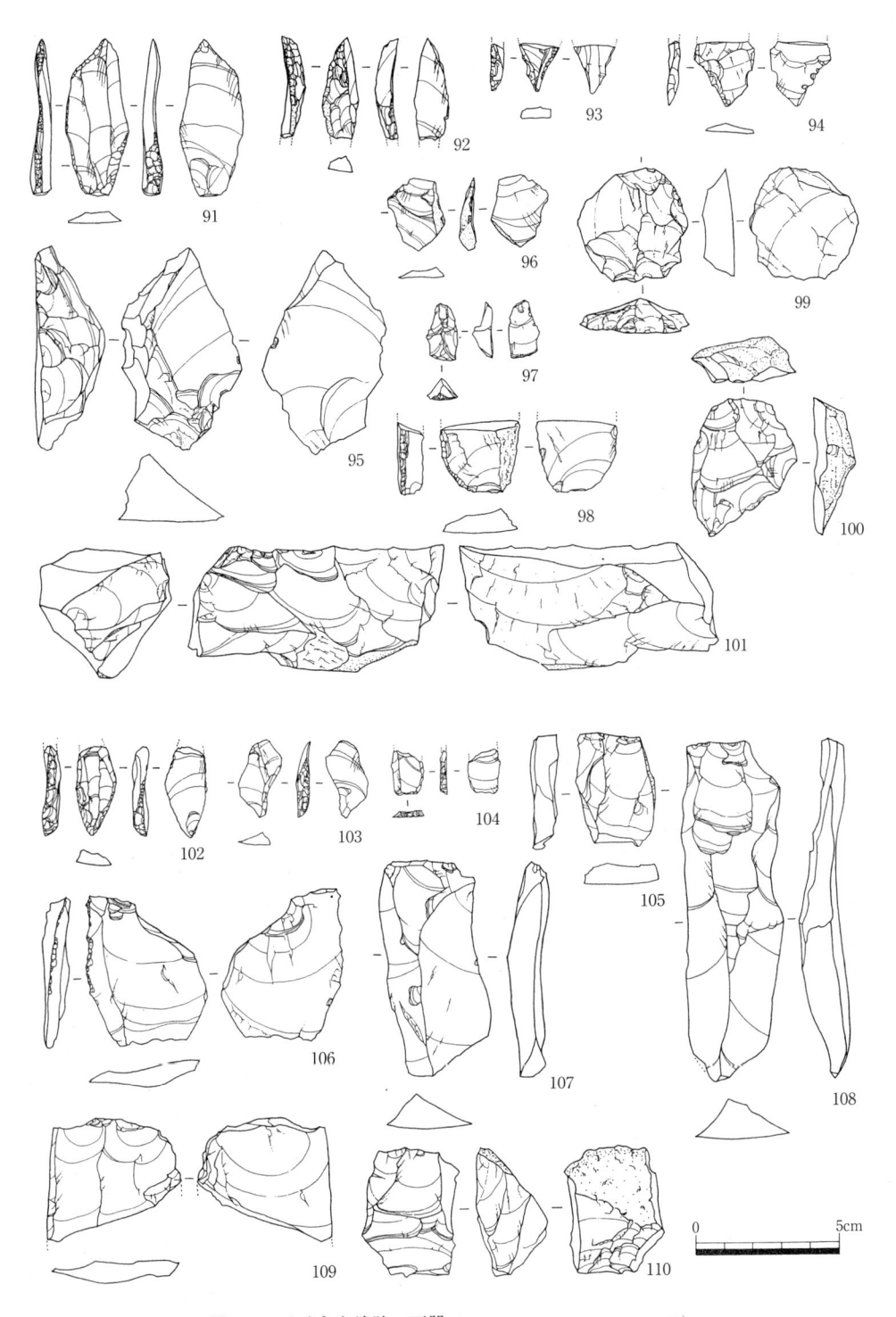

図114　はけうえ遺跡の石器（91〜101：Ⅴ　　102〜110：Ⅵ）

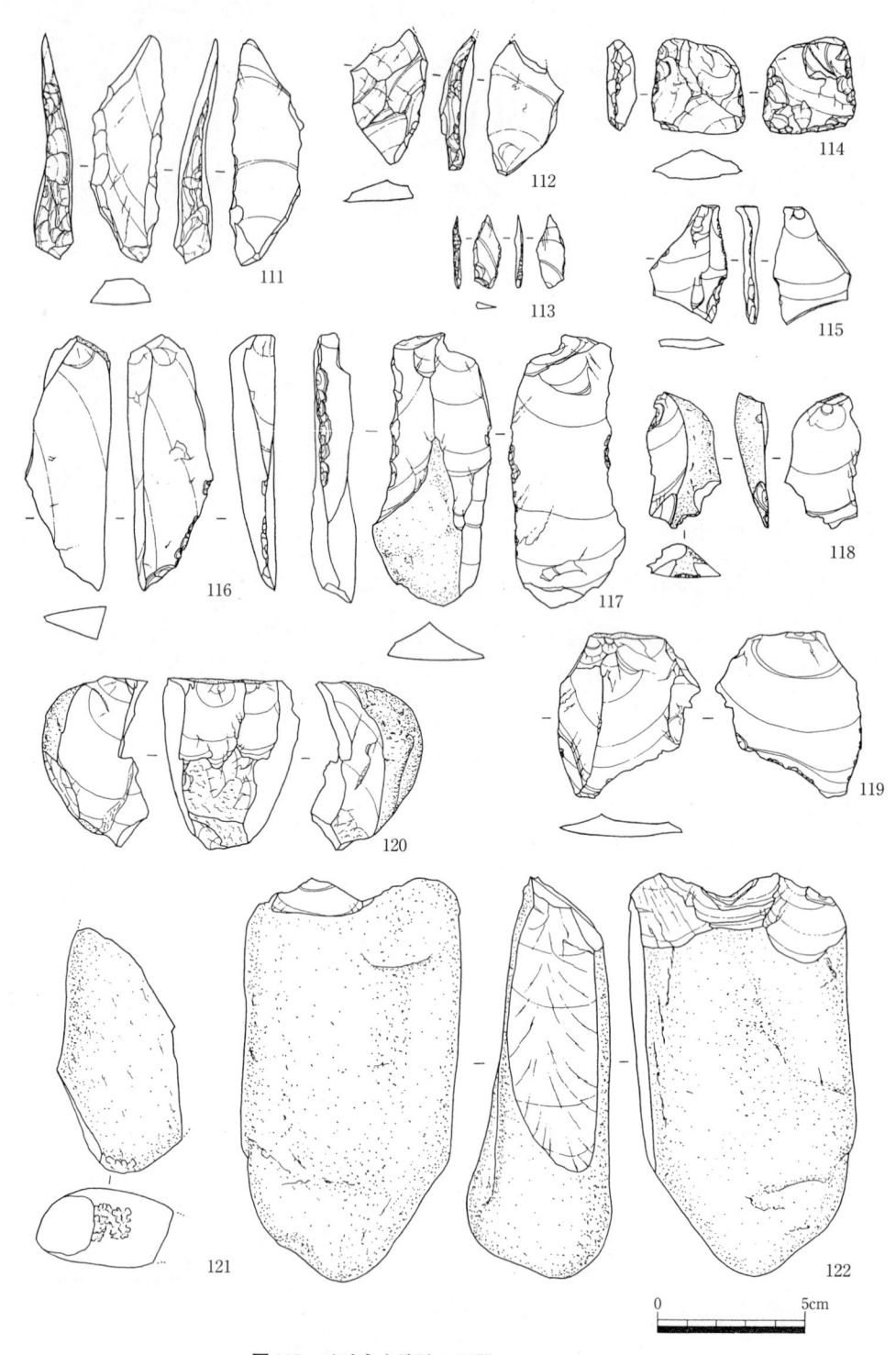

図 115　はけうえ遺跡の石器（111〜122：Ⅶ）

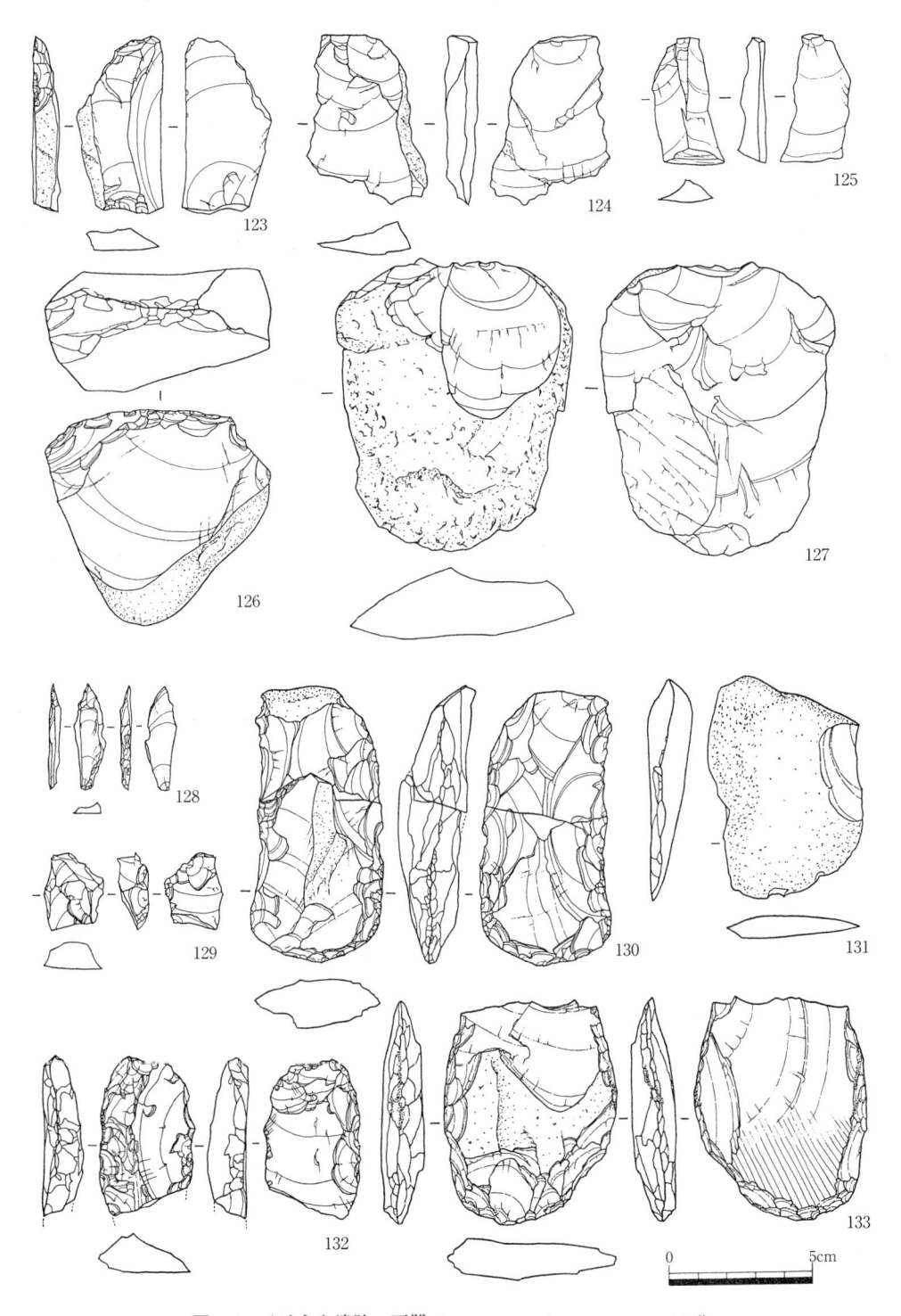

図116 はけうえ遺跡の石器（123〜127：Ⅸ上　128〜133：Ⅸ下）

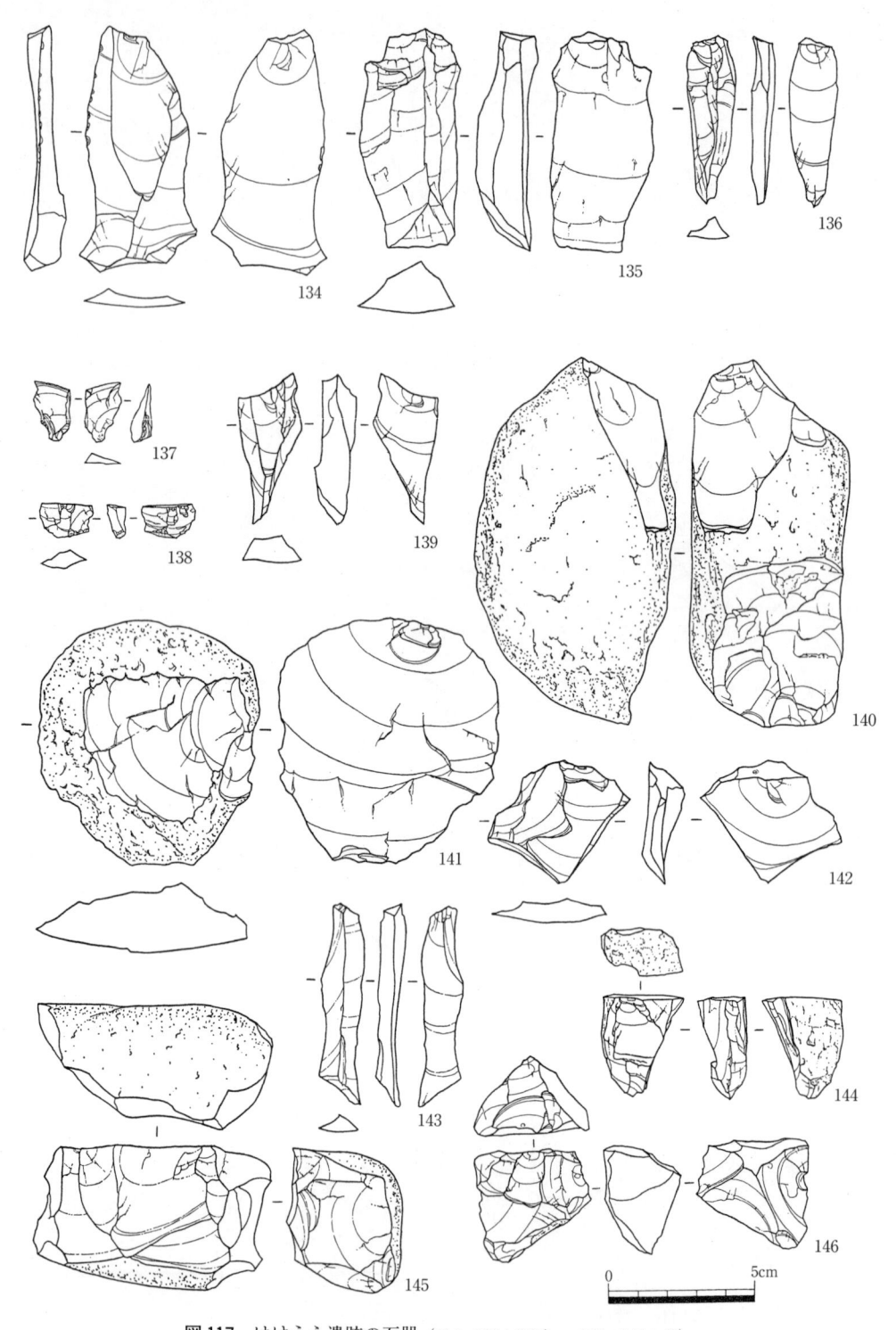

図117 はけうえ遺跡の石器 (134〜136：Ⅸ下　137〜146：Ⅹ)

ない。石器器種としては、ナイフ形石器、礫器である。石材は黒曜石、チャート、玄武岩、シルト岩、凝灰岩、安山岩、流紋岩、砂岩が使用されている。

第Ⅸ上文化層　石器総数78点、礫87点。7ヵ所確認されたクラスター（石器・礫集中部）に含まれる石器は72点であり、遺物がクラスター内に集中する傾向が認められる。石器器種としては、ナイフ形石器、礫器である。石材はチャート、玄武岩を主体にして、シルト岩、砂岩、泥岩が使用されている。

第Ⅸ下層文化　石器総数37点、礫53点。5ヵ所確認されたクラスター（石器・礫集中部）に含まれる石器は23点、礫19点である。この文化層以下は、遺物総数が少なく、またクラスター内での遺物集中度は低くまばらである。石器器種としては、ナイフ形石器、石斧状石器が伴っている。とくに「石斧状石器」は重要な発見で、武蔵野台地では第Ⅹ～Ⅸ層文化に特徴的に発見される石器である。2点出土し1点は半折品が接合した打製石器で、もう1点は黒色付着物が認められる磨製石器である。石材は黒曜石、チャート、玄武岩、シルト岩、玉髄、砂岩、泥岩が使用されている。

第Ⅹ層文化　石器総数79点、礫63点。2ヵ所確認されたクラスター（石器・礫集中部）に含まれる石器は78点、礫36点であり、大部分の遺物がクラスター内に分布していることがわかる。石器器種としては、ナイフ状石器、リタッチのある剥片が伴っている。とくに注目されるものは「スクレブラ」用の大形円形剥片が存在していることである。石材はチャートを主体にして、黒曜石、玄武岩、シルト岩、安山岩、凝灰岩、泥岩、礫岩が使用されている。とくに、このような古期の文化層からの黒曜石の出土は貴重である。

4　旧石器文化概観

本遺跡で確認された11枚の旧石器時代文化層について、石器、礫、炭化物片の3つの項目を取りあげて概観する。

（1）石　　　器
A．石器組成

石器は第Ⅲ上～Ⅹ層文化に至る11の文化層から総計1,863点が出土している。まずこれらの石器の形態的・技術的な分類結果を概観する。

各文化層を通じて、もっとも多いのは剥片で、リタッチのある剥片を加えれば、全資料の約3分の2に達する。この傾向はいずれの文化層にも通じる重要な事実である。剥片の石核に対する出土数の比は、資料数の少ない第Ⅸ下層文化で1.4ととくに低い値を示すが、他はほぼ10前後の値で類似している。

次に主たる石器について出現頻度の推移をみると、文化層別に消長の明確なものは、まず第Ⅲ上層文化に集中して見られる「細石刃および細石刃核」である。「尖頭器」は第Ⅲ下・Ⅳ中層文

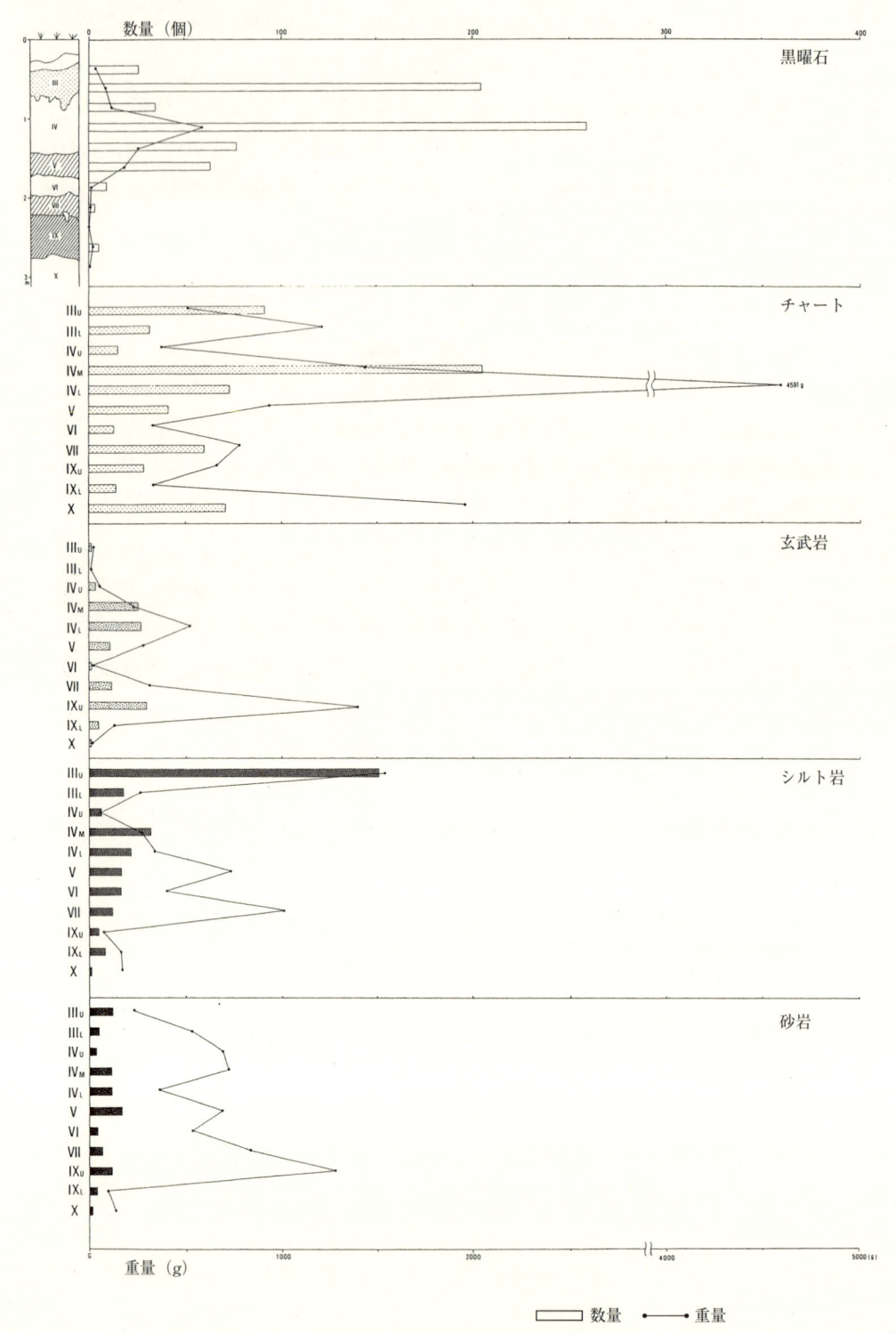

314　第2章　東京地方の遺跡調査

図118　文化層別主要石材使用頻度

化にのみ出土し、それ以外の文化層からは出土していない。日本の旧石器時代石器群の中で、もっとも特徴的存在の1つである「ナイフ形石器」は、総出土数50点中26点が第Ⅳ中層文化に属し、飛び抜けた集中度をもっている。その前後の文化層では漸減し、出土点数が正規分布の状態を示している。また、所謂「ゴロゴロ石器」およびスクレイパーも第Ⅴ層文化以下には出土していないが、ナイフ形石器と類似した出現状態である。したがって、ナイフ形石器にこの2種を加えたものが第Ⅳ中層文化を中心とした1つのまとまりを有し、第Ⅴ層文化以下の石器組成と対照を示す傾向がみられる。また、当地方の旧石器時代のもっとも古い石器文化を代表する「斧状石器」の第Ⅸ下層文化からの出土は、特筆すべき事実の1つである。この種の石器が、上層のナイフ形石器の盛行する文化層では出土が途絶えるのは、他の遺跡における知見と同様である。

当遺跡における「礫器」は、ナイフ形石器の出現数がピークになる第Ⅳ中～Ⅵ層文化までには出土せず、その前後の文化層に出現している。ほとんどの文化層を通じてみられる石器には、ナイフ形石器の他、「ハンマーストーン」とリタッチのある剥片があげられる。リタッチのある剥片は、その文化層の剥片出土数とほぼ同様の出現頻度を示す。また、ハンマーストーンについては、層位的な推移という観点よりは、むしろ各文化層の平面分布における位置的観点の方がより意味があるものと考えられる。

B. 石　　材

続いて、石器の材質に関して概観してみる。旧石器時代の全文化層から出土した石質は、合計12種類であるが、その内点数および重量ともにとくに高い数値を示すのは、黒曜石、チャート、玄武岩、シルト岩、砂岩の5種類である。この中においても利用方法は多様である。たとえば、石器1点あたりの平均重量をとってみても、黒曜石1.9gに対し、チャート20.4g、砂岩は70.8gであり、石材の質や供給源との複雑な関係を暗示している。ここでは出現率の高い上記5種類について、文化層別の出土数と重量を検討してみることにしたい。

黒曜石は、点数、重量とも第Ⅳ中層文化をピークにして、第Ⅲ～Ⅴ層文化に多く出土し、第Ⅵ層文化以下では非常に少なくなる。チャートは、全文化層において第1位か2位の出現率を示し、各時期を通してもっとも普遍的な石材と判断でき、黒曜石の出現の少ない第Ⅵ層文化以下ではとくに目立った存在となる。玄武岩および砂岩は、その重量の点から見れば上層部に向かうにつれ、利用頻度が低くなる傾向が明らかである。シルト岩は、第Ⅲ上・Ⅶ層文化など特定の時期にまとまった出土量がみられる。これら主たる5種の石材は比重にほとんど差がないため、黒曜石、チャート、玄武岩、シルト岩、砂岩の順に石器1点当たりの重量、すなわち体積が順次大きくなって行くということになる。

(2) 礫

本遺跡の各文化層から出土した礫は、合計 7,668 点に及ぶ。これらの礫が有する属性のうち、いくつかについて観察を行い、その結果の一部について各文化層ごとに記載を行っている。ここでは、とくに石器・礫集中部に含まれる礫の時期的な属性の変化を中心に述べることにした

い。
A. 石　　材
　石質についてみると、その組成は層位的にほとんど変異が見られず、各文化層とも砂岩が70％以上を占めており、出現頻度は砂岩、チャート、その他の石質の順になる場合が多い。礫の出土点数をみると第Ⅳ中・Ⅳ下層文化では2,000点以上と極端に多いのに対し、他の文化層ではすべて3桁台の点数で、両文化層が礫の使用の盛行期であったことを物語っている。また、文化層別の石器・礫集中部内の礫の総重量についても同様の傾向が見受けられる。石器・礫集中部に含まれる礫1点当たりの平均重量は、第Ⅲ上層文化では5.8gときわめてその値が小さいのに対し、第Ⅲ下～Ⅳ下層文化での各文化層では約100～200gであり、周辺諸遺跡の第Ⅳ層を中心とした礫群のそれにほぼ近似する数値を示している。第Ⅵ～Ⅸ下層文化では、500g以上となり大形化する傾向がうかがえる。ところが、第Ⅹ層文化では礫が小形になり第Ⅳ上層文化の平均重量に近いものになる。

B. 礫の観察
　次に石器・礫集中部内出土礫の状態についてみてみよう。まず礫の表面に観察される「赤化」は、第Ⅳ上～Ⅴ層文化までの各文化層での比率が80％という高率である。ところが、第Ⅵ～Ⅸ上層文化ではその比率はやや低くなり、第Ⅸ下層文化では0となる。「タール状およびスス状付着物」については、第Ⅸ下層文化以外は各文化層ともスス状付着物の付着率が、タール状付着率を上まわる傾向がみられる。各文化層の石器・礫集中部内出土礫のスス状付着物付着率をみると、所謂「礫群」を有する文化層において、高い付着率を示す傾向が認められる。「破損」については、第Ⅲ上層文化では礫群がまったく発見されておらず、赤化率はそれ程高くないにも関わらず、破損率は高いという興味深い事実が認められる。第Ⅳ層の各文化層では、破損率は80％以上の高率であり、これには赤化やタール状およびスス状付着物との密接な関係が予測される。第Ⅵ・Ⅶ層文化ではそれぞれ礫群が1ヵ所ずつ発見されているが、石器・礫集中部外の礫の破損率は高い。第Ⅸ上層文化以下の各文化層は赤化率が低いものの、破損率は高く、両者の関係はそれほど密接なものではないのである。

（3）炭化物片
　本調査では自然層位の第Ⅳ～Ⅹ層にかけて、合計42ヵ所の炭化物片集中部を確認・調査している。以下、上層よりその概観をみることにしよう。

A. 第Ⅳ層
　第Ⅳ層では11ヵ所確認された炭化物片集中部の内、1～4番は第Ⅳ中層に、5～11番は第Ⅳ下層に極大がある。このうち、4・6～11番は、下限が第Ⅴ層まで延びていることが理解される。また、1番はクラスターⅣ-12と、5番はクラスターⅣ—35と分布が重なる。11番は平面分布上クラスターⅣ-17に重なるが、垂直的には上下にわれる。全体にB1型の炭化物片集中が多く、分布は台地上の平坦部に散在しており1地域に集中することはない。これらと離れてA－

13. はけうえ遺跡　317

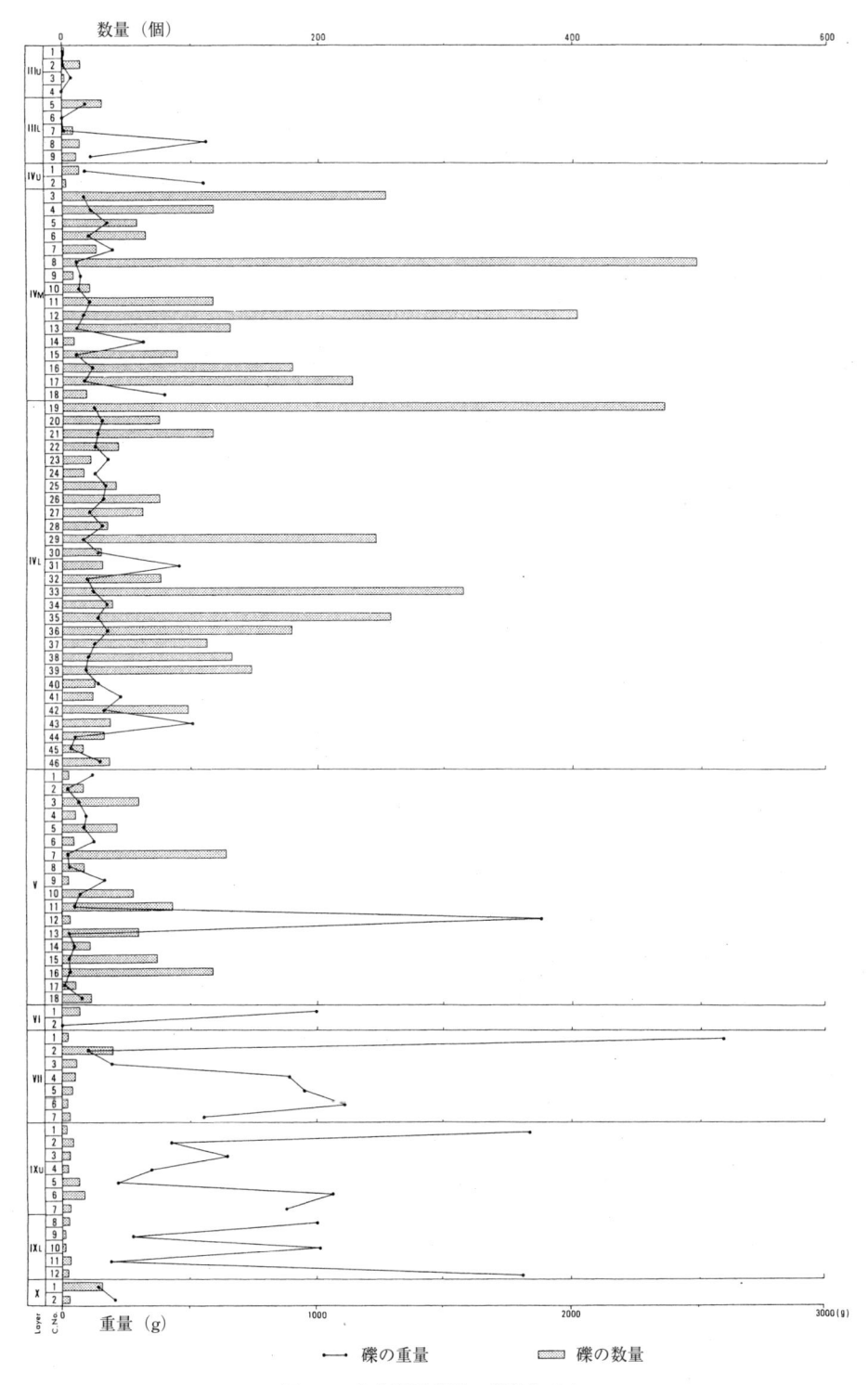

図 119　文化層別礫群の礫数と重さ

14区と崖線下半のＢ-2区にそれぞれ1ヵ所の炭化物片集中部が分布する。

　　　Ｂ．第　Ｖ　層

　第Ｖ層からは9ヵ所の集中が確認された。下限が第Ｖ層中にあるのは1～7番、第Ⅵ層まで及ぶものは8・9番である。3番はクラスターＶ-10と、5番はクラスターＶ-18と重なって分布する。平面的な広がりは平均3.5m×2.0mである。第Ⅳ層と同様Ｂ1型の集中がもっとも多い。分布域は崖線上の肩の部分から、後方約50m位の間を占めており、その間に集中部が点在している。

　　　Ｃ．第　Ⅵ　層

　第Ⅵ層では1ヵ所の集中が認められ、これはちょうどクラスターⅥ-1に重なっている。

　　　Ｄ．第Ⅶ層

　第Ⅶ層には2ヵ所の集中がある。両方とも、極大、下限を第Ⅶ層中にもち、平面規模は3.5m×3.0m位である。1番はＣ．Ⅶ-2と重なって分布する。分布は双方とも、崖線にやや近い台地平坦部にあり、第Ⅵ～Ⅶ層にかけて炭化物片集中は数が減る傾向にある。

　　　Ｅ．第　Ⅸ　層

　第Ⅸ層では集中は10ヵ所認められ、1ヶ所を除き第Ⅸ上層に含まれる。1～4番は垂直的分布域が第Ⅶ～Ⅸ層にわたっている。5～9番は第Ⅸ上層中に、10番は第Ⅸ下～Ⅹ層に分布域がある。集中部の数は多いが石器・礫集中部と重なって分布するものはない。集中型は第Ⅳ・Ⅴ層とは異なり、Ａ2型が優勢である。炭化物片集中部の分布は崖線上の肩の所から後方80m位まで広がっており、分布地点は分散している。

　　　Ｆ．第Ⅹ層

　第Ⅹ層では9ヵ所の集中部が発見されている。集中型は第Ⅸ層と同様にＡ2型が他に卓越する。集中部の分布は崖線上の肩の部分から、後方90m位の範囲にわたる。その中でも地形が東方に向かって緩やかに傾斜し始めるＢ-7・8・9区に蜜に分布する。

　炭化物片の分布状況について全体を通してみると、第Ⅵ層あるいは第Ⅶ層を境にそれ以降ではＢ1型の炭化物片集中が多く、第Ⅸ・Ⅹ層ではＡ2型が多くなる。また分布域は、第Ⅵ・Ⅶ層以降では台地上平坦部のやや高い所を占めるのに対し、第Ⅸ・Ⅹ層の集中は平坦部のやや低い所から崖線上の肩の部分に位置する傾向が判明した。

　5　微細遺物の検出

　本遺跡の旧石器時代調査開始後間もなく、立川ローム第Ⅲ層下部のクラスターⅢ―7の石器集中部が発見された。そこでは黒曜石のポイントを中心に、周囲に同質黒曜石の剥片や微細なチップが多量に出土するため、数mmずつ削るように細心の注意を払って発掘が行われた。ここで1つの試みとして、精査を心掛けた後の排土を1mmメッシュの「フルイ」にかけたのである。その結果、チップ類の最大長5mm以下のものは、出土点数の80％以上がフルイ作業によって検出さ

れ、2mm以下については、すべてフルイによってのみ発見され、現場では1点も発見されなかったのである。しかも、これは事前に微細なチップが出土することを予想した熟練者による精査の結果である。ちなみに、数名の発掘者別に結果を比較したところ個人差はほとんどなく、一様に5mm以下の資料は現場で検出し難いことを示していた。

この事実は、均質で硬くしかも粘性の強いローム層中からの微細遺物検出においては、とくに10mm以下の場合かなりのもれのあることが避け難い事実であることを示している。そして、これはローム層発掘における小さな遺物検出の限界を示すものといわざるを得ない。

本調査ではこの事実を踏まえ第Ⅴ層文化以下からではあるが、統一的な方法で微細遺物の検出を行った。遺跡に本来残されている10mm以下の資料のほとんどがもれる場合と、かなりの割合が検出される場合とでは、とくにその場における石器作りのような具体的活動を初め、遺跡・遺物の解釈上無視できない情報の差となる。すなわち、多大の労力を要するこの試みをあえて行ったのは、旧石器時代の人間の諸活動復元にさいして、微細遺物とそれらの遺跡内での分布状態がもつ意味を重視したためである。

(1) 方　　法

資料検出用の土壌の採取と検出作業は、次の方法で行った。まず、石器および礫の集中が確認された段階で、土壌採集を行う平面的な範囲を50cm×50cmを1区画として区切った。その1区画ごとに通常の発掘作業を行いながら、4cmまで掘り下げ、その排土50cm×50cm×4cm（10ℓ）を1つの袋に収納する。これら遺物の垂直的分布の幅に応じて2段（深さ8cm）あるいは3段と繰り返し採集する。この作業を行った石器・礫集中部について、土壌採集範囲を破線で表示した。

採集された土壌は水で溶かしながら1mmメッシュのフルイにかける。フルイは、縄文時代の微細遺物採集で用いたものと同サイズ（60cm×40cm×10cm）である。この作業は、ロームの粘性によってメッシュの目が塞がらないように、ブラシで擦りながら行う必要があり、非常に労力を要するものである。

次に1mmメッシュにかかった残留物を乾燥させた後、その中からローム層中に、含まれていたスコリアおよび自然の小礫などを取り除き、分類を行った。

(2) 発見された遺物

本遺跡でフルイ作業を行ったのは、第Ⅴ～Ⅹ層の各文化層における11ヶ所の石器・礫集中部で、合計528単位、約5㎡以上に及ぶローム土量である。その中から検出された微細遺物は、チップ・礫片・炭化物片で、発掘で得られる資料と同質の3種類に限定される。

チップは、本遺跡で石器として用いられている黒曜石・チャートなどの小片で、打点と主剥離面が認められる資料に加えて、剥離のさいの加圧点等が明瞭にとらえられないような小砕片をも含む。大きさは最大長1mm前後のものが、稀に検出される場合もあるが、C．Ⅲ—7での結果同様2mmから10mmの資料が90%以上を占めている。

礫片は遺跡内に搬入されたと思われる礫の破片で、その石質が本遺跡で石器に用いられているか否かを、チップとの区別の基準とする。サイズはチップよりは大きく5〜20mmの範囲が主である。

炭化物片は微細片になっており、表面が摩滅して丸みを帯びている場合が多い。サイズは2〜5mmの大きさがほとんどで10mmを越える資料はごく稀である。炭化物片は比較的硬いが篩作業および分類作業中に破砕することが多いため、分布密度の検討等には1区画ごとの総重量を用いる。

（3） 各遺物集中部の微細遺物と分布状態

上記3種類の微細遺物について、各石器・礫集中部における出現状態について、以下にその概要を記す。

クラスター第V層文化の3番は、大形礫5個を含め礫60点と7点の剥片を出土した集中部である。50×50×4cm²単位を20区画分2段にわたって採集した結果、チップ113点、炭化物2.3g、礫片93点が検出された。チップは黒曜石、チャートを中心に集中部中央よりやや北西に寄ったところに弱い集中が認められた。炭化物片は全体に拡散し強い集中部は認められない。礫片は赤化したものが多くやはり強い集中は示していない。

クラスターV-10・11　大型礫を数点ずつ含む2つの大きな石器・礫集中部にまたがって、約50m²の範囲で採取した。検出されたチップは890点、チャートと黒曜石で90％を占め、石器類の出現状態と矛盾しない。その分布は2つの石器・礫集中部に重なって、核をもつ強い集中状態を示している。炭化物片は総量16.2gが目立った集中状態を示さず分布している。しかし、クラスターV-10の東とクラスターV-11の南の微弱な集中は、後に炭化物片集中として調査された部分（V-3、V-8）の確認面である。礫片は115点発見され2つの遺物集中部のそれぞれ1〜2m北の部分にやや集中している。1区画内の検出数は最大7点で赤化したものが多い。

クラスターVI-1　石器と礫をそれぞれ24点ずつ含む遺物集中部の一部に該当する12区画分を採取した。台石（Anvil）状の大型礫に接して、ハンマーストーンやナイフ形石器が出土した場所である。チップの出土は50点で、黒曜石が大半を占める。大型礫から1.5m程離れた部分にやや集中の傾向がみられる。ここは炭化物片集中部（VI-1）に相当し炭化物片の1区画当たり検出量が他に比べ格段に高い。礫片は4点検出されたがその分布に集中性は認められない。

クラスターVI-2　同一母岩と思われるチャート製の剥片類8点が直径1mの範囲に密集した部分である。2.5区画の土壌をフルイにかけたが、チップ・礫片の類は皆無である。炭化物片がきわめて少量（0.073g）検出されたにすぎない。

クラスターVII-5　大形礫3点を含む礫8点と剥片3点がまばらに集中する部分で、周辺分も含めた45区画で採取した。チップは27点検出されたが、区画当たりでは、1ヵ所（3点検出）を除き1点ずつと、集中傾向はなく、石器・礫との分布状態の一致は認められない。検出されたチップには黒曜石が1点含まれているが、剥片類には黒曜石がない。その他の石質に関しても、

13. はけうえ遺跡　321

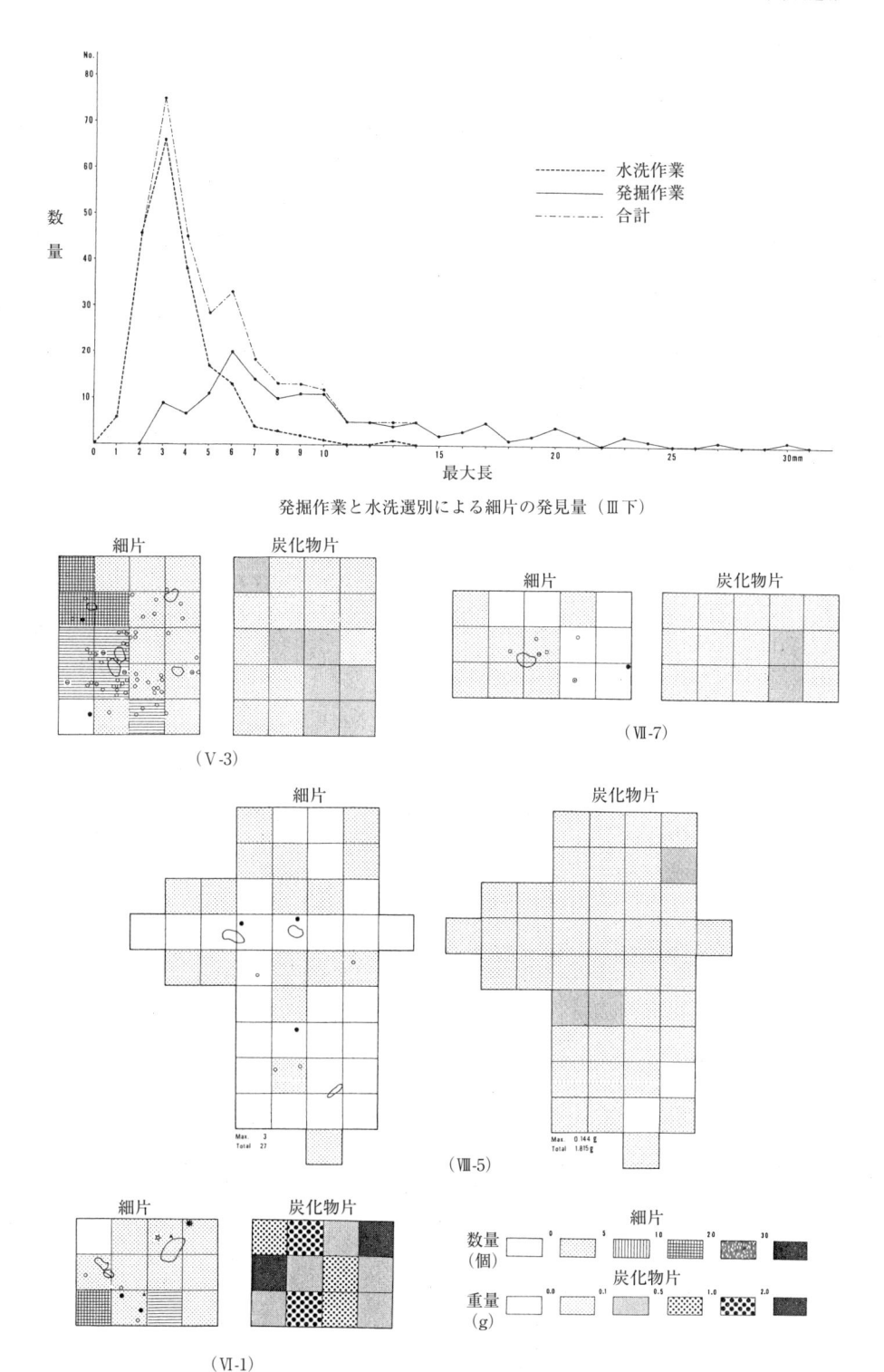

発掘作業と水洗選別による細片の発見量（Ⅲ下）

図120　クラスター内における細片と炭化物片の密集度

322　第2章　東京地方の遺跡調査

クラスターV-10と11

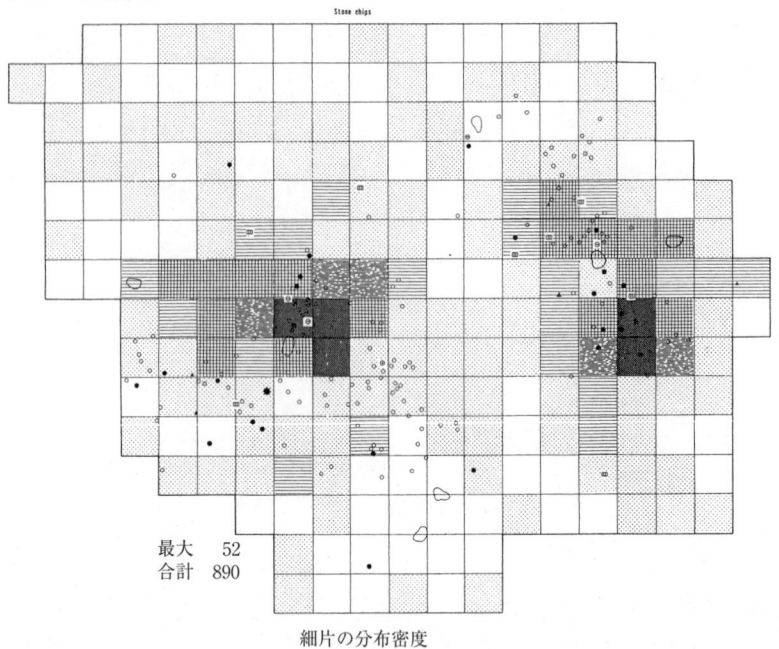

細片の分布密度

最大　52
合計　890

炭化物片の分布密度

最大　0.468 g
合計　16.2386 g

図121　クラスター内における細片と炭化物片の密集度

石器類とチップとの間で石質が一致する傾向は弱い。

　炭化物片は総量1.1gで、分布密度は低く目立った集中もない。礫片は3点検出されただけである。

　クラスターⅧ-7　　大型礫1点と剥片類、小礫をそれぞれ3点ずつ含む集中部で、15区画分を採取した。検出されたチップは14点で加圧点の明確なものはほとんどない。これらはチャートの砕片状のものが大半だが、3点の石器類にはチャート製はない。炭化物片は総量0.98gで全体に拡散しており強い集中はなく、礫片は検出されていない。

　クラスターⅨ-4・5　　2つの石器・礫集中部に跨る88区画（約20㎡）で採取した。石器9点に対し礫17点と礫の多い集中部であるが、微細遺物に関しては、礫片はまったく検出されていない。ここではチップおよび炭化物片の分布上、それぞれに興味深い特徴が認められた。チップは総数277点検出され95％がチャート片で、しかも本集中部出土の石核・剥片類と同類と判断される石質である。これらのうち、5㎜以上の大型のものは、チャートが砕け散るさいに生じるような角張った形状を持つものが多く、小形の3～4㎜のものでは、加圧点や主剥離面などの特徴が明瞭で、比較的薄い形状の場合が多い。分布状態では、北東部のハンマーストーン2点と、石核を有するクラスターⅨ-5に重複する部分に、非常に蜜な集中部があり周囲に向かって漸減する傾向が認められる。一方、クラスターⅨ-4にはチップは少なく集中も認められない。むしろ、クラスターⅨ-5にある集中の核の周辺部としての様相を呈している。炭化物片は総量12.5g検出され、その分布状態はクラスターⅨ-5のチップ密集部と、そこから南にかけての約5mの範囲に集中した傾向がみられる。発掘中には認められなかったが、おそらく本遺跡検出の炭化物片集中部と同類のものが、土壌採取区画の東側に存在したものと考えられる。

　クラスターⅨ-8　　大型礫5点が約1mの範囲内にまとまって出土した部分で、所謂配石と呼ばれるものである。礫の集中部で6区画を採取したところ、チップはチャート2点と黒曜石1点の計3点だけである。炭化物片は総量4.1gで、炭化物片が集中して認めC.Ⅵ-1と同様に高い密度で分布している。礫片は8点検出されているがそれらのほとんどに赤化が認められる点が注目される。

　クラスターⅩ-1　　石器78点・礫31点の集中部で32区画を3段（厚さ12cm）にわたって採取した。検出されたチップは784点でチャートの検出率が非常に高く（集中部から出土した石器類の約90％がチャート製であったがこの比率を越える）、それ以外の石質は10数点にしか過ぎない。チャートのチップはクラスターⅨ-4・5検出のものと同様、たんに砕けたような形態のものと、主剥離面が明確で薄いものとがあるが、前者つまり細かな砕片とでも呼ぶべき資料が過半数を占める。これは当集中部出土のチャートが、節理が多く均質性に乏しい石質である点と関連するようである。これらの分布は石器・礫集中部のほぼ中央部に比較的強い集中の核をもち、周囲に向かって少なくなる傾向を示す。弧の部分では上中下3段に分けて土壌採取を行ったが、分布上の垂直的な変異は少なく、3段を合計して強い集中の認められた部分は、各段とも検出数の多い区画である。炭化物片は総量5.4gであるが3段を合計した値である点を考慮すると、他に比べて

密度が高いとはいえない。しかし若干の傾向としては、南側にやや炭化物片の検出量が多いという点が認められる。また各区画内での垂直的な分布では、チップの場合と異なり4cmごとの上下によって出土量に著しい差が認められるところがある。礫片は6点のみで1区画内に1点ずつ分散して出土したものである。

（4）ま と め

ローム層中の微細遺物の検出という初めての試みに関する方法と、現在までの分析によって得られた結果を紹介した。その内容は主として数量に基づき分布上の検討を行っただけであるが、ここに現段階までに、得られた知見をまとめ、合わせて若干の解釈を試みる。

1) ローム層の1mmメッシュによるフルイ作業で、現場における通常の発掘では、発見不可能、あるいは困難な10mm以下の資料が多く検出された。たとえば、100点以上のチップが出土しているクラスターⅤ-10・11、Ⅸ-4・5、Ⅹ-1においては、現場の移植ベラによる発掘で、検出された割合は1%以下である。とくにクラスターⅨ-4・5の場合、現場では1点も発掘し得なかったものが、フルイ作業によって277点ものチップが検出されている。

2) チップの分布状態では、石器・礫集中部内の一部に直径約1mを核とした強い集中を持つ場合がある。（クラスターⅤ-10・11、Ⅸ-5、Ⅹ-1）。これらはいずれの場合も石核、剥片類が同じ集中部に含まれ、石質などの類似性等からもそれぞれ石器製作の具体的な場と推定する有力な証拠となる。ハンマーストーンを伴出しているクラスターⅨ-5、Ⅹ-1では、その蓋然性はより高まる。

3) 2つの石器・礫集中部が接近したクラスターⅨ-4・5でのチップの出現状況は、一方（Ⅸ-4）にのみ強い集中が認められ、他方ではそれがみられない。こうした差異によって旧石器時代人の、おそらくは石器製作行動を含むものと含まないもの、というような複数の場における彼らの行動様式の差をより顕在化し得るものといえる。このような問題については、今後石器類の接合等による有機的関係の分析とともに、チップ群の石質・形態・サイズなどの検討が進めば、さらに具体的な事実を数多く把握し得る可能性がある。

4) 既述の2)、3)のように、チップの集中度の高い部分を石器製作の場、あるいはその行動と関係の深い場所という推定で論を進めた場合、本遺跡のクラスターⅤ-3、Ⅵ-1、Ⅶ-7、Ⅸ-8のように、石器製作作業における台石とも想定できる大型礫と石器類の伴出する所は、少なくとも石器製作作業の固定的な場であった可能性はきわめて薄い。クラスターⅥ-1のように大形の礫の側に、ハンマーストーンがある場においても同様な解釈となる。さらに同石質剥片類8点が小範囲に集中して出土したクラスターⅥ-2では、1片のチップも検出されていない。単なる剥片剥離作業のみにおいても多少ともチップ類が生じるとすれば、石核や小剥片の伴出もないという事実と合わせて、この集中部は他の場所で作られた石器のデポ的な様相が強いという性格づけを成し得る可能性がある。

5) 微細遺物について今回の結果では、検出頻度は炭化物片、チップ、礫片の順に高い。チッ

プは前述のように分布の粗蜜が著しいものの、1㎡×4cm内に少なくとも1点は分布が認められ、遺物を多出する層位での拡散状態を示す。炭化物片は密度に差があるがより激しい拡散状態が認められる。しかし一方ではクラスターⅩ-1の例のように、上下約10cm内で検出量の差が認められる場合もある。

したがって炭化物片に関しては、狭い範囲内でのミクロな量を基にした議論が困難であることを呈示している。また材質同定等をも含め、広範囲での分布を扱った分析が要求される所以でもある。礫片はⅤ層の2例において検出量が多いが、以下の層では激減する。赤化した礫などの出現率の時期的な変化を、そのまま反映したものといえる。

6）最後に、再びチップ集中状態からそれらを包含するローム層自体の堆積に関する問題に若干触れてみたい。それは、クラスターⅤ-10・11、Ⅸ-5、Ⅹ-1に見られるチップの集中部がいずれも1つの核を中心にして、周囲に向け漸減する分布状態を示している点である。とくにクラスターⅩ-1は、崖腺の肩の部分に当たり南側に急傾斜し始めるところに位置するが、このような場所においても、軽くて微細なチップ類が傾斜に沿って著しく流動した状態は示していない。こうした事実は、1つの遺物群とみられる石器・礫集中部の垂直分布が、多くの場合10〜20cm程度の幅をもつという点と合わせて、ローム層の形成および堆積という問題に関する一つの新しい情報となり得るものである。

6　モディファイド・ローム・ピット

日本の旧石器時代遺跡を発掘すると、石器・剥片類の集中する部分、拳大の河原石を集めた礫群、幼児頭大の礫を配した配石、微細な炭化物片の集中分布する地点などが発見される。しかし、縄文時代以降に一般的に見つかる竪穴の住居址、土壙など、掘り込みを伴った遺構は、まだ正確な資料としては確認されていない。

この事実は、そのような掘り込み遺構が、旧石器時代に造られなかった訳ではなく、現在までの発掘技術では、掘り出せない堆積状況を示していると考えた方がよさそうである。その証しに日本各地で、ピットらしき痕跡の摘出作業が試みられ、不確実ながらもその一端を覗かせる資料も発見されている。武蔵野台地では、1971年の春に実施された国際基督教大学構内遺跡第15地点の調査（Kidder・小山・小田他 1972 a,b）で、立川ローム第Ⅰと第Ⅱ黒色帯を切り込んだ袋状のピットに礫群が落ち込んだように堆積した遺構が検出されたが、その後の類例がなく、謎のまま現在にいたっている。

(1) 方　　法

ICU Loc. 15の場合、黒色帯を切っているという肉眼的明瞭な目安があったので、その部分の精査が可能になったのであるが、普通ローム岩相は同じ色調、粘性を示す事が多く、ロームどうしで切り込んだ遺構の検出は難しい。

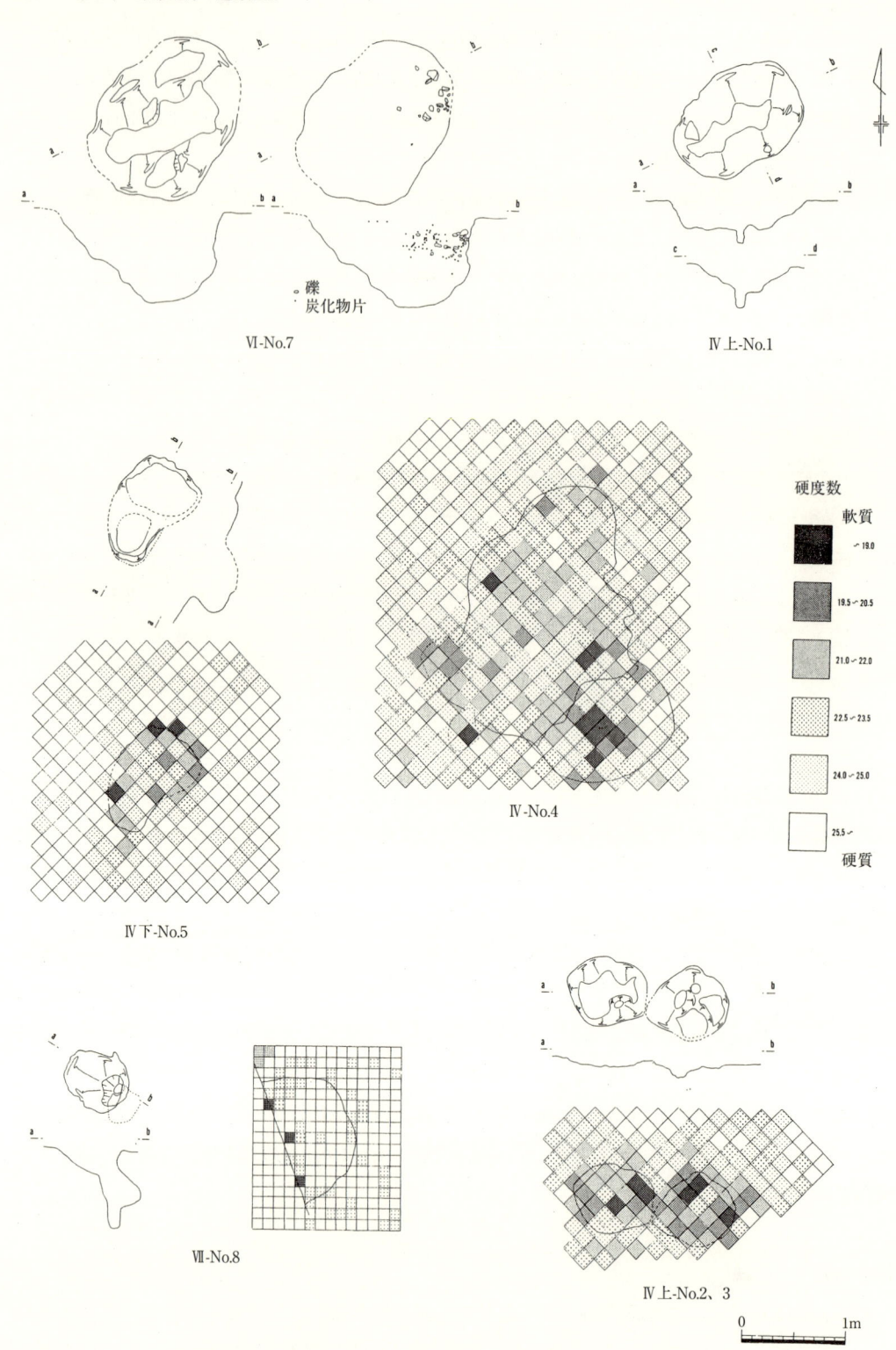

326　第2章　東京地方の遺跡調査

図122　硬度計によるモデファイド・ロームピットの計測

はけうえ遺跡では、最初から遺構検出を目的にして、発掘区をジョレンでていねいに削る過程で、ローム平面にうかがえる色調・土質の異なる部分の確認を行った。そして、同じ平面上で明らかに他の部分と異なった地点が、いくつか発見されたので、その部分を「モディファイド・ローム・ピット」と仮称し、掘り込み遺構の裏づけ作業を実施した。

　A．確認の目安
　　a．同質ローム平面上に、異質ロームが入っている部分
　　b．同質ローム平面上ではあるが、その一部が変質している場所
　B．確認の手段
　　a．平面形状を計測する
　　b．中山式硬度計を使用し、平面的な硬度測定を確認部と周辺部について実施し、その測定値を記録する（10cm間隔のメッシュ）
　　c．平面的、垂直的に分析用土壌を採取する
　　d．断面の土層を記載する
　　e．異なった部分の土壌を掘りあげ、完掘状況の記録をする。

以上のような順序で作業が行われた。

（2）結　　果

本遺跡で確認されたモディファイド・ローム・ピットは、第Ⅳ上層文化で1ヵ所、第Ⅳ中層文化で2ヵ所、第Ⅳ下層文化で2ヵ所、第Ⅵ層文化で2ヵ所、第Ⅶ層文化で6ヵ所の合計13ヵ所が存在していた。

次に、主な例について説明を加えると

1．第Ⅳ上層文化で確認されたもので、平面楕円形を呈し、ロート状に浅く窪む。落ち込み部分には、第Ⅲ層のソフトロームが入っている。
2．3．直径50cmの皿状の浅い窪みが2つ並ぶ。第Ⅳ層の色とは異なり、赤っぽく軟らかい土が認められる。
4．第Ⅳ下層文化で検出されたもので、不整円形を示す。部分的に非常に軟らかいところがあるが、全体的にみると周辺とあまり変わらない硬度である。軟らかい部分は赤黒い色を呈する。その周りに多くの石器や礫の集中部がある。
5．第Ⅳ下層文化で検出された。直径1mの範囲が、周辺より黒っぽくかなり軟質である。
6．直径50cmの傾斜した落ち込みで、その中には非常に黒く、軟らかい土が認められる。
7．直径1.5mの平面円形で、比較的深く窪んでいる。その中に礫17点が存在しており、また、炭化物片も同様に集中して検出される。
8．第Ⅶ層文化で発見された。硬度は周辺との大きな差はないが、色調が赤味の強い部分には非常に軟らかいところが認められる。

この分析結果を総合すると、このモディファイド・ローム・ピットは、その用語のとおり、他

の部分と異なったローム、または変質したローム部分という解釈以上に、それらを積極的に旧石器時代の遺構とする実証はまだない。しかし、7号例には礫が17点存在したし炭化物片も分布していた。このモディファイド・ローム・ピットの多くは、石器・剥片・礫の集中部の傍に存在している。こうした事実を考えると今後類例を増やして行くことにより，掘り込み遺構として一番可能性がある部分と推察されよう。

7　旧石器時代の礫にみられる黒色付着物

　日本の旧石器時代遺跡からは、「礫群」と呼ばれる拳大の河原石を集合させた遺構が発見される。この礫群の構成礫を調べると、その多くは表面が赤化し、また破損したものが多い。さらに、礫表面には黒色のスス状、タール状の付着物も多く認められている。

　日本の旧石器研究史において、こうした礫群については人間の残したもの（遺構）、用途については信仰遺構、調理施設等の解釈がある。そして、礫に付着した「黒色物質」については、その初期の頃に武蔵野台地の遺跡で、炭素を含有した有機物（吉川・金井他1964）、マンガン、彩色礫のモチーフ（直良・杉山1957）ではないかという解釈がなされていた。その後、野川遺跡の調査で、東京都五日市町の石焼き料理屋の礫に酷似することから、肉の脂など動物性・植物性タンパク質の付着ではないかと推定されている（小林・小田他1971）。

　はけうえ遺跡では、こうした礫群の礫に付着した黒色物質について、これまでのような憶測ではなく、日本で初めて「理化学的手法」で分析を行った。

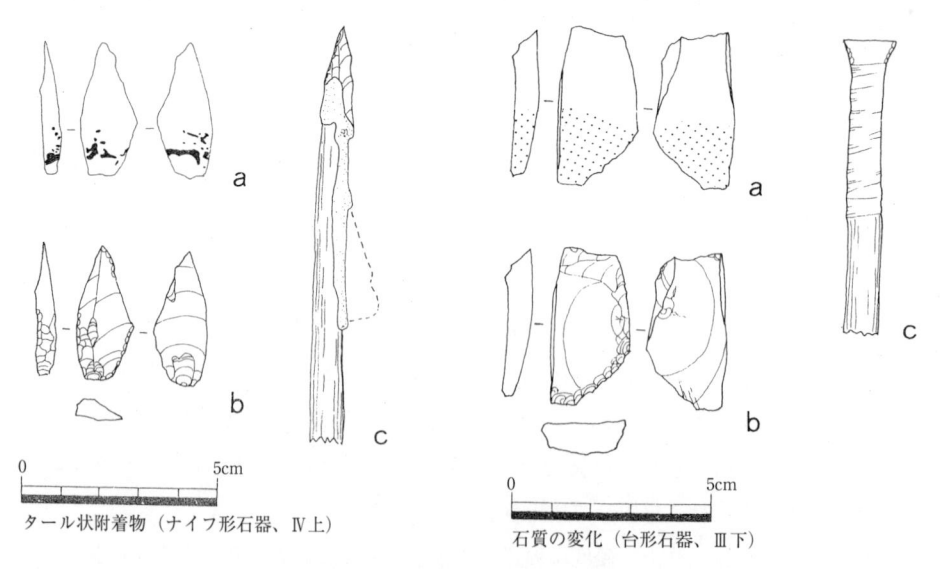

タール状附着物（ナイフ形石器、Ⅳ上）　　　　石質の変化（台形石器、Ⅲ下）

図123　石器に観察される2次変化

（1）試　　料

はけうえ遺跡出土の旧石器時代の礫（礫群中）で、黒色物質が付着した礫（付着面積約3.2cm）を使用した。この礫について付着している部分と、していない部分について分析を行った。

（2）方　　法

　礫からの黒色物質抽出　　礫の形状観察を行った後、鉱物ハンマーを用いて礫を割る。黒色物質が付着している部分について、鉄製乳鉢で粉末になるまで粉砕する。この粉末1gについて1mlになるようジクロルメタンを加えて放置（室温）し、約3週間放置するかまたはソッフスレー抽出器により抽出し、溶媒を留去して回収量を秤量した。

　抽出物の誘導体合成　　ガスクロマトグラフィーによって検討するためには、揮発性物質でなければならない。そのためには抽出試料をTrimethylsilyl 1（TMS）誘導体とした。この誘導体合成により、300〜400℃程度で揮発する物質を50〜100℃程度で揮発するようにできる。

　ガスクロマトグラフィーによる検討　　ガスクロマトグラフィーは、島津製作所製ShimadzuGas－Chromatograph Type 6 A－PTF装置に、日立製作所製レコーダーPQD.53を接続して行った。検出器は水素炎イオン化検出器（FID）を用いた。検出感度はたとえば砂糖であれば、約1μg（1μg：100万分の1g）でレコーダーの針がちょうど振り切れを起こす程度であった。

（3）結　　果

この礫について、TMS化合物をGLC分析した結果、

①礫に黒色物質が付着していない試料については、多数の物質のピークが観察されなかった

②礫に黒色物質が付着している試料については、約40度程度の多数の物質のピークが検出された

③この付着物②については、抽出条件から推測して脂肪酸あるいはステロイド系の物質と考えられるものであった。

第3章　石器の研究

1. 台形石器について
2. 磨製石器の発見
3. 世界最古の磨製石斧
4. 石器型式と出土状況

● 第 3 節―――解説

　本章は石器の研究について論述した。
　1　**台形石器について**　　北西九州地方に特徴的に認められる「台形石器」について、定義、型式、製作、分布、年代の研究を行った。台形石器は従来日本旧石器文化の石器型式の中では、刃潰し加工したナイフ形石器の中に含まれていた。一方、西北九州地方には、ナイフ形石器とは明らかに異なった石器型式としての台形石器が確認されておりそれを検証した。その結果、この種の石器は西日本地域を中心にして発達した石器型式であり、用途はナイフ形石器が側刃器的であったのに対して、先刃器（尖頭器・石鏃）的な道具であったと論考した。
　2　**磨製石器の発見**　　日本列島に発見される世界史的に稀な旧石器時代の「磨製石斧」について、その発見史、分布、年代について考察した。日本の旧石器時代の磨製石斧は、群馬県岩宿遺跡で確認以来、研究史上多くの議論を提示してきた。まずその磨製石器の存在から、旧石器・新石器時代論争が起り、同時にその証左としての磨製・磨耗論争から、旧石器時代磨製石器存在論争にまで発展していった。その後、千葉県三里塚No.55地点、東京都栗原遺跡で確かな旧石器時代層準から磨製石器の出土があり、日本の旧石器文化の特殊性として位置づけられたことを論考した。
　3　**世界最古の磨製石斧**　　世界最古で、最多発見量を誇る刃部磨製斧形石器（磨製石斧）の型式、法量、出土地、出土層準について集成した。
　4　**石器型式と出土状況**　　1990年に大規模発掘調査した東京都田無南町遺跡を基調にし、特定石器型式と遺跡の出土状況について考察した。

1. 台形石器について

　日本の旧石器時代を特徴づける石器に、「ナイフ形石器」と呼ばれる石器がある。それ自体は刃潰し整形加工を施した石器を指すのであるが、よく調べるとこれにもいくつかの型式がある。「東山・杉久保・茂呂・国府型」などと呼称されるものは、おのおのその地方で、特徴的に分布を示すナイフ形石器の総称である。また各遺跡内での形態変化に基づく「Ⅰ・Ⅱ・Ⅲ、a・b・c型」などの細かい分類も行われている。しかし、その多くは型式設定の段階が主で、その型式差が、はたして何に起因するかという点になると、今までの報告書では明解にその答えを出していない。筆者はかつて、このような複雑な形態が生まれる根底には、おそらく「機能・用途」が隠されているのではないかと推測し、ナイフ形石器を大きく3型式に統合してみたことがある[註1]。この分類は、ナイフ形石器が非常に発達した時期を選んで分析した結果であるため、時間の流れの中でどの程度普遍性が保ち得るかは、検討の余地があるが、少なくとも、ナイフ形石器の本質に迫る意味で効果があったと確信している。

　この3形態の1つに「台形石器」がある。本来はナイフ形石器の一員であるが、何かと分離して考えた方が便利な石器である。つまり、尖頭器、台形石器、ナイフ形石器という具合に、石器組成の1項目に加え、その消長を気にしなければならない石器といえる。1970年に調査された東京都野川遺跡（Kidder . Koyama . Oda and Shiraishi 1970、野川遺跡調査会 1970、1971、野川遺跡調査会編 1971、野川遺跡調査会・関東第四紀研究会 1971）や神奈川県月見野遺跡群（月見野遺跡群調査団 1968）のように、1ヵ所に幾枚もの文化層重複が認められる遺跡では、各文化層中における台形石器の有無が、他の石器組成とともに石器群対比に重要な武器となることが証明されている[註2]。また、南九州地方の熊本県石飛、鹿児島県上場両遺跡でも台形石器認識の重要性を指摘し、研究が行われつつある（池水 1969、1971）。

　それでは、一体「台形石器」とは如何なるものであるかというと、今のところ明解な答えはだされていない。ここでは、少なくともこの問いに対する解釈を主眼にして、いくつかの要点に触れてみることにしたい。

1　資　　料

　ここでは西北九州地方、とくに唐津、松浦、佐世保地域で採集または発掘された台形石器を中心に、その分析と考察を展開して行くことにしたい。

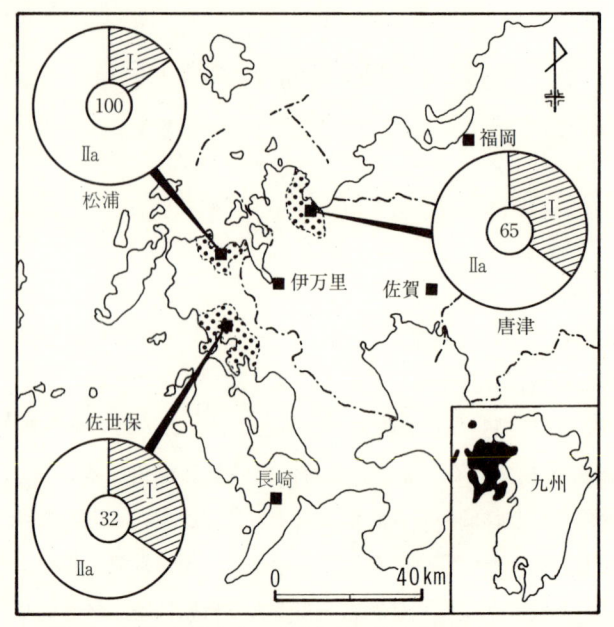

図 124 西北九州地方と分析台形石器の量 (小田 1971 a)

　西北九州地方を選んだ理由は、研究史の上からも、現在発見されている資料の質、ならびにその量の点からも、この地方が台形石器の中心地域であり、分析を行う上で適応性と安定性を保持していると判断したからである。周知のとおりこの地方は、瀬戸内地方の多くの旧石器遺跡と似て、土壌の堆積状況が悪く野外遺跡（オープン・サイト）の場合、石器の多くは地表に自然露出するか、あるいはたとえ埋没していても2次的な移動が考えられる。したがって、発掘された一括石器群資料といえども、複数文化層混在の危険性を十分に持ち合わせていると考えなければならない。そのためこの地方では表採品が多く、伴出関係、時期区分もされないまま、年々その数を増やしている（戸沢・富桝 1962、1963、芝本・下川 1966、下川 1970）。

　しかしながら、発見される資料そのものは、他地域に類をみない程の形態的完成度と優品があり、早くから研究者の注目するところとなっていた（鎌木 1959、芹沢 1960、1961）。

　したがって、ここでは細石刃・細石刃核、ナイフ形石器と同じように、旧石器時代の石器として、時期が明白な台形石器をとくに取りあげてみた。統計処理にあたり、唐津地域 65 点、松浦地域 100 点、佐世保地域 33 点の台形石器を実見・実測し、それを基準に数値を導いている。

2　型　式

　台形石器を大きく分けると、長崎県百花台遺跡第4層出土の百花台Ⅱ型と呼ばれる小形で非常に整ったものと、より大きな従来「台形様石器」と把握されていたものとに2分できる。それに関東・中部地方で「切出形石器」として特殊視されていたものを、この範疇に入れれば3分でき、かつてこれらを「台形石器Ⅰ・Ⅱa・Ⅱb型」と大別したことがある（Oda 1969：234）。西北

九州地方は、Ⅱb型である切出形石器は存在しないのであるが、Ⅱa型のいくつかはまったく判断に苦しむほどⅡb型の類似品がある。これは切出形石器と台形石器の相違が、刃先の状態の区別だけに外ならないことを物語っている[註3]。ここでは、西北九州に分布する台形石器Ⅰ型、Ⅱa型についてのみ扱い、それぞれ、内包する幾つかの型式分類を設定し考察して行くことにしたい。

(1)　整形による分類

　台形石器の分類は、平行した刃部に対し、やはり平行した直角に交わる二辺の刃潰し整形加工が原則であるが、その認定は各人各様で、ナイフ形石器との区別も定かでない例まである。

　まず今まで台形石器、台形様石器と呼ばれた石器を整形加工の状態で分類してみると、aは二辺に、bは三辺に整形加工が施されたものである。cはaの整形の基部がついた例で、dはbの基部が丸味を帯びた型といえよう。この相異を基にa・b型を台形 (trapeze)、c型を三角形 (triangle)、d型を半月形 (lunate) の石器として、今後分けて考える必要があるか否かは重要な問題である。が、今のところその傾向としては、台形石器Ⅱa型にa・cが圧倒的に多く、台形石器Ⅰ型には各平均した混在が認められている。

(2)　刃先による分類

　台形石器の刃先は、素材としての石刃の状態、ならびに使用部分に大きく左右されるが、その多くは不定形な刃部を形成しており、直線例はむしろ少ないといえる。

　ここで刃先を意識的に分けて考えた場合の想定型を示してみる。必ずしもこの分類にあてはまるものではないが、Aが典型例でa′、a″は刃先が左と右に傾斜している場合、bとcは典型例に対し、凹凸の曲刃になる例である。台形石器Ⅰ型は後にも述べるが、縦長の石刃を折り取り使用していることもあり、全体的に刃先に統一性が認められる。それに比べ台形石器Ⅱa型は横長や不定形の石刃を素材にしているので、刃先は当然不揃いになっている。ようするに刃先は、このような分類に制約されるというより、第一次剥離の際の鋭い刃部が幅広く開いているところに意義があると考えられる。

(3)　刃潰しの状態

　台形石器の両側縁の刃潰し整形加工を模式化してみると、台形石器はb、c例のように抉入 (ノッチ) 状に施されるのに特徴がある。これに対してナイフ形石器は、直線aの例や逆に凸形例になっているものが多い。Cの例は特徴的なもので、先端近くで深くくびれ部を作り刃先を角のように突出させている。つまり、抉り込みの大きい台形石器Ⅱa型では、分厚い素材や打瘤部 (bulb) の高まりを除去するのにこの方法を利用している。そして完成した形態は、細長く先端が幅広の、ヨーロッパ中石器時代に盛行した「直剪鏃」に酷似したものになっている。また台形石器Ⅰ型には素材の整形加工に難点がないのに、それでも意図的に、先端部近くにくびれ部を作

336 第3章 石器の研究

佐賀県原遺跡

長崎県松浦地域

長崎県佐世保地域

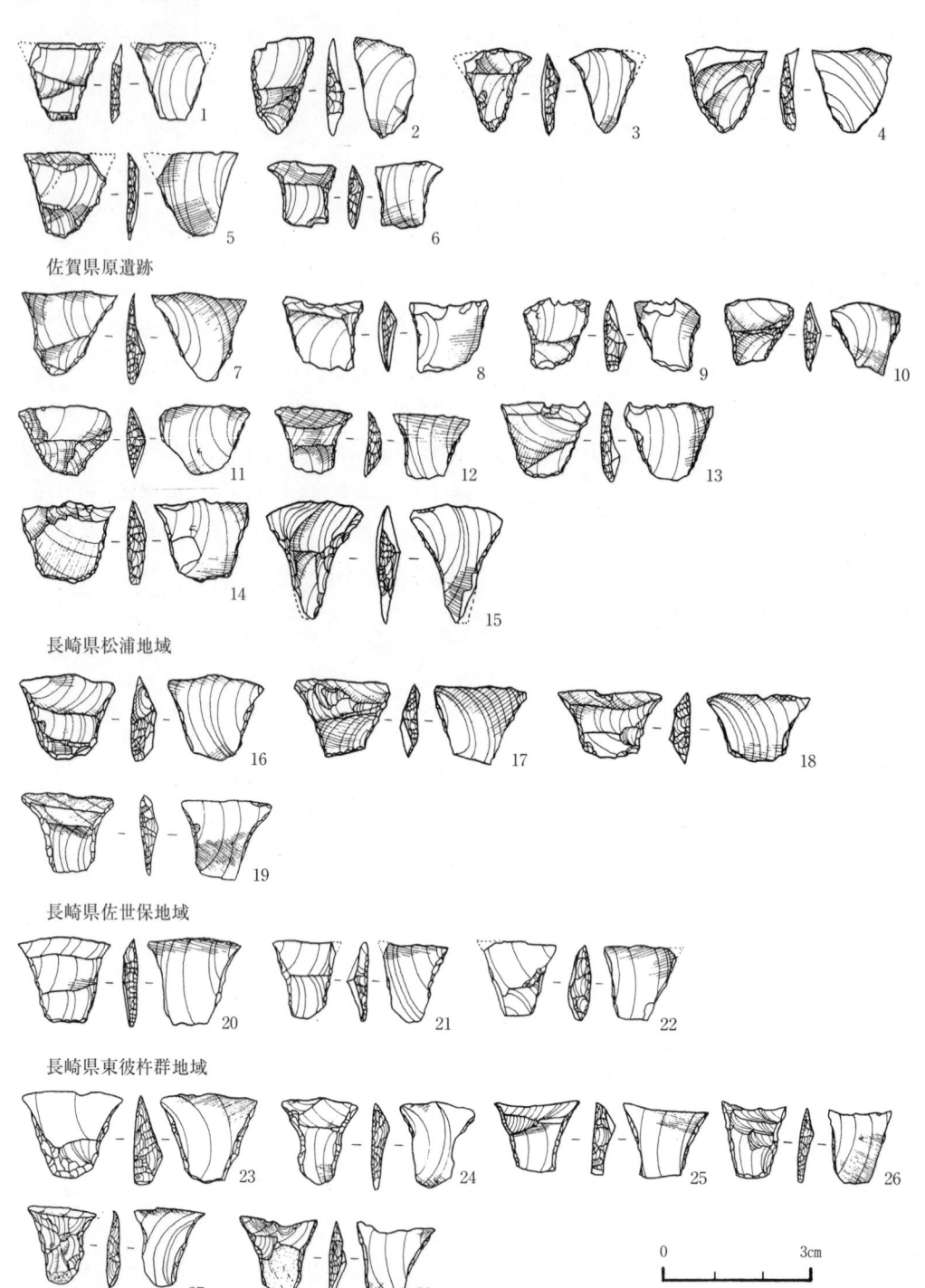

長崎県東彼杵群地域

長崎県百花台遺跡

図 125　台形石器Ⅰ型（小田 1971 a）

1. 台形石器について　*337*

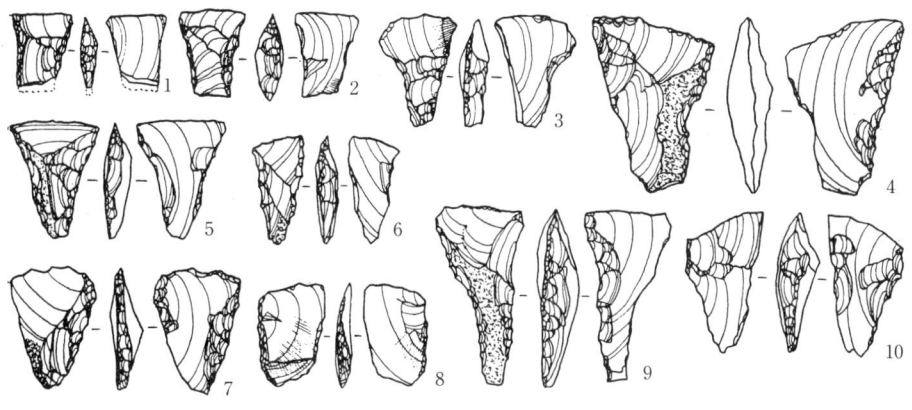

佐賀県唐津地域

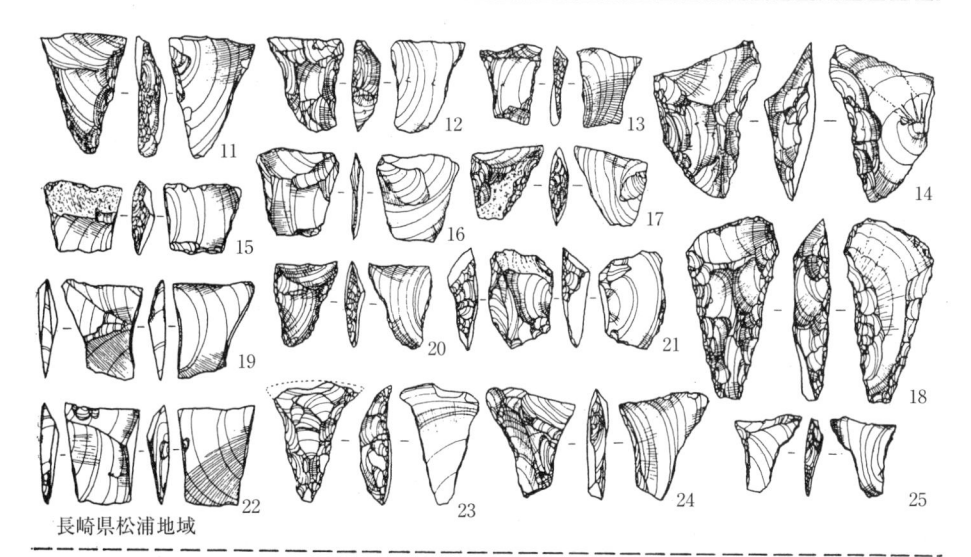

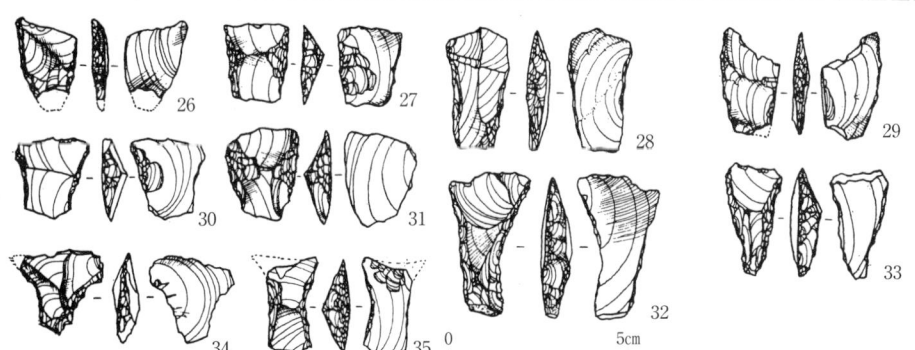

長崎県松浦地域

長崎県佐世保地域

図126　台形石器Ⅱa型（小田 1971a）

出していることがたた見受けられ、明らかに着柄を考慮しており、当然その形態からして柄の先端に装着される道具と推察できよう。中には横形に長い例もあるが、量的にさして問題にはならない。

　刃潰し整形加工は、普通「石刃」を折り取ってから施すのであろうが、台形石器はナイフ形石器より折ったときの形態が、「台形」を呈することが多い。したがって、折断面が刃潰し整形加工の役割を立派にはたしていれば、そのままの状態で「完成した石器」として使用することは当然考えられる[註4]。次に、こうした側縁の整形無加工例を前提にして作った型式を基に、この問題について佐賀県原遺跡の資料を分析してみよう[註5]。

　原遺跡は、A・B・C3地点あり、各地点とも細石刃石器群とナイフ形石器群が同層中に包含されていた。この両石器群が、共存か、分離かの議論は本報告に譲るとして、台形石器はA・B両地点で発見されている。筆者の分類でいえば、A地点はⅡa型、B地点はⅠ型の台形石器をもつ石器群で、前者は佐賀県平沢良遺跡（杉原・戸沢1962）、後者は長崎県百花台遺跡（和島・麻生1963）第4層に対比できる。

　台形石器として認められるものは、表採品を含めてA地点6点、B地点20点を実見した。これを先述の台形石器の型式分類で示すと、A地点にはa型3、b型0、c型1、d型2点が存在し、B地点にはa型8、b型4、c型5、d型3点となる。中でもB地点の資料は台形石器の製作過程に関し良好な材料を提供している。

　台形石器を製作する目的をもった石核の多くは、最後まで打ち割られて剥片化しており、その表面に観察される剥離痕からもわかるように、幅広でやや寸詰まりの石刃が打ち剥がされている。この小石刃とでも呼べるずんぐりした石刃は、台形石器の長さ、つまりこの石刃のものとよく一致している。この事実から、この石刃が台形石器の素材であることは確かである。しかしながら、この小石刃が意識的に作り出されたものか、または打ち落とされた多くの石刃中から選び出されたものかを、決定する決め手は今のところ得られていない。ただ、このB地点では、台形石器とともに小形のナイフ形石器が伴出しており、この方に用いられた石刃は、台形石器よりやや細身であった。やはり、同じ石核から得られた剥片と考えられることから、剥離後に選択した可能性も十分ある訳である。この剥片の段階で、折断部を定めたのであろう。折断のさい、剥片の一部に切り込み（ノッチ）を入れ折り取る操作は、ヨーロッパでは有名であるが、原遺跡には残念ながらこうした技法は認められなかった[註6]。おそらく何の手立てもなしに、たんに折り取っていたのであろうか。その折られた素材の両側縁には、整形加工を施したり、またはそのまま無加工で台形石器として完成することになるのである。

　ここで問題になるのは折った段階のものと、完成品としての台形石器を、どこで見分けるかという点である。原遺跡では、折った状態が他の完成品にもっとも近い型になっている例を選び出し、折れ口をルーペで詳細に調べてみた。すると両側縁部折断面の鋭い稜線を潰すような繊細な加工痕や、その一部分にわずかな刃潰し整形加工痕が見受けられる例がある。つまり、完璧な刃潰し整形加工を施さなくても完成品として利用しているのである。これは重要な視点で、刃先の

1. 台形石器について　339

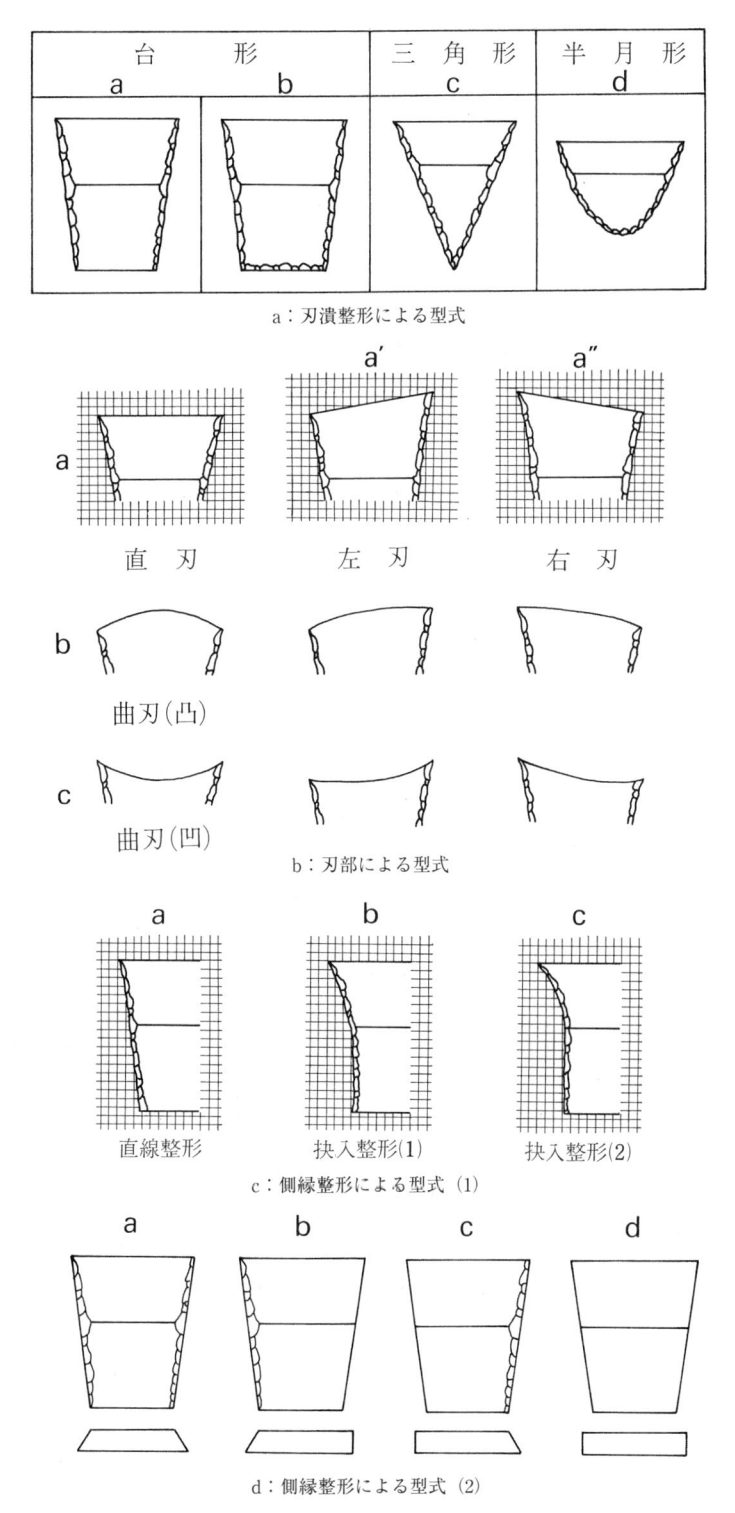

a：刃潰整形による型式

直刃　左刃　右刃

b
曲刃(凸)

c
曲刃(凹)

b：刃部による型式

a 直線整形　b 挟入整形(1)　c 挟入整形(2)

c：側縁整形による型式 (1)

d：側縁整形による型式 (2)

図127　台形石器の型式分類（小田 1971 a）

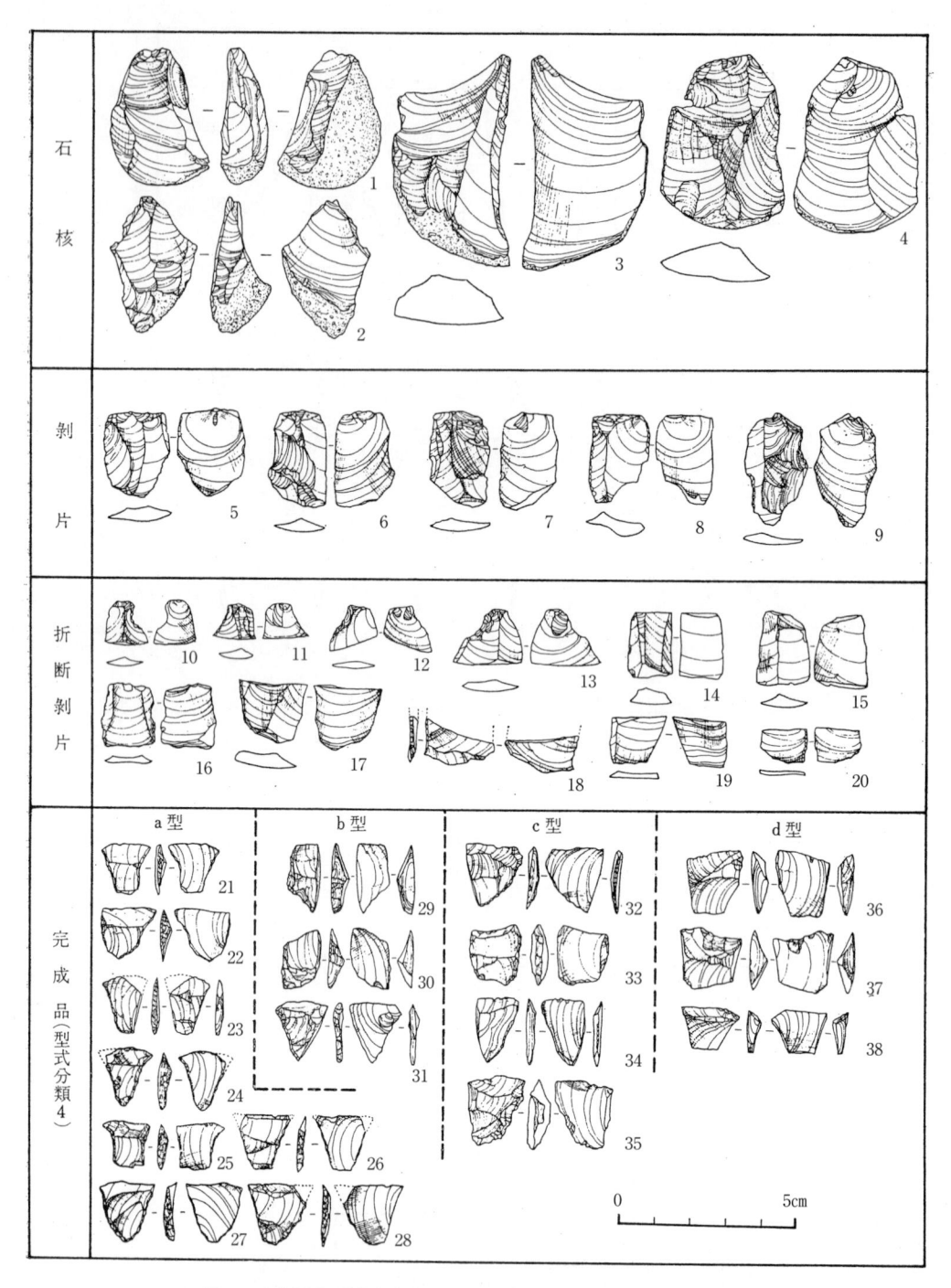

図128 佐賀県原遺跡出土の台形石器製作工程資料（小田 1971 a）

使用痕云々より確かな判別方法である。これを目安にたんなる両側縁折断例でも、石器として登録する必要性が明確化して来たことになるが、しかしこのような例はむしろ特殊な場合であり、正常には両側縁を立派に刃潰し整形加工したものを、石器とすべきであるという鉄則を忘れてはならない。

4　製作技術

(1)　素材の選択

　西北九州地方に発見される台形石器は、90％までが黒曜石製である。これは台形石器がとくに黒曜石だけを使用したという意味ではなく、この地方は佐賀県腰岳をはじめ良質の黒曜石原産地（下川1965、Suzuki 1970）が点在し、縄文・旧石器時代の石器に広く利用されているからである。安山岩産地も佐賀県鬼鼻山などに存在するが、ナイフ形石器、台形石器、彫器、細石刃などの小型石器にはあまり利用されていないようである。興味あることに、安山岩（サヌカイト）は横長剥片が良く剥離されている石材だが、同じ横長剥片を多く使う台形石器（Ⅱ型）には使用されず、台形石器はもっぱら黒曜石を選択しているのである。これは器種による石材選択の他にも、何か別の要因が考えられそうである。それはそれぞれの地域に根ざした集団の、伝統的制約の反映や時代的な傾向が隠されているのかも知れない。

　ここで石刃を横長と縦長に区別し、台形石器Ⅰ型とⅡa型の場合、どちらを選択しているかを調べてみた。台形石器Ⅰ型は54点すべてが縦長の石刃を使用し、Ⅱa型は28点が縦長で、108点が横長の石刃を使って台形石器が作られている。この結果から台形石器は、最初横長の石刃を用いて製作していたのに対し、時間の経過とともに、縦長の石刃に転化して行くようすをうかがい知ることができる[註7]。

(2)　使用部分

　完成された個々の石器を対象にしてこの問題を扱う場合、石器の主要剥離面における微妙な観察が要求される。つまり、剥片時の打瘤（バルブ）の高まり、先端の反り、中央の平坦面などを適確に識別しなければならない。この作業は一見難しく思えるのだが、慣れると案外容易である。こうして観察し使用部分をまとめてみた。

　グラフは、
　　A）台形石器Ⅰ型で縦長の石刃使用
　　B）Ⅱa型で縦長の石刃使用
　　C）Ⅱa型で横長の石刃使用

の3種類を基にして、その使用部分を調べた結果である。

　A、B、Cともにbの部分が圧倒的に多く、台形石器製作の主目的は、この打瘤直下から剥片中央部にかけてである事が理解される。また、縦長の石刃の場合、いくつかに折り取って1つの

石刃で2〜3個の台形石器が意識的に量産されるようであるが、この数値からは導きだせない。むしろ、1石刃1個の台形石器が製作されるのを普通とし、折ったときの条件が非常に良好な場合などに、複数の製作例が存在すると理解しておきたい(註8)。この中でa, b, cの部分を利用することはわかるとして、dの利用例である。これは台形石器が剥片を横に使用しているのであるが、稀にナイフ形石器にみられるような縦長に使っている例もある。こうした形態から推すと、立派に台形石器の範疇に入るので1項目設けてみた。しかし、この例をあまり強調しすぎると、ナイフ形石器との混乱をより大きくするので、台形石器は「横形を常とする」と考えておきたい。

(3) 刃部の決定

　石器を作る場合、製作者の頭には範型があって、素材を手にした段階でそれをどのように加工し整形したら、よりイメージに近い形が得られるかを素早く読み取り、個々のクセ、集団の伝統、石材の制約などが絡んで、1つの石器が生みだされていくとされている（小林1966、1967）。

　ここでは、製作者が石刃（縦長剥片）を手にした時、両側縁のどちらを刃部に決定するのかを調べてみることにしたい。このような要求を満足させるためには、1遺跡1時期、もっと細かくいい換えるとすれば、出土状況中の1ユニット（同文化層中の1つの石器・剥片類の集合部）から得られた多数の台形石器を分析するのが望ましいが、残念ながら今のところそういう好資料に遭遇していない。したがって、3つの地域（松浦、唐津、佐世保）別に各遺跡の総合資料を分析し、その傾向を追求してみることにしたい。

　ここで主要剥離面におけるリングの方向を目安に、その石数を割合で示してみた(註9)。3地域ともにaが台形石器Ⅱa型に、bがⅠ型にやや多く、cが松浦地域のⅡa型にのみ存在している。この結果は刃部の決定に対し、製作者の明確な意志が反映されない状況を示し、とくに片寄った部分もない。このa、bの比が3地域ともにほぼ半分認められる事実を、どう解釈するかに問題が残ろう。つまり各遺跡の資料を平均化した結果なのか、または偶然なのか、それともこのあり方が特徴的であるのか興味がもたれる。将来このあたりについての検証を、再度資料の詳細な分析を通して考察してみるつもりである。ともあれ、今のところ製作者が意識して刃部を変化させているというより素材を折った段階で、より有効な方を刃部に決定していると解した方が良さそうである。

5　機能（用途）

　遺跡から発見された石器が、はたして如何なる道具であったかという問題は難解で、それだけに過去に多くの研究がなされてきた(註10)。台形石器は、元来ナイフ形石器の1形態であり、同じ刃潰し整形加工が施された石器としても共通点が多い。したがって、この両者を中心に比較分析する事は、機能の相異を摘出するだけではなく、この2つの石器が、当然分離されるべきものとする初志を立証する裏づけともなろう。

1．台形石器について　343

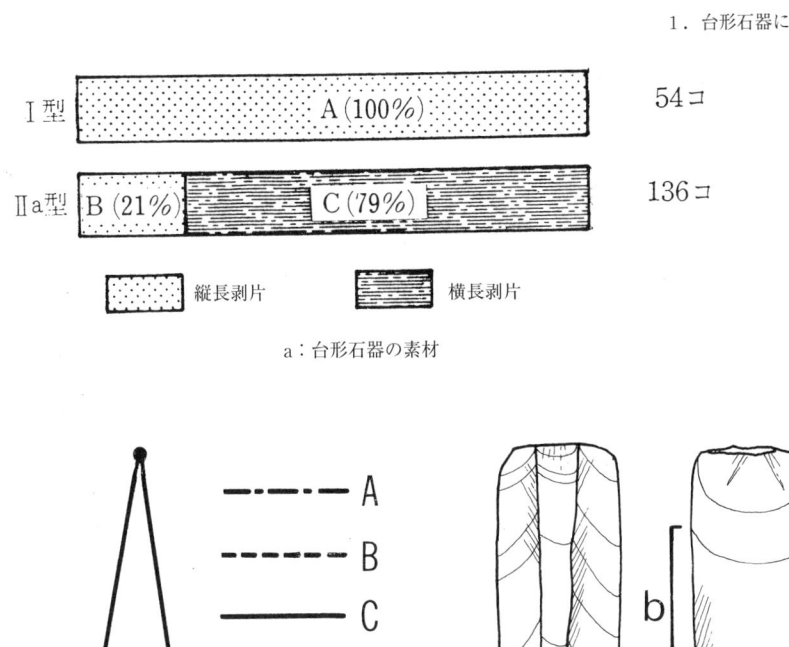

縦長剥片　　　横長剥片

a：台形石器の素材

Ⅰ型　A(100%)　54コ
Ⅱa型　B(21%)　C(79%)　136コ

b：台形石器素材A，B，Cとその使用部分

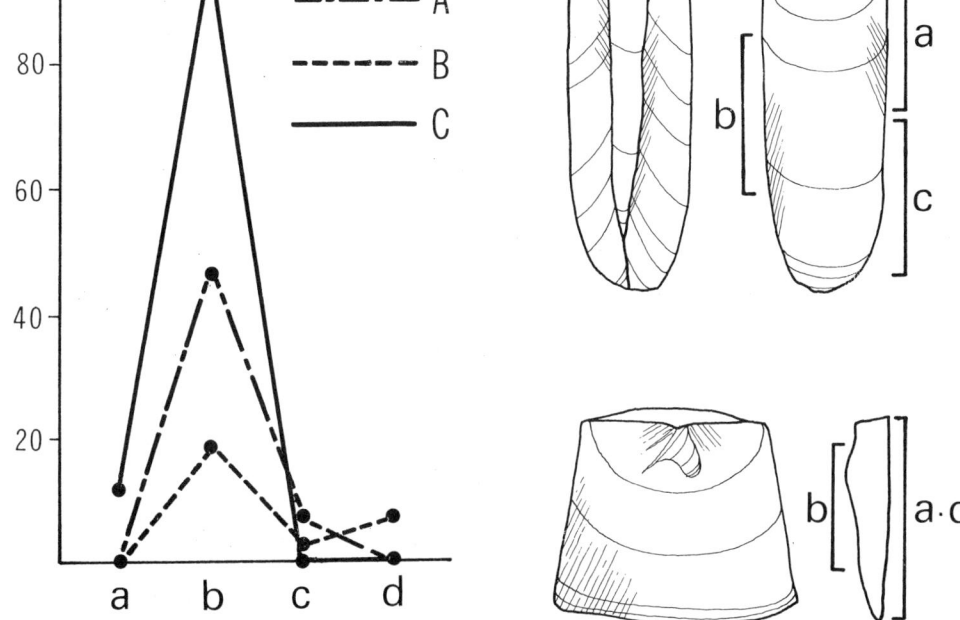

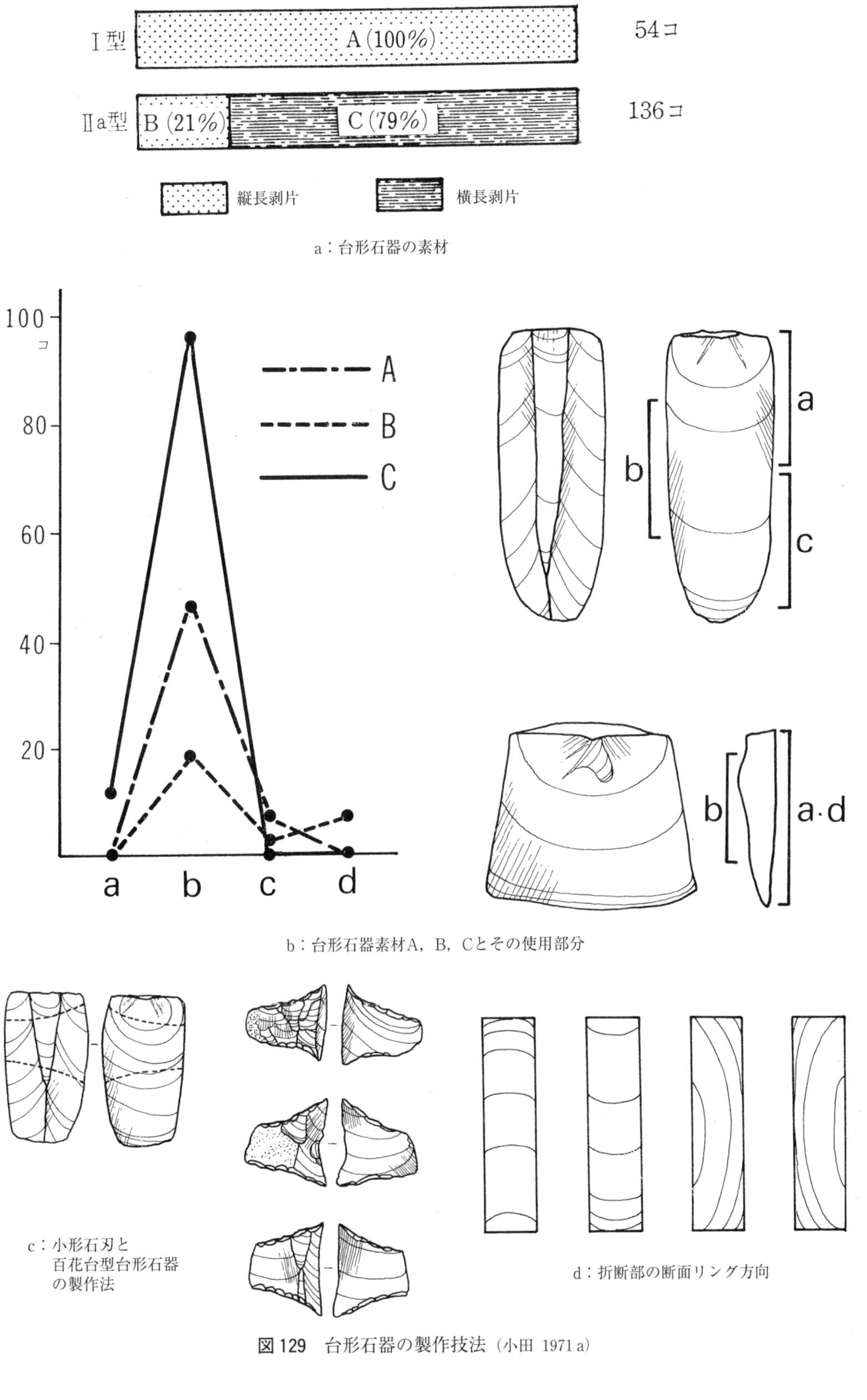

c：小形石刃と百花台型台形石器の製作法

d：折断部の断面リング方向

図129　台形石器の製作技法（小田 1971a）

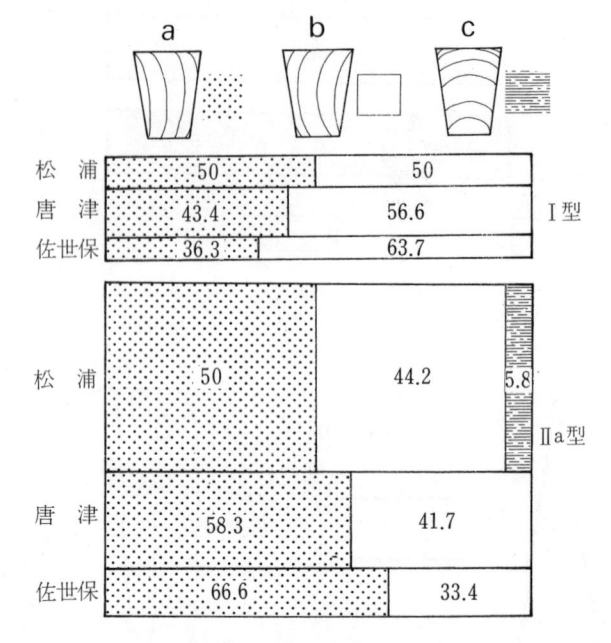

344　第3章　石器の研究

a：刃部決定の地方別頻度グラフ（％）

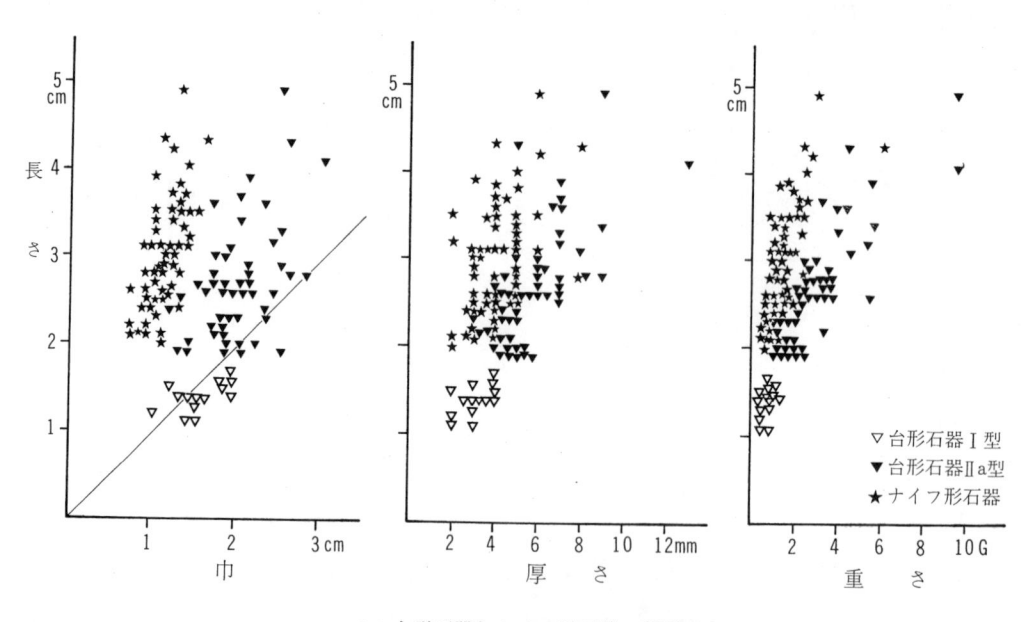

b：台形石器とナイフ形石器の計測グラフ

図130　台形石器、ナイフ形石器の製作技法（小田 1971a）

(1) 計　　測

　台形石器が、ナイフ形石器と数値的相異を如何に示すかは興味ある点で、松浦地域の資料を用い、長さを基準に幅、厚さ、重さを調べてみた。それによると、明らかに両石器は異なる様相を示している。台形石器はⅠ型とⅡa型が分離し、集中率ではⅠ型が群を抜いている。

　台形石器Ⅰ型は、時期的にⅡa型より新しいので[註7]、この集中率は台形石器の定形化と理解されよう。

　台形石器Ⅱa型は、ナイフ形石器と長さで並ぶが、幅、厚さ、重さともに大きくナイフ形石器より、バラツキが目立っている。これは一方が連続的に打ち剥がされた縦長の石刃を素材にし、剥片の形状に順応した形態に仕上げているのに対し、不定形の横長の石刃を主体に使用しているためであろう。このことは、台形石器Ⅰ型とⅡa型の集中率にもあてはまる解釈である。また別用途の器種からくる差異であるかもしれない。要するに、ナイフ形石器は長さに比して幅に制約をもつ石器であるのに対し、台形石器は刃先が広く、横より縦に長い厚みのある安定した石器といえる。

(2) 身の反り

　台形石器がナイフ形石器と異なるもう1つの点に、「身の反り」がある。ここで台形石器とナイフ形石器の典型例の側面を比較したものを示す。

　まずナイフ形石器は、身の内彎した状況と身のよじれが際立っている。一方、台形石器は両面加工尖頭器の断面によく似た身の中央部を極大にした膨らみをもつようすがうかがえる。かつてナイフ形石器が飛び道具（石鏃）であろうと考察されたことがある（瀧澤1964）が[註11]、この身のよじれ、反りをどう解釈したらよいのであろうか。刺突具としての使用に有効かどうか疑問である。むしろナイフ形石器は「組み合わせ道具」の返しの部分にこそ、有効性を発揮するものといえるであろう。その点、台形石器は立派に先端に着柄され得るとともに、投射に際しても、ナイフ形石器より目的地に真直ぐに正確に到達しそうである。

(3) 使 用 痕

　その石器がどのように使用された道具かを知る手段に、使用痕の観察がある。使用痕には損傷痕、磨耗痕などが知られているが、その度合いも、石材、加工物、加工方法、使用時間などで異なり、また使用痕がつかない場合もある。黒曜石は他の石材に較べ、使用痕が付きやすく、また観察も容易であるという利点を持ち、普通は実体顕微鏡で調べるのであるが、手持ちのルーペや肉眼でも、はっきり見られる状態で付着している。ここで検察した松浦地域のナイフ形石器、台形石器は前述したとおり、すべて黒曜石製であり、その点恵まれた資料を扱えたといえる。

　損傷痕を大きく分けると、「折れ」と「刃こぼれ」になる。まず「折れ」であるが、その部分を先端、上半分、下半分、基部、上下部、縦折れに分けて調べてみると、次のようになる。

　ナイフ形石器では、上半分と下半分の折れに特徴が見出せそうであるが、この2つの部分はい

346　第3章　石器の研究

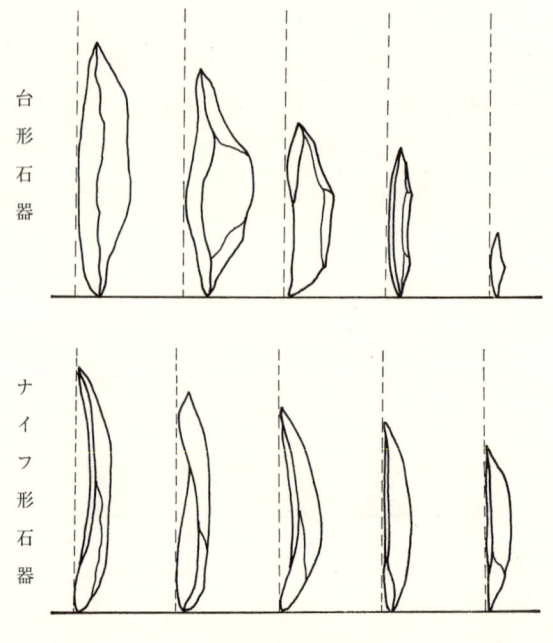

a：身の反りの比較

ナイフ形石器	◁	◁	◁	◁	◁	◁	◁
	62	16	25	18	16	4	0
台形石器	▭	▭	▭	▭	▭	▭	▭
	84	6	1	3	6	0	0

b：破損部所とその点数

図 131　台形石器・ナイフ形石器の機能（小田 1971 a）

い換えれば半折れという事になる。このことから、ナイフ形石器は刃先の部分がよく破損する状況下に置かれる道具と推察される。なお、破損品と完形品の割合は 56.1％ 対 43.9％ になり、完全な形で残っているものも相当数あることは頭に入れて置かねばならない。台形石器は、破損例が少なく完形品との割合も 84％ 対 16％ になり、圧倒的に傷みが少ない。折れている部分も刃先の一部分にすぎない。ナイフ形石器より台形石器が折れる率が少ない理由としては、まず素材の相異にあろう。素材を縦に使うナイフ形石器と、横に利用する台形石器では、石材の強度がまっ

たく違う。この差は重要な視点であろうが、ナイフ形石器の折れに規則性が見出せることは、台形石器との機能の差を暗示しているものと解される。

　次に「刃こぼれ」であるが、ナイフ形石器では 141 例中、付着しているものが 15 例見つかった。すべて刃部にあり、連続的にあるもの、一部分にあるものなど、各種各様で統一性はうかがえない。これは切截した時についたというより、何かにぶつかったさいに、刃が潰れた状態といった方が的確であろう。また台形石器にも、100 例中 16 例に「刃こぼれ」が付着しているのがみつかった。それはやはり刃先についており、ナイフ形石器の場合と同じ観察結果であった。

　損傷痕とともに、石器の機能を知る手段に「擦痕（磨耗痕）」がある。擦痕のつく要因としては、普通その部分が長時間にわたり使用されることによる磨滅が考えられるが、一時的にその石材より硬質のものにぶつかったさいのキズもあろう。ナイフ形石器、台形石器にはどちらかといえば、後者のぶつかった際のキズ的擦痕が認められることが多い。掻器（エンドスクレイパー）、石刃においては、逆に刃部が磨滅してトロトロになっている例を多見している。彫器は彫刻刃面の稜に直角にキズ的擦痕が走っている。彫器のキズ的擦痕は、ほほどの例を調べても規則的（稜に直交する）であるのに対し、ナイフ形石器、台形石器では種々雑多な擦痕がただついているというだけである。付着例もナイフ形石器では 141 例中 5 点、台形石器では 100 例中 5 点であり、それぞれ 3.5%、5% の低率であった。こうしてみると、この両者にはむしろ擦痕がないという特徴を指摘できそうである。一般的に石鏃や石槍などの刺突具には、擦痕や磨耗痕がみられないのが普通である。いい換えれば、これは狩猟用具と労働・生活用具の相異にも繋がる道具の機能に関する重要な問題でもある。

6　まとめ

　台形石器は、初めナイフ形石器の一形態として出発した。しかし西北九州地方の資料が知られるに従い、それらは明らかにナイフ形石器と形態的にも技法的にも相異するらしいものであることが研究者間で考察されるようになり、名称も「台形石器」「台形様石器」と呼ばれ、典型例は報告書の中で特別に別器種として扱われもした。このような研究史の流れの中で、筆者は従来判然としなかったこの種の石器を「台形石器（Trapeze）」と総称し、その中にⅠ（Daikei sekki）、Ⅱa（Daikeiyo sekki）、Ⅱb（Kiridashigata sekki）型を設定するにいたった（Oda 1969：234）。今ここに、台形石器の個々の特性をいくつか摘出し分析した結果、この石器は明らかにナイフ形石器と区別されるものであり、少なからず数型式の分類が可能であった。この分類からみると、今まで台形石器、台形様石器と呼ばれているものが、はたして一つの名称で総称して良いものか否かに、疑問が持たれる段階にもなった。とくに外形分類からは台形、三角形、半月形の 3 種類が指摘でき、全体的には台形状を呈さない例が圧倒的である。その特徴は抉入状刃潰し整形加工と、横幅より縦に長い先端の開いた「ノミ状石器」とも呼べる形態を示している。

　ちなみに諸外国に眼を転じると、Trapeze と呼ばれるものは、縦より横に長い直線的刃潰し

加工の多い石器が普通である（Formozov 1962、Korobkova 1969）。日本のような例は、北欧貝塚文化期に盛行する。「Transverse arrowhead」「Petit tranchet」と呼ばれる直刃の鏃（直剪鏃）に酷似している（Clark 1936）。別に外国の真似をすることはないが、日本例を新たな視点で検討してみる価値はあろう。ここでは広い意味で、この種石器を台形石器（Trapeze）と呼称し、今後適当な名称が考えられるにいたった時点で、再考してみるつもりである。

　用途に関しては特別の関心を払ったが、確証を把握するまでにいたっていない。形態分析では、先端に装着される可能性は十分に説得力をもつと思われる。また刃部の使用痕からはその部分が何かを切ったり、削ったりした形跡は認められず、むしろ使用痕がない特徴を導き出せた。「先端に着柄され」「切截の道具ではない」とすれば、台形石器はいかなる道具であったのだろう。瀧澤浩がナイフ形石器の機能論で述べたように[註11]、投射される道具と考えて誤りはなさそうである（瀧澤 1964）。その場合「手投げ」か「弓」かの重大な問題が浮かびあがってこよう。それは「槍・銛先」か「石鏃」かの相異でもある。西北九州地方では、当該期遺跡に「尖頭器（ポイント）」の伴出が確かではないが、本州では多かれ少なかれ尖頭器が発見されている。それに代わって台形石器は、本州にはみられない程の盛行と発達がある。どうやらこのあたりに、台形石器の謎を解く鍵があるのかも知れない[註12]。

　台形石器はその重量からして槍先とは考えられず、矢尻（石鏃）を想定しなければならないだろう。「弓矢」の存在は、日本の旧石器時代を理解する上でまた異なった意味に発展していく可能性をもつが、この方面への言及は今後の研究課題として残して置くことにして、ここでは、台形石器がナイフ形石器や他石器とともに、新たな石器組成の一員として加えられるべき石器であることを指摘して結びとしたい。

註
(1) 種々さまざまな形態を示すナイフ形石器は、基本的に、
　　　①石刃を自由に折り取り、一辺に鋭い刃部を残し、他二辺を整形し多くは三角形を呈するもの
　　　②縦ないし横長の石刃を使用し、平行した鋭い刃に対し直角に断ち切り、台形に仕上げたもの
　　　③比較的大形の素材を選び、一辺ないし周辺部にわずかな加工を施し、ナイフの身のようにしたもの
　の3種類にくくることができる。そしてそれらはすぐさま機能を暗示する分類で、①は組み合わせの道具のbarb、②は先端につけられおそらくarrowheadと推定される。③は柄につけられたり、また直接手で握られknifeとしての用途であったと考えられる（Oda 1969：234-239）とした。
(2) 東京都野川遺跡では台形石器の出現は、文化層Ⅳ-3bからで、ナイフ形石器はもう1枚下層のⅣ-4から始まっている。これらはすべて立川ローム第Ⅰ黒色帯以後の所産であった。月見野遺跡群では、相模野台地の黒色帯Ⅱ位から発見される。しかし不確定な層準研究結果が型式対比に優先し、月見野遺跡群は非常に古く考えられるにいたった（戸沢 1969，1970）。筆者は当初より石器組成の比較から、この包含層の古さに対して疑問を呈していたが、幸い立川ローム層の標準地点近くに野川遺跡を発掘する機会

を得て、地質学データとともに意見を発表した（野川遺跡調査会・関東第四紀研究会1971）。その結果少しずつ相模野台地の層位が新しくなりつつあり、台形石器を目安にする事が不当でないことを示した。この文化層対比については、『第四紀研究』10-4「日本旧石器特集号」に詳論した（小林・小田他1971）。

(3) 切出形石器は、芹沢長介により、「多くは横に長い分厚の剥片を用い、打面の部分とその逆の端とに丹念な修整を行い、全体を切出し形に整える」石器と定義され（芹沢1957：43・44）、この名称が一般化して行く中で、①関東・中部地方の一部にかけて、分布する地方色の強い特殊な石器、②編年的にはナイフ形石器からポイント期への過渡的なものとの見解が打ちだされていく。このような傾向に対して、瀧澤浩は「この石器は外形から来た名称で、むしろその内在する技法からは、ナイフ形石器の一種と考えるべきものである」（瀧澤1962）と提唱するが、切出形石器の解釈を大きく変えるまでにはいたらなかった。その後、一時忘れられたかにみえた切出形石器への関心が活発になった。戸沢充則は埼玉県砂川遺跡の編年に関する考察で、切出形ナイフ形石器の存在をもって、茂呂期より新しく市場坂期より古い様相を指摘し（戸沢1968：41）、稲田孝司はナイフ形石器文化から発生期尖頭器文化への発展の中に、切出形石器を位置づけようとしている（稲田1969）。それより新しく佐藤達夫は、この石器を国府型ナイフ形石器日本最古の例として理解する中で、西日本から時間的に遅れて派生し、茂呂、砂川期のナイフ形石器インダストリーと並存する特殊な石器群とした（佐藤1969、1970）。これらを整理すると、石器の特徴としては、①横長剥片を多く使用、②並行した刃潰しと上下に刃を持ち、刃先は斜め、③分厚く、④編年的には比較的新しい時期（ナイフ形石器→切出形石器→ポイント）、⑤やや古くに出現しナイフ形石器と並存、⑥ナイフ形石器の一種として各期に共存、に分けられ、編年的考察は別として①③については、台形石器の範型、とくにⅡa型とはまったく関わりがない。ここで②の刃先が問題になろうが、筆者は、台形石器の認識に際し、Ⅱa型（台形様石器）とⅡb型（切出形石器）の差異は、瀬戸内地方の安山岩を主体にした剥片剥離技術から生み出される横長の石刃にその解決の糸口がある事を指摘したことがある（Oda 1969：235）。つまり、同じ横長石刃でも九州の黒曜石では四角形に近く、瀬戸内の安山岩は半月形を呈する。この両石刃に並行した刃潰しを行えば、当然前者は直刃、後者は斜刃になる。このことから台形石器が九州から瀬戸内を経て中部・関東地方へ流入して行く伝播経路を想定のもとに、瀬戸内安山岩地帯を通過時点で、刃先が斜めになり、その伝統がもち越されたと解釈すれば、切出形石器が地方的な特殊な石器という概念は打破されよう。当然立派な直刃の台形石器も関東に入ってきている。この流入時期は佐藤達夫が述べているように、ナイフ形石器文化の比較的古い段階に行われたのであろう。その証拠に、野川遺跡Ⅳ-3b、群馬県武井遺跡第Ⅰ文化層、栃木県磯山遺跡などにすでに登場している。

(4) 池水寛治は鹿児島県上場、熊本県石飛遺跡の資料からこの問題に触れている（池水1971）が、完成された台形石器との割合が明示されていない。そのために、切断剥片がただちに素材なのか、それ自体がすでに完成したトゥールなのかという判断が難しい。剥片についている使用痕は、本論中でも触れたように目安としては不確かである。むしろ、折断面の微細な整形加工、リングの方向性の観察を重要視して行かなければならない。

(5) 佐賀県原遺跡は、昭和43年（1968）夏、明治大学考古学研究室で発掘された。その概要はすでに発表されている（杉原・戸沢1968）。本報告は『考古学集刊』4-4に掲載された。筆者がここで発表した台形石器製作に関する考察は、とくに杉原荘介、戸沢充則両先生の御厚意により、その研究の場を与えられ、その結果に基づいているものである。

(6) ヨーロッパ中石器時代前期を代表するタルドノア期（(Tardenisian)にはノッチ技法（notch technique）とかダブルノッチ技法（double notch technique）とか呼ばれるミクロビューラン製作法がある（Clark 1932：93-103）。これは石刃の縁に1つないし2つのノッチを入れ、そこから折り取り小形の彫器（micro-burin）を作るのと同じに中央の部分を台形、三角形、半月形などの石器に仕上げるのである。日本のナイフ形石器や台形石器の製作に関しては、このような方法は採られていないようである。故に「ミクロビューラン」も見つからない。

(7) 長崎県百花台遺跡の調査によって、ナイフ形石器文化層（百花台Ⅰ）→台形石器Ⅰ型文化層（百花台Ⅱ）→細石刃文化層（百花台Ⅲ）という層位的変遷が確かめられた（和島・麻生1963）。筆者もこの発掘に参加して、日本で初めて本格的な台形石器（百花台型）を経験した。この調査で百花台下層文化には台形石器の伴出がなかったが、同じ段階の周辺遺跡には台形石器Ⅱa型がよく伴うことが知られている。このことにより、台形石器Ⅱa→Ⅰ型という台形石器の時間的推移が確立されよう。ちなみに、熊本県石飛遺跡でも台形石器が小形化して行くようすが層位的に把握されている（池水1968）。

(8) 池水寛治が論じたように「上場技法」が石刃を2〜3個に折断し、そのままプロトトラピーズと理解するならば、複数製作を考えないわけにはいかない（池水1969）。しかし百花台遺跡のように、多量の台形石器が単純に出土した遺跡であっても、上場技法の知見は得られていない。とするとこの技法は普遍的なものというより、上場・石飛両遺跡が持つ特殊な条件下、たとえば原産地周辺であるが、黒曜石が非常に悪質で折れ易いなどの特性なのかも知れない。西北九州地方でも、早くこの問題を解決するような良好な遺跡が発見されることを望みたい。

(9) この方法でナイフ形石器を分析すれば、1遺跡内における右刃、左刃の比率がわかり、三角形を呈するナイフ形石器が組合わせ道具（composite tool）と理解されつつある現在、その割合は返しの状態、たとえば左右同じ数装着するか、片方だけなのかなど、またナイフ的に使用されたナイフ形石器では、右きき、左ききの研究にも役立つと思われる。

(10) 諸外国の条件の良い遺跡では、石器が柄に装着されたままの状態で発見されたり、また獲物の骨に刺さって出土することがある。こういう場合は非常に正確な推定が可能であるが、普通は単独に石器のみが出土する。日本の旧石器時代遺物が包含されている「ローム層」は、酸性土壌なので骨などの有機物はとくに残りにくく、こうした発見は絶望的である。したがって用途を推定する一般的方法としては、比較民族学的資料の類推が多く試みられる。最近では、石器刃部の顕微鏡下の詳細な観察から、「擦痕」、「傷み」、「刃こぼれ」などを抽出し、実験的考察の結果と照合してその機能に迫る方法が流行し出した（Semenov 1964）。しかしこのような努力にも関わらず、多くの石器はなお用途不明のまま残されているといえよう。

(11) ナイフ形石器の使用痕について、すでに瀧澤浩が研究している（瀧澤1964）。それによれば、①擦傷痕

は先端部の方向に向かい、運動した時点でついた状態である、②それはナイフ形石器が獲物をはずれ土中に刺さったさいのキズであり、実験では3～4回突き刺した時点で同じ状態になった。③したがってこうした結果から、ナイフ形石器は「尖頭器」、「石鏃」であるとされた。しかし、ここで問題になるのは、擦傷痕付着例が量的にどの位あるのか、またナイフ形石器にも型式があり、その中のどの型式に多いか、あるいは全部なのかという点がまず挙げられよう。戸沢充則は埼玉県砂川遺跡のナイフ形石器の分析の中で、型式と機能の関わりについて明解な示唆を打ちだしている（戸沢 1968：33-36）。この戸沢論の方が、1歩進んだ研究段階であろう。また、擦傷痕がつく過程であるが、はたして3～4回拾い上げられ、また投射されるものであろうか。石鏃と考えればなおさらであろう。本論中でも述べたが、ナイフ形石器、台形石器には、むしろ擦傷痕がないのが特徴といえる。

(12) 百花台遺跡第4層（百花台Ⅱ）では、「台形石器」が単純に100点近く出土している。こうした特定器種が卓越する様相は、関東・中部地方で認められている「尖頭器」石器群の単純出土遺跡と類似している。

2. 磨製石器の発見

　日本の旧石器時代遺跡から、刃部が磨かれた「斧形石器」が少なからず出土する。1960年代後半から1970年にかけて、東京・武蔵野台地において旧石器時代遺跡の大規模発掘調査が頻繁に実施され、厚く堆積した火山灰（ローム）層中に、重複する多数の旧石器文化層が確認されている（野川遺跡調査会1970、1971、野川遺跡調査会編1971、小林・小田他1971）。また、多くの遺跡で放射性炭素法や黒曜石のフィッション・トラック法（OB-FT）などによる理化学的年代測定も行われ（Suzuki 1970、1973）、石器群編年に絶対年代の示準が提示されている。

　こうした多くの旧石器時代資料確認の中で、現在もっとも注目される発見の1つは、1973年（昭和48）東京都栗原遺跡で出土した刃部磨製の斧形石器であろう。この石器は立川ローム第X層（約2万8,000～3万年前）に包含されており、層準は武蔵野台地最古の旧石器文化層であった。したがって、栗原遺跡第X層文化の「磨製石器」は、日本列島を含めたアジアの旧石器文化の意義とその位置づけを考察する上で、重要な資料として浮かびあがってきたのである。

1　武蔵野台地の旧石器時代遺跡

（1）　立川ローム層準名の統一

　東京の西郊に広がる武蔵野台地は、青梅市を扇頂にした扇状地状の洪積台地である。台地上には最大8mにおよぶ風成火山灰（ローム）層が堆積している。この層は、約3～6万年前とされる武蔵野ローム（町田・鈴木1971）と、約1～3万年前とされる立川ローム（町田編1971）に区分されている。この年代値は、フィッション・トラック法によるOB-FTと^{14}C年代を基本（Suzuki 1973：306-314）にしており、同層準（後期更新世後半）に確認できる動物相、植物相、花粉化石タイプなどの年代観とも整合している（関東ローム研究団体編1965：287-292、野川遺跡調査会編1971：18-20）。

　両ローム層は、色調や層相によって細分されている。地層の区分に関していえば、考古学者が遺跡で肉眼観察により識別可能ではあるが、より正確を期するために土壌学・火山灰研究者と共同研究する必要がある。立川ローム層は武蔵野台地のどの遺跡にでも類似した岩相を示すことから、各遺跡ごとの層準ではなく、1970年の調布市野川遺跡の調査において確認された標準層準（第III、IV、V、VI、VII、VIII、IX、X、XI層）との比較によって、すべて同じ層ナンバーで統一することができる。しかし、野川遺跡で確認された第II黒色帯中の黄色味を帯びたローム層

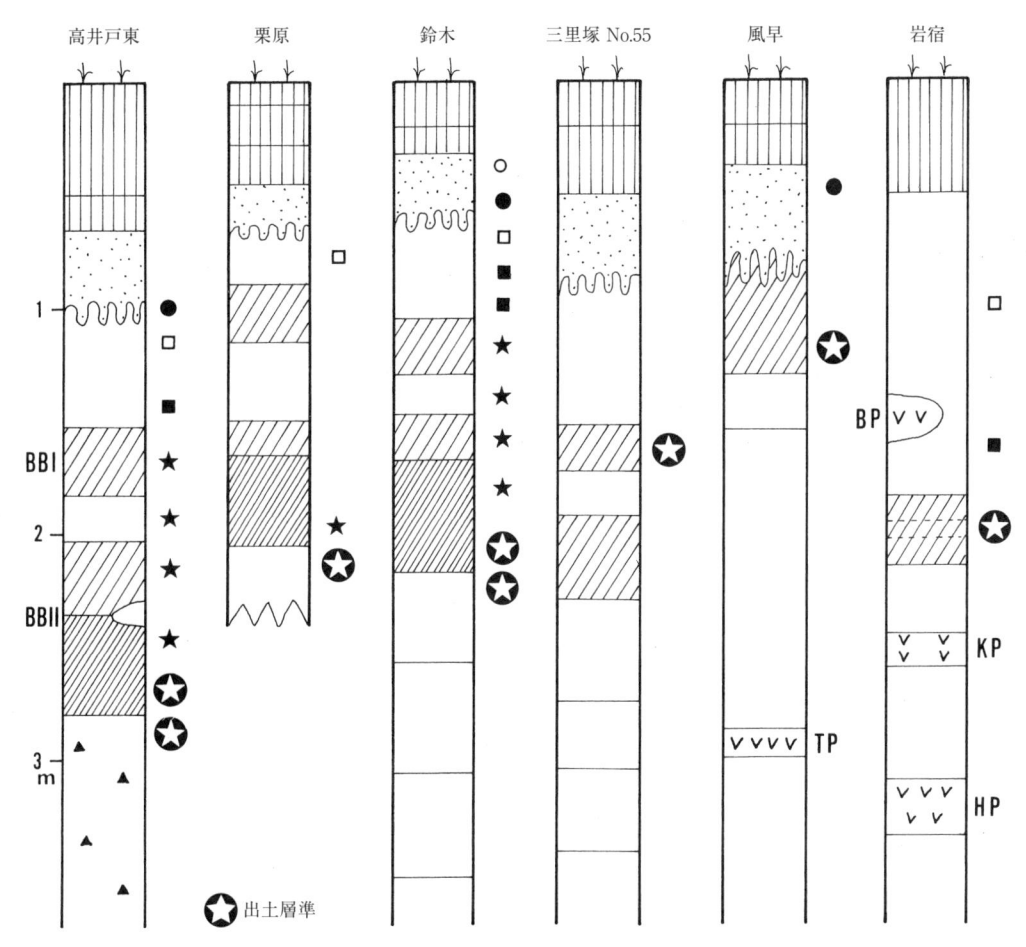

図132 関東地方の旧石器遺跡と刃部磨製石器の出土層準（小田 1976 b）

（第VIII層）は、他の遺跡では明瞭には確認されていない。したがって他の遺跡では、この層準は飛ばして第VII層から第IX層に移行することになる。また第IV層中の微かな黒色帯は、層番号では呼ばずに「BB 0」と表記されるだけである。

武蔵野台地の旧石器時代文化層は、現在立川ローム第III層から第X層までしか確認されていない。また、これらの層準から出土する石器群の型式学的比較と理化学的年代は、それぞれが遺跡間で層序的に良く相応していることが理解される。したがってこうした層準の統一的呼称が、今後この地域の考古学的研究の良き指針になることが期待されたのである。

（2） 旧石器時代文化期の設定

1970年（昭和45）以来、武蔵野台地で行われた発掘調査によって、約50に及ぶ層位的に識別された「文化コンポーネント（文化層）」資料を得ることができた。この良好な層序と比較的豊富な資料により、本台地の旧石器文化編年が詳細に知られるようになったのである（小林・小田・羽鳥・鈴木1971、Oda and Keally 1973）。

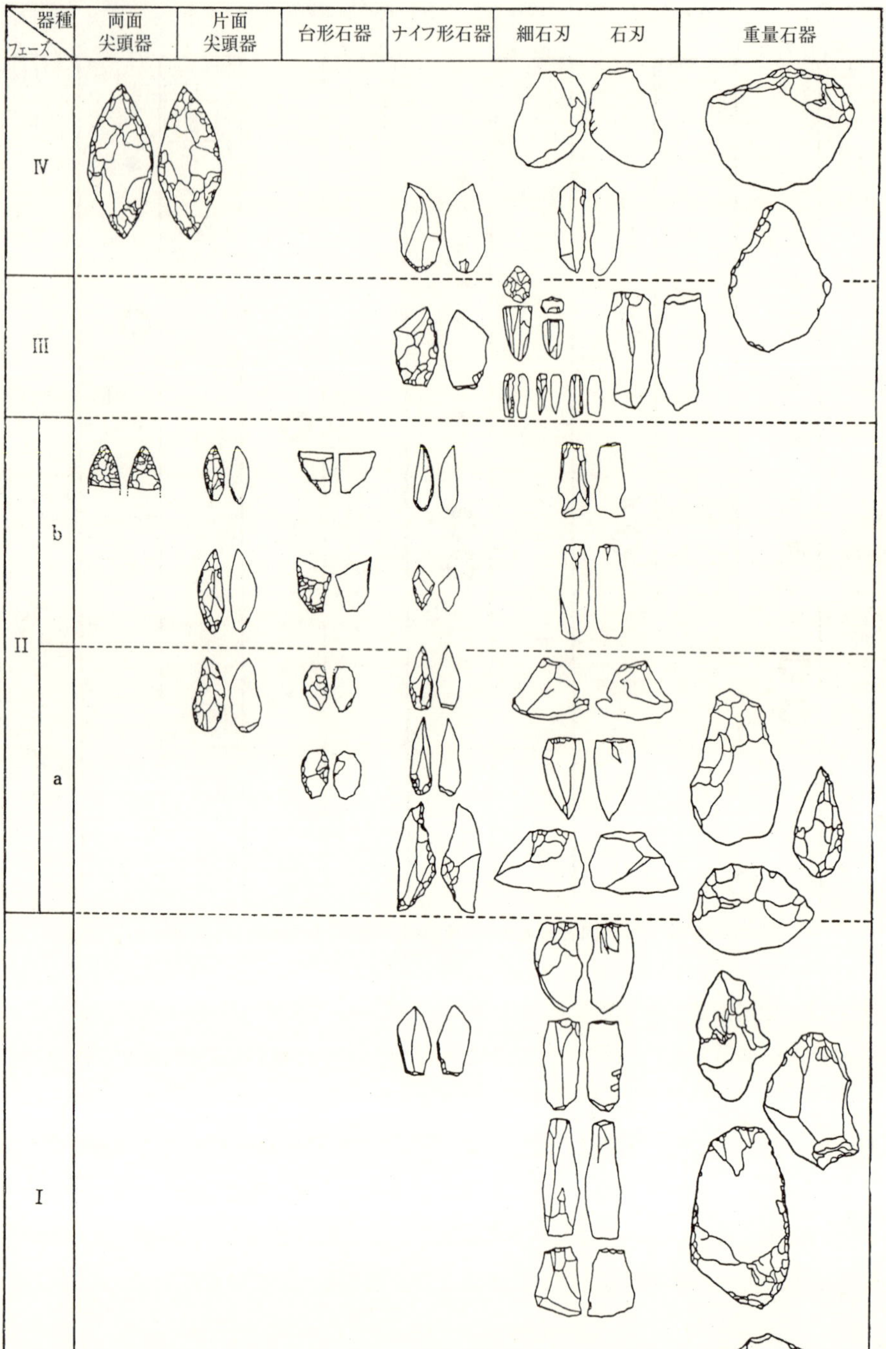

図133 文化層別・旧石器時代石器群の様相 (Oda and Keally 1973 a)

また、武蔵野台地の旧石器文化の編年は、次の4つのフェーズ（期）に大別される。

フェーズⅠ（第Ⅹ層～Ⅴ層）　剥片および礫器の重量石器、大形石刃および少数の部分加工のナイフ形石器（背付石器、背付尖頭器、切り取り石器など）、国際基督教大学構内遺跡第15地点の第Ⅵ層出土資料（Kidder・小山・小田・及川 1972：33）を特徴とする。

フェーズⅡ（第Ⅳ層～Ⅲ層下部）　とくにナイフ形石器（一端が尖り、一辺ないし多辺に急斜な刃潰し加工）に特徴づけられる。こうした背付石器の形態は、このフェーズを通して明確な変遷を見せている。つまり、このフェーズの初期には重量石器が多く見られるが、その後は消滅している。フェーズの中頃になると、台形石器および片面加工の尖頭器が登場し、フェーズの終わりまで継続していく。さらに両面加工の尖頭器は、このフェーズの終わり頃に登場し、次ぎのフェーズにまで残存して行く。この小形両面加工尖頭器の登場と重量礫器の消滅は、本フェーズ細分の画期をなし、サブ・フェーズaとbに分けられる。

フェーズⅢ（第Ⅲ層）　細石刃と細石核（細石刃核）を特徴とする。大形石刃やナイフ状石器も存在する。

フェーズⅣ（第Ⅲ層～Ⅱ層下部）　重量フレイクと重量礫器が再び登場し、大形両面加工尖頭器のバラエティが見られるようになる。このフェーズと縄文文化には連続性が認められる。土器と小形三角形石鏃の登場が、縄文時代と旧石器時代を区別している。大形フレイク、大形礫器および両面加工尖頭器の一部は、縄文草創期まで残存する。

本編年のすべての文化コンポーネントおよび組成は、確認された遺跡名および地質学的層名の数字（たとえば第Ⅳ文化層、第Ⅳ上層文化等）によって呈示される。地質層に複数の文化層が含まれていれば、その数だけで尾子をつける（たとえば第Ⅳ-1文化層、第Ⅳ-2層文化など）。

（3）　旧石器文化編年の年代観

鈴木正男の報告した黒曜石水和層年代は、4つのフィッション・トラック年代値を鍵とし、476の試料を用い、23の文化コンポーネントにわたる武蔵野台地旧石器文化編年を提示している（Suzuki 1973）。この年代値は次のようなものである（N値は文化コンポーネントの数）。

第Ⅲ層	フェーズⅣ	9,500±100 B.P. ～ 10,300±950 B.P. (N＝2)
第Ⅲ層	フェーズⅢ	11,300±100 B.P. ～ 12,000±300 B.P. (N＝2)
第Ⅳ上層	フェーズⅡb	12,700±500 B.P. ～ 14,700±400 B.P. (N＝6)
第Ⅳ下層	フェーズⅡa	15,100±400 B.P. ～ 18,400 B.P. (N＝9)
第Ⅴ層～Ⅸ層	フェーズⅠ	18,500±1,450 B.P. ～ 25,000±3,800 B.P. (N＝4)

立川ローム第Ⅹ層の最古の石器群の年代については、その深度と上層のOB-FT年代との関係から、およそ2万8,000～2万9,000年前と推定されている。また、放射性炭素年代値も12点得られており、それらは立川ローム黒色帯ⅠとⅡ（それぞれ第Ⅴ層および第Ⅶ～Ⅸ層に相当）から出土した数点の有機質試料の、異なる断片の測定値である。いずれも遺跡から出土した試料ではないが、地層は遺跡の層序に対応している（町田・鈴木・宮崎 1971）。

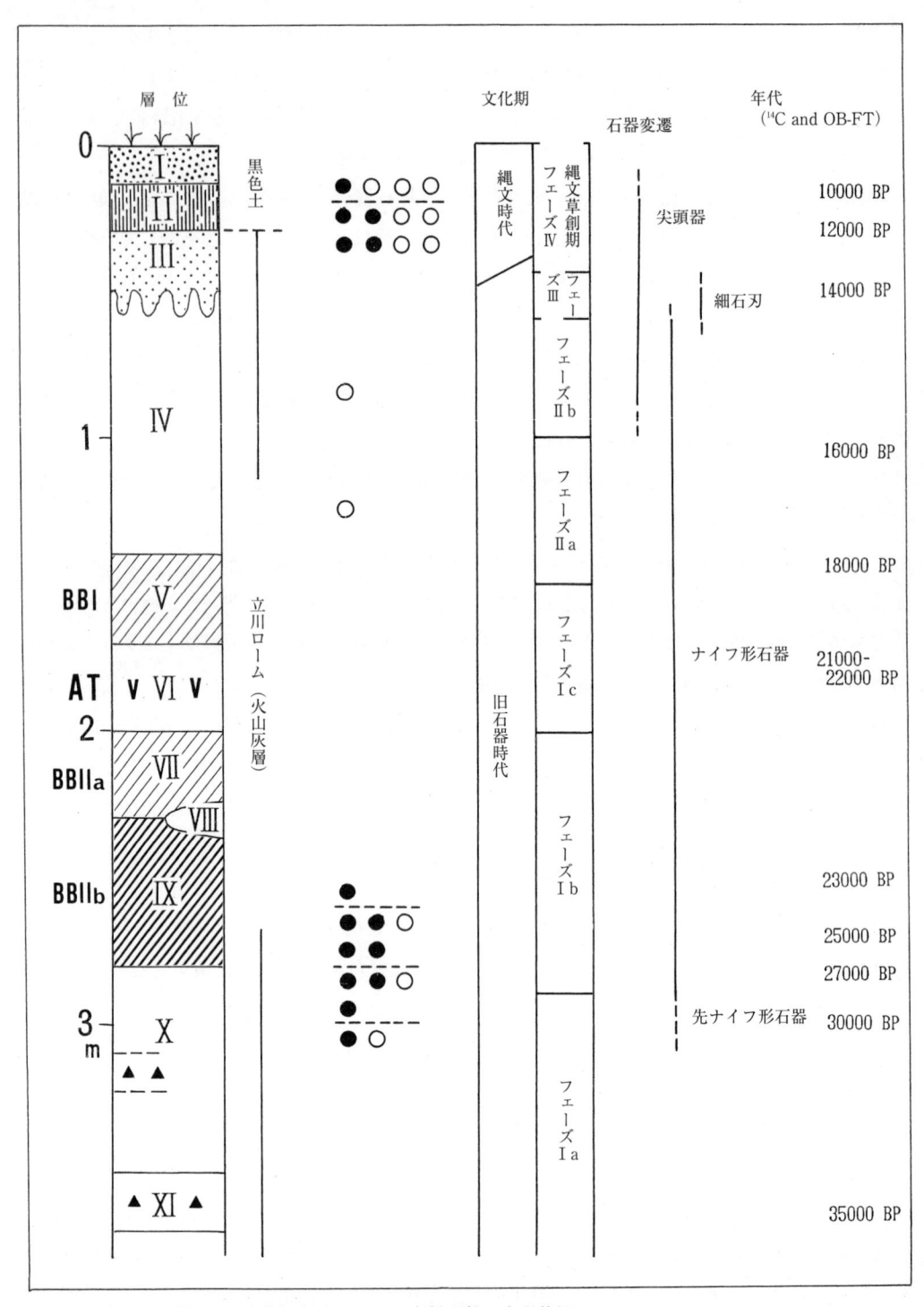

図134 武蔵野台地における磨製石斧の出現状況 (Oda and Keally 1992)

2. 磨製石器の発見

第V層（黒色帯I、BBI）

  16,000±300 （Gak－1014） humic acid 腐植酸

  19,800±500 （Gak－1015） humin フミン（無定型有機質）

  15,350±550 （Gak－1129） humin フミン（無定型有機質）

  17,000±400 〃 humic acid 腐植酸

  19,800±500 〃 total humus 腐植土

  15,800±400 （Gak－3588） non hydrolyzable humic acid 非加水分解性腐植酸

第VII～IX層（黒色帯II、BBII）

  22,300±900 （Gak－I 016） humic acid 腐植酸

  21,400±600 （Gak－I 017） humin フミン（無定型有機質）

  19,500±600 （Gak－l 130） humin フミン（無定型有機質）

  24,900±900 〃 humic acid 腐植酸

  23,000±700 （Gak－3590） non hydrolyzable humic acid 非加水分解腐植酸

  24,000＋1,000 （Gak－3591） humic acid 腐植酸
    －900

こうした試料が、上層の炭素の浸透による汚染を受けている可能性を、十分念頭に置く必要がある。年代の幅は以下のようである。

  第V層（フェーズI） 15,350±550～19,880±500（N＝6）

  第VII・IX層（フェーズI） 19,500±600～24,900±900（N＝6）

この年代幅の内、最古の値ならばOB－FT年代と整合する。後世の炭素の汚染の可能性を考慮に入れるとしても、OB－FT年代と十分に整合しているといえる。

武蔵野台地の旧石器文化では、フェーズIVに接続する縄文時代早期の撚糸文系土器群（井草～夏島～稲荷台～花輪台式）を出土する遺跡には、以下のC^{14}年代値がすでに存在し参考になる。

  9,450±400（M－769） 井草式

  9,240±500（M－770,771） 井草式

  9,190±200（N－174－1） 花輪台式

  8,740±190（N－174－2） 花輪台式

  8,240±190（N－170） 井草式

  8,150±180（N－168） 井草式

東京都板橋区稲荷台遺跡（撚糸文系土器群）では、OB－FT年代で8,400±1,000の値もある（鈴木1973）。^{14}C年代試料N－168とN－170の年代値は層序と整合していない。しかし縄文時代のOB－FT年代値と、^{14}C年代値はよく対応しており、フェーズIVのOB－FT年代値とも適合している。

各フェーズの年代値を、統合すると以下のようにまとめられる。

  phaseI 30,000～18,500 B.P.

phaseIIa　　18,500〜15,000 B.P.
phaseIIb　　15,000〜12,500 B.P.
phaseIII　　12,500〜11,000 B.P.
phaseIV　　11,000〜 9,500 B.P.

（4）　栗原遺跡の概要

　1973年（昭和48）4月1日〜2日、板橋区栗原遺跡の発掘調査が行われた。過去の調査は、1951年に明治大学考古学研究会（岡本1951、芹沢1954）が、1955年にはオセド研究会の榎本金之丞、瀧澤浩（大沢・柴崎1960）が、1956年には立教大学博物館学研究室（直良・杉山1957）によって実施されている。

　1951年、1955年、1956年の発掘調査は立川ローム第IV層までしか達していない。発見された文化層は1枚（ないしそれ以上）で、第III層下部ないしIV層上部のものである。出土した遺物は、親指大のスクレイパー、台形石器（trapeze）、ナイフ形石器（backed blade）で、すべて武蔵野台地フェーズIIbの旧石器文化の特徴を示している。

　1973年の発掘は、上部の地層が削除された地点で実施された。その結果、浅い位置で第IX層と第X層が確認でき、両層準から計2枚の旧石器時代文化層を検出する。こうした深部からの文化層の発見は、武蔵野台地では小金井市平代坂遺跡（小田・Keally 1973）以来2ヵ所目である。ちなみに平代坂遺跡では第IX層から縦長剥片と礫器が、第X層からは「スクレブラ」と呼ばれる特徴的な石器が出土している。

　栗原遺跡では、上部の文化層（第IX層）で数点の幅広大形剥片と、1点の大形石刃が出土し、下部の文化層（第X層）からは、数点の使用痕付き横長剥片、小形礫器、敲石に転用された転礫利用の石核と、1点の「刃部磨製斧形石器」が発見された。剥片は大きな打面を持ち、広い自然面が残っている。

　こうして栗原遺跡第X層の磨製石器は、日本の旧石器時代編年を考える上で重要な遺物として登場したのである。

2　刃部磨製石器の分析

（1）　刃部磨製石器の地理的分布

　日本列島における磨製石器（刃部磨製斧形石器）の出土する遺跡の分布は、列島中央部に集中しているようすがうかがえる（関東：1〜4、中部：6・9・13・14、北陸：5・7・8）。また、東北地方北端に1ヵ所（12）、北海道地方東部に2ヵ所（10・11）が認められる。さらに、長野県の山岳部（森嶋1970）や山形県内（加藤1972）で、多くの表採遺物が報告されているが、こうした資料は、編年的位置づけが不可能なのでここでは扱わなかった。そして、東経136度以西からは、未だ磨製石器の報告例はない。こうした列島内での偏在性は、今後の遺跡調査の増加によって訂正され

2．磨製石器の発見　359

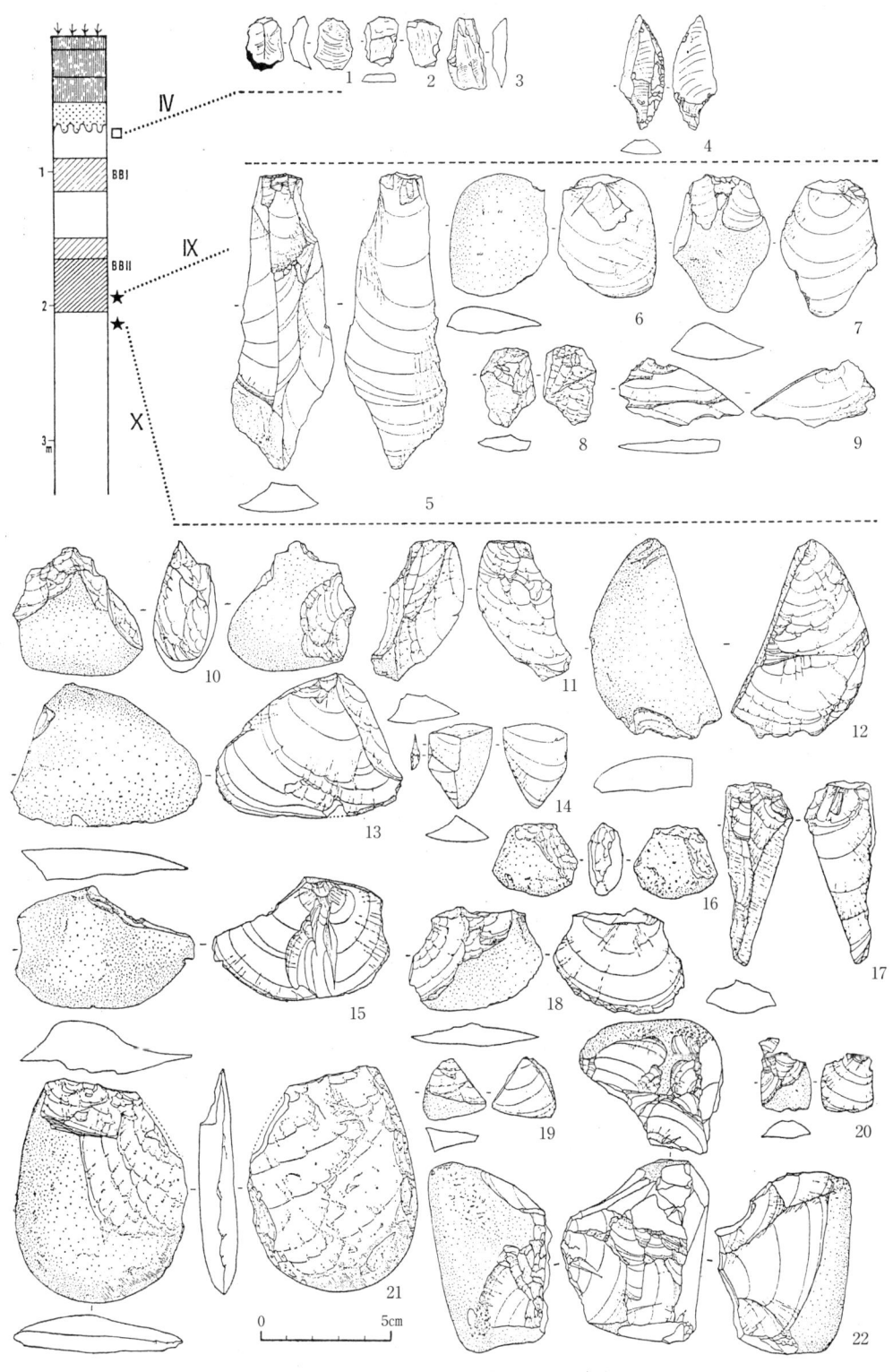

図 135　東京都栗原遺跡の層位的石器群と刃部磨製石器の出土 (Oda and Keally 1973 a)

360　第3章　石器の研究

1：東京都栗原
2：千葉県三里塚No.55
3：群馬県岩宿Ⅰ
4：栃木県磯山
5：富山県直坂
6：長野県杉久保AⅡ
7：富山県鉄砲谷
8：富山県ウワダイラⅠ
9：長野県茶臼山
10：北海道置戸安住Loc.C,E
11：北海道吉田Loc.S
12：青森県長者久保
13：長野県神子柴
14：長野県唐沢Loc.B

★　フェーズⅠ
■　フェーズⅡa
□　フェーズⅡb
●　フェーズⅢ
○　フェーズⅣ

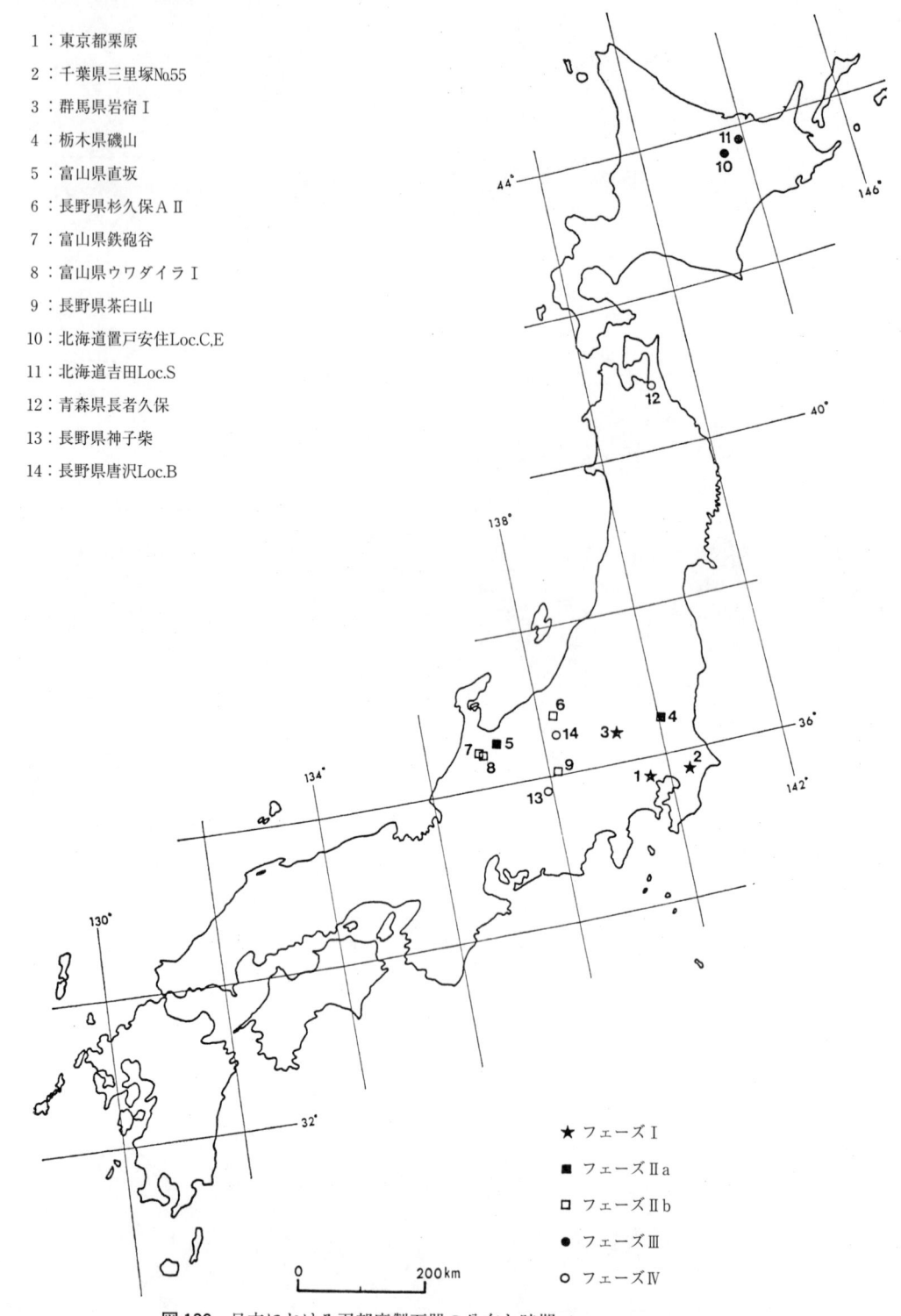

図136　日本における刃部磨製石器の分布と時期（Oda and Keally 1973a）

る日も近いといえよう。

(2) 刃部磨製石器の技術的分析

　栗原遺跡第X層の刃部磨製石器は、楕円形の剝片で片面の辺縁部と先端部に調整加工が施されており、刃部は先端部に形成され、刃部の両面が研磨され、研磨面の長さは平均8mm、幅は6cmである。背面は自然面であるが、石核調整の準備段階で2ヵ所に剝離面が観察される。栗原遺跡と同様の刃部磨製石器が、千葉県三里塚遺跡 No.55 地点（古内 1971）からも発見されている。この例は扁平で楕円形の礫を利用して、片面を入念に整形加工し、もう一面は自然面として残されて、研磨は両方の刃部を中心に施されている。また、栃木県磯山遺跡例（芹沢 1963）も、栗原や三里塚例に形態が似ているが、やや部厚い剝片を利用している。さらに、日本の旧石器時代研究史上著名な群馬県岩宿遺跡第Ⅰ文化層（杉原 1956）からも、2点の斧形石器が発見されている。その1点が刃部磨製石器で、部厚い楕円形剝片から作られており、やや栗原例と似ている。しかし両先端部が両面調整され、背面には大きな自然面を残し磯山例にもやや似ている。

　時期的に新しい例では、長野県茶臼山遺跡（藤森・戸沢 1962）と富山県直坂Ⅰ遺跡例（橋本 1973）がある。いずれも扁平で長楕円形剝片を利用し、短冊形に仕上げている。加工は両面調整ではあるが、自然面を多く残し、腹面から大形剝片が剝離されている。刃部はほとんど直線的で、刃部両面のほとんど全面が研磨されている。また長野県杉久保Ⅱ遺跡例（林・樋口・森嶋他 1970）は、腹面には自然面を残していないが、茶臼山と直坂Ⅰ例に酷似している。富山県鉄砲谷遺跡例（西井 1973）は基部が尖り、整形加工は一部に自然面を残すが両面共に行き届き、刃部は直線的である。

　北海道置戸安住遺跡C地点（戸沢 1967）は、細石刃文化の時期で、両面に自然面を残している。形態は方形で、加工は側縁を中心に施されている。全体的には直坂Ⅰと杉久保Ⅱの資料に近似している。

　長野県神子柴遺跡（藤沢・林 1961）と青森県長者久保遺跡（山内・佐藤 1966）の2点は、旧石器時代最終末期の「神子柴文化」の刃部磨製石器の代表例である（森島 1970）。大形で、明らかに方形になるように加工されている。身は部厚く、断面は三角形を特徴にし、研磨は刃部を中心にして、全面に及ぶ例が認められるが、刃部裏側を凹ませるような擦り込みが施されており、「丸ノミ形石斧」と呼ばれる所以である。一方、刃部の加工状態を観察すると、大きく①両面を研磨した例と、②片面を中心に研磨される例が認められ、前者は縄文時代に、後者は旧石器時代資料群に多い傾向が指摘できる。

　こうした刃部磨製石器の機能分析はまだ行われていないが、形態は、「斧」として機能したことを示唆している。そして、神子柴・長者久保例は、刃部が片刃であることから縦斧（adze）と考えられる。したがって、現在この種石器の呼称について、「刃部磨製石斧（axeないしadze）」と呼ぶよりも、「刃部磨製石器」という、よりニュートラルな用語を使用しておきたい。

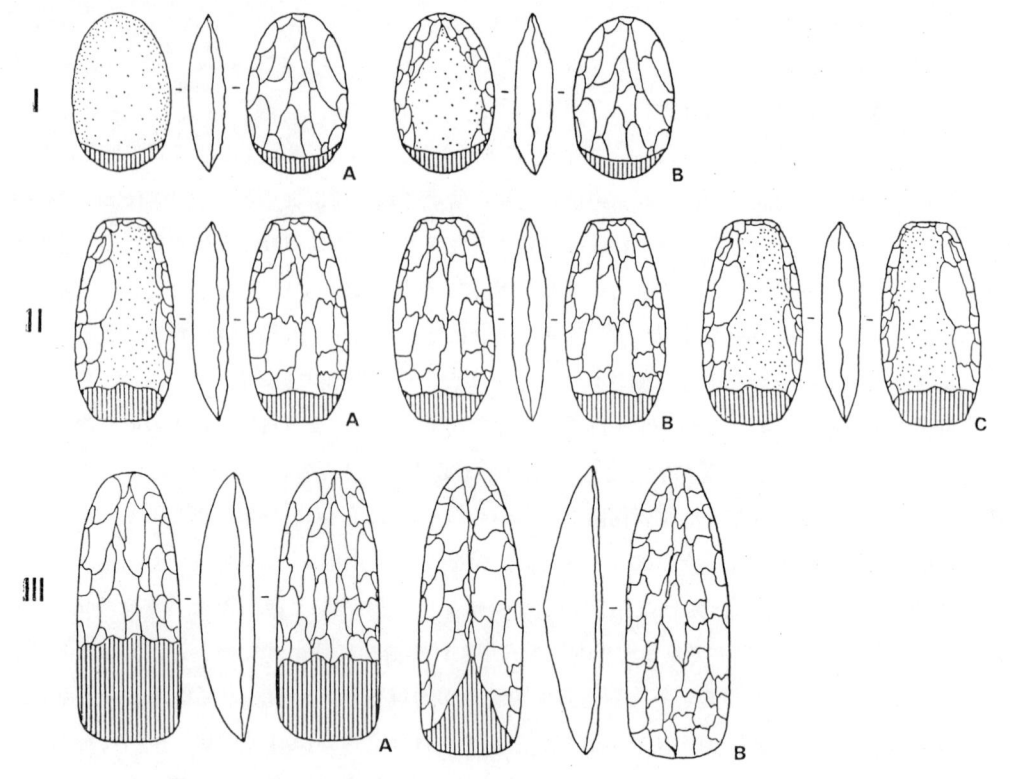

図137　日本旧石器時代刃部磨製石器の型式分類（Oda and Kealy 1973 a）

(3) 刃部磨製石器の型式

刃部磨製石器には、3つのタイプが認められる。これらのタイプとサブ・タイプは以下のようなものである。

タイプⅠ：楕円形剥片を基にし、刃部が膨らみ、両面磨製が狭い範囲に施されている
　サブタイプa：腹面への片面調整で、背面の全面に自然面を残す（三里塚No.55、栗原X層）
　サブタイプb：両面調整で、背面に部分的に自然面を残す（岩宿Ⅰ）
タイプⅡ：楕円形剥片を基にするが、両端部が平らにされ、刃部は直線的である。刃部は、中程度の面積に両面磨製が施されている
　サブタイプa：両面調整で、背面に部分的に自然面を残す（茶臼山、直坂Ⅰ）
　サブタイプb：両面調整で、背面に自然面を残さない（杉久保Ⅱ、鉄砲谷）
　サブタイプc：両面調整で、両面に自然面を残す（置戸安住）
タイプⅢ：全体に方形を呈し、断面は三角ないし半円形。全体に大形で、やや膨らんだ刃部を持ち、表面の広範囲に渡って研磨されている
　サブタイプa：両面磨きの刃部（神子柴）
　サブタイプb：片面磨きの刃部（長者久保）

3 刃部磨製石器の編年

　東京・武蔵野台地で層位的に発掘された旧石器時代石器群は、日本の旧石器文化編年をもっとも明瞭に示している資料である。しかし、刃部磨製石器は、残念ながら栗原遺跡第X層の1例のみである。したがって、ここで示す旧石器時代の刃部磨製石器の序列と編年は、武蔵野台地で得られた層位的石器群の様相から対比させたものである。

　まず武蔵野台地の代表的な旧石器遺跡の地層断面を基本にして、全国の刃部磨製石器を含む文化層を武蔵野台地との類似によって対比した。これらの資料群については、それぞれの年代観が提示されている。^{14}C年代、OB–^{14}C年代、OB–FT年代を総合して考えると、こうした理論的な資料群の配列は支持されるようである。武蔵野台地のOB–FT年代値と、ほとんどが^{14}C年代値である他の資料群の違いは、15%程度である。これは異なる年代測定法の間では、比較可能な程度の差である。とくに、野川第V層と岩宿Iの^{14}C年代値は一致している。

　タイプIの刃部磨製石器は最古の段階であり、中でも栗原第X層がもっとも古く（タイプIa）、次に三里塚No.55遺跡（タイプIa）、磯山遺跡（タイプIa）が続く。これらは形態と技術は同じだが、非磨製品が多く伴うことに特徴がある（平代坂第X層、ICULoc.15遺跡第IX層、岩宿I）。なお、もっとも新しい段階のタイプIである磯山遺跡例は、もっとも古い段階のタイプIIである直坂遺跡例に類似している。

　タイプIIの刃部磨製石器は、時系列の中程に広く分布する。最古の例は直坂I遺跡（タイプIIa）で、次いで三里塚No.55地点の他地点の資料である。

　次に、武蔵野台地旧石器時代資料群と、その他地域の類似資料群の年代を示して置く（B.P.、OB–FTdates–Suzuki 1973；OB–^{14}Cdates–Katsui and Kondo 1965：7）。

他 の 地 域	武蔵野台地
三里塚 No.55 遺跡	平代坂 IX
^{14}C　　28,700±920 （N–1081）	OB–FT　25,200±800
29,300±980 （N–1080）	
岩　宿 I	野川 V/V 層
^{14}C　　15,600±420 （Gak–4587）	OB–FT　18,500±1,450
17,680±580 （Gak–4586）	^{14}C　　15,350±550、
杉久保 II	19,880±500 （N=6）
^{14}C　　15,000±300 （Gak–813）	野川 IV–1
17,700±500 （Gak–812）	OB–FT　14,000±400
置戸安住	フェーズ III
OB–^{14}C　11,800	OB–FT　11,000–12,500
12,800	

364　第3章　石器の研究

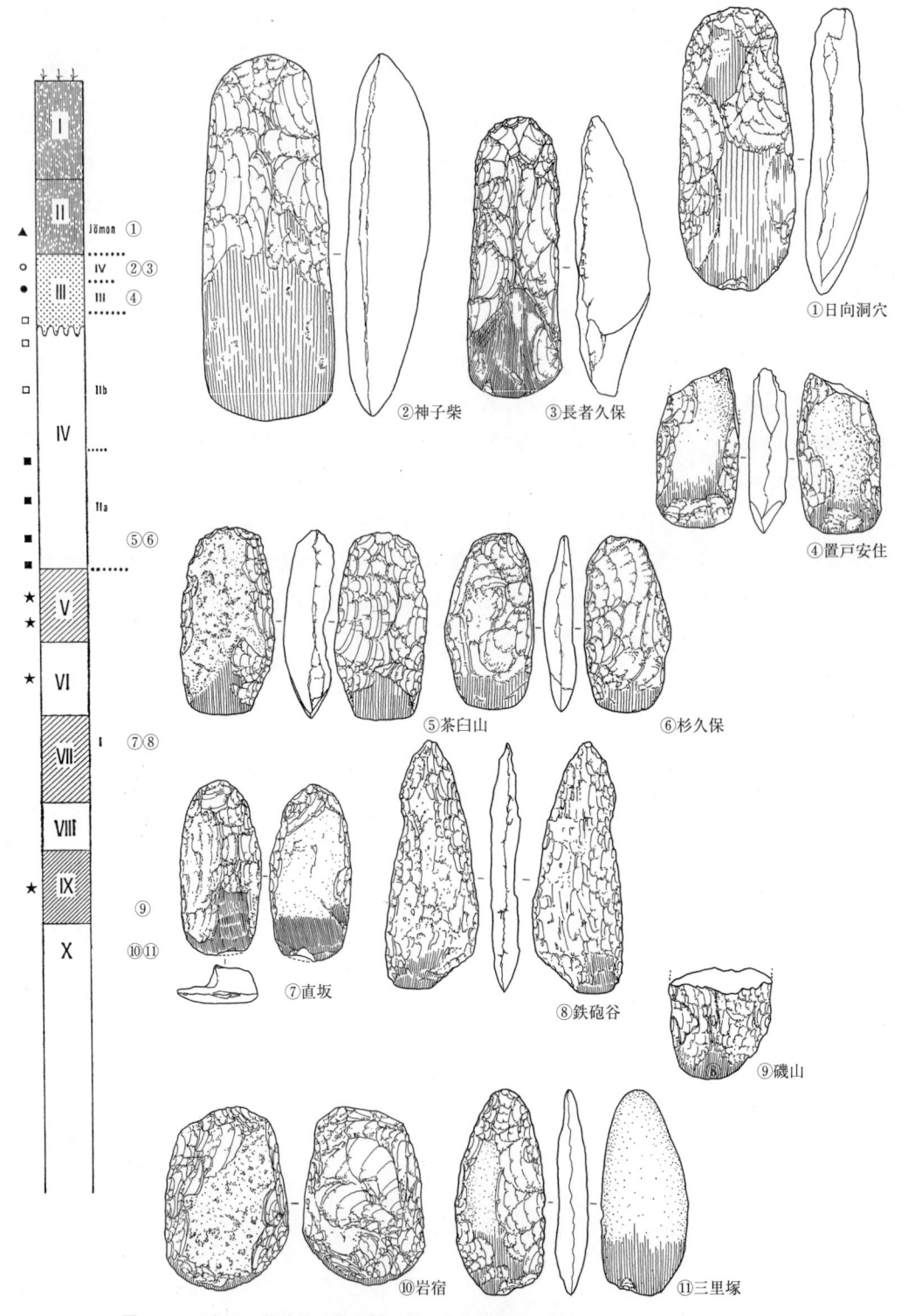

①日向洞穴
②神子柴
③長者久保
④置戸安住
⑤茶白山
⑥杉久保
⑦直坂
⑧鉄砲谷
⑨磯山
⑩岩宿
⑪三里塚

図138　日本旧石器時代刃部磨製石器の文化層別出土状況（Oda and Keally 1973 a）

長者久保　　　　　　　　　　　フェーズ IV

^{14}C　　12,700 ± 270 (Gak-205)　　OB-FT　9,500 - 11,000

　続いて茶臼山遺跡（タイプ IIa）、杉久保遺跡第 II 文化（タイプ IIb）、鉄砲谷遺跡（タイプ IIb）であるが、タイプ II のもっとも新しい段階は、置戸安住遺跡 C 地点（タイプ IIc）、北海道吉田遺跡 S 地点（タイプ IIc、加藤 1972）である。いずれも外見的、型式的に武蔵野台地フェーズ III の資料群と似ている。置戸安住例は両面調整であるが、剥片類ではなく全体的に礫器類の加工である。タイプ III の加工前形態は知られていないが、全体的に礫器類の可能性はある。そうであれば、タイプ II のもっとも新しい時期（サブタイプ IIc）でタイプ III に技術的に似ていると思われる。
　武蔵野台地編年フェーズ IIb 資料群と型式的に符合するサブタイプ IIb 例は、富山県ウワダイラ I 遺跡で報告されている（橋本 1973）。
　タイプ III の刃部磨製石器は、旧石器時代の最終末段階と縄文時代最古段階の資料群から検出される。長者久保遺跡（タイプ IIIb）、神子柴遺跡（タイプ IIIa）、長野県唐沢遺跡 B 地点（タイプ IIIa）は旧石器時代資料群の代表例である。また、山形県日向洞穴（タイプ IIIa、佐々木 1971）は縄文時代（草創期）微隆起線文土器群と共伴する代表例である。タイプ III 刃部磨製石器のサブタイプは共伴して出土するが、サブタイプ IIIb の方が旧石器時代資料群においては一般的である。しかし、サブタイプ IIIa は縄文時代早期（草創期）資料群に多く存在している。
　刃部磨製石器の変遷の概要は、上述したとおりである。それは、Ia→Ib→IIa→IIb→IIIb→IIIa という直線的な系列と考えることが可能である。この一直線的なサブタイプの変遷は、おそらく資料の少なさに由来するみかけ上のものであろうが、今後の資料の増加によって、サブタイプの相対的な量的変遷図が描かれ、サブタイプ間にオーバーラップする部分が生じると思われる。この種のパターンはすでにタイプ III のサブタイプ間で、はっきりとではないが、看取することができる（1973 年 10 月現在、旧石器フェーズ I・IIa・IIb から 14 点の刃部磨製石器が報告されている。しかしフェーズ IV のタイプ III 資料は爆発的に増加しつつある）。さらに、そのようなセリエーション（オーバーラップするレンズ状分布パターンの変遷）が確認されるなら、ここで提案したような仮説の信憑性は増すであろう。現時点でも、サブタイプ Ia から洗練されたサブタイプ IIIa への直線的変遷は、技術の発展に関する理論的な予測とよく一致していることが理解される。

4　日本以外で出土する最古期の刃部磨製石器

　日本以外の刃部磨製石斧（両刃・片刃）分布と年代観については、各地域の概要報告に頼らざるを得ない。したがって、以下の要約は完璧も詳細も期することはできないが、ただ、コメントと議論の出発点となすことはできると望みたい。日本の旧石器時代資料と妥当な比較をするには、あまりにも資料が少なすぎる。アメリカで報告された最古の磨製石器は、判明している例だと約 7,000 年前のアーカイック期である（Willey 1966）。最古期の刃部磨製石斧（片刃）は約 6,000

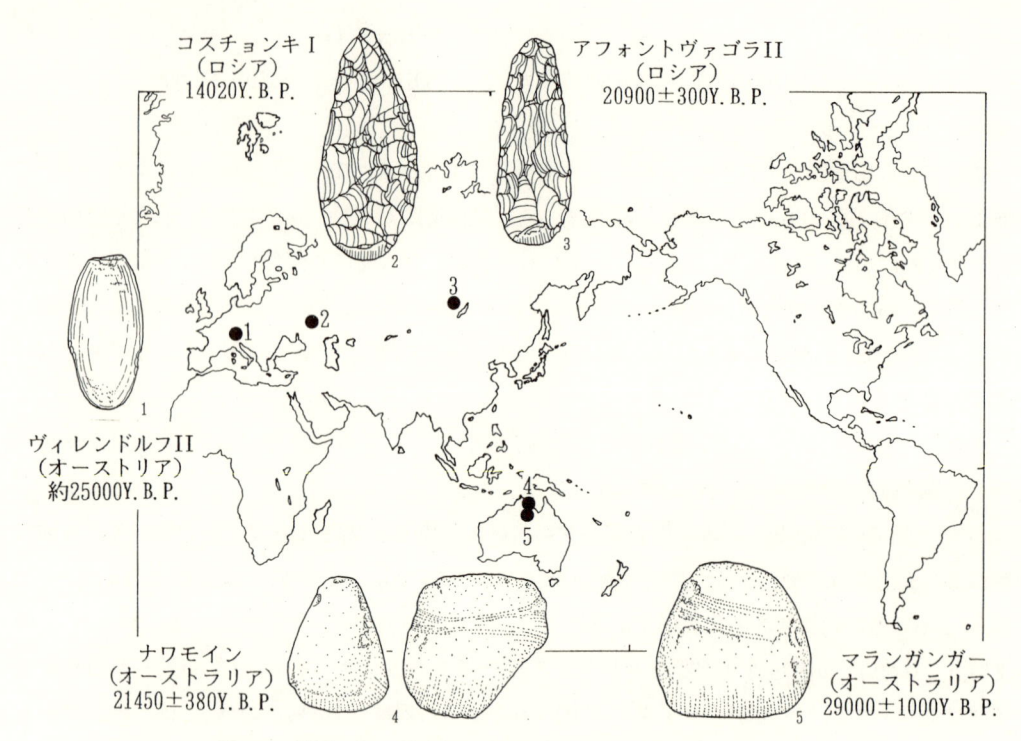

図139 世界の旧石器文化の磨製石斧（小野・春成・小田編 1992）

～4,000年程前の資料群から発見されている（Willey 1966、Ritchie 1969）にすぎない。

アフリカで最初に出現した刃部磨製石斧（両刃）は、ザンビア北部約1万1,000～1万1,500年前の資料であり（Clerk 1970）、本格的に使用されるのはもっと後の新石器時代になってからである。

ヨーロッパではおよそ9,000年前に出現した（Bordaz 1970）。この資料に先行して非磨製の打製石斧（両刃）がDenmarkのMaglemose文化にある（Semenov 1964）。非磨製で柄付、装着溝付の打製アックスは、ヨーロッパロシアKostenki I 遺跡の第1文化層から出土している（Efimenko 1958、Semenov 1964）。第1文化層のC^{14}年代は14,020±60 B.P.（GIN-86）である。また対比可能な近隣の遺跡の層準では、約11,000～12,000 B.P.である（Kelvin 1969）。

オーストラリアではオーエンペリ地方で1万8,000～2万3,000年前の刃部磨製石斧（両刃）が報告されている。しかしその後1万5,000年もの間、この種の石器の空白期がある（Mulvaney 1969）。ニューギニア東部高地のKafiavanaからは、1万年前にさかのぼる層序から刃部磨製石斧が報告されている（Mulvaney 1969）。タイ北部のSpirit Caveからは、部分磨製で方形の片刃石斧が、約8,000年前の後期ホアビニアンの資料群から報告されている（Gorman 1969）。類似した資料は北部ベトナムの後期ホアビニアンのBacsonian遺跡にある（Boriskovski 1966）。

シベリアYenisei谷（エニセイ川流域）のAfontova Gora II 遺跡の下層から発見された片刃石斧は、磨かれた刃部を持ている（Astakhov 1967）。これは日本のサブタイプIIbに似ており、同じ層

2．磨製石器の発見　367

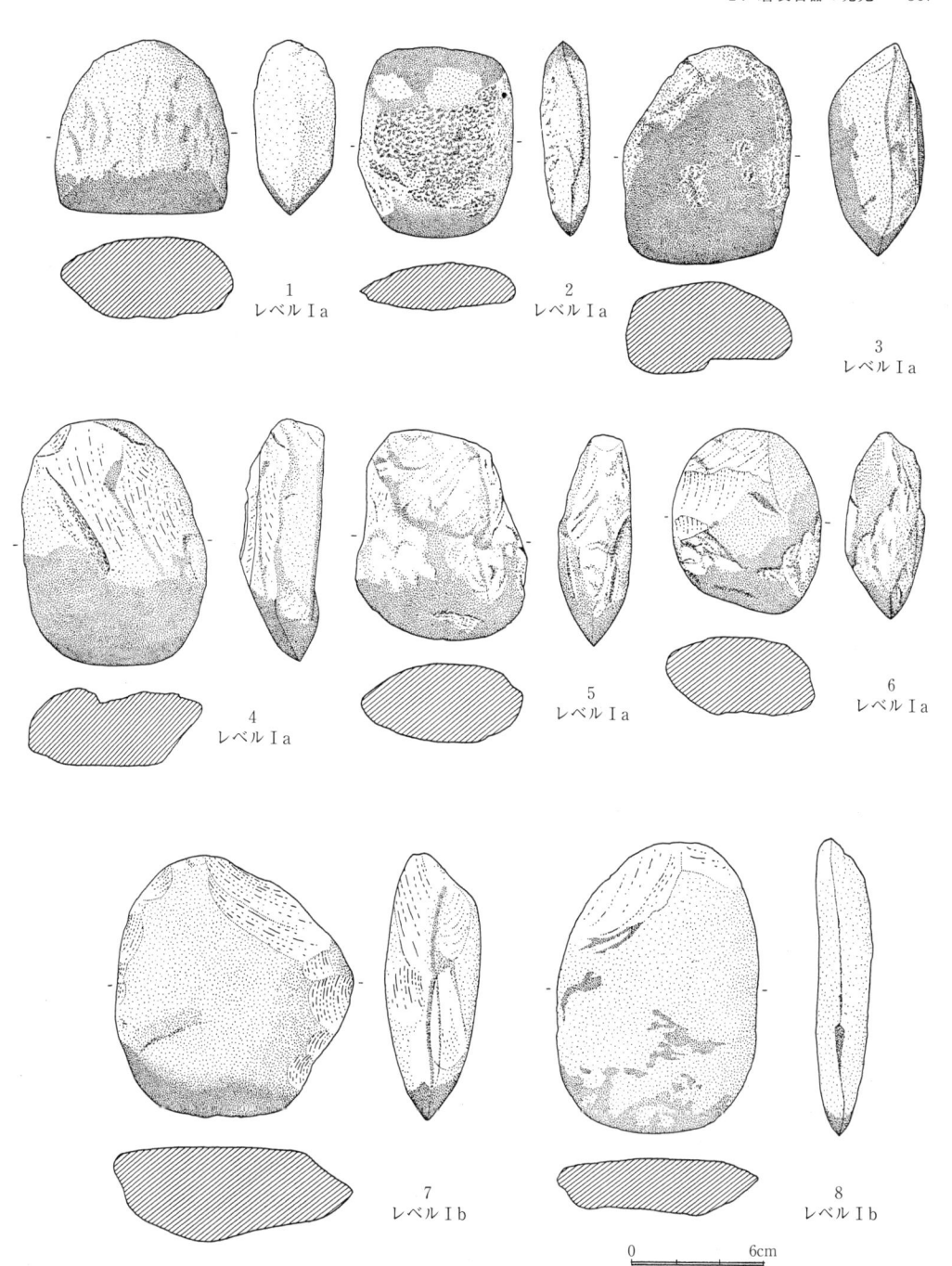

図140　オーストラリア・ナワモイン遺跡の刃部磨製石斧（Carmel 1982）

368　第3章　石器の研究

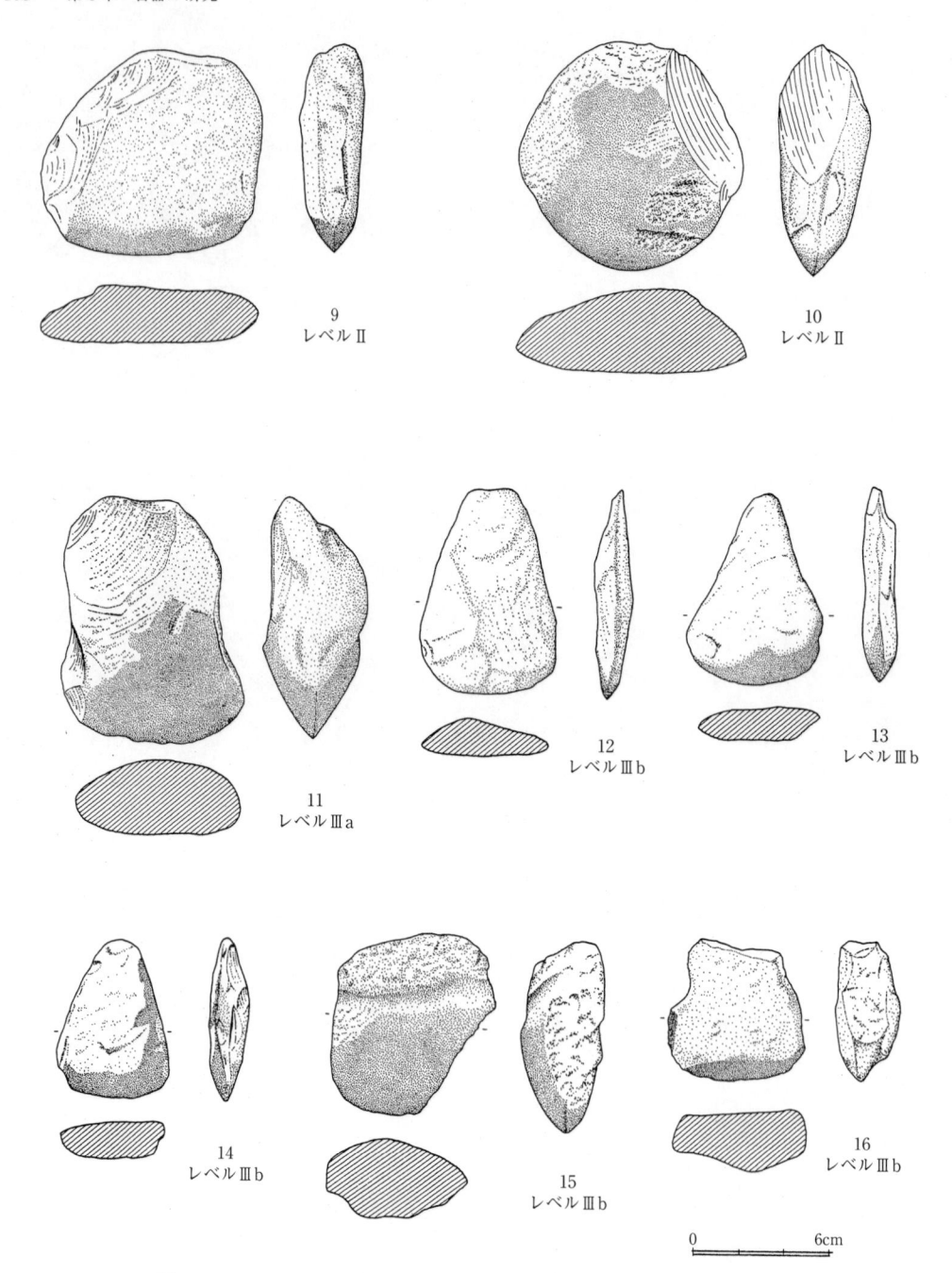

図141　オーストラリア・ナワモイン遺跡の刃部磨製石斧 (Carmel 1982)

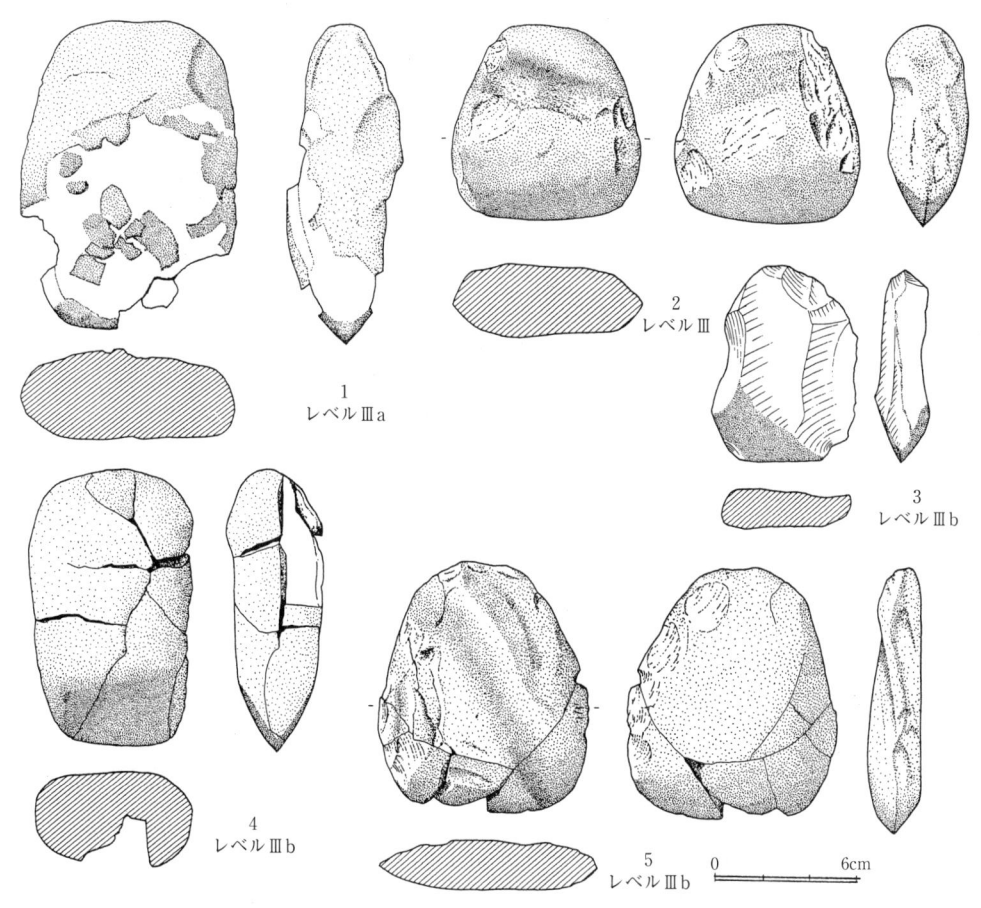

図142 オーストラリア・マランガンガー遺跡の刃部磨製石斧 (Carmel 1982)

準から類似した形状の非磨製の石斧もみつかっている (Astakhov 1967)。^{14}C 年代では、これらの資料は 20,900±300 (GIN-117) である。同じエニセイ川流域 Ulazy 遺跡の非磨製の石斧は、日本のタイプⅢに似ているが、刃部が磨製ではない。Ulazy 遺跡の資料群は、理念的には同じエニセイ川流域 Kokorevo Ⅰ遺跡の第Ⅰ資料群と第Ⅱ資料群に対比される。これは放射性炭素年代で1万3,000年ほど前になる (Abramova 1971)。

5 日本の刃部磨製石器に関する論争

日本列島の旧石器文化に伴う「刃部磨製石器(形態的には両刃ないし片刃石斧)」の存在は、旧石器研究の大きな争点としてクローズアップされてきた。山内清男と佐藤達夫 (1962) は、日本の資料に対する^{14}C年代観を受け入れない方向性の学説から、日本の縄文土器の最古段階を1万年前で、世界最古の土器として位置づけることは認められないとした。山内らによると土器の技術は大陸からの伝播であり、したがって日本列島における年代は5,000年前頃であるべきだという。

さらに磨製石斧は世界の先史時代史で「新石器時代」の特徴であり、日本の旧石器時代は「無土器新石器時代」と呼ぶ方が正しいとした（山内・佐藤 1964）。その一方、山内らの旧石器時代の枠組みには、下部旧石器時代に属するとされる大分県丹生遺跡の資料群を該当させている点が問題である。日本の考古学者の大半は、この丹生遺跡の石器群は縄文時代の所産であり、栃木県星野遺跡第 5〜11 層、群馬県岩宿遺跡第 0 文化／D 地点、同・磯上遺跡、大分県早水台遺跡下層の石器類は自然の礫、つまり「偽石器」と考えているのである（小野 1969、小田 1970）。ちなみに山内らの無土器時代概念は、先土器（Preceramic の訳語、Prepottery ないしプレ縄文）に相当する。また縄文（縄紋）はおおむね文化的な意味で定義されているといえよう。

　山内は、この種の無土器文化の石器を 6 種類に分類した（山内 1964）。

1. 楕円斧（axe）：岩宿 I など
2. 短斧（axe）（hachecourte）：茶臼山、磯山など（これらの石器は破損品なのだが、山内・佐藤は完形品であるとしている）
3. 刃部磨製石斧（axe）：杉久保 II、茶臼山など
4. 刃部磨製石斧（adze）：神子柴、長者久保など
5. 小型刃部磨製石斧（adze）：神子柴、長者久保など
6. 片面斧（ax）：縄文時代に属する

この山内の型式分類は、筆者が区分したものときわめて近いことが理解されよう。

　1965 年（昭和 40）芹沢長介は、山内・佐藤説に対して厳しく反論を行っている（芹沢 1965 b）。まず岩宿 I の 1 点と磯山例は、刃部磨製ではなく「使用痕」を有する石器であるとした。しかし、筆者が両遺跡の石器を詳細に観察した結果、これは明らかに刃部を研磨した磨製石斧であった。次に芹沢は、研磨の技術は旧石器時代にも存在しているという証拠を述べている。たとえばソ連ウクライナ地方の Kostenki IV 遺跡、時期は Solutrean 文化、年代は約 1 万 7,000〜1 万 9,000 年前である。さらに Semenov を引用して、刃部磨製石斧（ax）は Kostenki I 遺跡でみつかっており、その時期は後期旧石器時代の Gravettian 文化、年代は約 2 万年前であるとした（Semenov 1964）。しかし、芹沢が引用した Semenov（1964）の論文では、Kostenki I の資料を刃部磨製石斧とは述べておらず、正確には Kostenki I 第 I 文化層の「柄付打製石斧刃部の使用痕」を論じているのにすぎないのである。この文化層は ^{14}C 年代で 14,020（GIN-86）であり、層位的に同じ文化期と考えられる他遺跡の年代、おおむね 1 万 1,000〜1 万 2,000 年前と良く対応していることがわかる（Kelvin 1969）。

　こうした旧石器時代の刃部磨製石器（タイプ I と II）に関する論争は、山内清男の没後、自然消滅してしまった。現在まだ論争が継続しているのは、終末期の丸ノミ形石斧類（タイプ III）に関する資料である。

　加藤晋平は、長者久保と神子柴遺跡のタイプ III について以下のように論じている（加藤 1968）。それらは、ソ連・シベリア地方の Ust'-Belaya 遺跡の第 II〜XIII 層のような、シベリア中石器時代資料に類似し、年代は約 9000 年前よりは古くに位置づけられるとした。そして、同じ地方

の Afontova Gora II 遺跡下層の刃部磨製石器は、シベリア最古の年代を示す資料で、^{14}C 年代で 20,900±300（GIN-11））と出されている。またタイプ I の岩宿 I や磯山例も、シベリアと何らかの関連をもつ石器であると示唆している。

またタイプ III が出土した北海道中央部にあるモサンル遺跡（芹沢 1969）は、旧石器時代から縄文時代にかけての時期で、武蔵野台地のフェーズ IV に対比できる。この遺跡の資料について芹沢長介は、①モサンル資料は神子柴と長者久保に類似した片刃石斧（丸ノミ）を有している。②沿海州の Tadusha 遺跡の資料と比較され、これらの片刃石斧は約 1 万 2,000 年前頃に位置づけられるという。この年代は日本側の資料の ^{14}C 年代値であり、Tadusha 資料の推定年代でもあるという。芹沢の論は、加藤の年代観には同意するが、理由づけは異なっていたのである。

一方、大井晴男は、芹沢および加藤とは異なる見解を示している。大井は長者久保・神子柴をシベリアの Isakovo 期資料と対比し、Ust'Belaya 遺跡の ^{14}C 年代値に疑問を呈している（大井 1969）。

これらの議論は、少数の必ずしも信憑性のできない「シベリア年代観」を基にしたものであり、シベリアから遠く離れた日本での理論的な比較であった。それに対して、武蔵野台地の層位的な編年関係で得られた現実の遺跡資料を基盤にした日本列島内での「磨製石器」の議論は非常に実証的で有効な手法であったといえよう。

6 ま と め

①日本列島で発見される後期更新世の旧石器文化に伴う刃部磨製石器の編年は、多くの研究者によって長年論じられてきた（山内・佐藤 1962、1964、芹沢 1965、1969、加藤 1968、大井 1969）。しかし最近まで、地質学者による層序対比や信頼できる年代データが得られなかったため、決定的な解釈ができない現況でもあった。

1970 年以来、2 つの出来事がこの状況に変化をもたらした。第 1 は、東京・武蔵野台地において非常に詳細な旧石器文化編年が確立された（Oda and Keally 1973 a）ことであり、第 2 は、東京の栗原遺跡第 X 層で刃部磨製石器が発見されたことである。その層序は、武蔵野台地旧石器編年に確実に位置づけられるものであった。

②武蔵野台地の旧石器文化編年は、刃部磨製石器の出現、発展、系統などを復元するための基本的データとなった。そして、厚い堆積層序を示す台地上の遺跡では、自然科学的手法によるローム層の各種分析が行われ、また、出土した多数の黒曜石製石器による OB-FT 年代が測定された（Suzuki 1973）。さらに、本台地の考古学的資料は豊富で、50 以上の文化層（コンポーネント）が確認され、4 期のフェーズに分類された。

③武蔵野台地の立川ローム期の年代の確定は、まず地質学者による古動物相・古植物相・花粉分析から、遺物包含層を更新世の末期に位置づけられることで証明された（関東ローム研究グループ 1965、野川遺跡調査会編 1971）のである。

また、遺跡から確認された23のコンポーネントを基礎にした黒曜石水和層のフィッション・トラック年代は、約9,500±100〜25,000±800 B.P.と測定されている（Suzuki 1973）。そして、ローム層中の2枚の文化層からサンプリングされた12の^{14}C試料は、約15,350±550〜24,900±900 B.P.であった。

　④武蔵野台地の層序に確実に位置づけられる旧石器時代の刃部磨製石器は、栗原遺跡第Ⅹ層の1例のみである。他の資料はすべて、共伴する石器群との理論的な類似から、台地の標準層序に従って並べられているものである。このうち5つは、台地標準編年に依拠せずに測定されており、4つは^{14}C年代、1つが^{14}C年代を基準にしたOB−FT年代によっている。これらの相互に独立した年代観は、理論的な編年を支持しているようである。

　⑤タイプⅠの刃部磨製石器は現在一番古く、約1万8,000〜2万9,000年前である。これらの石器は楕円形剥片をベースにしており、刃部はごく狭く両面を研磨している。タイプⅡの石器は、約1万2,000〜1万8,000年前と旧石器編年の中頃を占めている。これらはタイプⅠにくらべれば、技術的にはわずかに進歩している。輪郭は方形に近い楕円形を呈し、やや幅広で両面磨きの刃部をもつ。タイプⅢはもっとも新しい時期で、約9,500〜1万2,000年前である。タイプⅢは縄文時代早期（草創期）においても豊富に発見されている。このタイプは大形で重量があり、洗練された形態を示す石器である。全面磨製例も認められ、輪郭は方形、幅広く両面研磨ないし片面研磨の刃部をもっている。刃部が片面側だけ「丸ノミ」状に凹んだものが多い。

　このタイプⅠ〜Ⅲへの単純な整形から斧としての完成された形態への発展は、層位的な変遷において認められる事実である。しかし、この変化が系列的発展か、たんなる時期的な形態差であるのかは不明である。

　ともかく、こうした古い年代をもつ刃部磨製石器は、日本列島以外では発見例が非常に少ない。したがって、ここでは筆者が関わった列島内で発見された豊富な資料を提示し、その問題点を挙げ磨製石器論を論述したのである。

3. 世界最古の磨製石斧

　石器時代の世界史で刃部を研磨した石斧、所謂「磨製石斧」は、一般的には「新石器時代」から登場した石器である。そしてこの磨製石斧は、地球上のあらゆる石器文化人が使用した道具でもあったが、金属器時代の到来で「鉄斧」が登場し終焉を迎えたとされる。

　磨製石斧の利用は、地球上の気候が現在と同じ状況になる「完新世」になって、森林環境が拡大し木材の利用が活発化し、木の伐採や加工用具としての「オノ（斧）」が必要になったときに始まる。

　オノはその初期には、素材を打調と敲打によって斧身を整えた「打製石斧」であったが、すぐに刃部を中心に研磨する「刃部磨製石斧」に発展して行った。やがて、強度や着柄の改良が進んで、身の全体を研磨する「全面磨製石斧」に発展していく。また素材からの斧身の成形も、打調を経ずに直接素材から「擦り切り手法」で製作する技術も認められている。

　日本列島の石器時代でも、磨製石斧は新石器文化に対比される「縄文時代（約1万6,000～2,400年前）」から本格的に使用され始め、金属器が登場した「弥生時代（約2,400～1,700年前）」にまで多用されている。

　一方、日本の「旧石器時代（約4万～1万6,000年前）」には、世界の道具の発達史に先駆けて、「磨製石斧」がすでに使用されていた。その出現の背景も、周辺大陸の旧石器文化とは関係なく、独自に誕生させた形跡が看取される。そして不思議なことに、磨製石斧の盛行する時期が、約3万5,000～2万8,000年前頃に集中している現象である。これは、オノの必要性がこの限られた時期に存在したという証しであり、その後1万年近くオノの使用が忘れ去られ、更新世の最終末期（較正年代1万6,000年前、縄文時代草創期）になって再び登場するという状況が周知されている。

　オノは刃の線が柄とほぼ並行する「縦斧（axe, ax）」と、刃の線が柄にほぼ直行する「横斧（adze）」とがあり、縦斧はマサカリ状の着柄、横斧はチョウナ（手斧）状の着柄とされる。そして、日本の磨製石斧は、縄文時代時代草創期の横斧優勢から、前期以降弥生時代までの縦斧優勢へと変遷して行くという（佐原1977、1994）。

　日本における旧石器時代の磨製石斧は、その形態から多方面の使用に供したと考えられる。刃部の形成（自然面）、研磨状況、身の反り等から、横斧（アッズ）の可能性が大きい。しかし、縦斧（アックス）的使用例も多数存在しているのである。

1 研究史

(1) 最初の発見

1949年（昭和24）日本で初めて「旧石器文化」が、群馬県岩宿遺跡で確認された（杉原1956）。この発掘によって、従来無遺物層とされていた火山灰（ローム）層中に、上下2枚の旧石器文化（岩宿Ⅰ・Ⅱ）が発見された。そして、この下層の「岩宿Ⅰ文化」には、2点の特徴的な「両面加工石器」が発見された。この石器類は当初、その形態がヨーロッパ下部（前期）旧石器文化の「hand-axe」に類似していたので、「ハンドアックス、握槌、握斧、楕円形石器」などと呼ばれたのである（芹沢1960、杉原1965）。

(2) 資料評価と時代論争

1950年代後半から60年前半になると、日本各地で「旧石器時代」遺跡が発見され、「ハンドアックス→ナイフ・ブレイド→マイクロリス」という特徴的な石器群を基準にした編年体系が打ち出された（芹沢1958）。この中で岩宿Ⅰ文化の両面加工石器は、ヨーロッパ下部旧石器時代のアシュール文化期の石器（ハンドアックス）と比較され、さらにヨーロッパ敲打器文化の変遷に対応させ、その最終末期の退化形態ととらえられた（芹沢1960、杉原1965）。つまり、岩宿Ⅰ文化の石器類は、年代的には上部（後期）旧石器時代に所属するが、それ以前の中部（中期）・下部（前期）旧石器文化の残存形態として位置づけられたのである。

一方、岩宿Ⅰ石器群を、東南アジアの新石器時代初期の石器文化と比較する説も登場した（Maringer 1957）。また、岩宿Ⅰの両面加工石器のうち、1点が「磨製石器」ではないかとの疑問も提示され、日本の縄文時代以前の文化を「無土器新石器時代」「中石器時代」とする説が提唱されている（山内・佐藤1962、山内1964）。

こうした意見に対して、石器自身の「磨製・磨耗論争」が展開された（芹沢1960）。ヨーロッパ先史時代学で、新石器時代の示準石器とされていた磨製石器存在をめぐる論争は、日本先史文化の世界史的な位置づけを浮き彫りにした点では意義があった。

この論争は、その後、栃木県磯山遺跡、長野県茶臼山遺跡、杉久保A遺跡で、確かな旧石器文化層から明瞭な「研磨痕」をもつ磨製石器（斧）の出土によって、別の解釈が提示されるにいたった。つまり、「旧石器時代の磨製石器」という、大陸の旧石器時代遺跡（ロシアのコスチョンキⅠ遺跡）での磨製石器の存在を根拠に、磨製石器は新石器時代の特徴ではないとの説明を行っている（芹沢1965）。

(3) 確かな磨製石斧の発見

1960年代後半から1970年にかけて、東京・武蔵野台地を中心に、旧石器時代遺跡の大規模緊急発掘が頻発化した。この一連の調査で、厚く堆積した立川ローム層中に10枚以上の旧石器文

化層が確認され、層位的重複関係で旧石器時代の石器群の詳細な編年が確立して行った（小林・小田・羽鳥・鈴木 1971、Oda and Keally 1975、1979）。

磨製石器も 1973 年（昭和 48）、東京都栗原遺跡で立川ローム第 X 層（約 3 万年前）から発掘された（小田 1976 b、小田・Keally 1989）。同じ頃、千葉県三里塚遺跡第 55 地点でも、栗原遺跡と同層準から磨製の斧形石器が出土し注目された（古内 1971）。

こうして、「関東ローム層」の示準地域での確かな層序、年代的裏づけをもって発見された磨製石器の登場で、日本の旧石器時代に、世界の旧石器文化には類がないほど多数の磨製石器が確かめられて行ったのである（Oda and Keally 1973 a、1992、小田 1976、1992 b、1993 b、1998、2001）。そしてこの石器の名称も、「刃部磨製石斧、局部磨製石斧、磨製斧形石器」などと呼ばれ、こんにちでもこれらの名称が多く使用されている（平口 1989）。

この種の磨製石器の正式な型式名は、「斧形石器」であり、その中の打製と磨製品（刃部磨製斧形石器）ということになる（赤澤・小田・山中 1980）。ここでは主に磨製の斧形石器を中心に扱うことから、たんに「磨製石斧」と呼称することにした。

（4） 全国的な研究の展開

1980 年代になると、全国規模で旧石器文化の磨製石斧が発見され出す。その分布範囲は、北は東北地方北部から南は九州地方にまで及んでいる。時期的には、南関東地方の層位的事実から、立川ローム下半部の「姶良 Tn 火山灰（AT）」堆積層（第 VI 層）以前の、第 II 黒色帯（第 VII～IX 層）～X 層中に、年代にして約 2 万 7,000～3 万 5,000 年前に集中している。

80 年代後半から 90 年代初めにかけて、旧石器文化の磨製石斧研究のブームが到来する。多くの研究者が、磨製石斧について集成し、多角的な問題点を論考している（砂田 1983、松村 1988、白石 1990、長崎 1990 ほか）。その内容は石斧の型式分類、製作工程、分布、時期的特質、始源の問題など全般に及んでいる。そして、有名な「磨製・磨耗論争」の資料になった岩宿 I 文化の 1 点の楕円形石器が、磨製石斧であることが証明されている（松沢 1985）。

こうした趨勢の中、磨製石斧研究の総括的シンポジウムが、1989 年秋の日本考古学協会富山大会で行われた。このシンポジウムでは、この時点での研究史、問題点などが取り上げられ、全国の旧石器遺跡出土の磨製石斧が初めて集成された（日本考古学協会 1989 年度大会発表要旨、北陸旧石器文化研究会編 1989）。

その後、1992、93 年に出版された一般概説書に、「磨製石斧」の独立した項目が登場するのである（小田 1992、1993）。

1995 年には考古学ジャーナル誌が「旧石器時代の石斧」という特集を載せている。この中で、北陸地方（奥村 1955）と関東東南部地域（橋本 1955）の磨製石斧の研究が総括されている。また、磨製石斧製作関係資料（鈴木 1995）や大量出土遺跡（谷 1995）の紹介もあった。

1999 年には、今まで正確な情報が少なかった西南日本地域の旧石器時代の石斧についての総括的な論考が発表された（岩谷 1999）。それによると、他の地域と同様に旧石器時代の古期の始

良Tn火山灰降灰以前に集中的に伴っているという。

（5） これからの磨製石斧研究

　日本列島の旧石器時代研究史も、岩宿遺跡発見と同じく50年を過ぎた。現在、5,000ヵ所以上の旧石器時代遺跡（ヨーロッパの後期旧石器時代相当期）が発見されており、その年代も約4万～1万6,000年前の範囲に納まっている。それ以前の年代を示す遺跡（中期・前期旧石器時代）があったが、2000年11月5日の「遺跡捏造」の発覚によって、「全て学術資料として扱うことが不可能」になってしまった（小田2002）。

　今日まで、大半の研究者は、日本の旧石器文化の磨製石斧を、中期・前期旧石器時代からの発展継続石器と論じてきた（白石1990、安斎2001、長崎1990ほか多数）が、この遺跡捏造事件によって、この仮説は破綻してしまったのである。

　今、確かな遺跡（後期旧石器段階）を基準に磨製石斧の出現の様相を調べてみると、磨製石斧の素材は自然礫の表皮を残して剥離された不定形な大形剥片であり、また扁平な礫をそのまま、さらに表裏二分割する利用法にも特徴が認められる。このような石器製作手法は、「礫器文化」伝統に由来するものである。そして、その技術系統を探ると、東南アジアや南中国沿岸地域の後期旧石文化に共通したものであることが理解される（小田1999）。こうした新しい視点に立って、

　1) 日本の旧石器文化における磨製石斧の存在意義を、世界史的視野から解析する
　2) 日本の旧石器文化編年の中で、磨製石斧出現の背景を調べる
　3) 旧石器時代の生業と磨製石斧存在の意味を調べる
　4) 磨製石斧自体の詳細な研究。素材、製作工程、法量、石材、使用痕、実験考古学などを実施する

という各テーマで、これからの新しい研究方向を指向して行く必要があろう。今後も列島内の旧石器遺跡から磨製石斧の発見は続くであろうが、各遺跡での出土状況、各資料の詳細な観察を通して、この特筆すべき石器の分析・研究を行っていかねばならない。

2　観　　察

（1） 形　　態

　旧石器時代の磨製石斧は、縄文時代に認められるような「分銅形」「短冊形」「撥形」などのように、定型化した形態を示していない。しかし、その形態を大きく分類することは可能である。その前半期には「楕円形」が多く、後半期になると「短冊形」「撥形」に変化し、全体的に小形化していく傾向が認められる。以下にその分類を述べる。

　A．平面形　　磨製石斧の基本的な平面形態は、大きく次ぎの3つに分けられる
　1) 楕円形―両側縁は曲線（凸線）で全体形が楕円形を呈するもの
　2) 短冊形―両側縁が平行（直線）で全体形が長方形を呈するもの

3) 撥　形—斧身の中心部から刃部に向かって両側縁が外彎するもの
　B．頭部形　　磨製石斧の基本的な頭部形態は、大きく次ぎの3つに分けられる
　　1) 直線形—頭部縁が直線を呈するもの
　　2) 曲線形—頭部縁が曲線（凸線）を呈するもの
　　3) 尖頭形—頭部縁が尖るもの
　C．刃部形　　刃部の基本的な平面形態は、次ぎの3つに分けられる
　　1) 直線形—刃部が直線的なもの（木材伐採用の可能性）
　　2) 曲線形—刃部が曲線的のもの（木材伐採に不向き）
　　3) 偏刃形—刃部がどちらかに偏っているもの（縦斧的使用）
　D．側面形　　刃部の側面形態は2つである。
　　1) 両刃—側面形で両刃がほぼ左右相称のもの（縦斧に多い）
　　2) 片刃—側面形で両刃面が左右非相称のもの（横斧に多い）

（2）製　　作
　素材は基本的に次の3つに分けられる。
　　1) 扁平礫を使用（1素材1点）
　　2) 扁平礫の表裏半割品を使用（1素材2点、二分割利用）
　　3) 大形自然礫から剥離された剥片を使用（礫表皮部剥片を意識）
　素材は礫使用例が55%、剥片使用例が45%であり、剥片と変わらない扁平礫を好んで使用したことがわかる。また、自然面が認められる資料は、全体の80%以上にのぼり、この中で、自然面が両面に残された例は30%、片面例は70%に達している。このことから、この石斧にとって礫の自然面が重要な要素になっていることが理解されるのである。
　次に素材となった剥片の観察から、扁平礫を何かに打ちつけ表裏二分割にしたり、大形礫の表皮部分を打割して、楕円形の分厚い剥片を使用した例が知られている。また、主要剥離面が残された資料や、石斧の身の反りなどの観察から、「横形剥片」を多く利用している様子がうかがえる。
　こうして準備された石斧の素材は、その周縁をわずかに打調し、楕円形、短冊形、撥形に仕上げている。その後、刃部の一部を研磨するのであるが、研磨面積はそれ程大きくない。また、打製品の中に、明らかに自然面カーブを磨製面的役割とした刃部形成も認められるので、研磨行為は自然面を意識して発生した可能性も考えられる。
　石斧の約70%以上は研磨され「磨製石斧」として仕上げられるが、30%近くの打製品が存在している。この打製品は、磨製品の準備素材（未製品）とも考えられるが、そのまま使用された例（使用痕）も多く認められるので、「打製石斧」も存在したことは確かである。興味あることに、姶良Tn火山灰降灰（立川ローム第VI層中に堆積）以降の新期旧石器段階（ナイフ形石器II文化期）に発見される石斧は、その数は極端に少なくなるが大半は打製の石斧である。

（3）法　　量

平均的な大きさは、

1) 長さ　8～10cm
2) 幅　　4～6cm
3) 厚さ　2～3cm
4) 重さ　40～60g

に集中している。長野県日向林B遺跡では、1遺跡で60点の多量出土があり、法量は長さ4～19cm、幅2～8cm、厚さ1～3cmの範囲であった。

（4）石　　材

石材には安山岩、砂岩、頁岩、珪質頁岩、凝灰岩、粘板岩、流紋岩、蛇紋岩、黒曜石、緑色片岩など多種にのぼっている。しかし、安山岩、珪質頁岩、黒曜石などの剥片石器では多用されている石材（硬質、ガラス質）は、あまり使用していない。つまり、石斧という用途に適した粘性のある石材（軟質、研磨により強度を保持）を、地元の原石産地から入手して製作し利用していたのである。また中国地方の山間地域や鹿児島県種子島・立切遺跡では、オノとしては脆い片岩を使用しており、木材伐採とは異なった用途も考えさせられる。

磨製石斧は1遺跡1～2点の出土が一般的である。その使用石材は同じ石質の場合もあるが、異なっている遺跡もまた多い。特殊な遺跡として、長野県野尻湖周辺の日向林B遺跡では、60点出土した磨製石斧すべてが、この地方の縄文時代の磨製石斧に多用された蛇紋岩（原石産地が近くにある）を使用していた。蛇紋岩は磨製石斧に加工すると、その威力は他の石材より有効であったようで、数は少ないが関東各地の旧石器遺跡でも出土している。このことから、石斧として優れた石材である蛇紋岩製磨製石斧の交易活動が存在した可能性がうかがえる。

（5）研　　磨

旧石器時代の斧形石器の多くは研磨が施され、「磨製石斧」としての機能をもたせている。研磨部分は刃部を中心にしており、「刃部磨製石斧」とも呼べるものである。また、刃部の研磨は片面のみの例や、表裏で研磨面積が異なる例、礫表面だけ磨いた例など多種多様である。また、基部の研磨例は皆無である。

研磨の方向性は、刃部に対して直交するものと、表裏の方向を違えた例などがある。さらに、微妙な研磨痕をもつ例も多く、使用による磨耗痕との識別も明瞭ではない。

研磨具である「砥石」の出土は少ないが、長野県日向林B遺跡、東京都武蔵台遺跡などで、大形で扁平な砂岩礫の一面や両面に研磨面・溝を有する例が発見されている（稲田2001）。

（6）破　　損

石斧の依存状態を観察すると、完形品が50%以上存在する。欠損品としては、刃部片や基部片、そしてこの2者が欠損した胴部片の出土が多く認められている。また、少ない例としては、斧身の縦割れや斜め割れ例である。このことから、木材に直接振り下ろすような強度の衝撃状況は考えられない。さらに、半分に割れた石斧を、クサビ状の石器に加工した例があり、縄文時代の磨製石斧と同じ再利用法が知られている。

（7）着　　柄

　基部の研磨例は皆無であることから、この部分は着柄される部分であることが示唆される。刃部の形態は両刃が基本であるが、表裏が同じ状況で刃づけされた例はない。したがって、着柄方法による横斧（Adze、チョウナ）、縦斧（Axe、マサカリ）という区別は困難である。

（8）使用目的

　刃先は直線例が少なく、曲線例が大多数である。単なる木材の伐採・加工や骨の打割用（春成1996）だけではなく、多目的機能、たとえば細かい加工、削り、皮なめしなどのスクレイパー的使用も考えられる石器である。

（9）そ の 他

　　　A．タール状付着物

　はけうえ遺跡（東京都）　おそらく、基部側の欠損品を再整形して、ほぼ円形の磨製石斧に仕上げたものであろう。この石斧の表裏上半部（基部側）に、黒色タール状物質が部分的に認められる（小田・阿部・中津編1980）。

　藤久保東B地点（埼玉県）　小型の磨製石斧の両側縁から刃部側に、ドーナツ状に黒色タール状物質が付着している。この磨製石斧に認められるタール状の黒色物質は、おそらく、着柄に関係した接着剤の残痕であろう。

　　　B．石器表面の変化

　はけうえ遺跡（東京都）　2点出土の斧形石器（石斧）の1つで、離れて出土した2つが接合した例である。刃部の1つは、破損部を再調整してクサビ状の石器として仕上げられている。この2つの資料の基部側表面の色が変色して黄白色化している。これは破損後、何らかの影響（熱変化など）があったのであろう（小田・阿部・中津編1980）。

　3　分　　布

　日本列島に発見される旧石器時代の磨製石斧（斧形石器）は、北は北海道から南は鹿児島県の奄美大島まで、約110ヵ所近くの遺跡で、約200点以上発見されている（小田編2001）。時期的には古期のAT火山灰降灰以前のナイフ形石器文化Ⅰ（約3万5,000～2万8,000年前）の時期に集中

しているが、新期のナイフ形石器文化Ⅱ（約2万7,000～1万8,000年前）、細石器（刃）文化（約1万7,000～1万5,000年前）の時期にも若干発見されている。出土量は1遺跡1～2点程度が大半であるが、石斧製作遺跡でもない長野県日向林B遺跡、貫ノ木遺跡で、多量（50～60点）の出土が知られ注目されている（谷2000）。

（1） 北海道地方

　北海道地方の旧石器時代遺跡は、火山灰堆積層の発達が悪く、また地表近くの地層は周氷河現象の影響下で自然攪乱が多く認められている。したがって、石器群の層位的な分離や編年作業はやや難しい地域である。現在、この地域の旧石器文化編年は、最終末期の細石刃石器群と、それよりやや古期と考えられるナイフ形石器、台形状石器を持つ2つの時期が知られている。

　磨製石斧は、細石刃石器群（約1万4,000～2万年前）に伴って若干発見されている。が、やや古期（約2万～2万2,000年前）と考えられる帯広市嶋木遺跡から打製品が1点発見されているのみである（加藤1971、1985）。

（2） 東北地方北部

　東北地方北部も北海道と同様に、火山灰堆積層の発達が弱い地域である。岩手県大台野遺跡では表土下の粘土質土層から、古期旧石器群と考えられるナイフ形石器、台形様石器、とともに磨製石斧が発見されている。秋田県地蔵田B遺跡、風無台Ⅰ遺跡からも表土層近くの粘土質土層から、特徴的なナイフ形石器文化（米ヶ森型ナイフ形石器）とともに磨製石斧が出土している。

　この地方の磨製石斧に伴う石器群は、周辺の旧石器文化編年や、武蔵野台地の石器群と比較して、AT火山灰（約25,000～28,000年前）降灰以前で、層準では第Ⅶ層～Ⅸ層上半部に対比されよう。

（3） 東北地方南部

　2000年11月5日、新聞のスクープによって、「前期・中期旧石器遺跡捏造」事件が発覚し、日本および世界の考古学界に激震が走った。この捏造疑惑の対象遺跡は、宮城県を中心にして33ヵ所以上にも上っている。

　この地方の磨製石斧は、縄文時代草創期の例が若干存在するが、旧石器段階でははっきりしていない。しかし、宮城県座散乱木遺跡、山田上ノ台遺跡、北前遺跡などの所謂「前期旧石器段階」の文化層からの打製品出土が知られていた。前述したように、これらの資料は総て捏造対象遺跡に含まれ、検証作業の結果、総ての資料が否定されるにいたっている（日本考古学協会「前・中期旧石器問題調査研究特別委員会総括報告」2002）。

　したがって、東北地方南部の遺跡からの発見は、現在、福島県の確かな2ヵ所の遺跡（AT火山灰降灰以前）で、数点の磨製石斧が出土しているのみになったのである。

3. 世界最古の磨製石斧　381

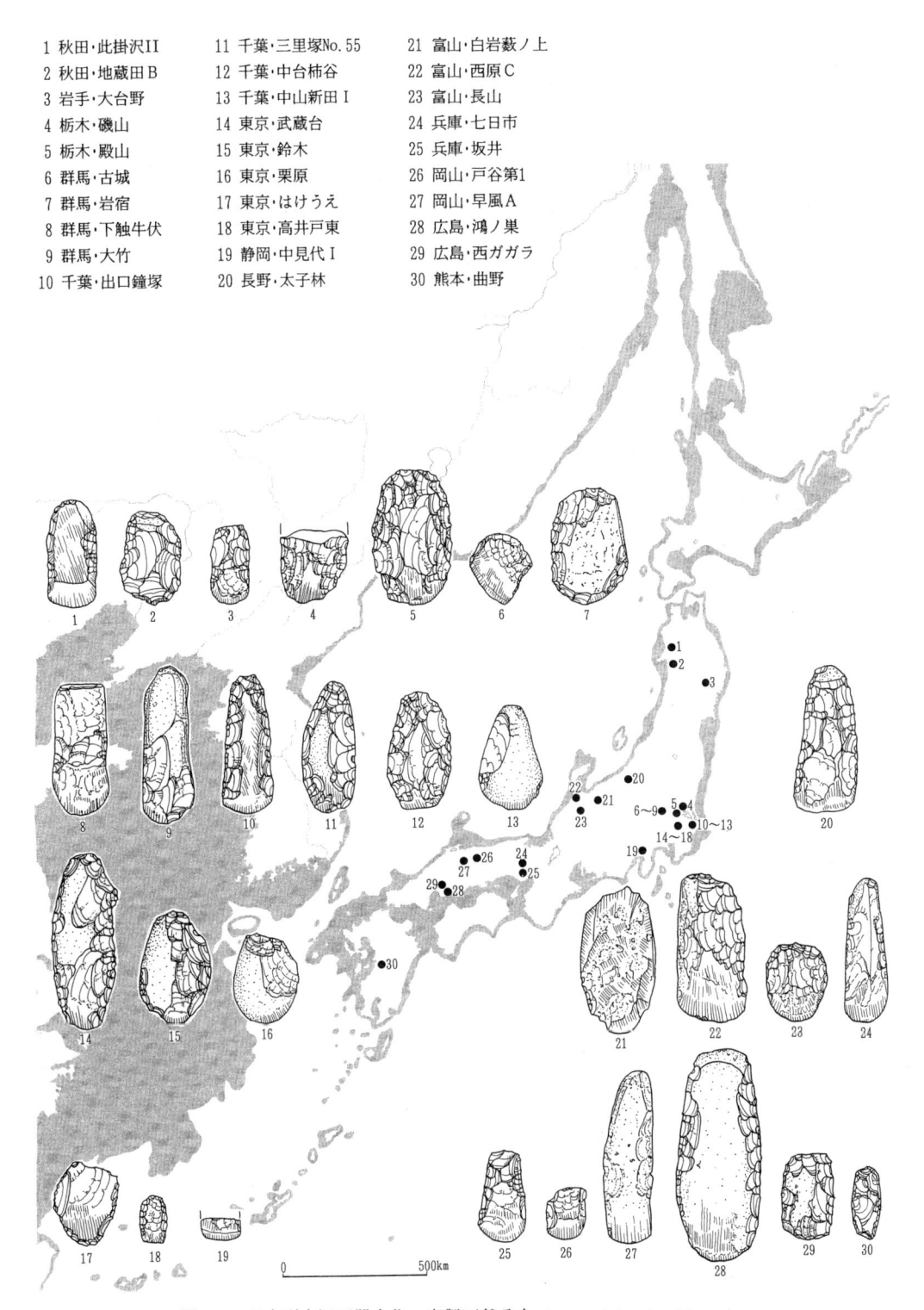

1 秋田・此掛沢II	11 千葉・三里塚No.55	21 富山・白岩薮ノ上	
2 秋田・地蔵田B	12 千葉・中台柿谷	22 富山・西原C	
3 岩手・大台野	13 千葉・中山新田I	23 富山・長山	
4 栃木・磯山	14 東京・武蔵台	24 兵庫・七日市	
5 栃木・殿山	15 東京・鈴木	25 兵庫・坂井	
6 群馬・古城	16 東京・栗原	26 岡山・戸谷第1	
7 群馬・岩宿	17 東京・はけうえ	27 岡山・早風A	
8 群馬・下触牛伏	18 東京・高井戸東	28 広島・鴻ノ巣	
9 群馬・大竹	19 静岡・中見代I	29 広島・西ガガラ	
10 千葉・出口鐘塚	20 長野・太子林	30 熊本・曲野	

図143　日本列島旧石器文化の磨製石斧分布（小野・春成・小田編 1992）

382　第3章　石器の研究

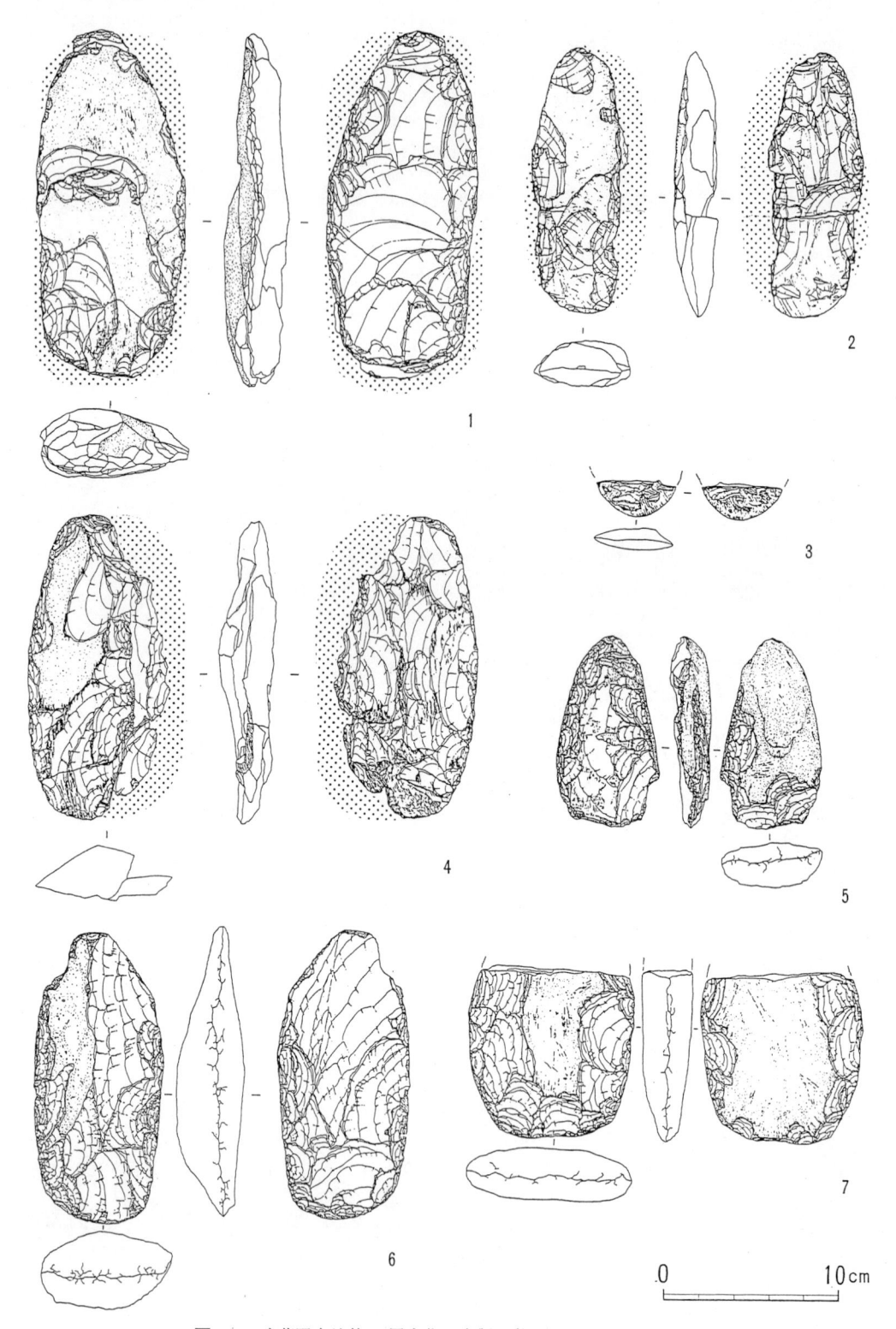

図 144　武蔵野台地第 X 層文化の磨製石斧（Oda and Keally 1992）

3．世界最古の磨製石斧　　383

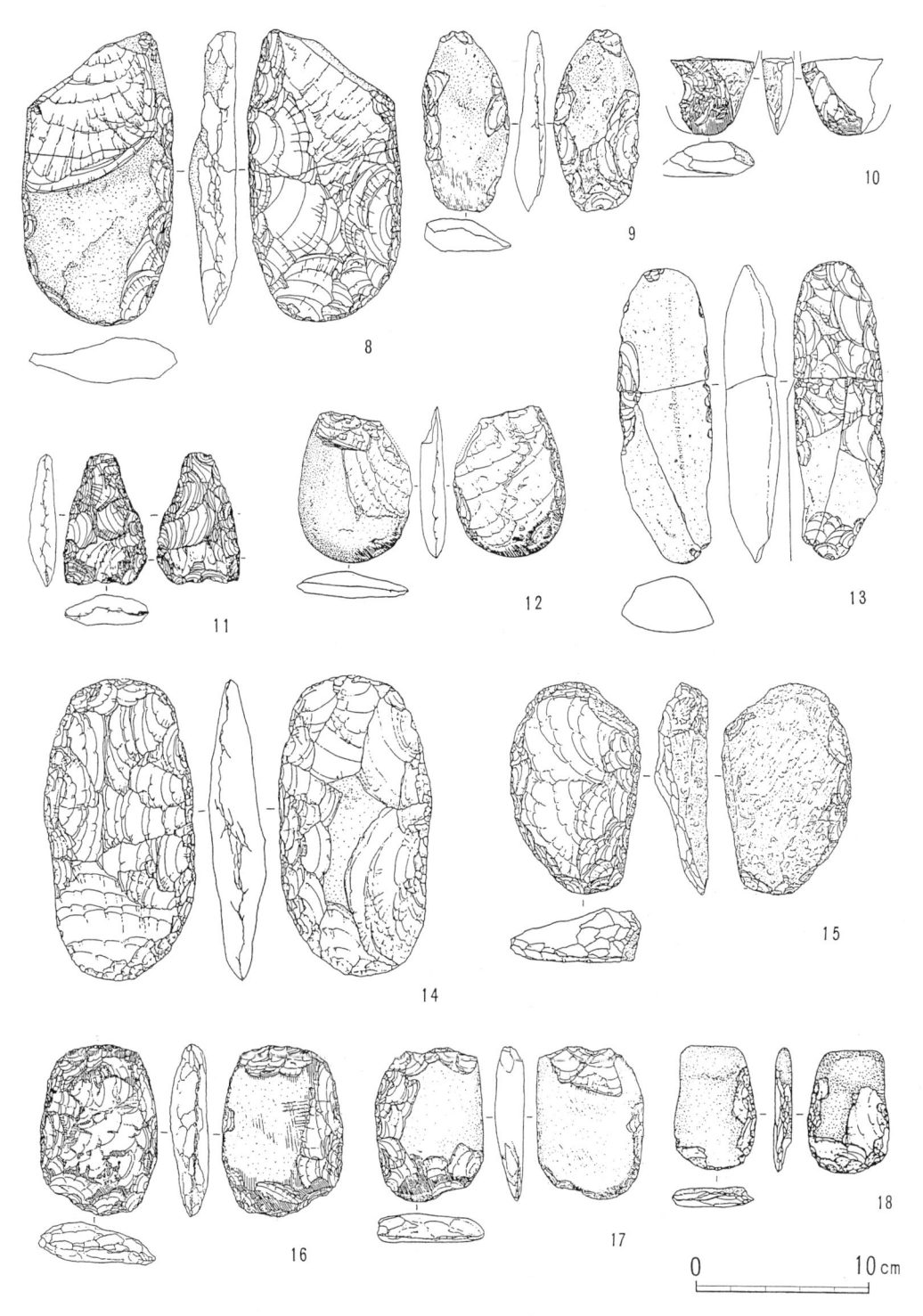

図 145　武蔵野台地第Ⅹ層文化の磨製石斧（Oda and Keally 1992）

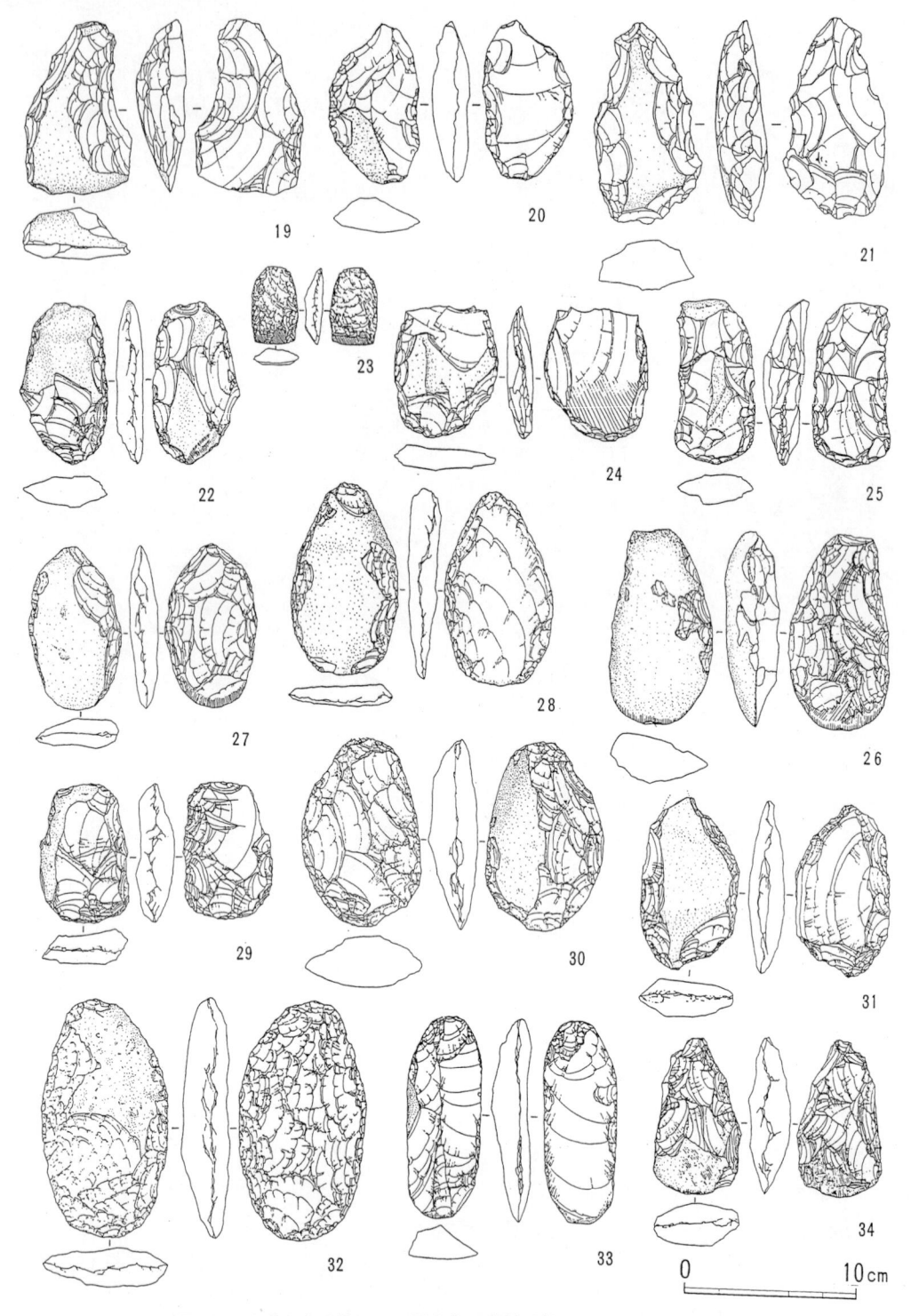

図146 武蔵野台地第Ⅹ・Ⅸ層文化の磨製石斧 (Oda and Keally 1992)

（4） 北関東地方

1949年日本で初めて旧石器文化が確認された群馬県岩宿遺跡（杉原1956）で、下層の岩宿 I 石器文化に 2 点の楕円形石器が発見され、その中の 1 点が磨製石斧であった（松沢1985）。

群馬県では上部ロームの黒色帯（AT 火山灰は最上部に堆積）中部以下から、磨製石斧が多数発見されている（松村1988）。また栃木県、茨城県でも同層準（AT 火山灰層下）から、磨製石斧が数は少ないが出土している。

武蔵野台地との層準対比では、群馬県岩宿 I、同・下触牛伏遺跡は第IX層段階であり、その他の大多数は第VII層段階の資料である。

（5） 南関東地方

1969・70年の東京都野川遺跡の大規模発掘調査以来、多くの文化層が重複する旧石器時代遺跡が発掘されている。磨製石斧は1973年栗原遺跡（小田1976b、小田・Keally 1989）の第X層から初めて発見され、その層準から立川ローム最下底部（約3万年前頃）に包含されることが判明した。

武蔵野台地の標準層位から、磨製石斧は第VI層（AT 火山灰堆積部、約2万8,000年前）以下の、

1) 立川ローム第VII層（第II黒色帯上部、約2万7,000～2万9,000年前）
2) 立川ローム第IX層（第II黒色帯下部、約2万9,000～3万1,000年前）
3) 立川ローム第X層（第II黒色帯層下、約3万1,000～3万5,000年前）

の3つの自然層中に発見される石器群に集中して伴うことが知られている（Oda and Keally 1973a、1992、小田 1992b、1993b、小田編 2001）。

現在、最古の磨製石斧資料は第X層中部に包含される石器群に伴うものである。栗原X層文化、武蔵台Xb層文化があり、楕円形（わらじ形）を呈した磨製石斧に特徴がある。第X層上部～第IX層下部段階は、もっとも発見遺跡数が多く、また多数の磨製石斧も出土している。それには楕円形、短冊形、撥形など多形態の磨製石斧が存在している。第IX層上部～第VII層段階になると発見遺跡数も減少し、形態も短冊形、撥形が主で小型になっていくのであるが、AT 降灰後の第IV層では、稀に打製石斧が出土することもある。しかし、磨製石斧は既に消滅しており発見されていないのである。

（6） 南関東地方（下総台地）

下総台地も武蔵野台地と同様に火山灰堆積物に恵まれている。千葉県では1971年成田空港建設に伴う三里塚No 55遺跡（古内1971）の調査で、下総ロームのかなり深い地層から磨製石斧が出土した。当時、まだ磨製石斧の発見の少ない中で、その ^{14}C 測定年代 28,700±920（N—1081）、29,300±980（N—1080）の古さが話題になった。

この地方での磨製石斧は、AT 火山灰堆積層下の下総ローム第2黒色帯（武蔵野台地の第II黒色

帯に対比）中に発見されることから、武蔵野台地の第Ⅹ層上部〜第Ⅸ層下半部段階と考えられる。発見遺跡数、資料点数も多い（長崎 1990）。

　磨製石斧の形態は、楕円形もあるが、短冊形、撥形など本格的な「オノ」としての機能を持つ例が多く存在していることに特徴がある。

（7）　南関東地方（相模野台地）

　相模野台地は火山灰堆積物が厚く、武蔵野台地、下総台地よりも編年作業に適した地域である。したがって、古期の文化層への発掘は深くその調査遺跡数は少ない（砂田 1983）。また、神奈川県吉岡遺跡で層位的に旧石器文化が確認され、磨製石斧も2枚の文化層（黒色帯4上・下）から出土している。

（8）　中部地方南部

　静岡県箱根・愛鷹山麓に良好な火山灰堆積地域が存在している。現在までに多くの旧石器文化が、層位的に発見され編年作業が行われている（高尾 1989）。静岡県中見代第Ⅰ遺跡のAT火山灰下の黒色帯Ⅴから磨製石斧が発見され、山梨県でもAT火山灰堆積層下から、磨製石斧が横針前久保遺跡で発見されている。

　また、長野県茶臼山遺跡（藤森・戸沢 1962）では、AT火山灰降灰以降の「ナイフ形石器文化Ⅱ」に磨製石斧が伴っている。この事実から中部山岳地域は、他の地域ではすでに消失・衰退した磨製石斧が、新期の旧石器文化段階にも存続しているようすがうかがえる。

（9）　中部地方北部

　長野県信濃町の野尻湖周辺の遺跡から、多数の磨製石斧が出土している（谷 1995）。野尻湖立が鼻遺跡からはナウマンゾウが多数発掘・研究されている。また湖底の杉久保遺跡（林・樋口・森嶋他 1970）では、新期のナイフ形石器文化Ⅱの石器群が発見され、杉久保B地点では杉久保Ⅱ文化に伴って短冊形の磨製石斧が1点発見されている。

　最近、古期の日向林B遺跡（60点）、貫ノ木遺跡（55点）において、石器製作址ではないが蛇紋岩製の大量の磨製・打製石斧と数点の砥石が出土している（谷 2000）。

　富山県の立野ヶ原丘陵に旧石器遺跡の集中した地域がある。この遺跡群に多数の磨製石斧が発見された（奥村 1995）。ここは火山灰堆積層が薄く、遺物はAT火山灰堆積層前後の時期に発見され、石器群の様相は、立野ヶ原型ナイフ形石器、ペン先形ナイフ形石器に伴う古期のものと、石刃技法の石器群を中心にした新期のものに伴うものが知られている。

（10）　近畿地方

　奈良県と大阪府との県境に、大規模な二上山サヌカイト原産地遺跡群がある。安山岩の一種であるサヌカイトは、この地方では旧石器、縄文・弥生時代にわたっての石器に多用されている。

また、瀬戸内海に面した香川県国府台にも、大規模なサヌカイト原産地遺跡群が存在している。

両原産地遺跡群から、両面を加工した楕円形、長楕円形、短冊形の「両面加工石器」が発見されている。その多くは石器の未製品（ブランク）であるが、中には古そうな「斧形石器（すべて打製品）」も存在するのである。しかし未だに、確かな発掘調査で他の地域と同じ時期の遺跡の発見はない。

兵庫県の山麓部遺跡で、確かな磨製石斧が出土している。春日・七日市遺跡と坂井・寺ヶ谷遺跡である。両遺跡ともAT火山灰降灰以前の時期であり、春日・七日市遺跡は武蔵野台地の第IX層、坂井・寺ヶ谷遺跡は第VII層段階に対比される（麻柄1985）。

(11)　中国地方

岡山県の野原遺跡群の早風A遺跡で、磨製石斧がまとまって発見された。石器群の対比から、武蔵野台地の第VII層段階の時期である。岡山県蒜山高原の戸谷遺跡第1地点では、AT堆積層直下の火山灰層から磨製石斧が発見されている（麻柄1989）。

広島県の鴻ノ巣遺跡と西ガガラ遺跡第2地点から、磨製石斧が発見されている。石器の対比から、武蔵野台地第X層～第IX層下半部段階の時期である。

中国山地の冠高原のサヌカイト原産地遺跡群から、斧形石器の発見がある。これも二上山、国府台サヌカイト原産地遺跡群と同様に判定が難しい遺跡である。

(12)　九州北部地域

熊本県の数ヵ所の遺跡から磨製石斧が発見されている。中でも曲野遺跡（江本1984）は有名で、AT火山灰堆積層下位の粘質土層から磨製石斧が発見され、これは武蔵野台地の第IX層段階の時期に対比される。

大分県にはかつて「前期旧石器時代」として登場した丹生遺跡、早水台遺跡がある。この両遺跡に磨製石斧が存在しているようだが、その層位的不安定性や礫層中の破砕礫の可能性など多くの問題があり、今後、検討しないと使用出来ない資料である。

(13)　九州南部地域

鹿児島県は始良カルデラの噴出源で、この巨大噴火で「入戸火砕流」が流出しシラス台地を形成している。さらに多量のAT火山灰が噴出し、周辺地域や日本列島すべてに厚く堆積した。したがって、シラス台地下層への発掘調査は、堆積物の薄い一部の地域を除いて不可能である。

現在のところ、宮崎県にAT火山灰降灰以前の古期旧石器段階の遺跡が確認されている。しかし、磨製石斧の発見はまだ知られていない。

(14)　鹿児島離島部地域

始良カルデラの影響が少なかった離島部の種子島立切遺跡（堂込1998）で、AT降灰以前の

「種I火山灰（約3万年前）層下から、磨製石斧が数点発見されている。

奄美大島の土浜ヤーヤ遺跡（旭・牛ノ濱1988）からも、研磨痕のある剥片類が発見され、その剥片類の観察から磨製石斧の存在が示唆された。層準はAT火山灰降灰前後の時期である。

(15) 沖縄地域

現在、「旧石器時代人骨」の出土地点は8ヵ所近く存在する。そして、その場所から旧石器人の使用した確かな「石器」「骨角器」などの発見はないと考えられていた（安里・小田他編1988）。しかし、2003年になって沖縄本島の山下町第1洞穴（高宮1968）で過去に発見されていた3点の石器らしい資料を検討した結果、「旧石器」であることが判明した（小田2003投稿中）。

4 遺跡における磨製石斧

(1) 石斧の製作遺跡・接合

斧形石器を製作した遺跡が、東京都多摩ニュータウンNo.72遺跡第4地点第3文化層で発見された（鈴木1995）。ここでは1,000点近くの石器・剥片類は、石斧製作に関係する遺物である。作業の内容は素材から粗加工して、石斧の原形を製作し、さらに全体形の細部整形加工も行われている。研磨作業を示す資料はないが、1点立派な磨製刃部片が出土している。

また、遺跡内での半割石斧同士の接合例も認められている。東京都杉並区高井戸東遺跡第X層文化では、隣接して発見された半割石斧が接合している（小田・伊藤他編1977）。同・小金井市はけうえ遺跡第IX層文化では、接合した半割石斧の1点の表面全体が白色化した色調変化が認められている（小田・阿部・中津編1980）。これは前述したようにおそらく石斧が破損後に、集落内で何らかの受熱作用があった結果と考えられよう。

(2) 出土状況

ここで視点を変えて、遺跡内における磨製石斧の出土状況に特別な意味がないかを考察してみる。1975年東京都小平市鈴木遺跡で、大規模な緊急発掘調査が行われ、この調査でB地点Jbグリッドの第IX下層文化から、磨製石斧が4点まとまって発見された（鈴木遺跡調査会1975）。周辺には石器・剥片の集中ユニットはなく、やや離れた遺物空白部分に存在していたのである。縄文時代において、磨製石斧が数本、①土器内に収納された状況、②土坑に埋められた状況、③直立した状況、などで発見される例は多数知られている。

こうした石器などが特殊な状況で出土する場所は、「デポ遺構」と呼ばれている。旧石器時代にデポという概念が存在したか否かは不明であるが、終末期から縄文時代草創期頃には確立されたといわれている（田中2001）。

5　年　代

　南関東地方の厚い火山堆積物を有する旧石器遺跡の層位的知見によると、磨製石斧は姶良Tn火山灰（AT、較正年代2万8,000～2万9,000年前）降灰層以前に集中して確認されている。武蔵野台地の立川ロームの標準層準でいうと、姶良Tn火山灰は第Ⅵ層に堆積しており、磨製石斧はその下の第Ⅶ～Ⅸ層（第Ⅱ黒色帯）から第Ⅹ層中部に発見される。そして、全国の旧石器遺跡から出土している同種の磨製石斧も、武蔵野台地と同じように姶良Tn火山灰層前後や、それ以前の層準に集中する傾向が認められている。立川ローム第Ⅱ黒色帯の年代は、C^{14}年代値で約2万7,000～3万年前で、第Ⅹ層は約3万1,000～3万8,000年前と測定されている。したがって、日本列島の旧石器遺跡から発見される磨製石斧は、約2万8,000～3万5,000年前頃に盛行した石器といえる。こうした古い年代を持つ磨製石斧は、世界の旧石器文化には存在していないのである。

6　意　義

　日本の旧石器文化に発見される斧形石器は、名実ともに「磨製石斧」と呼べる形態を示す石器器種である。世界の旧石器時代遺跡からの磨製石斧の発見例はきわめて少なく、十数点の範囲に納まってしまう。まず1960年代に紹介されたロシア（旧ソ連）のコスチョンキⅠ（Semenov 1964）の磨製（磨耗？）石斧1点が著名である。またロシア・アフォントヴァゴラⅡ（Astakhov 1967）にも1点出土している。ヨーロッパではオーストリア・ヴィレンドルフⅡ（小野1995）で、全面磨製した長楕円形の石器が1点発見されているだけである。

　やや特殊な形態をもつ例が、オーストラリアに集中して発見されている（White 1971）。とくに北部のアーネムランドにあるMalangangerrとNawamoyn遺跡（Carmel 1982）出土例が有名である（図140～142）。形態は横形を呈する磨製石斧で、楕円形の扁平自然礫をそのまま加工（打調）を行わず、長軸方向に着柄部と考えられる有溝（両面）が形成されている。自然礫面と研磨痕は明瞭ではないが、両刃石斧（縦斧、アックス）として仕上げられている。年代は2万数千年前を最古に、かなり新しい時期まで継続し、先住民の「アボリジニ」も使用していた（前田2002）。

　日本の旧石器文化の磨製石斧は、不思議なことにAT火山灰（約2万5,000～2万8,000年前）降灰以前の2万9,000～3万5,000年前頃に集中している。その後は衰退してしまうが、縄文時代の草創期（約1万6,000～1万2,000年前）に再び出現し、弥生時代（紀元前300年～紀元後300年）まで存続していくのである。

　現在、日本の旧石器時代の磨製石斧は、「世界最古」であり、さらに、この磨製技術は日本で独自に誕生した可能性が大きい（小田編2001）。

390　第3章　石器の研究

時期区分			沖縄	奄美他	南九州	北九州	中国	四国	近畿	中部南	中部北	南関東	北関東	東北南	東北北	北海道
縄文時代	草創期	土器文化 II層	●○	●○ …榛	●○ ノ原	●○ 型石	●○ 斧文	●○ 化…	●○	●○	●○	●○	●○	●○	●○	●○
				●○ …	●○ 神子	●○ 柴・	●○ 長	●○ 者	●○ 久	●○ 保	●○ 型	●○ 石	●○ 斧	●○ 文	●○ 化	●○ …
			12,000〜14,000	●○								●○				●○
	第III期	細石刃文化 III層		●○								●○				●○
			15,000〜17,000													
旧石器時代	第II期	ナイフ形石器文化II	IV層								● 杉久保					○ 嶋木
			18,000〜20,000													
			V層								●○ 茶臼山	○ 鈴木				
											● 直坂	○ 橋本				
			21,000〜24,000													
			VI層		● 土浜ヤーヤ							● 田無南				
			25,000〜26,000													
		VII層			●○ 早風		○ 寺ケ谷			● 貫ノ木	● 島屋敷	●○ 笹山原	●○ 此掛沢			
							○ 七日市			●○ 日向林	● 磯山	●○ 地蔵田				
			27,000〜28,000													
		ナイフ形石器文化I	IX層		●○ 曲野	● 西ガガラ					●○ 聖人塚					
						● 鴻ノ巣					●○ はけうえ	●○ 岩宿				
			29,000〜30,000													
		X上層								●○ 中見代	●○ 鈴木					
				●○ 立切							●○ 高井戸東・武蔵台					
			31,000〜35,000													
	第I期	先ナイフ形石器文化 X下層														
			36,000〜													

(●磨製石斧、○打製石斧)

図147　日本列島の旧石器編年と磨製石斧出土状況 (小田編2001)

4．石器型式と出土状況

　「モノ」を分類するということは、毎日、われわれが生活の中で何気なく行っていることである。自分の部屋の中の道具を、日常正確に区別して使用していることなどはその1例である。一方、異なった国に旅行した際、同じ機能を持つ道具を探すのに苦労した経験はないであろうか。つまり、「所変われば品変わる」という事実に遭遇したときのことである。もしも、それが数万年前の旧石器時代にまでさかのぼった場合はどうであろうか。ここに、遺跡から発見される「石器」を分類する基本的な意義が存在する。

　同じ形態を呈する石器でも、彼らが所属する社会の伝統・習慣などによって、その材料、作り方、使い方が独特の場合がある。つまり、石器を分類することは、逆にその石器の所有者が属した集団の社会や伝統を調べることに通じ、ここに先史学資料を分類する目的があるのである。

　石器を分類するためには、まずそのための基準を決め、それに合致した分類形質を選びだす必要がある。たとえば、石器の用途に基づいて分類したければ、用途を鋭敏に反映する形質を選択する必要がある。そして、こうした定義に用いられる形質が、型式ごとに計測値によって表現されれば、型式の特徴が明確になり、さらに、型式間の違いを容易にとらえられる。それは望ましい方向性である。

　遺跡から発見される1文化層の石器群資料は、こうした石器型式の集合した1セットの「道具箱」とみなすことができる。この道具箱の特徴は、型式の組み合わせ、型式の出現頻度やその技術的変異などに基づいて記載される必要がある。そして、このような道具箱が多数発掘されることによって、道具箱間の比較研究が可能となってくる。それは、道具箱の間における使用目的のいかんなどではなく、道具製作の面でどの程度の類似性があるかを調べ、それに基づいて社会的伝統などに関する豊富な知識を得ることである。

　本稿では、「技術的伝統」を基準にした石器型式を採用し、石器型式がその遺跡内でどのような分布を示し、型式間、出土状況間において相互にいかなる関連が指摘できるかを実践例で検証してみた。分析資料とした田無南町遺跡第1文化層（Kidder・小田・小日置他編1992）は、「環状ブロック」と呼ばれる特徴的な石器ユニット群を示す、武蔵野編年第I文化期の旧石器時代遺跡である。

1　日本旧石器時代の石器型式

（1）石器の技術形態学的分類

　石器の製作は、石器に適した「石材」を探すことから始まる。まず遺跡の周辺や近郊に良質の石材が存在すれば、旧石器人はそれを利用して石器を製作した。しかし、適当な石材がない場合は、遠隔地から入手するしかないのである。このようにして他の場所から遺跡に持ち込まれた石材は、「搬入石材」と呼ばれる。たとえば、武蔵野台地の遺跡から多数出土する「黒曜石」は、信州・箱根・神津島などから持ち込まれた搬入石材の代表的な例である。

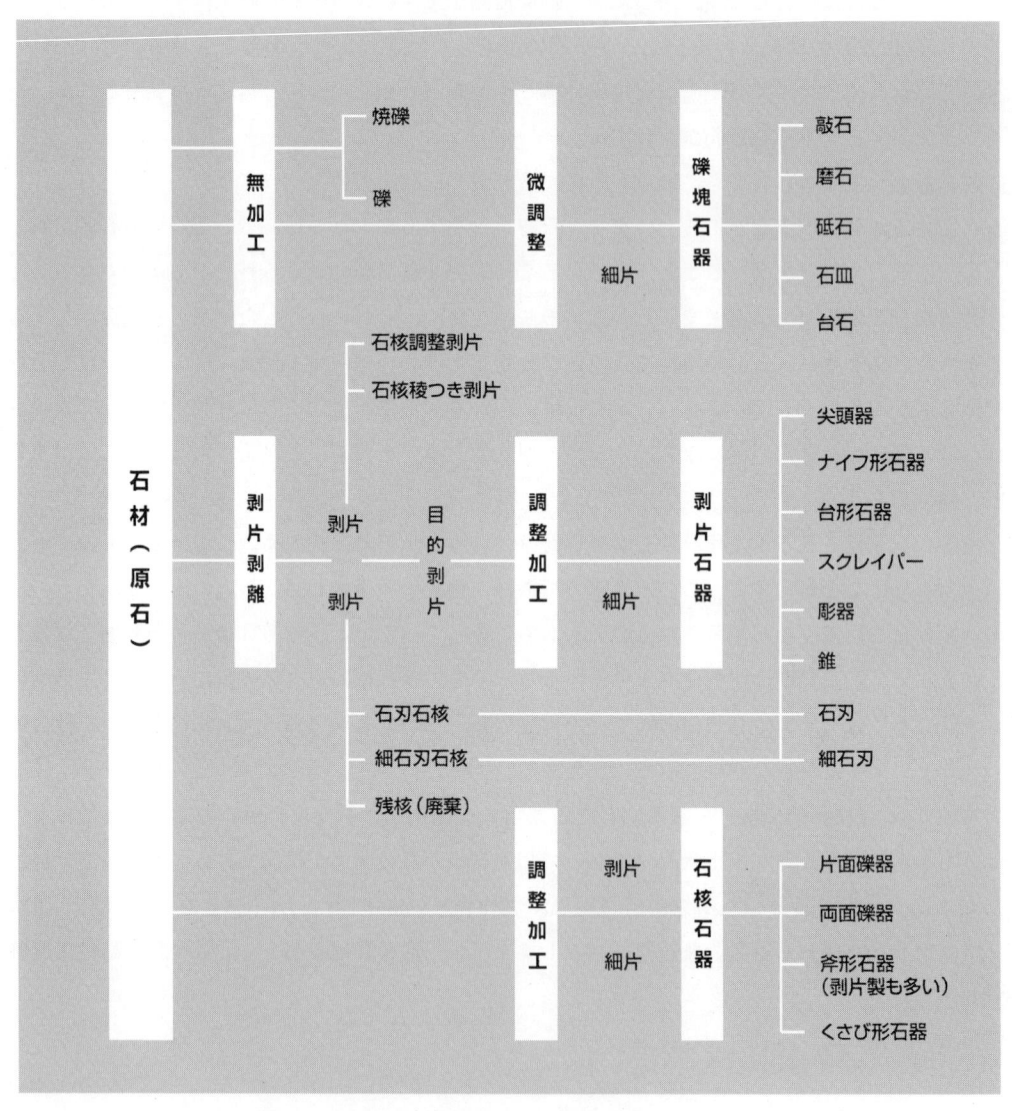

図148　石器製作工程からみた旧石器型式（小田 2001）

適当な石材がみつかると、製作用具を用いてそれを加工し、「石器」を作ることになる。この工程は、「石材→石核→剥片→石器」という一連の作業が認められる。したがって、一般的な遺跡からは、この工程のいずれかの段階で生じた石器が発見されることになるのである。

石器としての条件は、加工された石材の一部に独特の「刃部」が存在していることである。この刃部製作工程には、大きく礫・石塊から直接不要な部分を取り除いて刃部を作る場合と、礫・石塊からまず剥片を剥ぎ取り、その剥片の一部に刃部を作る場合とがある。前者を「石核石器」、後者を「剥片石器」と呼んで区分している（赤澤・小田・山中 1980）。

（2）型式分類

石材は、「石核調整→剥片剥離→細部加工」という過程を経て石器となる。遺跡から発見される石器は、こうした一連の製作過程で生じた産物が存在することから、各標本がどの段階でできたものかを想定することが「型式分類」の基本作業である。したがって、石器製作工程に沿って、①石材段階、②石核調整段階、③剥片剥離段階、④細部調整段階、に区分される。各段階の石器器種は次のとおりである。

①石　材　段　階：搬入石材、焼礫、台石、敲石、凹石、磨石。

②石核調整段階：石核、細石刃石核、石核調整剥片、石核石器—礫器、両面調整石器、クリーヴァー、斧形石器。

③剥片剥離段階：石核稜つき石刃、縁つき石核片、横形剥片、剥片（狭義）、石刃状剥片、石刃、細石刃。

④細部調整段階：整形剥片、彫刀面打撃片、折りとり剥片、剥片石器—掻器、錐、彫器、背つき石器（ナイフ形石器の一部）、切りとり石器（台形石器、ナイフ形石器の一部）、ノッチ、背つき尖頭器（ナイフ形石器の一部）、尖頭器、削器、厚形削器。

こうした石器型式分類を基本にして、武蔵野台地の1旧石器遺跡をテーマに、各型式ごとの石器が遺跡内でどのような出土状況を示し、その意味するところは何かを、次に追ってみることにしたい。

2　遺跡における石器型式の出土状況

（1）田無南町遺跡

東京都小平市鈴木町を源流にした石神井川は、武蔵野台地の中央部に点在する湧水地帯の1つとして出発し、小平市、小金井市、田無市、保谷市、練馬区、板橋区、北区を貫流し荒川（現・隅田川）に流入する全長30kmの河川である。

石神井川流域は、日本の旧石器時代研究史上著名な遺跡が数多く知られている（大澤・柴崎 1959）。源流域の小平市鈴木遺跡（鈴木遺跡調査団 1975、1976 abcd、1978、1979）、中流域の練馬区武

蔵関、溜淵（榎本1960）、城山遺跡、保谷市下野谷、坂下遺跡、下流域の練馬区尾崎、東早淵、板橋区茂呂（杉原・吉田・芹沢1959）、栗原（岡本1955、直良・杉山1957、小田・Keally 1989）、根ノ上遺跡などである。

　石神井川流域の旧石器時代遺跡は、鈴木遺跡を出発点とするが、すぐ隣接した小金井市、田無市域の上流域に遺跡の確認が少なく、中流域の保谷市（現・西東京市）、練馬区境に立地する富士見池遺跡群までの流域間は空白地帯になっていた。この上流域における遺跡の少なさは、旧石器時代以外の時期にも認められている。鈴木遺跡も発掘以前は、縄文、古墳期の土器片が少量拾える程度の場所で、源流地点でありながら遺跡の周知化が遅れた地域であった。

　1988（昭和63）年5月、田無市（現・西東京市）南町5丁目に建設予定された都立養護学校敷地内で、遺跡の有無確認の発掘調査が実施された。この場所は、今まで遺跡空白地帯と考えられていた。それは、武蔵野台地上での従来の遺跡立地環境から考えると、石神井川上流域に位置する事と、対象地が石神井川の河川氾濫源の低湿地部分に立地する事などからして、それ程の期待は望めない地点であった。確認調査の結果は予想どおり、縄文、旧石器時代の遺構、遺物が若干発見されるに止まった。そして、遺跡として登録され、短期間の本格調査が計画される事となった。

　1989（平成元）年から本調査が開始されたが、低湿地ということもあって表土近くには客土・水田土が厚く堆積し、地山の黒褐色土は縄文時代の遺物包含層で、約6,500～7,000年前に噴出した広域火山灰の「鬼界アカホヤ火山灰（K—Ah）」（町田・新井1978）が中位に検出された。そして、立川ローム最上部のソフトローム中に約1万2,000年前に噴出した青柳スコリア層が認められ、このスコリア層の下に無文土器と大形ポイントを持つ縄文時代草創期の石器文化が存在していたのである。

　旧石器時代の文化層は、ソフトロームとハードローム部分の境に約1万4,000年前に噴出した立川ローム最上部ガラス質火山灰（UG）が検出された（貝塚1958）。このUGの下部に「細石刃文化（第3文化層）」が発見され、ハードローム中に「ナイフ形石器文化（第2文化層）」が確認された。この2つの旧石器文化は、いずれも小規模な資料であり、この場所に一時的に居住した人びとが残したものであろう。

　田無南町遺跡をもっとも特徴づける文化層は、本遺跡の最下層文化である「ナイフ形石器文化（第1文化層）」である。約2万5,000～2万8,000年前に噴出し、日本列島に広く分布した「姶良Tn火山灰（AT）」（町田・新井1976）が堆積する層準の下層に確認された。そして、この文化層の石器、剥片類は、今まで武蔵野台地の一般的な遺跡で経験したことのない特殊な出土状況を呈して発見された事は、本文化層の性格を考える上で、1つの視点を与えてくれる結果となった。

（2）　第1文化層の遺物分布状況

　本文化層は本遺跡の旧石器文化期の中で、もっとも広い範囲に遺物が分布し、かつ内容的にも充実した時期である。発見された遺構としては、石器・剥片類の集中したユニット、拳大の河原石を集合させた礫群とやや皿状の凹みを呈した土坑状のものがあるが、後の2者については明確

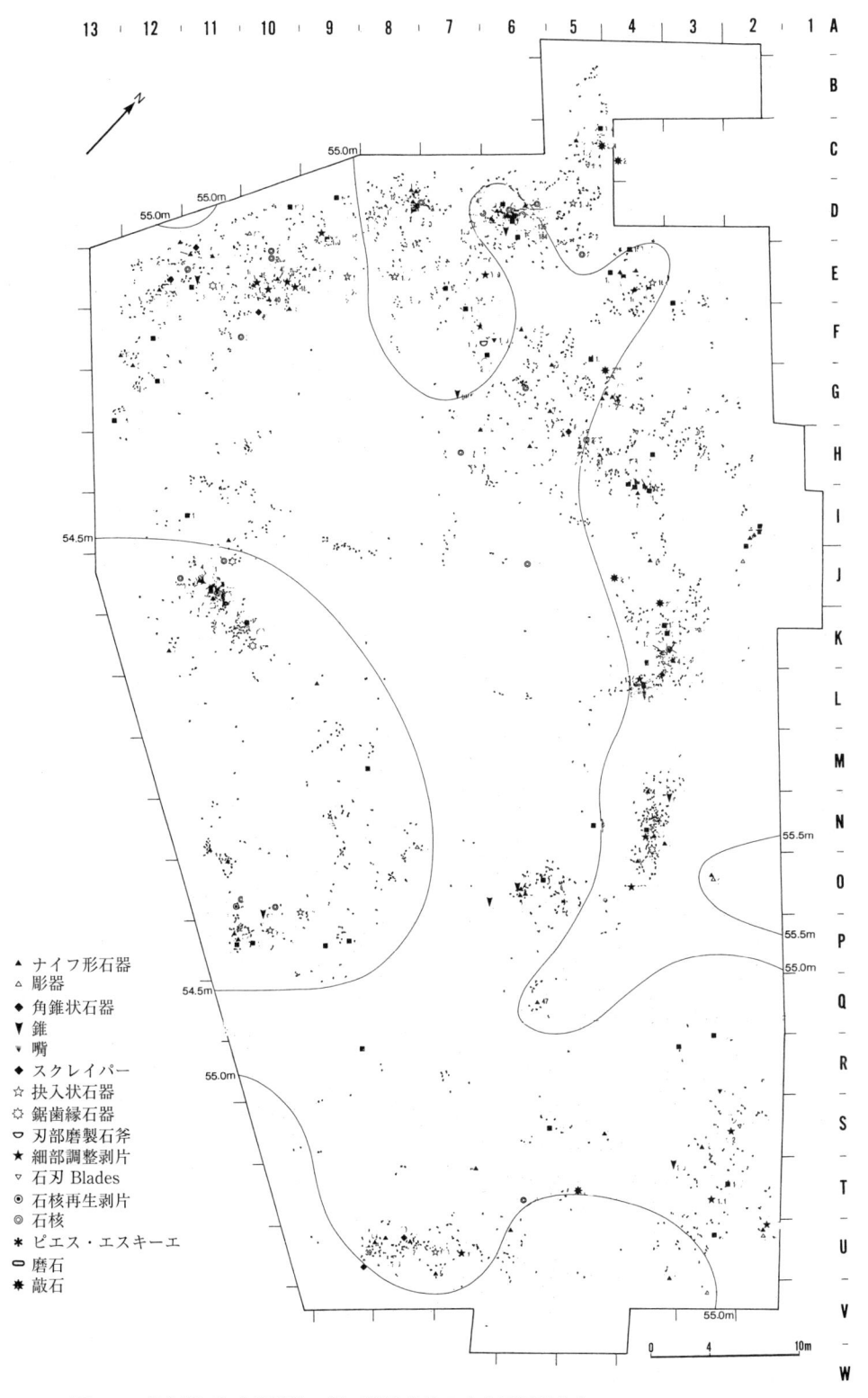

図149 東京都田無南町遺跡の旧石器時代第Ⅰ文化層平面分布（Kidder. 小田他編 1992）

な出土状況を呈していなかった。

　生活面は粘土質土壌面上に、石器、剥片、礫類が分布し、それらの上に柔らかな粘質ローム、砂、細砂利等が堆積していた。つまり、これは固くしまった河川敷および河川に沿った微高地に、生活が営まれていたことになる。このような低湿地部分に旧石器遺跡が立地する例は、武蔵野台地では特異な例である。今後こうした遺跡の追跡を行っていかねばならないだろう。

　日本の旧石器遺跡では普通、石器・剥片類・礫・炭化物片などが、それぞれ集中した状況で出土する。このように集中のひとまとまりを石器・剥片類では、グループ、ユニット、ブロックなどと、礫では礫群、配石など、炭化物片では炭化物片集中部、炉などと呼称され、集落分析の最小単位としている。本遺跡ではすべての文化層に対して、石器・剥片類・礫・ならびに炭化物片の記録を行った。しかし炭化物片については、分布状況を確認できなかった。これは、遺跡地が低湿地にあり、軽い炭化物片は水の影響を受け流出してしまったものと推測される。また、他の重い遺物類においても、本遺跡ではユニットや礫群としての明瞭な集中状況を示さず、周辺遺跡で一般的に認められる遺物の上下移動も少なかった事は、水流による2次移動や短期間に遺物が埋没する条件があったためであろう。したがって、本遺跡の本文化層では、遺物の集中部分の単位設定（ユニット、礫群）は行わなかった。

　本文化層の遺物平面分布を見ると、微高部分の崖線に沿った縁辺部と、低地部の河川敷の先端部に分かれて、石器・剥片類の集中した個所が点在し、あたかも崖線下の凹みを囲むように楕円の環状分布を呈している。礫の分布も石器・剥片類と分布を重ねている。この環状分布の範囲は長径80m、短径50mにも及ぶ大規模なもので、高台部に7ヵ所、低地部に10ヵ所近くの大小集中部を読み取ることができる。

　1993年、関東地方のAT降灰以前の古期旧石器遺跡において、「環状ブロック（環状ユニット）」と呼ばれる出土状況を呈する特徴的な遺物分布が指摘されている。これは中央に広場としての空間を持ち、周縁部に石器・剥片類の集中部が環状に分布するものである。そして、こうした円形の集落は、同時に形成されたもので、特定の集団が一定期間内に種々の活動を行った場であると考えられている（笠懸野岩宿文化資料館・岩宿フォーラム実行委員会1993）。

　環状ブロック群という視点で捉えた訳ではないが、武蔵野台地立川ロームの下半分の遺跡（Phase 1）には、礫群の形成も少なく、石器・剥片類がまばらで円形、楕円形に大きく分布する傾向はすでに知られており、中でも立川ローム第Ⅱ黒色帯（第Ⅶ層〜第Ⅸ層）と第Ⅹ層に発見される石器文化に特徴的に認められた。その例としては、杉並区高井戸東遺跡（小田・伊藤・重住他編1977）、小金井市西之台遺跡B地点（小田編1980）の第Ⅹ層文化（小田・Keally 1974）などがある。

3　石器の型式とその出土状況

（1）　ナイフ形石器

　定　義　この型式は、素材の一部が背部整形された石器で、完成品があたかもナイフの身の

4．石器型式と出土状況　397

(1) ナイフ形石器Ⅰ

(1) ナイフ形石器Ⅱ

(1) ナイフ形石器Ⅲ

(2) 彫器

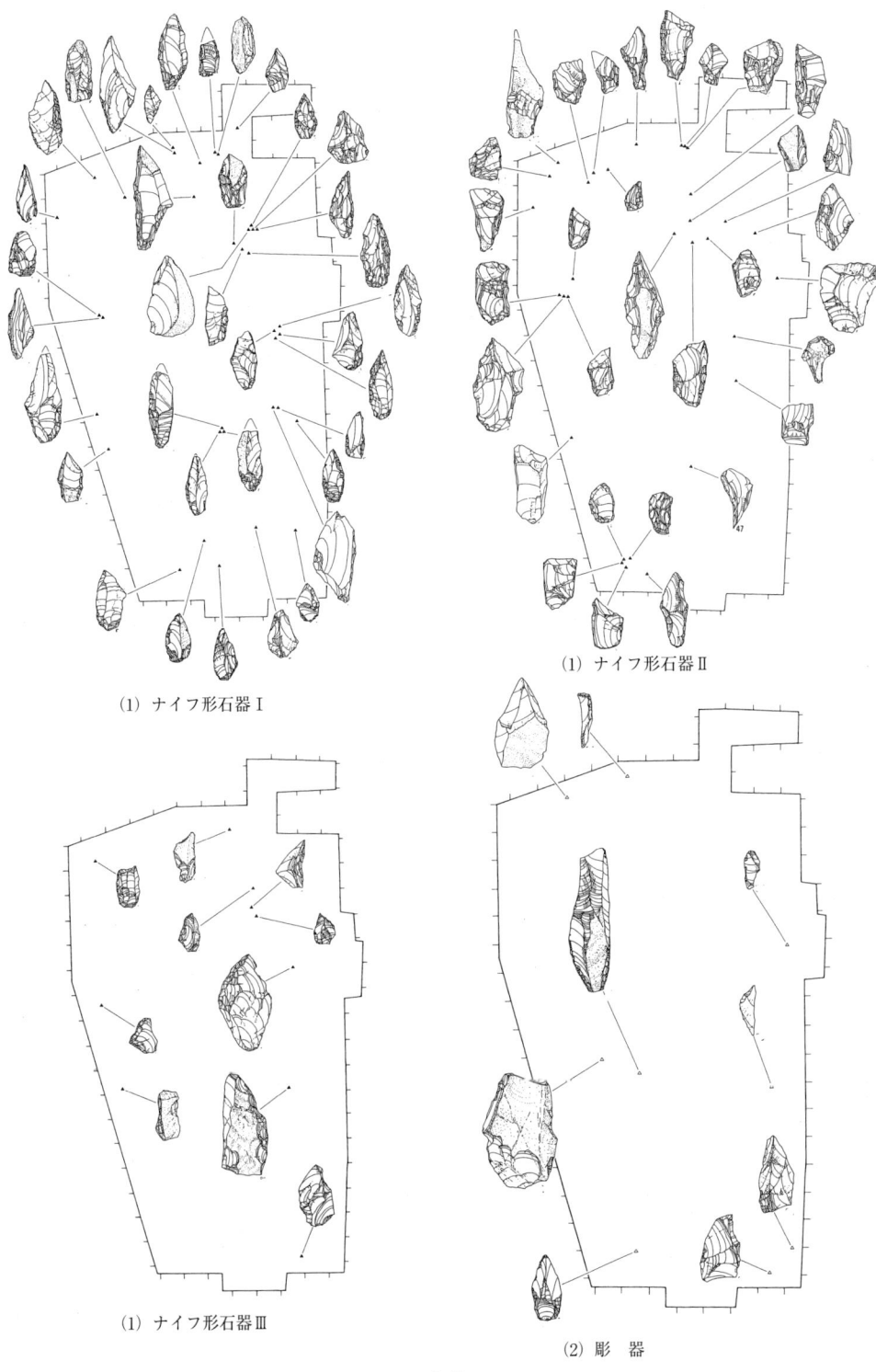

図150　型式別石器の分布①（Kidder．小田他編　1992）

398　第3章　石器の研究

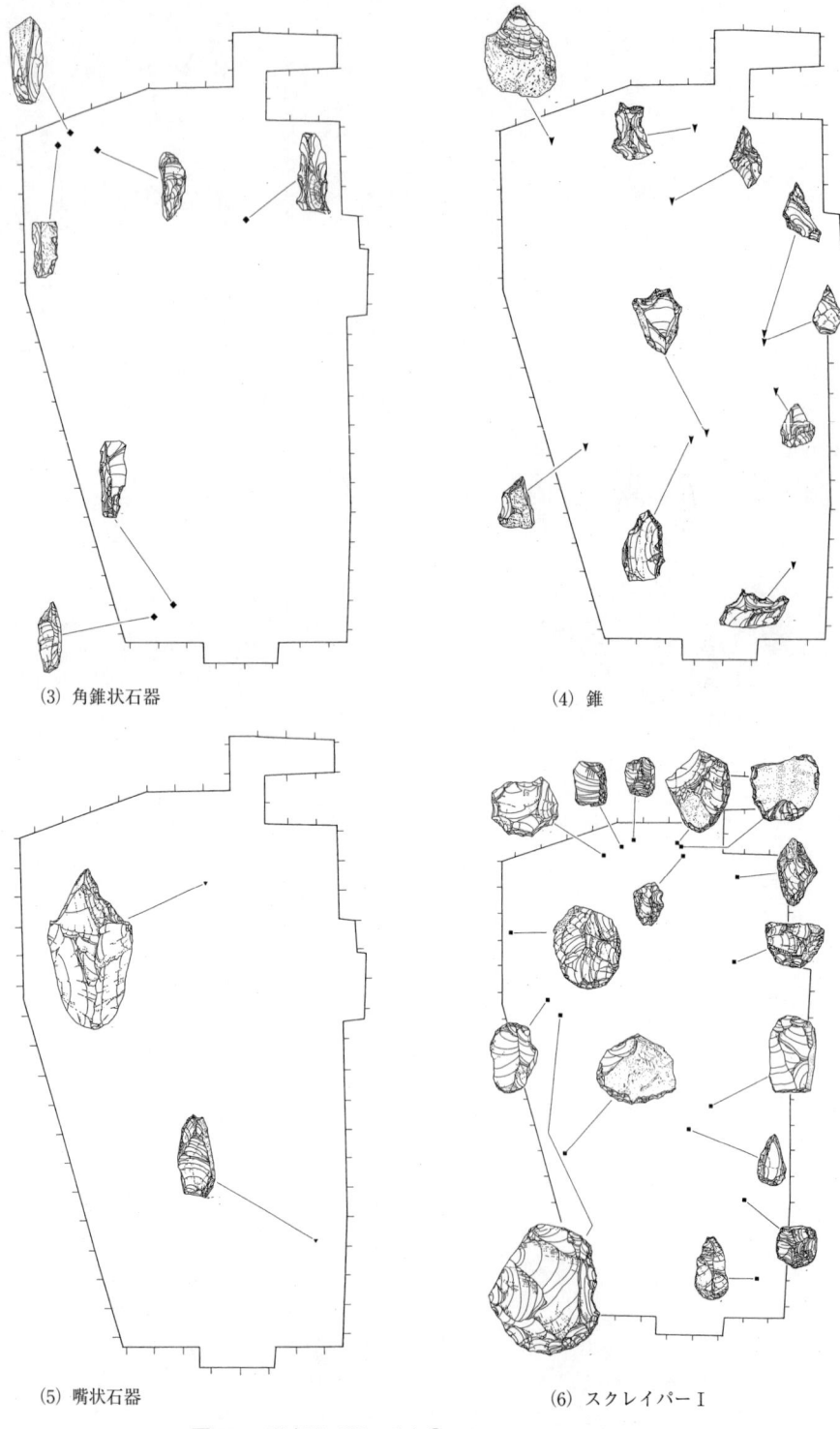

(3) 角錐状石器　　　　　　　　　　　(4) 錐

(5) 嘴状石器　　　　　　　　　　　(6) スクレイパー I

図 151　型式別石器の分布② (Kidder. 小田他編 1992)

4．石器型式と出土状況　399

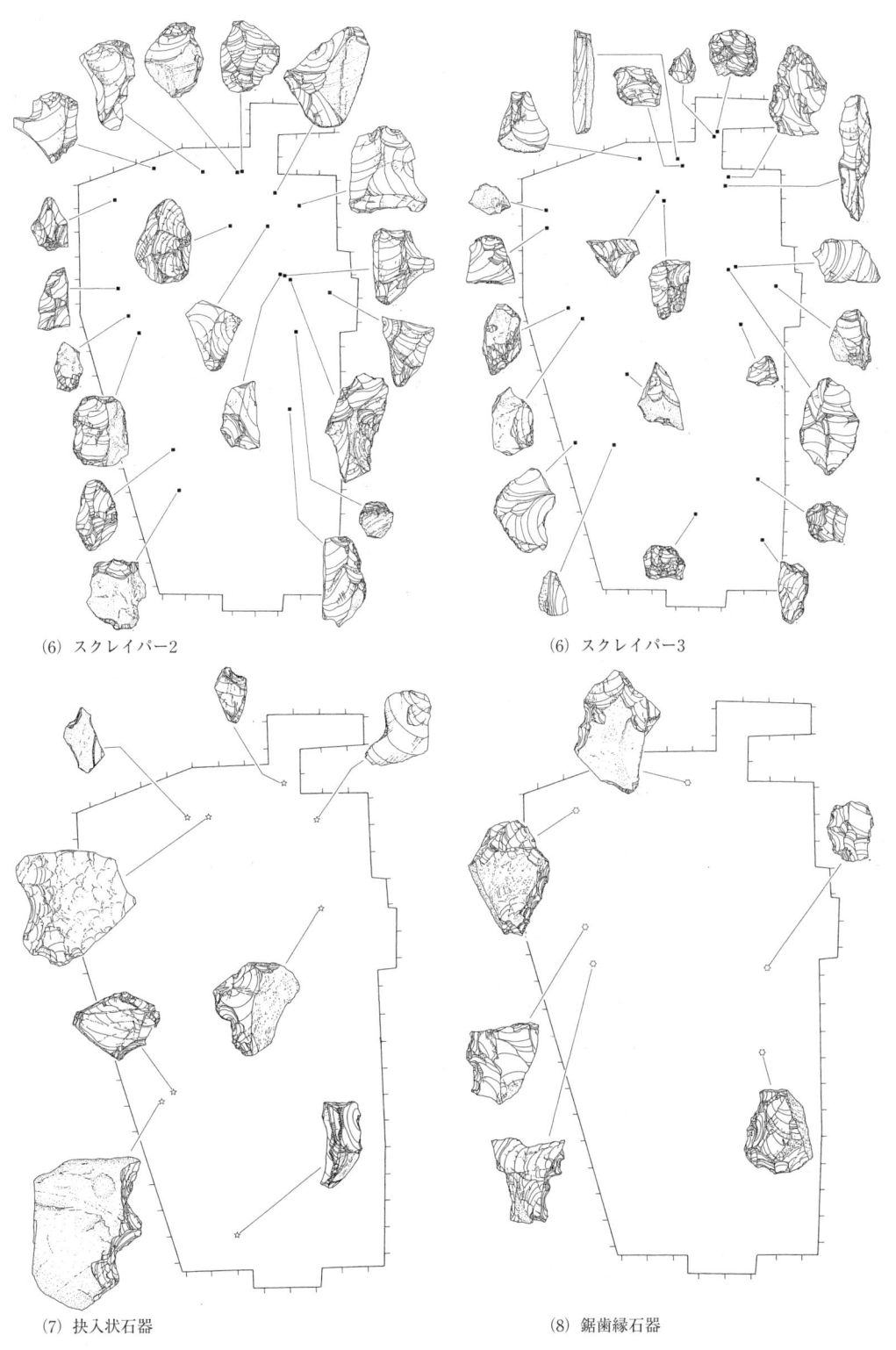

(6) スクレイパー2　　　　　　　　　　　　(6) スクレイパー3

(7) 抉入状石器　　　　　　　　　　　　　(8) 鋸歯縁石器

図152　型式別石器の分布③（Kidder．小田他編 1992）

400　第3章　石器の研究

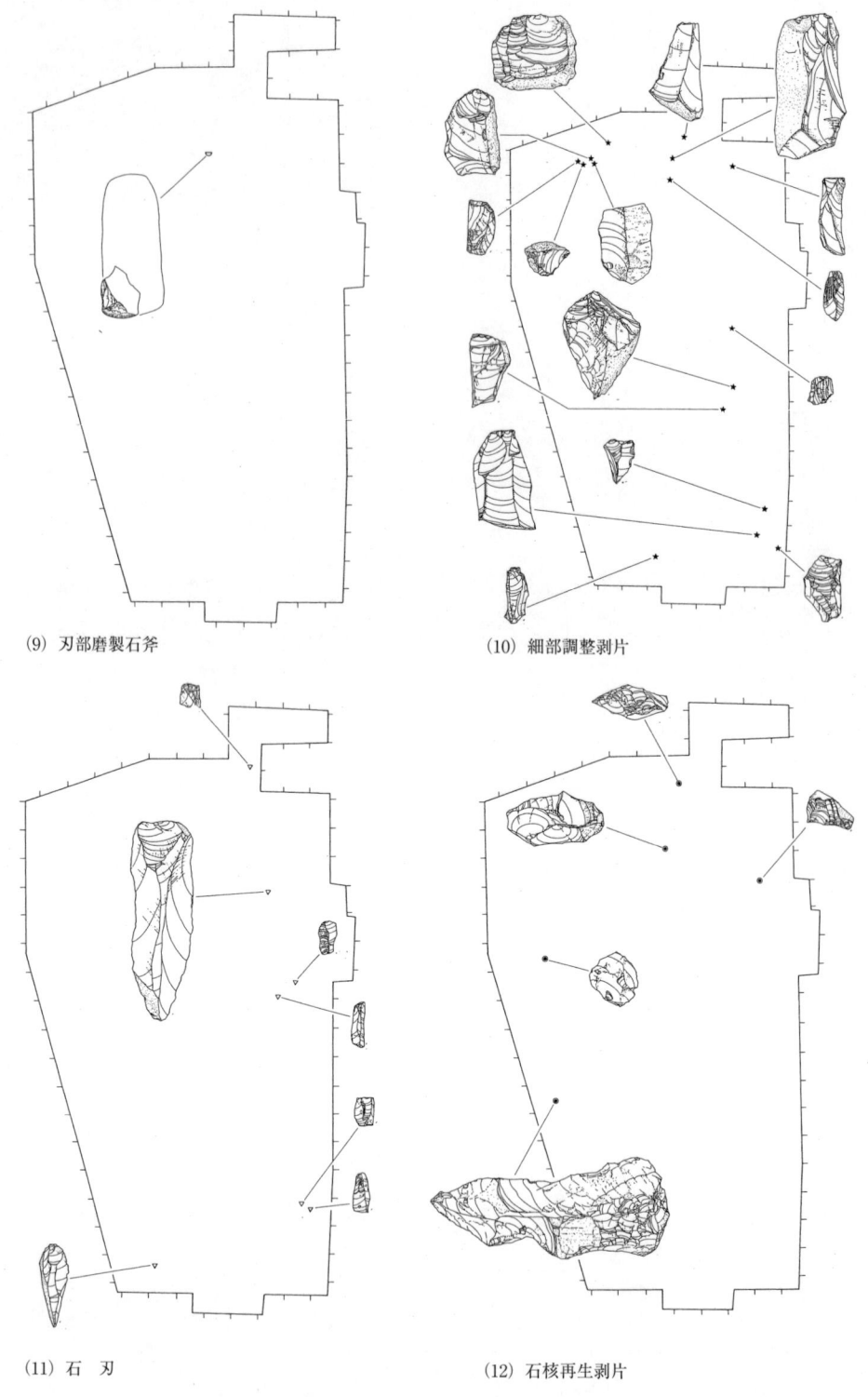

(9) 刃部磨製石斧　　　　　　(10) 細部調整剥片

(11) 石　刃　　　　　　　　(12) 石核再生剥片

図153　型式別石器の分布④（Kidder.小田他編 1992）

4．石器型式と出土状況　401

(13) 石　核

(14) ピエス・エスキーユ（くさび形石器）

(15) 磨　石

(16) 敲　石

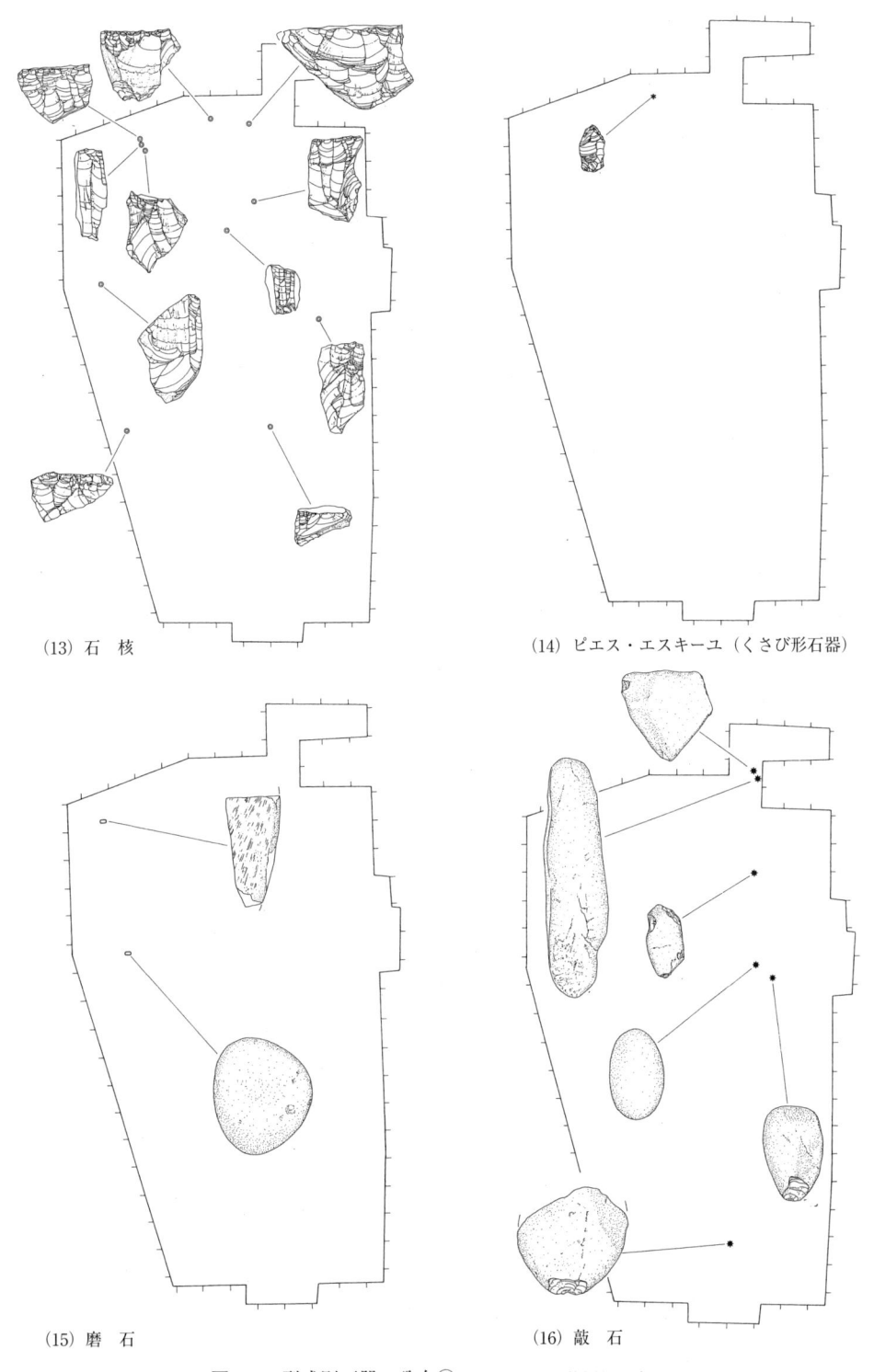

図154　型式別石器の分布⑤（Kidder. 小田他編 1992）

ような形状を呈するものである。背部整形の範囲は変異に富み、素材をあまり大きく変形しないものと、素材を断ち切るように整形したものに大別される。素材には縦形と横形の剥片があり、縦形剥片の中では石刃も卓越している。また、横形剥片の中に、台形状のナイフ形石器の製作を目的にした剥片として、意識的に打ち落とされた例も認められる。

　観　察　　本文化層を特徴づける石器がナイフ形石器である。77点という量も他の器種に比べて多く、ナイフ形石器を多用する何らかの機能がこの場所にあった事になる。ナイフ形石器は大きく3つのタイプに分けられる。これは、当石器の用途に関係する分類でもある。

　　タイプⅠは、縦形剥片を主素材にして、先端の尖った柳葉形の形態を保持させ身の反った小
　　　形品が多い
　　タイプⅡは、横形剥片を主素材にし、先端が尖らず台形状に整形する例が多い
　　タイプⅢは、先端より素材を生かし、調整も厚く背を意識した例が多い

そして、それぞれの用途として、タイプⅠは尖頭器や組み合わせ道具に、タイプⅡは尖頭器や鏃に、タイプⅢは名称に準じたナイフ的使用に供したものと考えられる。

　出土状況　　本文下層の遺物は幾つかの集中した傾向は認められたが、ユニットなどの単位把握は困難であった。したがって、器種ごとの分布比較も全体規模で行っている。ナイフ形石器は77点出土し、3つのタイプ（タイプⅠは36点、タイプⅡは31点、タイプⅢは10点）に分類された。遺跡内での分布傾向をみると、まず他の遺物の集中地点に重なるように全域に平均した量で分布している事がわかる。タイプ別にみると、ⅠとⅡのタイプは、それぞれやや集中した地点を保持しながらも、同僚程度セットで同じ地点に存在し、Ⅲのタイプは、各集中地点に若干伴っている。集落内の立地からみると、低地部より高台部にナイフ形石器が多く分布する事がうかがえる。

（2）　彫　　　　器

　定　義　　この型式は、素材の一部が彫刀面打撃によって作られた刃部をもつ石器である。そして、その打撃によって剥離された樋状の剥片は、削片と呼ばれる。彫器は、彫刀面打撃が加えられる打面の形態によって、いくつかに細分される。

　観　察　　出土した彫器は4つの型式に細分される。
　　タイプⅠは、ナイフ形石器と同じ基部調整を施し、先端部に彫刀面を形成させたもの
　　タイプⅡは、打面を準備しないで、無調整で彫刀面を作ったもの
　　タイプⅢは、細部調整をしてから先端を切り取るように彫刀面を形成させたもの
　　タイプⅣは、彫刀面を打面に利用した双面の彫器である

また、3点出土した削片からうかがわれる彫器の型式は、すべて細部調整切り面彫器のものと考えられる。

　出土状況　　本文化層からは彫器が6点、削片が3点発見された。その分布は、とくに集中したようすはなく、むしろ石器・剥片類の集中部分に、各々1点ずつ含まれる状態で出土している傾向が読みとれる。

(3) 角錐状石器

定　義　この型式は、素材の縁部と尖頭部が、厚形の連続細部調整を用いて加工され、尖った先端部が形成されている石器である。利用される素材は、厚形の横形剥片が特徴であるが、厚形の縦長剥片を用いることもある。この石器は形態がナイフ形石器や片面加工の尖頭器に似ており、明確な型式判別が困難な例も多い。

観　察　6点とも角錐状石器の典型例にくらべると、初期的な加工、形態を示しているが、使用剥片も縦形4例、横形2例とこの種の石器の様相をすでにとらえている。こうした不整形の状況から、その目的に適した石器形態が生まれて行ったのであろう。

角錐状石器は、武蔵野台地では、立川ローム第Ⅰ黒色帯（第Ⅴ層）の上部からⅣ層上部にかけて多出し、尖頭器の発生とも関連づけられて、論述されている石器である。本文化層はAT（第Ⅵ層下部）より下位の層準であり、従来の角錐状石器の出現期より古期にあたる。したがって、本遺跡出土のこの種の石器分析は重要である。6点の石器には、角錐状石器として完成する以前の技術、形態がうかがえ、この種の石器の発生期の姿を呈示しているものといえよう。

出土状況　環状ブロック状遺物出土状況の中で、ユニット状集中を示す西側部分に3点、また同じ集中を示す南側に2点、角錐状石器がまとまって出土している。総数は6点しかなく、この2つの部分に角錐状石器が集中しているようすがうかがえる。

(4) 錐

定　義　この型式は、細部調整によって作られた錐状に鋭く尖った刃部をもつ石器である。利用された素材は、とくに定形した石刃などではなく、普通の剥片を使う場合が一般的である。

観　察　総計10点あり、大きく先端部に1ヵ所尖った刃部を作出した例と、複数の刃部が形成された例がある。また、錐としての主要刃部の他に、スクレイパー・エッジを作出したものも認められる。

この種の石器は、武蔵野台地では発見例がそれ程多くなく、本文化層のように10点も出土した事は特筆に値する。これは本地点で、錐を多用する生活が営まれた証左になる。

出土状況　環状ブロック状の遺物分布状況に中で、ユニット状に集中した部分とやや離れた部分に発見されている。2点づつ出土した個所が2ヶ所認められ、穴をあける作業と結びつきを強くする場所の存在が指摘できる。

(5) 嘴状石器

定　義　この型式は、錐と同様の尖った刃部を持つ石器であるが、その刃部の形態は分厚くしかも頑丈である。利用される素材は、錐の剥片より厚いもので、また刃部の作り出しがややねじれている例も多いのが特徴である。

観　察　2点しか出土していないが、2点ともに刃部の作出は見事な例で、1例は分厚い剥

片を利用し、一方から抉りを入れるように大きく細部調整し、もう一方はわずかな調整で、先端を尖らせている。もう１例は、石刃状剥片の先端部に抉りを入れ、片側縁辺にスクレイパー状の細部加工を施し、ベックとしての機能を作出している。用途は錐と同じであるが、ひっかくという彫器的機能も多く有している石器であろう。

　　出土状況　　環状ブロック状の遺物分布の中で、北と東に１点ずつ発見されている。

（６）スクレイパー
　　定　義　　この型式は、剥片や石刃の縁辺部に、２次的に作られた刃部を有する石器である。定型的な掻器や、不定形の削器に大別される。
　　観　察　　本文化層を特徴づける石器にナイフ形石器とともにスクレイパーを挙げることが出来る。このように１文化層から多数のスクレイパーの出土を見た遺跡は、この周辺地域からは聞いた事がない。また本地点では石器製作を、本格的に行った確証は認められておらず、完成石器の持ち込みによる作業を中心とした生活址と考えられている。
　　またスクレイパーは大きく以下の３つのタイプに分類できる。
　　　　タイプⅠ　　16点。剥片や石刃の先端部に、２次的に作られた刃部を有する石器である。掻器と呼ばれるが、中に短形・円形の掻器も特徴的なものとして存在する。
　　　　タイプⅡ　　20点。剥片剥離軸を並行する縁部に、凸型や直線型の刃部をもつ石器である。削器と呼ばれ、中に凸刃・直刃・横形・復刃・尖頭・単刃厚形削器などが含まれる。
　　　　タイプⅢ　　23点。掻器、削器程の明瞭な細部調整が施されていない石器で、剥片のどこか一部にスクレイパーとしての刃部が作出されており、この加工は使用痕とは異なるものである。
　　この３つのタイプは、それぞれ本文化層を特徴づけるもので、ここで解説して置かねばならない。タイプⅠの中で注目されるのは、円形掻器である。これは刃部が素材の全周縁に作られているもので、ここでは、すでに完成された様相を示している。従来、この種の石器は武蔵野台地編年で、立川ローム第Ⅰ黒色帯の上部から出現し、第Ⅳ層下部に発達する掻器である。本文化層はAT火山灰（第Ⅵ層下部）の堆積以前の文化層であり、このような円形掻器がAT以前に発見された意義は、きわめて大きいといえる。タイプⅡの削器類も注目に値する。これらは、幅広の縦形剥片先端のやや側縁に、凸型や直線型の刃部を作出したものである。一見掻器のようであるが、刃部が垂腺からずれており、ナイフ形石器のタイプⅢに似た形態例がある。今まで、AT以前のスクレイパーがこれほど多く出土した事がないので、今後この資料の分析を通して、この地域のスクレイパー発達史を考察してみたい。
　　出土状況　　スクレイパーはナイフ形石器の77点に次いで多く、59点にのぼる。遺跡内での分布は、ナイフ形石器と同じく、環状ブロックに形成された遺物集中部のすべての地点に、万遍なく平均した量で分布しており、とくに偏在した出土状況はうかがえなかった。

（7） 抉入状石器

　定　義　　この型式は、素材の一部に細部調整を施し、それによって作られた抉入部をもった石器である。利用される素材は、不定形の剥片が多い。

　観　察　　この種石器はスクレイパーと同様、削る道具であるが、抉入状の刃部を持つことから、対象物は棒状のものが考えられている。大形のダブル・ノッチは珍しい。こうした石器の出土が、AT以前にあまり確認されておらず、本資料は貴重であろう。

　出土状況　　環状ブロック状の遺物分布状況において、北側に5点、南側に3点発見されている。他の石器と同様集中部の中に存在しており、とくに偏在した分布はうかがえない。

（8） 鋸歯縁石器

　定　義　　この型式は、素材の一部に不連続な細部調整を施し、それによって作られた鋸歯状の刃部をもった石器である。利用される素材は不定形の厚形剥片が多い。

　観　察　　刃部の作出は、抉入状石器と似ているが、ノッチが複数並んでおり、これらの連続した刃部が必要であったのだろう。用途はスクレイパー的な削り具と考えられるが、鋸のように引く作業を行った可能性もある。この種の石器は、立川ローム下層（第X層〜第IX層）に特徴的に出現するもので、その意味では、本文化層の古さを証明した資料と言える。

　出土状況　　環状ブロック状遺物分布状況において、北西側、南側、東側にそれぞれ2点、計6点が発見されている。他の石器と同様、遺物集中部の一員として存在している。この3地点に、おのおの同様な鋸歯縁石器が分布する意味は何であろうか。

（9） 刃部磨製石斧

　定　義　　この型式は、両面あるいは片面からの調整によって、中央断面が両凸レンズ形、又は、楕円形に整形された素材の一端に、刃部が作られている石器である。素材は、普通礫が用いられるが、大形の剥片が利用される場合もある。また「斧形石器」とも呼ばれている。この斧形石器の中で、その刃部が磨製技術によって作られているものを刃部磨製石斧という。刃部は打製で作られた後、研磨されている。

　観　察　　刃部磨製石斧は、武蔵野台地の立川ローム層第X層から第IX層にかけて、集中して出現する特徴的な石器である。したがって、この種石器の出土により、文化期が推定できる示準資料でもある。また石斧の形態分析から、若干の層位的変遷も認められている。それによると、初期は大形例が多く楕円状を呈し、後期になると短冊形で小形になる事が知られている（Oda and Keally 1973 a）。本文化層例は、形状を復元すると短冊形に近く、小形であることから、後期の段階に入りAT以前ということで、立川ローム第II黒色帯（第IX層〜第VII層）に対比できる資料といえよう。

　出土状況　　環状ブロック状遺物分布状況において、一番集中度の高い北側の集中部に1点発

見された。この種石斧は、単独で出土する例も多く、何か遺構に伴う特別の石器とも考えられるが、本文化層例は、刃部の小破片であり、他の石器とともに捨てられていたものと考えられる。

(10) 細部調整剥片
　　定　義　　この型式は、素材の一部に細かい調整加工が施された石器である。
　　観　察　　この石器の素材は、スクレイパー類と異なり、かなり整った石刃状剥片を利用している。つまり、剥片がそのまま調整を行わず刃器として使えるもので、そのいくつかは使用による刃こぼれの可能性をもっている。しかし、まったく縁辺部に何の刃こぼれや細調整が認められない良好な素材もあるので、この種の石器の存在は、注目して置きたい。
　　出土状況　　環状ブロック状遺物分布状況において、微高地北側の集中部に分布しており、河川敷の低湿地部には発見されていない。この種の石器は刃部として切る作業に用いられたと考えられ、台地側でそうした作業が行われた証左になる資料とも考えられる。細部調整剥片は16点出土した

(11) 石　　　刃
　　定　義　　この型式は、長さが幅の2倍以上である剥片の中で、長さが5cm以上、幅が1.2cm以上、しかも両縁が平行で、表面にと平行に走る稜をもつものである。石刃を連続的に作るためには、普通石刃石核が利用される。
　　観　察　　石刃と思しきものが7点出土している。大きく、大・中・小形品に分かれる。小形品の主体は黒曜石製で、原産地は信州と箱根が混在している。本文化層全体の剥片の傾向は、縦形と横形が作り分けられているが、縦形例の中にも石刃は少なく、石刃技法が盛行する以前であることが理解される。
　　出土状況　　環状ブロック状遺物分布状況において、細部調整剥片と同様、微高地側のみ分布している。石刃はそれ自体でも刃器に使用できる良好剥片であり、この両器種は、類似したものであろう。

(12) 石核再生剥片
　　定　義　　この型式は、石核の打面が連続する剥片剥離によって、使用に耐えなくなると、元の打面や側面に調整剥離を施し、その結果、円錐状や石核つきの剥片が生じる。
　　観　察　　5点出土しているが、石核稜つき剥片と円盤状剥片の2種が存在する。石核の形態を観察するかぎり、それ程1石核から多くの剥片を打ち落としているようすがなく、自ずと石核再生行為も少なかったと推察される。
　　出土状況　　環状ブロック状分布状況において、集中部に平均して発見されている。石核と関連する器種であるが、分布状況の中で、とくに結びつきは認められない。

(13) 石　　核

定　義　この型式は。横形剥片、剥片、石刃状剥片などを剥離する為の石核である。素材は普通礫、あるいは石塊であるが、大形剥片が利用されている例もある。原面打面石核、剥離面打面石核、多面調整打面石核などの種類に分けられている。

観　察　石核は23点出土しており、3つのタイプに分ける事ができる。

タイプⅠ　11点。縦形剥片を剥離するための石器である。剥離打面石核を主体にして、数個の剥片を打ち落としている。剥離面は一面に形成されている事が多く、多面体にはならない。ナイフ形石器タイプⅠの素材剥片にもなっている。

タイプⅡ　11点。横形剥片を剥離するための石核である。原面打面、剥離面打面、多面調整打面石核が併用され、横形の剥片を効率よく打ち落としている。ナイフ形石器タイプⅡやスクレイパーの素材剥片にもなっている。

タイプⅢ　1点。礫器状の石核で、不定形の横形剥片を打ち落としている。

出土状況　石核は、剥片剥離作業が終了した後、その残骸として捨てられたもので、普通その周辺に多くの剥片が発見される。本文化層でも石核とともに剥片類も同じ集中場所に分布しており、集中内、集中外で剥片の接合関係が認められている。これにより、石核が分布している場所では、剥片剥離作業および石器製作が少なからず行われたことはたしかである。

(14) ピエス・エスキーユ

定　義　この型式は、扁平な石核状を示すクサビ形を呈する石器で、上下から剥離が入っており、打面は稜をなし、細かなつぶれがみられる。両極打法によって作られた石器ともいわれている。

観　察　この石器は、石核の残骸なのか、またこうした石器を特別に製作したか否かについて、はっきりした説明はない。使用による刃のつぶれや細調整加工があることから、たんなる特殊な形態の石核ではないことはたしかである。

出土状況　環状ブロック状遺物分布状況において、北西側の集中部に1点発見されただけである。他の石器・剥片類と共に出土しており、特別の分布状況はうかがえない。

(15) 磨　　石

定　義　この型式は、その一部の使用によって生じたと思われる磨痕を持つ礫である。大きさは拳大のものが多いが、その形状に近いものから扁平なものまである。

観　察　1点は完成品で、やや扁平の円礫の平坦面の両面が磨かれている。もう1点は、蒲鉾形の大形品の破片で、平坦な下底面がよく磨かれており、この面が主使用部分である。この種石器は、縄文遺跡からは多量に発見され、石皿とセットで植物質食料の調理具になっている。しかし、旧石器遺跡からの出土は少なく、貴重な資料の1つである。

出土状況　環状ブロック状遺跡分布状況において、河川低地側に、他の石器類と同じ集中部

から2点発見された。

(16) 敲　　石
　　定　義　この型式は、石材、石核、素材などを加工するさいに利用された、比較的小さな礫で、その表面、とくにその端部周辺に打撃痕が集中している。また剥離痕や磨痕を留める例もある。普通長さ10～20cmで、断面が楕円形を呈する礫であるが、扁平なものもある。
　　観　察　6点出土し、細長、楕円、不定形を呈し、すべて礫の長軸に打撃痕、また打撃による剥離痕が明瞭に残されている。
　　出土状況　環状ブロック状遺物分布状況において、台地側の集中部に、他の石器類とともに発見された。石核とセットになる石器であるが、石核の分布との関連はとくに認められなかったが、ただ、磨石が河川側で、敲石が台地側に分布していた意味は何であろうか。興味が持たれる。

(17) 剥　　片
　　定　義　この型式は、一般的に礫もしくは石塊から、剥離されたものすべてを呼ぶ場合（広義の剥片）と、その長さが幅より大きく、かつ幅の2倍よりは短い剥片（縦形剥片）、また、その幅が長さより大きい剥片（横形剥片）に分けられる。
　　観　察　剥片には2種類あり、縦形剥片と横形剥片に大別される。その分布はほぼ類似しており、両種の剥片は同じ場所に混在して出土している事を呈示している。また、石核のタイプⅠ（縦形剥片剥離用石核）と、タイプⅡ（横形剥片剥離用石核）の分布域と比較してみても、タイプⅠ周辺に縦形剥片が、タイプⅡの周辺に横形剥片が分布しているという傾向も看取できない。この事は、石核と剥片が同じ場所に捨てられているという概念は成立しないことを意味している。接合関係はあまりなく、小集中部内や集中部を飛び越えた、若干の接合が認められただけである。母岩別にはチャートがもっとも多く、遺跡地全体に集中状況を示し分布している。黒曜石は、やはり全体に分布するが、まとまりがなくまばらである。他の石材は、分布の偏在性を論じるようすを呈していない。
　　本文化層で特筆される剥片の状況に、酸化鉄の付着と、白く変色した剥片が多く認められたことが挙げられる。酸化鉄は水分と関係し、2次的に水の影響を受ける環境が当地に現出した結果であろう。地点的な偏在は看取されないことから、全体的に水に浸ることがあったのであろうか。白濁剥片は加熱により、剥片の色が変色したもので、チャートの石材に顕著に観察される。分布は台地側に集中していることから、この高台部地域で礫群などで調理作業が行われ、剥片類が加熱を受けたと解するのか、または、たんなる野火などで白濁が生じたのかは興味は尽きない問題である。
　　出土状況　環状ブロック状遺物分布状況において、礫と剥片の分布がその主要構成要素である。この両者の分布はほぼ同じ地点にあるが、石器と重ねるとややずれている。石器は、礫・剥片とやや離れて集中部が存在する。

(18) 礫

定　義　　人為的に遺跡内に持ち込まれたと推定されるが、加工された痕跡を留めない自然石である。

観　察　　本文化層出土礫は、全部で計2,953点である。この内砂岩がほぼ75%と圧倒的に多く、チャートの約18%がこれに続く。その他の石質の礫は、いずれも2%以下である。礫の破損度は、完形がA、部分的に欠損しているものがB、半分以上残存しているものがC、半分しか残存していないものがD、剥落片などがE、と目視により5段階に分類した。その結果、シルト岩と流紋岩を除くすべての石質でDタイプが多数を占めており、Eタイプがこれに続く。一番少なかったのはBタイプであった。

火を受けて赤化している礫は、全体のほぼ90%、煤の付着いているものは、ほぼ83%である。赤化してさらに煤も付着していたのは、2,388点、全体の80%を越える。何らかの形で火を受けた痕跡が見出せたものは、2,711点で、全体の92%に当たる。赤化も煤の付着もみられなかったものは、242点、全体のわずか8%でしかない。しかも、熱を受けても赤化しない石質がある事を考慮に入れると、実際に火にさらされた礫は、さらに多くなる可能性がある。重量でみると、重さ20g以下の小礫が圧倒的に多く、全体のほぼ半数を占めている。また、100g以下の礫の数は、全体の90%を越える。

以上をまとめてみると、本文化層の礫には、破損して20g以下に小さくなる、しかも、熱を受けた痕跡のある例が、圧倒的に多いことが観察される。

接合状況　　礫の接合は、発掘区の端と端で接合する例も見られるなど、広い範囲での接合関係が観察された。また、前述した中央部分の礫が、比較的密集している部分では、域外の礫と接合する例はみられなかった。

出土状況　　本文化層では発掘区全体の広い範囲に礫が散乱している。全体的な分布の大まかな特徴を観察してみると、発掘区の北側から北西に至る比較的平坦な部分では、礫は同じような密度で散在している傾向がある事が判る。反面発掘区の中央部分の傾斜が急になっている部分では、台地側と河川側両方の部分で幾分密集した個所が見受けられる。さらに、発掘区の南東から南に至る平坦部ではふたたび同じような密度で分布しており、礫の点数も少なくなる。このような分布の傾向は石器の分布傾向と一致している。

4　まとめ

田無南町遺跡第Ⅰ文化層から発見された石器・剥片類は、1,056点、礫2,953点、総計4,009点である。石器の中ではナイフ形石器が77点、スクレイパーが59点、でその大半を占めている。ナイフ形石器は大きく3つのタイプに分類され、タイプⅠの縦形剥片製と、タイプⅡの横形剥片製が共存している事に特徴がある。近年、立川ロームの第Ⅸ・Ⅹ層段階のナイフ形石器に、本

文化層と同様のセットが確認され出していることから、第Ⅰ文化層がこうした古期の石器群に位置づけられる可能性はもち合わせている。しかし、スクレイパーを調べてみると、それ程古期の様相は示していないのである。スクレイパーは3つに分類されるが、タイプⅠの仲間に円形掻器の発達が認められる。今までのこの円形掻器は、AT降灰以降の立川ローム第Ⅳ層下部に出現している。もしこのような古期に円形掻器が存在しているとすれば、スクレイパーの発達史を新しく書き換える事実を提供した事になる。この事を裏づける資料にタイプⅡの削器類がある。あたかも掻器のように、縦形剥片の先端にスクレイパー・エッジを作出しているが、剥片の垂線よりややはずれた部分に位置しているのである。このようなスクレイパーは古期後半に伴う事が判明しており、AT降灰以前の器種として不自然ではないのである。

　他に古期の器種を探すと、刃部磨製石斧の出土がある。この種の石器は、武蔵野台地では立川ローム第Ⅹ層から第Ⅸ層にかけて特徴的に伴うもので、古い段階ではやや大形で楕円形例が多く、新しくなると小形化し、形態も長楕円や短冊形に変化しているようすが判明している。本文化層例は、刃部の一部が出土しただけであるが、推察すると小形で短冊形の部類に入り、この種の石器の変遷上では、後期に位置づけられる型式である。したがって、第Ⅸ層上半に伴う石斧に関連がある。

　角錐状石器は6点出土しており、この種の石器出現期の問題に一石を投じる資料である。武蔵野台地では、角錐状石器（ゴロゴロ石器ともいう）は、立川ローム第Ⅰ黒色帯（第Ⅴ層）の上部に若干発見され、第Ⅳ層下部に盛行し、その後消えて行く特徴的な石器である。この石器とナイフ形石器・尖頭器などとの器種関連については、多くの論述がなされている。盛行期の角錐状石器は、縦形・横形の剥片を使用し、柳葉形で片面加工、断面は台形、D字形で厚く、基部と尖頭上の先端部を作りだしている。こうした調整加工は、ナイフ形石器にも通じ、また尖頭器（ポイント）の形態とも酷似しているのである。今本文化層例を観察すると、剥片の使用状況、加工部位、技術、その上形態統すべてが角錐状石器の原型に近く、その初源的様相を良く示している資料といえる。本文化層がAT火山灰降灰以前であることから、第Ⅵ層以前に相当し、ゆえに角錐状石器が古期の石器の中に、存在していた事実が新たに判明したのである。今後立川ロームの下半部石器群資料の中に、角錐状石器を位置づけて行かねばならない。

　次に、錐、嘴状石器、抉入状石器、鋸歯縁石器について触れて置きたい。この種の石器は、武蔵野台地の一般的な遺跡での発見例はそれ程多くはない。本遺跡からは、総計26点も出土し、これらの石器が多用された形跡が推察できる。穴をあける、削るという行為は、普通の生活でも必要であるが、この場所ではとくに中心的に行われたらしい。スクレイパーも59点という大量の出土で、同じ削る道具としてやはり多用された事がうかがえ、本地点の役割が浮かびあがってくる。

　最後に、礫について述べると、礫は加熱を受けた破損礫である。礫の用途は調理施設であるが、本文化層からは確かな礫群の発見はなかった。しかし、礫はある程度集中した状態で分布しており、本来存在した礫群の分散した姿とも考えられる。接合も集中部や集中内に同じように広

くおよび、遺跡内の人間の行動を知る良き手掛かりになっている。また、武蔵野台地での礫群の変遷を調べると、第Ⅸ層に小規模な例が出現し、第Ⅵ・Ⅴ層で増加し、第Ⅳ層下部で爆発的に盛行し、第Ⅳ層上部で減少した後、第Ⅲ層で消滅して行く。このような層位的な礫群の様相を参考にして、礫群の存在が少ない古期の石器文化段階であることが証明される。

　武蔵野台地における旧石器遺跡の調査は、これまで関東ロームが厚く堆積した台地上で行われてきた。遺跡の多くは小河川に突き出した舌状の台地縁辺部で、その脇には湧水を伴ったノッチ状の凹部（ハケ）が、必ず形成されている。文化層は、1地点に数枚以上存在し、小金井市西之台遺跡B地点（小田編 1980）では、13枚に及ぶ旧石器文化が重複して発見されている。田無南町遺跡は、武蔵野台地で従来発掘されてきた台地上の遺跡立地とは異なり、河川低地部に形成された特殊な作業を行った集落址と推察できる。近年、縄文時代を初めそれ以降の遺跡で、低湿地に営まれた集落址が数多く確認されて来ている。その意味は不明であるが、低湿の土地を何らかの意図や目的を持って利用したものであろう。その例として、旧石器期の長野県野尻湖底立が鼻遺跡は、大形動物の「キル・サイト」として有名である（野尻湖発掘調査団人類考古グループ編 1984、1987 ほか多数）。

　田無南町遺跡第Ⅰ文化層は、現在河川敷の低湿地に立地した場所であるが、当時は、干上がった微高地状河川敷で、草木類が若干生い茂る程度の環境であった。しかし、たびたびの出水があり、石器・剥片類、礫片に水の影響による酸化鉄の付着が数多く認められる。おそらく、小屋程度の施設がやっとの立地環境であったのだろう。このような場所での人びとの遊動内容はいかなるものであったのか興味は尽きない。第Ⅰ文化層の生活を知る手掛かりとして、多数発見された石器・剥片類、礫がある。石器の主体はナイフ形石器とスクレイパーであり、これらの石器の用途から、狩猟を行い切り・削るという作業が頭に浮かぶが、錐など加工具の種類も整っており、台地上の一般的な遺跡の発見器種に比べ、特殊性が強くうかがえる。こうした石器類の特徴から本地点は動物などが良く集まる場所で、それらを捕らえる地点であると同時に、獲物を解体し骨から骨角器などを製作する作業場的な拠点集落と考えることもできよう。

　最後に、第Ⅰ文化層の編年的位置と、石器群の意義について述べておきたい。火山灰分析結果から、本文化層はAT火山灰（約2万5,000〜2万8,000年前）の降灰以前の層準に対比される。石器群の様相を武蔵野台地の編年に照らしてみると、このような組成、内容をもった石器群は、これまでに発見されていない新しい資料である。従来の古期（武蔵野編年第Ⅰ期）に存在する石器型式としては、ナイフ形石器、スクレイパー、刃部磨製石斧があるが、新期（武蔵野編年第Ⅱ期）に存在する石器型式（円形掻器、角錐状石器など）も特徴的に伴っている。当地域では、立川ローム第Ⅱ黒色帯の上半部（第Ⅶ層）の資料が少なく、その実体がまだ把握されていないが、本文化層もこの第Ⅶ層段階を中心に、一部第Ⅸ層に入る石器群と位置づけることが可能である。したがって、従来新しい編年的位置にあった石器型式のいくつかは、本遺跡資料の発見によってより古くから出現していた事実が判明した事になり、その意義はきわめて大きいものである。

第4章　石材と交易

1. 日本の黒曜石研究
2. 神津島産黒曜石の交易

●第4章——解説

　本章は石材と交易について論述した。

1　日本の黒曜石研究　　火山国日本には、石器の材料として多用された黒曜石の原産地が多数存在している。この黒曜石の考古学的研究史、意義、産地、交易、年代について総合的にまとめて論述した。

2　神津島産黒曜石の交易　　本州中央部の太平洋上に浮かぶ伊豆諸島の神津島産黒曜石をテーマに、本州と島嶼との最古の海上輸送と交易圏について考察した。

1. 日本の黒曜石研究

　日本列島は環太平洋造山帯の一部で多くの火山が存在し火山活動も活発である。この火山活動に伴い流紋岩質マグマが高温高圧の状態から地上に噴出し、地表近くに貫入し急冷した場合に「黒曜石」が生じるといわれている。黒曜石の定義は、黒色ないし暗色の火山ガラスである。化学組成は、通常流紋岩質で破断面は貝殻状を呈する。鉱物組成の主体は、火山ガラスで晶子や微晶を含み少量の斑晶も含まれることもある。斑晶の周辺には割れ目が発達しており、この斑晶が多いものはガラス部分が細かく破損するので、石器の材料には不適当といわれる。黒曜石（黒曜岩）という日本名は、歌代ほか（1978）によれば、英語の「obsidian」から明治11年（1878）に和田維四郎により訳されたといわれている。また0bsidianはラテン語のobsidianuslapis（Obsidiusの石）から由来し、プリニウスによればObsius（Obsianus）という名前の旅行者がエチオピアで発見した石に似ているからだと述べている（一色1994）。

　考古学分野において、黒曜石は均質で貝殻状断口を示す石材であるところから、「石器」などの加工には恰好の石材である。したがって、細かい整形を必要とする両面加工石器（とくに石鏃）、または鋭い刃部が要求される裁断石器（ナイフ形石器、スクレイパー）などにその威力が発揮される。それゆえ黒曜石が石器時代（旧石器、新石器）を通じて、石器製作の材料として重要な役割をはたした石材であったといえる。黒曜石はどの火山でも産出するものではなく酸性の火山岩（流紋岩）に伴う火山ガラスである。日本では北海道、本州中部、九州地方に集中して産出地がありこの限られた黒曜石原産地（Obsidian geologic sources）と、それらの範囲を越えた黒曜石製石器の発見遺跡（Archaeological sites）の分布は広域にわたり、原産地と他の地域では、当然の事ながら、黒曜石という石器原材の需給関係が両者間に存在したことは事実である。この黒曜石の伝播がどのような形態で行われたかは推測の域はでないが、少なくとも何らかの交易活動（Transportationor Trade）として存在したことは確かである（小田1980ほか）。

1　黒曜石研究の歴史

　黒曜石で作られた石器は、他の石材（チャート、頁岩、安山岩など）の製品に比べて透明で美しく、また発見が容易なこともあって早くから考古学者の間で注目されてきた。したがって、学史においてもその初期の頃から黒曜石は話題にされ論述されてきたのである。

（1） 黒曜石石器の確認

　遺跡発見の黒曜石石器（とくに石鏃）については、すでに明治時代中頃にその原石産地、分析方法について言及されている。明治19年（1886）神保小虎は人類学会の席上で、黒曜石の産地は各地にあると思われるが、北海道の十勝と信州の和田峠が顕著である。またそれらの産地を確かめるには、顕微鏡によってそれらの結晶の状況を吟味する必要があると述べている（神保1886）。坪井正五郎は明治34年（1901）に「石器時代人民の交通貿易」と題して、伊豆大島の竜ノ口遺跡から出土した黒曜石が神津島に産出するもので、縄文時代に両島間に交通があったことを推定した（坪井1901）。大正年間になると、考古学者の赤堀英三は全国の黒曜石石鏃の分布を調べ、北海道、中央日本、九州が3大中心地であることを指摘した。さらに北海道では十勝岳を中心にして、半径約60里の円内に、九州では阿蘇山を中心に半径約50里の円内に含まれるとした。八幡一郎も大正13年（1924）に『諏訪史』第一巻（鳥居龍蔵編集）において、諏訪からコンパスで半径約50里の範囲に黒曜石石鏃が分布していると述べている。

　昭和に入り篠遠喜彦が昭和10年（1944）に東京都南澤遺跡出土黒曜石の結晶質晶子に着目して顕微鏡で分析した結果、箱根系産の黒曜石と似ていることから産地を推定した（篠遠1944）。渡辺仁も昭和23年（1948）に、全国の黒曜石製石鏃を研究するとともに北海道の黒曜石の特性を明らかにし、黒曜石製石鏃の分布と原石産地との関係と顕微鏡による黒曜石の岩石学的特徴の比較の必要性を提唱した（渡辺1948、1949）。

　こうした黒曜石の研究史を踏まえて、八幡一郎は昭和13年（1938）に『人類学・先史学講座』、さらに昭和31年（1956）年に黒曜石の交易について、『図説日本文化史体系1』に本格的にまとめ、日本先史時代の黒曜石交易について概観した（八幡1938、1956）。

　昭和37年（1962）には、自然科学者による新潟県上野遺跡（縄文中期、約5,000年前）出土の黒曜石分析が増田和彦によって行われた（増田1962）。増田は関東地方や信濃川上流の縄文時代36遺跡から出土した黒曜石石器を、晶子形態の特徴から箱根、天城、浅間山に属する富士火山系と和田峠を主体とする2つの産地群の可能性を推定した。

（2） 黒曜石の理化学的分析

　考古学者による経験測的な肉眼観察や、一部岩石学者の顕微鏡下による晶子形態識別法に対して、昭和44年（1969）頃から地球物理科学者による本格的な黒曜石の理化学分析が行われる時代が到来する。その端緒となったのは、昭和42年頃から渡邊直經による「フィッション・トラック法」の開発である。渡邊の下で研究していた鈴木正男は、このフィッション・トラック法による黒曜石の理化学分析に本格的に取り組んだ。鈴木は鶴丸俊明、小野昭、そして小田静夫の協力を得て、東京都野川遺跡の旧石器時代の黒曜石石器を初め、関東・中部地方の旧石器、縄文時代の黒曜石石器を精力的に分析した。また全国の黒曜石原石を現地採集して、その基礎的分析データ作りを行った。その結果、遺跡と原産地との黒曜石の需給関係が、時間的、空間的に正確に語れる基礎が確立したのである（鈴木1973、1974ほか）。

昭和53年（1978）から渡邊直經を代表にして、文部省科学研究費特定研究の「自然科学の手法による遺跡古文化財等の研究」が3カ年実施された。この研究プロジェクトにおいて、黒曜石の理化学分析法が多数の研究者によって推進され、日本における理化学的な黒曜石分析が全国レベルで語れる基礎ができたことは画期的なことであった（近藤・鈴木他1980）。この組織は渡邊直經によって、その後「古文化財に関する保存科学と人文・自然科学」という名称で2年間継続され、黒曜石の研究も進展していった（鎌木1979、鎌木・東村他1984）。さらにこの研究組織は引き続き「日本文化財科学会」として新たに設立され、今日にいたっている。機関紙は『考古学と自然科学』として定期刊行されている。

平成6年（1994）東京で行われた日本文化財科学会第11回大会で、特別セッション「黒曜石をめぐる諸問題」が開催された。この招待講演の1つで一色直記が、黒曜石の岩石的特性を産地や分析値を示し解説した。おそらくこの発表は、専門研究者が黒曜石について正確に紹介した原点ともいえよう（一色1994）。この特別セッションでは、黒曜石をテーマに現在活躍している考古学、自然科学研究者の報告が5編、講演が2編行われた。

次ぎに、新しく開発された各種理化学的分析法を簡単に紹介しておきたい（鈴木1976、東村1980、馬渕・富永編1981）。

　　A．原産地推定

黒曜石の特性を利用して、黒曜石の原産地を推定する方法である。大きく3つの理化学的分析方法が行われている。

①晶子形態法：黒曜石の薄片を光学顕微鏡下で観察すると、晶子と呼ばれる胚芽的な結晶がみられる。その晶子の形態が、原産地あるいは露頭ごとに特徴があることを利用して、原産地を推定していく方法である。

②化学組成分析法：黒曜石は急冷して生じた均質な火山ガラスであるので、その化学組成を部分分析した場合に、産地内での変異は小さい。したがって、産地間で有意の差のある元素を定量することによって産地が推定できる。この方法を用いるものとして、放射化分析、原子吸光分析、蛍光X線分析、質量分析などがある。

③フィッション・トラック分析法：原子核が二つに割れる原理を利用し、黒曜石内の原子核分裂片のキズーフィッション・トラックーを観察し計算することによって、その岩石の生成年代、つまり噴出年代を測定する。そのためには、鉱物中のウラン濃度を知る必要があり、このキズ跡とウラン濃度が、どの原産地の値に近いかを合わせて調べることによって、原産地を推定する方法である。

　　B．年代測定

黒曜石の特性を利用して、黒曜石の生成年代や石器として使用された時期を推定する方法である。大きく2つの化学的分析方法が行われている。

①黒曜石水和層年代測定法：黒曜石は打ち割ってすぐは表面に光沢があるが、遺跡から出土するものは少し鈍くくすんでいる。これは黒曜石の表面が、時間の経過とともにその表面から

水を吸収し、水和層を形成していった結果である。この原理を利用し、水和層の厚さを計測することにより、石器の製作された年代を推定する方法である。

②フィッション・トラック年代測定法：フィッション・トラックが2次的な加熱（400度Cで1時間以上、500度Cで1分間以内）で消え、また新しいキズ跡を生成することを利用して、遺跡出土の焼けた黒曜石について、生成年代つまり使用年代を推定することができる。

（3） 黒曜石の交易活動

次に、黒曜石の交易活動などについて、積極的に取り組んだ考古学研究者を紹介しておきたい。

①坪井正五郎　坪井正五郎は明治34年（1901）「石器時代人民の交通貿易」と題して、伊豆大島・竜ノ口遺跡（タツノクチ、龍ノ口遺跡）の黒曜石が、神津島からの搬入品であり、両島間に交通があり、交易関係が考慮されると述べた（坪井1901）。わが国における黒曜石交易を論じた最初の研究者である。

②鳥居龍蔵　鳥居龍蔵は大正13年（1924）、『諏訪史　第一巻』で信州（長野県）の黒曜石が中央日本を中心に広く分布している事実を述べた（鳥居1924）。鳥居が紹介した長野県諏訪湖底の曽根遺跡は、縄文草創期の爪形文土器と石鏃が発見される場所として早くから学会に紹介されていた。さらにこの中部地方は、古くから黒曜石原産地の集中地域としても有名であり、広くこの地方を紹介した最初の研究者である。

③八幡一郎　八幡一郎は昭和13年（1938）「先史時代の交易」と題して、『人類学・先史学講座』に3回にわたって講座を掲載し、黒曜石の交易についても考察した。さらに昭和31（1958）年「物質の交流」と題して、『図説日本文化史大系1』に黒曜石の交易について詳述した（八幡1938、1958）。日本の黒曜石交易問題を、学問の一領域にまで高めた最初の研究者である。

④坂田邦弘　坂田邦弘は昭和57年（1982）頃から、九州地方の黒曜石の原産地と遺跡の関係を積極的に取り組み、原産地の探索に務め集成した（坂田1982a.b）。しかしこの努力と裏腹に、産地と遺跡出土の石器の判定基準に経験的、肉眼的手法を中心に行ったために、理化学的分析結果との間に正確さを欠く多くの事実を生んでしまった。代表的な著書には『九州の黒曜石』がある。

⑤金山喜昭　金山喜昭は昭和59年（1984）頃から東京都鈴木遺跡、神奈川県橋本遺跡などの黒曜石分析を、鈴木正男ら立教大学グループと精力的に行った。また「文化財としての黒曜石」（月刊文化財298, 1988）、「伊豆半島段間遺跡出土の黒曜石原石」（考古学雑誌75-1 1989）など積極的に黒曜石研究の普及にも努めた。

⑥小田静夫　小田静夫は昭和44・45年（1970・1971）東京都野川遺跡の発掘調査（団長J.E.Kidder・国際基督教大学）で、小山修三、小林達雄らと考古学・自然科学者が共同研究したわが国最初の大規模発掘調査に取り組んだ。出土した黒曜石石器は、鈴木正男を中心にした東京大学グループで理化学的分析を行った（小林・小田他1971）。さらに、昭和48年（1973）に

は、鈴木正男、一色直記ら自然科学者、そして鶴丸俊明、小野昭などとの共同研究で、伊豆諸島遺跡出土の黒曜石石器を体系的に分析し、神津島産であることを確かめた（鶴丸・小田他 1973）。昭和 56 年（1981）には「神津島の黒曜石」と題して、日本の旧石器、縄文人が世界に先駆けて「海上交通」を行っていたことを紹介し（小田 1981）、昭和 57 年（1982）には講座『縄文時代の研究 8』（雄山閣出版）に全国の黒曜石研究の現状をまとめている（小田 1982）。また神津島産の黒曜石をテーマにして、多数の交易論（小田 1996、1997）を展開し、現在西太平洋を中心に「黒潮圏」のヒトの動態を追跡している（小田 2000）。

2　各地の黒曜石産地と石器利用の現状

日本列島には現在、北は北海道から南は九州まで約 70 ヵ所以上の黒曜石の原産地が知られている（藁科 1998 ほか）。次に、各地域の原産地と遺跡における黒曜石利用状況をみることにしよう。

(1)　各地の黒曜石利用状況

A．北海道地方

わが国でもっとも大型で良質な黒曜石原産地が存在する地域である。現在 10 ヵ所近くの産地が知られ、白滝、置戸、十勝三股、赤井川産はその中では中心的な産地で著名である。また旭川付近の河原にも黒曜石原石の産地が存在する。筆者の知人が採集し実見した原石は、拳大で質、色調などが十勝三股に近いもので十分に石器として利用できるものであった。

北海道の黒曜石石器は大形品が多く、早くから東京の考古学研究者に周知され、その研究史も古い。民間の考古学研究家松平義人は早くからこの地方の見事な黒曜石石器類を多数採集しており、その一部は東京国立博物館に展示され、またゆかりの地である東京都江戸川区立郷土資料館などにも寄贈している。北海道の黒曜石石器類は、地元出身の多くの考古学研究者（戸田哲也、鶴丸俊明ほか）が、考古少年の頃に表面採集しその素晴らしさに感動して考古学の道へ進む契機になったと聞いている。

この地方の黒曜石理化学的分析は、北海道大学の近藤祐弘・勝井義雄らによって昭和 55 年（1980）頃から主に水和層分析を中心に行われている（近藤・勝井他 1980、1981、近藤 1986）。

日本最大規模の黒曜石原産地である白滝産は、道内の旧石器遺跡（白滝遺跡群）をはじめ縄文時代遺跡にも多用されており、30cm を越える大型石器（両面加工尖頭状石器）も製作されている。また白滝産は日本海を越えて、対岸のロシアやサハリンでも使用されていることが、昭和 63 年（1988）鈴木正男グループの分析で確認された。さらに、津軽海峡を越えた青森県の縄文前～中期の遺跡（三内丸山）からも発見されている（金山 1992）。北海道地方の石器石材の利用状況は、西南部に良質な頁岩（大型母岩多量）産出地帯が存在し、この地域の遺跡（立川、樽岸、桔梗、ピリカなど）で頁岩が使用されている他は、黒曜石石材が旧石器・縄文時代の石器に多用されている

420   第4章 石材と交易

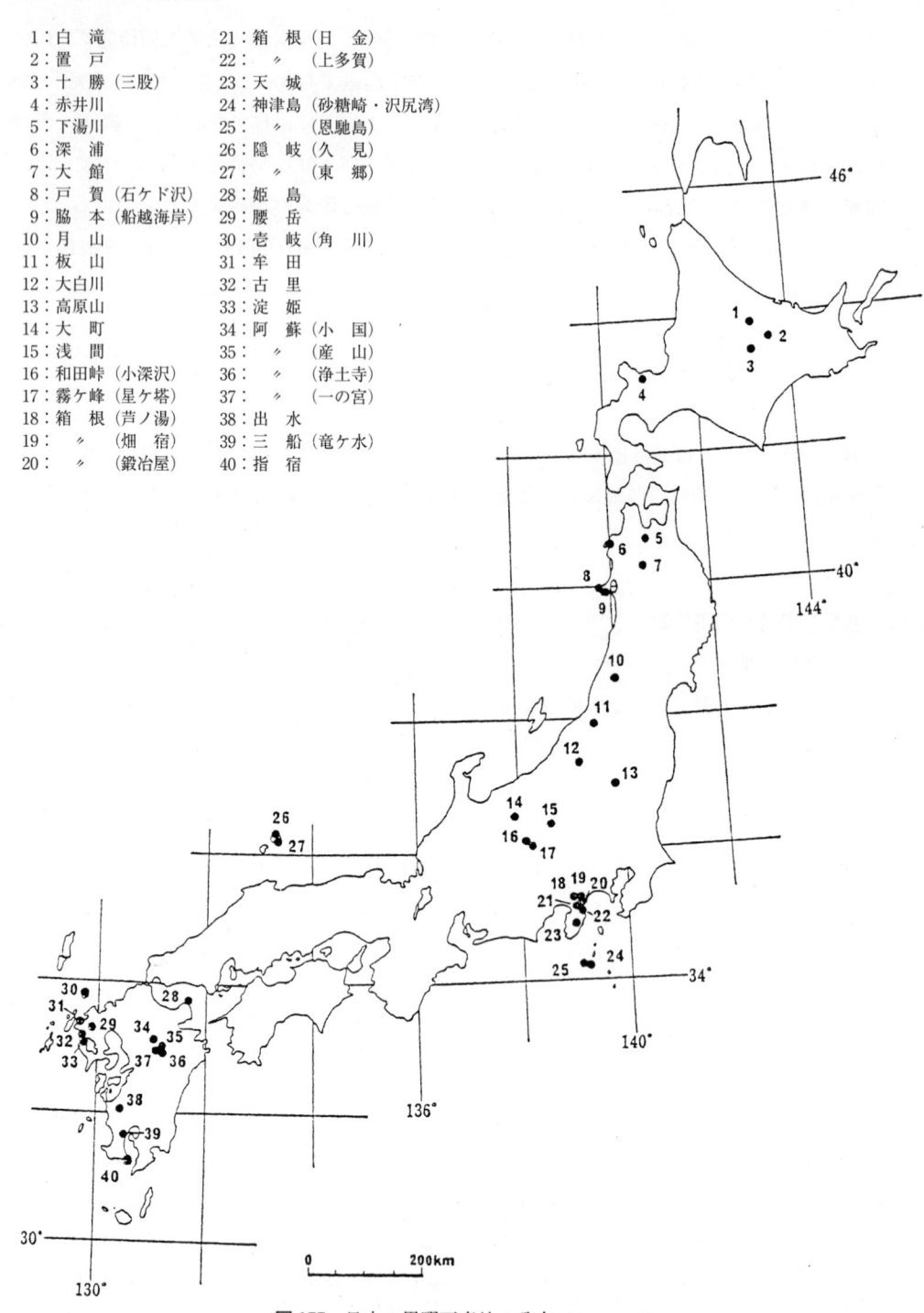

1：白　滝
2：置　戸
3：十　勝（三股）
4：赤井川
5：下湯川
6：深　浦
7：大　館
8：戸　賀（石ケド沢）
9：脇　本（船越海岸）
10：月　山
11：板　山
12：大白川
13：高原山
14：大　町
15：浅　間
16：和田峠（小深沢）
17：霧ケ峰（星ケ塔）
18：箱　根（芦ノ湯）
19：〃　　（畑宿）
20：〃　　（鍛冶屋）
21：箱　根（日　金）
22：〃　　（上多賀）
23：天　城
24：神津島（砂糖崎・沢尻湾）
25：〃　　（恩馳島）
26：隠　岐（久　見）
27：〃　　（東　郷）
28：姫　島
29：腰　岳
30：壱　岐（角　川）
31：牟　田
32：古　里
33：淀　姫
34：阿　蘇（小　国）
35：〃　　（産　山）
36：〃　　（浄土寺）
37：〃　　（一の宮）
38：出　水
39：三　船（竜ケ水）
40：指　宿

図 155　日本の黒曜石産地の分布（小田 1982）

(杉浦 1990)。

　　　B．東北地方北部

　現在 13 ヵ所近くの黒曜石原産地が知られ、深浦（青森県）、脇本（秋田県）、雫石（岩手県）が著名である。特に秋田県男鹿半島の海岸部には黒曜石の原産地が点在し、脇本海岸は小粒であるが良質である。

　昭和 47 年（1972）磯村朝日次郎の「男鹿半島産の黒曜石の原石について」（『男鹿半島研究 1』）は、この地域の黒曜石の実情を良く紹介した力作であった（磯村 1972）。また不思議なことに、他の地域ですでに石器の使用する時代が終了している「古墳時代」に、水沢地方では黒曜石製石器の集中した使用も知られ、その石材原産地は宮城県宮崎町湯倉と判定されている（岩手県立埋蔵文化財センター所報 81、1999）。

　この地方の黒曜石の理化学的分析は鈴木正男によって行われ、最近では脇本海岸産がロシアの沿海州地方の遺跡に運ばれていることが判明している。しかし、全体的に母岩が小さく原産地周辺遺跡に利用範囲が限られるようである。

　北海道南西部からこの東北地方の日本海沿岸部にかけては、日本有数の大型で良質な頁岩産出地帯として知られ、旧石器、縄文時代を通してこの頁岩を使用し、他に産出する玉髄ともども古期の旧石器や尖頭器文化に多用されている。

　　　C．東北地方南部

　現在 6 ヵ所近くの黒曜石原産地が知られ、月山（山形県）、板山（新潟県）が著名である。板山原産地は筆者が大学生時代に確認したもので、小粒であるが良質で周辺の縄文遺跡では多用されている。また、新潟県北魚沼郡入広瀬村大白川にも黒曜石の原産地が発見されている（寺村 1959）。ここの黒曜石は、現地踏査を行った結果、県境から福島県側に利用されているようである。新潟県北部の旧石器時代（細石器）遺跡から、コハク色を呈した月山産の良質黒曜石が発見され注目された。また、佐渡島にも黒曜石原産地が存在するというので現地踏査したことがあるが、佐渡は「赤玉」と呼ばれる鉄石英の大産地で、縄文時代の石器、さらに弥生時代の管玉（玉作工房址）に多用されている。最近、藁科哲男の分析で、佐渡島産の黒曜石が青森県三内丸山遺跡で確認されている（読売・青森版 1998.8.14 付、小田 2001）。

　東北地方南部も頁岩の大産地であり、山形県寒河江市内の河原には良質で大型の母岩礫が多量に散布しており、周辺の旧石器・縄文時代の石器に多用されている。したがって、この地方の黒曜石は東北北部地方と同様、原産地を中心に使用する地域的、補助的な石材であった。

　　　D．関東地方北部

　現在 1 ヵ所、栃木県高原山周辺に黒曜石原産地が判明しているだけである。高原山産の黒曜石は全体的に小粒で、栃木県を中心にして群馬県、茨城県、埼玉県地域で若干使用されている程度である。この高原山産黒曜石の栃木県内の利用状況について、東京学芸大学の総合的な報告が出された。それによると北関東地域では、黒曜石石器使用頻度はそれほど多くはないようで、高原山産以外には群馬県では信州（長野県）産が、茨城県では神津島（東京都）産が混じっている程度

であった（二宮他1986、上野・二宮他1986）という。

　群馬県と長野県の境界あたりに「ガラス質黒色安山岩」の大原産地が存在しており、この石材が旧石器時代を中心にして関東一円に運ばれ使用されている。また東北地方の頁岩、玉髄の使用も認められている。

　　　E．関東地方南部

　この地方には黒曜石の原産地は判明していない。しかし、多くの遺跡で黒曜石が使用されていることから、理化学的分析がもっとも多く行われている地域である。使用されている黒曜石は、大きく信州（長野県）系、箱根（神奈川県、静岡県）系と神津島（東京都）系の原石が複雑に利用されている。

　東京地方の黒曜石分析は昭和44・45年（1969・70）の調布市野川遺跡の発掘調査を契機にして、関東・中部地方の旧石器時代遺跡184文化層から2,733点の黒曜石製石器が、フィッション・トラック分析法によって分析された。その結果、約3万年前頃から黒曜石が使用され始め、それは主に箱根系の黒曜石を利用していた。1万2,000年前頃になると箱根系と信州系が同時に使用され、さらに太平洋上の神津島系の黒曜石も使用されている。縄文時代になると、箱根系、信州系、神津島系の3者が早期と前期では50：37：13％（遺跡数）、43：49：8％（黒曜石数）という比率で、中期になると36：41：23％（遺跡数）、42：42：16％（黒曜石数）となっている（Suzuki 1973、1974）。

　最近では多数の分析グループ（立教大、東京学芸大、京都大、お茶の水女子大、パリノ・サーヴェイ、国立工業高専、明治大）が、この地方の黒曜石分析を行うようになった。その成果の1つとして、神津島系の黒曜石が約3万5,000年前頃に東京都府中市の旧石器遺跡（武蔵台第Ⅹ層文化）から確認され、旧石器人が世界に先駆けて海上航海を行っていたことが判明している（小田1997、2002）。

　　　F．中部地方中央部・北半部

　現在8ヵ所近くの黒曜石原産地が判明している。その内長野県の麦草峠、霧ケ峰、男女倉、和田峠が著名である（中村1977、中村1978a、中村1978b、中村1983）。一般的に信州系と呼ばれるこれら黒曜石の様相は、透明なものから黒色、灰色、そして珍しい褐色のものなど種類が多い。北海道の十勝三股や白滝産に特徴的に存在する褐色の黒曜石について、輿水達司らは山梨県の縄文時代遺跡出土の褐色黒曜石石器をフィッョン・トラック法で分析し、それは霧ケ峰や和田峠産と同じ噴出年代を示し産地が同じ場所であることをたしかめている（輿水1994）。最近八ヶ岳山麓にも原産地が確認され出した。

　この地方の黒曜石は鳥居龍蔵、八幡一郎などにより、日本考古学史の初期の頃から話題にされており、各種論考も膨大な量にのぼっている（鳥居1924、八幡1924、1928、1979）。

　この地域の黒曜石の理化学的分析は、鈴木正男が最初である（Suzuki 1969、1970ほか）。が、その後分析学者のすべてがこの地域の黒曜石を分析していることで知られている。

　また、黒曜石について考古学者による多くの論考も行われている。和田峠産は母岩が小さい

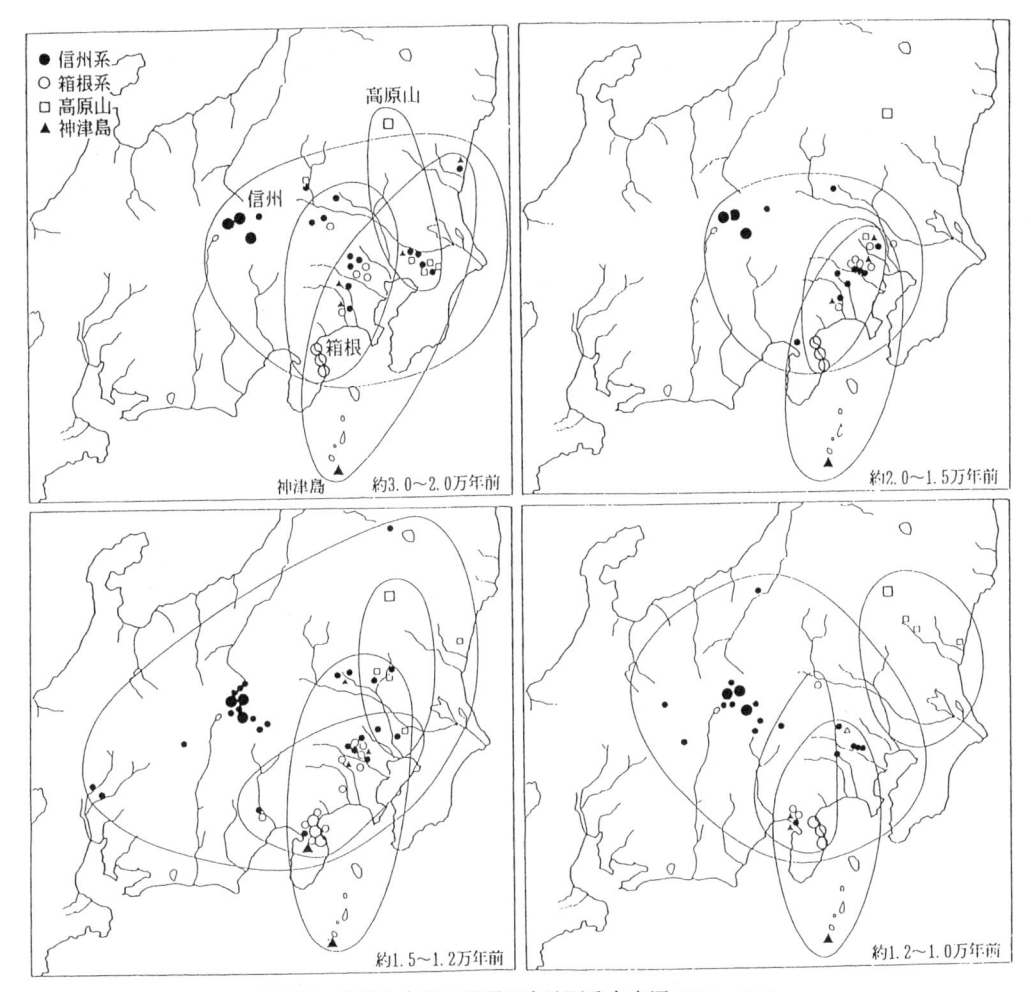

図156 本州中央部の黒曜石産地別分布変遷 (鈴木 1977)

が、無色透明で良質黒曜石を多産し、原石は縄文時代にかなり広範囲に運ばれて「石鏃」として使用されている。斉藤幸恵によると信州系の黒曜石は、縄文時代を通して半径150kmの範囲に原石の供給が認められるという(斉藤1980)。黒曜石の貯蔵例もこの地域の縄文遺跡から確認されている。長崎元廣は諏訪盆地、八ヶ岳西麓・南麓、松本盆地で確認された22遺跡36ヵ所の貯蔵遺構を検証し、黒曜石が交易の交換財であり、おもに住居内のこうした遺構は火災で埋没したり、床下に埋納、隠匿し忘れられたものとした(長崎1984)。黒曜石の採掘址も霧ケ峰地区(星糞峠黒曜石採掘址)で古くから確認されている。また鉱山址「鷹山遺跡群」が中部・関東地方の黒曜石の一大供給地域であったことが理解されている(小杉1995)。

　富山県下の旧石器時代4遺跡、縄文時代4遺跡出土の黒曜石石器を分析した藁科哲男は、旧石器段階では長野県霧ケ峰産と秋田県深浦産、縄文段階では霧ケ峰産と山形県月山産と判定している(藁科1985)。

G．中部地方南部・太平洋岸

現在 7 ヵ所近くの黒曜石原産地が知られ、大きく箱根（神奈川県）と伊豆（静岡県）系、それに神津島（東京都）系に分けられる。箱根系には畑宿、伊豆系には柏峠西、神津島系には恩馳島が著名である。この地方は信州中央部の大黒曜石原産地群が北部に存在し、一方太平洋側には箱根、伊豆、神津島の原産地群があるという黒曜石に恵まれた地域ともいえる。

明治 34 年（1901）坪井正五郎によって、伊豆大島竜ノ口遺跡の縄文中期の黒曜石石器が、神津島から運ばれて来たことが述べられている（坪井 1901）。この論考はわが国で最初の黒曜石交易に関する文献である。昭和 12 年（1937）には芹澤長介らが伊豆天城山麓で黒曜石の原産地を踏査し、石鏃に多く使用され、また原産地付近に遺跡が集中することを指摘している（芹澤他 1937）。 この地方の黒曜石の理化学的分析は、鈴木正男が静岡県沼津市休場遺跡の石器を分析したのが最初である（Suzuki 1974, 1977）。その後、高橋豊が昭和 61 年頃から愛鷹山山麓の旧石器時代遺跡を中心に行った（高橋 1981、1983）。高橋は伊豆諸島の神津島産黒曜石も分析し、静岡県の海岸地域遺跡に運ばれていることが確認されている（高橋 1985、高橋・西田 1988）。平成 6 年頃から望月明彦も、同じ愛鷹山山麓や最近では長野県、神奈川県の資料も手広く行うようになった（望月他 1994、池谷他 1994）。

この地域は黒曜石原産地が近接しており、各遺跡からは複雑な様相で各産地の黒曜石製石器が出土している様子がうかがえる。

H．近畿地方

この地方には黒曜石の原産地は知られていない。近畿地方には良質のサヌカイトの大原石産地が、二上山地域（大阪府と奈良県境）に存在し、旧石器、縄文時代を通して大半の石器はこのサヌカイトで作られている。

三重県の伊勢地域や大阪府などの縄文時代遺跡で、まれに黒曜石製の石器が出土することがあり、前者は神津島産、後者は隠岐島（島根県）産の黒曜石と分析されている。

I．瀬戸内地方

この地方にも黒曜石の原産地は知られていない。近畿地方と同様サヌカイトの大原産地が香川県（五色台、金山）と広島県（冠山）に存在し、大半の石器はこのサヌカイトで作られている。

また、この地方では、とくに広島県、愛媛県の縄文遺跡から、大分県国崎半島東端の姫島産の特徴的な色彩、質をもつ黒曜石が多く発見されることがある。この姫島産黒曜石の利用範囲は広く、大分県を中心に、瀬戸内地方西部、そして九州全域に認められている。しかし不思議なことに旧石器時代遺跡からはまだ発見されたことがなく、縄文時代になって利用されたとも考えられよう。また遠く玄界灘を越えた朝鮮半島の東三洞貝塚にも運ばれている（潮見 1980）。

J．中国地方北部

現在 4 ヵ所、隠岐（島根県）の島に黒曜石原産地が知られ、加茂と久見が著名である。

隠岐産の黒曜石は主に中国地方北部の海岸地域と中央山岳地帯の遺跡に使用され、一部は瀬戸内側にも運搬されていることが判明している（藁科他 1988）。縄文時代が中心で、隠岐島から海上

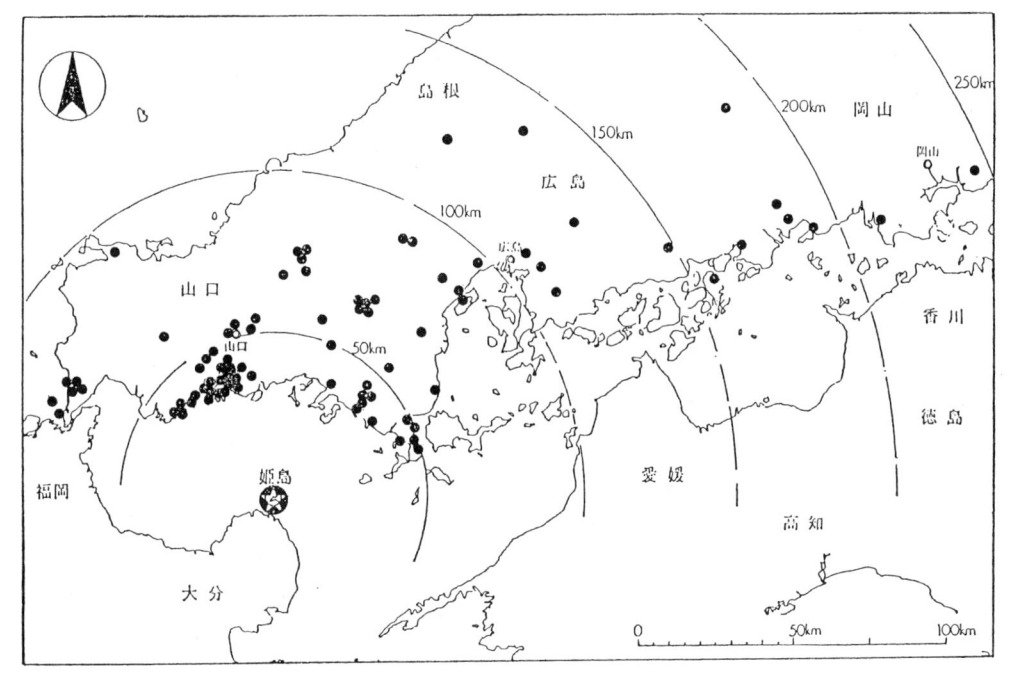

図157　瀬戸内北岸姫島産黒曜石の分布（潮見 1980）

交通によって本州島に丸木舟で運ばれたものである。最近、鈴木正男によって、隠岐産の黒曜石がロシアの沿海州にも渡っていることが判明している。その結果、日本海を丸木舟でロシアと日本の先史人が交流していた事実が浮上してきたのである。

K．四国地方南部

この地方にも黒曜石の原産地は知られていない。

木村剛朗によると、高知県西部の縄文時代遺跡に、大分県姫島産の黒曜石が利用されている事実が確かめられている（木村 19670、1978）。本来、この地方の遺跡から発見される石器は、地元産のチャートを使用したものが多い。

L．九州地方北部

現在17ヵ所近くの黒曜石原産地が知られている。佐賀県の腰岳が最大で、次は長崎県の松浦半島の牟田と針尾島の古里海岸である。また九州本島から離れた姫島（大分県）に2カ所、壱岐（長崎県）の島に4カ所、黒曜石の原産地が存在している。

この地方の黒曜石石器と原産地に関する研究は、昭和35年（1960）に隈昭志が最初であろう（隈 1960）。隈によると、この地方には大きく伊万里、姫島、阿蘇系の3つの原産地が知られ、各遺跡出土の黒曜石を肉眼的に識別すると、姫島系は特徴があるが、漠然と阿蘇系と呼ばれていた黒色の黒曜石は伊万里系（後の腰岳産）であり、山口県から福岡県にかけて広く分布していることが確かめられたという。

20年後の1980年（昭和55）、黒曜石の理化学分析が、大沢眞澄・二宮修治の研究グループによ

って、福岡県若宮町都地遺跡で初めて行われた（二宮他1980）。分析を推進した二宮は、原子吸光分析法、機器中性子放射化分析法を用いて5点の石器を分析し、佐賀県腰岳か長崎県古里海岸産と判定した。当時、まだ腰岳と古里海岸産の区別が理化学的分析でも分離出来ない段階であった。

一方、坂田邦洋は、九州地方の黒曜石を経験的、肉眼的特徴で総合的、勢力的に研究した（坂田1982a.b）。しかし、その後の理化学的分析研究結果は、坂田自己流の判別法の信頼性が問われる結果を招いてしまった。

九州地方は本州、北海道とともに黒曜石の原産地の集中した地域である。最大の原産地は腰岳（佐賀県）で、ここの黒曜石は、北は朝鮮半島（鈴木正男分析）から、南は沖縄本島（鈴木正男、二宮修治分析）にまで運ばれている。腰岳についで黒曜石の原産地が集中しているのは、長崎県松浦半島の牟田と針尾島の古里地域である。筆者も長崎県島原半島筏遺跡（縄文晩期）、百花台遺跡（旧石器）、そして佐世保市岩下洞穴（縄文早期～後期）の発掘調査に携わり、佐世保市出身の下川達弥とこの地域の黒曜石産地を踏査したことがある。その経験によると、牟田と古里地域の黒曜石は、腰岳に似て黒色良質なものであったが、母岩が小さく県内の遺跡を中心に利用されている地域的な原石のようであった。また下川はハリ質安山岩に似た灰色の黒曜石原産地を淀姫で発見している（下川1965）。この淀姫産原石の方が、前二者の原石礫より母岩が大きく利用価値があると推察できる。

長崎県地方の黒曜石産地の探索は、その後多くの考古学・理化学研究者によって行われている。考古学方面では清水宗昭が針尾島の黒曜石原産地群を紹介（清水1971）し、また副島和明は同じ針尾産の黒曜石について報告書に掲載（副島1982）し、さらに米倉浩司は針尾島の黒曜石とサヌカイト原産地について言及（米倉1990）している。理化学研究分野では諸岡貴子が、針尾北町・砲台山の黒曜石分析する中で長崎県の原産地を総括（諸岡1986）している。

熊本県阿蘇地方にも、古くから黒曜石の原産地が知られている（隈1960）。平成11年（1999）12月大分県聖嶽洞穴の発掘調査（春成編2001）の折、熊本県の考古学関係者から、珍しい黒曜石石器を実見する機会を得た。それは表面の状況が肉眼では安山岩状を呈する旧石器時代の大型剥片石器類で、筆者も最初黒曜石であることを疑ったが、新しい破損部分を見るとガラス質で光沢があり黒曜石のようであった。その後、これは岩石学者によって「阿蘇象ケ鼻産ガラス質溶結凝灰岩」と鑑定された。

この北部九州地域も近畿、瀬戸内地域と同じく、安山岩の大原産地が鬼鼻山、老松山（佐賀県）周辺に存在し、旧石器～弥生時代の大型石器はこの石材を多用している。中でも明治大学が発掘調査した佐賀県多久市三年山や茶園原遺跡（縄文草創期）では、ここの安山岩を使用して大形石槍を多量に製作した地点が確認されている。

M．九州地方南部

現在8ヵ所近くの黒曜石原産地が知られている。熊本県（白浜）、鹿児島県（日東、上牛鼻、竜ケ水。長谷）、宮崎県（桑ノ木津留）の境界地域に黒曜石の原産地が集中して認められる。

この地方の黒曜石原産地は、昭和41年（1956）頃から池水寛治による上場高原の考古学調査

で周知された（池水1977、1968）。さらに出水市日東部落開拓地に黒曜石の大露頭が確認され、鹿児島県日置郡市来町平木場で黒曜石の原産地が報告されている（大久保1991）。平成12年（2000）筆者が阿蘇でみた非常に珍しい黒曜石石器に鹿児島県でも出会えた。阿蘇の例でも述べたが、同じく石器表面の風化が肉眼では安山岩状で、とても黒曜石にはみえないものであった。その後このサンプルを五十嵐俊雄に鑑定を依頼した結果、紛れもない「黒曜石」ということでやっと確信をえた。桑波田武志によると、鹿児島県薩摩郡上牛鼻に原産地があり、旧石器時代の松元町前山遺跡に多数使用されているという。

平成9・10年（1997・98）鹿児島県加世田市栫ノ原遺跡とヘゴノ原遺跡の黒曜石石器が分析された（藁科1996、1997）。それによると栫ノ原第Ⅵ層上部縄文時代草創期の118点の石器は、地元の桑ノ木津留（46点）、上牛鼻系（40点）、竜ケ水（23点）と多く、佐賀県腰岳系（4点）、地元の日東系（1点）であった。また栫ノ原第Ⅵ層下部旧石器時代の27点の石器は、地元の桑ノ木津留（8点）、上牛鼻系（6点）、竜ケ水（1点）、腰岳系（1点）、地元の日東系（1点）であった。さらにヘゴノ原遺跡の縄文時代早期出土15点の黒曜石石器は、上牛鼻系（7点）、竜ケ水（2点）、長崎県淀姫（2点）、桑ノ木津留（1点）、腰岳（1点）であった。

鹿児島県における石器原材は、黒曜石を初め地元のあらゆる原石、たとえばチャート、安山岩、頁岩、鉄石英、玉髄、水晶等を使用しているという（宮田2002）。

　　N．奄美・沖縄地方

この地方には黒曜石の原産地は知られていない。沖縄での黒曜石石器は大正15年（1926）に小牧實繁による沖縄本島城嶽貝塚の発掘調査で出土した石鏃の中に2点の黒曜石製品があった。沖縄では初めての発見で大変愉快であったと述べている。また、城嶽貝塚からは他に黒曜石の剥片が35点出土し、小牧は石鏃製作がこの遺跡で行われたことを示唆している（小牧1926）。

黒曜石の理化学分析は、昭和52年（1977）の沖縄本島仲泊遺跡が最初である。鈴木正男により分析され、腰岳（佐賀県）産の黒曜石と判定された（『仲泊遺跡』1977所収）。最近、伊是名貝塚遺跡発掘調査団によって発掘された伊是名貝塚と隣接したウフジカ遺跡の黒曜石は二宮修治らによって分析され、やはり腰岳産と判定されている（網干・二宮他2001）。現在、琉球列島では奄美大島から4ヵ所、徳之島から3ヵ所、伊是名島から3ヵ所、沖縄本島から16ヵ所以上の黒曜石出土遺跡が確認されている（上村1998、小田2000）。

奄美・沖縄地方はサンゴ礁の発達した地域で、南海産の大形貝殻が諸道具に多用されている。当然石器に代わる原材であり、重量石器以外の小型軽量剥片石器にはこの貝殻が用いられている。この地域の遺跡を歩くと、表面には貝殻は多く散布するが、石片類はほとんどみつからない。発掘資料にはチャート製石器がわずかに存在し、地元のチャートが使用されていることが理解される（小田2000）。したがって、黒曜石はとても入手困難な貴重品であった訳で、九州地方の縄文人が、貝殻などとの交換財として持ち込んだものと考えられる。

3 黒曜石分析（組織）の現状

　日本における黒曜石の理化学的分析は、1969・1970 年に大規模発掘が行われた東京都野川遺跡の旧石器時代資料を中心に、鈴木正男によって本格的に実施された（鈴木 1969、1970）。その後、渡邊直經を代表にした文部省科学研究費特別研究の組織に参加した多くの研究者によって、黒曜石分析法が開発、進展していき、やがて各地に地元の黒曜石産地を中心とした研究グループが誕生して行った。
　次ぎにその活動内容を紹介してみたい。

（1） 分析グループの活動状況

　①立教大学グループ　　鈴木正男は 1969 年頃からの経験を生かして、黒曜石の理化学分析を推進させた。東京都野川遺跡を契機にして、主に関東・中部地方遺跡出土の黒曜石石器を分析するとともに、これまでの日本における黒曜石研究について海外向けに英文で総括している(Suzuki .ect 1984)。現在も遺跡出土の黒曜石の分析を多く手掛けており、旧石器時代遺跡では神奈川県橋本、東京都鈴木遺跡の分析を金山喜昭とともにおこなった（金山 1986）。またロシア沿海州地方の新石器時代遺跡の黒曜石石片を分析し、北海道の白滝産、秋田県男鹿半島産、島根県隠岐産がそれぞれ運ばれていたことを判明させている（1988 年 4 月 29 日山梨中央新報）。

　②東京学芸大学グループ　　大沢真澄の指導を受けて 1974 年頃から二宮修治、網干守らによって、福岡県、長崎県、関東地方の黒曜石分析が行われている（二宮 1983、二宮他 1985）。最近では沖縄県伊是名貝塚とウフジカ遺跡の、沖縄貝塚時代前期出土の黒曜石分析を行っている（網干・二宮他 2001）。

　③京都大学原子炉研究所グループ　　東村武信、藁科哲男によって 1983 年頃から、西日本の黒曜石資料はエネルギー分散型蛍光 X 線分析装置を使用して、産地推定を行っている（東村・藁科 1983、1985）。また藁科は精力的に日本各地の黒曜石原産地を探索して、現在約 80 カ所近くの原産地を確認し、各産地の元素分析を蓄積している。最近では鹿児島県地方の縄文時代草創期栫ノ原、ヘゴノ原遺跡の分析も行っている（藁科 1996、1997）。

　④お茶の水女子大学グループ　　東京大学の渡邊直經の直弟子である松浦秀治によって、晶子形態法、フィッション・トラック法による黒曜石の原産地推定ならびに水和層分析による年代測定が行われた。伊豆諸島八丈島・倉輪遺跡が発見されたさいに、出土黒曜石石片の科学分析を行い、神津島産であることを初めて確認している（小田 1997）。また東京都小金井市荒牧遺跡出土の 2 kg の大形旧石器時代石核の分析も行い、神津島産であることが判明している。さらに、小金井市はけうえ遺跡の黒曜石分析も担当し成果を報告している（松浦他 1983）。

　⑤北海道大学グループ　　1980 年頃から近堂祐弘と勝井義雄によって、白滝、置戸、十勝三股や赤井川などの原産地と道内遺跡の関係が分析されている。また黒曜石の水和層分析による年

表1 黒曜石原産地一覧表（小田 1982）（噴出年代，ウラン濃度値はSuzuki 1970に依る）

	原 産 地 名	地 番	噴出年代 ($\times 10^6$年)	ウラン濃度 (ppm)	文　　献
1	白　　滝	北海道紋別郡白滝村	2.15 ± 0.15 2.90 ± 0.18	$3.1-3.2$ $2.3-2.4$	Suzuki 1970
2	置　　戸	〃 登呂郡置土町	3.95 ± 0.15	$3.0-3.2$	〃
3	十勝(三股)	〃 河東郡十勝三股	1.65 ± 0.15	3.1 ± 0.1	Suzuki 970，佐々木 1979
4	赤 井 川	〃 余市郡赤井川村	0.05 ± 0.15	$4.3-4.4$	〃
5	下 湯 川	青森県青森市		3.3	〃
6	深　　浦	〃 西津軽郡深浦町	4.45 ± 0.25	2.8	〃
7	大　　館	秋田県大館市		1.7	〃
8	戸賀(石ケ沢)	〃 男鹿市			磯村 1972
9	脇本(船越海岸)	〃 〃			〃
10	月　　山	山形県西村山郡西川町			佐々木 1980
11	板　　山	新潟県新発田市	7.45 ± 0.50	1.1	Suzuki 1970
12	大 白 川	〃 北魚沼郡入広瀬村			寺村 1959
13	高 原 山	栃木県塩谷郡			田代 1975
14	大　　町	長野県大町市		2.3	Suzuki 1970
15	浅　　間	〃 北佐久郡軽井沢町	0.02 ± 0.005	1.1	〃
16	和田峠(小深沢)	〃 小県郡和田村	0.85 ± 0.05	6.8 ± 0.3	〃
17	霧ヶ峰(星ヶ塔)	〃 諏訪郡下諏訪町	1.30 ± 0.05	3.2 ± 0.2	〃
18	箱　根(芦ノ湯)	神奈川県足柄下郡箱根町	0.11	0.6 ± 0.04	〃
19	〃 (畑　宿)	〃	0.13 0.12	0.59 0.6 ± 0.04	〃
20	〃 (鍛冶屋)	〃 湯河町	0.39	0.43	〃
21	〃 (日　金)	静岡県熱海市	0.57	0.67	〃
22	〃 (上多賀)	〃 上多賀町	0.40 ± 0.05	0.8 ± 0.05	〃
23	天　　城	〃 中伊豆町	0.01 ± 0.005	1.2	〃
24	神津島(砂糖崎)	東京都神津島村	0.07 ± 0.01	1.6 ± 0.2	Suzuki 1970，小田 1981
25	〃 (恩馳島)	〃			〃 〃
26	隠 岐(久 見)	島根県島後五箇村	3.90 ± 0.40	3.8	Suzuki 1970，宍道 1974
27	〃 (東 郷)	〃 西郷町		2.0	〃
28	姫　　島	大分県東国東郡姫島村	0.34 ± 0.05	1.4	Suzuki 1970，潮見 1980
29	腰　　岳	佐賀県伊万里市	2.80 ± 0.20	4.1	Suzuki 1970
30	壱 岐(角 川)	長崎県壱岐郡芦辺町			鎌木他 1980
31	牟　　田	〃 松浦市			〃
32	古　　里	〃 佐世保市	1.45 ± 0.20	5.0	Suzuki 1970
33	淀　　姫	〃 〃	1.45 ± 0.20	2.4	Suzuki 1970，下川 1965
34	阿 蘇(小 国)	熊本県阿蘇郡小国町			緒方 1980
35	〃 (産 山)	〃 産山村		3.5	Suzuki 1970，鎌木他 1980
36	〃 (浄土寺)	〃 波野村	0.50 ± 0.05	3.2	〃
37	〃 (一の宮)	〃 一の宮町		3.4	〃
38	出　　水	鹿児島県出水市			池水 1967，鎌木他 1980
39	三 船(竜ヶ水)	〃 鹿児島市	0.80 ± 0.08	2.4	Suzuki 1970，鎌木他 1980
40	指　　宿	〃 指宿市	0.02 ± 0.005	1.9	〃

代測定も早くから行われていた（近藤1975）。

　⑥パリノ・サーヴェイ研究所グループ　　渡邊直經、德永重元の親交から、お茶の水女子大学松浦秀治の指導の下、五十嵐俊雄、齊藤紀行、石岡智武、矢作健二らが1998年以来旧石器、縄文時代遺跡の黒曜石石器、各地の原石について理化学機器を整備して分析法を開発してきた。現在、全国の遺跡を対象に分析を開始しており、すでに多くの結果が各『報告書』に掲載されている。分析方法はエネルギー分散型マイクロアナライザーによる主要元素組成分析（EDS）である。さらに黒曜石の水和層分析による年代測定も実施している。

　⑦静岡県立教育研究所グループ　　1986年頃から高橋豊を中心にして、静岡県愛鷹山麓を中心に旧石器時代遺跡、さらに神津島の黒曜石原石分析を行っている。分析方法は偏光顕微鏡による晶子形態、鉱物組み合わせ法（高橋1981、1985）や、エネルギー分散型マイクロアナライザーによる主要元素組成分析（EDX）である（高橋・西田1988）。

　⑧国立沼津工業高等専門学校グループ　　1994年頃から望月明彦を中心にして、静岡県愛鷹山麓を中心にした旧石器時代遺跡の黒曜石石器について分析している。エネルギー分散蛍光X線分析装置を用いて、1遺跡1文化層全点の多量の黒曜石試料を分析し、遺跡内での産地ごとの分布範囲などに供している（望月・池谷他1994）。最近では、長野県野尻湖遺跡群の旧石器遺跡の分析も行っている（望月2000）。

　⑨明治大学グループ　　1996年頃から杉原重夫を中心にして、地理学部門に文化財研究施設が開設され、波長分散型蛍光X線分析装置を含む多くの分析機器の導入によって東京都島嶼部、長野県の旧石器、縄文遺跡の黒曜石分析が行われている。研究集会も1999年と2000年に行われ、その成果は学外にも普及させる状況が準備されている。明治大学では学外研究施設として、長野県小県郡長門町の鷹山地区に「明治大学黒曜石研究センター」を2001年に開設している（明治大学大学院広報紙「シンポジオン」23号, 2000年8月31日付）。日本で黒曜石を中心にした博物館や研究施設が今までなかったので、全国的な共同利用施設としての今後の発展が期待されよう。

4　ま　と　め

　黒曜石は日本の旧石器、縄文時代遺跡を中心に、一部弥生、古墳時代にまで「石器」の石材として多用されている。その利用範囲は原産地を中心にした地域であるが、原石産出量、質、母岩規模などが優れていた原産地の場合、遠距離にその利用状況が認められている。現在、北海道では白滝産が量、質、大きさで群を抜いており、津軽海峡を渡って青森県や遠く日本海を渡ってロシアの沿海州地方へと運ばれている。中部地方では和田峠産が透明で質も良く、中部・関東一円の石鏃用として多用されている。九州地方では腰岳産が質、量とも多く、南は琉球列島の沖縄本島へ、北は対馬海峡を越えた朝鮮半島南部の遺跡にまで発見されている。こうした黒曜石の遠距離移動は、「交易」「文化圏」などを説明する資料として重要である。また、黒曜石の科学分析は

それを証明する手段として最も有効な方法であった。さらに黒曜石の水和層を測定することによって、その石器が使用された年代が推定できる利点があり、他の年代測定とのクロスチェックによって正確さは確かめられている。

　黒曜石は日本先史考古学にとって重要な研究石材である。その証拠に日本考古学の開始とともに黒曜石をテーマにした研究がなされている。初期には肉眼や顕微鏡下での岩石の性質からの判別であったが、戦後になって、現代科学の発達により、黒曜石分析法も理化学的手法による分析が行われることになった。しかし、初期の頃は資料を粉末にする破壊試料が中心であった。したがって、希少、重要遺物、完形石器などについては分析できなかった。しかし、非破壊による分析が一般化した現在、こうした資料に関しても分析が可能であり、関係者の努力によって素晴らしい成果が約束される時代が到来したのである。

　一つ気掛かりなのは、各分析グループの成果報告書をみると、それ自体の分析で終了している点である。少なくとも情報の発達した今日、他の分析グループの研究成果も多数存在しており、こうした結果を踏まえた考察を期待したいものである。この責任は自然科学側だけにあるのではなく、資料を提供する考古学側の事前準備の問題も大きいと思われるが、これからの黒曜石分析は、科学者同志の組織を越えた共通データの解析、さらに考古学者とのクロスチェック機能との連携プレイを確立させ、より正確な分析成果を共有し世界に発信していくことが大切であろう。その意味でも、公正にデータ作成・公開が可能なグローバルな研究システムが早急に求められている。

2．神津島産黒曜石の交易

　黒曜石は酸性の火山岩（流紋岩）に伴う火山ガラスである。日本は火山国でもあり各地に産出地が知られているが、その中でも、とくに北海道、本州中央部、九州地方は集中した原産地がある。先史時代には、この限られた黒曜石原産地から、遠く離れた遺跡へと黒曜石が運ばれ、石器製作の原材として利用された。こうした事実から、原産地と遺跡との間に、黒曜石という石器材料の需給関係が、両者に存在したことが理解される。この黒曜石の伝播が、どのような形態で行われたかについては憶測の域はでないが、少なくとも何らかの「交易活動」として存在したことは確かである。そこには「黒曜石の道」が開かれ、それは、先史時代人の経済活動が行われた証拠であるといえよう。

　本州島中央部・太平洋岸に浮かぶ伊豆諸島・神津島には、黒曜石の大原産地が存在している。島では昔から「紙切り石」と呼ばれ、子供のおもちゃにもなっていたほどの一般的な石であった。現在、島の海岸に面した多くの露頭部に、質を異にして黒曜石原石の包含が観察され、砂浜の波打ち際には色とりどりの流紋岩（五色石と呼ばれる）に混じり、黒色や灰色の大小転礫として多く散布している場所がある。また、海底にも大原石の集中散布地が確認されていることから、神津島および付近の海底周縁部には、まだ多くの黒曜石原石露頭地が存在する可能性が大きい。

　神津島の遺跡を発掘すると、厚い火山堆積物中に、土器、石器類（安山岩や玄武岩製磨製・打製石器類）とともに、おびただしい量の黒曜石製剥片と石核類が出土する（今村・吉田1980、橋口・石川編1991）。しかし、島内の遺跡には、定住的な大集落跡が現在の所確認されていない。また原石から石器材料を組織的に生産したような「石器製作跡」も発見されていない。したがって、長野県蓼科黒曜石原産地遺跡群（小杉1995）や奈良県二上山サヌカイト原産地遺跡群（堅田編1981）のように、原石を主体的に扱った先史集団の存在もこの島では認められていない。その意味では原産地遺跡の島として、その実体解明が、今後の研究に委ねられているのである。

　本項では、伊豆諸島・神津島の黒曜石原産地の状況を眺め、伊豆諸島を含め本州島中央部の遺跡で、現在までに判明した「神津島産黒曜石」の分布と、先史時代の原石交易活動の若干の意義づけを行ってみることにしたい。

1　神津島の黒曜石原産地

　神津島は、東京港より南へ約176km、伊豆半島の下田港から南南東約60kmの海上に位置する伊

豆諸島中の火山島の1つである。東経139度08分、北緯34度12分で、東西約4km、南北約8km、周囲約22km、面積約18.59平方kmで、島のほぼ中央部に標高571.5mの天上山がそびえている。天上山は平安時代の天長9年 (832) に大噴火、さらに、承和5年 (838) にも大噴火したことが「続日本後記」掲載されている。この時の火山噴出物が地元で「灰トジ」と呼ばれ、遺跡における層準対比、時間の尺度として地質学や考古学の鍵層として便利に活用されている（一色 1982）。現在は島の大部分がこの天上山噴火時の堆積物で覆われ、西南側の一部に古期火山地域が存在しているだけである。遺跡の多くは、西南部の古い地層が露出している前浜集落地区と、周辺の道路切り通し崖面で発見される。神津島には現在、質や量を問わなければ、黒曜石が包含されている露頭が、天上山の厚い堆積物の及ばない南西部の各所に分布している。その中で、地元で古くから知られている黒曜石原石集中地点が4カ所（恩馳島, 砂糠崎, 長浜, 沢尻湾）確認されている（小田 1981）。次に各地点の現状について簡単に説明しておこう。

(1) 恩馳島

　この島は、神津島の中心集落・前浜の沖合約5.5Kmの海上にある、岩礁を中心にした小島群で別名「アシカ島」とも呼ばれている。この島の崖面・波打ちぎわの砂利中（小転礫が中心）や海底に黒曜石転石が分布する。とくに海底（約8m弱の水深）には、拳大の大きさから一抱えもある大石まで良質の原石が多量に存在し、今でも漁師が潜水して容易に採取することができる。ここの原石は神津島産黒曜石中でもっとも良質で、ガラス質部分に点在する不純物の白色粒子も少なく、色調は黒色で、透明な部分には透かすとやや青黒い薄い縞が走っている。港近くのおみやげ屋で、ペンダントやカウスボタンに加工して販売している黒曜石製品は、この恩馳島の原石を利用しているという。

(2) 砂糠崎

　神津島の西南部・白砂の断崖と、丸島の松の緑が美しい多幸湾の一番西端部から砂糠崎にかけて、海岸の崖下に、大小多くの黒曜石転石が落石状に散布している。露頭はこの砂糠崎の崖の中腹に十数mの幅で、数百m以上の黒い帯として認められ、船で海側から眺めると壮観である。おそらく神津島最大の原石露頭地点と考えられる。質は恩馳島につぐもので、白色粒子が多く入り色調は薄黒色である。叩くと崩れ小砕片に飛び散り、大型剥片は取れるが良好な石器に適した縦長剥片を得るには苦労する。

(3) 沢尻湾

　前浜集落の北・沢尻湾の北端部に小転石として黒曜石が散布している。質は粗いのとやや緻密なものがあり、いずれも叩くと小さく砕けてしまうものが多い。全体に黒色で、砂糠崎品より白色不純物は小粒である。少し前までは多くの転石が、波打ち際や海底に散布していたらしいが、今では小転石を探すのも困難である。

434   第 4 章　石材と交易

黒曜石原産地
　A　恩馳島
　B　砂糠崎
　C　沢尻湾
　D　長浜

● 遺跡（縄文〜奈良・平安）

東京都小金井市荒牧遺跡出土の石核

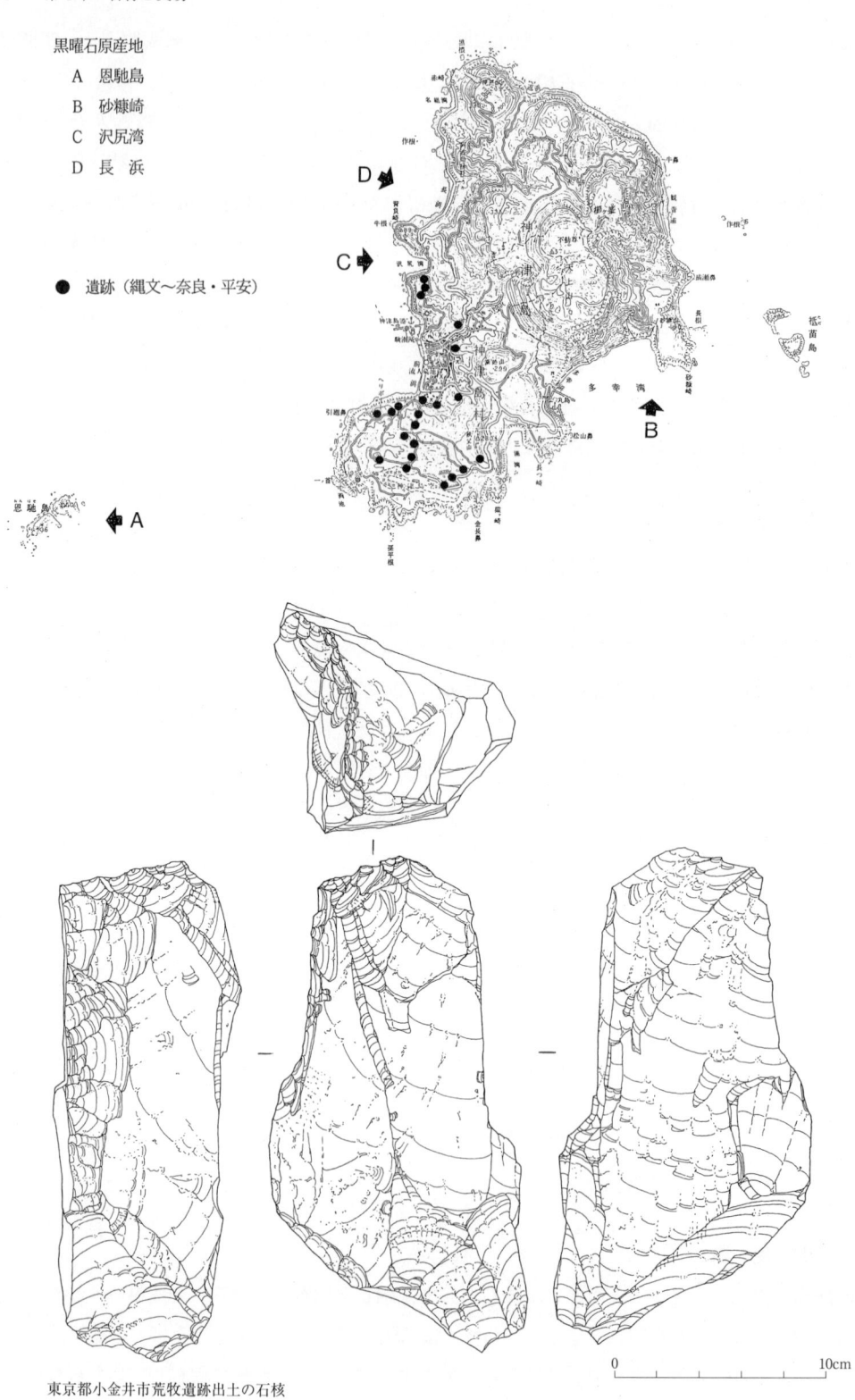

図 158　神津島の黒曜石産地と遺跡出土の石器（小田 1997 c）

（4） 長　浜
　沢尻湾の北に位置する長浜は約500mに及ぶ白砂と玉石の海岸である。この海岸は別名「五色浜」とも呼ばれ、黒、黄、白、青、赤といった色調の流紋岩転礫が散布しており、波に洗われると濡れて美しい五色のコントラストをみせている。この浜の北端部に転石として黒曜石が分布する。長浜の黒曜石は、現在小粒な黒色緻密品が若干と、非常に粗い拳大の灰褐色品が多く散布している程度である。しかし、地元研究者の話では、以前は波打ち際や海底に拳大の黒色良質品が多く拾えたという。まだこの浜の海底部分に良質な原石産地が存在する可能性がある。

　以上、代表的な4カ所の原石産地における、黒曜石の散布状況とその材質について述べたが、量においては砂糠崎と恩馳島が、現在でも大量に原石が露頭や海底に分布している。質の点では恩馳島が圧倒的に良質品で、沢尻湾、長浜にも良質品が混在している。砂糠崎は石器の製作にあまり適さない黒曜石が主体であるが、母岩が大きく簡単な石器用剥片として使用された形跡はある。なお、現在確認されているこの4カ所の原石集中地点の他に、すでに先史時代に採り尽くされた原石露頭地や、また火山島年（838）に天上山が大噴火し、島の大部分が火山灰で埋没したこともあるので、厚い火山灰に埋もれてしまった原石産地も考慮しなければならないであろう。

2　黒曜石分析

　昭和44年（1969）、鈴木正男は黒曜石の原産地分析を、今までの晶子形態法に代わって理化学的手法のフィッション・トラック法で分析した。その結果、旧石器時代から縄文・弥生時代にかけて、神津島産黒曜石が伊豆諸島や関東・中部地方の遺跡に運ばれていることが判明したのである。またそれと同時に、水和層年代測定法による黒曜石製石器の年代測定も行われた（鈴木1969、1970、1973、鶴丸ほか1973）。

　昭和59年（1984）になり、藁科哲男は同じ理化学的手法の蛍光X線分析法を用いて、神津島産黒曜石を分析した。その結果、神津島の黒曜石は大きく第1群（恩馳島・長浜・沢尻湾）と第2群（砂糠崎・長浜・沢尻湾）に分かれることが判明し、そして、2群より1群の方が良質な黒曜石で、各遺跡で多用されたものは1群の黒曜石であることを確かめた（藁科他1984）のである。

　この事実は、肉眼的観察により伊豆諸島をフィールドにする考古学者間ですでに認められており、恩馳島の黒曜石（藁科分析の第1群）は他の地点（藁科分析の第2群・砂糠崎ほか）の黒曜石より良質で、各島々の遺跡から出土する黒曜石石器の大半は、恩馳島の黒曜石と同質であった（小田1981ほか）と報告されている。

3 交易活動

日本では石器の材料として、黒曜石は他石材（チャート、頁岩、安山岩、砂岩、メノウなど）より遅れて利用されたのである。おそらく、最初は手近の地元産石材を使用し、そのうち利用価値の高い石材を選択していったのであろう。

黒曜石交易の出発点は、先史人による原石産地の発見から始まる。武蔵野台地の旧石器人は、多摩川の河原や台地崖の礫層から砂岩、チャートといった原石を近場で採取し調達していた。その後黒曜石を知りこのガラス質で美しく、しかも石の加工の容易さと、切れ味の良さは、人びとの心を捕らえるのに十分であった。初期には信州、箱根、神津島の3原産地の黒曜石が持ち込まれ、原産地ごとの違いはなかったが、約2万年前頃になると原産地毎の利用範囲が定まってきて、そのうち採取の便利さ、質の良さなどから信州系の黒曜石が優位を占めてくるのである。

黒曜石原産地を発見した地元の先史人は、最初は自分たちの行動範囲内において使用していた。その後、他地域人との接触や移住に伴って、原石、半製品、製品などの移動が行われるようになった。こうして黒曜石の存在が他集団にも知られ、原石の入手欲を掻き立てられたものと思われる。

黒曜石の石器原材としての有効度を知った近接地の人たちは、直接原産地に採取行を試みたこ

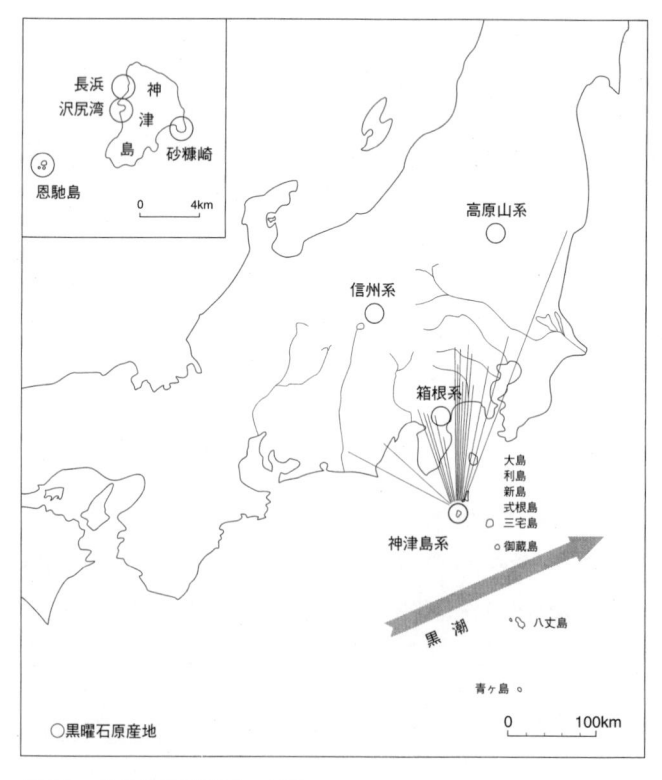

図159 神津島産黒曜石の伝播（32,000～12,000年前）（小田 1997 c）

ともあるだろうが、多くの場合は、間接的に入手した確立が高い。

また、黒曜石の採取、運搬、配布の作業に、専業集団が関与した形跡がある。神津島の黒曜石は伊豆半島の下田より約54kmの海上に浮かぶ島にあり、入手には舟による海上輸送が必要であった。縄文時代には多量の黒曜石がこの島からもち出されており、とくに伊豆半島東海岸に集中した大形原石や剥片の集積する遺跡が発見されている。このことは神津島の黒曜石を分配する集団基地が、伊豆・東海岸に存在した証拠とも考えることができよう（小田1982、橋口1988、金山1989）。

黒曜石が他集団にわたる場合その原石に換る物資が必要である。物々交換という交易形態がそれで、おそらく各地の特産物の交換と考えられよう。神津島をはじめ伊豆諸島の遺跡では、良質の粘土産出がないことから土器は製作されなかったが、各島で土器が多量に出土することから、この土器との交換も交易活動の重要な要素の1つと考えられる（小田1982）。

(1) 旧石器時代の交易

更新世後期・ヴュルム氷期最寒冷期、約2万〜1万8,000年前頃の神津島は、海面が約80m近く低下して周辺の浅瀬と島々（式根島、新島、利島、大島）が、陸続きやより近接した島になり、伊豆半島の前面に大きな島が存在していたことになる。したがって、現在より渡島が容易であり、また生活環境も広かったのである。しかし、不思議なことに神津島を含む伊豆諸島からは、旧石器時代の遺跡や遺物の発見は未だない。

黒曜石は約3万5,000年前頃の長野県の遺跡から出土したのが初出である。この黒曜石原石産地は地元信州産のものであった。神津島の黒曜石は約3万2,000年前頃、東京・武蔵野台地の府中市武蔵台遺跡から発見され、早くから利用されていたことが理解される（藁科・東村1980）。約2万5,000年前には関東・中部太平洋沿岸部地域に分布していき、約2万年前頃になると黒曜石の使用量も増加し、信州産、箱根産、高原山などの他産地の黒曜石も同じ地域に同時に使用されていった（鈴木1973、1977ほか）。離島にある神津島の黒曜石は原石入手に不利であったはずだが、この高い利用率を占めている理由は何であったのか興味がもたれる。

旧石器時代には海の利用は少なかったと考えられ、まして「舟」は登場していないとされていた。伊豆半島と神津島とは約54kmも離れており、またこの間には、約200m以上の海深をもつ海峡が存在しており、神津島へ黒曜石を採りに行くには外洋を航行しなければならない。このことから、筏を含めなんらかの舟（渡航具）の使用があったことは確かで、これは世界に先駆けて、海上交通が旧石器時代の日本で行われた証拠ともいわれている。ちなみに、ヨーロッパでは約1万3,000〜1万2,000年前頃に、ギリシャや地中海地域でエーゲ海のミロス島に産出する黒曜石交易が認められ、海上交通が初めて行われたとされている（Mark 1987）。

(2) 縄文時代の交易

伊豆諸島でもっとも古い遺跡は、縄文早期前半（約8,000年前）の大島・下高洞遺跡（下高洞

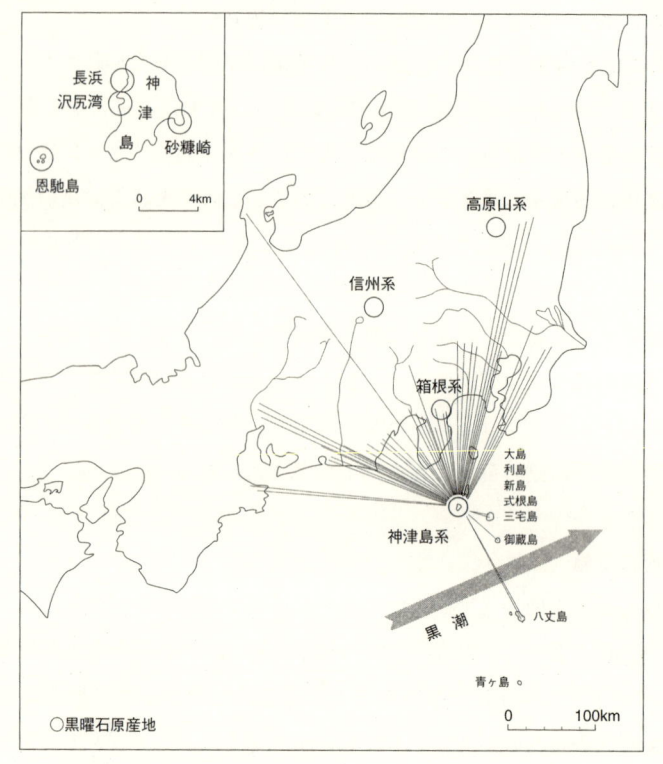

図160 神津島産黒曜石の伝播 (5,000年前) (小田 1997 c)

遺跡調査団 1980) である。神津島でも同期の土器片が神津島空港内遺跡（川崎・前田編 1989) で表採されているが、確かな遺跡の存在は確認されていない。この縄文早期の後半頃（約 7,000年前）には北部伊豆諸島全域に遺跡が分布し、縄文人がこの海域に積極的に進出していく状況が理解される。そして、前期から中期初頭（約 6,500～5,000年前）には、困難であった黒潮本流の激流を越えて南部の八丈島にまで進出している。こうして黒潮を自由に航行できる「海の縄文人」の登場があり、活発な渡島活動がうかがえる。この後、島ごとに時期的に疎密はあるが、連綿と伊豆諸島の各島に人間の活動が認められていくのである（小田 1984)。

　縄文時代の伊豆諸島では、約 99.9% は神津島産の黒曜石が使用されている（鶴丸・小田他 1973、藁科・東村 1984)。本州島ではすでに旧石器時代から利用されていたが、縄文前期から中期にかけては内陸深くに分布を広めていき、各原産地同志（信州系、箱根系、高原山系）で複雑に原石利用を重複させている（斉藤 1990)。神津島の黒曜石は関東・中部地域の太平洋沿岸部を中心に分布し、一部近畿・東海や東北地方にも及んでいる。もっとも広域に分布した時期は中期（約 5,000年前）で約 200km 圏という広い範囲に伝搬しており、いかに神津島の黒曜石が遠隔地に、また多量に運ばれたかが理解されよう（加藤 1991、金山 1992)。

4　黒曜石の道

　日本で最初に使われた黒曜石は信州産（約4万年前）で、神津島産は箱根産とともにやや遅れて利用されている。おそらく中部地方の旧石器人の拡散、移動により黒曜石の原石が発見され、黒曜石産地のない南関東地方に流布して行ったのであろう。すでに「舟」が存在しており、神津島へは海洋を航行して原石採取に出掛けていった。当時恩馳島周辺は、海面の低下によって海底部分も露出しており、神津島周辺の島々は陸地で繋がり大きな島を形成していたのである。おそらく黒曜石は地表部に多量に散布しており、旧石器人はその量に驚いたことと思われる。そして、舟の利用によって重い原石は、陸地を運搬するより一度に多量に、迅速に遠隔地へ移送できたことも、内陸の原産地品より神津島産黒曜石の使用頻度の高さを示す理由の1つであったろう。

　縄文時代には信州産、箱根産、高原山産の黒曜石が神津島産とともに、関東地方では多用され、原産地の周辺では地元産の黒曜石を中心に一部他産地品が混じり、遠隔地では複数産地が使用されている。こうした原石の複雑な利用状況は黒曜石以外の石材にも認められ、これはその背景に、村々を飛び越えた広い石材流通経済が存在したという証拠でもある。黒曜石はたんなる鋭く加工しやすい石という実用面だけでなく、先史人を魅了し入手欲をかきたてた「透明で美しい石」という貴石の一種でもあったと考えられる。したがって、製作された石器の中には芸術品とも思える見事な例が認められている。北海道・白滝産の黒曜石がロシアや新潟県で出土したり、九州・腰岳産が朝鮮半島や琉球列島に、そして神津島産が福島県や石川県に運ばれている事実もこうした事情を物語っているのであろう（金山1992）。

　神津島産黒曜石は縄文時代中期（約5,000年前）に、関東・中部地方の太平洋岸を中心に、愛知県伊勢湾や茨城県霞ヶ浦沿岸、さらに日本海の石川県能登半島へと、広く本州中央部約200km範囲に分布した。このような遠隔地にまで運ばれた背景には、黒曜石を専業にした集団の存在が考えられるが、そうした専業集団の基地はどこに在ったのであろうか。不思議なことに原産地の神津島には定住的大集落遺跡の発見がなく、黒曜石専業集団の島内立地の可能性は少ない。現在、神津島を望見できる伊豆半島東岸部の遺跡に、約19kg以上の大原石や約500kg以上のおびただしい量の黒曜石石核、剥片が出土（静岡県段間遺跡）する事実が確認されていることから、この地域に神津島に渡り原石を採取しては他地域人と交易し、生活していた人びとの存在の可能性がうかがえるのである（小田1982、橋口1988、金山1989）。

　伊豆半島東岸に陸上げされ集結された黒曜石原石は、一部は陸地を北上して内陸部に運ばれたと考えられるが、多くは海路によって太平洋沿岸部の縄文集落に運搬された。静岡県の愛鷹山山麓や磐田原台地へは海岸沿いに西へ運ばれ、神奈川県の相模野台地や東京都の武蔵野台地、千葉県の下総台地へは黒潮の流れを利用した海上運搬であったろう。またその後、各地の河川を利用しより上流の地域へと拡散して行ったと推測できる。武蔵野台地の旧石器・縄文時代遺跡は多摩川と荒川に注ぐ小河川沿いに立地し、河川流域ごとに遺跡間の石器群様相が類似していることが

知られている。したがって、人間集団の移動経路は海、河川が多用されたことが理解され、「黒曜石の道」も同じ水上交通路を利用し、遠隔地まで迅速に伝搬していったと考えられよう（小田 1996）。

第 5 章　編年の確立

1. AT 火山灰と考古学編年
2. 九州地方の旧石器編年
3. 日本旧石器文化の編年

●第5章──解説

本章は旧石器時代の全国編年成立過程について論述した。

1　AT火山灰と考古学編年　約2万5,000〜2万8,000年前に巨大噴火した鹿児島県姶良カルデラの噴出物は、「姶良Tn火山灰（AT）」と呼ばれ列島内外に広く分布しており、武蔵野台地の立川ローム第Ⅵ層の上半部に堆積している。このATと包含されるローム層準と武蔵野旧石器時代編年を基準に、全国のAT層準を追跡し、旧石器時代遺跡の石器群を対比させることにより、全国規模の正確な時間軸による日本列島の旧石器時代編年が可能になった。

2　九州地方の旧石器編年　日本の旧石器遺跡は厚い火山灰層中に発見される。このことから火山灰と旧石器研究は両輪であり、とくに石器群の編年作業は特徴的な火山灰層準、たとえば、黒色帯、ガラス・スコリア介在部分などが鍵層としての目安になる。ATと呼ばれる広域火山灰は、全国規模の旧石器編年を可能にしたが、とくに九州地方は火山灰と遺跡の関係が深く、研究史的にも重要な地域として位置づけられる。さらにここでは、当初紙面の都合で添付できなかった各遺跡の石器実測図を掲載し理解を深めている。

3　日本旧石器文化の編年　1979年に旧ソ連（現ロシア）のハバロフスクで開催された環太平洋先史会議で発表した内容である。

1. AT 火山灰と考古学編年

　日本の旧石器時代は、その端著になった群馬県岩宿遺跡（杉原1956）の石器包含層がそうであったように、つねにローム層との関わりで発展して来た。幸いに関東地方には「関東ローム層」とよばれる発達した層厚をもつ火山灰が広く分布しており、旧石器時代の石器類がこの層中に発見される。そして多くの遺跡で、石器群がローム層準の上下関係で重複し出土する結果を得ることができた。したがって石器群の編年も、ローム層中における包含層の部位で、それぞれ隣接遺跡との対比が進められてきている。日本の旧石器時代研究史が新しいのに比して、その編年体系が全国的規模で早く進捗した背景には、こうした火山灰層の恩恵があったことを忘れてはならない（町田1971）。

　昭和53年（1978）、『季刊どるめん』19号と『考古学ジャーナル』157号の2つの雑誌で、「火山灰と考古学」の特集が組まれた。それによると、日本列島には第四紀に入って活動していた火山が200ヵ所以上あることが知られ、それらの火山が火山灰を降らせ、遺跡の堆積層の形成を促進していたのである。この噴火は洪積世（更新世）のみならず、沖積世（完新世）になっても活発に繰り返され、縄文時代を初めとし、それ以降の住居址、水田址、ムラなどを埋めつくしている。火山灰は「テフラ」と呼ばれ、これを研究する部門を「テフロクロノロジー（火山灰編年学）」と呼称し、新しく登場した分野である（町田1976）。

　日本の旧石器時代研究が、テフラとの関わりで発展してきたことは、前述したとおりであるが、テフロクロノロジーも旧石器時代遺跡研究の急速な進捗に刺激され、その研究体制の強化が早められたのも事実であろう。ここでは、こうした新しい研究成果を踏まえ、関東地方のローム層中に介在する、1つの指標テフラを取りあげて、その発見によるさまざまな問題点を、旧石器時代遺跡の編年という課題のなかで考察してみることにしたい。

1　ATの発見

　昭和44・45年（1969・70）に、旧石器時代の大規模発掘が東京都野川遺跡で実施された（野川遺跡調査会1970、1971、野川遺跡調査会編1971、小林・小田・羽鳥・鈴木1971）。この遺跡は立川段丘面上に立地していたが、そこに認められたテフラ層厚は、約5mにも及び、稀にみる堆積量といわれた。野川遺跡の地質を担当した関東第四紀学会の羽鳥謙三は、粘土鉱物分析を通し地表から約2.5m強の第Ⅳ層に、火山ガラスが多量に含まれている事実を確認した（羽鳥1971）。この層

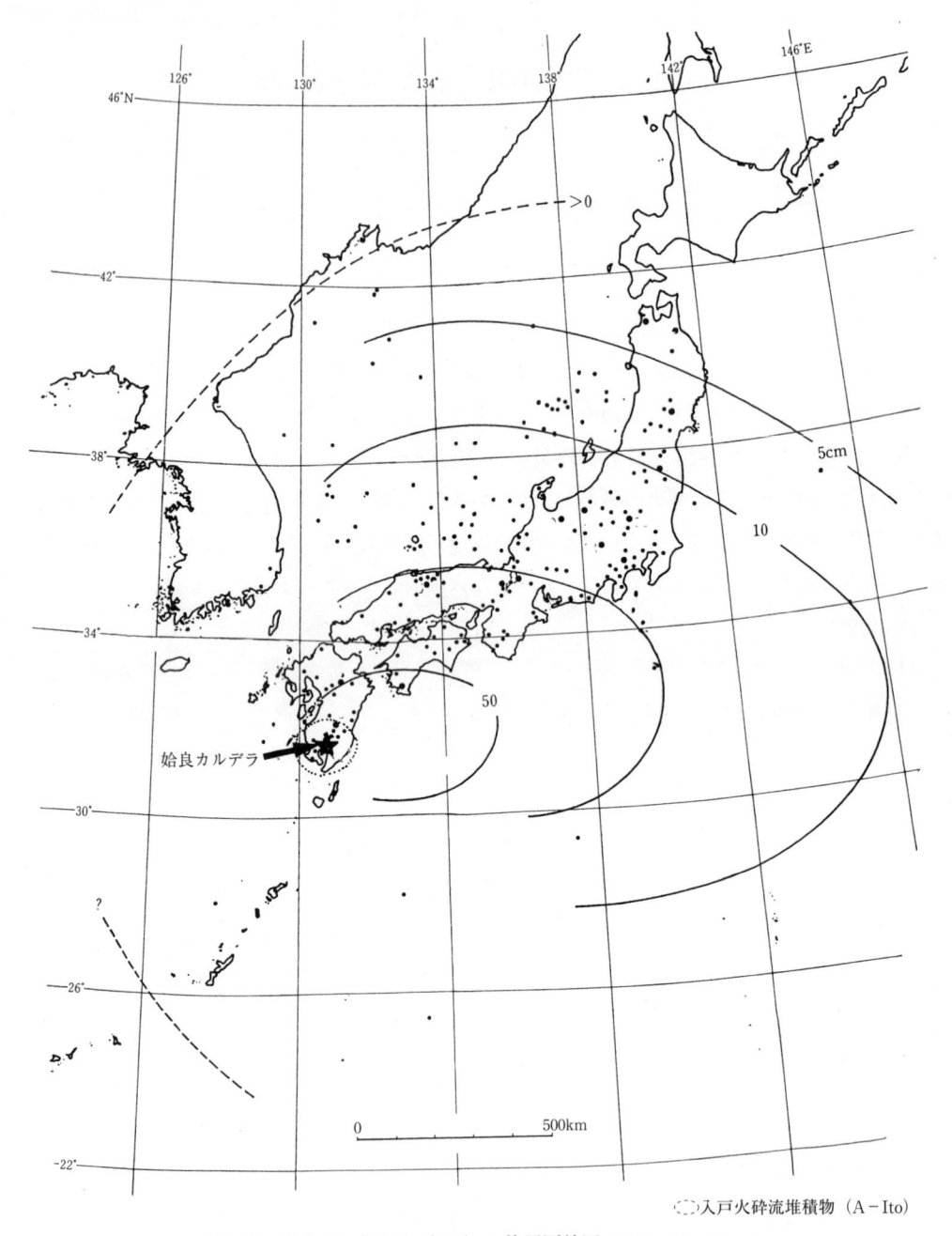

図 161 姶良 Tn 火山灰（AT）の等層厚線図 （町田・新井 1983）

準はちょうど、立川ローム第Ⅰ黒色帯と第Ⅱ黒色帯の境にあたる。理化学的年代を担当した鈴木正男によって、第Ⅵ層に発見された黒曜石製石器についてフィション・トラック法を基準にしたハイドレーション（水和層）法で年代測定した結果、2万1,600年前と測定されている（鈴木 1971）。

野川遺跡で確認された第Ⅵ層の火山ガラス多量含有部は、すでに貝塚爽平によって指摘され周知のものであった（貝塚 1958）が、その後、町田洋によってこの火山ガラスが、単一のガラス質白色火山灰層として、富士東麓から丹沢山地一帯に認められることから、「丹沢パミス（Tnp）」と命名されている（町田・宮崎・鈴木 1971）。昭和46年（1971）という年は、日本第四紀学会が、「南北関東の旧石器の編年に関する諸問題」と題するシンポジウムを群馬大学で開催した年でもあり、旧石器時代遺跡の編年を、両地域のテフラ鍵層でどう対比するかに苦心していた時期でもあった。当時もテフラ層準中にみえる「黒色帯（暗色帯）」が、石器群対比に有効な武器になると考えられていた。この方向性は、現在も大きく変化することはないが、地域が離れると、どうしても不確実になることは避けられない事実でもある。たとえば、武蔵野台地と相模野台地の層準と石器群の対比における論争も、こうした困難さの1つの結果を表したものであった（小林・小田他 1971、町田 1971、町田他 1971）。

このシンポジウムをまとめた「日本旧石器特集号」（第四紀研究第10巻4号、1971）の誌上討論は、日本旧石器時代研究が「テフロクロノロジー」を抜きにしては考えられないことを広く知らせるものであった。武蔵野・相模野両台地に確認された丹沢パミスの対比は、テフラのもつ時間指示者の同時性を発揮した成果と受け取れよう。この丹沢パミスこそが後の研究で、南九州の鹿児島湾奥部を成す姶良カルデラから、噴出した広域火山灰であることが、町田・新井によって突きとめられたのである（町田・新井 1976、町田 1978）。そして、名称も「姶良Tn火山灰（略してAT）」と新たによび直されることになった。その分布域は現在のところ、陸上では北海道を除く本州、四国、九州地方のほぼ全域にわたっている事が判明しているのである。

2 関東地方の遺跡とAT

関東地方は、旧石器時代研究の発祥地でもあり、遺跡を取り巻く地質的研究は比較的進んでいる。石器と認定される人工遺物が発見される層準は、今の所「立川ローム」層中に限られる。したがって、ATの位置は石器の包含される層準中に介在するもので、各地域のATによる対比は、石器群相互の関係に有効な目安を与えてくれる。関東地方を相模野台地、武蔵野台地、大宮台地、下総台地、北関東地方と大別し、それぞれの層準とATの位置について、触れてみることにしたい（関東ローム研究グループ 1965）。

（1）相模野台地

相模野台地は神奈川県の中央部を、ほぼ北から南に横断する相模川の左岸に展開する「相模

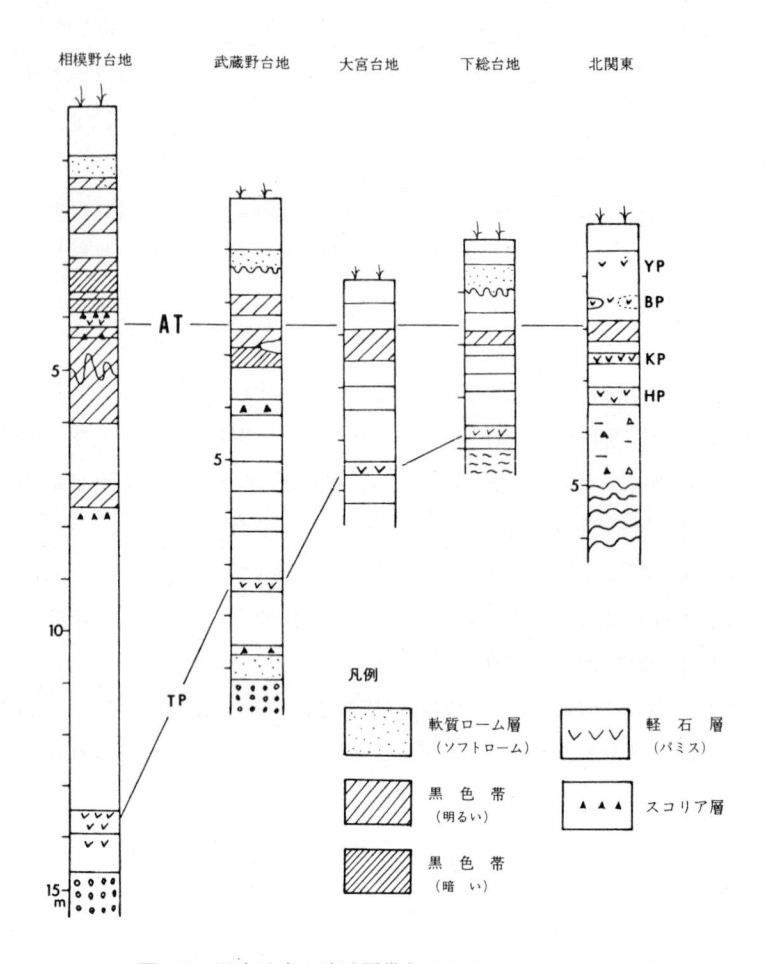

図162 関東地方の遺跡層準とAT（小田 1979）

　野」と総称される広大な台地である。南北約30km、東西10km前後のこの台地面は、境川、引地川、目久尻川などの水系が刻まれている。また相模川に面して、幾段かの段丘地形が発達している。

　相模野台地の層準は、その基層をなす相模野礫層まで約15mのローム堆積物（上部・中部・下部部層）が確認される。そのなかで上部部層は、地表から約9mの深さあたりまでが相当する。この上部部層に、黒色帯が5枚（0、1、2、3、4）、スコリア層が2枚（S1S、S2S）、それと軽石層が存在している。この鍵層となる2枚のスコリア層は、岩相的には区別できないが2枚揃っている場合、上位がやや層厚が薄く、粒度も少し細かいようである。AT層準は、約4mの深さにある相模野上位スコリア層（S1S）の下で、黒色帯3の上部に堆積している。また軽石層は、「東京軽石（TP）」に相当するものである。

　こうしてみると、相模野上部部層には、立川・武蔵野両ローム層が堆積していることになる。

（2） 武蔵野台地

　多摩川は、関東山地南部の山梨県に源を発し、甲武国境を越えて東京都の山間地渓谷を東流し、やがて平野部を流れ神奈川県川崎市で東京湾に注ぐ長さ80 kmの河川である。武蔵野台地は、この多摩川が山間から平野にでる青梅市を扇頂にして、東南方に開いた長軸50 kmの長方形隆起扇状地で、北西を入間川、北東を荒川に画されている。台地の標高は、青梅で約180 m、立川で約85 m、吉祥寺で約50〜60 m、新宿で約40 m、一番端の山の手で約20〜30 mと順次低くなっている。

　武蔵野台地は多摩川に面して、高位から多摩、下末吉、武蔵野、立川段丘の4つの段丘面が認められている。このなかで、武蔵野台地西南縁に発達している立川、武蔵野両段丘面の層準は、武蔵野台地の旧石器遺跡と火山灰層準を考える上で標準的なものである。ここでは野川上流域の三鷹、調布、小金井市の旧石器遺跡の層序をみることにしよう。

　まず武蔵野段丘面の遺跡では、基盤層の武蔵野礫層（MG）まで約9 mのローム堆積物が確認される。そして上部の立川ローム部分は、地表から約3.5 mの深さで、その下は武蔵野ロームに相当する。この立川ローム層中には、黒色帯が2枚（黒色帯Ⅰ・Ⅱ）認められ、ATはこの第Ⅰと第Ⅱ黒色帯の中間部層の上部に介在している（羽鳥1971）。また一段低い立川段丘では、立川ロームは基層の立川礫層（TcG）まで約5 mの層厚をもっている。また立川段丘では、黒色帯（BB）は4枚確認されており、調布市野川遺跡では上から黒色帯0、Ⅰ、Ⅱa、Ⅱbと命名されている（野川遺跡調査会1970ほか）。これは従来この地方で知られている2枚の黒色帯を基準にして付けられた。野川遺跡でのATの位置は、立川ローム第Ⅵ層上部に相当し、武蔵野段丘面のAT相当部分とも一致する結果が得られている。

（3） 大宮台地

　大宮台地は鴻ノ巣、桶川、大宮、浦和などが位置する地域をよび、台地の西縁は荒川の沖積低地に接する比高5〜10 mの崖線で終わっている。しかし、北東縁は明瞭な崖線はなく、その範囲は明確ではない。台地は北西部の鴻ノ巣あたりがもっとも高く標高約30 mを数え、南に下り大宮、浦和府近では約15〜20 mと低くなっている。

　大宮台地の関東ローム層準は、大きく上から立川、武蔵野、下末吉ローム層に分けられ、地表から約4 mの深さで下末吉ローム層に達してしまう。したがって、立川ロームは1.5 m程度しか堆積しておらず、武蔵野台地の約半分の層厚である。立川・武蔵野ロームとの境界は明確ではないが、クラック帯や不整合関係が黒色帯の下層に認められる場所もあり推定も可能な地域である。

　立川ローム層中には黒色帯が1ないし2枚認められ、厚いところでは1 m近くの層厚がある。ATの確認はまだなされていないが、下総台地や北関東地方の事例からみて、この黒色帯の上面あたりに位置すると推測される。

（4） 下総台地

下総台地は千葉県北部に広く発達する台地で、その連続は茨城、栃木、群馬、埼玉、東京、神奈川県にわたる関東平野の主要部をなしている。このうち東部は下総台地とその北側の茨城県下を合わせて「常総台地」と呼ばれている。台地主部では1段の段丘しか認められないが、他の地域では立川、武蔵野、下末吉の諸段丘に対比される面が観察される。

下総台地は、大宮台地と同じく上から立川、武蔵野、下末吉ローム層と続き、地表下約4mで下末吉ロームに至る。立川ロームも約1.5mと薄く、黒色帯も1枚しか確認されていない。ATは千葉県星谷津遺跡の層準で、黒色帯の上層中に約5cmの層準を示し、谷頭の浅い谷の中に肉眼でレンズ状に観察された（杉原・細野・大原1978）。

星谷津遺跡でのATの位置は、明治大学の杉原重夫らが調べた他2遺跡の分析結果とも一致しており、下総台地では、1枚ある立川ローム層中の黒色帯の上約20cmあたりにあることが理解されたのである。

（5）北関東地方

上州とよばれる群馬県全域、栃木県南西部の地域は、主として山地からなり平野が少ない。地域の中央部には赤城山、榛名山、浅間山など那須火山帯の南端部に所属する諸火山が東西に分布している。

北関東地方のローム層は、こうした赤城、榛名、浅間、日光などの諸火山のテフラからなっているが、新井房夫らの研究により、それぞれの対比がかなり良く判明している。（新井1971）。それによると、群馬県地域では上から上部、中部、下部ロームと区別され、栃木県地域でもほぼそれに対応するように、上から田原、宝木、宝積寺ロームと命名されている。

赤城山麓にある群馬県岩宿遺跡B地点の層準を標識としてみると、上部ロームは地表から約1.8m前後の黒色帯の上部まで、中部ロームは黒色帯上面から地表約4.5mあたり、そして下部ロームがその下に相当するとされる。

上部ローム層には、2枚の軽石層が認められ、軽石層は上から板鼻黄色軽石（YP）、板鼻褐色軽石（BP）である。中部ローム層には黒色帯が1枚と3枚の軽石層が見られ、上から鹿沼軽石（KP）、八崎軽石層（HP）、湯の口軽石層（UP）である。ATは新井の分析で、黒色帯の上部に介在していると判明。

宇都宮地域北西部は山地と丘陵が連なり、古い方から宝積寺面、宝木面、田原面、絹島面の4つの地形面が観察され、それぞれ宝積寺、宝木、田原ローム層が堆積している（貝塚1958）。1番新しい田原ロームは、標準地域では1.5mの層厚があり、上下2枚の軽石層が確認されている。上方は七本桜軽石層（SP）、下方は今市軽石層（IP）に相当する。宝木ロームは、最上部に黒色帯、下層に軽石層が1枚存在し、この軽石層は鹿沼軽石層（KP）に相当する。ATは赤城山麓と同様に、宝木ローム最上部の黒色帯中が考えられよう。

常陸地域は八溝山地から筑波山地にわたる南北の山地、鬼怒川沿いの平野と茨城県下の平野である。この地域のロームは宇都宮地域と同様で、また前橋地域とも類似している。

3 ATによる編年

こうして、大宮台地を除いて関東地方の立川ローム期テフラ堆積物中のATの位置が判明してきた。それは相模野台地では相模野上位スコリア層（S1S）の下、武蔵野台地では第Ⅱ黒色帯（BBⅡ）の上面約10cmあたり、下総台地では黒色帯の上面約20cmあたり、北関東地方では黒色帯上部にそれぞれ発見された。各台地におけるATの位置を、火山灰層のもつ同時性という特長を生かして相互に対比する事は妥当であろう。これが、関東地方を1つに連結させる「鍵層」ATが確立された所以である。

日本旧石器時代の編年は、東京・武蔵野台地の石器群の研究から、現在、古い方から第Ⅰ期、Ⅱ期、Ⅲ期、Ⅳ期と区分されている（Oda and keally 1975）。この編年の基礎になったのが、野川遺跡の調査結果であり、またこの発掘調査によって正層位学的方法による石器群の編年という方向性が打ちだされたことも周知の事実である（小林・小田他 1971）。ATは野川遺跡の層準で第Ⅳ層に相当する。この時期は旧石器時代第Ⅰ期の終末段階にあたり、第Ⅰ期を古い方からa・b・cに細分すると、第Ic期に相当する。年代にして約2万1,600年前と、野川遺跡黒曜石製石器のフィション・トラック法を基準にした水和層測定結果から計算されている（鈴木 1971）。全国的なATの年代は、ATと同定されたテフラ、またはそれに近接する層準から^{14}C年代測定法による多数の年代値が報告されている（町田 1978 ほか）。それらを供給源から順に並べると次のようになる。

鹿児島県 21,200 ± 700 （Gak-3517）
21,500 ± 700 （Gak-3513）
22,000 ± 700 （Gak-3517）
22,000 ± 850 （Gak-211）
16,350 ± 350 （Gak-473）
23,400 ± 800 （Gak-558）
26,000 ± 695 （Gak-638）
38,900 ± 2,100 （TK-75）

宮城県 2,4602 ± 350 （TK-60）
8,760 ± 250 （TK-59）
25,600 ± 1,300 （Gak-2576）
26,600 -1,400 （Gak—2621）
      +1,800
26,800 ± 500 （TK-77）

岡山県 21,710 ± 760 （Gak-4033）

京都市　23,500±1,000（Gak-2607）

　　　　26,400−1,000（Gak-2606）
　　　　　　　+1,600

富士山　21,220±950（Gak-255）

横浜市　21,220±670（Gak-4345）

南関東　21,000〜23,000（ATの上下の年代から推定）

福島県　21,660±1,190（Gak-6055）

　　　　22,000±1,140（Gak-60556）

　　　　24,230±1,380（Gak-6054）

　多少ばらつきはあるが、約2万1,000〜2万2,000年前に落ち着きそうである。野川遺跡第VI層の黒曜石による年代測定値（2万1,600年前）と非常に良く一致した結果が得られている。ここでもまた、テフラの同時性という利点が証明された事になろう。

　武蔵野台地におけるATの位置は第VI層中であり、編年的には第Ic期にあたることはすでに述べた。そこで、この編年基準を基盤に関東地方の石器群を少しみてみよう。

（1）相模野台地

　ATは相模野上位スコリア（S1S）の直下に堆積している。したがって、これより上位に包含されている石器群は武蔵野編年第Ic期か、それ以降の石器群にあたる。相模野第3黒色帯およびそれ以下の層準に包含されている石器群は、Ic期かまたはそれ以前の第I期の石器群に、対比されることになる。神奈川県地蔵坂遺跡B2L下底、B3上面、B3中位、神奈川県月見野IVB2下底、神奈川県相模野第154遺跡B3上面、神奈川県寺尾遺跡L3下底などの石器群様相は、武蔵野台地のIc期と非常に類似しており、考古学的方面からもATの対比と矛盾しない結果が得られている（鈴木・矢島1978）。

（2）大宮台地

　ATは現在、分析によって確認結果が出されていないが、黒色帯の上面に位置する可能性は下総台地の例からも推測される。とすると、黒色帯より上層のローム中の石器群は、武蔵野編年第Ic期か、それ以降の石器群になり、黒色帯およびそれ以下の層準に包含される石器群は、Ic期かそれ以前の石器群という事になる。同台地の旧石器時代遺跡の発掘例は少ないが、埼玉県風早遺跡では黒色帯下部に、刃部磨製の斧形石器が発見されており、この石器は武蔵野台地では、第IX・X層に包含される資料である。また、黒色帯上部の軟質ロームから「細石刃」石器群が出土している。これは武蔵野台地で第III層（同じ軟質ローム）中に包含されているものである（山本・黒須・田中1976）。埼玉県大古里遺跡では、黒色帯上部の軟質ローム中に両面加工尖頭器、ナイフ形石器、円形掻器などを含む石器群が発見されている（織笠・松井・高野1976）。この石器群

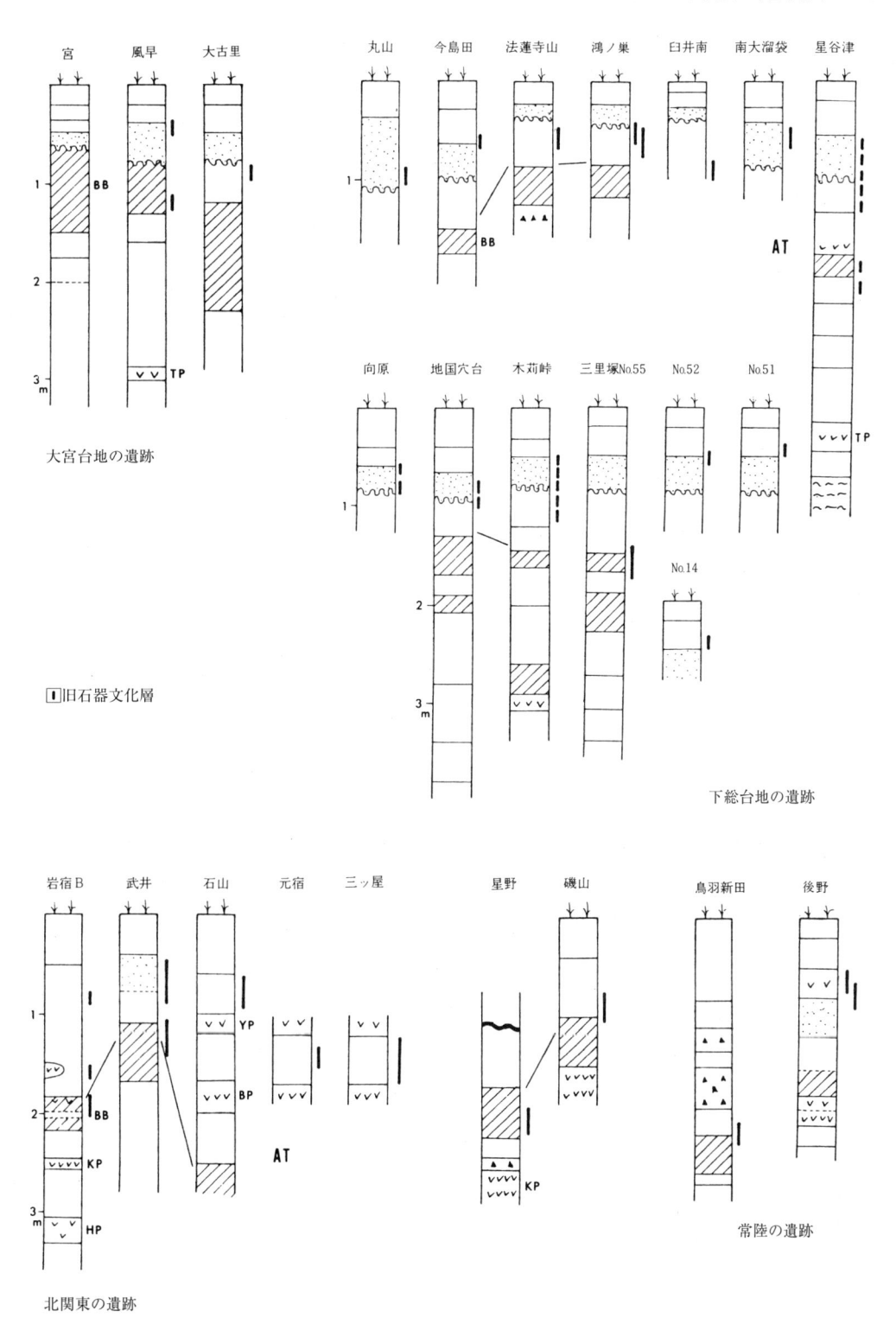

1. AT火山灰と考古学編年   451

図163 関東地方の旧石器遺跡層準とAT（小田 1979）

452　第5章　編年の確立

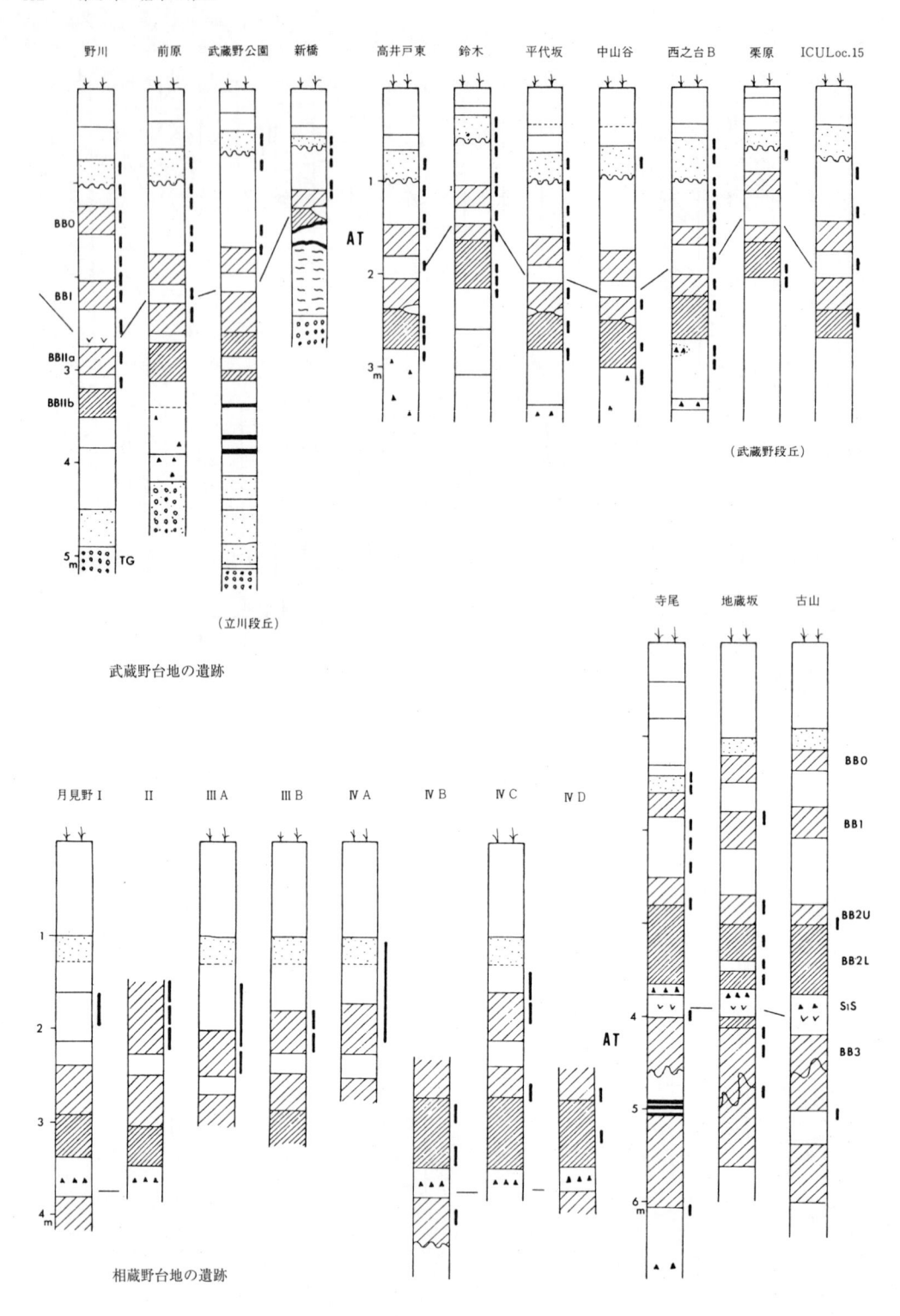

図164　南関東地方の旧石器遺跡層準とAT（小田 1979）

は、武蔵野台地で第Ⅳ層上部に包含されているもので、AT以降であることはたしかである。この2つの遺跡をみる限り、大宮台地におけるATは、黒色帯の上面あたりが妥当であろう。

(3) 下総台地

ATは黒色帯の上面20cmあたりに存在する。この事実から、黒色帯およびそれ以下の層準から出土する石器群は、武蔵野編年第Ic期かそれ以前の所産、黒色帯上面のローム中の石器群はIc期かそれ以降のものという事になる。同台地で確実にAT以下と認められる石器群は、千葉県三里塚第55地点、同県・星谷津遺跡第Ⅶ・Ⅷ層の資料である (小田1976、鈴木・清藤・大原1978)。

これらの石器群様相は、武蔵野台地の第Ⅰ期と似ており対比に矛盾がないことが理解される。黒色帯上面のローム中の石器群は多数検出されているが、そのほとんどが上部に包含されている。したがって、すべてATより上の石器群ということができる。ただ、千葉県臼井南遺跡だけは打製の斧形石器が出土しており、ATより古い石器群の様相をもっている (小田1975)。残念なことに、この遺跡では黒色帯を明確に確認することができなかった。

(4) 北関東地方

ATは、群馬県岩宿遺跡では岩宿Ⅰ文化層の包含されている黒色帯の上部に発見され、栃木県星野遺跡では、第Ⅳ文化層を包含する黒色帯の最上部に確認される (新井1978)。したがって、この地域のATは、黒色帯の最上部に堆積している事が理解される。現在までに判明している黒色帯中の石器群は、岩宿遺跡第Ⅰ文化層 (杉原1956)、星野遺跡第Ⅳ文化 (芹沢1968、1970) であり、群馬県武井遺跡第Ⅰ文化 (杉原1955) がその上部に発見される。また栃木県磯山遺跡 (芹沢1977)、同県・鳥羽新田遺跡 (田代1975) は、黒色帯に一部包含部がかかるといわれている (新井1971)。岩宿Ⅰは刃部磨製の斧形石器が存在し、星野Ⅳは不定形の剥片や礫器が伴出していることから、武蔵野台地の第Ⅸ・Ⅹ層の石器群に酷似し、武蔵野編年第Ib期に相当している。武井Ⅰ、磯山、鳥羽新田などは、基部整形の初期ナイフ形石器が出土し、剥片や石核の様相から武蔵野編年第Ib期の後半に相当することは明確である。

このような北関東地方の石器群様相の傾向は、武蔵野台地と矛盾しない。つまり、黒色帯より上部のローム層中に包含される石器群は、すべてAT以降の所産ということができる。

以上、関東地方のATを境にした石器群の各石器群の様相対比を試みた。このATによる編年対比による限り、従来の「黒色帯 (暗色帯)」による編年対比を行った場合より、石器群相互により類似性が多いことが判明し、黒色帯が遠距離地域に適用できない弱点をここに証明したことになるのである。

4 ATによる全国編年

　日本は火山列島（火山国）といわれるほど、火山が各地に存在し、それぞれが独特のテフラを噴出させて来た。現在日本列島で確認される広域火山灰は多数あるが、ここで扱った「AT」は、縄文時代早期後半〜前期初頭頃（約6,300〜6,500年前）の噴出と考えられる「鬼界アカホヤ火山灰（K-Ah）」（町田・新井1978）とともに考古学編年に寄与する代表的な、超広域火山灰と呼ばれるものである。ATは近い将来に、北海道でも確認されるだろう。そうなれば、日本列島全域の旧石器時代遺跡の対比が可能になる。そして、関東地方を中心に組み立てられた石器群編年を、より強固にすることも夢ではない。

　一方、鹿児島県上場遺跡（池水1967）において、ATの層準が把握された。第5層黄褐色パミス層（無遺物層）と呼ばれているものが、ATだったのである。上場遺跡では第3・4・6層に、旧石器時代の石器群が出土している。第3層は細石刃石器群で、第4・6層にナイフ形石器、台形石器などが発見されている（池水1971、1976）。このAT層準の事実から、上場6層は関東地方の立川ローム第Ⅳ層以下に対比される。つまり、この第6層文化は、石器群編年から武蔵野編年第Ic期かそれより古期と考えなければならなくなった。当然、すぐ隣の熊本県石飛遺跡の第6層に包含されている石器群も、同じ解釈になる。（池水1969、1970、1975、吉留1978、新東1978）。

　これらの石器群は、従来の編年によると武蔵野編年第Ⅱ期後半とされたものである（Oda and Keally 1975）。しかし、AT層の確定で九州地方の旧石器時代編年を、新しく考えなおさねばならない事態が生じたことになる。蛇足ながら、大分県岩戸遺跡の「こけし型石製品」が出土した石器群（芹沢1978）は、ATの上であることが最近判明し、芹沢長介らが従来から提唱していたような古期のものではなく、もっと新しい時期（武蔵野編年第Ⅱ期）の所産であることが判明したのである（吉留1978）。

　ATの全国的な確認によって、今後日本の旧石器時代編年が、どれだけ修正されていくのかは見当がつかないが、早く火山灰研究者と共同で、こうした方面の研究を進めて行きたいものである。

2. 九州地方の旧石器編年

　九州地方の旧石器時代遺跡の研究は、昭和33年 (1958) 頃から開始され、昭和40年 (1965) 頃までに1つの調査史が終了したといえよう。当時の発掘は、西北九州地方、とくに佐賀・長崎両県を中心に進められたといっても過言ではない。調査された著名遺跡には、佐賀県三年山 (1960)、茶園原 (1960)、平沢良 (1961)、鈴桶遺跡、長崎福井洞穴 (1960・63・64)、直谷洞穴 (1960)、遠目 (1961)、百花台 (1963) 遺跡がある。なかでも、福井洞穴（鎌木・芹沢1965・67）の調査は、九州地方のみならず全国的に、旧石器時代から縄文草創期にかけての重要な資料を提示した遺跡として著名であった。つまり、縄文文化の起源、細石器文化の問題、旧石器時代の石器群の様相など、多方面の話題がこの福井洞穴を中心に語られて来た事も事実である。この福井洞穴に発見された3枚の縄文時代文化層、4枚の旧石器時代文化層は、そのまま九州地方の編年の基礎になったのである。（鎌木・間壁1965）。

　昭和40年 (1965) を過ぎると、発掘調査も全九州的になり、東九州地方の大分県岩戸遺跡 (1967)、南九州の熊本県石飛遺跡 (1968)、鹿児島県上場遺跡 (1966) などが調査されている。この3つの遺跡に共通していることは、遺跡地が良好な火山灰堆積地域に位置し、旧石器時代の石器群が層位的先後関係で重複して発見されたことである。西北九州地方に比べ、包含層の発達が著しく厚く、しかも示準テフラの多い南・東九州地方は、南関東地方と同様に旧石器時代の編年作業がもっとも容易な地域でもあった。

　昭和40年後半に整えられた関東地方、とくに武蔵野台地の層位的出土例を基礎にした全国編年は、周辺地域に多大な影響を及ぼした (Oda and Keally1975)。この成果を踏まえ、昭和50年 (1975) を過ぎると、九州地方にも新しい旧石器研究の方向性が芽生えて来る。九州地方の研究史を踏襲した若い世代の研究者たちが、各地で発掘調査に携わりその成果を公表しだしたのである。現在、それらの報告書や論考をみるかぎりにおいては、全九州地方の編年体系が完成するまでには、今少し時間がかかりそうである。

　本節では、今日まで発掘調査された遺跡の中から、重要と思われる13遺跡を取りあげ、
　　①遺跡の立地
　　②調査年月と調査主体
　　③層位と文化層
　　④出土遺物
　　⑤出土状況

⑥その意義

について、共通した内容で整理してみる事にした。そして、この作業過程のなかで生まれたいくつかの問題点について少し触れ、今後の九州旧石器時代遺跡の編年研究の一助となれば幸いである。

1 発掘された主要遺跡

(1) 諸岡遺跡 (副島・山口 1976)

①福岡県福岡市博多区大字諸岡に所在する。遺跡は福岡平野の南東部で、御笠川下流域の低位段丘上にあり、南北110m、東西150m、標高23mの花崗岩の基盤の上に火山灰をのせた丘の南東斜面に位置している。本遺跡は甕棺墓地遺跡として著名であったが、その下層から旧石器時代の石器群が確認された。

②昭和48・49年(1973・74)に、宅地造成に伴う緊急調査が福岡市教育委員会によって実施された。

③層序は表土下約1.8mの間に8枚の自然堆積層が識別された。

　第1層：50〜70cmの表土層（弥生時代遺物包含層）
　第2層：50cmの暗褐色ローム層
　第3層：20〜40cmの赤褐色ローム層
　第4層：30cm〜1mの黄褐色ローム層（ナイフ形石器文化層）
　第5層：黄褐色ローム層
　第6層：橙色ローム層（鳥栖ローム層）
　第7層：白色ローム層（八女ローム層）
　第8層：暗灰色ローム層

遺物は、第1層から弥生時代の土器が攪乱状況で出土した。第4層の黄褐色ローム層中20〜30cmから、「ナイフ形石器文化」の石器群が発見された。

本遺跡の層序は地質学者によって、第2層から第4層は新期上部ローム層に相当し、第6層は鳥栖ローム層、第7層は八女ローム層に対比された。

④出土遺物は、総計116点であった。内訳は、ナイフ形石器1、台形石器2、使用痕有り剥片1、石核20、削片20点（BⅠ群）。ナイフ形石器1、台形石器1、削器1、使用痕有り剥片4、剥片3、石核3、削片32点（BⅡ群）。ナイフ形石器3、台形様石器1、削器2、使用痕有り剥片4、剥片1、削片21点（C群）である。

⑤遺物はA・B・Cの3ヵ所に集中して分布していた。A群は5mの範囲、B群は4mの範囲（BⅠ）と比較的細長い範囲（BⅡ）に細分される。C群は6m程度の細長い分布を示す。

⑥ナイフ形石器文化が単純に出土した意義は大きい。まず、本遺跡出土のナイフ形石器の型式分類が行われ、Ⅰ型とⅡ型に大別された。Ⅰ型ナイフ形石器は、45〜50％の刃部と刃潰し加工が

2. 九州地方の旧石器編年　457

1. 諸　岡遺跡（福岡県）
2. 門　田遺跡（福岡県）
3. 原　　遺跡（佐賀県）
4. 平沢良遺跡（佐賀県）
5. 中　山遺跡（長崎県）
6. 日ノ岳遺跡（長崎県）
7. 福　井洞穴（長崎県）
8. 百花台遺跡（長崎県）
9. 岩　戸遺跡（大分県）
10. 今　峠遺跡（大分県）
11. 船　野遺跡（宮崎県）
12. 石　飛遺跡（熊本県）
13. 上　場遺跡（鹿児島県）

図165　九州地方の主要旧石器遺跡と文化層対比（小田 1980 c）

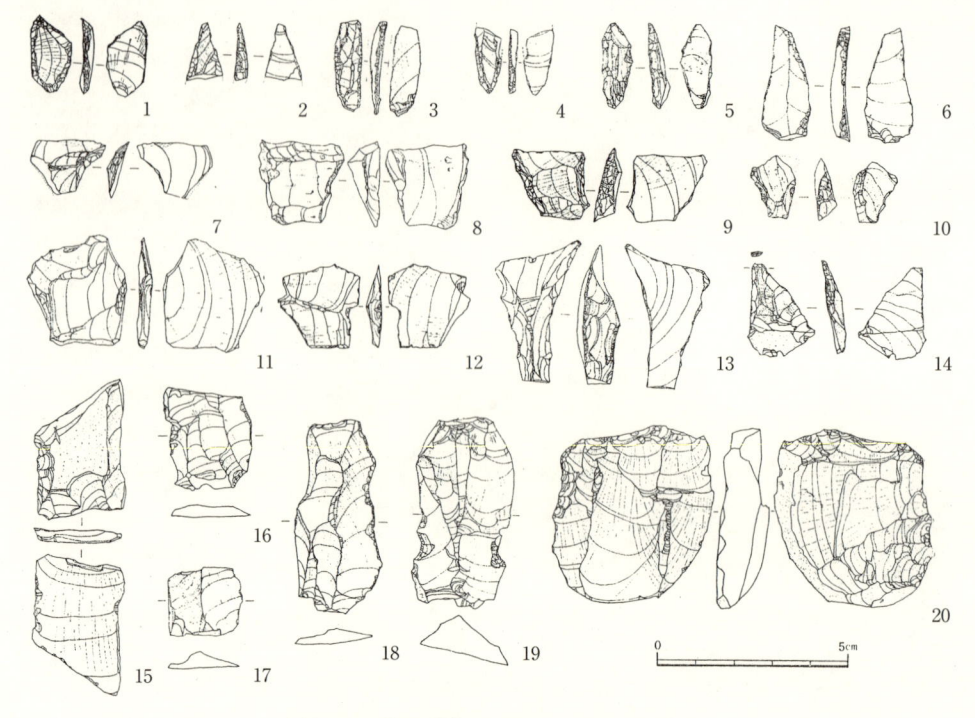

図166 諸岡遺跡の石器群（山口 1975）

あるもの。II型ナイフ形石器は、10～35％の刃部と65～90％の刃潰し加工があるものである。II型はさらにa類、b類、c類に細分された。そして、本遺跡では「九州型ナイフ形石器」とよばれているII型ナイフ形石器を主体にしていることが理解された。

　西北九州地方の編年での本遺跡の位置について、調査者は包含部の火山灰が雲仙系新期上部ローム層であることから、長崎県百花台遺跡第4層（百花台第III文化層）石器群と対比している。しかし、本遺跡の台形石器は、むしろ百花台型より古期の日ノ岳型に類似している。つまり、台形石器、台形様石器、ナイフ形石器の共伴から、日ノ岳遺跡（下川1975、下川・久村1978）、中山遺跡（萩原1976）が対象になろう。

（2）門田遺跡（木下1976）

　①福岡県春日市上白水字門田に所在する。福岡県と佐賀県の境の背振山地を源にする那珂川が開析した沖積地に面した春日丘陵上にあり、谷を挟んで2つの中位段丘上にまたがり、標高34mを数える。周辺は通称「弥生銀座」とよばれる弥生時代遺跡の集中地帯であり、須玖、岡本、大南、日佐原遺跡などの著名な遺跡が分布している。

　②遺跡は車両基地建設に伴う緊急調査で、昭和47～49年（1972～1974）にかけて福岡県教育委員会が調査した。

　③層序は表土下約3.40mの間に12枚（1～12層）の自然堆積層が識別された。

2．九州地方の旧石器編年　459

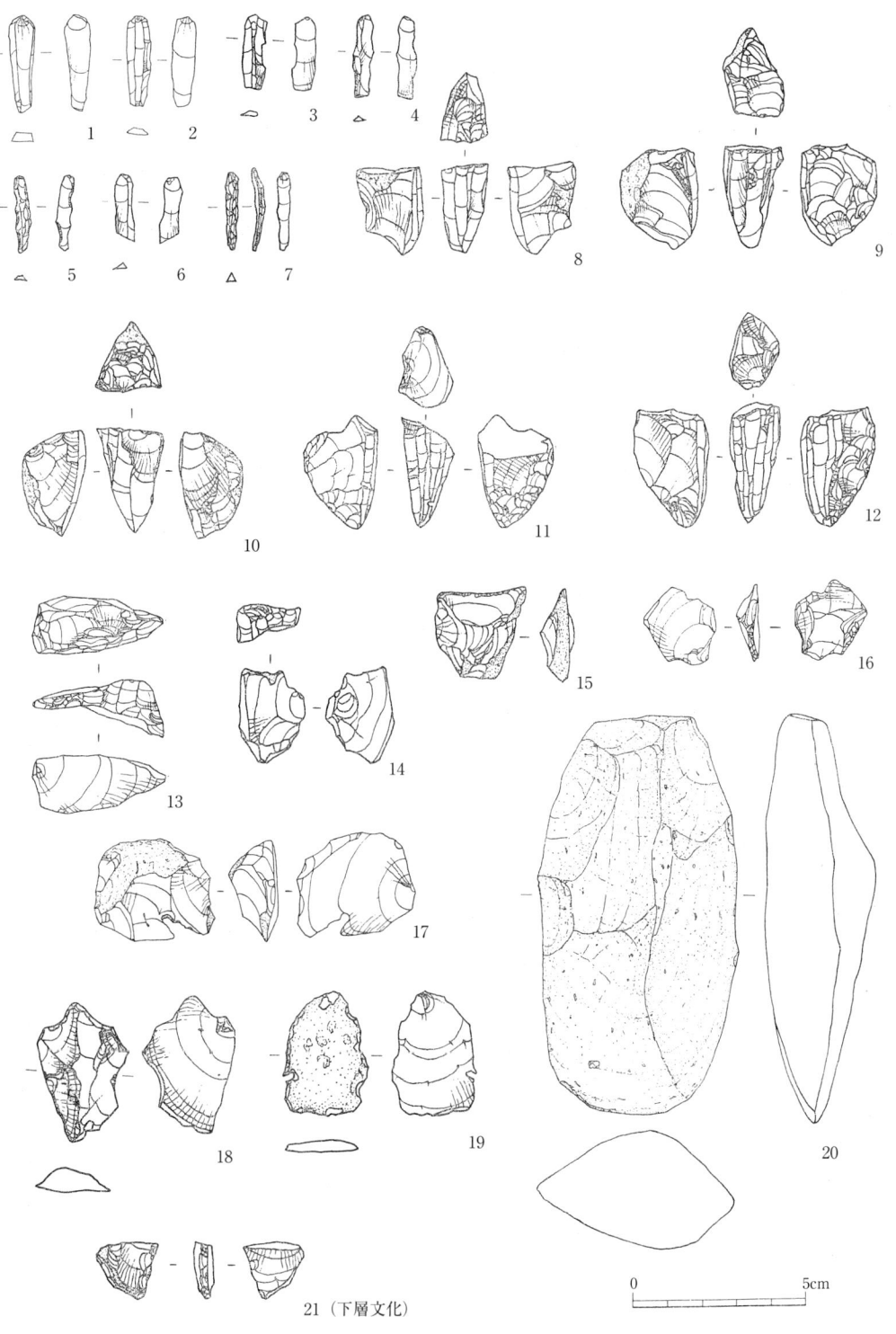

図 167 門田遺跡の石器群（木下 1976）

21（下層文化）

第1層：表土層

第2層：褐色土層（弥生時代遺物包含層）

第3層：暗茶褐色ローム層、厚さ約30〜40cm

第4層：灰褐色粘質土層、厚さ20cm（第1文化層）

第5層：白色粘土層、厚さ約60cm（第2文化層）

第6層：淡茶褐色土層

第7層：淡褐色土層

第8層：茶褐色砂質土層

第9層：砂礫層

第10（明鶯色土）・11（暗灰鶯色土）・12（灰鶯色土）層（阿蘇4、3万3,000年前）

　本遺跡では、第3層および第4層上部から「細石刃文化」が発見され（第1文化層）、第4層下部および第5層直上からは「ナイフ形石器文化」が確認（第2文化層）された。なお本遺跡の第10〜12層の鶯色軽石含みのロームは、前田英夫により、「八女ローム」に対比された。ちなみに八女ロームは「阿蘇4」とされ、年代は3万3,000年前頃といわれている。

　④出土遺物として、まず第1文化層では総計321点出土した。内訳は細石刃192、細石刃石核5、スクレイパー1、使用痕有リ剥片8、スポール7、石核再生打面剥片3、剥片103、石核1、磨製石斧1点であった。

　次に第2文化層からは、単独にナイフ形石器3点が発見されただけである。

　さらに表土と褐色土層中の弥生時代遺物包含層中に浮き出した遺物として、細石刃133、細石刃石核114、台形様石器32点がある。遺物の石材は黒曜石で、1点の刃部磨製石斧は玄武岩であった。

　⑤2枚の文化層における遺物の出土状況は、第1文化層では垂直的には第3層が主包含部と考えられ、平面分布は約10m四方の遺物集中部分が1ヵ所存在していたことがたしかめられている。第2文化層ではナイフ形石器が3点あるが、それぞれ単独出土で集中状況は不明であった。両文化層ともに、礫群、配石、炉跡などの検出もなかった。

　⑥西北九州地方では、火山灰の堆積が弱く遺物包含層が薄い。したがって、堆積土壌の再堆積や自然攪乱状況が多々認められている。このことから「開地遺跡」では、今まで各時代・時期の遺物が混在して発見されることが多いのである。この門田遺跡でも、細石刃文化の石器群とナイフ形石器文化の石器群が第1・2層では共伴して発見されたが、層序のたしかな地点では層位を違えて出土しており、ナイフ形石器文化が細石刃文化より古い時期の所産である事が理解された。これは、この地域の旧石器時代遺跡の成果として大変重要な事実であり、意義ある調査結果であった。

　九州地方の細石刃文化の変遷は、長崎県福井洞穴（鎌木・芹沢1965、1967）の層位的成果によって、細石刃核が半円錐形（第4層：無土器文化）→舟底形細石刃核（第3層：隆起線文土器文化、第2層：爪形文土器文化）という変遷が把握されている。門田遺跡の細石刃核は「半舟底形」であり、

周辺の佐賀県日出松遺跡、長崎県堂崎遺跡では土器を伴っていない。とすると、福井2・3の舟底形細石刃核より古い段階の時期と考えることが可能であろうか。しかし、福井4との先後関係は不明である。

本遺跡では谷地区の最下層から、2個体分の「爪形文土器」が出土し注目されている。1つは口径22cm、器高19cmを測る胴張りの深鉢形土器である。もう1つは口径15cm、器高9cmを測る浅い鉢形土器である。両者ともに器壁は4〜6mmと薄く全面に爪形文が施され、さらに表面には黒色のススが認められる。この土器について報告者は、福井洞穴との比較から谷地区で出土した舟底形細石刃核との共伴を考察している。

最近、この土器に酷似した爪形文土器が沖縄本島の渡具知東原遺跡（高宮・知念他1977）から発見され、縄文時代草創期との関連が取り沙汰されている。南島発見のこの種の土器は、1960年沖縄本島のヤブチ洞穴（国分・三島1965）と1963年鹿児島県奄美大島の土浜ヤーヤ洞穴（永井・三島1963）で発見されていた「南島爪形文土器」とよばれる土器である。現在、奄美諸島から沖縄地域にかけては、縄文前期並行関係の資料が最古の例であり、縄文草創期にまで遡る遺跡の発見は画期的なものである。しかし、まだ鹿児島県内でも確かな同時期資料が未発見状況であり、今後、本遺跡の土器型式認定、舟底形細石刃核との共伴関係などについての検証も必要であろう。

(3) 原 遺 跡 (杉原・戸沢1971)

佐賀県東松浦郡鎮西町時原と唐津市の境界線上にまたがって所在する。玄界灘に北面し唐津湾に東面するところに、東松浦半島がある。この半島には標高200mの準平原状の高原が広がり、唐津湾に注ぐ浦川を中心にしたこの舌状台地上に本遺跡は立地する。標高約120m、隣接する水田面から約5mの比高上に位置する。

①昭和43年(1968)8月に明治大学考古学研究室により調査された。

②遺跡がある上場台地は、玄武岩質安山岩を基盤層にしており、その上には安山岩礫を多く含む層が存在し、この上には「赤褐色ローム質土層」が堆積している。このローム質土層は上部と下部に区分できる。遺跡地における全層厚は表土下約50cmの薄さである。なお、このローム質土層は、玄武岩質安山岩の風化土壌である。

遺物包含層部はこのローム質土層のやや上部（ロームⅠ）に集中して発見され、下部（ロームⅡ）になると遺物は少なくなる。

③出土遺物は総計1934点ある。内訳はA地点から、ナイフ形石器7、台形石器2、その他の石器24、剥片と砕片503、細石刃62、細石刃核2点が発見された。B地点から、ナイフ形石器16、台形石器12、その他の石器38、剥片と砕片951、細石刃243、細石刃核5点であった。石材は若干の安山岩を除いて、すべて黒曜石であった。

④発掘調査はA, B, Cの3地点を調査し、AとB両地点で遺物が検出された。グリット内での遺物平面分布は、とくに集中する傾向はなく万遍なく出土している。

462 第5章 編年の確立

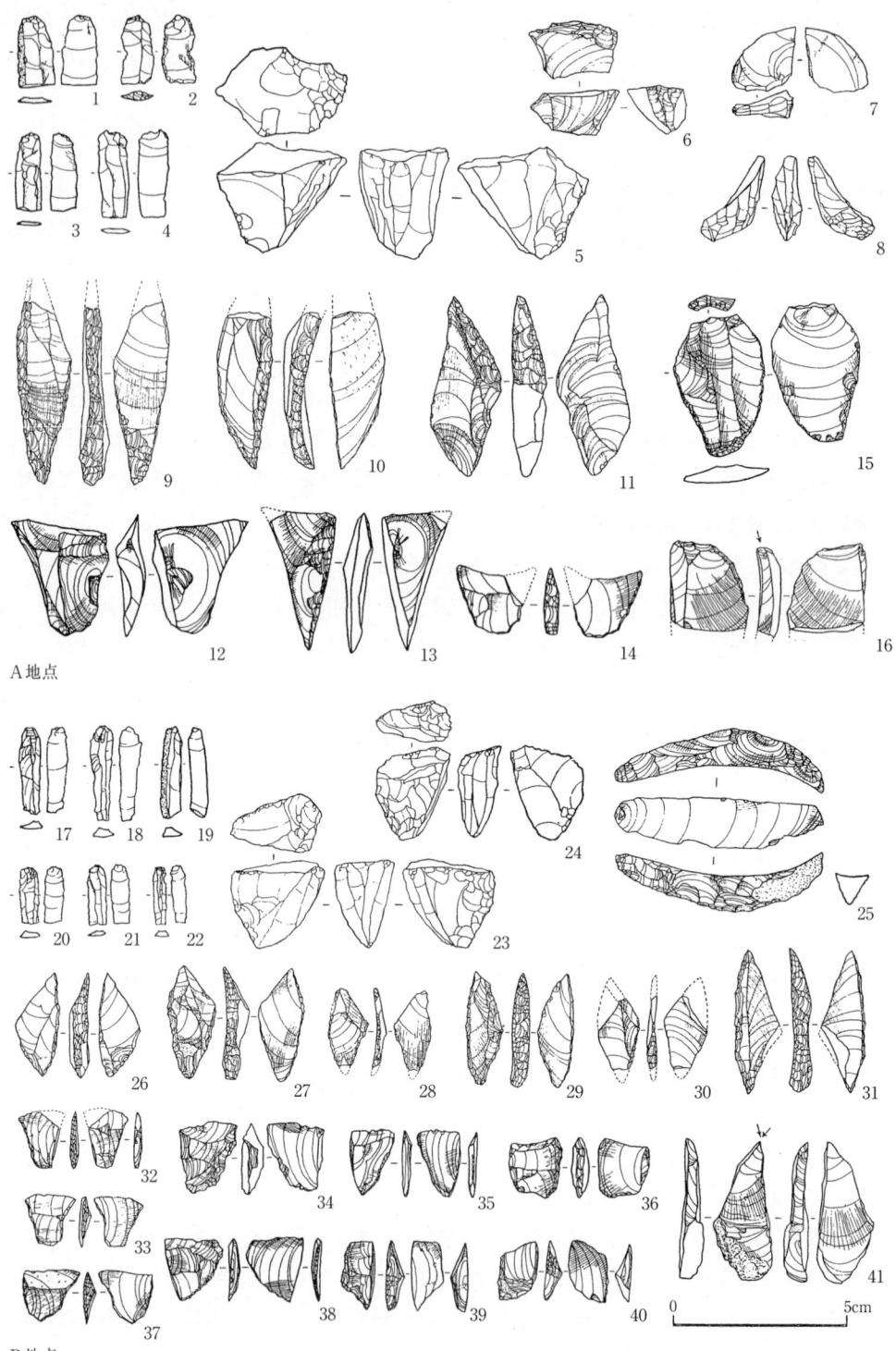

A 地点

B 地点

図 168 原遺跡の石器群（杉原・戸沢 1968）

⑤本調査の目的は、ⅰ.ナイフ形石器と細石刃、ⅱ.細石器としてのナイフ形石器、ⅲ.台形石器の性格、ⅳ.旧石器時代終末期の様相、などをこの地方の複雑な石器群を対象にして、解決しようとしたものである。

まず、ナイフ形石器と細石刃の共伴関係であるが、調査者は「ナイフ形石器→ナイフ形石器＋細石器→細石器＋土器」という編年序列を設定して、周辺遺跡、たとえば長崎県百花台遺跡（麻生・白石 1976）、福岡県門田遺跡（木下 1976）、長崎県福井洞穴（鎌木・芹沢 1965、1967）などの石器組成と石器群変遷を引用にして、本遺跡のセット関係が成立することを述べている。この説については、調査に参加した鈴木忠司も同意している（杉原・戸沢 1971：26）。

一方、筆者はこの発掘調査に参加し、資料整理を主体的に関わった者として、本遺跡でのナイフ形石器と細石刃の共伴関係には否定的である。本遺跡は、九州地方の旧石器時代石器群様相から、次ぎの4つの石器群が存在していることがわかる。

　　原遺跡 A 地点上層―半円錐形細石刃核（福井洞穴第 4 層）
　　原遺跡 A 地点下層―平沢良形ナイフ形石器（平沢良遺跡）
　　原遺跡 B 地点上層―舟底形細石刃核（福井洞穴第 2・3 層）
　　原遺跡 B 地点下層―百花台型台形石器・小形ナイフ形石器（百花台遺跡第 4 層・上場遺跡第 Ⅳ 層）

これらの石器群の編年関係は、「A 地点下層→B 地点下層→A 地点上層→B 地点上層」となる。つまり、A 地点における両者、B 地点における両者は、時期を飛び越えたべつべつの石器群のセット関係であることを指摘したのである（杉原・戸沢 1971：26-27）。

本遺跡の成果をまとめると、ナイフ形石器文化の石器群と細石刃文化の石器群が、A・B 両地点で層位的先後関係を持たず、共存して出土したことにある。この解釈については、前述したように 2 通りの意見があった。1 つは共伴説であり、こうした視点はこの地方の研究史（松岡・富枡 1960、富枡・戸沢 1962ab、1963）からもうかがえる。もう 1 つは筆者の混在説である。両説は今も決着しえないでいるが、長崎県中山遺跡（萩原 1976）、日ノ岳遺跡（下川 1975、下川・久村 1978）の出土状況、石器組成を観察するかぎりでは、筆者が修士論文（明治大学大学院：1970）で詳述したように「混在」の可能性が強い遺跡とすることが妥当であろう。

（4）　平沢良遺跡 （杉原・戸沢 1962）

①佐賀県伊万里市二里町川東に所在する。伊万里湾の最奥に位置する標高約 487 m の腰岳は、通称「伊万里富士」と呼ばれる円錐状の古火山である。この腰岳西側山麓 100 m 標高附近には、この地方最大の良質「黒曜石」の原産地として有名である。しかし、腰岳本体には黒曜石岩脈や露頭も知られていないが、山麓の北面、渚付近から南西の西有田村二瀬付近にかけての 200～100 m 標高の西側斜面に、おびただしい量の角礫状の黒曜石が散布している。同じ西側山麓標高部には、多くの原産地遺跡が分布しており、鈴桶遺跡では遺物包含層中にも黒曜石原石が多数介在している。平沢良遺跡は、こうした黒曜石原産地遺跡群の 1 つであり、腰岳西側山麓の有田川に面

464　第5章　編年の確立

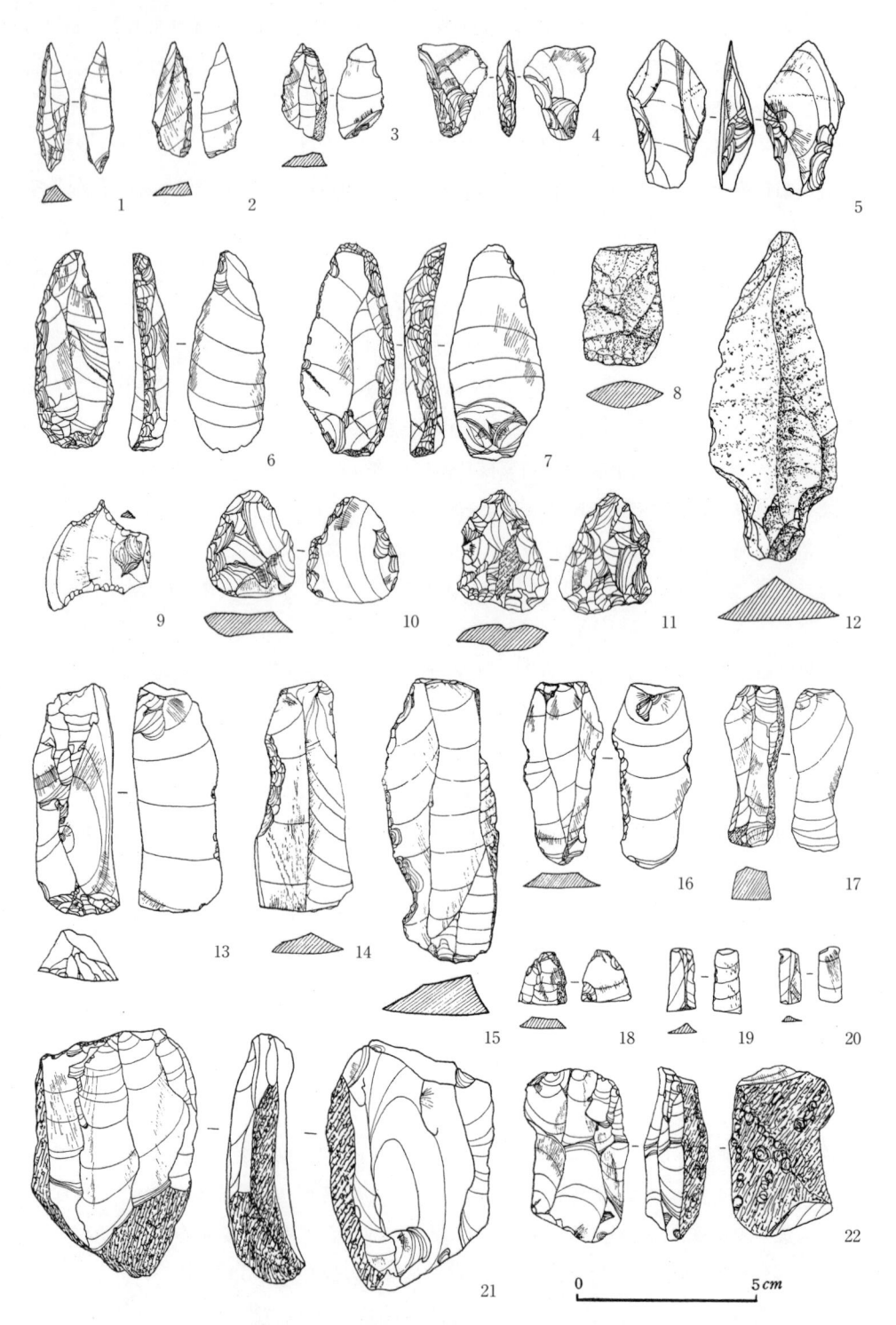

図 169　平沢良遺跡の石器群（杉原・戸沢 1962）

した標高15～20mの舌状尾根先端部に位置している。おそらく旧石器時代の本遺跡は、伊万里湾に注ぐ有田川河口を見下ろす台地上に位置していたと考えられる。

②昭和36年（1961）8月10日～28日にかけて、西北九州総合調査特別委員会の事業として調査された。発掘面積は35㎡である。

③遺跡地の層序は、7枚の自然・人工層が識別された。

　　第Ⅱ・Ⅲ層：古墳の封土、厚さ1m
　　第Ⅳ層：旧地表土
　　第Ⅴ層：赤褐色ローム質土層、厚さ60～20cm（ナイフ形石器文化層）
　　第Ⅵ層：暗赤褐色ローム質土層、やや硬く白色砂が含有
　　第Ⅶ層：赤褐色ローム質土層、径2～3mmの大きな砂粒がかなり含有

遺物包含層の第Ⅴ層赤褐色ローム質土層は、付近の地形から推定して、河川の氾濫堆積物の可能性が示唆されている。石器は赤褐色ローム質土層中、約10～30cmの間に集中して発見された。文化層としては、「ナイフ石器文化」の同時期石器群と考えられるものが1枚確認されただけである。

④出土遺物として、ナイフ形石器5、台形様石器1、尖頭器1、掻器4、削器7、抉入状削器4、揉錐器1、両面調整の石器1、第2次加工、使用痕ある剥片18、刃器、刃器状剥片33、石核113、剥片、石片多数である。出土石器の大部分は黒曜石製の剥片、石片、石塊であり、30％以上は人為的な加工がうかがえないものであった。石材は全て腰岳産の黒曜石であるが、尖頭器（剥片尖頭器）1点に安山岩、両面調整の石器（両面加工尖頭器）1点に頁岩が使用されていた。

⑤出土状況はとくに集中した傾向は見られず、発掘区内に万遍なく分布していた。

⑥西北九州地方に始まった九州の旧石器時代遺跡の研究史において、先駆的役割をはたした遺跡であり、また平沢良型石核と呼称される特徴的な石刃石核の出土をみた。がこの頃話題になった「ナイフ形石器＋細石刃核」という唐津周辺地域の遺跡での表採資料（富桝・戸沢1962ab、1963）からの予測はこの遺跡での発掘調査では得られなかった。

九州地方におけるナイフ形石器文化の確認は、本州中央部に分布する長野県茶臼山遺跡（藤森・戸沢1962）、手長丘遺跡（林1963）の石核や刃器との類似が指摘された。本州から九州にかけて同じ文化圏の存在する可能性が、示唆された意義は大きい。

（5）中山遺跡 (萩原1976)

①長崎県平戸市度島町字中山に所在する。遺跡は平戸島の北約3kmの洋上に浮かぶ度島にあり、島の中央やや東側で、標高約100mの火山がある北部の標高約36mの台地舌状部に位置する。度島には現在8ヵ所の旧石器時代遺跡が知られているが、いずれもナイフ形石器文化の遺跡である。

②昭和50年（1975）6月に、平戸市教育委員会によって調査された。

③層序は表土下約90cmの間に、6枚の自然堆積層が識別された。

第1層：表土層、厚さ10cm

第2層：灰色攪乱層、厚さ20〜30cm

第3層：橙色粘質土層、厚さ10cm（第3層文化）

第4層：赤色粘土層、厚さ20cm（第4層文化）

第5層：黄色粘質土層

第6層：黄色粘質角礫土層

遺物の垂直分布傾向から、第3層と第4層の間に遺物が少なくなる空間部が存在していた。この事実から、第3層に1枚、第4層に1枚という計2枚の文化層を確認することができ、いずれも「ナイフ形石器文化」の所産であった。

発掘調査面積は、A地点で24㎡、B地点で24㎡であった。

④出土遺物は第3層文化から総計1,284点ある。内訳はナイフ形石器、台形石器、剥片尖頭器、スクレイパー、彫器、使用痕ある剥片、小石片、剥片、石核、その他である。

第4層文化からは1,541点出土し、内訳はナイフ形石器、台形石器、剥片尖頭器、スクレイパー、彫器、使用痕ある剥片、小石片、剥片、石核、その他である。

⑤出土状況としては、とくに石器集中部は認められなかったが、やや密な部分を示す場所も存在していた。第3層文化は散漫な平面分布を示している。遺構として、赤褐色の焼土粒を伴う地床炉が7ヵ所検出され、掘り込みが浅い例と深い例の2種が存在した。

第4層文化は北側と南側に分布がやや片寄る傾向が看取される。遺構として直径150cm、深さ10cmの、赤褐色の焼土粒と炭化物片が伴う地床炉が1ヵ所確認されている。この遺構のなかには、黒曜石の小片が多量に包含されていた。

⑥層位的出土例の少ない西北九州地方において、ナイフ形石器文化の石器群が、層位的な先後関係をもって2枚発見された意義は大きい。この両文化層の相異は、第3層文化にナイフ形石器が多く、第4層文化は台形石器が多いことである。また百花台型台形石器が両文化層に多く伴出したことも重要である。

西北九州地方のナイフ形石器文化の編年は、台形石器の様相から大きく3つの段階に区分することができる。まず第1段階は、日ノ岳遺跡（下川1975、下川・久村1978）、福岡県諸岡遺跡（山口1975）に見られるような、大形の台形石器とナイフ形石器が組み合わさるものと、第2段階は百花台遺跡第Ⅲ文化層で台形石器が完成した時期である。本遺跡の第4層文化は、この時期の石器群と考えることも可能である。第3段階は、ナイフ形石器文化の終末期に相当する本遺跡第3層文化で認められる台形石器の退化という現象である。ナイフ形石器においては、とくに前段階との形態・技法とも変化は少ない。長崎県福井洞穴第7層文化の石器群（鎌木・芹沢1965）は、おそらくこの時期の所産と考えられよう。

本遺跡の第3層、第4層文化は、石器組成の類似から時間的に非常に近い時期の所産であろう。そして、それは百花台型・日ノ岳型台形石器、剥片尖頭器、柳葉形・三角形ナイフ形石器などの発達した石器器種の様相から、西北九州地方編年におけるナイフ形石器文化のなかでも、新しい

2．九州地方の旧石器編年　467

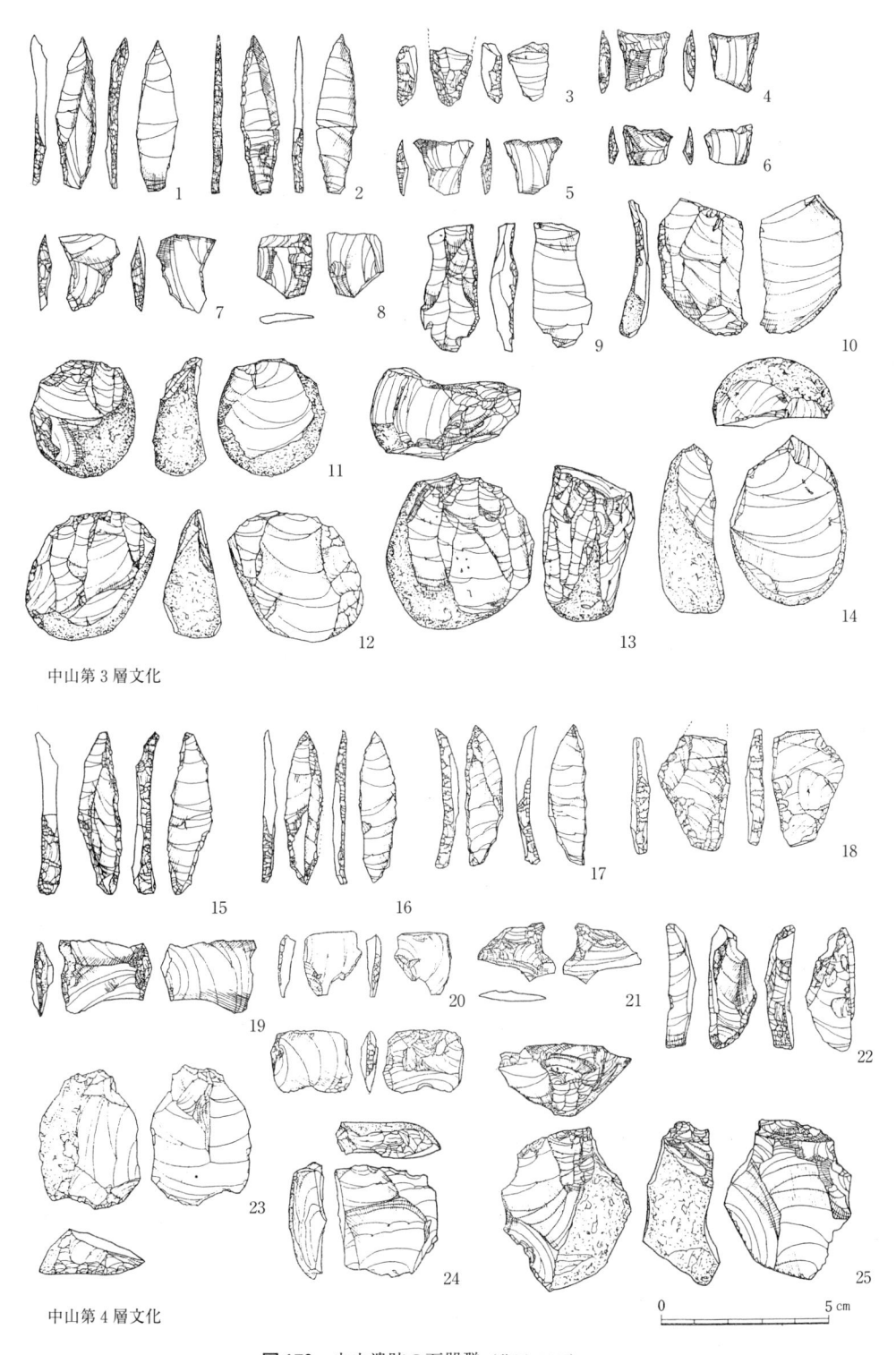

中山第3層文化

中山第4層文化

0　　　　5 cm

図 170　中山遺跡の石器群（萩原 1976）

段階、つまり第2段階と第3段階に対比されることが理解されたのである。

（6）　日ノ岳遺跡（下川1975、下川・久村1976）

①松浦郡田平町大久保免に所在する。標高56mの日ノ岳北裾で、玄界灘に突きだした大瀬とよばれる海抜6mの岬鞍部に位置する。前面海上1〜2kmには平戸島があり、付近には中山遺跡（萩原1976）がある度島が存在している。

②昭和48年（1973）に第1次、49年に第2次、50年に第3次、54年に第4次、55年に第5次の調査が、長崎県立美術博物館の調査研究事業として行われた。

③層序は表土下約50cmで基盤になり、その間2枚の自然堆積層が識別された。

　　第Ⅰ層：表土層
　　第Ⅱ層：褐色ローム質土層（第Ⅱ層文化）
　　第Ⅲ層：黄褐色ローム質土層（第Ⅲ層文化）
　　第Ⅳ層：基盤層

遺物包含部は第Ⅱ層褐色ローム質土層上部に1枚、第Ⅲ層黄褐色ローム質土層上部に1枚計2枚の文化層が確認された。いずれも「ナイフ形石器文化」の石器群であった。

④出土遺物は、第Ⅱ層文化の総計は274点、内訳はナイフ形石器13、台形様石器1、掻器2、彫器2、ハンマーストーン1、使用痕ある剥片21、その他の石器2、石核4、剥片117、小破片111点であった。

第Ⅲ層文化は総数551点、内訳はナイフ形石器12、台形様石器13、台形石器5、掻器5、彫器1、ハンマーストーン1、使用痕ある剥片27、その他の石器2、石核11、剥片249、小破片214、原石11点であった。

⑤第Ⅱ層文化は撹乱も多く正確な遺物の分布は把握されていないが、平面的に2ヵ所の石器集中部が認められそうである。遺構として拳大の円礫を配したもの、扁平な礫を径約1mの円形に積み重ねたものなどの石囲い炉が、4基確認された。

第Ⅲ層文化は平面的に5ヵ所の石器集中部が存在した。遺構として8個の角礫を円形に配した石囲い炉が、1基発見された。

⑥堆積土壌の薄い北西九州地域で、上下2枚の文化層が層位的先後関係をもって確認されたことは重要である。そして、2枚の石器群はいずれもナイフ形石器文化の所産であった。この両石器群は、ナイフ形石器、台形石器、台形様石器の様相に差異が認められ、周辺単純遺跡の編年に役立つ資料である。似た遺跡に中山遺跡があり、距離的にも近く、両遺跡の比較検討は大切であろう。

九州地方でのナイフ形石器の変遷は、長崎県百花台遺跡（麻生・白石1976）で第6層と第3層の層位的資料が初めであった。しかし、その後の発見がなく、本遺跡が良好な資料を提供したのである。第Ⅲ層の素材を生かした柳葉形と素材を折断した切出形のナイフ形石器に代わって、第Ⅱ層では切出形が減少し小形の柳葉形が主体をなしている。

2. 九州地方の旧石器編年　469

日ノ岳第Ⅱ層文化

日ノ岳第Ⅲ層文化

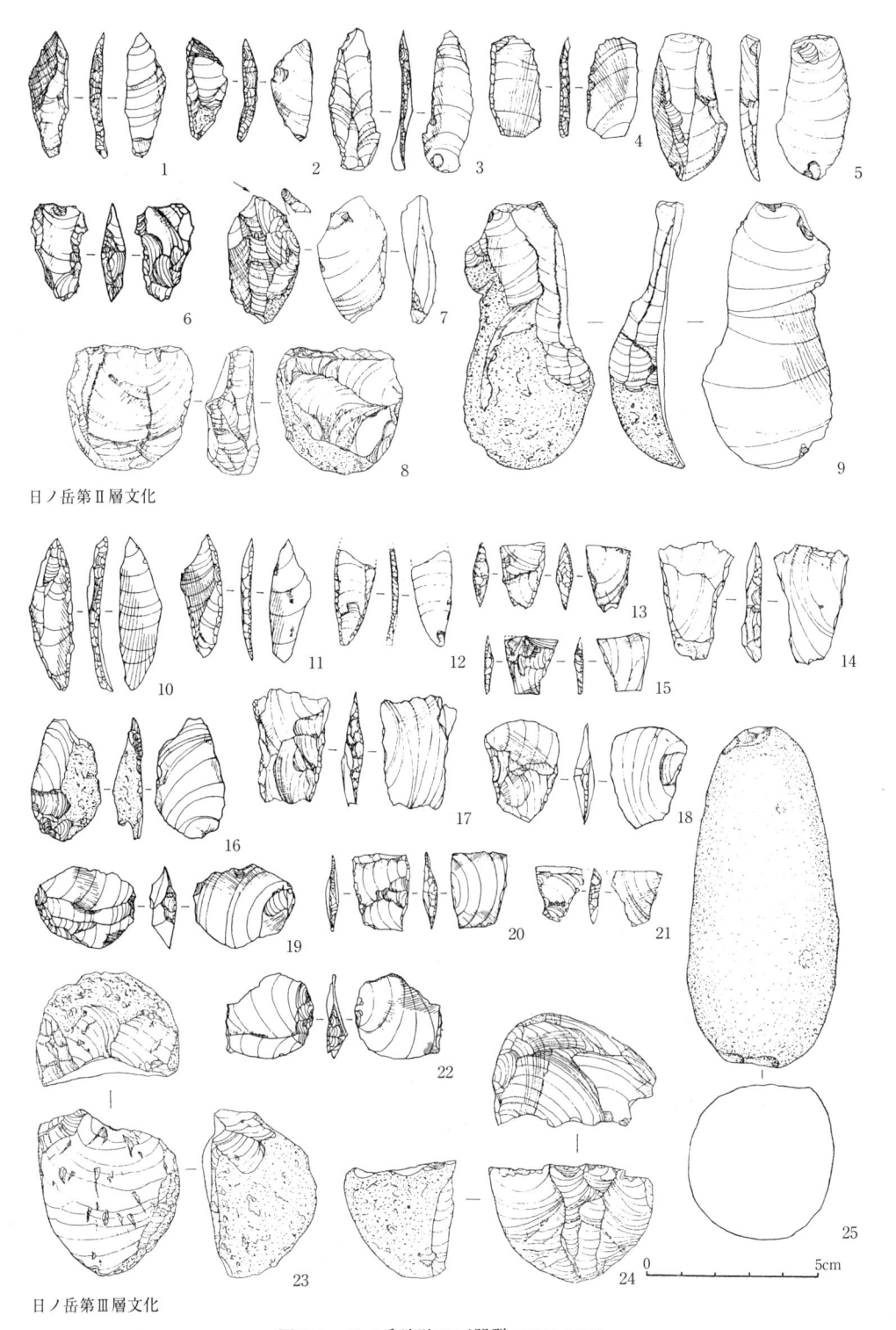

図 171　日ノ岳遺跡の石器群（下川 1975）

九州地方特有の台形石器（小田1971a）でも重要な発見があった。この種石器は、「日ノ岳型→百花台型→枝去木型」というように時期が新しくなると小形化するようである（下川1975）。日ノ岳型は第Ⅲ層、枝去木型は第Ⅱ層の台形石器の型式である。百花台型は百花台遺跡第4層出土の、小形化への発展形態の典型的資料である。台形石器はナイフ形石器と同様に、先端に着柄して「尖頭器」として使用された石器であるが、一部にヨーロッパの「直剪鏃」（大山1936）のような、石鏃とした使用（Oda 1969）も考える必要があろう。

遺構として礫群の発見はなかったが、両文化層から「石囲い炉」が発見されている。隣接した中山遺跡では、炉は石で囲うのではなく単なる「地炉」であった。

(7) 福井洞穴 (鎌木・芹沢 1965、1967)

①長崎県北松浦郡吉井町福井に所在する。標高492mの高法知山に刻まれた小渓谷の東斜面に洞穴がある。標高約80mで砂岩の河成洞穴で間口は西に面し、奥行き約7.5m、間口約16mである。洞穴内の表土面は福井川の現河床面から約13m、水田面から約7mの比高がある。

②昭和35年（1960）5月に予備調査が、同年7月、8月に第1次、38年（1963）2月26日～3月10日に第2次、39年3月19日～4月7日に第3次調査が、日本考古学協会西北九州調査特別委員会、洞穴遺跡調査特別委員会、長崎県教育委員会、吉井町教育委員会などによって行われた。

③層序は洞穴削平地表面から洞穴岩盤上面まで約5.75mあった。このなかに合計16枚の自然堆積層が識別された。表土から縄文時代までの層は、すでに社造成時に削平されていた。

第1層：粘性砂質土層、縄文時代早期（押型文土器、局部磨製石鏃）の遺物包含層
第2層：粘性砂質土層、（福井2）、細石刃文化（舟底形細石刃核＋爪形文土器）
第3層：粘性砂質土層、（福井3）、細石刃文化（舟底形細石刃核＋隆起線文土器）
第4層：粘性砂質土層、（福井4）、細石刃文化（半円錐形細石刃核）
第5層：褐色粘性土層
第6層：粘性砂質土層
第7層：粘性土層（上）、有機質土（中）、粘性土（下）、（福井7）、ナイフ形石器文化（?）
第8層：褐色砂礫層
第9層：褐色砂礫層、（福井9）、ナイフ形石器文化
第10層：褐色砂層、落盤多し
第11層：青白色粘土層、褐色砂層、剥離した砂岩のつまったガラガラの層
第12層：上部は青灰色粘土層、下部は褐色砂層
第13層：砂岩のつまったガラガラの層
第14層：白色砂層
第15層：黄褐色砂礫層、玄武岩礫を含む（福井15）、ナイフ形石器文化（?）、福井川の氾濫原の可能性
第16層：上部が褐色土層、下部に黄色砂層、岩盤：洞穴形成基盤層、砂岩

2．九州地方の旧石器編年　471

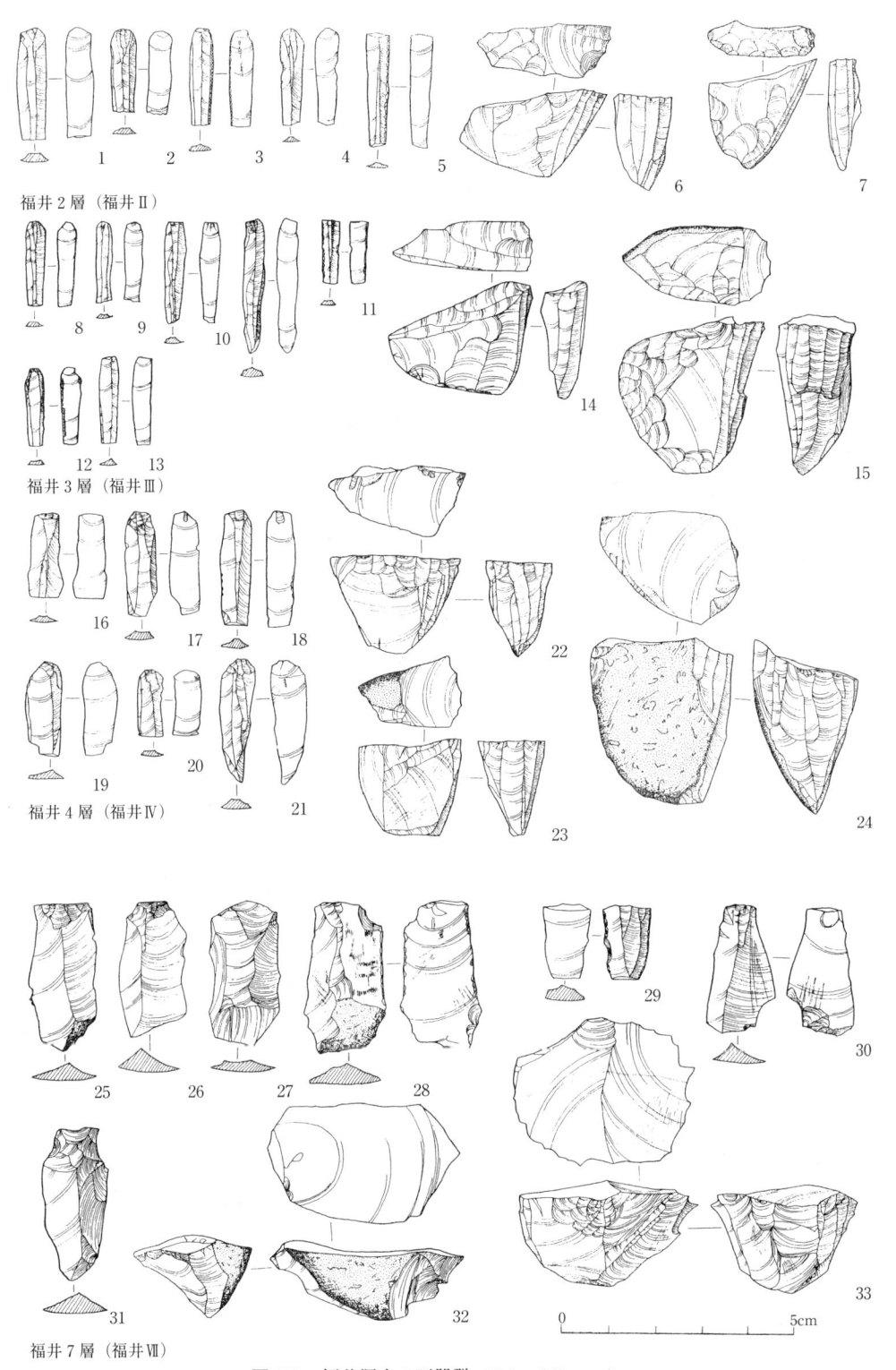

福井2層（福井Ⅱ）

福井3層（福井Ⅲ）

福井4層（福井Ⅳ）

福井7層（福井Ⅶ）

図172　福井洞穴の石器群（鎌木・芹沢 1965）

472　第5章　編年の確立

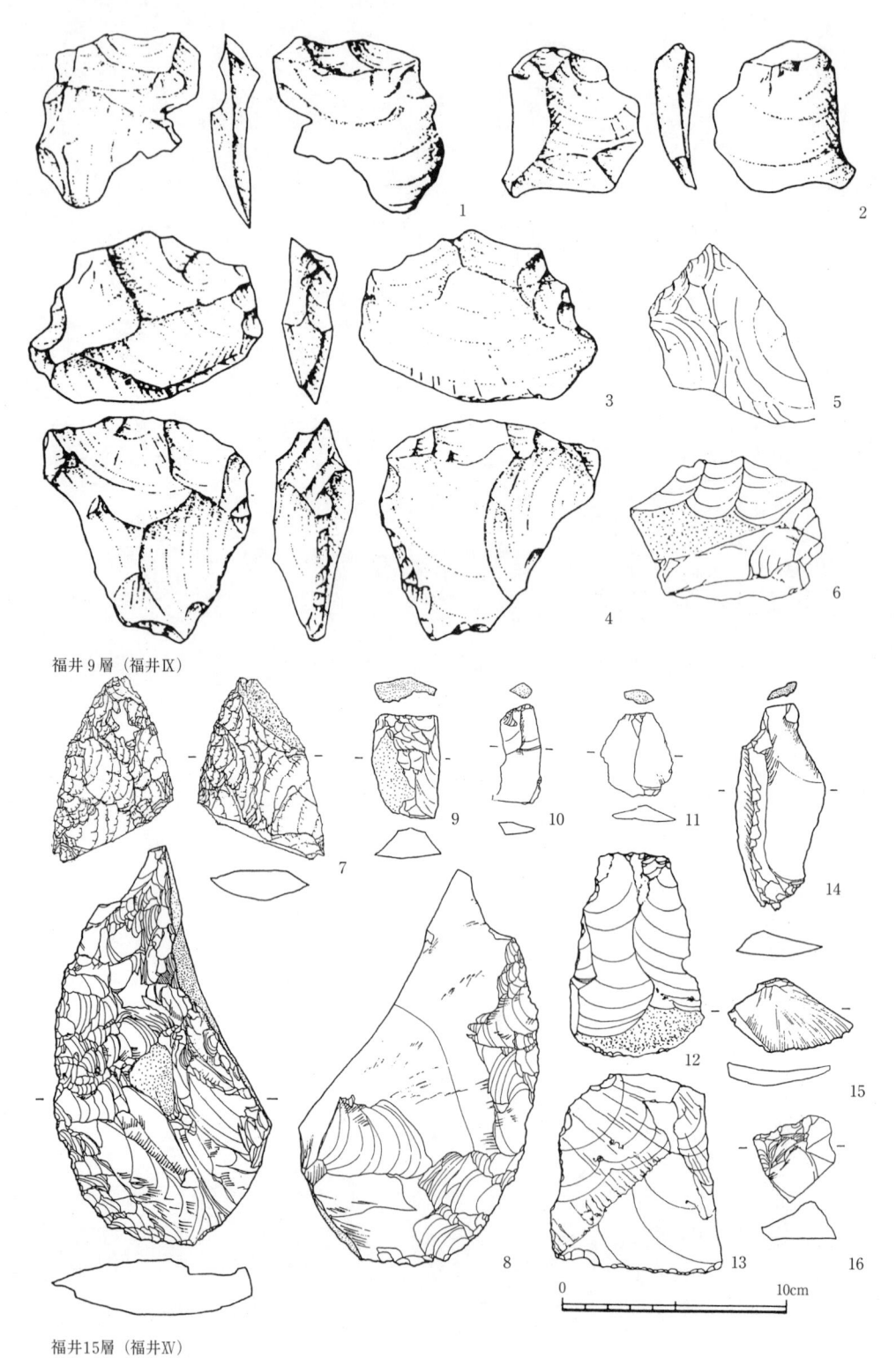

福井9層（福井Ⅸ）

福井15層（福井ⅩⅤ）

図173　福井洞穴の石器群（鎌木・芹沢 1965、鎌木 1967、芹沢 1967）

遺物は第1層から第3層までが縄文時代早期、草創期の文化層で、第4層以下が旧石器時代で、第4層（福井4）、第7層（福井7）、第9層（福井9）、第15層（福井15）の4枚の文化層が発見された。石器群の内容として、福井4は細石刃文化、福井7、9、15はナイフ形石器文化の所産と考えられる。

④出土遺物の層位別出土点数は公表されていない。第1層は縄文時代早期押型文土器文化である。第2層は爪形文土器と舟底形細石刃核石器群で、石材は黒曜石が主体であった。第3層は隆起線文土器と舟底形細石刃核石器群で、石材は黒曜石が主体であった。第4層は半円錐形細石刃核石器群で、石材は黒曜石が主体であった。第7層は小形石刃、石刃石核で、石材は黒曜石が主体であった。第9層は剥片、スクレイパー、石核で、石材は玄武岩である。この層の剥片剥離技法には、「瀬戸内技法」が認められるという。第15層は16点で、両面加工石器1、スクレイパー1、縦長剥片が出土し、石材は玄武岩が主体であるが、黒曜石も少量存在していた。

⑤出土状況は不明であるが、細石刃石器群の出土する第1層〜第4層あたりは、非常に密集した平面的分布を示している。第7層、第9層、第15層は資料点数が少ない。

⑥旧石器時代最終末の石器群と考えられていた細石刃、細石刃核が、縄文時代草創期の土器に伴って出土した事実は学会に衝撃を与えた。今では鹿児島県上場遺跡（池水1967）、長崎県泉福寺洞穴（麻生・白石1976）などで類例が見つかり、九州地方では一般的傾向になりつつある。

福井洞穴最下層第15層の石器群は、第3次調査（1964）で出土し、筆者もこの発掘には参加していた。この最下層文化の追及は、洞穴内ではまだ一部であり、当時、同じレベルに相当すると考えられた洞穴外側の試掘も行っている。そして、この洞穴前面の低い場所から、多数の安山岩製の大形打製石器類が出土し、第15層文化との比較も話題になった。しかし、洞穴の層序は難しく、内外のセクションを断ち切って連続した層位的関係が必要であった。

本洞穴の4つの文化層のC-14年代測定値があり、次に示す。

　　福井洞穴Ⅱ層（福井2）：12,400±350 y.B.P.（Gak-949）
　　福井洞穴Ⅲ層（福井3）：12,700±500 y.B.P.（Gak-950）
　　福井洞穴Ⅶ層（福井7）：13,600±600 y.B.P.（Gak-951）
　　福井洞穴ⅩⅤ層（福井15）：＞3,1900 y.B.P.（Gak-952）

（8）　**百花台遺跡**（麻生・白石1976）

①長崎県南高来郡国見町多比良百花台に所在する。島原半島は標高1,360mの雲仙・普賢岳の広大な山麓で形成されている。遺跡は山麓の北方標高210mのところにあり、有明海に注ぐ土黒西川、土黒川あるいは栗谷川によって開析された海抜30mの扇状地状平坦面東側緩斜面に位置している。

②　昭和38年（1963）8月7日〜19日に第1次（和島・麻生1963）、40年3月22日から28日に第2次調査（麻生・白石1976）が、資料科学研究所、国見町教育委員会などによって行われた。

③層序は表土下約1.8mの間に8枚の自然堆積層が識別された。

第1層：表土耕作土

第2層：軟質の黄褐色火山灰土層、厚さ10〜40cm（縄文時代遺物包含層）

第3層：比較的軟質の黒色火山灰層、厚さ30cm前後（百花台第Ⅱ文化層）

第4層：白色パミス含みの硬い砂質混礫灰黒色土層、厚さ15cm前後（百花台第Ⅲ文化層）

第5層：砂質灰黒色土層、厚さ10〜20cm（百花台第Ⅳ文化層）

第6層：非常に硬い黒褐色粘土層、厚さ30cm前後

第7層：軟質のサラサラした黒色土層

第8層：「龍石層」と呼ばれる基盤層

　遺物は第2層から縄文時代早期の押型文土器、前期の塞ノ神式土器、第3層から細石刃文化の石器群（百花台第Ⅱ文化層）、第4層からは台形石器を主体とした石器群（百花台第Ⅲ文化層）、第5層からはナイフ形石器文化の石器群（百花台第Ⅳ文化層）が出土し、旧石器時代の石器群は合計3枚の文化層として確認された。

　発掘区について、第1次は2×20mのトレンチを、河川に平行して南北に設定した。第2次では、このトレンチに接して2×10mのトレンチ2本を追加設定した。

　④出土遺物として、第2層（百花台第Ⅱ文化層）からは、細石刃145、細石刃石核17、ナイフ形石器4、削器2、彫器2、使用痕ある剥片2、剥片8点がある。石材は黒曜石を主体にして、安山岩が伴っている。

　第4層（百花台第Ⅲ文化層）からは、台形石器93、小形石刃109、石核3、コアスクレパー5、削器14、抉り入り削器2、尖頭状石器2、使用痕ある剥片6点である。石材は黒曜石を主体にして、安山岩が若干存在している。

　第5層（百花台第Ⅳ文化層）からは、ナイフ形石器1、石刃3、剥片2点である。石材はすべて黒曜石であった。

　⑤遺物分布は、トレンチという制約された空間であったが、百花台第Ⅱ文化層では南側に集中して分布しており、細かく2つの群として捉えることも可能である。百花台第Ⅲ文化層ではやはり南側に多いが、中央部に大きな集中部が形成され、さらに細かく見ると南北に3つの小集中が読み取れる。百花台第Ⅳ文化層は点数も少なく、集中状況は看取できなかったが、中央部に点在していた。

　⑥百花台遺跡の成果は、良好な層位的上下関係で、「細石刃文化→台形石器文化→ナイフ形石器文化」という石器群変遷が把握されたことである。従来、西北九州地方では、細石刃とナイフ形石器が同じ遺跡、包含層で共伴するか否かについて議論がなされてきた（富桝・戸沢1962 ab、1963、杉原・戸沢1971）。しかし、その後、長崎県中山遺跡（萩原1976）、日ノ岳遺跡（下川・久村1978）でナイフ形石器文化の単純遺跡、さらにナイフ形石器文化同士の層位的重複遺跡が確認され、こうした問題は、自然的条件による文化期の異なる石器群の混在という事実が確かになったのである。本遺跡でも、細石刃石器群（百花台第Ⅱ文化層）とナイフ形石器群（百花台第Ⅳ文化層）が新しく登場した台形石器群（百花台第Ⅲ文化層）を挟んで確認されたのである。

2．九州地方の旧石器編年　475

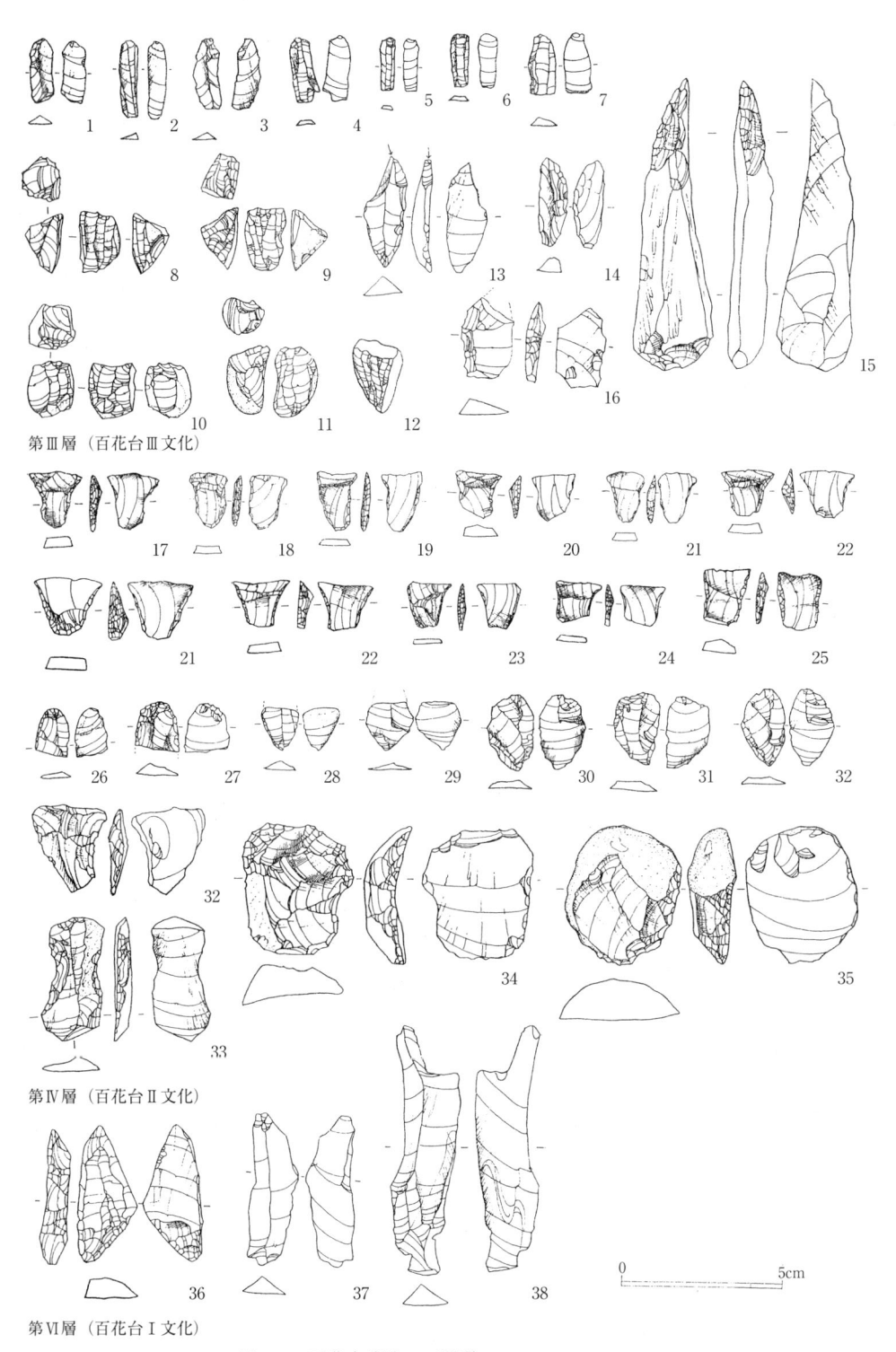

第Ⅲ層（百花台Ⅲ文化）

第Ⅳ層（百花台Ⅱ文化）

第Ⅵ層（百花台Ⅰ文化）

図174　百花台遺跡の石器群（麻生・白石 1976）

ここで1つ注意する石器がある。西北九州地方でも問題になっている、細石刃石器群に伴った所謂「ナイフ形石器」と呼称されるものである。本遺跡でも4点出土しているので、とくに検証して置く必要がある。同様の石器が、東京・武蔵野台地の遺跡でも第Ⅳ文化期（大形尖頭器文化）、第Ⅲ文化期（細石刃文化）に刃潰し加工された石器として若干出土している（小田1977、Oda and Keally 1979）。しかし、これは第Ⅱ文化期（ナイフ形石器文化）の主要な器種であるバックドブレイド（組み合わせ道具、尖頭器）、つまり「ナイフ形石器」と区別すべき石器と考えられる。したがって、この種石器をとくに「ナイフ状石器」と呼んで区別している。また、この石器がナイフ形石器文化からの継続器種か否かの判断は、今後類例を追加して慎重に検討しなければならない重要な課題である。

　百花台遺跡を語るとき、小形の「台形石器」に触れなければならない。百花台第Ⅲ文化層から出土した「百花台型」と命名された台形石器である。百花台第Ⅱ文化層の細石刃文化より下層で、ナイフ形石器を特徴にした百花台第Ⅳ文化層より上層に発見された。周知のとおり台形石器は、西北九州地方に特徴的に分布する石器器種である（小田1971）。したがって、本遺跡で確認された台形石器文化は、この地方の旧石器文化にとって、重要な視点を投げかけたことになる。

　台形石器は大きく「台形様石器」と「台形石器」に大別することができる（Oda 1969）が、その区分は明確ではない。この地方では、百花台型、日ノ岳型、枝去木型などと呼ばれる特徴的なものがあり、日ノ岳遺跡の層位的関係から「日ノ岳型→枝去木型」という変遷が知られている（下川1975、下川・久村1978）。また中山遺跡では百花台型台形石器と、小形ナイフ形石器、剥片尖頭石器が伴出する事実が知られており（萩原1976）、今後のこの文化期の石器組成が大きな問題になる。本遺跡では単純に、百花台型台形石器を主体にした旧石器文化が確認されている。石器組成は台形石器、削器、掻器、剥片尖頭器と、これらの石器製作に関係した剥片・石核類がある。百花台型台形石器の製作に関する資料が存在している。その観察から、小形石刃の打瘤（バルブ）部付近から折り取って、台形石器を1素材で1点の製品を製作している（小田1971）。その意味では、他の型式の台形様石器、とくに日ノ岳型とは形態、製作手法は類似している。また、百花台第Ⅳ文化層の石刃は大形で、日ノ岳遺跡、中山遺跡と酷似し同じ文化期と考えられる。したがって、本文化層においてもトレンチを拡張すれば、日ノ岳型のような台形様石器が発見されることは確かである。とすると「日ノ岳型→百花台型」という変遷が成り立つが、百花台型と枝去木型の関係はもう少し調査事例が増加した段階で論じたい。

（9）　岩戸遺跡（芹沢編1978、清水・高橋・柳田1980、坂田編1980）

　①大分県清川村大字臼尾字岩戸に所在する。大野川本流と支流の奥岳川が合流する地点で、東に張り出す舌状部分の中位段丘面標高約120mに立地する。

　②昭和42年（1967）9月に第1次、54年（1979）1月に第2次、同年10月に第3次調査が、東北大学考古学研究室、清川村教育委員会などによって行われた。

　③層序は各地点によって異なるが、表土下約4mに礫層があり、その間に18枚の自然堆積層

が識別された。

第1層：黒色土層（クロボク土）

第2層：黒色土層（クロボク土）

第3層：「鬼界アカホヤ火山灰（K-Ah）、約6,300年前」層

第4層：黒色土層（クロボク土）、縄文時代早期遺物包含層

第5層：以下風化テフラ（ローム）層（岩戸A文化）、〈岩戸Ⅵ期〉、細石刃文化

第6層：（岩戸B、C文化）、（岩戸6上、）、〈岩戸Ⅴ期〉、ナイフ形石器文化、(6下文化)、〈岩戸Ⅳ期〉、ナイフ形石器文化

第7層：上部に（岩戸I文化）、（岩戸D文化）、下部に「姶良Tn火山灰（AT）、約21,000～22,000年前」層、〈岩戸Ⅲ期〉、ナイフ形石器文化

第8層：黒色帯漸移層（岩戸E文化）、〈岩戸Ⅱ期〉

第9層：

第10層：黒色帯（岩戸F文化）、〈岩戸Ⅱ期〉、ナイフ形石器文化

第11層：（岩戸Ⅱ文化）、（岩戸G文化）、〈岩戸I期〉、ナイフ形石器文化

第12層：（岩戸H文化）、〈岩戸I期〉、ナイフ形石器文化

第13層：（岩戸I文化）、〈岩戸I期〉、ナイフ形石器文化

第14層：（岩戸J文化）

第15層：

第16層：（岩戸Ⅲ文化）、〈岩戸I期〉、ナイフ形石器文化

第17層：（岩戸K文化）、〈岩戸I期〉、ナイフ形石器文化

第18層：段丘礫層、大半はホルンフェルスの転石

遺物包含部は第1次調査（芹沢編1978）では第Ⅱ層、第Ⅴ層、第Ⅸ層（以上第一地点）、第Ⅲ層（第H地点）に発見された。第2次調査（坂田編1980）では第5層、第6層上部と下部、第7層、第8層、第10層、第11層、第12層、第13層、第14層、第17層と連綿と存在した。第3次調査（清川村教育委員会1980）では第1トレンチで第4層、第5層、第6層、第7層、第8層、その直下層に、第2トレンチでは第5層、第6a層、第6b層に、第4トレンチでは第6c層、第6d層、その直上の2枚の層、第7層、第8層、第9層、第10層、第11層にそれぞれ文化層が確認された。以上3回にわたる調査で、ほぼ11枚の文化層が認められ、そのほとんどが「ナイフ形石器文化」の所産であった。

④出土遺物は第1次調査（芹沢編1978）では、第Ⅰ文化層は総計1,384点で、内訳はナイフ形石器35、尖頭器13、スクレイパー38、錐1、彫刻刀形石器1、チョッパー2、敲石8、こけし形石偶1、同末製品2、剥片844、破片377、石核62点である。第Ⅱ文化層は剥片が2点である。第Ⅲ文化層は総計18点で、内訳はナイフ形石器1、剥片1、石核4、破片5点であった。

第2次調査（坂田編1980）は、ナイフ形石器47（岩戸B30、C3、D13、I1点）、彫刻刀形石器17（岩戸B～D）、剥片尖頭器1（岩戸D）、チョッパー、チョピング・トゥール10（岩戸B・D・F）、

478　第5章　編年の確立

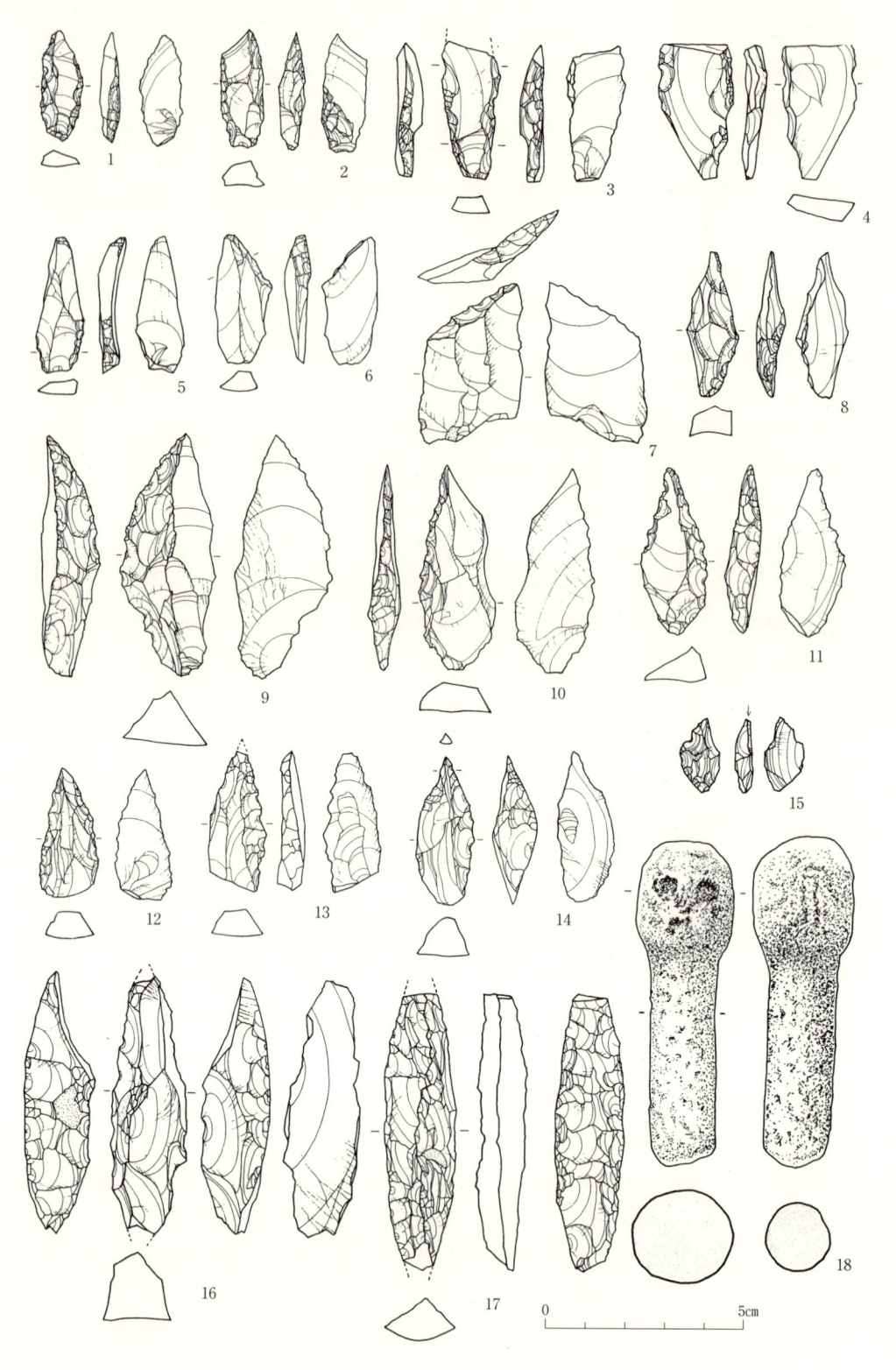

図 175　岩戸遺跡の石器群 (芹沢編 1978)

スクレイパー 125 点、使用痕ある剥片、剥片、敲石であった。

第3次調査（清水・高橋・柳田 1980）は総計 669 点で、内訳はナイフ形石器 11、スクレイパー 4、台石 1、剥片 186、破片 42、石核 16、礫片 60 点（第6層上部出土）、ナイフ形石器 4、尖頭器 1、スクレイパー 2、台石 1、剥片 40、破片 26、石核 10、礫片 15 点（第6層下部出土）であった。

石材は 11 種類に及び、ホルンフェルス、頁岩、安山岩、砂岩、玄武岩、角閃岩、チャート、凝灰岩、石英斑岩、黒曜石、結晶片岩である。初期の岩戸Ⅰ期（岩戸 G～K 文化）では、チャートを中心にしていたが、岩戸Ⅲ期（岩戸 D 文化）になると、ホルンフェルスが半数以上使用されている。そして、岩戸Ⅴ期（岩戸 B 文化）では、ホルンフェルスが 80％ に達している（坂田編 1980）。

⑤本遺跡でもっとも出土量も多く、中心をなす時期は第Ⅰ文化層である。第1次調査（芹沢編 1978）の結果では石器類がいくつかの集中部として出土し、礫群も存在している。そのなかに不整円形状に礫を集合させた礫群もあるという。

さらに第2次調査（坂田編 1980）では、礫群の下に皿状の土坑が掘られ、人骨の一部が発見されたという。この墓と推定されている遺構については、「風倒木痕」ではないかとの疑問が関係者から出されており、今後の検証を待ちたい。

⑥この地域は阿蘇火山の東側にあたり火山灰の発達が著しく、鬼界アカホヤ火山灰（K-Ah、約 6,300 年前）、姶良 Tn 火山灰（AT、約 21,000～22,000 年前）などが明瞭に認められ文化編年の良い目安となっている（町田 1980、町田・新井 1976、1978、小田 1979）。またこの AT の前後に黒色帯が存在し、関東地方の立川ローム期の黒色帯に対比できるという。したがって、西北九州地方では果たせなかった石器群の層位的編年がこの東九州地域では可能であり、現在までに調査されたもっとも文化層重複の多い遺跡である。出土遺物の中にも重要なものがある。「石偶」「こけし形石製品」と呼ばれる遺物は、石器しか発見されなかった日本の旧石器文化の内容を豊かにし、第1次調査例は彩色も施されていたという。

(10) **今峠遺跡**（橘 1978）

①大分県大野郡大野町大字田代字今峠に所在する。県下最大の大野川の中流に開ける標高 200～300m の「大野原台地」の中央部に位置する。遺跡地は両側に谷が迫る標高 238m の平坦地である。

②本遺跡は昭和 10 年（1935）に、高校生の綿貫俊一・安藤栄治によって発見された。その後数回の踏査を行い、昭和 52 年（1977）11 月別府大学考古学研究室は、出土層位確認と地層堆積状況観察を目的に試掘調査を行った。

③層序は表土下約 2m の間に 9 枚（Ⅰ～Ⅸ層）の自然堆積層が識別された。

　第Ⅰ層：黒褐色の耕作土層
　第Ⅱ層：橙色パミスを含む黒褐色土層、厚さ 15～20cm
　第Ⅲ層：黒色土層、厚さ 10cm 前後

第Ⅳ層：上部は黒色が強く、下部は弱い黒褐色土層
第Ⅴ層：第4層との境界が波状を呈する黄褐色土層（ナイフ形石器文化層）
第Ⅵ層：黄褐色土層、厚さ20～30cm
第Ⅶ層：きわめて固い暗褐色土層
第Ⅷ層：軟質の黄褐色土層
第Ⅸ層：黄白色の粒子の粗いパミス、「マメンコ」と呼称

石器は、そのなかの第Ⅴ層中部から下部と第Ⅵ層上面にかけて、1枚の「ナイフ形石器文化」が確認された。

④出土遺物は総計27点、内訳として掻器、削器、剥片がある。また表採としてナイフ形石器、台形様石器、尖頭状石器、掻器、削器、彫器、石核など40点がある。石材は無斑晶流紋岩が主で、他の石材（チャート、硅質岩）は少なかった。また黒曜石が使用されていないことは特筆に値する。

これらの石器群は、すべて一文化期の所産と考えられている。

⑤調査は幅約50×60mの範囲に、1㎡のピットを12ヵ所という試掘ピットであり、平面的出土状況は把握されていない。

⑥本遺跡の石器群は、ナイフ形石器は小形で幾何学形と剥片の一部を調整したもの、さらに剥片の形状を生かした尖頭状のものがある。台形様石器も存在している。こうした様相を周辺の遺跡と比較すると、谷を挟んで西側にある黒曜石を中心にした大塚遺跡、東南約1.7kmの細石刃を中心にした宮地遺跡とは時期的に異なる石器群である。したがって、大塚遺跡→今峠遺跡→宮地前遺跡と編年出来よう。また、岩戸遺跡第Ⅰ文化層（芹沢編1978）および百枝小学校遺跡第Ⅲ層は同時期の石器群と考えられる。

大野川流域は火山灰の堆積が厚く、旧石器時代遺跡の編年を行うには良好な地域である。前述した岩戸遺跡を初め、製紙工場前遺跡、小牧遺跡、百枝遺跡、片島道下遺跡などが中流域に集中的に発見されている。今後の進展状況によっては、九州地方の標式地域になる可能性を有しているのである。

(11) 船野遺跡 （橘1973、1975）

①宮崎県宮野郡佐土原町西上那珂船野に所在する。日向灘に注ぐ一ツ瀬川の段丘の1つ、標高80～90mの開析台地上に位置する。この台地を削って流れる石崎川に面する標高84～87m、川との比高約40mの所に遺跡が存在する。

②昭和45年（1970）10月に第1次調査、46年（1971）7月に第2次、47年3月に第3次の調査が、別府大学考古学研究室によって行われた。

③層序は表土下約4mの間に、11枚の自然堆積層が識別された。

第Ⅰ層：黒色土層、厚さ20～30cm
第Ⅱ層：第一オレンジ層、厚さ20～40cm、「鬼界アカホヤ火山灰（K-Ah）、約6,300年

2．九州地方の旧石器編年　481

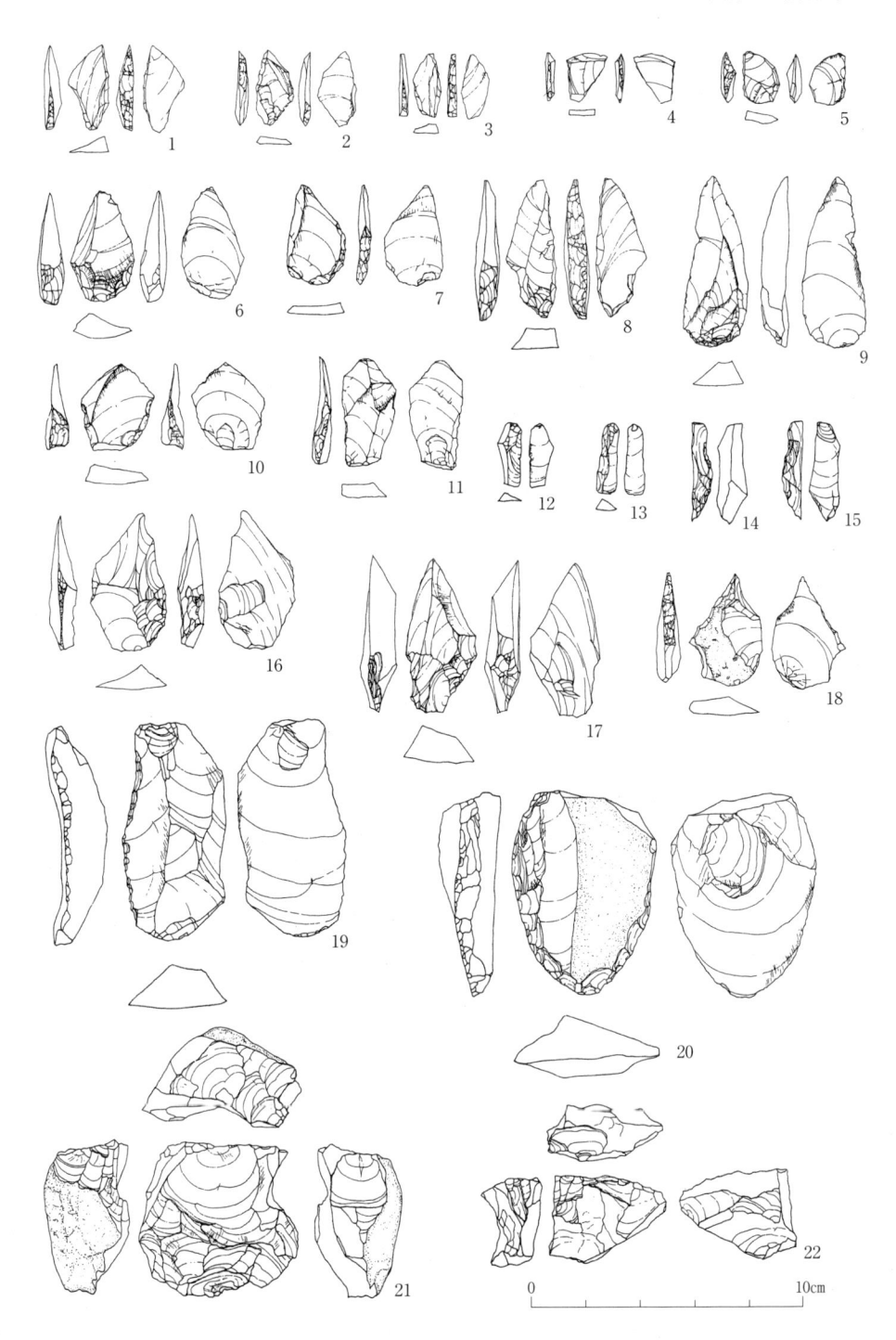

図 176　今峠遺跡の石器群（橘 1978）

前」層

第Ⅲ層：軟質の暗褐色ローム層、厚さ30～40cm

第Ⅳ層：硬質の明褐色ローム層、厚さ20～40cm、上部に「小林軽石層」が含有（細石刃文化、ナイフ形石器文化層）

第Ⅴ層：第二オレンジ層、厚さ5～40cm、「姶良Tn火山灰（AT）、約21,000～22,000年前」層

石器は第Ⅲ層から第Ⅳ層上部に、「細石刃文化」と「ナイフ形石器文化」が発見されている。

④出土遺物は第1地点で総計1512点、内訳は細石刃87、細石刃核28、ナイフ形石器37、台形様石器10、掻・削器46、彫器7、石錐2、尖頭器12、礫器12、敲石5、使用痕ある剥片234、石核33、剥片587、砕片402点であった。

第2地点では総計423点で、内訳として細石刃42、ナイフ形石器11、掻・削器9、彫器3、石錐1、尖頭器3、礫器4、敲石3、使用痕ある剥片82、石核7、剥片201、砕片46点である。石材は両地点ともに、無斑晶流紋岩と黒曜石が使用されていた。

⑤第1地点では5×7mの楕円形の範囲に遺物が平面分布していた。この集中部に礫群1、長方形竪穴遺構2ヵ所が存在した。第2地点では4×7mの長楕円形に遺物の平面集中傾向がみられた。

⑥本遺跡出土の細石刃核には、2つ形態が認められた。1つは舟底形を呈するが、長崎県福井洞穴第2・3層のような両面加工品（ブランク）を経ず、素材となる分割礫の分割面または剥片の主要剥離面を打面として、その面からの加撃による側面調整と細石刃剥離をするものである。これは「船野型細石核」と呼ばれている（橘1979）。もうひとつは小礫から直接剥離し、背面に自然面が残され半円錐形と呼ばれるものに近い。

本遺跡でもっとも重要なことは、ナイフ形石器と細石刃、細石刃石核が共伴したことである。この両者は包含土壌の堆積が不安定な西北九州地方ではしばしば混在して出土し、その事実をもってナイフ形石器文化の終末のある段階には九州地方では両者が併用された時期があったと説く考古学者もいる（戸沢・富枦1962a.b、杉原・戸沢1971）。

本遺跡の共存が確かであれば、そういう可能性が現実味をもってくるであろうが、周辺遺跡の発掘結果は、その逆の例、佐賀県平沢良遺跡（杉原・戸沢1965）、長崎県日ノ岳遺跡（下川1975）、同・中山遺跡（萩原1976）、同・百花台遺跡（麻生・白石1976）などが増加しており、「ナイフ形石器文化」と「細石刃文化」は本来共伴しない別の段階の石器群と考える必要があろう。

(12)　石飛分校遺跡（池水1978）

①熊本県水俣市石坂川石飛に所在する。鹿児島県境にあり、国見山系の鬼嶽に属する高地で標高500mを数える。鹿児島県上場遺跡とは、山系を隔てた約4.5kmの距離にある。

②昭和42（1967）年10月池水寛治は、この高原地帯の分布調査を行い、数ヵ所から旧石器時代の石器を発見した。とくに石坂川小学校石飛分校グラウンドを含む付近から、多量の黒曜石剥

2．九州地方の旧石器編年　483

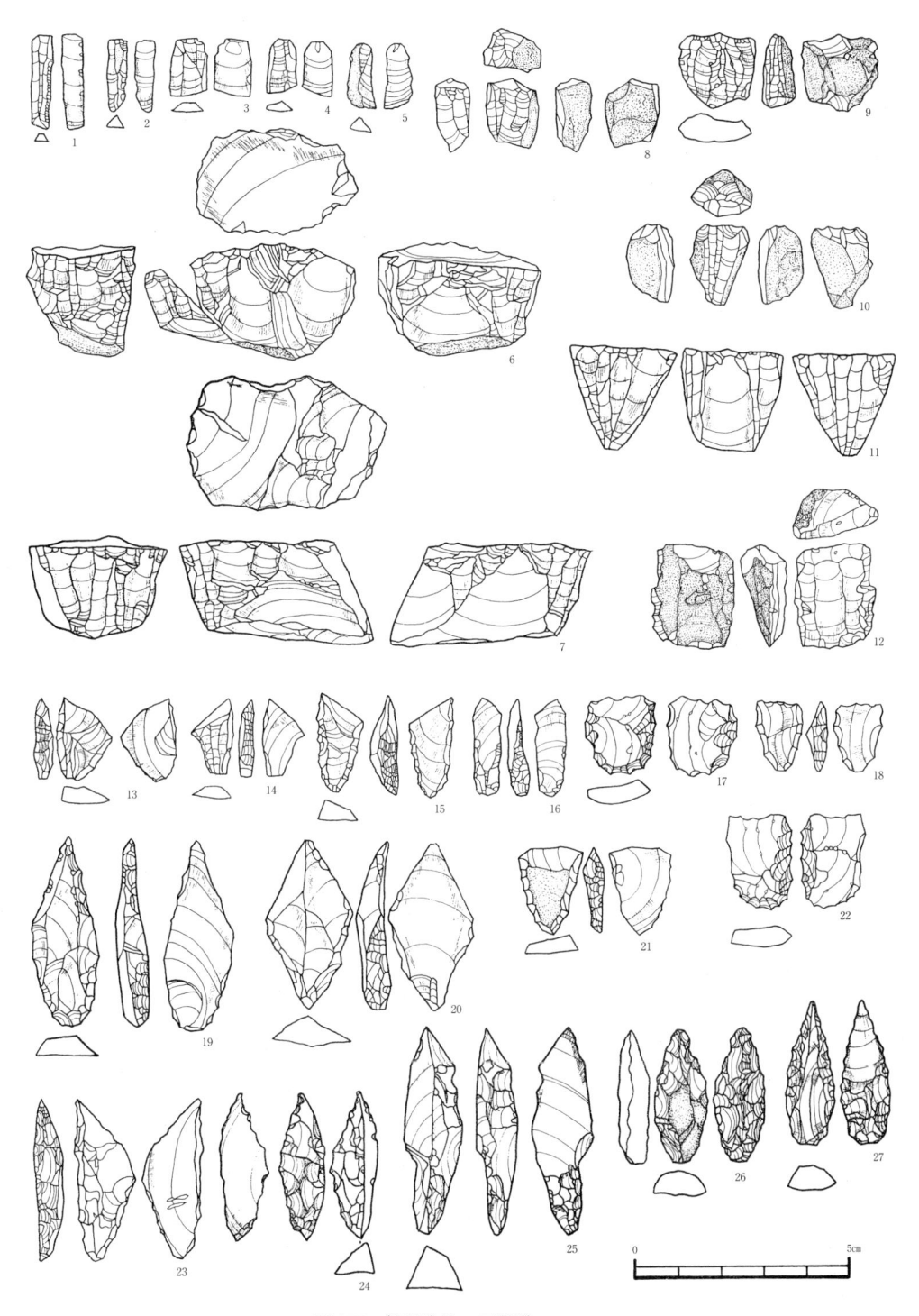

図 177　船野遺跡の石器群（橘 1975）

片とともにナイフ形石器、細石刃、細石刃核、尖頭器が採集された。昭和43（1968）年3月に第1次調査が、出水高等学校考古学部によって行われた。

　③層序は表土下約1.6mの間に5枚の自然堆積層が識別された。

　　第1層：黒褐色土層、厚さ15cm
　　第2層：黄褐色ローム層、厚さ20〜30cm、上部にパミスが含有（第1文化層）
　　第3層：黒褐色土層（第2文化層）
　　第4層：茶褐色粘質ローム層、厚さ25〜35cm（第3文化層）
　　第5層：パミス混じりのオレンジ色ローム層、「姶良Tn火山灰（AT）、約21,000〜22,000年前」層
　　第6層：灰褐色粘土層、約1mの層厚（第4文化層）
　　第7層：粘土混じりの岩礫層

　遺物は第2層、第3層から「細石刃文化」の石器群、第4層、第6層から「ナイフ形石器文化」の石器群が合計4枚確認された。

　④出土遺物は2,000点近く出土し、第1層からは縄文時代の土器、石器が出土。第2層下部からは細石刃、細石刃核、尖頭器（第1文化層）、第3層からは細石刃、細石刃石核（第2文化層）、第4層からはナイフ形石器、台形石器12点、剥片尖頭器、三稜尖頭器、ドリル、スクレイパー（第3文化層）、第6層からはナイフ形石器、石核、剥片（第4文化層）が発見された。

　⑤遺物の分布状況は不明。ただ第3層から掘り込んだ、小ピットが5ヵ所発見されている。

　⑥ナイフ形石器文化が2枚、細石刃文化が2枚の計4枚の文化層が確認された。ここの層序は近くの鹿児島県上場遺跡（池水1977）と似ており、両遺跡各文化層の対比が可能である。

　本遺跡では第5層の姶良Tn火山灰（AT）を挟んで、2枚のナイフ形石器文化が確認された。上層は小形の台形石器、ナイフ形石器、剥片尖頭器（清水1973）、三稜尖頭器に特徴を持っている。下層は、切出状、柳葉形、縦長剥片を折断したもの、横長剥片を利用したものなど多様なナイフ形石器に特徴がある。本遺跡の資料は、九州型、茂呂型と呼ばれるナイフ形石器文化の関係を、層位的関係で説明できる重要な遺跡の1つである。

(13) 上場遺跡（池水1967、1977）

　①鹿児島県出水市上大川内字池之段に所在する。熊本県境に連なる矢筈山系東部に、標高約450mの上場高原がある。この高原の中には緩やかな2つの比較的高い丘陵が存在し、この丘陵に挟まれた低地には小川が流れ、遺跡はこの北側丘陵の南端に突き出した丘陵頂部に位置し、標高457mを数える。遺跡の北側約2km余の日東部落開拓地附近には、この地方を代表する黒曜石の大露頭が存在する。

　②昭和37年（1962）池水寛治は、県遺跡台帳作製のため、この高原を訪れて縄文時代早・中期の遺跡を確認した。池水は昭和40年（1965）に郷土誌編纂事業の一環としてこの一帯を再踏査し、10月には上場小学校西側の道路沿いのローム層断面から黒曜石剥片と「細石刃」を発見

2．九州地方の旧石器編年　485

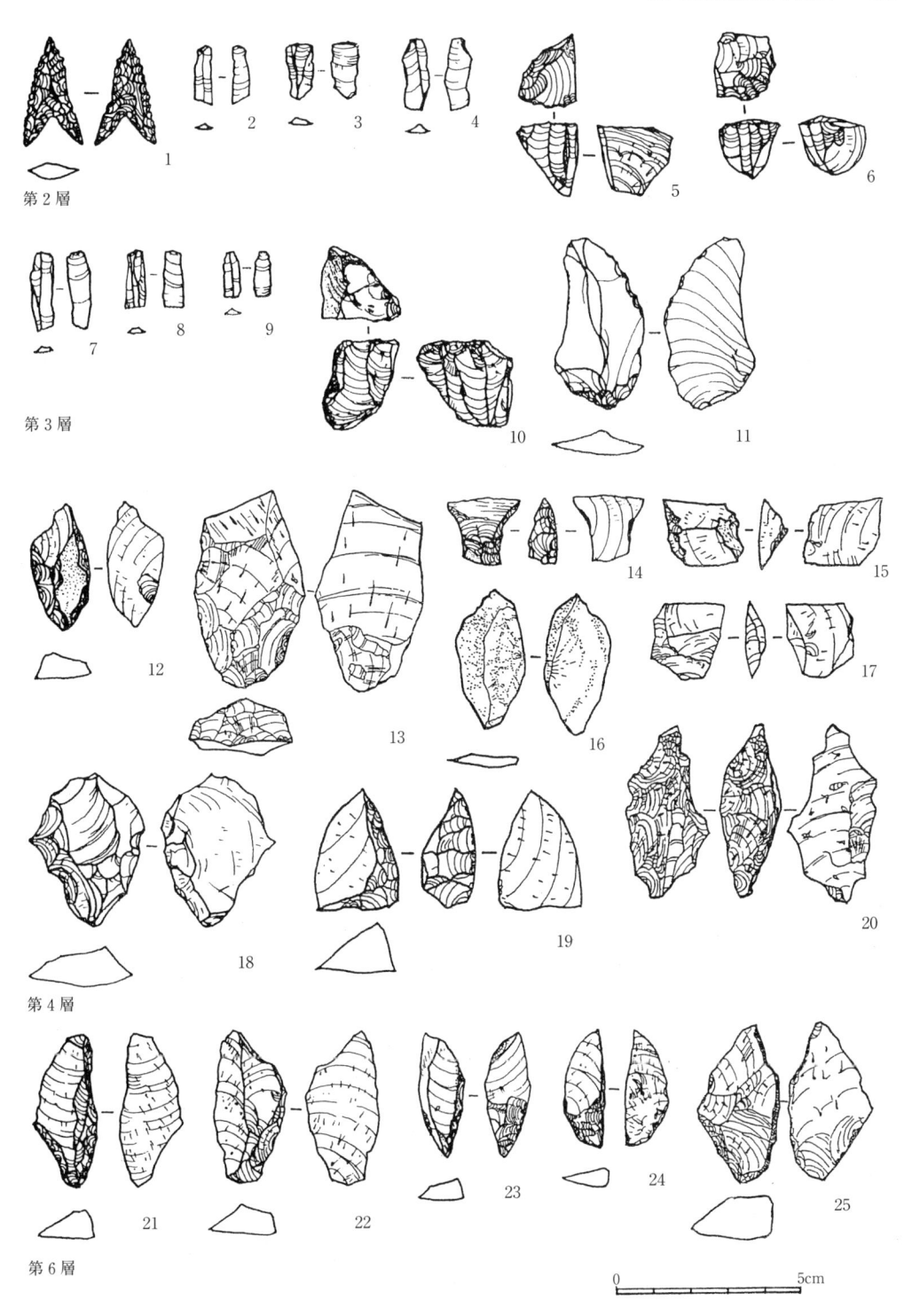

第2層

第3層

第4層

第6層

0　　　　5cm

図178　石飛遺跡の石器群（池水 1968）

し、さらにグラウンド南側の小丘陵上に旧石器時代遺物の散布地点を確認したのである。

そして、昭和41年（1966）3月に第1次調査が、42年8月に第2次、43年8月に第3次、46年8月に第4次、49年8月に第5次調査が、出水郷土誌編集委員会、出水高等学校考古学部などによって実施された。

③層序は表土下約1.2mの間に6枚の自然堆積層が識別された。

　第1層：表土黒色土層、厚さ16～30cm

　第2層：軟質黄褐色砂質ローム層、厚さ10～45cm（細石刃文化層）

　第3層：黒褐色土層、厚さ10～25cm（細石刃文化層）

　第4層：黄褐色粘質ローム層、厚さ10～30cm（ナイフ形石器文化層）

　第5層：パミス含みの黄褐色ローム層、厚さ30cm前後、「姶良Tn火山灰（AT）、約21,000～22,000年前」層

　第6層：上部は安山岩風化土壌の茶褐色粘土層（ナイフ形石器文化層）で、下部は安山岩の腐れ礫岩盤（先ナイフ形石器文化層）

遺物は第1層から弥生時代、縄文時代の土器、石器が包含されていた。第2層の上部からは、縄文時代早期の塞ノ神式土器と細石刃が混在して発見される。しかし、下部では縄文草創期の爪形文土器と、旧石器時代の細石刃石器群が共伴状況で発見された。第3層下部からも、同じ細石刃石器群が出土するが、土器は認められなかった。第4層にはナイフ形石器文化があり、第5層は無遺物層である。第6層上部にもナイフ形石器文化の石器群が確認された。また、第6層下部の「腐れ礫」中から、石核石器群が確認され注目された。層位的重複関係で、合計5枚の旧石器時代文化層が確認されたことは重要であった。

④出土遺物の総計は不明であるが、層位と文化層は以下の通りである。第2層下部からは爪形文土器、細石刃、細石刃核、第3層下部からは細石刃、細石刃石核、第4層からはナイフ形石器、台形様石器、掻器、削器、彫器、第6層上部からはナイフ形石器、台形石器、掻器、削器、チョッピングツール、第6層下部からはチョッパー、チョッピングツール、楕円形石器、縦長剥片などである。

石材は第1層～第6層上部までは黒曜石を主体に使用している。しかし、第6層下部では、黒曜石は少なく、頁岩、チャート、硬質砂岩が選択されている。

⑤全体的に遺物の集中傾向は見られるようである。第4層中から2軒の竪穴住居址状遺構が発見された。1号住居址状遺構は、直径3.5～3.7m、深さ約70cmのほぼ円形を呈しており、内部には段状のテラスが2段形成されている。外縁とテラスにはピットが存在している。

2号住居址状遺構は、直軸7.3×3.7mの長楕円形で、斜面に幅2m、長さ2.3mの張り出し部があり、この中から木炭、焼土が検出された。床面には安山岩礫が密に分布し、1つのピットが確認された。

礫群、地床炉も同じ第4層に存在している。

⑥上場遺跡は隣接した熊本県石飛遺跡（池水1978）と、層序、文化層の堆積状況が酷似してお

2．九州地方の旧石器編年　487

上場6層（上場Ⅳ）

図179　上場遺跡の石器群（池水 1967）

488　第5章　編年の確立

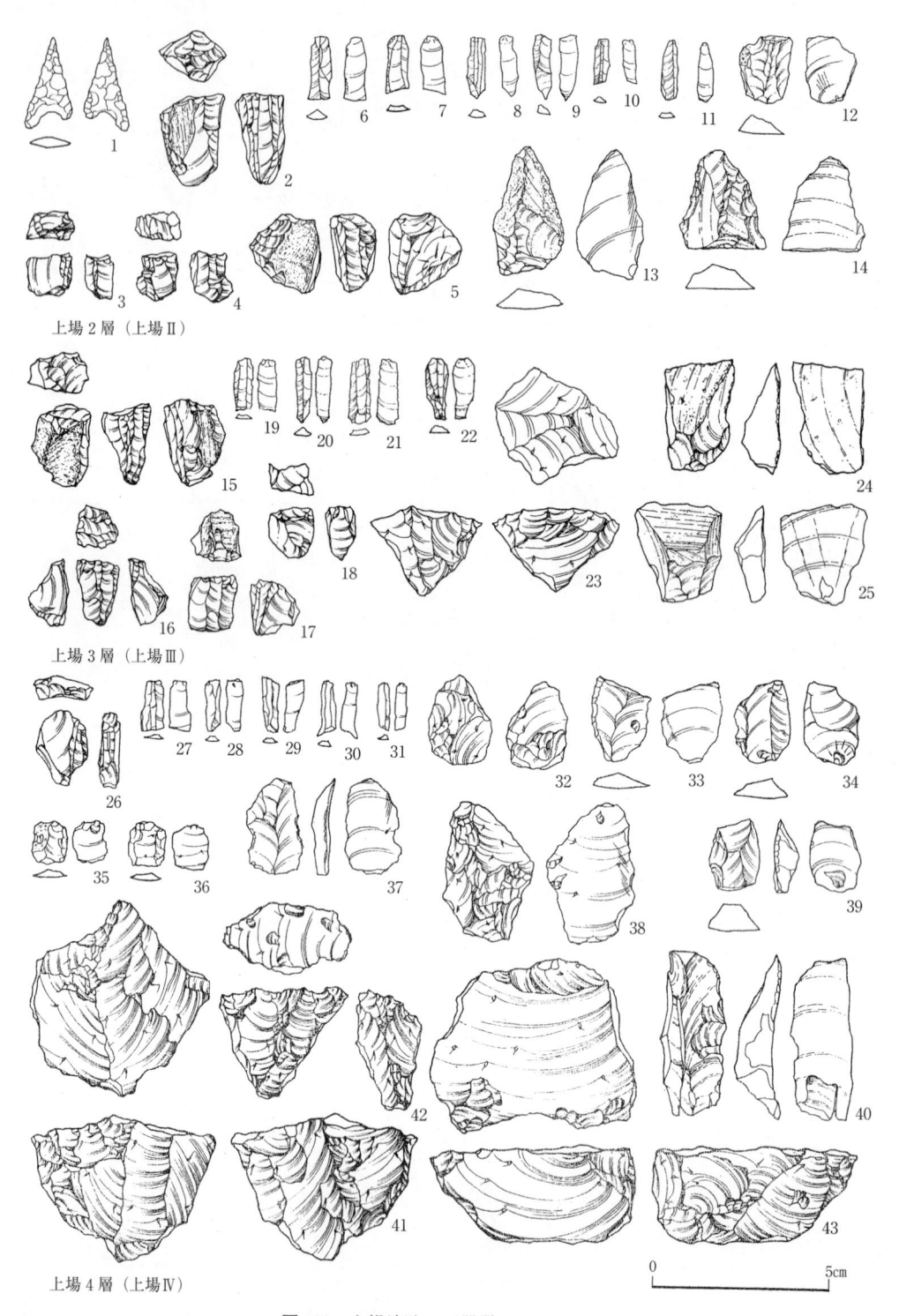

上場2層（上場Ⅱ）

上場3層（上場Ⅲ）

上場4層（上場Ⅳ）

0　　　　　5cm

図180　上場遺跡の石器群（池水 1967）

り、この地方の標準的な旧石器時代編年の確立にとって、両遺跡の石器群の比較作業は重要であると思われる。

また、第5層のオレンジ色パミス層は、最近確認された広域火山灰の「始良 Tn 火山灰 (AT)」と判明（町田・新井 1976）し、年代も第6層の木炭から 22,800±800 y.B.P. と測定されている。この結果同じナイフ形石器の文化層である第4層は AT 以後、第6層は AT 以前の所産となった。とくに立派な台形様石器が AT 以前にまでさかのぼった事実は、この種石器の出自を論ずる場合大切である。さらに、第3層上部に土器（爪形文）と細石刃石器群が共伴した文化層があり、このセットは長崎県福井洞穴第2層（鎌木・芹沢 1965）以来のことであった。

2　層位的出土例の増加と火山灰編年

遺跡の編年作業の基本は遺構、遺物などが層位的先後関係で把握されることである。ここで分析した13遺跡中、文化層重複が見られたのは9遺跡であった。内訳は門田遺跡2枚、中山遺跡2枚、日ノ岳遺跡2枚、福井洞穴4枚、百花台遺跡3枚、岩戸遺跡11枚、石飛遺跡3枚、上場遺跡4枚であった。これは、多くの遺跡が複数の文化層をもつことが理解されるとともに、西北九州を離れた火山灰堆積物の発達した地域にも多数の文化層重複遺跡が存在する事実があり、とくに岩戸遺跡を中心にした東九州、大野川流域（吉留 1978）は、阿蘇火山や九重火山の噴出物が厚く堆積しているので、旧石器時代の遺物が火山灰累層の中で発見され、相互に比較対比できる可能性を有しているのである。

(1)　AT 火山灰の確認

火山灰堆積層の中には、鍵層として黒色帯、スコリア層、パミス層などがある。こうした鍵層は遺跡内における文化層序の目安になるだけでなく、周辺遺跡との対比に有効な武器として利用されている。最近の大発見として「始良 Tn 火山灰（略して AT）」とよばれる火山ガラスが多く含まれる層が話題になっている（町田・新井 1976、小田 1979）。

この AT は約 21,000～22,000 年前頃、鹿児島湾奥の始良カルデラから噴出した広域火山灰である。北海道を除く本州、四国、九州の全域にその分布が及んでいる。岩戸遺跡第7層（町田 1980）、今峠遺跡第Ⅵ層（橘 1978）、石飛・上場両遺跡第5層（池水 1968、1977）が AT の層に相当する。そしてこの AT を挟んで上下の層準に、それぞれ旧石器文化層が発見されている。ここに大きく、AT より「上層文化」、「下層文化」という広域火山灰層序による九州編年の基本区分が成り立つことになる。また AT は汎日本的分布を持つことから全国的な編年対比（小田 1979）に発展させることが可能なのである。

(2)　石器群の様相

AT を境にした上層と下層に包含されている石器群をここで比較してみることにする。

A. AT下層文化

　この文化段階に相当する遺跡は、まず岩戸遺跡第8〜17層、石飛遺跡第6層、上場遺跡第6層、第6下層文化があげられる。岩戸遺跡ではやや幅広の縦長剥片が存在し、石飛、上場両遺跡では茂呂型ナイフ形石器に類似した柳葉形のナイフ形石器と大形の台形様石器が出土している。またATの確認はないが、この時期と考えられる百花台遺跡第Ⅵ層の百花台Ⅳ文化（麻生・白石1976）がある。黒曜石製の大形縦長剥片と切出状の立派なナイフ形石器が存在し、「九州型ナイフ形石器」と呼ばれる小形のナイフ形石器とは様相を違えているのである。上場第6下層文化（池水1967、1977）からは、チョッピング・トゥール、楕円形石器、縦長剥片、折断剥片などがあり、石材も黒曜石から砂岩、頁岩に変化している。

　次に、福井洞穴に下層文化期に相当する石器群が2枚発見されている。第9層（福井9）は玄武岩製の大形剥片とスクレイパーが存在し、瀬戸内技法（鎌木・間壁1965）との比較も行われている。第15層（福井15）は、洞穴基盤近くに検出された最古の石器群であり、玄武岩製の「両面加工石器」、縦長剥片を特徴とし、年代も＞3,1900 y.B.P.（Gak-952）と測定され、ナイフ形石器をもたない列島内でも古期の石器群と考えられる。

　とくに九州地方最古の石器群と考えられる上場6下、福井15文化は重要である。同様の石器群が、近年、東京・武蔵野台地でも3万年クラスの遺跡が確認（小田1977 a.b、1980 a）されており、立川ローム「第Ⅹ層文化」と呼ばれている。年代的にも対比可能であり、今後両地域での石器群比較検討によって、日本列島に渡来した初期旧石器時代人の系統が判明する日も近いと思われる。

B. AT上層文化

　この文化段階の遺跡は、多数発見されている。西北九州地方の諸岡遺跡第3層、門田第3層、第5層、原遺跡A・B両地点、平沢良遺跡第Ⅴ層、中山遺跡第2層、第3層、日ノ岳遺跡第Ⅱ層、第Ⅲ層、福井洞穴第4層、第7層文化の各石器群、そして岩戸遺跡第5〜7層、今峠遺跡第Ⅴ層、船野遺跡Ⅲ、Ⅱ、Ⅰ文化、石飛遺跡第3層、第4層、上場遺跡第3上層、第3下層、第4層の各石器群が相当する。

　この上層文化はナイフ形石器、台形様石器、台形石器を持つ古い段階と、細石刃、細石刃核をもつ新しい石器群に分けられる。そして後者の石器群の一部には土器（隆起線文、爪形文）が伴い、縄文時代にまで受け継がれていることが九州地方の特徴として知られている。しかし、この事実は九州と四国の一部に現在確認されているだけで、本州では細石刃石器群より後出の、大形石刃、石斧、石槍、有舌尖頭器の出現をもって縄文時代に突入して行くのである（Oda and Keally 1979）。

　日本の旧石器時代石器群の大きな変遷は、現在、武蔵野台地の成果を基本に第Ⅰ文化期から第Ⅳ文化期に分けられている（Oda and Keally 1975、1979、赤澤・小田・山中1980）。そして、ATは第Ⅰc亜文化期に介在する層準（立川ローム第Ⅵ層上部）であり、第Ⅰ文化期の石器群が第Ⅱ文化期に発展する直前の様相を示す時期に相当する。この文化変容期とATの関わりを今後解明す

る必要はあるが、この頃を境に遺跡数・石器文化の内容に大きな変化が見受けられるのである。その根拠の1つとして、「礫群」と呼ばれる集石遺構が、AT以後の第Ⅱ文化期に多出する現象がうかがえる。九州地方ではまだAT以前の文化層の発見は少ないが、ナイフ形石器、台形様石器の確立がこのAT前後に有りそうである。ともかくATを境にした「上層文化」、「下層文化」という区分を通して、今後、より多くの資料の蓄積を待たねばならないと考えている。

(3) 九州地方旧石器文化研究の可能性

九州地方は大陸と直接関係が深い地域であり、日本列島に流入する石器群の初期の様相および列島化の変容過程を知ることが可能である。したがって、本州よりも複雑な内容を保持していることが推測される。ここで九州地方旧石器時代研究の当面のテーマを挙げると、

　　①列島最古の石器文化
　　②剥片尖頭器の問題
　　③台形石器の問題
　　④ナイフ形石器文化の終末と細石刃文化の発生
　　⑤細石刃文化と土器の誕生

などが考えられる。

九州地方の旧石器時代遺跡の研究も、やっと、この地方の火山灰研究の進展（町田1980）によって、層位的多文化層遺跡が増加し、本格的に論じられるようになってきた（萩原1980）。筆者も近い将来、こうした課題のいくつかを取りあげて論じて行きたいと考えている。

3. 日本旧石器文化の編年

　1949年（昭和24）地元の考古学青年相沢忠洋が発見した群馬県岩宿遺跡を、杉原荘介、芹沢長介らが発掘調査した。これが日本で最初の「旧石器文化」の発見である。これらの石器は「関東ローム層」と呼ばれる確かな「更新世」の地層に包含されていた（杉原1956）。日本の旧石器時代研究史において、それまで旧石器として公表された遺物は、自然礫層からの明らかに「自然石」と考えられる偽石器（Munro 1908 ほか）であったため、40年もの間、研究者の大半は旧石器に関心を示すことはなかった。したがって、この岩宿遺跡で発見された旧石器遺物を縄文文化の産物とみなす研究者さえあったのである。

　旧石器の存在が確かめられると、その「文化定義」と「編年の確立」が新たな問題となって浮上してきた。こうして全国各地で小規模な発掘調査が進められ、層位的な資料の蓄積が開始されていった。旧石器研究を精力的に推進した杉原荘介は、1953年（昭和28）には日本の旧石器時代編年を発表している（杉原1953）。この杉原編年は今日の基礎的内容を示している点で評価できるものであった。

　一方、芹沢長介はこれとやや異なる編年を1954年（昭和29）に発表し、後に旧石器時代を「前期・後期」に2分することを提唱した（芹沢1954）。この前期旧石器文化の根拠となったのは、当時話題となった九州地方の大分県早水台遺跡の資料であった（芹沢1965）。

　その後1960年代後半頃までは、調査資料も少なく、編年も地域色のうかがえない大まかなものに留まった。しかし、1968年（昭和43）から1970年（昭和45）にかけて行われた、南関東地方の神奈川県月見野遺跡群（月見野遺跡調査団1969）、東京都野川遺跡（Kidder・Koyama・Oda and Shiraishi 1970、野川遺跡調査会編1971、小林・小田・羽鳥・鈴木1971）の旧石器遺跡の大規模調査によって事情は一変してしまった。つまり、それまでの編年は抜本的に変更されいくつかの編年案が提示されるにいたったのである。

　その1つは、神奈川県の相模野台地で層位的に発掘された50あまりの石器群と、切り通しから採取された資料を基準に作成された（小野1972、鈴木・矢島1978、戸沢1979）。

　また、別の編年は1970年代に東京都の武蔵野台地で発掘された、200余りの層位的資料を基礎としたものであった。これは全国を対象とした編年であったが、きわめて特殊な地域性についても言及していた（Oda and Keally 1975）。この編年はもっとも広く受け入れられ、千葉県（鈴木1975）や富山県（橋本1975）の研究者にも応用され、全国編年の基準となった。

　武蔵野台地編年の概要は、野川遺跡の発掘資料を基本に作られたものである。野川遺跡の編年

3．日本旧石器文化の編年　493

Oda and Keally, 1979	鈴木・矢島 1978	杉原 1977	芹沢 1976	小林 1975
土器 IV	土器	先土器	中石器	縄文草創期
III	V	晩期	細石刃	III 細石刃段階
IIb		後期 II / I	石刃石器	
IIa	IV	中期 II / I		
	III			II ナイフ形石器段階
Ic			岩宿I	
Ib	II	早期		
Ia	I		向山	I 先ナイフ形石器段階
			前期旧石器	

図 181　日本の旧石器時代編年区分の比較（Oda and Keally 1979）

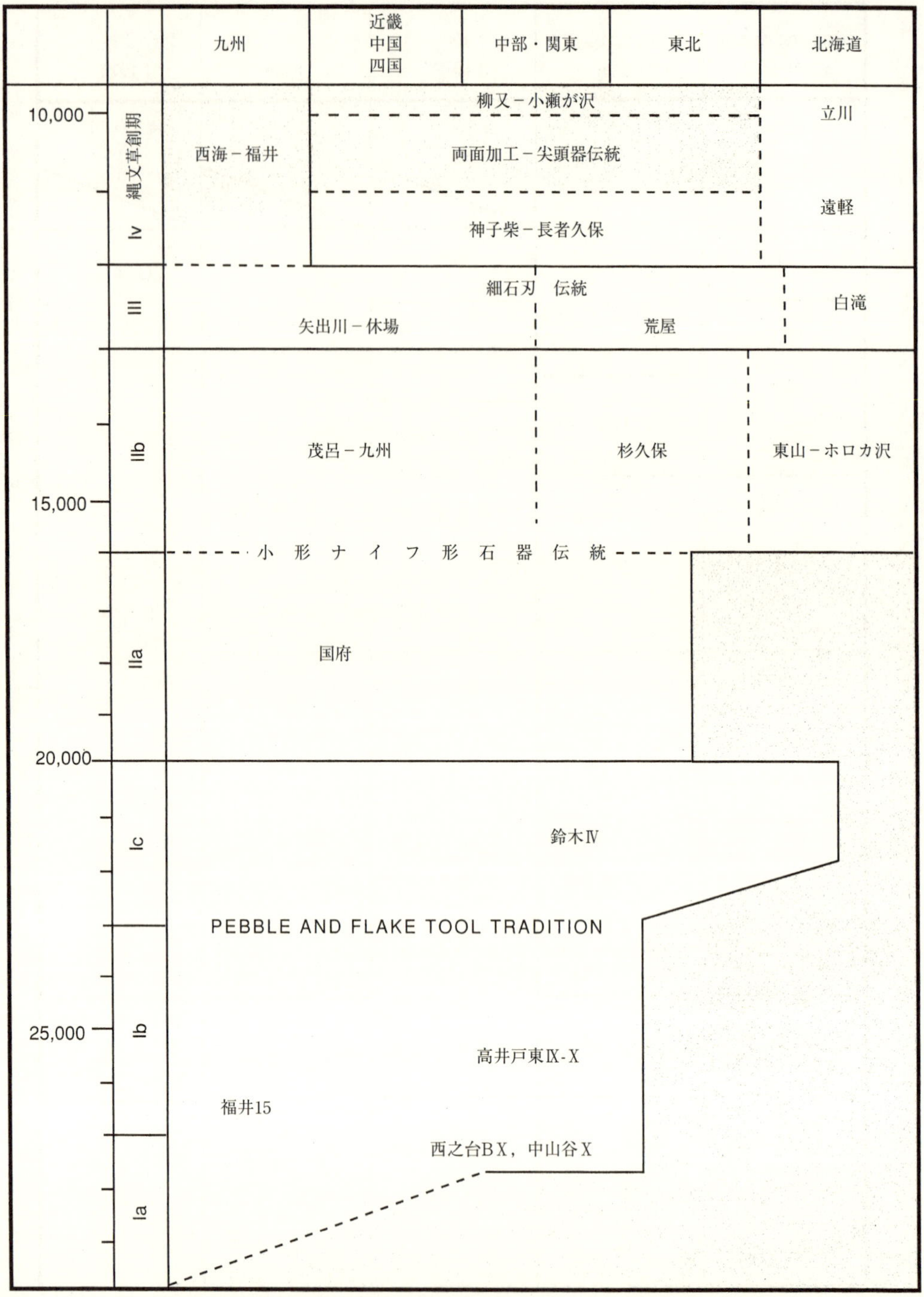

		九州	近畿 中国 四国	中部・関東	東北	北海道
10,000	縄文草創期 IV	西海－福井	柳又－小瀬が沢 両面加工－尖頭器伝統 神子柴－長者久保			立川 遠軽
	III	矢出川－休場	細石刃　伝統		荒屋	白滝
15,000	IIb	茂呂－九州		杉久保		東山－ホロカ沢
		───小　形　ナ　イ　フ　形　石　器　伝　統───				
	IIa	国府				
20,000	Ic			鈴木IV		
		PEBBLE AND FLAKE TOOL TRADITION				
25,000	Ib			高井戸東IX-X		
	Ia	福井15		西之台BX，中山谷X		

図182　日本旧石器文化の石器群様相（Oda and Keally 1979）

時代	文化期編年		九州	中国-四国-近畿	中部	南関東	年代
縄文時代	縄文草創期 第四文化期		Fukui 2 (Nail-marked Pottery) Fukui 3 (Linear-relief Pottery) Senpukuji Lower (Toryu-mon Pottery)	馬渡4 上黒岩9 石神	室谷6〜14 石小屋Ⅷ 神子柴	野川Ⅱ (井草・夏島) 前原Ⅱ下層 (爪形文土器) 中道Ⅲ 西之台BⅢ下層 野川Ⅲ 平台坂Ⅲ	12,000 (BP)
旧石器時代	第Ⅲ文化期 (細石刃)		百花台Ⅱ 福井4 上場Ⅲ 石飛Ⅲ	井島上層 鷲羽山上層	矢出川 荒屋 中土 休場	中村南 はけうえⅢ上 鈴木Ⅲ下 新橋Ⅲ 西之台BⅢ中	13,000
	第Ⅱ文化期	b	百花台Ⅲ 日ノ岳Ⅱ 中山4,3 日ノ岳Ⅲ 上場Ⅳ	出張 井島下層 鷲羽山下層 塚原	上ノ平 立美 伊勢見山上層 茶臼山 杉久保Ⅰ・Ⅱ	仙川Ⅲ 野川Ⅳ-1 西之台BⅣ上 野川Ⅳ-2 前原Ⅳ中-1	16,000
		a	岩戸Ⅰ	宮田山 津之江南 群家今城 国府	上平1 直坂1-プレ2 伊勢見山下層	前原Ⅳ中-2 野川Ⅳ-3a 鈴木Ⅳ下 新橋Ⅳ下 野川Ⅳ-4	20,000
		c	上場Ⅳ 百花台Ⅳ		直坂Ⅰ	西之台BⅣ 鈴木Ⅳ 高井戸東Ⅳ 野川Ⅶ 鈴木Ⅶ	23,000
	第Ⅰ文化期	b	福井9 福井15		野尻湖下層	高井戸東Ⅸ上 鈴木Ⅸ 鈴木Ⅹ 高井戸東Ⅹ 栗原Ⅹ	27,000
		a			石子原	中山谷Ⅹ 西之台BⅩ上 西之台BⅩ中	

図183 日本列島における更新世〜初期完新世の地域的遺跡編年 (Oda and keally 1979)

は、剥片石器および礫核石器、ナイフ形石器、台形石器、尖頭器などを、各自、特徴とする3つの時期（野川Ⅰ・Ⅱ・Ⅲ期）によって説明している（野川遺跡調査会編1971、小林・小田・羽鳥・鈴木1971）。このなかで野川遺跡で確認できなかった「細石刃文化」については、野川Ⅱ期（ナイフ形石器文化）とⅢ期（大形石槍文化）の2者の中間に位置づけられた。

一方、こうした新しい編年研究史に突入しても、なお、杉原荘介と芹沢長介は前世代の編年観

時代	文化期編年		北関東	東北	北海道	年代
縄文時代	縄文草創期 第Ⅳ文化期		大谷寺3, 4 西鹿田 後野A - - - - - 石山	一の沢4・5 日向Ⅳb 大平山元 - - 長者久保 - - 上屋地A	湧別市川 立川Ⅱ・Ⅲ タチカルシュナイ上層 祝梅 吉田 立川Ⅰ	12,000 (BP)
旧石器時代	第Ⅲ文化期（細名刃）		額田大宮 後野B	越中山S 角二山2	タチカルシュナイ下層 札滑 置戸安住 白滝30 白滝遠間H	13,000
	第Ⅱ文化期	b	武井Ⅱ	大平山元Ⅱb 東山 横道 金谷原 米ヶ森	勢雄Ⅰ 樽岸 ホロカ沢Ⅰ 白滝13 岐阜Ⅱ	16,000
		a	岩宿Ⅱ	越中山K		20,000
		c	磯山 鳥羽新田	大台野Ⅱb 岩井沢	上士幌嶋木 勢雄Ⅱ 祝梅三角山	23,000
	第Ⅱ文化期	b	武井Ⅰ 岩宿Ⅰ			27,000
		a	星野Ⅳ			

図184 日本列島における更新世〜初期完新世の地域的遺跡編年 (Oda and Keally 1979)

を維持していた。杉原は独自の編年に、一部修整を加えたものの大筋は変更することはなかった（杉原1977）。芹沢は自ら関わった過去の資料を根拠とし、その編年を依然として変えようとはしなかった（芹沢1976）。とくに、芹沢はこの10年来、武蔵野台地の旧石器時代新資料をほとんど用いることはなかったのである。

　北海道でも複数の編年案が提示されたが、これらは1地域をフィールドにした研究者の個人的

見解の範疇を脱するものではなかった。また、その他の地域でも旧石器編年作業に着手されていたが、良好な層位的資料が少なく編年研究に足る十分な成果が得られず、現状では研究を進めることが困難な状況でもあった。

1 層序と編年

　武蔵野台地における旧石器文化の流れは、日本の旧石器時代編年を学ぶ際にもっとも基本となろう。武蔵野台地では 75 遺跡において、200 以上の層位的石器群が確認されており、これは他地域では類をみない数であった。また、各遺跡の発掘面積も大規模であり、平均して 2,000～4,000 m^2 に及び、1 遺跡で最大 14 の文化層（生活面）が確認されている。さらに重要な点は武蔵野台地が平坦な安定した洪積台地であり、台地上に堆積した関東ローム層は平均 3m の層厚をもつ風性堆積物であったという事である。こうした自然的・人文的条件に恵まれたことにより、正確で詳細な遺跡間の層序対比ができたのである。
　同じ関東ローム層の堆積環境を持つ相模野台地や下総台地でも、武蔵野台地と同様な石器型式と層位データを基準とした編年が可能である。現在、この 3 つの台地は、同じ基準で石器群対比が行われている。また、北関東地方の編年も石器型式と層序によって成立しているが、遺跡による層序の差異も多く、武蔵野台地編年とは部分的な対比ができるのみである。しかし、断続的な層位的資料であっても、石器型式の比較によって大過なく武蔵野台地編年と対比する事が可能である。
　日本列島では一部の例外地域を除いて、一般的に良好な旧石器時代層序に恵まれていないため層位的な編年作業が困難である。したがって、石器型式を基準にして、武蔵野台地編年と対比される場合が多い。こうしたなかで近年確認された「姶良 Tn パミス（AT）」（町田・新井 1976）は、現在北海道を除く日本全域に分布することから旧石器文化層の対比に大変便利な鍵層として登場した（小田 1979 a）。武蔵野台地では、この AT 降灰層は立川ローム第 VI 層の上半部に位置し年代的には約 2 万 2,000～2 万 1,000 年前と測定されている。
　放射性炭素年代による比較にも問題がある。この測定値はしばしば層序関係と矛盾し、また、単一の層に対して幅の大きい複数の年代を提示することがある。さらに、多くの石器群には、統計的に誤った単一の測定年代が与えられており、これを用いて曖昧かつ矛盾した報告がなされた場合、その信憑性には疑問が残ることになる。したがって、今のところ日本旧石器文化の編年は、石器型式と層序データを基本として、これに炭素年代を加えながら確立すべきであろう。
　一方、研究者個人による層位判断にも重大な問題が含まれている。普通、遺物は数万年にわたって霜や小動物、樹根等自然の営力による撹乱を受けて移動した結果、使用・廃棄当時の生活面に平坦に残されることはないのである。つまり、発掘による遺物の出土状況は、同じ文化層の石器群といえども上下に分散してレンズ状の断面分布を呈し、その厚さは時として 1m を越える例も珍しくない。しかし、多くの研究者はこれを層位的に割り振るため、生活面から浮きあがった

遺物は新しい文化層に、また沈んだ遺物は下の古い文化層にと分離させてしまうことになる。武蔵野台地の発掘調査では、こうした問題を解決するため各石器群のユニット（集中部）内の石器接合、石質別・母岩別分類などについて、多くの時間をかけて検討し正確を期している。

　この文化期の設定・文化層の決定などについては、旧石器時代終末期において大きな問題点として浮上してくる。とくに、ナイフ形石器文化（野川II期）の終末から細石刃文化への移行期および大形石槍文化（野川IV期）から縄文時代初頭にかけては、文化の変容状況について現在まだ謎の部分が多い。その原因としては、第1には数千年足らずの短期間に急激な文化変容が起こったことがあげられる。第2には良好な層序をもつ遺跡においても、これほど短い期間では堆積層も薄く文化層の分離が困難であるからである。第3には誤差修正が可能なほど年代測定値が多数測定されておらず、数百年単位の差を正確に判断する事はできないのである。また、全国的な視点で見ると、各地で良好な遺跡がまだ発見されておらず、旧石器文化の地域性が把握しきれていない事もその一因であろう。

2　日本旧石器の文化編年

　武蔵野台地の調査結果から、約2万年間の日本旧石器時代は、4つの文化段階に区分することができる。それぞれの文化段階は、石器の形態や製作技術、特定の石器器種の存否を基準としてさらに細分されている。この区分は第I文化期～第IV文化期と呼ばれ、とくに第II文化期はIIa、IIbの2期に分けられ（Oda and Keally 1975）、本稿では第I文化期を3分してIIIa、IIIb、IIIcに細分してみた。各文化期には、技術的に特徴的な石器名称を与えた。

(1)　礫核石器・不定形剥片石器文化：第I文化期

　日本の旧石器時代最古の文化期である。豊富な礫核石器および不定形剥片石器を特徴としている。定形的な石器は少ないが、剥片の種類と一部の定形的石器の形態には、明瞭な時期差が認められる。そして、本文化期は特定の器種の存否により、a、b、cの3亜文化期に細分できるが、地域性については、現時点では資料不足により明らかではない。

A．第Ia亜文化期

　粗雑な礫核石器（チョッパー）と大形の剥片石器（スクレブラ）、不定形小形石器類を特徴とする。とくに小形石器には、チャート製の不定形小剥片が大量に伴い、その一部には微小な尖端部を有する「錐状石器」「ベック」などと呼称される石器が存在している。

　現時点では、この時期の石器群は、関東と中部地方にのみ認められるが、これらが日本最古の人工遺物であることは疑いない。周辺地域では中国黄河下流域の小南海遺跡に同様な石器文化が存在し、日本列島に渡来した最初の人びととの関連が想定される。

B．第Ib亜文化期

　礫核石器、大形剥片、扁平礫を用いた斧状石器、スクレイパーおよび大形剥片ないし石刃を特

徴とする。この時期には少量であるが、ナイフ状石器も出現している。これは石刃状剥片を素材とし、先端と基部にわずかな調整を加えただけのものである。しかし、もっとも重要な石器は、両面加工された楕円形の「斧形石器」でその多くは刃部を研磨した磨製石斧である。この文化期は関東と中部で確認されているが、西日本では唯一九州の福井洞穴の第15層文化（芹沢1967b）で発見されている。

　大陸には同様の石器組成をもつ遺跡はないが、南沿海州のオシノフカ遺跡や地理学協会洞穴の資料が関連するものと考えられる。刃部磨製の斧形石器として同年代のものは、ニューギニアやオーストラリア北部で発見されている（White 1967、Jones 1973）が、広大な海と陸に隔てられたこれらの資料との関連は不明である。つまり現時点では、本文化期に伴う磨製の斧形石器は日本列島内部で独自に発達したものと考えられよう。

　　　C．第Ⅰc亜文化期
　最近まで知られていなかった第Ⅰ文化期から第Ⅱ文化期への移行期に相当する。礫核石器は減少するが、不定形剥片と剥片石器は残存している。一方、一側縁全体に上下からの刃潰し加工を施した小形のナイフ形石器（背つき石器）が出現している。この石刃にブランティングを施した背つき石器は、この後の第Ⅱ文化期で爆発的に発達していくが、その他の諸条件から過渡期的様相として捉える事が妥当であろう。周辺の大陸地域ではこうした背つき石器組成は見られないが、日本では広く一般的に出土する。とくに東北や北海道南部に顕著である。これはおそらく関東や中部地方から伝播したものであろう。

　資料不足で本文化期の地域性を十分に語る事はできないが、いくつかの相異は確認されている。たとえば、北海道の石刃は比較的短く、方形状を呈している。また、九州では折断した石刃を素材とする背つき石器が、他地域よりも古い時期に出現している。第Ⅰb亜文化期に多数存在した斧形石器は、本文化期においては関東地方で1例のみ知られ、一方東北・北海道地方では数遺跡から出土している。これらの中には、刃部を磨いたものが少数ではあるが含まれている。

（2）　小形背つき石器文化：第Ⅱ文化期

　本文化期は、石刃および石刃状剥片を素材とする小形の背つき石器（ナイフ形石器）を特徴とし、ヨーロッパにおける後期旧石器文化ときわめて類似した石器群様相である。本文化期に属する遺跡は列島内に多数分布し、多文化層遺跡を形成している。各文化層から出土する石器数も多く、遺跡内には4～5単位の石器ユニットが平面的に認められている。こうした豊富な資料によって、本文化期はa、bの2期に細分することが可能となり、また列島内での多様な地域性も確認されている。

　　　A．第Ⅱa亜文化期
　横長剥片を主に使用して、ブランティング整形を施した小形背つき石器を特徴とする時期である。この横剥ぎ剥片を組織的に打ち落とす技術に「瀬戸内技法」（松藤1974）があり、この方法で製作された背つき石器は国府型ナイフ形石器と呼ばれている。瀬戸内技法は本来近畿、中国、

500　第5章　編年の確立

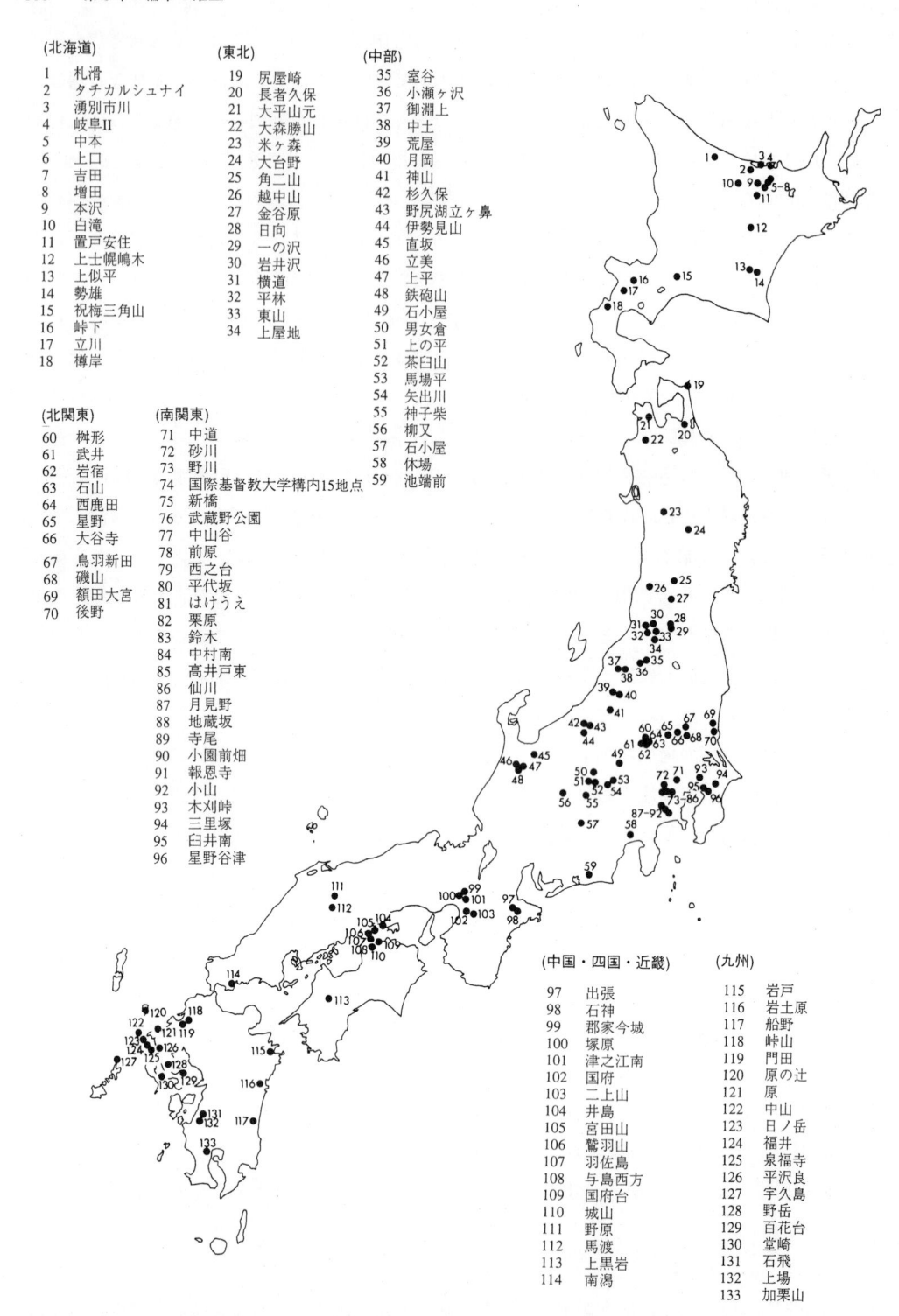

(北海道)
1　札滑
2　タチカルシュナイ
3　湧別市川
4　岐阜II
5　中本
6　上口
7　吉田
8　増田
9　本沢
10　白滝
11　置戸安住
12　上士幌嶋木
13　上似平
14　勢雄
15　祝梅三角山
16　峠下
17　立川
18　樽岸

(東北)
19　尻屋崎
20　長者久保
21　大平山元
22　大森勝山
23　米ヶ森
24　大台野
25　角二山
26　越中山
27　金谷原
28　日向
29　一の沢
30　岩井沢
31　横道
32　平林
33　東山
34　上屋地

(中部)
35　室谷
36　小瀬ヶ沢
37　御淵上
38　中土
39　荒屋
40　月岡
41　神山
42　杉久保
43　野尻湖立ヶ鼻
44　伊勢見山
45　直坂
46　立美
47　上平
48　鉄砲山
49　石小屋
50　男女倉
51　上の平
52　茶臼山
53　馬場平
54　矢出川
55　神子柴
56　柳又
57　石小屋
58　休場
59　池端前

(北関東)
60　桝形
61　武井
62　岩宿
63　石山
64　西鹿田
65　星野
66　大谷寺
67　鳥羽新田
68　磯山
69　額田大宮
70　後野

(南関東)
71　中道
72　砂川
73　野川
74　国際基督教大学構内15地点
75　新橋
76　武蔵野公園
77　中山谷
78　前原
79　西之台
80　平代坂
81　はけうえ
82　栗原
83　鈴木
84　中村南
85　高井戸東
86　仙川
87　月見野
88　地蔵坂
89　寺尾
90　小園前畑
91　報恩寺
92　小山
93　木刈峠
94　三里塚
95　臼井南
96　星野谷津

(中国・四国・近畿)
97　出張
98　石神
99　郡家今城
100　塚原
101　津之江南
102　国府
103　二上山
104　井島
105　宮田山
106　鷲羽山
107　羽佐島
108　与島西方
109　国府台
110　城山
111　野原
112　馬渡
113　上黒岩
114　南潟

(九州)
115　岩戸
116　岩土原
117　船野
118　峠山
119　門田
120　原の辻
121　原
122　中山
123　日ノ岳
124　福井
125　泉福寺
126　平沢良
127　宇久島
128　野岳
129　百花台
130　堂崎
131　石飛
132　上場
133　加栗山

図185　日本列島における更新世～初期完新世の主要遺跡 (Oda and Keally 1979)

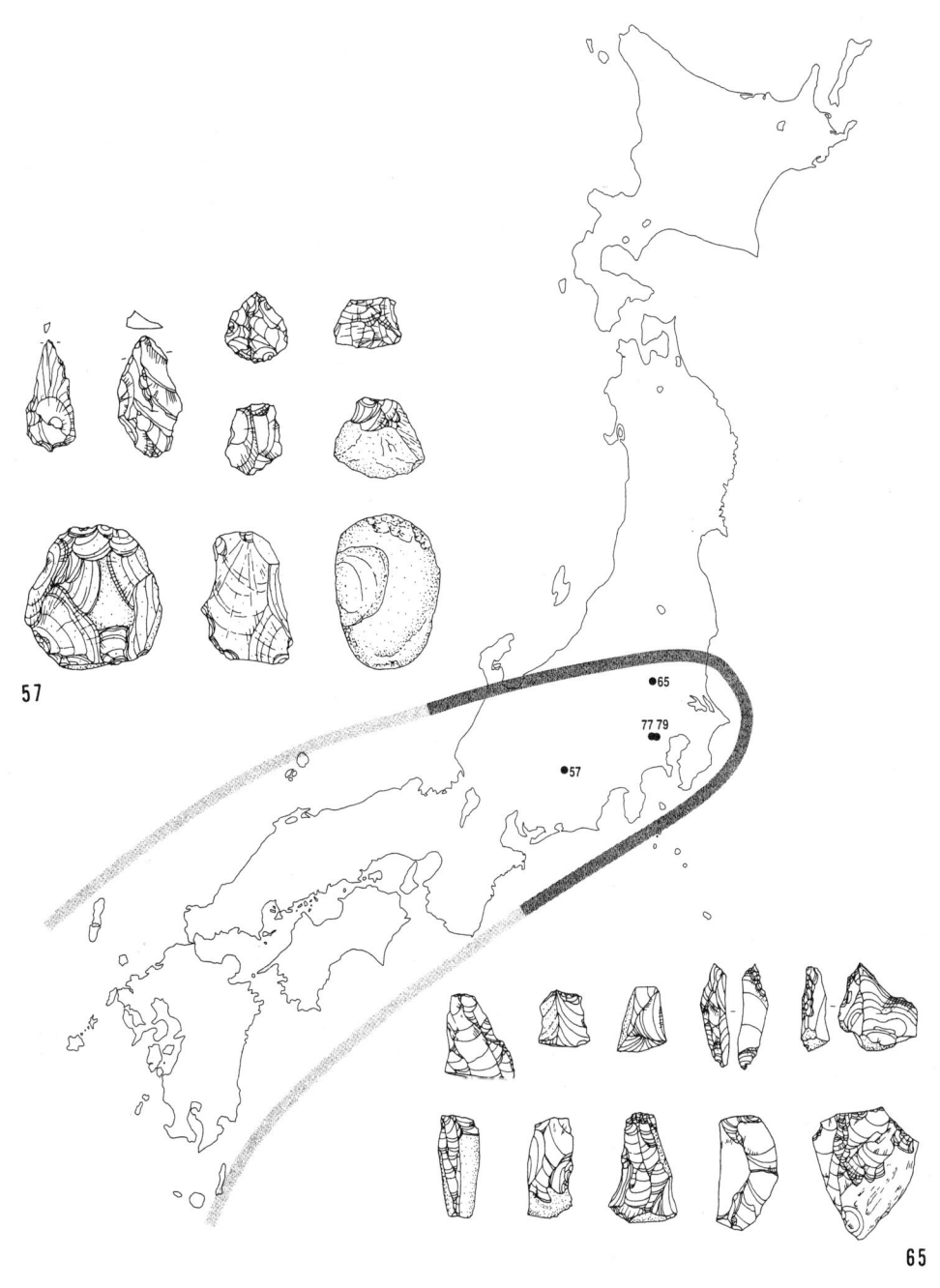

図 186　旧石器時代第Ⅰa亜文化期（＞27,000 B.P.）遺跡の分布（Oda and Keally 1979）

四国地方の瀬戸内地域で発達したものであるが、後に九州や中部、関東地方にまで伝播している。また背つき石器の1つである台形様石器が、横長剥片を使用して多数存在している。

　本文化期の遺跡は西南日本を中心に分布しており、東北日本には瀬戸内技法による背つき石器は報告されていない。それは、本文化期が最終氷期の最寒冷期に相当し、東北日本に移住するには寒冷な森林から不毛のツンドラへの環境適応を必要としたからであろう。また、大陸における併行文化も知られていない。

　　B．第Ⅱb亜文化期

　高度な技術をもって作られた、多様で豊富な背つき石器を特徴とする時期である。その多くは幾何学的形態を持ち、礫器と大形の剥片石器はほとんどその姿を消している。黒曜石やチャートを用いた片面ないし両面加工の小形尖頭器と、本格的な石刃技法がこの時期に発達する。本文化期の最終末には、福井洞穴第7層（鎌木・芹沢 1965）や仙川遺跡第Ⅲ層（小田・宮崎・Keally 1974）にみられるように、きわめて小形の石器や剥片が卓越している。とくに後者では小形の拇指状掻器が特徴的に出土する。

　本文化期は日本列島を2分する地域圏（文化圏）が認められる。1つは九州から関東地方南部にかけて西南日本を中心に見られる文化である。石刃を素材とする小形の背つき石器（ナイフ形石器）を特徴とする。これは一側縁全体と他の側縁の一部にブランティングを施すもので、結果として素材の形態は大きく改変される。茂呂型と九州型ナイフ形石器がその代表例である。同様なナイフ形石器は、遠く離れたヨーロッパとアフリカ地域には存在するが、周辺の大陸地域では認められず日本独自の石器器種ということができる。

　中部から北海道地方にいたる東北日本ではもう1つの地域性が顕著に認められる。この文化は、優美な細長い石刃を素材として基部と先端部にわずかな調整を加えたナイフ形石器を特徴とし、素材の形態をあまり変えることはない。このナイフ形石器は杉久保型、東山型ナイフ形石器、ホロカ沢型石刃とよばれるものである。杉久保型はそのうちでも小形で両端が尖った形状を呈し、中部地方北半から東北地方の日本海側に分布している。東山型とホロカ沢型は、より大形で基部が丸く整形され頭部は開いた斜行刃を呈し、素材とは反対方向からの剥離面が観察される。東山型は基部を調整するがホロカ沢型は基部調整を施さない例が多く認められている。両者は北海道と東北地方北部にみられるが、これらの地域では大形の石刃も特徴的に出土する。また、東山、ホロカ沢型の石器群は、同時期のシベリア地域における旧石器文化に類似しており、さらにはヨーロッパの旧石器文化とも共通点をもった本格的な日本の旧石器文化といえよう。

（3）　細石刃文化：第Ⅲ文化期

　第Ⅲ文化期を代表する石器は、細石刃と細石刃核である。しかし、この細石刃文化に伴う石器組成は、良好な単純遺跡や層位関係を示す資料が少ないこともありはっきりしていない。関東地方では一部の遺跡において、礫核石器や大形剥片が細石刃に伴うことがある。また、小形両面加工の槍先形尖頭器が、細石刃文化に併行すると考えられている例もある。一方、東北から北海

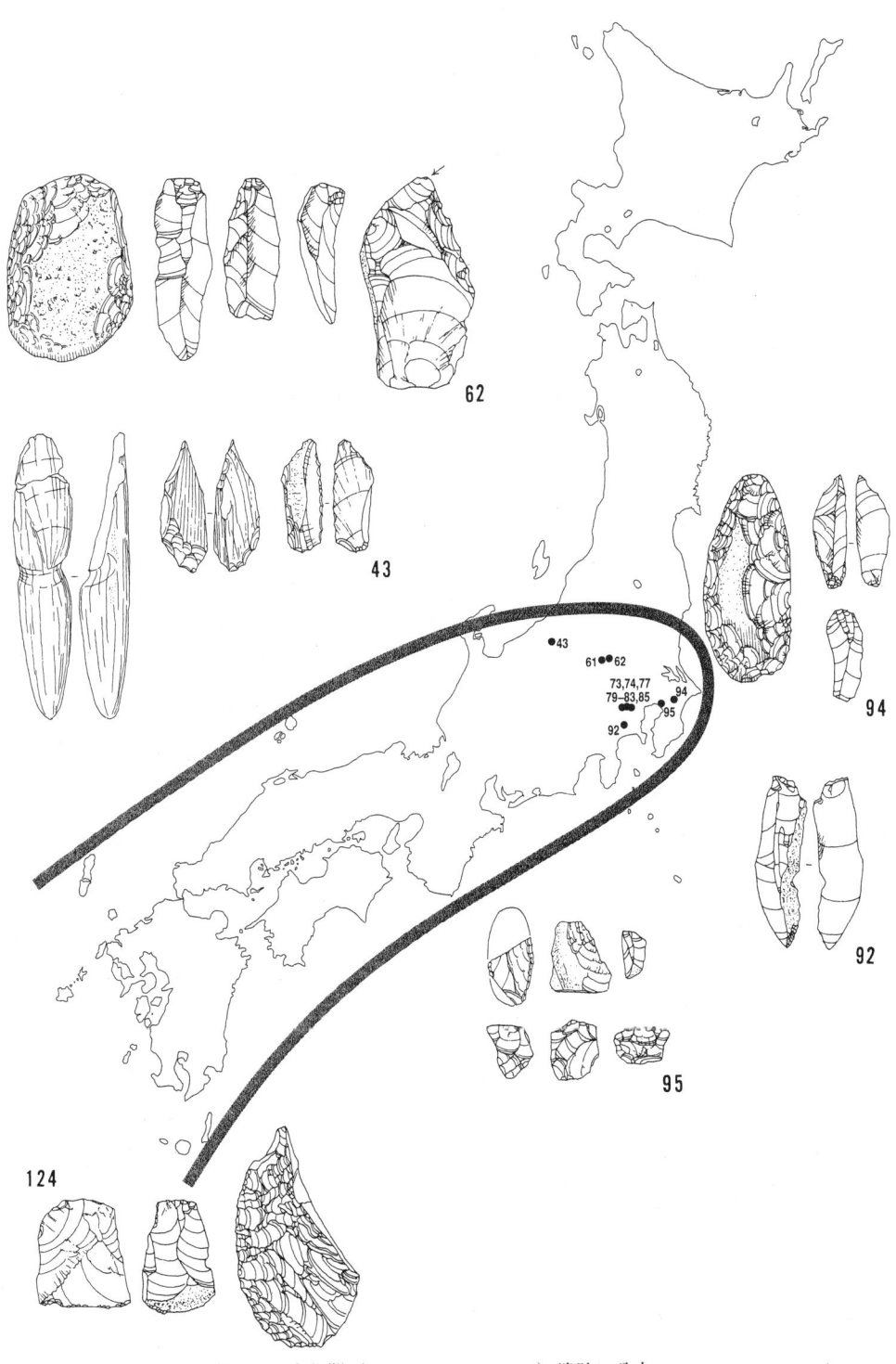

図 187 旧石器時代第 I b 亜文化期（23,000〜27,000 B.P.）遺跡の分布（Oda and Keally 1979）

504　第5章　編年の確立

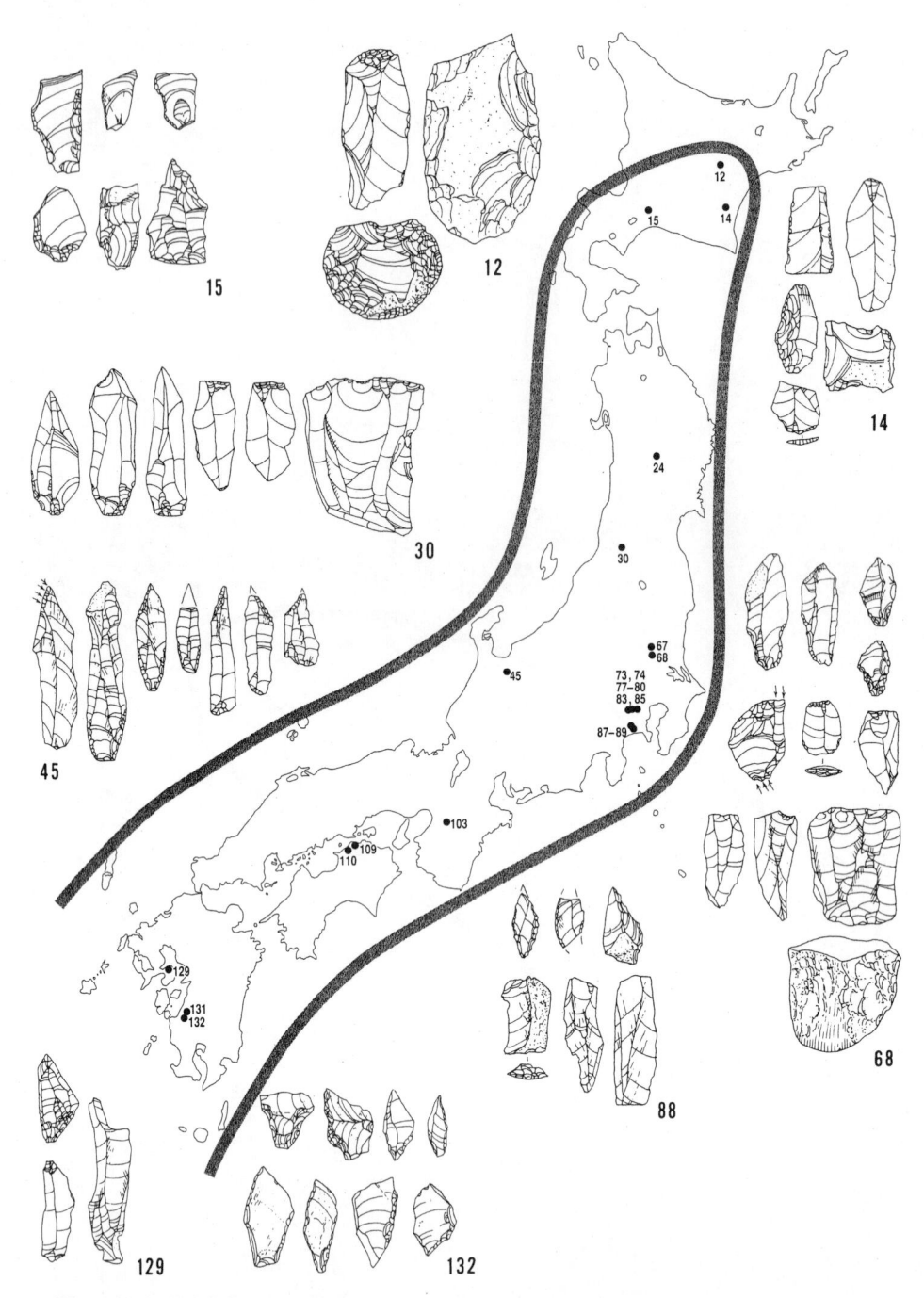

図188　旧石器時代第Ｉｃ亜文化期（20,000〜23,000 B.P.）遺跡の分布（Oda and Keally 1979）

道地方では、背つき石器文化から両面加工尖頭器文化への過渡期に細石刃・細石刃核が現れることが判明している。

細石刃文化は非常に短期間であるため、関東地方の良好な層序を示す遺跡においても、その位置づけがむずかしい。北海道地方では細石刃文化が他の地域より長期に継続していくようであるが、それに関してはまだ多くの問題点が残されている。しかし細石刃文化の様相をみると、列島内で大きく「半円錐形細石刃石核」をもつ西南日本と、「楔形細石刃核」をもつ東北日本の2つの文化圏を形成しており、この地域的分布状況は前時代のナイフ形石器文化と同じである。

半円錐形細石刃石核は、関東から九州地方にわたる西南日本に分布し（鈴木1971）、矢出川遺跡（戸沢1964）と休場遺跡（杉原・小野1965）を指標としている。同様な細石刃文化は周辺大陸には存在しておらず、前文化期のナイフ形石器文化との関連も不明である。おそらく、この半円錐形細石刃文化は、ナイフ形石器文化期の終末頃に列島内で発達したものと考えられよう。

湧別技法による楔形細石刃核は、中部から北海道地方にいたる東北日本において顕著に認められる。その類例としては、中部、東北および北海道南西部に分布する荒屋型細石刃核と、北海道に限って出土する白滝遺跡（吉崎1961）で代表される白滝型細石刃核が知られている。この2者は東北日本における細石刃文化の分布圏を2分している。白滝型の石器組成は、エニセイ峡谷を西限とするシベリアおよびサハリンの同時期の資料ときわめて類似している。

白滝型細石刃文化は、他地域の遺跡数が減少する時期にあって比較的多くみられ、また石核が大形であることもその特徴である。白滝遺跡の近隣には無尽蔵ともいえる黒曜石の原産地があり、そのために細石刃のみならず大形石刃をもふんだんに製作したものと考えられる。

(4) 両面加工槍先形尖頭器文化：第Ⅳ文化期／縄文時代草創期

日本の旧石器時代最終末期の文化は、大形の礫核石器、剥片石器および両面加工の槍先形尖頭器（石槍）を指標とする。急激な文化変容、極端な地域性、そして「土器」の製作という重要な新技術も本文化期の特徴である。本文化期は関東地方の層位的石器群資料に基づいて、新・旧に2分される。古段階は、大形で木葉形の両面加工尖頭器と打製石斧ないし局部磨製石斧を含み土器を伴わない。新段階は土器に共伴する小形の有舌尖頭器を特徴としている。

古段階の石器群は中部、関東、東北地方に分布し、長野県神子柴遺跡（藤沢・林1961）と青森県長者久保遺跡（山内・佐藤1967）を指標とする。本州の西南部で表面採集される片刃石斧の一部も、この時期に関連する石器であろう。また、青森県大平山元遺跡（三宅1979）と茨城県後野遺跡（後野遺跡調査団1976）においては無文の土器が伴っている。

同時期の北海道では、遠軽遺跡にみられるように有茎尖頭器も組成に含まれるが、これは独立した地域性としてとらえられる。一方、九州地方における様相は他地域と著しく異なり、細石刃文化が継続するとともに、土器（隆起線文、爪形文土器）が明確に共伴している。ただし、この細石刃は西海技法（麻生1965）、福井技法（林1970ab）によるもので、細石刃核は前文化期に見られた半円錐形ではなく楔（クサビ）形を呈するものであった。

506　第 5 章　編年の確立

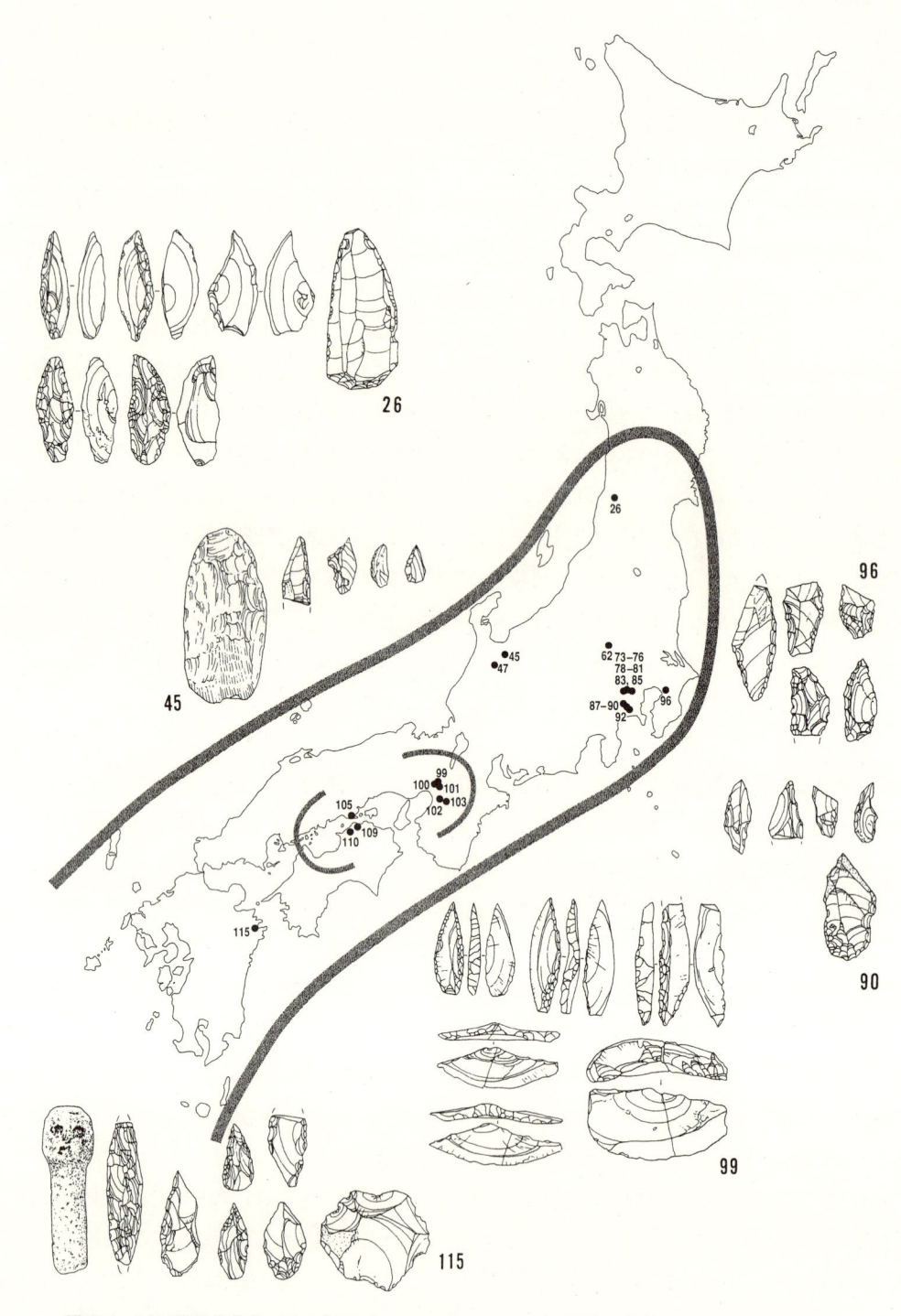

図 189　旧石器時代第Ⅱa亜文化期（16,000～20,000 B.P.）遺跡の分布（Oda and Keally 1979）

3. 日本旧石器文化の編年   507

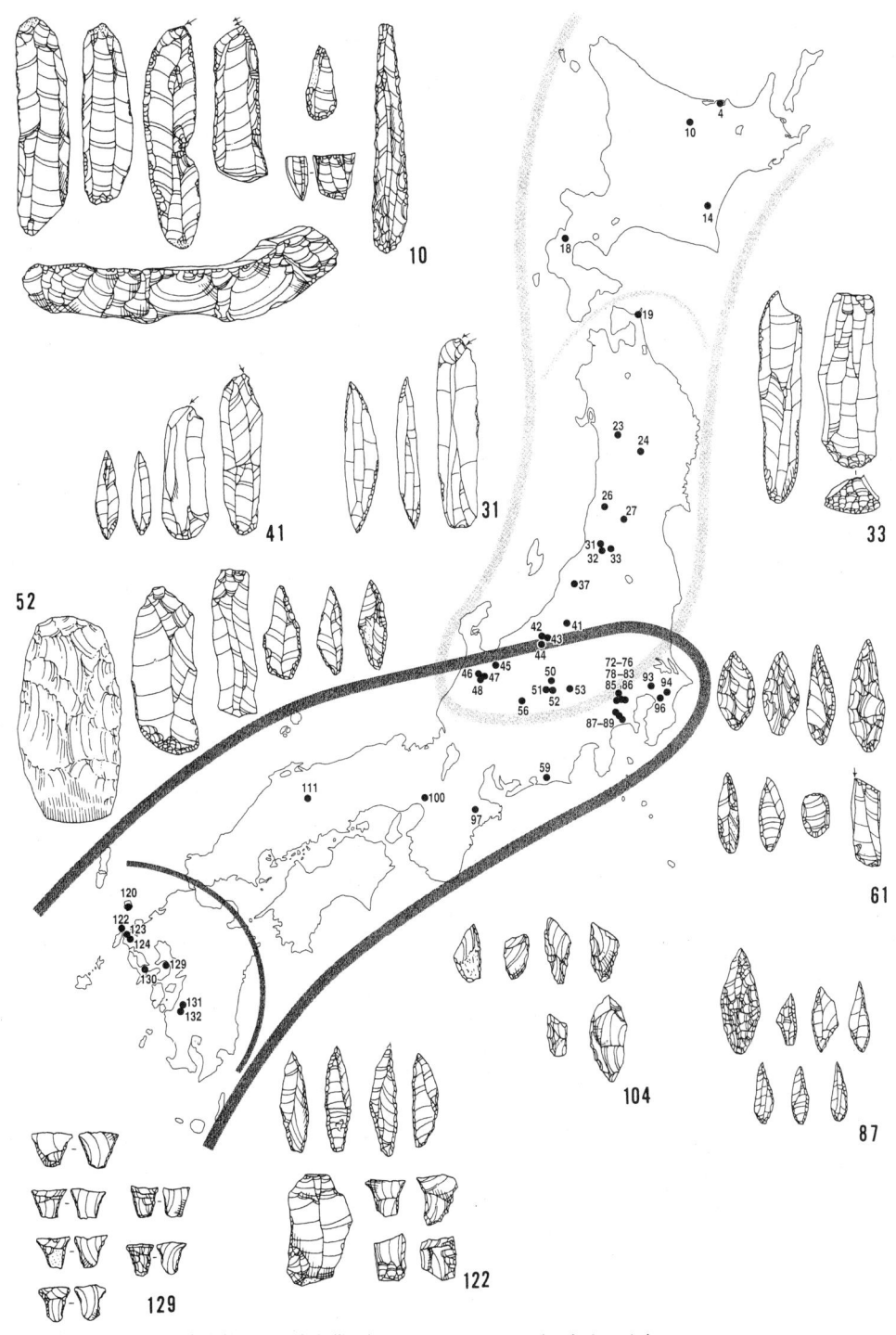

図190　旧石器時代第Ⅱb亜文化期（13,000〜16,000 B.P.）遺跡の分布（Oda and Keally 1979）

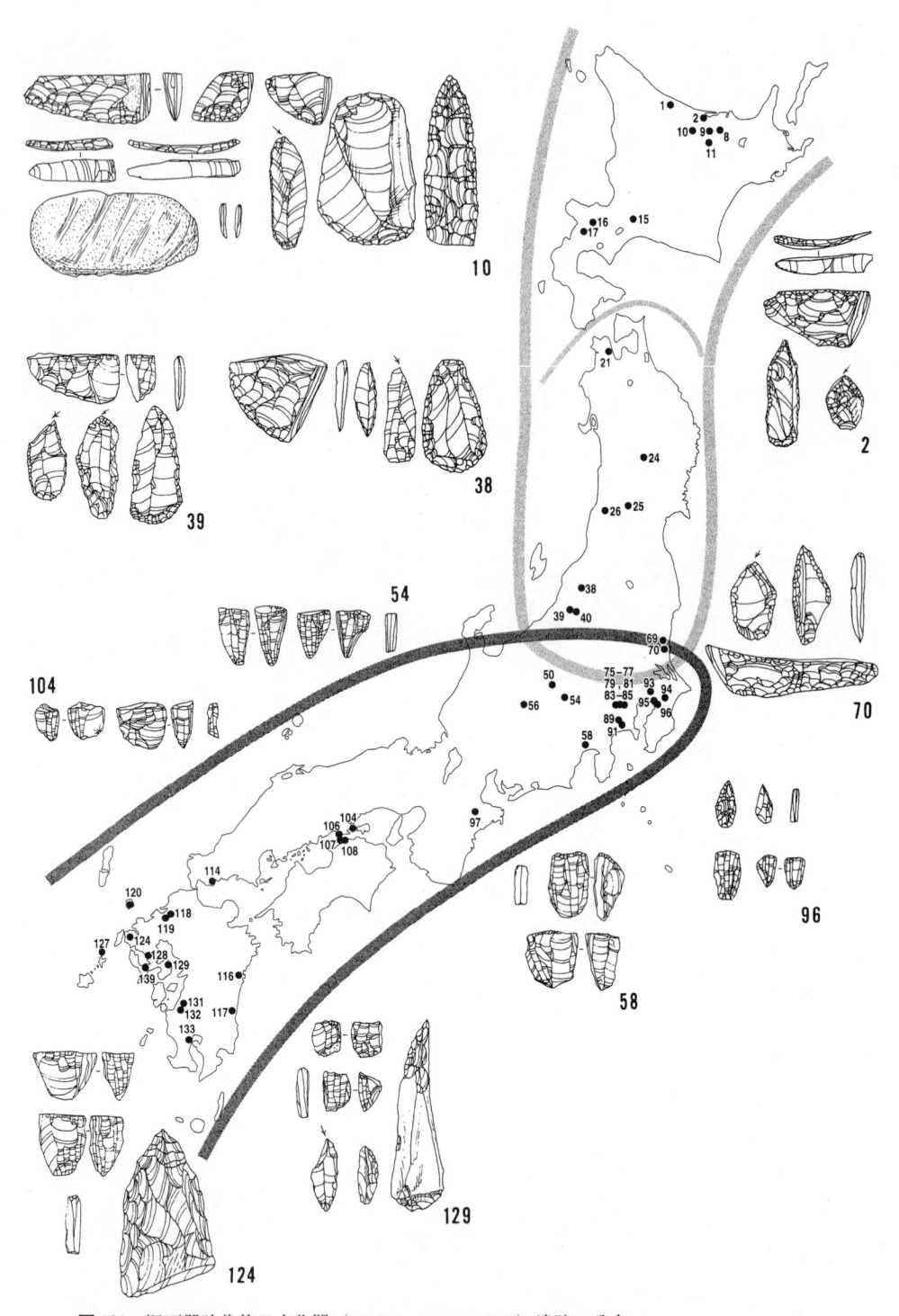

図191 旧石器時代第Ⅲ文化期（12,000〜13,000 B.P.）遺跡の分布（Oda and Keally 1979）

3. 日本旧石器文化の編年　509

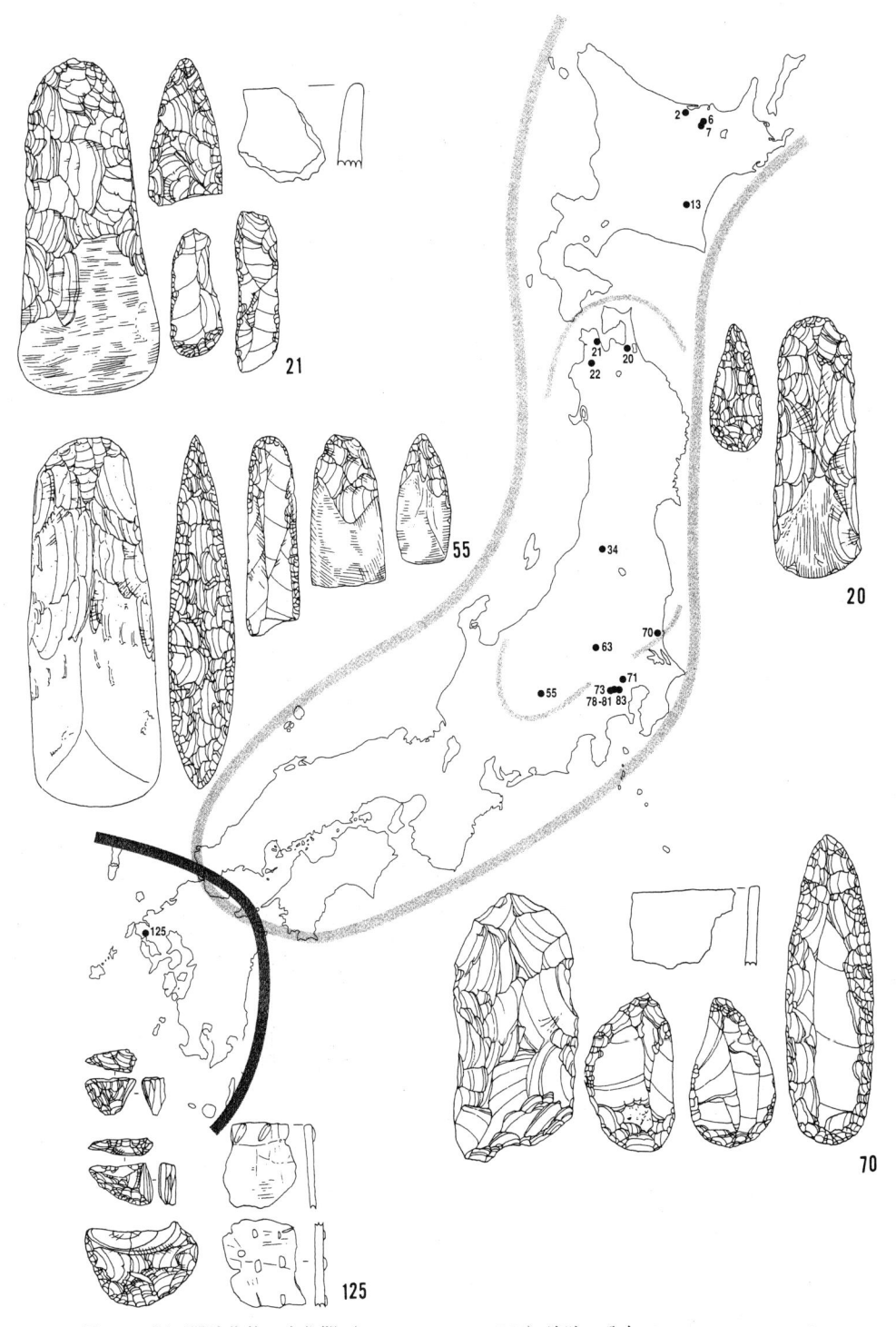

図 192　旧石器時代第Ⅳ文化期（10,000～12,000 B.P.）遺跡の分布（Oda and Keally 1979）

510　第5章　編年の確立

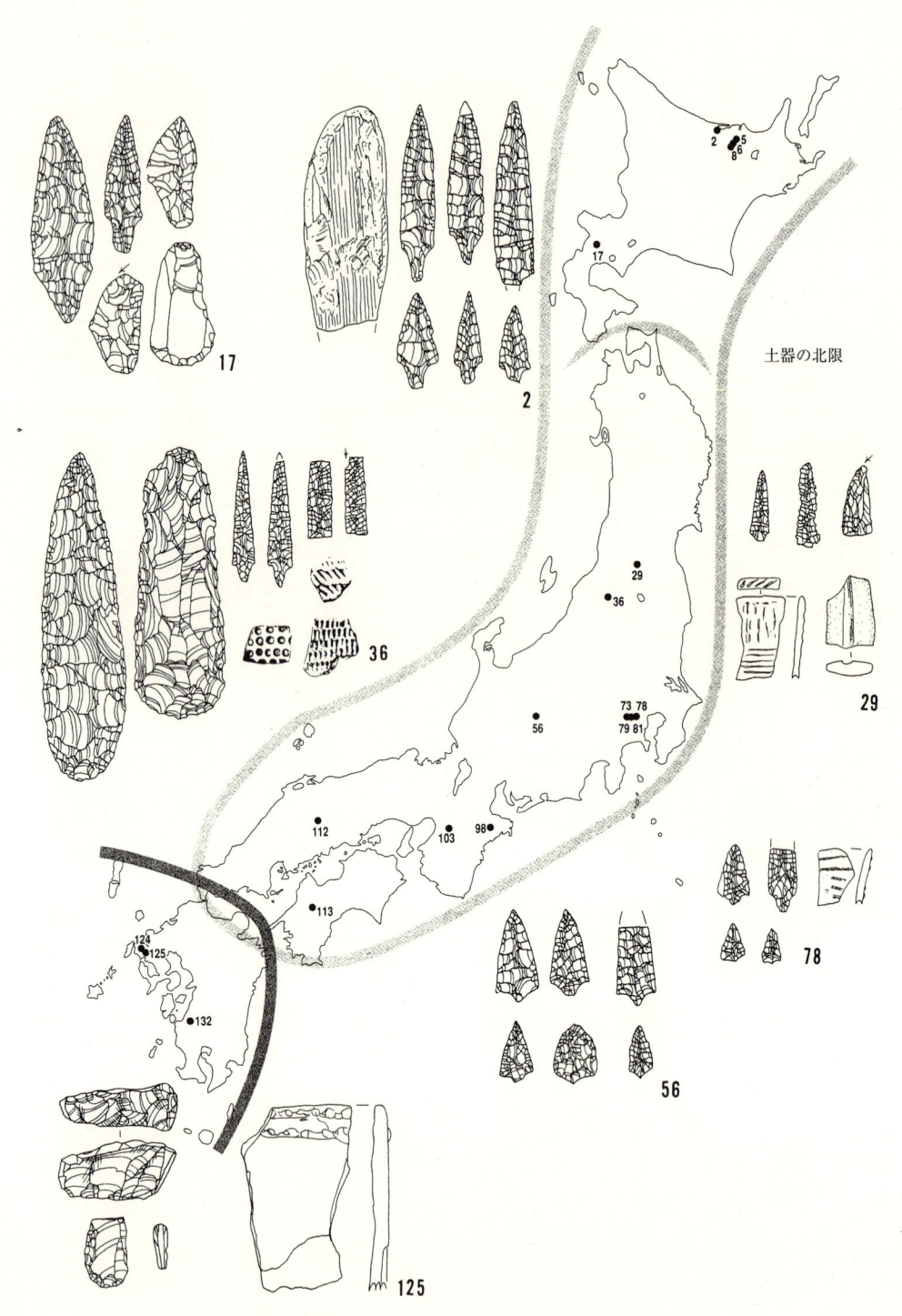

土器の北限

図193　縄文時代草創期（＜10,000 B.P.）遺跡の分布（Oda and Keally 1979）

有舌尖頭器は西日本地域から中部、関東、東北地方南部にいたるまで分布し、土器を伴う事が知られている。本文化期の新段階としては柳又遺跡（小林 1967）と小瀬ガ沢洞穴（中村 1966）が有名である。これらの遺跡は縄文時代草創期に位置づけられている。

　北海道の立川遺跡（吉崎 1959）を標識遺跡にした立川型有舌尖頭器は、土器を伴わず東北日本においては道内だけに分布する地域的な石器群である。しかし、類似例はシベリア・ハバロスク近郊のオシポフカ遺跡（加藤 1971）で報告されており、大陸からの渡来も検討する必要がある資料である。この両面加工の槍先形尖頭器文化は、日本全域に分布しておりその起源をたどると「ナイフ形石器文化」にまでさかのぼることができる。また、土器の出現についても大陸との関係を無理に求める必要はなく、日本の土器は世界最古の年代が与えられている。そして、出現期の土器は器形・文様ともに単純で、出土個体数もきわめて少なくその発展性も遅いことが理解される。ということは、日本の土器文化は他地域から持ち込まれたというよりも、当列島内で新たに開発され発達した技術であると考えることも可能である。

（4）遺構と遺物の分布パターン

　日本の旧石器時代遺跡から発見される遺構類には、焼けた拳大の礫を集合させた「礫群」と、幼児頭大の河原石を配置した「配石」がある。縄文時代に一般的な土を掘り下げた「土坑」類は、東京都国際基督教大学構内遺跡第 15 地点（Kidder・小山・小田他 1972a）にしか存在せず、1 例のみ確認されただけで、住居などを推察できる構築物の痕跡はまったく知られていない現状である。一方、石器・剥片類の集中個所は、ユニットパターンとして類型化され（小林・小田他 1971）、遺跡内での人間の行動（動態）を解釈する意味において重要なデータである。

A. 配　石

　1m 内外の範囲に、3～10 個の大形礫を配したものである。配石は武蔵野台地の層位的発掘の成果で、ナイフ形石器文化の以前と以後に特徴的に認められている。この配石の意味は、①礫が特定の配列を示す場合は、信仰的遺構や墓が、②礫で囲まれた内側に焼土、灰などがある場合は、炉が、③扁平な大形礫（台石）の周辺に剥片・砕片が多数分布する場合は、石器製作場が想定されよう。②の例として、細石刃文化の静岡県休場遺跡（杉原・小野 1965）では、円形に配置された大形礫の中央部に灰・焼土が確認されている。③の例は多くの遺跡に存在していると思われるが、配石としての視点で記録されることは少ない。

B. 礫　群

　数点から数百を越える拳大の礫で構成され、集積したものからまばらに散在するものまで、さまざまな形態がある。構成礫は灰色ないし赤色を呈し大半は被熱によって破損していることが多い。礫群は武蔵野台地の発掘成果でナイフ形石器文化に伴う特徴の一つである。現在、最古の例は第 Ic 期の礫群でこれは比較的小規模で 1～2m の範囲に収まり、礫は密集している。しかし、第 IIa 亜文化期になると礫群は爆発的に増加し、そのなかには数百点を越える焼け礫が 10m 範囲に広がっている例も存在している。おそらく、こうした大規模礫群とよばれるものは、いくつか

の小規模礫群が重複し廃棄後に一まとまりに分散したものと思われる。次の第IIb亜文化期にも礫群は継続していくがやや小規模例が多くなり、生活面に数基程度が分布する例が一般的である。

　　C．遺物の分布パターン

　遺跡から発見される石器・剥片類の集中個所は、グループ、ブロック、ユニットなどとよばれ旧石器集落研究において重要な構成要素である。第Ia亜文化期の分布は特徴的で、10×12m程度の楕円形を呈する範囲に集中する例が多い。第Ib亜文化期では、密度の高い小規模集中部が環状にいくつか分布する状況が看取できる。第Ic亜文化期では、小規模な集中部が、単独にまた数カ所残される程度に縮小されている。第II文化期のナイフ形石器文化における遺物分布は、小規模で密度が高い集中部が増加することからユニット範囲も明瞭となっている。しかし、細かくみると第IIa亜文化期では、遺物は径6～8mの範囲に散漫に分布する例が多く、集中域の境界は不規則かつ不明瞭であった。そして第IIb亜文化期に入ると、集中域は1～2mと狭まり密度も高くなり集中単位の識別が容易になっている。

3　ま　と　め

　日本の旧石器時代文化の編年作業にあたり、次の4つの視点を重要視する必要があろう。

　第1は、各文化期を設定するにさいし、遺跡に認められるすべての文化情報を活用すべきである。第2は、地域に根ざした文化発達段階を明確に把握する事である。第3は、周辺大陸との交流時期と孤立期について検証する事である。そして第4は、前期旧石器文化と呼ばれる、日本の古期旧石器文化を扱うさいの注意点である。

　日本の旧石器研究者の多くは石器型式と製作技術に関心を示している。そのため日本旧石器文化の編年は、石器型式に基づいて作られており、遺跡の構造や適応様式など他の要素は考慮されていないことが指摘できる。旧石器文化を研究する方法には、石器そのもの以外に追求すべきことが多くあるはずである。少なくとも関東地方の遺跡では礫群や配石という遺構が無数に見つかっており、その規模や配置あるいは遺構の存否を検討することで遺跡間の時期的な対比が可能になってくる。これらの遺構が示す時間的な変化は生活面の遺物分布とも対応しており、石器器種や石器製作址の様相にも反映していることが知られている。こうした各種の様相が、遺構や遺物分布と技術的文化編年の関係として比較的緊密であり、適応様式の解明に向けた指標となることは確実である。

　旧石器文化に地域差が存在する事は明らかである。今日の日本列島は、北の針葉樹林地帯から南の亜熱帯地域まで多様な気候・環境の中にある。環境が大きく変化すれば、適応様式も一様では済まなくなる。つまり、日本旧石器文化に単純系統の編年をあてはめると、重要な情報を見逃すことになり、先史時代の生活手段としての文化を解明する事は望めないのである。たとえば、九州では細石刃文化に土器が伴うため、多くの研究者は続く尖頭器文化を前土器時代や縄文草創期に含めるか、さもなければ、西日本地域で時折土器と共伴する有舌尖頭器についてのみを議論

の対象とする。東日本地域の編年において、土器出現以前の槍先形尖頭器文化が明示されないのは、こうした背景によるのである。

　文化変容は在地での独特の変化と外地からの伝播のいずれか一方のみでは解釈し得ない。当然の事ながら日本の旧石器文化が同時期の大陸と類似する事もあれば、まったく様相を異にする場合もある。きわめて大雑把にいうならば、前述した4つの文化期のうち2つは大陸と関連をもち残りは独自に発展したものと見受られる。第I文化期は、おそらくその初期に東南アジアや中国南部より琉球弧を経由して、列島に最初の移民が流入した時期であろう。この後第II文化期に孤立した独自の文化発展が進み、第III文化期に今度はシベリアから北海道経由、そして中国東北部、シベリアから朝鮮半島経由で新たな文化が移入される。さらに、第IV文化期にもシベリアから北海道経由で渡来文化があった可能性は大きい。

　現在、日本において前期旧石器時代を認める考古学者はほとんどいない。3万年より古い人工遺物は知られていないが、論理的には、さらに古い文化が存在した可能性はあるという意見に筆者は同意する。中国北部には50万年以上前に人類がおり、その間日本には多彩な大形哺乳類が大陸から新たに入り込んでいる。この時期に人間も渡来したかも知れないが、その痕跡はまだ見つかっていない。前期旧石器とされる権現山遺跡第I地点（芹沢1960）と福井洞穴第15層の石器はたしかに人工品である。しかし、権現山Iの遺物は出自が明らかではない。また福井15の石器群に与えられた3万1,900年以前という放射性炭素年代は、芹沢長介（芹沢1976）や井川スミス（Ikawa 1978）が前期旧石器の論拠とするが、この測定年代は、当該誤差が大きく、またそれだけでは確実な根拠にはなり得ない。その他の前期旧石器と称される遺物は、年代こそ正しいが明らかに自然物である。早水台遺跡の資料は礫層から発見されたもので破砕礫に過ぎない。岩宿遺跡D地点（岩宿0文化）の遺物は、厚い崖錐堆積物より引き抜かれた自然破砕のチャートである。星野遺跡第5～11層（芹沢編1966、1968、1970）と向山遺跡第6～7層（芹沢1970、1971）の資料もまた崖錐堆積物からの出土であり、赤堀磯と不二山遺跡（芹沢1960）の遺物は泥流の堆積物から発見されている。考古学者と地質学者の大半はこれらの資料が人工品であることに疑問を抱いている（小野1969a、小田1970、新井1971b）。なお、約3万年を日本旧石器文化の上限とする根拠がいくつかある。武蔵野台地の鈴木遺跡や高井戸東遺跡は、過去4万～6万年にわたって地形変化がほとんどなく、古くから居住に適した環境であった。しかし、これらの遺跡では発掘調査面積の制限があったものの、3万年以前の層からは1点の石器も出土しなかったのである。また、日本旧石器の初段階に用いられた石材は、遺跡周辺に豊富に産する岩石で、遠隔地より持ち込まれたものはほとんどない。この事実は石器の作り手が、黒曜石などの在地にみられない良質な石材を知らなかった。つまり、これは新来者であった事を物語っている。

　ここ数10年間の相つぐ新発見は、日本旧石器の文化期を大幅に変更してきた。今後も、こうした多くの変更が行われる事であろう。無論、本稿が最終的な結論とは考えていないが、新たなる編年の構築に寄与するものとなれば幸いである。

第6章　地域史研究

1. 関東・中部の旧石器文化
2. 沖縄の旧石器文化

● 第 6 章——解説

　本章は関東・中部と沖縄の2つの地域史について論述した。

1　関東・中部の旧石器文化　　1949年岩宿遺跡、1952年茂呂遺跡の発見は、今まで人間の生活環境にないとされた「関東ローム層」中に遺跡の存在が確かめられ、中部地方の信州ローム層中からも多数の旧石器遺跡が確認され出した。やがて、1960年代後半から70年代はじめにかけて南関東地方で旧石器遺跡の大規模発掘が頻発化し、とくに東京・武蔵野台地の調査を中心に、新しい日本の旧石器研究史が開始された。厚く堆積した立川ローム層中に10枚以上の旧石器文化層が確認され、特徴的な石器群を基準にした遺跡間の対比によって詳細な編年作業が行われていき、1978年には広域火山灰の姶良Tn火山灰（AT）の確定がなされた。武蔵野台地から全国への編年対比が可能になった訳である。こうしてこの地方を中心に日本の旧石器文化の研究が確立していったことなどを述べた。

2　沖縄の旧石器文化　　列島内に認められる東北日本、西南日本という2つの旧石器文化圏とは別の外側に形成された沖縄（琉球列島）地域の旧石器研究状況を扱った。日本の最西南端に位置する琉球列島はサンゴ礁島であり、列島内部の酸性土壌では残りにくい「化石人骨」が多数発見され、またこうした化石骨による「骨角器文化」の存在が古くから指摘されていた。近年これらの製品はシカが咬んだ「自然物」の可能性が浮上している。またこうした状況下で北側の奄美諸島で確認された旧石器遺跡が注目され、それは不定形剥片石器と礫核石器類であり、「礫器・磨石文化」とも呼べる南方的な旧石器文化であったことを論じた。

1. 関東・中部の旧石器文化

1　日本列島旧石器文化の確認

(1) 岩宿への前史——縄文文化の下層へ

A. 旧石器文化の追求

日本列島にまだ土器の使用を知らない旧石器時代の文化が、存在したか否かという問題は、日本の考古学研究史においてもかなり古くから論じられていた。

横浜で開業医師をしていたイギリス人のニール・ゴードン・マンローは、明治38年(1905)、神奈川県早川渓谷、酒匂川の段丘礫層、およびローム層中から数点の旧石器と思われる石製資料を発掘し、ヨーロッパと同じような旧石器文化の存在を追及しようとした(Munro 1908)。

大正7年(1918)京都帝国大学の濱田耕作は大阪府藤井寺市国府遺跡の調査を実施した。

国府遺跡については、1957年(昭和32)になって鎌木義昌らにより再発掘が行われた。

1931年(昭和6)直良信夫は、兵庫県明石市西八木海岸で1個の人類の腰骨を発見した(直良1931)。

1948年(昭和23)長谷部言人によってこの明石人骨の原始性が認められ「ニッポナントロプス・アカシエンシス」と命名された(長谷部1948)。

この明石人については、1982年(昭和57)、遠藤万里、馬場悠男によって「縄文時代以降、現代までのいずれかの日本人寛骨」という見解が発表されている(遠藤・馬場1982)。

1928年(昭和3)ヨーロッパ留学から帰国した大山巌元帥の息子大山柏は、大山史前学研究所を設立し史前学会を作るとともに『史前学雑誌』を刊行した。大山はヨーロッパの旧石器文化を紹介したが(大山1929ほか)、日本で実を結ぶまでにいたらなかった。

B. 赤土の中の石器

1877年(明治10)、アメリカ人エドワード・シルベスター・モースが東京都品川区大森貝塚の発掘を実施した。これを出発点に始まる縄文文化の研究は、大正末年から昭和の初めにかけて急速に発展する。なかでも山内清男、八幡一郎、甲野勇を中心にした縄文式土器の編年体系は、世界に誇るべきものであった。この編年研究の成果として最古の縄文土器の追求があり、撚糸文を施した尖底の稲荷台式土器が登場した。この最古の土器は、黒土の最下層において発見され、一部はローム層に食い込んでいる状態で出土したのである(白崎1941)。やがて、1939・40年(昭

和14・15）頃の関東地方を中心とした縄文早期撚糸文土器研究を通して、「関東ローム層」への関心が高まっていったのである（江坂1942）。

しかし、日本旧石器文化研究の直接の契機となったのは、無名の一青年相沢忠洋による群馬県岩宿遺跡での石器発見であった。

1946年（昭和21）11月相沢は、赤城山麓を走る両毛線岩宿駅の西北方にある、ひょうたん形の孤立丘鞍部の切通しを自転車で通った。この道の両崖は関東ローム層と呼ばれる赤土が露出しており、この赤土の崩土中にカミソリ状の黒曜石の剥片が顔を出していたのである。この稲荷山の切通しでの石片の発見はその後も続き、1949年（昭和24）7月には立派な黒曜石製の「両面加工尖頭器」が、赤土層に突き刺さるようにして一部露出しているのを発見している。相沢は何回調べても、この赤土層からは「土器」が出土することがなく、この層の中には「土器を伴わない文化」が存在するのではと考えるようになった（相沢1969）。

こうして、当時「関東ローム層には人類の遺跡が絶対に存在しない」というそれまでの学界の常識が、古い先入観をもたない一青年によって、打ち破られたのである。つまり、相沢はススキの葉のような石片は「細石器」あるいは「中石器」ではないかと考えた。

それまでに日本に細石器が存在すると提唱したのは八幡一郎である。1935年（昭和10）頃から縄文文化初頭の石器類に中石器時代の様相を認め、北方アジア大陸との関連深い石器があることを力説した（八幡1935、1937）。相沢は、この八幡説を思い浮かべながら、岩宿の赤土出土の石器こそ正に細石器の一種ではないかと考えたのである。後に、岩宿遺跡を調査した明治大学の杉原荘介もまた、実はローム層中から細石器が出土する事をひそかに期待していたと記している（芹沢1960ほか）。

（2） ローム層のなかの旧石器——岩宿遺跡

A．岩宿遺跡の発掘

相沢忠洋は岩宿（群馬県新田郡笠懸村沢田）の切り通しで採集した石器の謎を解くため、中央の研究者を訪ねることにした。昭和24年（1949）7月27日、南関東地方の撚糸文土器の編年研究を進めていた江坂輝弥宅を訪問し、その折り偶然に芹沢長介と出会うのである。相沢の持参した石片と赤土から出土するという話が、ローム層上面の土器群を研究していた芹沢を強く揺り動かしたのは当然のことであった。芹沢は積極的にこの事実を受け止めて、ただちに静岡県登呂遺跡で発掘を指揮していた杉原荘介に連絡を取った。こうして岩宿発掘の機運がしだいに現実味を帯びて行き、ついに9月10日、杉原、相沢、芹沢、岡本勇ら4人は、岩宿に向かうため東京を後にしたのである。

9月11日、4人は岩宿の丘の切り通し前に立った。道の両側は黄褐色のローム層が露出し石片は両崖面から採集できるという。そこで崩れ落ちた赤土に比較的多くの石片が発見された北側の崖を掘ることに決定した。これが後のA地点である。崩れた土砂を除きローム層の断面を観察すると上部は黄味が強く下部は黒味が強い地層であった。石片はこの両方の層から出土し、上部

1. 関東・中部の旧石器文化　　519

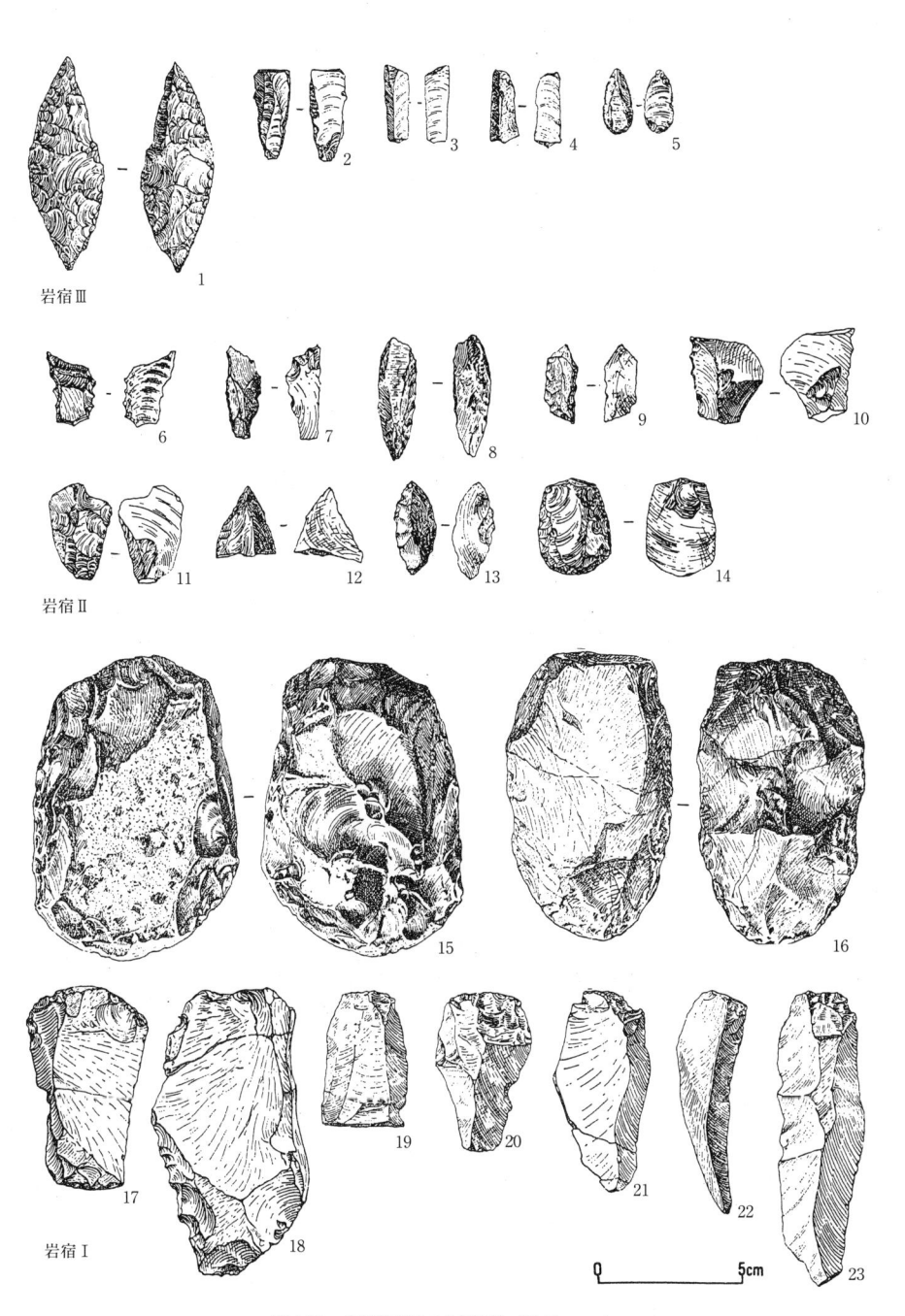

図194　岩宿遺跡の石器群（杉原 1956）

のものは小形で硬い石質、下部は大形で軟らかい石質を使用したものであった。すべて粗雑な加工で相沢採集のような尖頭器や小形石刃を見つけることはできなかった。しかし、夕方の作業終了直前に、下部の黒色部から立派な楕円形の石器が出土し、ここに日本旧石器時代最初の確かな石器を手にすることに成功したのである。杉原は翌12日「ハックツニセイコウタダナミダノミ」という電報を研究室に送った。この画期的な試掘調査に続き10月2日～10日に第1回、翌25年4月11日～20日に第2回の本調査が行われている（杉原1956、戸沢1977）。

岩宿遺跡は20年後の1980年（昭和45）に、芹沢長介によってD地点と名付けられた新たな地点が発掘調査された。ここからは、所謂「珪岩製前期旧石器」と呼ばれる「岩宿0文化」が確認されている（芹沢1971）。その後芹沢によって北関東地方で集中的に発掘が行われた（芹沢1966、1968、1971）が、日本の前期旧石器時代の存在を推進させた珪岩製石器については、「石器か否か」について多くの疑問が地質学・考古学者から指摘されていた（阿久津1967、新井1971、小田1969、小野1969、岡村1983）。

　　B．岩宿Ⅰ石器文化

岩宿遺跡の発掘はA・B・Cの3地点で行われた。A地点では2枚の旧石器文化層が確認され、下層の「岩宿Ⅰ石器文化」と呼ばれる石器群は、岩宿層（黒色帯）に包含されたものである。この黒色帯は北関東地方のローム層編年では、上部ロームと中部ロームの中間に位置し、2万4,000年前より古い年代が測定されている。また、この黒色帯の上部には約2万1,000～2万2,000年前に噴出した「姶良Tn火山灰（AT）」が介在している事実も判明した（町田・新井1983）。

岩宿Ⅰ文化を特徴づける石器に2点の楕円形石器がある。握斧（ハンドアックス）とも呼ばれたこの種の石器は、近年南関東を中心に立川ローム層の下部に集中的に出土することが判明している。刃部を局部的に研磨した例も多く岩宿発見の1例もまた、刃部を磨いた可能性が指摘されている（松沢1985）。その他の石器としては、スクレイパー、縦長剥片、石核などが存在する。石質は硬質頁岩を使用している。岩宿Ⅰの石器群は、今のところ、立川ローム最古の段階の所産と見る事ができる（杉原1956）。

　　C．岩宿Ⅱ石器文化

A地点の上層すなわち阿佐見層と呼ばれる黄褐色ロームの下半部に包含されていた石器群が「岩宿Ⅱ石器文化」である。主として淡青色のメノウ（チャートとも判定される）を石材とする切出形のナイフ形石器、尖頭器様石器、スクレイパーなどがあり、全体的に小形である。特徴的なものは切出し状を呈するナイフ形石器で、すでに芹沢長介により「切出形石器」と命名された（芹沢1957）ものである。これはナイフ形石器の一形態として理解される。なお、この岩宿Ⅱ文化のように横長剥片を多く利用する石器群は、ナイフ形石器文化の変遷のなかで中頃に位置することが判明しつつある。

岩宿遺跡発掘の目的に「細石器文化」の確認があったことは前に述べたが、この岩宿Ⅲ文化と考えられる相沢の採集品（両面加工の尖頭器、拇指形掻器、小型石刃）は、発掘においてついに確かめることができなかった。が、岩宿の丘ではそれまで確実に最古とみなされていた縄文早期の

撚糸文土器がC地点の黒土層から出土し、A地点では、その黒土下の赤土中上下2枚に包含されていた石器群は、少なくとも当時最古の縄文土器以前であることを明示するものであった。つまりこの文化は、更新世と考えられてきた関東ローム層中にありかつ土器の伴わない石器文化であることが実証されたのである。

この「岩宿遺跡の発見」という考古学研究史上の大事件を契機として、日本の旧石器時代研究は、新しい分野として着実にその歩みを一歩踏み出したのである。

2　新しい発掘方法の画期

(1)　自然科学的手法との協力
　　　A．大学構内の遺跡

東京の西郊に広がる武蔵野台地は、多摩川に接し低い立川段丘面と一段高い武蔵野段丘面がよく発達している。国分寺市恋ヶ窪を水源とする野川は、この段丘である国分寺崖線下の湧水を集めて東流しており、小金井市を通り抜けちょうど三鷹市と調布市の境界にくるあたりに、約36万坪（約119万m²）の敷地を有する国際基督教大学がある。この大学では、毎年春と秋の考古学実習で構内の遺跡を発掘している。J.E.Kidderは日本考古学を海外に広く紹介する傍ら大学構内の遺跡を隈なく調べ、37ヵ所以上の地点を地図に登録している。

野川遺跡（東京都調布市野水）は、Kidder夫妻によって昭和39年（1964）に発掘され、国際基督教大学構内遺跡28c地点（ICULoc.28c）と呼ばれる。また、同大学のゴルフコース建設や都道の敷設に伴う工事で、旧石器時代から縄文時代草創期〜後期、弥生時代に及ぶ資料が出土した。この間考古学授業発掘も数回行われ、縄文前期の住居址も確認されている。1969年（昭和44）になり野川の河川改修工事が知らされ、同年冬と春の2回にわたり小規模な発掘調査が、同大学と國學院大學の学生さらに筆者も参加して実施された。その結果、縄文早期の炉址群、旧石器時代の2枚の文化層が発見され、本遺跡の重要性が認められるにいたった（Kidder・Koyama・Oda and Shiraishi 1970）。

東京都教育庁文化課はこの報告を受け、東京都建設局河川部と遺跡の保存について協議を重ねたが、改修部分の設計変更は困難という事で緊急発掘調査に踏み切ることになった。昭和45年(1970) 6月「野川遺跡調査会」が設立され、J.E.Kidder、小山修三、C.T.Keally、白石浩之、及川昭文、小林達雄および筆者を加えたメンバーが集結した。発掘は同年6月から9月にかけて行われ、考古学者だけでなく多くの自然科学者が参加し、わが国で最初の組織的な旧石器遺跡の調査が実施された（野川遺跡調査会1970、野川遺跡調査会編1971、小林・小田・羽鳥・鈴木1971）。

　　　B．ローム層中の花粉分析

野川遺跡の調査は、理化学的分析を多く採り入れた事に大きな特色を持っている。たとえば花粉分析においては、更新世の植生を復元する目的で分析を実施した。当時の花粉分析の主流は、豊富な花粉化石を遺存する泥炭層資料に向けられており、火山灰層は花粉の含有量が少なく、分

析の対象には適さないと考えられていた。しかし、田尻貞治は旧石器時代の遺物包含層である関東ローム層の花粉分析に積極的に取り組み、立川ローム層中から多数の花粉・胞子の化石を摘出する事に成功した（野川遺跡調査会編1971）。ローム層中の花粉分析は、この後、徳永重元にバトンタッチされ、小金井市西之台遺跡B地点（徳永1975）、同・中山谷（徳永1976）、同・前原（徳永1977a）、同・新橋（徳永1977b）、そして同・はけうえ（1978・79）、小平市鈴木（1975～1980）、杉並区高井戸東（1976）遺跡など東京都内遺跡の分析をとおして、現在ではかなり詳しい成果が公表されるようになった。

　徳永によると、花粉分析学上において、野川遺跡の発掘を出発点にしたこの15年間は、花粉化石の同定の進歩や、摘出技術の熟達、分析機器の改良など、研究史上特筆されるべきものがあったという。また、ローム層中に発見される炭化物は、^{14}C 年代測定用のみならず、種の同定をも分析できるのである。この分析は亘理俊次が担当し、立川ローム第Ⅳ層からオニグルミ・常緑カシ・コナラ・クロウメモドキなどが発見され、第Ⅶ層（BBⅡa）からアカシデ・イヌシデの炭化材がみつかっている。針葉樹もいくつか存在するようである（亘理1971）。なお、1984年（昭和59）3月、野川遺跡の自然科学分析資料採取を目的とする発掘が実施されている。

　　C. 黒曜石の産地推定

　野川遺跡の石器には、その石材として黒曜石が多く使用されている。この黒曜石は原産地が限られる。黒曜石が原産地から自然のいかなる作用をもってしても、運べない遠隔地で出土した場合、それは人為的に運搬されたという証拠である。

　鈴木正男は、こうした公理を基盤に、野川遺跡の黒曜石について、原産地推定と水和層測定の2つについて分析した（鈴木1971）。原産地推定はフィション・トラック法によって、その黒曜石の噴出年代とウラン濃度を測定し、原産地採集資料との照合を行うものである。水和層測定は、黒曜石が打ち割られ新鮮な剥離面が形成された後、時間の経過とともに表面から水を吸収し水和した層の厚さを計測し、現在にいたるまでの経過年代を調べる方法である。こうして明らかにされた野川遺跡の黒曜石の原産地は、第Ⅵ層から第Ⅳ-4層の早い時期には箱根系が主体であり、この年代は約1万6,000年以前に当たる。次の第Ⅳ-3b層から第Ⅲ層になると、しだいに信州系が主体になり、その年代は約1万6,000～1万2,000年前の間に相当する。そして、第Ⅱ層の縄文早期にふたたび箱根系が主体となっている。当時、南関東地方に流入したと考えられる黒曜石原産地は、大きく信州系と箱根系に2大別されていたが、その後の鈴木の研究で伊豆諸島中の神津島産が登場してくる。こうして現在では、信州系・箱根系に加えて神津島系の3大黒曜石原産地が、すでに石器時代の各期に認められることが判明したのである（Suzuki 1973、1974ほか）。

　　D. 立川ローム層の細分

　野川遺跡に堆積した立川ローム層は、約4mの層厚があり標式地付近としては、まれにみる厚さだった。ローム層の鉱物分析は羽鳥謙三が担当した（羽鳥1971）。地層の識別は考古学者と地質学者が共同で行い、地表から立川段丘の基盤礫層まで13枚の自然層が区分された。この中に

は黒色帯が4枚確認され、上から黒色0・I・IIa・IIbと呼称された。従来武蔵野台地の立川ローム層には、上部の黒色帯Iと下部のIIが知られていたにすぎなかったが、この野川遺跡でIより上に0が、またIIが1枚の明るい層を介在させてIIaとIIbに分離する事が判明した。黒色帯IIは、それまで上半と下半で黒味に差があることが指摘されていたが、野川遺跡の成果以後は、明確に分離されたのである。

また、羽鳥の鉱物分析によって黒色帯IとIIaの間の層に火山ガラスの量の極大値が認められた。この火山ガラスは、当時「丹沢パミス (Tn)」とよばれ、神奈川県丹沢以西にみられる特徴的な鍵層とされていた (町田1971)。その後、町田洋と新井房夫の追跡研究により、鹿児島湾奥の始良カルデラから約2万1,000～2万2,000年前頃に大噴火した火山ガラスである事が確かめられ、「始良 Tn 火山灰 (AT)」と改めて命名された (町田・新井1976)。野川遺跡で観察された立川ローム層の識別や、鍵層としての4枚の黒色帯、そしてATの検出は、これ以後武蔵野台地の旧石器時代遺跡の発掘にさいして、立川ローム層準の標式セクションとなった。そして多摩川を越えた相模野台地との石器群対比、黒色帯の比較や、立川・武蔵野ローム境界線の問題などでも、この野川遺跡に発見された石器群の層位的様相、黒曜石の分析結果、黒色帯およびATの位置等が決め手となって、両台地における正しい編年対比がしだいに確立されて行った。

E. ローム層の年代測定

立川ローム層の年代は、東京都世田谷区成城大学内の地層中の腐植酸によるC-14年代測定によって、第I黒色帯が 17,000±400 y.B.P. (Gak-1129)、第II黒色帯が 24,900±900 y.B.P. (Gak-1130) と測定されていた (関東ローム研究グループ1965、松井・成瀬・黒部1968)。野川遺跡でも各層から炭化物片の検出があり、^{14}C年代測定のため、アメリカのミシガン大学グリフィン研究室へKidderを通じて送られた。また、4枚確認された黒色帯の腐植酸^{14}C年代測定は、杉原重夫・杉原荘介により、学習院大学年代測定室に届けられた。これ以後、旧石器時代遺跡における^{14}C年代測定値が増加し、立川ローム期の正確な年代観が確立して行ったのである。

測定の結果、ローム層上部は約1万2,000年前程度の古さを示し、立川期の下部の第X層は約3万年前後の値であることが判明し、広く知られるようになった。現在、日本列島で発見されるもっとも古い確かな旧石器文化は、この1万2,000～3万年前頃に堆積した立川ローム層中に包含されていることが理解されよう。

F. 石器群の3つの流れ

野川遺跡で確認された10枚の石器時代文化層の石器群様相は、大きく3つの流れとしてとらえられる。第1の流れは、尖頭器、ナイフ形石器をもたず、スクレイパー、礫器に特徴を示し、彫器を伴う石器組成の単純な第VII層からV層までの時期（野川I期）である。野川遺跡ではナイフ形石器は出土しなかったが、その後西之台遺跡B地点他でこの時期にも伴うことが明らかになっており、この野川I期を区別する特徴にはならないことが判明している。

第2は、ナイフ形石器を中心にした石器群である。ナイフ形石器は全体に背部の厚い部類の物が古く、新しくなるにしたがって素材の変形も著しくなり、組成上台形石器、尖頭器が伴出する。

石刃技法はこの段階の初期に混乱があり、礫器状の石核から打ち剥がされた横広の剥片が盛行しており、その後整った石刃核が盛行している。この石刃核から真正の石刃が多数剥離され、幾何学形のナイフ形石器が作り出されている（野川Ⅱ期）。野川遺跡では、細石刃石器群が発見されていないが、その後の研究で、野川Ⅱ期とⅢ期の間に入ることが理解されている。

第3の流れは、大形の両面加工の尖頭器、礫器、大形石刃などに特徴を示す石器群である。この大形石器群は、縄文時代草創期の石器群に類似する要素が多く見受けられる（野川Ⅲ期）。野川遺跡で認められた野川Ⅰ・Ⅱ・Ⅲ期という石器群の流れが、それぞれの時期にこの地を来住した旧石器時代人の系統の差異を示すのか、技術的な面だけの変化であるのか、未だ解決がついていない。この後、層位的資料に基づく旧石器時代の全国編年が急速に確立して行く過程において、野川遺跡を初めとする多層遺跡の発掘成果が、その基盤になっている事を忘れてはならない。

　　　G. セツルメント・パターン

日本の旧石器時代の遺跡出土資料は、諸外国では普通に出る化石骨などの自然遺物が酸性火山灰中故にその発見がなく、一般的には、石器、剥片類、河原石、炭化物片などがすべてである。こうした遺物は、遺跡の中で台地上に、平均的に万遍なく出土するのではなく、一定の小範囲にまとまった状態で発見される事は周知の事実である。

野川遺跡では、石器・剥片類のひとまとまりの出土状態を「ユニット」という単位で把握した。ユニットで表わされた特定の石器・石器群のあり様は、過去の生活・行動の結果である。したがってこれにより、ある一定の行動のパターンが仮定であるとして、ＡからＦまでのユニット・タイプを設定した。

　　　ユニットＡ型……遺物量も多く、様々な行動パターンが集中的に行われたのか、長期間にわたる継続を示唆した場である。
　　　　　　Ｂ型……特定の行動のみに関連するのか、短期間の継続を示唆した場である。
　　　　　　Ｃ型……石器製作跡で製品が持ち去られた場である。
　　　　　　Ｄ型……厨房具を持っており、炉の近くに接している場合もある。
　　　　　　Ｅ型……特定の器種の製作場であるが、この中には、幾種類もの石器製作の場Ｅ'もある。
　　　　　　Ｆ型……特定の行動に関連するが、特定行動と直接の関わりをもたず、ある行動の過程で、偶然に脱落したと考えられる場である。

このように意味づけられた各ユニット・タイプが、野川遺跡の10枚の文化面に、どのように分布し、どんな組み合わせをもつのか、この遺跡に展開されたセツルメント・パターンを概観して見ると、まずもっとも古い第Ⅷ層に、初めて人間の集団が足跡を印したユニットＦ型が示され、しかもきわめて短期間に限定的な行動が行われている。Ⅶ層になると厨房具をもったユニットＤ型を初め安定したセツルメントが形成される。次のⅥ・Ⅴ層はまたＦ型に戻るがⅣ-4層の安定したセツルメントへと発展し、Ⅳ-3b・3a、Ⅳ-2、Ⅳ-1の各期に継続して行く。次のⅢ層はユニットも少なくＡ型を欠いている。

このような傾向をみるかぎり、野川遺跡はIV層の時期がもっともセツルメントの発達した様相を示している。またこの時期はナイフ形石器が盛行する野川I期に相当している。舌状台地の上面におけるユニットの分布は、大まかに台地先端部にむかって弧状に張り出す形をとるとともに、その内側は空間部の広場を形成する事が理解されたのである。

　今まで旧石器時代遺跡の発掘は、包含部が深いという事もあって広く調査されることが少なく、ましてや1つの台地を上から下まで全掘する事など、考えも及ばないことであった。しかし、緊急調査では調査と引換えに遺跡の消滅という高い代償を払う訳ではあるが、その反面、遺跡を記録で残すために、こうした大規模で、緻密、かつ組織的な発掘調査を可能にしたともいえよう。

(2) 最古の石器群の追求——西之台遺跡B地点

A. 武蔵野段丘上の遺跡

　野川遺跡の成果は、その直前に実施された神奈川県月見野遺跡群の結果と合わせて、日本の旧石器時代研究史において画期的な変革をもたらした。戸沢充則のいう「月見野・野川以前」「以後」という評価（戸沢1900）は、岩宿遺跡の発見に継ぐ大きなできごとであったといっても過言ではない。しかし、月見野遺跡群がもたらした成果は、遺跡の動態を追求したのに対し、野川遺跡は1遺跡に展開された生活史の復元という観点であり、その成果の方向性は少し異なっていた。またそれと同時に、両遺跡が位置する相模野台地（月見野）と武蔵野台地（野川遺跡）における層準の対比、石器群の比較研究に論争が生じた。相模野台地では石器群が立川期のみならず武蔵野期までにも連綿と出土し、その中には立派なナイフ形石器も存在するというもので、その論拠は火山灰研究者による層準の認定が基礎になっていた。しかし、武蔵野台地にみられる層準と石器群の変遷段階などを調べると、相模野台地の編年観は全体的に新しくなることが判明してきた。つまり、両台地は石器群において共通した発展過程を示していたのである。従来の火山灰層準をより新しく訂正する事で、この矛盾は解明したのである。

　この論争を裏づけたのが、野川遺跡の対岸に発達するより高位面の武蔵野段丘上の遺跡であった。立川・武蔵野の両ロームを厚く乗せる国分寺線上には、立川段丘面より多くの遺跡が存在しており、いくつかの遺跡からは旧石器時代の資料が層位的に発掘されている。そして、野川遺跡の研究をより補強したのが、引き続き発掘された国際基督教大学構内遺跡第15地点（Kidder・小山・小田・及川1972）と小金井市平代坂遺跡（小田・Keally 1974）であり、その後の武蔵野台地編年の確立をはたしたのが、小金井市の西之台遺跡B地点（小田・Keally 1974、小田編1980）であった。

B. 礫群と配石を考える

　西之台B遺跡は、昭和48・49年（1973・74）にかけて大規模な発掘が実施され、立川ローム第III層から第X層までの中に、合計13枚に及ぶ旧石器時代文化層が確認された。この遺跡でまず注目されたのは「礫群」とよばれる拳大の河原石を集合させた遺構と、幼児頭大の大形石を

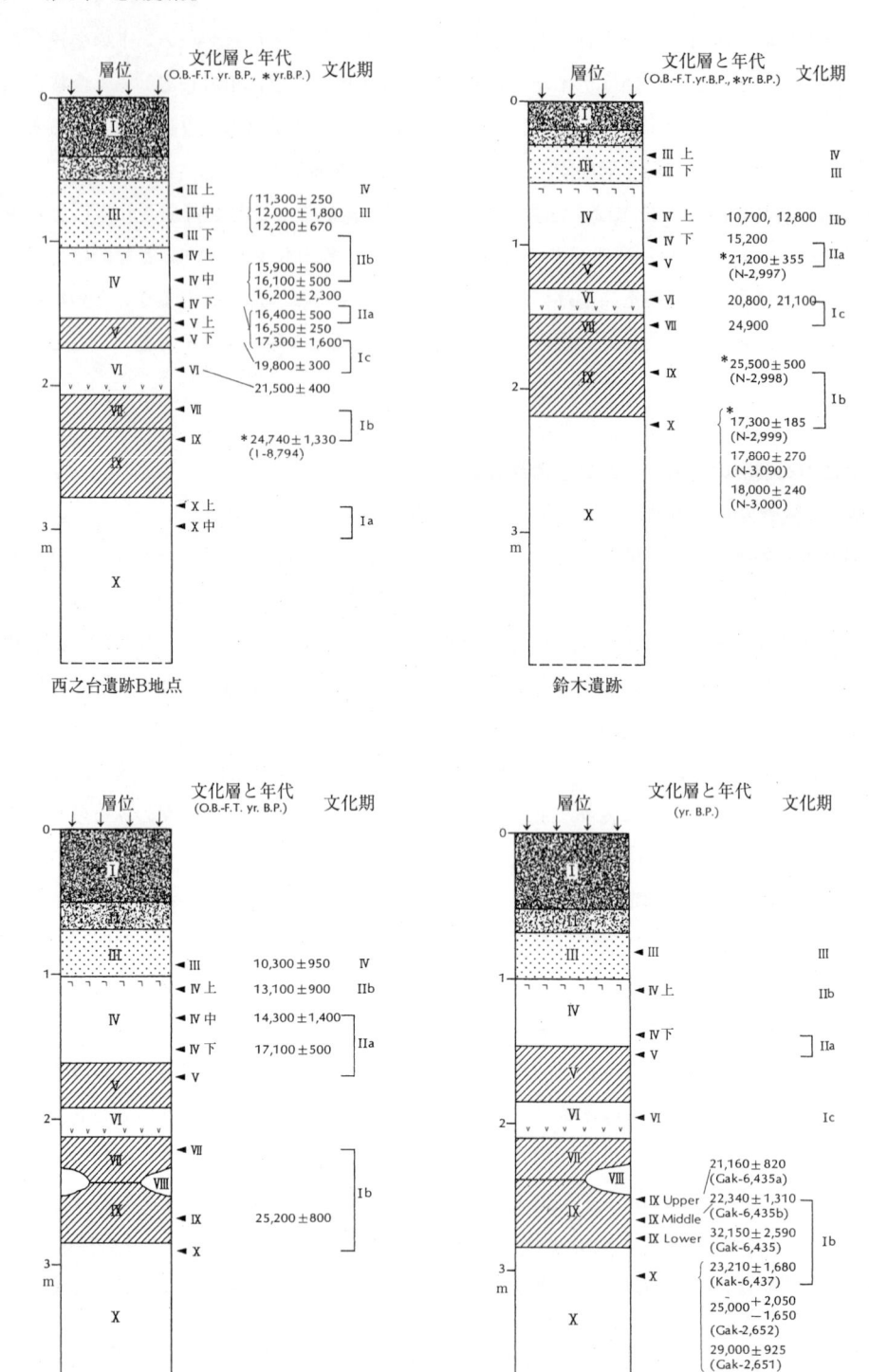

図 195 武蔵野台地の旧石器時代主要遺跡（赤澤・小田・山中 1980）

配した「配石」が多く存在した事である。旧石器時代の遺跡から石器・剥片類とともに自然礫が多数伴出する事は研究史の当初から囁かれ、1951年（昭和26）の東京都板橋区茂呂遺跡の発掘では、こうした礫群が「調理」と関係するものではと推察されていた（杉原・吉田・芹沢1959）。この礫群の研究を前進させた調査に月見野遺跡群と野川遺跡を挙げることができる。とくに野川遺跡では、礫の理化学的分析を行い赤化した礫の表面は600度以上の熱を受けた結果である事を突きとめている（小林・小田他1971：238－239）。また、礫群は層位的に各時期に存在するのではなく、配石と相補的に出現頻度を違えている事実も判明したのである。したがって西之台遺跡B地点での層位的な礫群と配石の分析は、遺跡発掘の重要なテーマになっていたのである。それにはまず礫群の記録方法が検討された。野川遺跡では発掘時の礫の表面に（×）印を付け、裏表の確認ができるようにしたが、西之台B遺跡では印を矢印（→）に変え、遺物の向き（方向、例：東西南北など）も判別できるようにした。室内での解析は、スス・タール状付着物の有無、付着部位、礫の赤化、破損度、接合関係など考えられる項目を、時間をかけて記録化した。こうして、遺跡から頻繁に発見される礫群についての取り組み方が、この頃を境にして細かく整備されて行った。ちなみに、現在では礫群の機能については火が関与した調理施設の道具という解釈が一般的である。

配石に関する研究は礫群に比較すると少ない。それは礫群のように独立した形で存在するのではなく、石器・剥片類分布の一部であることや、あまり定形化した配置がみられない状態で発見されることが多いためでもある。しかし、配石は武蔵野台地の旧石器時代遺跡において、礫群の盛行する時期（第IV層）にはみられず、礫群の盛行以前（第V～第X層）と以後（第III層）に特徴的に存在する意味は重要な点で、この有無が何を意味するのか今後に残された課題の1つである。ただ配石の一部に板状の台石があったり、火熱を受けた大形礫の混在も認められる事から、厨房的な場としての機能をもち合わせている可能性も大きい。これが料理用と推定される礫群のあり方と相補的な関係をもつ事への説明になり得ないだろうか。

　　C．立川ローム層第X層文化

西之台B遺跡で発見された13枚の石器群においてローム最上部の第III上層文化は、大形両面調整尖頭器と礫器にその特徴を示す野川III期の石器群であった。次のIII中層文化では、細石刃、細石刃核が出土する。これは野川IIIとII期の間を埋める資料の新発見である。III下層文化は、大形幅広剥片を主体とした細石刃石器群と、ナイフ形石器を保有する石器群の中間に位置するものである。これはIV上層文化からナイフ形石器が特徴的に伴う野川II期に入る。野川遺跡では、IV―4層文化がナイフ形石器の出現期であったが、ここではもっと深いIX層文化にまで連綿と発見され出した。つまり、野川遺跡I期にもナイフ形石器が存在していたのである。しかし、野川遺跡で設定されたII期とI期の石器群系統の差異が、西之台遺跡B地点でも認められ、この境界線はナイフ形石器の有無を超越して設定出来る事実が確認された。そして、黒色帯IIの下層に当たる第X層中に上下2枚の未知の文化層が横たわっているのが発見された。

第X層に石器が出土したのは、1971年（昭和46）の平代坂遺跡（小田・Keally 1974）の調査が

最初である。この時はスクレブラと呼ばれた卵形の石器が1点単独に出土しただけであったが、その後練馬区栗原遺跡（小田1976b）で刃部磨製の石斧、礫器などが少量発見され、立川ローム層下層部分にまで、石器文化が包含されている事が判明してきた。

　西之台遺跡B地点のX層文化は、最古の旧石器文化の追求初期における、もっとも確実で内容の豊富な資料を提供したのである。また、第X層の中にも何枚かの重複する石器群の存在を暗示するかのように、より上部のX上層文化と、中部のX中層文化に分かれて出土している。第X上層文化は227点の石器が出土し、大形の礫器類と小形の剥片石器類の共存が特徴であった。礫器は河原礫をそのまま利用した例と、石材の節理面で破れた大形剥片の一端に刃部を作成したものとに分かれている。小形剥片石器は不定形の剥片の尖頭部にわずかな整形を施し、錐状に尖らせたもの、剥片の一部に細かなスクレイパー・エッジが形成されたものなどがあった。この第X層文化の石器群はその特異な石器組成、石器製作技術など今までの上層に発見されるものとかなり様相が異なっている。しかも、平代坂や栗原遺跡の石器群にも似ていない。

　この事実は、のちに中山谷、はけうえ、鈴木、高井戸東、府中市武蔵台遺跡の発掘にも、もちこされ、「二系統の石器文化」の存在する可能性が指摘されている。西之台遺跡B地点第X中層文化は、1点の小形両刃礫器と礫の分布が認められたにすぎなかった。

　南関東地方で始まった新しい旧石器時代研究の波は、月見野遺跡群（月見野遺跡群調査団1969）の大規模発掘調査が引き金となり、野川遺跡でその実践が試みられた。その後、西之台遺跡B地点などの多層遺跡の発掘で、立川ローム層中に20枚近くの石器群様相がひそんでいる可能性が把握される事となったのである。しかも、遺跡の調査に自然科学的手法が多用され、第四紀学としての総合的研究方法の一般化を促進させる気運を生みだしたのも、「月見野・野川以後」の成果であった。

3　編年の幕開け

（1）　多層遺跡による編年——月見野遺跡群
A．相模野台地の遺跡群

　1963年（昭和38）6月、相模湾に接する神奈川県藤沢市旧藤沢飛行場跡地で大規模な発掘調査が開始された。この調査に参加していた筆者は、この「稲荷台遺跡」と呼ばれた相模野台地において旧石器時代遺跡の探索を開始した。ちょうど稲荷台遺跡S地点周辺にはローム層の露頭断面が広範囲に存在していた。その断面を観察すると、表土近くには黒色土が厚く堆積しその下には「関東ローム層」が4～5mも続いていた。ローム中に武蔵野台地と同様な上下2枚の「暗色帯（黒バンド）」が確認された。

　旧石器は上方の暗色帯に1ヵ所（S1地点）また暗色帯上部のローム硬質部に2ヵ所（S2・S3地点）存在していた。そして、S3地点は8月に発掘調査が実施された（小田1965）。この稲荷台遺跡S地点の調査時には、まだ相模野台地において旧石器時代遺跡の発掘は1～2ヵ所を数える

のみであった。
　一方、1960年（昭和35）頃から数年にわたって、岡本勇、松沢亜生は、相模原市を中心に旧石器時代の遺跡分布調査活動を精力的に進め、44ヵ所56地点で石器・剥片ないし焼礫の検出に成功している（岡本・松沢1965）。
　このように、相模野台地の旧石器時代遺跡は、台地を刻む中・小河川に沿うように分布しており台地中央の平坦部に残されることなく、段丘崖の小さな張り出し部分が主要な立地部分である事を指摘した。また、いくつかの地点では複数の遺物包含状態を観察しており、この地域が層位的な関係で石器群をとらえるのに絶好の場所としてクローズアップされたのである。
　1967年（昭和42）になって、相模野研究グループ（相模野考古学研究会）が、当時急激に進み出した大規模土地開発による造成露頭の踏査を開始した。翌68年、引地川、本蓼川、綾瀬川を重点的に調査する中で、大規模宅地造成工事が進行中の目黒川中流域の約2km範囲で18ヵ所の旧石器時代遺跡を確認した。これが「月見野遺跡群」の発見である。そして、遺跡の破壊が時間の問題であった事から、発掘は1968・69年（昭和43・44）の2回わたり、戸沢充則、安蒜政雄らが中心となって実施された（月見野遺跡群調査団1969）。

　B.10遺跡17文化層
　神奈川県月見野遺跡の10遺跡は、相模野台地の整然とした厚い層序堆積環境の下で、立川ローム層中に何枚もの文化層重複がみられたのである。月見野遺跡群が所在する段丘の相模原面は、武蔵野面に相当し立川ローム層と武蔵野ローム層が堆積している。その層準は表土黒色土の下に軟質のローム、硬質のロームが続き、暗色帯0・1・2上下・3・4が、それぞれ硬質ローム部を介在させて認められている。この層準までが立川ローム相当層である。ロームの厚さは約7m以上にも達し武蔵野台地の立川ローム平均層厚約3mの倍以上であった。
　相模野台地の旧石器時代遺跡群の研究当初には、石器群は立川ローム期以前の武蔵野ローム層準にも出土すると考えられていた。その根拠は、地質学者によって暗色帯Ⅲ中の土壌の波状部が、立川・武蔵野期の境界と認定されていたからである。したがって、暗色帯Ⅲ下部およびそれ以下の層準の石器は武蔵野期とされたのである。しかし問題は、武蔵野台地の石器包含層との対比に矛盾をきたししばらくの論争を経て、石器のすべてが立川期以降に含まれるものであって、武蔵野期までさかのぼるものではないという事で決着が着いたのである（小林・小田他1971）。結局、月見野遺跡群10遺跡ではローム軟質部から暗色帯下半部にかけて17の石器群が検出されたのである。各文化層の石器群は多くの槍先形尖頭器と各種ナイフ形石器によって特徴づけられる。中でも槍先形尖頭器が層位的に4枚の文化層にわたって存在する事実は、この種の石器の変遷を知る上で重要な資料を提供したといえよう。
　また、ナイフ形石器も文化層が確認されたすべての石器群に伴出しており、槍先形尖頭器との関わりで大きな役割をはたすものであった。さらに石器群中の槍先形尖頭器については、その編年的、型式学的な変化の問題のみならず槍先という道具の出現により、当時の狩猟活動の内容にまで関わるという重要な意味をも示唆している事を理解しなければならない。

530　第 6 章　地域史研究

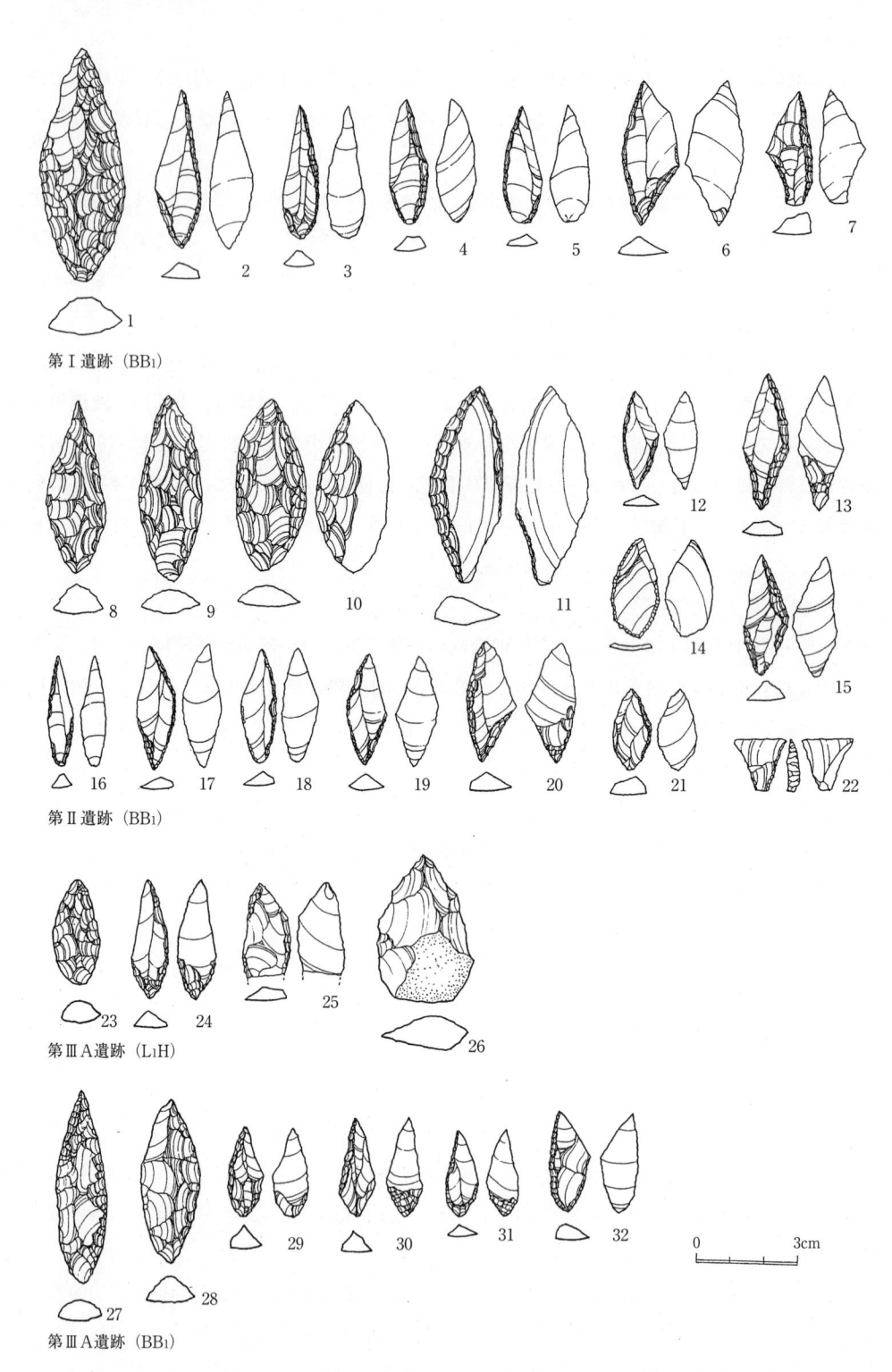

第Ⅰ遺跡（BB₁）

第Ⅱ遺跡（BB₁）

第ⅢA遺跡（L₁H）

第ⅢA遺跡（BB₁）

図 196　月見野遺跡群の石器（月見野遺跡調査団編　1968）

1. 関東・中部の旧石器文化　531

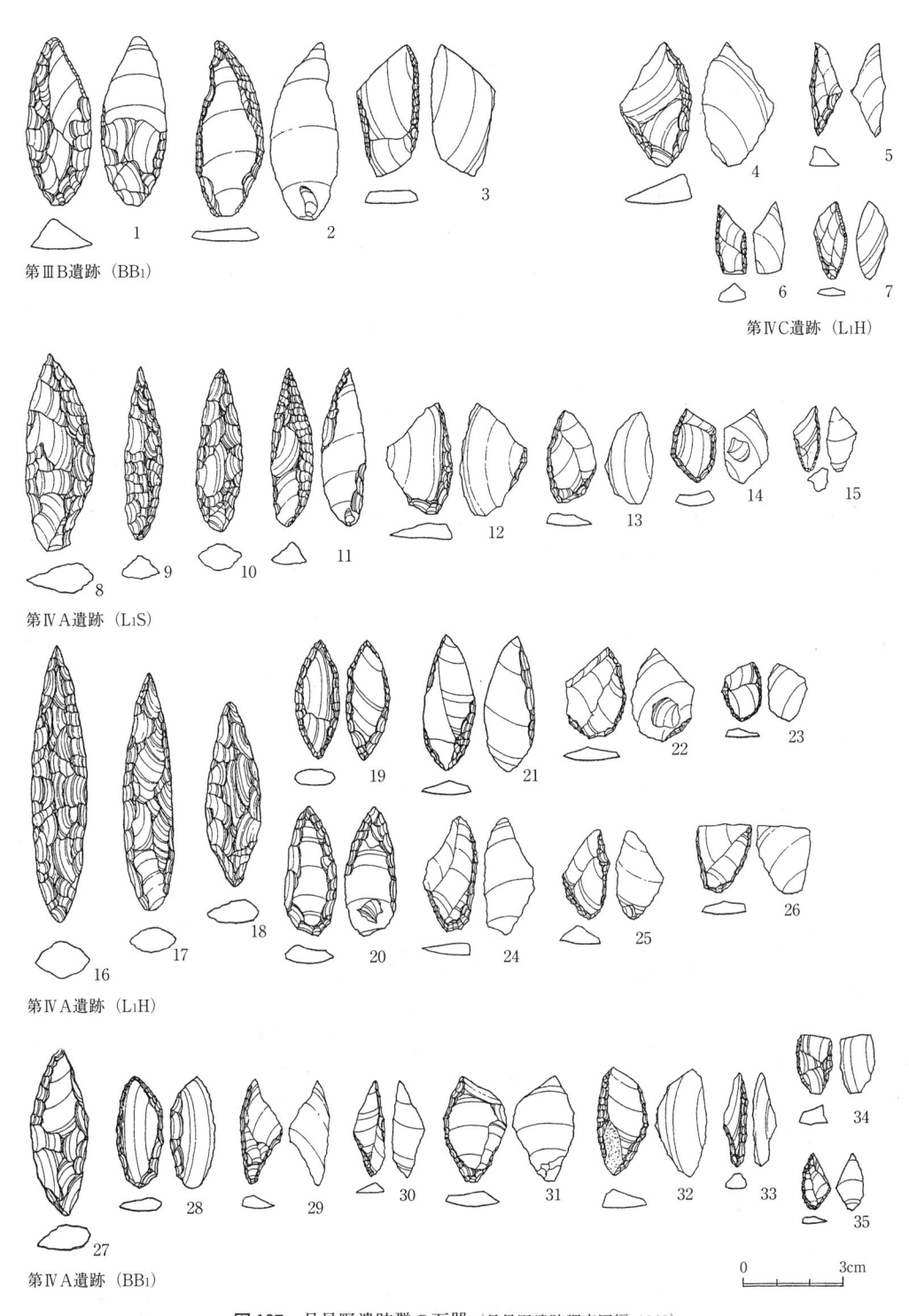

第ⅢB遺跡（BB₁）

第ⅣC遺跡（L₁H）

第ⅣA遺跡（L₁S）

第ⅣA遺跡（L₁H）

第ⅣA遺跡（BB₁）

図197　月見野遺跡群の石器（月見野遺跡調査団編　1968）

（2） 旧石器時代の生活集団

A．ブロックとブロック群

　日本の旧石器時代遺跡からは、諸外国に発見されるような化石骨などの有機物質は、酸性の火山灰中では残り難い。したがって、石器・剥片、礫などの石製遺物が中心である。石器・剥片類は遺跡の中である限定されたいくつかの場所から集中した状態で出土する。また、拳大の大きさの礫が集中した礫群や、幼児頭大の大形礫を点在させた配石遺構なども発見される。しかし、縄文時代に一般的に認められる竪穴状の住居址や、土壙、焼土を持つ炉址などの検出は今のところ稀である。こうした日本の状況から、遺跡中の具体的な生活を復元する手掛かりとして、遺物の集中したひとまとまりの単位が取り扱われているのである。

　月見野遺跡群において、この遺物分布集中部は「ブロック（地点分布）」と呼ばれる。発掘された17枚の文化層面には、それぞれ数ヶ所以上のブロックが分布していたが、最大の規模を有していたのは、第IIIC遺跡下層文化の11ヵ所であった。こうしたブロックの詳細な分析は埼玉県砂川遺跡で追跡されており、数個のブロックがたがいに有機的に関係して、単位的まとまりを形成している事が理解される。また、砂川遺跡では3つのブロックを1単位にした最小のブロック群の存在を確認している。

　3ブロック1単位という事実は、この月見野IIIC遺跡でも認められるようで、11ヵ所のブロック中9ヵ所に個体別石器資料の共有があり、この9ヵ所が3ヵ所づつのブロック群として、分けられたのである。単一のブロック群はそこに生活した単位集団を表わし、単一のブロック群が残されている遺跡は、1単位集団の生活が展開された場所と考えられるという。しかし、複数のブロック群が存在している遺跡は、1単位集団が数次にわたって生活したのか、または複数の単位集団が同時に住んでいたのか、問題が残される。

B．旧石器時代の「ムラ」

　月見野遺跡群のブロックの分析として同一文化層中のブロック群の数、つまり、単位集団の生活回数を基準として、4つのムラの存在を想定した。

　第1は単位集団のムラで、1単位集団が生活をおくったもの、第2は集合集団型のムラで、複数の単位集団が集結して同時に生活をおくったもの、第3は単位集団数次型のムラで、同一の単位集団が数回にわたって生活をおくったもの、第4は集合集団数次型のムラで、同時に集結した複数の集団が数回にわたって生活をおくったものである。

　旧石器時代は狩猟、採集を中心にした経済を基盤にし、人びとは移動生活によって食料の確保が成り立っていたと考えられている。したがって、各遺跡に残された文化層中のブロックやブロック群、それに複数の文化層のあり方などは、当時の人びとの地域における移動生活の動態が反映した結果であろう。

　月見野遺跡群が存在する相模野台地は、ローム層の堆積も厚くかつ鍵層の存在も多い。この事が幸いして旧石器時代の石器群の変遷や、層準別遺跡数が細かく把握される地域である。現在、数百ヵ所の旧石器時代遺跡が確認されており、遺跡数の時期的増減関係が論じられている。それ

によると、遺跡数と遺跡のあり方においてその増減は単純遺跡数の多寡に影響されているという。つまり、時期的な遺跡数の増加は複合遺跡を集合する形で残された集団が、単純遺跡を残す形で分散した結果であり、減少は単純遺跡を残した集団が複合遺跡を残した集団と集合したことによるという考え方もある。

こうした観点からすれば、移動生活は何回にもわたって周回したいくつかの単位的な区域を保持していたことが読み取れるのである。それぞれの遺跡ブロック群の違いは、異なった性格の「ムラ」の存在を意味するものであろう（安蒜 1978、戸沢 1979）。

4　ナイフ形石器と東日本石刃文化

(1)　柳葉形のナイフ形石器——杉久保遺跡

A．湖底の遺跡

1953年（昭和28）夏芹沢長介と麻生優は、上水内郡信濃町野尻湖西岸の池田寅之助宅で1931年（昭和6）頃から集められた多数の遺物を実見した。採集遺物の大半は縄文・弥生時代のものであったが、その中に硬質頁岩を用いた優美な旧石器があった。真正の石刃、石刃から作られた柳の葉のようなナイフ形石器、独特の手法による彫刻刀形石器など、今まで関東地方で発見されたどの石器よりも見事な形態をした石器で、ヨーロッパの旧石器資料をみるようであったという（芹沢・麻生 1953）。

池田の説明によると、これらの石器は野尻湖底の杉久保と呼ばれる地点から採集したという。しかも、その場所は普段は湖底で、水位の低下する早春の短期間だけ陸地になる所であり、石器の分布する範囲は限られた小部分であるという。

芹沢は翌春にこの杉久保遺跡を試掘したが、包含層を確認するにいたらなかった。1962年（昭和37）3月になって、野尻湖出土のナウマンゾウ化石および旧石器時代遺物産出層の総合調査が信州ローム研究会と豊野層団体研究グループによって開始された。この調査で1962・1965年、そして73年と計5次にわたり、杉久保地点の発掘調査が実施され、その間1965年には、町営駐車場の建設によってA・C地点が埋め立てられる事になったため、緊急調査が実施されている。

これまでの6回の調査によって、杉久保遺跡には、A〜Dの地点が存在する事と、A地点の発掘成果としてAⅠ、AⅡ、AⅢ群という層位的な石器群変遷の確認があった。さらにA先（プレ）Ⅰ群と呼べる原始的な石器が、AⅠ群より下層に埋没しているのが予想されたのである。

杉久保A先Ⅰ群は、現湖底面下約3.7mの深部に発見された石器類である。礫器と粗雑な不定形剥片の周縁部に粗い加工を施した石器、剥片が11点みつかっている。この石器を包含していた地層は灰白色の砂礫質粘土層であり、この上部に植物遺体を多量に含むマツカサ層Ⅰが堆積している。この層の ^{14}C 年代は、$17,700 \pm 500$（Gak-812）年前である。

杉久保AⅠ群は、マツカサ層Ⅰの上部の青灰色粘土層中に包含されている。杉久保遺跡をもっ

534　第6章　地域史研究

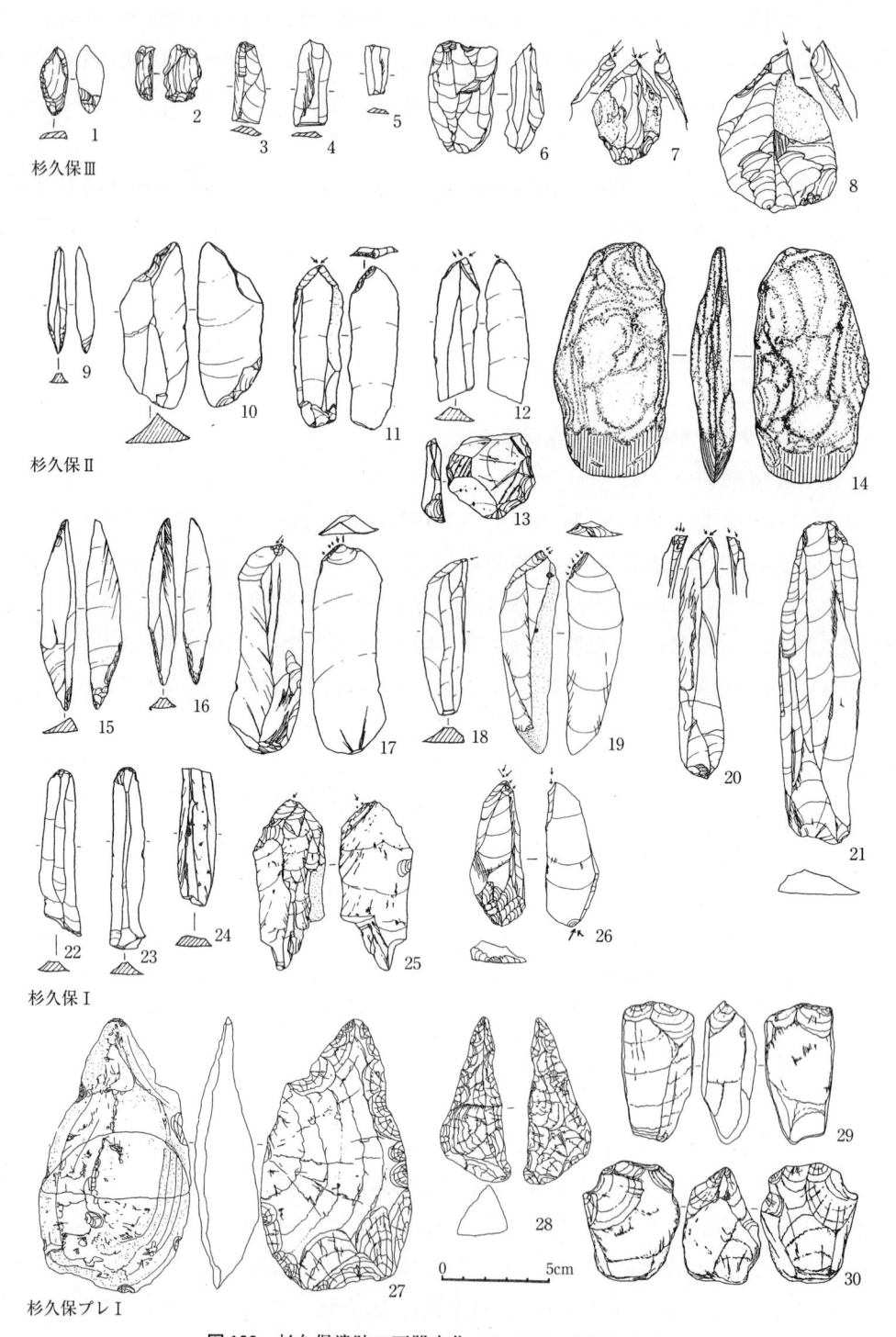

杉久保Ⅲ

杉久保Ⅱ

杉久保Ⅰ

杉久保プレⅠ

図198　杉久保遺跡の石器文化（林・樋口・森嶋他 1970）

とも特徴づける石器群は、真正の石刃技法から作り出された石刃を用いナイフ形石器彫器を多出する。このナイフ形石器は、杉久保型と呼ばれ標準資料となっている。彫器は後に新潟県神山遺跡で命名される神山型彫器が伴っている。

杉久保 AII 群は、粘土層上の褐色砂礫層の中下地から出土する。石器が AI 群に比べ小形化する。ナイフ形石器、彫器、掻器を伴うが局部磨製石斧の出土は画期的であった。

当時、日本の旧石器時代文化に磨製の石器が存在する可能性が指摘され、その意義づけに学界は沸いていたのである。こうした論争の中で杉久保の AII の局部磨製石斧は、旧石器時代に確固たる磨製石器の存在を位置づけたものとして大きな意味をもつといえよう。

杉久保 AIII 群は、AII 群の包含部より 10cm 上部に出土した。杉久保型のナイフ形石器に代わって切出し形のナイフ形石器が伴い彫器にも神山型がみられない。石器は全体に AII よりさらに小形になり、石刃技法によって剥離した石刃素材をあまり使っていない。

しかし、小形石刃は残されており石刃技法がまだ根底に存在する事がうかがえる。また、第 5 次調査時に、これと同層準から尖頭器の出土があり、AIII 群の石器組成として尖頭器の伴出がもたらされたのである（林・樋口・森嶋他 1970）。

B. ナイフ形石器の発見

岩宿遺跡の発掘によって上下 2 枚の石器文化がローム層中に発見された。ここでの上層文化（岩宿 II）には当時、切出し型石器とよばれた特殊な石器が存在していたが、現在では所謂ナイフ形石器の一種といわれる。しかし、研究史の中でナイフ形石器とよばれる形式の石器が初めて登場するのは、岩宿発掘 2 年後の 1951 年（昭和 26）7 月であった。吉田格、芹沢長介は、瀧澤浩の発見した東京都板橋区茂呂遺跡を発掘調査した（杉原・吉田・芹沢 1959）。この発掘は東京地方の旧石器時代遺跡最初の調査として周知されているものである。出土した石器は黒曜石を主体にし、拳大の河原石の密集した礫群が 2 ヵ所存在していた。石器の中には剥片の側辺と基部とに急角度の細かい剥離を加えて形を整えたものがあり、芹沢はこの石器の形が西洋ナイフの身によく似ている事から、「ナイフ・ブレイド」とよんだのである。茂呂遺跡と同形態のナイフ形石器は 1954 年（昭和 29）11 月に諏訪清陵高校生の松沢亜生によって発見された。また、長野県諏訪市茶臼山遺跡からも確認された（藤森・戸沢 1962）。さらに、関東周辺でも単独採集例が発見され、その分布が関東および中部地方の一部まで包括することも判明した。

一方、野尻湖底杉久保で採集されたナイフ形石器は、茂呂遺跡のものに比べ素材や加工方法などに大きな特徴を持っていることから、芹沢は「杉久保型ナイフ」という名称を与えた。それは真正の石刃核から剥がされた石刃を素材として、先端も基部もともに細く尖らせた柳葉形を呈するもので、やはり石刃の一側縁をそのまま残して鋭い刃部とし、他の側辺と基部とを刃潰し整形したものであった。

この杉久保型ナイフ形石器の分布を追うと、長野県北部から新潟県、秋田県、青森県を含む東北日本にその中心があるらしいことが判ってきた。したがって、茂呂遺跡で発見された黒曜石を主体にしたナイフ形石器を「茂呂型ナイフ」とし、この杉久保遺跡出土の硬質頁岩製ナイフ形石

器を「杉久保型ナイフ」として区別することが定着した。

その後、大阪府藤井寺市国府遺跡でサヌカイトを中心にした「国府型ナイフ」が登場し、日本列島に、素材、技法、分布を違えて、3種類のナイフ形石器の存在することが確認された。

(2) 新タイプの彫器——神山遺跡

A. 段丘上の遺跡

信濃川東岸の苗場山の形成する中津川と清津川に挟まれた扇状傾斜地は、津南段丘と呼ばれる。新旧5段の発達が信濃川沿いにみられ、これらの段丘面上には低い方から縄文草創期の本ノ木遺跡、旧石器時代の楢の木平、神山、貝坂遺跡が存在している。

新潟県中魚沼郡津南町神山遺跡の調査は、地元の石沢寅二らがブレイドとナイフ形石器を採集し芹沢長介に知らせたことに始まる。1958年（昭和33）9月に発掘調査が行われ、黒色土層下のローム層中から300点近い石器類が出土した（芹沢・中村・麻生1959）。

石器の種類としてはナイフ形石器22、彫器31、掻器2、磨石2、石刃126、石核8点他という組成であった。

ナイフ形石器は、整った石刃を素材として柳葉に仕上げられた杉久保型であり、刃潰し加工部位によって、a・b・cの3種に細分されている。a形は先端の尖った石刃を用い基部だけに加工したもので、b形は基部と先端部の片側に加工したものである。c形は背部と基部の加工はb形と同じであるが、先端部の加工が横に切断されているものである。ナイフ形石器の原材は頁岩がもっとも多く、ついで黒曜石、安山岩となっている。

神山遺跡を最も特徴づける石器は、何といっても「神山型彫器」の発見である。この彫器は31点出土しており、背面と彫刻刀面との違いによって2種に分類された。

その1つは、背面と彫刻刀面とが約90度をなして交わるものと、他の1つはその交わりが約45度を呈するものである。前者はこれまで日本で発見されているものに多く存在し、単打形、ネジ回し形、片側面取り形などとよばれる角形の彫器である。後者は、この遺跡で初めてその特徴が判明した彫器で、背面にも細かい剥離が加えられ、彫刻刀面を上から覗くと、稜線がZ形を呈しており、芹沢は、この後者の彫器に対し「神山型彫刻刀」と命名している。その後、この神山型彫器と杉久保型ナイフ形石器とは必ずセットで発見されることが判明した。

B. 遺物の出土分布状況

神山遺跡の発掘成果が、神山型彫器の発見や、杉久保型ナイフ形石器文化の把握にあったことは、よく知られているが、もう1つ重要な問題の提起があった。

通常、旧石器時代の遺跡から遺物が出土する場合、ある限定された範囲にまとまって発見されるという事実がある。神山遺跡では、Aトレンチから直径4mと3mの楕円形をした石器の分布と、Bトレンチから4m弱の不整円形の石器分布が認められている。A1、A2、B群と呼ばれたこの石器集中部は、それぞれ4〜5mの間隔をおいて分布する。各群の石器組成、石材等が分析された結果、こうした遺物の分布状況は当時の住居に関係するものと指摘された。

1．関東・中部の旧石器文化 537

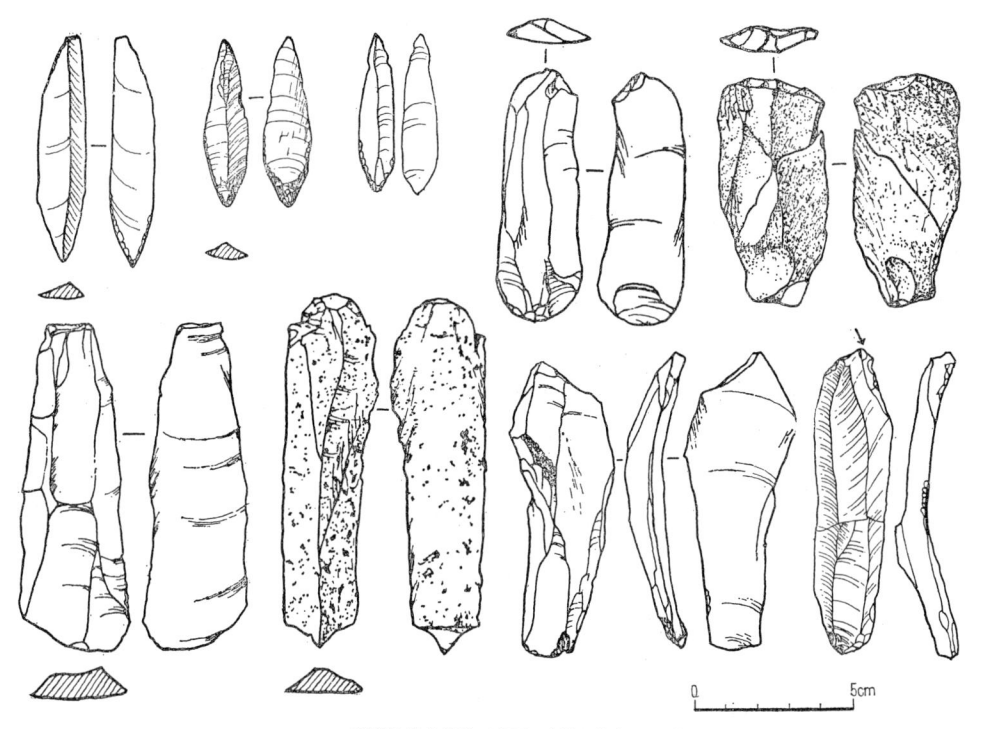

a：新潟県神山遺跡（芹沢・中村・麻生　1959）

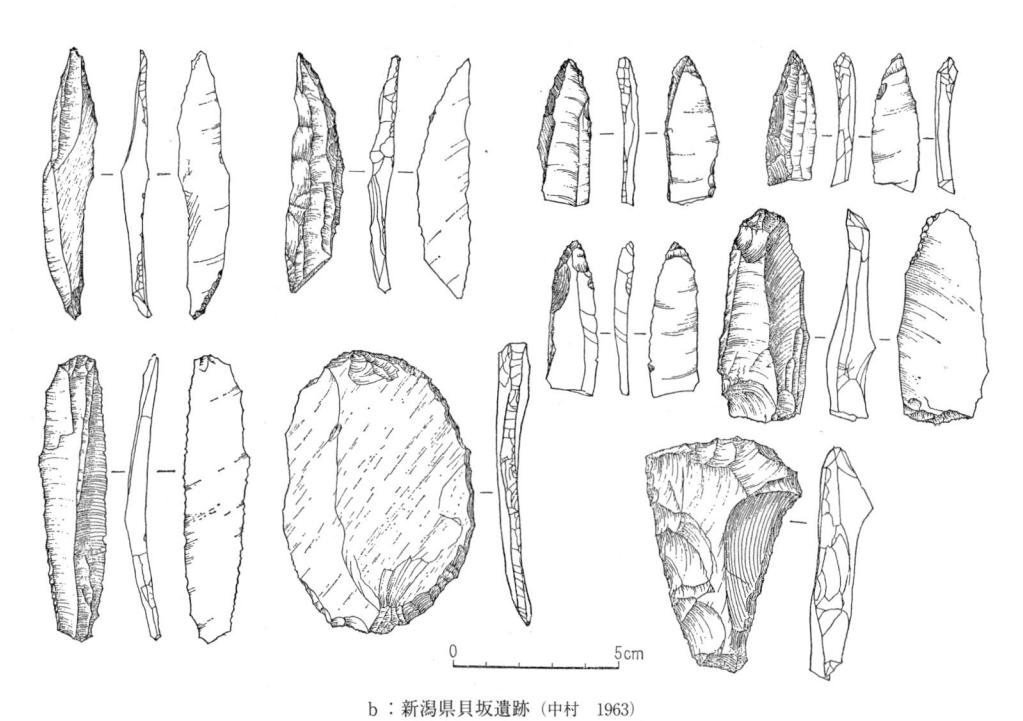

b：新潟県貝坂遺跡（中村　1963）
図199　杉久保型ナイフ形石器文化の石器群

旧石器時代の遺跡において出土する遺物の分布が狭い範囲に偏在していることは、すでに岩宿遺跡で経験されている。東京都茂呂遺跡で初めて、そうした集中する遺物を群として把握する方向性が示されたのである。

　また、先に調査された同じ段丘上の新潟県貝坂遺跡では2地点の遺物密集地が石器製作の行われた場所と住居的場所とに区別して理解されたのである。

　これは、セツルメント・パターン研究の普及より20年以上も前に、このような視点が遺跡発掘に芽生えていたことを示すもので特筆に値するものであった。

(3) ナイフ形石器文化の広がり——貝坂遺跡

A. 1片の「石刃」の発見

　越後の石器時代の追跡をしていた中村孝三郎は、1951年（昭和26）以来信濃川流域の遺跡の分布調査をしていた。信濃の千曲川は越後に入ると信濃川とよばれ、信越国境近くの中魚沼郡辺りでは、東岸に発達した河岸段丘面が形成されている。この津南段丘の4番目の高位面に貝坂遺跡（新潟県中魚沼郡津南町）が存在している。

　1954年（昭和29）8月、中村は1片の黒曜石製石刃をこの場所で採集した。ついで55年9月にも石刃を見つけ旧石器時代遺跡の存在を確認するにいたった。1957年7月、発掘調査が実施され、これが越後における旧石器時代遺跡の最初の発掘になったのである（中村・小林1963）。

　貝坂遺跡から出土した石器は、ナイフ形石器26、彫器15、石刃91、抉り入り削器1、不定形石器12、石片46点の計191点であった。ナイフ形石器は石刃を用いた柳葉形の杉久保型で破損例が大半であった。彫器は3種類認められたがいずれも後に、神山遺跡で命名された「杉久保型」が主体であった。石刃は長さ7〜8cm位のもの4cm未満のものに分けられ、前者の大きさの石刃が中心である。石刃核の発見は少ないが石刃は本格的な技術で作られていることから、石刃技法の盛行期の所産と考えられよう。

　石器に使用された石材は、神山遺跡と似て4種程度の石質が共存しているが、貝坂遺跡が輝緑凝灰岩と黒曜石が主体であるのに対し、神山遺跡では硬質頁岩と安山岩が中心であった。同一段丘同一石器文化の両者に、こうした石材の利用差異を生じさせた要因は何であったのか疑問が残る。

B. 東日本に広がる石刃文化圏

　杉久保、貝坂、神山遺跡と、杉久保型ナイフ形石器文化の遺跡が調査されこの石器群の内容が少しずつ判明して来た。石器組成は杉久保型ナイフ形石器と神山型彫器の伴出に特徴をもつが、掻器の発達がみられない。石刃は10cm前後の中形例が多くナイフ形石器、彫器に利用されている。石器の原材は硬質頁岩を主体とするが、輝緑凝灰岩、黒曜石、安山岩なども利用している。遺跡の分布は中部地方北部から東北地方に及んでおり、関東地方から中部地方南部に分布圏をもつ茂呂型ナイフ形石器文化と地域を分けて存在している事が理解された。

　一方、東北地方では、1956年に福島県成田遺跡で石刃石器の発見があり、その後のこの地方

の研究を促進させる契機となった。加藤稔は山形県を中心に旧石器時代遺跡の追求を精力的に行い、1959年の寒河江市金谷原遺跡で、多数の石刃、石刃核の発見を発表した。翌60年11月には柏倉亮吉と小国町横道遺跡を発掘し、杉久保型ナイフ形石器、神山型彫器を主体にした石刃石器群を確認し、東北地方における杉久保型石器文化の存在を確かなものにした。加藤は山形県内でさらに発掘を進め、昭和1961、64年に金谷原遺跡を再発掘し、杉久保型ナイフ形石器文化と若干内容を異にした石刃石器群を検出している。

また、1962年夏、佐々木洋治は小国町東山遺跡で杉久保型とは異なる新しい型式のナイフ形石器をとらえた。円筒形石刃核から剥離された大形石刃を素材として打面を残して加工された基部は尖ることがない。先端の刃潰し加工も少なくしかも先端には、主要剥離面とは逆の方向からの剥離面が残され刃先は平たくなっている。このナイフ形石器は芹沢長介、小林達雄により「東山型ナイフ」と呼称された。

東山型ナイフ形石器文化のたしかな内容は発見、命名と時を同じくして新庄市山屋（加藤1964）と横前遺跡の発掘を通して加藤によって明らかにされている。それは硬質頁岩を主体として、石刃技法による大形石刃の生産と短冊形を呈する東山型ナイフ形石器を特徴とし、石刃素材の縦形掻器が伴出するのである。このスクレイパーには玉髄や黒曜石を好んで使用していることも判明した。彫器の発見数は少ないが両側縁に彫刻刀面を持つ細部調整の切断面形であり、それは長野県栄村小坂遺跡で最初に注視されたため「小坂型彫刻刀」と呼ばれたのである。

東山型ナイフ形石器文化の分布は杉久保型の文化圏と同じ地域であるが、北陸や北海道にまで、その分布域が拡散しているようすが知られる。この分布はあたかも後続する細石刃文化で「湧別技法」を基調として「荒屋型彫器」を持つ舟底形細石刃文化圏に、ほぼ一致するかに見えることは注意すべき点である。

それはともかく、中部地方から東北地方さらに北海道地方にわたって、真正の石刃技法を保持した石器文化が分布していた。その中には杉久保型、金谷原型、東山型などとよばれるナイフ形石器が存在し、それらは時系列的編年関係でとらえることが可能である。日本列島は東西に長い地理的条件を保有している。ここ東日本では、西日本とはまた別のナイフ形石器文化が栄えていたのである（柏倉・加藤・宇野・佐藤1964）。

5　荒屋型彫器と細石刃文化

(1)　細石器文化圏の原点——荒屋遺跡・矢出川遺跡

A. 細石器の発見

日本列島の縄文文化の基層には、北アジアの細石器の伝統が認められると主張したのは八幡一郎であった（八幡1937）。また、渡辺仁は八幡らの細石器論を批判し、本格的な細石器は北緯40度から北側にだけ分布するもので、日本では北海道にだけその存在が認められるというものであった（渡辺1948）。これらの研究は、1935年（昭和10）から1945年の初めにかけて論じられたも

ので、まだ日本列島に本当の旧石器文化の存在が認められていなかった頃のことである。

1949年、群馬県岩宿遺跡で、関東ローム層中から未知の石器文化が発掘され、これが日本の旧石器時代文化研究の新たな出発点になったことは先述したとおりである。この岩宿の調査で、杉原荘介も相沢忠洋の採集石器から推察して、細石器が出土することを期待していたと述べている（杉原1956）。しかし、その後、調査された東京都茂呂遺跡、長野県杉久保遺跡では、ナイフ形石器を主体にした石器群が姿を現し、細石器の存否問題は依然、謎に包まれたままであった。

1953年冬、芹沢長介と岡本勇は、長野県南佐久郡川上村の由井茂也を訪ね、野辺山高原を中心に採集された多数の石器類を実見した。芹沢はその中の大形掻器に目を留め、発見地「矢出川」行きを決行するにいたった。酷寒の野辺山高原における踏査は困難をきわめたようだが、この時の試掘で1個の黒曜石製の立派な細石刃核の出土があり、日本で初めて「細石器文化」の存在をもたらしたのである（芹沢1957、1960）。

細石器の遺跡として登場した矢出川遺跡は、1954年9月と11月、そして1963年11月の3次にわたり、発掘調査が実施された。出土遺物は、多数の細石刃、細石刃核と削器、礫器などが伴出し、原材は黒曜石が主体で、頁岩、砂岩、安山岩、水晶なども使用されている。石器包含部は表土黒色土層下のローム層上部であり、旧石器終末期の所産であることが確かめられた。1979年（昭和54）から3ヵ年にわたり、明治大学考古学研究室は、この矢出川遺跡群の総合調査を実施し、考古学のみならず、地形、地質、植物、動物、古環境、人類生態、民俗等の多くの研究者による共同研究が実を結んでいる。

 B. 2つの細石刃文化の登場

1957年（昭和32）秋、地元の星野芳郎、井口通康は、新潟県川口町荒屋遺跡で硬質頁岩製の多数の石器を採集した。これらの石器はただちに芹沢にみせられ、紛れもない「細石器」である事が判明した。芹沢は石器の中に見事な彫刻刀があるのに注目し、その年の10月には現地に赴いている。

荒屋遺跡は、長野県を縦断してきた千曲川が新潟県に入り、信濃川となりさらに下って上越国境から流れてくる魚野川と合流する地点の魚野川の河岸段丘上に立地している。この段丘はローム層堆積後のある時期に形成されたもので、黒土層下にローム質黄褐色砂層が存在し石器はこの中に包含されていた。

発掘調査は翌55年4月末から5月初めにかけて行われ、出土遺物は細石刃676、石刃2、削片1,012、鏃形石器4、礫器6、石錐2、尖頭器5、彫刻刀401、掻器11、扁平石核1、舟底形細石刃核24、使用痕のある剥片45、と剥片、石屑、総計2,189点にのぼった。原材はすべて硬質頁岩を使用していた。

荒屋遺跡で確認された細石刃文化は、4年前の矢出川遺跡で発見されたものとはその内容を大きく違えていた。細石刃を主体とすることは同じであったが、石器組成が豊富であり特殊な彫刻刀が401点も出土した。また細石刃を剥がし取るための細石刃核も、矢出川では円錐形、半円錐形の小形品であったのに対し、ここでは大形で舟底形を呈していた（芹沢1959）。

1. 関東・中部の旧石器文化　541

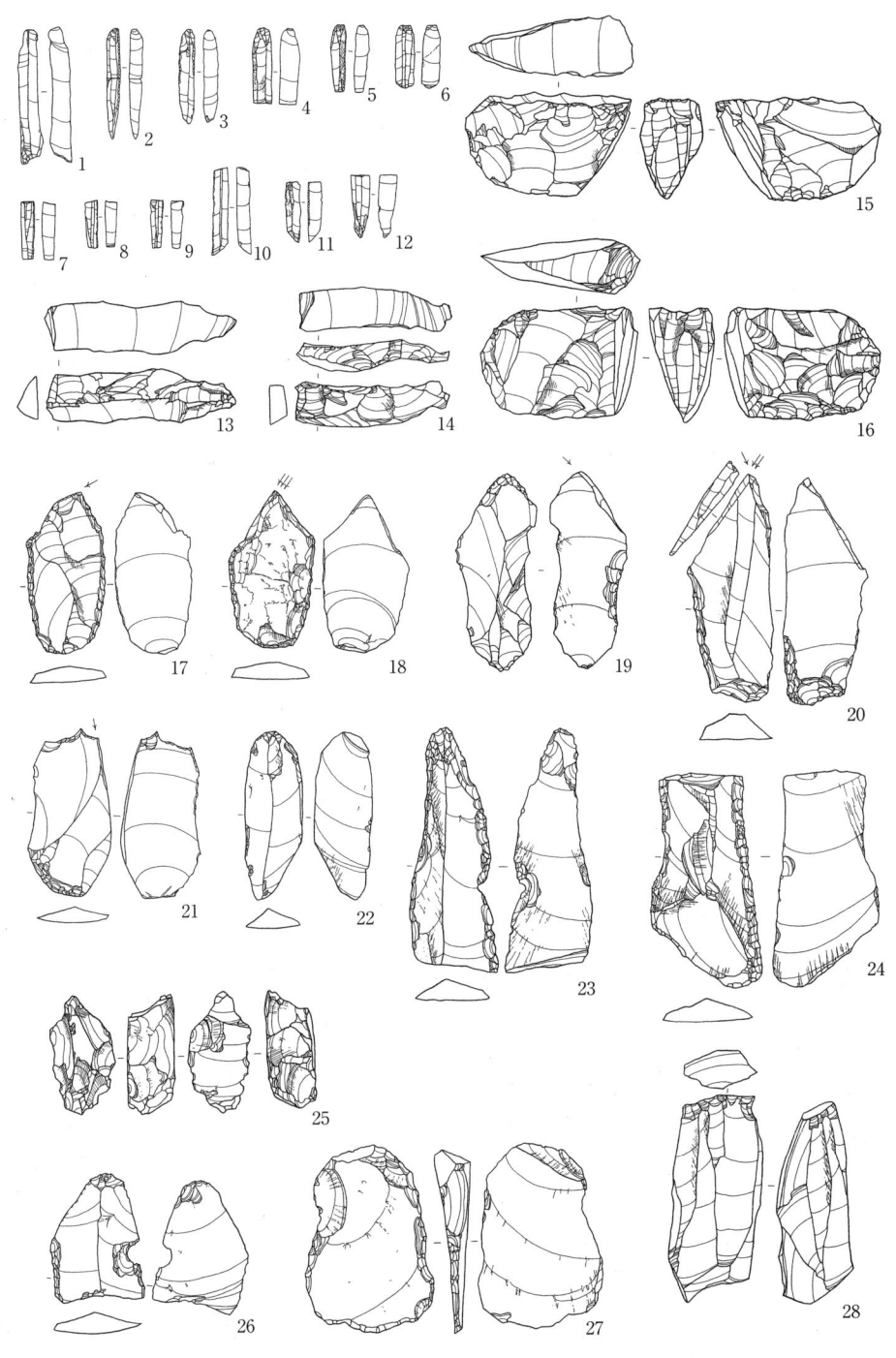

図 200　荒屋遺跡の石器群（芹沢・須藤・会田 1990）

こうして矢出川・荒屋遺跡は、同じ細石刃文化でありながら、石材、組成、技法など大きく異なった2つの石器群の存在を浮かびあがらせたのである。

　同年10月、北海道西興部村札滑遺跡でも黒曜石を主体にした荒屋とまったく同じ石器組成を示す細石刃文化が、吉崎昌一によって発掘された。芹沢はこの2つの細石刃文化も、矢出川型と荒屋型に区別し、荒屋型細石刃文化が中部地方北部から北海道までの東北日本に分布することを示唆した。

C. 荒屋型彫器の特徴と分析

　401点もの多数を数えた彫器は、次の3つの形態に分けられた。第一は背面に加工痕がなく、正面の全周辺に細かい整形を施した後、左肩に1条あるいは、2～3条の彫刻刀面を刻んだもの、第二は基部の背面にまで剥取がくわえられているもの、第三は右肩にノッチを入れその端から左肩に彫刻刀面を刻む手法で造られているものであった。

　芹沢はこの特殊な彫器に、「荒屋型彫刻刀」という名称を与えるとともに、日本全国の類似例を探す事に着手した。この後、荒屋型彫器は芹沢・吉崎の努力で北海道地方に多く分布していることが明らかにされた。

　さらに不思議なことには、黒曜石を主体にした石器群の中にあっても、荒屋型彫器だけは硬質頁岩を使用していたのである。また、北海道地方で荒屋型彫器は細石刃文化だけではなく、後続の「有舌尖頭器文化」にも伴う事実が判明し、この彫器の広がりが時間差をももっていることが、確かめられるにいたったのである。

　そして、加藤晋平は広くアジアの細石刃文化を展望するなかで、この荒屋型彫器は石器本体の長軸に対して、直角に近い角度で彫器作製の削片が剥離されるところに特徴があり、「横断刻面型彫器（トランスヴァーサル・グレィヴァー）」と呼称した方がよいと提唱した。そして、横断刻面型彫器は、北アジアでは、ソ連のシベリア地方レナ川支流アルダン流域のエジャンツィ遺跡が最古で、アンガラ川上流域、ザバイカル地方、モンゴル、レナ川流域、中国東北部、沿海州、極東地域、ベーリング海峡を越えたアラスカまで発見され、年代にして約3万～1万年にわたるものであるという（加藤1968、1971）。したがって、芹沢が荒屋型彫器と名付けたものは、その中の本州化が進んだものと考えられるとした。ちなみに荒屋遺跡の^{14}C年代は、13,200±350（Gak-948）と測定されている。

（2）荒屋文化の展開——月岡遺跡

A. 荒屋型彫器の再発見

　荒屋遺跡の発見は、本州における細石刃文化の研究に新しい話題を投げかけた。その後、同様の内容を持つ石器群は、北海道にみられたが本州では長い間発見されなかった。1964（昭和39）年8月、中村孝三郎は新潟県南蒲原郡中土遺跡（中村1965）を発掘し、ようやく荒屋遺跡に似た舟形細石刃核をもつ細石刃文化の系譜がたどれるようになった。しかし、中土遺跡の石器群は、石刃の多出、小形ナイフ形石器の伴出、掻器の発達、輝緑凝灰岩などの多種類の石材利用、彫器

が荒屋型ではないなどの点で、異なっており両遺跡に時期差があるものと考えられた。その意味では荒屋遺跡は依然として本州で孤立的な存在であった。

1968年（昭和43）5月、荒屋遺跡を発見した星野芳郎は、魚沼地方の遺跡調査概説執筆の再確認として、月岡の台地上を踏査した。この遺跡は以前縄文期の資料しか採集されていなかった。ところが、杉苗の移植後の休閑地に多数の細石刃文化期の石器が散布していたのである。8月には発掘調査が実現した（星野1968）。

月岡遺跡は荒屋遺跡より直線距離で約6.5km魚野川上流に位置した左岸の段丘上にあり、ちょうど守門岳から流れてきた破間川が魚野川に合流する地点から約2.5km下流にあたる。こうした遺跡の立地環境は荒屋遺跡と似ており、両遺跡は石器群の内容においても強い共通性をもっていることが判明し、密接な関係にあったことを呈示していた。

遺物は元来ローム層に包含されていたものが表土中耕作によって浮き上がった状態で出土し、約40平方mの小範囲から細石刃92、舟底様石器1、スキー状スポール9、荒屋型彫器7、抉入石器4など、総数355点が集中して出土した（中村・小林1983）。

　　B. 月岡ユニット

発掘調査で確認されたひとまとまりの石器集中部は、月岡ユニットとよばれた。このユニットから発見された石器は、細石刃、舟底形細石刃核、彫器、抉入石器など多種にわたり、各種道具の使用を背景とする複数の行動の行われた場であることを示唆していた。また、完成された石器の他に、スキー状スポールや削片、石刃、石刃核など石器製作工程の一連の作業をも示す資料の存在もある。このように月岡遺跡で確認されたユニットは、短期間のキャンプ地というより、ある一定期間継続して利用された場と考えることができよう。

月岡遺跡は湧水池を囲むかなり平坦な丘上に広がっており、発掘された月岡ユニットの他にいくつかのユニットの存在が考えられる。たとえば、月岡ユニットにおける細石刃剥取作業関係資料中には、湧別技法の第1工程の両面加工品（ブランク）が見当たらない。したがって、舟底形細石刃核のブランク作製がどこかの地点で行われた可能性もあり、そうしたユニットの検出が将来の探索によって明らかにされるかもしれない。

　　C. 舟底形細石刃文化

新潟県における荒屋・中土・月岡遺跡の発見によって、中部地方の北半を中心にした広義の荒屋型細石刃文化の存在が確固たるものとなったが、北海道との分布を繋げる東北地方は依然として空白状態であった。しかし、加藤稔によって1970・71年（昭和45・46）にかけ、山形県北村郡大石田町角二山と朝日町越中山遺跡S・M地点で細石刃文化の確認がもたらされた。角二山遺跡からは舟底形細石刃核と荒屋型彫器が伴い、北海道で見られた湧別技法が存在した。越中山S地点はやはり、舟底形細石刃核を持つが荒屋型彫器は伴っていない。越中山M地点は角二山と同様湧別技法により作られた舟底形細石刃角を持ち荒屋型彫器の影響もみられた。

この山形県内で発見された角二山、越中山S・Mの細石刃文化は、北海道にみられる湧別技法が本州と同一文化圏でとらえられる事実を提供するとともに、東北地方の舟底型細石刃文化を考

える上で、重要な地域である事を認めさせたのである。この後、青森、秋田、岩手、福島の各県で、同様な細石刃文化遺跡の調査例が報じられて行くこともこれを示すものであろう。

　　　D．東西日本の細石刃文化

　現在、日本列島に発見される細石刃文化は、大きく2つの地域に分けて考えることが出来る。1つは、本州中部地方を境に北半から東北、北海道地方に分布するこの舟底形細石刃核をもつ石器群である。もう1つは、中部地方南半から近畿、四国、中国、九州地方に分布する半円錐形細石刃核をもつものである。また、局地的に西北九州地方の土器を伴う舟底形細石刃核、北海道の円錐形細石刃核を持つ石器文化がそれぞれ認められている。

　舟底形細石刃核と半円錐形細石刃核の差異は、最終的に廃棄された石核の形状にあるというより、そうした石核が生み出されていく過程、つまり製作技術の基盤が根底から異なっているのである。舟底形細石刃核は母岩からまず両面加工の尖頭器状石器を作りだす点に特徴がある。これはブランクとよばれ、このブランクに打撃を加え細石刃を剥取するための舟底形の石核を完成させるのである。それに対し半円錐形細石刃核は、母岩をそのまま利用し細石刃核を製作していくのである。当然、母岩の種類によって1母岩1個、または1母岩から数個の半円錐形の細石刃核が生まれて行くであろう。

　東北日本に分布する舟底形細石刃核、西南日本に分布する半円錐形の細石刃核という地域的2大分布圏は、前段階のナイフ形石器文化にも認められており、おそらく日本列島の自然環境に主要因をもつ人間の住み分けが、こうした部分に反映していたと考える事も可能である。

2. 沖縄の旧石器文化

　沖縄は、日本列島の南西部、九州島南端から台湾島までの約1,250kmの洋上に、100余の島々が分布し、地理学上では南西諸島、琉球列島、琉球弧などとよばれている。自然環境的には九州島に近い薩南諸島、トカラ列島は火山島を中心に、南九州地域へと続く環境下にあり、奄美諸島から南の島々はサンゴ礁島に特色をもつ亜熱帯地域で、近世期において「琉球王国」が統治していた場所でもある。現在は奄美諸島以北が鹿児島県に、沖縄諸島以南は沖縄県とに2分された行政体になっている。

　この琉球列島に、いつ頃から人間が住み始めたかという問いには、現在までたしかな答えはだされていない。その理由の1つに「旧石器」が確認されていない現状がある。これらの島々は隆起サンゴ礁地域で、石灰岩洞穴、フィッシャー（割れ目）が発達し、それらの場所から豊富な化石骨が産出するが不幸にしてそういう場所から確かな「石器」の出土はない。そのため、沖縄の旧石器時代研究がこれら洞穴、フィッシャー内の堆積物と、そこから発見される化石骨を中心に行われてきた経緯がある。現在まで8カ所（カダ原洞穴、山下町第一洞穴、大山洞穴、桃原洞穴、港川フィッシャー、ゴヘズ洞穴、ピンザアブ洞穴、下地原洞穴）から更新世化石人骨の出土がある。これは日本列島内で最多の量である。

　琉球列島は、今までの定説においては、約150万年前の前期更新世初頭に台湾島から九州島まで陸橋になった。その後、今日まで陸地でつながったことはないと考えられていたが、近年になって、木村政昭によって琉球列島の第三紀末から第四紀の古地理が復元され、約20万～2万年前の中期～後期更新世に台湾島から九州島まで陸橋が形成され、トカラ、ケラマ両海峡も浅い水路が存在した程度とされている。そして、この陸橋は約4万年前頃にケラマ鞍部などで一時水没し、約2万年前以降じょじょに全体が水没し現在の状況になったと説明している（木村1996）。

　琉球列島が後期更新世の後半に一部が大陸とつながっていた可能性については、古くに長谷川善和がイノシシの渡来からそれを示唆している。長谷川は約3万2,000年前の那覇市山下町第一洞穴からはシカしか発見されず、約1万8,000年前の具志頭村港川フィッシャーでは、シカとイノシシが同じ堆積層から出土した。さらにイノシシが上層にむかって急激に量を増やしている事実から、イノシシはこの最終氷期最寒冷期に琉球列島へ陸橋を渡って渡来し、完新世まで生息したと考えたのである（長谷川1980）。

　当時の古気候、古植生については、黒田登美雄によって復元され、海底ボーリングコアや土壌の花粉分析、微生物分析を行った結果、前期更新世には照葉樹林が、中期更新世にはマングロー

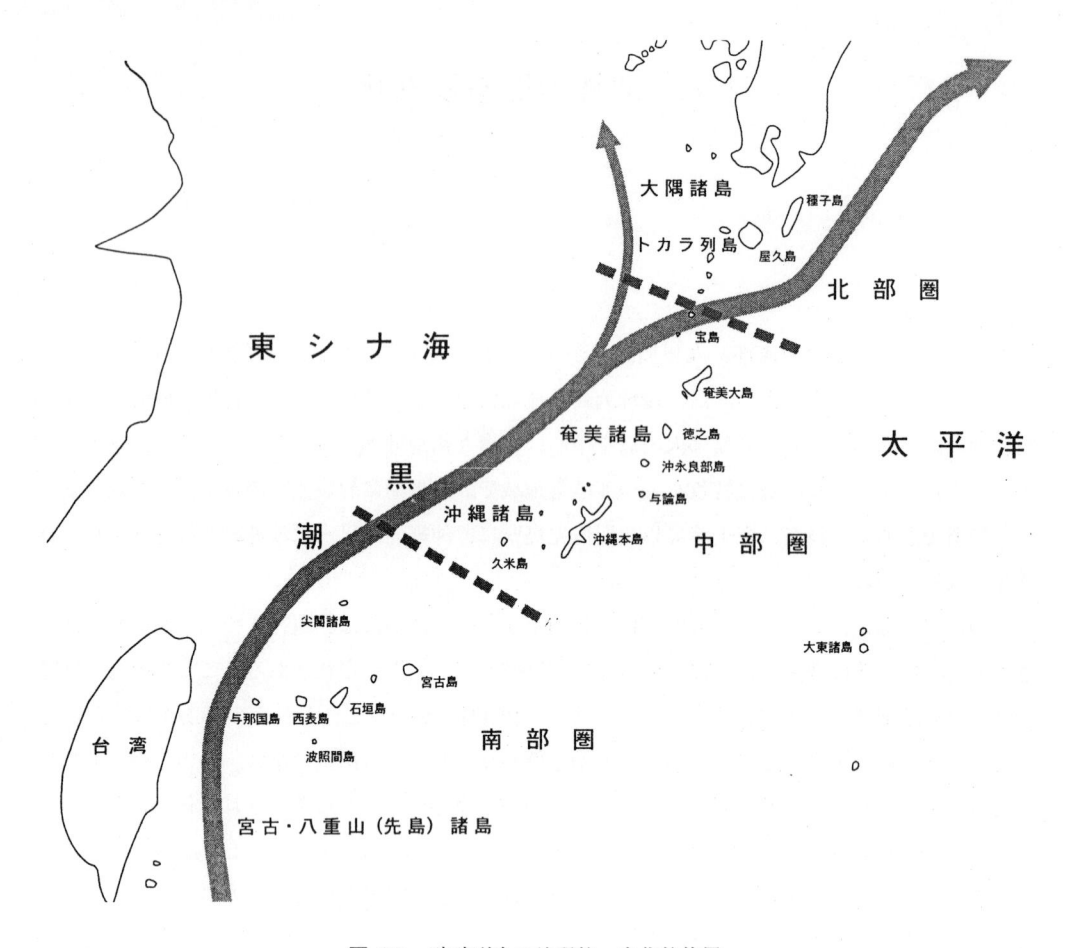

図 201　琉球列島の地理的・文化的位置

ブ林が存在し、最終氷期最寒冷期（約1万8,000年前）になるとマツ属、イヌマキ属などの針葉樹林帯が出現し、気温はそれ程低くなく乾燥した気候で、風成塵起源のマージが広域に形成された。やがて完新世になり海水準の上昇に伴い黒潮海流も沖縄トラフに流入し、気温も温暖で雨量も増加し、琉球列島特有のマングローブ林、照葉樹林帯が成立し、今日の環境になったと説明している（黒田他 1996）。

　こうした琉球列島の古地理、古環境を総合すると、約3万2,000～1万8,000年前頃琉球列島にやって来た旧石器時代人たちは、大陸沿岸から陸橋を歩いてあるいは海路を筏舟や丸木舟で渡来したと考えることができよう。

1　研究小史

　沖縄の洪積世（更新世）に人類がいたのでは？といわれるようになったのは、1936年（昭和11）徳永重康が、伊江島の石灰岩洞穴（カダ原）から発見したシカの骨に人為的な加工があると

報告したのに始まる (Tokunaga 1936)。徳永は1933・34年（昭和8・9）の2次にわたって満蒙学術調査団の団長として、中国ハルピン市郊外の顧郷屯遺跡の調査（徳永・直良 1934、1936、1939）を実施した人物で、旧石器時代の骨角製品には経験があった。しかし、それが洪積世のものであるとただちに断定したわけではなく、1919年（大正8）松村瞭が発掘した沖縄本島北中城村荻堂貝塚（松村 1919）、1920年（大正9）大山柏が調査した沖縄本島石川市伊波貝塚（大山 1920）などの所見から、貝塚ではイノシシ・シカが顕著に発見されるのに対し、この洞穴からはイノシシの片鱗すらみつからず、その主体はシカで占められていることと、土器も皆無であった事から、「洪積世」である可能性を示唆したのである。

その頃本土では、1931年（昭和6）直良信夫が、兵庫県明石市西八木の海岸崖下で発見（直良1931）したヒトの腰骨が、洪積世人類のものではないかと学界の注目を浴びた（長谷部 1948）が、大方の承認を受けることはできなかった（渡邊 1950）。その後、戦後にいたるまで沖縄でも本土でも洪積世人類の化石や石器の発見もなく、さらに残念なことには、伊江島の骨角器類も明石人骨もともに東京で戦禍のため灰燼に帰してしまったのである（直良 1954）。

戦後まもなく本土では、1948年（昭和23）長谷部言人が、人類学教室に保管されていた明石の腰骨石膏模型を精査して、洪積世人類に比定するに足りる原始性を指摘し日本原人（ニポナントロプス・アカシエンシス）として発表した（長谷部 1948）。この重要性から、翌1949（昭和24）年渡邊直經らは明石海岸の発掘調査を実施した（渡邊 1950）。同年、考古学界では群馬県岩宿遺跡が相沢忠洋によって発見され、杉原荘介、芹沢長介らによって発掘され、まぎれもない火山灰（赤土）層から確かな「旧石器」が確認された（杉原 1956）。こうして日本列島にも、洪積世人類と旧石器時代遺跡の存在がたしかになったのである。その後1950年（昭和25）には直良信夫によって栃木県葛生人（直良 1952 a,b）、1957年（昭和32）には鈴木尚によって静岡県牛川人（鈴木 1959）、1959年には三ケ日人（鈴木 1962）、1961年には浜北人（鈴木 1966）と相ついで発見された。と同時に旧石器遺跡もまた全国各地で発見されだしたのである。

こうした本土の状況のもと、沖縄においては1962年（昭和37）多和田真淳と高宮廣衞が沖縄本島・那覇市の山下町第1洞穴を発掘し、多数のシカの骨、角を発見する（高宮 1965）。その中には人工を加えた「骨角製品」ばかりでなく「石器」のようなものや、火を焚いた跡も確認された。この頃、沖縄ではイノシシは現世、シカは洪積世という認識が研究者の間で一般化しており、イノシシをまったく含まないこの洞穴遺跡は、洪積世のものではないかと判定されたのである。この山下町第1洞穴の発掘成果は、高宮らによって日本考古学協会などでも発表された（多和田・高宮 1964、高宮 1967）が、遠い南の島の遺跡であることも重なり、本土の旧石器研究者はその成果をほとんど知らなかったのである。

沖縄の洪積世人類の発見が本土の研究者に注目されたのは、1964年（昭和39）沖縄本島・宜野湾市大山の石灰岩洞穴から米人少年によって採集されたヒトの下顎骨が、鑑定のため1966年（昭和41）に鈴木尚に送られたことに始まる。鑑定によって、20歳前後の男性ホモ・サピエンスのものとされ、また、田辺義一によって骨のフッ素含有量測定が行われ、洪積世に比定できると

された（鈴木1975）。1967年（昭和42）1月鈴木と高井冬二は大山洞穴を視察し、この人骨が洪積世に属する可能性をたしかめた。

これを契機にして、沖縄の洪積世人類遺跡調査の計画がにわかに具体化することになり、1968年（昭和43）3月、渡邊直經、鈴木、高井らは文部省科学研究費による発掘候補地選定の準備として、沖縄本島、宮古島、石垣島などの主要な石灰岩洞穴の踏査を行った。その結果、山下町第1洞穴と港川採石所が最有力地として選定された。港川採石所は那覇市の大山盛保が、そのフィッシャー内堆積物中から人骨を発見し所有していたことから、大山の案内で現地を訪れ出土状況の観察を実施し、重要な遺跡であることが認識されたのである。こうして本土と地元の研究者による「沖縄洪積世人類遺跡調査団」が組織され、第1次発掘調査が同年12月から翌年1月にかけてこの2遺跡について実施された。さらに1970（昭和45）年8月には第2次、同年12月から翌年1月に第3次発掘調査が港川採石所で行われている。調査団メンバーは、人類学に鈴木尚、田辺義一、地質学に土隆一、鎮西清高、古生物学に高井冬二、長谷川善和、沖縄側から考古学として多和田真淳、高宮廣衞、王城盛勝、知念勇、金武正紀が参加した。

山下町第1洞穴では、深さ4mの堆積層中の地表下70〜100cmに木炭を含む層があり、その下から基盤まで褐色土層が3m余りも続き、この褐色土層からおびただしい量のシカの骨、角が出土、その中には加工した形跡が認められた。さらにこの層から人骨が発見され、鈴木尚の鑑定で8歳の女児の大腿骨と脛骨と判明した。また木炭層の^{14}C年代測定が行われ32,100±1,000 B.P.（TK-78）と測定され、世界的にもホモ・サピエンスとしては古期のものであった。

港川採石所では、粟石切り出し壁に高さ約20mのフィッシャー（割れ目）が認められ、その中の堆積物を上層部から下層部にむかって発掘した。上半部は新しい時期で、下半部はトラバーチンの落盤と暗褐色土層が認められ、この中から多数のイノシシの化石骨が出土したが、人骨は発見できなかった。第2次調査は大山の人骨発見の連絡を受けて急遽実施し、第3次調査を含めて少なくとも6体分の人骨を下半部の堆積物中から摘出している。出土状況の中には一体分の人骨がそのまま埋存した状態で発見された例もあった。また、人骨と同層準の木炭の^{14}C年代測定が行われ、18,250±650 B.P.（TK-99）と出された。この年代は、人骨が洪積世人類のものであることを証明し、さらにイノシシが洪積世にいなかったという従来の考え方を修正するものであった。

これら洪積世（更新世）人類の沖縄への渡来経路については、従来陸橋の形成を前提とする議論が中心であったが、最近では海路の可能性も考慮する必要性がでてきている（渡邊1971、1979）。

2　伊江島から始まった旧石器研究

日本で旧石器時代の遺跡が確認される以前の1936年（昭和11）に、沖縄本島中部の本部半島から約6kmの北西海上に浮かぶ伊江島で更新世の化石研究が開始された。この島の北側海岸部に面した崖縁にカダ（ハダ）原洞穴があり、ここからシカ（鹿）骨片を二叉や三叉状に加工した痕

跡が認められる「骨角製品」が発見された。これが沖縄での旧石器文化追求の発端になった。

カダ原洞穴のシカ化石は、沖縄考古学のパイオニア多和田真淳が、1934年（昭和9）に、植物研究で伊江島に行った際、地元・伊江小学校の上里吉堯が採集し所持していたのを確認したことに始まる。

翌年3月12日から4月8日、岡田弥一郎らは沖縄の動物分布調査を実施する。そのさいに鹿野忠雄とともに伊江島に渡り、上里からカダ原洞穴採集のシカ化石骨を見せられ小規模な発掘を行っている。鹿野によるとこの調査で石英製と思われる巴旦杏（スモモ）形の打製石斧が1点出土したが、これは鑑定のために東京へ送る途中に梱包したまま行方不明になってしまったという（直良1954、安里1999）。このカダ原洞穴（シカ化石）発見の報告は、ただちに帰京した岡田によって徳永重康に連絡されることになった（岡田1939）。

1936年（昭和11）徳永重康は、高井冬二を同道して、伊江島を訪れカダ原洞穴を発掘調査した。徳永は多量の出土資料を、直良信夫の協力を得て精査し、多量のシカ化石の中に十数点の二叉状（V字状）、三叉状になった骨や先の尖った角があるのをみて、「人工品」ではないかと報告している（Tokunaga 1936）。

1940年（昭和15）、鹿間時夫はカダ原洞穴の堆積層を、洪積世（更新世）末期の時期のものとした（鹿間1943）。

シカは琉球（沖縄）では更新世に棲んでいた動物であり、シカ骨角製品の発見は日本の旧石器時代遺物として輝かしい一ページを飾るはずであったが、当時日本ではまだ旧石器文化の存在が確認されていなかった（1949年確認、群馬県岩宿遺跡）ことと、この報告が英文で書かれただけでなく一般的な書物（学士院紀要）でなかったことが災いして、本土の考古学界ではとくに話題にならなかったことは非常に残念であった。

3　石灰岩に護られた旧石器人骨

（1）カダ原洞穴の発掘調査（カダ原洞人）

この旧石器文化研究史上著名なカダ原洞穴は、沖縄県伊江村（伊江島）ミナト原地内カダ原に所在し、1962年（昭和37）、多和田真淳が再度発掘調査した。

カダ原洞穴の状況を鹿間時夫の調査から眺めてみると、洞穴は3カ所あり海蝕洞穴と岩蔭とがある。第1洞穴は幅約6m、高さ3m、奥行き4mで、面積約30mで中央部に堆積層が認められる。第1洞穴の層位は上部と下部に分かれ、上部は陸成トラバーチン（石灰華）で厚さ40cm、石灰岩塊を含み淡褐色で下部にシカ化石が密集していた。下部は海成トラバーチンで厚さ30cm、サンゴ砂・塊、海産貝が包含され淡紅白色である。第2洞穴は幅約10m、高さ2m、奥行き3.5mで、層位は海成トラバーチン（10cm）、骨層（10cm）、陸成トラバーチン（10cm）で、その上に赤土が堆積している。骨は黒色で水磨を受けたものが多い。骨角製品はこの骨層中から発見された。第3洞穴は幅約4m、高さ1.5mで、陸成トラバーチンが認められる（鹿間1943）。

550　第6章　地域史研究

b：第2号半洞穴の又状骨器
（直良　1956）

a：沖縄で最初に確認された骨角器
（Tokunaga 1936）

伊江島の鹿化石出土地と先史遺跡の分布

1　ウカバ地先礁原鹿化石出土地
2　カダ原洞穴鹿化石出土地（第一）
3　カダ原洞穴鹿化石出土地（第二）
4　カダ原礁原鹿化石出土地
5　キジャカ鹿化石出土地
6　竹山洞穴鹿化石出土地
7　真謝礁原鹿化石出土地
8　ゴヘズ洞穴鹿化石出土地
9　ナガラ原西貝塚
10　西江上遺跡
11　城　山
12　具志原貝塚
13　具志原第二貝塚
14　阿良遺物散布地
15　浜崎貝塚

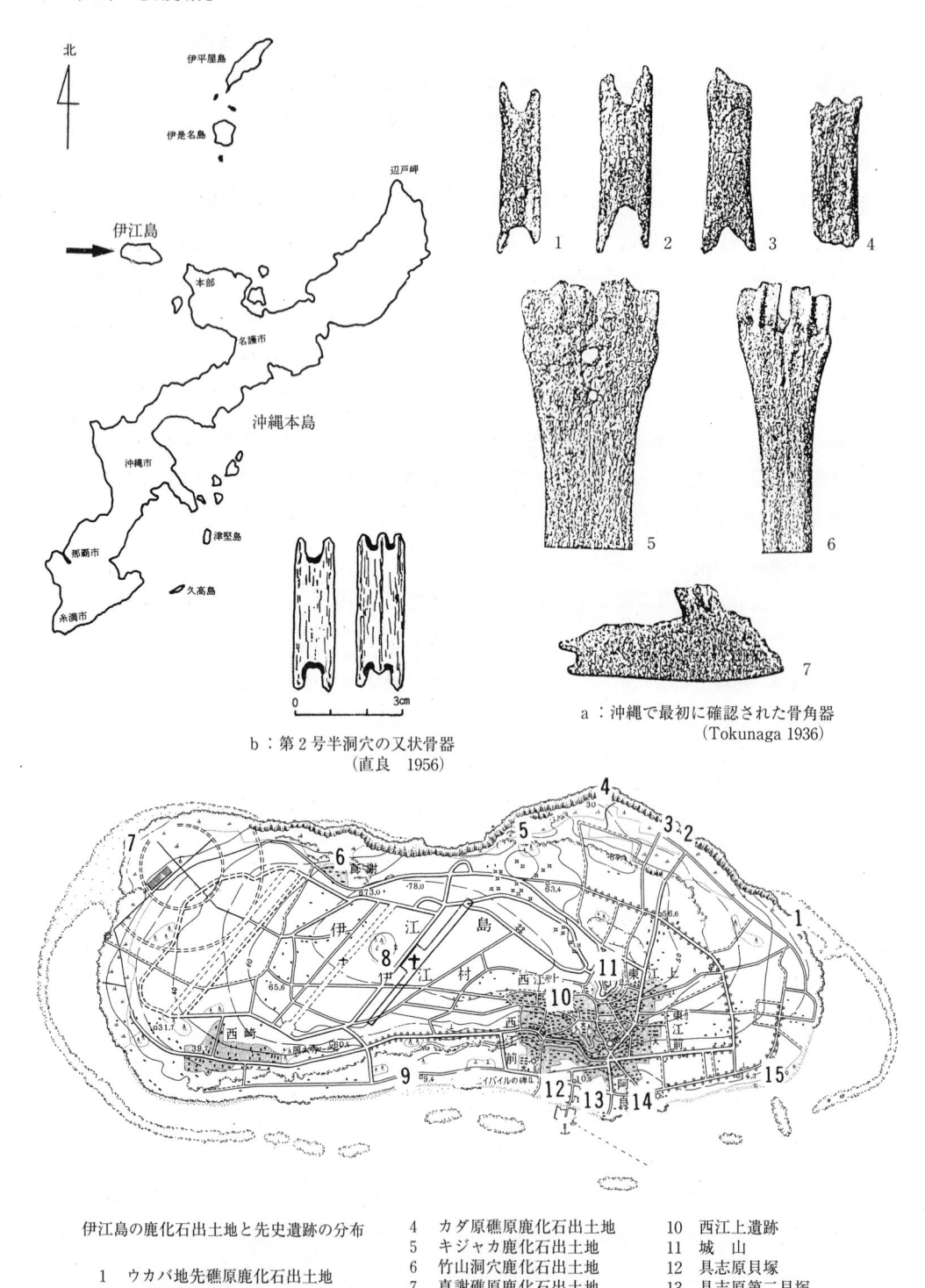

図202　伊江島の化石骨（伊江村教育委員会 1977・1978）

出土物は多数のシカ化石骨（叉状骨器多数）とヒトの頭骨片、石器2点（礫器?）であった。

人骨は左頭頂骨片2片（矢状径7，最大横径5.5cm）あり、鈴木尚の鑑定により成人男性で骨の厚さがあり、石灰華に覆われ化石化の程度が著しいとされた（鈴木1975）。また田辺義一により、フッ素含有量測定が行われ、0.42％で、後期更新世の後期と推定された（松浦1997、1999）。

（2） 山下町第1洞穴の発掘調査（山下町第1洞人）

山下町第1洞穴は沖縄県那覇市山下町1の167に所在する。1962年多和田真淳は、神聖な場所としての洞穴巡りをしていた比嘉初子に、洞穴から発見される動物化石の探索を依頼し、山下町にある洞穴出土のシカ化石の提供を受けた。そしてこの洞穴は多和田と高宮廣衞らによって発掘されることになったのである（高宮1965）。

洞穴は那覇港の南に広がる海抜40mの琉球石灰岩丘陵の東端部に位置し、標高14～16m付近の独立丘に南西向きに開口している。発掘調査の行われた第1洞穴は、間口1.2、奥行き5.5、高さ3.2mの小規模なもので堆積層は約3m近くあった。

1962年（昭和37）12月28～31日（第1次）に、多和田、高宮らが洞穴の前半部約2.5mを発掘した。1968年（昭和43）12月26日～1969年1月6日（第2次）では、沖縄洪積世人類調査団が港川フィッシャーの発掘と並行して洞穴の後半部を調査した。この2次調査でヒトの化石骨が発見されたのである（高宮・金武・鈴木1975，高宮・玉城・金武1975、知念1976）。

層位は6枚に区分され、第Ⅰ層は表土攪乱層、壺屋陶器ほか出土。第Ⅱ層は陸産マイマイ層、海産カニ、カワニナ、シカ角が少量出土。第Ⅲ層は黒色の木炭層、第Ⅳ層は黄色砂質土層で無遺物。第Ⅴ層は黒色の木炭層混りで第Ⅲ層と同じ時期の層であり、シカ化石、貝、カニ、鳥骨が出土した。第Ⅴ～Ⅵ層にまたがって焼土、焼石の堆積層（約30cm）が、約20×10cmの範囲で確認された。第Ⅵ層は暗褐色土層、この洞穴遺跡の主要遺物包含部、シカ化石、「シカ骨角製品」出土、人骨も発見された。第Ⅵ層以下は島尻シルト層（第三紀層）で基盤層になる。

出土物としては、第Ⅲ層から石器らしいものが3点発見された。調査者によると礫器は1点で長さ約10cm、重さ410g、石弾は2点あり1つは径約8cm、重さ470g、もう1つは径約7cm、重さ270gであった。すべて砂岩製で、この地方で「ニービの骨」と呼ばれる第三紀の細粒砂岩を使用していた。筆者はこの3点の石器と考えられる資料を、2002年6月に沖縄国際大学で実見する機会に恵まれ、詳細に観察した結果、礫器は「スタンプ状石器」、石弾は2点とも「敲石」類であった。つまり、3点とも立派な「石器」であったのである。

また、カダ原洞穴で注目されたシカ骨角製品も多数出土した。シカの管状骨を叉状にしたものと、角幹を斧状に整形したものである。前者については、シカが自然に噛んだものという研究がなされている（加藤1979）が、後者については人工品の可能性も残されている（安里1998）。

出土遺構としては第Ⅴ～Ⅵ層にまたがって、焼土、焼石の堆積が確認された。これは人偽的な「焚き火跡」と考えられ、生活面は第Ⅲ、Ⅴ層を削平して形成されている。

第Ⅵ層から化石人骨が発見され、鈴木尚により、右經骨1、右大腿骨1、腓骨1で、約6歳

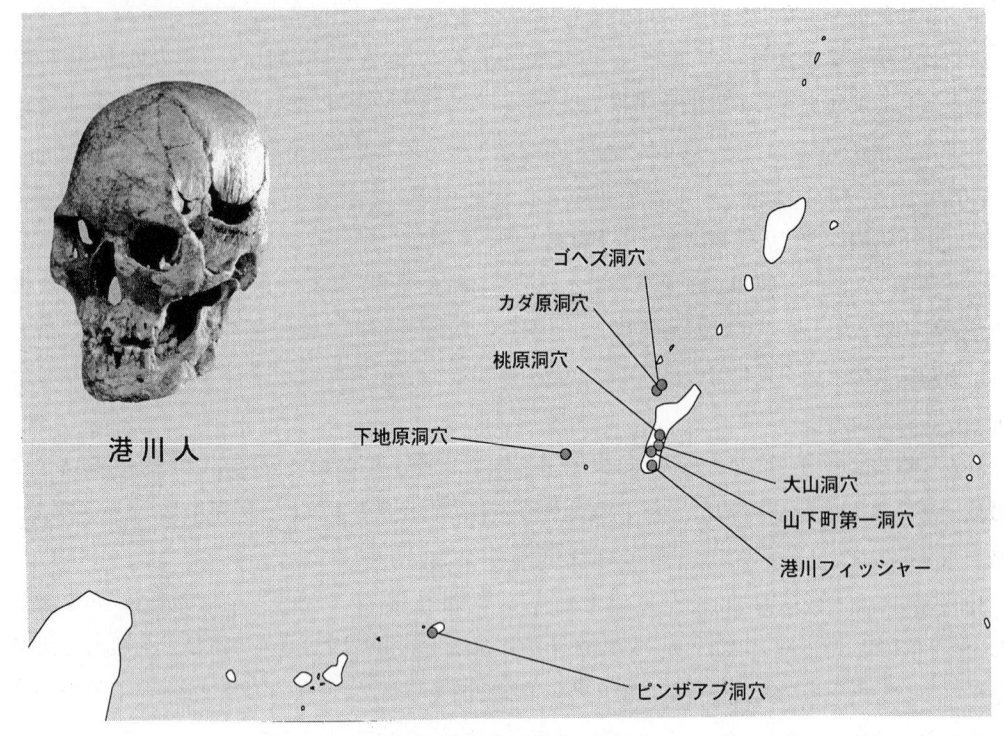

a：琉球列島の更新世化石人骨出土地

港川人

ゴヘズ洞穴
カダ原洞穴
桃原洞穴
下地原洞穴
大山洞穴
山下町第一洞穴
港川フィッシャー
ピンザアブ洞穴

名称	化石資料	推定年代
港川	全身骨格（5〜9個体）	後期更新世の後期 （およそ 17〜18ka BP*？）
上部港川	寛骨・四肢骨等の体幹体肢骨片9点	後期更新世の後期
山下町第一洞穴	幼年の（約6歳）大腿骨と脛骨	後期更新世の後期 （およそ 32ka BP）
大山洞穴	下顎骨片	後期更新世の後期？
桃源洞穴	脳頭骨	後期更新世の後期？ （中世または近世か？）
カダ原洞穴	頭頂骨片	後期更新世の後期？
ゴヘズ洞穴	下顎骨片, 他？	後期更新世の後期？
下地原洞穴	新生児の骨格	後期更新世の後期 （およそ 15〜16ka BP？）
ピンザアブ	頭頂骨, 後頭骨, 歯, 体幹体肢骨	後期更新世の後期 （およそ 26ka BP？）

b：琉球列島の旧石器時代人骨資料とその年代（松浦2001）

図 203　琉球列島の旧石器文化

2. 沖縄の旧石器文化   553

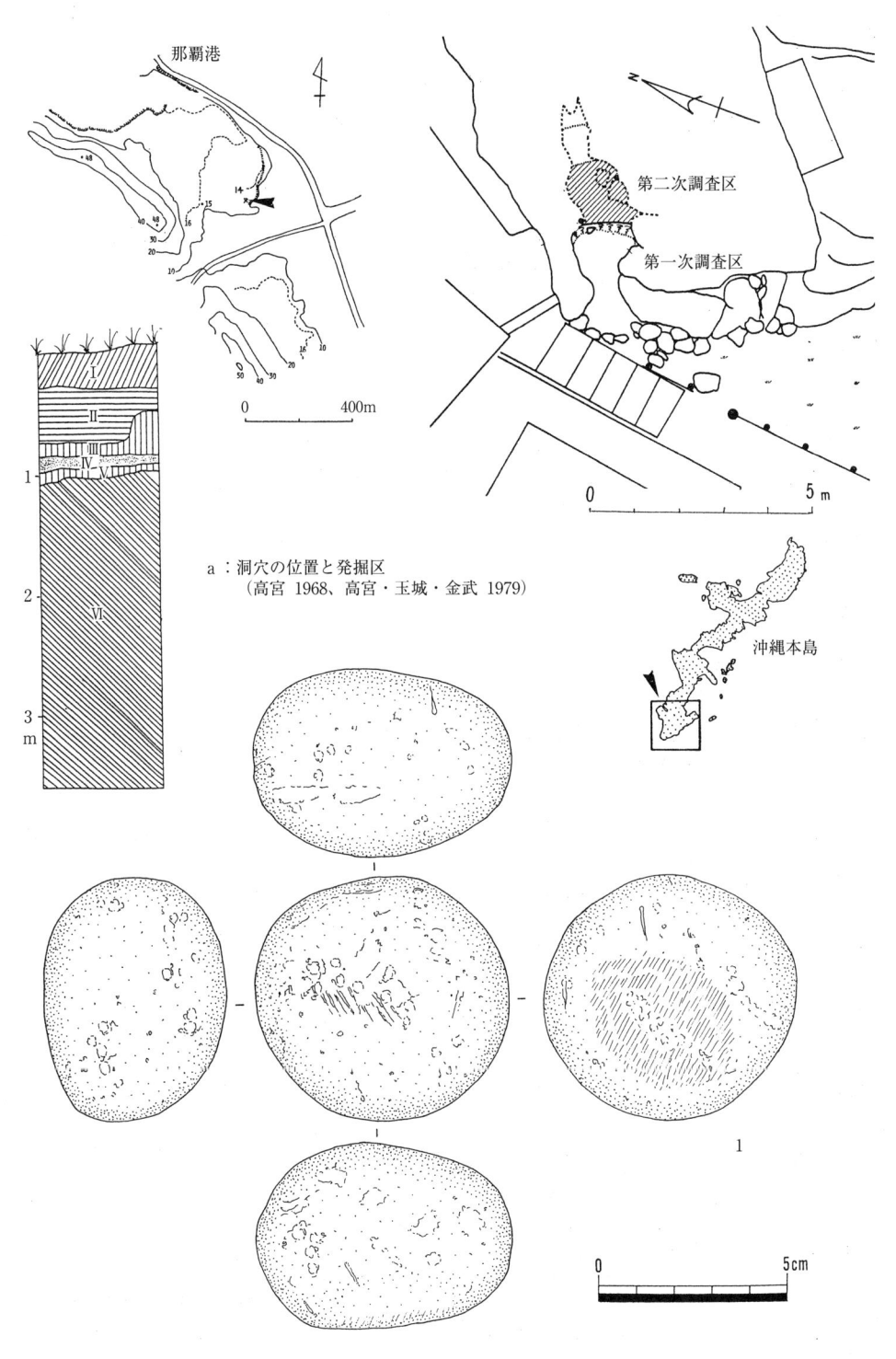

a：洞穴の位置と発掘区
（高宮 1968、高宮・玉城・金武 1979）

沖縄本島

図 204　山下町第1洞穴と出土の石器（1：敲石）

554　第6章　地域史研究

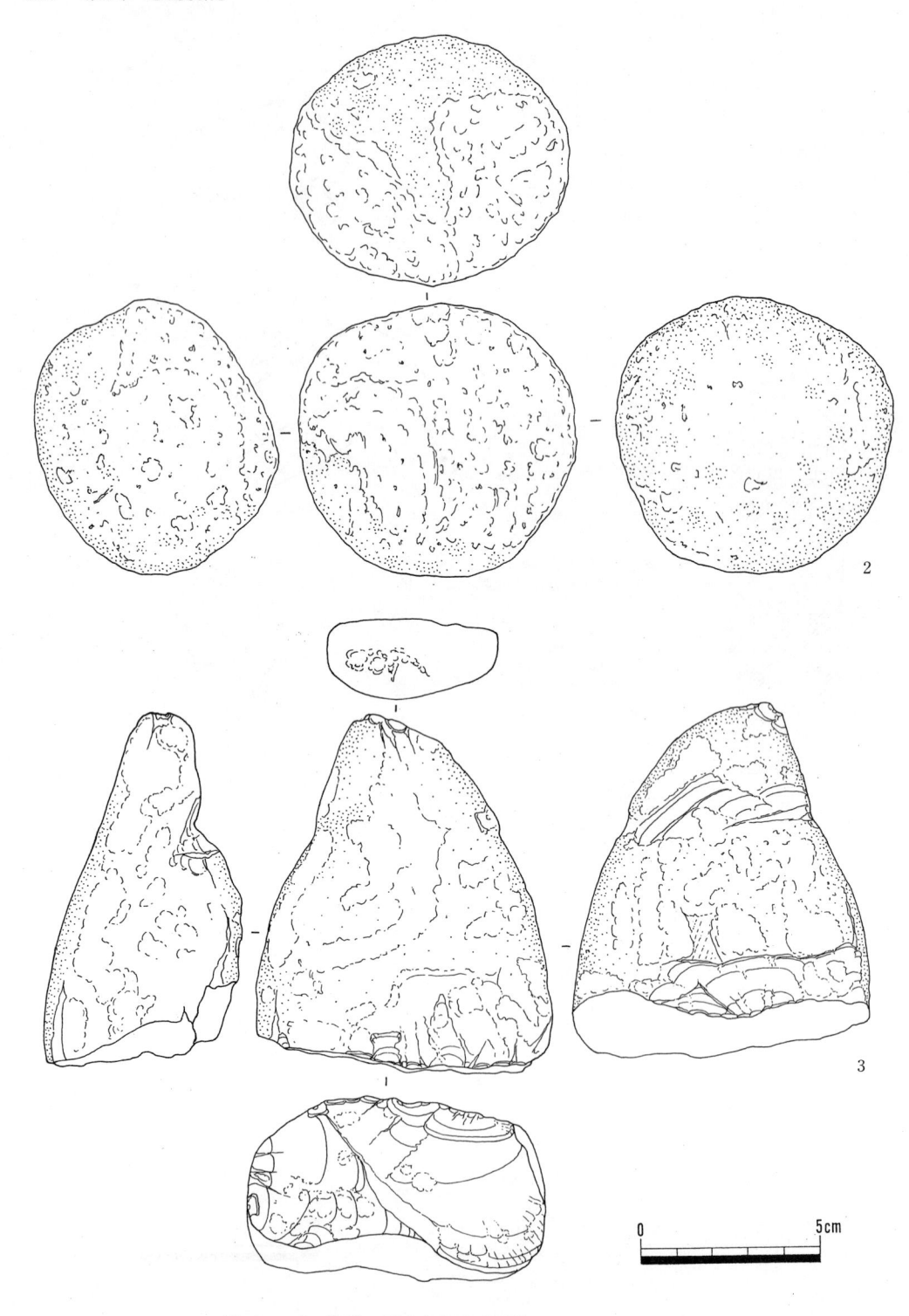

図 205　山下町第1洞穴と出土の石器（2：敲石　3：礫器）

位の女児の骨（同一個体）とされた（鈴木 1983）。

　第 III 層検出木炭片の^{14}C 年代測定は、32,000±1,000 yr.BP.（TK-78）とされ、また松浦秀治により第 VI 層出土のシカ化石のウラン含有量が、11.1～20.1 ppm と測定されている。

　こうして更新世後期に琉球列島に人類が居住していたことが明確になり、旧石器文化の存在も確実になった。

　山下町第1洞人は年代的に沖縄最古の人骨である。1996年（平成8）にアメリカの人類学者らによってこの人骨の検討が行われ、ホモ・サピエンス（新人）と旧人との移行期に当たる重要な人骨として注目されているという（松浦 1977、1999）。

（3）　大山洞穴の発見（大山洞人）

　大山洞穴は、沖縄県（沖縄本島）宜野湾市大山、伊佐三叉路から南方向約 300 m の国道 58 号線脇にあり、石灰岩丘陵が舌状に北方向に延びる地点である。1964 年（昭和 39）、この大山洞穴の工事中に通りかかったアメリカ人少年（ダグラス・J・コムストック）により人骨が発見された。

　人骨は下顎骨の右大臼歯部（歯3本付）で、長径 6.5 cm、幅径 4.4 cm、高径 5.2 cm の大きさである。この骨の化石化は進んでおり、鈴木尚によると、歯の磨耗状況から 20 歳前後の男性で、大臼歯に髄腔症が認められるなど原始的な特徴を示す。ホモ・サピエンスであるが現代人ではないと鑑定された（鈴木 1975）。また田辺義一によりフッ素含有量 0.85% で、後期更新世の後期と推定された（松浦 1997、1999）。

（4）　桃原洞穴の発見（桃原洞人）

　桃原洞穴は沖縄県北谷町桃原に所在する。1966 年（昭和 41）多和田真淳と文化財保護委員会が、シカ化石の出る桃原洞穴を調査中に人骨を発見した。

　その人骨は前頭骨前半および頭蓋冠の左側部を欠く、脳頭骨（厚さは中程度の 5～6 mm）で、成人男性。頭長幅示数は 72.4～74.4（最大長 19～19.4 cm、最大幅 14～14.2 cm）で長頭型、かつ低い頭である。右外耳道に小さな骨腫跡がある。鈴木尚により後期更新世後期のホモ・サピエンスと鑑定された（鈴木 1975）。

　また田辺義一によりフッ素量測定が行われ、0.39% で、後期更新世の後期と推定された（松浦 1997、1999）。

4　港川人の登場

（1）　港川フィッシャーの発見・調査史

　1967 年（昭和 42）沖縄県那覇市の大山盛保は、11 月 2 日粟石（石灰岩）の採石場として有名な港川を訪れた。そこで切り出された多くの石材の中で、粗雑な1個の粟石に目が止まった。その石の割れ目には泥が詰まっており、その中から化石が発見された。ただちに多和田真淳に連絡し

た。鑑定の結果はイノシシであったが、この化石骨入り粟石が掘り出された地点（フィッシャー）は確認され、その後もたびたび現地に足を運び、化石骨採集に専念した。そして、翌 68 年 1 月 21 日、港川フィッシャーから、おびただしい量のイノシシ化石とともに人骨らしい骨を発見したのである。

次に調査史の概観を記しておく（渡辺 1971 ab、1973、1979、大城 1987）。

1967 年（昭和 42）11 月 2 日、大山盛保は、沖縄県島尻郡具志頭村港川にある採石場からイノシシの化石骨を発見し、港川フィッシャーの存在を知る。

1968 年（昭和 43）1 月 21 日、大山は、港川フィッシャーから化石人骨を発見する。

1968 年 3 月 19 日、山下町第 1 洞穴などの調査に訪れた鈴木尚、高井冬二、渡邊直經らが、大山の案内で港川フィッシャーの予備調査を行う。また採集されていた化石骨の中にヒトの脛骨 2、上腕骨 1、足の親指、頭骨片が含まれていることを確認する。

1968 年 3 月 27 日、大山は、地表面下 15m で化石人骨を発見する。

1968 年 12 月 25 日から 1969 年 1 月 7 日にかけて、東京と沖縄の人類学・考古学者の合同による第 1 次沖縄洪積世人類発掘調査団の本格的な発掘調査が実施される（この調査では、人骨は 1 片も発見されなかった。またイノシシの化石骨が多量に出土したが、シカは発見されなかった）。

1970 年（昭和 45）8 月 10 日、大山は、地表面下 20m で完全な化石頭骨と人骨を発見する。

1970 年 8 月 20 日、渡邊は、緊急に港川フィッシャーを発掘調査する。頭骨をはじめ 40 点ほどの人骨片が出土する。人骨の堆積層中の木炭片を年代測定用に採取する。

1970 年 11 月 2 日、大山は、ほぼ完全な全身骨格を発見する。

1970 年 12 月 20 日〜1971 年 1 月 10 日、沖縄考古学会協力のもと、第 2 次沖縄洪積世人類発掘調査団の発掘調査が行われ、数点の人骨が出土する（この調査は地質学的研究に重点が置かれた）。またイノシシしか発見されない人骨層から、数は少ないがシカが出土することが確かめられる。

1971 年 1 月 9 日、東大で炭素 14 法による年代測定結果が出される（約 1 万 8,000 年前）。

1974 年（昭和 49）12 月 23 日〜12 月 29 日、第 3 次沖縄洪積世人類発掘調査団の発掘調査が行われる。海水面下 20cm から人骨を発見する。

1982 年（昭和 57）3 月、港川人に関する本報告書が東京大学から出版される（Suzuki and Haniharaeds. 1982）。

1998 年（平成 10）から 3 ヵ年の予定で、地元具志頭村教育委員会が沖縄県教育庁文化課の協力のもと、本格的な港川フィッシャーの確認調査を開始する。現在、その成果報告を期待して待っている。

A. 遺跡の環境と文化層

港川フィッシャーは沖縄県島尻郡具志頭村港川字長毛小字トーガマー原にあり、那覇市の南方約 10km、具志頭村の東海岸部に流出する雄樋川に面した約 13 万年前頃に形成された牧港石灰岩とよばれる標高 20m の平坦な海岸段丘に位置する。この具志頭村周辺には東北－南西の走向をもつ、数 km の長い断層が台地面に確認される。その南端が石切場（粟石採掘）の崖面に高さ約 20

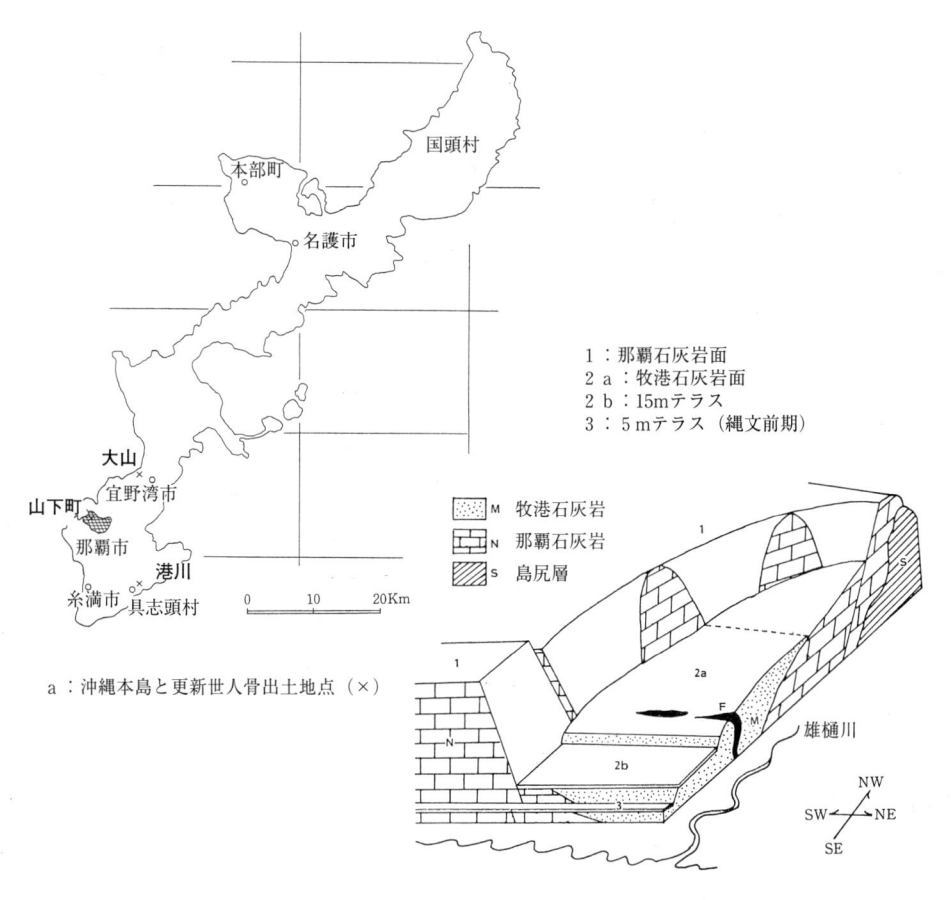

2．沖縄の旧石器文化　557

1：那覇石灰岩面
2a：牧港石灰岩面
2b：15mテラス
3：5mテラス（縄文前期）

M 牧港石灰岩
N 那覇石灰岩
S 島尻層

雄樋川

a：沖縄本島と更新世人骨出土地点（×）

b：港川フィッシャー周辺の地質構造

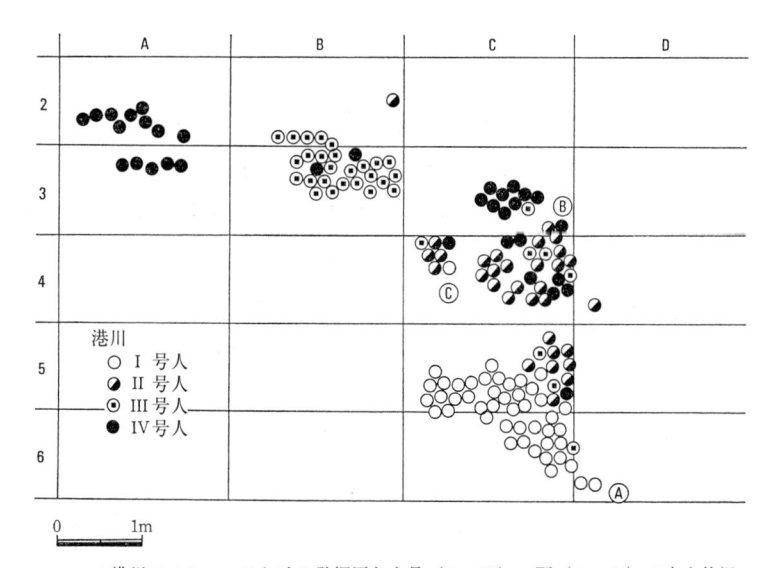

港川
○ I号人
◐ II号人
⊙ III号人
● IV号人

c：港川フィッシャーにおける発掘区と人骨（I〜IV）、顎（A〜C）の出土状況

図206　港川フィッシャーと化石人骨の出土（Suzuki and Hanihara eds. 1982）

m、幅約1mのフィッシャーとして露出している。このフィッシャーは一種の張力破裂で生じた亀裂と考えられ、最下部では約40cmの幅しかないが、ほぼ海面レベルまで達している。フィッシャー内の堆積物は赤褐色粘土で、石灰角礫岩を包含している。

発掘調査は堆積物の表面に平行する方向の横軸をx縦軸をyとして、2m単位のx軸（東から西にA～Eまで）と1m単位y軸（上から下へ1～6まで）の2㎡のブロックに設定され、人骨はA2区からD6区にかけて、斜めに下がるような集中域において出土した。港川Ⅰ号人の全骨格は頭を下方にして発見され、Ⅳ号人はA2～3区およびC3～4区の2ヵ所に分かれて出土する。その他の人骨は散乱する状況で発見され、イノシシ、シカの化石骨は調査者の見解では、シカの化石はより下層に純粋に出土し、イノシシはシカの層に若干発見されるが、上層にむかって急激に個体数が増加していくようすがうかがえるという。また人骨も上部（上部港川人）と下部（港川人）に分かれて発見されている。

港川人の出土状況の特徴は、それぞれ1体分がまとまって発見されていることである。これは別の地点から2次的に再堆積したようなものではなく、この割れ目に誤って転落したか、死後まもなく運び込まれ投棄された原位置的な出土と考えられる。しかし9体近くの個体が集合して発見されていることから、なにか重大な要因がありそうである。最近、港川人はこの場所に生活したり、割れ目に落ちた事故死ではなく、港川フィッシャーは墓場ではないかとの推測も行われている（馬場・高山監修1997）。

動物化石は長谷川善和により、絶滅種のリュウキュウジカ、リュウキュウムカシキョン、オオヤマリクガメがいて、現存種ではイノシシ、ケナガネズミ、トゲネズミがおり、とくにカエル類が多数発見され、それはホルストガエル、オキナワアオガエル、イシカワガエル、ハナサキガエル、リュウキュウアカガエル、ヌマガエル、ナシガエル、ヒメアカガエルなどである。ハブもおり、ヤンバルクイナも出土している（国立科学博物館編1988）。

年代測定は^{14}C年代測定法で、18,250±230 yr.B.P.（TK-99）、16,600±650 yr.B.P.（TK-142）と測定され、また動物相の様相で約2万～1万年前（更新世末期）と推定されている。

松浦秀治は、港川人のフッ素量測定で0.87～1.65%と出されたことから、更新世（旧石器時代）の人骨と判定している。ちなみに、沖縄貝塚時代の知花貝塚人骨（約2,000年前）は0.15～0.23%、イノシシは0.57～1.52%、シカは0.98～1.68%であった（松浦1982）。

B. 港川人骨群

①上部港川人　1968年に発見された人骨群である。右上腕片、右尺骨片、左寛骨片、右大腿骨片2、左右脛骨片、右距骨、左第一中足骨（人工的な小孔がある）からなる。内容は男性1、女性1ほか複数個体がある（馬場1984）。この上部港川人はフッ素量測定で0.78～1.32%と出され、港川人より新しい段階（約1万4,000年前頃）の人骨とされている（松浦1984、1999）。

②港川人　1970年に発見された人骨群である。多くて9体分（うち2体は男性、他は女性）、少なくとも5体分以上の日本でもっとも重要な更新世人骨である。個体としてまとまるのは次の4体である。

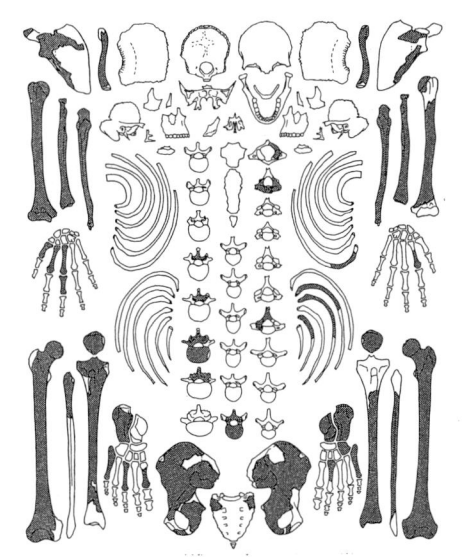

2. 沖縄の旧石器文化　559

港川人Ⅰ号（網部出土部位、頭骨以外） 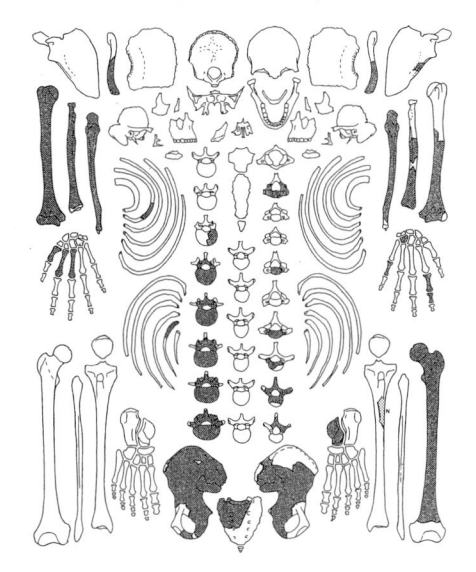　港川人Ⅱ号

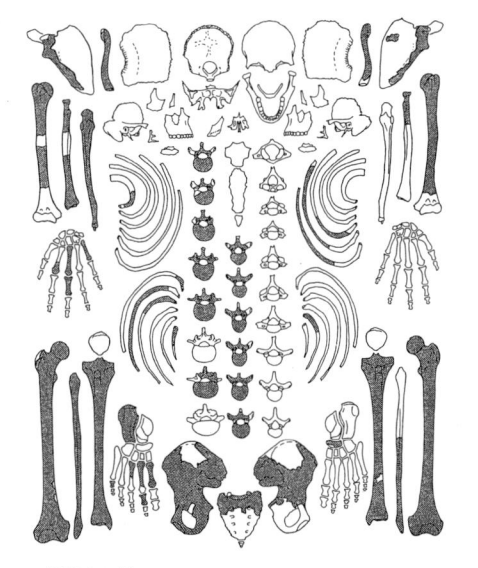

港川人Ⅲ号 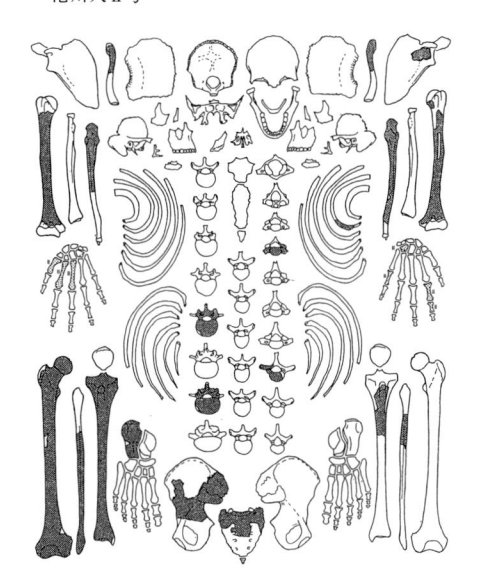　港川人Ⅳ号

人骨資料	骨格				頭骨片	下顎			
	Ⅰ	Ⅱ	Ⅲ	Ⅳ	A	A	B	C	D
性別	♂	♀	♀	♀	♀?	♀	♂	♀	♀
年齢	Ad.	Mat.	Ad.	Ad.	Ad.	Ad.	Ad.	Ad.	Ad.
頭骨	＋	＋	－	＋					
下顎	＋	－	－	－					
四肢骨	＋	＋	＋	＋					

Ad.：成年、Mat.：熟年

図 207　港川人の出土骨格（Suzuki and Hanihara eds. 1982）

Ⅰ号人骨—熟年（現代人の20～30歳台）男性。ほぼ全身の完全骨格。身長155cm。頭蓋容積は1390cc（現代人男性平均1500cc，女性平均1330cc）。頭示数は81.3の短頭型。原始性の特徴である横後頭隆起が認められる。

Ⅱ号人骨—熟年女性。頭骨は脳頭骨および顔面部は鼻骨上部と頬骨上部が残存。身長144cm（平均値）。頭蓋容積1170cc。頭示数は80.7の短頭型。外耳道後壁に小さい骨腫がある。原始性の特徴である横後頭隆起が認められる。

Ⅲ号人骨—壮年女性。頭骨はなく四肢骨のみ残存。身長144cm（平均値）。

Ⅳ号人骨—熟年女性。脳頭骨は左側頭骨を欠く。顔面部は鼻骨上端、右頬骨、右上顎骨が残存身長144cm（平均値）。頭蓋容積1090cc。頭示数は78.4の短頭型。外耳道後壁に小さい骨腫が認められる。原始性の特徴である横後頭隆起が認められる。また上腕骨下端部（肘）に左右ともに人為的損傷（切断、打ち割り）が認められ、尺骨の肘頭が後方から同じように打ち欠かれている。これは死後に腕を伸ばした状態で、まず腕が逆に曲げられて上腕骨下端が破断し、さらに肘関節の後側やや下方の肘頭の部分が石器か何かで傷つけられたものと推察される。つまり何らかの葬送儀礼が行われた結果の傷と考えられている。

下顎骨1—若い女性。下顎骨の中切歯2本が失われ、歯槽が吸収されている。抜歯の可能性がある。これは日本最古の抜歯の証例と考えられている（国立科学博物館編1988、Baba・Narasaki他1998）。

③港川人の特徴　港川人を代表する第Ⅰ号人骨（男性，20～30歳代）を中心にその特徴をみる。頭は現代人に比べ上下に低く幅が広い。頭の骨が厚いので、脳容量は少なく1390cc程度。顔は眼のまわりと頬が広く、頑丈な造りで顎も張り全体的に四角い。眉間はでっぱり鼻根が窪んでいるので鼻背は高く、立体的である。いわゆる彫りの深い顔立ちである。歯はスンダ型で内外径が大きく、磨り減りかたが激しい。つまり堅く粗雑な食物をあまり調理することなく食べ、歯を道具の代わりに酷使していたようである。

身長は大腿骨の長さから判断して、男子で150～153cm、女子で143cmであり、現代人（男子、平均170cm）に比べ、かなり小柄で低い。骨盤や下腿の骨は発達している。下半身は身体に相応してしっかりしており、走るのには好都合だったのかも知れない。しかし鎖骨は短く、上腕骨は細く、上半身はずいぶん華奢であった。それにもかかわらず手は比較的大きく、道具を掴む力は強力であったろう。港川人の形態特徴からみると、少ない食物を食べ、栄養状況はあまり良くなく、放浪性の高い採集狩猟生活をおくり、大きく頑丈な顔と、少ない栄養で賄える最小限の身体が備わっていたと考えられる。

④イノシシを狩猟した港川人　港川フィッシャーの発掘調査で、港川人と狩猟動物を考察する上で重要な事実が判明した。それはリュウキュウジカが下層部に集中的に発見され、港川人骨群（上部港川人も含む）が発見された上層部にイノシシが出現し、急激に増加していく傾向が認められたことである。まだ石器、骨角器などの人工品や遺構などが確認されていないので、どうい

う方法（弓矢、落とし穴など）でこのイノシシを捕獲したかは不明であるが、港川人の主要な狩猟動物であったことはたしかである。

琉球列島ではシカは更新世の動物で、イノシシは完新世の動物とされていたが、この常識が港川フィッシャーの調査で訂正されることになった。つまり、港川人が生活していた後期更新世後期（約1.8万年前）には、沖縄本島に多数のイノシシが生息していたことになる。一方同じ沖縄本島の山下町第1洞穴（約3.2万年前）からは、シカしか発見されていないことから、イノシシの渡来の時期は最終氷期最寒冷期（約2～1.8万年前頃）の海面低下（現在より約120～100m低下）による陸橋成立と関連した事象と考えられる（長谷川1980）。

⑤港川人の故郷　港川フィッシャーからは石器、骨角器などの考古学的遺物は発見されていない。したがって、人骨を中心にした人類学的研究成果からその姿を探ることにしたい。

港川人を最初に研究した鈴木尚は、形質学的特徴を次のように考察している。眉間と眉稜が発達し顔が幅広い低型で、眼窩も低くその上縁が水平であることから、中国華南地方の低身・低顔型の「柳江人」に類似し、日本の縄文人にも基本的形態で一致すると述べる（鈴木1983）。

山口敏は、港川人と同じ眉間の高まりや眼窩周辺の形態が、東南アジア地域のジャワ島の「ワジャック人」にも似ており、港川人のルーツはさらに南にたどれる可能性を示唆し、また考古学的成果で日本列島の旧石器群は北方的であるのに、化石人類の指し示す方向が南方的なのはどうしたことかとも述べている（山口1990）。

馬場悠男は、港川人を総合的に考察し、アジアの現代型ホモ・サピエンス（新人）の中ではワジャック人（インドネシア）にもっとも近く、山頂洞人（中国北部）、柳江人（中国南部）とはそれほど似ていない。しかし港川人は縄文人の祖先と考えられるが、東南アジアからやってきたと短絡するのではなく、むしろ東南アジアから北東アジアにいたる太平洋沿岸部に元々住んでいた不特定の集団に起源を発しているとする（馬場1998、2001）。

最近、鹿児島県側の奄美諸島や種子島で旧石器時代遺跡が発見されてきている。その成果を見るかぎり琉球列島の石器群様相は、東南アジア、中国南部に分布している「不定形剥片石器文化」と呼ばれる島嶼型（大陸沿岸部も含む）の旧石器文化の一員であることが判明している（小田1999b）。

5　シカ「骨角製品」の謎

(1)　シカ骨角製品の発見

1936年（昭和11）伊江島のカダ原洞穴から、シカ骨片に二叉、三叉状の加工痕が認められる数十点の骨角製品が発見され、徳永重康によって6点が「人工品」として報告された（Tokunaga 1936）。徳永はこれらが自然物と異なる根拠として、①ほとんど同じ大きさである。②関節部分ではなく軸部である。③骨の上に不規則に切り込まれた痕跡がある。との3点を指摘している。

戦後の1953年（昭和28）伊江島第2半洞窟（カダ原洞穴）から出土したこのシカ骨製品に、直

良信夫は、「叉状骨器」と命名して沖縄に「骨角器文化」の存在を指摘した（直良1953）。

一方、1936年に徳永重康がシカ骨製品を指摘した2年後に、裴文中は中国・周口店上洞出土の同類の骨類を紹介している。裴によるとこうした動物の長骨、シカの脛骨、肉食獣の蹄骨が肉食獣に咬まれ、一端もしくは両端上に「叉状」の端部が形成され、そしてその表面や側面上に、明らかな歯牙尖端の痕跡が認められると指摘した（Pei 1938）。また裴は1960年（昭和35）にも北京原人の骨角器使用を否定する論を展開している。その中で徳永のカダ原洞穴発見の叉状骨器論文（Tokunaga 1936）を引用して、これは「偽骨器」の一例であると述べている（裴1960）。残念なことに、こうした中国の重要な論文を日本の研究者は長い間知らなかったのである（加藤1996）。

1960年代になると地元の多和田真淳は、このシカ骨製品の重要性を認識し、高宮廣衞とともに各地のシカ化石の調査を進めた。1962年（昭和37）に山下町第1洞穴、1965年（昭和40）に同市首里の末吉町遺跡でシカ化石の発掘調査を行い、多数のシカ骨角製品が得られた（高宮1965，高宮・金武ほか1975，高宮・玉城ほか1975）。そして高宮は、こうした山下町第1洞穴、末吉町A地点、B地点、識名原地点、B地点、嵩下原第1洞穴より発見された叉状、斧状シカ骨角製品を「人工品」として報告した（高宮1967）。

1975年（昭和50）伊江島でゴヘズ洞穴が発見され、多量のシカ化石が採集された。この知らせを受けた沖縄県教育庁文化課は、安里嗣淳、当真嗣一らを現地に派遣した。安里は出土したシカ化石を詳細に検討し、数点の骨角製品が存在することを報告している（安里1976）。

同じ年、ゴヘズ洞穴に同行した当真嗣一は、シカ骨角製品について、斧状角製品は小型動物を解体する利器、叉状骨器は柄に装着して漁撈用のヤスとして使用したのではないかと考察した（当真1975）。

（2） シカ骨角製品の否定

1976・77年（昭和51・52）にかけて、ゴヘズ洞穴が加藤晋平、長谷川善和らによって発掘された（伊江村教育委員会1977、1978）。加藤は出土した約1万点にのぼるシカ化石を検討し、172点の叉状骨器を検出した。そしてそれらを詳細に分析した結果、こうしたキズ痕は、シカが燐分不足（オステオファギア）という異食症になり、同じシカの骨をしゃぶった咬み痕で「自然」のものと結論づけた（加藤1979）。

加藤の分析は、まずシカ、リュウキュウジカそしてリュウキュウムカシジカに属する172点の、いわゆる叉状骨器と同種のキズ痕を残す骨片を選別した。次にこれらを骨格の部位別に分類し、上腕骨（左3、右5）、橈骨（左3、右7）、尺骨（左1、右0）、中手骨（左7、右13）、脛骨（左4、右0）、中足骨（左10、右16）、下顎骨（左2、右2）、角枝（44）とした。どの骨にも同種のキズ痕が残され、叉状も破損の程度に関係なくすべて同じ形態であった。さらに同種部位の左右骨体を一緒にして、キズの有無と破損度の状態から、

　（A） 関節部が失われ、破損度が進み叉状を呈するもの

2．沖縄の旧石器文化　　563

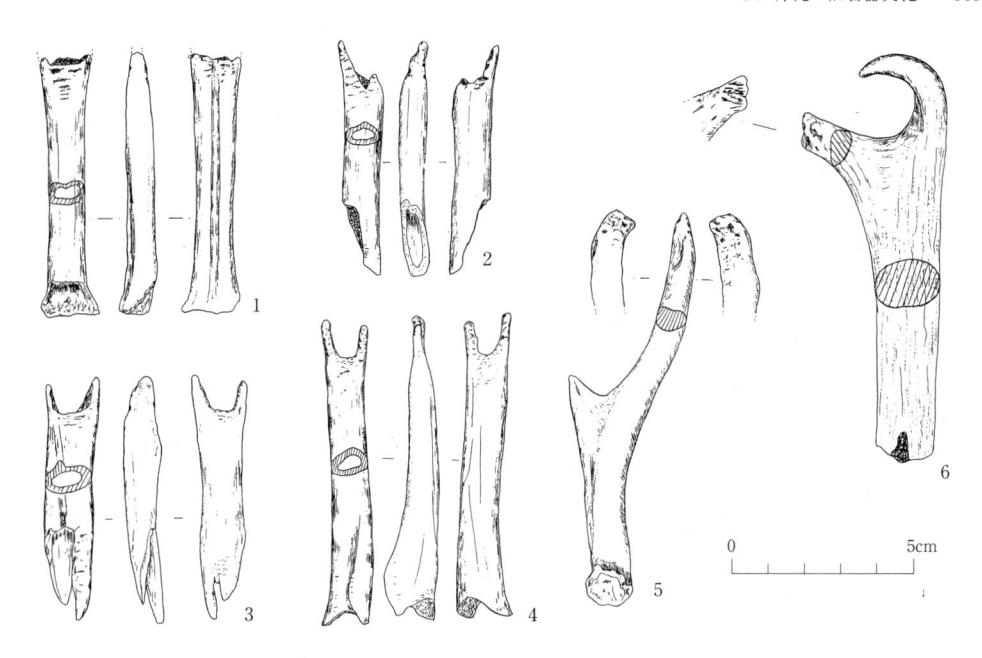

a：伊江島ゴヘズ洞穴のシカ化石骨（安里 1976）

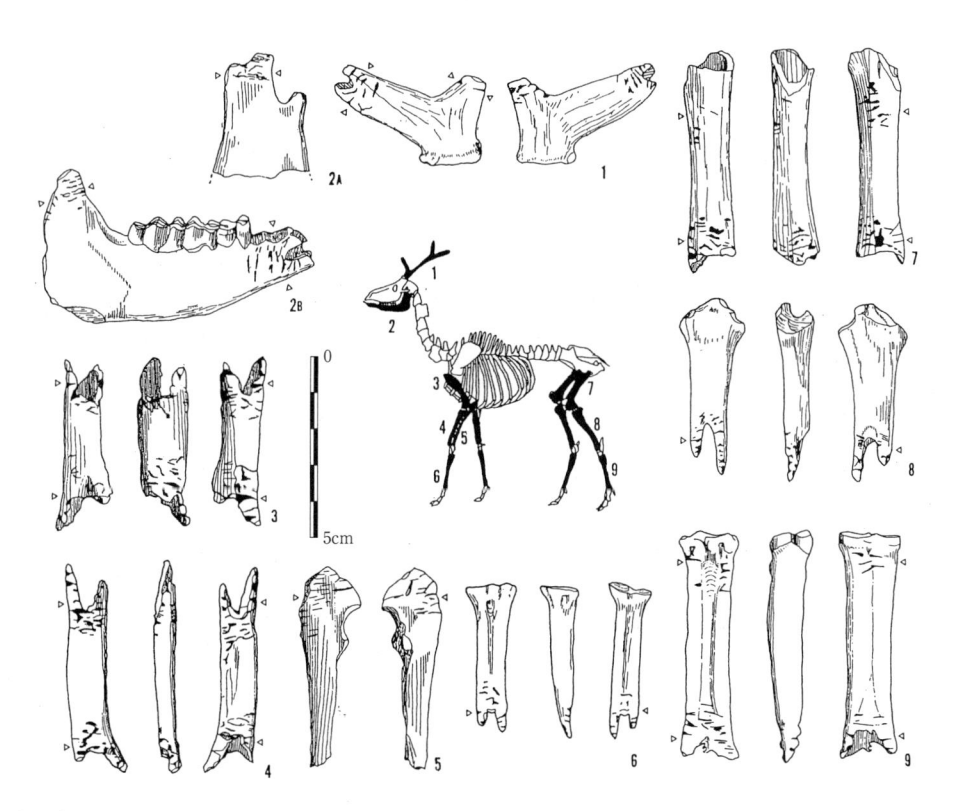

b：伊江島ゴヘズ洞穴のシカ化石骨のキズおよび又状骨片（加藤 1979）

図 208　沖縄のシカ骨角器の諸問題

（B）関節部がなく、著しいキズ痕が認められるが、叉状を呈さないもの
　　（C）関節部が存在し、キズ痕が残っているもの
　　（D）関節部が存在し、キズ痕が存在しないもの
　　（E）自然破損のもの

の5ランクに分類した結果、同形態を示す中手骨、中足骨において、CAが14点、BAが5点、AAが5点というように遠位端が叉状になっている例が多く、さらにBランクにおいても、CBが5点、BBが3点、ABが0点というように、破損度が進んでいる例は遠位端であるという同様の傾向が判明した。これは、骨の破損が遠位端から始まり近位端にいたるという、シカが自然に骨の尖端部からじょじょに咬んでいった法則が表われていることを意味するものである。

　加藤はさらに欧米の叉状骨器問題について、
　　① 現世のスコッテイ・アカシカによる叉状の角片やノールウエーの野生トナカイによる叉状中手骨を例にして、これらのキズ痕は、草食動物が陥りやすい異食症中の骨を異常に咬むオステオファギアによって生じたものであると断定した論文（Sutcliffe 1973）
　　② ドイツの現世アカシカの中手骨片に、両端が叉状を呈した例があるが、糸巻きのように同一平面上になく45度ほど捩れている。これは骨の解剖学的形態とシカの咬む行動からきているという論文（Kierdorf 1994）
　　③ 草食動物の歯によるキズ痕は、切り傷とか、それ以外の人類の加工品とはまったく類似していないという論文（Fisher 1995）

など数例の論文を紹介している。

　1994年（平成6）野原朝秀、大城園子らは、沖縄県内のシカ化石のうち、なんらかのキズ痕のみられる資料10地点92点、内訳は角41、四肢・掌骨44の検討を行っている（野原・大城1994）。対象とした産出地点は、伊江島のゴヘズ洞穴、沖縄本島の上間、ガジャン平、大里採石場、カチャ原、キラ原、ウージ洞穴、上クルク原、久米島の下地原、石垣島の轟川流域である。その結果、現世の草食動物の咬んだ角や骨との比較から、同じ仲間のシカが咬んだものであろうと結論づけた。

　また、同様な化石が産出する地中海のクレタ島、中国の周口店上洞そして琉球列島がいずれも石灰岩地域であり、これらの土壌はカルシウムが豊富で、したがってそこに生える植物にもカルシウムが過剰に含まれているはずである。Sutcliffeによると、カルシウム、アルミニウム、鉄が過剰になると植物中のリンの効果が減じるようになると指摘している（Sutcliffe 1973）。このことから沖縄のシカもリン不足で、オステオファギアが繰り返されたと考えられよう。

　さらに、1997年（平成9）當真嗣一は、シカ骨角品の研究史と最近までの研究動向をまとめた（當真1997）。翌1998・1999年安里嗣淳は、沖縄の旧石器時代の研究史を概観するなかで、シカ骨角品について内外の文献や資料の解析、集大成を行った（安里1998、1999）。安里は1975年（昭和50）伊江島・ゴヘズ洞穴の発見に関与し、発掘調査の契機をつくった地元考古学研究者として、この「シカ骨角品」に対する研究史を総括する責務があったのであろう。

現在ではシカの「叉状骨器」については、自然物の意見が主流を占めるが、「角製斧状品」は人工品の可能性も残されている。おそらく旧石器人は石器以上に骨角製品を製作し、便利に多用していたことは事実であり（小野 2001）、沖縄地域のシカ骨片、港川フィッシャーで検出されたイノシシ骨片などを、今後十分注意・分析して「道具」の発見に努める必要があろう。

6　久米島、先島でも更新世化石人骨発見

(1)　ゴヘズ洞穴の調査（ゴヘズ洞人）

　1975年（昭和50）8月沖縄諸島の伊江島・ゴヘズ洞穴が、地元の青年（高橋健夫、金城幸一、知念慶輝）らによって発見され多量のシカ化石が採集された。この報告を受けた安里嗣淳、当麻嗣一、大城逸郎らは現地調査を実施した。安里は発見したシカ化石の中から、6点の加工品（肢骨製品 4、角製品 2）が存在することを報告した（安里 1976）。

　この情報は長谷川善和を通して、加藤晋平に知らされ、加藤は翌年春に現地を訪れ、まだ洞穴内におびただしいシカ化石骨が堆積している事実を知り発掘を計画した。発掘調査は1976年（昭和51）9月5日から15日まで、加藤、長谷川らが調査を担当した（伊江村教育委員会編 1977）。第2次調査は1977年（昭和52）7月16日から22日まで行われた（伊江村教育委員会編 1978）。

　ゴヘズ洞穴は沖縄本島本部半島の沖合に浮かぶ伊江島にある。この島は面積 23km²の東西に長い平坦な石灰岩台地を呈し、洞穴は中央部の一番高い地点（標高約 82m）に位置する。洞穴は主洞とその奥から、北東に屈曲して延びる副洞から成っている。開口部は約 2m、奥行き約 19mである。主洞（上洞）の西壁際から径 60cmの開口部で、下に「下洞」が存在し、規模は約 2.5m縦方向に、そして斜方向に約 35mの奥行きをもっている。

　層位は主洞の上洞トレンチで 5層に区分された。第 I層は黒褐色土で現代の堆積土。Ia層と Ib層に細分される。Ia層は上部に家畜骨、ゴミを含み、下部に戦争中の人骨、遺品があった。Ib層は木炭堆積層で戦時中のものである。第 II層は茶褐色土で、上部に炭、貝、銃弾が混入している。第 III層は黒褐色土で、わずかに貝を含んでいる。第 IV層は石灰岩塊の層で崩落した石灰岩が堆積している。

　出土物は主洞（上洞）の III層相当部から沖縄貝塚時代の土器が、人骨、貝殻とともに出土した。下洞はゴヘズ洞穴の中心で、リュウキュウジカ（5576点, 730頭分）リュウキュウムカシキョン（1285点, 300頭分以下）のシカ類が大部分で、他にウミガメ、オオヤマリクガメ、リュウキュウヤマガメ、キノボリトカゲ、ハブ、アマミトゲネズミ、コキクガシラコウモリ、ハシブトガラスなど 9種類の動物骨が、少数発見されただけである。この事実から更新世後期の伊江島には、大変な量のシカが生息していたことになる。また下洞の第 3ホールと第 4ホールからヒトの骨が発見された。

　人骨は 1次調査で下洞第 3ホールから下顎骨 1点が出土し、池田次郎によって 30歳前後の成年（性別不明）と鑑定された。また 2次調査で下洞第 4ホールから前頭骨、左側頭骨、左上腕

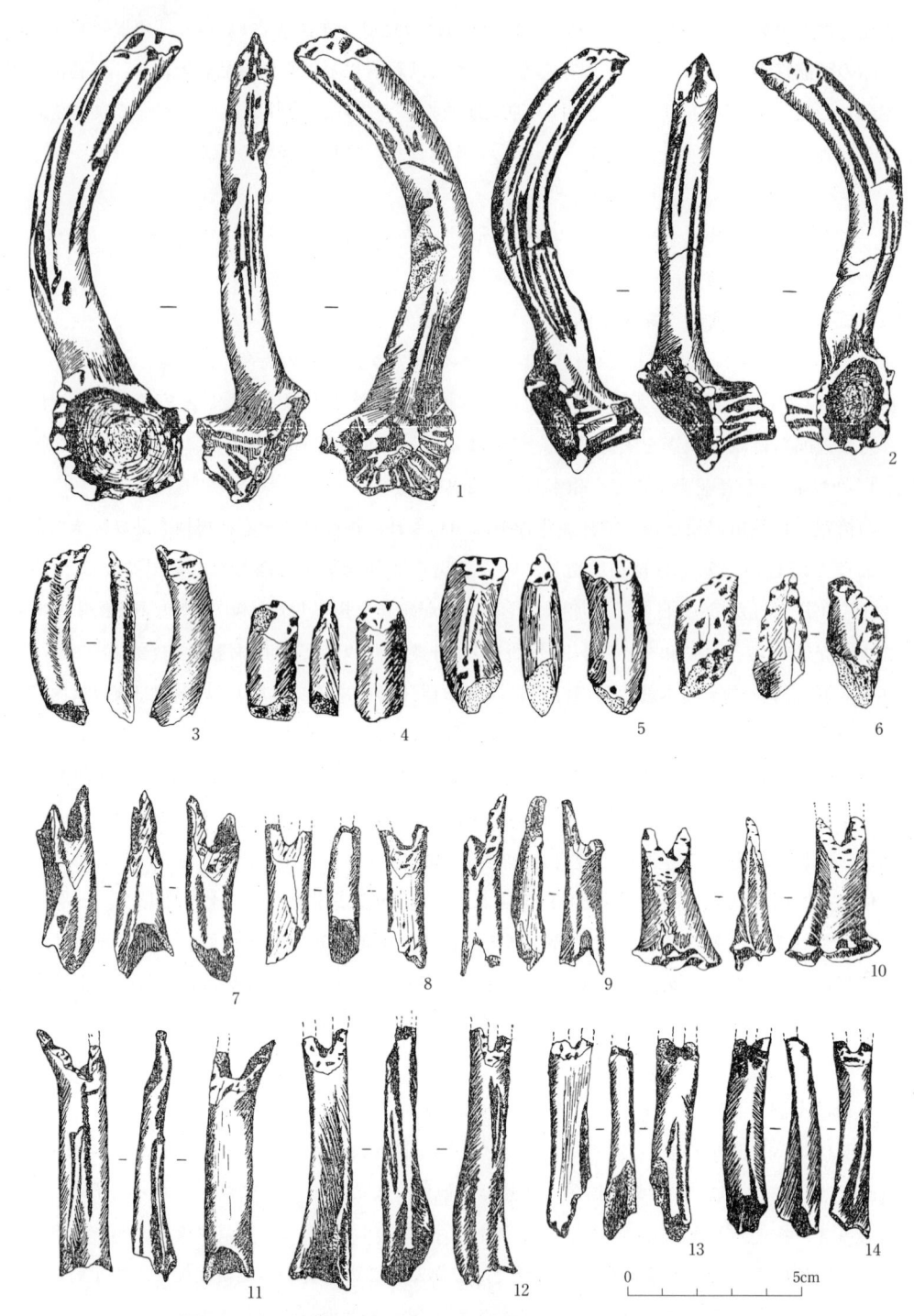

図 209　山下町第１洞穴出土のシカ骨製品（高宮・玉城・金武 1975）

骨、右大腿骨、左脛骨、右腓骨、右中足骨、歯が発見され、山口敏により成人と鑑定された。

　松浦秀治によって、下洞出土のシカ化石骨のフィッション・トラック法によるウラン含有量が測定（8.3 ppm）され、後期更新世後期の時期と判定される。したがって、人骨も同じ堆積物中から発見されたことによって、同じ時期と推定された（松浦 1977、1999）。

　一方、沖縄で唯一の更新世の人工品と考えられていた「叉状骨器」が検討され、加藤晋平はこうしたキズは、シカの噛み痕によって生じた自然のものであると結論づけている（加藤 1979）。

（2）　下地原洞穴の調査（下地原洞人）

　沖縄諸島西方に浮かぶ久米島の具志川村字具志川の西方約 800 m にある大鍾乳洞である。

　1977 年（昭和 52）久手堅稔が、この洞穴を探検しシカの化石を発見した。この情報に基づき長谷川善和、大城逸朗らが現地に赴き、発掘調査が計画された。

　発掘調査は 3 回実施され、第 1 次は 1978 年（昭和 53）11 月 4 日から、2 次は 1982 年（昭和 57）1 月沖縄県博物館が主体になり、長谷川、大城、佐倉朔らが中心に行われた。この調査でリュウキュウジカなど多くの動物骨が出土した。そして発掘日程終了後に、空港に向かう途中再度洞穴に寄ったさい乳幼児の人骨が発見された（佐倉・大城 1996）。3 次調査は 1986（昭和 61）年国立科学博物館が主体で行われ、同じ乳幼児のものらしい数個の人骨が追加された。

　洞穴は久米島の最西端に位置し空港の北側の中位段丘面（標高 40 m）下にある。延長約 185 m、洞幅 2～20 m、天井高 2～8 m ある。入口は前後にあり、一方の入口は深い竪穴状になっており、他方は横穴上に開口している。この横穴の入口を入るとすぐに幅 20、天井高 6、奥行き 30 m の落盤が多い広間になっている。動物化石（人骨も）はこの広間の床を覆っている厚さ 10～15 cm のフローストーン（鍾乳石の 1 種）の下に、約 3 m 近く堆積した泥の層の中に、多量に包含されていた。出土物はリュウキュウジカ、リュウキュウムカシキョン、ケナガネズミ、ハブ、カルガモなどの動物化石と人骨であった。

　人骨は右下顎骨、多数の脊椎骨と肋骨、肩甲骨、鎖骨、上腕骨、大腿骨など 50 個以上ある。佐倉朔によって、生後 8～10 カ月の乳幼児と鑑定された（国立科学博物館編 1988）。年代測定も行われ、^{14}C 法で 15,200±100 yr.B.P. とラセミ法で約 2 万～15,000 万年前後、松浦秀治によるフッ素量測定で 0.35% と出された（松浦 1997、1999）。

（3）　ピンザアブ洞穴の発掘調査（ピンザアブ洞人）

　八重山諸島の宮古郡（宮古島）上野村豊原にある洞穴。

　1979（昭和 54）年 8 月下旬、このピンザ・アブ（山羊・洞穴）と呼ばれる洞穴で、大城逸朗、新垣義夫らがヒトの後頭骨片を発見した。翌年 12 月下旬に長谷川善和らが調査して、後頭骨片、尖頂骨、右側頭頂骨、脊椎骨（第 5 腰椎）、乳歯（下右乳犬歯）が得られた。

　発掘調査は沖縄県教育委員会によって 3 回にわたり実施された。第 1 次は 1982 年（昭和 57）11 月 20 日から 27 日、2 次は 1983 年 7 月 25 日から 8 月 5 日、3 次は 1984 年 9 月 1 日から 6 日

まで行われた（長谷川・佐倉他1981）。

　洞穴は全長102mで、主洞（72m）と支洞に分かれ、奥に向かってゆるやかに傾斜していく。主洞下層部のホールの天井高は4.5mを測る場所があり、約1.5mの厚さに粘土層と琉球石灰岩礫層が認められるが、層位的な状況を呈していない。

　出土物は動物化石として、鹿類（ミヤコノロジカ，北方系）、イノシシ（リュウキュウイノシシとは異なり本州産に近い）、ヤマネコ、ハタネズミ亜科、ケナガネズミ、鳥類（ツル属、ワシタカ、ノスリ、オジロワシ、シギ科、カモメ科、ヤマシギ、フクロウ属、コノハズク、キジバト、カラスバト、ハシブトカラス）、爬虫類（キノボリトカゲ、アオカナヘビ、マダラヘビ属、ハブ属、ミナミイシガメ、リュウキュウヤマガメ、セマルハコガメ、スッポン）、蛙類（アジアヒキガエル、ヒメアマガエル）、そして人骨などであった。

　人骨は後頭骨、頭頂骨、乳歯、脊椎骨、手骨、歯で、佐倉朔によって後頭骨には横後頭隆起が認められ、港川人に似ているが、やや原始的な特徴が強い。歯（上顎左の第2小臼歯、下顎左側切歯）は強く擦り減っており、幅に比べて厚みが大きい。子供の歯を含む数個体（壮年女性が含まれる）のものと鑑定された。

　化石骨（人骨，ノロジカ）のフッ素含有量とラセミ化分析が、松浦秀治によって行われた。フッ素含有量は0.7〜1%の範囲にあり、更新世後期の静岡県三ヶ日、浜北人、ゴヘズ洞人に匹敵するものであった。ラセミ化分析では約2万年前と測定された（松浦1997、1999）。

　洞穴堆積土中の木炭片の^{14}C年代測定が東京大学で行われ、25,800±900 yr.B.P.（TK-535）、26,800±1,300 yr.B.P.（TK-605）と出されている。

7　奄美諸島の旧石器遺跡

（1）　磨製石器をもつ旧石器群（土浜ヤーヤ遺跡）

　鹿児島県大島郡（奄美大島）笠利町土浜の土浜ヤーヤ遺跡で、奄美諸島初めての旧石器時代遺跡が発見された。奄美大島は奄美諸島中の最大の島で、南部は山岳地で山が海岸まで迫り、北部は比較的平坦な土地で、海岸部には段丘地形が発達している。この2つの地形的環境の境界線が、この笠利町と竜郷町の境にある赤尾木地峡（幅約700m）によって分けられている。遺跡地は北部平坦地域の笠利半島の付け根部にあり、土浜集落を南流する後川沿いの標高16〜18mの海岸段丘上に立地する。背後に急傾斜で迫る小起伏の山地を控え、南に太平洋を望むなだらかな高台部である。この段丘面には、奄美地方で「マージ」と呼ばれる赤褐色粘質土層が基盤層の上に広く認められる。

　発掘調査は1986年（昭和61）4月20日から8月15日まで、鹿児島県教育委員会による緊急調査が実施された。旧石器はマージ層の上に堆積した褐色粘質土層中に発見された。

　層位は6枚に区分され、第I層は褐色〜茶褐色を呈した砂層で、第Ia層（耕作土）と第Ib層（茶褐色）に分かれる。第II層は茶褐色粘質土層で、第IIa層（縄文時代包含層）と第IIb層（黄褐

色）に分かれ、この層に鬼界-アカホヤ火山灰（K-Ah，約 6,500～7,000 年前）が確認されている。第 III 層は粘質土層で色調により a, b, c に細分される。IIIa 層は褐色で無遺物層。第 IIIb 層は暗褐色、第 IIIc 層は褐色で、両層は旧石器時代の遺物包含層である。そしてこの両層から、姶良 Tn 火山灰（AT，約 2.8～2.5 万年前）が確認される。第 IV 層は赤褐色粘質土層で、この地方で「マージ」とよばれる特徴的な土層である。第 V 層は淡褐色砂混土層で、花崗岩が風化したマサ土である。第 VI 層は基盤岩で、風化した頁岩、千枚岩、花崗岩からなる。

旧石器は 2 つの地点で確認され、第 IIIb 層から 6 点、第 IIIc 層から 34 点の合計 40 点出土した。おそらく、これらの石器類は同文化層遺物と考えられる。遺物出土状況は、A 地点で 3～4 m の範囲に 1 ユニットを形成して発見される。また旧石器包含層には炭化材が多く認められ、集中個所（焚き火跡）が存在した可能性がうかがえる。

A 地点では第 IIIb 層最下部から 4 点（削器 1，剥片 3）出土し、炭化材の^{14}C 年代測定で 18,600±230 yr.B.P.（KSU-1570）と出される。また第 IIIc 層から 34 点（研磨痕のある石器 3，剥片 11，砕片 20）出土し、炭化材の^{14}C 年代測で 21,400～∞ yr.B.P.（KSU-1571）と測定されている。炭化物片も多数検出されている。使用石材はすべて地元産の頁岩を使用している。

C 地点では第 IIIb 層から 2 点（剥片 2）出土し、炭化物片（拳大級もあった）も多量に分布している。やはり地元産の頁岩を使用している。

土浜ヤーヤ遺跡は、奄美諸島で最初の旧石器時代遺跡の発掘調査として著名である。発見された石器群は AT 火山灰が降灰した時期前後で、年代的に 2.5～2 万年前と考えられる。出土した石器群様相から、頁岩製の研磨剥片（磨製石斧？）をもった不定形剥片石器類に特徴を示している。また本州島、鹿児島本土でも一般的に発見され、「ナイフ形石器」の出土がなかったことが注目された（旭・牛ノ浜 1988）。

（2） 南島爪形文土器文化層下発見の旧石器（喜子川遺跡）

鹿児島県大島郡（奄美大島）笠利町喜子川の喜子川遺跡で奄美諸島で 2 ヵ所目の旧石器遺跡が確認される。遺跡地は土浜ヤーヤ遺跡の北方に位置し、東側に太平洋を臨む標高 16 m 前後の海岸砂丘上にある。

発掘調査は田村晃一、中山清美らにより、1987 年（昭和 62）8 月 1 日から 10 日（第 1 次）、1988 年 8 月 1 日から 15 日（第 2 次）、1989 年（平成元）7 月 7 日から 8 月 13 日（第 3 次）、1990 年 3 月 2 日から 21 日（第 4 次）、そして、第 5 次から 7 次の発掘調査も行われている。

層位は 12 枚に区分され、第 I 層は表土層で最近の土地改良の客土。第 II 層は黒褐色砂層で土地改良以前の表土。第 III 層は褐色砂層で南島・爪形文土器文化、集石（上層文化）。第 IV 層は灰白色砂層でこの層の上面は凹凸が激しい。第 V 層は混土砂層で無文土器文化、集石（下層文化）。第 VI 層は茶褐色土層で喜子川の氾濫堆積土の可能性がある。第 VII 層は橙褐色火山灰層で第 VIIa と第 VIIb 層に細分され、第 VIIa 層は鬼界-アカホヤ火山灰（K-Ah，約 7,000～6,500 年前）の堆積が認められる。第 VIII 層は黒褐色土層。第 IX 層は黄褐色土層。第 IX 層か第 Xb 層

あたりに姶良 Tn 火山灰（AT，約 2.6～2.4 万年前）の堆積が認められる。礫出土。第 X 層は暗黄褐色土層で第 Xa と第 Xb 層に細分される。剥片、礫出土（旧石器文化）。第 XI 層は灰色粘土層。第 XII 層は赤褐色～橙褐色土層で基盤の頁岩風化土の「マージ」層である。

　旧石器遺物は、第 X 層上面からチャートと頁岩製で石核 1，剥片 2 が出土している。

　^{14}C 年代測定で 1 号集石（第 V 層）上面の木炭が、5,340±100 yr.B.P.（Guk-14398），第 X 層上面の積石遺構中の木炭が、25,250±790 yr.B.P.（Guk-14577）と測定されている。

　喜子川遺跡は琉球列島最古の土器文化（南島爪形文土器）の遺跡として著名である。この爪形文土器包含層の下層に K-Ah の堆積が認められる。この事実から南島爪形文土器文化の年代が 6,500 年前より新しい時期と解釈された。しかし、この結果を疑問視する研究者も存在し、その論拠として本遺跡の堆積層の不安定性をあげている。つまり K-Ah にしろ、爪形文土器文化層にしろ、2 次的な堆積状況であると指摘している（岸本 1991）。

　旧石器はこの爪形文土器文化より下層（第 X 層上面）で確認され、同じ層中から AT の堆積が認められる。石器類は不定形の剥片とチップであった（中山・田村ほか 1989、田村・池田ほか 1995）。

（3）チャート製不定形剥片石器群（天城遺跡）

　鹿児島県大島郡（徳之島）伊仙町阿権太野の天城（あまんぐすく）遺跡で緊急発掘調査が行われ、奄美諸島で三番目の旧石器時代遺跡が発見された。徳之島は鹿児島市から南へ約 533km に位置し、日本の島嶼中 9 番目の大きさで、西は東中国海、東は太平洋に面している。この島は北方にある標高 417m の犬田布岳から南西部は、300m 前後の高位台地が発達している。遺跡地はこの台地を深く侵食し東中国海に注ぐ阿権川河口近くの、西側丘陵（標高 40～50m）の細長い台地の南先端部に位置する。

　発掘調査は 1993 年（平成 5）10 月 18 日から 28 日まで、伊仙町教育委員会の事業として鹿児島県立埋蔵文化財センターが担当して実施された。

　層位は 3 枚に区分され、第 I 層は暗赤褐色土層で表土耕作土にあたる。第 II 層は淡赤褐色粘質土層で自然の 2 次的堆積物と考えられる。上部に古墳時代から縄文時代後期の土器類が発見される。下部に旧石器らしいチャート製石器類が出土する。第 III 層は赤褐色粘土層でマージ層に相当する。

　旧石器と考えられる遺物は、第 2 トレンチの第 II 層から、古墳時代から縄文時代後期に土器類とともに発見される。チャート製の各種剥片類で、これらの石器が周辺の縄文期の石器類と異なる様相を呈しており、「旧石器」と判定される。石器類は合計 26 点確認され、それらは 2×3m の範囲に、まばらであるが集中し、1 ユニットを形成している。

　器種には台形石器 8，抉入石器 4，掻・削器 2，石核 2，使用痕剥片 4，剥片 4，先端加工石器 1，彫器 1 点がある。石材はすべてチャート製で、地元にも原産地があるが、その製品か否か不明である。

　天城遺跡の旧石器文化包含層については、発掘時点では混在という難点があったが、その後の

現地踏査でマージ層中にチャート製の同じ「旧石器」が包含されている事実が確認された。

この台形状石器を中心にした天城旧石器群様相は、本州島の約3万～25,000万年前頃に盛行した旧石器群に対比できそうである（栗林・堂込1994）。

（4） 磨石を持つ石器群の発見（ガラ竿遺跡）

鹿児島県大島郡（徳之島）伊仙町小島で、農業改良工事に伴う試掘調査が行われた。場所は東シナ海に面した、約20～100m段丘を削って流れる上成川の上流部に位置し、標高170mの台地である。

調査は2001年（平成13）7月23日から8月10日まで、伊仙町教育委員会の事業として、鹿児島県立埋蔵文化財センターが担当し実施された。

層位は14枚の自然層に区分され、第Ⅰ層は約20cmの黒褐色土層で、表土耕作土。第Ⅱ層も約15cmで暗褐色土層である。第Ⅵ層は約8cmの暗褐色火山灰層。第Ⅳ層は約20cmの茶褐色火山灰層で、ガラスの含有量分析で「姶良Tn火山灰（AT）」の極大値が認められる。第Ⅴ層は約50cmにも及ぶ暗茶褐色粘土層である。以下、3mにわたって粘土質土層が厚く堆積している。

旧石器時代の遺物は、河川に寄った遺跡の北西端の第Ⅳ層中、約30cmの深さから出土した。器種は、花崗岩と砂岩製の2点の「磨石」である。また、表土からチャート製の台形状剥片が1点発見されている。

ガラ竿（ぞう）遺跡は、徳之島において発掘調査で初めて旧石器文化が原位置で確認された遺跡である。そして、包含層の上部に堆積している火山灰層（第Ⅳ層）中に、鹿児島湾奥の姶良カルデラから、約2万5,000～2万8,000年前に噴出した「姶良Tn火山灰（AT）」が検出されている。これにより、この旧石器文化は、3万年前近くの年代が想定される。

近年、日本列島の古期旧石器文化段階に、磨石、敲石などの「植物質食糧」を加工する道具が特徴的に伴うことが判明してきた。これは「磨石文化」とも呼べる南方起源の旧石器文化の一員と考えることができよう（小田1997b、1999a、2000）。

以上、奄美諸島の旧石器文化遺跡はすべて海浜に面した台地先端部に立地している。石器の特徴としては、不定形の剥片石器で台形状石器、楔形石器、磨製石斧、それに磨石、敲石などが発見される。しかし、南九州をはじめ本州島の旧石器文化に必ず伴う「ナイフ形石器」の発見が認められない。これは、この地域の特質として注目しておく必要があろう。

8 種子島の旧石器遺跡

近年、鹿児島県種子島で2カ所の旧石器遺跡が発掘調査された。種子島は大隅半島南端の佐多岬から南東約33kmの洋上にあり、南北52×東西12kmの細長い島である。山地は低く内陸部は標高200m前後の海岸段丘が発達し、海岸線には数段の海食崖が認められる。西側には「屋久島」が高くそびえ、東側は太平洋に面している。琉球列島の西側を通過した黒潮本流が、この島の南

で東に向きを変えトカラ列島を横切り、東中国海から太平洋に流出している。したがって種子島の西海岸には、黒潮が運んだ「寄せ物（海の漂流物）」が歴史時代を通じて多く認められている。

（1） 3万年前の礫群（横峯C遺跡）

　鹿児島県熊毛郡南種子町（種子島）島間の横峯C遺跡から、旧石器時代遺跡が発見された。遺跡地は西側（東中国海）にゆるやかに傾斜する標高120mの台地上にあり、両側には小谷が刻まれ、西側に屋久島、北側の尾根から太平洋が望める位置に立地する。

　発掘調査は1992年（平成4）10月19日から11月17日まで、南種子町教育委員会の事業として鹿児島県立埋蔵文化財センターが担当して緊急調査が実施された。

　層位は11枚の自然層に区分され、第Ⅰ層は耕作土層。第Ⅱ層は黒褐色土層。第Ⅲ層は暗黄橙色火山灰層と黄橙色火山灰（鬼界カルデラの幸屋火砕流、約7,000～6,500年前）層。第Ⅳ層は茶褐色土層で中半に薩摩火山灰（約11,500年前）が介在している。第Ⅲ層直下に縄文時代早期、下半に草創期の文化層。第Ⅴ層は淡褐色土層。第Ⅵ層は暗褐色粘質土層。第Ⅶ層は明黄色火山灰、始良Tn火山灰（AT, 約2.6～2.4万年前）層。第Ⅷ層は暗褐色粘質土層。第Ⅸ層は淡茶褐色火山灰、下位に種Ⅳ火山灰（TnⅣ, 約3万年前）が介在している。第Ⅹ層は淡褐色粘質土層、この層に旧石器時代の「礫群」が認められる。第Ⅺ層は黄色火山灰（種Ⅲ火山灰, TnⅢ, 約3万年以前）層。

　旧石器文化層は第Ⅶ層直上（Ⅲ文化層）、第Ⅷ層とⅨ層の間（Ⅱ文化層）、第Ⅹ層とⅪ層の間（Ⅰ文化層）の3枚が確認される。

　第Ⅲ文化層（AT火山灰直上）からは、土坑1基と敲石が出土する。

　第Ⅱ文化層（AT火山灰下～種Ⅳ火山灰上）からは、3基の礫群と台石、敲石が出土する。また3個の大石が炭化物片の集中とともに確認される。礫群付近の炭化物の^{14}C年代は、29,300±520 yr.B.P.（K-102402）、台石付近の炭化物片は30,480±590 yr.B.P.（K-102401）とされる。

　第Ⅰ文化層（種Ⅳ火山灰下）から礫群が2ヵ所確認される。石器類は発見されていない。1号礫群は80×70cmの規模で、75×65cmで約10cmの楕円形の掘り込みが確認される。2号礫群は1号の北東にややレベル差をもって、8mのところに直径80cmの規模でほぼ円形を呈するものである。礫は火熱を受け大部分は破砕礫・細片である。石材は砂岩か花崗岩と思われる。礫群、遺物包含層から検出された炭化材の^{14}C年代測定が行われ、包含層は＞30,260 yr.B.P.（Gak-16775）、1号礫群は＞30,080 yr.B.P.（Gak-16776）、31,290±690 yr.B.P.（K-102399）、2号礫群は＞28,110 yr.B.P.（Gak-16777）、29,660±540 yr.B.P.（K-102400）とされる（倉元・堂込編1993、堂込1998）。

　礫群は火熱を利用した調理施設である。列島内部の旧石器遺跡では、始良カルデラの噴火前後（AT, 約2.5～2.4万年前頃）に出現し、最終氷期最寒冷期の2万年前頃から盛行していくものであるが、この種子島では列島内部に先駆けて3万年前頃にはすでにそれが盛行していたようである。

(2) 南方型重量石器群（立切遺跡）

　立切遺跡は鹿児島県熊毛郡中種子町（種子島）坂井地内にあり、標高120m前後の台地上の東側に開いた谷頭に位置する。農道整備事業に伴って1996年（平成8）11月に確認調査が行われ、約3万年前の旧石器文化が発見された。その遺構（礫群、焼土遺構）、遺物（礫器、斧形石器、磨石、敲石など）の内容（縄文的植物採取的生活）に驚くとともに、全国的にも注目されることになった。事の重大さから中種子町教育委員会は、本格的な緊急発掘調査を行うことに決定した。

　発掘調査は中種子町教育委員会の事業として、3ヵ年行うことになり第1年次が1997年（平成9）9月1日から10月30日まで、鹿児島県立埋蔵文化財センターが協力して実施された。

　層位は14枚の自然層に区分され、第1層は耕作土層。第2層は旧耕作土層。第3層は黄橙色火山灰層（鬼界－アカホヤ火山灰、K－Ah、約7,000～6,500年前）。第4層茶褐色ローム、縄文時代包含層。第5層は暗茶褐色ローム、旧石器時代文化（細石刃文化、約12,000年前）層。第6層は淡褐色ローム層。第7層は淡褐色粘土層。第8層は黒褐色土層。第9層は暗黄色火山灰（姶良Tn火山灰、AT、約2.8～2.5万年前）層。第10層は黒褐色土層。第11層は黒褐色粘土層。第12層は黄橙色火山灰（種IV、TnIV、約30,900年前）層。第13層は明橙色ローム、旧石器時代文化（重量石器群）層。第14層は淡赤色粘土（種III、TnIII、約3万年以前）層である。

　旧石器文化層は第7層に細石刃文化（船野型細石刃核4点、細石刃、チップ）が発見された。「種IV」下（約3万年以前）の第13層には重量石器群（礫器、斧形石器、鉈形石器、磨石、台石、砥石、敲石、大型不定形剥片）と礫群1基、土坑2基、焼土遺構12基が確認される。土坑の1つには周囲の小ピットがめぐらされたものもある。石器に使用された石材は砂岩と粘板岩で、島内に多数存在するものである。「種IV」下の文化層の焼土遺構内の炭化物の^{14}C年代測定は、30,560±210 yr.B.P.（K－114267）とされた（堂込1998）。

(3) 種子島の旧石器文化の意義

　種子島の旧石器遺跡は、琉球列島を考える上でも重要である。種子島ではAT（約2.8～2.5万年前）の下層に堆積している「種IV」と呼ばれる約3万年を越える火山灰の下層に旧石器遺跡が発見され、横峯C、立切遺跡の下層文化がそれである。横峯C遺跡では3枚の旧石器文化層が発見され、種IV火山灰前後の文化層から磨石、敲石、礫群（調理施設）、土坑（貯蔵穴）が確認された。立切遺跡では2枚以上の旧石器文化層が確認され、礫器、刃部磨製斧形石器、鉈状石器、磨石、台石、砥石、敲石、大型不定形剥片などが、多数の礫群、土坑、焼土遺構（炉址）とともに発見された。今のところこうした「重量石器」を中心にした旧石器群は、九州本土の旧石器遺跡には認められていない（桑波田・宮田1997、宮田1998）。またこうした古期段階に、礫群、炉址などが多数検出された旧石器遺跡は列島内でもその類をみない。

　種子島の旧石器文化にみられた磨石、台石、敲石類は、植物質食糧の加工に使用された石器と考えられ、また礫群、炉址の一部も、同様に植物加工施設の可能性が高いものである。つまりこの日本列島最南端部地域では、狩猟を主生業とするよりもっと安定した「植物性食糧利用」がシ

ステムとして存在していたのである（藤本 1998）。

9　沖縄旧石器文化の枠組み

（1）ホモ・サピエンスの定着

　現在のマレー半島からスマトラ、ジャワ、カリマンタンの島嶼部にかけて、かつて大陸と陸続きの時代があり、「スンダランド」と呼ばれていた。人類学の成果では、人類はその誕生地であったアフリカを2度にわたり出発したといわれている。第1は約180万年前頃の原人段階で、約120万年前にはこのスンダランドに到達している。「ジャワ原人」と呼ばれる仲間が、アフリカと環境が似ていたスンダランドを第2の故郷として生活していた。しかし原人も約90万年前頃にはスンダランドを離れて、約60万年前頃には中国北東部にまで拡散している。その後原人、旧人へと進化する過程においては諸説があり、原人も旧人も絶滅したという説が最近の人類学界では定説になっている。

　第2のアフリカからの出発は、最新の分子人類学の研究分野で提唱されている説である。それによると約20～15万年前頃、ホモ・サピエンス（新人）がアフリカから世界各地に拡散して、現代人の直接の祖先となったという説である。そして各地に拡散していた旧人の一部とも共存した可能性も指摘されている（馬場編 1993、馬場 1998）。

　この説にしたがうと、スンダランドや中国、日本を含めた北東アジア地域にも、新しくアフリカから旅立ったホモ・サピエンスの生活した場所（遺跡）が存在することになる。考古学的方面から、こうした視点（アフリカ単一起源説）で日本の旧石器文化を新たに検討する価値はある。

（2）南方型旧石器文化

　日本列島は更新世（約130～1.2万年前）にアジア大陸と「陸橋」で地続きになった時期が何回かあり、周辺大陸に生活していた原人、旧人がやってきた可能性は否定できない（Ono and Oda 他 1999）。

　日本列島から発見される更新世の「化石人骨」は、現在までのところすべて後期更新世（約13～1.2万年前）の後半のホモ・サピエンス（新人）のものである。その出土地も本州では静岡県浜北人と、沖縄県山下町第1洞人、港川人ほかわずか9カ所の化石人骨だけで、東北日本地域からは未だ発見されていない（松浦 1997、Ono and Oda 他 1999）。約3.5～3万年前頃、東京地方武蔵野台地の立川ローム第X層文化に、2つの異なった旧石器群が認められた。1つは小金井市西之台遺跡B地点・中山谷遺跡の最下層文化で、礫器、錐状石器、不定形剥片、敲石などをもち、石材にチャート、砂岩を多用した石器群である。もう1つは板橋区栗原遺跡・杉並区高井戸東遺跡の最下層文化で、刃部磨製の斧形石器、ナイフ状石器、縦長剥片などを持ち、石材に凝灰岩、頁岩系岩石を多用した石器群である。おそらくこの両者は、更新世後期終末頃に列島内に流入してきたホモ・サピエンス（新人）の系統の違いを示しているものと考えられる（Oda and Keally

2．沖縄の旧石器文化　575

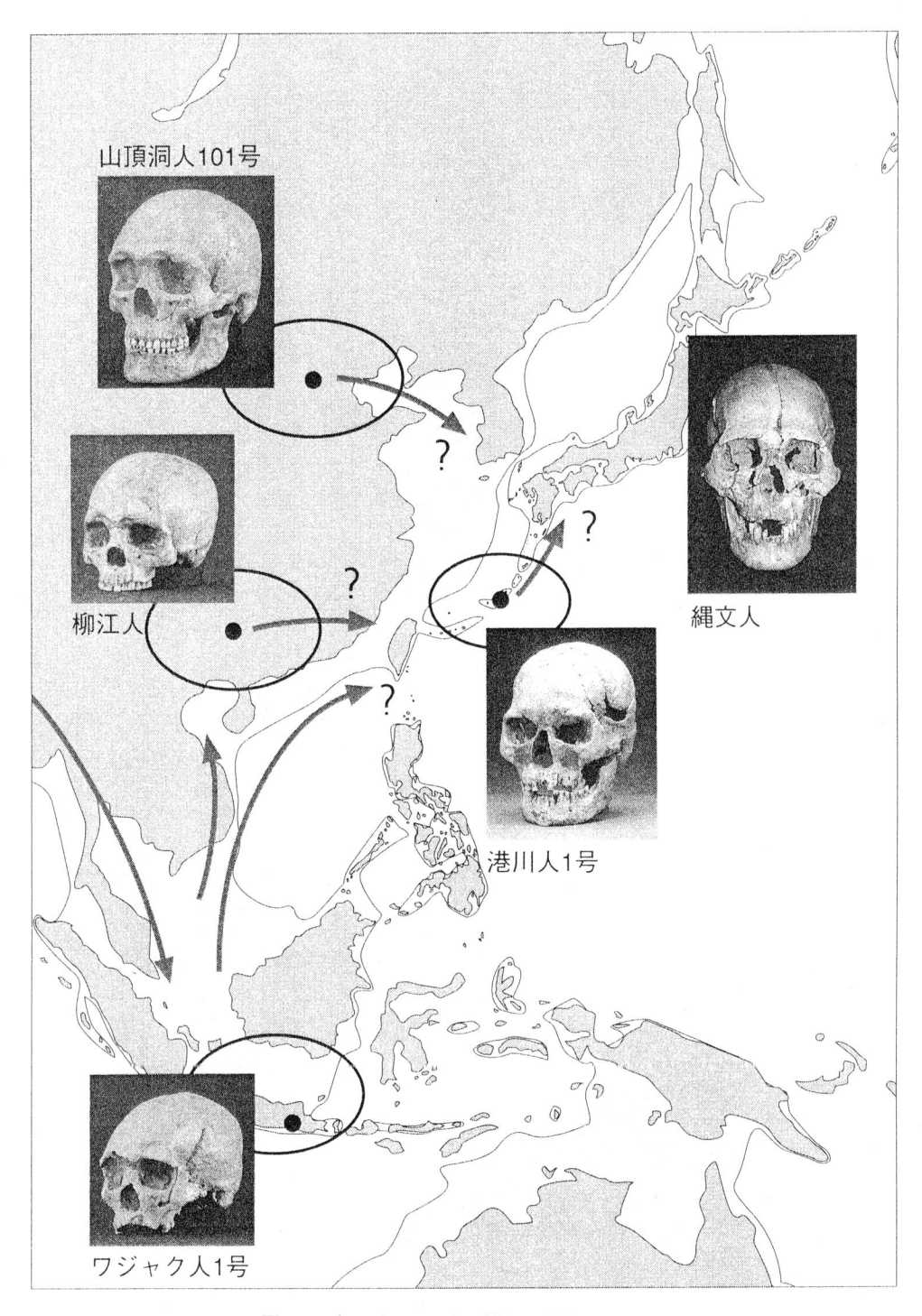

図210　東アジアにおける新人の移動（馬場2001）

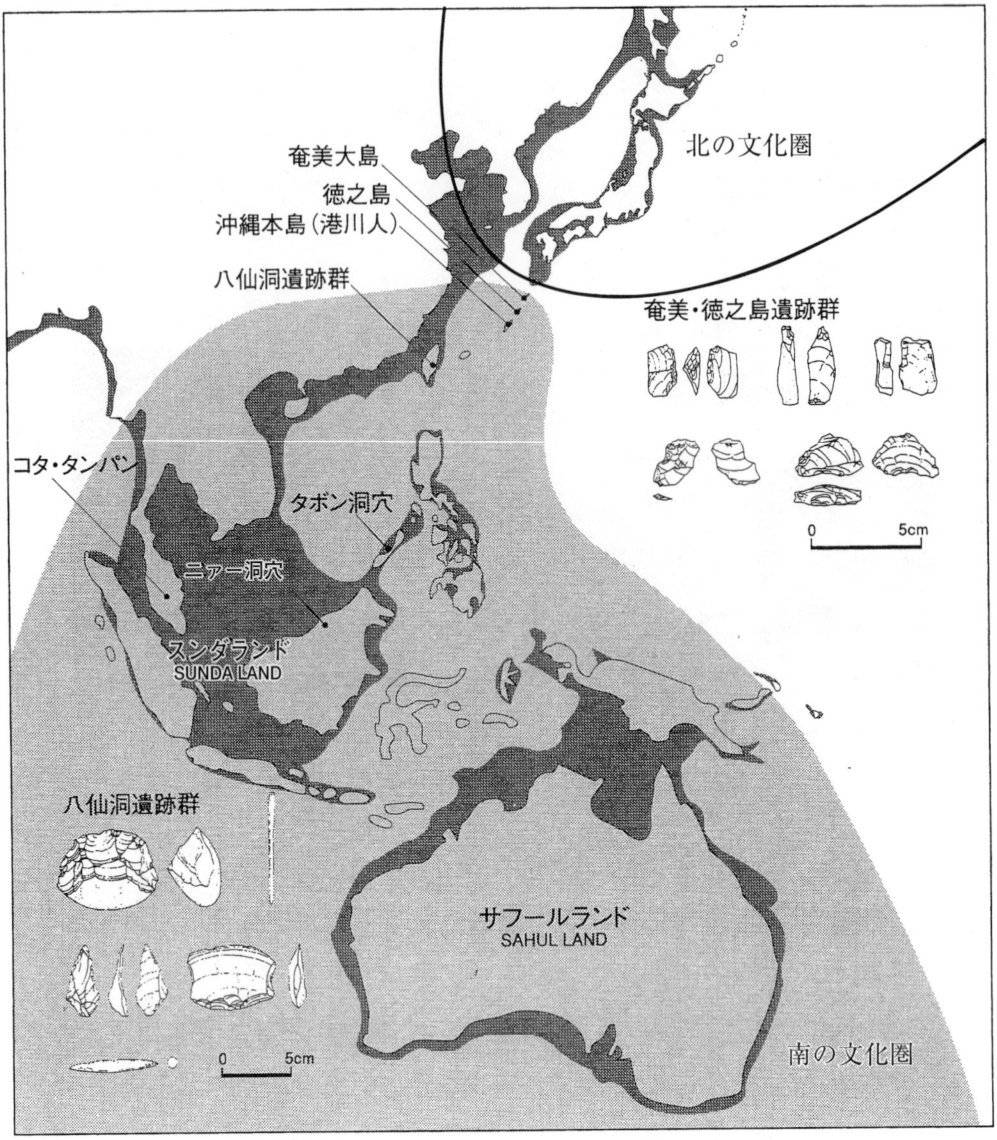

図211　東アジアにおける南と北の旧石器文化圏（小田・馬場監修 2001）

1979、小田1980)。西之台遺跡B地点・中山谷遺跡は不定形の重量系石器器種を特徴として、列島の西南部を中心に分布している。栗原・高井戸東遺跡は定形的な軽量系石器器種を特徴として、列島の東北部にその分布の中心が認められている。つまりこれは、前者（西之台B・中山谷）は東南アジア・南中国を含めた「南方」から、後者（栗原・高井戸東）はシベリア・沿海州を含めた「北方」から渡来したヒト集団文化であったことが理解されよう。

種子島で発見された約3万年前頃の旧石器遺跡は、礫器、打製、磨製の斧形石器、磨石、敲石などの重量石器（礫器伝統）が中心である。おそらくこれらの石器群は、尖頭器、ナイフ形石器

などを中心にした、列島内部の旧石器文化の外側にある別の文化圏と考えられる。したがって、ここで仮に「南方型旧石器文化」と呼んで区別して置きたい。(小田 1999 a.b、2000 b)。

(3) 東南アジア沿岸居住民の拡散

　加藤晋平は台湾島を含めて、東南アジア地域の剥片石器群を「不定形剥片石器文化」と呼称し、次のように「古期」と「新期」に区分した (加藤 1995, 1996)。約 4～3.5 万年前頃、東南アジアのある地域で十分な水域適応をしたホモ・サピエンス (新人) は、スンダランドの海岸沿いの各地に拡散して行き、ある集団は海を渡り遠くサフールランド (オーストラリア、ニューギニア) へ、また、ある集団は黒潮海域を海洋航海して、中国大陸と陸で繋がっていた台湾島東海岸へ移住し、さらに、琉球列島を北上して奄美諸島まで到達したことが判明している。この更新世に拡散、移住した旧石器人が残した文化を「古期・不定形剥片石器文化」と呼んでいる。

　東南アジア地域では完新世になっても、まだ旧石器文化的段階に止まっていた。大陸内部、半島部には「ホアビニアン」と呼ばれる礫器を中心に少量の刃部磨製石斧 (礫斧系) が伴う石器文化が完新世初頭に広く分布している (今村 1999)。そしてこのホアビニアン文化と対峙するように、島嶼部には剥片石器伝統の石器群が分布していた。ともにまだ「土器」をもたず、「中石器時代的」な生活段階と考えられている。この「新期・不定形剥片石器文化」と呼ばれる石器文化は、東南アジアの大陸海岸部、島嶼部に分布した海洋航海民と考えられる (清水 1984、加藤 1996)。

　この加藤が提唱した「不定形剥片石器文化」は、礫器 (チョッパー、チョッピング・トゥール)、スクレイパーに特徴を持ち、敲石、クサビ形石器、刃部磨製石斧、縦長剥片、焼礫などが伴っている。こうした石器組成は南方型旧石器文化と同様である。したがって東南アジアの大陸沿岸部、島嶼地域から、琉球列島北部の奄美諸島にまで到達した不定形剥片石器文化人が、トカラ海峡を越えて種子島に上陸し、さらに黒潮海流に乗り太平洋沿岸部を北上し、南関東地域まで拡散したことになる。

　近い将来、先島諸島で確認されるであろう旧石器文化も、こうした東南アジア、南中国地域、台湾島などを含めた「不定形剥片石器文化 (南方型旧石器文化)」の一員とも考えられるのである (小田 1997、安里・小田他編 1999)。

終章　日本旧石器研究の現状

1. 宮城県の前期旧石器研究批判
2. 日本列島旧石器文化の枠組み
3. 日本の旧石器文化

●終 章──解説

　本章は日本の前・中期旧石器時代研究批判と、新しい日本の旧石器時代研究の現状について論述した。

1　宮城県の前期旧石器研究批判　1980年頃から宮城県を中心に登場した日本の「前・中期旧石器遺跡」について、遺跡、遺物、環境、年代について疑問を提示したものである。しかし、この批判論文に対する当事者らからの真摯な議論は行われず、考古学会で封印されたまま、最古遺跡が東北、関東、北海道地域に多数出現して行き、教科書にまで掲載されてしまった。やがてこれらの遺跡は、2000年11月5日に「前・中期旧石器遺跡捏造事件」として発覚し、ただちに「前・中期旧石器問題調査研究特別委員会」が日本考古学協会内に設置され検証された。その結果、2002年5月日本考古学協会総会の総括報告の中で、「藤村氏関与の前・中期旧石器時代の遺跡および遺物はそれを当該期の学術資料として扱うことは不可能」という判断が提示されるに至り、20数年ぶりに捏造が明らかにされたのである。

2　日本列島旧石器文化の枠組み　列島内に認められる「東北日本」「西南日本」という二大旧石器文化圏の形成を基本に、その外側に存在した「琉球列島」を中心にした南方型旧石器文化圏の設定過程などを論じた。

3　日本の旧石器文化　日本の旧石器文化の現状を解説した。

1. 宮城県の前期旧石器研究批判

　日本の旧石器時代研究において1つの関心事は日本列島に最初に渡来した人類の源流の問題であろう。現在多数の研究者は、約1万〜3万年前頃の旧石器時代人類の存在は認めているが、3万年以前にさかのぼるとされる所謂「前期旧石器時代」になると、その存在に賛否両論があり、現在未解決の問題として残されている（小野 1969 a、小田 1970）。日本の前期旧石器時代については、1965年（昭和40）頃から芹沢長介により本格的に研究され始め、全国に遺跡・遺物の発見があった（芹沢 1965、1968 ほか多数）。

　しかしここ数年、岡村道雄、鎌田俊昭らが宮城県内で推進している「新たな前期旧石器時代」の提唱は、芹沢により研究されてきた本来の「前期旧石器問題」を解決させることなく、これこそ「真の石器」であり、遺跡も完璧なものであると力説している（東北歴史資料館編 1984、岡村 1986）。現在、宮城県内で33ヵ所の前期旧石器時代遺跡が発見されており、そのなかでも岩出山町座散乱木（石器文化談話会編 1978、1981、1982）、古川市馬場壇Ａ（東北歴史資料館 1985 a.b、1986）、多賀城市志引（多賀城市教育委員会編 1984）、大和町中峯Ｃ（宮城県教育委員会編 1985）、仙台市北前（仙台市教育委員会編 1982）、山田上ノ台（仙台市教育委員会編 1980、1981）遺跡などが有名である。

　しかし上記遺跡の報告書、論文、東北歴史資料館の実物資料、現地のシンポジウム、(1986年2月2日) の聴聞を通してこれらを検討した結果、宮城県の旧石器、前期旧石器時代の研究はかなり不十分であり、明確な編年や周辺との対比は無理であることが確認できた。こうしたデータベースの不備が、独自の編年観、年代観を生み出し、孤立した旧石器時代相を作りだす要因になっている。つまり、隣接した山形県、秋田県はいうに及ばず、汎日本的な旧石器時代研究の正道からはずれ、ひたすら古い年代値のみを追い続けるあまり、無理な「前期旧石器時代像」を宮城県に現出させてしまったのである。

1　宮城県の旧石器遺跡の現状

　宮城県の前期旧石器時代を批判しようとすれば、同県の旧石器研究全体を対象にしなければならないことに気がつくであろう。したがって、現在までに提唱されている宮城県の旧石器時代編年を、彼らの最新の資料に基づいて解説し検討してみることにする。

　宮城県の同時代の研究は江合川流域に遺跡が集中していることもあり、この地域の資料がもっ

とも充実している。江合川流域には現在62ヵ所の旧石器時代遺跡が発見されており、この数は同県の約半数にあたる。そして、この内前期旧石器時代に属するものは13ヵ所にも上っている（東北歴史資料館編1985）。石器が包含される地層は、各遺跡で複雑な様相をみせていることにまず気がつくであろう。つまり、層序は隣接遺跡でも対比が難しく、降下火山灰、火砕流が繁雑に重層し、水成堆積物、2次堆積物などの区別も未だ正確に把握されていない。わずかに表土黒色土層の下部に約1万年前頃の「肘折パミス（HP）」（町田1978）がいくつかの遺跡に確認され、時期判定とともに層序対比の鍵層となっているにすぎないのである。また、鹿児島湾奥の姶良カルデラから噴出した広域火山灰「姶良Tn火山灰（AT）、約2万1,000～2万2,000年前頃」（町田・新井1976）の検出がこの地域にあるが、遺跡との関係はこれからの課題になっている。

(1) 編　年

宮城県の旧石器時代編年は以前5期に区分されたことがあるが、もっとも新しい報告書にはⅠ～ⅩⅠの11区分が図示（図212）という形で提示されている。それらを「フェーズ」という呼称で整理し解説することにする。

　フェーズⅠ（中石器時代）は、爪形文、隆起線文土器と有舌尖頭器、箆状石器、片刃石斧鏃状小形尖頭器などがあり、珪質頁岩を石材の主体にしている。

　フェーズⅡ（中石器時代～旧石器時代末期）は、有舌尖頭器、木葉形尖頭器、箆状石器と馬の土偶、羽状縄文の土器などがある。珪質頁岩、黒曜石が石材として主体を占めている．

　フェーズⅢ（中石器時代～後期旧石器時代）は、舟形石器、細石刃があり、珪質頁岩、黒曜石を使っている。

　フェーズⅣ（後期旧石器時代）は、ナイフ形石器、両面加工尖頭器と、問題の「錐」があり、珪質頁岩が主体でメノウ、黒曜石も使われている。座散乱木8層上面資料。

　フェーズⅤ（後期旧石器時代と前期旧石器時代の過渡期）は、ナイフ形石器、石刃剥片があり、珪質頁岩が中心。座散乱木9～11層上面資料。このフェーズⅤとⅥの間に座散乱木12層上面資料が入り、楕円形石器、箆状石器、尖頭器、円盤形石核がある。珪質頁岩が主体に使われている。

　フェーズⅥ～ⅩⅠ（前期旧石器時代）は、不定形剝片が多く、同一母岩資料、接合関係が見られない。

　フェーズⅦは、礫器が中心で、安山岩製がほとんどである。座散乱木15層上面資料。

　フェーズⅧは、不定形石器で珪質頁岩の使用が多い。未発表。馬場壇A10層上面資料。

　フェーズⅧ～Ⅸは、楕円形石器、礫器など。安山岩、珪質凝灰岩、珪質頁岩、チャートの順で少なくなる。断面採集品。馬場壇A14～17層上面資料。

　フェーズⅨは、石片の形態、石質も粗雑。詳細は未発表。馬場壇A19a層上面資料。

　フェーズⅩ,ⅩⅠは、小さないろいろな形をした石片、石塊・玉髄質の石材が主体。詳細は未発表。馬場壇A20・30a層上面資料。

　ここで他の発掘された遺跡をみてみよう。志引遺跡は5枚の文化層が設定され、7～9層上面

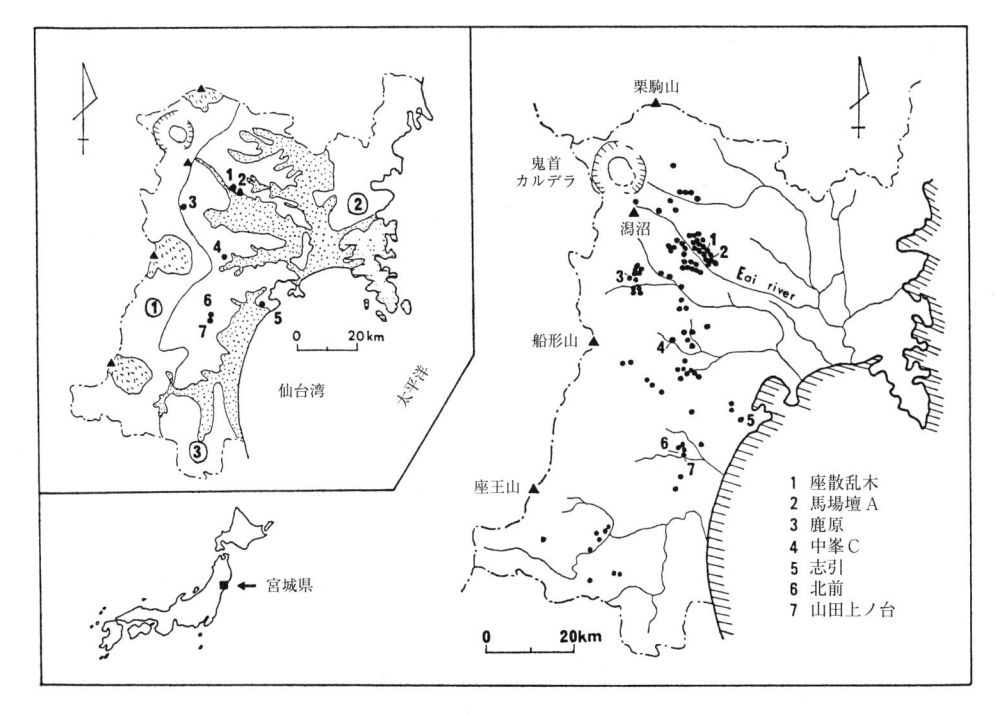

1. 宮城県の前期旧石器研究批判   583

a：宮城県の旧石器遺跡と前期旧石器遺跡分布

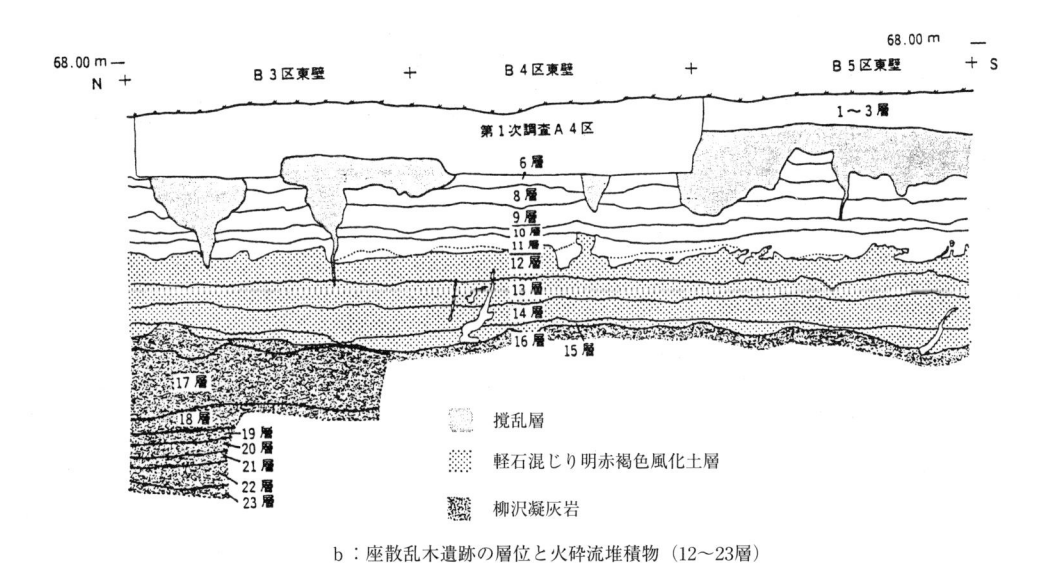

b：座散乱木遺跡の層位と火砕流堆積物（12～23層）

図212　宮城県の前期旧石器遺跡（Oda and Keally 1986）

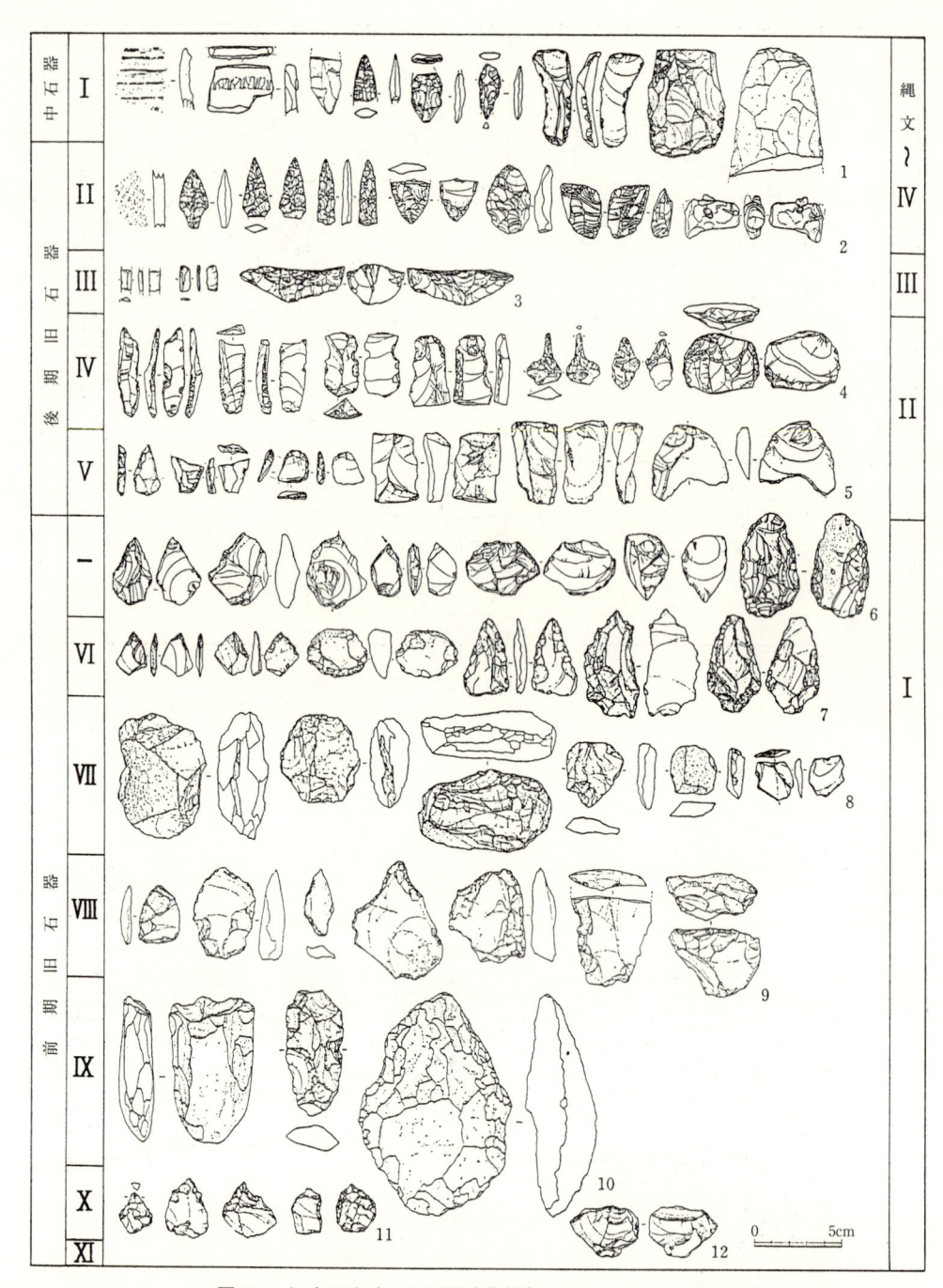

図 213 江合川流域の旧石器時代編年 (Oda and Keally 1986)

が前期旧石器である。全体に層が薄く、自然撹乱の堆積状況も看取できる。9層上面資料は自然石の可能性が強い。中峯C遺跡も5枚の文化層があり、Ⅳ・Ⅶ層上面が前期旧石器で、Ⅶ層上面は7カ所の集中部と106点の遺物が出土した。石器とされる多くの資料は、不定形で板状の折れ面剥片ですべて単品である。石材は碧玉、玉髄が主体で、粗雑な石材使用例が大形品に顕著に存在する。接合や同一母岩が見られないのも他の遺跡と同様である。山田上ノ台遺跡は9枚の文化層が発見され、6～9層上面が前期旧石器であるが、残念ながら6～9層は水による2次堆積層であった。珪質頁岩、安山岩、流紋岩を使用したもので、自然破砕品の可能性が強い資料である。北前遺跡は5枚の文化層で、9・15・17層上面が前期旧石器である。やはり15・17層上面資料は水による2次堆積部分出土である。打製石斧、スクレイパーがあり、珪質頁岩、チャート、玉髄などが石材として選ばれている。鹿原D遺跡は2枚の文化層があり、5層上面は細石刃文化に入り、座散乱木6層上面に対比されている。

(2) 年　　代

次に年代について触れておきたい。この地域では45点の年代が熱ルミネッセンス法 (TL)、フィッション・トラック法 (FT)、^{14}C年代測定法により出されている。しかし、各層順による年代のバラツキが大きく、また逆転もみられることから、資料として使いにくい状況であるが、宮城県の前期旧石器を推進する岡村道雄、鎌田俊昭らは、このなかから都合のよい年代資料のみを利用して使用している。概してTLとFT法は古い時代を測る場合に便利であるが、この程度の年代値は^{14}C法が十分使用できる時代である。ちなみに荷坂凝灰岩中の木材は4万1,000～4万2,000年前と^{14}C法で測れるのに、同層準中の石英粒子をTL法で測ると、7万3,000年前の古さになってしまう。このことは座散乱木11層にもいえ、^{14}C年代で2万6,000年前より新しい層準であるのにTL法では3万3,200年前となっている。^{14}C年代値をほとんど用いない宮城県の前期旧石器研究者の、測定資料ならびに測定方法にも多くの問題点をかかえているTL、FT年代値を、検討することなく便利に利用する研究姿勢は不可解としかいいようがない。

2　指摘される多くの疑問点

ここまでくると誰でも批判したいと思うであろう。その訳は簡単である。これだけの日本考古学史上重大な見解を提唱するにしては、あまりにも宮城県の旧石器時代基礎資料は不十分ということである。県内旧石器遺跡130カ所の内、発掘遺跡はわずか9カ所、報告書は6カ所しか出版されていない。また、発掘面積も宮城県全体で東京の武蔵台地の中程度の遺跡1つの面積にも満たない狭さの上、出土石器数も比較にならない程少ない。そして、致命的なことに石器が包含されている各遺跡の地層は、数百mも離れると比較ができなくなってしまう複雑さである。関東地方では約3,000km^{2}の範囲で、同じ火山灰の分布と層準の対比が可能なのである。

(1) 出土状況

　まず石器・剥片類の出土状況に多くの問題が指摘できる。宮城県の旧石器遺跡では、地層と地層の間（層理面）に石器が水平に出土するという。この理由を彼らは、遺物の上下もなく、当時の地表面が1次的に良好に保存されている結果であると説明しているが、はたして事実であろうか。筆者の武蔵野台地の発掘経験では、遺物は雨、霜柱やミミズなど自然的作用で15～20cm程度上下して出土するのが一般的である。それが上下もせず層理面にのみ水平に出土するとすれば、異常な出土状況とみるのが常識である。おそらく、水の影響や2次堆積環境がこうした現象を作りだしているとは考えられないであろうか。そうした証拠が、たとえば自然地層の撹乱事実となって、TL年代や花粉分析結果から読み取ることができる。さらに座散乱木遺跡第4・6・8層の年代は、その下の第9～11層の年代の倍もあり年代が逆転しているし、志引遺跡の層別花粉分布結果は土壌の撹乱を正しく証明してくれているのである。

(2) 石器の種類

　次ぎに、遺跡から出土する石器はすべて「単品」であり、石器を作った形跡が認められず、剥片・砕片、そして接合資料もないという事実である。どんな使われ方をした遺跡でも、製品、剥片、砕片という組み合わせは少なからず認められている。偶然としても、この地域の前期旧石器人は、居住地内で石器を製作または加工せずに、暮していたとは考えられない。

(3) 資料の混乱

　もっと基本的な誤りは、当然新しいとされる「土器片」（縄文前期と考えられる羽状縄文土器）を縄文草創期の隆起線文土器より下層に位置づけたり、縄文中・後期の「石錐の型式」をもつ石器を旧石器文化の1万5,000年前の錐にしたり、風倒木の撹乱ピット中の粘土塊を、1万年前の世界的に珍しい「馬形土偶」と発表するなどの行為である。当然学界でも議論を呼ぶ重要な資料だけに、考古学者であればとくに慎重に取り扱うべき内容と考えられる。

(4) 年代対比

　ここで、彼らの時代観の根拠になっている年代をみてみよう。まず彼らの測定値はTL、FT法が中心である。TL法の石英粒子、FT法のジルコンについては、その鉱物の供給起源を検討する必要がある。残念ながら宮城県地方は火山の集中地帯で、また自然堆積層を観察するかぎり、かなりの地層の自然撹乱、2次堆積状況が顕著に認められている。したがって、たとえ同層中および同層準中から採取した試料といえども、その内容は「混合体」と考えることが必要である。こうした測定試料の基本条件が不確かであることが、TL、FT法測定年代値が逆転していたり、相互に一致しないどころか連続的に繋がらない結果や、かけ離れた年代値が生じる原因の1つに成っているのである。また、彼らは段丘面形成が古いことを理由に、その上面の遺跡の古さを結びつけて説明しようとするが、これは無理な援用といわねばならない。筆者は東京都福生

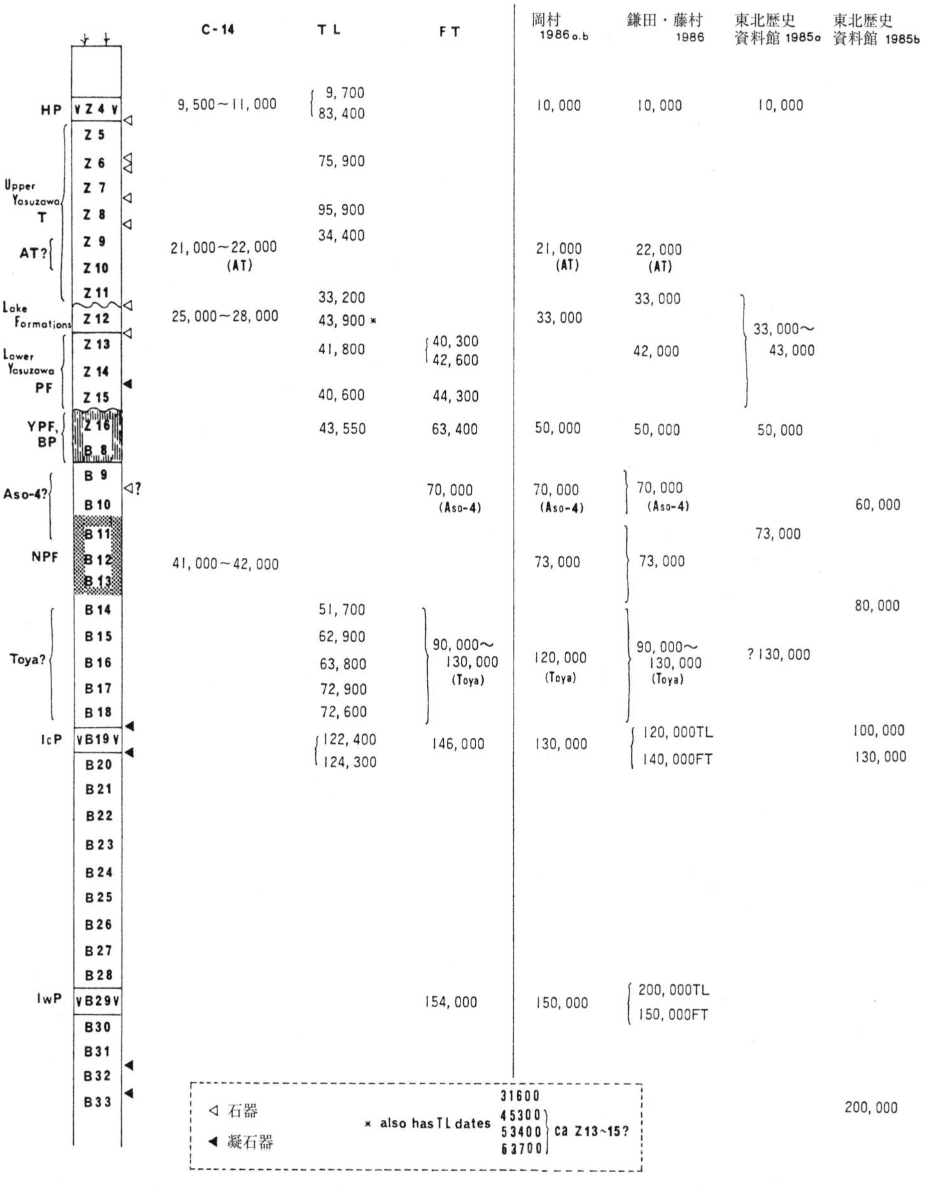

図 214 江合川流域の層準年代と研究者利用値 (Oda and Keally 1986)

市長沢遺跡で、第三紀の段丘礫層の上に縄文時代中期の遺物包含層が直接堆積し、その礫層中に土器・石器が混在している遺跡を発掘調査したことがある。とすると遺跡と段丘礫層の形成年代の関係は、あまり意味をもっていないことが理解されよう。

(5) 時期区分

それに前期旧石器時代を、3万年を境に区分することである。この「3万年」という数字に何の意味があるのであろうか。普通、時代や文化を画する場合、文物・社会などにそれをとくに区

分する必要が生じるほどの変革や画期が認められる場合、その境をもって区分するのが一般的である。武蔵野台地では石器組成の流れ、「礫群」「配石」の有無などにより、第Ⅰ期から第Ⅳ期まで設定されている (Oda and Keally 1979)。そして、現在もっとも古い石器群は立川ローム層の下部に含まれる第Ⅰa亜文化期のもので、^{14}C年代によると約3万年前後の値が出されている。しかし、現在の年代学の分野では、この程度の古さの年代値になると、バラツキが大きく正確な数値はでないとみるのが常識である。

こうした状況を考慮に入れて、宮城県の前期旧石器時代資料を検討すると、座散乱木第12・13層上面、馬場壇A第10層上面石器群は、南関東地方の最古の段階の第Ⅰ文化期の石器群に型式学的に類似している事実が指摘できる。とすれば、この地方の^{14}C年代のバラツキなどを考慮に入れても、たしかな石器群の出土層準は南関東の立川ローム期に十分入り得る年代値に収まり、それより古くする根拠はなくなってしまうのである。そして、座散乱木第15層上面、馬場壇A第14層上面以下および中峯C第Ⅳ・Ⅶ層上面資料は、人工品としての検証も乏しく自然物の可能性が大きいとすれば、宮城県から3万年より古いという「前期旧石器」の時期設定は成り立たなくなる結果となる。

（6）石器の認定

宮城県の前期旧石器推進者らは、座散乱木第15層上面、馬場壇A第14層以下、中峯C第Ⅳ・Ⅶ層上面、志引第9層上面の石器とされる資料について、自然物ではないという明解な証明を行っていない。筆者はこの程度の資料なら、自然堆積破砕礫層中や、原産地の自然剥片などに「類品」を探すことは困難ではないと考える。座散乱木第15層上面の大型で粗雑な石塊、馬場壇A第20～33層上面、中峯C第Ⅶ層上面の小形で不定形な石片類は、とても「人工品」にはみえない代物である。たとえば人工品であれば、石器としての統一した技術的基盤にある製品、また2つ以上の同型式石器例が存在するはずである。しかし、そうした人間の意志による製作形態が認められないし、それに小形すぎるのも使用に適さないのである。もっと不利な点は、一般的な多文化層重複遺跡で認められる「石器群変遷」が読み取れないことである。さらに、彼らは石器の証拠として石器に「使用痕」が認められる事実をあげているが、芹沢長介が以前栃木県星野遺跡下層の石片でも同様の使用痕の存在を指摘しており (芹沢 1980)、同じ検鏡方法で宮城県のものにも同じ使用痕が観察できたとすれば、岡村道雄、鎌田俊昭らは栃木県星野下層の「珪岩製前期旧石器」を自然破砕礫とし、石器と認定していないので、両資料の使用痕存在の矛盾をどう説明するのであろうか。

（7）石　　材

また石材撰択の上でも不可解な点が多く認められる。この地方の石器には「珪質頁岩」が多用されていることは周知の事実である。しかし前期旧石器には、凝灰質頁岩、石英安山岩、凝灰岩、流紋岩と、緻密な玉髄、メノウ、碧玉、チャートなどの2種類の石材利用が、かなりのバラ

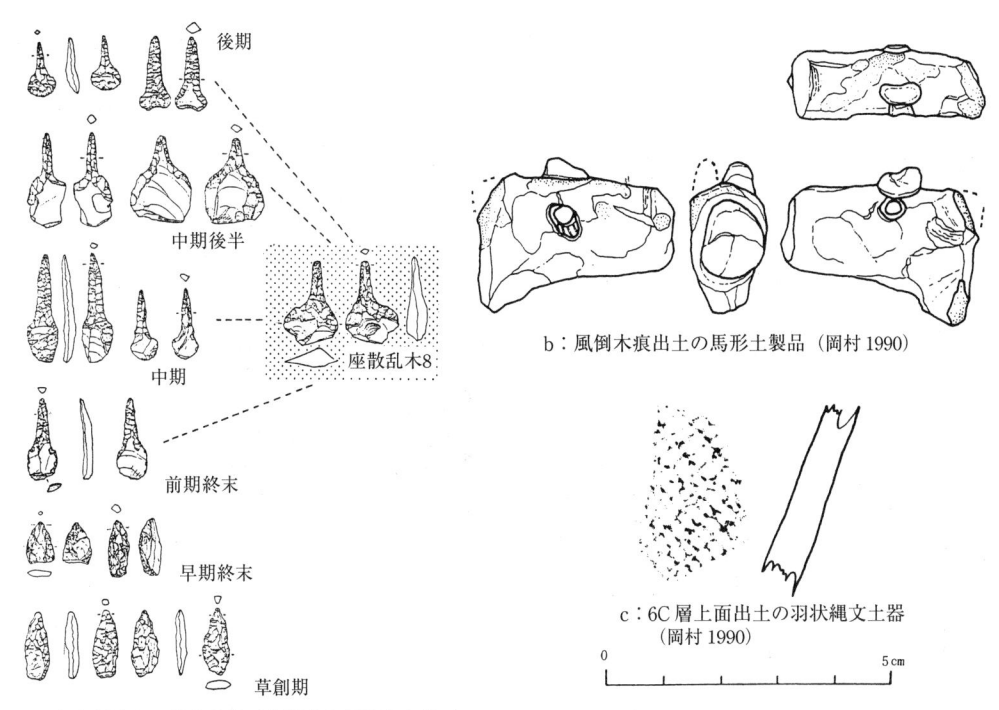

図 215 宮城県座散乱木遺跡の石鏃・土製品・土器

a：宮城県地方の縄文時代石鏃型式と座散乱木例（Oda and Keally 1986）
b：風倒木痕出土の馬形土製品（岡村 1990）
c：6C層上面出土の羽状縄文土器（岡村 1990）

ツキとしてどの包含層にも認められている。どうして、縄文時代・旧石器時代に多用されている石材として良質の珪質頁岩、黒曜石などを、同じ地域で10万年以上も生活していながら知らなかったのであろうか、不思議なかぎりである。

(8) 生活環境

　もっと大切な問題は生活環境でも指摘できる。宮城県北部は多数の「火山」が分布し、多量の「火砕流」が頻繁に流れだし、軽石の降下、大雨による洪水など自然災害が多発しているようすが地層に明瞭に刻まれている。たとえば座散乱木第13～15層は地質学者も認める明瞭な火砕流堆積物であるし、この地域のプラントオパール分析では、植物珪酸体の検出量が極端に少なく、地表下草の繁茂がきわめて貧弱であったことがわかる。こうした生活環境が劣悪な場所に、連綿と居住し生活し続けた要因は何であったのだろうか、理解に苦しむ解釈といわねばならない。南関東地方には富士山からの適度な火山灰の降下物があり、火砕流もみられず、少なくとも宮城県より当時の生活条件は良好と考えられるが、前期旧石器の発見はない。彼らは南関東地方の発掘調査が立川ローム層よりさらに下層の「武蔵野ローム層」にまで及んでいないと力説するが、筆者は武蔵野台地の遺跡でこの程度の層準（武蔵野ローム層）までは掘り下げの大小はあるが、文化層の追及はしてきたのである。最近神奈川県の相模野台地、千葉県の下総台地でも立川ローム層下部から多くの旧石器群が検出されており、東京都多摩ニュータウン地域では毎年15ha以上の

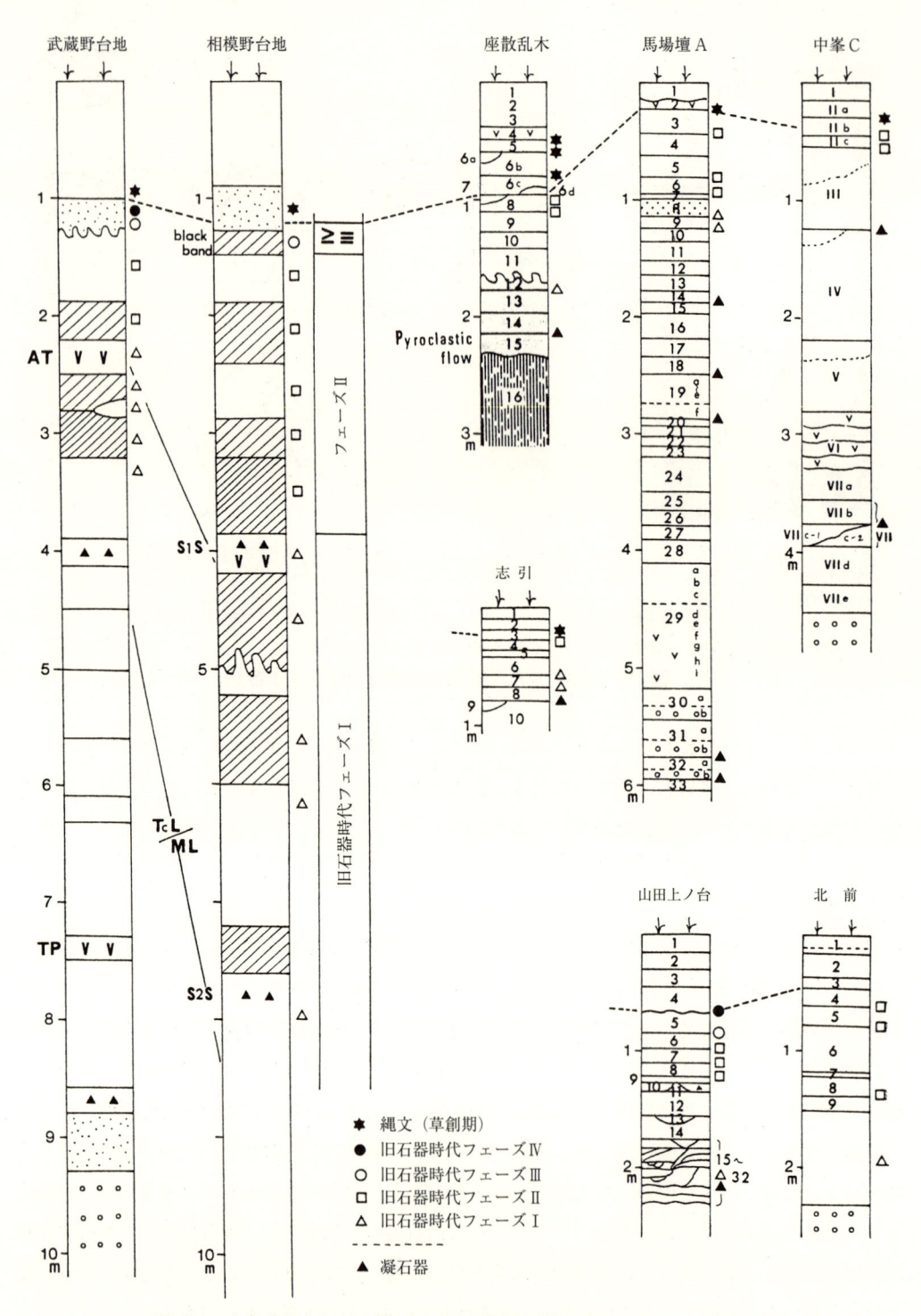

590　終章　日本旧石器研究の現状

図216　南関東地方と宮城県の旧石器文化編年対比（Oda and Keally 1986）

広い面積を全掘しており、多摩ローム層以降の全層準（立川・武蔵野・下末吉ローム）が各所で露出し、研究者の眼も行き届いているのである。しかし、依然として3万年を越える古さの遺跡は発見されていない。なぜ、日本の前期旧石器時代の遺跡は、生活環境条件が劣悪な宮城県にのみ集中するのか説明して頂きたい。

3　新しい宮城県の旧石器編年試案

　以上ながながと、宮城県の前期旧石器時代についての率直な疑問を提示してきたが、今後の新しい事実によってはこれらの批判がすべて徒労に終る日が来るかもしれない。しかし、少なくとも筆者が指摘したような多くの問題点が、宮城県の前期旧石器時代には存在するということはご理解頂けたと思う。したがって、彼らが好んで使う前期旧石器問題は「決着」したという単語は訂正しなければならないであろう。もっとも残念なことは、岡村道雄の「石器か否かという基本的な問題は、水掛論となり易い」という内容である（岡村1985）。宮城県の考古学者がすべてこのような無謀な発言を支持するはずもないし、考古学者が「石器か否か」をそれこそ真剣に決着させずに誰が解決させるというのであろうか。
　最後に宮城県のための新しい編年を、筆者が汎日本的な資料を基礎に作成してみたので、以下に解説してみたい。
　(1)　座散乱木第6b・c層、馬場壇A第3層、鹿原D第3層、中峯C第IIc層、志引第3層上面文化は、縄文時代草創期または、武蔵野台地フェーズIVに相当し、年代は約1万～1万2,000年前。江合川のフェーズI・IIである。
　(2)　鹿原D第5a層上面文化。細石刃文化で武蔵野台地フェーズIIIに相当し、年代は約1万2,000～1万4,000年前。宮城県ではこのフェーズはまだはっきりしない。
　(3)　座散乱木第8・9層、馬場壇A第4～7層、中峯C第IIc・III層、志引第4層上面文化。ナイフ形石器文化で武蔵野台地フェーズIIに相当し、年代にして約1万3,000～2万年前。江合川のフェーズIV・V。ATより新しい層準に相当する。
　(4)　座散乱木第12・13層、志引第7・8層、北前第15～17層上面文化。武蔵野台地のフェーズIに相当し、年代にして約2～3万および3万5,000年前。江合川のフェーズVI～VIII、プラス座散乱木第12層上面・マイナス座散乱木第15層上面で、江合川の約2万2,000～4万2,000年前に入る。
　(5)　座散乱木第15層、馬場壇A第14層以下第33a層、中峯C第IV・VII層、志引第9層上面資料。これらはすべて石器（自然石）と考えられないので文化編年は存在しない。
　(1)～(5)までの説明は十分に信用の高いデータに基づいたもので、今後の宮城県の正しい編年として他地域とも、十分に比較検討できるレベルに訂正されたものである。現在、宮城県の旧石器時代研究は"日本の前期旧石器問題"という非常に重大な課題に取り組みながら、もっとも基本である多くの事実を解決することなく独走している感がある。学問に修正はつきもので、ここら

で正しい旧石器研究に立ち戻って頂きたい。

4 まとめ

　宮城県における旧石器および「前期旧石器」時代に関する多くの文献と実物資料、現地を詳細に検討した結果、3万年以前にさかのぼる人工遺物についてのたしかな証拠は未だ存在しない、という結論に達した。

　最近、岡村道雄、鎌田俊昭らは、宮城県地方に正しい前期旧石器時代の存在が確定したと公言しているが、その裏づけとなるデータベースは不十分である。石器および石器と認定する石製資料の多くは、丘陵、道路、畑などの地層断面からの採取品であり、なかには、明確に「縄文時代」の遺物と考えられる資料が、旧石器時代品として公表されるなど、資料検証の厳密さが欠如している。

　発掘調査された遺跡も少なく、当然発掘面積も微少であり、宮城県全体の旧石器時代遺跡調査面積は、東京の武蔵野台地の中程度の1遺跡にも満たない面積である。遺跡の立地条件、地層の堆積状況も悪く、通常の遺跡で観察される炭化した木材の細片分布も認められない。しかも、遺物は地層と地層の境に水平に出土するという異常性も認められる。こうした事実は、水の影響、2次的堆積環境を示す証拠にほかならないと考える。

　また、彼らが唯一3万年以前の位置づけに利用する年代測定値は、測定資料の安定性、測定方法の信頼度などの問題点が山積みされている現状からして、ただちに使用できない。そして、石器として提示される下層の資料は、自然物ではない理由の根拠に乏しく、筆者の鑑定では人工品とは判定できない程の石片、石塊が存在していた。

　したがって、このような不確実要素を多く持つ宮城県の「前期旧石器」問題を、真剣に議論することなく、あたかも真実であるかのように喧伝・報道する行為は、研究者として厳に慎むべき態度と考え、ここにあえて批判に踏みきった次第である。

2. 日本列島旧石器文化の枠組み

　日本の旧石器時代編年は、大きく古期と新期の2つに区分されることが多い。この区分の基準は、関東地方立川ローム期の石器群と、それより古いと考えられる石器群を、提唱によりこの2者を前期旧石器時代と後期旧石器時代としたものである（芹沢1969、1982ほか）。そして、この境界線は立川ローム層最下底部の第Ⅹ層、年代にして約3万年前に置かれた。この立川期開始年代と、ヨーロッパ旧石器時代の後期（上部）、中期（中部）、前期（下部）の3時期区分で、ちょうど後期（新人段階）と中期（旧人段階）の境界に相当したことも、この区分の大きな論拠になったことは確かである。

　近年、周辺大陸（とくに朝鮮半島）の旧石器時代研究が進展してきており、それらの石器群変遷との相関関係を追求することが可能になってきた。したがって、古期（前期）旧石器段階の細分—中期・前期—について、たとえばどこで中期と前期（石器群の画期、年代的区分など）の境界にするのかという重要な問題は、考古学、人類学、年代学者など諸分野の研究者間で学際的に検討する課題と考えられるのである。

　ここでは、もっとも日本（列島的）の旧石器文化の実情を的確に表現している、特徴的な石器を基準にした「先ナイフ形石器文化（石刃技法以前）」「ナイフ形石器文化」「細石器（刃）文化」という3時期区分が便利であり、それを基礎にして論述することにしたい（小野・春成・小田編1992ほか）。

1　日本の旧石器時代文化期

　現在、北は北海道から南は沖縄まで約5,000ヵ所の旧石器時代遺跡が確認され、また列島各地に遺跡の集中地域（遺跡群）が確認されている。

（1）　先ナイフ形石器文化期（約3万5,000年前以前）

　アジア大陸の一部分である日本列島には、少なくとも約4万年前頃までに、陸橋で繋がったことのある宗谷海峡、朝鮮海峡、琉球弧などを経由して、周辺大陸から拡散してきた旧石器時代人が居住していたことは明らかである。

　この旧石器段階は、まだ日本列島という固有の自然環境が成立する以前の旧石器文化であり、その後列島内で盛行する「ナイフ形石器」と呼ばれる特徴的な背付き石器を保有しない「先ナイ

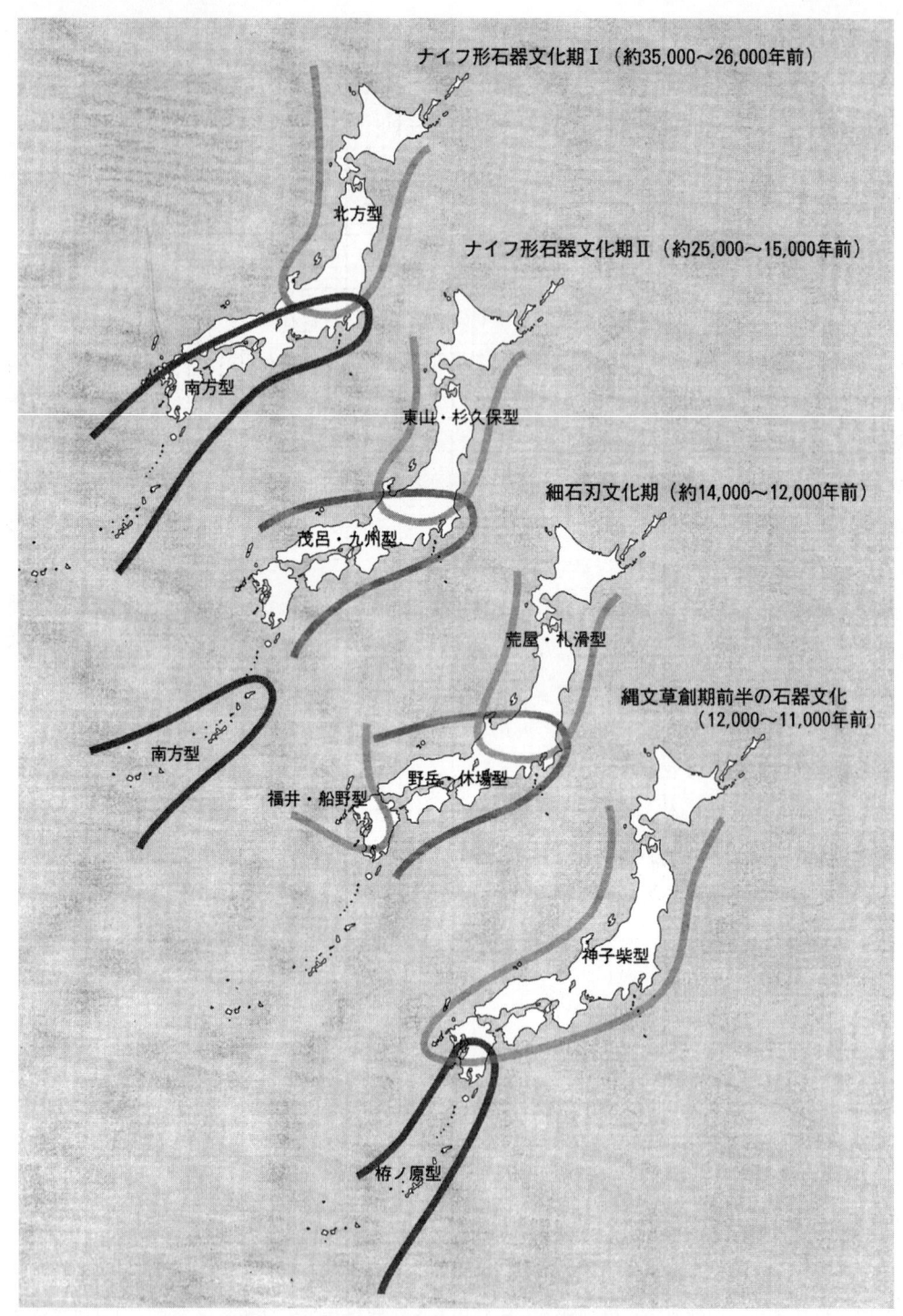

図 217　日本列島における旧石器文化圏（小田 1999 a）

フ形石器文化」と位置づけることは可能である。

現在、この文化期に相当する石器群（芹沢1965a、1971、岡村1990）については、自然科学的年代のみが先行し、遺跡分布状況も偏在しており、また石器（石器か否か、石器であればその時期の妥当性等）・遺跡（立地環境・地質的要因たとえば火砕流中か、など）において、多くの問題点（小田1970、1985、Oda and Keally 1979、1986）を抱えているのである。今現在、十分に検討して行かねばならない時期であろう。

（2）ナイフ形石器文化 I 期（約3万5,000～2万5,000年前）

約3万5,000年前頃、東京地方武蔵野台地に2つの異なった石器群をもつ旧石器遺跡が認められている。1つは小金井市西之台遺跡B地点第X層文化に代表される礫器、錐状石器、不定形剥片をもち、石材にチャート、砂岩を多用した旧石器群である（小田編1980）。もう1つは杉並区高井戸東遺跡第X層文化に代表される刃部磨製の斧形石器、ナイフ状石器、縦長剥片をもち、石材に凝灰岩、頁岩系岩石を多用した旧石器群である（小田・重住他編1976、小田・伊藤他編1977）。この両者は、ともに関東ロームの地質編年で立川ローム層下底部の第X層中に包含される。武蔵野台地では現在これより下層部からの石器文化の確認はない。不思議なことにこの両者は、未だ同じ遺跡において確かな層位的先後関係で把握されたことがない。が、しかし発掘状況からして、西之台B地点の方がやや第X層の下半部に包含されているようすがうかがえる（小田・Keally 1970、Kidder・小田編1975、小田編1980）。

この事実をいい換えると、ホモ・サピエンス（新人）がアジアに拡散した初期段階に、2つの旧石器文化が東京地方武蔵野台地に突然登場したことになる。その石器群の内容は、西之台遺跡B地点では、重量系石器器種（礫器、敲石、磨石）を特徴とすることから、「南方的」旧石器文化の一員と考えられ、また、高井戸東遺跡では、定形的な軽量系石器器種（ナイフ形石器、石刃）を特徴とすることから、「北方的」旧石器文化の一員と把握することが可能である。つまり、後期更新世終末頃の日本列島に、南と北から渡来した「ヒト集団、文化」があったことが理解されたのである（加藤1997）。

約3万～2万6,000年前頃は、立川ローム第II黒色帯（第IX～VII層）が形成された時期である。この黒色帯はイネ科の植物の影響でロームが黒色化していると考えられ、当時、この地方は草原的な環境だったといわれている。石器群は南方的なものが衰退し、北方的な様相が卓越して「石刃」利用の石器類に特徴を示すようになる。その中には石刃の先端部や基部にわずかな刃潰し加工を施した背付き石器が出現している。この石器は後に「ナイフ形石器」と呼ばれる日本列島特有の器種に発達し、その原初的形態と理解することができる。と同時に横形剥片利用の台形状の背付き石器も共伴する。これも同じナイフ形石器の一員であるが「台形石器」「台形様石器」（小田1971a）と呼ばれ、区別されることもある。

ナイフ形石器文化期Iに発見される遺構としては、拳大の河原石を集合させた火熱利用の調理施設である「礫群」が登場している（小田・伊藤他編1977）。おそらく楕円形や円形の浅い穴を掘

り、この中で石蒸し料理（ストーン・ボイリング）を行ったものと考えられる。この礫群という調理施設は、旧石器時代全般を通じて存在する（小林・小田他1971）が、その初期と終末期の例は小規模なものが多く、また使用される河原石（礫）も小さいことが知られている。そして、礫群が一番盛行する時期は、次のナイフ形石器文化期Ⅱの前半（最終氷期最寒冷期、約2万〜1万8,000年前）であり、武蔵野台地では大規模礫群が多数確認され（小田・金山1976）、列島各地の旧石器遺跡に礫群が広く認められていく時期とも一致している。

（3）ナイフ形石器文化Ⅱ期（約2万5,000〜1万6,000千年前）

　約2万8,000〜2万5,000年前頃、鹿児島湾奥の姶良カルデラが巨大噴火した。高温の火砕流堆積物（入戸火砕流、A-Ito）は南九州地方を一瞬時に厚く覆い、南九州の旧石器人の生活を壊滅させた。そして、上空に舞い上がった火山灰（姶良Tn火山灰、AT）は、偏西風に乗り広域火山灰として朝鮮半島や東北地方にまで降下した。この更新世最大級の巨大噴火は、寒冷気候を生み、旧石器人の生活環境に大きな影響を与えたと考えられる（辻・小杉1991、辻1993、小田1991、1993）。その1つとしてAT降灰後、ナイフ形石器に地域的な型式差（広郷型、東山型、杉久保型、茂呂型、国府型、九州型など）が誕生し、その後、本州島中央部を境界にした東北日本、西南日本という「二大旧石器文化圏」が形成されていく。そしてこれ以後「日本の東と西」という、この列島中央部を境界にして対峙する2大地域文化圏は、その地域性が遺伝、言語、習俗など多くの分野においても同様に認められている。つまり日本列島に定着した人びとによる「列島化」が、このナイフ形石器文化Ⅱの時期に初めて誕生したことが理解される（Oda and Keally 1979、小田1997b）。

A．尖頭器文化

　この時期の後半（約1万8,000〜1万5,000年前頃）に、本州・中央山岳地域や南関東地方の相模野台地などで小形両面加工の「尖頭器（ポイント）」を特徴的にもつ石器文化が分布している（戸沢1965）。

　尖頭器とナイフ形石器、台形石器はともに刺突具（槍）としての機能を有し、狩猟活動に多用された石器である。そして、尖頭器が卓越して行くに従いナイフ形石器は衰退して行き、また、その逆も良く知られている。

B．台形石器文化

　本州で尖頭器が盛行している頃、九州地方、北海道を中心にして「台形石器（トラピーズ）」と呼ばれる特徴的な刺突具が分布していた。

　台形石器には「台形様石器」と呼ばれる比較的大形品と、「百花台型」と呼ばれる画一化された小形品がある（小田1971a）。鹿児島県ではAT降灰以後に、台形石器が多数出現し順次小形化していくようすが知られている（宮田1995、宮田他1995）。「百花台型」は後半に登場し、西北九州地方に集中して分布する。また九州全域、中国地方を中心にして、朝鮮半島との関連を示す「剥片尖頭器」が、AT降灰以後に特徴的に認められる事実は良く知られている（松藤1989）。

（4） 細石器（刃）文化期（約1万6,000～1万4,000年前）

　日本列島に認められる細石器文化は、ヨーロッパ地域に特徴的な三角形、半月形、台形などの背付き石器を主体にした「幾何学形細石器文化」とは異なり、柳葉形の小さい石刃（細石刃）を中心にした「細石刃文化」である。この細石刃文化はユーラシア大陸東側から東北アジア、そしてベーリング海峡を越えた北アメリカにまで分布している。日本列島にはこうした周辺大陸の細石刃文化が、朝鮮半島とサハリンを経由して2つの方向から流入していることが知られている（Oda and Keally 1975、1979）。

　列島内に認められる細石刃文化は、細石刃核の形態、細石刃製作技法などから2つの細石刃石器群に分けられる（麻生1965）。1つはクサビ形（舟底形）の細石刃核を持つもので、もう1つは半円錐形（円錐形）細石刃核をもつものである。前者（舟底形）には九州地方に分布の中心をみせる「西海技法」「福井技法」（林1979ab）を特徴とするものと、北海道、東北、それに中部・関東地方北半部に分布の中心をみせる「湧別技法」「類湧別技法」（吉崎1961）を特徴とする2つの細石刃石器群系統が認められている。

　後者（円錐形）には九州、中国、四国、近畿、それに中部、関東地方の南半部に分布する「野岳・休場（矢出川）型」（鈴木1971）と呼ばれる半円錐形細石刃核と、北海道東北半に分布する「紅葉山型」（藤本1964）と呼ばれる円錐形細石刃核などがある。

　細石刃文化もナイフ形石器文化と同様に、列島中央部を境にして対峙した状況で2つの石器群が分布している（Oda 1969 a）。つまり西南日本地域では、最初半円錐形細石刃核をもつものが分布し、その後朝鮮半島から流入したクサビ形細石刃核（西海技法）をもつものが西北九州を中心に拡散していき、九州、南関東地方でこの細石器段階に最古級の無文平底の「土器」が伴っている。細石刃文化は層位的関係で古期と新期に分けられる（小田1979 b）。

A．古期細石刃文化

　旧石器時代最終末期の石器文化である。西南日本に半円錐形細石刃核（野岳・休場型）をもつものが分布している。この細石刃核は、その前段階のナイフ形石器文化期Ⅱの石刃核が小形化したものではなく、別の技術体系の産物である（小田1979 b）。つまり、ナイフ形石器文化人と細石刃文化人は別系統の出自をもった集団と考えられよう。

B．新期細石刃文化

　完新世の「土器」が伴う細石刃文化で、無文平底土器（約1万4,000年前）、隆起線文土器（約1万2,000年前）、爪形文土器（約1万年前）の3型式に継続して伴出する。南九州地方の細石刃文化は第Ⅰ期（野岳・休場型単純段階）、第Ⅱ期（野岳・休場型に船野型、畦原型、加治屋園型Aタイプが共伴する段階）、第Ⅲ期（船野型、畦原型、加治屋園型の中間タイプ、福井型、加治屋園型Bタイプが出現している）に区分されている。そして、第Ⅲ期に最古の土器（無文平底土器）と石鏃が伴い、縄文時代に突入して行く（宮田1996、宮田・児玉他1995、桑波田他1997）のである。

2 琉球列島旧石器文化の特性

　琉球列島の地理的範囲をトカラ海峡以南と把握し、奄美諸島（鹿児島県）から先島諸島（沖縄県）までをこの地域と設定しておきたい。まだ沖縄県から確かな旧石器時代遺跡，遺物の発見はないが，近年「旧石器探索グループ」が結成され，発見されるのも時間の問題である（安里1996）。また最近、鹿児島県の奄美大島、徳之島で，旧石器時代と考えられる野外遺跡が発掘調査されて注目されている。

(1) 石器群からみた特性
A. 研磨剥片をもつ旧石器群

　これは、鹿児島県大島郡（奄美大島）笠利町の土浜ヤーヤ遺跡を代表にする。奄美最初の旧石器文化の確認遺跡であり、この地域で「マージ」と呼ばれる基盤層の上に堆積したローム質土層から出土した。包含層中には鹿児島湾奥の始良カルデラから噴出した広域火山灰である「始良 Tn 火山灰（AT、約2万8,000～2万5,000年前）」が介在することから、このAT火山灰降灰前後の時期と考えられる。頁岩、流紋岩製の研磨剥片、不定形剥片類が出土した（旭・牛ノ濱1988）。

　この研磨剥片は磨製「斧形石器」の一部である可能性が大きい（小田1997b）。今後列島内部の磨製斧形石器群や、南九州地域のAT火山降灰以前の石器群との関係を調べる必要があろう。

B. チャート製台形状石器をもつ旧石器群

　これは、鹿児島県大島郡（徳之島）伊仙町の天城遺跡を代表にする。出土層はマージ上層の自然2次堆積層であり、原位置としての不安が残るが、旧石器的様相をていした石器群である。チャートを主体にして、台形状石器、スクレイパー、彫器、錐などがある（栗林・堂込1994）。加藤晋平は、天城の石器群について「ナイフ形石器」が伴っていない点に注目し、列島内部の石器文化圏と異なる旧石器群と考え、完新世の旧石器文化ではないかと述べた（加藤1996ab）。石器の石材が良質のチャートということから、今後、沖縄本島・本部半島の良質大規模チャート原石産地との関係を調べる必要があろう。

C. シカ化石骨角製品をもつ旧石器群とその否定

　日本で旧石器時代遺跡が確認（群馬県岩宿遺跡1949）される以前の1935年，沖縄本島西海上の伊江島・カダ原洞穴から、シカ化石骨片に加工痕が認められる製品（？）が発見された。この洞穴を調査した徳永重康は、これらシカ化石骨角製品を「人工品」と報告した（Tokunaga 1936）。その後，鹿間時夫はこの洞穴の堆積層を検討し、洪積世（更新世）と判定した（鹿間1947）。戦前、このカダ原洞穴の旧石器時代人工品の発見で、沖縄の旧石器文化の探究が、本土に先駆けて開始されたのである（高宮1965）。

　戦後、カダ原洞穴出土のこれらのシカ化石骨製品に直良信夫は「叉状骨器」と命名し、沖縄の更新世時代に「骨角器文化」の存在を指摘した（直良1956）。1962年に那覇市山下町第1洞穴の

2．日本列島旧石器文化の枠組み　599

a：奄美大島・土浜ヤーヤ遺跡（旭・牛ノ濱 1988）

b：徳之島・天城遺跡（栗林・堂込 1994）

図218　奄美諸島の旧石器群（小田 1999 a）

発掘が行われ、多数のシカ化石骨製品と化石人骨が発見された（高宮・玉城ほか1975）。

一方、1975年伊江島のゴヘズ洞穴から多量のシカ化石が発見され、安里嗣淳によって叉状骨器の存在が確認され（安里1976）、翌1976・1977年に加藤晋平、長谷川善和らによって発掘調査が行われた。加藤は1万点にのぼるシカ化石骨を調べ、172点の叉状骨器類を検出した。それらを詳細に検討した結果、こうしたキズは燐分不足（オステオファギア）になったシカが骨をしゃぶった噛み痕で「自然」のものであると結論づけた（加藤1979）。最近、安里嗣淳はシカ化石骨角製品を総括的に扱い、シカ化石製叉状骨器は自然のものであるが、シカ角製斧状品の中には人工品的なキズも存在する可能性を指摘している（安里1998、1999）。

おそらく旧石器人は石器以上に骨角製品を製作し、便利に多用していたことは事実であろう。沖縄地域のシカ化石骨片、港川フィッシャーで検出されたイノシシ化石骨片などを、今後十分注意して、これら「道具」の発見に努める必要があろう。

（2）遺跡立地からみた特性

A．マージ段丘上の野外遺跡

奄美諸島で確認された旧石器遺跡は、すべて海に面した見晴らしのよい段丘上の野外遺跡である。これらの台地の基底層には、「マージ」と呼ばれる赤褐色の粘質土層が認められ、旧石器はこのマージ層の上に堆積した土層中から発見される。

こうした野外遺跡では、石器・剥片類は集中した状況（列島内ではユニット、ブロックなどと呼称）で出土する。そして多くの遺跡では、拳大の自然礫を集中させた「礫群（縄文段階の例は集石と呼称）」。幼児頭大の自然礫を配した「配石」が伴い、炭化物片が集中した「炭化物片集中個所」も知られている。また近年、掘り込みを持つ「土坑（貯蔵穴，墓壙，落とし穴）」「炉址」なども各地の旧石器遺跡で確認され出した（Kidder・小山・小田他1972ほか）。しかし大多数の日本の野外遺跡からは、人骨などの有機質遺物（酸性の火山土壌である為残存しない）を発見できないのが残念である（小田1980ab）。

奄美大島の土浜ヤーヤ遺跡では石器，剥片集中個所数ヵ所が、喜子川遺跡では礫群が多数発見され、徳之島の天城遺跡からは石器、剥片集中個所が1ヵ所確認された。いずれの遺跡の規模・石器数も少なく、定住的な集落とは考えられない。おそらく奄美諸島に生活した旧石器人は、狭い島環境で海岸部の高台に小屋を建て、ほそぼそと海の幸・山の幸（シカ、イノシシなど）を得て、また、別の場所に移動して行き、そしてなん度か渡来，絶滅を繰り返していたのであろう（高宮・広土1997）。

B．石灰岩洞穴，フィッシャー遺跡

琉球列島はサンゴ礁起源の「琉球石灰岩」が広く分布している。この石灰岩（こうしたカルシウム分は中性・弱アルカリ性）は骨の保存に適しており、沖縄県内の石灰岩洞穴、フィッシャーなど8ヵ所から化石人骨が発見され、また多くの地点から動物化石などが多量に発見されている。

洞穴、フィッシャー、岩陰など自然の地形を利用した居住地は、旧石器時代にかぎらず多数存

在している。しかしその多くは、野外に住居遺構（竪穴式、平地式、高床式住居など）を構築した集落である。北部の奄美諸島の旧石器遺跡も、台地上に住居遺構をもつ野外遺跡である。

山下町第1洞穴、港川フィッシャーなどの化石人骨が発見された場所（8ヵ所）は、旧石器人の居住した場所（居住地）と考えられるのかと言うと、今のところ生活に関する痕跡は、山下町第1洞穴の焼土と焼石（焚き火址）と石器と考えられる敲石2点、礫器1点が知られるだけである（高宮・玉城他1975）。その他の7ヵ所からは、遺構（礫群、灰層など）や石器らしい遺物の出土は認められていない。それはおそらく、こうした場所が、①人間が誤って洞穴やフィッシャーに落ちた地点、②死後動物たちによって洞穴、フィッシャー内に運ばれた場所と、考えることもできるのである。

沖縄の新石器段階（貝塚時代と呼ばれる）の遺跡は、海岸に面した砂丘や段丘上に立地し、洞穴は墓に使用されることがある。したがって、琉球列島の地形が更新世と完新世でそれほど極端な変化がないとすれば、旧石器段階の遺跡立地も新石器同様に「野外遺跡」の可能性を考える必要もあろう（小田1997b）。

（3） 更新世化石人骨との関係

A．化石人骨の発見

古生物学者の徳永重康らによるシカ化石骨角製品の発見（Tokunaga 1935）を踏まえ、多和田真淳、高宮廣衞による石灰岩洞穴の探索が開始され、多くの動物化石の中から、1962年カダ原洞穴（カダ原洞人）、1964年大山洞穴（大山洞人）、1966年桃原洞穴（桃原洞人）から「更新世化石人骨」の発見があった（鈴木1975）。

1968年、高宮廣衞、鈴木尚、渡邊直經らによる合同発掘調査が那覇市山下町第1洞穴で実施された。この調査で化石人骨（山下町第1洞人、6歳位の子供）、多数の動物化石（シカ化石製叉状骨器も多数出土）、灰層（焚き火跡）、磨石・敲石・礫器（旧石器か）などが発見され、C^{14}年代測定で約3万2,000年前と出されている（高宮・金城他1975、高宮・玉城他1975）。ここに本格的な旧石器人の居住遺跡が出現したのである。

1967年地元の大山盛保は、沖縄県具志頭村港川の採石場で採掘された地元で「粟石」と呼ばれている石灰岩中にイノシシの化石骨を発見した。大山はただちにこの港川採石場を訪れ、化石骨多数が石灰岩フィッシャー中に堆積している事実を確認した。1968年山下町第1洞穴の発掘調査で沖縄を訪れた人類学者らは、大山採集化石骨資料中に人骨片（のちに上部港川人と呼ばれる）の存在を確認し、その後、港川フィッシャーの発掘調査が計画された。1968年末から1969年初め、渡邊直經を中心に港川フィッシャーの調査が実施されたが、残念なことに目的の化石人骨の確認は出来なかった。しかし調査後の1970年暮から1971年初めにかけて、大山はまたも港川フィッシャーの下底部から有名な「港川人」の大発見をもたらした。これが沖縄だけでなく、わが国にとって、もっとも完全な更新世化石人骨群である。港川人は個体骨格が4体分（うち1体は男性、3体は女性）で、全体では少なくとも9体以上の人骨が存在していた。この調査では^{14}C

年代測定も行われ、約18,250年前、16,600年前の年代が与えられた。また、骨のフッ素含量法で縄文時代より古い時期（更新世）のものと判定された（Suzuki and Hanihara eds. 1982、松浦 1997）。

港川フィッシャーの調査では、沖縄旧石器時代の動物相に新たな見解が誕生している。沖縄ではシカ類（リュウキュウジカ、リュウキュウムカシキョン）は完新世には生息しない動物で、イノシシ（リュウキュウイノシシ）は逆に完新世になって出現した動物とされていた。港川フィッシャーの調査は、こうした沖縄の定説に対して、港川人が多量のイノシシを狩猟していた事実を提供したのである。たしかに山下町第1洞穴ではシカしか出土せず、ゴヘズ洞穴でも同様であった。港川フィッシャーでは下層にシカが多く、上層（港川人包含部）に向かってイノシシが急激に増加し、黒味の強い上部港川人包含部ではイノシシのみになっている。長谷川善和はこうした事実から、ヴュルム氷期の最盛期に西表島、石垣島、沖縄本島、伊江島、奄美大島にイノシシが渡来し、自然分布したと結論づけた（長谷川 1980）。長谷川はイノシシの人為的流入については否定している。その根拠になりそうなデータが、木村政昭グループによって提唱されている（木村 1996 ab）。これは琉球列島が更新世後期に大陸と陸地で繋がっていたという仮説である。リュウキュウイノシシに関しては、1998年11月に鹿児島大学で行われた国際シンポジウム「琉球列島（南西諸島）島嶼型動物相の適応放散と絶滅の舞台」でも取りあげられ、すでに更新世後期のヴュルム氷期にはリュウキュウジカ、リュウキュウムカシキョンなどと生息していたこと、島嶼型（矮小化）であったことなどが論じられている（Otuka 1998）。

1976・77年には、多くのシカ化石骨の出土した伊江島・ゴヘズ洞穴（第3ホール）の発掘調査が長谷川善和、加藤晋平らによって行われ、化石人骨（ゴヘズ洞人、30歳前後の成人）が発見された。松浦秀治によって、骨のウラン濃度測定が実施され、更新世のヒトと判定された（伊江島教育委員会 1977、1978、松浦 1977）。

1978・80・86年には久米島・下地原洞穴の発掘調査が、長谷川善和、地元の古生物学者大城逸朗らによって行われ、化石人骨（下地原洞人、生後8～10カ月の乳幼児）が発見された。年代測定も行われ、約1万5,000～1万6,000年前とされている（佐倉・大城 1996）。

1979年には先島諸島の宮古島・ピンザアブ洞穴が、沖縄県によって行われ、化石人骨（ピンザアブ洞人、子供の歯を含む数個体のヒト）が発見された。^{14}C年代測定も実施され、約2万6,000年前とされている（長谷川・佐倉・岸本編 1985）。

B．人類学的にみた港川人

現在では、残念ながら日本列島の更新世化石人骨と「道具」の伴出関係は皆無である。唯一本州島中央部太平洋岸で発見されている浜北人（約1万8,000年前。国立科学博物館編 1988）は、年代的に西南日本地域の「ナイフ形石器文化Ⅱ」段階に入ることが示唆された（小田 1997 b）。

鈴木尚は、沖縄の港川人は眉間と眉稜が発達し顔が幅広い低型で眼窩も低くその上縁が水平であることから、中国華南地方の低身・低顔型の「柳江人」に類似し、日本の縄文人にも基本的形態で一致すると指摘した（Suzuki and Haniwara eds. 1982、鈴木 1983）。

山口敏は、港川人と同じ眉間の高まりや眼窩周辺の形態が、東南アジア地域ジャワ島の「ワジ

ャック人」にも似ており、港川人のルーツはさらに南にたどれる可能性を示唆した（山口1996）。

馬場悠男は港川人を総合的に考察し、アジアの現代型新人の中ではワジャック人にもっとも近く「縄文人」とも似ることから、原初日本人と考えてよいがその故郷は不明とした（馬場編1993、Baba et al. 1998）。

埴原和郎は日本人の「二重構造モデル」論によって、日本列島の最初の居住者は後期旧石器時代になって移動してきた東南アジア系の集団で、縄文人はその子孫であり弥生時代になって北アジアから第2の波が押し寄せたため、これら2集団は列島内でじょじょに混血した（本土人）。一方、アイヌと沖縄人はともに縄文人を祖先とし、地域的に混血の及ばない遠隔地に居たため縄文的因子が残ってきたと述べ、またルーツとルートは別であり、原日本人がどういう移動経路をとったかは、これからの研究を待ちたいとした（埴原1994）。

人類学者の尾本恵一は「分子人類学」の立場から、日本人の起源について総括的に論述する中で、古人骨のミトコンドリアDNA塩基配列では南方起源が、また遺伝子頻度を用いた多変量解析では北方起源が、それぞれ原日本人の故郷として有利な結果を示すなど、まだ多くの不一致点が多く、したがって、東アジア地域における人類化石の発見の少ない現在、文化遺物も比較検討材料として重要であり、人類学者と先史考古学者との学際的な研究が必要とした（尾本1995）。

3　種子島・旧石器遺跡の意義

鹿児島県種子島の旧石器遺跡は、琉球列島を考える上で非常に重要である。種子島ではAT（約2万8,000～2万5,000年前）の下層に堆積している「種IV」と呼ばれる約3万年を越える火山灰の下層に、旧石器遺跡が発見された。南種子町横峯C遺跡（倉元・堂込1993）、中種子町立切遺跡（堂込1998）の下層文化である。横峯C遺跡では3枚の旧石器文化層が発見され種IV火山灰前後の文化層から、磨石・敲石、礫群、土坑などが確認された。立切遺跡では礫器、刃部磨製斧形石器、鉈状石器、磨石、台石、砥石、敲石、大形不定形剥片などが、多数の礫群、土坑、炉址とともに発見された。今の所、こうした「重量石器」を中心にした旧石器群は、九州本土の旧石器遺跡には認められていない。また、こうした古期段階に礫群、炉跡などが多数検出された旧石器遺跡も列島内で確認されていない。

種子島の旧石器文化にみられた磨石、台石、敲石類は、植物の加工に利用された石器であると考えられ、また礫群、炉址の一部も、同様に植物加工施設の可能性が高い。つまり、この日本列島最南部地域では、狩猟を主生業とするよりもっと安定した植物利用がシステムとして存在していたという（藤本1998）。

（1）　南方型旧石器文化

約3万年以上前、重量石器を中心にした石器群、礫群、炉址の存在という視点でみると、東京・武蔵野台地の西之台遺跡B地点（小田編1980）、中山谷遺跡（Kidder・小田編1975）の最下層

文化(第X層文化、約3万8,000～3万5,000年前)に類似点が指摘される。武蔵野台地の立川ローム第X層に発見される旧石器遺跡には、2つの異なった石器群が認められている。まず1つは礫器、錐状石器、不定形剥片、敲石などをもつ石器群である。もう1つは刃部磨製石斧、ナイフ状石器、縦長剥片などをもつ石器群である。おそらくこの両者は、更新世後期終末頃に列島内に流入してきた新期旧石器人(現代型ホモ・サピエンス)の系統の違いを示しているものと考えられる(小田・Keally 1974、Oda and Keally 1979)。つまり前者は列島の西南部を中心に分布し、後者は東北部にその分布の中心が認められることもそれを証明しているといえよう。

種子島の旧石器遺跡で認められた重量石器(礫器伝統)を特徴にする旧石器群を、ここで仮に「南方型旧石器文化」と呼んで置くことにしたい。

(2) 不定形剥片石器文化

加藤晋平は台湾島を含めて、東南アジア地域の剥片石器群を「不定形剥片石器文化」と呼称し、次のように「古期」と「新期」に区分した(加藤 1995、1996 ab)。

A．古期・不定形剥片石器文化

旧石器時代人はその初期において、内陸部に生活の中心を置いていた。その後河川への適応性ができると、少しずつ海岸地域にも居住環境を移すようになってきた。そして後期旧石器時代初期の約4万年前頃には、すでに人類は「渡海能力」を獲得し海峡や島嶼伝いに海を移動した証拠が各地で認められている。約4万～3万5,000年前頃、東南アジアのある地域で、十分な水域適応をした旧石器人が「スンダランド(現在の東南アジアの大陸棚)」の海岸沿いに各地に拡散して行った。ある集団は海を渡り遠く「サフールランド(オーストラリア・ニューギニア)」へ、またある集団は黒潮海域を海洋航海して、中国大陸部と陸で繋がっていた台湾島東海岸へ移住し、さらに琉球列島を北上して奄美諸島まで到達したことが判明している。この更新世に拡散、移住した旧石器人が残した文化が「古期・不定形剥片石器文化」と呼ばれている。

主要な遺跡として、タイのラング・ロングリーン岩陰遺跡下層群(約3万7,000年前)、ボルネオのニアー洞窟(約4万～3万年前)、TIN-1、TIN-3遺跡(約2万8,000～1万7,000年前)、ハゴッビロ岩陰(約1万7,000～1万2,000年前)、マダイ洞穴群(約1万1,000～7,000年前)、フィリピンのタボン洞窟(約3万500～2万3,000年前)、オーストラリアのデヴィルズ・レア洞窟(約3万2,000～1万2,000年前)などの遺跡が知られている(小川 1984、清水 1984、加藤 1995、1996 ab、今村 1999)。

B．新期・不定形剥片石器文化

東南アジアの大陸部・半島部には「ホアビニアン」と呼ばれる、礫器を中心に少量の刃部磨製石斧(礫斧系)を伴う石器文化が完新世初頭に広く分布している。このホアビニアン文化と対峙するように島嶼部には剥片石器伝統の石器群が分布していた。ともにまだ「土器」をもたず、中石器的な生活段階と考えられている。「新期・不定形剥片石器文化」は、この大陸海岸部、島嶼部に分布した石器群である。

主な遺跡として、フィリピンのムサン洞穴下層文化(約8,000～7,000年前)、ラトゥラトゥ洞穴

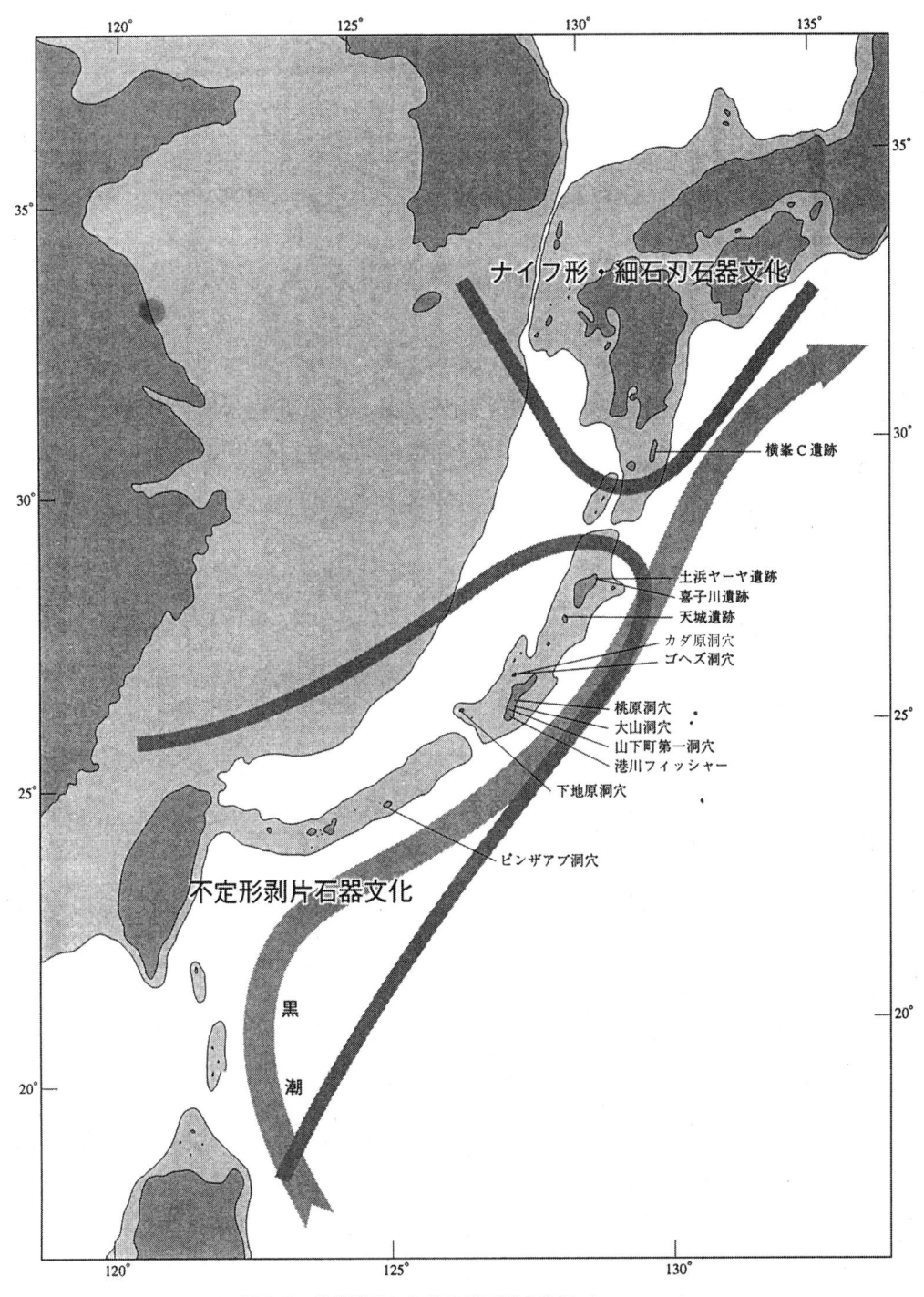

図 219　琉球列島における旧石器文化圏（小田 1999 a）

第1文化層（約1万〜6,000年前）、グリ洞穴中層（約8,000〜4,000年前）、ドゥヨン洞穴第4・5層（約7,000年前）、ソホトンⅠ洞穴中・下層（約1万1,000年前）、中国・香港の東湾遺跡東湾Ⅰ期文化（約5,000年前）などの遺跡が知られている（小川1984、清水1984、加藤1995、1996ab、今村1999）。種子島の旧石器文化は、今のところ「南方型旧石器文化」として把握できる。一方、加藤が提唱した「不定形剥片石器文化」は、礫器（チョッパー、チョッピングトゥール）、スクレイパーに特徴をもち、敲石、楔形石器、刃部磨製石斧、縦長剥片、焼礫などが伴っている。こうした石器組成は、南方型旧石器文化と同様の内容である。したがって東南アジアの大陸沿岸部、島嶼地域から、琉球列島北部の奄美諸島にまで到達した不定形剥片石器文化人がトカラ海峡を越えて種子島に上陸し、さらに黒潮海流に乗り太平洋沿岸部を北上し南関東地域まで拡散したことになる。近い将来沖縄諸島、先島諸島で確認されるであろう旧石器文化も、同じ不定形剥片石器文化（南方型旧石器文化）の一員と考えられよう。

4　台湾島の旧石器文化

　琉球列島の旧石器文化を考察する場合、台湾島の旧石器文化の状況は重要である。台湾島は琉球列島最西端の与那国島から西海上に約100km、黒潮本流を挟んで晴れた日には目視できる近距離に位置している。また大陸とは「台湾海峡」を隔てて中国・福建省から東南海上に約200km、南はバシー海峡を隔ててフィリピンと約350kmの距離にある。

　台湾島の考古学研究は、台湾大学の宋文薫によって集大成されている（宋1980ほか）。宋は台湾本島を西海岸の北部、中部、南部と東海岸の四地域に区分し各地区の発掘成果からそれぞれの文化期を設定した。最初に渡来した旧石器人は現代型ホモ・サピエンス段階で、台湾島の東海岸地域に集中して遺跡が発見され「長濱文化」と呼ばれている（宋1969）。

（1）　長濱文化（約1万5,000〜4,900年前）

　1968年太平洋を北上する黒潮本流が洗う東海岸、台湾県長濱郷樟原村にある海蝕洞穴の八仙洞洞窟群が発掘された。この調査で初めて新石器文化層の下層から先陶（先土器）文化が確認され、台湾島に旧石器時代の存在が確かめられた（宋1969、1980、1981）。

　この長濱文化は家畜の形跡もなく、磨製石器・土器などの新石器文化の要素をまったくもっていないが、海産の貝類・魚骨や漁具の出土から「漁撈活動」がすでに行われていたことが判明した。年代はかなり新しく^{14}C測定で古い方は＞15,000 yr.B.P.(乾元洞)が1例だけで、大多数は5,340±260（NTU-70）、5,240±260（NTU-69）、4,970±250（NTU-71）、4,870±300（Y-2638）yr.B.P.（潮音洞）と出されている。つまり、これは後期更新世終末から完新世にわたって、旧石器的文化が継続していたことになる。

　　A．長濱文化の石器群
　八仙洞洞窟群から海岸の転礫（砂岩、安山岩など）を荒割りした若干の礫器（チョッパー）、剥片

2．日本列島旧石器文化の枠組み　607

a：台湾・長濱洞穴遺跡群（宋1969）

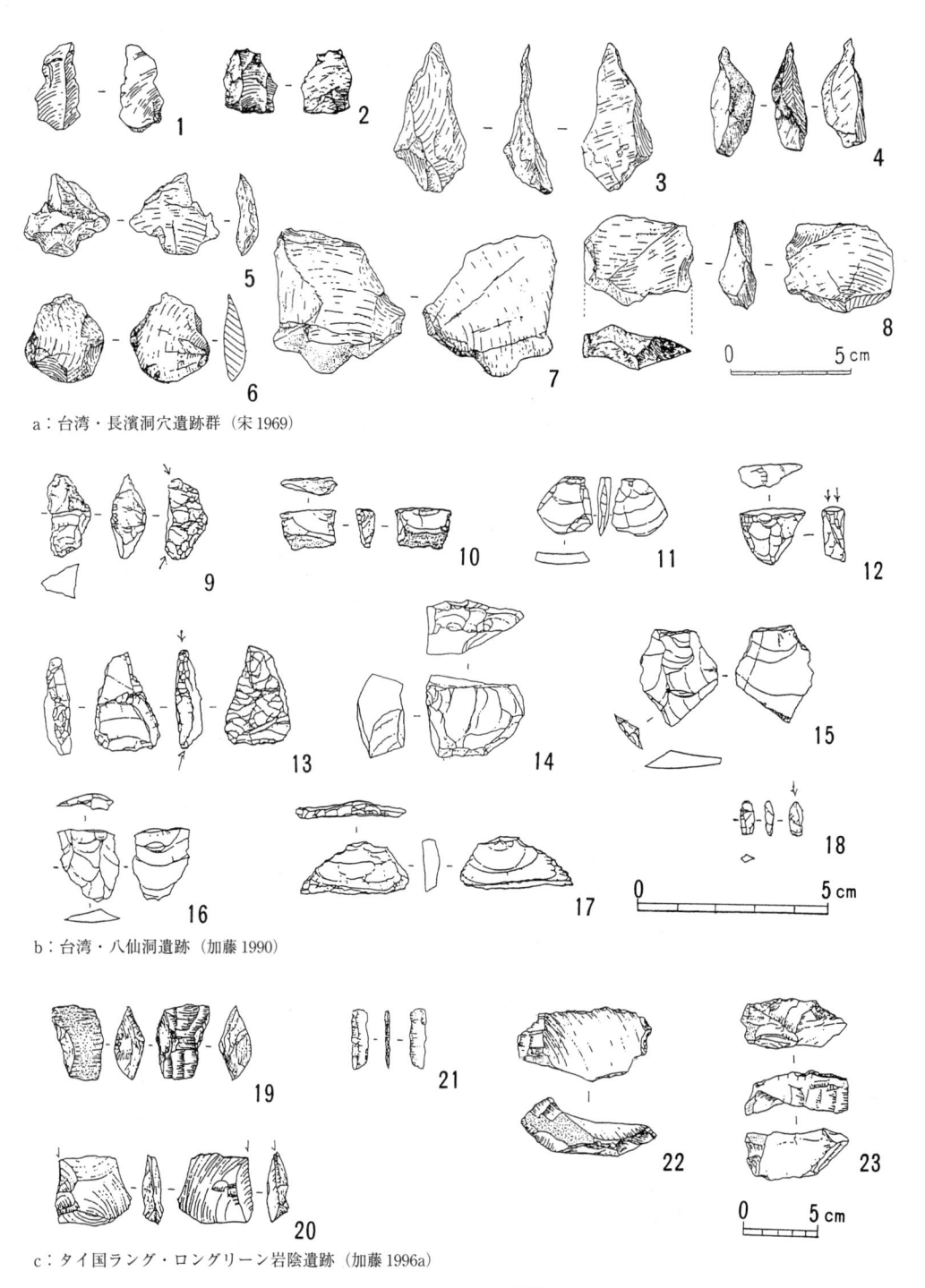

b：台湾・八仙洞遺跡（加藤1990）

c：タイ国ラング・ロングリーン岩陰遺跡（加藤1996a）

図220　台湾島とタイ国の旧石器群（小田 1999a）

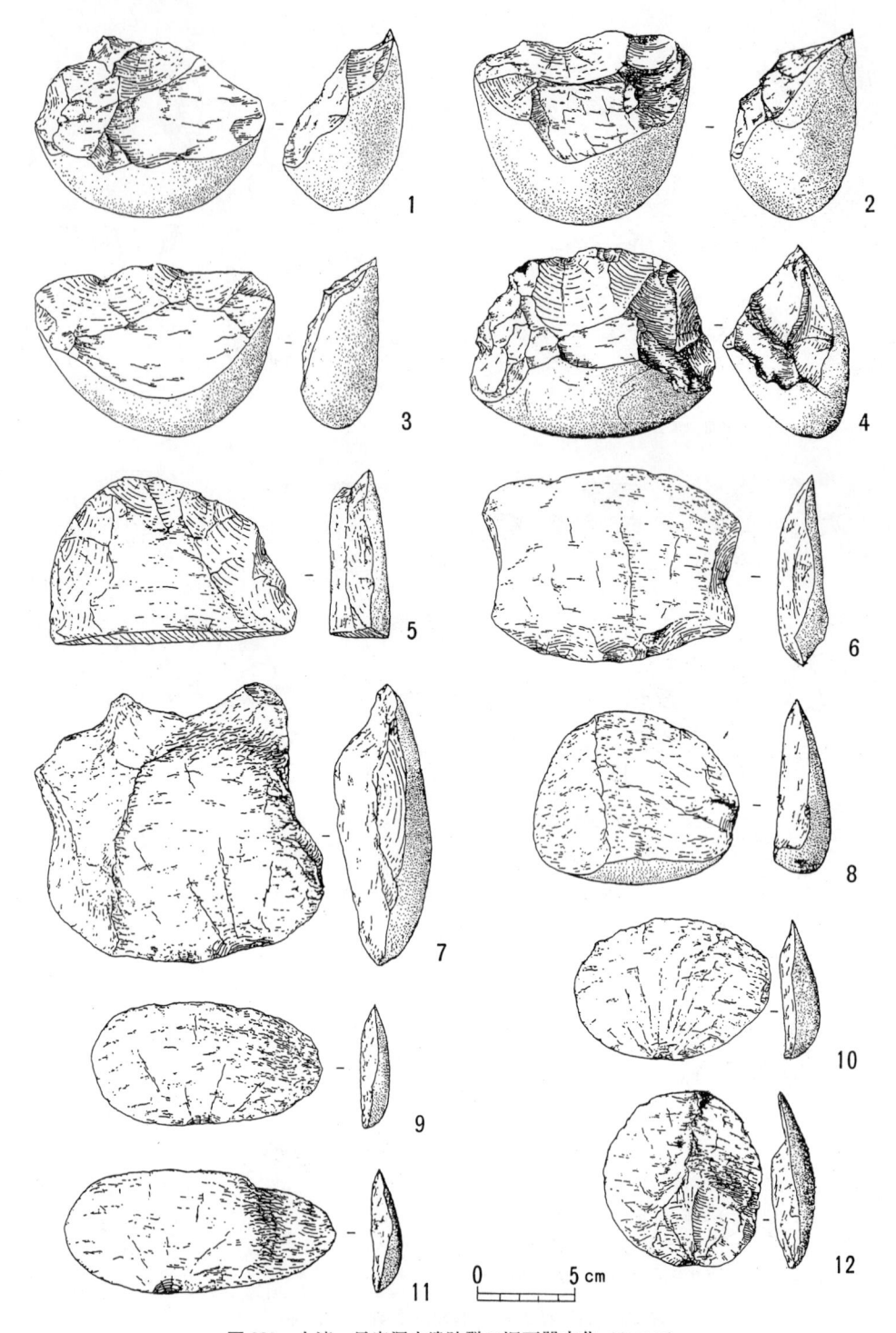

図221 台湾・長濱洞穴遺跡群の旧石器文化（宋 1969）

石器類と鋭い岩石（石英、玉髄など）を剝離した楔（クサビ）形石器を伴う不定形剝片石器群が出土した。それに単式釣針、ヤスなどの漁撈具が共伴している。

　B．長濱文化の原郷

　長濱文化の石器群は台湾海峡が陸化していた後期更新世に、中国・福建省内陸部の後期旧石器人が渡来しその後島嶼化し台湾島に残されたとされている（宋1969、1980、1980）。加藤晋平は長濱文化の剝片石器群に注目し、クサビ形石器の存在などから東南アジア，香港海岸地域に分布している「不定形剝片石器文化」の一員と考えた（加藤1990）。また長濱文化を古期（更新世）と新期（完新世）の段階に区分している（加藤1995、1996 ab）。鄧聰は、定説になっている中国・福建省の東山旧石器群との関係について比較検討を行った結果、福建省と台湾島の旧石器文化は似た点がないとした。そして香港東湾下層石器群（鄧1989）やコアースクレイパーなどの類似から、もっと南のベトナム地域の晩期旧石器群（ソンヴィアン文化、約3万〜1万1,000年前）と関連すると述べている（鄧1998）。

　長濱文化の石器群は最近発見された鹿児島県種子島の石器群（立切遺跡下層）と、「重量石器」と「不定形剝片石器」を中心にしている点で類似している。日本列島の最南端地域、太平洋沿岸地域に認められる「南方型旧石器文化」の出自系統を、今後さらに、探究して行くことは「日本列島人」の起源を知る上で、重要な視点として浮上して来たのである。

5　まとめ

　以上、前述したことを簡単に要約すると、琉球列島およびその周辺部の旧石器文化の様相が看取できよう。

　①本州島最南端の南九州より更に南海上に位置した「琉球列島の旧石器文化」は、島内部に認められる「西南日本、東北日本」という二大旧石器文化圏の外側にあった「もう一つの文化圏」と考えられる。

　②おそらく、より古い旧石器文化段階においては、周辺大陸から原人・旧人などの渡来ルートの重要な回廊的地域であった可能性は大きい。

　③東南アジア大陸部や半島部に定着したホモ・サピエンス（新人）は、水域適応を早く体得し筏舟・丸木舟という「渡航具」を駆使して島嶼部、大陸沿岸部に拡散していった（不定形剝片石器文化、南方型旧石器文化）。

　④こうした島嶼型の旧石器文化は、礫器、スクレイパー、不定形剝片石器を特徴とし、内陸部の礫斧を中心にした「ホアビニアン文化」に対して「不定形剝片石器文化」と呼ばれている。

　⑤琉球列島にもこの島嶼型旧石器人集団の一部が、海岸沿いや島伝いで「黒潮海流」を利用し沖縄本島、さらに奄美大島にまで北上している。沖縄本島の山下町第一洞人（約3万2,000年前）、宮古島のピンザアブ洞人（約2万6,000年前）等がそれに当たる。

　⑥種子島で発見された約3万年前頃の旧石器遺跡は、礫器、斧形石器、磨石、敲石など「重量

石器」が中心であった。おそらく、これらの石器類は「植物質食料」の加工具と考えられ、狩猟具（尖頭器、台形石器、ナイフ形石器の一部）を中心とした列島内の旧石器文化と区別して「南方型旧石器文化」と呼称できるものである。この南方型旧石器文化と琉球列島に分布している旧石器文化（不定形剥片石器文化）との関係は、今後の大きな研究課題である。

⑦後期更新世のヴュルム氷期最寒期頃、琉球列島は台湾島を通じて大陸と陸地で繋がっていた。リュウキュウイノシシはこの頃大陸から渡来し、急激に増加してシカ類に取って代わり港川人（約1万8,000年前）の主要な狩猟対象動物になった。

⑧後期更新世終末頃に琉球列島が島嶼化すると、旧石器人はもっと広い環境を求めて移住したかあるいは絶滅してしまい、トカラ海峡の南側（琉球列島）は無人地域になってしまった。そして時折、周辺地域から小規模集団が漂着し、遊動生活の一地域として短期間利用される場所になってしまったと考えられる。

⑨鹿児島県栫ノ原遺跡で出土し注目された「栫ノ原型石斧（約1万2,000年前）」と呼ばれる丸ノミ形石斧が、奄美大島、沖縄本島でも確認され出した。この石斧は丸木舟製作用の石製工具と考えられ、後期更新世終末頃に北琉球地域から南九州地域にかけて1つの文化圏（栫ノ原型石斧文化）を形成していた可能性が浮上してきた。

⑩完新世（約1万500年以降）に入り、一時「南島爪形文土器（約6,500年前）」をもった新石器人が渡来（故郷は不明）し、沖縄諸島と奄美諸島に拡散している。しかし本格的に琉球列島にヒトが定住するのは、約3,000年前頃の貝塚時代前期後半（縄文時代後期相当期）と考えられているのである。

3．日本の旧石器文化

1　日本の旧石器時代

日本列島は更新世（170〜1万年前）に、象など大形哺乳動物渡来の確証があり、4回にわたって、大陸と陸続きになった時期とルートが周知されている。

1回目	更新世前期	120〜100万年前	南西の道	（シガゾウなど）
2回目	更新世中期前半	60〜50万年前	南西の道	（トウヨウゾウなど）
3回目	更新世中期後半	40〜30万年前	西の道	（ナウマンゾウなど）
4回目	更新世後期末	3〜2万年前	北の道	（マンモスゾウなど）

旧石器時代人が、筏や舟などの渡海の手段を持たないとすれば、こうした4つの陸橋形成期（1時期数千年間）に、大陸から歩いて日本列島に渡来したことになる。人類の進化史で言うと、アジアは人類の発祥地（東アフリカが定説）ではないので、猿人段階（500〜200万年前）のヒトは存在しない。つぎの原人（180〜30万年前）・旧人段階（20〜4万年前）の化石人骨や遺跡が、ジャワ島や中国の大陸部で発見されていることから、1〜3回は南西陸橋を通って日本列島に人類が渡来した可能性は否定できない。

しかし、今まで定説になっていた、東北地方を中心に北海道、関東地方にまで発見されていた3万年前以前の日本の「前・中期旧石器遺跡」は、2000年11月に実は一部「捏造遺跡」であったことが判明し、考古学界に大きな衝撃を与えたことは周知の通りである（小田2001）。その後、日本考古学協会の「前・中期旧石器問題調査研究特別委員会」による検証作業が実施され、2002年5月に、藤村新一が関係した遺跡はすべて「学術的資料として使用できない」という見解が出されている（日本考古学協会編2002）。したがって、日本列島における確かな人類遺跡は、現在のところ4〜3万年前以降の新人段階（後期旧石器）の遺跡のみになってしまったのである。

2　旧石器文化の様相

日本列島の旧石器遺跡は、北は北海道から南は沖縄県までの地域に約5,000ヵ所が周知されている。しかし、列島内の旧石器遺物包含層の多くは「酸性土壌」が中心であり、骨などの有機物質は消滅し発見されないことが一般的であるが、泥炭層、湖底堆積物と石灰岩地帯にわずかな化

終章　日本旧石器研究の現状

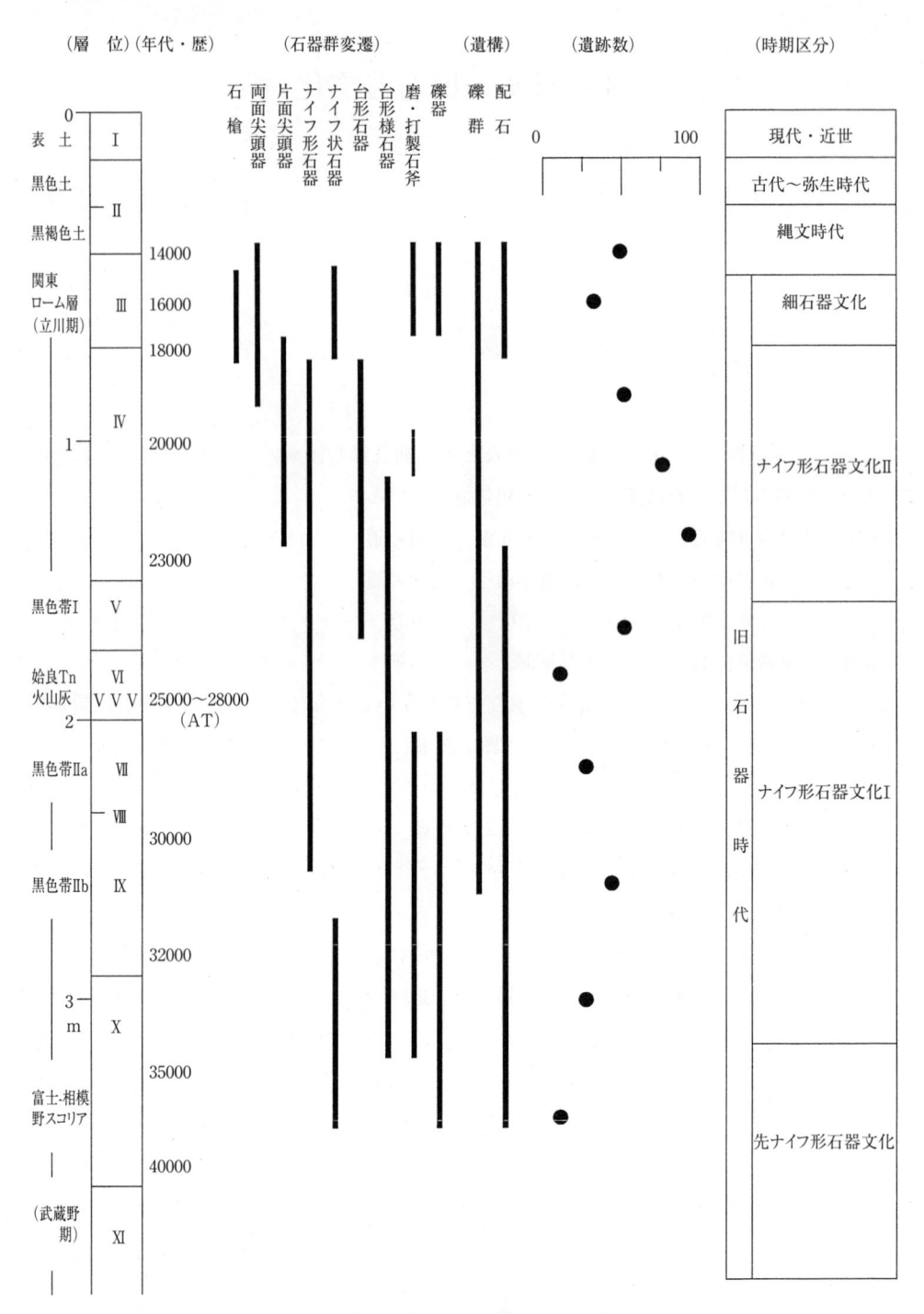

図 222　武蔵野台地の旧石器遺跡の層位と文化層

石骨の出土が知られている。日本のこうした乏しい出土遺物を中心にする旧石器遺跡環境の中で、石灰岩島嶼である琉球列島地域の役割は、きわめて大きいと言えよう。沖縄県では現在、後期更新世後半の化石人骨が石灰岩洞穴やフィッシャーから8ヵ所確認されている（馬場2001）。なかでも沖縄本島の那覇市山下町第1洞穴では、旧石器人骨と「旧石器」が約3万2,000年前の層準から共伴し注目されている（高宮1968、高宮・玉城・金武1975）。また具志頭村港川フィッシャーから発見された約1万6,000～1万8,000年前の9体に及ぶ「港川人」は、アジアにおける新人段階の化石人骨としては最重要資料の一つに数えられるものである。この港川人には「原日本列島人」の祖先とも考えられる形質が、国立科学博物館の馬場悠男によって指摘されている（馬場2001）。

日本列島の旧石器文化（4万～1万6,000年前）は、1970～80年代に大規模発掘された東京地方武蔵野台地の旧石器遺跡調査における文化層の上下関係と年代的対比、さらに、出土した石器群（石器組成、技術）と遺構（石器・剥片ユニット、礫群、配石、炭化物片分布）などの様相から、第I文化期から第IV文化期に時期区分され、日本の「旧石器時代編年」の基礎を確立している（Oda and Keally 1979、赤澤・小田・山中1980）。その後、90年代に入ると同様な大規模調査が全国的な規模で行われるようになり、旧石器遺跡の内容、石器群様相など新しい事実が次々と追認されていった。その結果、旧石器文化の編年も、特定器種名で代表させる試案が提唱された（小野・春成・小田編1990）。この文化期編年は、現在もっとも便利なものであるのでその内容を以下に説明する。

（1） 先ナイフ形石器文化（4万～3万5,000年前）

現在、日本列島に認められる最古の段階である。自然礫の一端を加工した礫器（大形品と小形品）と、不定形な小形剥片の一部にわずかな加工を加えた錐状石器、ナイフ状石器、スクレイパー類がある。石材は重量石器に砂岩、流紋岩が、軽量石器にはチャートやメノウなど鋭く割れる素材が選択され使用されている。これらの石器に使用された石材の多くは地元産で、特定産地の有用石材、たとえば「黒曜石・サヌカイト」などであり、後に「交易石材」として多用される岩石の使用はまだない。

この段階の石器文化は、日本列島としての枠組みが完成する以前の段階と考えられるが、その後発達する「ナイフ形石器」の萌芽も観察され、礫器のなかには「斧状石器（石斧）」に繋がる扁平礫の周縁部を連続的に加工した製品も存在している。このことから先ナイフ形石器文化は、次のナイフ形石器文化Iとは連続し、時間的にきわめて近い時期と考えられる。

現在、発見遺跡数は数ヵ所程度と少なく、その分布も九州から本州中央部、関東地方が中心で、一部東北地方に確認されるだけである。こうした遺跡の分布状況から、この日本列島最古の文化は、東南アジア、南中国地域などの南方方面から、南西陸橋や大陸沿岸部から九州地方に流入してきた新人集団と考えられる（小田1992）。

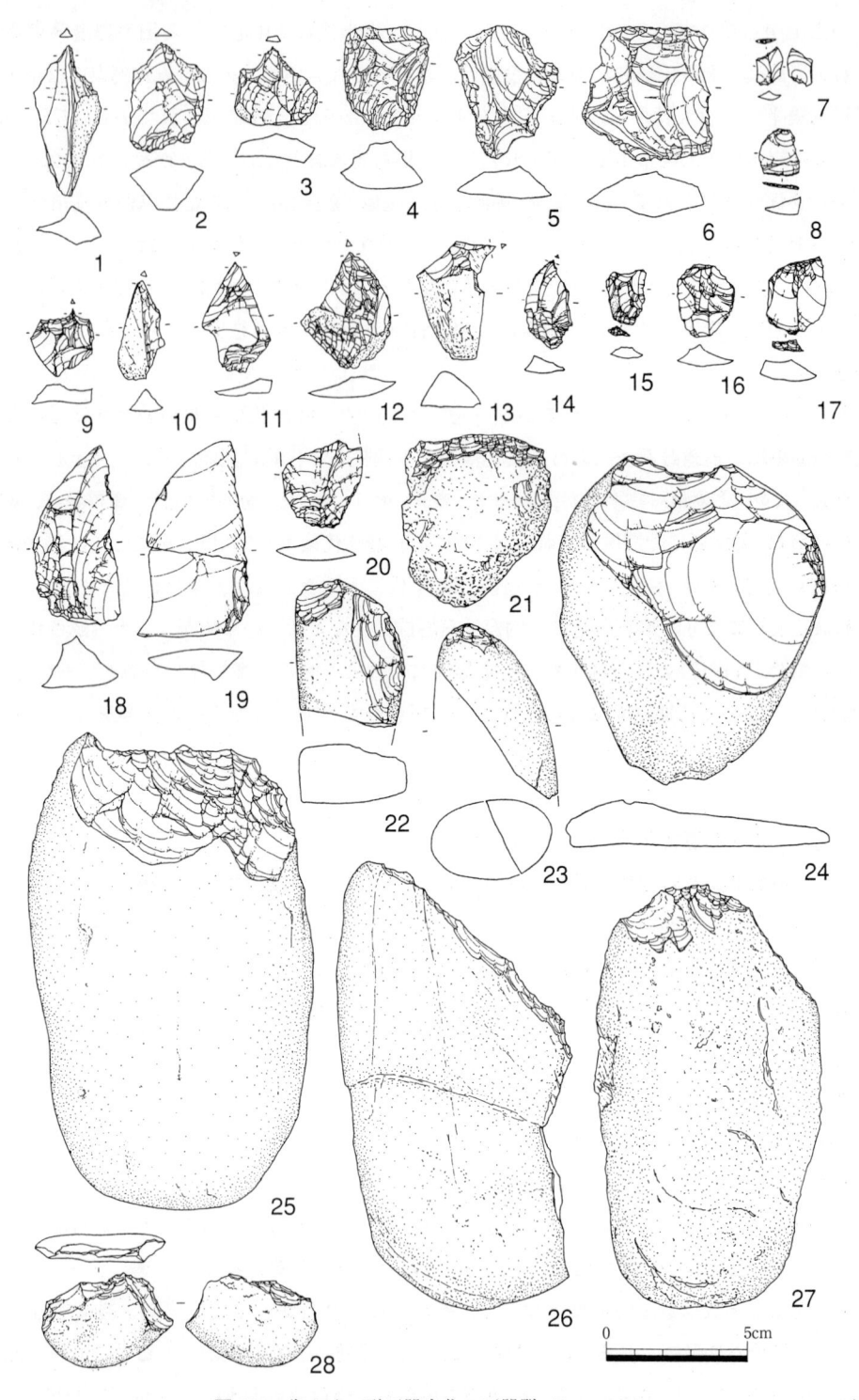

図 223　先ナイフ形石器文化の石器群（小田 1980）

(2) ナイフ形石器文化 I （3万5,000〜2万8,000年前）

　日本列島に定着した先ナイフ形石器文化人は、さらに北上し東北地方北部から津軽海峡を越えた北海道地方にも到達している。やがて彼らは地元の石材だけでなく、有用石材を選択し縦長剥片を連続的に剥離する技術（石刃技法）を完成させていった。石材の使用傾向は前半期には流紋岩、凝灰岩、頁岩系の岩石が多く使用され、後半期になると信州産の良質な黒曜石やチャートが南関東地方で多量に使用されている。

　石器器種に石刃の基部や先端をわずかに刃潰し加工した「ナイフ形石器」と、横広剥片を台形状に並行刃潰しした「台形様石器」がセットで確認されている。また特筆すべき石器に磨製の「斧形石器（磨製石斧）」の存在があり、110ヵ所以上の遺跡から200点近く発見されている（小田1976, 1992, 1993、小田編2001、Oda and Keally 1973, 1992）。ヨーロッパ考古学の概念では、旧石器時代には打製石器が製作され、新石器時代になり磨製石器が登場すると捉えられていた経緯から、この種の磨製石器が旧石器遺跡から発見されることはきわめて稀であった。とすると、日本の旧石器時代に磨製石斧が多出する意味は何であろうか、これは今後、大きな研究テーマの一つになる資料である。

　遺跡は北海道中央部から琉球列島にまで、ほぼ全域に確認される。まだ数十ヵ所の単位ではあるが関東平野にやや集中した分布が知られている。この時期の目安として「磨製石斧」の伴出が挙げられる。また、この石器は、武蔵野台地では立川ローム第X層〜第IX層（約3万〜3万5,000年前）に集中して発見されている。

　さらに、この時期の終末頃（2万8,000〜2万6,000年前）に、鹿児島湾奥の姶良カルデラから巨大噴火が起こり高温の火砕流堆積物が厚く堆積し、南九州地方の旧石器人は瞬時に絶滅したようである（町田1989）。上空に舞い上がった大量の火山灰（姶良Tn火山灰−AT−）は広域に降灰堆積し、遺跡における石器群対比の良い鍵層（AT）として利用されている（小田1979a）。花粉分析によると、この巨大噴火の前後で列島の植生が大きく変化したことが判明している（辻1993、辻・小杉1991）。これは空中に浮遊した大量の火山灰によって、長期間の日照遮断現象が起こり「寒冷気候」を現出させ、動植物の環境を極端に悪化させた結果と考えられている。

(3) ナイフ形石器文化 II （2万8,000〜1万8,000年前）

　姶良カルデラの巨大噴火後の時期にあたり、この噴火の影響は人類の生活道具にも大きな変革をもたらした（小田1991, 1993a）。つまり、いままで均質であった列島内の石器器種、とくにナイフ形石器に、九州型（九州地方）、国府型（瀬戸内・近畿地方）、茂呂型（東海・関東地方）、杉久保型（長野県北部から東北地方）、東山型（東北地方日本海側）、広郷型（北海道）などの地方色を誕生させた。さらに、九州地方では「剥片尖頭器」と「台形石器」が特徴的に発達し、中部山岳部、神奈川県相模野台地には「尖頭器」が集中的に分布することが知られている。こうした地域に密着する特定器種の発達は、列島内の自然環境に差が生じた結果であり、その地域を基盤にした「旧石器文化圏」が形成されたことを意味するものである。

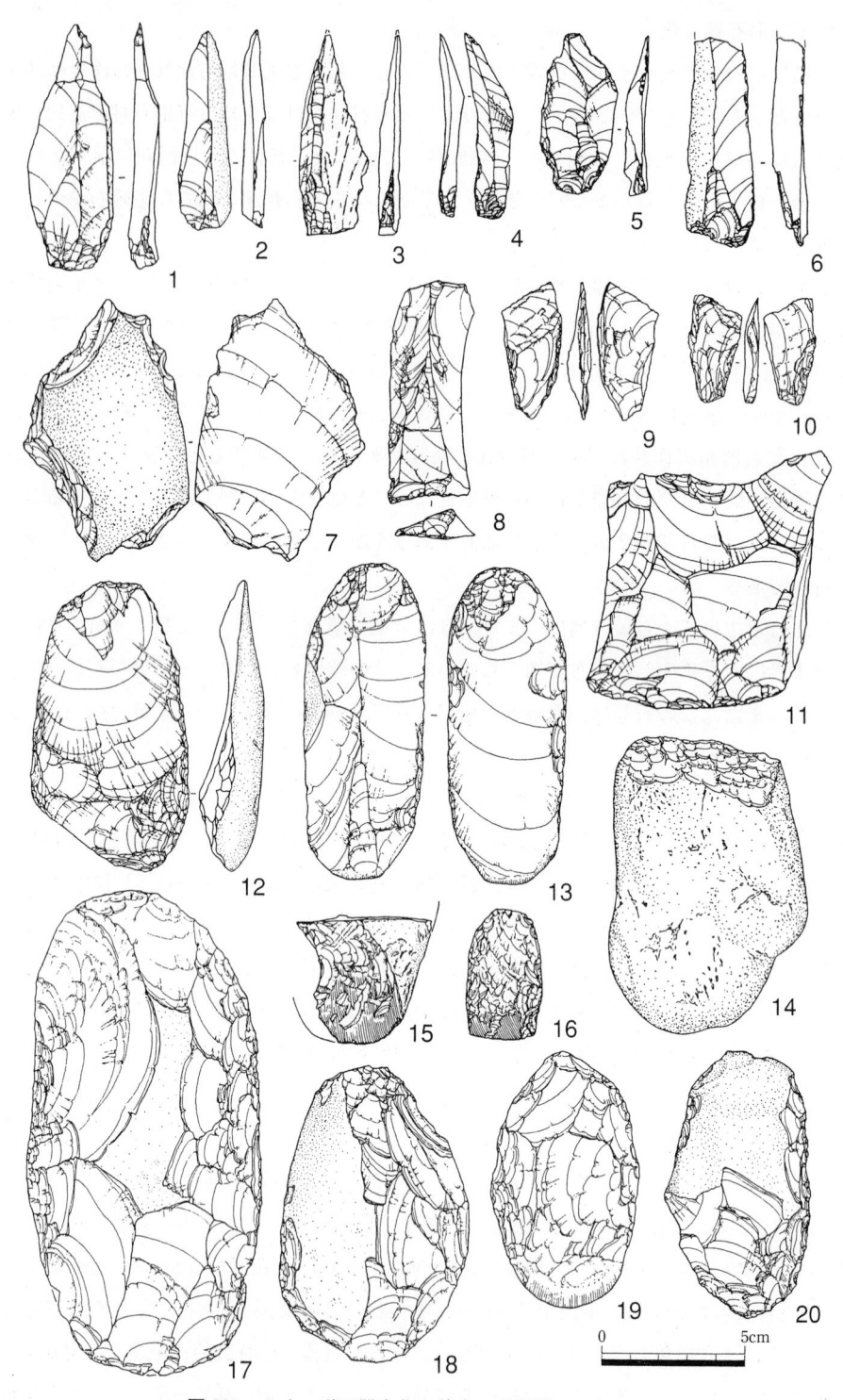

図224 ナイフ形石器文化Ⅰ前半の石器群（小田 1980）

ここで地域色を示す石器群を器種の特性、製作技法、利用石材などの視点からまとめてみると、本州中央部を境にした「西南日本」「東北日本」という2大文化圏に大別することができる (Oda 1969 a)。この「日本の東と西」とも呼べる旧石器文化の2大枠組は、この後各時代にわたって言語・習慣・文物などあらゆる文化現象に認められ、継続されていく地域性でもある。言い換えれば、約2万8,000年前頃のナイフ形石器文化Ⅱの段階になって、初めて「日本列島人」という新しい地域的ヒト集団が、東アジア東端の孤島列島内に誕生したことになるのである（小田 1997 b, 1999 ac,)。

(4) 細石刃（器）文化 (1万8,000～1万6,000年前)

　日本列島に認められる細石器文化は、ヨーロッパ地域に特徴的な三角形、半月形、台形などの背付き石器を主体にした「幾何学形細石器文化」とは異なり、柳葉形の小さい石刃（細石刃）を中心にした「細石刃文化」である。この細石刃文化はユーラシア大陸東側から東北アジア、そしてベーリング海峡を越えて北アメリカにまで分布し、日本列島には、こうした北方ユーラシアの細石刃文化が、朝鮮半島とサハリンを経由して2つの方向から流入したものと考えられる (Oda 1969 a)。

　列島内の細石刃文化は、細石刃核の形態、製作技法などから大きく2つの石器群に分けることができる。1つはクサビ形（舟底形）の細石刃核に特徴をもつもので、もう1つは半円錐形、円錐形の細石刃核に特徴をもつものである。前者は北海道から東北地方そして中部・関東地方北半部に分布し、後者は九州、中国、近畿地方と中部・関東地方南半部に分布している。

　2つの細石刃文化圏は、それ以前のナイフ形石器文化Ⅱの時期と同様に、本州中央部を境にした「南西日本」「東北日本」という対峙した分布状況を示している。さらにこの分布圏を細かくみると、九州地方にはクサビ形細石刃核と半円錐形細石刃核をもつ細石刃文化が層位的上下関係で認められる。また、長崎県福井洞穴では上層（第2・3層文化）にクサビ形が、下層（第4層文化）には半円錐形細石刃核が確認されている（鎌木・芹沢1965 a）。九州地方に流入したクサビ形細石刃文化と北海道に流入したクサビ形細石刃文化は、同じ北東アジア地域が源郷と考えられている（加藤1971, 1985）。また、九州と関東地方のクサビ形細石刃文化では、前者には隆帯文土器、後者には「無紋土器」という最古級の「土器」が伴うことから、この新期細石刃文化をもって「縄文時代の幕開け」としている。

3　最古の遺跡を求めて

　ここで現在もっとも確かな層位的出土状況を示す、4つの地域における石器群の変遷状況を探り、日本列島最古の旧石器文化について触れてみたい。

(1) 北関東地域

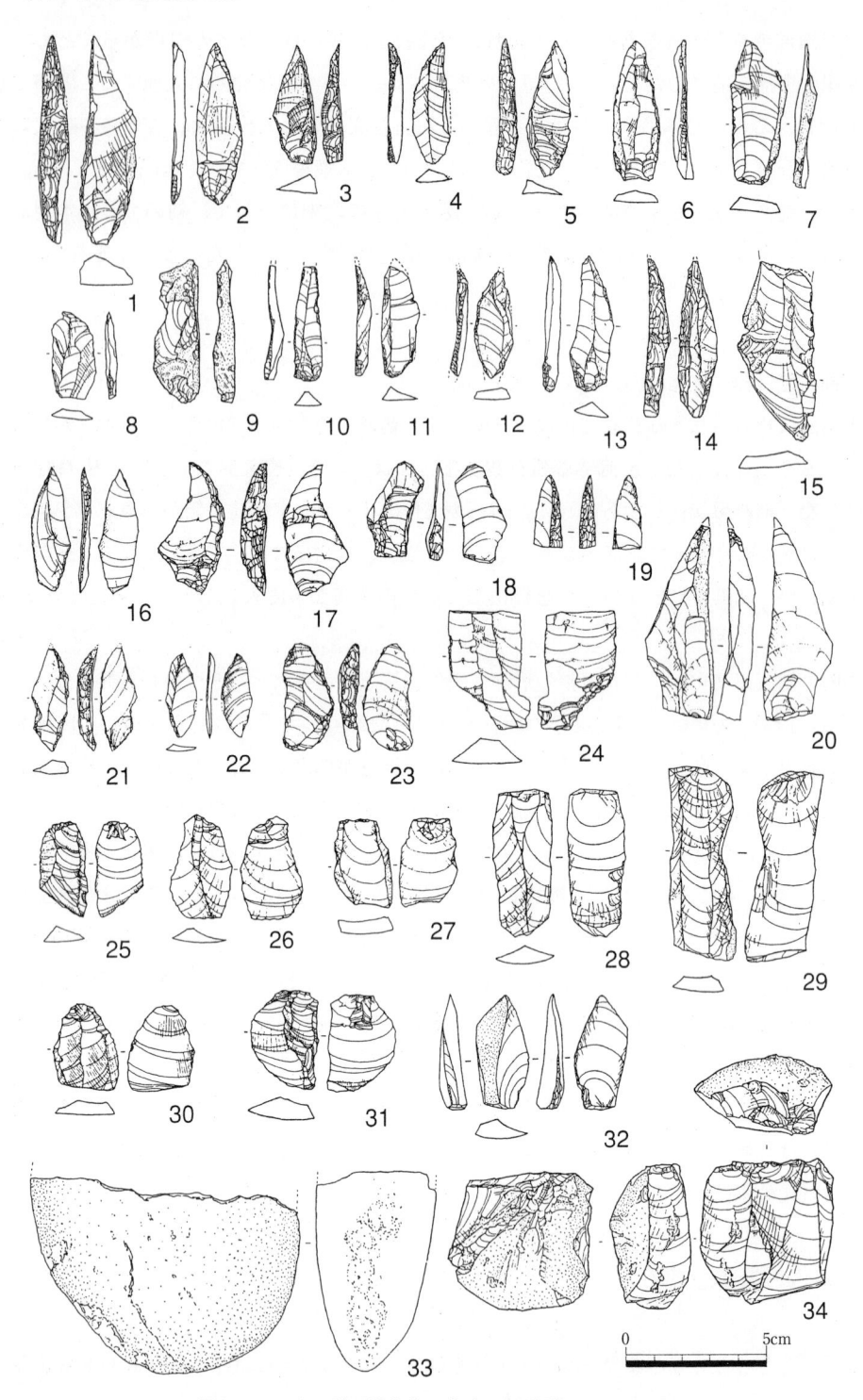

図 225 ナイフ形石器文化 I 後半の石器群（小田 1980）

3．日本の旧石器文化　619

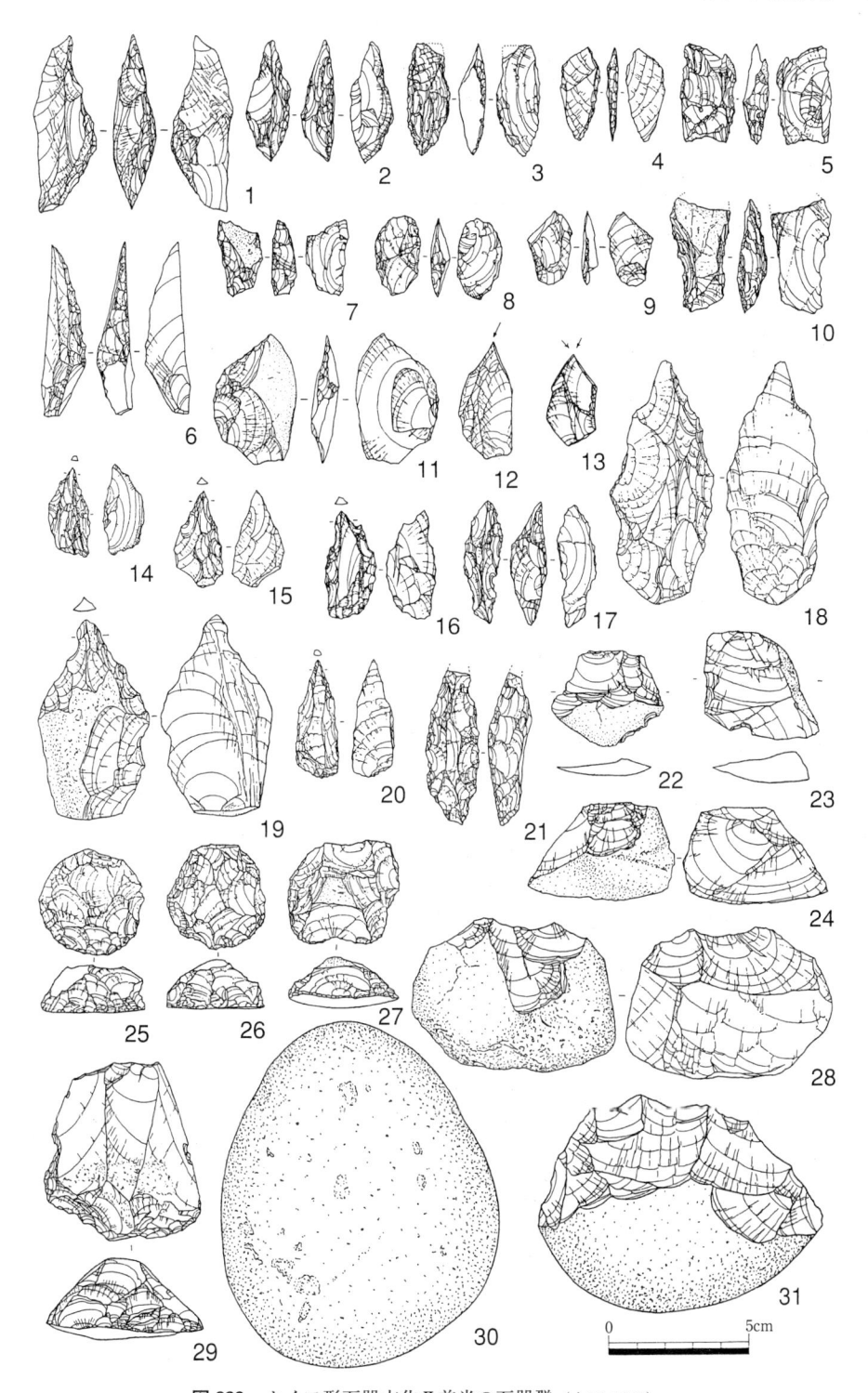

図226　ナイフ形石器文化Ⅱ前半の石器群（小田 1980）

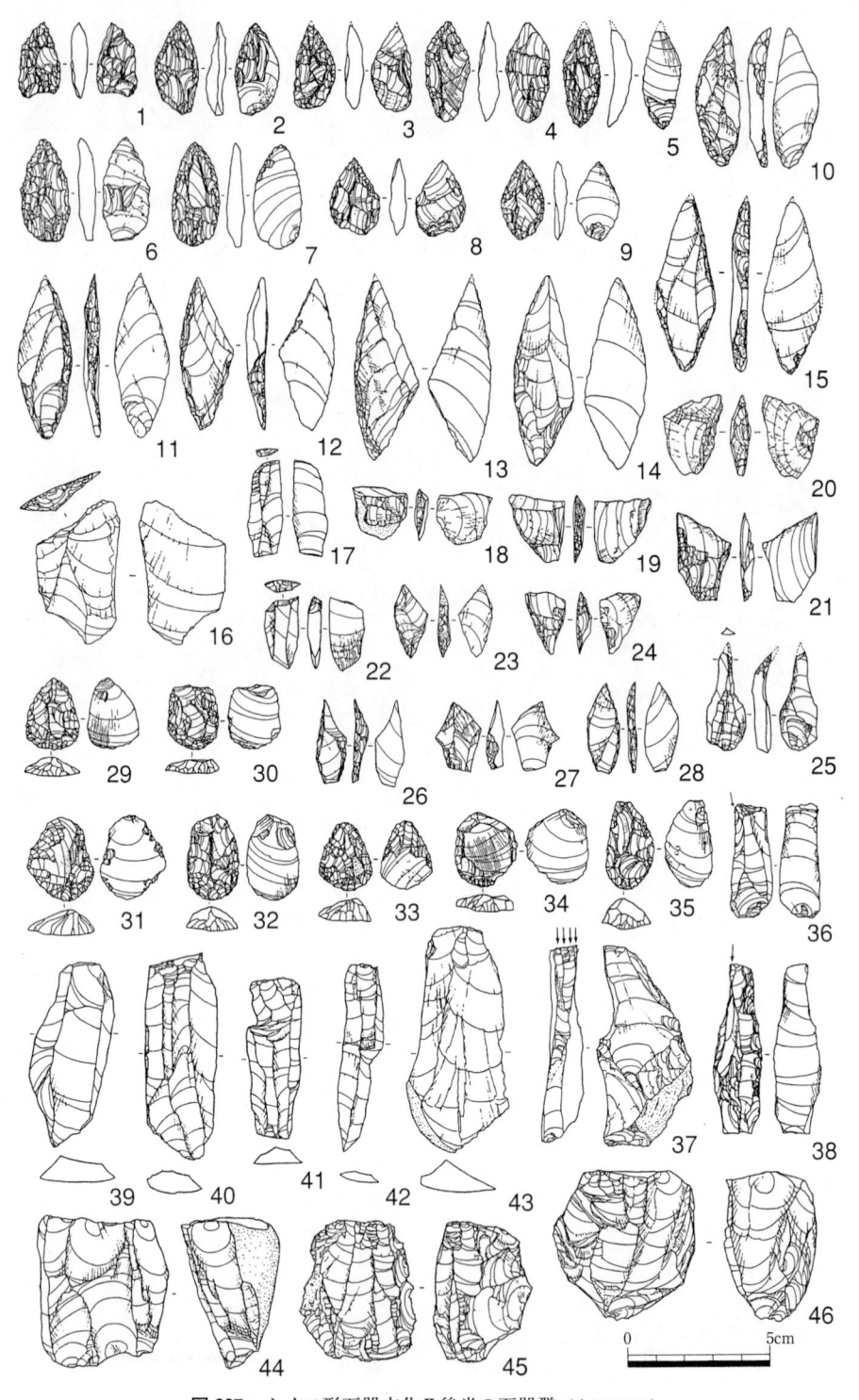

図227 ナイフ形石器文化Ⅱ後半の石器群（小田 1980）

この地域の関東ローム層は、上から上部・中部・下部ロームと呼称される。この地域では中部ロームの最上部に1枚の黒色帯が認められている。が、この地域の旧石器文化編年は地域が広いこともあり統一されたものはない。

　石器群について見ていくと、まず上部ロームの最上部には細石刃文化が包含され、下半部には尖頭器文化、最下部には切出形石器と角錐状石器を主体にしたナイフ形石器文化が認められている。中部ロームは黒色帯から始まり、上半部には黒色安山岩を主体にした基部整形のナイフ形石器と磨製石斧が伴出する。下半部には流紋岩を主体にしたナイフ状石器と磨製石斧が存在しており、さらに黒色帯下のローム層からはチャートを主体にした不定形剥片石器群が発見されている。したがって、北関東地方では、この下の「鹿沼軽石層」以下と下部ロームからは、まだ確かな「石器」の発見はない。

（2）武蔵野地域

　この地域の関東ローム層は、上から立川・武蔵野・下末吉・多摩ロームと呼ばれる。立川ロームには東京都野川遺跡の調査で3枚の黒色帯が認められている。この地域の旧石器文化は、古い方から第Ⅰ期〜第Ⅳ期に区分される。第Ⅰ期は第Ⅹ層の中部から黒色帯Ⅰまで、第Ⅱ期は黒色帯Ⅰの上層から第Ⅲ層と呼ばれるソフト・ロームの下部まで、第Ⅲ期はソフト・ロームの中部に、第Ⅳ期はソフト・ロームの上部である。

　つぎに、石器群について視点を移すと、立川ロームの最上部の通称「ソフト・ローム」と呼ばれる部分には、最上部から大形石槍と石斧に特徴をもつ石器文化が、そして中部には細石刃文化が認められる。このソフト・ロームは、その下の「ハード・ローム」の最上部が膨軟化した土壌であることは、東京都の国際基督教大学構内遺跡第15地点の項で詳述している。つまり、この地域のハード・ローム層は、どの部分までがソフト化されているかを見極めねばならない不安定層と言えよう。第Ⅳ層（ハード・ローム）の上部からはチャートと流紋岩製の小形ナイフ形石器と両面加工の尖頭器が発見され、中部の第0黒色帯からはチャート、頁岩製の石刃と折断技術をもつ幾何学的なナイフ形石器文化が、下部にはチャート、流紋岩製の横長剥片利用のナイフ形石器、角錐状石器などが伴出する。第Ⅰ黒色帯とその下のローム層からは黒曜石製の縦長剥片を特徴とした優美なナイフ形石器文化がある。第Ⅱ黒色帯の上部には幅広縦長剥片とナイフ形石器、下部には珪質頁岩製の大形剥片石器と磨製石斧が発見され、一部に黒曜石製石器群も認められている。第Ⅹ層には珪質頁岩製石器群とチャート製石器群の2者があり、前者は基部整形のナイフ形石器と磨製石斧、後者は不定形石器と礫器を主体にしている。

　したがって、武蔵野地域では、第Ⅹ層以下の武蔵野・下末吉・多摩ロームからは、まだ確かな「石器」の発見はない。

（3）相模野地域

　この地域の関東ローム層は、上から立川・武蔵野ロームとそれ以下のロームから成っている。

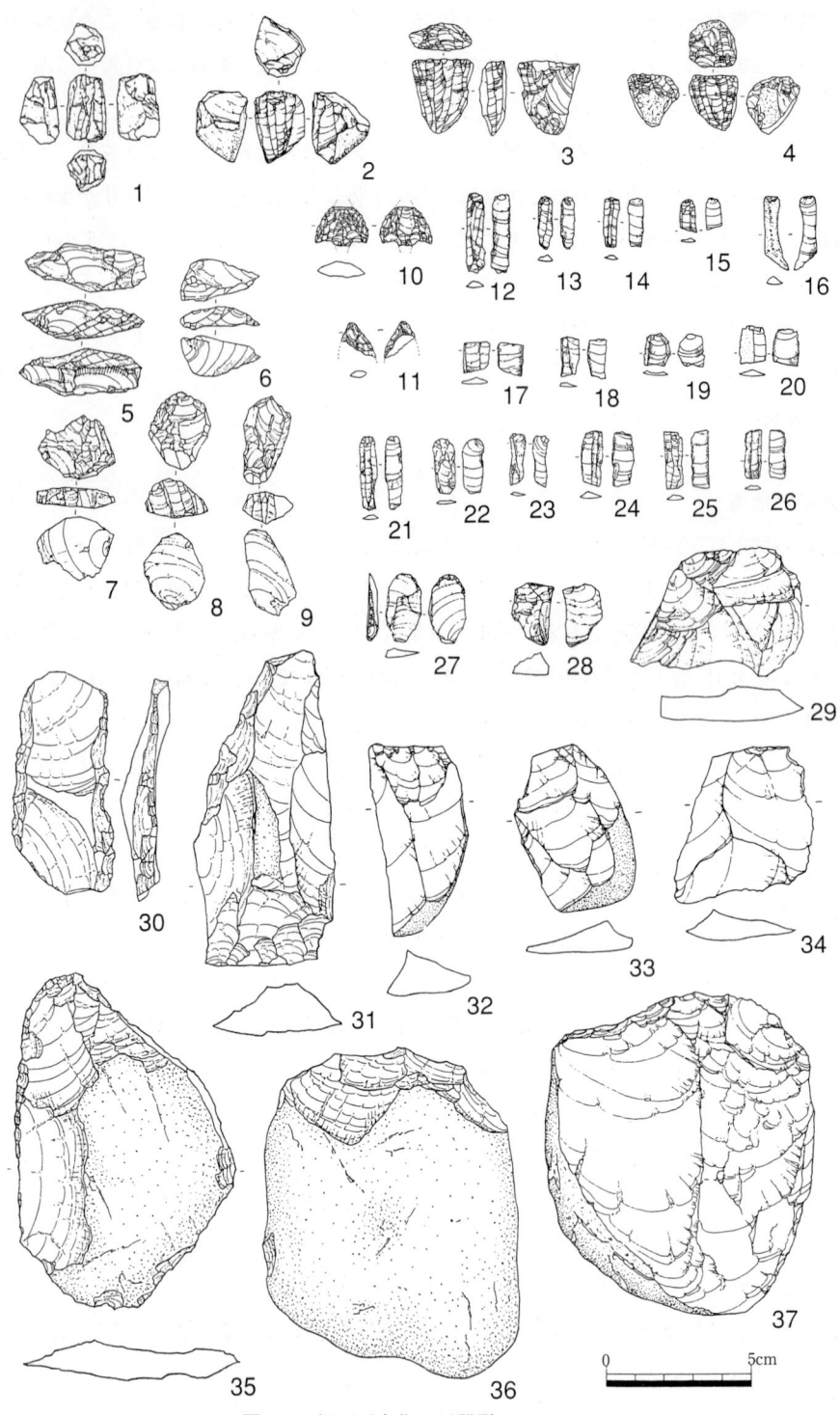

図228 細石刃文化の石器群（小田 1980）

3．日本の旧石器文化　623

1：先ナイフ形石器文化（4万〜3万5000年前）

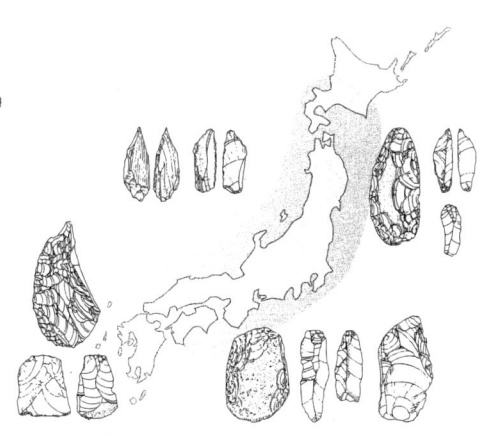

2：ナイフ形石器文化Ⅰ（3万4000〜2万8000年前）

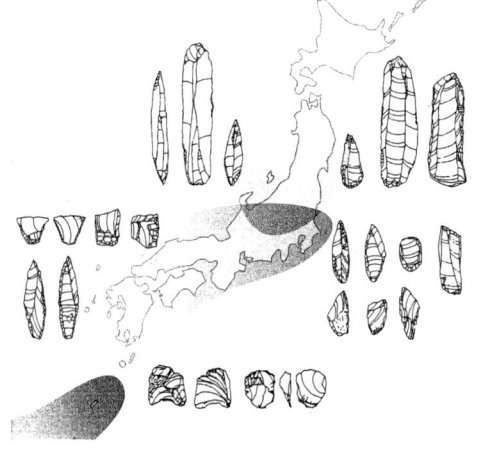

3：ナイフ形石器文化Ⅱ（2万7000〜1万9000年前）

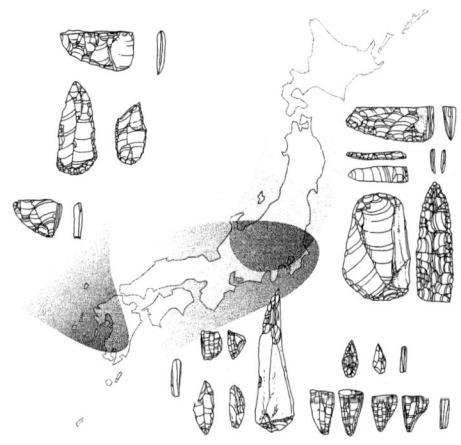

4：細石刃（器）文化（1万8000〜1万4000年前）

図 229　日本列島の旧石器文化圏（小田 2001）

立川ロームには5枚の黒色帯が認められ、石器群変遷区分の良き目安となっている。この地域の旧石器文化は、古い方から第Ⅰ段階〜第Ⅻ段階に区分されている。第Ⅰ段階は黒色帯5前後層で、第Ⅱ段階は黒色帯5の上層から黒色帯4上層まで、第Ⅲ段階は黒色帯3前後層、第Ⅳ段階は黒色帯2下層まで、第Ⅴ段階は黒色帯2上層まで、第Ⅵ段階は黒色帯1の下半まで、第Ⅶ段階は黒色帯1の上半からその上層中半まで、第Ⅷ段階は黒色帯1の上層中半まで、第Ⅸ段階は黒色帯1の上層上半に、第Ⅹ段階は黒色帯0の上半に、第Ⅺ段階は黒色帯0の上層中半に、第Ⅻ段階は黒色帯0の上層上半となっている。

次に石器群について黒色帯を中心に見ていくと、まず最上部の黒色帯0からは「細石刃文化」が発見されている。つぎの黒色帯Ⅰには小形のナイフ形石器と両面加工の尖頭器が伴出しており、黒色帯Ⅱにも多数のナイフ形石器と角錐状石器が認められている。黒色帯Ⅲには流紋岩製の石器群と磨製石斧が存在している。黒色帯Ⅳには黒曜石製の石器群とやはり磨製石斧が伴っている。黒色帯Ⅴからはチャート製の不定形石器群が存在している。

したがって、相模野地域では、黒色帯Ⅴ以下の武蔵野ロームとそれ以下の層からは、まだ確かな「石器」の発見はない。

（4） 愛鷹・箱根地域

この地域の関東ローム層は、上から上部・中部・下部ロームと呼ばれている。

上部ロームには10枚の黒色帯が認められ、石器群変遷区分の良き目安になっている。この地域の旧石器文化は、古い方から第1期〜第4期に区分されており、第1期は黒色帯Ⅵから黒色帯Ⅳまで、第2期は黒色帯Ⅳの上層から黒色帯Ⅱまで、第3期は黒色帯Ⅱの上層から黒色帯0の下層まで、第4期は黒色帯0から黒色土の下層までである。

次に石器群について黒色帯を中心に見ていくと、まず最上部の休場層と呼ばれるロームからは「細石刃文化」が発見される。その下の黒色帯0には、尖頭器と角錐状石器が伴出する。黒色帯Ⅰにはエンド・スクレイパーと全面が研磨された磨製石斧が伴っており、黒色帯Ⅱはナイフ形石器、黒色帯Ⅲからは茂呂系のナイフ形石器と切出形石器が、黒色帯Ⅳからは二側縁加工のナイフ形石器が、黒色帯Ⅴからは石刃技法と台形様石器、磨製石斧が、黒色帯Ⅵからはチャート製の石器群が存在している。しかし、上部ローム最下部に相当する黒色帯Ⅶからは石器の発見は知られていない。

したがって、愛鷹・箱根相地域では、黒色帯Ⅶ以下の中部・下部ロームからは、まだ確かな「石器」の発見はない。

（5） 日本列島最古の旧石器文化

この列島中央部に位置する火山灰堆積物の模式地域での石器群変遷は、現在発見されている日本各地の石器群のすべてを網羅していることは確かである。とすると、日本列島最古の旧石器文化の様相は、この地域で最下層に認められる石器群が参考になる。つまり北関東地域では中部ロ

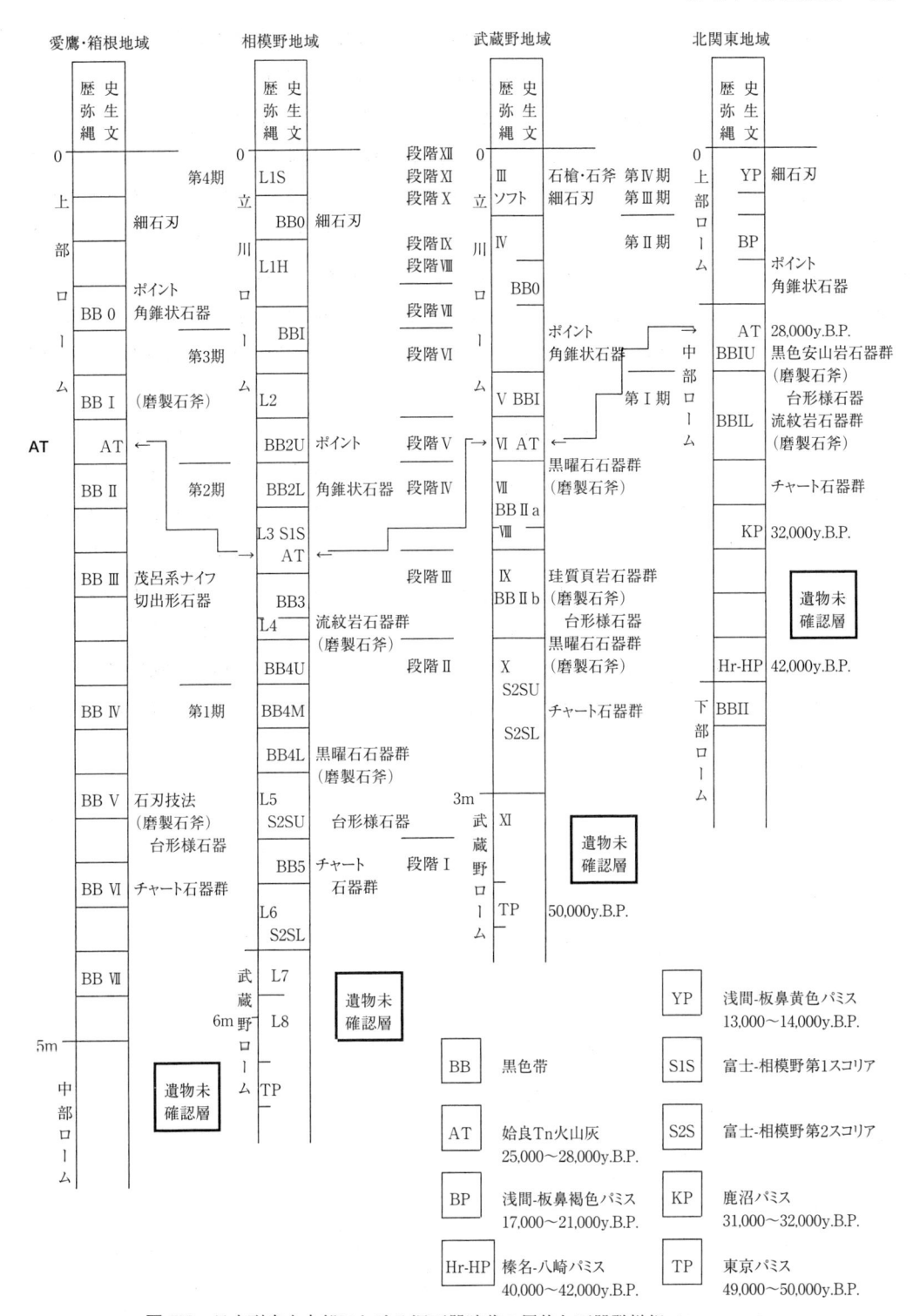

図 230 日本列島中央部における旧石器時代の層位と石器群様相（小田 2001c）

ーム鹿沼軽石層の上層石器群、武蔵野地域では立川ローム第X層中部の石器群、相模野地域では立川ローム黒色帯5の石器群、愛鷹・箱根地域では立川ローム黒色帯VIの石器群である。

　これらの石器群に共通しているのは、「チャート製石器群」という内容である。つまり、地元に豊富に存在する在地系石材を使用して、不定形剥片を剥離し、錐状石器、ノッチ、スクレイパーなどの小形石器に加工している。また、やはり地元の砂岩、流紋岩などの大形転石を使用した「礫器」「敲石・磨石」が伴うことに特徴がある。この礫石器の中には「いも石」と呼ばれる小形礫の一端にわずかな加工を施した石器の存在がある。東京都西之台遺跡B地点、同・高井戸東、同・鈴木遺跡の第X層文化では、この「いも石器」と愛称された小形礫石器が多数発見されており、少なからず群馬県、神奈川県、茨城県、静岡県の最古段階の旧石器遺跡からも同様な小形礫石器が確認されているのである。

　こうしてみると、1981年の宮城県座散乱木遺跡第3次調査に始まり、2000年の北海道総進不動坂遺跡までの「捏造遺跡」の中期旧石器文化段階や、北関東地方や九州地方で中期旧石器文化に位置づけされる標準石器とされた「斜軸尖頭器」は、この4つの地域の最下層石器文化には存在しない石器型式であった。現在、これら最古級の石器群様相から推測すると、こうした器種組成は北方の草原的狩猟環境より、南方の森林的植物採取環境に依存する「南方型旧石器文化」と呼べるものである。言い換えれば、現在日本列島に確認できる遺跡は、約4～3万年前頃に東南アジアや南中国地域から島嶼伝いに渡来か、あるいは大陸沿岸部から西南日本地域に渡来した「ホモ・サピエンス（新人）」と考えることが可能である。この結果は、最新の人類学的研究成果とも良く整合する事象である。

文　献

<あ　行>

相沢忠洋
 1957「赤城山麓における関東ローム層中諸石器文化層の位置について」『第四紀研究』1、pp.17-22。

赤澤威・小田静夫・山中一郎
 1980『日本の旧石器』立風書房。

赤澤威・佐倉朔
 1972「ネアンデルタールの狩猟具」『人類学雑誌』80(1)、pp.72-73。

赤澤威・佐倉朔・阿部祥人
 1973「ネアンデルタールの狩猟具―第2報―」『人類学雑誌』81(1)、pp.72-73。

安里嗣淳
 1976「伊江島ゴヘズ洞穴発見の鹿骨角製品」『琉大史学』8、pp.82-103。
 1989「南琉球先史文化圏における無土器新石器の位置」第二回琉中歴史関係国際学術会報告『琉中歴史関係論文集』pp 655-674、琉中歴史関係国際学術会議実行委員会。
 1991「南琉球の古代」『新版古代の日本』3、九州・沖縄、pp.520-530、角川書店。
 1992「琉球諸島の先史遺跡と小笠原」『小笠原諸島他遺跡分布調査報告書』pp.59-64、東京都教育委員会。
 1994「シャコガイ製貝斧の発生と展開－バロボク岩蔭遺跡（フィリピン）発掘調査の成果を中心に－」『沖縄文化の源流を探る』pp.138-160、「復帰20周年記念沖縄研究国際シンポジウム」実行委員会。
 1995『石器時代の伊江島』伊江村教育委員会。
 1996「旧石器時代遺跡発見の試み続く」『南島考古だより』54、p.1。
 1997a「古代沖縄と近隣諸国関連の出土品考察」『月刊文化財発掘出土情報』〔増刊号〕最新海外考古学事情（Ⅱ）アジア編185、pp.164-168。
 1977b「伊江島の先史時代」『南島考古』5、pp.15-37。
 1998「沖縄の旧石器時代研究概観」『日本考古学会1998年度沖縄大会発表資料集』pp.27-40、沖縄大会実行委員会事務局。
 1999「シカ骨角器文化の発見から非人工品説まで」『史料編集室紀要』24、pp.117-160、沖縄県教育委員会。

安里嗣淳・小田静夫編
 1998『港川人と旧石器時代の沖縄』沖縄県史ビジュアル版2　考古1、沖縄県教育委員会。

安里嗣淳・Ronquill,W.P.・Ray,A.Santiago・田中和彦
 1993「バロボク岩陰遺跡発掘調査概報」『史料編集室紀要』18、pp.162-178、沖縄県図書館史料編集室。

安里　進
 1997「琉球列島最南端・波照間島大泊浜貝塚の調査」『日本人と日本文化 News Letter』4、p.12、平成9年度文部省科学研究費重点領域研究「日本人および日本文化に関する学際的研究」事務局。

旭　慶男・牛ノ浜修

1988　『土浜ヤーヤ遺跡』鹿児島県埋蔵文化財発掘調査報告書 17、鹿児島県教育委員会。
麻生　優
　　1965「細石器文化」『日本の考古学』I、先土器時代、pp.161-172、河出書房新社。
麻生　優・小田静夫
　　1966「静岡県磐田市大藤池端前遺跡」『人類学雑誌』74(2)、pp.33-46。
麻生　優・白石浩之
　　1976a「百花台遺跡」　『日本の旧石器文化』3 遺跡と遺物（下）、pp.191-213、雄山閣出版。
　　1976b「泉福寺洞穴の第七次調査」『考古学ジャーナル』130、pp.13-20。
安孫子昭二
　　1971「練馬区北大泉町・比丘尼橋遺跡概報」『文化財の保護』3、pp.48-54、東京都教育委員会。
阿部祥人
　　1990「日本最古の石器文化を求めて」『争点日本の歴史』原始編 1、pp.14-27、新人物往来社。
阿部祥人・中津由紀子・伊藤富冶夫編
　　1978『はけうえ』はけうえ遺跡調査会。
網干守・二宮修治・小田静夫・丑野毅・吉田学
　　2002「伊是名貝塚の黒曜石分析」『伊是名貝塚の研究』pp.312-316、勉誠出版。
新井房夫
　　1971a「赤城山麓のロームと岩宿付近の旧石器遺跡」『日本第四紀学会 1971 年度総会巡見資料』。
　　1971b「北関東ローム層と石器包含層」『第四紀研究』10(4)、pp.317-330。
　　1978「火山灰同定の方法と日本の広域火山灰」『季刊どるめん』19、pp.18-30。
新井房夫・町田洋
　　1980「日本のテフラ・カタログ I—西日本～東北地方の第四紀後期示標テフラの岩石学的研究」『軽石学雑誌』6、pp.65-76。
安蒜政雄
　　1973「関東地方における切出形石器に伴う石器文化の様相」『駿台史学』32、pp.23-65。
　　1978「先土器時代の研究」『日本考古学を学ぶ』(1)、pp.70-84、有斐閣選書。
　　1986「先土器時代の遺構と遺物—文化と地域性—」『岩波講座日本考古学』5、pp.28-60、岩波書店。
　　1994「『前期旧石器時代』存否論争」『論争と考古学　市民の考古学』1、pp.47-70、名著出版。
　　1997a「石器時代の物々交換とミチ」『考古学による日本歴史』9 交易と交通、pp.19-35、雄山閣出版。
　　1997b「旧石器時代の文化」『考古学キーワード』pp.166-179、有斐閣。
安蒜政雄・戸沢充則
　　1975「砂川遺跡」『日本の旧石器文化』2、pp.158-179、雄山閣出版。
安蒜政雄・矢島国雄
　　1976「後野遺跡の石器群について」『後野遺跡』pp.88-95、勝田市教育委員会。
伊江村教育委員会編
　　1977『沖縄県伊江島ゴヘズ洞の調査（第 1 次概報）』伊江村文化財調査報告書。
　　1978『沖縄県伊江島ゴヘズ洞の調査（第 2 次概報）』伊江村文化財調査報告書。
井川史子
　　1965「日本における中石器文化現象」『考古学手帖』26、pp.6-10。

池谷信之・望月明彦
    1994「愛鷹山麓 AT 以下黒曜石製石器の原産地」『日本考古学協会第 60 回総会研究発表要旨』pp. 8 - 11。
池水寛治
    1967「鹿児島県出水市上場遺跡」『考古学集刊』3(4)、pp. 1 - 21。
    1968「熊本県水俣市石飛分校遺跡」『考古学ジャーナル』21、pp. 18 - 21。
    1969 a「上場技法と台形石器への展開」『日本考古学協会第 35 回総会研究発表要旨』pp. 28・29。
    1969 b「第三次出水市上場遺跡調査概報」『もぐら』8、pp. 13 - 20。
    1970「水俣市石飛遺跡の第 2 次調査」『もぐら』9、pp. 12 - 27。
    1971「折断剥片について」『日本考古学協会第 37 回総会研究発表要旨』pp. 18・19。
    1976「上場遺跡の第 5 次調査概要」『もぐら』10、pp. 10 - 13。
    1977「鹿児島県上場遺跡」『日本考古学年報』28、pp. 29 - 33、誠文堂新光社。
磯村朝日次郎
    1972「男鹿半島産の黒曜石の原石について」『男鹿半島研究』1、pp. 17 - 78。
一色直記
    1982『神津島地域の地質』通産省工業技術院地質調査所。
    1994「黒曜石 - 地質学者の視点から -」『日本文化財科学会第 11 回大会研究発表要旨集』pp. 1 - 3。
伊藤慎二
    2001「ニューギニア島の先史時代におけるパプアニューギニア高地の位置」『博望』2、pp. 58 - 73。
    2002「パプアニューギニア高地の先史時代」『東南アジア考古学』22、pp. 179 - 208。
稲田孝司
    1969「尖頭器文化の出現と旧石器的石器製作の解体」『考古学研究』15(3)、pp. 3 - 18。
    1983「大阪府国府遺跡」『探訪先土器の遺跡』pp. 350 - 354、有斐閣。
    1984「旧石器時代武蔵野台地における石器石材の選択と入手過程」『考古学研究』30(4)、pp. 17 - 37。
    2001『遊動する旧石器人』先史日本を復元する 1、岩波書店。
今村啓爾
    1999 a「日本にとっての東南アジア考古学」『季刊考古学』66、pp. 14 - 17、雄山閣出版。
    1999 b「縄文文化成立期の東南アジア」『季刊考古学』66、pp. 18 - 22、雄山閣出版。
今村啓爾・吉田格
    1980『伊豆七島の縄文文化』武蔵野美術大学考古学研究会。
岩谷史記
    1999「石斧覚書—西南日本における後期旧石器時代初頭の斧形石器について」『先史学・考古学論究 III』白木原和美先生古稀記念献呈論文集、pp. 1 - 28。
印東道子
    1993「メラネシア - 文化の回廊地帯」『オセアニア』①島嶼にいきる、pp. 101 - 114、東京大学出版会。
    1994「オセアニアへの先史人類集団の拡散と適応」『先史モンゴロイドを探る』pp. 304 - 323、日本学術振興会。
上野修一・二宮修治・網干　守・大沢眞澄
    1986「石器時代の本県域における黒曜石の利用について」『栃木県立博物館研究紀要』3、pp. 91 - 115。
上村俊雄

1998 「南島考古学への誘い」『月刊文化財発掘出土情報』199（1999年1月号）巻頭ページ、pp.1～3、ジャパン通信情報センター。

上村俊雄
1998 「南西諸島出土の石鏃と黒曜石」『人類史研究』10、pp.200-213。

後野遺跡調査団
1976 『後野遺跡』勝田市教育委員会。

榎本金之丞
1958 「関東ローム層中出土の粘土製品」『石器時代』5、pp.63-65。
1960 「東京都溜淵遺跡」『人類学雑誌』68(4)、pp.23-35。

榎本金之丞・松井健
1962 「関東ローム層出土の容器状粘土の産状とその鉱物組成」『地球科学』59、pp.40-43。

江本直編
1984 『曲野遺跡II』熊本県文化財調査報告書65。

大井晴男
1968 「日本の先土器時代石器群の系統について」『北方文化研究』3、pp.45-93。

大野憲司
1989 「秋田・岩手県の石斧」『シンポジウム「旧石器時代の石斧（斧形石器）をめぐって」資料集』pp.2・3。

大久保浩二
1991 「新発見の黒曜石原産地」『縄文通信』4、pp.49-52。

大澤鷹邇・柴崎孝
1959 「石神井川流域の無土器文化」『オセド』創刊号、pp.5・6。

大塚柳太郎
1994 「オセアニア、ヒトと文化」『先史モンゴロイドを探る』pp.290-304、日本学術振興会。
1995 「オセアニアへの移住の第一幕」『モンゴロイドの地球2　南太平洋との出会い』pp.47-75、東京大学出版会。

大山　柏
1922 『琉球伊波貝塚発掘報告』自費出版。
1936 「直剪鏃」『史前学雑誌』8(3)、pp.1-16。

岡田彌一郎
1939 「沖縄島の概況」『BIOGEOGRAPHICA』Vol.3(2)、pp.1～64、Biogeographical Society of Japan。

岡村道雄
1990 『日本旧石器時代史』考古学選書33、雄山閣出版。
1995 「旧石器時代石斧研究の現状と若干の検討」『考古学ジャーナル』385、pp.2-3。
2000 『日本列島の旧石器時代』AOKI LIBRARY 日本の歴史、青木書店。

岡本　勇
1955 「東京都板橋区栗原遺跡」『日本考古学年報4』pp.47・48、誠文堂新光社。

岡本　勇・松沢亜生
1965 「相模野台地におけるローム層内遺跡群の研究」『物質文化』6、pp.1-14。

奥村吉信

1995「北陸の石斧」『考古学ジャーナル』385、pp. 4-8。

小川英文

1984「不定形剥片石器考―フィリピン・ルソン島ラトゥラトゥ洞穴の石器群の分析について-」『史観』111、pp. 88-121。

1998「フィリピンの考古学」『東南アジアの考古学』世界の考古学⑧、pp. 261-292、同成社。

小田静夫

1962「東京都練馬区中村南町発見のマイクロ・コア」『若木考古』63・64、pp. 6・7。

1963「埼玉県北足立郡新座町片山の無土器時代遺跡群」『若木考古』69、pp. 4-6。

1965「S地点の調査―稲荷台遺跡調査報告―」『藤沢市文化財調査報告書2』pp. 158-170。

1969 b「東京・野川遺跡の発掘調査（文責）」『考古学ジャーナル』49、pp. 18-20。

1970「1968年の歴史学界回顧と展望（日本先史）」『史学雑誌』78(5)、pp. 17-24。

1971 a 「台形石器について」『物質文化』18、pp. 1-25。

1971 b「東京・平代坂遺跡の発掘調査（文責）」『考古学ジャーナル』61、pp. 18-20。

1972「中村南遺跡―豊島・板橋・練馬3区における考古学的―」『北西区部文化財総合調査報告第一分冊』pp. 49-73、東京都教育委員会。

1973「東京平代坂遺跡」『日本考古学年報』24、pp. 142-146。

1974「千葉県における先土器文化(1)」『史館』4、pp. 1-5。

1975 a「千葉県における先土器文化(2)」『史館』5、pp. 1-10。

1975 b「石神第1地点、先土器時代石器」『臼井南』pp. 6-15、佐倉市教育委員会。

1976 a「千葉県における先土器文化(3)」『史館』6、pp. 1-14。

1976 b「日本最古の磨製石斧」『季刊どるめん』11、pp. 98-109。

1977 a「先土器時代の東京」『季刊どるめん』15、pp. 32-49。

1977 b「無土器時代から縄文時代へ―東京・野川水系―」『地方史マニュアル』9 地方史と考古学、pp. 70-83、柏書房。

1977 c「先土器時代遺跡における炭化物片分布について（上）」『史館』9、pp. 1-11。

1978「東京都高井戸東遺跡」『日本考古学年報』29、pp. 29-32。

1979 a「広域火山灰と先土器時代遺跡の編年」『史館』11、pp. 11-16。

1979 b「関東地方の細石器文化」『駿台史学』47、pp. 66-80。

1979 c「武蔵野台地における旧石器時代の環境と石器文化」『考古学ジャーナル』167、pp. 42-44。

1980 a「武蔵野台地の火山堆積物と遺跡」『考古学ジャーナル』100、pp. 12-20。

1980 b「武蔵野台地に於ける先土器文化」『神奈川考古』8、pp. 11-27。

1980 c「九州地方における先土器時代遺跡の編年」『藤井祐介君追悼記念考古学論叢』pp. 57-77、藤井祐介君を偲ぶ会。

1981 a「神津島産の黒曜石-その先史時代における伝播-」『歴史手帳』9-6、pp. 11-17。

1981 b「武蔵野の初期開拓―武蔵野の旧石器時代―」『武蔵野』59(2)、pp. 55-63。

1982「黒曜石」『縄文時代の研究8 社会・文化』pp. 168-179、雄山閣出版。

1984「縄文時代早・前期の伊豆諸島遺跡」『文化財の保護』16、pp. 159-166、東京都教育委員会。

1991「考古学から見た噴火が人類・社会に及ぼす影響-K-AhとATの噴火-」『第四紀研究』30(5), pp. 427-433。

1992a「黒潮圏の先史文化」『第四紀研究』31(5)、pp.409-420、日本第四紀学会。
1992b「旧石器時代-磨製石斧-」『図解・日本の人類遺跡』pp.20-21、東京大学出版会。
1993a「旧石器時代と縄文時代の火山災害」『火山灰考古学』pp.207-224、古今書院。
1993b「世界最古の磨製石斧」『考古学の世界』2関東、pp.85・86、ぎょうせい。
1994 「黒潮圏の丸ノミ形石斧—ノ原遺跡の丸ノミ状石斧をめぐって—」『南九州縄文通信』8、pp.46-52、南九州縄文研究会。
1996「黒曜石の道-神津島黒曜石の交易-」『武蔵野』74-1、pp.4-9、武蔵野文化協会。
1997a「沖縄県国頭村出土の丸ノミ形石斧2例」『南島考古』17、pp.3-24、沖縄考古学会。
1997b「西南日本の旧石器文化」『日本人類学会大会発表要旨』p.62、日本人類学会。
1997c「伊豆諸島・神津島の黒曜石」『堅田直先生古稀記念論文集』pp.81-90、同刊行会。
1997b「南島旧石器時代の諸問題」『考古学公開学習会 南島の人と文化の起源』pp.49-85、公開学習会実行委員会。
1998a 「黒潮の道?磨製石斧からみた」『News Letter』2、pp.10-11、平成9年文部省科学研究費重点領域研究「日本人および日本文化に関する学際研究」事務局。
1998b「「縄文のクニ」は黒潮圏の海人たちが切り開いた」『サイアス』1998.3.06、pp.49-52。
1988c「群馬県岩宿遺跡の旧石器資料—鹿間時夫コレクション①—」『群馬県立自然史博物館研究報告』2、pp.87-100。
1999a「琉球列島旧石器文化の枠組みについて」『人類史研究』11、pp.29-46、人類史研究会。
1999b「黒潮圏の石器文化」『検証・日本列島 自然、ヒト、文化のルーツ』pp.116-129、第13回「大学と科学」公開シンポジウム、クバプロ。
1999c「日本列島人誕生の背景—ナイフ形石器文化の東と西—」『越佐補遺些』4、pp.49-54。
2000a「沖縄の剥片石器について」『高宮廣衞先生古稀記念論集』pp.55-75、同刊行会。
2000b『黒潮圏の考古学』南島文化叢書21、第一書房。
2000c「海上の道の始まり」『文部省科学研究費重点領域研究「日本人および日本文化に関する学際的研究」シンポジウム海上の道・再考』予稿集、pp.68-72。
2001a「日本の旧石器と「前期旧石器」問題」『文部省科学研究費重点領域研究「日本人および日本文化に関する学際的研究」シンポジウム前期旧石器問題を考える』予稿集、pp.13-27、国立歴史民俗博物館春成研究室。
2001b「日本旧石器研究の封印された論争」『世界』1月号、pp.27-30、岩波書店。
2001c「新しい日本旧石器時代研究の構築に向けて」『第3回考古科学シンポジウム発表要旨』pp.41-56、東京大学原子力研究総合センター・東京大学総合研究博物館・東京大学埋蔵文化財調査室。
2002a『遙かなる海上の道』青春出版社。
2002b「日本の旧石器と前期旧石器問題」『前期旧石器問題とその背景』pp.13-29、ミュゼ。

小田静夫編
1980『西之台遺跡B地点』東京都埋蔵文化財調査報告7。
1998『黒潮圏の磨製石斧』考古学班資料集2,文部省科学研究費重点領域研究「日本人および日本文化に関する学際的研究」国立歴史民俗博物館春成研究室。
2001『旧石器時代の磨製石斧』考古学班資料集14、文部省科学研究費重点領域研究「日本人および日本文化に関する学際的研究」国立歴史民俗博物館春成研究室。

小田静夫・阿部祥人・中津由紀子編

 1980『はけうえ』国際基督教大学考古学研究センター。

小田静夫・伊藤富治夫・Keally, C.T. 編

 1976『前原遺跡Ⅰ・Ⅱ』国際基督教大学考古学研究センター Occasional Papers 3。

小田静夫・伊藤富治夫・重住豊・Keally, C.T. 編

 1977『高井戸東遺跡』高井戸東遺跡調査会。

小田静夫・金山喜昭

 1976「前原遺跡Ⅳ 中2層文化の礫群」『考古学研究』23(1)、pp.116－119。

 1978「先土器時代遺跡の炭化物片分布－先土器時代研究の新たな視点－」『第四紀研究』17(3)、pp.125－141。

小田静夫・Keally, C.T.

 1974「立川ローム層最古の文化」『貝塚』13、pp.5－10。

 1973 b『武蔵野公園遺跡Ⅰ』野川遺跡調査会。

 1974「平代坂遺跡発掘調査報告」『平代坂・七軒家』pp.1－42、小金井市文化財調査報告書 3。

 1989「栗原遺跡の旧石器文化」『都内緊急立合調査報告書Ⅱ』pp.1－42、東京都埋蔵文化財調査報告 16。

小田静夫・小日晴展・橋本真紀夫・中津由紀子・Kidder J.E. 編

 1992『田無南町』都立学校遺跡調査会。

小田静夫・重住豊編

 1976『高井戸東遺跡』高井戸東遺跡調査会。

小田静夫・宮崎博・Keally C.T. 編

 1974『仙川遺跡』東京都埋蔵文化財調査報告 2。

小田静夫・橋本真紀夫・安里嗣淳編

 2001『伊是名貝塚遺跡の研究』勉誠出版。

小田静夫・馬場悠男監修

 2001『日本人はるかな旅展』展示目録、国立科学博物館・NHK・NHK プロモーション

小野　昭

 1969 a「「前期旧石器」時代研究の方向と問題」『考古学研究』16(1)、pp.74－85。

 1969 b「ナイフ形石器の地域性とその評価」『考古学研究』16(2)、pp.21－45。

 1975「先土器時代石材運搬論ノート」『考古学研究』21(4)、pp.17－19。

 1976「後期旧石器時代の集団関係」『考古学研究』23(1)、pp.9－22。

 1978「分布論」『日本考古学を学ぶ(1)』pp.43－54、有斐閣選書。

 1990「旧石器時代の集団はどこまで復元できるか」『論争日本の歴史 原始編 1』pp.63－75、新人物往来社。

 1993「大形獣の狩人―比較考古学的接近―」『新版古代の日本 7　中部』pp.21－40、角川書店。

 1995「オーストリア・ヴィレンドルフⅡ遺跡の磨製石器」『日本考古学』2、pp.201－206。

 2001『打製骨器論―旧石器時代の探求―』東京大学出版会。

小野　昭・春成秀爾・小田静夫編

 1992『図解・日本の人類遺跡』東京大学出版会。

小野忠熈

 1968「山口県磯上遺跡の水晶堆積址とその石器」『考古学研究』14(4)、pp.69－77。

小野正敏・鈴木次郎・矢島国雄・高橋芳宏・坂入民子

1972『小園前畑遺跡発掘調査報告書』神奈川県綾瀬町教育委員会。

尾本恵市
1999「日本のルーツを科学する」『検証・日本列島　自然、ヒト、文化のルーツ』pp.8-18、第13回「大学と科学」公開シンポジウム、クバプロ。
1995「日本人の起源：分子人類学の立場から」『Anthropological Science』103(5)、pp.415-427。

織笠　昭・松井政信・高野博光
1976『大古里遺跡発掘調査報告書』浦和市大古里遺跡調査会。

<か　行>

貝塚爽平
1958「関東平野の地形発達史」『地理学評論』31(2)、pp.59-85。

貝塚爽平・成瀬洋
1958「関東ロームと関東平野の第四紀の地史」『科学』29、pp.128-134。

笠懸野岩宿文化資料館・岩宿フォーラム実行委員会
1993『環状ブロック群』第1回岩宿フォーラム／シンポジウム資料集。

堅田直編
1981『シンポジュウム－二上山旧石器遺跡をめぐる諸問題』帝塚山大学考古学研究室。

片山一道
1994「オセアニア・モンゴロイドの形成－形質人類学の視点から－」『先史モンゴロイドを探る』pp.85-105、日本学術振興会。

加藤恭朗
1991「神津島産黒曜石の本土における分布」『神津島－その自然・人文と埋蔵文化財』pp.152-164、神津島村教育委員会。

加藤真二
1997「東アジアの石刃技術成立に関する予察？中国北部の様相解明を中心として」『第四紀研究』36(3)、pp.197-206。

加藤晋平
1968「東シベリア・極東における弓矢の発生」『北海道考古学』4、pp.35-44。
1971『マンモスハンター』学生社。
1979「沖縄のいわゆる叉状骨器」『考古学ジャーナル』167、pp.72-75。
1985『シベリアの先史文化と日本』六興出版。
1988『日本人はどこから来たか－東アジアの旧石器文化－』岩波新書（新赤版）26。
1995「台湾・長濱石器文化の系譜について－香港考古学事情－」『國學院雑誌』96(7)、pp.1-12。
1996a「南西諸島への旧石器文化の拡散」『地學雑誌』105(3)、pp.259-280。
1996b「南西諸島における土器以前の石器文化」『月刊地球』206、pp.510-515。

加藤晋平・大井晴男
1961「北海道常呂郡訓子府町緑丘B遺跡」『民族学研究』26(1)、pp.24-30。

加藤晋平・桑原護
1969『中本遺跡』永立出版。

加藤　稔

1964『山屋・東山遺跡』新庄市教育委員会。
　　　1968「山形県中津川上屋地遺跡の調査」『日本考古学協会昭和43年度大会研究発表要旨』p. 2。
加藤　稔・佐藤禎宏
　　　1963「山形県横道遺跡略報」『石器時代』6、pp. 22-39。
柏倉亮吉・加藤　稔・宇野修平・佐藤禎宏
　　　1964『山形県の無土器文化』山形県文化財調査報告。
鎌木義昌
　　　1956「岡山県鷲羽山遺跡略報」『石器時代』3、pp. 1-11。
　　　1957「香川県井島遺跡」『石器時代』4、pp. 1-11。
　　　1959「細石器問題の進展（その3）」『貝塚』88、p. 1。
　　　1979「石器原材の産地推定とそれによる西日本文化圏の研究」『自然科学の手法による遺跡・古文化財等の研究・昭和53年次報告書』pp. 215-229、文部省科学研究費特定研究「古文化財」総括班。
鎌木義昌・芹沢長介
　　　1965 a「長崎県福井岩陰」『考古学集刊』3(1)、pp. 1-14。
　　　1965 b「長崎県福井洞穴」『日本の洞穴遺跡』pp. 256-265、平凡社。
鎌木義昌・東村武信・藁科哲男・三宅寛
　　　1984「黒曜石、サヌカイト製石器推定による古文化交流の研究」『古文化財に関する保存科学と人文・自然科学-総括報告書-』pp. 333-359、文部省科学研究費特定研究「古文化財」総括班。
鎌木義昌・間壁忠彦
　　　1965「九州地方の先土器時代」『日本考古学』Ⅰ先土器時代、pp. 303-322、河出書房新社。
金井典美・石井則孝
　　　1962「長野県霧ヶ峯池のくるみ遺跡調査略報」『古代』47、pp. 31-33。
金山喜昭
　　　1981「黒曜石分析の現状」『日本文化財科学会会報』10、pp. 1-5。
　　　1988「文化財としての黒曜石」『月刊文化財』298、pp. 13-23。
　　　1989「伊豆半島段間遺跡出土の黒曜石原石」『考古学雑誌』75-1、pp. 79-92。
　　　1992「石材」『図解・日本の人類遺跡』pp. 34-37・78-81、東京大学出版会。
河合喜代治・吉田英敏・紅村弘
　　　1900「岐阜県海老山遺跡における無土器文化の石器について」『考古学雑誌』44(3)、pp. 1-6。
川崎純徳・渡辺明・星山芳樹編
　　　1978『額田大宮遺跡』茨城県勝田市教育委員会。
川崎義雄・前田秀則編
　　　1989『神津島空港内遺跡』神津島空港内遺跡調査会。
河西健二
　　　1989「北陸の石斧」『シンポジウム「旧石器時代の石斧（斧形石器）をめぐって」資料集』pp. 25-27。
河村善也
　　　1998「第四紀における日本列島への哺乳類の移動」『第四紀研究』37(3)、pp. 251-257。
関東ローム研究グループ
　　　1965『関東ローム』築地書館。

Kidder,J.E.・小山修三・小田静夫・及川昭文
　1972a「国際基督教大学構内 Loc.15 の先土器文化」『人類学雑誌』8(1)、pp.23-43。
Kidder,J.E.・小田静夫編
　1975『中山谷遺跡』国際基督教大学考古学研究センター Occasional Papers 1。
喜田貞吉
　1971「南河内郡古代遺跡に就いて」『大阪府史蹟調査委員会報Ⅰ』pp.26-27。
木崎康弘・隈昭志編
　1987『狸谷遺跡』熊本県教育委員会。
木下　修
　1976「門田遺跡」『日本の旧石器文化』3、遺跡と遺物（下）、pp.130-147、雄山閣出版。
木村政昭
　1996a「琉球弧の第四紀古地理」『地學雑誌』105(3)、pp.259-280。
　1996b「琉球弧の古地理」『月刊地球』18(8)、pp.488-494。
木村政昭・新田勝也
　1996　「沖縄本島で発見された海底鍾乳洞」『月刊地球』18(8)、pp.544-554。
木村剛朗
　1970「九州姫島産黒曜石よりみた西四国縄文期の交易圏（上・下）」『土佐史談』124～126、p.1。
　1978『姫島産黒曜石の交易』土佐考古学叢書2、自費出版。
清水宗昭・高橋信武・柳田俊雄
　1980『岩戸遺跡発掘調査概報』清川村教育委員会。
紅村　弘
　1968『愛知県加生沢旧石器時代遺跡』言文社。
国分直一
　1972『南島先史時代の研究』慶友社。
国立科学博物館編
　1988　『日本人はどこからきたか　日本人の起源展』国立科学博物館110周年記念展示目録。
輿水達司・戸村健児・河西学
　1994「本州中央部より出土の褐色黒曜石の原産地」『考古学ジャーナル』379、pp.32-35。
隈　昭志
　1960「石器材料の石質から見た需給圏－本州西端及び北九州－」『考古学研究』25、pp.37-43。
倉元良文・堂込秀人編
　1993『横峯遺跡』南種子町埋蔵文化財発掘調査報告書(4)、南種子町教育委員会.
黒田登美雄・小澤智生
　1996a「花粉分析からみた琉球列島の植生変遷と古気候」『地學雑誌』105(3)、pp.328-342。
　1996b「花粉と海生動物化石からみた琉球列島の第四紀の環境変動」『月刊地球』18(8)、pp.516-523。
黒部　隆
　1963「立川ローム層の腐植に関する生成学的研究（第1報）」『日本土壌肥料学雑誌』34(5)、pp.182-194。
　1963「立川ローム層の腐植に関する生成学的研究（第2報）」『日本土壌肥料学雑誌』34(6)、pp.203・204。
栗林文夫・堂込秀人

1994『天城遺跡・下島権遺跡』伊仙町埋蔵文化財発掘調査報告書(9)、伊仙町教育委員会。

桑波田武志・宮田栄二
1997「鹿児島県における旧石器時代研究の現状と課題」『鹿児島考古』31、pp. 4 – 27。

小金井市教育委員会編
1967「新橋遺跡」『小金井市誌 III 資料編』pp. 39 – 51。

小杉　康
1995「遙かなる黒耀石の山やま」『縄文人の時代』pp. 122 – 151、新泉社。

小西省吾・吉川周作
1999「トウヨウゾウ・ナウマンゾウの日本列島への移入時期と陸橋形成」『地球科学』53(2)、pp. 125 – 134。

小林達雄
1966「縄文早期前半に関する問題」『多摩ニュータウン遺跡調査報告 II』pp. 14 – 70。
1967「長野県西筑摩郡開田村柳又遺跡の有舌尖頭器とその範型」『信濃』19(4)、pp. 269 – 276。
1970「日本列島における細石刃インダストリー」『物質文化』16、pp. 1 – 10。
1986「日本列島の旧石器時代文化の3時期について」『国立歴史民俗博物館研究報告』1、pp. 1 – 42。

小林達雄・小田静夫・羽鳥謙一・鈴木正男
1971「野川先土器時代遺跡の研究」『第四紀研究』10(4)、pp. 231 – 270。

小牧實繁
1926「那覇市外城嶽貝塚発掘調査（予報）」『人類学雑誌』42 – 8、pp. 295 – 309。

近堂祐弘
1975「黒曜石の水和層による石器の年代測定」『考古学と自然科学』8、pp. 17 – 29。
1986「北海道における黒曜石年代測定法について」『北海道考古学』22、pp. 1 – 16。

近堂祐弘・勝井義雄・戸村健児・町田　洋・鈴木正男・小野　昭
1980「黒曜石石器の年代測定と産地分析」『考古学・美術史の自然科学的研究』pp. 68 – 31、日本学術振興会。

近堂祐弘・勝井義雄・鈴木正男
1981「黒曜石年代測定法の現状と問題点」『自然科学の手法による遺跡・古文化財等の研究・昭和55年次話題提供要旨』pp. 18・19、文部省科学研究費特定研究「古文化財」総括班。

<　さ　行＞

斎藤幸恵
1980「黒曜石の利用と流通」『季刊考古学』12、pp. 27 – 30。

坂入民子・伊藤富冶夫・織笠昭・Keally C.T. 編
1977『高井戸東（駐車場西）遺跡』高井戸東（駐車場西）遺跡調査会。

坂井　隆
1998「群島（マレー語世界）の考古学」『東南アジアの考古学』世界の考古学⑧』pp. 160 – 260、同成社。

坂田邦洋
1982 a『九州の黒曜石』広雅堂書店。
1982 b「九州産黒曜石からみた先史時代の交易について（一）」『賀川光夫先生還暦記念論集』pp. 159 – 194、賀川光夫先生還暦記念会。

坂田邦洋編

1980『大分県岩戸遺跡』広雅堂書店。

佐倉　朔・大城逸朗
　　1996「下地原洞穴の動物化石と人骨」『特別展　大久米島展』pp.10-11、沖縄県立博物館。

相模考古学研究会編
　　1971『先土器時代遺跡分布調査報告書　相模野編』相模考古学研究会。

佐藤達夫
　　1969「ナイフ形石器の編年的一考察」『東京国立博物館紀要』5、pp.21-76。
　　1970「長野県南佐久郡野辺山B5地点の石器」『信濃』22(4)、pp.271-276。

佐原　真
　　1977「石斧論―横斧から縦斧へ―」『考古学論集慶祝松崎寿和先生六十三歳論文集』pp.45-86。
　　1987『大系日本の歴史1　日本人の誕生』小学館。
　　1994『斧の文化史』UP考古学選書6、東京大学出版会。

潮見　浩
　　1980「考古学班調査報告－石器原材としての姫島産黒曜石をめぐって－」『内海文化研究紀要』8、pp.43-59。

鹿間時夫
　　1943「哺乳動物より観たる東亞の洪積世について」『満州帝国国立中央博物館論叢』6、pp.39-49、満州帝国国立中央博物館。

実川順一
　　1974「先土器時代」『北八王子西野遺跡』pp.19-25、東京西線及び北八王子変電所遺跡調査会。

篠遠喜彦・中山榮
　　1944「南澤出土の黒曜石について」『採集と飼育』6-2、pp.60-64。

芝本一志・下川達弥
　　1966「伊万里湾沿岸における無土器文化」『古代学研究』46、pp.8-10。

島五郎・山内清男・鎌木義昌
　　1959「河内国府遺跡略報」『日本考古学協会第20回総会研究発表要旨』p.2。

清水比呂之
　　1984「島嶼東南アジアの完新世に展開された剥片石器文化―フィリピン，スラウェシを中心として―」『上智アジア学』2、pp.106-135.

清水宗昭
　　1971「針尾島の黒曜石原石地帯」『速見考古』創刊号、p.2-6。

下川達弥
　　1965「佐世保市東浜淀姫発見の黒耀石産地」『若木考古』74、p.6。
　　1970「佐世保市の先史文化概観」『考古学ジャーナル』44、pp.12-18。
　　1975「長崎県日ノ岳遺跡の石器文化」『物質文化』25、pp.21-36。
　　1976「日ノ岳遺跡」『日本の旧石器文化3　遺跡と遺物（下）』pp.148-174、雄山閣出版。

庄司太郎
　　1976「炭化物片」『中山谷遺跡』pp.102-105、国際基督教大学考古学研究センター Occasional Papers 1。

白石浩之

1973「茂呂系ナイフ形石器の細分と変遷に関する一試論」『物質文化』21、pp. 41-55。

　1990「旧石器時代の石斧―関東地方を中心として―」『考古学雑誌』75(3)、pp. 1-23。

白石浩之・加藤千恵子

　1996『吉岡遺跡群―AT降灰以前の石器文化―』かながわ考古財団調査報告 7。

白滝団体研究会編

　1963『白滝遺跡の研究』白滝団体研究会。

新東晃一

　1978「南九州の火山灰と土器型式」『季刊どるめん』19、pp. 40-54。

　1980「火山灰からみた南九州縄文早・前期土器の様相」『古文化論攷』pp. 11-23、鏡山猛先生古稀記念論集刊行会。

　1989「九州円筒土器、草創期、早期、前期」『縄文土器大観』pp. 286-292、講談社。

　1993『火山灰と南九州の縄文文化』南九州縄文研究第 1 集。

　1994「南九州の縄文草創期、早期の特色」『考古学ジャーナル』378、pp. 2-6。

　1997「南九州の縄文草創期文化の伝搬経路についての諸問題」『考古学ジャーナル』423、pp. 4-8。

信州ローム研究会

　1963「野尻湖底を掘る」『科学の実験』9、pp. 11-41。

神保小虎

　1886「黒曜石比較研究緒言」『人類学会報告（人類学雑誌）』2、p. 24。

杉浦重信

　1990「北海道における黒曜石の交易について」『古代文化』42-10、pp. 3-13。

杉原重夫・細野衛・大原正義

　1978「星谷津の自然地理」『佐倉市星谷津遺跡』pp. 127-148、千葉県文化財センター。

杉原荘介

　1949「群馬県新田郡岩宿遺跡」『日本考古学年報』2、p. 52。

　1953「日本における石器文化の階梯について」『考古学雑誌』39(2)、pp. 97-101。

　1955「群馬県武井遺跡における石器文化」『日本考古学協会第 14 回総会発表要旨』pp. 2・3。

　1956 a『群馬県岩宿発見の石器文化』明治大学文学部研究報告考古学 1。

　1956 b「縄文文化以前の石器文化」『日本考古学講座　第 3 巻』pp. 2-24、河出書房。

　1967「"SUGIHARAS HYPOTHESIS"を破ってほしい」『考古学ジャーナル』8、pp. 2-3。

　1977『群馬県武井における二つの石器文化』明治大学文学部研究報告考古学 7。

杉原荘介編

　1965『日本の考古学』I、先土器時代、河出書房新社。

杉原荘介・大塚初重

　1955「常総台地におけるローム層中の石器文化」『駿台史学』5、pp. 1-16。

杉原荘介・小野真一

　1965「静岡県休場遺跡における細石器文化」『考古学集刊』3(2)、pp. 1-33。

杉原荘介・戸沢充則

　1962「佐賀県伊万里市平沢良の石器文化」『駿台史学』12、pp. 10-35。

　1968「佐賀県原遺跡の細石器文化」『日本考古学協会昭和 43 年度大会研究発表要旨』2・3。

  1971「佐賀県原遺跡における細石器文化」『考古学集刊』4(4)、pp. 1-28。

杉原荘介・吉田格・芹沢長介
  1959「東京都茂呂における関東ローム層中の石器文化」『駿台史学』9、pp. 84-104。

鈴木遺跡調査団
  1975『鈴木遺跡』鈴木遺跡調査会。
  1976 a『鈴木遺跡・都市計画道路2・1・3号線内遺跡範囲確認調査報告書』鈴木遺跡調査会。
  1976 b『鈴木遺跡・遺跡範囲確認調査報告書』鈴木遺跡調査会。
  1976 c『鈴木遺跡・流域下水道建設工事に伴う緊急発掘調査報告書』鈴木遺跡調査会。
  1976 d『鈴木遺跡・流域下水道建設工事に伴う緊急発掘調査報告書(2)』鈴木遺跡調査会。
  1978『鈴木遺跡Ⅰ』鈴木遺跡調査会。
  1979『鈴木遺跡Ⅱ』鈴木遺跡調査会。

鈴木重治
  1968「マンロー氏旧蔵の石英製旧石器」『考古学ジャーナル』25、pp. 9-10。

鈴木次郎・白石浩之
  1978「綾瀬町寺尾遺跡の調査」『第二回神奈川県遺跡調査研究発表要旨』pp. 1-2。
  1980「第Ⅲ文化層、第Ⅳ文化層」『寺尾遺跡』pp. 123-134・135-161、神奈川県埋蔵文化財調査報告書18。

鈴木次郎・矢島国雄
  1978「先土器時代の石器群とその編年」『日本考古学を学ぶ』(1)、pp. 154-158、有斐閣。
  1979「神奈川県綾瀬市報恩寺遺跡の細石刃石器群」『神奈川考古』6、pp. 1-53。

鈴木忠司
  1971「野岳遺跡の細石核と西南日本における細石刃文化」『古代文化』23(8)、pp. 175-192。
  1984『先土器時代の知識』考古学シリーズ3、東京美術。
  1994「岩宿文化論―時代呼称問題とその周辺」『論争と考古学　市民の考古学1』pp. 3-45、名著出版。

鈴木　尚
  1975 「沖縄における洪積世人類の発見」『人類学雑誌』83(2)、pp. 113-124。
  1983『骨から見た日本人のルーツ』岩波新書220。

鈴木正男
  1969「フィッション・トラック法による黒曜石の噴出年代とウラン濃度の測定（第Ⅰ報）」『第四紀研究』8-4、pp. 123-130。
  1970 a「フィッション・トラック法による黒曜石の噴出年代とウラン濃度の測定（第Ⅱ報）」『第四紀研究』9(4)、pp. 1-6。
  1971 a「関東・中部地方先史時代遺跡出土の黒曜石片の原産地推定」『第四紀研究』10(1)、p. 43。
  1971 b「野川遺跡出土黒曜石の原産地推定および水和層測定」『野川先土器時代遺跡の研究』『第四紀研究』10(4)、pp. 250-252。
  1977「ストーン・ロードをたどる－黒曜石の運搬・交易の時空的分析－」『数理科学』170、pp. 25-3。

鈴木正男・小野　昭
  1971「先史時代遺跡出土黒曜石の原産地推定、水和層測定とその先史人類活動史復元の応用」『第24回日本人類学会・日本民族学会連合大会抄録』p. 20。

鈴木道之助
  1978「木刈峠遺跡」『千葉ニュータウン埋蔵文化財調査報告書Ⅲ』pp. 45-124、千葉県文化財センター。
鈴木道之助・清藤一順・大原正義
  1978『佐倉市星谷津遺跡』千葉県文化財センター。
鈴木美保
  1995「関東西南部の石斧と石器製作址」『考古学ジャーナル』385、pp. 9-14。
芹沢長介
  1954「関東及中部地方に於ける無土器文化の終末と縄文文化の発生とに関する予察」『駿台史学』4、pp. 65-106。
  1955「長野県馬場平遺跡略報」『石器時代』1、pp. 15-22。
  1956「日本に於ける無土器文化」『人類学雑誌』64(3)、pp. 117-129。
  1957『考古学ノート 1 先史時代 I―無土器文化―』日本評論新社。
  1959「新潟県荒屋遺跡における細石刃文化と荒屋形彫刻刀について」『第四紀研究』1(5)、pp. 174-181。
  1960『石器時代の日本』築地書館。
  1961「日本における細石器文化」『歴史教育』9(3)、pp. 10-16。
  1962「旧石器時代の諸問題」『講座日本歴史 1 原始および古代 1』pp. 79-107、岩波書店。
  1965a「大分県早水台における前期旧石器の研究」『東北大学日本文化研究報告 1』pp. 1-119。
  1965b「旧石器時代の磨製石器」『歴史教育』13(3)、pp. 10-14。
  1967a「日本の旧石器(4)」『考古学ジャーナル』5、pp. 7-11。
  1967b「日本における旧石器の層位的出土例とC-14年代」『東北大学日本文化研究報告』3、pp. 59-109。
  1967c「大分県岩戸の旧石器時代遺跡」『日本考古学協会昭和42年度大会研究発表要旨』p. 2。
  1969「日本の石器時代」『科学』39(1)、pp. 28-36。
  1970「前期旧石器の諸問題」『第四紀研究』9(3・4)、pp. 192-200。
  1971「前期旧石器に関する諸問題」『第四紀研究』10(4)、pp. 179-204。
  1982『日本旧石器時代』岩波新書（黄版）209。
芹沢長介編
  1966『星野遺跡Ⅰ』栃木市教育委員会。
  1968『星野遺跡Ⅱ』栃木市教育委員会。
  1974『古代史発掘 1』講談社。
  1970『星野遺跡第 3 次発掘調査報告』栃木市教育委員会。
  1971『群馬県笠懸村岩宿遺跡緊急発掘調査概報―昭和 45 年度発掘調査によるC地点およびD地点の概要―』笠懸村教育委員会。
  1977『磯山』考古学資料集 1、東北大学文学部考古学研究室。
  1978『岩戸』考古学資料集 2、東北大学文学部考古学研究室。
芹沢長介・麻生　優
  1953「北信・野尻湖底発見の無土器文化（予報）」『考古学雑誌』39(2)、pp. 26-35。
芹沢長介・須藤　隆・会田容弘
  1990『荒屋遺跡―第 2・3 次発掘調査概報』東北大学文学部考古学研究室。
芹沢長介・中村一明・麻生　優

1959 『神山』新潟県津南町教育委員会

芹澤長介・加藤明秀

1937 「伊豆天城山麓に於ける黒耀石の鑛原」『科学』7-3、pp.97・98。

副島和明

1982 「針尾産黒曜石の原石について」『針尾人崎遺跡』pp.41-48、長崎県教育委員会。

副島邦弘・山口譲治

1976 「諸岡遺跡」『日本の旧石器文化3 遺跡と遺物（下）』pp.175-190、雄山閣出版。

砂田佳弘

1983 「石斧について」『神奈川考古』15、pp.1-15。

<た 行>

瀧澤 浩

1953 「東京西郊発見の所謂プレ縄文遺跡」『西郊文化』4、pp.18-22。

1962 「切出し形石器についての小論」『ミクロリス』19、pp.3・4。

1963 『関東・中部地方におけるナイフ形石器文化とその終末』自費出版。

1964a 「埼玉県市場坂遺跡―関東地方におけるナイフ形石器文化の一様相―」『埼玉考古』2、pp.39-55。

1964b 「ナイフ形石器の機能」『下総考古』1、pp.19-24。

1964c 「本州における細石刃文化の再検討」『物質文化』3、pp.1-24。

高尾好之

1989 『中見代第Ⅰ遺跡調査報告書（足高尾上No.5遺跡）』沼津市文化財調査報告書45。

高木博彦・千葉健造

1974 「向原遺跡」『千葉ニュータウン埋蔵文化財調査報告書Ⅱ』pp.285-362、千葉県文化財センター。

高橋 豊

1981 「尾上イラウネ遺跡出土黒曜石片の産地について」『尾上イラウネ遺跡発掘調査報告書』pp.189-194、沼津市文化財調査報告23。

1983 「黒曜石の2・3の岩石学的特徴」『沼津市歴史民俗資料館紀要』7、pp.151-173。

1985 「伊豆七島神津島産黒曜石の産状とその特徴－遺跡出土黒曜石の原産地推定の試み－その2」『沼津市歴史民俗資料館紀要』9、pp.76-103。

高橋 豊・西田史朗

1988 「愛鷹ローム層上部出土黒曜石の原産地」『考古学と自然科学』20、pp.93-102。

高宮廣衞

1965 「沖縄の旧石器」『歴史教育』13(3)、pp.39-43。

1968 「那覇市の考古資料」『那覇市史』資料編、第1巻1、pp.231-391。

1990 「更新世末ごろの沖縄の古気候」『沖縄文化研究』16、pp.97-126、法政大学沖縄文化研究所。

1991 『先史古代の沖縄』第一書房。

高宮廣衞・金武正紀・鈴木正男

1975 「那覇山下町洞穴発掘経過報告」『人類学雑誌』83(2)、pp.125-130。

高宮廣衞・玉城盛勝・金武正紀

1975 「那覇山下町洞穴出土の人工遺物」『人類学雑誌』83(2)、pp.137-150。

高宮広土

1997「ヒトはいつごろ沖縄諸島に適応したか」『南島考古』16、pp.27-46。

嵩元政秀・安里嗣淳

1993『日本の古代遺跡』47 沖縄、保育社。

田代寛編

1976『鳥羽新田遺跡発掘調査概報』栃木県教育委員会。

橘　昌信

1973「九州における細石器文化」『考古学論叢』1、pp.1-55。

1975「宮崎県船野遺跡における細石器文化」『考古学論叢』3、pp.1-57。

1978「大野川中流域における旧石器時代研究の基礎調査(1)―今峠遺跡―」『別府大学博物館研究報告』2、pp.15-21。

橘昌信・萩原博文

1983「九州における火山灰層序と旧石器時代石器」『第四紀研究』22(3)、pp.163-176。

田中英司

1979「先土器時代」『風早遺跡』pp.9-19、庄和町教育委員会。

1982「神子柴遺跡におけるデポの認識」『考古学研究』29(3)、pp.59-78。

1984「砂川型式石器群の研究」『考古学雑誌』69(4)、pp.1-34。

2001『日本先史時代におけるデポの研究』千葉大学考古学研究叢書1。

田中和彦

1993「フィリピン完新世・先鉄器文化編年研究序説」『東南アジア考古学会報』13、pp.173-209。

谷　和隆

1995「野尻湖遺跡群と石斧」『考古学ジャーナル』385、pp.22-28。

2000『日向林B遺跡、日向林A遺跡、七ツ栗遺跡、大平B遺跡』長野県埋蔵文化財センター発掘調査報告書48。

田村晃一・池田　治

1995「喜子川遺跡　第3次・第4次発掘調査報告」『青山史學』14、pp.1-64。

千浦美智子

1977「環境復元とフローテーション」『季刊どるめん』13、pp.32-40。

知念　勇

1976「山下町第1洞1遺跡」『日本の旧石器文化3　遺跡と遺物』pp.230-237、雄山閣出版。

1983「沖縄県山下町洞穴遺跡」『探訪先土器の遺跡』有斐閣選書R、pp.484-491、有斐閣。

辻誠一郎

1993「火山噴火が生態系に及ぼす影響」『火山灰考古学』pp.225-246、古今書院。

辻誠一郎・小杉正人

1991「始良Tn火山灰（AT）噴火が生態系に及ぼした影響」『第四紀研究』30(4)、pp.410-426。

月見野遺跡群調査団

1969『概報　月見野遺跡群』月見野遺跡群調査団。

坪井正五郎

1901「石器時代人民の交通貿易」『東洋学芸雑誌』18-240、pp.343-346。

鶴丸俊明

1979　「北海道地方の細石刃文化」『駿台史学』47、pp. 23-50。
　1989　「東アジアにおける細石刃製作技術」『季刊考古学』29、pp. 62-65。
鶴丸俊明・小田静夫・鈴木正男・一色直記
　1973　「伊豆諸島出土の黒曜石に関する原産地推定とその問題」『文化財の保護』5、pp. 147-158、東京都教育委員会。
寺村光晴
　1959　「大白川の黒耀石産地」『若木考古』55、pp. 1-2。
同志社大学旧石器文化談話会編
　1974　『ふたがみ—二上山北麓石器時代遺跡群分布調査報告—』学生社。
鄧　聰
　1989　「南シナ海沿岸部の無土器石器群—香港東湾下層石器群について—」『季刊考古学』29、pp. 35-36。
　1998　「環中国南海地域の旧石器文化」『日本考古学協会1998年度沖縄大会資料集』pp. 41-52、沖縄大会実行委員会事務局。
堂込秀人
　1998　「種子島の旧石器文化」『日本考古学協会1998年度沖縄大会発表資料集』pp. 17-26、沖縄大会実行委員会事務局。
当真嗣一
　1995　「沖縄の旧石器時代遺跡とその発見」『沖縄思潮』7、pp. 53-62。
　1997　「沖縄のいわゆる「骨角器」」『考古学公開学習会南島の人と文化の起源』pp. 13-18、公開学習会実行委員会。
徳永重康・直良信夫
　1933a　「ハルビン近郊発掘ノ洪積世人類遺品」『人類学雑誌』48 (12)、pp. 1-13。
徳永重康・直良信夫
　1934　『満州帝国吉林省顧郷屯第一回発掘物研究報文』第一次満蒙学術調査研究団報告、第二部第一編。
　1936　『満州帝国吉林省顧郷屯発掘の古生人類遺品』第一次満蒙学術調査研究団報告、第六部第二編。
　1939　『満州帝国哈爾浜顧郷屯発掘ノ古生物』第一次満蒙学術調査研究団報告、第二部第四編。
戸沢充則
　1958　「長野県八島における石器群の研究」『駿台史学』8、pp. 66-97。
　1964　「矢出川遺跡」『考古学集刊』2(3)、pp. 1-35。
　1965a　「尖頭器文化」『日本の考古学Ⅰ先土器時代』pp. 145-160、河出書房新社。
　1965b　「関東地方の先土器文化」『日本の考古学Ⅰ先土器時代』pp. 145-160、河出書房新社。
　1967　「北海道置戸安住遺跡の調査とその石器群」『考古学集刊』3(3)、pp. 1-44。
　1968　「埼玉県砂川遺跡の石器文化」『考古学集刊』4(1)、pp. 1-42。
　1969　「第四紀と人類」『地理』14(3)、pp. 25-30。
　1970　「狩猟・漁労生活の繁栄と衰退」『古代の日本　関東』pp. 7-24、角川書店。
　1973　「岩宿へのながい道」『季刊どるめん』15、pp. 17-31。
　1983　「群馬県　岩宿遺跡」『探訪　先土器の遺跡』pp. 159-166、有斐閣選書R。
　1990　『先土器時代文化の構造』同朋社。
戸沢充則・安蒜政雄・鈴木次郎・矢島國雄

1974『砂川先土器時代遺跡』所沢市教育委員会。

戸沢充則・富桝憲次
1962「佐賀県・原遺跡の石器群」『考古学手帳』14、pp.1-3。

富桝憲次・戸沢充則
1962「唐津周辺の細石器（II）」『考古学手帳』16、pp.5-7。
1963「唐津周辺の細石器（III）」『考古学手帳』18、pp.2-4。

鳥居龍蔵
1924「第一部先史時代第二編遺物-黒曜石」『諏訪史』第一巻、pp.113-117。

戸谷　洋・貝塚爽平
1956「関東ローム層中の化石土壌」『地理学評論』29(6)、pp.339-347。

＜な　行＞

直良信夫
1931a「播磨国西八木海岸洪積層中発見の人類遺品」『人類学雑誌』46(5)pp.155-165。
1931b「播磨国西八木海岸洪積層中発見の人類遺品」『人類学雑誌』46(6)pp.212-228。
1956「琉球伊江島の半洞窟遺跡」『日本旧石器時代の研究』早稲田大学考古学研究室報告、2、pp.122-125、寧楽書房。
1954「三角山」『西郊文化』9、pp.2-6。

直良信夫・杉山荘平
1957「石神井川流域における無土器文化」『栗原―セントポール・グリーンハイツ内遺跡発掘調査報告書』pp.175-197、立教大学文学部史学研究室。

長崎潤一
1990「後期旧石器時代前半期の石斧―形態変化論を視点として―」『先史考古学研究』3、pp.1-33。

長崎元廣
1984「縄文の黒耀石貯蔵例と交易」『中部高地の考古学 III』pp.108-126。

中津由紀子・千浦美智子・小田静夫・J.E.Kidder 編
1977『新橋遺跡』国際基督教大学考古学研究センター Occasional Papers 4。

長野県教育委員会編
1972『長野県中央道埋蔵文化財包蔵地発掘調査報告書―飯田市地内その3―（石子原遺跡の旧石器）』長野県教育委員会。

永峯光一・小田静夫・早川泉編
1992『小笠原諸島他遺跡分布調査報告書』東京都教育委員会。

中村孝三郎
1961『越後の石器』長岡市立科学博物館。
1965『中土遺跡』長岡市立科学博物館研究調査報告 7。
1966『小瀬が沢洞窟』長岡市立科学博物館研究調査報告。
1971『御淵上遺跡』長岡市立科学博物館研究調査報告。

中村孝三郎・小林達雄
1959「新潟県中魚沼郡津南町貝坂遺跡」『上代文化』29、pp.1-11。
1963『貝坂遺跡』長岡市立科学博物館研究調査報告 5。

中村龍雄
  1977『黒曜石上巻』自費出版。
  1978a『黒曜石上巻』自費出版。
  1978b『黒曜石続巻』自費出版。
  1983『星ケ塔』自費出版。
中山清美・田村晃一
  1989「喜子川遺跡 第1次・第2次発掘調査報告」『青山考古』7、pp.1-44。
西川 宏・杉野文一
  1959「岡山県玉野市宮田山西地点の石器」『古代吉備』3、pp.1-8。
西野 元
  1971「No.51遺跡」『三里塚―新東京国際空港用地内の考古学的調査』pp.43-59、千葉県北総公社。
西野 元・中山吉秀
  1971「No.52遺跡」『三里塚―新東京国際空港用地内の考古学的調査』pp.60-69、千葉県北総公社。
西村正雄
  1998「東南アジア考古学の考え方」『東南アジアの考古学』世界の考古学⑧、pp.3-30、同成社。
新田栄治
  1998「大陸部の考古学」『東南アジアの考古学』世界の考古学⑧、pp.31-159、同成社。
二宮修治
  1983「黒曜石の産地同定」『はけうえ遺跡・研究編 (I)』pp.122-127、国際基督教大学考古学研究センターOccasional Papers 5。
二宮修治・佐藤貴義・小島淑子・大沢眞澄
  1980「都地遺跡出土黒曜石の産地について」『若宮宮田工業団地関係埋蔵文化財調査報告書3』pp.80-89、福岡県教育委員会。
二宮修治・網干守・松里知美・諸岡貴子・大沢眞澄
  1986「栃木県内遺跡出土黒曜石石器の産地について」『昭和61年度日本文化財科学会大会研究発表要旨』。
日本考古学協会沖縄大会実行委員会編
  1998『南九州・沖縄の旧石器文化』日本考古学協会沖縄大会実行委員会。
野川遺跡調査会
  1970「東京・野川遺跡の発掘調査」『考古学ジャーナル』49、pp.18-20。
  1971「野川遺跡の調査」『文化財の保護』3、pp.1-15、東京都教育委員会。
野川遺跡調査会編
  1971『野川遺跡調査略報』野川遺跡調査会。
野尻湖発掘調査団編
  1997『最終氷期の自然と人類』共立出版。
野尻湖発掘調査団人類考古部グループ
  1984「野尻湖立が鼻遺跡における旧石器文化(1981-1983)」『野尻湖の発掘3』地団研専報27、pp.197-211。
  1987『野尻湖遺跡群の旧石器文化Ⅰ』野尻湖発掘の考古学的成果1。
野尻湖哺乳類グループ
  1987「野尻湖層の脊椎動物化石」『野尻湖の発掘4 (1984-1986)』地団研専報32、pp.137-158。

1987「野尻湖層の脊椎動物化石」『野尻湖の発掘 5 (1987-1989)』地団研専報 37、pp. 111-134。

野原朝秀・大城園子
　　1994「沖縄県産の鹿化石に見られるキズ痕について」『琉球大学教育学部紀要』44、pp. 167-183。

野川遺跡調査会・関東第四紀研究会
　　1971「野川遺跡の遺物包含層」『第四紀研究』10(1)、p. 44。

＜は　行＞

函館博物館編
　　1956『樽岸』市立函館博物館研究紀要 4。

橋口尚武
　　1988『島の考古学』UP 考古学選書 3、東京大学出版会。

橋口尚武・石川和明編
　　1991『神津島－その自然・人文と埋蔵文化財』p. 209、神津島村教育委員会。

橋本勝雄
　　1995「関東東南部における後期旧石器時代前半期の石斧」『考古学ジャーナル』385、pp. 15-21。

羽鳥謙三
　　1971「標式地域における立川ローム層の層位について―野川先土器時代遺跡の研究所収―」『第四紀研究』10(4)、pp. 244-250。

馬場悠男
　　1984「上部港川人骨の形態」『人類学雑誌』92(2)、p. 112。
　　2001「港川人骨から探る日本人の起源」『日本人はるかな旅』2　巨大噴火に消えた黒潮の民、pp. 106-122、日本放送出版協会。

馬場悠男編
　　1993　『特集人類学現代人はどこからきたか　別冊日経サイエンス』108、日経サイエンス社。

馬場悠男監修
　　1996『ピテカントロプス展，国立科学博物館展示目録』読売新聞社。

萩原博文
　　1976「中山遺跡」『日本の旧石器文化』3 遺跡と遺物（下）、pp. 214-229、雄山閣出版。
　　1977『長崎県平戸市度島町湯牟田中山遺跡』平戸市教育委員会。
　　1980「西日本における旧石器時代石器群の様相」『考古学研究』26(4)、pp. 46-75。

埴原和郎
　　1994　「二重構造モデル：日本人集団の形成に関わる一仮説」『人類学雑誌』102(4)、pp. 455-477。

長谷川善和
　　1980　「琉球列島の後期更新世～完新世の脊椎動物」『第四紀研究』18(4)、pp. 263-267。

長谷川善和・佐倉　朔・岸本義彦編
　　1985『ピンザアブ』沖縄県教育委員会。

服部久美・矢島国雄編
　　1974『春日台・下耕地遺跡』春日台・下耕地遺跡調査会。

濱田耕作
　　1918「河内国府石器時代遺跡発掘報告」『京都帝国大学文科大学考古学研究報告』第二冊、pp. 1-48。

早川　泉・横山裕平・川口　潤
　　1984『武蔵台遺跡I』都立府中病院遺跡調査会。
早川正一・小林知生
　　1964「岐阜県関市赤土坂遺跡の石器」『アカデミア』42、pp. 157-170。
林　謙作
　　1969「第3地点第4文化層の出土遺物」『栃木市星野遺跡第3次発掘調査報告』pp. 55-87、栃木市教育委員会。
　　1970a「福井洞穴における細石刃技術とその東北アジア・北アメリカにおける位置付け（上）」『考古学研究』16(4)、pp. 37-60。
　　1970b「福井洞穴における細石刃技術とその東北アジア・北アメリカにおける位置付け（上）」『考古学研究』17(2)、pp. 37-62。
林　茂樹
　　1963「長野県手長丘遺跡調査報告」『石器時代』6、pp. 1-21。
林　茂樹・樋口昇一・森嶋　稔・笹沢　浩・小林　孚・畑田充・北村直次
　　1970「杉久保A遺跡緊急発掘調査報告―長野県上水内郡信濃町野尻湖底―」『長野県考古学会誌』8、pp. 1-20。
春成秀爾
　　1996「骨製スクレイパーから刃部磨製石斧へ―葛生町大叶出土の旧石器時代の骨器―」『旧石器考古学』53、pp. 1-18。
　　1994『「明石原人」とは何であったか』NHKブックス715、日本放送出版協会。
春成秀爾編
　　1987『明石市西八木海岸の発掘調査』国立歴史民俗博物館研究報告13。
　　2001a『大分県聖嶽洞窟の発掘調査』考古学資料集14　平成12年度文部科学省科学研究費補助金特定領域研究A(1)研究報告書、国立歴史民俗博物館考古研究部春成研究室。
　　2001b『検証　日本の前期旧石器』学生社。
東村武信
　　1981『考古学と物理化学』学生社。
樋口清之・小林達雄
　　1964『伊勢見山遺跡調査概報』国学院大学考古学第一研究室。
樋口昇一・森嶋稔・小林達雄
　　1962「長野県飯縄高原上ゲ屋遺跡－第一次調査報告―」『上代文化』31、pp. 7-31
　　1965「木曾郡開田高原における縄文以前の文化」『信濃』17(6)、pp. 59-70。
平口哲夫
　　1976「越中山Kと岩戸Iに見る国府系統の様相について」『東北考古学の諸問題』pp. 21-36。
　　1989「『石斧』用語論」『日本考古学協会1989年度大会研究発表要旨』pp. 5-8。
深沢百合子・伊藤富治夫・金山喜昭・中津由紀子編
　　1975『前原遺跡』前原遺跡調査団・国際基督教大学考古学研究センター。
藤沢宗平・林　茂樹
　　1961「神子柴遺跡」『古代学』9(3)、pp. 142-158。

藤野次史
　1989「中国地方における旧石器時代の石斧」『シンポジウム「旧石器時代の石斧（斧形石器）をめぐって」資料集』pp. 33-35。

藤本 強
　1964「北海道と常呂郡留辺蕊町紅葉山遺跡発掘調査報告」『考古学雑誌』50(2)、pp. 79-98。
　1976「技法と機能」『日本の旧石器文化』5、pp. 71-145、雄山閣出版。
　1998「植物利用の再認識―世界的枠組みの再構築を見据えて」『日本考古学協会1998年度沖縄大会発表資料集』pp. 9-16、沖縄大会実行委員会事務局。

藤森栄一
　1960「諏訪湖底曽根の調査」『信濃』12(7)、pp. 1-13。
　1962「日本石器時代研究の諸問題」『考古学研究』9(3)、pp. 12-22。

藤森栄一・戸沢充則
　1962「茶臼山石器文化」『考古学集刊』1(4)、pp. 1-20。

藤森栄一・中村竜雄
　1964「霧ケ峰雪不知石器文化」『考古学雑誌』50(2)、pp. 21-38。

古内　茂
　1971「No. 55遺跡」『三里塚―新東京国際空港用地内の考古学的調査』pp. 126-131、千葉県北総公社。

古内　茂・矢戸三男編
　1974『柏市鴻ノ巣遺跡』千葉県文化財センター。

平代坂遺跡調査会編
　1971「東京・平代坂遺跡の発掘調査」『考古学ジャーナル』61、pp. 18-20。

ベルウッド・ピーター
　1989『太平洋　東南アジアとオセアニアの人類史』植木武・服部研二訳、法政大学出版局。

星野芳郎
　1968「月岡遺跡について―新潟県北魚沼郡堀之内町」『考古学ジャーナル』22、pp. 15-17。

堀江保範・小山修三
　1991「オーストラリアへの道」『国立民族学博物館研究報告15』pp. 13-32。

＜ま　行＞

Mark, J. Hudson
　1987「古代のミロス島と神津島における黒曜石の調達」『東南アジア考古学会会報』8、pp. 46-49。

前田光雄
　2002「豪州における磨製石斧」『四国とその周辺の考古学』pp. 643-660、犬飼徹夫先生古稀記念論文集刊行会。

麻柄一志
　1985「局部磨製石斧を伴う石器群について」『旧石器考古学』31、pp. 61-75。
　1989「後期旧石器時代の斧形石器について」『日本考古学協会1989年度大会研究発表要旨』pp. 9-11。

増田和彦
　1962「本邦産黒曜石の晶子形態と考古学への応用に就いて」『新潟県津町文化財報告4　上野遺跡』pp. 87-99、津南町教育委員会。

町田　洋

1971 「南関東のテフロクロノロジー（I）」『第四紀研究』10(1)、pp. 1 - 20。

1978 『火山灰は語る』蒼樹書房。

1980 「岩戸遺跡のテフラ（火山灰）」『大分県岩戸遺跡』pp. 443 - 453、広雅堂書店。

1989 「火山灰考古学の最近の成果」『新しい研究法は考古学になにをもたらしたか』pp. 46 - 60、クバプロ。

町田　洋・新井房夫

1976 「広域に分布する火山灰―始良 Tn 火山灰の発見とその意義―」『科学』46(6)、pp. 339 - 347。

1978 「南九州鬼界カルデラから噴出した広域テフラ―アカホヤ火山灰」『第四紀研究』17(3)、pp. 143 - 163。

1983 「広域テフラと考古学」『第四紀研究』22(3)、pp. 132 - 162。

1992 『火山灰アトラス』東京大学出版会。

町田　洋・新井房夫・小田静夫・遠藤邦彦・杉原重夫

1984 「テフラと日本考古学―考古学研究と関係するテフラのカタログ」『古文化財に関する保存科学と人文・自然科学』pp. 865 - 928、同朋舎。

町田　洋・鈴木正男

1971 「火山灰の絶対年代と第四紀後期の編年」『科学』45(5)、pp. 265 - 270。

町田　洋・鈴木正男・宮崎明子

1971 「南関東の立川・武蔵野ロームにおける先土器時代遺物包含層の編年」『第四紀研究』10(4)、pp. 1 - 20。

町田　洋・宮崎明子

1971 「南西関東の旧石器包含層」『第四紀研究』10(1)、pp. 43 - 44。

松井　健・成瀬　洋・黒部　隆

1968 「立川ローム層中の暗色帯（埋没古土壌腐植層）の 14 C 年代―日本の第四紀層の^{14}C 年代 XXXIX ―」『地球科学』22、pp. 40・41。

松藤和人

1969 「朝鮮半島から日本列島へ―剥片尖頭器の系譜―」『季刊考古学』29、pp. 39 - 41。

1974 「瀬戸内技法の再検討」『ふたがみ』pp. 138 - 163、学生社。

1998 『西日本後期旧石器文化の研究』学生社。

松浦秀治

1977 「ゴヘズ洞出土鹿化石骨のウラン分析」『沖縄県伊江島ゴヘズ洞の調査―第一次概報―』p. 15、伊江島教育委員会。

1984 「上部港川人骨のフッ素年代判定」『人類学雑誌』92(2)、pp. 111 - 112。

1985 「ピンザアブ洞穴出土化石骨のフッ素含有量測定とラセミ化分析」『ピンザアブ』pp. 177 - 179、沖縄県教育委員会。

1997 「沖縄の化石人類の古さとその古人類学的意味」『考古学公開学習会要旨』pp. 30 - 32、公開学習実行委員会。

松浦秀治・山下秀樹

1983 「はけうえ遺跡出土黒曜石の産地推定と水和層年代」『はけうえ遺跡・研究編（I）』pp. 112 - 120、国際基督教大学考古学研究センター Occasional Papers 5。

松沢亜生

1985 「岩宿遺跡石器」『論集日本原史』pp. 45 - 62、吉川弘文館。

松本　剛・木村政昭・仲村明子・青木美澄

　1996「琉球弧のトカラギャップおよびケラマギャップにおける精密地形形態」『地學雑誌』105(3)、pp. 286 －996。

松村和男

　1988「先土器時代の局部磨製石斧について－その1－」『群馬県の考古学』pp. 31－50、群馬県埋蔵文化財調査事業団。

松村　瞭

　1920『琉球荻堂貝塚』東京帝国大学理学部人類学教室研究報告第三編。

馬淵久夫・富永健編

　1981『考古学のための化学10章』東京大学出版会。

三宅徹也

　1979『大平山元I遺跡発掘調査報告書』青森県郷土博物館調査報告書5。

　1980『大平山元II遺跡発掘調査報告書』青森県郷土博物館調査報告書8。

宮坂英弌

　1960「長野県茅野市御小屋久保無土器文化遺跡」『考古学雑誌』46(3)、pp. 1－19。

宮坂英弌・宮坂虎次

　1966『蓼科』尖石考古館。

宮田栄二

　1995「姶良火山噴火後のナイフ形石器」『姶良火山噴火後の九州とその人々―九州旧石器文化研究会発表資料』九州旧石器文化研究会。

　1996「南九州における細石刃文化終末期の様相」『坂詰秀一先生還暦記念論文集　考古学の諸相』pp. 961－978、坂詰秀一先生還暦記念会。

　1998「南九州の旧石器文化」『日本考古学協会1998年度沖縄大会資料集』pp. 53－62、沖縄大会実行委員会事務局。

　2002「鹿児島県の非黒曜石石材と原産地」石器原産地研究会第1回研究集会発表要旨、pp. 21－24。

宮田栄二・児玉健一郎他

　1995『旧石器から縄文へ―鹿児島県考古学会・宮崎県考古学会・合同研究大会？資料集―』鹿児島県考古学会。

望月明彦

　2000「野尻湖遺跡群出土黒曜石の産地推定（I）」『上信越自動車道埋蔵文化財発掘調査報告書1』pp. 233－253、長野県埋蔵文化財センター。

望月明彦・池谷信之・小林克次・武藤由里

　1994「遺跡内における黒曜石製石器の原産地別分布について－沼津市土手上遺跡BBV層の原産地推定から－」『静岡県考古学研究』26、pp. 1－24。

　2000「遺跡内における黒曜石石器の原産地分布について」『静岡県考古学研究』26、pp. 1－24。

森　嶋稔

　1968「神子柴型石斧をめぐって」『信濃』20(4)、pp. 156－172。

諸岡貴子

　1986「佐世保市針尾北町・砲台山の黒曜石産地」『考古学ジャーナル』261、pp. 25－26。

<や 行>

矢島國雄・鈴木次郎
  1976「相模野台地における先土器時代研究の現状」『神奈川考古』1、pp.1-30。

谷島静訓
  1968「茨城県西およびその縁辺における旧石器遺跡」『那珂川の先史遺跡2』pp.53-79。

安田喜憲
  1980『環境考古学事始―日本列島二万年―』日本放送出版協会。

山口卓也
  1991「多紀郡西紀町坂井寺ヶ谷遺跡―旧石器時代の調査―」『兵庫県文化財調査報告書』96-1。

山口 敏
  1990『日本人の祖先』徳間文庫、徳間書店。
  1996「先史日本列島人に関する二三の骨学的考察」『Anthropological Science』104(5)、pp.343-354。

山下勝年
  1987「東海地方西部におけるアカホヤ火山灰降下の影響とその時期」『知多古文化研究』3、pp.1-12。

山下秀樹
  1990「石器の新旧をどのようにして決めるか」『論争日本の歴史 原始編1』pp.47-62、新人物往来社。

山内清男
  1962「縄文土器文化の始まる頃」『上代文化』30、pp.1・2。
  1964「日本先史時代概説 旧石器時代・無土器時代」『日本原始美術I』pp.135-147、講談社。

山内清男・佐藤達夫
  1965「縄紋土器の古さ」『科学読売』14(2)、pp.21-26、84-88。
  1966「青森県上北郡甲地村長者久保遺跡調査略報」『人類科学』17、pp.61-67。
  1967「下北の無土器文化―青森県上北郡東北町長者久保遺跡発掘報告―」『下北』pp.98-109、九学会。

山本良知・黒須岑生・田中英司
  1976「局部磨製石斧を出土した風早遺跡」『考古学ジャーナル』126、pp.13-15。

八幡一郎
  1936「日本に於ける中石器文化的様相」『ミネルヴァ』12、pp.543-557。
  1938「先史時代の交易」『人類学・先史学講座』2、pp.1-28、雄山閣。
  1956「物資の交流」『図説日本文化史大系』1、pp.160-163、小学館。

横田義彰
  1964「小県郡男女倉遺跡」『信濃』16(4)、pp.45-56。

吉川国雄・金井典美・石井則孝
  1964「神明山ローム層中遺跡発掘調査概報（第一次）」『古代文化』42・43、pp.17-23。

吉崎昌一
  1959『札滑遺跡』北海道学芸大学考古学研究会連絡紙、18。
  1959『立川』函館博物館紀要6。
  1961「白滝遺跡と北海道の無土器文化」『民族学研究』26(1)、pp.13-23。

吉田 格
  1952「東京都国分寺市熊ノ郷・殿ケ谷戸遺跡―南関東地方縄文式文化以前の研究」『考古学雑誌』38(2)、

　　　　101-108。

　1957「東京都北多摩郡小金井町西之台遺跡発掘報告」『武蔵野』231・232、pp.2-14。

　1966「市内都立武蔵野公園遺跡」『府中市史資料集』10、pp.56-75。

吉田　格・肥留間博

　1970『狭山・六道山・浅間谷遺跡』東京都瑞穂町文化財調査報告 1。

吉留秀敏

　1978「大野川流域における旧石器文化研究の現状」『クロボク』pp.9-23、別府大学文学部。

米倉浩司

　1990「佐世保市針尾島の黒曜石・サヌカイト原産地と旧石器遺跡」『旧石器考古学』41、pp.55-72。

　　　　＜わ　行＞

和島誠一・麻生優

　1963「島原半島・百花台遺跡の調査」『日本考古学協会昭和 38 年度大会要旨』p.4。

渡辺　仁

　1948「北海道の黒燿石鏃」人類学雑誌 60(1)、pp.24-31。

　1949「黒曜石鏃の形質とその分布」『人文科学の諸問題』pp.52-58、八学会連合。

渡辺直経

　1971a「第 2 次人骨調査の成果」『科学朝日』5 月号、pp.92-93。

　1971b「沖縄における洪積世人類化石の新発見」『人類科学』23、pp.207-215、九学会連合年報。

　1979「沖縄における洪積世人類遺跡」『日本第四紀学会講演要旨集』8、pp.38・39。

亘理俊次

　1971「木炭片による植物種の検定」『野川遺跡調査概報』p.16、野川遺跡調査会。

藁科哲男

　1996「栫ノ原遺跡出土の黒曜石製遺物の原材産地分析」『栫ノ原遺跡第一分冊』加世田市埋蔵文化財発掘調査報告書 (15)、pp.186-195。

　1997「ヘゴノ原遺跡出土の黒曜石製遺物の原材産地分析および水和層測定」『ヘゴノ原遺跡』加世田市埋蔵文化財発掘調査報告書 (14)、pp.91-102。

藁科哲男・東村武信

　1983「石器原材の産地分析」『考古学と自然科学』9、pp.59-89。

　1984「伊豆諸島遺跡出土黒曜石の分析」『文化財の保護』16—特集伊豆諸島における埋蔵文化財の調査—、pp.136-144、東京都教育委員会。

　1985a「富山県下遺跡出土の黒曜石遺物の石材産地分析」『大境』9、pp.7-20。

　1985b「西日本地域の黒曜石研究」『考古学ジャーナル』244、pp.12-17。

　1988「石器原材の産地分析」『考古学と関連科学』pp.447-491、鎌木義昌先生古稀記念論文集刊行会。

　　　　［中文］

加藤晋平

　1990「長濱文化的若干問題」『人類学学報』9(1)、pp.16-19、科学出版社。

賈　蘭坡

1950 『中國猿人』龍門聯合書局出版。

1959 「關於中國猿人的骨器問題」『考古學報』第3期、pp. 1-5、科学出版社。

宋　文薫

1969 「長濱文化（簡報）」『中国民族学通迅』9、pp. 1-27、中国民族学会。

1980 「由考古學看台灣」『中国的台灣』pp. 93-220、中央文物供應社。

1981 「台湾更新世的人類與文化」『中央研究院国際漢学会議論文集』歴史考古組、pp. 47-62。

裴　文中

1960 「關於中國猿人骨器問題的説明和意見」『考古學報』第2期、pp. 1-9、科学出版社。

李　光周

1985 『墾丁国家公園考古調査報告』内政部営建署墾丁国家公園管理處委託国立台湾大学文学院人類学系之研究報告。

1987 『墾丁国家公園的史前文化』行政院文化建設委員会。

劉　益昌

1996 『台湾的史前文化與遺址』台湾省文献委員会・台湾史蹟源流研究会。

[欧文]

Astakhov, S. N.

　1967　Ades in the Late Palaeolithic of the Yenisei, *KSLA* 111, pp. 19-23.

Abramova, Z. A.

　1971　New Data on the Palaeolithic of the Yenisei, *MIA* 173, pp. 240-281 (in Rossian).

Baba, H. S. Narasaki and S. Ohyama

　1998　Minatogawa Hominid Fossils and the Evolution of Late Pleistocene Humans in East Asia, *Anthropological Science* 106 (Supplement), pp. 27-45.

Binford, Lewis R.

　1962　Archaeology as Anthropology, *American Antiquity* 28, pp. 217-225.

　1964　A Consideration of Archaeological Research Design, *American Antiquity* 29, pp. 425-441.

Binford, Lewis R. and Sally R. Binford

　1966　A Preliminary Analysis of Functional Variability in the Mousterian of Levallois Facies, *American Anthropologist* 68(2), Part 2, pp. 238-295.

Burkitt, M. C.

　1926　Our Early Ancestors, Cambridge.

Bordaz, J.

　1970　Tools of the Old and New Stone Age, Garden City New York : The Natural History Press.

Boriskovskii, P. I.

　1966　The Primitive Past of Vietnam, Moscow-Leningrad : Nauca.

Carmel, Schrire

　1982　The Alligator Rivers-prehistory and ecology in western Arnhem Land, *Terra Australis* 7, The Australian National University.

Chang, K. C.
  1958 Study of the Neolithic Social Grouping: Examples from the New World, *American Anthropologist* 60, pp. 298－334.
Childe, V. G.
  1956 a A short introduction to archaeology, London.
  1956 b Piecing together the past, London.
Clark, J. G. D.
  1932 The Mesolithic Age in Britain, Cambridge.
  1936 The Mesolithic Settlement of Northern Europe, Cambridge.
Coles, J.
  1973 Archaeology by Experiment, Hutchinson.
Efimenko, P. P.
  1958 Kostenki I, Moscow－Leningrad : Academy of Science U.S.S.R (in Rossian).
Formozov, A. A.
  1962 Neolit Krymai Chernomorskogo Poberezhia Kavkaza, *M.I.A* 102, pp. 89－149 (in Rossian).
Gorman, C, F.
  1969 Hoabinhian : A Pebble－tool Complex with Early Plant Association in South－east Asia, *Science* 163, pp. 671－673.
Hayashi, K.
  1968 The Fukui Microblade Technology and Its Relationships in Northeast Asia and North America, *Arctic Anthropology* 5(1), pp. 128－190.
Ikawa-Smith. Fumiko
  1978 Lithic assemblages from the early and middle Upper Pleistocene fromstions in Japan, Early Man in America from a Circum－Pacific Perspective. Occasional Papers No. 1 of the Department of Anthropology, University of Alberta, pp. 42－53.
Isabella, M. D.
  1970 Laboratory Report in Grooved stones from Zawi Chemi Shanider, a Protneoliyhic site in orthern Iraq, *American Anthropologist* 72(4), pp. 839－840.
Jones, Rhys
  1973 Emerging picture of Pleistocene Australians, *Nature* 246, pp. 278－281.
Kidder, J. E. S. Koyama, S. Oda and H. Shiraishi
  1970 Preceramic chronology of Kanto : ICU Loc. 28 c, *ZINRUIGAKU ZASSI* 78(2), pp. 140－156.
Kidder, J. E. S.Koyama, S. Oda and A. Oikawa
  1972 b I.C.U.Archaeology : Loc. 15, Institute for the Study of Christian and Culture International Christian University, pp. 67－86.
Klein, Richard G.
  1969 a The Mousterian of European Russia, *Proceedings of the Prehistoric Society* 35, pp. 77－111.
  1969 b Man and Culture in the Late Pleistocene A Case Study, San Francisuko Chandler.
Korobkova, G. F.

1969 Orudiia Truda I Khoziaistvo neoliticheckikh plemen Serdnei Aziiy, *M.I.A* 18.

Leakey, L. S. B.

1931 The Stone Age of Cultures Kenya Colony, Cambridge.

Maringer, V. Johannes

1957 Die Industrie von Iwajuku I (Iapan) und ihre Kulturelle Einordnung, *Anthropos* 52, pp. 721–731.

Mulvaney, D. J.

1969 The Prehistory of Australia, New York: Praeger.

Munro, Neil G.

1908 Prehistoric Japan, Yokohama.

Oda Shizuo

1969 a Some aspects of Japanese Preceramic Age: The Microlithic Tendency in the Southwestern Parts of Japan, *ZINRUIGAKU ZASSI* 77 (5・6), pp. 224–245.

1990 A Review: Archaeological Reserch in the Izu and Ogasawara Islands, *Man and Culture in Oceania* 6, pp. 53–79.

Oda, S. and Keally, C. T.

1973 a Edge-ground Stone tools from the Japanese Preceramic Culture, *Material Culture* 22, pp. 1–26.

1975 Japanese Preceramic Cultural Chronology, International Christian University Archeology Reseach Center Occasional Papers, 2.

1979 Japanese Paleolithic Cultural Chronology, International Christian University Archeology Reseach Center.

1986 A Critical Look at the Palaeolithc and "Lower Palaeolithic" Research in Miyagi Prefecture ,Japan, *ZINRUIGAKU ZASSI* 94(3), pp. 325–361.

1992 The Origin and Early Development of Axe-like and Edge-ground Stone Tools in The Japanese Palaeolithic, Indo-Pacific Prehistory 1990, vol. 3, pp. 23–31, Bulletin of the Indo-Pacific Prehistory Association, No. 12.

Ono, A. S. Oda and S. Matsuura

1999 Palaeolithic Cultures and Pleistocene Hominids in the Japanese Islands: An Overview, *The Quaternary Reseach* 38(3), pp. 177–183.

Otuka Hiroyuki

1998 Pleistocene Vertebrate Fauna in the Ryukyu Islands: Its Dispersal and Extinctin, Programme and Abstract of an International Symposium, The Ryukyu Islands—The arena of adaptive radiation and extinction of island fauna, pp. 11–14, Kagoshima: Kagoshima University.

Pei, Wen-chung

1938 Le role des animaux et des causes naturelles dans la cassure des os, Palaeontogia Sinica, New Ser. D, 7, Peiping, pp. 1–60.

Ritchie, W. A.

1969 The Archaeojogy of New York State, Garden City, New Yoek: The Natural History Press.

Semenov, S. A.

1964 Prehistoric Technology, Cory Adams and Mackay Ltd. London.

Shikama, T. C. C. Ling, Shimoda, N. and H. Baba

   1978 Discovery of fossil *Homo sapiens* from Cho-chen in Taiwan, *Journal of the Anthropological Society of Nippon* 84(2), pp. 131-146.

Sutcliffe, A. J.

   1973 Similarity of bone snd antlers gnawed by deer to human artifacts, *Nature* vol. 246, pp. 428-430

Suzuki. H. and K. Hanihara, eds.

   1982 Minatogawa Man, Bulletin 19, The University Museum, University of Tokyo.

Suzuki Masao

   1970 b Fission track ages and uranium contents of obsidians, *J. Anthrop.Soc.Nippon* 78(1), pp. 50-58.

   1973 Chronology of Prehistoric Humam Activity in Kanto. Japan. Part I, pp. 241-318, Faculty of Science, Univ. of Tokyo, Sec.V Vol.IV, Part 3.

   1974 Chronology of Prehistoric Humam Activity in Kanto. Japan. PartII, pp. 395-469, Faculty of Science, Univ. of Tokyo, Sec.V Vol.IV, Part 4.

Suzuki, M. Y. Kanayama, A. Ono, T. Tsurumaru, S. Oda and K. Tomura

   1984 Obsidian Analysis : 1974-1984, St. Pauls Reviw of Science Vol. 4, No. 5, pp. 131-140.

Thompson, L. M.

   1932 Archaeology of the Marianas Ialands, Bishop Museum, Bulletin 100.

Trigger, Bruce G.

   1968 The Determinants of Settlement Patterns, in K.C.Chang, ed. Settlement Archaeologypp, 53-78, Palo Alto : National Press Books.

Tokunaga, Shigeyasu

   1936 Bone Artifacts used by Ancient Man in the Riukiu Islands, *Proceedings of the Imperial Academy* XII-10, pp. 352-354.

Tokunaga, S. and N. Naora

   1933 b Fossil Mammals and Human Artefacts found near Harbin, *Manchoukou Proc. Imp. Acad.* Vol. IX, No. 8.

   1933 c Further Notes on Ancient Human Artefacts found near Harbin, *Proc. Imp. Acad.* Vol.IX, No. 10.

White, Carmele

   1967 Early stone axes in Arnhem Land, *Antiquity* 41, pp. 149-152.

   1971 Man and Environment in Northwest Arnhem Land, Aboriginal Man and Environment in Australia, pp. 141-157, Australian National University Press, Canbera.

Willy, G. R.

   1966 An Introduction to American Archaeology, vol. 1 North and Middle America, Englewood Cliffs, New Jersey : Prentice-Hall.

初　出　一　覧

序　章

1　「旧石器文化」『図説発掘が語る日本史』3　関東・中部編、pp. 33-65、新人物往来社、1986年。

　　「研究史は語る　日本前期旧石器研究解題」『SCIENCE of HUMANITY』34、pp. 176-190、勉誠出版、2001年。

2　Some Aspects of Japanese Preceramic Age—The Microlithic Tendency in the South-western Parts of Japan—『人類学雑誌』77（5・6）、pp. 40-61、日本人類学会、1969年。

　　「日本先土器時代の様相」1970年（明治大学大学院文学研究科修士論文）。

第1章

1　「テフラと日本考古学」『古文化財に関する保存科学と人文・自然科学』（町田洋・新井房夫・遠藤邦彦・杉原重夫と共著）、pp. 865-928、同朋舎、1984年。

　　「武蔵野台地の火山堆積物と遺跡」『考古学ジャーナル』167、pp. 12-20、ニューサイエンス社、1980年。

2　「関東地方の細石器文化」『駿台史学』47、pp. 66-80、駿台史学会、1979年。

3　「考古学から見た噴火が人類・社会に及ぼす影響」『第四紀研究』3(5)、pp. 427-433、日本第四紀学会、1991年。

　　「旧石器時代と縄文時代の火山災害」『火山灰考古学』pp. 207-224、古今書院、1993年。

第2章

1　「無土器時代から縄文時代へ」『地方史マニュアル9—地方史と考古学—』pp. 70-83、柏書房、1977年。

　　「武蔵野台地の初期開拓—武蔵野の旧石器時代—」『武蔵野』300、pp. 55-63、武蔵野文化協会、1981年。

2　Preceramic Chronology of the Kanto: ICU Loc. 28 c、(J.E.Kidder・小山修三・白石浩之と共著)、『人類学雑誌』77（5・6）、pp. 140-156、日本人類学会、1972年。

　　「野川先土器時代遺跡の研究」（小林達雄・羽鳥謙三・鈴木正男と共著）、『第四紀研究』10(4)、pp. 231-270、日本第四紀学会、1971年。

3　「国際基督教大学構内 Loc. 15 の先土器文化」（J.E.Kidder・小山修三・及川昭文と共著）、『人類学雑誌』80(1)、pp. 23-43、日本人類学会、1972年。

　　「I.C.U.Archaeology: Loc. 15」（J.E.Kidder・小山修三・及川昭文と共著）『人文科学研究』7、pp. 67-86、国際基督教大学キリスト教と文化研究所、1972年。

4　『武蔵野公園遺跡I』（C.T.Keallyと共著）、野川遺跡調査会、1973年。

5 「平代坂遺跡 A 地点」(C.T.Keally と共著)、『平代坂・七軒家』pp. 1-33、小金井市埋蔵文化財調査報告書 3、1974 年。

6 『調布市仙川遺跡』(宮崎博・C.T.Keally と共編)、東京都埋蔵文化財調査報告 2、1974 年。

7 『西之台遺跡 B 地点』(編)、東京都埋蔵文化財調査報告 7、1980 年。

「立川ローム層最古の文化」(C.T.Keally と共著)、『貝塚』13、pp. 5-10、物質文化研究会、1974 年。

8 「栗原遺跡の旧石器文化」(C.T.Keally と共著)、『都内緊急立合調査集録 II』pp. 1-42、東京都埋蔵文化財調査報告 16、1989 年。

9 『中山谷遺跡』(J.E.Kidder と共編)、国際基督教大学考古学研究センター Occasional Papers No. 1、1975 年。

10 『前原遺跡』(伊藤富治夫・C.T.Keally と共編)、国際基督教大学考古学研究センター Occasional Papers No. 3、1976 年。

「前原遺跡 IV 層文化の礫群」(金山喜昭と共著)、『考古学研究』23-1、pp. 116-119、考古学研究会、1976 年。

11 『高井戸東遺跡』(重住豊・C.T.Keally と共編)、高井戸東遺跡調査会、1977 年。

『高井戸東遺跡』(伊藤富治夫・C.T.Keally・重住豊と共編)、高井戸東遺跡調査会、1977 年。

12 『新橋遺跡』(中津由紀子・千浦美智子・J.E.Kidder と共編)、国際基督教大学考古学研究センター Occasional Papers No. 4、1977 年。

13 『はけうえ』(中津由紀子・阿部祥人と共編)、国際基督教大学考古学研究センター、1980 年。

『はけうえ遺跡・研究編 (I)』(J.E.Kidder と共編)、国際基督教大学考古学研究センター Occasional Papers No. 5、1983 年。

第 3 章

1 「台形石器について」『物質文化』18、pp. 1-13、物質文化研究会、1971 年。

2 Ege-ground Stone tools from the Japanese Preceramic Culture、(C.T.Keally と共著)、『物質文化』22、pp. 1-26、物質文化研究会、1973 年。

「日本最古の磨製石斧」『季刊どるめん』11、pp. 96-109、JICC 出版、1976 年。

3 The Origin and Early Development of Axe-like and Edge-ground Stone Tools in The Japanese Palaeolithic、(C.T.Keally と共著)『Indo-Pacific Prehistory 1990, Vol. 3』1992 年、pp. 23-31、Bulletin of the Indo-Pacific Prehistory Association No. 12。

『図解・日本の人類遺跡』(小野昭・春成秀爾と共編)、東京大学出版会、1992 年。

4 『田無南町』(小日置晴展・橋本真紀夫・中津由紀子・J.E.Kidder と共編)、都立学校遺跡調査会、1992 年。

『日本の旧石器』(赤澤威・山中一郎と共著)、立風書房、1980 年。

第 4 章

1 「黒曜石」『縄文文化の研究』8　社会・文化、pp.168-179、雄山閣出版、1982 年。

2 「神津島産の黒曜石交易」『歴史手帖』9-6、pp.11-17、名著出版、1981 年。
　「伊豆諸島・神津島の黒曜石」『堅田直先生古稀記念論文集』pp.81-90、堅田直先生古稀記念論文集刊行会、1997 年。

第 5 章

1 「広域火山灰と先土器時代遺跡の編年―特に AT について―」『史館』11、pp.1-16、史館同人、1979 年。

2 「九州地方における先土器時代遺跡の編年」『藤井祐介君追悼記念考古学論叢』pp.57-77、藤井祐介君を偲ぶ会、1980 年。

3 『Japanese Paleolithic Cultural Chronology』(C.T.Keally と共著)、国際基督教大学考古学研究センター、1979 年。

第 6 章

1 「旧石器文化」『図説発掘が語る日本史』3　関東・中部編、pp.33-65、新人物往来社、1986 年。

2 『黒潮圏の考古学』南島文化叢書 21、第一書房、2001 年。
　『港川人と旧石器時代の沖縄』(安里嗣淳他と共編)、沖縄県史ビジュアル版 2　考古①、沖縄県教育委員会、1998 年。

終章

1 A Critical Look at the Paleolithic and Lower Paleolithic Research in Miyagi Prefecture, Japan (C.T.Keally と共著)、『人類学雑誌』94(3)、pp.325-361、日本人類学会、1986 年。

2 「南島旧石器時代の諸問題」『南島の人と文化の起源』pp.49-85、考古学公開学習会実行委員会、1997 年。
　「琉球列島旧石器文化の枠組みについて」『人類史研究』11、pp.29-46、人類史研究会、1999 年。

3 「日本の旧石器時代概説」「南の旧石器文化」『日本人はるかな旅展』pp.22-28、55-58、国立科学博物館・NHK・NHK プロモーション、2001 年。

あとがき

　考古ボーイであった筆者は、國學院大學付属高校生の頃、大学の発掘調査に参加し、出土した土器・石器の整理を考古学研究室で手伝い、初めて本格的な「考古学」に接した。またその一方で、明治大学の芹沢長介先生のお宅に、東京都中村南町で採集した「細石器」を持参しご教示を受けたことがあった。今顧みると、これらの経験と出会いが「旧石器文化」に傾倒する契機になったという想いが懐かしく甦ってくる。大学に入ってからは全国の旧石器・縄文時代遺跡を中心とした調査に参加し、その中でも栃木県磯山、新潟県室谷洞穴、長野県柳又、同・伊勢見山、長崎県百花台、同・岩下洞穴、同・福井洞穴などは、筆者の学問体系を形成する上で大きな礎になった遺跡である。大学院は日本の旧石器研究をリードしていた明治大学を選び、杉原荘介先生のご指導のもと、神奈川県月見野遺跡群、千葉県今島田、佐賀県原遺跡の発掘調査と北海道白滝遺跡の旧石器資料整理に専従し多くのことを学んだ。大学院終了後は国際基督教大学のJ.E.Kidder先生のもとで、東京都野川遺跡と同大学構内遺跡の発掘調査と旧石器研究に専念した。また、東京都に籍を置いてからは武蔵野台地で多数の「旧石器時代遺跡」の緊急発掘調査を担当し、その成果の一部は本書（第2章）に収録したとおりである。

　日本の始原文化の起源については、1981年以来宮城県を中心とした前・中期旧石器遺跡資料によって、原人段階の70万年前まで遡って語られてきた。しかし2000年11月5日の「前・中期旧石器遺跡捏造事件」の発覚によってすべて白紙に戻り、現在では新人段階の約3〜4万年前になってしまった。この考古学史上最大の遺跡捏造事件についての経緯は、研究史（序章）の中で前述したが、1985・86年における当時の筆者の批判は「封印」され、「当事者」はもとより「考古学界」においても、耳を傾けることすらなく遣り過ごされてきた（小田2001）。そしてその後、新聞に捏造事件がスクープされるまでの20数年の長期間にわたり日本の旧石器時代研究は、「偽りの遺跡・遺物」を使用した大学・文化庁関係考古学研究者らの「研究成果」が主流となり、各種の論文・出版物・研究会・講演会・シンポジウムなどで、次々と「偽史」が喧伝されてきたのである。そのことによって「教科書」にも掲載され定説化されるという、考古学研究史上最悪の状況を現出させてしまったのである（小田2002b）。「捏造事件」発覚後しばらくの間は、「白だ」と主張し続けた研究者も存在したが、今では自説の弁明すら聞こえない空白状況を呈している。捏造遺跡・遺物は学術資料としては扱えなくなった現在、新しい日本旧石器考古学の構築に向けての努力が、各地の若い考古学徒によって推進されている。日本旧石器考古学の未来は、この若い考古学徒が、学閥や人間関係に縛られず、我々世代が踏み誤った方向性を二度と踏襲することがないよう、また広い視野に立脚したグローバルな見識と学問環境の下で相互に研鑽し、今後の責務を担ってくれるよう願わずにはいられない。本書が、そうした方向性を見直す

基礎資料として、少しでも役立てられれば幸いである。

なお、本書に収録した「捏造事件」関連の遺跡および関係文献については、文中には引用文献を明示したが本書巻末の「文献」一覧では省略している。詳細な文献を知りたい方は、春成秀爾編 2001（『検証日本の前期旧石器』学生社）と段木一行編 2002（『前期旧石器問題とその背景』ミュゼ刊）の「文献目録」をご参照戴きたい。

本書を著すにあたり、その機会を与えて下さった国立歴史民俗博物館の春成秀爾先生、出版を快諾下さった同成社社主の山脇洋亮氏、また編集を担当された原木加都子氏には一方ならぬご尽力を戴き深謝の意を表したい。さらに、本書に収録した論文作成の過程で、これまで多くの先学諸兄、諸先生方のご指導を拝受している。ここに、そのお名前を挙げさせて戴き心から御礼を申し上げる。

　　赤澤威、安里嗣淳、阿部祥人、稲田孝司、上原静、丑野毅、小野昭、加藤晋平、堅田直、金山喜昭、上村俊雄、C.T.Keally、J.E.Kidder、木村英明、小林達雄、小日置晴展、小山修三、佐倉朔、重住豊、下川達弥、白石浩之、新東晃一、杉原重夫、鈴木尚、芹沢長介、高宮廣衞、辻誠一郎、鶴丸俊明、戸沢充則、徳永重元、戸田哲也、新里康、西本豊弘、新田重清、橋本真紀夫、馬場悠男、町田洋、松浦秀治、宮田栄二、山口敏、山中一郎、吉田邦夫

　　（敬称略、あいうえお順）

A STUDY OF JAPANESE PALEOLITHIC
BY
SHIZUO ODA

Table of Contents

Preface

Introduction: Footsteps of Paleolithic Studies
 1. Japanese Paleolithic Studies in Retrospect
 2. An Aspect of Japanese Paleolithic Culture

Chapter 1: Volcanic Ash and Archaeology
 1. Volcaniclastic Sedimentation and Chronology of Paleolithic Sites
 2. Volcanic Ash and Microlithic Cultural Layer
 3. Eruption of Aira Caldera and Volcanic Hazards

Chapter 2: Excavations of Paleolithic Sites
 1. Palaeolithic Sites of Musashino Plateau
 2. Nogawa Site
 3. International Christian University Loc. 15 site
 4. Musashino Koen Site
 5. Heidaizaka Site
 6. Senkawa Site
 7. Nishinodai Loc. B Site
 8. Kurihara Site
 9. Nakazanya Site
 10. Maehara Site
 11. Takaido Higashi Site
 12. Shimbashi Site
 13. Hakeue Site

Chapter 3: Studies on Stone Tools
 1. On Trapezoids
 2. Confirmation of Polished Tools
 3. World's Oldest Polished Stone Ax
 4. Tool Typology and Their Situation in the Site

Chapter 4: Stone Materials and Trades
 1. Obsidian Studies in Japan
 2. Trade of Kozushima Island Obsidian

Chapter 5: Establishing Nationwide Chronology
 1. AT Tephra and Archaeological Chronology
 2. Paleolithic Chronology in Kyushu Region
 3. Chronology of Japanese Paleolithic

Chapter 6 : History of Regional Paleolithic Studies
1. Paleolithic Cultures in Kanto and Chubu Region
2. Paleolithic in Okinawa

Conclusion : Current Situation in Japanese Paleolithic Study
1. Criticizing the Discovery of Lower Paleolithic in Miyagi Prefecture
2. Framework for Japanese Paleolithic Culture
3. The Japanese Paleolithic Culture

Bibliography
English Explanations

English Explanations

Introduction : Footsteps of Paleolithic Studies
　　This introductory chapter consists of two parts. The first traces the history of the Japanese Paleolithic studies in retrospect. The second examines possibility of alternative methods in reconstructing the Japanese Paleolithic period, in contrast to the conventional methods of directly adopting the concepts and models used in European Paleolithic studies.

Chapter 1 : Volcanic Ash and Archaeology
　　The Japanese archipelago is one of the area where volcanoes are most densely concentrated, and much of archaeological sites are found in thick soil layers composed of volcanic sediments. Chapter 1 is constituted of three monographs, all on the study of volcanic ash sediments and their relation with Paleolithic culture.
　　The first monograph deals with Volcaniclastic Sedimentation in different parts of Japan related to Paleolithic sites, and discuss establishment of cultural chronology in Musashino plateau where numerous excavations of Paleolithic sites have been done.
　　The second discuss the relationship between so-called "Kanto loam" layers and microlith cultural layer, which appear at the end of the Paleolithic period in Japan.
　　The third discuss the large scale volcanic disaster caused by the immense eruption of Aira caldera in Kagoshima Prefecture during the Paleolithic period, and its effect to the culture and the populace.

Chapter 2 : Excavations of Paleolithic Sites
　　Chapter 2 include twelve sections which refer to the history of epoch making series of excavations in Musasgino plateau which was started in the 1970 s. They include Nogawa site (the first organized Paleolithic excavation project), International Christian University Loc. 15 site (discovery of pits and introduction of computer in excavation), Musashino Koen site (site typology), Heidaizaka site (screbro found from Tachikawa loam layer X, which is around 30,000 years old), Senkawa site (point culture determination and circumstances of how the tools are found was recorded), Nishinodai B site (largest number of cultural layer was found, along with numerous specimens of groups of oldest stone tool), Kurihara site (polished stone axe from layer X), Nakazanya site (even older cultural layer of 35,000 years ago was found), Maehara site (complete excavation of a site zone, recording every artifacts' locations), Takaido Higashi site (established methods of collecting and analyzing charred plant fragments, Shimbashi site (stone heap analyses) and Hakeue site (large-scale and integrated methods in Paleolithic excavation).

Chapter 3 : Studies on Stone Tools

Chapter 3 is composed of three studies. The first is on definition, typology, production methods, distribution and chronology of trapezoids from Southwest Japan. The second is on a similar study on peculiar Paleolithic Japanese polished stone ax, and its position in the global Paleolithic cultures. Thirdly Tanashi Minamicho site, dated around 25,000 years ago, is discussed, referring to the distribution of artifacts and their types within the site.

Chapter 4 : Stone Materials and Trades

Chapter 4 is constituted of two papers on problems of trade and transportation. The first paper is a comprehensive study on obsidian material, including the history of study, source, trade and chronology. The second paper focuses on one of the obsidian sources, Kozushima island, from an aspect of Paleolithic marine transportation

Chapter 5 : Establishing Nationwide Chronology

Chapter 5 is made of two monographs. The first is on Paleolithic tool composition of Kanto and Chubu regions in central Japan, where the Japanese Paleolithic culture was intensely studied. The second is on the Paleolithic culture of the Ryukyu Islands where the situation is quite different from the Paleolithic cultures of Japan proper. Claims of discovery of bone and antler tools and their final repudiation, Pleistocene skeleton of Yamashitacho Daiichi－do man, history of the study of Minatogawa man (20,000 BP), and the recent confirmations of Paleolithic sites in Amami islands, are discussed.

Chapter 6 : History of Regional Paleolithic Studies

Iwajyuku site in Gunma prefecture, the first Paleolithic site to be discovered in Japan, contained three cultural layers in thick accumulation of volcanic ash. Since then, numerous Paleolithic sites had been excavated referring to the local volcanic ash stratum, gradually establishing chronology of Japanese Paleolithic. Discovery of Nogawa site in Tokyo was among the most important, with a total of ten different cultural layers in the sequence of Tachikawa loam layers. Another important finding was that of Aira Tanzawa tephra (AT), which precipitated over wide area and present in most volcanic ash stratum nationwide, and became the key layer to unify local chronologies. By the late 1970's, the nation－wide Paleolithic chronology was established.

The first section in this chapter discusses aspects of AT tephra layer and Paleolithic cultural layer sequence throughout Japan. The second shows how volcanic ash sequences are related to cultural layers in Kyushu region, and the third discuss the nation－wide chronology and zoning of the Japanese Paleolithic based on archaeological data from Musashino Plateau.

Conclusion

The first monograph in this chapter, written before disclosure of the infamous incident of fabrication of Lower and Middle Paleolithic material, examine the situations of the sites, artifacts, dates and environment, and criticize that they are not rationally configured.

The second discuss the framework of the Japanese Paleolithic based on the study of the formation of two major zones; the east and the west Japan, and in addition, the Ryukyu Islands to the south.

The third is the general description of the current knowledge on the Japanese Paleolithic.

日本の旧石器文化

■著者略歴■
小田静夫（おだしずお）
1942年 東京下町に生まれる。
1965年 國學院大學文学部史学科卒業。
1970年 明治大学大学院文学研究科史学専攻修士課程修了。
2003年 東京都教育庁を定年退職する。
現在、東京大学総合研究博物館協力研究員。
著書に『黒潮圏の考古学』（第一書房）、『遥かなる海上の道』（青春出版）、共著に『日本の旧石器』（立風書房）、編著書に『図解・日本の人類遺跡』（東京大学出版会）、『旧石器時代の磨製石斧』（国立歴史民俗博物館）ほか多数。

2003年5月30日発行

著　者　小田　静夫
発行者　山　脇　洋　亮
印　刷　亜細亜印刷株式会社

発行所　東京都千代田区飯田橋
　　　　4-4-8 東京中央ビル内　（株）同成社
　　　　TEL 03-3239-1467　振替 00140-0-20618

ⓒOda Sizuo 2003 Pinted in Japan

ISBN 4-88621-274-3　c3021